• 재개정판 •

Act On Fair Transactions in Large Franchise and Retail Business

대규모유통업법

이론과 실무

법무법인(유한) 태평양 공정거래팀

김윤수 · 박종하 · 윤성운 외

박영사

재개정판 머리말

보통의 단행본들은 한번 집필하면 그것으로 족하다. 그렇지만 이 책과 같이 특정한 법률을 대상으로 하는 법률 교재의 경우 지속적인 업그레이드 과정이 반드시 수반되어야 한다. 개정 법률이 지속적으로 공포되고, 새로운 판례도 계속 나오기 때문에 시간이 조금만 지나도 올드 버전이 될 수밖에 없기 때문이다. 더구나 이 책이 대상으로 하고 있는 대규모유통업 분야는 어느 분야보다도 시장의 변화가 심하고 그 경쟁의 양태 또한 끊임없이 달라지고 있는 분야이다. 당연히 관련된 법률상의 쟁점 또한 더욱 다양해지고 복잡해지고 있다. 따라서 이러한 변화를 교재에 담아야 하는 것이 독자들에 대한 저자들의 당연한 도리이자 책무일 것이다. 그러함에도 필자를 포함한 지자들의 게으름 탓에 지난번 개정판 발간 이래 7년이 훨씬 넘은 지금에야 재개정판을 발간하게 되었다. 새로운 교재를 기다려온 독자들에게 사과의 말씀을 우선 드린다.

시작도 늦었지만, 재개정작업에 착수한 이후 이 책이 나오기 까지도 1년 이상의 시간이 걸렸다. 잠깐 변명하자면 법무법인 태평양 공정거래그룹의 여러 변호사들이 각각 맡은 파트를 재작성하고, 일부 의견이 다른 부분에 대해서는 치열한 토론을 통해 방향을 정리하는 과정을 거치는 한편, 각 파트를 전체적으로 조율하는 작업 등에 상당한 시간이 소요되었기 때문이다. 물론 교재 작성 기간 중에 고시나 지침이 개정되기도 하고, 새로운 판례가 나오기도 하면서 이를 반영하는 작업도 당연히 이어졌다. 시간이 걸린 만큼 좀 더 높은 완성도를 갖춘 결과물이 되었기를 희망해 본다.

본 재개정판은 개정 법령의 내용 및 의미있는 심결례나 판례들을 최대한 충실히 반영하면서, 그간 대규모유통업법 위반 사건을 다루면서 저자들이 고민했던 법 해석론이나 입법론을 적극적으로 담기 위해 노력하였다.

먼저, 법령 개정으로 새로 추가된 규제의 내용들을 상세히 설명하였다. 그동안 빠져있던 직매입거래에 대한 상품대금 지급기한 규제, 경영활동 간섭 금지 및 부당한 영업시간 구속 금지 규정에 대한 해석론과 함께 법집행 실무상 나타날 수 있는 쟁점들을 상세히 정리하였다. 종전 교재에서 저자들이 강조하였던 대규모유통업자와 납품업자 간 판촉비용의 분담과 관련한 자발성/차별성 완화 내용을 담은 가이드라인이 관련 지침에 새로 반영되어 이 부분에 대해서도 자세히 설명하였다.

또한, 그동안 공정거래위원회의 법집행 및 판결 과정에서 새롭게 나타난 쟁점들을 충실히 검토하였다. 대규모유통업법 제3조의 거래상 우월적 지위와 관련한 공정위의 심결례 및 주요 법원 판례에 대한 충실한 분석과 함께 저자들이 생각하는 바람직한 입법론도 제시하였다. 대규모유통업 특유의 PB(Private Brand; 유통업자 브랜드) 상품에 대한 적용 법률(하도급법 or 대규모유통업법)과 관련한 쟁점을 중심으로 다양한 각도에서 문제를 제기하였다. 서면교부의무와 관련해서는 유통업의 현실과 맞지 않는 현행 규제의 문제점을 지적하였으며, 납품업자의 종업원 사용과 관련한 다양한 쟁점들을 심도 있게 분석하였고, 바람직한 해석론을 제시하였다.

특히 이 교재의 집필작업에 착수하기 직전에, 그동안 대규모유통업법에서 많은 논란이 되었던 판매장려금과 관련하여 서울고등법원에서 연간거래 기본계약이 없으면 그 자체로 위법이라는 공정위의 기존 심결이 부당하다는 내용의 판결이 나왔는데, 해당 판결에 대해서는 좀 더 의미를 부여하여 상세히 서술하였다. 그동안 이 책을 통해 저자들이 주장해 왔던 내용이 법원판결을 통해 받아들여진 것으로 보였기 때문이다. 법률 교재의 저자들만이 가질 수 있는 작은 보람이 아닐까 한다.

이 책의 재개정판 집필 작업을 하면서 새삼 떠오른 고민이 있다. 당초 이 책을 처음 출간할 때에도 '규제의 과잉'을 걱정한 바 있었는데, 법률이 제정되어 시행된 지 14년째가 되어가면서도 그 걱정은 아직도 여전하다. 좀 더 구체적으로 말하면 과연 대규모유통업에서의 공정한 거래질서 확립 및 대규모유통업자와 납품업자등이 대등한 지위에서 상호 보완적으로 발전하도록 하겠다는 입법 목적을 충분히 달성하는 방향으로 대규모유통업법의 집행이 이루어지고 있는가 하는 것에 대한 걱정이다. 그동안 대규모유통업법은 납품업자 보호라는 명목으로 새로운 규제를 계속해서 만들어 내는 한편, 규제대상을 지속적으로 확대하여 왔다. 가맹사업법, 대리점법, 하도급법 등 소위 '갑을' 문제를 다루는 유사 법률들의 규제들을 서로 가져다 쓰면서 각 법률의 차이도 점점 옅어져 가고 있는 형국이다. 대부분의 규제기관들은 늘 새로운 규제대상을 찾아다니기 마련이지만, 이제는 한번쯤 뒤를 돌아볼 때가 아닌가 하는 생각이다. 규제의 대상이 너무 넓혀진 것은 아닌지, 그동안 만들어진 규제들이 시장에서 의미 있게 작동하는지, 규제를 위한 규제로서만 작동하고 있는 것은 아닌지, 그리고 그러한 규제들이 당초의 입법목적을 달성하는 데 충분히 유용한지 등에 대해 진지한 고민이 필요한 때이다. 가장 현실에 가까운 법률인 만큼 현실에 맞는 합리적인 법집행을 위해 규제당국도 좀 더 많은 고민을 하고 업계와 적극적으로 소통할 필요가 있다. 그런 점에서 보면 판촉비용 분담의 예외 요건인 자발성과 차별성을 완화하는 내용의 가이드라인을 지침에 구체적으로 반영한 것은 규제당국이 전향적으로 법집행의 방향을 바꾼 좋은 예라고 생각한다.

대형 로펌의 변호사들은 일반인들이 생각하는 것보다 훨씬 일이 많고 바쁜 사람들이다. 그러함에도 불구하고 이 귀찮고 힘든 교재 개정작업에 나서준 법무법인 태평양 공정거래그룹의 공동저자들에게 감사를 표한다. 일일이 이름을 열거하기는 어렵지만 감사한 마음은 충분히 알아주실 것으로 믿는다. 다만, 여러 파트를 맡아서 직접 집필까지 하면서, 교재 개정 방향을 정리하고 개별 파트의 집필자들에게 일일이 독촉 연락까지 궂은일을 도맡으면서도 때로는 교재 작업이 늦어지는 데 대한 책임까지 떠안았던 박종하 변호사만큼은 그 이름을 거론하지 않을 수가 없다. 참으로 고생했다는 말씀을 드린다.

원고를 읽을 때마다 아쉬운 것이 있고, 고칠 것이 발견되어서 이렇게 출판을 해도 되는지에 대해 고민을 했다. 그렇지만 더 이상 늦어지는 것은 독자에 대한 예의가 아닐 것으로 생각되어 여전히 부족한 대로 원고 작성을 마무리하고자 한다. 부족한 부분은 필자를 포함하여 이 책의 집필에 관여한 모든 공동저자들의 몫으로 남기고 싶다. 그럼에도 불구하고 이 책이 유통업계에 종사하는 분들과 대규모유통업법의 해석과 집행에 관여하는 많은 분들에게 조금이라도 도움이 되기를 바라는 마음이다. 나아가 우리나라 유통업의 발전에도 기여할 수 있으리라는 소박한 기대도 해본다.

2025. 7.

여러 저자들을 대표하여

전 공정위 과장 공인회계사 김윤수

개정판 머리말

이 책이 처음 발간된 때가 2012년 3월이니 벌써 햇수로 5년이 훨씬 지났다. 그 동안 대규모유통업법과 관련한 수많은 공정거래위원회 심결례가 나왔고, 법원의 판례도 상당수 축적되었다. 그리고 과거에는 백화점, 대형마트, TV홈쇼핑 등 일부 업태에 국한되었던 유통업의 영역이 소셜커머스의 인터넷쇼핑몰 내지 오픈마켓화, 하이마트 등 카테고리 킬러의 확대, 다이소나 올리브영 등 새로운 업태의 등장 등으로 크게 넓어졌다. 이러한 변화는 이미 오래전부터 진행되어 온 것이기는 하지만, 최근 들어서는 복합쇼핑몰이 크게 늘어나는 등으로 그 변화가 더욱 가속화되는 추세이다. 비록 이 책이 순수한 법률 해석서이기는 하지만 유통업이라는 분야 자체가 현실과 그만큼 밀접한 만큼, 이처럼 급변하는 변화 양상을 충분히 반영하기에는 부족한 면이 적지 않았다.

더구나, 2012년 대규모유통업법이 제정 시행된 이후, 3차례의 법률 개정이 있었고, 동 법률과 관련된 시행령, 대규모유통업법 위반 사업자에 대한 과징금 부과기준 고시를 비롯하여 각종 가이드라인, 지침이 새롭게 제정되거나, 개정이 이루어졌다. 이러한 상황에서 더 이상 이 책의 개정작업을 미룰 수 없는 상황이 되었다.

이 책의 개정 작업을 시작한 것이 2016년 9월이었다. 3개월을 목표로 시작한 작업이 1년이 훨씬 지나서야 마무리되었다. 다들 바쁜 와중에 각자 맡은 파트를 중심으로 개정 작업을 진행하다 보니, 각 담당 필자의 업무 여건에 따라 작업 속도에 차이가 있었고, 이를 전체적으로 조율하는 데도 상당한 시간이 소요되었기 때문이다. 그렇지만 개정이 늦어진 더 중요한 이유는 개정작업의 진행과정에서 이 책의 여러 부분에서 오류 또는 법률의 해석 내지 적용 면에서 미진한 부분이 발견된 점에 있다. 지금이라도 이를 바로 잡는 것이 공동저자들의 도리라고 생각하여 이를 일일이 수정하다 보니 생각보다 많은 시간이 걸리게 되었다.

본 개정판이 초판과 비교하여 달라진 점은 다음과 같다.

먼저, 처음 접하는 독자들도 되도록 쉽게 읽을 수 있도록 지나치게 현학적이거나 어려운 표현은 가능한 한 쉬운 표현으로 대폭 수정하였다.

둘째, 대규모유통업법이 제정되기 이전에 운영되던 대규모소매업고시와의 비교 부분은 꼭 필요한 부분만 남기고 상당부분 삭제하였다. 이미 법률이 제정되어 운영된 지 상당한 시일이 흐른 만큼 굳이 오래전에 폐지된 제도까지 숙지하고 있을 필요가 없을 뿐 아니라, 지금의 현실과는 맞지 않는 부분도 적지 않아 공연히 혼란만 일으킬 수 있다고 판단했기 때문이다.

셋째, 법률 제정 이후에 개정된 법률, 시행령 및 고시나 지침의 내용을 최대한 포함하였으며, 그동안 있었던 공정거래위원회의 심결례와 법원 판결례들을 대부분 수록하기 위해 노력하였다.

넷째, 가장 중요한 사항으로 초판에서 일부 잘못되었거나 미진하게 기술된 부분을 바로잡기 위해 노력하였다. 그 주된 내용으로는,

1) 현행 대규모유통업법상 해석상 논란의 여지가 있는 매입과 납품의 개념을 명확화하고, 판매장려금의 정의 조항에 대한 구체적 의미를 상술하였으며, 법상 용어가 아닌 판매분 매입의 개념은 삭제하였다.

2) 부당한 감액 내지 부당반품의 요건인 상품의 하자, 오·훼손의 의미를 보다 명확화하여 실제 법적용에서의 논란을 최소화하고자 하였고, 판촉비용 분담 규정과 관련하여 다양한 분담기준의 타당성을 검토하고 실무에서 나타날 수 있는 다양한 상황을 감안한 법해석이 이루어지도록 노력하였다.

3) 배타적 거래 강요 및 경영정보 요구 금지 제도와 관련하여 동 행위의 부당성 판단에 대한 새로운 해석기준을 제시하였고, 경제적 이익 요구 금지 규정 중 판매장려금에 대해서도 판매장려금 정의조항과 연계하여 법해석에 대한 새로운 논점을 제기하였다.

4) 2016. 10. 31. 개정된 대규모유통업 분야의 특약매입거래에 관한 부당성 심사지침(특약매입심사지침)에서 대규모유통업자의 요구에 따라 납품업자가 매장의 위치를 이동하거나 집기를 교체하는 경우 그 소요 비용을 대규모유통업자가 상당부분 부담하도록 규정함에 따라, 대규모유통업법 제16조의 매장 설비비용의 보상 규정과의 상충이 발생하게 되었는바, 매장 설비비용의 올바른 분담방안과 합리적인 법해석 방향을 찾기 위해 노력하였다.

5) 법 제17조에 규정되어 있는 상품권 구입 요구 금지 등 9가지 유형의 법위반 행위를 보다 구체적으로 검토하여 바람직한 법률 해석의 방향을 제시하는 한편, 일부 조항에 대해서는 입법론까지 대안으로 검토하였다.

이 개정판이 나오기까지는 법무법인 태평양의 공정거래팀 소속 전문가들의 각고한 노력이 밑바탕이 되었다. 이 책의 많은 부분들은 그동안 대규모유통업법 관련 사건 등에 대한 자문을 수행하는 과정에서 이루어졌던 다양한 고민과 치열한 토론을 통해서 만들어진 산물이기 때문이다. 실제로 이 책의 개정판 초안을 직접 작성하는 데 많은 수고를 해준 박성진, 박종하, 최휘진, 전민재 변호사, 그리고 각 초안을 파트별로 맡아 책임지고 감수를 해준 윤성운, 강일, 김정헌 변호사와 신상훈 외국변호사(미국 뉴욕주) 등 공정거래팀 파트너 전문가들의 수고에 감사드리지 않을 수 없다. 외부 파견에서 돌아오자마자 격무에 시달리면서도 이 책의 교정을 맡아준 신사도 변호사에게도 감사의 말을 전한다. 무엇보다 공정거래위원회에서의 오랜 경험을 바탕으로 변호사들이 미처 생각하지 못한 부분에 대해 새로운 시각을 제시함으로써 이 책의 내용을 보다 풍부하게 하고, 전체 파트를 처음부터 끝까지 교정, 감수 작업까지 마무리해 준 김윤수 공인회계사에게 특별한 감사를 드린다. 그가 없었다면 이 책이 세상에 나오는 데는 훨씬 많은 시간이 걸렸을 것이다. 마지막으로 5년 전 이 책의 초판이 처음 발간되던 때 집필 실무를 담당, 총괄작업을 수행한 이현규 변호사에게도 감사의 인사를 전한다. 그가 없었다면, 본 개정판도 존재할 수 없었을 것이다. 법무법인 태평양을 떠나 대법원 재판연구관으로 본인의 뜻을 펼치고 있을 이 변호사에게 앞으로 더 큰 발전이 있기를 기원한다.

다만, 오랜 시간에 걸친 노력에도 불구하고 이 책은 여러 가지 면에서 여전히 부족함이 많을 것이다. 그리고 그 부족함은 오롯이 이 책의 집필에 관여한 모든 공동저자들의 몫이다. 그러함에도 불구하고 이 책이 우리나라 유통업의 발전에, 그리고 대규모유통업법의 건전한 집행에 조금이라도 일조할 수 있다면, 이는 우리 공동저자들에게 커다란 기쁨이 될 것이다.

2017. 11.
여러 저자들을 대표하여
변호사 오금석

추천의 글

우리나라에서는 1996년에 유통시장이 개방되어 외국의 대규모 유통기업들이 국내에 진출하기 시작하면서, 국내 유통시장에 큰 변화가 나타나기 시작하였다. 대규모의 유통시스템을 갖춘 유통업자들 간에 경쟁이 더욱 치열해지면서 소비자들은 여러 가지 혜택을 누리고 있으나, 동네 슈퍼들을 비롯한 소규모유통업자들은 점점 배제되어 가고 있을 뿐만 아니라, 대형유통업자들과 납품업자 및 매장 임차인들 사이에는 불공정한 거래관행으로 인한 분쟁이 늘어나고 있다. 이에 정부는 한편으로는 유통산업의 효율적인 진흥과 균형있는 발전을 꾀하고, 건전한 상거래질서를 세우기 위하여 「유통산업발전법」을 제정하여 시행하고, 다른 한편으로는 대규모유통업에 있어서 공정한 거래질서를 확립하고 대규모유통업자와 납품업자 또는 매장임차인이 대등한 지위에서 상호 보완적으로 발전할 수 있도록 하기 위하여 「대규모유통업에서의 거래공정화에 관한 법률」(이하 '대규모유통업법'이라 함)을 제정하여 시행하고 있다.

대규모유통업법은 2012년 1월 1일부터 시행되고 있다. 이 법률은 대규모 유통업에 있어서 거래의 공정화를 실현하기 위하여 계약서의 서면 교부, 납품대금 감액 금지, 상품판매대금의 지급, 상품 수령 거부 또는 지체의 금지, 상품 반품의 금지, 판매촉진 비용의 부담전가 금지, 납품업자 등의 종업원 사용 금지, 배타적 거래강요 금지, 경영정보 또는 경제적 이익 제공 요구 금지, 매장 설비비용의 보상, 상품권 구입요구 금지 등에 관하여 규율하고 있다. 그런데 모든 경제관련법이 다 그렇듯이, 이 법률의 경우에도 기업의 입장에서 구체적인 사안을 앞에 놓고서 그들이 기획하고 있는 특정한 행위가 허용되는지 금지되는지를 판단하기가 매우 어렵게 되어 있다. 왜냐하면, 이 법률은 여러 가지 행위를 금지하고 있으면서, 그 규율방식에 있어서는 이를 원칙적으로 금지하면서 다양한 예외를 허용하고 있을 뿐만 아니라, 그 금지요건에 관하여도 "정당한 이유 없이" 또는 "부당하게"라는 불특정개념을 사용하고 있기 때문이다. 따라서 기업의 입장에서는 법률전문가의 도움이 없이는 이 법률의 내용을 정확하게 파악할 수가 없다.

이 책은 이러한 어려움을 해결하는 데 많은 도움을 줄 수 있을 것으로 믿는다. 왜냐하면 이 책은 대규모유통업법뿐만 아니라 공정거래법 일반에 관하여 전문적인 지식과 경험을 가지고서 일하고 있는 법무법인(유한) 태평양 공정거래팀의 변호사들이 공동으로 저술한 것이기 때문이다. 공동저자들은 이 법률의 모태인「대규모소매업에 있어서의 특정 불공정거래행위의 유형 및 기준」의 운영과 관련하여 제기된 수많은 사건들을 처리하는 과정에서 축적한 실무경험을 토대로 하여, 이 법률의 제정과정에도 참여하여 대규모유통업자들로부터 수집한 의견들을 반영하려고 열심히 노력하였다고 한다. 그러한 의견들 중에는 입법에 반영된 것도 있고, 그렇지 않은 것들도 있지만, 그러한 경험이 이 법률을 해석하는 데 크게 도움이 되었다고 한다.

끝으로 이 책이 대규모유통업에 있어서 대규모유통업자와 납품업자 또는 매장임차인 사이의 거래관계를 합리적으로 규율함으로써 유통거래의 공정화를 실현하는 데 이바지하고, 나아가 유통업에 있어서 공정한 거래질서 확립을 위한 논의를 더욱 활성화하는 계기를 마련함으로써 유통산업의 건전한 발전과 소비자복지의 증진에 크게 기여할 수 있게 되기를 간절히 바라 마지않는다.

2012. 3.
서울대 법대 연구실에서
권 오 승 교수

머 리 말

마이카 시대의 도래 이후 원스톱 쇼핑의 편리함을 내세우며 대규모유통업자가 등장한 이래 소비자들은 대량의 제품을 한 장소에서 저렴한 가격으로 구입하게 되었다. 우리의 경우 1996년 유통시장 개방 이후 선진국의 대규모 유통시스템이 국내시장에 진입하여 경쟁이 치열해지면서 소비자들은 더욱 많은 혜택을 누리는 한편 동네슈퍼를 비롯한 소규모 유통채널들은 경쟁에서 서서히 배제되어 가는 상황에 이르렀다. 한편 대규모유통업자에게 납품하는 업체들의 대규모유통업자들에 대한 의존도가 상당히 높아지면서 대규모유통업자들의 납품업자들에 대한 불공정거래행위의 문제가 부각되기 시작하였다. 이에 정부는 1985. 10. 2.「대규모소매업에 있어서의 특정불공정거래행위의 유형 및 기준 지정고시」(이하 '대규모소매업고시'라고 한다)를 제정하여 어언 25년의 기간 동안 시행하여 왔다. 그럼에도 정부(공정거래위원회)와 국회는 납품업자나 매장임차인이 여전히 대규모유통업자의 불공정한 거래관행에서 자유롭지 못하고, 은밀하고 교묘하게 이루어지는 행위의 속성상 이러한 행위의 근절은 물론 감시나 권리구제조차 쉽지 않은 상황이라는 이유로「대규모유통업에서의 거래공정화에 관한 법률」을 발의하였다.

본 법률이 발의된 후 국회에서는 이해관계인의 의견수렴을 위하여 정무위원회 공청회, 당정협의회 등을 개최하였지만, 본 법률의 제정 배경이 된 대규모유통업자들의 불공정거래행위가 과연 그토록 상존하고 있는지, 불공정거래행위의 은밀한 속성 때문에 과연 납품업자들이 신고조차 제대로 하지 못하였는지 등에 대한 검증 작업이나 관련 이해관계인들로부터의 의견청취가 충분히 이루어졌었는지에 대해서는 여전히 의문이다. 더 나아가 본 법률의 본질적인 문제점은 '규제의 과잉'이 아닌가 하는 점에 있다. 어느 누구도 공정한 유통시장을 반대하거나 중소기업과의 상생을 거부하지 않는다. 자유롭고 공정한 유통시장을 형성하는 것이 시장의 플레이어(Player)들 모두에게 이익이 되는 것이기에, 대규모유통업자들 스스로도 이를 위해 자정노력을 기울이고 있고, 이미 이를 위한 다양한 법률적·사회적 규제장치 역시 시행되고 있다. 그럼에도 본 법률은 처음부터 유통사업자들에 대해 일정한 행위요건에 해당하면 일단 위법으로 평가하고, 이를 벗어나기 위하여는 유통사업자 스스로 정당한 행위임을 입증하도록 하였다. 나아가 그렇지 못한 경우 형사적 책임까지 부여하고 있다. 본 법률이 이와 같은 규제 구조를 취하게 된 기저에는 대규모소매업고시 위반에 대한 부당성을 규제당국이 입증하여야 한다는 대법원 판례를 우회하고자 하는 동기가 있지 않은가 싶다. 이와 같은 본 법률의 규정이 헌법상 용인될 수 있는 것인지에 대하여는 결국 헌법재판소의 최종 판단이 있어야 하겠지만, 우선적으로는 본 법률을 적용하고 집행하는 규제당국(공정거래위원회)에서 헌법 적합적으로 해석, 적용하도록 노력하여야 할 것이고 이에 대한 엄격한 사법적 통제가 이루어져야 할 것이다.

본 법률이 발의되기 전후로 이 책의 공동저자들은 대규모유통업자들로부터 자세한 의견을 청취하여 각종 법률의견서를 제출하였고 본 법률의 헌법적 문제점, 유통산업에 미칠 영향 등에 대하여 연구, 검토하였다. 아울러 본 법률의 모태가 되는 대규모소매업고시에 관한 수많은 사건을 처리하면서 상당히 많은 실무경험을 축적하여 왔다. 이에, 본 법률이 안고 있는 법리적 문제점은 물론 유통산업에 미치게 될 산업경제적 영향을 최소화할 수 있는 합헌적 법률해석의 시금석을 만들어보고자 하는 의도에서 이 책을 집필하게 되었다.

대형 법무법인의 종사자들에게 주어진 시간상의 제약이 있다는 점에 더하여, 본 법률에 관한 직접적인 선례를 찾기 어렵고, 법률 이론가가 아닌 법률 실무가들에 의하여 집필이 이루어졌다는 점에서 이 책에 근본적인 한계가 있음을 겸허히 인정한다. 본 법률은 과거 대규모소매업고시 시절과는 전혀 다른 양상으로 적용, 집행될 것으로 예상된다. 이에 작은 희망이 있다면, 본 법률을 집행할 규제당국 종사자, 규제당국의 법집행의 적용이 정당한지를 판단할 사법부 종사자와 법률 실무가들, 유통산업에 종사하거나 이해관계를 가지는 유통업자와 납품업자에게 이 책이 본 법률을 해석하고 적용함에 있어서 하나의 시사점이 되기를 기대하여 본다. 다만, 이 책에 담긴 본 법률의 해석, 적용에 관한 의견은 공동저자들의 개인적 견해이며 공동저자들이 속해 있는 법무법인(유한) 태평양의 공식 견해가 아님을 밝혀 둔다.

마지막으로 대형 법무법인에서 각자의 업무를 처리하느라 밤샘 작업을 하기 일

쓰인데 그 와중에 이 책을 집필하느라고 참으로 많은 수고를 하여 준 공동저자들, 공동저자들의 제반 행정업무를 도와 준 법무법인(유한) 태평양의 기획홍보실 식구들, 어려운 출판 상황에도 공동저자들의 요청을 흔쾌히 수용하여 이 책의 출간을 결심하여 준 박영사 관계자 여러분에게 대표저자로서 진심으로 감사의 말씀을 드린다.

2012. 3.

대표저자 변호사 오금석

집필의 방향에 관하여

모든 지적 저작은 세상에 나온 이상, 하나의 역사적 형성체로서 이해하여야 한다는 역사주의 비평사상(historism)은 비단 문학 작품에만 국한되는 명제는 아니다. 법률 역시 한 사회의 지적 산물로서, 그 시대에 맞도록 해석하고 적용할 책무는 사회 구성원 전체의 몫이다.

본 법률이 지난 몇 년 동안의 논의 과정을 거쳐 이제 실정 법률로 되었다. 굳이 합헌적 법률해석론을 들지 않더라도, 기왕의 수많은 논쟁 끝에 헌법상 절차를 거쳐 제정된 이상, 법률의 규제 대상이 되는 수범자(受範者)와 본 법률의 수범자에 대한 규제를 통해 보호하고자 하는 보호자(保護者), 그리고 이들을 둘러싼 시장(市場)의 사정을 최대한 합리적으로 분석하고 이를 본 법률의 해석, 적용에 반영할 필요가 있다. 나아가 본 법률이 제정법임을 감안하면, 일반예방적 관점에서 행위 준칙으로 작용할 수 있는 기준을 마련하는 것 역시 중요한 과제이다. 이에 이 책의 공동저자들은 다음과 같은 집필의 방향을 마련하였다. 첫째, 제정법인 본 법률이 기존의 법률 체계에 충분히 부합할 수 있는 해석의 원칙을 찾고자 노력하였다. 동일한 사회현상을 규율하는 법 체계의 일부분인 만큼, 최대한 동일한 관점에서 이해하고 설명하고자 시도하였다. 둘째, 본 법률의 해석 및 적용 과정에서 제기될 수 있는 의문을 가능한 한 많이 제기하고자 하였다. 본 법률은 아직 충분한 실무례가 축적되지 아니한 관계로 많은 부분에서 불분명한 점을 내포하고 있다. 지엽적일 수 있다는 비판을 감수하고라도 각 부분에서 가능한 한 많은 의문을 던짐으로써 논의의 장을 만들기 위함이다. 셋째, 제기될 수 있는 의문에 대한 나름대로의 답을 제시하고자 하였다. 문제의 제기만으로는 법 해설서로서의 역할은 반쪽에 그치고 행위규범으로서의 안내 역할도 다한다고 보기 어렵다. 이에 가능한 한 여러 사례와 법 이론적 분석을 통해 하나의 답을 제시해보고자 하였다.

이러한 집필의 방향에도 불구하고, 완성된 책의 내용을 보면 부족함이 여러 곳에서 보인다. 특히 공동저자들이 제시한 답 중에는 다른 관점에서 법리적 반박의 시도가 있을 수 있다. 새로운 논의의 장을 마련하였다는 점에서 본 초판본의 의의를 찾고자 한다. 이 책에 존재하는 여러 형식적 문제와 법리적 문제는 전적으로 집필 시간의 부족과 공동저자들의 역량 부족에 기인한다. 그럼에도 불구하고 이 책이 향후 국내 대규모유통거래에서의 많은 법리적 논쟁과 연구의 시발점이 될 수 있다면, 부족한 시간을 쪼개어 연구하고 원고를 집필한 작은 노력에 대한 크나큰 보상이 될 것으로 본다. 이 책 역시 본 법률과 더불어 향후 국내 대규모유통거래에서의 역사적 형성체로서 자생(自生)할 수 있기를 기대해본다.

2012. 3.

변호사 윤성운

차　　례

제 1 부　일　　반

제 2 부　대규모유통업법의 이론과 사례

제 1 편 총　　론

제 2 장 대규모유통업법의 적용 범위 66

제 2 편 대규모유통업에서의 거래 공정화 제도

제 1 장 신의성실의 원칙 78

제 2 장 서면의 교부 및 서류의 보존의무 80

제 3 장 상품대금 감액의 금지 153

제 4 장 상품판매대금 지급기한의 준수 의무 170

제 5 장 상품 수령거부·지체 금지 193

제 6 장 상품의 반품 금지 204

제 7 장 판매촉진비용 부담전가 금지 241

제8장 납품업자등의 종업원 사용 및 인건비 부담 전가 금지 287

제 9 장 배타적 거래 강요 금지 323

제10장 경영정보 제공 요구 금지 및 경영간섭 금지 336

제11장 경제적 이익 제공 요구 금지 387

제12장 매장 설비비용의 보상 의무 419

제13장 부당한 영업시간 구속 금지 441

제14장 불이익 제공행위 금지 452

제15장 보복조치의 금지 507

제16장 대규모유통업자와 납품업자 사이의 협약 제도 514

제3부 대규모유통업법의 집행 및 법 위반에 대한 규제

제1장 분쟁의 조정 531

제2장 법 위반에 대한 조사 및 처분 540

제 3 장 손해배상 절차 563

부 록

약 어 표

가맹사업거래의 공정화에 관한 법률	가맹사업법
가맹사업거래의 공정화에 관한 법률 시행령	가맹사업법 시행령
독점규제 및 공정거래에 관한 법률	공정거래법
독점규제 및 공정거래에 관한 법률 시행령	공정거래법 시행령
대규모소매업에 있어서의 특정불공정거래행위의 유형 및 기준	대규모소매업고시
대규모유통업에서의 거래 공정화에 관한 법률	대규모유통업법, 본 법, 법
대규모유통업에서의 거래 공정화에 관한 법률 시행령	대규모유통업법 시행령, 시행령
대규모유통업법 위반사업자에 대한 과징금 부과기준 고시	과징금고시
대리점거래의 공정화에 관한 법률	대리점법
약관의 규제에 관한 법률	약관규제법
파견근로자보호 등에 관한 법률	파견법
하도급거래 공정화에 관한 법률	하도급법
하도급거래 공정화에 관한 법률 시행령	하도급법 시행령

제 1 부

일　반

제 1 장

대규모유통업법[1] 제정 배경 및 경위

지난 1996년 유통시장이 개방된 이래 백화점, 대형마트, TV홈쇼핑, 인터넷쇼핑몰 등 대형유통업체들은 규모 면에서, 그리고 국민경제에 미치는 영향력 면에서 지속적인 성장세를 시현하여 왔다. 대형유통업체들은 점차 매장을 늘려가면서 높아진 구매력을 통해 구매단가를 낮춤으로써 소비자들에게는 낮은 가격으로 질 좋은 상품을 판매하는 중요한 창구로서의 역할을 수행하게 되었다. 소비자들로서는 이들 유통업체들로부터 낮은 가격의 혜택뿐만 아니라 원스톱 쇼핑이나 가정에서 버튼만으로 쉽게 구매하는 등 쇼핑 편의성까지도 크게 높아지는 혜택을 누리고 있다. 대형유통업체들은 국민경제적으로 물가안정이나 고용창출에도 크게 기여하고 있다.

그러나 생산자와 소비자를 매개하는 역할을 수행하는 대형유통업체들이 더욱 대형화되면서 부작용 또한 점차 커지게 되었다. 한편으로는 재래시장이나 슈퍼마켓 등 영세 유통업체들의 침체를 가져와 유통시장의 독과점화가 심화되고 있으며, 다른 한편으로는 유통업체들에게 상품을 공급하는 중소형 납품업체에 대한 거래상지위가 더욱 커지면서 그 지위를 남용하는 사례들이 빈번하게 나타나게 된 것이다. 유통업자들이 납품업자나 매장임차인 등 거래 상대방보다 일반적으로 우월한 거래상 지위를 갖는다고 보는 것이 타당한지에 대해서는 일부 반론이 있을 수 있으나,[2] 법학적,

1) 정식 명칭은 '대규모유통업에서의 거래 공정화에 관한 법률'이다. 이하에서는 '대규모유통업법', '본 법' 또는 '법'으로 칭한다.

2) 조성봉, "대형 유통업체는 경쟁을 해치는가?", 한국경제연구원(2010), 71~91면. 단, 조성봉의 본 책에서는 "…구매시장력은 유통부문의 경쟁제한성을 점검하고 검토하는 데 유용한 개념으로 기능하지 못한다는 것을 알 수 있다. 그 이유는 유통업체 간 경쟁이 심할 때 구매시장력은 적정 이하의 상품 구입이라는 수요독점력의 문제로 이어지지 않을 가능성이 크기 때문이며 경제적 잉여의 배분문제는 소비자에게 영향을 미치지 못하기 때문이다…"

경제학적, 사회적 측면에서는 이러한 시각이 상당히 널리 받아들여지고 있다고 볼 수 있다.[3] 실제로 유통업체는 그 거래의 성격상 납품업체보다 우월한 지위에 있게 될 확률이 훨씬 높으며, 거래상 지위의 남용 형태 또한 다양하게 나타난다는 것이 일반적인 연구 결과이다.[4] 사회적으로도 납품업자나 입점업체들을 상대로 한 대형 유통업체들의 각종 횡포문제가 오랫동안 중요한 이슈의 하나로 논의되어 온 것이 사실이다.

이러한 이유로 대규모유통업자들에 대해서는 오래 전부터 다양한 방식으로 규제가 이루어져 왔으며, 규제 대상은 지속적으로 확대되는 한편, 규제 강도는 또한 점차 세지는 경향을 보이고 있다.[5][6] 특히 대규모유통업자들과 납품업자 또는 매장임차인과의 수직적 거래 측면에서 대규모유통업자들의 거래상 지위 남용행위를 규제하

라고 하여, 대형 유통업체의 일반적 경쟁제한성 내지 경쟁왜곡적 성격 및 대형 유통업체의 구매시장력(통상의 거래상 우월한 지위)과의 상관관계에 대해서는 부정적인 입장을 취한다.

3) 서강대학교 산학협력단, "대형유통업체와 납품업체간 거래 공정화를 위한 제도 개선방안 연구", 공정거래위원회(2007. 10. 25.), 68~83면.

4) 김윤수, "대규모소매업고시 개정의 의미와 주요내용", 경쟁저널(1998. 3.).

5) 대형유통업체들의 대형화, 독점화에 대응하여 재래시장, 슈퍼마켓 등 영세 유통업자를 지원, 보호하려는 법률이 유통산업발전법이며, 대규모유통업자의 횡포로부터 중소 납품·입점업체를 보호하려는 법률이 '독점규제 및 공정거래에 관한 법률', '대규모유통업에서의 거래공정화에 관한 법률(대규모유통업법)'이다. 전자는 유통업 분야의 수평적 측면에서 공정경쟁 환경을 만들려는 것이며, 후자는 유통업체와 납품업체간 수직적 관계에서 공정한 거래질서를 구축하려는 것이다.

6) 대규모유통업법 규제대상에는 소매업 가맹본부도 포함되어 있으며 공정거래위원회는 그중에서도 편의점 가맹본부에 대하여 적극적으로 법을 집행하고 있다[㈜코리아세븐의 대규모유통업법 위반행위에 대한 건[2016. 3. 17. 의결(약) 제2016-045호, ㈜지에스리테일의 대규모유통업법 위반행위에 대한 건(2017. 1. 26. 의결 제2017-047호) 및 한국미니스톱㈜의 대규모유통업법 위반행위에 대한 건(2018. 7. 19. 의결 제2018-237호) 등 다수]. 또한, 2018. 10. 16. 대규모유통업법 개정을 통해 법 제2조의2(대규모유통업자의 의제)를 신설하여, 복합쇼핑몰, 쇼핑센터, 면세점 등 임대차 사업을 주로 영위하는 부동산 임대사업자들에 대해서도 대규모유통업자로 의제하여 대규모유통업법의 일부 조항의 적용대상으로 하였다. 이에 더하여, 공정거래위원회는 2021. 2. 1.부터「온라인쇼핑몰업자의 불공정거래행위 심사지침」을 제정(공정거래위원회예규 제356호)하여 기존에 오프라인 거래를 상정하여 규정된 각 심사지침과는 별개로 온라인 쇼핑시장에서 발생하는 주요 불공정거래행위에 대한 기준을 구체화하여 법집행을 강화하였다. 최근 공정거래위원회는 온라인플랫폼과 입점업체 간 갑을 분야에서 필요한 제도보완을 위해 온라인플랫폼(오픈마켓)에 대해서도 대규모유통업법 적용대상으로 포함시키는 방향으로의 법률 개정을 검토하고 있다(공정거래위원회 2024. 9. 10.「플랫폼 공정경쟁 촉진 및 티메프 재발방지를 위한 입법방향」보도자료 참고).

기 위해, 「대규모소매업에 있어서의 특정불공정거래행위의 유형 및 기준 지정고시」(이하 '종전 대규모소매업고시' 또는 '대규모소매업고시')가 1985년부터 제정되어 오랫동안 시행되었다.[7] 대규모소매업고시는 백화점, 대형마트와 같은 오프라인 사업자와, TV홈쇼핑 및 인터넷쇼핑몰과 같은 무점포소매업자 등 대규모소매업자[8]들이 그들과 거래하는 납품업자 또는 점포임차인들에 대해 가지고 있는 거래상 우월한 지위를 남용하여 불공정거래행위를 하는 것을 제재하기 위해 지정, 고시된 특수불공정거래행위의 한 유형이다.

그러나 오랫동안 대규모소매업고시가 시행되었음에도 불구하고, 대규모유통업자들의 거래상 지위를 이용한 각종 불공정거래행위가 점차 은밀화, 지능화되면서 대규모소매업고시만으로는 대규모유통업자들의 이러한 불공정거래행위를 막는 데 한계가 있다는 지적이 계속되었다.[9] 이러한 사회 분위기에서 공정거래위원회는 2007.

7) 대규모소매업고시는 전신인 「백화점업에 있어서의 특수불공정거래행위의 유형과 기준」이라는 이름으로 1985. 10. 2. 제정된 후 몇 차례의 명칭 변경 및 개정 과정을 거쳐, 2022. 8. 30. 공정거래위원회고시 제2022-18호로 폐지되었다.

8) 대규모소매업고시 제2조 제1항 정의 규정에 의한 사업자를 말한다. 이하 본문에서 대규소매업고시 제2조 제1항 소정의 사업자를 칭할 때에는 '대규모소매업자'로 칭하여, 대규모유통업법상의 '대규모유통업자'와 구별한다.

9) 국회의원 박선숙은 대규모유통업법과 유사한 내용의 「대규모유통업 납품거래 공정화에 관한 법률(案)」의 제안이유를 다음과 같이 밝히고 있다. "최근 일부 대규모유통업자들이 막대한 자본으로 소매유통시장의 대부분을 장악하였지만, 이들 간의 치열한 경쟁으로 원가절감과 판매촉진이 절실히 필요한 상황임. 이런 이유로 대규모유통업자들은 납품업자등으로부터 납품 받는 재화 등의 가격을 적정선 이하로 낮추거나 수수료를 과도하게 인상하는 등 불공정행위를 일삼고 있음. 더구나 이러한 불공정행위는 납품업자등의 열등한 처지를 이용하여 관계자들간에 은밀하고 교묘하게 이루어지기 때문에 이의 적발은 물론 근절도 쉽지 않은 상태임. 이에 납품거래에 관한 불공정행위를 유형별로 구체화하여 금지시킴으로써 대규모유통업자와 납품업자가 서로 대등한 지위에서 보완적 관계가 형성되도록 하여 공정한 거래질서를 유지하려는 것임"(의안번호 8843, 2010. 7. 13. 발의, 발의자 박선숙 외 21인).

국회의원 이사철 역시 본 법과 유사한 내용의 「대규모소매업에서의 거래 공정화에 관한 법률(案)」의 주요한 제안이유를 다음과 같이 밝히고 있다. "1996년 유통시장이 전면 개방된 이후 우리나라 유통시장은 백화점, 대형마트, TV홈쇼핑업자 등 대규모소매업자들을 중심으로 급성장함. 이 과정에서 중소규모 소매업자들은 유통시장에서 구축(驅逐)되어 갔으며 각 업태 별로 소수의 대규모소매업자들을 중심으로 유통시장이 재편됨. 그 결과 대규모 구매력을 바탕으로 대규모소매업자들은 그들의 거래상대방인 납품업자들이나 매장임차인들에 대한 교섭력이 크게 강화됨. 이에 따라 대규모소매업자에 납품 또는 입점하여 브랜드 가치를 높이고 매출을 올리려는 납품업자나 매장임차인은 대규모소매업자와의 거래에 있어 약자의 입장에 놓일 수밖에 없음. 이에 많은 대규모소매업자들이 이들 납품업자나 매장임차인을 대등한 거래상대방으로 인정하지 아니하고 자신의 거래상 우월적 지위를 남용하

6. 대형유통업체와 납품업체간 거래 공정화를 위한 제도개선 방안 마련을 위한 연구용역을 처음 시작하였다. 이 용역에서 현행법의 모태가 되는 법률안(假案)이 처음 만들어졌고, 이를 바탕으로 2008. 1. 입법계획으로 반영하여 법률 제정을 추진하기로 하였다. 그러다가 4월 들어 이러한 입법계획을 철회하게 되었는데, 금융위기 등으로 경제가 어려운 상황에서 기업에 과도한 부담을 줄 수 있다는 이유에서였다. 대신 새로운 입법보다는 그 당시 시행 중이던 대규모소매업고시를 개정하여 대응하는 방향으로 정리되었다. 그 후 2010. 4. 공정거래위원회 내부적으로 법 제정 작업이 다시 추진되었고, 비슷한 시기에 민주당 박선숙 의원 등 22인이 2010. 7. 13.「대규모 유통업 납품거래 공정화에 관한 법률(案)」을 발의하면서 법 제정 논의가 본격화되었다. 한편 공정거래위원회도 실무법안을 마련하여 수차례 논의를 거친 끝에 2011. 1. 최종안을 확정하였다. 이렇게 마련된 안은 관계부처와 업계 의견 조회 등의 과정을 거쳐 당시 한나라당 이사철 의원 등 10인이「대규모소매업에서의 거래 공정화에 관한 법률(案)」을 2011. 6. 11. 발의하는 형식으로 추진하게 되었다. 이후 상당한 기간의 논의를 거쳐 2011. 10. 28. 각 발의안의 내용이 수정된 형태로 국회 본회의에 회부되었으며, 2011. 10. 28. 국회 본회의에서 212인 출석에 212인 찬성으로 통과되어 11. 14. 최종 공포되면서, 2012. 1. 1.자로 시행되었다.[10)]

여 불공정거래행위를 행함으로써 지속적으로 유통시장에서의 공정거래질서를 저해하여 왔음. 정부는 대규모소매업자와 납품업자나 매장임차인 사이의 이러한 불공정거래관행을 방지하고 시정하기 위하여「대규모 소매업에 있어서의 특정 불공정거래행위의 유형 및 기준 지정고시」를 제정하여 운영하고 있으나, 납품업자나 매장임차인은 여전히 대규모소매업자의 불공정한 거래관행에서 자유롭지 못한 것이 현실임. 더구나 이러한 불공정거래행위는 납품업자나 매장임차인의 열등한 거래상 처지를 이용하여 관계자들 간에 은밀하고 교묘하게 이루어지기 때문에 이의 근절은 물론 감시나 납품업자나 매장임차인의 권리구제가 쉽지 않은 상태임. 납품업자나 매장임차인은 수용할 수 없는 불이익을 당하여도 대규모소매업자로부터 보복이 두려워 정부에 신고를 기피하고 이는 대규모소매업자가 불공정거래행위를 지속적으로 행하게 하는 악순환을 초래함. 이에 대규모소매업자에 의한 불공정거래행위를 유형별로 구체화하면서 납품업자나 매장임차인의 신고 및 권리구제가 용이하도록 하는 한편, 공정거래 및 동반성장협약 체결 권장 등을 통해 공정거래의 문화를 확산시켜, 대규모소매업자와 납품업자 또는 매장임차인이 서로 대등한 지위에서 보완적 관계를 형성하도록 함으로써 유통시장에서의 공정한 거래질서를 정립하고 국민경제의 균형 있는 성장 및 발전에 이바지하고자 함"(의안번호 12195, 2011. 6. 10. 발의, 발의자 이사철 외 9인).

10) 상세한 내용은 지철호, "대규모 유통업법의 제정 배경 및 의의", 경쟁저널(2012. 3.), 90면 이하 참조.

제 2 장

대규모유통업법 제정의 의의

독점규제 및 공정거래에 관한 법률(이하 '공정거래법')은 헌법 제119조 제 2 항의 헌법적 원리에 따라 대한민국 경제질서에 대한 규제와 조정을 목적으로 제정된 대표적인 법률로서, 사실상 대한민국 경제질서의 기본 법률 중 하나로 평가된다. 이에 따라 대규모유통업자를 포함한 모든 사업자들이 공정거래법상 각종 규제의 대상이 되었다. 공정거래법상 규제조항 중 대표적인 것 하나가 제45조의 불공정거래행위인데, 그 중 제 1 항 제 6 호는 '자기의 거래상의 지위를 부당하게 이용하여 상대방과 거래하는 행위'를 금지하고 있다. 그런데 거래분야에 따라서는 거래당사자간 힘의 불균형이 구조화되어 있고, 이에 따라 소위 '갑'의 지위에 있는 사업자에 의한 거래상 지위의 남용행위가 관행화되어 있음에도 불구하고 공정거래위원회의 집행력이 미치지 못하는 분야가 적지 않았다. 그 대표적인 거래분야가 원사업자와 하도급사업자간의 하도급거래 관계, 가맹본부와 가맹점사업자와의 가맹사업(프랜차이즈) 거래 관계, 대규모유통업자와 납품업자 또는 매장임차인간의 거래 관계, 상품·용역의 공급업자와 이를 재판매 또는 위탁판매하는 대리점·판매점과의 거래관계 등이 이에 해당한다. 이에 공정거래위원회는 이들 분야에 대해서는 공정거래법을 통한 규율만으로는 부족하다는 판단하에, 별도의 법률이나 고시를 제정하여 규제하여 왔다.

하도급거래의 경우 1982. 12. 31. 「하도급거래상의 불공정거래행위지정고시(경제기획원고시 제59호)」를 제정·운영하다가 1984. 12. 31. 법률 제3779호로 「하도급거래 공정화에 관한 법률(이하 '하도급법')」이 제정(시행 1985. 4. 1.)되면서 하도급법 규제대상으로 편입되었다. 가맹사업거래의 경우 1997. 2. 1. 「가맹사업(프랜차이즈)의 불공정거래행위의 기준(공정거래위원회 고시 1997-4호)」을 제정·운영하던 중, 2002. 5.

13. 법률 제6704호로 「가맹사업거래의 공정화에 관한 법률(이하 '가맹사업법')」이 제정(시행 2002. 11. 11.)되면서 동 법률의 규제대상이 되었다. 반면 대규모유통업 거래의 경우 1985. 10. 백화점을 주요 규제대상으로 하는 「백화점업에 있어서의 특수불공정거래행위의 유형과 기준」이 처음 제정되어 별도의 규제가 시작된 이래, 1998년 대형마트와 TV홈쇼핑업자로까지 규제대상을 확대하는 「대규모소매점업에 있어서의 특정 불공정거래행위의 유형 및 기준 지정고시」, 2008년 인터넷쇼핑몰업자를 규제대상에 추가하는 「대규모소매업에 있어서의 특정 불공정거래행위의 유형 및 기준 지정고시(대규모소매업고시)」[1)]로의 개정 등 몇 번의 명칭 변경과 규제대상 확대 등을 내용으로 하는 개정 작업을 거치면서도 오랫동안 고시로만 남아 있다가 2011년에야 법제화가 된 것이다.[2)] 결국 대규모유통업법은 유통업 분야에서의 공정거래법이라고 할 수 있다.

대규모유통업법 제정의 의의는 다음 몇 가지로 구체화할 수 있다.

(1) 세계 최초로 유통업 분야만을 규제하는 별도 입법

대규모유통업법은 유통산업에서의 불공정거래행위를 근본적으로 개선하기 위해 별도의 입법으로 마련된 최초의 법률이다. 하도급거래나 가맹사업거래의 경우 외국의 입법례도 있고 우리나라도 비교적 빨리 해당 거래관계를 규율하는 별도의 법률이 제정되었지만, 유통업분야에서의 불공정거래 규제만을 목적으로 별도 입법이 이루어진 사례는 없었다. 일본이나 대만 등에서는 우리나라의 대규모소매업고시와 유사한 내용이나 형태로 규제하고 있고, 프랑스나 라트비아 등 일부 국가에서는 대규모유통업자의 일부 남용행위를 규제대상으로 하는 법률이 있기는 하지만, 대규모유통업법처럼 유통업 분야 거래를 전반적으로 규제하는 형식으로 입법된 사례는 없다.[3)] 이런 점에서 대규모유통업법 제정이 갖는 의미는 남다른 측면이 있다고 하겠다.

(2) 법률 형식에 따른 대외적 구속력의 확대

규제의 형식 면에서, 종전 대규모소매업고시는 법률 및 시행령의 하위규범인 공

---

1) 앞서 살펴본 것처럼 대규모소매업고시는 2022. 8. 30. 공정거래위원회고시 제2022-18호로 폐지되었다.

2) 상품·용역의 공급업자와 대리점(판매점) 간 거래의 경우 그 이후인 2015. 12. 22. 법률이 제정[대리점거래의 공정화에 관한 법률(이하 '대리점법')]되어 2016. 12. 23.부터 시행 중에 있다(현재 2024. 2. 6. 일부개정 법률 제20238호 시행).

3) 지철호, 앞의 논문, 91면.

정거래위원회의 고시 형식을 가지고 있었다. 반면, 대규모유통업법은 법률의 형태이므로 고시와는 규범력 면에서 근본적인 차이가 있다. 대규모유통업법은 법률의 형식이므로 그 자체로 대외적 구속력이 있는 법규명령이므로, 행정부인 공정거래위원회는 물론 사법부인 법원도 그 내용에 기속된다. 반면 대규모소매업고시는 일종의 법령보충규칙으로서 상위법령인 공정거래법 및 같은 법 시행령의 해당 수권 조항의 내용과 결합하여서만 대외적 구속력이 있는 법규명령으로 작용한다. 이러한 법률효과 외에도 대규모유통업법이 별도의 법률 형태로 존재한다는 것 자체만으로도 대규모유통업자들에게는 상당한 부담으로 작용하게 되어, 그동안 관행적으로 이루어져 왔던 각종 위법행위를 예방하는 효과를 크게 높였다는 점에서도 상당한 의미를 갖는다.

(3) '부당성' 요건의 완화: 위법성 입증책임의 근본적 전환

앞에서 언급한 것처럼 대규모소매업고시의 수권 조항은 공정거래법 제45조(구 공정거래법 제23조)이다. 공정거래법 제45조(불공정거래행위의 금지) 제 1 항 제 6 호는 '자기의 거래상의 지위를 부당하게 이용하여 상대방과 거래하는 행위'를 규제 대상으로 하고 있다. 따라서 대규모유통업자의 행위가 대규모소매업고시의 각 규정에 해당하더라도 수권조항인 공정거래법 제45조에 따라 별도로 '부당성'이 인정되어야만 위법성이 인정될 수 있었다. 즉, '부당성'은 특정 행위의 위법성을 인정하기 위한 요건사실의 핵심요소에 해당한다.

공정거래법 제45조에서 규정하고 있는 '부당성'의 규범적 의미를 단정적으로 정의하기는 어렵다. 각 행위가 발생하게 된 의도나 목적, 효과, 그리고 행위 당시의 시장상황 등이 모두 다르기 때문에, 각각의 행위를 다양한 관점에서 분석하여 그것이 사회통념 및 거래관념상 용인할 수 있는 정당한 행위인지, 아니면 법적, 사회적 관점에서 받아들이기 힘든 부당한 행위인지를 일일이 살펴볼 수밖에 없다. 이에 관하여 대법원은 "…공정거래법 제45조 제 1 항 제 6 호, 같은 법 시행령 제52조 [별표 2]{구 공정거래법 제23조 제 1 항 제 4 호, 같은 법 시행령 제36조 제 1 항 [별표 1]} 불공정거래행위의 유형 및 기준 제 6 호에서 불공정거래행위의 한 유형으로 거래상 지위의 남용행위를 규정하고 있는 것은 … (중략) … 여기서 말하는 거래상의 지위를 부당하게 이용하였는지 여부는 당사자가 처하고 있는 시장 및 거래의 상황, 당사자 간의 전체적 사업능력의 격차, 거래의 대상인 상품 또는 용역의 특성, 그리고 당해 행위의 의도·목적·효과·영향 및 구체적인 태양, 해당 사업자의 시장에서의 우월한 지위의 정도 및 상대방이 받게 되는 불이익의 내용과 정도 등에 비추어 볼 때 정상적인 거래관행을 벗어난 것으로서 공정한 거래를 저해할 우려가 있는지 여부를 판단하여 결정하여야 하며 … "라고 판시하였다(대법원 2009. 7. 23. 선고 2008다40526 판결, 대법원 2006. 9. 8. 선고 2003두7859 판결 등 다수). 따라서 어떤 거래에 '부당성'이 인정되기 위해서는 특별한 사정이 없는 한 대법원의 확립된 설시에 부합하는 각 요건사실이 인정되어야 한다.

한편, 공정거래법 제45조 제 1 항 각 호 소정의 위법 판단의 요건사실인 '부당성'의 존재는 처분청인 공정거래위원회가 적극적으로 주장, 입증해야 할 사항으로 해석된다. 이와 관련하여 대법원은 "…공정거래법 시행령 제52조 [별표 2]{구 공정거래법 시행령 제36조 제 1 항 [별표]} 제 2 호 (가), (나), (라)목에서 '가격차별', '거래조건차별', '집단적 차별'에 대하여는 그러한 행위가 '부당하게' 행하여진 경우에 한하여 불공정거래행위가 인정되는 것으로 규정하면서도, 같은 호 (다)목 '계열회사를 위한 차별'의 경우에는 '정당한 이유가 없는 한' 불공정거래행위가 되는 것으로 문언을 달리하여 규정하고 있는 취지는, 이러한 형태의 차별은 경쟁력이 없는 기업집단 소속 계열회사들을 유지시켜 경제의 효율을 떨어뜨리고 경제력 집중을 심화시킬 소지가 커서 다른 차별적 취급보다는 공정한 거래를 저해할 우려가 많으므로 외형상 그러한 행위유형에 해당하면 일단 공정한 거래를 저해할 우려가 있는 것으로 보되 공정한 거래를 저해할 우려가 없다는 점에 대한 입증책임을 행위자에게 부담하도록 하겠다는 데에 있다 …"라고 하여, 공정거래법 또는 같은 법 시행령에서 '정당한 이유 없이'라고 규정한 경우에는 그 입증책임을 사업자에게 부담하도록 한 것이라고 판시하고 있다(대법원 2001. 12. 11. 선고 2000두833 판결). 반대로 공정거래법 또는 같은 법 시행령에서 '부당하게'라고 규정한 경우에는 공정거래위원회가 그 입증책임을 부담하게 된다. 이와 같이 종전 대규모소매업고시의 적용에 있어서는 '부당성'이 행위의 위법성을 구성하는 요건사실 중 하나였다.

그러나 대규모유통업법은 대규모유통업자의 의무 및 금지 등 행위에 관한 사항을 정한 총 15개 조항 중 4개[4]를 제외하고는 '부당성'을 위법행위의 요건사실에서 제외하였다. 따라서 대규모유통업자의 행위가 나머지 11개 조항에서 정한 요건사실에

4) 법 제13조(배타적 거래 강요 금지), 법 제14조(경영정보 제공 요구 금지), 법 제14조의2(경영활동 간섭 금지), 법 제15조의2(부당한 영업시간 구속 금지).

해당하는 한, 공정거래위원회는 '부당성'의 존부를 별도로 입증할 필요 없이 해당 행위가 원칙적으로 위법하다고 판단할 수 있게 되었다. 일부 조항[5]의 경우에는 대규모유통업자가 스스로 '정당한 사유'가 있음을 입증하여 적법행위임을 항변할 수 있도록 규정되어 있다. 결국 대규모소매업고시에서는 공정거래위원회가 지고 있던 부당성에 대한 입증책임을, 대규모유통업법에서는 사실상 대규모유통업자에게 전환시킨 것으로 해석될 수 있다. 이는 결국 대규모유통업자의 거래상 지위 남용행위에 대한 규제의 실효성을 대폭 높이는 결과를 가져온 것이라고 볼 수 있다.

(4) 개별 행위유형에 대한 규제 강화

대규모유통업법이 대규모유통업자의 의무 및 금지 등 행위에 관한 사항을 규정한 15개 행위유형은 대부분 대규모소매업고시 제 3 조부터 제11조의2에서 정한 행위유형을 그 뿌리로 하고 있다. 그러나 앞서 본 바와 같이, 대규모유통업법은 공정거래법과 독립된 별도의 법률로서 규제 대상이 되는 행위에 대해 '부당성'을 위법행위의 요건사실에서 제외하고 있다는 점에서 본질적인 차이가 있다.

아울러 대규모유통업법은 각 규제의 기본 원형만을 대규모소매업고시로부터 수계하였을 뿐, 구체적인 사항에 있어서는 대규모소매업고시와 상당부분 차이가 있다. 특히 대규모유통업법은 대규모소매업고시에서 규정하고 있던 대규모소매업자에 대한 금지 또는 의무 조항에 비해, 그 내용이 한층 강화되어 규정된 조항이 많다. 가령, 전면적 서면주의의 채택, 계약추정제도의 도입, 서류 보존의무의 강화, 상품대금 감액 금지의 강화, 상품판매대금 지급일을 법률에 명시, 반품 허용사유 및 절차의 제한, 판촉비용 및 종업원 사용 금지의 강화, 매장 설비비용 보상 규정의 강화 등이 대표적으로 대규모유통업자의 의무가 강화된 행위 유형의 예이다. 구체적인 내용은 각 장에서 후술한다.

---

5) 법 제 7 조(상품대금 감액의 금지), 법 제 9 조(상품 수령 거부·지체 금지), 법 제10조(상품의 반품 금지), 법 제15조(경제적 이익 제공 요구 금지), 법 제17조(불이익 제공행위의 금지).

제 3 장

대규모유통업법의 법 체계상 지위 및 구성

1. 서 설

대규모유통업법의 헌법상 주된 근거는 헌법 제119조 제 2 항 소정의 헌법상 경제질서의 실현에 있고, 아울러 헌법 제37조 제 2 항에 따른 국민의 기본권 제한 규정에서 그 입법의 근거를 찾을 수 있다.

대규모유통업법의 주된 규정은 규제행정의 속성을 지닌다고 볼 수 있으나, 일부 규정은 쟁송절차에 관하여 규율하는 절차법적 속성도 지니고 있다.[1] 또한 민법, 상법 등 사법 영역의 각종 법률은 규제행정법의 성격을 지니고 있는 대규모유통업법과 병존하여 작용하나, 대규모유통업법상 일부 규정은 법정 청구권 내지 법률상 채권발생 사유로서의 성격이 인정되고 그 내용에 따른 사법적 효과가 발생한다.[2] 이러한 관점에서 대규모유통업법의 특별사법적 성격이 인정된다. 동일한 규제행정법인 공정거래법 등 주요 경제법령은 대규모유통업법상 각종 규제 조항들과 일반법, 특별법의 관계에 있다. 따라서 동일한 규율 영역에 관하여는 대규모유통업법이 우선 적용된다.[3]

2. 헌법과의 관계

사업자들의 거래 상대방에 대한 불공정한 거래행위에 대한 법률적 규제의 정당

1) 대규모유통업법 제 3 장(분쟁의 조정 등), 제 4 장(공정거래위원회의 사건처리절차 등).
2) 대규모유통업법 제 8 조(상품판매대금 등의 지급) 제 3 항, 제16조(매장 설비비용의 보상) 참조. 해당 부분에서 상술한다.
3) 공정거래법 제45조(불공정거래행위의 금지) 제 1 항 제 6 호 및 제 7 호와, 제조위탁 거래에 관하여 규정한 하도급법 제 2 조(정의) 제 6 항이 이에 해당한다(대규모유통업법 제 4 조 참조).

성 및 실정법상 근거는 헌법에 있다. 헌법 제119조 제2항은 "국가는 균형있는 국민경제의 성장 및 안정과 적정한 소득의 분배를 유지하고, 시장의 지배와 경제력의 남용을 방지하며, 경제 주체간의 조화를 통한 경제의 민주화를 위하여 경제에 관한 규제와 조정을 할 수 있다"는 헌법적 원칙을 규정하고 있다. 위 헌법 조항 소정의 '시장의 지배와 경제력의 남용을 방지하며, 경제 주체간의 조화를 통한 경제의 민주화를 위하여 경제에 관한 규제와 조정'의 의미와 한계에 관하여는 많은 헌법적 논의가 있으나, 통설적 견해는 본 헌법 규정에 따라 국가 공권력이 일정한 범위 내에서는 경제 주체에 대해 직접적 또는 간접적 규제와 조정을 할 수 있음을 인정하고 있다. 대규모유통업자에 대한 각종 규제와 조정의 헌법상 근거 역시 위 조항에서 찾을 수 있다. 헌법은 대한민국의 최고 기본법으로서 국가 공권력의 기본적인 행사 범위와 한계에 관한 최상위의 원리를 천명한 것으로서 위 규제와 조정을 위한 국가 공권력의 구체적인 발동은 하위 개별 법률의 규정에 의하게 된다. 대규모유통업법은 대한민국의 기본적 경제질서에 관한 헌법 제119조 제2항 및 국민의 기본권 제한에 관한 일반원칙인 헌법 제37조 제2항에 따라 제정된 일반 법률로서, 일체의 헌법상 원리와 한계 내에서 유효한 하위규범으로 존재할 수 있다.

3. 공정거래법과의 관계

공정거래법은 헌법 제119조 제2항에 근거를 두고 제정된 법률로서 대한민국 경제질서에 대한 규제와 조정을 목적으로 하는 대표적인 법률이자, 대한민국 경제질서의 기본 법률 중 하나로 평가된다. 대규모유통업법이 제정되기 전까지 대규모유통업자들에 대한 각종 규제와 조정은 공정거래법을 근거로 이루어졌다.

원칙적으로 공정거래법과 대규모유통업법은 각기 규율 영역을 달리 하는 별개의 법률이나, 상호 동일한 규율 영역으로 평가되는 일부 사항에 관하여는 일반법과 특별법 관계에 있다. 즉, 대규모유통업자와 납품업자 또는 매장임차인(이하 통칭할 때는 '납품업자등') 등 사이의 법률관계 중, 대규모유통업법의 규율 범위에 속하는 사항에 대해서는 대규모유통업법이 공정거래법 제45조 제1항 제6호 및 제7호에 대해 특별법으로서 우선 적용된다. 대규모유통업자와 납품업자등 사이의 법률관계라 하더라도 이에 해당하지 않는 사항에 대해서는 일반법인 공정거래법이 적용된다. 공정거래법상 시장지배적 지위 남용행위, 부당한 공동행위, 공정거래법 제45조 제1항 제6호 및 제7호를 제외한 나머지 불공정거래행위 등이 이에 해당한다.[4)]

4. 일반 민사법과의 관계

대규모유통업자와 납품업자등은 사인(私人), 특히 법인으로 존재할 경우, 사법인(私法人)으로서 사법관계를 규율하는 일반법인 민법의 적용을 받는다(민법 제1조). 한편, 특별한 사정이 없는 한, 대규모유통업자와 납품업자등은 각자 상행위를 하는 자로서 상사에 관한 법률인 상법의 적용을 받는다(상법 제1조, 제3조, 제4조). 상법과 민법은 특별법과 일반법 관계에 있으므로, 대규모유통업자와 납품업자등 사이의 사법상 법률관계는 상법에 정한 바에 따르고, 그 외에는 상관습, 민법의 차례로 규율된다(상법 제1조).

상법, 민법은 사인 사이의 사법관계를 규율하는 법률이고, 대규모유통업법은 대규모유통업자와 납품업자등 사이의 거래관계에서 발생하는 대규모유통업자의 특정 불공정거래행위에 대한 행정적 제재를 규율하기 위한 법률이다. 따라서 원칙적으로 상법, 민법과 대규모유통업법은 각 규율대상을 달리하는 규범으로서 상호 직접적인 영향을 미치지 아니한다.[5)] 특별한 사정이 없는 한, 대규모유통업자의 대규모유통업법 각 규정에 대한 위반 여부와 대규모유통업자와 납품업자등 사이의 사법상 권리의 무관계의 효력은 별도로 판단된다.[6)]

그러나 대규모유통업자의 납품업자등에 대한 특정 행위가 대규모유통업법에 의

4) 하도급법 등 다른 법률과의 관계에 대해서는 제2부 제2편 제2장에서 상술한다.

5) 강행규정(강행법규)이라 함은 선량한 풍속 기타 사회질서와 관계 없는 규정인 임의법규(민법 제105조)에 대립되는 개념으로 이해된다. 학계의 다수설은 강행법규를 단속규정과 효력규정으로 구분하여, 효력규정은 법규에 위반되는 행위의 사법상 효력이 발생하지 않는 법규로 보는 데 반하여, 단속규정은 행정상 목적을 달성하기 위하여 거래행위를 제한 금지하는 공법상 규정으로서 이에 위반하더라도 처벌을 받거나 행정상의 불이익을 받을 뿐, 그 행위 자체의 사법상 효력에는 아무런 영향이 없는 법규로 이해하고 있다[오창수, "효력규정과 단속규정의 구별 및 그 위반거래의 사법상 효력", 판례연구 2(1989. 1.), 19~20면]. 이러한 관점에서 대규모유통업법은 강행규정 중 단속규정에 해당하는 것으로 이해된다.

6) 다만, 대규모유통업법의 일부 규정은 법정 청구권 내지 법률상 채권발생사유로서 그 내용에 따른 사법적 효과가 인정될 수 있고, 이러한 관점에서 대규모유통업법 중 일부 규정은 특별사법적 성격을 지니고 있음은 앞서 본 바와 같다. 관련 부분에서 상술한다.

해 위법으로 평가될 경우, 그 한도 내에서 대규모유통업자와 납품업자등 사이의 협의, 합의, 약정, 계약 내지 이에 따른 행위의 자유는 제한될 수 있으므로, 이러한 관점에서 대규모유통업법은 대규모유통업자와 납품업자등 사이의 사적자치를 간접적으로 제한하는 규범에 해당한다고도 볼 수 있다

5. 대규모유통업법의 구성

대규모유통업법은 총 53개 조항으로 구성되어 있다. 법의 목적과 적용에 관한 일반 사항을 규정한 총칙 5개 조항(제1조 내지 제4조), 대규모유통업자의 의무 및 금지 등 행위에 관한 사항 등을 규정한 18개 조항(제5조 내지 제19조. 단, 제5조는 신의성실의 원칙에 대한 규정, 제6조의2는 공정거래위원회의 표준거래계약서 사용 권장에 관한 사항, 제19조는 협약에 관한 규정으로서 대규모유통업자의 의무 또는 금지에 관한 사항에 해당하지 아니함), 대규모유통업자와 납품업자등 사이의 분쟁 조정을 위한 사항을 규정한 10개 조항(제20조 내지 제28조), 대규모유통업자의 법 위반 행위에 대한 공정거래위원회의 조사, 심사 및 심의, 의결 등 사건처리절차 사항을 규정한 16개 조항(제29조 내지 제38조) 및 벌칙 사항을 규정한 4개 조항(제39조 내지 제42조)으로 구성되어 있다.

대규모유통업법의 시행일은 2012. 1. 1.이다(법 부칙 제1조). 한편 대규모유통업법은 그 내용의 상당부분을 대통령령에 위임하고 있는바, 이에 따라 대통령령인 「대규모유통업에서의 거래 공정화에 관한 법률 시행령」(이하 '대규모유통업법 시행령' 또는 '시행령')이 함께 제정되었다. 본 시행령의 시행일 역시 2012. 1. 1.이다.

제 2 부

대규모유통업법의 이론과 사례

제 1 편

총 론

제 1 장

총　　칙

1. 대규모유통업법의 목적

대규모유통업법은 대규모유통업에서의 공정한 거래질서를 확립하고 대규모유통업자와 납품업자 또는 매장임차인이 대등한 지위에서 상호 보완적으로 발전할 수 있도록 함으로써 국민경제의 균형 있는 성장 및 발전에 이바지함을 목적으로 한다(법 제1조). 이는 헌법 제119조 제2항에 규정된 "국가는 균형있는 국민경제의 성장 및 안정과 적정한 소득의 분배를 유지하고, 시장의 지배와 경제력의 남용을 방지하며, 경제주체간의 조화를 통한 경제의 민주화를 위하여 경제에 관한 규제와 조정을 할 수 있다"라는 헌법적 원칙을 구체화한 것으로 해석된다.

대규모유통업법의 근본적 목적을 '국민경제의 균형 있는 성장 및 발전에 이바지하는 것'이라고 한다면, 그 직접적 목적은 '대규모유통업에서의 공정한 거래질서 확립'이라고 할 수 있다. 여기서 말하는 '공정한 거래질서'란, 법 제1조(목적)에서 "이 법은 (중략) 대규모유통업자와 납품업자 또는 매장임차인이 대등한 지위에서 상호 보완적으로 발전할 수 있도록 함으로써 국민 경제의 균형있는 성장 및 발전에 이바지함을 목적으로 한다"라고 규정하고 있는 점, 대규모유통업법의 금지규정이나 작위의무 부과규정들은 대부분 대규모유통업자를 수범 대상으로 한 일방적·편면적 규정이라는 점 등에 비추어, 대규모유통업자와 납품업자등의 수직적 거래관계에 있어서 거래조건의 공정성에 중점을 둔 것으로 볼 수 있다. 다만, 법 제13조(배타적 거래 강요 금지)에서는 대규모유통업자가 납품업자등에게 배타적 거래를 강요하지 못하도록 규정함으로써, 보완적으로는 납품업자등을 이용하여 다른 경쟁 대규모유통업자들과의

'공정한 경쟁'을 제한하는 행위도 규제하려는 취지로 해석된다.

대규모유통업법은 일반적으로 공정거래법상의 불공정거래행위 규제, 특히 거래상 지위 남용금지 규정을 대규모유통업 분야에서 구체화한 법률로서, 대규모유통업 분야에서 거래관계를 맺고 있는 사업자들의 거래상 지위나 교섭력의 불균형을 일정한 한도에서 교정하기 위한 법률로 설명된다. 다만, 공정거래법상 거래상 지위 남용금지가 '특정한 거래관계에서 상대적으로 우월한 지위에 있는 사업자가 자신의 힘을 남용하여 거래상대방을 억압함으로써 공정한 거래를 저해하는 행위'를 방지하려는 목적을 갖는다면, 대규모유통업법은 이러한 차원을 넘어 대규모유통업 분야에 종사하고 있는 모든 거래당사자들이 서로 대등한 지위에서 상호 보완적으로 발전할 수 있도록 일정한 거래 제도를 창설하는 성격까지 포함한다고 볼 수 있다. 즉, 대규모유통업법은 공정거래법의 궁극적인 목적인 창의적인 기업활동의 조장, 소비자의 보호, 국민경제의 균형있는 발전 중 국민경제의 균형있는 발전에 보다 중점을 둔 법률이라고 할 수 있다. 이러한 점에서, 일차적으로 사업자 간 공정하고 자유로운 경쟁을 촉진하는 것을 목적으로 하는 공정거래법의 입법목적과는 궤를 달리하는 부분이 있다.

2. 용어의 정의

가. 대규모유통업자

(1) 개　념

대규모유통업자라 함은 소비자가 사용하는 상품을 다수의 사업자로부터 납품받아 판매하는 자 중, 직전 사업연도의 소매업종 매출액이 1천억 원 이상인 자 또는 매장면적[1]의 합계가 3,000㎡ 이상인 점포를 소매업에 사용하는 자를 의미한다.[2] 선택적 요건이므로 두 가지 요건 중 어느 하나만 충족하더라도 대규모유통업법상의 대규모유통업자에 해당한다. 위 요건이 충족되는 한 가맹사업법 제2조 제2호의 '가맹본부'도 대규모유통업자에 포함된다(법 제2조 제1호). 두 가지 요건 중 '매장면적의 합계가 3,000㎡ 이상인 점포를 소매업에 사용하는 자'는 오프라인 사업자만을 대상

1) 매장의 바닥면적에 100분의 95를 곱하여 산출된 면적을 의미한다.

2) 일부 대형 쇼핑몰처럼 임대차 거래만 하는 경우에는 위 요건을 충족하지 않으므로 대규모유통업자에 해당하지 않는다[정성무, "대규모유통업법의 체계적 정합성에 대한 검토", 시장경제와 사회조화 : 남천 권오승 교수 정년기념논문집, 법문사(2015), 654면 참조].

으로 하는 요건이지만, '소매업종 매출액이 1천억 원 이상인 자'는 온라인 사업자에게도 해당되므로, 대규모유통업법은 온·오프라인 사업자 모두를 대상으로 적용된다.

그런데 오픈마켓은 상품의 판매가 온라인상에서 이루어진다는 점에서 다른 인터넷쇼핑몰과 유사하나, 쇼핑몰의 구축자가 직접 상품을 판매(소매)하는 것이 아니라 자신이 구축한 온라인상의 가상공간을 다수의 소규모 상품판매자에게 임대하여 상품의 판매를 중개하는 것에 불과하므로, 오픈마켓 사업자는 소위 소매업 매출액 요건을 충족하지 않아 대규모유통업자에 해당하지 않는 것으로 이해된다. 공정거래위원회도 2011. 12. 30. 배포한 대규모유통업법 시행령 관련 보도자료에서 인터넷쇼핑몰 중 오픈마켓 사업자는 대규모유통업법의 규제 대상에서 제외된다고 밝힌 바 있다. 그러나 최종 소비자들의 입장에서는 오픈마켓이나 일반 인터넷쇼핑몰이 서로 대체가능한 유통채널에 해당하고, 최근 들어 두 가지 업태의 성격을 모두 가지고 있는 소셜커머스 업체들이 크게 성장하면서 오픈마켓, 인터넷쇼핑몰, 소셜커머스 간의 경계가 모호해짐에 따라 대규모유통업법 적용 대상을 어디까지로 할 것인지에 대해 논란이 커지고 있다. 사실상 일반 소비자를 직접 대상으로 경쟁하고 있는 온라인유통업태 중 오픈마켓만 대규모유통업법 규제 대상에서 제외됨으로써 결과적으로 시장의 경쟁질서를 왜곡할 가능성이 있다.[3)4)]

오프라인 분야에서도 다양한 유통업태가 등장함에 따라 백화점, 대형마트 및 TV홈쇼핑, 그리고 편의점 등 소매업가맹본부 등을 주된 법 적용 대상으로 상정하여 제정된 대규모유통업법 체계가 과연 지금의 시장상황에 부합하는지에 대해서도 논

3) 인터넷쇼핑과 모바일쇼핑에서는 수많은 상품에 대해 수시로 많은 판매촉진행사가 이루어지고 있는데, 그러한 판매촉진행사를 실시하기 이전에 판매촉진행사의 명칭·성격 및 기간, 소요 예상 비용의 규모 및 사용내역 등 대규모유통업법이 요구하고 있는 구체적인 내용에 대한 약정을 하고 판매촉진행사를 진행하는 경우 그러한 제한이 없는 유통채널에 비해 시장 상황에 대한 대응의 즉시성, 유연성이 현저히 낮을 수밖에 없을 것이다[윤성운·김정헌·박성진·강수민, "대규모유통업법의 운용현황 및 개선 방향에 관한 연구", 2016년 법·경제분석그룹(LEG) 연구보고서, 93면].

4) 이와 관련하여 공정거래위원회는 최근 온라인플랫폼과 입점업체 간 갑을 분야에서 필요한 제도보안을 위해 온라인플랫폼(오픈마켓) 역시 대규모유통업법 적용대상으로 포함시키는 법률 개정을 검토하고 있다(공정거래위원회 2024. 9. 10.「플랫폼 공정경쟁 촉진 및 티메프 재발방지를 위한 입법방향」 보도자료 참고). 다만, 기존의 대규모유통업자와는 성격이 다른 온라인플랫폼을 대규모유통업법 적용대상에 포함하는 것이 적절한지, 법 체계상 혼란은 없는지 등에 대해서는 논란의 여지가 있을 수 있으나, 구체적인 내용에 대해서는 추후 법 개정이 이루어지면 상세히 살펴보고자 한다.

란이 발생하였다. 이를 고려하여 대규모유통업법은 2018. 10. 16. 개정(법률 제15854호)을 통해 제 2 조의2(대규모유통업자의 의제)를 신설하여, 입점업체의 상품 매출액에 연동되는 임차료를 수취하는 대형 쇼핑몰이나 아울렛 등 매장 임대사업자로서 일정한 요건을 충족하는 사업자의 경우 대규모유통업법상 일부 조항을 적용[5]함에 있어 대규모유통업자로 의제하도록 하였다. 이들 임대사업자의 경우 통상적인 임대사업자와는 달리 그 경제적 실질이 사실상 대규모유통업자와 유사할 뿐 아니라, 입점업체와의 관계에 있어서도 기존 대규모유통업자와 마찬가지의 문제를 발생시킬 수 있다는 점을 감안한 입법조치인 것으로 이해된다. 그런데, 이에 대해서는 대규모유통업법은 상품의 유통단계에서 발생할 수 있는 불공정거래행위를 규율하는 것이 목적인데, 애초에 거래상대방(임차인)과 상품 거래를 하지 않아 상품의 유통에 전혀 관여하지 않는 부동산 임대사업자를 대규모유통업법의 적용범위에 포함시키는 것이 대규모유통업법의 제정 취지에 부합하는지 의문이 있다는 점, 부동산임대사업의 본질과의 체계 정합성을 해칠 우려가 있다는 점, 일반 대규모유통업자에게 적용되는 조항을 임대사업자에게 적용함에 따른 부작용 문제, 상가임대차법 및 공정거래법을 통해 임차인의 보호가 충분히 가능하다는 점 등을 들어 그 타당성에 의문을 제기하는 견해가 있다.[6]

따라서 앞으로 이러한 시장상황을 적절히 반영하면서 규제의 실효성을 높이는 방향으로 규제대상을 조정하기 위한 논의가 필요하다고 판단된다. 다만, 규제대상의 조정은 과도하게 법 적용 대상을 확대할 경우 나타날 수 있는 부작용을 최소화하는 한도 내에서 이루어져야 함은 물론일 것이다.[7]

---

5) 매장을 임대하는 자로서 임차인으로부터 상품 매출액에 연동되는 임차료 또는 이에 준하는 경제적 이익(임차료등)을 수취하는 사업자 중 (i) 직전 사업연도에 자신이 임대한 매장에서 발생한 소매업종 매출액이 1천억 원 이상인 자 또는 (ii) 자신이 임대한 매장면적의 합계가 3천제곱미터 이상인 자에 해당하는 자에 대해서는 법 제 6 조, 제 6 조의2, 제 8 조, 제11조부터 제14조까지, 제14조의2, 제15조, 제15조의2, 제16조부터 제18조까지 규정을 적용함에 있어서는 "대규모유통업자"로 본다(법 제 2 조의2).

6) 김정헌 · 박종하 · 김규식 · 김영석 · 김윤수, "대규모유통업법의 적용 범위에 관한 고찰－대규모유통업법의 입법 취지를 중심으로", 유통법연구 제 7 권 제 2 호(2020), 170~178면 참조.

7) 대규모유통업법은 일정 규모 이상의 소매업 가맹본부에 대해서도 대규모유통업자로 정의하고 있는데(제 2 조 제 1 호 가목), 이에 대해서는 (i) 대규모유통업법은 기본적으로 백화점, 대형마트 등 거래상 지위를 가진 소매업자의 중소 납품업자나 임차인에 대한 불공정거래행위를 규제하는 것을 그 목적으로 하는 법률이어서 도매업자에 가까운 가맹본부에 대해서까지 적용하는 것이 타당한지에 대한 의문이 있다는 점, (ii) 가맹본부에 대규모유통업

(2) 직전 사업연도 소매업종 매출액이 1천억 원 이상이거나, 매장면적의 합계가 3,000㎡ 이상인 점포를 소매업에 사용하는 자

대규모유통업자로 인정되기 위해서는 당해 사업자의 총 매출액 중 '소매업종 매출액'의 합산액이 1천억 원 이상이어야 한다. 따라서 총 매출액 중 '도매업종 매출액'은 제외된다.[8] 소매업종 매출액을 산정함에 있어서는 직전 사업연도를 기준으로 하되 직전 사업연도의 사업기간이 1년 미만인 경우에는 그 기간 동안의 매출액을 12개월로 환산한 금액을 기준으로 한다. 기업회계기준에 따라 순액법에 의해 수익을 인식하는 사업자의 경우에는 순매출액이 아닌 총매출액을 말하며, 가맹본부의 경우에는 소매업종 매출액과 가맹점사업자에게 판매한 상품매출액을 합산한 금액이 기준이 된다.

면적 기준 역시 소매업에 사용되는 매장의 면적을 의미하므로, 도매업에 사용되는 매장의 면적은 이에 해당되지 않는다. 한편, 동일 사업자가 2 이상의 다수 점포를 보유하고 있는 경우, 그 점포들 중에서 소매업에 사용되는 매장의 면적이 3,000㎡ 이상인 점포가 1개 이상이면 대규모유통업자에 해당된다. 이와 관련하여, 다수의 점포를 운영하는 유통업자의 개별 점포의 매장 면적이 3,000㎡ 이하이나 점포 전체의 매장면적의 총 합계가 3,000㎡를 넘는 경우에도 이에 해당되는지 의문이 있을 수 있다. 즉, 개별 점포별로는 매장면적이 3,000㎡ 이하라 하더라도 하나의 단일한 유통업자가 운영하는 여러 점포내 매장 면적을 모두 합치면 3,000㎡ 이상이 되어 상당한 구매력을 행사할 수 있는 경우[9] 대규모유통업법 적용 대상인지가 문제될 수 있다. 살피건대 대규모유통업법 제 2 조 제 1 호 나목에서 대규모유통업자의 면적 기준을 '매

법을 적용함으로써 가맹본부로 집결된 협상력을 제한한 결과, 공동구매에 따른 협상력 제고라는 가맹사업의 본질을 해하고 결과적으로 소상공인인 가맹점사업자 보호에 역행한다는 점, (iii) 특히 편의점 가맹본부의 경우 전체 구매 상품 중 67~90%에 이르는 상품을 대기업으로부터 구매하는바, 대규모유통업법으로 인하여 영세한 가맹점사업자보다 오히려 대기업인 납품업자를 보호하게 되는 불합리한 결과가 초래된다는 점 등에 비추어, 가맹본부를 대규모유통업자에 포함하는 것이 타당한지에 대해 의문을 제기하는 견해가 있다. 김정헌·박종하·김규식·김영석·김윤수, "대규모유통업법의 적용 범위에 관한 고찰－대규모유통업법의 입법 취지를 중심으로", 유통법연구 제 7 권 제 2 호(2020), 143~148면.

8) 서울중앙지방법원은 중소유통업자를 대상으로 상품을 공급하는 도매업체가 소매업을 전제로 한 '대규모유통업자'에 해당한다고 보기 어렵다고 판시하였다[서울중앙지방법원 2014. 11. 28. 선고 2013가합78100 판결(패소 당사자가 항소하지 않아 확정됨)].

9) 예를 들어 기업형 슈퍼마켓(Super－SuperMarket, SSM)과 같이 중소형 매장을 다수 보유하면서 상당한 구매력을 가진 회사의 경우가 이에 해당한다.

장면적의 합계가 3천제곱미터 이상인 점포'라고 규정한 이상, 매장 면적이 3,000㎡ 미만인 각 점포의 매장면적을 합산하여 판단할 수는 없다고 판단된다. 그렇지만 면적이 이에 미치지 못하더라도 이러한 점포를 다수 가진 기업이라면, '소매업종 매출액'의 합산액이 1천억 원 이상인 경우에 해당할 가능성이 크므로, 대규모유통업법의 적용 대상 여부를 판단함에 있어 굳이 매장면적 기준을 확대해석하여 규제할 필요성도 크지 않을 것이다.[10]

나. 납품업자

(1) 개　념

납품업자라 함은 거래형태에 상관없이 대규모유통업자가 판매할 상품을 대규모유통업자에게 공급하는 자를 의미한다. 대규모유통업자에 대한 공급에는 대규모유통업자가 판매한 상품을 소비자에게 직접 공급하는 경우, 즉 납품업자가 소비자에게 직배송하는 경우를 포함한다(법 제 2 조 제 2 호).

(2) 개념 표시

(가) 거래형태와 무관

대규모유통업법상 납품업자의 개념은 당해 사업자와 대규모유통업자 사이의 거래 형태를 불문한다. 따라서 당해 거래가 법 제 2 조(정의)에서 정하는 직매입거래, 특약매입거래, 위·수탁거래에 해당하는 경우는 물론, 엄밀한 의미에서 이에 해당하지 않는다고 하더라도 사실상 대규모유통업자에게 상품을 납품하는 거래 관계가 인정되는 경우에는 법상 납품업자에 해당될 수 있다.

(나) 대규모유통업자가 판매할 상품을 공급

대규모유통업법상 납품업자는 대규모유통업자가 판매할 상품을 공급하는 사업

---

10) 2008. 1. 31. 개정 전 대규모소매업고시 제 2 조 제 1 항은 '매장면적의 합계가 3,000㎡ 이상인 동일점포에서 일반소비자가 일상적으로 사용하는 여러 종류의 상품을 소매하는 사업'을 대규모소매점업으로 정의하고 있었는바, 중소형 매장을 다수 소유하면서 상당한 구매력을 가진 회사에 대해서 대규모소매업고시가 적용되지 않는 점에 대한 문제 제기가 있었던 것으로 보인다. 이에 2008. 1. 31. 대규모소매업고시가 개정되면서 '직전 사업연도의 매출액(기업회계기준상 순액법에 의해 수익을 인식하는 사업자의 경우에는 총매출액을, 다수 업종을 영위하는 사업자의 경우에는 소매업종의 매출액을 말한다)이 1,000억 원 이상인 자'도 대규모소매업고시의 적용 대상에 포함시킨 바 있다[김윤수, "대규모소매업고시 개정의 의미와 주요내용", 경쟁저널(2008. 3.), 70면 참조].

자를 의미하므로 대규모유통업자가 자가소비할 상품만을 공급하는 사업자는 법상의 납품업자에 해당되지 않는다. 예를 들어 대규모유통업자가 사무용으로 사용하는 복사용지, 사무용품 등 소모품을 공급하는 사업자는 법상의 납품업자가 아니다. 다만, 어떠한 사업자가 대규모유통업자의 자가소비용 상품과 판매용 상품을 같이 공급하는 경우, 자가소비용 상품의 공급거래에 대해서도 대규모유통업법이 적용되는지에 대한 의문이 있을 수 있다. 살피건대, 대규모유통업자가 판매할 상품을 공급하는 사업자를 납품업자로 규정한 취지와 자가소비용 상품의 구매에 대해서는 유통업자의 지위를 인정하기 어려운 점에서 자가소비용 상품의 공급거래에 대해서는 대규모유통업법이 적용되지 않는다고 해석하는 것이 타당해 보인다.

(다) 대규모유통업자에게 공급(대규모유통업자가 판매한 상품을 소비자에게 직접 공급하는 경우 포함)하는 자

대규모유통업자에게 상품을 직접 공급하거나 대규모유통업자가 상품판매 계약을 체결한 소비자에게 직접 상품을 배송하는 사업자를 의미한다. 따라서 대규모유통업자 또는 대규모유통업자가 상품판매 계약을 체결한 소비자에게 상품을 직접 공급하지 않는 사업자는 대규모유통업법상 납품업자에 해당되지 않는다. 예를 들어, A 대규모유통업자가 K 벤더사(Vendor社)로부터 소형 가전제품을 공급받고 있고, 중소기업인 X 전자회사는 K 벤더사에게 소형 가전제품을 공급하는 거래를 할 경우, A 대규모유통업자는 대규모유통업자로서, K 벤더사는 납품업자로서 대규모유통업법의 적용대상이 될 것이다. 그렇지만, K 벤더사가 법상 대규모유통업자에 해당되지 않는 한, X 전자회사는 법상의 납품업자에 해당되지 않는다. 다만 벤더사가 대규모유통업자에게 직접 상품을 공급하지 않고 중간에서 단순히 중개만을 하거나 상품공급을 관리만 하는 경우에는 납품업자로 볼 수 없고, 직접 대규모유통업자와 상품공급거래계약을 체결한 당사자가 납품업자가 된다.[11]

(3) 관련 문제 - 대규모유통업법상 '납품'의 의미

대규모유통업법은 직매입거래와 특약매입거래에서는 '매입'이라는 개념과 '납품'이라는 두 가지의 개념을 사용하고 있으나 위·수탁거래에서는 '납품'이라는 개념만

11) 서울남부지방법원은 대규모유통업자와 특정매입거래계약(입점계약)을 체결한 당사자와 사이에 중간관리계약을 체결한 자는 납품업자등에 해당하지 않는다는 취지로 판시한 바 있다[서울남부지방법원 2014. 11. 20. 선고 2014나8726 판결(패소당사자가 상고하지 않아 확정됨)].

을 사용하고 있고, 반품은 '납품 이후의 행위'를 의미하는 것으로 정의(법 제2조 제7호)하고 있다. 이처럼 대규모유통업법에서는 '납품'이라는 용어를 법 전반에 걸쳐 사용하고 있으나 그 의미에 대해서는 별도로 정의하고 있지 않다.

납품의 사전적 의미는 '계약한 곳(계약에서 정한 변제장소[12])에 주문받은 물품을 가져다 줌. 또는 그 물품'으로 정의되는바,[13] 대규모유통업법에서의 납품의 의미 역시 이같은 사전적 의미를 기초로 해석함이 타당하다. 따라서 법에서 납품이라 함은, 납품업자가 대규모유통업자에게 일정한 상품을 사실상 제공하는 일체의 행위를 의미하는 것으로 보아야 한다. 즉, 납품은 대규모유통업자와의 약정에 따라 약정된 장소에 상품을 가져다 주는 것 또는 장소에 대한 약정이 없는 경우에는 (대규모유통업자와 납품업자간 거래의 대상이 되는 상품은 특별한 경우가 아니면 특정물이 아닐 것이고, 위 거래는 영업에 관한 것이므로) 대규모유통업자의 현 영업소에 상품을 가져다 주는 것을 의미한다. 양 당사자가 약정하는 납품장소는 통상 대규모유통업자의 본사, 물류센터 또는 각 점포가 될 것이다. 납품의 방법으로는 동산의 현실인도 방법(민법 제188조 제1항)이 가장 일반적이나, 경우에 따라서는 간이인도(민법 제188조 제2항), 점유개정(占有改定, 민법 제189조), 목적물반환청구권의 양도(민법 제190조)에 의한 납품도 가능할 것이다.

다. 직매입거래

(1) 개　념

직매입거래란 대규모유통업자가 매입한 상품 중 판매되지 아니한 상품에 대한 판매책임을 부담하고 납품업자로부터 상품을 매입하는 형태의 거래를 말한다(법 제2조 제4호). 민법상의 통상의 '매매'와 기본적인 법률적 의미는 동일하다. 법률적으로 '매매'에 해당한다는 점에서는 특약매입거래와 동일하지만, 직매입거래는 원칙적으로 반품이 허용되지 않는다는 점에서 반품 특약이 부가되는 특약매입거래와 개념상 구별된다.

---

12) 변제장소에 대해서는 민법 제467조(변제의 장소)가 정하고 있다. 변제장소는 당사자가 약정할 수 있고, 약정이 없으면 특정물의 인도는 채권성립 당시에 그 물건이 있던 장소에서 하고, 특정물 인도 이외의 채무변제는 채권자의 현주소(단, 영업에 관한 채무의 변제는 채권자의 현 영업소)에서 하여야 한다.

13) 국립국어원, 표준국어대사전.

(2) 관련 문제 - 상품의 소유권 이전 시점

(가) 소유권 변동의 일반 원칙

대규모유통업자와 납품업자가 직매입거래(매매)를 하는 경우, 그 거래 과정의 특정 시점에 매매대상 상품의 소유권 변동(이전)이 일어난다. 특별한 사정이 없는 한, 대규모유통업법상 직매입거래의 대상인 상품은 동산에 해당하므로 당해 상품의 소유권 변동은 동산의 소유권 변동에 관한 일반 원칙에 의하게 된다. 성립요건주의[14]를 취하고 있는 우리 민법상, 동산의 소유권 변동은, ① 당사자 사이에 당해 동산의 소유권 이전이라는 채권적 권리의무의 발생을 목적으로 한 채권행위, ② 당해 동산의 소유권 이전을 목적으로 하는 내용의 의사표시인 물권행위 또는 물권적 합의, ③ 그리고 공시방법으로서 인도가 있어야 성립한다. 물권행위 또는 물권적 합의는 물권의 변동을 목적으로 하는 법률행위로서 채권의 변동을 목적으로 하는 채권행위와 구별되나 그 본질은 일반적인 법률행위의 속성을 지니고 있으므로, 민법 또는 상법상 법률행위에 관한 규정이 적용된다. 동산 물권변동에 관한 공시방법인 인도는 민법 제188조(동산물권양도의 효력, 간이인도), 제189조(점유개정) 및 제190조(목적물반환청구권의 양도) 각 규정에 의한다.[15]

(나) 직매입거래에서의 상품 소유권 이전 시점

직매입거래는 기본적으로 민법상 매매의 속성을 지니고 있는 거래이므로, 특별한 사정이 없는 한 매도인인 납품업자는 상품을 인도하여 소유권을 이전해 줄 의무를 부담하고, 매수인인 대규모유통업자는 상품대금 지급 의무를 부담한다. 여기서 직매입거래의 대상인 상품의 소유권 이전 시점을 언제로 보아야 하는지에 대한 법률적 문제가 발생한다. 상품의 소유권 이전 시점을 언제로 보느냐에 따라 납품거래계약상 납품업자의 채무이행이 이루어졌는지를 판단하는 기준이 되고, 나아가 상품에 대한 위험이전 시점(어느 일방의 귀책사유 없이 물건이 멸실되는 경우 등에 그로 인한 위험을 채권자 또는 채무자 중 누가 부담하는지를 판단하는 시점)을 정하는 기준이 되기 때문이다.

---

14) 소유권 등 물권변동의 요건으로서, 당사자 사이의 물권변동에 관한 의사표시(채권행위 및 물권행위) 이외에 등기, 인도 등 공시방법을 갖출 것을 요하는 입법주의이다. 물권변동에 관한 우리 민법의 기본원리에 해당한다(민법 제186조, 제188조). 물권변동에 관한 일반이론은 민법주해(Ⅳ) 물권(1), 박영사(1991), 22~30면 참조.

15) 동산 물권변동의 일반이론에 관한 자세한 사항은 민법주해(Ⅳ) 물권(1), 박영사(1991), 184~238면 참조.

일반적으로 대규모유통업자는 납품업자로부터 상품을 납품받으면(현실인도 시 납품장소는 일반적으로 본사, 물류센터 또는 각 점포일 것이다), 그 후 검수 또는 검품 과정을 거쳐 매입으로 처리[16]하게 된다. 이와 같은 일련의 상품 수수에 관한 처리 절차 중, 법률적으로 어떤 단계에서 소유권이 이전되는 것인지에 대해서는 대규모유통업법이 명시적으로 밝히지 않고 있으므로, 상품의 소유권 이전 시점은 기본적으로 민법상 매매 및 물권변동에 관한 일반 법리에 따라 판단하여야 한다. 민법상 동산의 현실인도 및 소유권 이전은 채무자가 채권자에게 물건을 인도하는 행위(채권자의 점유로 물건을 이전하는 행위로서, 물건을 실제로 '주고 받는' 행위가 전형적이다)가 완료된 시점에 이루어진 것으로 본다.[17]

그런데 이와 관련하여, 법 제9조(상품 수령 거부·지체 금지) 단서에서는 "납품받은 상품이 납품업자의 책임 있는 사유로 훼손되는 등 대통령령이 정하는 사유가 발생한 경우에는" 수령을 거부하거나 지체할 수 있다고 규정되어 있어, 이미 납품을 받았는데 수령을 거부하거나 지체할 수 있다는 의미가 무엇인지, 그리고 '납품받은' 이란 문언의 의미가 무엇인지가 문제된다.

우선 납품업자가 대규모유통업자에게 사실행위로서의 납품행위를 하고 납품시점 또는 납품시점 이후 즉시 대규모유통업자가 이를 수령하면(즉, 납품행위가 있은 후 바로 수령을 거부하거나 지체하지 않고 수령하면), 수령시점에 상품의 소유권이 대규모유통업자에게 이전된다는 통상적인 해석을 생각할 수 있다(제1견해). 일반적으로 동산의 소유권은 인도 시에 이전되므로, 동산의 인도에 해당하는 '주고 받는' 행위(납품업자가 상품을 제공하는 납품행위 및 대규모유통업자의 수령행위)가 있으면 그 시점

16) 납품, 검수, 검품 및 매입 처리를 하는 구체적인 방식 내지 절차는 사업자별로 다르다. 일반적인 과정을 살펴보면, 납품업자가 상품을 대규모유통업자의 본사, 물류센터 또는 각 점포의 입고 장소에 배송하고, 대규모유통업자는 일차적으로 그 배송된 상품의 상태를 확인하는 검수 절차를 거쳐 배송기사 등 운송인에게 수령증을 교부한다. 이후 대규모유통업자는 보다 구체적인 검품 과정을 거친 다음, 납품업자와의 전산망에 매입 처리를 하게 된다. 그러나 이는 매우 단순화한 설명이고, 실제 유통 실무에서의 절차는 각 사업자별로 상당한 차이가 있다.

17) 물건의 인도가 이루어졌는지 여부는 사회관념상 목적물에 대한 양도인의 사실상 지배인 점유가 동일성을 유지하면서 양수인의 지배로 이전되었다고 평가할 수 있는지 여부에 달려있는 것인바, 현실의 인도가 있었다고 하려면 양도인의 물건에 대한 사실상의 지배가 동일성을 유지한 채 양수인에게 완전히 이전되어 양수인은 목적물에 대한 지배를 계속적으로 확고하게 취득하여야 하고, 양도인은 물건에 대한 점유를 완전히 종결하여야 한다(대법원 2003. 2. 11. 선고 2000다66454 판결).

에서 소유권이 이전된 것으로 보아야 한다는 것이다. 이러한 해석에 따르면, 납품 및 수령행위 이후의 대규모유통업자의 검수 및 매입처리 행위는 거래기본계약 또는 상법 제69조(상인간의 매매에 있어서 매수인이 목적물을 수령한 때에는 지체없이 이를 검사하여야 함)에 의한 대규모유통업자의 상품검수의무의 일종에 해당하게 된다. 이에 의하면 법 제9조 단서의 '납품받은'이라는 문구는 '납품업자가 납품한'이라는 의미가 된다.

반면 위 '납품받은'이라는 문구를 중시하여, 납품업자가 대규모유통업자에게 납품을 한 다음, 대규모유통업자가 납품된 상품에 대한 검수를 거쳐 매입처리를 마친 시점에서 상품의 소유권이 대규모유통업자에게 이전된다는 해석론이 있을 수 있다(제2견해). 이 같은 견해는 첫째, 대규모유통업자가 납품업자와 협의한 방법에 따른 매입처리가 있은 시점에서야 전체 납품과정이 끝난 것으로 볼 수 있다는 점, 둘째, 공정거래위원회의 구(舊)「대형마트(직매입) 표준거래계약서」제8조 제2항은 대규모유통업자가 검품 규정에 따른 검수를 받아 최종 인수 확인된 시점을 납품이 확정된 시점으로 정하고 있었던 점,[18)19)] 셋째, 사실행위로서의 납품 및 수령행위의 완료시점에 바로 소유권이 이전되는 것으로 볼 경우 법 제9조 단서 규정이 '납품받은' 상품에 대한 예외적 수령 거부·지체를 인정하고 있는 것을 논리적으로 설명하기 어려운 점, 넷째, 공정거래위원회가 작성한 현행「직매입 표준거래계약서(백화점, 대형마트)」제4조 제4항도 '갑(대규모유통업자)은 을(납품업자)이 상품을 납품하면 검수를 마친 후 일정한 경우를 제외하고는 납품업자가 납품거래계약에 따라 납품하는 상품을 지체 없이 수령한다'고 규정하고 있는바, 이는 대규모유통업자가 검수를 마친 이후에 수령을 하는 것을 전제로 한 규정으로 볼 수 있는 점, 다섯째, 위·수탁거래의 경우 소유권이 여전히 납품업자에게 유보된 것을 전제로 '매입'이라는 표현을 사용하지 않고, '납품'이라는 표현만 사용하고 있는 점에 근거한다.[20)] 이에 따르면, 납품

---

18) 구 대형마트(직매입) 표준거래계약서(2012. 2. 9. 전면 개정되기 전의 표준거래계약서) 제8조 [상품의 납품] ① "을"은 "갑"이 지정한 납품기일 및 장소에 차질없이 상품을 납품하여야 하며, 부득이한 사유로 지정한 납품기일 내에 납품이 불가능한 경우에는 지정기일 전일까지 납품기한의 연장을 요청하여 "갑"의 사전 승인을 받아야 한다.
② 납품의 확정시점은 "을"이 지정된 납품장소까지 상품을 납품하고, "갑"의 검사기준, 검사기간 등을 규정한 검품규정에 따라 검수를 받아 최종 인수 확인된 시점으로 한다.

19) 다만 구 대형마트(직매입) 표준거래계약서가 2012. 2. 9. 전면 개정되면서 납품의 확정시점을 규정한 제8조 제2항은 모두 삭제되었다.

20) 공정거래위원회는「롯데쇼핑㈜(롯데마트)의 대규모소매업에 있어서의 특정불공정거래행위

이후 대규모유통업자의 검수 및 매입 처리가 완료될 때까지는 당해 상품의 소유권이 납품업자에게 유보되는 것으로 보아야 한다.

생각건대 대규모유통업법의 해석 및 적용에 있어서 소유권 이전 시점을 민법상 물권변동의 원칙과 달리 판단할 특별한 이유는 없으며, 이와 달리 볼 실익도 생각하기 어렵다. 제2견해에 따라 대규모유통업자의 검수 후 매입처리 시점을 소유권 이전 시점으로 볼 경우 대규모유통업자의 검수 및 매입처리 시점에 따라 납품업자의 상품 소유권 이전 의무 이행완료 시점이 결정된다는 문제가 있다. 이 경우 오히려 위험이전 시점이 뒤로 늦추어지는 결과가 되어 납품업자에게 불리하게 될 뿐이다. 민법 제188조 내지 제190조는 공시의 원칙이라는 물권변동의 대원칙에 따라 동산물권을 귀속시킴으로써 권리의 귀속을 분명하게 하고, 외부적으로도 당해 물권의 변동이 명확히 인식될 수 있도록 하기 위한 기본 규정으로서 그 성질상 강행규정으로 해석된다.[21] 따라서 상품의 인도에 해당하는 납품업자의 사실행위로서의 납품 및 대규모유통업자의 수령행위가 있었음에도 그 시점에 당해 상품의 소유권이 이전된 것으로 보지 않고, 그 이후에 대규모유통업자의 검수를 거쳐 매입 처리가 이루어진 시점을 소유권 이전 시점으로 보는 것은 위 규정에 반하는 것으로 생각된다.

상품의 소유권 이전에 대한 대규모유통업자와 납품업자 사이의 물권적 합의를 '대규모유통업자의 검수 후 실제로 매입처리되는 상품에 한하여 소유권이 이전되는 것으로 합의한다'라는 취지의 조건이 부가된 것이라거나, 또는 '실제 소유권 이전의 대상이 되는 상품의 특정 시점을 대규모유통업자의 매입처리시로 한다'는 취지의 물권적 합의로 볼 여지도 없지 않으나, 실제 거래에서 대규모유통업자와 납품업자 사이의 채권행위 및 물권적 합의의 내용이 과연 이처럼 해석될 수 있을지는 의문이다. 특별한 사정이 없는 한, 납품업자가 거래계약에 따라 상품을 납품하고 이를 대규모유통업자가 수령하면 일단 그것으로 당해 상품의 소유권이 이전된다는 물권적 합의가 상호 존재하여 그에 따라 당해 상품의 소유권이 대규모유통업자에게 확정적으로 이전, 귀속되는 것으로 보아야 한다. 다만 그 후의 대규모유통업자의 검수 및 매입처

에 대한 건」(2012. 12. 26. 의결 제2012-278호)에서 "직매입거래는 대규모소매업자가 납품업자로부터 직접 상품을 매입하여 판매하는 거래 형태이며, 원칙적으로 납품이 완료되어 상품매입이 확정되면, 소유권이 납품업자로부터 대규모소매업자로 이전되는 것이므로 상품관리 및 가격 결정, 판매, 재고 부담 등은 대규모소매업자의 몫"이라고 판단한 바 있다.

21) 민법주해(Ⅳ) 물권(1), 박영사(1991), 3~4면 참조.

리 과정에서 오납품 또는 하자 등의 사유가 발견될 경우에는 그에 따른 채무불이행 책임, 담보책임 등 유상·쌍무계약의 등가성 보전을 위한 각종 사법적 권리에 따라 처리되는 것이 합리적이라고 생각된다.

이상의 여러 사정을 고려할 때, 직매입거래에서의 상품의 소유권 이전 시점은 제1견해와 같이 납품업자와 대규모유통업자간 사실행위로서의 납품 및 수령(인도)을 완료한 시점이라고 해석함이 타당하다. 대규모유통업자로서는 납품업자의 납품 시점에 (i) 납품받은 상품이 납품업자의 책임 있는 사유로 인하여 훼손된 경우, (ii) 납품받은 상품에 결함이 있는 경우, (iii) 납품받은 상품이 대규모유통업자가 주문한 상품과 다른 경우, (iv) 일정한 기간 동안 집중적으로 판매되는 상품으로서 해당 기간을 넘겨 납품한 경우, (v) 그 밖에 위 사유들에 준하는 사유로서 대규모유통업자가 상품 수령을 지체하거나 거부할 수 있는 정당한 사유가 있는 경우에 해당한다는 점을 바로 인식한 경우에는 해당 상품의 수령 자체를 하지 않을 수 있고(법 제9조 단서 및 시행령 제7조), 기왕에 납품 및 수령이 이루어진 상품 중 대규모유통업자의 검수 및 매입 처리 과정에서 오납품, 하자 등이 발견되어 최종적으로 매입처리가 되지 않은 상품에 대해서는 법 제10조(상품의 반품 금지)에 따라 오납품, 하자 등을 이유로 한 반품처리를 하는 것으로 족하다.

다만 이 경우 납품받은 상품이 납품업자의 책임 있는 사유로 인하여 훼손되는 등의 사유가 있는 경우에는 수령 거부나 지체가 가능하도록 한 제9조 단서 규정을 구체적으로 어떻게 해석할 것인가의 문제가 남게 된다. 법 제9조 단서와 시행령 제7조(상품의 수령 거부·지체) 제1호 내지 제3호를 어떻게 해석·적용할 것인지, 그리고 반품에 관한 법 제10조 제1항 제3호 및 제4호의 문언에 차이를 두는 것이 적절한 입법 방식인지에 대해서는 제1견해를 전제로 하여 해당 부분에서 별도로 살펴보도록 하겠다.

그 외에 직매입거래의 사법적 권리관계는 기본적으로 당사자 사이의 직매입거래 계약의 내용에 의하되, 계약에서 정하지 않은 사항에 대해서는 민법 또는 상법상의 매매에 관한 규정이 적용된다.

라. 특약매입거래

(1) 개 념

특약매입거래란 대규모유통업자가 매입한 상품 중 판매되지 아니한 상품을 반품할 수 있는 조건으로 납품업자로부터 상품을 외상 매입하고 상품판매 후 일정률이나 일정액의 판매수익을 공제한 상품판매대금을 납품업자에게 지급하는 형태의 거래를 말한다(법 제2조 제5호). 공정거래위원회는 특약매입거래에 대하여 "특약매입거래 시 대규모유통업자는 매입 처리된 상품에 대해 소유권을 갖게 된다. 반면, 입점(납품)업자는 상품에 대한 가격설정·판매활동 재고관리 등 상품의 실질적인 판매·관리 기능을 수행한다. 이에 따라 특약매입거래에서는 상품의 소유권자와 상품의 실질적인 판매·관리 기능을 수행하는 자가 달라지기 때문에 거래과정에서 발생하는 각종 비용의 부담주체가 불분명하게 되는 경우가 발생할 수 있다"[22]라고 설명하고 있다. 유통실무상 특약매입거래는 백화점 의류매장, 아울렛 등과 같이 매장이 주어지는 특약매입거래 유형과 반품이 가능하다는 특약매입거래 성질을 고려하여 매장과 무관하게 특약매입거래를 하는 경우(대형마트, 홈쇼핑, 온라인 쇼핑 등에서 널리 활용된다)가 있는데, 이는 매장이 주어지는 특약매입거래 유형에 대한 설명으로 볼 수 있다.

한편, 이를 유통실무와 관련하여 좀더 구체적으로 살펴보면, 입점(납품)업자는 백화점이나 대형마트와 같은 대규모유통업자의 점포 내 자신의 매장에 판촉사원을 파견하여 상품에 대한 판매활동과 매장 내에서 상품에 대한 진열·보관업무를 수행하고, 상품의 판매가격을 설정·변경하며, 상품재고를 관리하고 미판매 상품은 대규모유통업자와의 협의를 거쳐 반품하는 방식으로 거래가 이루어진다. 특히 백화점의 경우 임대차매장을 제외한 상당수 매장의 입점(납품)업자들이 특약매입거래 계약을 체결하고 있으며, 아울렛의 경우에도 임대차로 운영되는 경우와 더불어 특약매입거래로 운영되는 경우가 다수 있다.

이처럼 특약매입거래에서는 상품의 소유권이 없는 입점(납품)업자가 상품의 실질적인 판매·관리 기능을 수행하는 형태가 되는데, 소유권의 핵심적 권능은 결국 물건에 대한 관리통제권한과 처분권한이라는 점에서 특약매입거래의 실질이나 법률적

22) 「대규모유통업 분야의 특약매입거래에 관한 부당성 심사지침」(시행 및 일부 개정 2024. 1. 1. 공정거래위원회 예규 제448호, 이하 '특약매입거래 심사지침') Ⅰ. 참고.

성격에 대해서는 보다 심도 있는 검토가 필요하다. 즉, 특약매입거래에 대해서는 일반적인 소유권과는 다른 의미의 권한이 법률에 의해 창설된 것인지, 아니면 계약에 기인한 것인지 또는 매장 임대차 거래의 또 다른 유형으로 보아야 하는지 등에 대해 살펴볼 것이다. 왜냐하면 임대업자가 아닌 제3자가 상품에 대한 가격설정·판매활동·재고관리 등 상품의 실질적인 판매·관리 기능을 수행하는 모습은 매장을 임차하여 자기 명의로 판매하는 임대차거래에서 전형적으로 보여지는 모습이기 때문이다.

(2) 거래과정 및 특성

공정거래위원회의 특약매입거래 심사지침 Ⅱ. 1.은 특약매입거래의 거래과정 및 특성을 다음과 같이 설명하고 있다.

> 특약매입거래에 있어, 대규모유통업자와 입점(납품)업자는 다음과 같은 거래과정을 거치게 된다.
>
> • 상품 발주(대규모유통업자) → 상품 입고 → 검품·검수(단, 빈번한 상품 입고로 인해 양당사자가 합의하여 생략하는 경우도 있음) → 외상매입 처리(세금계산서 발행) → 판매상품분에 대해서 판매수수료를 공제한 후 판매대금을 입점업자에 지급(월별 마감) → 미판매분은 반품처리
>
> 특약매입거래는 대규모유통업자가 입점업자로부터 상품을 외상 매입한 이후 상품 소유권을 취득한다는 점과 대규모유통업자 명의로 상품이 판매되고 판매대금도 대규모유통업자에게 일단 귀속되는 점에서 직매입과 유사한 측면이 있다.
>
> 그러나 대규모유통업자가 비록 자기의 이름으로 상품을 판매하지만 판매수수료를 공제한 후 대금을 입점업자에 지급한다는 점과 판매되지 아니한 상품에 대해서는 반품할 수 있다는 점에서는 위수탁거래와 유사한 측면이 있다.
>
> 또한 대규모유통업자가 상품 소유권을 보유하지만, 입점업자가 실질적으로는 상품에 대한 판매·재고관리 기능을 수행한다는 점과 대규모유통업자가 입점업자로부터 판매액수의 일정비율을 수수료 명목으로 수령한다는 점에서 임대차거래와도 유사한 측면도 있다.
>
> 따라서 특약매입거래는 직매입과 임대차, 위수탁거래의 특성이 혼재된 형태의 거래방식으로 볼 수 있다.

(3) 대규모소매업고시의 '특정매입거래'와의 정의상 차이점

종전 대규모소매업고시에서는 '특정매입거래'를 '대규모소매업자가 납품업자로부터 상품을 외상매입하여 판매하고 재고품은 반품하는 위·수탁거래 형태'로 정의하였다(대규모소매업고시 제 2 조 제 7 항). 반면 대규모유통업법은 '대규모유통업자가 매입한 상품 중 판매되지 아니한 상품을 반품할 수 있는 조건으로 납품업자로부터 상품을 외상 매입하고 상품판매 후 일정률이나 일정액의 판매수익을 공제한 상품판매대금을 납품업자에게 지급하는 형태의 거래'로 특약매입거래를 정의하고 있다. 대규모소매업고시의 특정매입거래와 대규모유통업법의 특약매입거래에 대한 정의 내용을 비교하면, 우선 대규모유통업자가 납품업자로부터 상품을 외상 매입한다는 점은 공통적인 개념 요소이나, 대규모유통업법은 특약매입거래에 대해 '상품판매 후 일정률이나 일정액의 판매수익을 공제한 상품판매대금을 납품업자에게 지급하는 형태'라는 점을 명시하고, '위·수탁거래 형태'를 개념 요소에서 삭제한 점에서 차이가 있다.

대규모소매업고시의 '특정매입거래'는 법률로 정한 개념이라기 보다는 유통 실무상의 필요에 의해 나타난 특유의 거래형태를 정의한 것으로 보는 것이 일반적이다.[23] 따라서 종전 유통 실무에서는 '특정매입'이라는 거래 용어를 똑같이 사용하더라도, 각 사업자별로 구체적인 계약 내용이 다른 경우가 적지 않았다. 다만 당시 '특정매입'은 '대규모유통업자가 매입한 상품 중 소비자에게 판매되지 않은 상품을 납품업자에게 반품할 수 있도록 하는 특약조건'이 부가되어 있다는 공통점을 가지고 있었다. 즉, 소위 '반품조건부 매입'의 성격을 가지고 있었다.

그런데 대규모소매업고시의 특정매입거래는 그 정의 자체로도 해석상의 혼란을 초래하는 문제점이 있었다. 특정매입거래의 정의에 포함되어 있는 반품조건부 매입거래는 기본적으로 상품의 소유권이 대규모유통업자에게 이전되는 '매입거래'에 해당하지만, 위·수탁거래는 기본적으로 상품의 소유권 이전이 없는 상법 제101조(의의) 소정의 '위탁매매'에 해당하여 그 자체로 양립하기 어려운 개념이기 때문이다(법 제 2 조 제 6 호, 상법 제101조, 제103조 참조).[24] 다행히 대규모유통업법을 제정하면서 특

23) 연혁적으로 보면, 종래의 특정매입거래는 구 도소매업진흥법(1997. 4. 10. 법률 제5327호에 의해 폐지된 것)에서 직영비율을 50% 이상으로 유지할 것을 의무화함에 따라 파생된 편법적인 매장운영형태로 이해되고 있다. 보다 자세한 사항은, 임순옥, "백화점 영업실태 조사", 한국소비자원(1997. 9.).

약매입거래와 위·수탁거래를 별도로 구별하여 정의함으로써 이러한 법률적인 혼란은 정리가 되었다.

(4) 개념 표지

(가) 판매되지 아니한 상품을 반품할 수 있는 조건

대규모유통업자와 납품업자가 체결한 상품거래의 내용에 '대규모유통업자가 납품업자로부터 매입한 상품 중 판매되지 않은 상품을 반품할 수 있다'는 조건이 포함되어야 한다. 반품 조건은 납품업자의 귀책여부와는 관계가 없다. 즉, 양 당사자간 계약서에 기간이나 수량 등 구체적인 반품의 조건이 기재되어 있으면, 판매되지 않은 상품은 그 반품조건에 따라 납품업자의 귀책여부와 관계없이 언제든 반품할 수 있음을 의미한다. 일반적으로 유통 실무에서 사용되는 특약매입 기본계약서에서는 '판매되지 아니한 상품을 반품할 수 있는 조건' 등이 명기되는 것이 일반적이다.[25)]

그러나 때로는 거래 유형을 특약매입거래로 특정하여 계약을 체결하면서 반품조건을 구체적으로 기재하지 않은 경우도 있을 수 있는데, 이러한 경우에도 반품을 인정할 수 있을지의 문제가 있다. 대규모유통업법상의 거래형태는 법적으로 반드시 그에 따르도록 강제되는 것은 아니므로, 해당 계약의 거래형태가 대규모유통업법 소정의 특약매입거래라는 것이 계약의 문언상 명백하거나 당사자의 의사를 통해 추단되지 않는 한, 단순히 특약매입거래라는 용어를 사용하였다고 하여 계약상 명시적 약정이 없는 반품을 인정할 수 있는지에 대해서는 논란이 있을 수 있다. 대규모유통업법은 '계약체결 시 반품 조건을 구체적으로 약정하고 그 반품 조건을 명시한 서면을 납품업자에게 준 경우'에 위 반품 조건에 따른 반품이 가능하도록 규정(법 제10조 제1항 제1호)하고 있으므로, 이와 같은 규정이 없는 경우에는 비록 특약매입거래라는 용어를 사용하였다고 하더라도 반품은 허용되지 않는다고 해석하는 것이 타당해 보인다.

---

24) 이와 같이 대규모소매업고시에서 특정매입거래의 정의 자체에 혼란이 있었던 관계로, 실제 유통 실무에서는 특정매입거래를 '반품조건부 매입거래'의 의미와 '위·수탁거래'의 의미를 엄밀히 구별하지 않고 사용하는 예가 상당수 존재하였다. 예를 들어 상품 소유권에 따른 매입유형의 분류방식으로 직매입, 특정매입, 위탁매입으로 구분하는 경우 등이다. 그러나 이와 같은 종전의 개념은 대규모유통업법의 정의 규정에 따라 재정립되어야 할 것으로 본다.

25) 공정거래위원회「특약매입 표준거래계약서(백화점, 대형마트)」제1조.

특약매입거래의 반품 조건이 무조건적인 상시 반품을 의미한다고 볼 것인지도 살펴볼 필요가 있다. 즉, 납품업자가 대규모유통업자에게 상품을 납품한 후라도 대규모유통업자가 언제든지 당해 상품의 잔여 물량을 재고품으로 보아 반품이 가능한지 여부이다. 종전 유통 실무에서 일반적으로 사용되었던 특정매입거래 기본계약서는 상품이 특정매입 형태로 매입된 후 어느 시점에 재고품을 반품할 수 있는지에 대해 구체적인 약정을 두지 않은 경우가 많았던데 따른 의문이다. 관련하여 대규모소매업고시는 '대규모소매업자가 납품업자로부터 상품을 외상매입하여 판매하고 재고품은 반품하는 위·수탁거래'라고만 정의하고 있어서, 동 고시의 문언 상으로는 상품이 매입된 이후라도 대규모유통업자의 일방적 판단에 따라 언제든지 당해 상품의 잔여 물량을 재고품으로 보아 반품이 가능한 것처럼 해석될 여지가 있었다.[26] 그러나 대규모유통업법은 특약매입거래라고 하더라도 이와 같은 무제한적인 일방적 반품을 제한하여, '계약체결 시 반품 조건을 구체적으로 약정하고 그 반품 조건을 명시한 서면을 납품업자에게 준 경우'에 한하여 해당 반품 조건에 따른 반품이 가능하도록 규정하였다(법 제10조 제1항 제1호). 납품업자가 대규모유통업자의 일방적 의사에 의한 갑작스러운 반품으로 인해 불측의 손실을 입는 것을 방지하기 위한 입법적 조치로 생각된다. 계약체결 시 합의할 수 있는 반품 조건에 관하여는 관련 부분에서 상술한다.

한편, 특별한 약정이 없는 한 특약매입거래를 한 대규모유통업자는 판매하고 남은 상품을 반드시 납품업자에게 반품해야 할 의무를 부담하는 것은 아니다. 특약매입거래에서의 반품은 대규모유통업자의 권리이고 이를 행사할 것인지 여부는 전적으로 대규모유통업자의 선택이기 때문이다. 이런 점에서 납품업자에게 상품의 소유권이 여전히 귀속되어 있어, 최종적으로 대규모유통업자가 당해 상품을 납품업자에게 반환하여야 할 의무를 부담하는 위·수탁거래와는 구별된다.

(나) 납품업자로부터 상품을 외상 매입

'외상 매입'이라 함은 대규모유통업자가 납품업자로부터 상품을 매입하는 시점에 당해 상품의 대금을 지급하지 아니하고 별도의 대금 지급일을 두는 것을 의미한

26) 이 경우, 대규모유통업자의 일방적 반품이 부당한 반품행위에는 해당하지 않는다고 하더라도 불이익제공 등과 같은 일반 불공정거래행위에 해당될 여지가 있다. 그러나 그간의 공정거래위원회 실무에서 특정매입거래에 있어서 재고품의 반품 시기를 고려하여 위법으로 판단한 예는 보이지 않는다. 즉, 대규모소매업고시 상 특정매입거래에 대해서는 사실상 매우 폭넓은 범위에서 반품의 자유가 인정되었다.

다. 일반적으로 매매에 있어 대금의 지급 시기는 당사자 사이의 의사표시에 따른 약정에 의하되, 별도의 약정이 없으면 매도인이 매매의 목적이 된 권리를 이전할 의무와 매수인이 대금을 지급할 의무를 동시에 이행하여야 한다(민법 제568조 제2항). 특별한 약정의 예로는 "매도인은 상품 소유권 이전에 관한 선이행 의무를 부담하고 매수인은 상품 소유권 이전 후 ○○일이 경과한 날에 매매 대금을 지급한다"는 등의 경우를 생각할 수 있다. 대규모유통업법상의 특약매입거래는 이와 같은 특별한 약정에 해당하는 거래를 법률로 정의한 경우에 해당한다. 특약매입거래의 경우, 일반적으로 매수인인 대규모유통업자는 매도인인 납품업자로부터 상품을 납품받은 후, 일정한 시점을 기준[27]으로 그 상품 중 실제로 소비자에게 판매된 물량에 대한 매매 대금을 지급하는 방식으로 약정하는 것이 일반적이다.

이에 관하여 대규모유통업법 제8조(상품판매대금의 지급) 제1항은 대규모유통업자가 특약매입거래로 납품받은 상품을 판매하는 경우 등에는 해당 상품의 판매대금을 월 판매마감일로부터 40일 이내에 납품업자등에게 지급하도록 하고 있고, 공정거래위원회 「특약매입 표준거래계약서(백화점, 대형마트)」 제6조 제1항은 "갑은 상품판매대금을 판매마감일로부터 ( )일 이내에 현금, 기업구매 전용카드와 같은 현금성 결제수단으로 지급한다. ※ 상품판매대금은 판매마감일부터 40일 이내에 지급하여야 함"과 같이 간략히 규정하고 있다. 일반적으로 '월 판매마감일'이라고 하면 매월 말일을 말하는 것으로 이해될 수 있으나, 회사에 따라서는 다른 날짜인 경우도 있으므로 실제로 약정을 함에 있어서는 '월 판매마감일'이 매월 몇일을 말하는지 구체적으로 정해둘 필요가 있을 것이다('월 판매마감일'에 대한 보다 상세한 내용은 제2편 제4장에서 기술한다). 유통 실무에서는 이를 포함하여 다음과 같이 보다 구체적인 형식으로 규정하는 경우가 많다.

> 제OO조(대금지급)
>
> 갑은 을로부터 공급받은 상품 중 판매된 상품에 대한 대금(양 당사자가 합의한 판매수익을 공제한 금액)을 월 말일에 마감하여 [*]일 이내에 을에게 [지급수단 및 방법 기재]으로 지급한다.

27) 유통 실무에서는 '월 판매마감일' 등의 방법으로 일정기간 동안의 기준시점을 설정하는 것이 일반적이다.

(다) 상품판매 후 일정률이나 일정액의 판매수익을 공제한 상품판매대금을 지급

특약매입거래에서 대규모유통업자는 특정 정산시점(통상 '월 판매마감일')을 기준으로 하여 직전 정산시점부터 당해 정산시점까지 판매된 상품의 판매대금 중 납품업자와 미리 약정한 '일정률 또는 일정액의 판매수익'을 공제한 나머지 금액을 위 정산시점으로부터 일정 기간 내에 납품업자에게 지급하는데, 보통은 판매수익률 형태로 정하는 것이 일반적이다. 직매입거래처럼 일반적인 재판매거래에 있어서는 구입 상품에 대한 대가를 지불하고, 그 가격에 일정한 영업이윤을 부가한 재판매 가격을 정하여 소비자에게 판매함으로써 영업이익을 취하는 데 반해, 특약매입거래는 대규모유통업자와 납품업자가 상품의 납품가격 및 대규모유통업자의 판매수익을 미리 협의하여 정한 다음, 상품이 소비자에게 최종 판매되면 그 협의한 바에 따라 양 당사자간에 수익을 배분하는 구조를 지니고 있다. 이와 같은 점에서 특약매입거래는 대규모유통업자가 직접 재판매 가격을 결정하는 직매입거래나 납품업자가 직접 소비자 판매가격을 결정하는 위·수탁거래와 구별된다.

대규모유통업자와 납품업자가 상품의 납품가격, 대규모유통업자가 취득하는 판매수익 및 상품의 소비자 판매가격을 어떻게 협의하여 결정할 것인지는 각 특약매입거래의 구체적인 내용에 따라 다양하게 나타날 수 있으나, 특별한 사정이 없는 한 납품가격, 소비자 판매가격 및 판매수익률(또는 판매수익)이라는 세 가지 요소는 사전에 결정되어야 한다. 그렇지 않으면 어느 한 당사자의 일방적 결정에 따라 판매수익률이나 납품가격이 정해지는 불합리한 결과가 초래되기 때문이다. 예를 들어 납품가격은 10,000원, 판매수익률[28]은 30%로 약정할 경우, 당해 상품의 소비자 판매가격은 약 14,286원[=10,000원/(1−30%)]으로 정하여지고, 소비자 판매가격을 20,000원으로 하고 판매수익률을 30%로 하기로 약정할 경우, 당해 상품의 납품가격은 14,000원[20,000원−(20,000원×30%)]으로 정하여지는 것과 같다. 즉, 논리적으로 특약매입거래에 있어 납품업자와 대규모유통업자는 판매수익률(판매수익) 이외에 소비자판매가격 및 납품가격을 합의하여야 한다.

대규모유통업자와 납품업자는 대규모유통업자가 취할 판매수익을 상호 협의에

28) 유통 실무에서는 일반적으로 '판매수익률', '판매마진율' 등의 용어를 사용하기도 한다. 대규모유통업법 제2조 제5호는 '일정률 또는 일정액의 판매수익'으로 규정하고 있으므로, 본 책에서도 이에 따라 '판매수익률' 또는 '판매수익'으로 칭한다.

따라 일정률 또는 일정액의 형태로 정할 수 있다. 일정률로 정할 경우, '판매수수료', '특약매입이익률' 또는 '마진율' 등의 용어를 사용하고 있고, 거래계약서에서는 '소비자 판매가격의 [*]%'와 같은 형태로 정하는 것이 일반적이다. 일정액으로 정하는 경우에는 '상품 개당 [*]원'과 같은 형태로 정하게 된다. 유통 실무에서는 납품업자의 브랜드 인지도 내지 신뢰도 등이 낮아 일정 기간 동안 대규모유통업자의 기대 수익을 예측하기 어려운 사정이 있는 경우 등에 한하여 일정액 형식으로 계약을 체결하고, 대부분의 경우에는 일정률 형식으로 계약을 체결하는 것이 일반적이다.[29]

일정률로 정하더라도 거래계약에 따라서는 할인판매나 행사판매를 하면서 한시적으로 특별 판매수익률을 적용하도록 하는 경우가 있다. 예를 들어 통상의 경우에는 판매수익률을 30%로 하되, 할인판매(특약매입거래에 있어 할인판매 여부나 그 할인판매가격, 이때의 판매수익도 양자가 합의하여 결정하여야 할 것이다. 그렇지 않으면 납품가격 등을 사실상 대규모유통업자가 정하는 형태가 될 것이다)를 할 때 28%로 하는 경우 등이다. 일반적으로 할인판매를 하는 경우에는 납품업자에게 지급될 납품가격도 인하하기 때문에 이와 연동하여 대규모유통업자의 판매수익률도 함께 축소하도록 약정하는 것이다.[30] 당사자 사이에 이와 같은 약정이 있을 경우에는 동 약정의 내용대로 할 것임은 물론이다.

---

29) (사)한국유통학회, "대형유통업체의 판매수수료 현황 및 정책대응 방안", 2009. 12. 18., 76~78면.

30) 할인판매를 할 경우에는 소비자 판매가격이 할인됨에 따라 판매량이 증가하므로 납품업자는 물론 대규모유통업자에게도 추가 매출이 발생한다. 이와 같이 양 당사자에게 동시에 추가 매출이 발생하는 상황에서 대규모유통업자에게 귀속되는 판매수익률이 고정되어 있으면 당해 할인판매에 따라 발생하는 단위당 매출감소분 중 대규모유통업자가 부담하는 금액이 상대적으로 적게 된다. 예를 들어 납품가격 10,000원인 상품의 판매수익률이 20%라 가정하면, 소비자 판매금액은 12,500원이 된다. 이 소비자 판매금액에서 10%를 할인하여 파는 행사를 한다고 가정할 때, 할인된 소비자 판매금액은 11,250원이 되고 대규모유통업자의 판매수수료는 2,250원, 납품업자의 판매대금은 9,000원이 된다. 이 경우 위 할인판매에 따라 발생하는 단위당 매출 감소분 1,250원 중 대규모유통업자가 분담하는 금액은 250원, 납품업자가 분담하는 금액은 1,000원이 되는바, 분담분의 절대액에 있어 이와 같은 차이가 발생하는 점을 고려하여, 할인판매 시에는 판매수익률을 한시적으로 낮게 적용하도록 약정하는 것이다. 그러나 이와 같은 할인판매 또는 행사판매와 같은 것이 수시로 발생하는 것인 만큼, 유통 실무에서는 이와 같이 복잡한 판매수익률 변동을 약정하기보다는, 대규모유통업자와 납품업자가 처음에 판매수익률을 협의하여 결정할 때 할인판매 또는 행사판매의 발생을 모두 감안하여 일률적인 판매수익률을 정하는 경우가 많다. 따라서 단지 할인판매 또는 행사판매의 경우에도 종전과 동일한 판매수익률을 적용하도록 하였다는 것만으로 불공정한 거래조건 또는 기타의 위법한 계약행위로 단정할 것은 아니다.

특약매입거래는 위·수탁거래와 달리 납품업자로부터 납품받은 상품의 소유권이 대규모유통업자에게 이전하여 귀속되므로 대규모유통업자가 당해 상품을 소비자에게 판매하고 취득한 상품 판매대금 역시 전액 대규모유통업자의 소유이다. 다만 대규모유통업자는 특약매입거래계약에 따른 납품대금 지급 의무를 납품업자에게 부담하게 된다.

(5) 법적 성격

대규모소매업고시 제2조 제7항이 특정매입거래를 정의함에 있어 매매의 속성을 지니는 매입거래의 개념과 위·수탁거래의 개념을 혼용함에 따라 특정매입거래의 법적 성격에 대해 혼란의 여지가 있었음은 앞에서 서술한 바와 같다. 대규모유통업법은 특정매입거래라는 거래형태를 제외하는 대신 특약매입거래의 개념을 새로이 정의하면서 위·수탁거래와 명확하게 구분함으로써 외형상 이와 같은 혼란의 여지를 상당 부분 해소한 것으로 보인다. 그러나 앞서 살펴본 것처럼 거래현실에 존재하는 특약매입거래의 법적 성격을 실질에 부합하게 정의하였는지에 대해서는 의문의 여지가 있다.

다만 대규모유통업법의 정의 규정 및 공정거래위원회의 입장에 따라 특약매입거래의 개념 표지를 앞서 본 바와 같이 규정할 때, 법상 특약매입거래의 법적 성격은 다음과 같이 파악할 수 있다.

특약매입거래는 본질적으로 민법상 매매에 해당한다. 따라서 납품업자는 대규모유통업자에게 특정 상품의 소유권을 이전할 의무를 부담하고, 대규모유통업자는 납품업자에게 매매대금을 지급할 의무를 부담한다. 상품의 소유권 이전 시점은 직매입거래에서와 마찬가지로 상품의 인도에 해당하는 납품업자의 사실상의 납품 및 대규모유통업자의 수령 행위가 있는 시점으로 볼 것이다. 물론 특약매입거래의 경우에도 직매입의 경우와 동일 또는 유사한 과정의 검수 및 매입 처리 절차를 거치게 될 것이나, 특약매입거래라고 하여 소유권 이전 시점을 직매입거래에서와 달리 볼 이유는 없다. 따라서 특약매입거래의 사법적 권리관계는 기본적으로 당사자 사이의 계약의 내용에 의하되, 계약에서 정하지 않은 사항에 대해서는 민법 또는 상법상의 매매에 관한 규정이 적용된다.

다만, 특약매입거래는 대규모유통업자와 납품업자 사이에 몇 가지 특약을 부가

한 매매계약이라는 특성이 있다. 즉, 납품대금의 지급 시기를 당해 상품이 소비자에게 판매된 이후의 특정 시점으로 한다는 특약, 일정 시점을 기준으로 그 시점까지 판매되지 않은 상품은 재고품으로 하여 납품업자에게 반품할 수 있다는 특약, 상품의 납품가격은 물론, 판매수익률과 소비자 판매가격까지 대규모유통업자와 납품업자가 사전에 협의하여 정한다는 특약이 그것이다. 나아가 개념 정의상 명백히 드러나지는 않지만, 특약매입거래 심사지침에 의하면, 특약매입거래에 있어 상품의 소유권은 인도 시점에 대규모유통업자에게 이전되지만 상품에 대한 가격설정·판매활동·재고관리 등 상품의 실질적인 판매·관리 기능은 납품업자등이 수행한다는 특약이 있는 거래이다(이 경우 소유권이 실질적으로 이전되었다고 볼 수 있는지의 문제는 별개로 한다). 이러한 특약의 존재는 본질적으로는 민법상 매매임에도 불구하고 특약매입거래를 직매입거래와 구분짓는 가장 본질적인 개념 표지가 된다.

그러나, 대규모소매업고시상의 특정매입거래가 법률로써 정의된 거래형태가 아니라 유통 실무상 통용되던 사실상의 용어에 불과하였고, 대규모소매업고시의 모순적 정의로 인해 법적 평가가 명확하지 않았던 점 등으로 인해, 종전에도 형식상으로는 특정매입거래 계약이라 하더라도 거래의 실질적인 내용에 따라 '임대계약'인지 아니면 '수수료 위탁판매계약'인지 여부가 다투어진 경우[31)]가 있었던 점을 감안하면, 현행 대규모유통업법 하에서도 거래의 실질에 따른 다툼이 발생할 가능성은 여전히 존재한다고 볼 수 있다.

---

31) 이와 관련하여 헌법재판소는 2009. 4. 30. 선고 2007헌마409 결정에서 "…청구인 A물산은 청구인 B와 이 사건 특정매입계약을 체결하였는데 동 계약은 청구인 A물산이 신사의류를 청구인 B에게 공급하고 청구인 B가 이를 이 사건 매장에서 판매한 뒤 청구인 A물산이 청구인 B에게 납부하여야 하는 수수료 및 비용을 공제한 금액을 상품대금으로 청구인 A물산에게 지급하는 것을 그 주된 내용으로 하고 있다. 한편, 한국산업단지공단이 청구인 B에 대하여 입주계약의 변경 없이 지원시설 내에서 타사제품을 판매한 것을 이유로 아파트형 공장의 지원시설에 관하여 양자가 체결한 입주계약을 해지한 처분의 취소를 구하는 소송(서울행정법원 2007구합29680 입주계약해지등처분취소)의 판결에서는 이와 같은 계약을 '수수료 위탁 판매계약(의류브랜드 업체와 의류매입 거래계약을 체결한 후 각각의 입점업체의 브랜드를 내 건 매장에서 판매자의 명의로 제품을 거래업체로부터 매입하여 이를 소비자에게 직접 판매한 다음, 그 판매에 따른 매출액의 일정비율을 판매자가 수수료로 징수하고 나머지는 거래업체에 교부하는 방식)'이라고 했고 위 지원시설은 청구인 B가 직접 운영하는 것으로 인정하였다. 청구인 A물산은 이 사건 특정매입계약이 이 사건 매장에 대한 임대차 계약이므로 그 자신이 판매자의 지위에 있다는 취지로 주장하나, 위 판결에 비추어 보면 위 계약의 성격은 수수료 위탁 판매계약에 해당한다고 할 것이어서 이 사건 매장의 운영주체는 청구인 B라고 할 것인바 청구인 A물산의 주장은 이유 없다…"라고 판시한 바 있다.

마. 위·수탁거래

(1) 개　념

위·수탁거래라 함은 납품업자가 납품한 상품을 대규모유통업자가 자기 명의(판매명의가 대규모유통업자임)로 판매(판매활동의 주체도 대규모유통업자임)하고 상품판매 후 일정률이나 일정액의 수수료를 공제한 상품판매대금을 납품업자에게 지급하는 형태의 거래를 말한다(법 제2조 제6호). 대규모소매업고시와 달리 위·수탁거래를 특약매입거래와는 구분되는 별도의 개념으로 정의함으로써 종전의 불명확성은 상당 부분 해소된 것처럼 보인다. 그러나 위·수탁거래에 있어서도 판매명의와 판매활동의 주체는 모두 대규모유통업자인데, '매매'의 한 유형이라는 특약매입거래의 경우에는 판매활동의 주체가 왜 납품업자인지, 그리고 이러한 거래를 왜 매매라고 하여야 하는지 그 이유를 합리적으로 설명하기는 어려운 측면이 있다.

(2) 개념 표지

(가) 납품업자가 납품한 상품을 판매

위·수탁거래는 납품업자가 납품한 상품을 대규모유통업자가 일반 소비자들에게 판매하는 거래 유형이다. 즉, 판매명의와 판매활동의 주체가 대규모유통업자이고, 대규모유통업자는 납품업자와의 관계에서 위탁매매인으로 자기의 매장에서 납품업자의 상품을 판매하는 용역을 제공하고 그 대가로 수수료(이 수수료에는 용역의 대가와 위탁매매인이 판매활동에 제공하는 매장 등의 이용가치가 포함되어 있을 것이다)를 받는 것이다. 대규모유통업법에서 직매입거래 및 특약매입거래를 정의할 때는 '매입한 상품'이라고 규정한 것에 비해, 위·수탁거래에서는 '납품한 상품'이라고 규정하고 있다는 차이가 있다. 여기서 말하는 '매입'과 '납품'의 법률적 의미의 차이가 무엇인지에 대해서는 대규모유통업법이 별도로 정한 바는 없다. 그러나 일반적으로 '매입'이라 함은 소유권의 이전이 수반되는 매매거래 그 자체 또는 매매거래와 관련된 행위를 의미하고(직매입거래 및 특약매입거래 시 상품 소유권의 이전 시점에 대하여는 앞서 본 바와 같다), '납품'이라 함은 소유권의 이전 여부를 불문하고 납품업자가 대규모유통업자에게 당해 대규모유통업자가 판매할 상품을 제공하는 모든 행위를 의미한다고 볼 수 있다. 이와 같은 맥락에서 상품의 소유권 이전이 수반되는 직매입거래 및 특약매입거래와 달리, 위·수탁거래는 상품의 소유권이 납품업자에게 유보된 상태에서 대규모유통업자에게 인도된다는 데에 거래의 실질이 있다고 본다.[32] 요컨대 위·수탁거래에 따라 납품업자가 대규모유통업자에게 납품한 상품의 소유권은 (위탁매매인인 대규모유통업자와의 관계 또는 위탁매매인의 채권자와의 관계에서) 위탁자인 납품업자에게 남아있는 것으로 해석된다(상법 제103조).

(나) 대규모유통업자가 자기 명의로 판매

위·수탁거래에서 대규모유통업자는 납품업자가 납품한 상품을 자신의 명의로 일반 소비자들에게 판매한다. 자신의 명의로 판매한다는 것은 대규모유통업자가 직접 거래의 당사자, 즉 매도인이 되어 일반 소비자와 상품 매매 계약을 체결하는 것을 의미한다. 이에 따라 대외적으로 대규모유통업자가 당해 상품 매매계약에 있어 권리와 의무의 주체가 된다(상법 제102조). 이 점에 있어서 직매입거래 또는 특약매입거래와 동일하고, 매장임차인 본인의 명의로 일반 소비자와 상품매매 계약을 체결하는 매장임대차거래와 다르다.

참고로 부가가치세법 제10조(재화 공급의 특례) 제7항은 “위탁매매 또는 대리인에 의한 매매를 할 때에는 위탁자 또는 본인이 직접 재화를 공급하거나 공급받은 것으로 본다. 다만, 위탁자 또는 본인을 알 수 없는 경우로서 대통령령으로 정하는 경우에는 수탁자 또는 대리인에게 재화를 공급하거나 수탁자 또는 대리인으로부터 재화를 공급받은 것으로 본다”라고 규정하고 있다. 위와 같이 부가가치세법에서는 위탁매매의 경우 위탁자가 직접 재화를 공급하는 것으로 간주하고 있기 때문에(위 조항 본문 규정), 세금계산서의 발행 주체가 납품업자(위탁자)로 되어 있다고 하더라도, 이는 대규모유통업자가 ‘자기 명의로 판매’한 것인지(대규모유통업자가 일반 소비자와 상품 판매 계약을 체결한 당사자인지) 여부를 판단하는 기준이 될 수는 없다. 즉 세법상의 목적에 따라 세금계산서 발행 주체를 납품업자로 하고 있을 뿐이므로, 대규모유통업법상 위·수탁거래인지를 판단하는 데는 결정적 영향을 미치지 못한다.

(다) 상품판매 후 일정률이나 일정액의 수수료를 공제한 상품판매대금을 납품업자에게 지급

위·수탁거래에서 대규모유통업자는 특정 정산시점(통상 ‘월 판매마감일’)을 기준

32) 법리적으로는 위·수탁거래에서는 소유권이 아닌, 점유권의 이전에 관한 물권적 합의와 인도 행위가 있게 된다.

으로 하여 직전 정산시점부터 당해 정산시점까지 판매된 상품의 판매대금 중 납품업자와 미리 약정한 '일정률 또는 일정액의 수수료'를 공제한 나머지 금액을 위 정산시점으로부터 일정 기간 내에 납품업자에게 지급하는 것이 통상적이다. 특약매입거래의 경우에는 공제되는 금액을 '일정률 또는 일정액의 판매수익'이라고 규정하고 있는 데 비해, 위·수탁거래에서는 '일정률 또는 일정액의 수수료'라고 규정하고 있다는 차이가 있다. 이는 특약매입거래는 본질적으로 납품업자로부터 매수한 상품을 재판매하는 거래인 반면, 위·수탁거래는 납품업자의 소유에 속하는 상품을 수탁받아 판매해 주는 대가로 일종의 보수(상법 제112조, 제61조, 민법 제686조 제 2 항)를 받는 것이기 때문이라고 판단된다.

위·수탁거래는 본질적으로 상법상 위탁매매에 해당하므로, 법률적 형식의 측면에서는 '위탁매매인의 명의로', 경제적 실질의 측면에서는 '위탁인의 계산으로' 라는 기본 속성을 그대로 갖는다. 따라서 위탁매매인인 대규모유통업자와 위탁인인 납품업자와의 사이에 있어서는 상품의 소유권이 납품업자에게 속함은 물론, 그 판매대금 역시 위탁인인 납품업자의 소유에 속한다. 따라서 대규모유통업자가 상품판매 후 상품판매대금을 납품업자에게 지급할 의무는 당연히 존재한다. 단지 양자가 사전에 미리 약정한 위탁매매의 대가인 '일정률이나 일정액의 수수료'를 대규모유통업자가 납품업자에게 청구할 권리가 인정될 뿐이다. 이와 같은 점에서 특약매입거래에서 대규모유통업자가 납품업자에게 상품판매대금을 지급할 의무는 매매대금의 지급 의무라는 채권적 특성을 가지는 데 비해, 위·수탁거래에서 대규모유통업자가 납품업자에게 상품판매대금을 지급할 의무는 납품업자의 소유에 속하는 금전의 지급 의무라는 물권적 특성이 보다 강한 것으로 이해할 수 있다. 다만 가치의 표상으로서 유통되는 금전의 경우 그 소유권은 점유와 함께 이전한다고 보는 우리나라의 판례 및 통설[33]에 의하면 이를 구분할 법리상, 사실상 실익은 크지 않다.

위·수탁거래에 있어서 당해 상품의 소비자 판매가격 및 대규모유통업자에 대한 수수료가 어떻게 결정될 것인지는 각 거래계약의 유형과 내용에 따라 다양한 방식이 있을 수 있다. 수수료는 위·수탁거래에 대한 대규모유통업자의 보수의 성격을 가지므로, 대규모유통업자와 납품업자 간의 협의에 따라 정해지는 것은 분명하다. 또한, 위·수탁거래의 본질이 상법상 위탁매매의 그것과 같으므로 상품의 판매가격

33) 곽윤직, 물권법, 박영사(2001), 174~175면; 이영준, 물권법, 박영사(2004), 248~249면.

도 원칙적으로 상품의 소유권자인 납품업자가 지정할 수 있고, 수탁자인 대규모유통업자는 이를 준수할 의무가 있다(상법 제106조). 그러나 유통 실무상으로는 소비자 판매가격에 있어서도 대규모유통업자와 납품업자가 상호 협의하여 정하는 경우가 더 많은 것으로 보인다. 왜냐하면 수수료를 일정한 비율로 정하는 경우에는 판매가격에 따라 수수료가 변동되는 문제가 있으므로 소비자 판매가격을 납품업자가 일방적으로 정할 수는 없기 때문이다. 예를 들어 상호 협의 하에 위탁판매 수수료를 30%로 하고, 당해 상품의 소비자 판매가격을 10,000원으로 하는 경우 등이다. 이 경우, 이 상품이 소비자에게 판매되면 대규모유통업자는 3,000원(=10,000원×30%)을 위탁판매 수수료로 취득하고, 이를 공제한 나머지 7,000원(=10,000원−3,000원)을 납품업자에게 지급할 의무를 부담한다.

대규모유통업자와 납품업자는 대규모유통업자의 수수료를 상호 협의에 따라 일정률 또는 일정액으로 정할 수 있다. 일정률로 정할 경우, '위탁판매 수수료', '마진율' 등의 용어를 사용하고, 거래계약서에서는 '소비자 판매가격의 [*]%'와 같은 방식으로 기재하는 것이 일반적이다. 일정액으로 정한다면 '일정 기간당 [*]원' 또는 '상품 판매 개수당 [*]원'과 같은 형태로 정하게 될 것이다. 특약매입거래의 경우와 마찬가지로, 유통 실무에서는 대부분 일정률 형식으로 계약을 체결하는 경향이 있다. 다만 예외적으로 납품업자의 브랜드 인지도 내지 신뢰도가 낮아 일정 기간 동안 대규모유통업자의 기대 수익을 예측하기 어려운 사정이 있는 경우 등에는 일정액을 지급하는 형식을 채택하기도 한다.

한편, 위·수탁거래에서도 할인판매나 행사판매를 할 경우에 한시적으로 특별수수료율을 적용하도록 하는 경우가 있을 수 있다. 예를 들어 평상시 수수료율은 30%이지만, 할인판매 시에는 28%로 하기로 약정하는 경우가 이에 해당한다. 일반적으로 할인판매를 하면 납품업자에게 지급되는 판매대금도 함께 감소하기 때문에 이와 연동하여 대규모유통업자의 위탁판매 수수료율도 함께 줄이도록 약정하는 것이다.[34] 이 점은 특약매입거래에서의 경우와 같다.

34) 위·수탁거래에서도 특약매입거래에서와 유사한 논점이 있을 수 있다. 일반적으로, 할인판매를 할 경우에는 소비자 판매가격 하락에 따라 판매량이 증가하므로 납품업자는 물론 위탁판매 수수료를 수취하는 대규모유통업자에게도 추가 매출이 발생한다. 이와 같이 양 당사자에게 동시에 추가 매출이 발생하는 상황에서 대규모유통업자에게 귀속되는 위탁판매 수수료율이 고정되어 있으면 당해 할인판매에 따라 발생하는 단위당 매출감소분 중 대규

(3) 법적 성격

대규모유통업법상 위·수탁거래는 본질적으로 상법 제101조(의의) 소정의 위탁매매에 해당하는 것으로 해석된다. 한편, 대규모소매업고시에서는 위·수탁거래가 특정매입거래의 개념 표지에 함께 포함되어 있었고, 실제 유통 실무에서도 '특정매입거래', '수수료 매장' 등과 같은 다양한 용어로 사용됨에 따라 그 법적 성격의 실질이 무엇인지에 관하여 다양한 견해가 있을 수 있었으나, 현행 법제 하에서는 법 제 2 조 제 6 호의 정의 문언에 따라 명백히 상법 제101조 소정의 위탁매매에 해당한다고 볼 수 있다.

위·수탁거래는 본질적으로 상법상 위탁매매의 실질을 가지므로 대규모유통업자는 위탁매매인, 납품업자는 위탁인의 지위에 각각 해당하게 된다. 따라서 거래계약 등에서 특별히 정한 바가 없으면, 위탁매매인인 대규모유통업자는 위탁자인 납품업자에 대하여 선관주의의무(상법 제112조, 민법 제681조), 통지의무, 계산서 제출의무(상법 제104조), 이행담보책임(상법 제105조), 지정가액준수의무(상법 제106조), 위탁된 상품의 훼손 또는 하자 등에 대한 통지 및 처분의무(상법 제108조) 등의 의무를 부담하고, 개입권(상법 제107조), 매수물의 공탁 및 경매권(상법 제109조, 제67조), 보수청구권(상법 제112조, 제61조, 민법 제686조 제 2 항), 비용상환청구권(상법 제112조, 제55조 제 2 항, 민법 제687조, 제688조), 유치권(상법 제111조, 제91조) 등의 권리를 보유한다.[35] 나아가 상법상 위탁매매의 본질적 특성에 따라, 위탁매매인인 대규모유통업자가 자기의 명의로, 위탁자인 납품업자의 상품을 일반 소비자에게 판매하는 대내외적 법률관

모유통업자가 부담하는 금액이 상대적으로 적게 된다. 예를 들어 납품가격 10,000원인 상품의 위탁판매 수수료율이 20%라고 가정하면, 소비자 판매금액은 12,500원이 된다. 이 소비자 판매금액에서 10%를 할인하여 파는 행사를 한다고 가정할 때, 할인된 소비자 판매금액은 11,250원이 되고 대규모유통업자의 위탁판매 수수료는 2,250원, 납품업자의 판매대금은 9,000원이 된다. 이 경우 위 할인판매에 따라 발생하는 단위당 매출 감소분 1,250원 중 대규모유통업자가 분담하는 금액은 250원, 납품업자가 분담하는 금액은 1,000원이 되는바, 분담분의 절대액에 있어 이와 같이 차이가 발생하는 점을 고려하여 할인판매 시에는 위탁판매 수수료율을 한시적으로 낮게 적용하도록 약정하는 경우가 있는 것이다. 그러나 유통실무에서는 이와 같은 할인판매 또는 행사가 수시로 발생하는 점을 감안하여, 이처럼 복잡한 방식으로 일일이 수수료율을 새로 약정하기보다는 대규모유통업자와 납품업자가 처음 위탁판매 수수료율을 협의하여 결정할 때 일률적으로 동일한 수수료율로 약정하는 경우가 적지 않다. 따라서 단순히 할인판매나 행사시에도 종전과 동일한 수수료율을 적용하도록 하였다는 점만으로 불공정한 거래조건 또는 기타의 위법한 계약행위로 단정할 것은 아닌데, 이러한 논리는 특약매입거래에서도 마찬가지로 적용가능하다.

35) 주석상법 총칙·상행위(2), 한국사법행정학회(1997), 81~82면.

계가 형성된다.

(4) 관련 문제 - 위·수탁거래에 있어서의 반품의 법적 성격

위·수탁거래는 본질적으로 납품업자 소유의 상품을 대규모유통업자가 수탁판매하는 것이므로 소비자에게 판매되고 남은 재고 상품의 소유권 역시 납품업자에게 귀속된다. 따라서 대규모유통업자가 일정 시점(유통 실무에서는 통상 '마감일', '결산일' 등으로 칭함)을 기준으로 소비자들에게 판매하고 남은 재고 상품을 반환(반품)하는 것은 쌍방의 권리·의무로 볼 수 있다. 즉, 재고 상품에 대해서 대규모유통업자는 납품업자에게 당해 상품을 수거할 것을 청구할 수 있고, 납품업자 역시 대규모유통업자에게 당해 상품의 반환을 청구할 수 있는 것이다. 이 점에 있어 특약매입거래에서의 반품 청구와는 구별된다. 양 당사자 사이의 위·수탁거래 계약에서 정한 기준에 따라 재고상품이 확정되고 대규모유통업자 또는 납품업자의 반품 청구가 있는 경우, 당해 상품은 양 당사자의 '점유권' 이전에 관한 물권적 합의와 상품의 인도 행위에 따라 납품업자에게 반품 완료된다. 이 점에 있어 법 제10조 제1항 중 제2호(위·수탁거래의 경우)를 제외한 나머지 사유에 따른 반품의 경우에 '소유권' 이전에 관한 물권적 합의와 상품의 인도 행위를 필요로 하는 것과 구별된다.

바. 매장임차인

(1) 개 념

매장임차인이란 대규모유통업자로부터 매장의 일부를 임차하여 소비자가 사용하는 상품의 판매에 사용하고 그 대가를 대규모유통업자에게 지급하는 형태의 거래를 하는 자를 의미한다(법 제2조 제3호). 납품업자가 대규모유통업자에게 상품을 납품하는 거래를 주로 하는 데 비해, 매장임차인은 대규모유통업자의 매장 중 일부를 임차하여 그 공간을 사용하는 거래를 한다는 점에서 차이가 있다. 대규모유통업자는 자신이 직접 상품을 일반 소비자들에게 판매하기도 하지만, 임차인에게 매장 공간을 임대하여 임차인으로 하여금 상품을 판매하게 하고 그 대가로 일정한 수수료를 수취하는 경우도 많다는 점을 고려하여, 납품업자뿐만 아니라 매장임차인과의 거래까지도 대규모유통업법 적용 대상으로 규정하였다. 유통 실무상으로는 대규모유통업자의 판매 관여를 최대한 배제하고자 하는 해외 유명 브랜드(소위 '명품 브랜드') 사업자나, 대규모유통업자의 통상의 소매활동보다 특화되거나 전문적인 판매가 필요한 상품들, 예를 들어 즉석 조리식품, 약품, 안경 등을 판매하는 사업자들이 매장임차인으로서 대규모유통업자와 거래를 하는 경우가 많다.

(2) 개념 표지

(가) 대규모유통업자로부터 매장 일부를 임차

대규모유통업자의 매장 일부를 임차한 경우이면 이에 해당한다. 본 호의 문언상 반드시 대규모유통업자가 직접 소매업을 영위하는 공간을 임차한 경우 뿐만 아니라, 당해 대규모유통업자의 점포 중 소매업을 영위하기 위해 관리, 감독하는 매장 공간의 일부를 임차한 경우까지도 포함한다고 볼 수 있다.

(나) 소비자가 사용하는 상품 판매에 사용

대규모유통업자로부터 임차한 공간을 소비자에게 상품을 판매하는 용도로 사용하여야 한다. 따라서 임차한 공간을 전부 사무용으로 사용하거나, 상품을 수선하거나, 또는 금융 서비스를 제공하는 용도로 사용하는 경우에는 이에 해당하지 않는다. 대규모유통업자의 매장 중 일부를 임차하여 음식물 등을 조리하여 소비자들에게 판매하는 소위 '인스토어(In Store) 음식점'의 경우, 음식도 상품의 일종이고 음식섭취 또한 상품의 사용으로 볼 수 있으므로 이에 해당한다고 보아야 할 것이다.

(다) 그 대가를 대규모유통업자에게 지급하는 자

대규모유통업자에게 매장 일부를 임차한 대가를 지급하여야 한다. 따라서 무상거래인 사용대차의 차주는 대규모유통업법상 매장임차인에 해당하지 않는다. 단, '대가'의 의미는 폭넓게 해석될 수 있으므로 반드시 금전일 필요는 없다.

유통 실무상 대가 지급의 유형은 크게 다음과 같은 두 가지가 대표적이다. 임대보증금과 함께 일정액의 임대료를 받는 형태[실무상 '임대갑(賃貸甲)'이라는 명칭이 사용되기도 한다]와 임대보증금(임대보증금이 없는 경우도 있다)과 매월 매출액의 일정 비율에 해당하는 수수료(임대료)를 받는 형태[실무상 '임대을(賃貸乙)'이라는 명칭이 사용되기도 한다]가 그것이다.[36] 또, 위 두 가지 형태를 혼합한 형태(일정액의 임대료와 매출 연

36) 「롯데쇼핑㈜(백화점부문)의 대규모유통업법 위반행위에 대한 건」(2014. 3. 6. 의결 제2014-046호)에서는 "임대갑은 임대보증금을 백화점에 예치하고 매월 임대료를 납부하는 방식으로 소매점에서 완전 독립된 형태로 영업하며 매출액과 상관없이 고정적인 임대료를 납부한다. 임대을은 매출에 대하여 소매점이 관리하고 매출액의 일정 비율을 마진/수수료로 부과하는 방식으로 임대보증금은 경우에 따라 요구되거나 면제된다. 임대을의 경

동형 수수료 약정이 같이 있는 경우 등)도 있을 수 있다. 두 형태 모두 임대장소에서의 상품의 판매, 재고관리 등은 매장임차인의 책임 아래 이루어진다.

한편, 임대을과 같은 임대차거래 형태에서, 수수료 정산 과정에서의 분쟁 등을 피하기 위하여 대규모유통업자 명의로 상품을 판매하는 경우가 있다. 이러한 형태의 거래는 외형상 위·수탁거래와 유사한 형태를 보이지만, 위·수탁거래는 수탁자(대규모유통업자)가 판매활동의 주체인 반면, 임대을 거래의 경우 매장임차인이 판매활동의 주체라는 점에서 차이가 있다. 또한, 경우에 따라서는 대규모유통업자 명의로 판매하는 데서 더 나아가 판매되는 상품을 대규모유통업자가 매입한 것으로 전산처리하는 경우도 있는데, 이 경우 외형상으로는 대규모유통업법상 반품조건부매입거래의 특성을 갖는 특약매입거래와 유사한 모습을 보이게 된다. 그렇지만 이러한 거래에 있어서도 판매활동의 주체는 매장임차인이지, 대규모유통업자가 아니다. 특약매입거래를 반품조건부매입이라고 한다면 반품조건 외에는 직매입거래와 동일하므로, 원칙적으로 판매활동의 주체는 대규모유통업자가 되어야 할 것이다(단, 특약매입거래의 경우에도 실질적인 판매활동의 주체가 납품업자인 것이 현실이라는 점에 대하여는 앞서 본 바와 같다). 따라서 대규모유통업자와 매장임차인(또는 납품업자)의 거래에서 매입으로 전산처리, 대규모유통업자 명의의 판매, 납품업자등의 제반 판매활동이 동시에 나타나는 경우, 이러한 거래를 어떻게 볼 것인지에 대해서는 논란이 있을 수 있다. 임대을 거래에 있어 수수료 정산의 편리성과 분쟁 방지 등을 위하여 실무상 매입으로의 전산처리나 대규모유통업자 명의의 판매가 이루어지는 경우가 많은 점, 상품에 대한 지배권은 형식적 명의에 의해서가 아니라 매장에의 상품 입고, 재고 관리, 상품 반출 및 판매활동의 주체가 누구인지와 같은 실질에 의해 판단하는 것이 타당한 점을 고려하면, 매장에의 상품 입고, 재고 관리, 상품 반출, 판매활동의 주체가 매장임차인(또는 납품업자)인 경우 상품의 전산처리 형태가 어떠하든, 판매명의자가 누구이든, 그 거래는 매장임대차거래와 유사한 거래로 보는 것이 실질에 부합하고 법적으로도 타당할 것이다.

우 매출액의 일정비율을 마진/수수료로 지급한다는 면에서는 특약매입거래와 유사하다" 라고 한 바 있다.

사. 반 품

(1) 개 념

반품이라 함은 대규모유통업자가 납품받은 상품을 되돌려 주거나 납품업자의 다른 상품과 바꾸는 등 형식에 상관없이 납품받은 상품을 납품업자에게 실질적으로 되돌려주는 모든 행위를 말한다(법 제2조 제7호).

(2) 개념 표지

(가) 납품받은 상품을 형식에 상관없이

반품 여부의 판단은 납품받은 상품을 납품업자에게 실질적으로 되돌려주었는지를 기준으로 하며, 납품업자에게 상품을 되돌려주는 법률적 형식이나 성격은 불문한다. 대규모유통업자와 납품업자간 계약의 내용에 따라 상품의 반환이 이루어지는 경우가 일반적이지만, 그 밖에도 유통 실무상 반품이 이루어지는 법률적 형식이나 성격은 매우 다양하게 나타날 수 있다. 납품업자의 일체의 채무불이행(주로 민법상 불완전이행의 경우가 될 것이다)에 따라 상품의 반환이 이루어지는 경우,[37] 하자담보책임의 실현(민법 제580조, 제581조, 상법 제69조)에 따라 상품의 반환이 이루어지는 경우,[38] 당초의 상품 납품에 관한 계약과 별도로 당해 상품에 관한 재매매 계약, 환매 계약을 체결하여 상품을 반환하는 경우, 당초의 상품 납품에 관한 거래계약의 전부 또는 일부를 해제 또는 해지하거나, 의사표시를 취소 또는 철회하는 경우 등이 그 예가 될 것이다. 요컨대 대규모유통업법상으로는 법률적 형식이나 성격을 불문하고 기왕에 납품된 상품을 납품업자에게 되돌려준 경우에는 반품에 해당한다.

(나) 납품받은 상품을 돌려주는 행위

대규모유통업법상 반품은 '납품받은 상품'을 돌려주는 행위를 의미한다. 이는 대규모소매업고시 제3조가 '매입한 상품'을 돌려주는 행위로 정의한 것과 구별된다. 종전에는 대규모소매업고시가 반품의 대상이 되는 상품을 '매입한 상품'이라고 정의

---

37) 일률적으로 판단할 수는 없으나, 예를 들어 대규모유통업자가 납품거래계약에 따라 어떤 상품을 발주하였는데 납품업자가 납품한 상품이 통상의 품질에 전혀 미치지 못하는 불량품인 경우 등이 이에 해당할 수 있다. 채무의 내용에 부합하지 않은 이행으로서 채무불이행의 책임을 부담하게 된다. 이 경우 하자담보책임과의 경합 여부도 논의될 수 있다.

38) 일반적으로 종류물(種類物)의 매수인은 하자담보책임의 방법으로 완전물급부청구, 계약해제, 손해배상을 청구할 수 있다(민법 제581조, 제580조, 제575조 제1항). 민법상 대금감액의 청구는 허용되지 않을 것이나, 당사자 사이의 특약에 따라 허용될 수 있음은 물론이다(민법 제584조 참조).

함에 따라, 대규모유통업자가 납품업자로부터 상품을 납품 받았으나 아직 검수 및 매입 처리[39]를 하지 않은 시점에서는 반품이 가능한 것인지 여부에 대한 논란의 여지가 있었다. 매입 시점을 반품 가능 시점으로 엄격히 해석한다면, 대규모유통업자가 상품을 실질적으로 매입하기 전에는 엄밀한 의미에서의 반품은 있을 수 없으므로 대규모소매업고시에서의 부당한 반품금지 규정이 적용되지 않을 여지가 있었기 때문이다. 그러나 대규모유통업법이 반품의 객체를 '납품받은 상품'이라고 명확히 규정함에 따라 종래의 혼란은 상당 부분 해소되었다.

반품의 대상이 되는 상품은 대규모유통업자가 납품업자로부터 납품받은 상품이다. 납품이라 함은 납품업자가 대규모유통업자에게 특정의 상품을 사실상 제공하는 일체의 행위를 의미하는 것으로서, 대규모유통업자의 본사에 직접 제공하는 것은 물론 대규모유통업자의 물류센터에 입고하는 것, 각 점포에 직접 입고하는 것도 모두 포함된다. 동산의 현실인도 방법(민법 제188조 제1항), 간이인도(민법 제188조 제2항), 점유개정(민법 제189조), 목적물반환청구권의 양도(민법 제190조)에 의한 납품도 인정될 수 있음은 앞서 본 바와 같다.

유통 실무상 대규모유통업자의 납품업자에 대한 반품 행위는 특약매입 반품, 위·수탁 반품, 불량/하자 반품, 신제품 반품, 계절상품 반품, 양품(良品) 반품 등 다양한 명칭이나 형태로 나타나고 있다. 대규모유통업자의 납품업자에 대한 반품은 그 명칭이나 사유, 기준을 불문하고 그 반품 행위의 실질을 고려하여 법 제10조 제1항 각 호 소정의 기준에 부합하는지 여부가 정해질 것이다.

아. 판매촉진행사

(1) 개　　념

판매촉진행사라 함은 명칭이나 형식에 상관없이 상품에 대한 수요를 늘려 판매를 증진시킬 목적으로 행하는 모든 행사 또는 활동을 말한다(법 제2조 제8호). 대규모소매업고시에서는 판매촉진행사를 별도로 정의하지 않고, 판매촉진비용에 관한 조항에서 "대규모소매업자는 (중략) 납품업자 등에게 판촉비용(광고비, 경품비 등 사은행사비용, 아르바이트비용, 모델 등의 방송출연료 등 판촉행사에 소요되는 모든 비용을 말한다)을 부담시키는 행위를 하여서는 아니 된다"와 같이 간접적으로 규정하고 있었으

39) 매입 처리에 관한 일반 절차는 각주 12 참조.

나(대규모소매업고시 제8조 제1항), 대규모유통업법에서는 판매촉진행사에 대해 별도의 정의 규정을 두고 있다.

대규모유통업자의 영업의 주된 목적은 일반 소비자들에게 상품을 판매하여 수익을 취하는 것이므로, 원칙적으로 대규모유통업자의 모든 영업 행위가 상품에 대한 수요를 늘려 판매를 증진시킬 목적으로 하는 행위라고 볼 수도 있다. 그러나 대규모유통업법이 판매촉진행사를 정의하고 이를 법 제11조(판매촉진비용의 부당전가 금지) 등에서 규제하고자 하는 취지는 주로 판매촉진을 위한 추가 비용이 소요되는 행사에 있어서 대규모유통업자가 우월한 지위를 이용하여 납품업자등에게 과도한 비용을 부담시키는 것을 방지하여 대규모유통업자와 납품업자등 사이에 공정한 거래질서를 유지하기 위한 것이다. 이와 같은 점을 고려하면 특별한 사정이 없는 한, 대규모유통업법에서의 판매촉진행사는 대규모유통업자 또는 납품업자등의 영업활동에 부수되는 모든 행위를 포괄한다기보다는, 직접적으로 일반 소비자들을 상대로 특별히 행하는 판매촉진을 위한 행사 내지 활동을 의미한다고 보아야 할 것이다.

(2) 판매촉진행사의 유형 및 구분

유통 실무에서 이루어지는 판매촉진행사는 사업자별, 상품별, 지역별, 시기별로 매우 다양한 형태가 있을 수 있다.

판매촉진행사는 일반적으로 (i) 가격 할인판매 행사(예컨대 계절·기념일 등 할인판매, 신학기·명절 등 특수기간 할인판매 등), (ii) 소비자 혜택 제공 행사[예컨대 신용카드 할부수수료 지원 행사, 상품권 지원 행사, 사은품 증정 행사, 적립금 증정 행사, 배송비 지원 행사, ARS(자동응답시스템) 이용자 할인 행사, 모바일·인터넷 주문·결제자 할인 행사 등], (iii) 위와 같은 판매촉진행사의 광고·홍보를 위한 부수적 행사 및 상품 광고(예컨대 TV·라디오·잡지 등을 통한 광고·홍보, 전단지·플래카드·리플릿 등 제작·배포 등) 등으로 분류할 수 있다[「TV홈쇼핑사업자의 특정 불공정거래행위에 대한 위법성 심사지침」(시행 2023. 7. 18. 공정거래위원회 예규 제438호, 2023. 7. 18. 일부개정, 이하 'TV홈쇼핑 심사지침') Ⅲ. 2. 나. 1) 〈표 2〉].

위와 같은 각 판매촉진행사를 그 주된 목적 및 효과의 범위에 따라 구분하면 다음과 같다.

첫째, 대규모유통업자가 주관하여 점포 전체(대규모유통업자의 전체 또는 특정 점포의 매장 전체 또는 일부)의 판매촉진을 목적으로 해당 점포에 대해 공통적으로 실시하는 판매촉진행사 유형이다. 주로 특정 점포의 정기 할인판매, 특정기간 할인판매, 계절 할인판매, 신학기·명절 등 특수기간 할인판매 등과 같은 전체적 할인판매 행사, 점포내 모든 매출의 결제에 관한 신용카드 수수료 지원 행사, 무이자 할부 행사, 상품권 지원 행사, 사은품 증정 행사, 배송비 지원 행사 및 이와 유사한 소비자 혜택 제공 행사, 이와 같은 행사의 광고, 홍보를 위한 TV, 라디오, 잡지, 전단지, 플래카드, 리플릿, 팸플릿 등 제작, 배포 행사 등이 이에 포함된다. 특약매입거래 심사지침 Ⅲ. 2. 다. (3), (나)항에서는 점포 차원에서의 판매촉진행사 비용으로 "① 자신의 점포에서 일정금액 이상 구매자에게 일률적으로 지급하는 사은품 또는 상품권 등, ② 제휴 신용카드 할인, 무이자 할부 비용, ③ 대규모유통업자가 점포 우수고객에게 발송하는 할인쿠폰, ④ 대규모유통업자가 점포 우수고객을 대상으로 실시하는 문화행사(콘서트 등) 등 각종 행사 비용, ⑤ 대규모유통업자가 구매여부와 관계없이 점포를 방문하는 고객을 대상으로 일률적으로 지급하는 사은품, ⑥ 대규모유통업자가 특정 납품(입점)업자의 매장에 한정하지 않고 자신의 점포에서 상품을 구매한 고객 중 일부를 추첨하여 지급하는 경품"을 예시하고 있다. 그러면서, 대규모유통업자가 자신의 점포 차원에서 우수고객 등을 대상으로 하는 판매촉진행사는 비록 그 행사로 인해 납품(입점)업자가 반사적으로 혜택을 본다고 하더라도, 대규모유통업자가 주체가 되어 행하는 행사인 점, 상품은 법적으로 대규모유통업자의 소유인 점, 특약매입거래의 경우 대규모유통업자는 판매금액의 일정률을 판매수수료로 수령하고 있는 점 등을 고려할 때, 그 소요되는 비용을 대규모유통업자가 부담하지 않고 납품(입점)업자에게 부담시킬 경우 법 제17조(불이익 제공행위의 금지)에 위반될 소지가 있다고 규정하고 있다.

둘째, 납품업자등이 단독으로 또는 복수의 납품업자등이 주관하여 자신들이 판매하는 상품의 특별한 판매촉진을 목적으로 하는 판매촉진행사 유형이다. 이러한 유형의 판매촉진행사는 대규모유통업자가 주관하여 하는 행사와는 달리, 판매촉진행사에 참여하는 특정 납품업자등의 브랜드나 관련업종의 상품 판촉에 국한하여 그 효력이 미친다는 특징이 있다. 주로 특정 브랜드 또는 상품의 정기 할인판매, 특정기간 할인판매, 계절 할인판매, 신학기·명절 등 특수기간 할인판매 등과 같은 할인판매행사, 특정 브랜드 또는 상품의 결제에 관한 신용카드 수수료 지원 행사, 무이자 할부 행사, 상품권 지원 행사, 사은품 증정 행사, 배송비 지원 행사 및 이와 유사한 소비자 혜택 제공 행사, 이와 같은 행사의 광고, 홍보를 위한 TV, 라디오, 잡지, 전단지, 플래카드, 리플릿, 팸플릿 등 제작, 배포 행사 등이 이에 해당한다. 특약매입거래 심사지침 Ⅲ. 2. 다. ⑶, ㈐항에서는 대규모유통업자와 납품(입점)업자간 공동 판매촉진 행사 비용의 유형으로 "① 대규모유통업자가 개별 납품(입점)업자와 공동으로 당해 납품(입점)업자의 일정금액 이상 구매고객을 대상으로 지급하는 사은품 또는 상품권 등, ② 대규모유통업자가 개별 납품(입점)업자의 우수 구매고객을 대상으로 실시하는 문화행사(콘서트, 식사초대회, 패션쇼 등) 등 각종 행사 비용, ③ 대규모유통업자가 개별 입점업자와 공동으로 구매여부에 관계없이 입점업자의 매장을 방문하는 고객을 대상으로 일률적으로 지급하는 사은품, ④ 대규모유통업자가 개별 납품(입점)업자와 공동으로 특정 상품에 대한 가격할인행사를 실시하는 경우 그 가격할인분"을 예시하고, 대규모유통업자가 개별 납품(입점)업자에게 직접적으로 매출증진 효과가 발생하는 판매촉진행사를 당해 납품(입점)업자와 공동으로 실시하는 경우에는 법 제11조 규정에 따라 그 소요 비용은 대규모유통업자와 당해 개별 납품(입점)업자 간에 판매촉진행사를 통해 직접적으로 얻을 것으로 예상되는 경제적 이익의 비율에 따라 분담하되, 납품(입점)업자의 분담비율은 100분의 50을 초과하여서는 아니 된다고 규정하고 있다.

관념적으로는 판매촉진행사의 유형을 이와 같이 두 가지 유형으로 구분할 수 있으나, 실무에서는 다양한 방식의 판매촉진행사가 기획되어 시행되고 있어 단정적으로 어느 한 유형에 해당한다고 보기 어려운 형태가 많다. 경우에 따라서는 하나의 판매촉진행사 내에 두 가지 유형을 모두 포함하는 경우도 있을 수 있다. 각각의 개별적인 행사 내용을 실질적으로 고려하여 판단하여야 할 사항이다.

자. 판매장려금

(1) 개　념

판매장려금이라 함은 명칭에 상관없이 직매입거래에서 상품의 판매촉진을 위하여 연간거래 기본계약에 명시된 조건에 따라 납품업자가 대규모유통업자에게 지급하는 경제적 이익을 말한다(법 제2조 제9호). 종전 유통거래에서 실무상 통용되던 관념으로서, 법률상으로는 물론, 대규모소매업고시에서도 특별히 판매장려금의 개념을 별도로 정의하고 있지는 않았다. 다만, 대규모소매업고시 제 9 조에서 판매장려금의 수수 기준에 관한 규정을 두고 있었을 뿐이다.

사전적 의미에서의 판매장려금이라 함은 대량구매자나 고정거래처의 매출에 따른 반대급부로 거래수량이나 거래금액에 따라 판매를 장려 내지 촉진하려는 목적으로 지급하는 금액 등을 의미한다. 회계적으로 판매실적에 따라 지급한 판매장려금은 매출에누리와 유사한 개념으로 보아 수익의 차감항목으로 규정하고 있다(일반기업회계기준 16.5[40]). 유통 실무에서는 상품별, 거래처별, 지급기준별, 지급시기별로 다양한 종류의 판매장려금을 상정하여 운용하고 있다. 통상의 개념상으로는 여러 종류의 판매장려금 형태가 있을 수 있으나, 대규모유통업법 적용에 있어서의 판매장려금의 개념은 대규모유통업법의 정의에 따라야 한다.

(2) 개념 표지

(가) 명칭에 상관없이

대규모유통업법상 판매장려금의 범위에는 '판매장려금', '판촉장려금', '신상품장려금', '성과 장려금', '기본 장려금', '매입 장려금', '재고보상 장려금', '볼륨 장려금', '진열품 지원 장려금' 등 명칭에 상관없이 대규모유통업자와 납품업자 간의 기본계약에 따라 납품업자가 대규모유통업자에게 지급하는 모든 경제적 이익을 포함한다. 이와 같이 대규모유통업법이 판매장려금의 명칭과 기능에 관하여 포괄적으로 정의함에 따라, 실무상으로는 법 제 2 조 제 9 호 소정의 개념 표지에 해당하는 한, 대규모유통업자가 납품업자로부터 지급받는 일체의 장려금이 이에 해당될 수 있다. 반대로, 명칭 자체는 판매장려금이라고 하더라도 법 제 2 조 제 9 호 소정의 개념 표지에 해당하지 않는 경우에는 대규모유통업법상의 판매장려금에 해당되지 않음은 물론이다.

(나) 직매입거래에서

대규모유통업법에서 상정하고 있는 판매장려금은 직매입거래에서 수수되는 장

---

40) "16.5 수익은 재화의 판매, 용역의 제공이나 자산의 사용에 대하여 받았거나 또는 받을 대가의 공정가치로 측정한다. 매출에누리와 할인 및 환입은 수익에서 차감한다." [일반기업회계기준 제16장 수익 제 1 절 '수익인식' 한국회계기준원 회계기준위원회(의결 2019. 9. 27.)].

려금에 한정된다. 실제 유통 실무에서는 직매입거래 이외에 특약매입거래, 위·수탁 거래 또는 매장임대차 거래에 있어서도 '장려금' 명목의 금전 수수행위가 있는 경우가 있으나, 그 경우에는 대규모유통업법에서 정의하는 판매장려금에 해당되지 않는다. 다만 이들은 법 제15조(경제적 이익 제공 요구 금지) 제1항 소정의 경제적 이익의 일종으로 보아 동 조항의 적용을 받게 된다.[41)]

직매입거래는 그 본질이 '매매'에 해당하므로 원칙적으로는 납품업자가 대규모유통업자에게 상품을 납품하여 소유권 이전의 의무를 이행함으로서 당해 거래에서의 권리의무 관계는 종료된다. 그 후 대규모유통업자가 당해 상품을 일반 소비자들에게 얼마에 판매할 것인지, 판매촉진을 위해 어떤 행위를 할 것인지, 재고는 어떤 식으로 관리·처리할 것인지 등에 대한 의사결정은 온전히 대규모유통업자의 몫이다. 특약매입거래는 매매의 속성을 지니고 있다고 하더라도 재고상품에 대한 반품 특약이 있기 때문에 상품의 소유권이 이전된 이후에도 그 상품의 판매에 관하여 일정한 이해관계가 있을 수 있다는 점에서 직매입거래와는 본질적인 차이가 있다.

그러나 비록 직매입거래에서 이와 같이 법률적 권리의무 관계가 단절된다고 하더라도, 경제적 관점에서 보면 납품업자의 입장에서도 대규모유통업자가 자신이 납품한 상품을 소비자들에게 적극적으로 판매하는 것이 유리하다. 대규모유통업자가 적극적으로 상품을 판매하면 납품업자 상품의 추가 주문과 납품이 늘어날 것이고, 당해 상품에 관한 납품업자의 브랜드(Brand) 가치도 높아지는 등 유·무형의 이익이 증가하기 때문이다.[42)] 따라서 대규모유통업자의 적극적인 판매를 장려할 목적으로 납품업자가 대규모유통업자에게 지급하는 대표적인 경제적 인센티브가 바로 판매장려금이다. 유통 실무에서도 이와 같은 목적에서 약정된 판매장려금의 유효성이 실증적으로 입증되고 있는바,[43)] 직매입거래에 있어서도 상품에 대한 매매대금과는 별도의 판매장려금 지급 약정이 일반적으로 통용되고 있다.

---

41) TV홈쇼핑 심사지침 Ⅲ. 3. 나. 1) 가)도 '장려금'을 법 제15조 제1항 소정의 경제적 이익의 예시로 들고 있다.

42) 판매장려금을 지급하는 대신 상품의 판매가격을 낮추는 것도 가능하지만, 납품업자 입장에서는 판매가격을 지나치게 인하할 경우 브랜드 가치 훼손이 우려가 있고, 거래하는 유통업자에 대해 모두 가격을 인하해 주어야 하는 부담이 있기 때문에, 개별 유통업자와의 약정을 통해 판매장려금을 지급하는 방식을 선호하는 경향이 있다.

43) 서강대학교 산학협력단, "대형유통업체와 납품업체간 거래 공정화를 위한 제도 개선방안 연구", 공정거래위원회(2007. 10. 25.), 115면 참조.

다만, 일반적으로 제조업체와 다수 대리점 또는 판매점과의 관계에서는 제조업체가 판매장려금 지급여부를 결정하는 주도권을 가지는 것이 일반적인 반면, 대규모유통업자와 납품업자와의 관계에서는 대규모유통업자의 거래상 지위가 우월한 경우가 대부분이므로 판매장려금이 갖는 원래의 취지와는 다르게 납품업자에게 더 많은 부담을 지우는 수단으로 악용될 소지가 있다. 실제로 유통현장에서는 사전에 아무런 약정없이 대규모유통업자가 수시로 판매장려금을 요구하는 경우가 빈번히 발생하여, 납품업자들의 중요한 불만요소 중 하나로 제기되기도 하였다. 이러한 점들을 종합적으로 고려하여 대규모유통업법에서는 판매장려금을 법률로 정의하여 합리적인 수준에서 규제될 수 있도록 한 것이다. 판매장려금에 대한 대규모유통업법의 규제는 제 2 편 제11장에서 상술한다.

특약매입거래와 위·수탁거래는 상품 판매에 따라 일정률 또는 일정액의 판매수익 또는 수수료를 대규모유통업자가 지급 받고, 판매되지 않은 상품에 대하여는 반품이 폭넓게 인정되는 거래 구조이므로, 특별한 사정이 없는 한 당해 판매수익 지급 약정 또는 수수료 지급 약정의 내용 그 자체에 '판매장려'의 목적 내지 속성이 포함되어 있는 경우(예컨대, 판매량의 증가에 따라 수수료율을 증가시키는 방식이 대표적인 형태이다)가 많을 것이다. 따라서 개념적으로는 별도의 판매장려금을 지급하는 약정을 상정하기는 쉽지 않다. 그러나 대규모유통업자가 판매활동의 주체인 거래형태에 있어 대규모유통업자로 하여금 자신의 상품에 대한 판매에 더 집중하도록 하는 경제적 인센티브를 제공할 경제적 동기는 역시 존재하므로, 특약매입거래(특약매입거래에 있어 판매활동의 주체가 누구인지에 대해서는 앞서 살펴본 대로 논란이 있다)나 위·수탁거래에서도 각종 '장려금' 명목의 금전 수수의 필요성이 있고, 실제 실무에서도 이러한 사례가 발견되기도 한다. 다만 이는 법 제 2 조 제 9 호의 정의에 따른 판매장려금에는 해당하지 않고 법 제15조(경제적 이익 제공 요구 금지) 제 1 항 소정의 경제적 이익에 해당하므로, 그러한 판매장려금을 수수한 경우에는 정당한 사유가 있는지 여부에 따라 규제를 받게 된다. 입법론적으로 개선이 필요한 부분이 있다고 생각되는데, 이 점에 대해서는 뒤에서 자세히 살펴본다.

(다) 상품의 판매촉진을 위하여

판매장려금은 직매입거래에 있어서 당해 상품의 판매촉진을 목적으로 지급되는 경제적 이익이어야 한다. 따라서 직매입거래라도 상품 판매촉진 목적과 전혀 무관하게 수수되는 경제적 이익은 판매장려금에 해당되지 않는다. 그러나 대규모유통업법이 판매장려금의 개념을 포괄적으로 정의하고 있고, 유통 실무상 납품업자와 대규모유통업자 사이에 수수되는 경제적 이익의 대부분은 당해 상품의 판매촉진과 직·간접적으로 연관이 있다고 볼 여지가 있다는 점을 고려하면, 법 실무상으로는 '상품의 판매촉진을 위하여' 지급된 것이 아니라는 이유로 판매장려금에 해당되지 않는다고 볼 사례는 많지 않을 것이다.

다만, 판매장려금의 개념 표지에는 해당되더라도 판매촉진 목적과의 관련성이 매우 낮은 경우에는 대규모유통업법에서 정한 판매장려금의 합리적인 인정범위 내에 포함되지 않는 것으로 판단될 수 있다(법 제15조 제 2 항은 "판매장려금은 해당 거래분야에서 합리적이라고 인정되는 범위를 넘을 수 없다"고 규정하고 있다). 「대규모유통업분야에서 판매장려금의 부당성 심사에 관한 지침」(시행 2022. 10. 8. 공정거래위원회 예규 제409호, 2022. 10. 8. 폐지제정, 이하 '판매장려금 심사지침') Ⅲ. 1.1.은 직매입거래에서 '상품에 대한 소비자 수요를 늘려 판매를 증진'시키는 목적과 직접적인 관련성이 없이 대규모유통업자가 받는 판매장려금은 법에서 정한 합리적인 인정범위 내에 있는 것으로 보기 어렵다고 하면서, 판매장려금 심사지침 Ⅲ. 1.2.에서 '판매촉진 목적과의 관련성이 인정되지 않는 판매장려금 항목'의 예시로 기본장려금(명칭에 상관없이 대규모유통업자가 납품업자로부터 상품 매입금액의 일정비율 혹은 일정금액을 받는 형태의 판매장려금)을 들고 있다. 기본장려금은 대규모유통업자가 납품업자로부터 상품 매입금액의 일정비율을 획일적으로 받는 것(지급해야 할 상품 매입대금에서 공제하고 지급받는 경우 포함)이기 때문에 당해 상품에 대한 판매촉진 목적과의 연관성이 매우 낮다는 것이 그 이유이다. 그리고 공정거래위원회는 「홈플러스㈜ 및 홈플러스스토어즈㈜의 대규모유통업법 위반행위에 대한 건」(2016. 7. 20. 의결 제2016-221호)에서 "기본장려금은 본 법에서 정한 판매장려금의 합리적 인정 범위 내에 있는 것으로 보기 어렵고, 피심인들이 판촉비용분담금 명목으로 공제한 금액이 실제로는 기본장려금에 해당한다고 보는 것이 타당하다"고 하면서, "피심인들의 상품대금 감액행위에 정당한 사유가 존재한다고 볼 수 없다"고 판단한 바 있다.

한편, 판매장려금과 판매촉진비용의 구별이 실무상 문제될 수 있다. 본 법은 판매촉진비용과 판매장려금을 정의하면서, 양자에 대해 모두 그 문언에 '상품의 판매촉진'의 관념을 두고 있고, 유통 실무상으로도 양자의 구별이 쉽지 않은 경우가 많기 때문이다. 실제로 대규모유통거래에서의 다양한 판매촉진의 방법, 수많은 종류의 경제적 이익의 수수로 인해 실무상 판매장려금과 판매촉진비용의 엄밀한 구분이 어려운 경우가 많다. 일반적으로 다음과 같은 관점에서 양자의 특징을 구분할 수 있다. 첫째, 현행 법규정상 판매장려금은 직매입거래에서 문제되는 개념인 반면, 판매촉진비용은 모든 거래형태에서 발생한다. 특히, 특약매입거래, 위·수탁거래는 물론, 매장임대차거래에서도 판매촉진비용은 발생한다. 둘째, 판매장려금은 직매입거래에서 대규모유통업자로 하여금 일반 소비자들에 대한 적극적인 판매를 장려하여 납품 수량을 늘리도록 유도하기 위하여 납품업자등이 대규모유통업자에게 직접 지급하는 경우가 많은 반면, 판매촉진비용은 소비자들의 상품 구매를 유도하기 위하여 소비자들에게 지출되는 경우가 많다. 환언하면 판매장려금은 대규모유통업자에 대한 상품 권매(勸買) 유도 내지 판매행위 장려의 목적이 짙은 반면, 판매촉진비용은 일반소비자에 대한 구매유인의 목적으로 지출되는 측면이 크다. 즉, 둘 다 당해 상품의 판매촉진이라는 목적을 위한 것이라는 점에서는 공통점이 있으나, 판매장려금은 당해 상품의 일차적 구매자인 대규모유통업자에게 지급하여 판매촉진을 장려하는 간접적인 방식인 반면, 판매촉진비용은 당해 상품의 최종 구매자인 일반 소비자들에게 직접 이익을 제공함으로써 판매촉진을 장려하는 직접적인 방식으로 볼 수 있다.[44] 셋째, 형식적 요소로서, 대규모유통업법상 규정에 의하면 판매장려금은 대규모유통업자와 납품업자 간 연간거래 기본계약에서 그 지급 조건을 명시하고 이에 따라 지급되어야 하는 반면, 판매촉진비용은 연간거래 기본계약에 미리 그 분담 조건을 정해두지 않아도 된다. 대신 대규모유통업자가 판매촉진행사를 실시하기 위해서는 사전에 판매촉진비용의 부담비율 등 시행령 제9조(판매촉진비용의 부담에 관한 약정사항) 소정의 사항들을 납품업자등과 약정하여야 하며, 판매촉진행사의 특성에 따라 대규모유통업자와 납품업자등의 비용분담비율도 달라지게 된다.

(라) 연간거래 기본계약에 명시된 조건에 따라

대규모유통업법은 판매장려금의 개념 표지 중 하나를 '연간거래 기본계약에 명시된 조건에 따라 납품업자가 대규모유통업자에게 지급하는 경제적 이익'으로 정의하고 있다. 법에서 판매장려금 지급 기준을 '연간거래 기본계약에 명시된 조건에 따

44) 법 제2조에서 판매촉진행사는 '상품에 대한 수요를 늘려 판매를 증진시킬 목적'으로, 판매장려금은 '직매입거래에서 상품의 판매촉진을 위하여'라고 각 정의한 문언도 이와 같은 관점에서 해석할 수 있다고 생각된다.

를 것'이라고 명확히 정의하고 있으므로 판매장려금의 지급 기준은 연간거래 기본계약에 명시되어 있어야 한다.

법 제2조 제9호 소정의 '연간거래 기본계약'의 의미가 정확히 무엇인지에 대해서 현재 확립된 견해는 없다. 대규모유통업법의 다른 규정과 달리, 유독 판매장려금의 정의 규정(법 제2조 제9호) 및 판매장려금 수수를 제한하고 있는 규정(법 제15조 제2항)에서만 '연간'이라고 명시하고 있는 점을 고려하면, 적어도 판매장려금 지급 기준 등에 관하여 연간 단위의 사전 약정에 의할 것으로 해석할 여지가 있다. 이에 따르면 본 호는 납품업자로 하여금 최소한 연간 단위의 기간 동안에 지급 의무가 발생할 수 있는 판매장려금의 조건, 규모, 내용, 절차 등을 예측 가능하도록 하여, 납품업자에게 불측의 경제적 피해가 발생하지 않도록 하기 위한 규범적 장치로 볼 수 있다. 다만, 유통 실무상으로는 특별한 사정이 없는 한 1년 이상의 거래 기간을 정한 직매입 거래기본계약에 직접 포함하거나, 당해 거래기본계약에 부속된 판매장려금 약정(유통 실무상 '개별약정', '특별약정' 내지 '부속약정' 등 다양한 명칭을 사용한다)을 두는 경우가 많으므로, 어느 경우이든 법상 '연간거래 기본계약'에는 해당될 것으로 생각된다.

이러한 정의조항에 따라 대규모유통업자와 납품업자가 협의하여 판매장려금 지급 약정을 체결하였으나, 만일 그 조건이 '연간거래 기본계약'에 명시되지 않은 경우에도 법 소정의 판매장려금으로 볼 수 있는지 여부가 쟁점이 될 수 있다. 법 제2조 제9호는 명시적으로 '연간거래 기본계약에 명시된 조건에 따라' 납품업자가 대규모유통업자에게 지급하는 경제적 이익을 판매장려금의 개념 표지 중의 하나로 정의하고 있으므로, 문언상으로는 그 지급 조건이 '연간거래 기본계약'에 명시되지 않은 경우에는 판매장려금에 해당되지 않는다는 해석이 가능하다. 그러나 한편 법 제15조 제2항 및 같은 법 시행령 제12조(판매장려금 지급에 관한 약정사항)는 "대규모유통업자가 납품업자로부터 판매장려금을 지급받기 위해서는 사전에 지급목적, 지급시기 및 횟수, 판매장려금의 비율이나 액수 등을 연간거래 기본계약의 내용으로 약정하여야 한다"는 취지로 규정하고 있는바, 이에 따르면 '연간거래 기본계약으로 사전 약정할 것'은 판매장려금의 개념 표지라기보다는, 대규모유통업자가 납품업자로부터 '판매장려금을 정당하게 제공받기 위한 요건'에 해당하는 것으로 볼 수도 있다. 어떻게 해석하느냐에 따라 실제 판매장려금을 지급한 경우 법위반 여부를 판단하는 근거가 달라지기 때문에 이 문제는 매우 중요하다.

예를 들어 어떤 대규모유통업자와 납품업자가 연간거래 기본계약과는 별도의 판매장려금 지급 약정을 체결하고 그 조건에 따라 판매장려금을 수수하였을 때, 곧바로 법 제15조 제1항을 적용하여 위법여부를 판단하여야 할 것인지, 아니면 먼저 동조 제2항에 의한 적법한 판매장려금인지 여부를 따져 보아야 할 것인지에 따라 법 위반 여부에 대한 판단이 달라질 수 있다. 만일 '연간거래 기본계약'을 판매장려금의 개념 표지로 해석한다면 위 예에서의 금전 수수는 대규모유통업법상 판매장려금에 해당하지 않으므로 법 제15조 제1항 소정의 경제적 이익에 해당하게 된다. 따라서 이러한 해석하에서는 위 경제적 이익의 수수에 '정당한 사유'가 있는지 여부가 위법성 판단의 핵심이 될 것이다. 반면, '연간거래 기본계약'을 판매장려금의 개념 표지가 아니라 대규모유통업자가 납품업자로부터 판매장려금을 지급받을 수 있는 적법성 요건으로 해석한다면, 일단 위와 같은 금전 수수는 대규모유통업법상 판매장려금에 해당하여 법 제15조 제2항의 적용을 우선적으로 받게 된다. 이렇게 해석할 경우에는 '연간거래 기본계약'을 체결하지 않은채 판매장려금을 지급받은 것이므로 적법성 요건을 충족하지 못한 것으로 인정되어 당연히 대규모유통업법을 위반한 것이 된다.

대규모유통업법이 판매장려금의 개념 표지를 포괄적으로 정의하고 있는 이상, '대규모유통업자와 납품업자가 직매입거래에 있어서 당해 상품의 판매촉진을 위해 지급하기로 약정한 경제적 이익'이라는 판매장려금의 핵심적 개념 표지에 해당하면 그 지급조건 등이 연간거래 기본계약으로 약정되어 있지 않다고 하더라도 이를 판매장려금의 개념에서 제외할 논리적 이유는 없을 것이다.[45] 그렇다면 판매장려금의 개념에는 포함하되 판매장려금의 지급목적, 지급시기 및 횟수, 판매장려금의 비율이나 액수 등에 관한 납품업자의 신뢰를 보호하기 위한 절차적 요건으로서 '연간거래 기본계약'에 따른 사전 약정을 체결하도록 하는 것이라는 해석이 가능할 것이다.

45) 판매장려금 심사지침은 Ⅲ. 4. 절차적 타당성 부분에서 '당초 연간거래 기본계약시 약정되지 아니하거나 약정된 범위를 초과하여 판매장려금을 납품업자로부터 받는 행위'를 법위반에 해당될 수 있는 절차로 예시하고 있는바(4.4.1.), 이는 연간거래 기본계약으로 약정되어 있지 않은 경우에도 일단 판매장려금의 개념에는 해당할 수 있지만 절차적 타당성을 갖추지 못해 위법할 수 있다는 것으로 해석할 수 있다.

공정거래위원회는 「㈜지에스리테일의 대규모유통업법 위반행위에 대한 건」(2017. 1. 26 의결 제2017－047호)에서 "(i) 대규모유통업자의 불측의 경제적 이익 요구로부터 납품업자를 보호하기 위하여 연간거래 기본계약으로 판매장려금의 자세한 사항을 약정하도록 한 법 제 2 조 제 9 호, 제15조 제 2 항 및 법 시행령 제12조의 입법취지를 고려할 때, 대규모유통업자가 연간거래 기본계약으로 약정하지 아니하고 판매장려금 성격의 금원을 수취할 경우 절차상 하자 있는 판매장려금 수취 행위에 해당하는 것으로 봄이 타당하고, (ii) 만약 연간거래 기본계약에서 약정한 바 없는 금원을 일률적으로 판매장려금이 아니라고 본다면, 대규모유통업자가 고의로 연간거래 기본계약서상에 판매장려금을 포함시키지 않더라도 이를 제재할 수 있는 수단이 없게 되어 판매장려금을 연간거래 기본계약서상에 포함시켜 거래의 투명성 및 안전성을 높이고자 한 입법취지는 사문화될 것이며, (iii) 이 사건 정액 금원의 경우 피심인 스스로 입찰공고 및 입찰 제안서상에 공급가격과 구별하여 '장려금'이라는 명칭을 사용해온 점, 그 금원의 성격도 슈퍼마켓의 제한된 진열공간에 타사 상품을 배제하고 낙찰된 납품업자의 상품을 독·과점적으로 진열하여 상품의 판매를 촉진시키는 대가로 수취한 금원이라는 점 등을 고려할 때, 판매장려금의 일종인 진열장려금으로 봄이 상당하며, 피심인은 위 인정사실과 같이 연간거래 기본계약으로 약정하지 않고 해당 금원을 수취하였으므로 법 제15조 제 1 항의 정당한 사유 여부를 판단할 필요도 없이 같은 조 제 2 항에 따라 절차적으로 위법한 진열장려금 수취행위에 해당한다"고 판단하여 위와 같은 입장을 나타낸 바 있다.

다만, 위 공정거래위원회의 심결례에 따르면 연간 약정이 없는 판매장려금은 어떠한 경우에도 위법한 것으로 해석된다는 점과 법 문언상 그 지급 조건이 '연간거래 기본계약'에 명시되지 않은 경우에는 판매장려금에 해당되지 않는다는 해석도 충분히 가능한 점을 감안할 때 위와 같은 공정거래위원회의 판단이 타당한 것인지에 대해 의문이 있었는데, 최근 서울고등법원에서 공정거래위원회의 입장과 차이가 있는 판결이 나온 점은 주목할 만하다. 향후 대법원의 최종 판결이 어떻게 나올 것인지 지켜볼 필요가 있다.

서울고등법원은 대규모유통업자가 연간거래 기본계약 없이 받은 판매장려금이라는 이유만으로 대규모유통업법 제15조 제 2 항 위반이 성립한다고 볼 수는 없다고 판시하였다. 법원은 대규모유통업법 제 2 조 제 9 호에 의하면 직매입거래에서 상품의 판매촉진을 위하여 납품업자가 대규모유통업자에게 지급하는 경제적 이익의 경우, 그 '명칭'은 어떠하더라도 상관없지만, 그것이 연간거래 기본계약의 '형식'을 갖추지 않았다면 이는 판매장려금이 아니라고 보면서, "이러한 사정에 비추어 보면, 설령 대규모유통업자가 연간거래 기본계약 없이 판매장려금 명목의 경제적 이익을 받았다 하더라도, 이는 대규모유통업법상 판매장려금이 아니므로 제15조 제2항은 적용될 수 없고, 원칙대로 제1항이 적용되어야 한다"고 판단하였다. 나아가 "제15조 제2항은 대규모유통업자가 납품업자로부터 받는 경제적 이익 중 상품의 판매촉진을 위한 것은 그것이 납품업자에게도 이익이 될 수 있다는 점을 고려하여 특별히 이를 허용하고자 한 취지"이므로 연간거래 기본계약 없이 받은 판매장려금이라는 이유만으로 제15조 제2항 위반이 성립한다고 볼 수는 없으며, 이러한 해석이 유통업의 특성과 거래계의 현실에도 부합한다고 판시하였다(서울고등법원 2024. 2. 1. 선고 2022누36102 판결).

이와 같은 점을 고려하면 향후 법 제2조 제9호와 법 제15조 제2항 및 법 시행령 제12조의 각 규정은 향후 입법적으로도 명확히 정리될 필요가 있어 보인다.

(마) 납품업자가 대규모유통업자에게 지급하는 경제적 이익

판매장려금은 납품업자가 대규모유통업자에게 지급하는 경제적 이익이어야 한다. 경제적 이익은 금전인 경우가 많을 것이나, 반드시 금전적 이익에 한정될 필요는 없다. 따라서 금전 이외의 물적 이익, 금융적 이익 또는 기타의 무형적 이익 등이 모두 포함된다.

차. 신선 농·수·축산물

(1) 개 념

신선 농·수·축산물이라 함은 시간이 지남에 따라 부패하기 쉬운 특성을 지닌 신선상태의 농산물, 수산물, 축산물로서 건조·염장 등 가공을 하지 아니한 것을 말한다(법 제2조 제10호). 종전 대규모소매업고시는 '건조·염장 등의 가공을 하지 아니한 신선상태의 농산물'이라고 하여 유사한 개념을 상정하고 있었으나(대규모소매업고시 제3조 제4호), 대규모유통업법에서 이 개념을 보다 명확히 하고 범위를 확장하여 정의하였다. 신선 농·수·축산물은 그 상품의 속성상 짧은 시간 동안 부패하거나 변질되어 상품으로서의 가치가 소멸할 수 있는 상품들임을 고려하여, 이와 같은 상품

의 납품거래에 있어서는 통상의 상품에 비해 보다 엄격하고 명확한 규정을 두어, 대규모유통업자 또는 납품업자에 대해 위 상품들의 자연변질에 따른 위험을 명확히 하기 위한 것으로 이해된다. 신선 농·수·축산물에 대한 대규모유통업법의 각 특별 규정은 법 제7조(상품대금 감액의 금지) 제2항, 제10조(상품의 반품 금지) 제1항 제6호에 있다. 이들 각 규정의 구체적인 내용은 해당 부분에서 상술한다.

(2) 개념 표지

(가) 시간이 지남에 따라 부패하기 쉬운 특성을 지닌 신선상태의 농산물·수산물·축산물

입법 취지상, 신선 농·수·축산물은 그 상품의 속성상 시간이 지남에 따라 상품가치가 훼손될 수 있는 상품에 한한다. 특별한 사정이 없는 한 대부분의 상품은 시간이 지남에 따라 자연적으로 부패하거나 변질되는 것이 필연적이므로, 이와 같은 일반적인 관념에서의 시간 경과에 따른 부패는 이에 해당된다고 볼 수 없고, 단시간 내에 부패하거나 변질될 수 있는 경우에 한한다고 보아야 한다. '부패'라 함은 문언상 당해 상품에 이화학적(理化學的) 변화 또는 생물학적(生物學的) 변화가 발생하여 상품으로서의 가치가 훼손될 정도의 부패를 의미한다. 부패하기 쉬운 특성을 지닌 신선상태의 농산물, 수산물, 축산물이라는 속성이 당해 상품에 인정되는 것으로 족하다. 일반적으로 신선상태의 각종 농산물(채소, 과일, 특용 작물, 화훼 등), 수산물(어류, 패류 등), 축산물(가축이 생산하는 알, 젖, 가축을 도살함으로써 얻어지는 육류, 내장, 머리, 꼬리, 다리, 기름, 뼈, 굽, 혈액 등 부산물 등)이 이에 해당할 수 있다.

(나) 건조, 염장 등 가공을 하지 아니한 것

농산물, 수산물, 축산물의 경우에도 특별한 가공을 한 경우에는 장기 보관이 가능하여 특별 규정으로 보호할 필요성이 낮으므로 이에서 제외된다. 가공의 방법에는 건조, 염장에 한정되지 않는다. 따라서 훈제, 진공 밀봉 등의 경우에도 상당한 기간 동안 보관이 가능하다면 이에 해당될 것으로 보인다. 그러나 대규모유통업법의 취지상 장기 보관이 가능한 경우에 한정될 것인바, 단순히 신선상태의 농산물, 수산물, 축산물을 냉장한 것과 같이 단기 보관을 위한 가공의 경우에는 이에 해당되지 않을 것으로 생각된다.

제 2 장

대규모유통업법의 적용 범위

1. 대규모유통업법의 적용 제외

가. 개　　요

대규모유통업법은 대규모유통업자가 납품업자등에 대하여 거래상 우월적 지위에 있다고 인정되지 아니하는 거래에 대하여는 적용하지 않는다(법 제3조 제1항). 대규모유통업법은 공정거래법 제45조 제1항 제6호, 같은 법 시행령 제52조 [별표 2] 제6호 소정의 거래상 지위 남용행위의 특별법이므로, 이와 같은 맥락에서 거래상 우월적 지위가 없는 사업자들 사이에서는 적용이 제외된다고 볼 수 있다.

특정 대규모유통업자가 특정 납품업자등과의 관계에서 거래상 우월적 지위에 있는지 여부는 유통시장의 구조, 소비자의 소비실태, 대규모유통업자와 납품업자등 사이의 사업능력의 격차, 납품업자등의 대규모유통업자에 대한 거래 의존도, 거래의 대상이 되는 상품의 특성, 공정거래법 제2조 제2호의 기업집단이나 하나의 대규모유통업자가 운영하는 유통업태의 범위 등의 사항을 종합적으로 고려하여 판단한다(법 제3조 제2항).[1]

1) 참고로 대규모유통업법 도입 초기의 공정거래위원회 의결은 '영국에서는 식료, 잡화 부문에서 8%만 시장을 점유하더라도 영향력을 행사할 수 있다고 보아 규제를 하고 있다'는 점을 대규모유통업자에 대한 특별한 취급의 근거로 들기도 하였다(2014. 3. 6. 의결 제2014-046호). 그러나 영국의 Groceries Supply Code Of Practice는 연매출 10억 파운드(2024년 10월 기준 약 1.8조 원) 초과 소매업체의 식료품, 잡화 거래를 대상으로 하는 것으로, 대규모유통업법에 비해 적용 대상이 훨씬 좁아, 대규모유통업법의 비교법상 근거로 제시하기에 적절한지 의문이 있다.

나. 법 적용 제외와 관련한 공정거래위원회 및 법원의 입장

대규모유통업법 제정 및 시행 초기에는 거래상 우월한 지위가 있는지 여부를 다수 납품업자와 사이의 공통되는 사정들만으로도 인정할 수 있는지 또는 납품업자별로 대규모유통업자와 사이의 개별적 사정을 따져서 판단하여야 하는지 여부가 명확하지 않았다. 그동안 공정거래위원회가 대규모유통업자의 거래상 우월적 지위를 전제로 대규모유통업법 위반으로 판단한 대부분의 사건에서, 원고는 사업규모가 상당한 일부 납품업자와 사이에서는 거래상 우월적 지위가 인정되지 않는다고 주장하였으나 법원은 원고의 주장을 받아들이지 않았기 때문이다.대표적 예로 서울고등법원 2019. 2. 13. 선고 2017누86226 판결(서원유통 판결, 대법원 2019. 7. 11.자 2019두37202 판결로 확정)[2] , 서울고등법원 2021. 8. 12. 선고 2020누38791 판결(비지에프리테일 판결, 대법원 2021. 12. 10.자 2021두49697 판결로 확정), 서울고등법원 2023. 7. 12. 선고 2021누33090 판결(롯데하이마트 판결, 대법원 2023. 11. 16.자 2023두48339 판결로 확정)[3] 등이 있다.

그러나 서울고등법원은 최근 쿠팡 판결(서울고등법원 2024. 2. 1. 선고 2022누36102 판결; 대법원 심리 계속 중)에서 대규모유통업자의 독과점 제조업체들에 대한 거래상 우월적 지위를 부정하였는데,[4] 동 사건에서 원고 쿠팡은 엘지생활건강, 유한킴벌리,

2) 서원유통 판결에서 법원은 “다수 납품업자와 사이의 공통되는 사정들만으로도 대규모유통업자의 거래상 우월적 지위를 인정할 수 있다면 반드시 개별적인 납품업자별로 대규모유통업자와 사이의 개별적 사정을 따져서 거래상 우월적 지위를 판단하여야 한다고 볼 수는 없다”라고도 판시한 바 있다.

3) 서울고등법원은 일부 글로벌 가전업체들의 경우 가전 부문 매출액만을 기준으로 하더라도 롯데하이마트의 매출액을 훨씬 뛰어넘고 해당 글로벌 가전업체들의 매출액 중 롯데하이마트를 통한 매출액의 비중보다 롯데하이마트의 매출액 중 해당 글로벌 가전업체들의 제품이 차지하는 비중이 훨씬 크더라도, 가전제품을 제조하는 회사로서 소매 유통업을 영위하는 롯데하이마트와는 다른 분야의 사업을 영위하고 있어 사업능력의 격차를 그 매출액의 규모 등으로 직접적으로 비교하는 것은 적절하지 않으며, 글로벌 가전 시장과 국내 가전 시장은 사실상 분리되어 있고 롯데하이마트는 국내 가전 양판점 1위 업체로서 높은 소비자 집객률을 보유하고 있으므로 해당 글로벌 가전업체들의 입장에서도 국내가전 판매시장에서 롯데하이마트와 유사한 규모의 대체 거래선을 확보하기는 쉽지 않다는 등의 이유로 롯데하이마트의 글로벌 가전업체들에 대한 거래상 우월적 지위가 인정된다고 판단하였다.

4) 서울고등법원은 쿠팡 판결에서 대규모유통업법상 ‘거래상 우월적 지위’가 공정거래법상 ‘거래상 지위’과 같은 의미이고, 그에 관한 증명책임은 공정거래위원회가 부담한다고 보고 ‘거래상 지위’라는 표현을 사용하였다.

한국피앤지판매, 매일유업, 남양유업, 쿠첸, SK매직, 레고코리아 등 8개 납품업자(이하 '8개 독과점 제조업체'라고 한다)가 원고에게 상당한 인지도와 선호도를 가진 상품(이른바 'must-have item',[5] '필수상품')을 납품하고 있으므로, 적어도 이들 업체에 대해서는 거래상 우월적 지위를 가지지 않는다고 주장하였다. 이에 대해 서울고등법원은 납품업자가 "자신의 관련시장에서 시장지배적 지위를 가지고 있거나, 적어도 상당한 규모 내지 자금력, 영업력 등 사업능력을 가지고 있어 타방 당사자에게 쉽게 종속될 수 있는 상황이 아니라면, 과연 행위자가 위와 같은 거래상대방에 대하여도 거래상 지위를 가지는지는 보다 신중하게 판단하여야 한다"는 전제 하에, 피고 공정거래위원회가 '원고 쿠팡의 일반적 시장지위 내지 유통업의 일반적 특성 등만을 근거로 제시하고 있을 뿐, 위 8개 독과점 제조업체들에 관한 개별적·구체적인 증거는 전혀 제출하지 못하고 있다'는 이유로 원고의 주장을 받아들였다.

그러면서 법원은 '거래상 우월적 지위가 인정되려면 사적 자치 원칙에도 불구하고 행정권의 고권적 개입을 정당화할 수 있을 정도로 거래당사자 사이에 현저한 협상력의 차이가 있을 것이 필요하고, 대규모유통업법이 일정한 규모 내지 매출액 요건만으로 대규모유통업자로 의제하고 있는 규정형식을 고려하면 자칫 법상 대규모유통업자에 해당하기만 하면 그 자체로 모든 납품업자들에 대해 거래상 우월적 지위를 가진다는 결론에 이를 가능성이 있으므로 대규모유통업자의 거래상 우월적 지위의 인정은 더욱 신중하여야 한다'고 판시하여 일률적으로 대규모유통업자에 대해 거래상 우월적 지위를 의제하는 법 집행 방식의 문제점을 지적하였다.[6]

---

5) 독일의 경쟁제한방지법 제20조 제2항은 우리나라의 거래상지위 남용규제와 유사한 '상대적 시장력 남용 규제'를 두고 있는데, 이러한 상대적 시장력은 종래 유통업자가 특정 제조사에게 필수상품을 의존하는 경우, 공급업자와 유통업자 사이의 특별한 관계에 의한 의존하는 경우(특히 당사자가 관계특수적 투자를 하여 의존적 사업자가 기회주의적 행위에 취약한 경우) 등에 인정되어 왔다. 따라서 비교법적 관점에서도 독과점 납품업체에 대해 유통업자가 우월적 지위에 있지 않다는 서울고등법원의 판결은 타당하다고 할 수 있다. 참고로 독일에서는 최근에서야 수요 측면의 의존(유통업자에 대한 상대적 의존)이 인정되었다[이상 독일법상 상대적 시장력 남용 규제에 관한 상세는 박성진, "공정거래법상 거래상지위 판단기준 개선 방안에 관한 소고, 경쟁법연구 제41권(2020), 435~438면 참조].

6) "거래상 지위란 결국 우월한 협상력, 즉 거래상대방을 그 의사에 반하여 착취할 수 있는 힘을 의미한다. 그런데 거래당사자 사이에 모든 조건이 동등한 경우는 오히려 이례적이므로, 거래상 지위는 민법이 예상하고 있는 통상적인 협상력의 차이와 비교할 때 훨씬 엄격한 기준으로 판단되어야 할 것인바, 사적 자치와 계약 자유의 원칙에도 불구하고 행정권의 고권적 개입을 정당화할 수 있을 정도로 거래당사자 사이에 현저한 협상력의 차이가 있을 것이 필요하다. 즉 '당사자가 처하고 있는 시장의 상황, 당사자 간의 전체적 사업능력

나아가 서울고등법원은 거래상 우월적 지위가 "본질적으로 개별적·상대적인 것이므로, 대규모유통업자가 납품업자들에게 거래상 지위를 가지는지 여부는 납품업자 별로 각각 개별적·구체적으로 판단하여야 한다"는 점을 분명히 하였다. 또한, 기존 판결들에 대해서도 "대규모유통업자와 납품업자들 사이의 거래상 지위 여부는 공통적인 사정에 기초하여 일률적으로 판단되어야 한다는 취지가 아니라, '공통적인 사정만으로도 거래상 지위를 인정하기에 충분하다면 굳이 개별적·구체적인 사정을 일일이 살펴볼 필요는 없다'는 의미"이므로, "적어도 해당 대규모유통업자가 특정 납품업자 또는 특정 거래관계를 지목하면서 그에 관한 한 거래상 지위가 인정되지 않는다고 주장하면서 그에 부합하는 일응의 근거를 제시하고 있는 경우라면 그 해당 납품업자 또는 거래관계에 관한 별도의 주장과 증명이 필요하다"고 판단하였다.[7)]

비록 위 판결은 아직 확정되지 않았지만, 대규모유통업법 입법 당시와 크게 달라진 유통업자의 지위를 고려할 때(대표적으로 온라인을 통한 직접 또는 중개 판매의 증가로 인해 과거 대비 유통채널의 필요성은 줄어들었다고 볼 수 있다[8)9)]), 그동안 공정거래

의 격차, 거래의 대상인 상품의 특성' 등 제반 사정을 고려할 때(대법원 2011. 5. 13. 선고 2009두24108 판결 등 참조) 거래의존도가 높고 대체거래선이 없어 거래상대방이 행위자에게 사실상 종속되어 있다고 인정되지 않은 이상, 행위자가 거래상대방에 비하여 사업능력 면에서 다소 우위를 점하고 있다는 사정만으로 쉽사리 거래상 지위를 인정하여서는 안 된다. (중략) 대규모유통업법은 공정거래법에 비하여 그 규제수준을 대폭 강화하고 있으면서도, 일정한 규모 내지 매출액이 인정될 경우 즉시 대규모유통업자로 의제하고, 하도급거래 공정화에 관한 법률, 가맹사업거래의 공정화에 관한 법률, 대리점거래의 공정화에 관한 법률 등과 달리 '행위주체의 대기업성'이나 '거래상대방의 중소기업성' 또는 '행위주체와 거래상대방 사이의 상당한 경제력 차이 내지 본질적 협상력 차이' 등을 적용요건으로 명시하지 않은 채, 오히려 '거래상 지위가 인정되지 않는 경우' 적용을 제외하도록 규정하고 있는바, 자칫 법상 대규모유통업자에 해당하기만 하면 그 자체로 모든 납품업자들에 대하여 거래상 지위를 가진다는 결론에 이르게 될 가능성이 있다. 따라서 대규모유통업자의 거래상 지위를 인정함에 있어서는 더욱 신중할 필요가 있다."

7) 대법원은 대규모유통업법 도입 이전의 공정거래법상 거래상지위 남용행위 사건에서, 다수 거래상대방들에 대해 일괄하여 불이익을 제공하였다는 식의 접근을 인정하지 않아 왔으므로(대법원 2007. 1. 12. 선고 2004두7146 판결), 위 서울고등법원의 판시는 기존 대법원 판례의 법리에도 부합한다고 판단된다.

8) 종래 대규모유통업자에게 거래상 우월적 지위가 인정된 논거로는 '자체 유통망이 없고 대체 거래선을 쉽게 확보하기 어렵다'는 점이 여러 차례 제시되었다(서울고등법원 2021. 8. 12. 선고 2020누38791 판결 등). 그러나 코로나-19 이후 온라인 유통의 급격한 발전에 따라 이러한 논리가 현재에도 그대로 적용되기는 어려울 수 있다. 이외에도 종래 '거래비중이 낮더라도 조금이라도 매출액을 증대시켜야 하는 납품업자의 입장에서는 무시할 수 없는 금액'이라는 등의 논리가 제시되었으나(위 판결 등), 이러한 논리는 '상당한 거래의존도가 인정되어야 거래상 지위가 인정된다'는 공정거래법의 법리에 부합하지 않는다는 측면

위원회가 '통상적인 납품업자들에 대해 거래상 우월적 지위가 인정되므로 사업규모가 상당한 납품업자에 대해서도 마찬가지로 거래상 우월적 지위가 인정된다'는 취지로 거래상 우월적 지위를 쉽게 인정하고 법을 집행했던 것에 관행에 어느 정도 제약이 될 것이라는 점은 분명해 보인다.

뿐만 아니라 서울고등법원은 위 쿠팡 판결에서 '모든 납품업자들에 대하여 개별적·구체적 조사를 하는 것은 현실적으로 불가능하다'는 피고 공정거래위원회의 주장에 대해서, "그러한 사정만으로 거래상 지위에 관한 증명의 필요가 없어지거나 증명의 정도가 낮아진다고 볼 수 없다"고 판시하며 공정거래위원회의 증명책임을 분명히 하였다. 즉, 대규모유통업자가 특정 납품업자의 개별적·구체적 사정을 들어 그 관계에서는 거래상 우월적 지위가 인정되지 않는다고 주장한다면, 공정거래위원회가 특정 납품업자와 관련하여 그와 반대되는 증거를 제출하여야 한다는 것이다. 이는 거래상 우월적 지위의 존부에 대한 증명책임이 공정거래위원회에 있는 이상 당연한 논증의 귀결이다.

대규모유통업법이 제정된 이래 공정거래위원회가 비교적 쉽게 대규모유통업자의 거래상 우월적 지위를 인정해왔던 반면, 최근 대규모유통업자들의 업태가 다양해지고 있고, 품목에 따라서는 오히려 납품업자가 시장지배력을 갖고 있어 현저한 협상력의 차이가 있다고 보기 어려운 경우가 적지 않으므로, 거래상 우월적 지위를 인정함에 있어 더욱 신중해야 할 필요가 있다고 판단된다.

다. 입법론 : 법 제3조 개정 필요성

쿠팡 판결에도 불구하고 법 제3조에 따라 적용 제외 여부를 판단함에 있어 여전히 불확실성이 존재한다는 문제가 남아 있다. 대규모유통업자가 납품업자등에 대해 거래상 우월적 지위에 있는지, 그리하여 대규모유통업법 적용대상이 되는지를 판단하기 위해서는 다양한 요소들을 종합적으로 고려하여야 하는데, 피규제자인 대규

에서 타당성에 의문이 있다.

9) 실제로 학계에서는 디지털 환경 변화로 인한 유통 생태계의 발전을 고려하지 않고 단순하게 유통업자의 우월적 지위를 인정할 경우 오히려 거래상대방인 대규모 납품업자의 시장력을 확고하게 하는 방향으로 법집행이 이루어질 수 있다는 우려도 제기되고 있다[최요섭, "최근 대규모유통업법의 법적 쟁점에 관한 연구 – 판매장려금 문제를 중심으로", 경쟁법연구 제48권(2023), 94~96면 참조]

모유통업자가 이를 쉽게 판단할 수 없다는 점이다. 대규모유통업법상 각 규제조항들의 경우 대부분 사전적 규제에 해당하므로, 대규모유통업자 입장에서는 특정 납품업자와의 거래가 법 적용 대상이 아니라고 예단하여 법상 규제를 지키지 않았다가, 사후 공정거래위원회로부터 제재를 받을 위험성을 배제하기 어려우므로 가급적 보수적인 의사결정을 내릴 수밖에 없다. 즉, 거래상 우월적 지위 여부의 판단은 사후적으로 이루어질 수밖에 없고, 실제로도 공정거래위원회나 법원이 일반적인 상식과 달리 대규모유통업자가 거래상 우월적 지위에 있지 않다고 판단한 사례는 후술하는 쿠팡 사례를 제외하고는 없는 실정이다.[10] 사실상 본 조항이 형해화되어 왔다는 의미로도 읽힐 수 있다.

대규모유통업법과 마찬가지로 공정거래법상 거래상 지위 남용에 대한 특별법으로 제정된 하도급법, 가맹사업법 및 대리점법도 대규모유통업법 제 3 조와 유사한 규정을 두고 있는데, 본 조의 개정방향을 검토하기 위해서는 이들 타 법률의 규정들을 살펴볼 필요가 있다.[11]

하도급법은 적용 대상이 되는 당사자인 원사업자와 수급사업자의 범위를 명시적으로 규정하고 있다. 즉, 하도급법은 (i) 원사업자의 범위를 원칙적으로 ① 중소기업자가 아닌 사업자이거나 ② 직전사업연도의 연간매출액이 제조 등의 위탁을 받은 다른 중소기업자보다 많은 중소기업자로 한정하면서, 원사업자가 ③ 연간매출액 또는 시공능력평가액이 일정액[12] 미만인 중소기업자의 경우에는 하도급법의 적용 대

10) 예컨대 백화점이나 대형마트 등 규모가 큰 대규모유통업자 입장에서도 샤넬이나 루이비통 등 글로벌 브랜드가 입점하는지 여부는 점포 전체 매출에 중요한 영향을 미치기 때문에 이들 브랜드를 입점시키기 위해 상당한 노력을 기울이게 되는데, 그 과정에서 다른 입점업체들에 비해 훨씬 유리한 조건의 수수료를 지급하는 등 실제로 이들 브랜드가 더 우월한 지위에 있다는 것은 일반적으로 알려진 상식이다. 그러함에도 공정거래위원회나 법원의 태도는 대규모유통업자가 거래상 우월한 지위에 있다는 입장이다[㈜신세계의 대규모유통업법 위반행위에 대한 건(2017. 6. 5. 의결 제2017-191호), 서울고등법원 2018. 4. 19. 선고 2017누60071 판결, 대법원 심리불속행 기각 확정됨]. 또한 공정거래위원회와 법원은 후술하는 바와 같이 가전 전문 대규모유통업자인 롯데하이마트가 삼성전자나 LG전자에 비해 거래상 우월한 지위에 있다고 판단하기도 하였다.

11) 이하에 대해서는 김정헌·박종하·김규식·김영석·김윤수, "대규모유통업법의 적용 범위에 관한 고찰－대규모유통업법의 입법 취지를 중심으로", 유통법연구 제 7 권 제 2 호(2020), 165~169면을 참고하였다.

12) 제조위탁 및 수리위탁의 경우 연간매출액 20억 원, 건설위탁의 경우 시공능력평가액 30억 원, 용역위탁의 경우 연간매출액 10억 원.

상에서 제외하고 있다(하도급법 제 2 조 제 2 항). 나아가, 하도급법은 (ii) 수급사업자의 범위 역시 원사업자로부터 제조 등의 위탁을 받은 중소기업자로 명확히 규정하고 있다(하도급법 제 2 조 제 3 항).

대리점법의 경우에도 공급자가 중소기업자이거나, 대리점이 중소기업자가 아닌 경우에는 대리점법을 적용하지 않도록 규정함으로써 중소기업자가 아닌 공급업자와 중소기업자인 대리점 사이의 거래에 한하여 동법이 적용되도록 명시하고 있다(대리점법 제 3 조 제 1 항 제1, 2호). 이에 더하여 여러 요소들을 종합적으로 고려할 때 공급업자가 대리점에 대하여 거래상 우월한 지위를 가지고 있다고 인정되지 않는 경우에도 대리점법 적용을 제외하도록 하여(대리점법 제 3 조 제 1 항 제 3 호), 대규모유통업법 제 3 조와 비슷한 조항을 추가로 두고 있다.

한편, 가맹사업법의 경우에는 소규모가맹본부에 대해 법적용을 배제하는 규정을 두고 있는데, (i) 가맹점사업자가 가맹금의 최초 지급일부터 6개월 동안 가맹본부에게 지급한 가맹금의 총액이 100만 원을 초과하지 않거나, (ii) 가맹본부의 연간 매출액이 5천만 원(1년 이상 직영점을 운영한 경우에는 직영점 매출액을 포함하여 2억 원) 미만인 경우에는 일부 조항을 제외한 가맹사업법의 적용을 배제하도록 규정함으로써(가맹사업법 제 3 조 제 1 항, 가맹사업법 시행령 제 5 조), 법 적용 여부에 대한 명확한 기준을 두고 있다.

이와 같이 하도급법, 대리점법 및 가맹사업법이 법 적용(제외) 대상을 명확하게 규정하고 있는데 비해, 대규모유통업법은 법 적용에서 제외되는지 여부를 판단하기 위해서는 '거래상 우월적 지위'가 존재하는지에 대한 별도의 판단을 반드시 거치도록 규정하고 있는바, 유통업 거래의 경우 규제대상이 되는 유통업자의 규모, 업태 등이 천차만별인데다가, 거래 상대방인 납품업자 또한 대기업, 중견기업, 중소기업 등 다양한 규모로 다양한 업종에 걸쳐 있어 일률적으로 대규모유통업자가 거래상 우월한 지위에 있다고 보기는 어려운 측면을 감안한 것으로 보인다.

그러나 앞서 살펴본 바와 같이 법집행 실무에서는 대규모유통업자의 거래상 우월적 지위를 전제하는 것이 일반적이어서, 현실적으로 입법취지에 맞는 법집행이 이루어졌다고 보기는 어렵다. 현실적으로 법집행 기관인 공정거래위원회가 법위반이 문제될 때마다 수많은 납품업자들과의 거래상 지위를 일일이 판별하는 것은 불가능할 뿐 아니라, 그렇다고 해서 대규모유통업자가 스스로 거래상 지위를 판단하고 이에 맞추어 납품업자와 거래하는 것은 더더욱 불가능하다. 나아가 쿠팡 판결에서 법원이 지적한 것처럼 유통체인의 다양화, 경쟁 심화 등으로 인해 누구도 인정할 수 있는 압도적인 유통업자의 거래상 지위가 있다고 볼 수도 없다.

이러한 점들을 종합적으로 감안하면, 대규모유통업법의 적용 대상에 해당하는지를 법률 규정만으로 명확히 알 수 있도록 관련 조항을 개정할 필요가 있다. 대규모유통업법의 입법목적을 감안한다면, 납품업자 등이 중소기업자(또는 일정규모 이하의 매출액)인 경우에 한하여 법률이 적용되도록 하는 방안이 하나의 대안이 될 것이다. 대기업간의 문제에 대해서는 일일이 정부가 개입하기 보다는 일단은 당사자간의 협상에 맡겨 놓되, 꼭 정부가 나서야 하는 상황이 되면 공정거래법 적용을 통해 얼마든지 규제가 가능하다는 점에서도, 현행 규제체계에 대한 근본적인 개편을 고려할 필요가 있다.

2. 대규모유통업법과 다른 법률과의 관계

대규모유통업법은 대규모유통업자와 납품업자등 사이의 거래에 관하여 공정거래법 제45조 제 1 항 제 6 호 및 제 7 호에 우선하여 적용하고, 다만 대규모유통업자와 납품업자등 사이의 거래가 하도급법 제 2 조 제 6 항에 따른 제조위탁에 해당하는 경우에는 하도급법을 본 법에 우선하여 적용한다고 규정하고 있다(법 제 4 조).[13] 이러한 법 문언에 따르면 하도급법상 제조위탁에 해당하는 경우에는 유통업 분야에서의 거래라 하더라도 하도급법이 적용되는 것으로 해석될 수 있으나, 그동안 공정거래위원회의 법집행 실무에서는 어느 법률을 적용할 것인지에 대해 명확한 원칙이 없었던 것으로 보인다.

제조위탁에 해당할 수 있는 대표적인 사례가 대규모유통업자의 자체브랜드인 PB(Private Brand) 상품인데, 이와 관련하여 공정거래위원회가 제재한 사례로는 롯데

13) 위 대규모유통업법 제 4 조 단서는 대규모유통업법과 하도급법과의 상충 문제에 관한 별다른 고민 없이 종전 대규모소매업고시를 답습하여 입법된 것으로 보인다. 대규모소매업고시에는 "주문 제조거래가 하도급법상 하도급거래에 해당되는 경우에는 고시를 적용하지 않는다"라는 조항이 있었는데, 대규모유통업법 제 4 조 단서는 이와 사실상 동일한 것으로 법 제정안 초안에는 없었으나 국회 심의 과정에서 삽입되었다[대규모유통업 납품거래 공정화에 관한 법률안(박선숙 의원 대표발의) 검토보고, 2020. 11., 10면 참조].

마트 건(2008, 하도급법 적용), 한국까르푸 건(2006, 대규모소매업고시 적용), 바이더웨이 건(2010, 대규모소매업고시 적용), 롯데마트 건(2019, 대규모유통업법 적용) 등이 있다. 즉, 공정거래위원회는 1990년대 중후반부터 대규모유통업자의 PB상품과 관련한 법위반 사항에 대해서 꾸준히 제재를 가하고 있지만, 실상 유사한 법위반 행위들에 대한 적용법령은 대규모소매업고시 및 대규모유통업법과 하도급법이 혼재할 뿐만 아니라, 상대적으로 하도급법이 아닌 대규모유통업법을 적용한 경우가 더 많았다.[14)]

이처럼 규제기관인 공정거래위원회 조차 관련 사안에 대하여 어떤 법률을 적용할 것인지에 대한 명확한 기준없이 그때그때 담당자에 따라 다른 법률을 적용하고 있는 것은, 입법 과정에서 법률의 적용과정에서 나타날 수 있는 문제들을 충분히 조정할 수 있는 조항이 제대로 마련되지 못하였기 때문이라는 지적이 있다. 특히 대규모유통업법은 지속적으로 변화하고 있는 유통 실무를 반영하여 정비되어 온 반면, 하도급법은 이러한 유통 실무나 유통업 거래의 현실을 제대로 반영할 수 없다는 점에서 무조건적으로 유통업 거래에 하도급법을 적용할 경우 유통업의 특수성이나 유통 거래의 본질에 부합하지 않을 가능성이 있고, 대규모유통업법에서는 허용되는 행위가 하도급법에서는 위법한 행위가 되어 수범자입장에서는 예측가능성 및 법적 안정성이 심각히 저해되며, 경우에 따라서는 하도급법 위반을 피하기 위해 기존의 유통 거래질서 자체를 바꾸어야 하는 문제까지도 발생할 수 있다는 점도 지적되고 있다.[15)] 최근 공정거래위원회가 유통분야에 하도급법을 적용한 사례[16)]를 보면 유통업체(편의점 가맹본부)가 PB 상품을 납품업체에 제조위탁하는 과정에서 발생한 장려금 등의 수취행위와 관련하여 공정거래위원회가 하도급법을 적용한 사례를 통해 유통분야에 하도급법을 일률적으로 적용할 경우 여러 문제가 발생할 수 있음이 지적되고 있다. 해당 사례에서 편의점 가맹본부는 매일 편의점주의 발주를 취합하여 납품업자에게 전달하고, 납품업자가 생산한 상품을 편의점에 전달하는 '중간자 역할'을 하므로 이러한 거래의 실질은 유통에 가깝다. 유통거래에서는 같은 종류의 제품은 계속 판매되는 특성을 가지고 있는데, 편의점에서 판매되는 제품이 소비자 기호에 부합할

14) 이용우·윤혜정·임효정·전삼현, "PB상품에 대한 하도급법 적용의 쟁점 연구", 유통법연구 제9권 제2호(2022. 6.), 138~141면 참조.

15) 정재훈, "대규모유통업법과 하도급법의 관계 — 현행 규정의 문제점과 그 대안을 중심으로", 경쟁법연구 제48권(2023. 9.) 34~57면 참조.

16) ㈜지에스리테일의 불공정하도급거래에 대한 건(2022. 9. 7. 의결 제2022-224호). 현재 서울고등법원 2022누62774 사건으로 심리중이다.

경우 판매는 늘어나고 이는 편의점의 계속된 발주와 납품업자의 매출 증가로 이어질 수 있다. 반면 하도급 거래의 경우 단발성 거래로 마무리되는 것이 일반적이므로, 이러한 유통 거래에서의 반복가능성은 나타나기 어렵다. 이러한 거래 특성의 차이에 따라 대규모유통업법 하에서는 판촉비를 납품업자와 분담하거나 장려금을 납품업자로부터 수취하는 것이 일정한 요건 하에 허용되는 반면, 하도급법에 따르면 정당한 사유가 없는 한 판촉비, 장려금의 수취가 금지되는데[17], 공정거래위원회가 이와 같은 판촉비 분담 내지 장려금 수취에 대해 대규모유통업법 제 4 조를 근거로 하도급법을 적용함에 따라, 법적용의 타당성에 대해 다투어지게 된 것이다.[18] 이에 대해서는 조만간 법원의 입장이 정리될 것으로 보인다.

더불어 여러 하도급행위 유형 가운데 제조위탁 행위만을 별도 규정을 두어 규율하는 것도 법률체계상 혼란을 초래할 수 있다는 비판이 있다. 대규모유통업법 제 4 조 단서규정에서 타 사업자에 대한 위탁행위 가운데 제조위탁행위에 대해서만 하도급법을 우선 적용하고, 나머지 수리위탁행위나 용역위탁거래에 해당하는 대규모유통업자와 납품업체와의 거래에 대해서는 하도급법보다 대규모유통업법이 우선 적

17) 하도급법 제12조의2(경제적 이익의 부당요구 금지) "원사업자는 정당한 사유 없이 수급사업자에게 자기 또는 제 3 자를 위하여 금전, 물품, 용역, 그 밖의 경제적 이익을 제공하도록 하는 행위를 하여서는 아니 된다."

18) PB상품과 관련하여 하도급법을 적용할 경우 유통업계의 어려움을 가중시키는 규제로 작용할 여러 가능성들이 존재한다. (1) 서면교부 및 보존의무: 하도급법 제 3 조 제 1 항은 계약체결 단계의 규제로서 서면발급 및 보존의무를 부과하고 있다. 대규모 유통업계는 수많은 납품업체와 수많은 종류의 상품에 대한 거래가 수시로 장기간에 걸쳐 계속적으로 이루어지고 있는바, 유통 현장에서 해당 하도급법 규정을 엄격히 적용하는 것은 사실상 실행하기가 어렵다. (2) 부당한 수령거부의 금지: 하도급법 제 8 조 제 1 항에 따르면 상품을 수령한 후에는 논리적으로 수령의 거부 또는 지체가 발생할 수 없고 단지 특별한 사정이 있는 경우에 한해 상품대금의 감액 또는 반품이 발생할 수 있을 뿐이다. 그러나, 대규모유통업법은 제 9 조에 수령 이후에도 수령 거부가 가능하다고 해석될 수 있는 규정이 있으며 시행령 제 7 조에 이에 대한 구체적 사례까지 적시하고 있어 하도급법에 비해 합리적인 측면이 있다. (3) 납품단가 인하: 하도급법 제11조에 따르면 유통업체는 정당한 사유를 입증하지 않는 한 하도급대금을 감액할 수 없다. 그러나 대규모 유통업계에서는 발주와 입고 사이의 행사 개시로 인하여 발생하는 단가차이 등 다양한 사유로 단가조정이 일어날 수 있는데 이러한 사례를 모두 직매입거래와 달리 일률적으로 부당 단가인하로 판단하는 것이 적절한 지에 대해서 신중한 접근이 필요하다. (4) 경제적 이익 제공: 다수의 PB 상품 제조업체가 판매촉진행사의 필요성을 느끼고 대규모 유통업체에 먼저 요청하는 사례가 있는데 하도급법 제12조의2에 따르면 부당한 경제적 이익 제공으로 판단될 소지가 있다. [이상 이용우·윤혜정·임효정·전삼현, "PB상품에 대한 하도급법 적용의 쟁점 연구", 유통법연구 제 9 권 제 2 호(2022. 6.), 143~148면 참고].

용될 수 있으므로 법적용에 있어서 모순이 발생한다는 지적이다.[19]

이상의 논의를 종합하면 대규모유통업법과 하도급법이 모두 공정거래법의 특별법이기는 하지만, 특정한 산업에 적용된다는 점에서 대규모유통업법이 하도급법에 비해 특별법적 성격이 더 강한 것으로 볼 수 있고, 개별 산업에 대한 특별법(대규모유통업법)이 있음에도 하도급법을 우선 적용할 경우 과잉규제로 이어질 수 있으므로 대규모유통업법 제4조의 하도급법 우선 적용 규정을 일률적으로 해석할 것이 아니라, 개별 사안의 특수성을 고려하여 사안별로 하도급법 적용이 가능한지 신중히 판단해야 할 것이다.[20]

유통 분야의 특성상 대규모유통업법을 적용하는 것이 납품업자에게도 보다 이익이 될 수 있다는 점에서(특히 그 거래의 특성상 하도급법보다 대규모유통업법상의 서면약정 의무가 납품업자를 더욱 보호하는 측면도 있다), 대규모유통업법 제4조 단서는 개별적·구체적인 상황에서 하도급법을 적용해야만 납품업자의 충분한 보호가 가능한 경우에 한하여 적용함이 타당하다. 만일 동 조의 '우선 적용' 한다는 문구가 제조위탁에 해당하는 경우에는 무조건 하도급법을 적용하여야 한다고 해석될 수밖에 없다면, 법률 개정을 통해서라도 개선할 필요가 있다고 판단된다.

19) 문상일, "TV홈쇼핑사업자에 대한 하도급법 적용에 따른 문제점 분석", 기업법연구 37, 한국기업법학회, 2023.

20) 정재훈, "대규모유통업법과 하도급법의 관계 — 현행 규정의 문제점과 그 대안을 중심으로", 경쟁법연구 제48권(2023. 9.), 52면.

제 2 편

대규모유통업에서의 거래 공정화 제도

제 1 장

신의성실의 원칙

대규모유통업자와 납품업자등은 각자의 거래상 의무를 신의에 따라 성실하게 이행하여야 한다(법 제5조). 사법의 대원칙 중 하나인 신의성실의 원칙을 대규모유통업자와 납품업자등 사이의 거래 관계에 관하여 규정한 것으로 평가된다. 다만, 대규모유통업법이 본질적으로 대규모유통업자를 수범자로 하는 규제 행정에 관한 법률인 점을 고려하면, 사법상의 원리 중 하나인 신의성실의 원칙을 별도로 규정하고 있는 것은 다소 이례적이라고 생각된다.[1] 본 조항이 없다고 하더라도, 사인(私人)인 대규모유통업자와 납품업자등은 그 사법상 거래에 관하여 당연히 신의성실의 의무를 부담한다고 보는 것이 타당하기 때문이다.

본 조 소정의 '신의에 따라 성실하게'라는 문언은 민법 제2조 소정의 신의성실과 그 내용에 있어 달리 해석될 이유는 없다.[2] 신의성실의 원칙은 매우 추상적이고 포괄적인 기본원리로서 그 구체적인 내용에 대해서는 논자(論者)에 따라 다양한 견해가 있으나, 일반적으로는 다음과 같은 의미로 이해된다.

"민법이 신의성실의 원칙을 권리의 행사 일반에 관한 원리로서 규정하고 있는

1) 행정법적 성격을 가진 것으로 일반적으로 인정되고 있는 「약관의 규제에 관한 법률」(이하 '약관규제법')에도 신의성실의 원칙이 규정되어 있다(약관규제법 제6조 제1항, "신의성실의 원칙을 위반하여 공정성을 잃은 약관 조항은 무효이다."). 그러나 약관규제법은 행정법적 성격을 가지고 있음과 동시에 약관에 대해서는 직접 그 사법상 효력을 정하는 특별사법으로서 민법, 상법에 우선하는 강행규정에 해당하므로, 직접 사법상 원리인 신의성실의 원칙을 규정하였다 하여 이질적이라고 할 수는 없다. 이러한 점에서 약관규제법은 대규모유통업법과 다소 차이가 있다.

2) 민법 제2조(신의성실)
① 권리의 행사와 의무의 이행은 신의에 좇아 성실히 하여야 한다.
② 권리는 남용하지 못한다.

것은 권리의 공공성의 표현이라고 말할 수 있다. (중략) 민법 제 2 조 제 1 항이 권리의 행사는 신의에 좇아 성실히 하여야 한다고 하는 것은 사회적 제한을 무시한 이기적인 권리행사를 허용하지 않는다는 취지이다. (중략) 권리행사에 관한 일반원칙으로서 신의성실의 원칙을 규정하는 민법 제 2 조 제 1 항은 권리·의무를 그의 사회적 사명에서 관찰해야 한다는 오늘날의 사법이념의 일반적·추상적 내용을 내세운 이른바 일반조항이다. 일반조항으로서의 이 원칙의 구체적 내용은 개개의 경우에 재판을 통하여 실현된다."[3]

이와 같이 대규모유통업법상 신의성실의 원칙은 대규모유통업자와 납품업자등 사이의 권리·의무에 관한 일반적인 사항을 선언한 것으로, 그 자체로 특별한 의미가 있다고 보기 어렵다. 다만, 대규모유통업법을 적용함에 있어서 대규모유통업자와 납품업자등의 거래에 있어서 각 권리·의무는 신의성실의 원칙 하에서 해석하여야 한다는 점을 선언적으로 규정한 것으로 선해할 수 있다. 실무상으로는 본 조에 따라 대규모유통업자의 법 위반 여부가 판단되는 경우는 매우 드물 것으로 생각된다.[4]

3) 곽윤직·김재형, 민법총칙(제 9 판), 박영사(2013), 76면.
4) 이 점에 있어서는 가맹사업법 제 4 조 소정의 '신의성실의 원칙' 규정과 같다.

제 2 장

서면의 교부 및 서류의 보존의무

1. 서　　설

가. 개　　요

대규모유통업법 제6조(서면의 교부 및 서류의 보존 등)는 대규모유통업자가 납품업자등과 납품거래 등을 함에 있어 서면의 교부의무 및 서류의 보존의무 등 서면에 관한 형식적 준수사항을 규정하고 있다.

법 제6조에서 규정하고 있는 서면에 관한 형식적 준수사항 내지 관련 제도는 크게 다음 세 가지로 구분할 수 있다. 첫째, 대규모유통업자는 납품업자등과 계약을 체결한 즉시 납품업자등에게 거래형태 등 대통령령으로 정하는 계약사항이 명시된 서면을 주어야 하고(제1항), 동 서면에는 대규모유통업자와 납품업자등이 각각 서명 또는 기명날인하여야 하며(제2항), 대규모유통업자가 동 서면을 주지 않은 경우에는 원칙적으로 납품업자에게 납품에 관한 준비 등을 요구할 수 없다(제3항). 둘째, 대규모유통업자가 납품업자등에게 서면으로 된 계약서를 주지 않으면 일정한 절차에 따라 납품거래 계약이 체결된 것으로 추정된다(제4항 내지 제7항). 셋째, 대규모유통업자는 납품업자등과의 계약이 끝난 날부터 5년간 대규모유통업자와 납품업자등 사이의 거래에 관하여 대통령령으로 정하는 서류들을 보존할 의무를 진다(제8항).

대규모유통업자와 납품업자등과의 거래는 기본적으로 사인 간 사법적 거래관계이다. 따라서 그 거래 내용에 따라 민법 또는 상법상 매매, 임대차 또는 위탁매매 등의 규정에 따른 규율을 받는다. 우리 헌법 및 사법의 일반 원칙은 거래 당사자들에 대해 사적 자치를 인정하고 있으므로, 거래 당사자들은 각기 계약의 상대방을 결정할 자유, 계약의 내용을 형성할 자유, 계약의 형식을 선택할 자유를 갖는다.[1] 한편 기본적으로 민법, 상법이 예정하는 각종 계약의 기본 형태는 낙성(諾成), 불요식(不要式) 계약이므로, 계약의 성립 및 효력 발생에 있어 서면 계약 등 특정한 형식을 요하지 아니한다.[2] 따라서 원칙적으로 구두로 체결된 계약이더라도 법률적으로는 완전히 유효한 계약이다. 또한, 계약의 내용에 있어서도 당사자 사이의 자유로운 의사에 따라 이를 정할 수 있는 것이 원칙이므로, 어떠한 사항들을 계약의 내용으로 할 것인지 여부는 당사자들의 자유로운 결정에 맡겨져 있다고 할 수 있다.

이러한 점에서 대규모유통업법 제 6 조에서 대규모유통업자에게 부과하고 있는 서면에 관한 형식적 준수사항 내지 각종 관련 규제는 계약 자유의 원칙이라는 일반 사법상의 대원칙에 대한 중대한 예외 내지 제한에 해당한다고 볼 수 있다.[3]

나. 제도의 취지

종전의 유통 실무에서는, 일부 대규모유통업자가 납품업자등과 거래를 개시하면서 당해 거래에 관한 구체적인 조건을 명확히 제시하지 않거나, 이를 서면으로 작성하지 아니한 채 당사자(주로 각 사업자 소속의 실무자들이 이에 해당한다)간의 구두 협의만 하고 거래를 시작하는 경우가 빈번하였다. 또는 양 당사자간에 서면약정을 체결하였다고 하더라도 거래가 진행되면서 종전의 서면 약정과는 다른 내용으로 거래조건이 변경되거나, 당사자 일방(주로 대규모유통업자)의 필요에 따라 명확한 약정 없이 상대방 당사자(주로 납품업자등)에게 새로운 요구를 하거나, 반대로 명시적인 근거가 없다는 이유로 계약상 의무 이행을 해태하는 일도 발생하였다.

이와 관련하여 종전 대규모소매업고시 체제 하에서 서면계약 체결의무 위반행위가 문제된 사안[4]에서, 대법원은 "'서면계약서 미교부행위 및 물류대행수수료 등

---

1) 지원림, 민법강의(제 9 판), 홍문사(2011), 19~23면; 민법주해(Ⅱ) 총칙(2), 박영사(1992), 103~108면.

2) 지원림, 민법강의(제 9 판), 홍문사(2011), 1311면.

3) 대규모유통업법상 서면에 관한 형식적 준수사항 내지 관련 제도는 이와 같이 계약 자유의 원칙에 대한 중대한 예외 내지 제한에 해당하는 것은 분명하나, 이 제도를 위반한 대규모유통업자에 대한 대규모유통업법에 따른 제재는 별론으로 하고, 납품업자등과 체결한 납품계약 등의 사법상 효력은 원칙적으로 인정된다. 이하 해당 부분에서 상술한다.

4) 롯데쇼핑㈜(롯데마트)의 대규모소매업에 있어서의 특정불공정거래행위에 대한 건(2012. 12. 26. 의결 제2012－278호).

거래조건에 관한 사항을 서면계약서에 포함시키지 않은 행위'의 경우, (대규모소매업자에 해당하는) 원고가 그와 같은 상태에서 거래를 계속할 경우, 원고가 사후에 불리한 조건을 소급 적용하는 방안을 제시하더라도 납품업자들의 입장에서 원고와 지속적 거래관계를 유지하기 위하여 이를 수용할 가능성이 크고 분쟁의 소지가 있을 뿐만 아니라, 원고는 납품업자들과 적어도 계약기간을 1년간 유지함에는 합의하였으므로, 그와 같이 합의가 성립한 부분에 관하여 먼저 기본계약서를 작성한 다음, 판매장려금 등에 관하여 추후 합의가 이루어지면 이를 보충함이 타당하다"는 등의 이유를 들어 위 행위가 거래상 지위의 남용행위로서 불이익제공에 해당한다고 판단한 원심[5]의 판단을 수긍한 바 있다(대법원 2016. 5. 27. 선고 2013두35020 판결).

대규모소매업고시 제도 하에서 공정거래위원회의 법 집행 내역을 살펴보면, 공정거래위원회가 동 고시 위반을 이유로 처분한 사례들 중 서면계약 체결 관련 위반사례가 상당 부분을 차지하고 있음을 알 수 있다. 이는 과거 유통 실무에서 서면계약 체결 없이 구두계약을 통해 거래가 이루어지는 관행이 일반적이었기 때문이기도 하지만, 다른 한편으로는 공정거래위원회가 사실상 '부당성'에 대한 판단 없이 외형상 '서면계약체결'이 있었는지 여부만을 기준으로 법위반 여부를 판단한 경우가 많았던 것에도 그 원인이 있는 것으로 생각된다.[6] 물론 대규모유통업법이 제정된 후에도 계약서면 교부의무 위반 사례가 상당히 많이 발생하고 있다.[7]

5) 서울고등법원 2013. 9. 13. 선고 2013누3568 판결.

6) 대규모소매업 고시 제도하에서 유형별 사건처리실적을 보면 아래 표와 같다.

[법 위반행위 유형별 사건처리 실적] (2010. 12. 31. 기준, 단위: 건수, %)

위반유형(고시 규정)	조치건수	비율
부당반품(제3조)	31	12.1
부당감액(제4조)	16	6.2
부당한 지급지연(제5조)	28	11.0
부당한 강요행위(제6조)	10	3.9
부당한 수령거부(제7조)	1	0.3
판촉비용 등의 부당강요(제8조)	72	28.0
부당한 경제상 이익수령(제9조)	6	2.3
사업활동방해(제10조)	4	1.6
서면계약체결의무 및 부당한 계약변경행위(제11조)	89	34.6
총계	257	100

※ 통계기준: 1개 사건당 위반행위 유형이 2개 이상인 경우, 복수 산정(2001~2010년).

종전 유통 실무에서 당사자들 사이에 명확한 서면계약이 체결되지 않고 거래가 진행되는 사례가 많았던 것은 근본적으로 대규모유통업 거래의 특성에서 기인하는 측면이 크다. 즉, 수많은 납품업자와 수시로 거래가 이루어지고, 거래대상이 되는 상품 또한 매우 다양하며, 상당수 거래가 장기간에 걸쳐 계속적으로 이루어짐에 따라 현실적으로 모든 거래를 일일이 서면계약을 통해 진행하는 것이 쉽지 않았던 것이 사실이었다. 하지만 이러한 이유 외에도 유통 실무에서는 당사자들 사이의 착오나 실무상 과실로 인해 서면계약을 체결하지 않거나 때로는 대규모유통업자가 고의적으로 서면을 교부하지 않는 경우도 적지 않았다. 통상의 사법적 거래관계에서는 계약 자유의 원칙이 적용되므로, 객관적으로 당해 법률행위의 존재를 입증할 수 있는 서면 약정을 체결하지 않음에 따른 혼란 내지 불편함은 계약 자유 원칙의 제도적 반대급부로서 받아들일 수밖에 없다거나, 또는 거래당사자들이 부담해야 하는 일종의 거래 위험[8]으로 보아야 한다는 입장도 있을 수 있다. 그러나 대규모유통업자와 납품업자등의 관계처럼 양 당사자간의 거래상 지위의 차이가 큰 경우가 많고, 대규모유통업자와의 거래를 유지하는 것이 납품업자등의 입장에서는 중요할 수 있으며, 대규모유통업자 1개사가 수많은 납품업자등과 거래를 하는 현실에서, 구두약정만으로도 얼마든지 계약이 이루어질 수 있다고 한다면 언제든 대규모유통업자에 의한 일방적 의사결정이 이루어질 위험이 매우 크다. 실제 거래에 관한 객관적 증빙이 없을 경우 향후 법률적 다툼이 발생하더라도 중소 납품업자등에게 불리한 결과가 나타날 확률이 훨씬 높기 때문이다. 대규모유통업법은 이처럼 중소 납품업자등에게 일방적으로 불리한 결과가 나타나는 것을 방지하기 위한 차원에서 서면 교부를 의무화한 것으로 이해할 수 있다.

대규모유통업법 제 6 조 제 1 항 소정의 서면 교부 제도는 계약의 내용을 명확히

7) 2023년 한 해 대규모유통업법 시정 실적들 중에서 서면 교부의무 위반이 문제된 건이 6건에 이른다[㈜지에스리테일의 대규모유통업법 위반행위에 대한 건(2023. 1. 19. 의결 제2023-005호), 에이케이(AK)플라자 운영 관련 2개 사업자의 대규모유통업법 위반 행위에 대한 건(2023. 4. 24. 의결(약) 제2023-037호, 제2023-039호), 경유산업㈜의 대규모유통업법 위반행위에 대한 건(2023. 4. 24. 의결(약) 제2023-038호), ㈜메가마트의 대규모유통업법 위반행위에 대한 건(2023. 6. 22. 의결(약) 제2023-054호), ㈜세이브존아이앤씨의 대규모유통업법 위반행위에 대한 건(2023. 9. 1. 의결 제2023-131호), ㈜신세계사이먼의 대규모유통업법 위반행위에 대한 건(2023. 11. 22. 의결 제2023-189호)].

8) 민사 실체법상 급부의 위험, 소송법상 입증책임 부담의 위험 또는 사실상의 위험을 모두 포함한다.

하고 계약 이행의 예측가능성을 제고하여 당사자 간의 분쟁을 예방하고, 만일 분쟁이 발생할 경우 이를 입증할 서류 자체가 없어 그 해결이 어려워지거나 대규모유통업자에게 일방적으로 유리한 방향으로 결론이 나는 것을 사전에 방지하기 위한 제도이다.[9] 나아가 이와 같이 계약 자유의 원칙을 제한하여 사전에 서면약정을 하더라도 추후 당사자 간 분쟁이 발생하였을 때 당해 거래와 관련된 서류나 자료들이 보존되어 있지 않다면 분쟁의 해결이 어려울 수도 있는 점을 고려하여, 본 조는 서면의 보존 제도도 함께 마련하였다. 서면의 보존을 의무화함으로써 추후 발생할 수 있는 분쟁에서 입증이 불가능해지는 것을 방지할 뿐만 아니라, 대규모유통업법에서 규정하고 있는 대규모유통업자의 각종 불공정거래행위를 적발하는 데에도 큰 역할을 할 것으로 기대되었다.[10] 아울러 대규모유통업법의 수범자인 대규모유통업자는 통상의 거래 과정에서도 법이 정하고 있는 각종 계약서 등 서류 및 관련 증빙 자료들을 작성, 취합, 보존해야 할 의무를 부담하게 되므로, 이 과정에서 자연스럽게 불공정거래행위를 스스로 통제하는 효과도 기대할 수 있다.

반면, 법 제6조에서 규정하고 있는 서면작성의무 및 서류보존의무의 범위와 정도가 지나치게 넓고 자세하여, 수많은 거래가 빈번하게 일어나는 대규모유통거래의 현실을 충분히 반영하지 못하고 결과적으로는 대규모유통업자는 물론 납품업자등에게도 지나치게 과도한 부담이 된다는 지적도 있다.[11] 특히, 인터넷쇼핑몰처럼 훨씬 거래 수가 많은 대규모유통업자의 경우 모든 거래를 일일이 서면약정을 통해 실행하는 데 대한 부담이 더욱 큰 것이 사실이다.[12] 본 제도의 목적과 수단 및 그에 상응하는 수범자 부담의 최소화라는 관점에서 적절한 수준으로 균형점을 마련할 필요가 있을 것으로 생각된다.

9) 대법원 2020. 6. 25. 선고 2017두37604 판결은 “계약서면 즉시 교부의무는 대규모유통업자가 우월적인 지위를 이용하여 구두로만 납품계약을 체결한 뒤 이행일에 임박하여 계약을 철회·변경하거나 계약사항대로 이행하지 아니하는 경우 등에 대비하여 사전에 계약내용을 명백히 함으로써 거래사항이 불분명함으로 인하여 발생하는 납품업자등의 불이익을 방지함과 동시에 당사자 간 사후 분쟁의 발생을 막으려는 데 그 취지가 있다.”라고 판시하였다.

10) 2011. 11. 7. 제안된 대규모유통업법 시행령(안) 1~2면.

11) 2011. 10. 26.자 인터넷 중앙일보 “‘대규모유통업법’으로 유통업 고사(枯死) 직전”; 2011. 10. 26.자 인터넷 재경일보 “유통업계 ‘대규모유통업법은 과잉규제’ 반발”.

12) 이러한 점을 감안하여 시행령 제 2 조(서면 기재사항) 제 3 항에서는 인터넷쇼핑몰업자에 대해서는 서면 기재사항을 줄여주었으나, 그렇다고 하더라도 서면교부의무가 면제되는 것은 아니기 때문에 그 부담은 여전하다.

2. 계약 체결 즉시 서면 교부 의무

가. 개 요

대규모유통업자는 납품업자등과 계약을 체결한 즉시 납품업자등에게 일정한 계약사항이 명시된 서면(「전자문서 및 전자거래 기본법」[13] 제 2 조 제 1 호에 따른 전자문서를 포함한다)을 주어야 하고(법 제 6 조 제 1 항), 그 서면에는 대규모유통업자와 납품업자등이 각각 서명(「전자서명법」 제 2 조 제 2 호에 따른 전자서명을 포함한다) 또는 기명날인하여야 한다(법 제 6 조 제 2 항). 또한, 대규모유통업자는 서면을 납품업자에게 줄 때까지 납품업자에게 납품할 상품을 제조 또는 주문하게 하거나 납품할 상품을 위한 설비나 장치를 준비하도록 요구하여서는 아니 된다(법 제 6 조 제 3 항). 대규모유통업법의 기본적인 서면 관련 제도로서, 법 문언상으로는 서면교부 의무에 대한 예외가 인정되지 않는 것으로 규정되어 있다. 이에 따라 대규모유통업자와 납품업자등이 체결한 실제 계약 내용의 법 위반 사유 유무, 계약 내용의 유·불리와 상관없이 외형상 당해 계약 관련 서면의 교부가 있었는지 여부에 따라 법 위반 여부가 결정된다.

나. 서면교부의무의 요건

(1) 대규모유통업자와 납품업자등 사이에 계약이 체결되었을 것

(가) 계약의 의미

대규모유통업법 제 6 조 제 1 항 소정의 서면교부의무는 대규모유통업자와 납품업자등 사이에 사법상 계약이 체결되었음을 전제로 발생한다. 따라서 대규모유통업자와 납품업자등 사이에 어떠한 내용의 계약도 체결된 사실이 없으면 대규모유통업자의 서면교부의무는 발생하지 아니한다.

본 조에서 '계약'이라 함은 사법상 '계약'의 일반적 의미와 동일하다. 따라서 이는 사법상 효과의 발생을 목적으로 하는 합의의 총칭을 의미한다.[14] 특별한 사정이

13) 대규모유통업법 제 6 조 제 1 항에는 「전자거래기본법」이라고 규정되어 있으나, 전자거래기본법은 2021. 6. 1. 법률 제11461호에 의해 「전자문서 및 전자거래 기본법」으로 개정되었다. 동 법률의 개정과정에서 대규모유통업법 제 6 조의 개정도 함께 이루어졌어야 하나, 개정에서 제외되었다[전자문서 및 전자거래 기본법 부칙 제10조(다른 법률의 개정) 참조]. 대규모유통업법의 제정(시행 2012. 1. 1. 법률 제11086호, 2011. 11. 14. 제정)이 이루어진 지 얼마 되지 않은 데 따른 착오에 기인한 것으로 보이는 바, 동 조항은 조속히 개정될 필요가 있다.

없는 한, 본 조에서의 계약은 주로 법 제 2 조(정의) 소정의 직매입거래, 특약매입거래, 위·수탁거래 및 매장임대차거래의 실질을 가지고 있을 것으로 생각된다. 물론 법 제 2 조 제 2 호는 '거래형태와 상관없이 상품을 대규모유통업자에게 공급하는 자'를 납품업자로 정의하고 있으므로, 대규모유통업법상 납품업자에 해당하는 사업자와 대규모유통업자 사이의 납품거래 계약에 해당하는 경우에는 위 각 거래 유형에 해당하지 않는다고 하더라도 본 조 소정의 계약에 포함되는 것으로 해석될 수 있다. 요컨대 본 조 소정의 계약은 특정한 거래 유형에 한정되지 아니한다.

(나) 계약 체결의 의미

'계약의 체결'이라 함은 사법상 효과의 발생을 목적으로 하는 계약의 성립을 위해, 대립하는 당사자 사이의 의사표시의 합치, 즉 합의의 상태가 발생한 것을 의미한다. 외부에 나타난 표시행위에서 추단되는 표시상의 효과의사가 그 내용에 있어 객관적으로 서로 일치하고, 서로 일치하는 바에 따라서 그에 상응하는 통일적인 법률효과의 발생을 갖는다고 보여질 경우에 계약이 성립, 즉 체결되었다고 볼 수 있다.[15] 당사자의 계약 체결을 위한 의사표시는 통상 청약과 승낙이 된다(민법 제527조 내지 제534조). 사법의 일반 원칙상 사인 간에 계약이 체결되었는지 여부는 청약 및 승낙의 존재와 합치 사실에 따라 판단된다. 이와 같이 계약이 성립 내지 체결되었는지에 대해서는 계약 자유의 원칙에 따라, 법률로써 이를 제한하는 특별한 사정이 없는 한 별도의 형식이나 추가 요건을 요하지 아니한다.

따라서 대규모유통업법 제 6 조 제 1 항 소정의 계약 체결 역시 당사자인 대규모유통업자와 납품업자등 간의 납품거래 또는 매장임대차거래에 관한 청약 및 승낙의 의사표시가 대내·외적으로 존재하는지,[16] 당해 대립된 의사표시가 합치되었다고 볼

14) 민법주해(XII) 채권(5), 박영사(1997), 7면, 174면.
15) 민법주해(XII) 채권(5), 박영사(1997), 7~8면.
16) 계약은 대립하는 당사자간의 의사표시의 합치, 즉 합의에 의하여 성립하며, 합의는 보통 청약과 승낙으로 성립한다. 청약은 이에 대응하는 상대방의 승낙과 결합하여 일정한 내용의 계약을 성립시킬 것을 목적으로 하는 확정적인 의사표시이며, 승낙은 청약의 상대방이 청약에 응하여 계약을 성립시킬 목적으로 청약자에 대하여 행하는 의사표시이다. 이처럼 청약과 승낙은 의사표시의 하나이므로, 민법상 의사표시에 관한 일반적인 논의가 그대로 적용된다. 따라서 청약과 승낙은 내심의 의사와 외부의 표시로 이루어지며, 유효한 계약이 체결되기 위하여는 청약과 승낙에서 그 의사와 표시가 일치하여야 하고, 의사형성 과정에 하자가 있어서는 안 된다. 따라서 의사와 표시가 일치하지 않거나 의사형성 과정에 하자가 있으면 당사자가 원한 바의 법률효과가 발생하지 않으므로 법률행위의 효력이 부인되

수 있는지에 따라 판단하면 족하다. 양 당사자의 청약과 승낙이 유효하게 합치되었다고 볼 수 있다면 당해 계약은 체결되었다고 볼 수 있고, 그 내용에 따라 계약의 효력은 즉시 발생한다.

한편, 이와 같은 계약 체결의 일반적인 형태 외에 특수한 계약 체결의 예가 있을 수 있는데, 대표적으로 첫째, 청약자의 의사표시나 관습에 의하여 승낙의 통지가 필요하지 아니한 경우에는 승낙의 의사표시로 인정되는 사실이 있는 때에 성립될 수 있고(소위 의사실현에 의한 계약성립, 민법 제532조), 둘째, 양 당사자가 상법상 상인일 경우 상시 거래관계에 있는 자로부터 그 영업부류에 속한 계약의 청약을 받은 때에는 지체없이 승낙 여부의 통지를 발송하여야 하고 만일 그 통지를 해태한 때에는 승낙한 것으로 보아 계약이 성립될 수 있다(상법 제53조). 특별한 사정이 없는 한, 대규모유통업자와 납품업자등 사이에 별도의 명시적인 의사표시(청약, 승낙) 없이 특정 상품에 대한 납품 행위가 이루어지거나 매장임대차거래가 진행되는 등의 사실이 인정된다면 당해 내용에 준하여 계약이 체결된 것으로 인정될 가능성이 크다.

(2) 계약체결 즉시 시행령에서 정한 계약사항이 명시된 서면을 교부할 것

대규모유통업자는 납품업자등과 계약을 체결한 '즉시' 시행령에서 정한 계약사항이 명시된 서면을 당해 상대방에게 주어야 한다. 참고로 대규모소매업고시 제11조(서면계약체결의무) 제 1 호는 '납품업자등과 서면계약서의 교부 없이 거래하거나 점포임차인이 입점후 교부하는 행위'를 하여서는 아니 된다고 규정하여 서면계약서 교부 없이 거래하는 행위를 금지하였다. 따라서 대규모소매업고시 하에서는 계약을 체결한 후라도 실제 거래를 개시하기 전까지만 서면을 교부하면 그것으로 족하였던 반

거나 부인될 수 있게 된다. 즉, 의사와 표시가 일치하지 않으면서 그와 같은 불일치를 의사표시자만이 알고 있을 경우 진의 아닌 의사표시로서 원칙적으로 유효하고(민법 제107조 제 1 항), 의사와 표시가 일치하지 않으면서 그와 같은 불일치를 상대방과 통정하여 의욕한 경우 통정한 허위의 의사표시로서 원칙적으로 무효이며(민법 제108조 제 1 항), 의사와 표시가 일치하지 않으면서 그와 같은 불일치를 의사표시자가 모르는 경우 착오에 의한 의사표시로서 중요한 부분의 착오가 있는 경우 원칙적으로 취소할 수 있고(민법 제109조 제 1 항), 표시의 상대방 또는 제 3 자의 사기 또는 강박행위로 인하여 의사의 형성 과정에 하자가 있는 경우 사기, 강박에 의한 의사표시로서 의사표시자는 원칙적으로 취소할 수 있다(민법 제110조 제 1 항). 그러므로 대규모유통업자와 납품업자등이 납품계약 또는 매장임대차계약을 체결함에 있어 표시된 청약과 승낙에 관하여 그 의사와 표시가 일치하지 않는 등 하자가 있는 경우, 납품계약 또는 매장임대차계약의 효력에 영향을 미칠 수 있게 된다[민법주해(XII), 박영사(1997), 173~175면, 183면; 지원림, 민법강의(제 9 판), 홍문사(2011), 231면].

면, 대규모유통업법 하에서는 계약 체결 '즉시' 교부하여야 하므로 계약서면을 지연 교부하거나 시행령에서 정한 계약사항을 전부 기재하지 않은 서면을 교부하는 경우(불완전 교부)에도 법위반이 된다는 점에서 규제가 더욱 엄격해졌다고 할 수 있다.

참고로 TV홈쇼핑 심사지침은 계약서면의 교부 시기와 관련하여, TV홈쇼핑사업자가 납품업자와 방송판매 상품의 거래조건(법정 계약사항) 전부에 대해 일괄하여 계약을 체결한 경우 계약사항 전부를 기재한 계약서면을 계약체결 즉시 납품업자에게 교부하여야 하고, TV홈쇼핑사업자가 납품업자와 법정 계약사항 중 일부에 대해 계약을 체결하고 나머지 계약사항에 대해 나중에 정하기로 합의를 한 경우 그 즉시 이러한 계약내용을 기재한 계약서면을 납품업자에게 교부하여야 하며, TV홈쇼핑사업자는 납품업자와 위와 같이 나중에 정하기로 한 계약사항에 대해 계약을 체결하는 즉시 이러한 계약사항을 기재한 계약서면을 납품업자에게 교부하여야 한다고 규정하고 있다[TV홈쇼핑 심사지침 Ⅲ. 1. 나. 1)항].

대규모유통업법은 교부 시기와 관련하여 '계약 체결 즉시' 이외의 어떠한 예외사유도 두고 있지 않으므로,[17] '계약 체결 즉시'가 어느 시점을 의미하는 것인지를 검토할 필요가 있다. 문언상으로는 계약 체결로 볼 수 있는 의사의 합치가 있는 시점과 동시, 또는 바로 직후를 의미한다고 할 것이다. 따라서 당해 계약의 이행기가 계약 체결 시점과 시간적으로 떨어져 있다고 하더라도 그 이행기에 임박하여 교부할 경우 서면교부의무 위반이 된다. 예를 들어 대규모유통업자와 납품업자 사이의 납품거래 계약이 2024. 6. 1. 체결되었으나 그 계약에 따른 양 당사자의 최초 이행기를 3달 후인 2024. 9. 1.로 약정한 경우, 본 조항의 문언상으로는 2024. 6. 1. 무렵에 바로 서면교부의무가 발생한다고 할 수 있다. 위 TV홈쇼핑 심사지침은 'TV홈쇼핑사업자가 납품업자와 냄비세트 판매방송을 진행하기 위해 판매방송일 2주 전에 방송일시를 포함한 전체 법정 계약사항에 대해 계약을 체결하였음에도 그 즉시 계약서면을 교부하지 않고 방송일 하루 전에 교부하는 행위'를 법 위반에 해당할 수 있는 행위로 예시하고 있다[TV홈쇼핑 심사지침 Ⅲ. 1. 나. 2) 가)항].

---

17) 이에 반하여 대규모소매업고시 제11조 제 1 호는 사전 계약서 교부 의무를 규정하면서도, "다만, TV홈쇼핑업자에게 현저한 시황변동 등 불가피한 사유가 있는 경우에는 방송 전까지 계약사항을 변경하여 교부할 수 있다"고 하여, 사전 계약서 교부 의무의 예외를 규정하였다.

[㈜엔에스쇼핑의 대규모유통업법 위반행위에 대한 건(2015. 4. 15. 의결 제2015-119호)]

[사실관계]

피심인은 2012. 1. 4.부터 2014. 10. 16.까지의 기간 동안 ㈜○○ 등 152개 납품업자와 방송판매계약을 체결하면서 총 337회에 걸쳐 상품판매 당일 또는 그 이후에 방송판매 약정 서면을 교부한 사실이 있다.

[공정거래위원회의 판단]

홈쇼핑 방송을 위한 계약체결은 방송일정, 거래품목 및 수량, 판매수수료, 방송제작비용 부담조건 등에 관하여 당사자 간 합의가 된 것을 의미한다. 그 시점에 대하여 일률적으로 말하기는 곤란하나 늦어도 방송일 전일에는 계약이 체결된다고 본다. 특별한 사정이 없는 한 당사자 간에 계약서면 없이 방송이 진행되었다면 구두 또는 묵시적으로 방송일 전에 계약이 체결되었다고 봄이 타당하기 때문이다.

거래상 지위가 있는 피심인은 계약이 체결된 시점 즉 방송전일까지 당사자의 서명 또는 기명날인이 기재된 서면을 교부하지 아니하고 방송일 이후에 교부하였다. 이러한 행위는 계약체결 즉시 서면을 교부하지 아니한 것으로 대규모유통업법 제6조 제1항 위반에 해당하여 위법하다.

[㈜이마트의 대규모유통업법 위반행위 및 공정거래법상 거래상지위 남용행위에 대한 건(2016. 6. 20. 의결 제2016-170호)]

[사실관계]

피심인은 2012. 1.부터 2015. 9.까지의 기간 동안 ***등 994개 납품업자와 거래계약을 체결하면서 총 1,058건에 걸쳐 거래형태, 거래품목 및 기간 등 계약사항이 명시된 서면을 계약체결 즉시가 아닌 계약기간 시작 당일 또는 최대 365일 경과 후 교부하였다.

[공정거래위원회의 판단]

피심인과 납품업자등이 거래조건에 관하여 구두로 합의한 후 피심인이 전자문서의 형태로 계약서를 납품업자등에게 전송함으로써 교부한 것을 볼 때 계약을 체결한 점이 인정된다.

피심인과 납품업자등의 거래조건에 관한 합의는 통상 구두로 이루어지기 때문에 계약을 체결한 시점, 즉 양 당사자 간의 의사가 합치된 시점을 일률적으로 확정하기는 어려운 측면이 있으나, 일방 당사자의 특별한 사정으로 인한 거래조건의 수정 또는 변경 가능성 등을 고려해 보더라도, 최소한 계약서상의 계약기간 시작일의 전일까지는 계약이

> 체결되었다고 보는 것이 타당하다고 할 것이다. 그러나 피심인은 계약을 체결한 시점인 계약기간 시작일의 전일까지도 서면을 교부하지 아니하였으므로, 계약을 체결한 즉시 계약사항이 명시된 서면을 교부하지 아니한 것으로 본다.
>
> 피심인의 위 행위는 대규모유통업법 제 6 조 제 1 항 및 제 2 항에 위반되어 위법하다.

공정거래위원회 심결례를 토대로 각 거래 유형별 구체적인 계약서류 교부 시한이 되는 기준일(소위 D－Day)을 정리하면 아래 표와 같다. 원칙적으로 기준일의 전날, 즉 D－1일까지는 서면교부의무가 이행되는 것이 바람직하다[18].

거래유형	서면 교부 시한 기준일 (D-Day)	공정거래위원회 의결 내용
임대차	임대차 시작일 등	피심인이 27개 매장임차인들에게 32건의 계약서면을 **계약체결일(갱신된 계약의 경우 갱신된 계약의 임대차 시작일, 최초 계약 중 매장의 인테리어 공사를 하는 경우에는 인테리어 공사 착수일, 인테리어 공사를 하지 않는 경우에는 최초 임대차 시작일)** 기준으로 최소 1일에서 최대 47일까지 지연하여 교부한 것은 대규모유통업법 제 6 조 제 1 항 및 제 2 항에 위반됨[㈜신세계프라퍼티의 대규모유통업법 위반행위에 대한 건(2022. 12. 9. 의결 제2022－290호)]
직매입/ 특약매입/ 위수탁거래	계약개시일 (거래개시일) 또는 상품거래 시작 시점	피심인은 2개 납품업자와 특약매입거래 재계약을 체결하면서 계약서면을 해당 **계약의 시작일(거래개시일)**보다 최소 11일에서 최대 14일 지나서 교부하였으므로 피심인의 행위는 대규모유통업법 제 6 조 제 1 항 및 제 2 항에 위반됨[에이케이(AK)플라자 운영 관련 2개 사업자의 대규모유통업법 위반 행위에 대한 건(2023. 4. 24. 의결(약) 제2023－037호, 제2023－039호)] 피심인은 6개 납품업자들과 직매입 거래 체결하면서 거래 품목, 수량, 입고일, 단가, 상품대금의 지급 수단 및 지급시기 등 계약사항이 명시되고

18) 공정위는 대형마트, 아울렛 등을 비롯하여 일반적으로는 기준일 이후에 서면을 교부한 경우부터 지연교부로 보고 있으며, 다만, 홈쇼핑 거래에서는 기준일(방송일 당일)에 서면을 교부한 경우 법 위반으로 보고 있다. 대형마트 등 거래에서 거래관행상 거래 당일에 계약서가 교부되는 경우도 다수인 점을 고려할 때, 공정위의 집행 기준은 타당한 것으로 생각되나, 논란의 여지를 없애기 위해서는 D－1까지 서면교부의무를 이행하는 것이 안전하다.

		양당사자가 서명 또는 기명날인한 계약서면을 **상품거래가 시작되기 전까지** 교부하지 아니하였으므로 피심인의 행위는 대규모유통업법 제 6 조 제 1 항 및 제 2 항에 위반됨[쿠팡㈜의 대규모유통업법 위반행위에 대한 건(2018. 5. 24. 의결 제2018-212호)]
TV홈쇼핑	방송일	TV홈쇼핑의 경우 납품업자에게 불이익이 생기지 않도록 TV홈쇼핑 사업자는 법정사항이 기재되고 양 당사자가 서명, 날인한 계약서면을 **적어도 방송일 전날까지는** 납품업자에게 교부하여야 하므로, 방송 당일 또는 그 이후에 비로소 계약서면을 교부한 행위는 대규모유통업법 제 6 조 제 1 항 및 제 2 항에 위반됨[㈜씨제이이엔엠의 대규모유통업법 위반행위에 대한 건(2022. 1. 26. 의결 제2022-017호)]

(3) 실제로 교부할 것

대규모유통업자는 납품업자등과 계약이 체결된 즉시 시행령이 정하는 계약사항이 명시된 서면을 당해 납품업자등에게 주어야 한다. 따라서 대규모유통업자와 납품업자등이 자유로운 의사에 따라 계약을 체결하고, 당해 계약의 내용이 제반 법령에 위반되는 내용이 없다고 하더라도 계약 체결 직후 서면을 납품업자등에게 주지 않는 경우에는 대규모유통업법 제 6 조 제 1 항에 위반된다. 주는 행위의 완료 시점은 특별한 사정이 없는 한 당해 서면이 납품업자등에게 도달한 시점이다(민법 제111조 제 1 항). 전자문서에 의한 계약 체결 시 계약서 교부시점은 「전자문서 및 전자거래 기본법」 제 6 조(송신·수신의 시기 및 장소) 내지 제10조(작성자와 수신자 간의 약정에 의한 변경)의 규정에 의한다.

이와 관련하여 공정거래위원회는 종전 대규모소매업고시 관련 규정을 해석·적용함에 있어, 대규모유통업자와 납품업자가 계약을 체결하여 계약서를 작성하였음에도 대규모유통업자가 계약서를 교부하지 않은 행위를 대규모소매업고시 위반으로 판단하였다. 이와 같은 판단 기준은 대규모유통업법 하에서도 마찬가지라고 할 것이다.[19]

19) 위 (2)항에서 살펴본 사례들에 비추어 보더라도, 계약서 작성 여부 및 작성 시점보다는 계약서 교부 여부 및 교부 시점이 위법성 판단의 기준이라는 점을 알 수 있다.

[㈜이랜드리테일의 대규모소매점업에 있어서의 특정불공정거래행위 등에 대한 건(2008. 11. 13. 의결(약) 제2008-471호)]

[사실관계]

피심인은 신고인이 입점하기 이전인 2006. 11. 7. 신고인과 2006. 11. 16.부터 2007. 11. 15.까지 피심인의 매장 1층 33.72m²를 신고인에게 임대하여 소비자가 일상적으로 사용하는 화장품 판매에 이용하도록 하고, 그 판매액의 15%를 수수료로 지급받는 내용으로 '점포임대차계약'을 체결하였다. 한편, 위 당일 피심인은 신고인과 체결한 점포임대차 계약서 2부를 모두 수령하여 갔다가, 신고인이 입점하여 영업을 개시한 이후인 2007. 3월에야 비로소 수령한 계약서 중 1부를 교부한 사실이 있다.

[공정거래위원회의 판단]

피심인의 위 행위는 자신의 거래상 지위를 이용하여 부당하게 거래상대방에게 불이익을 주는 행위로서, 구 공정거래법 제23조 제 1 항 제 4 호(거래상 지위남용행위), 같은 법 시행령 제36조 제 1 항 관련 일반불공정거래행위의 유형 및 기준 제 6 호 라목 및 대규모소매점업고시 제11조 제 1 항 제 1 호의 불공정거래행위에 해당한다.

대규모유통업자가 납품업자등에게 계약이 체결된 즉시 서면을 주었다는 사실은 어떻게 입증할 수 있는가. 우선 실무적으로 계약체결은 대부분 전자계약 관련 정보처리시스템(전산시스템)을 통해 이루어지며, 대규모유통업자는 정보처리시스템을 통해 납품업자등과 계약서를 작성, 관리하고 납품업자등은 정보처리시스템을 통해 계약서를 확인하고 사본을 교부받을 수 있다. 이처럼 전자계약 방식을 통해 계약을 체결하는 경우 정보처리시스템으로 납품업자등에게 계약서를 송신 내지 푸시(push)하고 납품업자등이 이를 수신하여 확인하였거나 확인할 수 있는 상태가 되었다는 기록 등을 통하여 서면 교부 사실을 입증할 수 있을 것이다.

일반 문서에 의해 계약을 체결하는 경우 계약을 체결하였다는 사실은 관련 계약서 등 서면의 존재 및 그 내용 또는 관련 당사자들의 진술이나 당시의 행위 등을 종합하여 그 존부를 확인할 수 있으나, 대규모유통업자가 언제 납품업자등에게 서면을 주었는지에 관한 시간적 사실은 그 증명이 충분하지 않은 경우가 많다. 이 점에 관하여 다투어질 경우, 특별한 사정이 없는 한 대규모유통업자가 발송한 서면이 납품업자등에게 도달한 시점이 입증되어야 할 것인데, 당사자들이 현장에서 계약서를 주고 받은 경우에는 그 수수 시점을 사후에 입증하기가 곤란할 수 있다. 결국 이에 관한 입증은 합리적인 사고를 가진 제 3 자의 관점에서 그 도달 시점을 확인할 수 있는 정도의 증명에 의하여야 할 것이므로, 실무상으로 납품업자등에게 서면을 교부함과 동시에 수령일이 기재된 수령증을 교부 받거나, 내용증명우편으로 보내는 등의 방법이 바람직하다.

다. 관련 문제 – 계약의 변경, 갱신 등의 경우

(1) 문제의 소재

대규모유통업법 제 6 조 제 1 항의 규정은 대규모유통업자와 납품업자등이 신규로 계약을 체결하는 경우를 상정하고 있다. 그렇다면 이와 달리 종전의 계약내용이 변경되거나, 종전 계약이 기간 만료에 따라 갱신되는 등의 경우에도 대규모유통업자가 법 제 6 조 제 1 항 소정의 서면교부의무를 부담하는지 여부가 문제될 수 있다.

(2) 계약 내용이 변경된 경우

사법상 관념적인 의미의 계약은 사법상 효과의 발생을 목적으로 하는 합의의 종칭을 의미한다. 같은 관점에서 볼 때, 종전 계약의 내용을 일부 변경하여 그 변경된 내용으로 사법상 효과의 발생을 의도한다면 이 또한 새로운 계약에 해당한다고 할 것이다. 따라서 대규모유통업자와 납품업자등 사이에 종전 계약 내용의 일부를 변경하고자 하는 의사의 합치가 이루어진다면 이는 별도의 계약체결로 볼 수 있다.[20] 이 경우 계약 변경에 관한 당사자들 사이의 의사 합치가 있는 시점을 (변경) 계약의 체결 시점으로 보아야 할 것이므로, 대규모유통업자는 그 즉시 납품업자등에게 기존 계약서에 변경된 내용을 반영하여 교부하거나, 변경된 내용을 담은 새로운 계약서를 교부하여야 한다. 단, 신규 계약체결의 경우와 마찬가지로 관념적 개념인 '계약체결 시점' 이후, 현실적으로 관련 서류를 교부하기 위해 소요되는 통상의 시간은 감안될 수 있을 것이다. 최초 계약 때와 마찬가지로 납품업자등에게 변경된 계약서를 교부하기 전까지는 대규모유통업자가 변경된 계약 내용에 관한 거래의 준비를 위한 행위를 요구할 수 없음은 물론이다(법 제 6 조 제 3 항 참조).

---

20) 서울고등법원은 "납품업자에게 유리한 계약조건 변경의 경우에도, 당해 계약조건을 서면으로 명확히 하지 않는 이상 원고가 향후 일방적으로 그 유리한 계약조건의 변경을 철회하거나 이를 더욱 불리하게 변경할 수 있는 것이므로, 납품업자에게 유리한 계약조건의 변경이라고 하여 당해 거래조건을 서면으로 명확히 할 필요성이 감소되는 것은 아니다"라고 판시하였다[서울고등법원 2022. 1. 12. 선고 2020누68488 판결(상고되지 않아 확정됨)].

(3) 계약이 갱신된 경우

모든 계약이 그러하듯 대규모유통업자와 납품업자등과의 거래에 있어서도 1년, 2년 등 일정한 기간을 정하여 계약을 체결하는 것이 일반적이다. 그런데 대규모유통업 거래는 장기간에 걸쳐 이루어지는 경우가 많아 당초 정해진 계약기간이 만료되더라도 계약이 종료되지 않고 갱신되는 경우가 자주 발생하게 되는데, 구체적인 계약의 내용에 따라 서면교부의무의 양태가 달라지게 된다. 다음 세 가지 유형으로 나누어 살펴본다.

첫째, 종전 계약에 묵시의 갱신 또는 자동갱신 조항을 두고 있어, 계약기간이 만료되면 자동적으로 종전 계약과 동일한 내용으로 계약을 갱신하는 것으로 간주되는 경우이다. 유통 실무상 이와 같은 갱신 조항을 두는 경우에는 양 당사자 중 일방이 갱신을 원치 않을 때에는 일정한 기간을 두고 그 취지를 미리 통지하도록 하는 것이 일반적이다(공정거래위원회의 각종 표준거래계약서도 같은 취지의 규정을 두고 있다).[21] 이와 같이 묵시의 갱신 또는 자동갱신 조항에 따라 종전 계약과 거래조건, 기간 등 일체의 계약 내용이 완전히 동일하게 유지되는 경우는 당사자들 사이에 기왕에 체결한 계약이 계속 존속하고 있는 것이므로 대규모유통업법 제 6 조 제 1 항 소정의 '계약의 체결' 행위가 새롭게 발생하였다고 보기 어렵다. 따라서 이 경우에는 재차 서면을 교부할 필요가 없다.[22] 종전 계약의 내용과 완전히 동일한 상태로 갱신되었을 뿐임에도 각 계약만료 시점마다 동일한 내용의 서면을 반복적으로 교부하는 것은 거래의 일반 상식에도 부합한다고 보기 어렵기 때문이다. 대리점법상 서면교부의

21) 예를 들어, "본 계약은 계약체결일로부터 1년간 효력을 가지며, 갑 또는 을이 계약기간 만료 1개월 전까지 상대방에 대한 서면통지로서 계약의 연장이나 거절, 기타 다른 의사를 표시하지 않는 한 종전과 같은 조건으로 6개월간 자동 연장된다"는 등의 조항이 그것이다.

22) ㈜농협하나로유통의 대규모유통업법 위반행위에 대한 건(2020. 12. 15. 의결 제2020−322호)에서도 같은 취지로 판단하였다. "자동갱신 조항에 따라 종전 계약과 거래조건, 기간 등 일체의 계약내용이 완전히 동일하게 유지되는 경우는 당사자들 사이에 기왕에 체결한 계약이 존속하고 있는 것이므로 계약의 체결행위가 새롭게 발생하였다고 보기 어렵다. 따라서 이 경우에는 재차 서면을 교부할 필요가 없을 것이다. 그러나 이 사건의 경우 종전 계약서의 계약기간 자동연장 조항에 의해 계약기간은 자동 연장되었다 하더라도 거래형태, 배송방식, 판매장려금 등의 거래조건이 변경되어 기존 계약과 동일한 내용 및 조건의 계약이라 할 수 없으므로 새로운 계약으로 보아야 하고, 따라서 계약서면이 새로이 교부되어야 함에도 계약의 효력이 발생하는 계약기간의 시작일 전에도 피심인과 납품업자등의 서명 또는 기명날인이 된 서면을 교부하지 아니하였음은 위에서 본 바와 같다. 따라서 피심인의 이 부분 주장은 이유 없다."

무 관련 사안에서도 법원은 대리점거래와 관련된 계약서가 교부된 상태에서 계약기간만 자동으로 갱신된 경우에는 공급업자가 대리점에게 변경 후 새로운 대리점 거래계약서를 서면으로 제공할 의무는 없다고 판시한 바 있다(대전지방법원 2023. 11. 15.자 2023과198 결정, 인천지방법원 2023. 5. 19.자 2022라5087 결정).

둘째, 묵시의 갱신 또는 자동갱신 조항에 따라 종전 계약을 갱신하면서 종전 계약의 내용 중 일부를 변경하거나, 계약기간의 만료 시점에 당사자들의 합의로 일부 계약 내용을 변경하기로 한 다음 그 내용에 따라 계약을 갱신하는 경우이다. 예를 들어 어떤 계약의 자동갱신 조항이 “자동갱신될 경우 종전 계약의 내용이 유지된다. 단, 계약기간은 정하지 않은 것으로 한다.” 또는 “자동갱신될 경우 종전 계약의 내용이 유지된다. 단, 판매이익은 새로 정하는 것으로 한다.”라고 되어 있거나, 당사자들 사이의 합의에 따라 판매장려금 비율을 변경하여 계약을 갱신하기로 하는 경우 등이다. 이 경우는 사실상 계약이 갱신되면서 종전 계약의 내용이 실질적으로 변경된 경우에 해당하므로 ‘계약이 변경된 경우’에 준하여 볼 수 있을 것이다. 따라서 대규모유통업자는 특별한 사정이 없는 한 즉시 기존 계약서에 변경 내용을 반영하여 그 변경된 내용을 담은 계약서를 교부하여야 할 것으로 생각된다(이러한 해석은 대규모유통업법 제 6 조 제 1 항이 계약 체결 즉시 서면을 교부하게 함으로써 당사자들 사이의 분쟁을 예방하기 위한 목적인 점과도 부합한다). 만일 계약 내용에 대한 합의가 지연될 경우에는 계약기간 유지 등 합의가 성립된 부분에 대해서 먼저 기본계약서를 작성·교부하고, 추후 합의가 이루어지면 그 내용을 보충하여야 할 것이다. 이와 관련하여 공정거래위원회의 다음 사례들을 참고할 수 있다.

[㈜뉴코아의 대규모소매업에 있어서의 특정불공정거래행위에 대한 건(2009. 12. 11. 의결(약) 제2009-236호)]

[사실관계]

피심인은 2006. 1. 1.부터 2008. 12. 31.까지의 기간 동안 특정매입으로 거래하는 785개 납품업자와 다음과 같이 계약이 갱신된 후에는 거래기간을 설정하지 않도록 계약조건을 설정한 사실이 있다. “제14조(계약기간 및 갱신) ① 본 계약기간은 체결일로부터 1년간으로 한다. ② 본 계약기간 만료일로부터 1개월 전까지 당사자 어느 일방으로부터 서면에 의한 갱신거절의 의사를 통지하지 아니하는 한 본 계약은 기간을 제외한 나머지 조건에 대하여 동일하게 자동적으로 연장하는 것으로 한다.”

[공정거래위원회의 판단]

피심인은 785개 납품업자와 거래계약을 갱신하면서 서면계약서에 분쟁의 대상이 될 수 있는 중요사항의 하나인 거래기간을 기재하지 아니하였고, 대규모소매업자가 계약갱신과 동시에 분쟁의 대상이 될 수 있는 거래기간이 존재하지 아니하는 조건으로 거래할 경우 대규모소매업자와 계속적 거래관계에 있는 납품업자는 계약갱신 이후에는 계약기간이 존재하지 아니하므로 대규모소매업자인 피심인이 계약해지를 통보하면 언제든지 계약이 해지되고 따라서 거래상 지위가 매우 불안하게 되므로, 피심인의 위 행위는 대규모소매점고시 제11조에 위반되며, 이는 (구) 공정거래법 제23조 제 1 항 제 4 호 및 같은 법 시행령 제36조 제 1 항 관련 [별표 1]「불공정거래행위의 유형 및 기준」제 6 호 라목 '거래상대방에게 불이익이 되도록 거래조건을 설정 또는 변경하거나 그 이행과정에서 불이익을 주는 행위'에 해당된다.

[롯데쇼핑㈜(롯데마트)의 대규모소매업에 있어서의 특정불공정거래행위에 대한 건(2012. 12. 26. 의결 제2012-278호)][23)]

[사실관계]

피심인은 2008. 1. 1.부터 2008. 12. 31.까지를 계약기간으로 하여 52개 납품업자와 전자문서 형태의 '직매입 표준 거래계약서' 또는 '특정매입 표준 거래계약서' 등으로 총 60건의 거래계약을 체결하면서, 거래 개시일(2008. 1. 1.)의 전일을 기준으로 최소 7일에서 최대 49일이 경과한 2008. 1. 7.부터 2008. 2. 18.까지의 기간 중에 전자계약시스템을 통해 납품업자들의 전자서명을 받아 계약체결을 완료함으로써, 거래 개시일로부터 전자서명을 받은 날의 전일까지의 기간 동안 서면계약서를 교부하지 아니하고 당해 납품업자들과 거래하였다.

피심인은 2007. 1. 1.부터 2007. 12. 31.까지의 기간을 계약기간으로 하여 이 사건의 52개 납품업자와 거래해 왔는바, 계약기간이 만료되었음에도 계약갱신이 지연되는 경우

23) 위 의결에 따른 처분의 취소를 구한 사건에서, 법원은 '서면계약서 미교부행위' 등의 경우, "(대규모소매업자에 해당하는) 원고가 그와 같은 상태에서 거래를 계속할 경우, 원고가 사후에 불리한 조건을 소급 적용하는 방안을 제시하더라도 납품업자들의 입장에서 원고와 지속적 거래관계를 유지하기 위하여 이를 수용할 가능성이 크고 분쟁의 소지가 있을 뿐만 아니라, 원고는 납품업자들과 적어도 계약기간을 1년간 유지함에는 합의하였으므로, 그와 같이 합의가 성립한 부분에 관하여 먼저 기본계약서를 작성한 다음, 판매장려금 등에 관하여 추후 합의가 이루어지면 이를 보충함이 타당하다"고 판시하면서 원고의 청구를 기각하였다(앞서 본 서울고등법원 2013. 9. 13. 선고 2013누3568 판결, 대법원 2016. 5. 27. 선고 2013두35020 판결).

지연기간 동안에 적용할 거래조건에 관해 사전에 명확한 서면계약을 체결하지 아니한 채 구 계약기간이 만료된 날로부터 7일~49일이 경과한 날에 갱신계약을 체결하였으며 계약개시일을 2008. 1. 1.로 소급시켰다.

[공정거래위원회의 판단]

피심인은 납품업자와 1년 단위로 납품계약을 체결하고 있고 계약기간이 종료되는 매년 말에 다음연도 계약조건을 교섭하고 있는 상황에서 납품업자에 대한 서면계약서 교부가 다소 지연된 점은 있으나, 이는 판매장려금 등과 관련한 협상 기간이 길어져 다소 늦어진 것에 불과하고, 또한 계약체결은 '구두합의 → 피심인의 계약서 입력 → 납품업자의 승인 → 피심인의 최종 확인' 순으로 이루어지는바, 피심인이 갱신계약의 개시일 이전에 계약서를 작성해 전자계약시스템에 입력하더라도 납품업자가 이를 제 때에 승인하지 않은 경우가 있으며, 납품업자도 구두합의 단계에서 피심인과 합의하고 있는 실정이므로 납품업자가 전자계약시스템상에서 계약서를 승인하는 것은 구두합의를 확인하는 행정적 처리에 불과하다고 주장하였다.

이에 대하여 공정거래위원회는 피심인의 행위는 대규모소매업고시가 대규모소매업자에 대한 납품업자의 권리보장을 위해 서면계약서의 교부 없이 거래하지 못하도록 규정하고 있는 기본 취지에 반하는 점, 피심인이 갱신계약의 개시일 이전에 계약서를 작성하여 납품업자들로 하여금 승인하도록 전자계약시스템에 입력하였다는 별도의 증거자료를 제시하지 못하고 있는 점, 피심인의 거래상지위가 인정되는 상황에서 납품업자들이 자발적으로 피심인과 구두합의를 하였다고 보기는 어려운 점 등을 감안할 때 피심인의 주장은 이유 없다고 판단하였다.

셋째, 종전 계약에 묵시의 갱신 또는 자동갱신 조항을 별도로 두지 않았으나, 계약기간이 만료된 이후에도 당사자들 사이의 거래관계가 종전 계약기간 동안의 거래와 동일하게 유지되는 경우이다. 예를 들어 대규모유통업자와 납품업자가 2022. 1. 1. 체결한 납품거래 계약의 계약기간을 3년으로 정함에 따라 동 계약은 2024. 12. 31. 만료되었음에도 불구하고 2025. 4. 1. 현재 양 당사자가 종전 계약과 동일한 내용으로 납품거래를 유지하고 있는 경우, 서면교부 의무를 부담하는지 여부의 문제이다. 이에 대해서는 위와 같이 종전 계약기간 이후에도 동일한 내용의 거래가 유지되고 있다면, 이는 당사자들 사이에 종전 계약과 동일한 내용의 계약을 그대로 유지한다거나 또는 종전 계약을 그 내용대로 갱신한다는 등의 묵시의 의사 합치가 있다고 인정될 수 있을 것이고, 그렇다면 이는 대규모유통업법 제 6 조 제 1 항 소정의 '계약의 체결'에 해당된다고 보기 어려우므로 대규모유통업자가 별도의 서면을 교부할 의무는 없다는 견해가 있을 수 있다. 당사자간의 진정한 의사에 부합하는 해석이라고 할 것이다.

반면, 종전 계약의 문언상 계약만료시점을 중시하여, 종전 계약은 2024. 12. 31. 종료되었고, 따라서 그 이후의 대규모유통업자와 납품업자 사이의 납품거래는 종전 계약과는 구별되는 별개의 계약이므로 대규모유통업자는 대규모유통업법 제 6 조 제 1 항에 따라 소정의 서면을 작성하여 교부할 의무를 부담한다는 견해가 있을 수 있다. 계약기간이 만료한 후 사실상 거래를 계속하고 있는 경우라도 계약서 문언상 계약기간은 이미 종료되었다는 점, 당사자들의 의사가 기존과 동일한 조건으로 거래관계를 지속하는 것이라고 하여 무조건 종전 계약서에 정하여진 기간과 동일한 기간만큼 다시 연장되었다고 볼 수는 없다는 점 등에 근거한 견해이다. 참고로 법원은, 대규모유통업법 제 6 조 제 1 항과 유사한 내용의 서면교부의무를 두고 있는 하도급법 제 3 조(서면의 발급 및 서류의 보존)의 규정을 해석·적용함에 있어서, "하도급거래 계약기간이 종료된 이후 동일한 내용으로 종전계약기간을 연장하기로 합의하였다고 하더라도 원고로서는 연장된 계약기간을 명시한 계약서면을 작성하여 수급사업자에게 교부할 의무가 있다"라는 취지로 판단한 바 있다.[24] 이러한 점들을 종합적으로 고려하면 대규모유통업자 입장에서는 가급적 서면 계약서를 교부하는 것이 법위반의 위험을 줄이는 방안이 될 수 있을 것이다.

(4) 종전 계약기간 만료 후 재계약 체결 시까지 종전 계약을 잠정 적용하는 경우

대규모유통업자와 납품업자등 간에 계약기간이 만료되면 종전의 계약은 정상적으로 종료하되 당사자들 사이의 협의에 따라 종전 계약의 내용 중 일부를 변경한 새로운 계약을 체결하기로 하였는데, 새로운 거래 조건에 대한 협의가 지연됨에 따라 종전 계약의 만료일까지 재계약이 체결되지 않아, 재계약이 체결될 때까지 잠정적으로 종전 계약을 유지하기로 하는 경우가 실무상 종종 발생한다. 이 경우 본 조항이 어떻게 적용될지가 문제될 수 있다.

---

24) " … 하도급거래 계약기간이 종료된 이후 동일한 내용으로 종전계약기간을 연장하기로 합의하였다고 하더라도, 원사업자로서는 연장된 계약기간을 명시한 계약서면을 작성하여 수급사업자에게 교부할 의무가 있다고 할 것이다 … "[서울고등법원 2008. 9. 3. 선고 2008누2554 판결(상고되지 않아 확정됨)].

생각건대 종전 계약이 자동갱신 등 사유로 인해 종전의 내용과 동일하게 갱신되지 않는 한 이는 종전 계약과 완전히 동일하다고 볼 수 없고, 이와 같이 당사자간의 합의에 따라 한시적으로 종전 계약을 유지하기로 한 것은 '계약의 변경 체결'에 준하여 볼 수 있을 것으로 생각된다. 따라서 대규모유통업자는 계약기간을 명시한 서면(예를 들어 재계약 체결 시까지 종전 계약 조건대로 거래를 유지한다는 취지가 담긴 서면)을 작성하여 교부할 의무가 있다고 판단된다. 이에 대해서는 공정거래위원회의 다음의 사례를 참고할 수 있다.

> **[㈜신세계(할인점 이마트)의 대규모소매점업에 있어서의 특정 불공정거래행위 등에 대한 건(2005. 5. 12. 의결 제2005-067호)]**
>
> [사실관계]
>
> 피심인은 계속적인 거래관계를 유지하고 있는 총 89개사의 납품업자들과의 계약기간 만료일(2004. 2. 29.) 1개월 전부터 재계약 체결을 위해 판매장려금 요율 등의 거래조건에 대해 협의하다가, 계약만료일까지 협의가 완료되지 아니하자 재계약 체결 시까지 종전의 계약조건을 적용하기로 구두로 합의한 뒤 계약만료일로부터 4~6개월 후에 재계약을 체결하면서 판매장려금 요율을 인상하고 그 적용시기(계약기간의 시점)를 2004. 3. 1.자로 소급함으로써 서면계약 없이 거래한 기간에 대해서도 인상된 판매장려금 요율을 적용하여 총 409,231천 원의 판매장려금을 공제하였다.
>
> [공정거래위원회의 판단]
>
> 당초의 계약기간이 만료될 시점에서 재계약이 지연되는 기간 동안에 적용될 판매장려금 등의 거래조건에 대해 서면으로 명확하게 정해져 있어야 할 것임에도 피심인이 사전에 명확한 서면계약의 체결 없이 재계약이 지연되는 기간 동안에도 판매장려금 인상분을 소급하여 공제한 행위는 대규모소매점업고시 제11조 제 1 항 제 2 호의 규정에 의한 서면계약체결의무를 위반한 행위에 해당한다.

라. 교부 대상인 서면의 형식요건

대규모유통업자가 납품업자등에게 주어야 할 서면은 일반적인 의미의 서면에만 한정되지 않고, 「전자문서 및 전자거래 기본법」 제 2 조 제 1 호에 따른 전자문서[25]도

---

25) 「전자문서 및 전자거래 기본법」

제 2 조(정의) 이 법에서 사용하는 용어의 정의는 다음과 같다.

1. "전자문서"란 정보처리시스템에 의하여 전자적 형태로 작성, 송신·수신 또는 저장된 정

포함되므로 전자문서로 교부하더라도 서면을 교부한 것으로 본다. 한편, 대규모유통업자가 납품업자등에게 서면을 주는 경우에는 대규모유통업자 자신과 상대방인 납품업자등이 각각 서명 또는 기명날인하여야 한다(법 제 6 조 제 2 항).

서명(署名)은 본인이 직접 성명을 쓰는 것이고, 기명(記名)은 고무인, 타이프, 인쇄 또는 다른 사람으로 하여금 대서(代書)하게 하는 등 서명 이외의 방법으로 행하여지는 것을,[26] 날인(捺印)은 도장을 찍는 것을 의미한다. 따라서 본 조항의 기명날인은 서명 이외의 방법으로 성명 또는 법인명을 기재하고 도장을 찍는 것을 말한다. 여기에서의 서명은 「전자서명법」 제 2 조 제 2호에 따른 전자서명(서명자의 실지명의를 확인할 수 있는 것으로 한정한다)[27]을 포함한다.

대규모유통업법상 서명과 기명날인은 동일한 효력이 인정된다. 따라서 대규모유통업자 또는 납품업자등은 서명 또는 기명날인 중 택일하여 하는 것으로 족하다. 그러나 유통 실무상으로는 당사자인 법인의 직원이 서명을 하는 경우 해당 직원이 당해 법인의 대표권을 갖는지에 대한 다툼이 발생할 위험이 있으므로, 당사자인 법인의 직인(職印), 법인인감 등에 의한 기명날인을 하는 것이 보다 안전할 것이다.

이와 관련하여 대규모유통업자만 서명 또는 기명날인한 서면을 납품업자등에게 교부한 경우에도 서면교부의무를 이행하였다고 볼 수 있는가의 문제가 있다. 이 점에 대하여 공정거래위원회와 법원은 대규모유통업자만 서명 또는 기명날인하고 납품업자의 서명은 완료되지 않은 서면을 교부하는 것은 대규모유통업법 제 6 조 제 1 항 위반에 해당한다는 입장이다. 이와 관련하여 서울고등법원은 "원고(대규모유통업자) 서명만이 있는 계약서면이 납품업자에게 교부되었다는 것만으로 분쟁이 발생한 경우 그 계약서 내용을 양자가 합의한 내용이라고 그대로 인정하기 어렵다. 원고의 서명만이 있는 계약서면은 사전에 계약내용을 명백히 함으로써 거래사항이 불분명함으로 인하여 발생하는 납품업자 등의 불이익을 방지함과 동시에

보를 말한다.

26) 정찬형, 상법강의(하, 제13판), 박영사(2011), 59면.

27) 「전자서명법」 제 2 조(정의) 이 법에서 사용하는 용어의 정의는 다음과 같다.

2. "전자서명"이라 함은 다음 각 목의 사항을 나타내는 데 이용하기 위하여 전자문서에 첨부되거나 논리적으로 결합된 전자적 형태의 정보를 말한다.

가. 서명자의 신원

나. 서명자가 해당 전자문서에 서명하였다는 사실

당사자 간 사후 분쟁의 발생을 막기 위한 양자의 의사가 합치된 내용에 대한 증명으로서의 기능을 다한다고 보기 어렵다. 원고의 거래상 우월적 지위를 감안하면 원고에게 이의를 제기하는 것이 쉽지 않은 납품업자가 거래가 개시된 이후 계약내용에 관하여 아무런 이의를 제기하지 아니하였다는 사정만으로는 납품업자의 보호에 아무런 지장이 없다고 보기 어렵다."고 판시하였다(서울고등법원 2020. 8. 26. 선고 2019누49269 판결).[28)]

그런데 공정거래위원회와 법원의 이와 같은 태도가 타당한지에 대해서는 의문의 여지가 있다. 대규모유통업법 제 6 조 제 1 항 및 제 2 항의 문언을 엄밀히 살펴보면, 제 1 항에서 서면교부의무를 규정하면서 제 2 항에서 그 서면에는 대규모유통업자와 납품업자등이 각각 서명 또는 기명날인하여야 한다고 규정되어 있다. 즉, 대규모유통업자가 납품업자등의 서명 또는 기명날인을 받은 서면을 납품업자등에게 주어야 한다고 규정되어 있지 않기 때문에, 대규모유통업자만 서명 또는 기명날인한 후 해당 서면을 교부한 경우라 하더라도 납품업자등이 사후에 서명, 날인하였다면 의무를 이행한 것으로 보아야 한다는 해석이 가능하다.

이를 보다 구체적으로 설명하면, 계약서 체결이 (i) 대규모유통업자와 납품업자등 사이의 합의, (ii) 대규모유통업자의 서명 또는 기명날인, (iii) 대규모유통업자의 납품업자등에 대한 서면 교부, (iv) 납품업자등의 서명 또는 기명날인의 순으로 이루어지는 경우라면(특히 전자적 방식으로 계약을 체결할 때 이러한 순서로 진행되는 경우가 많을 것이다), 납품업자등이 위 (iii)단계까지 이루어진 서면을 반려함이 없이 위 (iv)단계의 행위를 하기만 하면 납품업자등은 양 당사자가 서명 또는 기명날인한 서면을 교부 받은 상태가 될 것이며, 별도의 재교부 절차는 무용하다고 볼 수 있다. 따라서 대규모유통업자가 자신의 서명 또는 기명날인을 완료한 서면을 납품업자등에게 제공한 경우 위 서면에 납품업자등이 서명 또는 기명날인을 하는 것은 납품업자등의 몫이라고 보는 것이 보다 설득력 있는 해석이라고 판단된다.

납품업자등으로서는 (특히 전자적 방식으로 서면을 교부 받은 경우) 위 서면을 확인하였거나 충분히 확인할 수 있는 상황에서 이를 반려하지 않고 그대로 받아들이면서

28) 서울고등법원 2017. 1. 18. 선고 2015누49308 판결, 서울고등법원 2017. 1. 18. 선고 2015누40363 판결, 서울고등법원 2016. 9. 23. 선고 2015누49292 판결, 서울고등법원 2020. 8. 26. 선고 2019누49269 판결 등도 같은 취지로 판시하였다.

도, 당장 서명 또는 기명날인을 할 여건이 되지 않아 이를 완료하지 못하였을 수도 있고, 때로는 실수로 서명 또는 기명날인을 하지 않았을 수도 있다. 이러한 상황에서 대규모유통업자가 사후 분쟁 발생 등을 방지하기 위하여 납품업자등에게 서명 또는 기명날인을 촉구할 수는 있지만, 그럼에도 서명을 하지 않을 경우 이를 어떤 방식으로든 강제하기는 사실상 불가능하다. 그렇다면 이런 경우까지 대규모유통업자의 책임을 묻는 것이 과연 적절한지에 대해서는 의문이 있다. 실제로 수많은 납품업자등과 거래하는 대규모유통업자 입장에서는 일일이 1 대 1로 만나서 계약을 체결하는 것이 현실적으로 상당한 제약이 있기 때문에 전자적 방식으로 서면을 교부하는 사례가 훨씬 많아지고 있고, 특히 인터넷쇼핑몰 등의 경우에는 더욱 그러하다. 이러한 점에서, 단순히 교부된 서면에 납품업자등의 서명이나 기명날인이 없다는 이유만으로 일률적으로 법위반으로 판단하기보다는, 계약 체결과정을 구체적으로 살펴보고 입법목적과 거래관행 등을 충분히 감안하여 해당 조항을 집행하는 것이 합리적이라고 생각된다.

마. 서면의 기재사항

(1) 서 설

대규모유통업자는 납품업자등에게 거래형태 등 대통령령으로 정하는 계약 사항이 명시된 서면을 주어야 한다(법 제 6 조 제 1 항). 대규모유통업법 시행령 제 2 조는 대규모유통업자가 계약 체결 즉시 제공하여야 하는 서면의 구체적 기재사항을 법정(法定)하고 있는바, 만일 당해 서면에 법정 기재사항이 누락된 경우에는 서면의 불완전 교부로서 대규모유통업법 제 6 조 제 1 항 소정의 서면교부 의무 위반으로 판단된다.

[서면 계약서에 반드시 포함되어야 할 사항(시행령 제 2 조)]

> 제 2 조(서면 기재사항)
>
> ①「대규모유통업에서의 거래 공정화에 관한 법률」(이하 "법"이라 한다) 제 6 조 제 1항에서 "거래형태 등 대통령령으로 정하는 계약사항"이란 다음 각 호의 사항을 말한다.
>
> 1. 거래형태, 거래품목 및 기간
> 2. 납품방법, 납품장소 및 일시
>
> 2의2. 일정 수량의 상품을 납품받는 계약의 경우 판매를 위하여 납품업자가 공급하거

나 준비하는 상품의 수량

3. 상품판매대금 또는 상품대금의 지급수단 및 지급시기
4. 상품의 반품조건
5. 다음 각 목의 금액
   가. 매장임차인의 경우 매장임차료
   나. 특약매입거래 또는 위·수탁거래의 경우 대규모유통업자가 상품판매대금에서 공제하는 판매수익 또는 수수료
   다. 그 밖에 납품업자 또는 매장임차인(이하 "납품업자등"이라 한다)이 대규모유통업자에게 추가로 지급해야 하는 비용
6. 납품업자등으로부터 종업원이나 그 밖에 납품업자등에게 고용된 인력(이하 "종업원등"이라 한다)을 파견받는 경우 그 종업원등의 파견조건, 파견비용 분담 여부 및 조건
7. 판매장려금을 받는 경우 판매장려금에 관한 제12조 각 호의 사항[29)]
8. 하나의 점포에 복수의 매장이 있는 경우 매장의 위치 및 면적, 매장 설비비용의 분담 여부 및 조건

② 제 1 항에도 불구하고 대규모유통업자 중 텔레비전홈쇼핑업자(「방송법」 제 9 조 제 5 항 단서에 따른 상품소개와 판매에 관한 전문편성을 행하는 방송채널사용사업을 하기 위하여 과학기술정보통신부장관의 승인을 받은 자를 말한다)는 다음 각 호의 사항을 서면에 명시하여야 한다.

1. 제 1 항 제 1 호, 제 2 호, 제 2 호의2 및 제 3 호부터 제 5 호까지의 사항
2. 방송 횟수 및 일시
3. 방송출연자의 인건비와 그 분담 여부 및 조건
4. 소비자가 주문한 상품의 배송조건
5. 소비자가 구매를 취소하거나 반품한 상품의 배송 및 처리조건

③ 제 1 항에도 불구하고 대규모유통업자 중 인터넷쇼핑몰업자(인터넷홈페이지를 이용하여 소매업을 경영하는 자를 말한다)는 다음 각 호의 사항을 서면에 명시하여야 한다.

1. 제 1 항 제 1 호, 제 2 호, 제 2 호의2, 제 3 호 및 제 4 호의 사항

---

29) 시행령 제12조(판매장려금 지급에 관한 약정사항) 법 제15조 제 2 항에 따라 대규모유통업자가 판매장려금을 받기 위하여 납품업자와 약정하여야 할 사항은 다음 각 호와 같다.
1. 판매장려금의 종류 및 명칭
2. 판매장려금의 지급목적, 지급시기 및 지급횟수
3. 판매장려금의 비율 또는 액수
4. 판매장려금의 결정기준 및 결정절차
5. 판매장려금의 변경사유, 변경기준 및 변경절차

2. 제2항 제4호 및 제5호의 사항

대규모소매업고시 제11조 제2호에서도 유사한 내용을 규정하고 있었으나, 대규모유통업법 시행령에서는 대규모소매업고시에 규정된 사항 중 '거래수량'과 '판촉비용의 부담여부 및 부담조건'을 삭제하고, '납품업자가 판매수익 또는 수수료 외에 추가로 부담하는 비용'을 추가하였다. '거래수량'의 경우, 다양한 상품이 빈번히 다양한 형식으로 거래되는 대규모유통업 거래의 특성상 사전에 그 거래수량을 정확히 특정할 수 없고, 가사 사전에 특정한다고 하더라도 시장 상황에 따라 수시로 변동될 수 있기 때문에 계약체결 시점부터 이를 의무적으로 정하도록 하는 것이 적절하지 않다는 점이 고려된 것으로 보인다. 다만 공정거래위원회는 2018. 1. 9. 대규모유통업법 시행령을 개정(대통령령 제28580호)하면서, 대규모유통업자가 납품업자에게 일정 수량의 상품을 납품하게 하는 경우 계약서(주문서)에 그 수량을 기재하도록 의무화하는 내용을 포함하였다.[30] '판촉비용의 부담여부 및 부담조건'을 제외한 것은 실무상 판매촉진행사의 필요성, 방법 내지 비용분담의 정도는 시장 상황에 따라 수시로 변경될 수 있다는 점을 고려한 것으로 보인다. 대신 대규모유통업법은 제11조(판매촉진비용의 부담전가 금지)에서 대규모유통업자로 하여금 판매촉진행사를 실시하기 전에 양 당사자간에 판촉행사의 방법이나 비용분담 등을 사전에 협의하도록 하고 일정한 협의사항이 적힌 서면을 납품업자등에게 주도록 하였는바(법 제11조 제1항, 제2항), 실무상으로는 종전과 크게 달라진 것이 없다. 한편, 시행령 제2조는 '매장임차인의 경우 매장임차료, 특약매입거래 또는 위·수탁거래의 경우 대규모유통업자가 상품판매대금에서 공제하는 판매수익 또는 수수료, 그 밖에 납품업자 또는 매장임차인이 대규모유통업자에게 추가로 지급해야 하는 비용'을 계약체결 시 약정 사항으로 추가하였다. 이에 따라 납품업자등은 대규모유통업자와의 계약 체결 시점에 당해 납품거래계약에 따른 추가 비용 지출 여부를 사전에 예상할 수 있게 되었다.

30) 이에 대하여 공정거래위원회는 2017. 9. 28. 대규모유통업법 시행령 개정안을 입법예고하면서, 주문시점부터 수량을 명시하지 않으면 유통업체와 납품업체간 분쟁이 생기기 쉽고, 과잉주문에 따른 재고위험을 납품업자가 부담하게 되며, 대규모유통업자의 부담반품 등으로 납품업자가 손해를 입어도 주문·납품 수량에 대한 증거가 남지 않아 시정조치 및 피해구제가 곤란하다는 이유를 든 바 있다.

(2) 법정 기재사항의 기재 형식

법 제6조 제1항 및 시행령 제2조에서 정하고 있는 각 서면 기재사항은 모두 한 부의 기본계약서(유통 실무에서는 통상 '○○ 거래기본 계약서' 등과 같은 명칭으로 작성, 통용된다)에 포함되어야 하는지, 아니면 계약의 기본적인 사항은 기본계약서에서 정하고 보다 자세한 내용은 별도의 계약서(예컨대, 부속 합의서) 또는 개별 계약의 효력을 가지는 문서(예컨대, 발주서 등)에서 따로 정하는 것도 가능한지의 문제가 있다. 대규모유통업법에는 이 부분에 대해서는 별도의 규정이 없다.

계약서 작성방법에 있어 유통 실무상으로는 후자의 방법이 일반적인 것으로 보인다. 예를 들어 어떤 납품거래계약을 위한 기본적인 사항은 거래기본계약서에서 정하되, 상품의 납품방법, 장소와 일시, 검수 및 검품에 관한 사항, 반품에 관한 사항, 판매수익 또는 수수료에 관한 사항, 종업원 파견에 관한 사항, 판매장려금에 관한 사항 등은 별도의 서면으로 보다 자세히 규정하는 형식이다. 이와 같은 별도의 서면은 개별계약서, 개별약정서, 부속합의서 등 다양한 명칭과 형식으로 존재하고, 발주서가 그 역할을 할 수도 있다. 이는 모든 계약 사항을 하나의 거래기본계약서에 담을 경우 당해 계약서가 지나치게 길어지고 내용이 복잡하게 되어 당사자들이 그 내용을 정확히 파악하기 어려울 뿐만 아니라, 현실적으로 모든 거래내용을 미리 정하여 계약을 체결하는 것도 쉽지 않기 때문이다. 나아가 계약서 작성 후 시장상황의 변동 등의 사유로 인하여 계약 내용 중 일부를 변경해야 하는 경우도 적지 않은데, 전체 내용을 새로 작성하는 것은 그만큼 번거롭기도 하고 즉각적인 대처가 어려운 측면도 있다는 점도 고려한 것으로 보인다.

계약의 내용과 형식은 원칙적으로 계약당사자 간의 자유에 맡겨져 있다는 점, 대규모유통업법이 대규모유통업자에게 서면교부의무를 둔 취지가 기본적으로 당사자 간 납품거래계약의 내용을 명확히 함으로써 계약이행의 예측가능성을 높여 향후 당사자 간 분쟁의 발생가능성을 낮추고, 향후 분쟁이 발생하더라도 이를 원활하게 해결하려는 데 있다는 점을 감안할 때, 위의 어떤 방식을 택하든 계약 체결시점에 법정 기재사항을 서면에 적시하여 교부하기만 하면 아무런 문제가 없다고 보는 것이 타당하다. 다른 법령에서도 사인 간의 계약서 작성 형식을 법률로써 정하는 경우는 드물고, 법 문언 및 규정의 합리적 해석에 의하더라도 별도 약정서 교부와 같은 형태의 계약 형식이 금지된다고 보기 어렵다.[31] 계약의 모든 내용을 하나의 계약서에 포함하도록 할 경우 유통 실무에도 상당한 혼란이 야기될 것임은 말할 나위도 없다. 따라서 대규모유통업자가 본 법 제 6 조 소정의 서면 제공의무를 준수하였는지 여부에 대해서는, 특별한 사정이 없는 한, 서면의 명칭을 불문하고 계약 체결 당시 대규모유통업자와 납품업자등 간에 작성되어 수수된 서면 전체를 종합적으로 고려하여 그 법정 기재사항의 포함 여부를 판단하면 될 것이다.

(3) 법정 기재사항 작성에 관한 일반원칙

(가) 전부 기재의 원칙

종전의 대규모소매업고시는 기본적으로 공정거래법상 거래상지위 남용행위를 대규모유통업 분야에서 구체화한 것이므로, 대규모소매업고시 체제 하에서는 당해 행위가 공정거래법상 '공정한 거래를 저해할 우려'가 있는지 여부, 즉 부당성 유무를 판단하여야 했다. 따라서 대규모소매업고시가 정한 서면 계약서의 기재사항 중 일부가 누락되었더라도, 그 누락으로 인해 공정한 거래를 저해할 우려가 있는지를 공정거래위원회가 입증하여야만 위법하다고 판단될 수 있었다.[32] 그러나 대규모유통업법 제 6 조는 서면교부의무를 형식적인 법정 의무사항으로 규정하고 있을 뿐만 아니라, '부당성'을 별도의 위법성 요건으로 두고 있지 않아, 서면을 교부하였더라도 법 제 6 조 제 1 항 및 시행령 제 2 조에서 정한 법정 서면 기재사항이 단 하나라도 누락되었다면, 즉 불완전 서면을 교부한 경우에는 원칙적으로 그 사유에 관계없이 법 위반으로 판단될 수도 있다.[33] 아울러, 법정 서면 기재사항을 기재함에 있어서는 객관적으로 그 내용이 무엇인지에 대하여 양 당사자간에 다툼이 없을 정도로 내용을 특정하여 명확하게 기재하여야 하며, 그렇지 않을 경우 불완전 서면 교부가 될 수 있음은 물론이다.

한편, 직매입이나 특약매입, 임대차 등 거래의 성격에 따라서는 특정한 항목을

31) 공정거래위원회의 현행「특약매입 표준거래계약서(백화점, 대형마트)」제 4 조 제 1 항,「직매입 표준거래계약서(백화점, 대형마트)」제 4 조 제 1 항의 형식 또한 동일하다.

32) 다만 공정거래위원회가 서면계약서 기재사항 누락에 대해서는 부당성 여부에 대한 검토 없이 위법한 행위로 판단하는 경향이 많았다는 점은 1. 나.항에서도 살펴본 바 있다.

33) 공정거래위원회는「롯데쇼핑㈜(마트부문)의 대규모유통업법 위반행위에 대한 건」(2016. 7. 8. 의결 제2016-190호)에서 "피심인이 매장임대차거래계약서에 계약종료일을 '리뉴얼 시점까지'라고 정한 것은 법정기재사항을 명확하게 기재하지 아니한 것으로서, 매장임차인으로서는 매우 불완전한 상태에서 영업을 할 수밖에 없어 매장임차인에게 일방적으로 불리하여 부당하므로, 대규모유통업법 제 6 조 제 1 항 및 같은 법 시행령 제 2 조 제 1 항에 위반되어 위법하다"라고 판단하면서 부당성에 대하여 간략하게만 언급한 바 있다.

기재할 필요가 없는 경우가 있다. 이러한 경우에는 법정 기재사항이라고 하더라도 당연히 기재할 필요가 없는 것으로 해석하여야 한다. 시행령 제 2 조 제 1 항 제 6 호는 서면기재사항 중 하나로 '납품업자등으로부터 종업원이나 그 밖에 납품업자등에게 고용된 인력(이하 이 장에서 '종업원등')을 파견받는 경우 그 종업원등의 파견조건, 파견비용 분담여부 및 조건'이라고 규정하고 있는바, 문언상으로도 대규모유통업자가 납품업자등으로부터 종업원등을 파견받는 경우에 한하여 파견에 관한 사항을 기재하도록 한 것으로 해석된다. 이러한 해석은 시행령 제 2 조 제 1 항 제 5 호, 제 7 호 및 제 8 호를 보더라도 명백하다.

반대로, 법정 서면기재사항에 해당되지 않는다고 하더라도 양 당사자가 합의하면(즉, 유익적 기재사항) 이를 기재할 수 있고, 그 내용이 사법상 무효가 아닌 한 그 합의된 내용에 따라 효력을 발생한다. 즉, 대규모유통업법 제 6 조 제 1 항, 시행령 제 2 조 제 1 항 소정의 항목들은 대규모유통업자가 납품업자등과 계약을 체결하면서 서면에 기재하여야 하는 최소 사항에 해당한다.

(나) 기재사항의 추가 삽입, 추후 수정, 변경, 보충의 가능성

처음 계약을 체결할 당시에는 당사자간 약정의 필요가 없어 기재하지 않았으나, 계약 기간 도중에 특정 사안에 대한 합의의 필요성이 발생하여 새롭게 그 내용을 추가하는 것도 인정되는지의 문제가 있다. 앞에서 든 예처럼, 처음 계약을 체결할 당시에는 인력 파견에 관한 계획이 없어서 그 내용을 약정하여 기재하지 않았으나, 계약 기간 중에 인력 파견의 필요성이 발생하여 이를 양 당사자간 합의 하에 파견조건, 비용분담조건 등을 새롭게 기재할 수 있는지 여부이다. 이 경우 단지 최초 계약 체결 시점에 사후의 필요성 여부에 관한 규정을 두지 않았다는 이유로 이를 전면적으로 허용하지 않는 것은, 당사자 사이의 계약의 자유 내지 영업의 자유를 지나치게 제한하는 면이 있을 뿐만 아니라, 영업활동의 유연성을 해치는 면이 있다. 아울러 처음 계약할 때부터 당해 계약기간 동안 발생할 모든 사항을 예측하여 이를 계약서에 담는 것이 현실적으로 불가능하다는 점을 고려할 때, 새로운 내용의 추가를 허용하지 않을 경우 대규모유통업자에 대한 과도한 규제라고 볼 여지가 있다. 반면, 이를 널리 허용하게 되면, 사실상 대규모유통업자가 계약기간 중에 납품업자등의 진정한 의사에 반하여, 자의적으로 계약 내용을 수정, 변경, 보충할 수 있는 편법의 여지를 남김으로써, 대규모유통업법상 엄격한 서면주의의 취지를 몰각시키고 제도를 형해

화(形骸化)할 위험이 있다. 이렇듯 법정 서면 기재사항에 해당하는 기재의 추가 삽입, 추후 수정, 변경, 보충의 허용 여부는 양면성을 가지고 있다.

이에 대해서는, 법 제 6 조 제 1 항, 시행령 제 2 조 제 1 항 각 호 문언에서 각 법정 서면 기재사항을 명시한 서면을 계약 체결 즉시 작성하여 교부할 것을 대규모유통업자의 의무로 규정하고 있는 이상, 계약이 체결된 이후에 이 같은 법정 서면 기재사항을 수정, 변경, 보충하는 것은 위 각 법령의 문언에 반하는 행위로 해석될 소지가 없지 않다.

그럼에도 불구하고 대규모유통업자와 납품업자등이 초기 계약 체결 당시에 별도로 약정하지 않았다가 추후 필요에 따라 추가로 약정하거나, 초기에 약정하였으나 계약기간 도중에 다른 내용으로 변경함에 따라 본 조 소정의 법정 서면 기재사항을 추가 삽입, 추후 수정, 변경, 보충을 하는 행위를 전면적으로 금지하는 것으로 해석하는 것이 타당한지에 대해서 의문이 있다. 왜냐하면 대규모유통업법 제17조(불이익 제공행위의 금지) 제 8 호 및 제 9 호에 따르면 정당한 사유 없이 계약기간 중에 납품업자등의 매장 위치·면적·시설을 변경하거나 판매장려금의 비율·액수, 판매수익 또는 판매수수료 등의 계약조건을 변경하는 행위를 금지하고 있는바, 이를 반대로 해석하면 제 8 호나 제 9 호에 해당하는 행위라 하더라도 정당한 사유가 있으면 얼마든지 변경이 가능하고, 그 밖에 법정 기재사항을 변경하더라도 납품업자등에게 불이익이 되지 않는다면 이 또한 문제가 되지 않는다고 보는 것이 합리적이기 때문이다. 즉, 법 제17조에 위반되지 않고, 추가 삽입, 추후 수정, 변경 또는 보충된 법정 기재사항의 내용이 납품업자등에게 불이익하지 않다면 이를 허용하지 않을 이유가 없다는 의미이다. 공정거래위원회가 법 제 6 조 제 1 항을 해석함에 있어서는 단순히 문언대로만 해석하기보다는 이러한 측면을 충분히 감안하여야 할 것으로 판단된다.

(4) 법정 기재사항의 구체적인 내용[34)]

(가) 거래형태, 거래품목 및 기간(시행령 제 2 조 제 1 항 제 1 호)

대규모유통업자와 납품업자등이 체결하고자 하는 거래계약의 거래형태와 품목, 그리고 거래기간이 기재되어야 한다. 거래형태는 주로 대규모유통업법에서 정한 직

34) 이하 구체적인 기재 내용에 대해서는 공정거래위원회의 각 표준거래계약서 소정의 기재 내용을 참고할 수 있다.

매입거래, 특약매입거래, 위·수탁거래, 매장임대차거래 중의 하나가 될 것이나, 반드시 이에 한정된다고 볼 수는 없다. 당사자들이 기재한 거래형태가 당해 거래의 법률적 성격을 판단함에 있어 일응의 기준이 되겠지만, 반드시 그 기재한 명칭에 구속될 필요는 없고 해당 거래의 실질적인 내용에 따라 거래형태를 판단하여야 한다.

거래품목은 당해 거래의 목적물에 관한 사항을 의미한다. 직매입거래, 특약매입거래, 위·수탁거래와 같이 상품의 납품을 주된 거래의 목적으로 하는 계약의 경우에는 납품 대상인 상품의 품목을, 매장임대차거래와 같이 대규모유통업자의 매장 중 일부를 임대차하는 것을 주된 거래의 목적으로 하는 계약의 경우에는 당해 매장에서 취급할 상품의 품목을 의미한다. 다만 어느 경우이더라도 유통 실무상 한 납품업자 또는 매장임차인이 한 가지 상품만을 취급하는 경우는 거의 없고 다양한 상품을 동시에 취급하는 경우가 많으므로, 실무상으로는 '의류', '완구류', '냉동식품류' 등과 같이 대분류로 지정하는 경우가 많다. 이 경우 실제 납품 내지 취급되는 상품의 종류는 상품발주서, 개별거래명세서 등 별도의 서면을 통해 특정되는 것이 일반적이다.

특별한 사정이 없는 한, 본 호의 거래기간은 계약의 유효기간으로서 계약기간을 의미한다. 법률상 당해 계약기간이 종료하면 계약관계가 종료될 것이나, 통상적으로는 갱신조항을 두고 있다. 이상의 사항에 관한 기본적인 계약조항의 예시는 다음과 같다.

[거래형태, 품목 및 기간, 거래수량 및 단가에 관한 조항 예시]

제OO조 [계약 일반사항]

- 거래형태 : 직매입
- 거래품목 : ABC 브랜드 의류
- 거래품목에 관한 구체적인 납품 장소 및 일시, 거래수량 및 단가에 관한 사항은 발주의뢰서, 매입전표, 세금계산서, 개별거래명세서 등으로 갈음할 수 있다.

제OO조 [계약유효기간]

- 이 계약의 유효기간은 0000년 0월 0일부터 0000년 0월 0일까지로 한다.

제OO조 [계약갱신]

- "갑" 또는 "을"이 이 유효기간 만료일로부터 0개월 전까지 서면으로 상대방에게 계약조건 변경, 갱신거절 등 별도 의사표시를 하지 아니하는 경우, 이 계약은 종전과 동일한 조건으로 자동 연장된다.

(나) 납품방법, 납품장소 및 일시, 일정 수량의 상품을 납품받는 계약의 경우 판매를 위하여 납품업자가 공급하거나 준비하는 상품의 수량(제 2 호 및 제 2 호의2)

대규모유통업자와 납품업자가 상품 납품거래를 위한 계약을 체결할 경우, 당사자는 상품의 납품방법, 납품장소 및 일시에 관하여 합의한 사항을 서면에 기재하여야 한다. 납품은 납품거래계약의 계약상 채무이행이므로, 특별한 사정이 없는 한 채무자인 납품업자는 지참채무(持參債務)의 방법에 준하여 납품을 하면 될 것이나,[35] 만일 이와 다른 방법으로 정하고자 한다면 그 내용을 명확히 적시하여 서면에 기재하여야 한다.

납품장소와 일시는 납품업자의 납품 채무의 이행장소와 이행시점을 의미하는 것으로서, 만일 계약 체결 시점에 이를 완전히 특정할 수 있다면 이를 기재하면 된다. 그렇지만, 통상적으로 대규모유통업 거래에서는 다양한 품목의 다수 상품을 장기간에 걸쳐 발주(주문)하고 납품하기 때문에 미리 이를 모두 정하는 것은 실무상 불가능한 경우가 대부분이다. 따라서 실무상으로는 대규모유통업자의 상품발주서, 개별거래명세서 등 별도의 서면을 통해 실제 발주 시점에 납품장소와 납품일시를 정하는 것이 일반적이다. 상품의 수량 및 단가 역시 같은 이유에서 각각의 상품발주서, 개별거래명세서를 통해 개별적으로 정하는 것이 보통이다. 본 호에서 '일정 수량의 상품을 납품받는 계약의 경우 판매를 위하여 납품업자가 공급하거나 준비하는 상품의 수량'은 반드시 계약서가 아니라 발주서에 기재되면 족하다는 것이 공정거래위원회의 입장으로 보인다.[36] 상품의 수량 및 단가는 계약 시점에 미리 정확하게 예측하기 어려울 뿐만 아니라 위와 같이 각각 필요한 시점에 별도의 서면으로 특정한다고 하여 달리 법 제 6 조의 취지에 반한다고 보기도 어려우므로, 위 각 실무례는 본 호의 규정 및 해석, 적용에 위반된다고 볼 수 없다. 납품방법에 관한 기본적인 계약조항 예시는 아래 표와 같고, 상품의 수량 및 단가에 관한 기본적인 계약조항 예시는 위 표와 같다.

---

35) 지참채무란 채무자가 채권자에게 가서[채권자의 현주소 또는 현영업소(영업에 관한 채무의 변제의 경우)에서] 급부를 하여야 하는 채무를 말한다(민법 제467조 제 2 항)[민법주해(XI) 채권(4), 박영사(1995), 34면, 102~103면 등]. 따라서 (다른 약정이 없는 경우) 원칙적으로 채무자인 납품업자는 납품할 상품을 채권자인 대규모유통업자의 영업소까지 직접 운송하여 제공하여야 한다.

36) 대규모유통업법 시행령 개정안 국무회의 통과 관련 공정거래위원회 2018. 1. 2.자 보도참고자료 참조.

[납품방법에 관한 조항 예시]

> 제OO조 [상품의 납품]
> - “을”은 “갑”의 상품 발주시 지정된 납품기일 및 장소에 차질 없이 상품을 납품하여야 한다. 부득이한 사유로 지정한 납품기일 내에 납품이 불가능한 경우에는 사전에 납품기한 연장을 요청하여 “갑”의 사전 승인을 받아야 한다. 납품에 따른 운송비용 등 부대비용은 “을”이 부담한다.
> - “을”은 상품의 납품에 관한 관련 법령의 제 규정을 준수하여 상품을 납품하여야 한다.
> - “을”은 “갑”에게 공급하는 상품에 대하여 “갑”의 검품 규정에 따른 품질검사 및 검수를 받아야 한다.

(다) 상품판매대금 또는 상품대금의 지급수단 및 지급시기(제 3 호)

대규모유통업자와 납품업자등은 상품판매대금(특약매입거래, 매장임대차 거래 또는 위·수탁거래의 경우) 또는 상품대금(직매입 거래의 경우)의 지급수단과 지급시기에 관하여 합의한 사항을 서면에 기재하여야 한다. 지급수단과 지급시기는 대규모유통업자의 대금지급 채무의 이행방법과 이행기를 의미하는 것이므로, 원칙적으로 대규모유통업자와 납품업자등 사이의 협의에 따라 정하여 서면에 기재하면 된다. 단, 대금지급시기에 대해서는 대규모유통업법 제 8 조(상품판매대금 등의 지급)에 따라 일정한 제한이 있을 수 있다. 상품판매대금 또는 상품대금의 지급수단 및 지급시기에 관한 기본적인 계약조항 예시는 다음과 같다.

[상품대금의 지급수단 및 지급시기에 관한 조항 예시 – 직매입거래의 경우]

> 제OO조 [상품대금 지급]
> - “을”이 납품한 상품에 대한 발주의뢰서, 매입전표, 세금계산서, 개별거래명세서 등의 구비 서류를 “갑”에게 제출한 경우, “갑”은 “을”로부터 납품받은 상품에 대하여 다음과 같이 대금을 지급한다.
> - 지급수단 : 현금 / [*]
> - 지급시기 : 납품 마감일 당월 [*]일 / 익월 [*]일

[상품판매대금의 지급수단 및 지급시기에 관한 조항 예시 – 특약매입거래, 위·수탁거래의 경우]

> 제OO조 [상품판매대금 지급]
> - “을”이 납품한 상품에 대한 발주의뢰서, 매입전표, 세금계산서, 개별거래명세서 등의

구비 서류를 "갑"에게 제출한 경우, "갑"은 "을"로부터 납품받은 상품 중 판매된 상품의 대금을 다음과 같이 "을"에게 지급한다.

- 지급수단 : 현금 / [*]
- 지급시기 : 월 판매마감일 이후 당월 [*]일 / 익월 [*]일

(라) 상품의 반품조건(제 4 호)

대규모유통업자와 납품업자는 상품의 반품조건에 관하여 합의한 사항을 서면에 기재하여야 한다. 상품의 반품에 관한 사항이므로 매장임차인에 대하여는 해당사항이 없다. 일반적으로 대규모유통업자와 납품업자가 상품의 납품거래계약을 체결하여 실제로 납품이 이루어진 후 어떠한 경우에 반품이 가능한지에 대하여 당사자들 사이에서 이해관계의 충돌이 일어날 수 있다. 실제로 납품된 상품의 반품이 언제든 가능하다고 하면 납품업자 입장에서는 어느 정도의 반품이 일어날지, 나아가 반품으로 인한 기대손실이 얼마인지에 대한 예측이 현실적으로 불가능하다. 따라서 본 호는 납품업자의 예측가능성을 높이기 위해 상품의 납품이 실제 이행될 것을 전제로 납품된 상품의 반품조건을 미리 정하여 서면에 기재하도록 한 것으로 이해된다.

대규모유통업법상 반품은 대규모유통업자가 납품업자로부터 납품받은 상품을 되돌려주거나 납품업자의 다른 상품과 바꾸는 등 형식에 상관없이 납품업자에게 실질적으로 되돌려주는 모든 행위를 의미하므로, 여기에는 대규모유통업자의 일방적인 반품 행위와 대규모유통업자와 납품업자 사이의 합의된 반품 조건에 따른 반품 행위가 모두 포함된다. 그러나 대규모유통업자의 일방적인 반품 행위는 대규모유통업법 제10조(상품의 반품 금지)에 의한 제한을 받게 되므로, 법 제10조에 열거된 반품 허용사유에 해당하지 않는 반품 행위는 법 위반으로 판단될 가능성이 높다.[37)] 결국, 서면 기재사항으로서의 상품의 반품조건이라 함은 법 제10조에 열거된 반품 허용사유를 주된 내용으로 하게 된다. 유통 실무상 일반적으로 고려되는 상품 반품조건에 관한 기본적인 계약조항 예시는 다음과 같다.

[상품 반품조건에 관한 조항 예시]

제OO조 [상품의 반품조건]

- "을"이 "갑"에게 납품한 상품이 다음 각 호에 해당하는 경우, "갑"은 "을"에게 반품할

37) 단, 사법상(私法上) 효과는 별론으로 한다.

수 있고, "을"은 이에 응하여야 한다.

- "갑"과 "을" 사이의 협의에 따라 당해 상품의 판매를 마감하고, 잔여 상품을 재고품으로 하여 "을"에게 반품하기로 합의한 경우(특약매입거래, 위·수탁거래의 경우)
- 납품된 상품이 "을"의 책임있는 사유로 인하여 오손·훼손되었거나 상품에 하자가 있는 경우
- 납품된 상품이 계약한 상품과 다른 경우
- "갑"이 반품으로 인하여 생기는 손실을 스스로 부담하고 "을"에게 반품의 동의를 받은 경우
- 명절용 선물세트, 계절용품 등 일정한 기간이나 계절에 집중적으로 판매되는 상품으로서 "갑"과 "을"이 별도로 합의한 조건에 부합하는 경우
- "을"이 반품이 자기에게 직접적으로 이익이 된다는 객관적인 근거자료를 첨부한 서면으로 반품일 이전에 "갑"에게 요청한 경우

실무상으로는 대규모유통업자와 납품업자가 협의하여 납품거래기본계약서에 위와 같은 내용의 상품 반품조건에 관한 개괄적인 사항을 우선 두고, 각각의 반품조건에 관한 구체적인 내용 및 그 반품의 절차에 대해서는 별도의 약정서나 기준서를 작성하여 두는 것이 일반적이다. 예를 들어 ① 특약매입거래와 위·수탁거래에서 허용되는 반품과 관련해서는 당사자들 간에 어떤 방식의 협의를 거쳐 재고품으로 확정하고, 재고품으로 확정한 후에는 어떤 절차를 거쳐 이를 반품할 것인지, ② 납품된 상품의 오손·훼손 또는 하자에 의한 반품의 경우에는 어떤 기준 및 절차에 따라 상품의 오손·훼손 또는 하자를 판단하고 확정할 것인지, 오손·훼손 또는 하자품으로 확정한 후에는 어떤 절차를 거쳐 이를 반품할 것인지, ③ 납품된 상품이 계약한 상품과 다른지 여부를 판단하는 기준 및 어떤 방식으로 이를 확인할 것인지, ④ 대규모유통업자의 부담을 조건으로 하는 반품과 관련해서는 구체적으로 어떤 손실을 어느 정도로 부담할 것이며, 이에 대한 납품업자의 동의는 언제, 어떤 형식으로 받을 것인지, ⑤ 기간·계절 상품에 대한 반품에 있어서는 어떤 상품을 기간상품 또는 계절상품으로 볼 것인지, 어느 기간을 기준으로 반품의 대상이 되는 상품을 확정할 것인지, 반품이 확정된 상품은 어떤 절차를 거쳐 납품업자에게 반품할 것인지 등에 관한 사항이다. 물론 대규모유통업자와 납품업자 사이의 구체적인 거래 유형 및 내용에 따라 반품조건에 관한 약정 내용은 더욱 다양한 형태로 나타날 수 있다. 그러나 어느 경우이든 그 실질적인 반품조건의 내용은 법 제10조 규정에 부합하여야 할 것

이다.

이와 같은 반품의 실질적 조건 외에, 대규모유통업자와 납품업자가 반품의 기한, 반품의 장소, 반품 대상 상품의 유지 및 보관, 반품 대상 상품의 수거 주체, 반품 비용의 부담주체 등 반품과 관련한 절차적 조건에 관한 구체적인 정함이 있다면 그 내용 역시 기재 대상이 될 수 있다. 유통 실무상 이와 같은 별도 약정의 형식은 '반품에 관한 기본약정', '반품기준약정' 등의 형태로 다양하게 존재한다.

(마) **매장임차료**(임대차 거래의 매장임차인의 경우), **대규모유통업자가 상품판매대금에서 공제하는 판매수익 또는 수수료**(특약매입거래 또는 위·수탁거래의 경우), **그 밖에 납품업자등이 대규모유통업자에게 추가로 지급해야 하는 비용**(제 5 호)

매장임대차거래에 있어 매장임차료, 특약매입거래 또는 위·수탁거래에 있어 대규모유통업자가 상품판매대금에서 공제하는 판매수익 또는 수수료는 매장임차인 또는 납품업자에게는 주된 급부의무이자, 대규모유통업자에게는 당해 거래에 따른 수익의 기본 원천이다. 위 사항은 직매입거래를 제외한 대규모유통업거래에 있어 가장 중요하고 핵심적인 거래조건 중의 하나에 해당하므로, 당해 거래계약 체결 즉시 그 내용을 서면으로 기재하도록 하고 있다.

이들 거래에 있어서는 일반적으로 일정액 형태의 약정보다는 일정률의 형태로 약정하는 경우가 많다. 일정률 약정을 하는 경우에도 취급하는 상품의 특성이나 거래 상황 등을 고려하여, 계약기간 내내 하나의 비율만을 적용하기로 하거나, 또는 평상시에 적용하는 요율(일반요율)과 할인판매나 행사판매에 적용되는 요율(특별요율)을 달리하는 경우 등 여러 방식이 있을 수 있다. 유통 실무상 일반적으로 고려되는 위 조건에 관한 기본적인 계약조항 예시는 다음과 같다. 실제 계약서에는 아래 예시 외에 그 결정 및 이행에 필요한 각종 합의 사항이 추가적으로 포함되어야 할 것이다.

[매장임차료에 관한 조항 예시]

제OO조(임대 보증금)
- "을"은 납부일 이내에 금 [*]원을 임대보증금으로서 "갑"에게 납부하여야 한다.

제OO조(월 임대료)
- 월 임대료는 매출액의 [*]%로 한다.
- 월 임대료는 "갑"과 "을"이 합의한 영업 개시일로부터 기산한다.

• 한 달의 중간에 임대 개시 또는 임대 종료가 있는 경우, 해당 월의 월 임대료는 일할 계산한다.

[판매수익, 수수료에 관한 조항 예시]

제OO조(판매수익률)
• 판매수익률 : [*]%

한편 대규모유통업법은 매장임차료, 판매수익 또는 수수료 외에 납품업자등이 추가로 지급해야 하는 비용을 서면 기재사항으로 두고 있다. 이는 실무상 빈번히 분쟁의 대상이 되었던 비용 부담의 문제에 관하여, 납품업자의 경제적인 추가부담이 예상되는 부분에 대해서는 최대한 그 사유를 사전에 서면으로 기재하도록 함으로써 당사자간(특히 납품업자등) 예측 가능성을 제고하고, 이와 관련된 분쟁의 여지를 최소화하기 위한 방편으로 볼 수 있다.

시행령 제 2 조 제 1 항 제 5 호 다목은 '그 밖에 납품업자등이 대규모유통업자에게 추가로 지급해야 하는 비용'이라고 규정하여, 그 문언상으로는 같은 호 가목 소정의 매장임차료 및 나목 소정의 판매수익 또는 수수료 외에 납품업자등이 부담하는 모든 비용이 이에 해당된다고 볼 여지도 없지 않다. 그러나 이와 같이 넓게 보게 되면 사실상 납품업자등이 지출하는 모든 비용, 예를 들어 판매촉진비용이나 판매장려금 등도 이 조항에 포함되게 될 수 있어, 대규모유통업법의 다른 조항들과 비교할 때 혼란을 초래할 수 있다. 본 호에서 '그 밖에 납품업자등이 대규모유통업자에게 추가로 지급해야 하는 비용'이라고 한 문언의 취지상, 이는 대규모유통업자와 납품업자등이 협의하여 정한 매장임차료, 판매수익 또는 수수료에 해당하는 금액 이외에 이에 부수하는 기타 부대비용으로서 대규모유통업자에게 지급해야 하는 비용을 의미하는 것으로 보는 것이 합리적이다. 시행령 제 2 조 제 1 항 제 7 호에서 판매장려금과 관련된 서면기재사항을 별도로 규정하고 있고, 대규모유통업법 제11조에서는 판매촉진행사와 관련한 약정을 체결하는 경우 대규모유통업자에게 서면교부의무를 부과하고 있는 점을 보더라도, 이렇게 해석하는 것이 타당하다고 판단된다. 대규모유통업자와 납품업자등 사이의 협의 내용에 따라 다음과 같은 계약조항이 고려될 수 있다.

[납품업자등이 매장임차료, 판매수익 또는 수수료 외에 추가로 부담하는 비용 조항 예시]

제OO조(기타 비용) "을"은 다음 각 호의 비용을 "갑"에게 지급하여야 한다. • 공과금 및 기타 직접비(매장의 전기, 가스, 상·하수도, 냉·난방, 공조, 전화비, 제반 공과금 및 이에 준하는 비용으로서 "갑"과 "을"이 협의한 것) • 기타 관리비(공용부분의 전기, 가스, 상·하수도, 냉·난방, 공조, 보안, 경비, 청소, 방역, 방제, 공용잡비 및 이에 준하는 비용으로서 "갑"과 "을"이 협의한 것) • 기타시설 사용비("갑"이 설치한 점포의 장치, 장식 및 비품 사용시, 그 사용비)

(바) 납품업자등으로부터 종업원등을 파견받는 경우 그 종업원등의 파견조건, 파견비용 분담 여부 및 조건(제 6 호)

대규모유통업자가 납품업자등으로부터 종업원등을 파견 받고자 하는 경우에는 그 종업원등의 파견조건, 파견비용 분담 여부 및 조건에 관하여 합의한 사항을 서면에 기재하여야 한다. 종업원등 파견은 납품업자뿐만 아니라 매장임차인도 필요한 경우가 있을 수 있으므로 그 대상에 포함하였다. 대규모유통업법은 원칙적으로 대규모유통업자가 납품업자등의 비용으로 종업원을 파견받아 자기의 사업장에서 근무하는 행위를 금지하고 있으나, 일정한 조건 하에서 예외적으로 사전 서면 약정에 의한 파견을 인정하고 있다(법 제12조).

본 호는 종업원등의 파견조건, 파견비용 분담 여부 및 조건에 관한 사항을 기재할 것을 요한다. 그 구체적인 사항은 대규모유통업법 제12조(납품업자등의 종업원 사용금지 등) 제 1 항 제 1 호 내지 제 4 호 소정의 종업원등 파견사유, 시행령 제10조(파견 종업원등에 관한 약정사항) 소정의 각 요건에 관한 사항이며, 「대규모유통업 분야에서 납품업자등의 종업원 파견 및 사용에 관한 가이드라인」(시행 2021. 2. 1. 공정거래위원회 예규 제360호, 2020 12. 18., 일부개정)을 참고할 수 있다. 그 구체적인 내용 및 기재사항은 관련 부분에서 상술한다.

(사) 판매장려금을 받는 경우 판매장려금에 관한 시행령 제12조(판매장려금 지급에 관한 약정사항) 각 호의 사항(제 7 호)

대규모유통업자가 납품업자로부터 판매장려금을 받을 경우에는 판매장려금에 관한 각종 사항을 미리 약정하여 서면에 기재하여야 한다. 대규모유통업법은 판매장려금을 '직매입거래에서 상품의 판매촉진을 위하여 연간거래 기본계약에 명시된 조건에 따라 납품업자가 대규모유통업자에게 지급하는 경제적 이익'으로 정의하고 있으므로(법 제 2 조 제 9 호), 판매장려금을 적법하게 수령하기 위해서는 그 조건이 '연간거래 기본계약'에 명시되어야 한다. 종전 유통 실무상 납품업자들에게 가장 부담으로 작용하고 있던 것 중의 하나가 판매장려금이었던 점을 감안하여 향후 지급하게 될 판매장려금의 종류, 지급조건, 금액 등을 납품업자가 계약시점에서 미리 예측할 수 있도록 하려는 취지로 해석된다. 서면에 기재하여야 할 판매장려금에 관한 사항은 시행령 제12조 각 호의 사항이 된다. 그 구체적인 내용 및 기재사항은 관련 부분에서 상술한다.(제1편 제1장 자.항 및 제2편 제11장 참조)

(아) 하나의 점포에 복수의 매장이 있는 경우 매장의 위치 및 면적, 매장 설비비용의 분담 여부 및 조건(제 8 호)

1) 매장의 위치 및 면적

납품업자등의 매장이 대규모유통업자의 특정 점포에 둘 이상의 매장이 입점되어 있다면, 당해 납품업자등의 매장의 위치 및 면적을 서면에 기재하여야 한다. 넓은 공간에서 다수 납품업자등의 다양한 상품이 여러 매장을 통해 동시에 판매되고 있는 대규모유통업자의 점포 특성상, 전체 매장 공간 중 어디에 입점하는지에 따라 납품업자등의 이해관계는 크게 영향을 받게 된다. 실무상으로는 매장의 위치에 따라 판매수익, 수수료율, 매장임대료, 판매장려금 또는 기타의 경제적 부담에 상당한 차이가 발생하는 경우도 많다. 이러한 점을 고려하여, 대규모유통업법은 계약 체결 시점에 납품업자등이 가지게 될 매장 위치 및 면적에 대한 기대이익을 보호하기 위한 몇 가지 장치를 두고 있는데, 그 중 하나가 매장의 위치 및 면적을 계약 체결 시점에 서면으로 기재하도록 한 것이다.

시행령 제 2 조 제 1 항 제 8 호는 거래형태의 구분 없이 매장의 위치 및 면적을 기재하도록 규정하고 있다. 매장의 위치 및 면적을 법정 서면 기재사항으로 하는 주된 취지는 대규모유통업자가 임의로 납품업자등의 매장을 이동하거나 축소함에 따라 특정한 위치를 염두에 두고 대규모유통업자의 점포에 입점한 납품업자등이 불측의 손해를 입는 것을 방지하려는 데 있다.[38] 따라서 실무상으로는 주로 대규모유통

38) 소위 MD(Merchandising) 개편 내지 점포 리뉴얼 과정에서 특정 납품업자등이 불리한 위치로 매장이 이동되거나 매장규모가 축소되는 경우가 이에 해당한다.

업자의 점포내 특정 공간에 납품업자등이 직접 입점하는 특약매입거래, 위·수탁거래 또는 매장임대차거래에서 주로 문제가 된다. 직매입거래의 경우에는 대규모유통업자가 상품의 재고 부담을 모두 가지고 자기 소유의 상품을 판매하는 형태이므로, 직매입된 상품의 납품업자가 대규모유통업자의 매장 이동 내지 면적 변경과 직접적인 이해관계를 가지고 있다고 보기는 어렵다. 직매입 납품업자의 입장에서는 대규모유통업자에게 이미 상품을 납품하고 대금을 지급받은 이상, 해당 상품을 어디에 진열하고 판매할지 여부의 판단은 순전히 대규모유통업자의 몫이고, 해당 납품업자가 받게 되는 영향은 간접적인 것에 불과하기 때문이다. 그러나 본 호는 거래형태의 구분 없이 매장의 위치 및 면적을 기재하도록 규정하고 있으므로, 문언상으로는 특약매입거래, 위·수탁거래 및 매장임대차거래뿐 아니라 직매입거래도 이에 포함될 수 있다는 견해가 있을 수 있다. 직매입거래의 경우에도 납품업자로서는 납품한 상품이 전체 매장 중 보다 좋은 공간(소위 목 좋은 곳)에 진열되어 판매될수록 판매 물량이 증가하여 납품을 통한 매출이 증가할 수 있고, 또한 소비자 노출도 증가에 따른 브랜드 이미지 상승 등의 이익을 향유할 수 있으므로, 이러한 점을 고려하여 해당 납품업자와 대규모유통업자가 매장의 위치 및 면적에 관한 특별한 약정을 체결한 경우에는 이를 특정할 필요가 있다는 이유이다. 그러나 직매입거래는 발주한 상품을 납품하면 거래가 종료되는 것으로서 일정한 공간을 구분하여 직매입상품을 판매한다고 하더라도 이는 어디까지나 대규모유통업자가 자신의 판매공간을 활용하는 것일 뿐, 거래의 성질상 납품업자로 하여금 해당 매장을 사용하도록 하는 것이 아니므로 직매입거래에서의 매장의 위치, 면적 등은 계약의 대상에 해당하지 않는다고 보는 것이 타당하다.[39)]

한편, 특약매입거래라고 하더라도 미판매상품에 대한 반품이 가능하다는 점을 고려하여 매장이 주어지지 않은 채로 특약매입거래가 이루어지는 경우가 다수 있다. 예컨대, 백화점, 대형마트, 홈쇼핑, 온라인쇼핑 유통채널 등에서 매장과 무관하게 특약매입거래 기본거래계약을 체결하고, 특약매입거래를 하는 경우이다. 이 경우에는 매장 자체가 제공되기로 한 경우가 아니므로, 매장의 위치·면적을 기재하지 않았더라고 하더라도 법 위반에 해당한다고 볼 수 없다.

---

39) 공정거래위원회 「직매입 표준거래계약서(백화점, 대형마트)」는 직매입거래의 기본 계약사항에 매장의 위치 및 면적을 두고 있지 않다.

본 호에서의 매장이 반드시 '단독의 독립된 브랜드 공간'만을 의미하는가에 대해서는 논란이 있을 수 있다. 일반적으로 대규모유통업자의 점포 내 매장은 '브랜드 공간'(예를 들어, 나이키 매장, 삼성전자 매장 등)과 '집합 공간'(예를 들어, 소형가전 코너, 식료품 코너 등)으로 나눌 수 있는데,[40] 그 성격상 납품업자등의 입장에서는 집합공간에 비해 브랜드공간에 대하여 그 이해관계가 더 크다고 볼 수 있다. 그렇지만 그럼에도 불구하고 집합공간이라고 해서 매장 공간에 대한 이해관계가 전혀 없다고 볼 수는 없기 때문에, 독립된 브랜드 공간이든, 집합공간이든 '단독의 독립된 브랜드 공간'이 아니더라도, 일단 상품이 납품되어 대규모유통업자의 점포 내 매장에서 진열, 판매되는 경우에는 본 조의 매장에 해당된다고 보는 것이 타당하고, 위법행위로 판단될 위험도 줄일 수 있을 것으로 생각된다.

또한 매장의 위치 및 면적에 관한 기재 수준이 어느 정도까지 필요한지의 문제가 있다. '단독의 독립된 브랜드 공간'으로 약정한 경우에는 당해 공간에 대한 납품업자등의 기대 이익이 크고 명확할 것이므로 '몇 층, 어느 위치, 몇 ㎡' 등으로 당해 공간의 위치 및 면적이 정확히 특정될 수 있어야 할 것이다. 집합 공간의 경우에는 상대적으로 개개의 상품이 진열되는 지점 자체에 대한 기대 이익이 높다고 볼 수 없을 것이므로, '당해 매장 중 소형가전 코너', '당해 매장 중 식료품 코너' 정도로만 특정하더라도 충분할 것으로 생각된다.

다수의 점포를 운영하는 대규모유통업자의 경우, 자신의 여러 점포에 입점하는 납품업자등에 대해서 어느 정도로 매장의 위치와 면적을 특정하여야 하는가의 문제도 있을 수 있다. 상당수의 대규모유통업자는 전국 각지에 다수의 점포를 운영하고 있고, 이들 대규모유통업자와 계약을 체결하는 납품업자등 역시 한 개 이상의 매장에 입점하는 경우가 많다. 이 때 각 매장별로 모두 그 입점 위치와 면적을 모두 특정하여야 하는지의 문제이다. 유통 실무상 각 매장별로 일일이 그 위치와 면적을 특정하여 서면에 기재하는 것이 상당히 번거롭고 어려운 작업인 점은 분명하나, 본 호의 문구상으로는 이러한 경우까지도 모두 매장 위치와 면적을 특정하여 기재하여야 하는 것으로 해석된다. 유통 실무상 일반적으로 고려되는 위 조건에 관한 기본적인 계약조항 예시는 다음과 같다.

40) 브랜드 공간과 집합공간의 성격에 대해서는 제14장 3. 아. 참조

[매장의 위치 및 면적 조항 예시]

제OO조(매장의 위치 및 면적) • 매장명 : [*] 최초 매장위치 및 면적 • 매장 내 위치 : [*]층 [*] 코너 (브랜드숍의 경우, 해당 층 도면으로 특정한다) • 매장면적 : [*]m^2

2) 매장 설비비용의 분담 여부 및 조건

대규모유통업자와 납품업자등은 매장 설비비용에 관하여 양 당사자간 분담 여부 및 그 분담 조건에 관한 사항을 협의하여 서면에 기재하여야 한다. 납품업자등이 대규모유통업자의 점포 매장에 입점하면서 기존 매장의 집기를 교체하거나 새롭게 인테리어를 하는 경우가 있다. 또한, 납품업자등의 입점기간 중에 대규모유통업자의 요구(예: MD개편 등)에 의하거나 납품업자등이 스스로의 필요에 따라 매장의 위치를 이동하거나 리뉴얼을 하는 경우도 있다. 이 경우 추가적인 매장 설비비용이 발생하는데, 본 호는 이러한 매장 설비비용의 분담에 관한 사항을 기재하도록 한 것이다. 이 경우 매장 바닥, 조명, 벽체 등 전체 점포의 근간을 이루는 기초시설의 교체에 소요되는 비용을 납품업자등에게 부담시키거나, 대규모유통업자의 요구에 의해 매장 설비비용이 발생하는 경우 이를 전적으로 납품업자등이 부담하도록 하는 것은 법 제17조에 위반될 소지가 있으므로, 이에 유의하여 분담조건을 정하여야 한다. 아울러 당해 비용의 분담조건을 서면으로 정하는 것은 추후 납품업자등과의 거래가 중단되거나, 납품업자등이 매장을 이동하는 경우 납품업자등이 지출한 매장 설비비용의 보상을 규정한 법 제16조(매장 설비비용의 보상)의 실효성 확보를 위해서도 의미가 있다. 매장 설비비용의 분담에 대해서는 다음과 같은 기재례가 참조가 될 수 있다. 매장 설비비용의 구체적인 의미 및 동 비용의 보상에 관한 구체적인 사항은 해당 부분에서 상술한다.

[매장 설비비용의 분담 여부 및 조건 예시]

제OO조(매장 설비비용의 분담 및 조건) • “을”은 매장에 대한 설비를 할 수 있다. 매장설비에는 바닥, 천정, 조명, 벽면 등 기본 인테리어 시설을 포함한다. 세부내역은 “갑”과 “을”의 별도 협의에 의한다. • 매장설비에 관한 구체적인 사항은 다음과 같다.

총 지출비용 : [*]원 (단, 구체적인 지출 내역은 별도 명세서로 특정한다)
비용분담내역 : "갑" [*]%, "을" [*]%
비용분담조건 : [*]

(자) TV홈쇼핑사업자 및 인터넷쇼핑몰업자의 특례

1) TV홈쇼핑사업자

대규모유통업자 중 TV홈쇼핑사업자는 무점포 사업자이므로 점포를 가진 대규모유통업자에게만 적용되는 시행령 제 2 조 제 1 항 제 6 호 내지 제 8 호 사항에 대해서는 서면 의무기재사항에서 제외하고 제 1 호 내지 제 5 호의 사항만 의무기재사항으로 하였다. 다만, TV홈쇼핑의 특성을 감안하여, 방송 횟수 및 일시(시행령 제 2 조 제 2 항 제 2 호), 방송출연자의 인건비와 그 분담 여부 및 조건(제 3 호), 소비자가 주문한 상품의 배송조건(제 4 호), 소비자가 구매를 취소하거나 반품한 상품의 배송 및 처리조건(제 5 호) 사항을 추가로 기재토록 하였다.

방송 횟수와 일시는 납품업자의 상품에 관한 방송이 편성되어 실제로 방송되는 횟수 및 일시에 관한 사항을 의미한다. 다만, TV홈쇼핑 시장에서 납품거래의 특성, 수많은 납품업자들의 존재, 예상치 못한 변수의 발생 가능성 등을 고려하면, 사전에 일체의 방송 횟수와 일시를 특정하는 것이 쉽지 않은 경우가 많다. 실제로 TV홈쇼핑사업자와 납품업자간에는 상당한 기간(수개월 내지 수주일) 전에 납품에 관한 합의가 이루어지는 반면, 실제로 방송편성표의 확정은 2~3주 전에 이루어지는 경우가 많아, 현실적으로 계약 체결 당시에 방송 횟수와 일시, 그 밖의 법정 기재사항을 모두 정확히 특정하는 데는 어느 정도 한계가 있을 것으로 생각된다.

일반적으로 TV홈쇼핑사업자와 납품업자는 당해 상품 판매 프로그램의 제작비 등을 종합적으로 고려하여 판매수익 또는 수수료를 협의하여 정한다. 그러나 경우에 따라서는 이러한 통상의 프로그램 제작, 편성 및 방송에 소요되는 비용 외에도 방송출연자 추가 투입 등 추가비용이 필요한 사정이 발생할 수 있다. 대규모유통업법에서는 이러한 점을 감안하여 방송출연자의 인건비와 분담 여부 및 조건을 미리 정하여 서면에 기재하도록 하고 있다. 특별한 사정이 없는 한, 이 경우에는 법 제11조에서 정하고 있는 비용분담 기준을 따르면 될 것으로 생각된다.

그 밖에 소비자가 주문한 상품의 배송조건 및 소비자가 구매를 취소하거나 반품한 상품의 배송 및 처리조건도 서면에 기재하여야 한다. 전자는 상품의 납품에, 후자는 상품의 반품에 준하여 각각 협의하여 기재하면 될 것이다.

공정거래위원회는 TV홈쇼핑 심사지침을 통해 TV홈쇼핑 시장의 특성을 감안하여 계약서면의 교부시기에 대한 구체적인 위법성 심사기준을 규정하고 있다. 이에 따르면, i) TV홈쇼핑사업자가 납품업자와 법정 계약사항을 일괄하여 계약을 체결한 경우 그 서면을 즉시 납품업자에게 교부하는 것을 원칙으로 하고, ii) 법정 계약사항 중 일부에 대해서만 계약을 체결하고 나머지 사항은 나중에 정하기로 합의한 경우 그 내용을 기재한 계약서면을 즉시 교부하며, 추후 나중에 정하기로 한 계약사항에 대해 계약을 체결하면 그 즉시 이를 기재한 계약서면을 교부하여야 한다. iii) 법정 계약사항의 일부나 전부에 대해 변경계약을 체결하면 해당 계약서면을 즉시 교부하여야 하며, iv) 재방송 판매상품의 거래에 대해서도 본방송과 마찬가지로 계약을 체결하고 그 즉시 서면을 교부하여야 한다. 재방송에 있어서 "재방송에도 본방송에 대한 방송판매계약이 동일하게 적용되고, 재방송 일시는 전산시스템을 통해 통지하며, 본 계약의 일부를 이루는 것으로 한다"는 계약 형태가 법 위반인지가 문제될 수 있다. 이 경우에는 재방송에 관한 방송일시를 제외한 나머지 법정기재사항을 모두 포함하여 계약을 체결한 것이고, 법정기재사항 중 방송일시만 통지에 의하도록 하는 것이므로, 대형마트 등에 있어 발주서의 기재 내용에 개별 계약의 효력을 인정하는 것과 마찬가지로 이 역시 적법하다고 보는 것이 타당하다.[41]

2) 인터넷쇼핑몰업자

대규모유통업자 중 인터넷쇼핑몰업자는 시행령 제 2 조 제 1 항 제 1 호 내지 제 4 호의 사항, 제 2 항 제 4 호 및 제 5 호의 사항을 서면에 기재할 의무가 있다. 역시 무점포 사업자인 인터넷쇼핑몰업자의 특성을 감안한 특례이다. 다만 그럼에도 불구하고, 인터넷쇼핑몰의 경우 대형마트나 백화점, TV홈쇼핑에 비해 훨씬 많은 수와 종류의 상품들이 거래되고 있고, 거래 금액도 소액인 경우가 적지 않으며, 소규모 납품업자들로부터 일일이 서명(전자서명 포함)이나 기명날인을 받은 서면을 교부하는 것이 현실적으로 매우 어려운 문제가 있다. 이러한 점에서 인터넷쇼핑몰에 대해서까지

41) TV홈쇼핑 거래 실무상 재방송 계약을 별도로 체결하기 어려운 이유는 재방송 결정 자체가 실제 재방송 시간에 임박하여 이루어지는 경우가 많으므로, 양 당사자의 전자서명이 포함된 거래관행을 부정할 특별한 이유가 없고, 납품업자의 권익이 해하여지는 것도 아니므로 이러한 거래 관행을 합리적으로 반영하는 해석이 필요하다.

오프라인 사업자들과 동일한 수준의 서면교부의무를 부과하도록 하는 것이 적절한지에 대해서는 의문의 여지가 있다.

바. 계약 체결 즉시 서면 미교부의 사법상 효과

대규모유통업법은 서면교부의무를 위반한 계약의 효력에 관하여 아무런 규정을 두고 있지 않은바, 계약 체결의 사법적 효과와 계약 체결 즉시 서면 교부의 의무는 상호 무관하다. 따라서 대규모유통업자가 법 제6조에 따른 서면교부의무를 이행하지 않은 경우에도 일단 대립하는 당사자 사이의 의사표시가 합치하여 계약이 유효하게 성립한 이상, 당해 계약의 사법상 효력은 인정된다.[42] 여기서 서면교부의무를 이행하지 않은 경우란 계약서면을 아예 작성하지 않았거나, 법정 기재사항 중 일부가 기재되어 있지 않은 경우 등을 모두 포함한다. 물론 서면교부의무가 이행되지 않은 상황에서 당사자 사이의 의사표시가 합치하여 계약이 성립한 것인지 여부부터 다투어질 가능성도 있겠으나,[43] 이는 별론으로 한다.

결론적으로 당해 계약에 따른 대규모유통업자와 납품업자등 간의 권리와 의무는 그 계약내용대로 발생한다. 다만 계약 체결 즉시 서면을 교부하지 않음으로 인해 납품업자등에게 손해가 발생할 경우에는 불법행위로 인한 손해배상의 책임이 발생할 여지는 있다(법 제35조의2, 민법 제750조).

42) "… 관세행정법상의 화물의 반출에 대한 통제는 사법상의 화물의 인도에 관한 법률관계와는 별개로 통관 또는 관세행정의 편의를 위한 것으로서, 보세창고업자는 관세법령에 의한 화물반출이 가능하다고 하더라도 여전히 운송인과의 임치관계에 따라 운송인의 지시에 따라 화물을 인도할 의무를 부담하는 것 …"(대법원 2004. 7. 9. 선고 2002다16729 판결, 같은 취지로 대법원 2004. 1. 27. 선고 2000다63639 판결).

43) 대법원은 "계약이 성립하기 위하여는 당사자의 서로 대립하는 수개의 의사표시의 객관적 합치가 필요하고 객관적 합치가 있다고 하기 위하여는 당사자의 의사표시에 나타나 있는 사항에 관하여는 모두 일치하고 있어야 하는 한편, 계약 내용의 '중요한 점' 및 계약의 객관적 요소는 아니더라도 특히 당사자가 그것에 중대한 의의를 두고 계약성립의 요건으로 할 의사를 표시한 때에는 이에 관하여 합치가 있어야 계약이 적법·유효하게 성립하는 것이다"라고 판시하였고(대법원 2003. 4. 11. 선고 2001다53059 판결), 대규모 건설하도급공사에 있어서는 공사금액 외에 구체적인 공사시행 방법과 준비, 공사비 지급방법 등과 관련된 제반 조건 등 중요한 사항에 관한 합의까지 이루어져야 비로소 하도급계약이 체결된 것으로 볼 수 있다고 한 바 있다(대법원 2001. 6. 15. 선고 99다40418 판결).

사. 관련 사례

[한국미니스톱㈜의 대규모유통업법 위반행위에 대한 건(2018. 7. 19. 의결 제2018-237호)]

[사실관계]

피심인은 총 236개 납품업자들과 계약을 체결하면서 판매장려금의 변경사유, 변경기준 및 변경절차 등이 누락된 서면을 납품업자들에게 교부하였다.

[공정거래위원회의 판단]

대규모유통업법 제 6 조 제 1 항 및 제 2 항에 따르면 대규모유통업자가 납품업자등과 계약을 체결한 즉시 납품업자등에게 거래형태 등 대통령령으로 정하는 계약사항(법정기재사항)이 명시되고 양 당사자가 서명 또는 기명날인한 서면을 납품업자에게 교부하지 않는 경우 위법성이 인정된다. 피심인은 거래상대방인 납품업자들에 대하여 거래상 우월적 지위가 있는 것으로 인정되고, 위와 같이 피심인은 총 236개 납품업자들과 계약을 체결하면서 판매장려금의 변경사유, 변경기준 및 변경절차 등 법정기재사항이 누락된 서면을 납품업자들에게 교부하였으므로 대규모유통업법 제 6 조 제 1 항에 위반되어 위법하다.

[㈜지에스리테일의 대규모유통업법 위반행위에 대한 건(2020. 12. 1. 의결 제2020-304호)]

[사실관계]

피심인은 2016. 1월 ~ 2017. 5월 동안 ○○화장품 등 13개 납품업자들과 직매입거래를 하면서 거래형태, 거래품목 및 기간 등 계약사항이 명시된 서면을 교부하지 않은 사실이 있고, 같은 기간 동안 ○○○ 등 25개 납품업자와 계약을 체결하면서 피심인이 제공하는 SNS 사용과 관련하여 납품업자가 추가로 부담해야 하는 비용에 관한 사항이 기재되지 않은 서면을 교부한 사실이 있다.

[공정거래위원회의 판단]

피심인은 거래상대방인 납품업자에 대하여 거래상 우월적 지위가 있고, 13개 납품업자와 거래를 하면서 계약서면을 교부하지 아니한 사실이 인정된다. SNS 사용 비용은 납품업자가 판매수익 또는 수수료 외에 추가로 부담하는 비용에 관한 사항임에도 불구하고 피심인은 25개 납품업자에게 계약서면을 교부하면서 동 비용에 관한 사항이 기재되지 않은 계약서면을 교부한 사실이 인정된다. 따라서 피심인의 위 행위는 대규모유통업법 제 6 조 제 1 항에 위반되어 위법하다.

[㈜모다이노칩의 대규모유통업법 위반행위에 대한 건(2019. 10. 1. 의결 제2019-246호)]

[사실관계]

피심인과 특약매입거래계약을 체결한 납품업자는 여러 납품업자의 매장이 있는 피심인 등의 점포에서 특정 위치 및 면적의 매장을 임차하여 상품을 진열하고 소비자에게 상품을 판매, 운영하게 되었다. 이러한 상황에서 피심인은 2014년 10월부터 2017년 8월까지의 기간 동안 김천구미점 등 4개 점포에 입점하는 40개 납품업자와 49건의 특약매입거래계약을 체결하면서 매장 면적 또는 위치 등의 계약사항을 누락한 계약서면을 작성하여 교부하였다.

[공정거래위원회의 판단]

아울렛 유통점인 모다아울렛을 운영하는 피심인 등 4개사는 거래상대방인 납품업자에 대하여 거래상 우월적 지위가 있는 것으로 인정되고, 피심인은 납품업자와 특약매입거래 계약을 체결하고 이를 서면으로 교부하였으나, 40개 납품업자와의 49건의 특약매입거래계약 서면에는 매장의 위치 또는 면적에 대한 사항이 기재되지 않았으므로 대규모유통업법 시행령 제2조 제1항 제8호에서 정하는 법정기재사항을 명확하게 기재하지 아니한 불완전한 서면을 교부한 행위로 인정된다.

[롯데쇼핑㈜(마트부문)의 대규모유통업법 위반행위에 대한 건(2016. 7. 8. 의결 제2016-190호)]

[사실관계]

피심인은 2012. 1. 1.~2015. 1. 1. 기간 동안 103개 매장임차인과 총 132건의 매장임대차거래계약을 체결하면서, 임대차거래 종료일을 '리뉴얼 시점까지'로 정하고, 피심인이 계약기간 중에 매장임차인에게 리뉴얼공사 착수 시점을 명시한 서면을 통지할 경우 매장임차인은 통지를 받은 날로부터 14일 이내에 임대차목적물을 피심인에게 명도하도록 하는 계약서면을 교부하였다.

[공정거래위원회의 판단]

피심인은 매장임차인에 대하여 거래상 지위가 있음이 인정되고, 다음과 같은 점을 고려할 때 피심인이 매장임대차거래계약서에 계약종료일을 '리뉴얼 시점까지'라고 정한 것은 법정기재사항을 명확하게 기재하지 아니한 불완전한 서면교부 행위로 인정된다.

첫째, 통상 거래기간이란 특정한 날부터 특정한 날까지의 기간을 말하며, 업체의 거래관행상으로도 특정한 날짜를 명시하여 계약을 체결하는 것이 일반적이다. 따라서 계약종료일을 특정한 날로 명시하지 아니한 피심인의 행위는 법령이 정한 계약사항을 명확

> 하게 기재하지 아니한 것으로 인정된다.
>
> 둘째, 임대차거래계약에서 중요한 사항인 거래기간의 종료일을 특정하지 아니하고 '리뉴일 시점까지'로만 명시하는 경우 피심인의 일방적인 서면통지만으로 언제든지 계약해지가 가능하게 되어 매장 임차인으로서는 매우 불완전한 상태에서 영업을 할 수밖에 없으므로 이러한 계약조항의 설정은 매장 임차인에게 일방적으로 불리하여 부당하다고 할 것이다.
>
> 따라서 피심인의 위 행위는 대규모유통업법 제6조 제1항 및 같은 법 시행령 제2조 제1항에 위반되어 위법하다.

3. 서면 교부 전 납품업자에 대한 준비요구의 금지

가. 개 요

대규모유통업자는 법정 기재사항이 기재된 서면을 납품업자에게 줄 때까지 납품할 상품을 제조·주문하게 하거나 납품할 상품을 위한 설비·장치를 준비하도록 요구하여서는 아니 된다(법 제6조 제3항 본문). 대규모유통업자가 거래상 지위를 이용하여 납품업자에게 서면계약서 교부 전에 납품을 위한 준비행위를 미리 시키는 경우가 적지 않았고, 드물게는 직접적인 거래, 즉 실제 납품 행위를 하게 한 경우도 있었던 점을 감안한 규정이다. 납품업자로서는 실제 납품까지는 아니라 하더라도 납품준비를 위해서는 상당한 자본이나 노력을 투하하여야 하므로, 자칫 납품요구가 취소될 경우 불측의 손해가 발생할 가능성이 없지 않았다. 예를 들어 대량의 상품 납품에 관한 계약 체결의 교섭을 하면서 납품업자로 하여금 그에 필요한 기계, 원료 등을 준비하도록 하였으나, 그 후에 계약이 체결되지 않거나 대규모유통업자가 거래를 철회하거나 거래규모를 대폭 축소할 경우, 위 준비행위에 따른 손해는 고스란히 납품업자가 부담하게 된다. 본 조항은 이와 같은 사례를 방지하여 납품업자를 보호하기 위한 제도이다.[44]

---

44) 대규모유통업법 제6조 제3항은 납품업자에 대해서만 규정하고 있고, 매장임차인에 대해서는 규정을 두고 있지 않다. 매장임대차거래의 경우에는 특별히 그 이행을 위한 설비나 장치의 준비행위라는 관념이 있기 어렵다는 점이 고려된 것으로 보인다. 한편, 대규모소매업고시는 점포임차인에 대하여 '입점 후 서면계약서를 교부하는 행위'를 금지하고 있었는데(제11조 제1항 본문), 이러한 행위에 대해서는 대규모유통업법 하에서도 본 법 제6조 제1항에 의해 동일하게 규제될 수 있다.

나. 제도의 내용

(1) 서면의 교부 전 준비 요구 금지

대규모유통업자는 거래형태 등 시행령 제 2 조에서 정한 계약사항이 명시된 서면을 납품업자에게 줄 때까지 납품할 상품을 제조·주문하게 하거나 납품할 상품을 위한 설비·장치를 준비하도록 요구할 수 없다. 요구 금지의 기준 시점은 '서면을 교부하는 때'이다. 따라서 대규모유통업자와 납품업자 사이에 거래에 관한 계약이 사법상 성립되었다고 하더라도 대규모유통업자는 대규모유통업법 제 6 조 제 1 항에 따른 서면의 교부가 이루어지기 전에는 납품할 상품을 제조·주문하게 하거나 납품할 상품을 위한 설비·장치를 준비하도록 요구할 수 없다.

(2) '납품할 상품의 제조·주문 또는 납품할 상품을 위한 설비·장치의 준비' 요구 금지

납품할 상품을 제조, 주문하게 하는 행위란 납품업자가 대규모유통업자에게 납품할 상품을 직접 생산, 제조하거나 당해 상품을 다른 거래처로부터 조달하는 것을 의미한다. 납품할 상품을 위한 설비 및 장치의 준비행위는, 규정의 취지상 당해 상품의 생산을 위해 직·간접적으로 필요한 설비나 장치를 준비하는 것으로, 그 준비에 추가 비용이 소요되는 경우로 판단된다. 단, 그 설비나 장치가 반드시 당해 상품만의 생산을 위한 전용 설비나 장치일 필요까지는 없을 것으로 생각된다.

상품의 생산, 제조에 필요한 인력이나 원재료를 사전에 확보하도록 요구하는 행위도 이에 포함될 것인지의 문제가 있는데, 법 제 6 조 제 3 항은 상품을 제조·주문하게 하는 행위와 납품할 상품을 위한 설비·장치를 준비하도록 요구하는 행위만을 금지하고 있어, 문언상으로는 이에 해당되지 않는 것으로 볼 여지도 있다. 그러나 본 조항의 취지가 계약의 내용이 기재된 서면이 교부되지 아니하여 아직 당해 계약의 체결 여부가 확정되지 아니한 상태에서 사전 준비를 시키는 행위 등을 금지하여 납품업자에게 발생할 수 있는 불측의 손해를 방지하고자 하는 데 있다는 점을 고려하면, 납품할 상품의 제조에 필요한 인력 및 원재료의 사전 확보 요구 행위도 설비 및 장치의 준비 요구 행위에 준하여 보는 것이 타당하다고 생각된다. 이 점에서 이러한 행위 역시 같은 조항에 따라 금지되는 것으로 해석된다.

그렇다면 이미 납품업자가 납품할 상품을 보유하고 있는 경우에는 대규모유통업자가 납품업자에게 상품의 납품을 요구하는 것이 가능한지에 대하여 논란이 있을 수 있다. 본 조항의 문언상으로는 이미 납품업자가 보유하고 있는 상품의 납품을 요구하는 행위는 '상품을 제조·주문하게 하는 행위' 또는 '납품할 상품을 위한 설비·장치를 준비하도록 요구하는 행위' 어느 경우에도 해당하지 않는다(납품업자가 대규모유통업자와의 거래와 무관하게 제조, 준비 등을 한 것으로 볼 여지가 있다). 그러나 법 제6조 제3항이 적용되지 않더라도, 계약이 체결된 후 법정 서면 기재사항이 기재된 서면을 제공하지 아니한 상태에서 상품의 납품을 먼저 요구하는 행위는 계약이 체결된 '즉시' 서면을 교부하지 않은 행위로 판단될 가능성이 크다.[45] 종전 대규모소매업고시는 서면 계약서의 교부 없이 거래하는 행위를 금지한다고 규정함으로써 이에 관하여 보다 명확히 정하고 있었는바(대규모소매업고시 제11조 제1호), 법 제6조 역시 동일한 취지로 해석·적용될 가능성이 크다. 다만, 본 조항의 규정 문언만으로는 그 취지가 다소 불분명한 점이 있고, 본 조가 공정거래위원회의 시정명령 및 과징금납부명령과 같은 침익적 행정행위의 근거 규정이 된다는 점[46]을 고려하면, 향후 법률 개정 과정에서 이 부분을 보다 명확히 할 필요가 있다고 생각된다.

이와 관련하여, 만일 법 제6조 제1항 소정의 서면이 교부되지 않은 상황에서 납품업자가 자발적으로 대규모유통업자에게 납품거래계약의 이행 행위를 할 경우, 이러한 행위가 허용될 것인지 의문이 있을 수 있다. 실무상 납품업자가 먼저 납품을 이행하려는데, 대규모유통업자가 이를 거부한다는 것은 일반 상식에는 어긋나는 측면이 있다. 그러나 법 제6조 소정의 서면 제공 의무는 형식적 의무로서 당해 서류의 제공행위가 있었는지에 따라 위법 여부가 판단될 것이므로, 대규모유통업자가 본 조항에서 요하는 서면의 제공 시점 이전에 납품업자의 이행 행위를 수령하였다면 법 위반으로 판단될 위험이 없지 않다. 물론 본 조항은 대규모유통업자의 '요구'를 그

45) 대규모유통업법 제6조의 입법 취지를 고려한 해석이다. 법 문언상으로는 본 법 제6조 제1항 소정의 서면 교부 이전에 상품의 납품 등 계약이행행위가 금지된다는 명문의 근거가 없는바, 이 점에 대한 다툼의 소지가 있을 수 있다.

46) 유사한 해석례로, 공정거래법 제40조(부당한 공동행위의 금지) 제1항(구 공정거래법 제19조 제1항) 후단 "다른 사업자로 하여금 부당한 공동행위를 행하도록 하여서는 아니 된다"라는 조항과 관련하여 대법원은 "… 이 조항이 시정명령과 과징금 납부명령 등 침익적 행정행위의 근거가 되므로 가능한 한 이를 엄격하게 해석할 필요가 있는 점 …"과 같이 판시한 바 있다(대법원 2009. 5. 14. 선고 2009두1556 판결).

요건사실로 하고 있으므로, 위 납품업자의 이행 행위에 관하여 대규모유통업자의 어떠한 '요구' 행위도 없었다면, 즉 납품업자가 자발적으로 납품을 이행하였다면 법위반에 해당한다고 보기는 어렵다.[47]

(3) 대규모유통업자가 '요구'하는 행위를 금지

대규모유통업법 제 6 조 제 3 항은 동조 제 1 항 소정의 서면 제공 이전에 상품의 제조 및 주문을 하게 하는 행위와 납품할 상품을 위한 설비, 장치를 준비하도록 '요구'하는 것을 금지하고 있다.

대규모유통업자가 납품업자에게 요구하는 것이 금지되므로, 원칙적으로 대규모유통업자의 요구가 없는 상황에서 납품업자가 자발적으로 상품의 납품을 위한 제조 및 주문 행위, 납품할 상품을 위한 설비·장치를 준비하는 행위는 허용된다. 납품업자가 자신의 사업적인 판단에 따라 사전에 계약의 이행을 준비하는 것까지 금지할 이유는 없기 때문이다. 다만, 실제로 본 조항 위반 여부가 문제되는 사안에서 납품업자가 스스로 계약의 이행을 준비하였을 뿐, 대규모유통업자의 요구가 없었다는 점을 명확히 입증할 수 있는지의 문제는 있을 수 있다. 현실적으로 계약이행의 확신도 없는 상황에서 상대방의 요구도 없이 납품업자가 스스로 예상하여 계약의 이행을 준비

---

47) 이는 대규모유통업자와 납품업자의 사법상 각 채무불이행의 발생 여부와 연관이 있다. 사법상 계약을 체결함에 있어 특별한 형식을 요하지 않으므로, 본 법 제 6 조 제 1 항 소정의 서면이 교부되지 않았더라도 계약의 주요 내용에 대하여 구두로 합의가 이루어지면 당해 계약은 유효하게 성립하고, 양 당사자는 그 계약상의 의무를 이행하여야 한다. 이에 따라 납품업자는 납품할 상품을 준비하여 구두로 합의된 날짜에 계약의 이행을 위하여 대규모유통업자에게 상품을 납품하려고 하는 경우, 특별한 사정이 없는 한 대규모유통업자는 서면이 교부되지 않았다는 이유를 들어 그 수령을 거부할 수 없다. 같은 맥락에서 납품업자 역시 서면의 교부가 없다는 이유로 계약상 합의된 납품기일에 상품을 납품하지 않으면 사법상 이행지체의 책임을 지게 될 가능성이 높다. 따라서 이를 위하여는 대규모유통업자가 본 법 제 6 조 제 3 항이 정하고 있는 사항들을 요구하지 않더라도 납품업자는 납품할 상품의 제조 및 주문을 하여야 하고, 납품할 상품을 위한 설비 및 장치를 준비할 수밖에 없는 경우가 있을 수 있다. 이러한 관점에서 대규모유통업법에서도 이러한 행위 자체를 금지하지는 못하고, 단지 대규모유통업자가 일정한 행위를 '요구'하는 것만을 금지하는 형식으로 규정한 것으로 보인다. 따라서 서면의 교부 여부와 무관하게 각 당사자들이 부담하는 채무에 관한 이행기 및 채무불이행에 관한 사법상 효과는 그대로 유지될 것으로 생각된다 (대법원 2004. 7. 9. 선고 2002다16729 판결, 대법원 2004. 1. 27. 선고 2000다63639 판결). 다만, 통상의 경우에는 이와 같이 양 당사자가 계약상 채무를 이행할 시점까지 이른 경우에는, 당해 계약의 내용을 서면에 기재하여 준비할 수 있는 시간이 충분히 확보된 경우가 많으므로, 특별한 사정이 없는 한 그 시점까지 서면이 교부되지 않은 경우에는 대규모유통업법 제 6 조 제 1 항 위반으로 판단될 가능성이 높을 것이다.

한다는 것을 상정하기가 쉽지 않기 때문에, 공정거래위원회로서는 가급적 대규모유통업자의 요구가 있었던 것으로 추정 내지 간주하여 법을 집행하려 할 가능성이 크다. 실제로 본 조항은 대규모유통업자의 요구의 형식을 특정하고 있지 않으므로, 실무상 '요청', '계약준비안내' 등 사실상 납품업자의 사전 준비행위를 독려하는 여러 행위가 대규모유통업자의 요구로 해석될 위험이 상존한다.

(4) 관련 문제 - 계약 체결 전 샘플, 테스터(Tester), 시험품 등을 요구하는 것이 가능한지 여부

유통 실무상, 어떤 납품업자와 상품 납품거래계약의 체결 여부를 판단하기 전에 당해 거래의 목적물이 될 상품의 샘플, 테스터 또는 시험품의 제공을 요구하여 사전에 테스트를 거치는 경우가 비일비재하다. 이처럼 계약의 체결 전에 납품업자에게 샘플 등의 제공을 요구하는 것도 사전 준비 요구행위로서 금지되는 행위인지의 문제가 있다.

생각건대, 계약체결 전 단계에서 샘플, 테스터, 시험품 등을 요구하는 것은 납품계약 체결을 위한 교섭 단계의 일종으로서 허용되는 것이 타당하다고 판단된다. 법 제 6 조 제 3 항이 납품업자에게 '납품할 상품을 제조·주문'하게 하거나 '납품할 상품을 위한 설비·장치를 준비'하도록 요구하는 것을 금지하는 점을 고려하면, 계약의 체결 여부를 결정하기 위한 샘플 등의 요청이 '납품할 상품의 제조·주문을 요구하는 행위'에 해당된다고 보기도 어렵다. 나아가 어떤 거래계약을 체결하기 전에 소량의 샘플 등을 요구하는 것은 일반적인 상관행으로 대규모유통업 거래에서만 유독 달리 볼 이유가 없다. 다만, 샘플이라는 명목으로 상당한 양의 상품을 미리 제공하도록 하는 경우에는 그 제공된 상품의 규모와 소요된 비용 등을 종합적으로 고려하여, 사실상 납품할 상품을 제조·주문하게 한 행위로 볼 여지도 있으므로, 주의를 요한다.

다. 서면 교부 전 납품업자에 대한 준비 요구 금지의 예외

대규모유통업자는 법 제 6 조 제 1 항 소정의 서면을 납품업자에게 교부하기 전까지는 납품업자에게 납품할 상품을 제조·주문하게 하거나 납품할 상품을 위한 설비·장치를 준비하도록 요구할 수 없다. 다만 예외적으로 대규모유통업자가 서명 또는 기명날인한 서면으로 요구하는 경우에는 이를 허용하고 있다(법 제 6 조 제 3 항 단서). 이러한 예외는, 다종·다량의 상품이 계속적으로 거래되고, 유통업자 간 치열한 경쟁이 이루어지고 있는 대규모유통업 분야의 거래 현실상 상품의 납품 준비를 서둘러야 하는 경우도 적지 않은데, 여러 사정으로 인해 서면의 작성이나 서명 또는 기명날인과 교부가 늦어진다는 이유만으로 사전 납품준비까지지도 원천적으로 봉쇄한다면 실무상 상당한 문제가 발생할 수 있을 뿐 아니라, 납품업자에게도 손해가 될 수 있다는 점을 현실적으로 고려한 것으로 보인다. 다만, 이 경우에도 대규모유통업자의 서명 또는 기명날인이 된 서면으로 요구하도록 함으로써, 계약의 이행을 사실상 보장하고, 향후 분쟁 가능성을 예방하도록 하였다. 이는 유통 실무에서의 사전 준비의 필요성과 대규모유통업법상 서면 교부 의무의 취지를 적절히 조화시킨 것으로 볼 수 있다. 본 조항의 실무상의 의미는 납품업자의 사전 납품 준비행위 후 어떤 사유에 의해 납품거래계약이 철회되거나, 계약이 성립한 후 해제 또는 취소되거나, 무효로 판단되는 등으로 해소될 경우, 당해 준비행위에 소요된 비용의 보상 또는 배상책임을 정함에 있어 중요한 증거가 될 수 있다는 점에서 찾을 수 있다.

다만, 본 조항은 대규모유통업자의 서면 요구 시 서면에 기재되어야 할 내용에 대해서는 특별한 규정을 두고 있지 않다. 법 제 6 조 제 1 항이 서면 기재사항으로 비교적 자세한 사항을 규정하고 있는 것과 구별된다. 생각건대, 본 조항의 실무상 의미를 위와 같은 점에서 찾을 수 있음을 고려하면, 대규모유통업자가 납품업자에게 준비를 요구하고자 하는 상품 및 요구 내용, 요구 상대방 및 기간 정도만 특정할 수 있으면 충분할 것으로 생각된다.[48]

4. 납품업자등의 계약 내용 확인 요청 제도

가. 개 요

대규모유통업법은 대규모유통업자가 계약이 체결된 후에도 관련 서면을 주지 아니하는 경우에 납품업자등은 시행령으로 정한 계약사항을 대규모유통업자에게 서면으로 통지하여 계약 내용의 확인을 요청할 수 있도록 규정하고(법 제 6 조 제 4 항),

48) 이와 관련하여 대규모유통업자는 거래 조건이 확정되지 않는 등의 이유로 서면 계약서를 교부하지 못하는 동안에도 납품업자에게 서면으로 거래의 이행을 위한 준비를 요구할 수 있고, 추후 거래 조건이 확정되는 대로 즉시 서면 계약서를 교부하면서 신속하게 거래의 이행을 하도록 할 수 있게 되어 계약서가 지연 작성됨에 따라 거래의 이행이 지연되는 경우를 어느 정도 예방할 수 있을 것으로 보인다.

대규모유통업자가 이와 같은 납품업자등의 통지를 받은 날로부터 15일 이내에 그 내용에 대한 인정 또는 부인의 의사표시를 명시한 회신을 서면으로 발송하지 아니한 경우에는 납품업자등이 통지한 내용대로 계약이 체결된 것으로 '추정'되도록 하였다(법 제6조 제5항).

이는 법상 대규모유통업자의 서면교부 의무의 이행을 담보하고, 상대적으로 열위의 지위에 놓인 납품업자등에게 적극적으로 계약 내용의 확인을 요청할 수 있는 법적 권능을 부여하는 한편, 추후 계약과 관련한 분쟁이 발생하였을 때 서면 부존재로 인하여 당해 계약의 내용에 대한 입증이 불가능해지는 위험을 줄여주려는 목적으로 이해된다. 법 제6조 제1항 소정의 법정 서면 기재 및 교부의무와 더불어 사적자치 원칙의 중대한 예외로 평가된다. 참고로, 하도급법도 하도급계약서 미교부로 인한 문제점을 해결하기 위해 대규모유통업법 제6조 제5항과 유사한 계약추정제도를 규정하고 있다(하도급법 제3조 제 8 항 내지 제 11 항).

나. 계약 내용 확인 요청의 시기

납품업자등은 대규모유통업자가 법 제6조 제1항에 따른 서면을 주지 않는 경우, 같은 조 제4항에 따라 시행령 제3조(계약내용의 확인)에서 정한 계약사항을 대규모유통업자에게 서면으로 확인을 요청할 수 있다.

대규모유통업자가 법 제6조 제1항 소정의 서면을 주지 않는 경우이므로, 이미 대규모유통업자와 납품업자등 사이의 사법상 거래계약이 체결되었음을 전제로 한다. 따라서 법 제6조 제4항의 문언상으로는 대규모유통업자와 아무런 계약관계도 없는 납품업자등은 계약내용의 확인을 요청할 수 없다.[49] 당사자 사이에 계약이 성립조차 되지 않은 사항에 대하여 납품업자등의 일방적인 의사에 따라 그 내용을 추정하는 것은 '계약 내용의 확인'이라는 법문의 문리적 해석에도 부합하지 않기 때문이다. 다만, 앞서 본 바와 같이 법 제6조 제1항 문언상의 '계약'이라 함은 반드시 '서면으로 약정된 계약'만을 의미하는 것이 아니라, 대규모유통업자와 납품업자등 사이의 구두상 약정, 사실상 거래관계의 존속 등과 같은 넓은 의미의 사법상 일체의

49) 이런 경우에 대규모유통업자는 애초에 아무런 계약관계가 성립되지 않았음을 입증하는 것 외에도, 15일 이내에 그 내용에 대한 부인의 의사표시를 명시한 회신을 서면으로 발송함으로써, 납품업자등이 통지한 내용대로 계약이 확정되는 위험을 방지할 수 있다.

'계약 성립'을 의미한다고 보아야 한다. 따라서 이에 해당하는 납품업자등은 본 조항상의 계약 내용 확인 요청의 권능이 있다고 해석하는 것이 본 조항을 둔 취지에 부합한다고 할 것이다. 즉, 본 조항이 적용되는 경우는 대규모유통업자 A와 납품업자등 B 사이에 모종의 계약관계가 성립한 점에 대해서는 다툼이 없으나, 그 구체적인 내용을 기재한 서면이 교부되지 않은 경우를 상정한 것으로 보인다.

관련하여, 대규모유통업자와 납품업자등 사이에 거래계약은 성립되었으나 일부 계약조건에 관하여 아직 합의가 되지 않은 경우, 이와 같은 미합의 사항에 대하여도 납품업자등이 계약 내용의 확인을 요청할 수 있는지 의문이 있을 수 있다. 당사자 사이에 계약의 내용으로 합의가 된 사항에 대하여 대규모유통업자가 서면을 교부하지 않은 경우 납품업자등은 합의가 된 사항에 대하여 계약 내용의 확인을 요청할 수 있다. 그러나 법 제 6 조 제 1 항은 '계약을 체결한 즉시' 서면을 제공할 것을 요하고 있고, 같은 조 제 4 항은 '제 1 항의 서면'이라고 명시하고 있으므로, 납품업자등이 확인을 요청할 수 있는 것은 '체결된 계약의 내용'이라고 보아야 할 것이다. 즉, 체결되지 않은 계약의 내용에 대해서까지 납품업자등이 일방적으로 확인을 요청할 수 있는 것은 아니다.

그런데 대규모유통업자가 납품업자등에게 계약서를 서면으로 교부하였으나 일부 법정 기재사항이 누락된 경우에 나머지 계약 사항에 대하여 납품업자등이 계약 내용의 확인을 요청할 수 있는가의 문제가 있다. 대규모유통업법 제 6 조 제 1 항의 취지는 대규모유통업자가 법정 서면기재사항을 완전히 기재한 서면을 납품업자등에게 주라는 것이므로, 법정 서면기재사항 중 일부를 누락한 서면을 준 경우에도 의무위반으로 보아야 할 것이다. 따라서 납품업자등이 대규모유통업자로부터 일부 법정 서면기재사항이 누락된 불완전한 서면을 교부받은 경우에도 나머지 누락된 사항에 대해서는 그 내용의 확인을 요청할 수 있다고 보아야 한다.

법 제 6 조 제 1 항 및 제 4 항의 문언에 따른 해석은 이와 같으나, 같은 조 제 5 항은 "납품업자등이 통지한 내용대로 계약이 체결된 것으로 추정한다"고 규정하고 있으므로, 실무상으로는 본 조항에 따라 직접 당사자 사이에 사법상 유효한 거래계약이 성립한 것으로 추정될 수도 있을 것이다(물론 이후에 보는 바와 같이 반증으로 추정을 복멸하는 것도 가능은 하다). 이 점은 계약의 성립 및 존재 여부에 관한 사실인정

측면에서의 중대한 예외에 해당한다.

다. 확인 요청 대상

납품업자등이 대규모유통업자에게 확인 요청을 할 수 있는 사항은 다음과 같다.

[계약 내용의 확인요청 대상(시행령 제3조)]

> 제3조(계약내용의 확인) 납품업자등이 법 제6조 제4항에 따라 대규모유통업자에게 계약내용의 확인을 요청할 때에는 다음 각 호의 사항을 적은 서면으로 하여야 한다.
> 1. 계약일자
> 2. 상품의 종류 및 수량
> 2의2. 일정 수량의 상품을 납품하는 계약의 경우 판매를 위하여 납품업자가 공급하거나 준비하는 상품의 수량
> 3. 상품판매대금 또는 상품대금의 지급수단 및 지급시기
> 4. 그 밖에 해당 계약사항을 구체적으로 확인할 수 있는 사항

대규모유통업자가 납품업자등으로부터 계약 내용의 확인 요청 통지를 받은 날로부터 15일 이내에 그 내용에 대한 인정 또는 부인의 의사를 명시한 회신을 서면으로 납품업자등에게 발송하지 아니하면 납품업자등이 통지한 내용대로 계약이 체결된 것으로 추정되는 규정 구조를 고려할 때, 납품업자등은 위 각 호의 내용이 무엇인지를 물어보는 형태가 아니라 위 각 호에 관하여 자신이 인식하는 사항을 구체적으로 기재하여 대규모유통업자에게 확인을 요청하여야 한다.

라. 확인 요청의 효과

(1) 대규모유통업자가 회신한 경우

대규모유통업자가 납품업자등으로부터 계약 내용의 확인 요청 통지를 받은 날로부터 15일 이내에 그 내용에 대한 인정 또는 부인의 의사를 명시한 회신을 서면으로 납품업자등에게 발송하지 아니하면 납품업자등이 통지한 내용대로 계약이 체결된 것으로 추정된다. 납품업자등의 계약 내용 확인 요청 통지에 대한 대규모유통업자의 회신 발송은 법정 의무사항이 아니다. 따라서 대규모유통업자가 위 회신 발송을 하지 않았다고 하여 그 자체로 어떠한 법적 제재조치가 취하여지는 것은 아니다. 그러나 회신 발송을 하지 않는 경우 납품업자등이 통지한 내용대로 계약이 체결된

것으로 추정되므로, 그 추정을 피하기 위한 사실상의 부담을 진다고 할 것이다.

납품업자등이 통지한 내용대로 계약이 체결된 것으로 추정되는 것을 막기 위해서는 대규모유통업자는 납품업자등으로부터 계약 내용의 확인 요청 통지를 받은 날로부터 15일 이내에 그 내용에 대한 인정 또는 부인의 의사를 명시한 서면을 납품업자등에게 '발송'하여야 한다. '발송'만 하면 되고, 반드시 납품업자등에게 그 서면이 '도달'할 것까지 요하지는 않는다. 도달주의의 예외이다.

대규모유통업자가 전부 부인의 의사를 명시한 서면을 발송하면 납품업자등이 통지한 내용대로 계약의 체결이 추정되지 않음은 물론이다. 만일 대규모유통업자가 일부 부인, 일부 인정의 서면 또는 전부 인정의 서면을 발송한 경우에는 어떠한가. 대규모유통업법 제 6 조 제 5 항 문언에 따르면 인정의 의사를 명시한 서면을 통지한 경우에도 납품업자등이 통지한 내용대로 계약의 체결이 추정되지 않는 효과는 발생할 것이다. 그러나 특별한 사정이 없는 한, 대규모유통업자가 납품업자등의 계약내용 확인요청 통지에 대해 일부 또는 전부 인정의 서면을 발송한 경우, 이는 당해 인정의 범위 내에서 계약이 이미 성립되었다는 강력한 증거로 작용할 것으로 보인다. 또는 계약이 성립된 것으로 보지 않는다고 하더라도, 납품업자등의 계약내용 확인요청 통지와 대규모유통업자의 인정 통지에 따라, 당사자 사이의 의사 합치에 따른 계약의 사후 승인의 효과가 인정될 수 있다. 어떠한 법리적 구성에 의하더라도, 적어도 대규모유통업자가 인정한 범위 내에서는 계약 내용의 존재가 인정될 가능성이 높다. 한편 계약 체결 즉시 서면이 교부되지 않았다는 점에서 서면교부의무 위반이 문제될 수 있으므로, 대규모유통업자는 이에 유의해야 할 것이다.

(2) 대규모유통업자가 회신하지 않은 경우

앞의 경우와는 달리 대규모유통업자가 납품업자등이 보낸 계약 내용의 확인 요청에 관한 어떠한 내용의 회신도 발송하지 않은 경우에는, 납품업자등이 통지한 내용대로 계약이 체결된 것으로 추정된다.

'추정'이라 함은 일응 당해 사실의 존재를 추단하도록 하는 것을 의미하는 것으로서 당해 사실에 대하여 입증책임을 지는 자의 입증책임을 완화시키는 효과가 있다.[50] 일반적으로 사실상의 추정과 법률상의 추정으로 구분되나, 여기서는 대규모유

50) 입증책임이란 소송상 어느 증명을 요하는 사실의 존부가 확정되지 않을 때에 당해 사실이

통업법 제6조 제5항에 의해 '계약 체결의 추정'이 인정되는 것이므로 법률상의 추정에 해당한다. 이에 따라 납품업자등은 자신이 법 제6조 제4항에 따른 계약 내용의 확인 요청 통지를 했다는 사실, 대규모유통업자가 통지를 받은 날로부터 15일 내에 같은 조 제5항에 따른 회신 통지를 발송하지 않았다는 사실만 입증하면, 당해 확인 요청 통지의 내용과 같은 계약이 체결되었다는 주장이 사실로 인정될 수 있다. 다만, 법률상 반증이 허용되지 않는 '간주'와 달리, 추정을 받는 상대방이 적극적으로 당해 사실이 존재하지 않는다는 점에 관한 반증을 함으로써 그 추정을 번복할 수 있으므로, 회신을 하지 않은 대규모유통업자일지라도 추후 여러 반증 시도를 통해 납품업자등이 통지한 내용과 같은 계약이 체결되지 않았다고 주장할 여지는 있다.

마. 통지 및 회신의 방법

납품업자등이 대규모유통업법 제6조 제4항에 따라 계약 내용의 확인 요청을

존재하지 않는 것으로 취급되어 법률판단을 받게 되는 당사자 일방의 위험 또는 불이익을 말하며, 이러한 의미의 입증책임을 객관적 입증책임이라고 한다. 한편, 입증책임 부담자는 어떠한 사실의 진위가 불명한 경우 객관적 입증책임에 의해 불이익한 판단을 받을 위험, 즉 패소할 위험이 있으므로 이를 면하기 위해 증거를 제출하여 입증활동을 할 필요가 있는데, 승소하기 위해 입증책임을 부담하는 사실에 대하여 증거를 제시해야 하는 한쪽 당사자의 행위책임을 주관적 입증책임(증거제출책임)이라고 한다. 이처럼 입증책임은 요증사실의 진실여부가 불분명한 경우에 당사자 중 누구에게 불이익을 돌릴 것인가를 결정하기 위한 것이고, 이로 인하여 소송의 승패가 좌우될 수 있는 것이어서 그 분배의 문제는 매우 중요하다. 통설 및 판례가 지지하는 법률요건분류설에 따라 일반적으로 권리의 존재를 주장하는 사람은 요증사실 중 권리근거규정의 요건사실(권리발생사실 또는 청구원인사실)에 대하여 입증책임을 지고, 권리의 존재를 다투는 상대방은 요증사실 중 반대규정의 요건사실(반대사실 또는 항변사실)에 대하여 입증책임을 진다. 그러나 소송 실무에 있어 이러한 법률요건분류설에 따라 입증책임을 분배할 경우 오히려 양 당사자간의 입증책임 분배가 일방 당사자에게 불리하게 작용함으로 인해 공평의 원칙에 반하여 타당하지 않는 경우가 종종 발생하였다(예컨대, 의료소송이나 환경소송). 이러한 문제점을 해결하기 위해 입증책임을 전환하거나 입증책임을 완화하는 입법 및 해석론이 나오게 되었다. 본 법에 규정되어 있는 계약 체결 추정 관련 조항 역시 이러한 견지에서 사회적으로 열위에 있는 납품업자등이 부담하여야 할 납품계약 등의 체결 사실에 대한 입증책임을 완화하기 위해 신설되었다. 본 조항이 생기기 이전에 납품업자등은 소송상 대규모유통업자에게 납품계약 등에 기한 권리의 행사 및 의무의 이행을 촉구하기 위하여 그 전제로 납품계약 등의 체결 자체를 주장·증명하여야 했으나, 본 조항으로 인하여 앞으로는 납품계약 등의 체결 자체를 주장·증명할 필요 없이 납품업자등은 자신이 법 제6조 제4항에 따른 계약 내용의 확인 요청 통지를 했다는 사실, 대규모유통업자가 통지를 받은 날로부터 15일 내에 같은 조 제5항에 따른 회신 통지를 발송하지 않았다는 사실만 입증하면 충분하게 되어 부담하여야 할 입증책임이 완화된 것이다[이시윤, 민사소송법(제6판), 박영사(2011), 499~507면 참고].

위한 통지를 하거나, 대규모유통업자가 같은 조 제 5 항에 따라 납품업자등의 요청에 대해 회신을 하고자 할 때에는 각각 당해 서면에 서명 또는 기명날인하여야 한다(법 제 6 조 제 6 항). 위 각 통지 및 회신은 내용증명우편이나 그 밖에 통지와 회신의 내용 및 수신 여부를 객관적으로 확인할 수 있는 방법으로 하여야 한다(시행령 제4 조 제 1 항). 따라서 통지와 회신의 내용 및 수신 여부를 객관적으로 확인하기 어려운 일반우편은 유효한 방법으로 인정되지 않는다. 일반적인 인편에 의한 통지나 회신 또한 그 내용 및 도달 또는 발송의 시점을 객관적으로 확인할 수 없으므로 유효한 방법이라고 볼 수 없으나, 만일 그 내용이 서면에 기재되어 객관적 확인이 가능하고, 그 도달 시점에 관하여 대규모유통업자 또는 납품업자등이 작성한 수령증 등의 방법으로 객관적 확인이 가능하다면 그 유효성을 배제할 이유는 없다. 다만, 이 경우 대규모유통업자의 회신 발송 시점에 대해서는 객관적 확인이 어려울 수 있으므로, 납품업자등이 작성한 수령증의 날짜가 대규모유통업자가 통지를 받은 날부터 15일 이내임을 객관적으로 확인할 수 있어야만 유효한 방법으로 인정될 수 있을 것이다. 법 제 6 조 소정의 통지 및 회신 발송은 전자문서의 방법으로 하는 것도 가능하나, 이 경우에는 「전자서명법」 제 2 조 제 2호에 따른 전자서명(서명자의 실지명의를 확인할 수 있는 것으로 한정한다)이 있어야 한다(시행령 제 4 조 제 1 항). 따라서 전자서명을 할 수 없는 일반적인 형태의 이메일(e-mail) 등은 유효한 통지 및 회신의 방법으로 인정되지 않는다. 이들 통지와 회신은 대규모유통업자와 납품업자등의 주소 또는 전자우편주소로 한다(시행령 제 4 조 제 2 항). 한편 공정거래위원회는 통지와 회신에 필요한 양식을 정하여 보급할 수 있다. 2025. 4. 30. 현재 이에 따른 공정거래위원회의 양식은 보급되지 아니하였으나, 「하도급거래공정화지침」(시행 및 일부개정 2025. 1. 1. 공정거래위원회예규 제480호)에서 정한 서식의 내용이 실무상 참조가 될 수 있다(동 지침 서식 1, 2 참조).

5. 서류의 보존의무

가. 개 요

대규모유통업자는 납품업자등과의 계약이 끝난 날부터 5년간 대규모유통업자와 납품업자등 사이의 거래에 관하여 시행령으로 정하는 서류를 보존하여야 한다(법 제 6 조 제 8 항). 대규모유통업자와 납품업자등과의 거래가 지속되는 과정에서 발생되는 여러 사실관계에 관한 사항을 객관적인 서면으로 작성하여 보존하도록 함으로써,

각 사실관계의 내용을 명확히 하고, 추후 분쟁이 발생할 경우 이를 입증할 수 있도록 하기 위함이다. 대규모유통업법 제정 시 신설된 제도로서, 이에 따라 대규모유통업자와 납품업자등과의 거래에서 발생할 수 있는 각종 분쟁을 예방하고, 향후 분쟁이 발생할 경우 그 해결을 보다 용이하게 함과 동시에, 대규모유통업자의 불공정거래행위에 대한 공정거래위원회의 적발 능력을 제고하는 데 큰 기여를 할 수 있다. 아울러 대규모유통업법의 수범자인 대규모유통업자로서는 통상의 거래 과정에서 발생하는 각종 사실행위에 관한 객관적 서류를 보존해야 할 의무를 부담하게 되므로, 자연스럽게 불공정거래행위를 스스로 통제하는 효과도 기대할 수 있다. 반면, 법 제 6 조 제 8 항이 정하고 있는 서류보존의무의 범위와 정도가 지나치게 방대하여 대규모유통업자는 물론 납품업자등에게도 과도한 부담이 된다는 지적도 없지 않다.[51] 법 제 6 조 제1 항 소정의 법정 서면교부의무 제도와 함께, 향후 적절한 수준에서의 균형점 마련이 필요한 부분이다.

나. 서류 보존의무의 주체 및 기간

대규모유통업법 제 6 조 제 8 항 소정의 서류의 보존의무를 지는 자는 대규모유통업자이며, 납품업자등은 서류 보존의무를 부담하지 않는다. 이 점에서 원사업자와 수급업자에게 똑같이 서류의 보존의무를 지우고 있는 하도급법과 구별된다(하도급법 제 3 조 제12항 참조).

한편, 대규모유통업자는 납품업자등과의 계약이 끝난 날부터 5년 동안 서류를 보존할 의무가 있다. 대규모유통업법상의 처분시효가 5년으로 되어 있는 점을 고려한 규정이다(법 제31조). 참고로 하도급법은 거래가 끝난 날부터 3년(기술자료요구서 또는 비밀유지계약서의 경우 7년) 동안 보존의무를 규정하고 있다(하도급법 제 3 조 제12 항, 같은 법 시행령 제 6 조 제 2 항[52]).

대규모유통업법은 대규모유통업자의 서류 보존의무의 기산점인 '계약이 끝난

51) 2011. 10. 26.자 인터넷 중앙일보 "'대규모유통업법'으로 유통업 고사(枯死) 직전"; 2011. 10. 26.자 인터넷 재경일보 "유통업계 '대규모유통업법은 과잉규제' 반발".

52) 대규모유통업법과 하도급법의 입법 이유가 경제적으로 약자의 위치에 있는 납품업자등과 수급사업자들을 보호하기 위한 것이라는 면에서 유사하고, 달리 납품업자등의 사정이 수급사업자들보다 더 열악하다고 말할 수 없으나, 이와 같이 대규모유통업법은 하도급법의 경우보다 대규모유통업자들에 대해 더욱 엄격한 의무를 부여하고 있다.

날'의 의미에 관하여 별도의 규정을 두고 있지 않다. 다만, 본 조항과 그 취지가 유사한 하도급법에서 '거래가 끝난 날'을 규정하고 있는데,[53] 특별한 사정이 없는 한 본 조항에서의 '계약이 끝난 날' 역시 이에 준하여 판단할 수 있을 것이다.

실무상으로는, 대규모유통업자와 납품업자등이 체결하는 대부분의 거래계약에서 당해 계약의 기간을 명시하고 있으므로 그 계약기간이 만료하여 최종적으로 거래관계가 종료된 시점이 '계약이 끝난 날'에 해당될 것으로 보인다. 물론, 계약기간 만료 전에 당해 거래계약이 해지 또는 해제 등의 사유로 종료된 경우에는 그 날이 이에 해당할 것이다. 명시적인 계약기간이 도과하였으나 아직 그 계약에 따른 당사자들의 의무 이행이 종료되지 않은 경우에는 어떠한가. 예를 들어 상품의 납품거래계약의 기간이 만료되었으나 일부 상품의 납품 의무가 아직 이행되지 않았거나 대금이 지급되지 않은 경우가 이에 해당한다. 이러한 경우는 법률상 계약의 이행이 남은 것이지, 계약의 효력이 유지되는 것은 아니므로, 본 조항 문언에 따라 명시적인 계약기간 만료일을 기산점으로 보는 것이 타당하다.[54]

다. 보존의무가 있는 서류

(1) 시행령 제 5 조의 규정내용

대규모유통업자가 보존할 의무를 부담하는 서류는 시행령 제 5 조에서 정하고

---

53) 하도급법은 제23조(조사대상 거래의 제한) 제 2 항에서 "거래가 끝난 날이란 제조위탁·수리위탁 및 용역위탁 중 지식·정보성과물의 작성위탁의 경우에는 수급사업자가 원사업자에게 위탁 받은 목적물을 납품 또는 인도한 날을, 용역위탁 중 역무의 공급위탁의 경우에는 원사업자가 수급사업자에게 위탁한 역무공급을 완료한 날을 말하며, 건설위탁의 경우에는 원사업자가 수급사업자에게 건설 위탁한 공사가 완공된 날을 말한다. 다만, 하도급계약이 중도에 해지되거나 하도급거래가 중지된 경우에는 해지 또는 중지된 날을 말한다"라고 규정하고 있다.

54) 이행행위가 종료되지 않으면 계약에 기한 채무는 이행지체에 빠지는 것일 뿐, 이행이 완전히 종료되는 것은 아니라는 관점에서 보면, 양 당사자 사이의 이행행위가 완전히 종료되기 전에는 계약이 끝났다고 보기 어려운 면도 없지 않다. 이러한 관점에서 보면, '이행행위가 종료된 날'을 본 조항 소정의 '계약이 끝난 날'로 보아야 한다는 주장도 있을 수 있다. 그러나 이렇게 볼 경우, 이행행위가 종료된 날을 특정하기 어려워 서류 보존의무의 기산점과 종료일을 특정하기 어렵게 된다는 점, 납품업자등의 고의 또는 과실에 의해 이행이 지체될 경우 도리어 대규모유통업자의 의무가 가중되는 모순이 발생한다는 점, 본 조항에 따른 대규모유통업자의 서류 보존의무 기간이 지나치게 길어질 우려가 있다는 점 등을 고려하면, 본 조항 소정의 '계약이 끝난 날'은 계약서상의 '계약기간이 만료한 날'로 해석하는 것이 타당하다고 본다.

있다. 보존의무가 있는 서류는 다음 각 서류들이다. 규정 취지 및 형식상 이는 열거 규정으로 해석된다.

[대규모유통업자가 보존해야 할 서류(시행령 제 5 조)]

제 5 조(서류의 보존) 법 제 6 조 제 8 항에 따라 대규모유통업자가 보존해야 하는 서류는 다음 각 호의 서류(컴퓨터 등 정보처리능력을 가진 장치를 통해 전자적인 형태로 작성·송수신 또는 저장된 것을 포함한다. 이하 이 조에서 같다)를 말한다.

1. 법 제 6 조 제 1 항에 따른 계약사항이 적힌 서류
2. 법 제 6 조 제 4 항 및 제 5 항에 따른 통지 및 회신의 내용이 적힌 서류
3. 법 제 7 조 제 1 항 단서에 따른 상품대금 감액과 관련한 상품목록, 수량, 감액일자, 약정상품대금, 감액사유 및 감액의 액수가 적힌 서류
4. 다음 각 목의 사항이 적힌 서류
   가. 법 제 8 조 제 1 항 또는 제 2 항에 따른 상품판매대금 또는 상품대금의 지급일, 지급금액, 지급수단(어음으로 상품판매대금 또는 상품대금을 지급하는 경우에는 어음의 교부일·금액 및 만기일을 포함한다)
   나. 상품판매대금 또는 상품대금에서 공제된 항목별 금액과 대규모유통업자가 납품업자등에게 추가로 받은 항목별 금액
5. 법 제 8 조 제 3 항에 따라 지급한 이자의 지급내역
6. 법 제 9 조 단서에 따라 수령을 거부하거나 지체한 상품의 목록, 수량, 주문일자, 주문수량, 수령일자, 수령수량 및 수령 거부 또는 지체 사유가 적힌 서류
7. 법 제10조 제 1 항에 따라 반품된 상품의 목록, 수량, 거래형태, 반품일자, 납품대금 및 반품사유가 적힌 서류(법 제10조 제 1 항 제 1 호 및 제 6 호의 반품조건을 명시한 서류와 같은 항 제 7 호의 납품업자가 제출한 서류 및 근거자료를 포함한다)
8. 법 제11조 제 2 항에 따라 대규모유통업자와 납품업자등이 판매촉진행사 약정과 관련하여 각각 서명 또는 기명날인한 서류 및 그 판매촉진행사의 실시에 관한 서류
9. 법 제12조 제 2 항에 따라 대규모유통업자와 납품업자등이 종업원등의 파견조건 약정과 관련하여 각각 서명 또는 기명날인한 서류 및 그 파견된 종업원등의 근무내역에 관한 서류(법 제12조 제 1 항 제 2 호의 경우 납품업자등이 자발적으로 종업원등의 파견을 요청한 서류를 포함한다)
10. 법 제14조 제 2 항에 따라 대규모유통업자가 경영정보를 요구하기 위하여 납품업자등에게 제공한 서류
11. 법 제16조에 따라 매장 설비비용을 보상하는 경우 보상사유 및 보상금액 등을 적은 서류

12. 법 제17조 제 1 호에 따라 정당한 사유로 상품권을 구입하게 한 경우 상품권의 발행, 판매 및 회수내역을 적은 서류
13. 법 제17조 제 8 호에 따라 정당한 사유로 납품업자등의 매장 위치·면적·시설을 변경한 경우 그 변경기준 및 협의내용을 적은 서류
14. 법 제17조 제 9 호에 따라 정당한 사유로 제13조 제 2 항 각 호의 계약조건을 변경한 경우 그 협의내용을 적은 서류[55)]

(2) 구체적 내용

(가) 법 제 6 조 제 1 항에 따른 계약사항이 적힌 서류

법 제 6 조 제 1 항 및 시행령 제 2 조에서 정한 서류이다. 일반적으로 거래기본계약서 및 그 부속 약정서들이 이에 해당될 것이나, 명칭에 상관없이 위 각 규정에 나열된 사항이 적힌 서류이면 모두 보존의무가 있다고 해석된다.

(나) 법 제 6 조 제 4 항 및 제 5 항에 따른 통지 및 회신의 내용이 적힌 서류

법 제 6 조 제 4 항 및 제 5 항이 정한 납품업자등의 계약내용 확인에 관한 서면통지 및 이에 대한 대규모유통업자의 인정 또는 부인의 회신통지 관련 서류이다. 대규모유통업자는 법 제 6 조 제 4 항 소정의 확인과 관련하여 납품업자등으로부터 송달받은 서류가 있다면 그 서류 및 그에 대한 회신통지 서류를 보관하여야 한다. 수령증, 우편접수증 등은 문언상 위 서류에 해당하지 않으나, 규정의 취지상 위 서류에 대해서는 각 수신 및 발신 일자를 확인할 수 있어야 하므로, 실무상으로는 함께 보관하여 둘 필요가 있다.

(다) 법 제 7 조 제 1 항 단서에 따른 상품대금 감액과 관련한 상품목록, 수량, 감액일자, 약정상품대금, 감액사유 및 감액의 액수가 적힌 서류

법 제 7 조(상품대금 감액의 금지) 제 1 항 단서에 따라 대규모유통업자가 납품받은 상품의 대금을 감액한 경우, 대금을 감액한 상품을 특정할 수 있는 구체적인 목록, 상품의 수량, 감액처리를 한 일자, 당해 상품 발주 시 약정하였던 상품 대금, 대

55) 시행령 제13조(상품권 구입 요구 금지 등)
② 법 제17조 제 9 호에서 "판매장려금의 비율 등 대통령령으로 정하는 계약조건"이란 다음 각 호의 어느 하나를 말한다.
1. 판매장려금의 비율 또는 액수
2. 특약매입거래 또는 위·수탁거래의 경우 상품판매대금에서 대규모유통업자가 공제하는 판매수익 또는 수수료

규모유통업자가 본 법 제 7 조 제 1 항 단서 중 구체적으로 어떤 사유로 감액을 하고자 한 것인지에 대한 사유, 당해 사유에 따라 실제로 감액한 금액을 기재한 서류이다. 본 서류에서 가장 중요한 사항은 감액의 사유가 될 것인데, 단순히 법 제 7 조 제 1 항 단서에 적시된 상품대금 감액이 허용되는 사유들 중 어느 하나를 택하여 기재하는 것에 더하여, 구체적으로 어떤 이유로 감액을 하였는지를 명확히 확인할 수 있어야 한다. 대규모유통업자가 상품대금을 감액할 때 이를 서면으로 할 필요는 없으나, 상품대금을 감액한 사실이 발생한 이상, 대규모유통업자는 본 호에 따라 그 감액 사실을 구체적으로 적시한 서류를 보존하여야 한다.

(라) 법 제 8 조 제 1 항 또는 제 2 항에 따른 상품판매대금 또는 상품대금의 지급일, 지급금액, 지급수단(어음으로 상품판매대금 또는 상품대금을 지급하는 경우에는 어음의 교부일·금액 및 만기일 포함), 상품판매대금 또는 상품대금에서 공제된 항목별 금액과 대규모유통업자가 납품업자등에게 추가로 받은 항목별 금액이 적힌 서류

대규모유통업자가 납품업자등에게 법 제 8 조(상품판매대금 등의 지급)에 따라 상품판매대금 또는 상품대금(직매입거래의 경우)을 지급한 경우 구체적인 지급 날짜, 실제 지급한 금액 및 지급수단, 상품판매대금 등에서 구체적으로 어떤 항목에 따라 어느 정도의 공제가 있었는지 등에 대해 구체적으로 명시된 서류이다. 거래기본계약에 기재된 통상의 지급일, 상품대금 등의 일반적 기재가 아닌, 실제로 일정 상품을 판매한 후 대금정산이 이루어진 구체적인 내역이 적시된 서류를 의미한다. 예를 들면 통상 월 판매마감일 이후 40일 이내에 정산을 하면서 작성, 수수되는 정산 관련 서류가 이에 해당한다. 어음으로 상품판매대금 등을 지급하는 경우, 당해 어음을 현물로 보관하거나 첨부할 필요까지는 없으나 그 어음의 교부일, 금액 및 만기일은 기재되어 있어야 한다. 상품판매대금 등에서 공제된 항목별 금액과 대규모유통업자가 납품업자등에게 추가로 받은 항목별 금액은 판매수익 또는 수수료 공제나 수취에 한정되지 아니하고, 기타 일체의 금액 공제나 수취를 의미하는 것으로 해석된다. 예를 들어, 대규모유통업자가 납품업자등에게 관리비, 수도광열비, 청소비, 경비비 등을 상품판매대금 등에서 공제하거나 수취하는 방법으로 별도로 부담시키는 경우, 그에 관한 사항이다. 대규모유통업자가 상품판매대금 등 지급으로서 민법상 변제에 해당하는 사실행위를 하면 족하고 별도로 지급에 관한 서면을 교부할 필요는 없으나, 본 호에 따라 대규모유통업자는 당해 지급 행위에 관한 사실을 구체적으로 적시한 서류

를 보존하여야 한다.

(마) 법 제8조 제3항에 따라 지급한 이자의 지급내역

대규모유통업자가 납품업자등에게 법 제8조 제1항 및 제2항 소정의 기일(특약매입거래, 임대차거래, 위·수탁거래의 경우 월 판매마감일부터 40일, 직매입거래의 경우 상품수령일부터 60일)을 도과하여 상품판매대금 등을 지급함에 따라 같은 조 제3항 소정의 이자를 지급한 경우, 그 이자 지급내역에 관한 서류이다. 이자 지급의 속성상, 기일을 도과한 상품판매대금 등의 액수, 지연 일수, 이자율, 지급된 이자의 총액, 지급일이 함께 기재되어야 할 것이다. 대규모유통업자가 납품업자등에게 이자를 지급할 때 반드시 그 사유를 적시한 서면을 교부할 의무는 없으나, 대규모유통업자가 법 제8조 제1항 및 제 2 항 소정의 기일을 도과하여 지연손해금을 지급한 사실이 발생한 이상, 대규모유통업자는 이에 관한 사실을 구체적으로 적시한 서류를 보존하여야 한다. 특히 법 제8조 제1항 또는 제2항을 위반한 경우로서 공정거래위원회의 조사가 개시된 날부터 30일 이내에 납품업자등에게 상품판매대금 또는 상품대금과 그 이자를 모두 지급한 경우에는 과징금을 부과하지 않을 수 있으므로{시행령 제28조 제1항 관련 [별표 1] 제1호 나목}, 훗날 있을지도 모를 공정거래위원회 제재의 경감을 위해서도 이자 지급내역을 정확히 기재할 필요가 있다.

(바) 법 제9조 단서에 따라 수령을 거부하거나 지체한 상품의 목록, 수량, 주문일자, 주문수량, 수령일자, 수령수량 및 수령 거부 또는 지체 사유가 적힌 서류

대규모유통업자가 납품업자가 납품하고자 한 상품에 대해 법 제9조(상품의 수령 거부·지체 금지) 단서 및 시행령 제7조(상품의 수령 거부·지체) 각 호의 사유에 따라 당해 상품의 수령을 거부하거나 지체한 경우, 대규모유통업자가 수령을 거부하거나 지체한 상품을 특정할 수 있는 구체적인 목록, 수령을 거부하거나 지체한 상품의 수량, 당해 상품을 주문한 일자와 주문한 수량 및 수령을 거부하거나 지체하게 된 구체적 사유가 기재된 서류이다. 수령을 거부하거나 지체한 사유에 대하여는 시행령 제7조 각 호의 어느 하나를 택하여 기재하는 것 외에, 실제로 구체적으로 어떤 이유로 수령을 거부하거나 지체하였는지를 확인할 수 있을 정도의 기재를 요한다. 대규모유통업자가 상품의 수령을 거부하거나 지체할 당시에 그러한 행위를 서면으로 할 필요는 없으나, 상품의 수령 거부 또는 지체를 한 사실이 발생한 이상, 법 제6조 제8항에 따라 대규모유통업자는 그 사실을 구체적으로 적시한 서류를 보존하여야

한다.

(사) 법 제10조 제 1 항에 따라 반품된 상품의 목록, 수량, 거래형태, 반품일자, 납품대금 및 반품사유가 적힌 서류(법 제10조 제 1 항 제 1 호 및 제 6 호의 반품조건을 명시한 서류와 제 7 호의 납품업자가 제출한 서류 및 근거자료 포함)

대규모유통업자가 법 제10조(상품의 반품 금지) 제 1 항에 따라 예외적으로 반품을 한 경우, 반품된 상품의 목록, 수량, 거래형태, 반품일자, 납품대금 및 반품사유가 적시된 서류를 의미한다. 반품사유와 관련하여서는 법 제10조 제 1 항 각 호 중 어느 것에 해당하는지 및 그 사유를 구체적으로 적시할 필요가 있다. 아울러 대규모유통업자의 반품사유가 법 제10조 제 1 항 제 1 호에 의한 특약매입거래에서의 반품이거나, 제 6 호에 의한 직매입거래에서의 기간상품 또는 계절상품의 반품인 경우에는 대규모유통업자와 당해 납품업자가 당해 상품의 납품거래 계약을 체결할 당시 반품조건에 관하여 구체적으로 약정한 서류도 보존 대상이 된다. 통상 거래기본계약 또는 그 부속 약정서가 이에 해당한다. 납품업자가 대규모유통업자에게 자발적으로 반품을 요청하여 법 제10조 제 1 항 제 7 호에 따라 반품을 한 경우, 대규모유통업자는 납품업자가 반품을 요청한 서면과 함께 납품업자 자신에게 직접적으로 이익이 된다는 근거자료로 제시한 서류도 함께 보존하여야 한다.

(아) 법 제11조 제 2 항에 따라 대규모유통업자와 납품업자등이 판매촉진행사 약정과 관련하여 각각 서명 또는 기명날인한 서류 및 그 판매촉진행사의 실시에 관한 서류

대규모유통업법은 판매촉진행사의 실시와 관련하여서는 대규모유통업자와 납품업자등과의 납품계약 체결 즉시 서면으로 약정하여 교부할 것을 요하지 아니한다(법 제 6 조 제 1 항, 시행령 제 2 조 제 1 항 참조). 다만, 당해 판매촉진행사를 실제로 실시하기 전에는 그 내용을 서면으로 약정하여 교부하여야 하는데(법 제11조 제 1 항, 제 2 항), 시행령 제 5 조 제 8 호에 따라 대규모유통업자가 보존하여야 할 서류는 법 제11조 제 2 항에 따라 작성된 약정 서류이다. 또한, 본 호는 실제로 그 판매촉진행사가 어떤 내용으로 실시되었는지를 기재한 서류도 보존의무 대상으로 규정하고 있다. 이러한 서류들은 추후 판매촉진행사에 관한 법 제11조 소정의 각 규정을 제대로 준수하였는지 여부를 판단하는 기초 자료가 될 수 있다.

(자) 법 제12조 제 2 항에 따라 대규모유통업자와 납품업자등이 종업원등의 파견조건 약정과 관련하여 각각 서명 또는 기명날인한 서류 및 그 파견된 종업원등의 근무내역에 관한 서류(법 제12조 제 1 항 제 2 호의 경우 납품업자등이 자발적으로 종업원등의 파견을 요청한 서류 포함)

대규모유통업자와 납품업자등이 종업원등의 파견에 관한 약정을 한 서면이 보존 대상이다. 시행령 제 5 조 제 1 호는 법 제 6 조 제 1 항 및 시행령 제 2 조 제 1 항 제 6 호에 따라 납품업자등으로부터 종업원등을 파견받는 경우 파견조건 및 파견비용 분담에 관한 사항을 계약 체결 당시 작성 서류로서 보존 대상으로 하고 있는 바, 시행령 제 5 조 제 9 호에 따라 보존의 대상이 되는 서류와는 어떠한 차이가 있는지에 대한 의문이 있을 수 있다. 각 규정의 체계상, 시행령 제 5 조 제 1 호 소정의 보존 서류에는 최초 납품계약 체결 시 종업원등의 파견을 전제로 파견 시의 대략적인 조건 및 비용분담에 관한 사항이 포함되는 반면, 같은 조 제 9 호 소정의 보존 서류는 대규모유통업자와 납품업자등이 실제 종업원등의 파견계약을 체결하면서 정한 종업원등의 수, 근무기간 및 근무시간, 업무내용, 인건비 분담 여부 및 조건 등 보다 구체적인 약정내용이 포함된 서류로 이해된다. 본 호는 실제로 그 파견된 종업원등의 근무내역을 기재한 서류도 보존의무 대상으로 하고 있다. 판매촉진행사의 경우와 마찬가지로, 이러한 서류들은 추후 종업원등 파견에 관한 법 제12조 소정의 각 규정 준수 여부를 판단하는 기초 자료가 될 수 있을 것이다.

(차) 법 제14조 제 2 항에 따라 대규모유통업자가 경영정보를 요구하기 위하여 납품업자등에게 제공한 서류

대규모유통업자가 납품업자등에게 법 제14조(경영정보 제공 요구 금지) 제 1 항 각 호 소정의 정보 제공을 요구할 때 작성하여 교부해야 하는 서류이다. 법 제14조 제 1 항 각 호에 열거되지 않은 정보의 제공을 요청하는 경우에는 위와 같은 서류 교부의무 및 보존의무가 없다. 대규모유통업자는 위 서류를 납품업자등에게 교부할 의무가 있을 뿐만 아니라, 이를 보존할 의무가 있으므로, 실무상 대규모유통업자로서는 동일한 서류를 2부 이상 작성하여 적어도 그 중 하나를 보존하여야 할 것으로 생각된다. 물론 각 서류들은 객관적 기준에 의해 그 동일함이 입증될 수 있어야 한다.

(카) 법 제16조에 따라 매장 설비비용을 보상하는 경우 보상사유 및 보상금액 등을 적은 서류

대규모유통업자가 법 제16조(매장 설비비용의 보상)에 따라 납품업자등에게 매장 설비비용을 보상하는 경우, 구체적으로 어떠한 이유로 보상의무가 발생하였는지, 그 보상금액은 얼마인지를 적시한 서류이다. 특별한 사정이 없는 한, 보상의무는 대규모유통업자가 납품업자등과의 거래를 중단 또는 거절하거나(법 제16조 제 1 호), 납품업자등의 매장 위치 · 면적 · 시설을 변경(법 제16조 제 2 호)하는 경우에 발생하나, 실무상으로는 그에 관한 보다 자세한 경위사실을 함께 적시하는 한편, 보상금액을 기재함에 있어서 당해 보상금액이 산출된 근거를 함께 적시할 필요가 있다. 대규모유통업자가 납품업자등에게 매장 설비비용을 보상할 때 반드시 서면으로 할 필요는 없으나, 위와 같은 보상 사실이 발생한 이상, 대규모유통업자는 그 사실을 구체적으로 적시한 서류를 보존하여야 한다.

(타) 법 제17조 제 1 호에 따라 정당한 사유로 상품권을 구입하게 한 경우 상품권의 발행, 판매 및 회수내역을 적은 서류

대규모유통업자가 납품업자등에게 구입하도록 한 상품권의 발행 일시, 판매 일시 및 그 회수내역을 적시한 서류이다. 이를 위해서는 당해 납품업자등에게 구입하도록 한 상품권을 특정할 수 있어야 한다. 통상 당해 상품권의 일련번호 등으로 위 각 정보를 특정하여 기재 가능할 것으로 보이나, 다수의 상품권이 거래되어 개개의 일련번호를 모두 확인하기 어려운 경우에는 당해 거래 시점이나 물량, 기타 사항 등을 고려하여 다른 방법에 의할 여지도 없지 않다. 다만, 법 제17조(불이익 제공행위의 금지) 제 1 호에 의해 납품업자등에게 상품권을 구입하게 한 경우 정당한 사유가 있었다는 점은 대규모유통업자가 증명하여야 하므로, 단순히 이러한 내역을 적은 서류를 보관하였다는 점만으로 상품권을 구입하게 한 행위 자체의 적법성을 보장하지는 않는다는 점을 유의할 필요가 있다.

(파) 법 제17조 제 8 호에 따라 정당한 사유로 납품업자등의 매장 위치 · 면적 · 시설을 변경한 경우 그 변경기준 및 협의 내용을 적은 서류

대규모유통업자가 계약기간 중에 납품업자등의 매장 위치나 면적, 시설을 변경한 경우, 당해 납품업자등의 매장을 변경한 기준을 적시한 서류를 의미한다. 예를 들어 매장 진열개편(MD 개편) 등으로 인해 점포 전체 매장들의 변경이 있는 경우, 각

납품업자등의 매장이 어떤 기준으로 재배치되는지에 관한 점 등이다. 실무상으로는 이처럼 각 납품업자등의 매장이 변경될 경우, 대규모유통업자와 납품업자등이 매장 변경에 관한 기준, 절차, 방법 등에 관하여 협의를 거치는 경우가 많은데, 이와 같은 협의가 있는 경우에는 그 협의 내용을 적은 서류도 보존 대상이 된다. 법 제17조 제 8 호에 의하면, 정당한 사유 없이 계약기간 중에 납품업자등의 매장 위치·면적·시설을 변경하는 행위가 금지되므로, 본 호에 따라 작성되는 변경기준 및 협의 내용을 적은 서류는 추후 정당한 사유 여부를 판단하는 증거가 될 수 있다.

(하) 법 제17조 제 9 호에 따라 정당한 사유로 시행령 제13조 제 2 항 각 호의 계약조건을 변경한 경우 그 협의 내용을 적은 서류

대규모유통업자가 직매입거래 납품업자와 판매장려금 비율 또는 액수를, 특약매입거래 또는 위·수탁거래 납품업자와 판매수익 또는 수수료에 관한 사항을 변경한 경우, 그에 관한 서류이다. 일반적으로 계약기간 중에 판매장려금의 비율이나 금액을 변경하거나, 판매수익 또는 수수료율이나 금액을 변경하는 경우에는 법 제17조 제 9 호에 의해 위법한 행위로 인정될 가능성이 크므로, 유통 실무에서는 이에 대한 서류를 작성하게 되는 경우가 그다지 많지 않을 것으로 생각된다. 다만, 정당한 사유가 있는 경우에는 판매장려금 등의 변경[56]이 허용되는데, 그 경우에는 그 구체적인 변경 사유와 협의 내용을 충실히 기재하여야 하며, 이를 적은 서류가 본 호에 따른 보존 대상이 된다.

판매장려금에 관하여, 만일 대규모유통업자가 납품업자와 연간거래 기본계약으로 일정 판매구간별 판매장려금 적용 비율을 약정하여 두었고, 그 거래기간 도중 기본계약에 따라 판매장려금 적용 비율이 변경되는 경우에도 본 호 소정의 서류를 보존하여야 하는지 의문이 있을 수 있다. 생각건대 법 제17조 제 9 호에 따른 위 각 사항의 변경은 대규모유통업자가 납품업자와 당초 체결한 계약에서 정한 사항을 사후에 변경하고자 하는 경우에 적용되는 것이지, 위와 같이 기왕에 정한 기준에 따라 판매장려금(률) 등이 변동되는 경우까지 포함한다고 보기 어렵다. 따라서 이 경우는 본 호에 따른 서류 보존의무의 대상에 포함되지 않는 것으로 판단된다. 이에 관한

56) 일반적으로 판매장려금(률) 등을 인하하는 경우에는 공정거래위원회가 문제삼을 가능성이 거의 없을 것이므로 주로 판매장려금(률) 등을 인상하는 경우가 문제될 것인데, 이 경우에는 정당한 사유가 입증되어야 한다.

자세한 사항은 불이익 제공 금지 행위를 다룬 제14장에서 상술한다.

라. 서류 보존의 방법

대규모유통업법 제6조 제8항 및 시행령 제5조는 보존하여야 할 서류의 보존 형태 내지 보존방식과 관련하여 특별한 규정을 두고 있지 않다. 단, 보존 대상인 서류에는 컴퓨터 등 정보처리능력을 가진 장치에 의하여 전자적인 형태로 작성·송수신 또는 저장된 것을 포함한다고 규정하고 있으므로, 일단 이와 같은 전자적 형태의 서류는 전자적 서류의 저장이 가능한 정보처리시스템에 의해서도 보존이 가능하다고 할 것이다(법 제6조 제8항, 시행령 제5조, 「전자문서 및 전자거래 기본법」 제2조 제2호). 그렇다면 원칙적으로 법 제6조 제8항에 의한 서류의 보존이라 함은, 일반적인 형태의 문서 서류는 그 형상 자체를, 전자적인 형태로 작성된 서류는 정보처리시스템에 저장된 데이터 자체를 보존하는 것으로 보아야 한다.

일반적인 형태의 문서 서류의 보존과 관련하여, 원본, 정본 또는 인증등본(認證謄本)[57]이 아닌, 사본의 형태로 보관하는 것은 어떠한가. 대규모유통업법에 관한 분쟁이 발생할 경우, 일반적으로 적용될 분쟁해결절차는 행정소송법 및 민사소송법에 따르게 될 것인데, 행정소송법은 "행정소송에 관하여 이 법에 특별한 규정이 없는 사항에 대하여는 법원조직법과 민사소송법 및 민사집행법의 규정을 준용한다"(행정소송법 제8조 제2항)고 규정하고 있고, 민사소송법은 "법원에 문서를 제출하거나 보낼 때에는 원본, 정본 또는 인증이 있는 등본으로 하여야 한다"(민사소송법 제355조 제1항)고 규정하고 있다. 대규모유통업법이 대규모유통업자로 하여금 일정한 서류를 보존하도록 하는 취지 중 하나가 향후 분쟁이 발생할 경우 문서로써 입증할 수 있도록 하려는 것임을 고려하면, 위와 같은 각 소송법상 서증에 관한 일반 원칙이 참고가 될 수 있다. 따라서 원칙적으로는 본 조항에 따라 보존하여야 할 서류 역시 원본, 정본 또는 인증이 있는 등본이 되는 것이 가장 이상적이라고 할 것이다.[58]

57) 원본이라 함은 문서 그 자체를 말하고, 정본이라 함은 특히 정본이라고 표시한 문서의 등본으로서 원본과 같은 효력이 인정되는 것을 말하며, 인증등본은 인증기관이 공증한 등본을 말한다. 참고로 등본은 원본전부의 사본을 말한다[이시윤, 신민사소송법(제6판), 박영사(2011), 469면].

58) 이러한 견지에서 법은 문서와 관련하여 특별히 사본도 원본과 동일한 효력을 갖는다거나 사본으로 보존할 수 있다는 취지의 특별한 규정을 두는 경우가 있다(형법 제237조의2, 상법 제33조 제3항). 이러한 특별규정을 굳이 두는 이유를 생각해 보면, 이러한 특별 규정

그러나 대규모유통업법이 대규모유통업자에게 서류 보존의무를 부과하는 주된 취지가 법 상 각종 금지 규정 위반 여부의 확인 및 납품업자등의 주장이나 입증의 용이성 제고 등에 있다는 점, 대규모유통업법에서 정하고 있는 보존 대상 서류의 종류가 매우 광범위하고 대규모유통업 거래는 다수의 납품업자등과 일상적으로 수많은 약정이 체결됨에 따라 그 보존 서류의 분량이 막대하다는 점, 따라서 이들 전체 서류를 모두 원본 등으로 보존하는 것은 물리적으로 용이하지 않을 뿐만 아니라 보존 비용 또한 지나치게 과도하다는 점 등을 고려하면, 사본 형태에 의한 보존도 가능한 것으로 보아야 한다. 민사소송법상 사본으로 제출된 서증의 경우에도 그 성립의 진정이 다투어지지 않은 한 증거능력이 인정된다는 점을 고려하더라도, 대규모유통업법에 대해서만 이와 달리 보존의 방법으로 원본, 정본, 인증등본으로만 한정할 특별한 이유는 없다. 따라서 대규모유통업자는 보존 대상인 서류를 사본으로도 보존 가능하다고 판단된다. 같은 이유에서 법률상 사본의 일종인 스캔 문서(Scan documents)화 하여 이를 정보처리시스템에 보존하는 것도 가능하다고 해석된다. 단, 앞서 본 바와 같이, 사본에 대해서는 소송 과정에서 그 성립의 진정성 여부가 상대방에 의해 다투어지는 경우가 있을 수 있는데, 그러한 경우에는 그 사본이 원본과 동일하다는 점에 관한 입증의 책임을 부담할 위험이 있을 수 있다.[59] 입법론상으로는 이와 같은 점을 고려하여, 사본 형태에 의한 보존의 근거 규정을 두는 것도 고려할 필요가 있어 보인다.[60]

이 없는 경우 문서는 당연히 원본의 형태를 전제로 하기 때문에 이러한 규정을 통해 사본도 원본과 동일하게 취급하려는 것으로 보인다.

59) "… 문서의 제출은 원본으로 하여야 하는 것이므로, 원본이 아니고 단순한 사본만에 의한 증거의 제출은 정확성의 보증이 없어 원칙적으로 부적법하므로, 원본의 존재 및 원본의 성립의 진정에 관하여 다툼이 있고 사본을 원본의 대용으로 하는데 대하여 상대방으로부터 이의가 있는 경우에는 사본으로 원본을 대신할 수 없으며, 반면에 사본을 원본으로 제출하는 경우에는 그 사본이 독립한 서증이 되는 것이나 그 대신 이에 의하여 원본이 제출된 것으로 되지는 아니하고, 이때에는 증거에 의하여 사본과 같은 원본이 존재하고 또 그 원본이 진정하게 성립하였음이 인정되지 않는 한 그와 같은 내용의 사본이 존재한다는 것 이상의 증거가치는 없다 …"(대법원 2010. 1. 29.자 2009마2050 결정, 대법원 2002. 8. 23. 선고 2000다66133 판결).

60) 상법은 상업장부를 10년간 보존하도록 규정하면서 "제 1 항의 장부와 서류는 마이크로필름 기타의 전산정보처리조직에 의하여 이를 보존할 수 있다"는 특별 규정을 두고 있다(상법 제33조 제 3 항).

6. 표준거래계약서 작성 및 사용의 권장

공정거래위원회는 대규모유통업법의 적용 대상이 되는 대규모유통업자나 대규모유통업자를 구성원으로 하는 사업자단체 및 납품업자등에게 표준거래계약서의 사용을 권장할 수 있다(법 제 6 조의2 제 1 항).

그러나 이는 권장사항일 뿐 대규모유통업자 등이 이를 반드시 따라야 하는 법적 의무사항은 아니다. 다만 표준거래계약서 내용 중 상당 부분은 대규모유통업법 및 시행령에 규정된 사항이고, 공정거래위원회의 법 집행내용 및 법원 판결 등을 반영하여 수시로 그 내용이 수정·보완되고 있으므로, 본 법의 수범자인 대규모유통업자들로서는 표준거래계약서를 사용하면서 이를 지키도록 노력하는 것이 곧 법위반의 위험을 낮추는 방안이 될 수 있을 것이다.[61)]

대규모유통업자나 사업자단체, 납품업자등은 공정거래위원회에 표준거래계약서의 제·개정을 요청할 수 있고(법 제 6 조의2 제 2 항), 공정거래위원회는 이해관계자 또는 전문가 등의 의견을 청취하여 표준거래계약서를 제·개정할 수 있다(법 제 6 조의2 제 3 항).

7. 서면의 교부 및 서류의 보존의무 위반의 효과

가. 사법상 효과

대규모유통업자가 대규모유통업법 제 6 조 각 항을 위반한 경우, 예를 들어 대규모유통업자가 계약 체결 즉시 법정 기재사항을 포함한 서류를 교부하지 않거나, 그 교부 전에 납품업자등에게 이행을 준비하도록 요구하거나, 법적 보존의무가 있는 서류를 보존하지 않은 경우에도, 대규모유통업자와 납품업자등 사이에 체결된 계약의 사법상 효력은 부인되지 아니한다. 물론 대규모유통업자가 위 각 규정을 위반함에 따른 행정적 제재의 대상이 되는 것은 별론이다.

다만, 대규모유통업법 제 6 조 제 5 항에 따른 '계약 추정' 조항은 법률상 추정 규정의 일종으로서, 일정한 조건 하에서 대규모유통업자와 납품업자등 사이의 계약 체

61) 공정거래위원회의 대·중소기업간 공정거래협약 이행평가 등에 관한 기준(유통분야)상 평가항목별 점수배분 기준에서 '표준거래계약서 사용'이 10점으로 배점이 높다.

결 사실을 추정하도록 하는 효력이 있다. 엄밀히 보면 '추정' 자체는 사법상의 직접적 효과로 보기는 어려우나, 이와 같이 일정한 사실(법 제6조 제5항에 의하면, 납품업자등이 확인을 요청한 계약 내용과 동일한 계약의 체결 사실)을 추정함으로써 그 추정을 받는 대규모유통업자가 이에 대한 적극적인 반증을 제시하지 않는 한, 대규모유통업자와 납품업자등은 위 내용대로 사법상 계약을 체결한 것으로 인정되어 그에 따른 사법상 권리의무관계를 형성하게 될 수 있으므로, 이와 같은 점에 있어서는 법 제6조 제5항의 간접적인 사법상 효력은 인정될 수 있다.

나. 행정적 제재[62)]

(1) 입증책임

(가) 법 제6조 제1항, 제2항 관련

공정거래위원회는 '대규모유통업자가 계약을 체결한 즉시 법 제6조 제1항 소정의 서면을 납품업자등에게 제공하지 않은 사실'을 입증하는 것으로 당해 대규모유통업자의 본 조항 위반에 따른 처분을 할 수 있다.

(나) 법 제6조 제3항 관련

공정거래위원회는 '대규모유통업자가 법 제6조 제1항의 서면을 납품업자에게 주기 전에 납품할 상품을 제조·주문하게 하거나 납품할 상품을 위한 설비·장치를 준비하도록 요구한 사실'을 입증하는 것으로 당해 대규모유통업자의 본 조항 위반에 따른 처분을 할 수 있다. 이에 대해 대규모유통업자가 본 조항 위반이 아님을 항변하기 위해서는 '서명 또는 기명날인한 서면으로 요구하였다는 사실'을 주장, 입증하여야 한다. 이에 대한 입증이 불가능할 경우, 당해 항변 사실의 부존재 책임은 대규모유통업자가 부담한다.

(다) 법 제6조 제8항 관련

공정거래위원회는 '대규모유통업자가 납품업자등과의 계약이 끝난 날부터 5년간 대규모유통업자와 납품업자등 사이의 거래에 관하여 시행령 제5조 각 호에서 정한 서류를 보존하지 않은 사실'을 입증하는 것으로 당해 대규모유통업자의 본 조항 위반에 따른 과태료 처분을 할 수 있다.

---

62) 자세한 사항은 후술하는 제3부 제2장 '법 위반에 대한 조사 및 처분' 참고.

(2) 시정조치

공정거래위원회는 서면교부의무(법 제 6 조 제 1 항, 제 2 항) 또는 서면 미교부시 거래의 이행 준비 요구 금지 규정(법 제 6 조 제 3 항)을 위반한 대규모유통업자에게 법 위반행위의 중지, 향후 재발방지, 시정명령을 받은 사실의 공표, 시정명령을 받은 사실의 거래상대방인 납품업자등에 대한 통지 그 밖에 시정에 필요한 조치를 명할 수 있다(법 제32조). 아울러 공정거래위원회는 법을 위반한 대규모유통업자에게 시정방안을 마련하여 이에 따를 것을 권고하는 시정권고를 할 수도 있다(법 제33조).

(3) 과 징 금

공정거래위원회는 서면교부의무(법 제 6 조 제 1 항, 제 2 항) 또는 서면 미교부시 거래의 이행 준비 요구 금지(법 제 6 조 제 3 항) 규정을 위반한 대규모유통업자에게 대통령령이 정하는 산출방식에 따른 납품대금이나 연간 임대료를 초과하지 아니하는 범위에서 과징금을 부과할 수 있다(법 제35조 제 1 항, 제 2 항). 시행령은 '대통령령으로 정하는 산출방식에 따른 납품대금'에 대하여, '대규모유통업자의 위반행위와 관련된 상품 매입액 또는 이에 준하는 금액'으로, '연간 임대료'에 대하여 '매장임차인이 위반사업자에게 지급해야 하는 위반기간의 임대료를 1년의 기간으로 환산한 금액'으로 각각 규정하고 있다{시행령 제28조 제 1 항 [별표 1] 제 2 호 가목}. 다만, 매출액을 산정하기 곤란한 경우 등에는 5억 원을 초과하지 아니하는 범위에서 과징금을 부과할 수 있다(법 제35조 제 1 항 단서).

(4) 과 태 료

공정거래위원회는 5년 동안의 서류 보존의무(법 제 6 조 제 8 항)를 위반하여 계약서 등 중요 서류를 보관하지 아니한 자에 대하여 1천만 원 이하의 과태료를 부과할 수 있다(법 제41조 제 4 항).

제 3 장

상품대금 감액의 금지

1. 서　설

대규모유통업자는 납품받은 상품의 대금을 감액하여서는 아니 된다. 다만, 납품받은 상품이 계약한 상품과 다르거나, 납품업자의 책임 있는 사유로 인하여 오손·훼손되었거나 상품에 하자가 있는 등 정당한 사유가 있는 경우로서 해당 거래분야에서 합리적이라고 인정되는 기간 내에는 납품받은 상품의 대금을 감액할 수 있다(법 제7조 제1항). 신선 농·수·축산물을 대상으로 하는 경우에는 납품업자가 신선 농·수·축산물을 납품한 시점부터 대규모유통업자가 그 상품의 검수 및 매입을 마친 시점까지의 기간 내에 감액을 하여야 하고, 위 기간은 특별한 사유가 없는 한 2일을 초과할 수 없다(법 제7조 제2항, 시행령 제6조).

종전에도 공정거래위원회는 특별한 사정이 없는 한 상품대금 감액은 납품업자에게 전적으로 불리하므로 그 형식 여하를 불문하고 납품업자의 완전한 자유의사에 기한 것으로 보기 어렵다고 보아, 원칙적으로 대규모소매업자의 상품대금 감액을 금지하였다(대규모소매업고시 제4조).[1] 그리고 이와 같은 규제방향은 대규모유통업법에도 그대로 이어져, 대규모유통업법 제7조(상품대금 감액의 금지)는 납품받은 상품의 감액을 금지하되, 예외적으로 정당한 사유가 있는 경우로서 해당 거래분야에서 합리적이라고 인정되는 기간내에 이루어지는 경우에 한하여 그 감액이 허용되는

1) 대규모유통업법 시행 전 공정거래위원회의 대규모유통업자에 대한 총 조치 건수 중 약 6.2% 정도가 대금감액에 관한 분쟁에 해당하였다[공정거래위원회, 2011 공정거래백서(2011. 7.), 445면]. 다만, 법 시행 이후 대금감액이 문제된 사안은 거의 없어, 단정하기는 어렵지만 대금 감액 금지 규정 도입에 따른 효과가 발생한 것이라고 해석할 수도 있어 보인다.

것으로 규정하였다. 이처럼 본 조는 원칙적 금지, 예외적 허용이라는 대규모유통업법의 기본적인 구조와 그 궤를 같이 하고 있다. 이에 따라 대규모유통업자와 납품업자 사이의 계약 자유의 원칙 내지 사적 자치의 원칙은 간접적으로 제한되는 것으로 해석된다.[2)]

2. 납품된 상품에 대한 대금감액의 원칙 금지

가. 개 요

대규모유통업자는 납품받은 상품의 대금을 감액하여서는 아니 된다(법 제7조 제1항 본문). 다만, 납품받은 상품의 대금에 대한 감액이 금지되는 것일 뿐이므로, 납품이 이루어지기 전에 대규모유통업자와 납품업자 사이의 협의에 따라 대금을 감액하는 것까지 금지되는 것은 아니다.[3)]

나. '납품'된 상품

본 조 소정의 '납품'이라 함은 납품업자가 대규모유통업자에게 특정의 상품을 사실상 제공하는 일체의 행위를 의미한다. 대규모유통업자의 본사에 직접 제공하는 것은 물론, 대규모유통업자의 물류센터에 입고하는 것, 각 점포에 직접 입고하는 것이 모두 포함된다(자세한 사항은 제2부 제1편 제1장 2. 나. 참조).

본 규정은 상품의 납품을 전제로 하므로 납품업자가 대규모유통업자에게 상품을 납품하는 직매입거래, 특약매입거래 및 위·수탁거래에 모두 적용될 수 있으나, 상품의 납품이 없는 매장임대차거래에는 적용되지 않는다.

---

2) 후술하는 바와 같이, 납품 후 대금감액 합의는 본 조에 따라 위법한 것으로 간주되지만 그 합의 자체의 사법상 효력은 유효하다. 위와 같은 합의가 곧바로 사회상규에 반하거나(민법 제103조) 불공정하여(민법 제104조) 무효에 이를 정도라고 보기는 어렵기 때문이다.

3) 다만, 납품받기 전이라도 아무런 제한 없이 감액이 가능하다고 볼 수는 없다. 대규모유통업자는 일반적으로 납품업자에 대해 거래상 지위를 가지므로 납품이 임박한 상황에서 합리적 사유 없이 기존에 약정한 대금을 일방적으로 감액하는 것은 대규모유통업자가 거래상 지위를 남용하여 납품업자에게 불이익을 제공하는 것으로서 공정거래법상 거래상 지위남용행위(제45조 제1항 제6호)에 해당할 가능성이 있다[불공정거래행위 심사지침(시행 2024. 12. 30. 공정거래위원회 예규 제477호, 2024. 12. 30. 일부개정), 이하 '불공정거래행위 심사지침' 등].

다. 상품의 '대금'

본 조 소정의 '대금'이라 함은 납품된 상품의 대가 및 당해 상품의 납품에 따른 반대급부로서 대규모유통업자가 납품업자에게 지급하여야 할 일체의 경제적 이익을 포함하는 것으로 해석된다.[4] 직매입거래, 특약매입거래에서는 납품된 상품의 납품대금[5]이 이에 해당한다. 반면, 대규모유통업자가 소비자에게 판매한 상품의 대금, 즉 상품판매대금은 이와 구별된다.[6]

한편, 상품의 납품가격을 정하지 않는 대신 소비자 판매가격과 대규모유통업자의 판매수익을 정한 특약매입거래나, 대규모유통업자와 납품업자 사이에 상품의 매매가 이루어지지 않는 위·수탁거래의 경우 '납품받은 상품의 가격'이 정하여지지 아니하였으므로 본 조가 적용되는지에 대하여 논란의 여지가 있을 수 있다. 다만, 최소한 규제기관의 입장에서는 납품된 상품의 반대급부로서 대규모유통업자가 납품업자에게 지급하여야 할 대가를 실질적으로 결정하게 되는 특약매입거래 판매수익 또는 위·수탁 수수료의 '공제 후 잔존액'을 상품대금에 준하여 볼 가능성이 상당하다고 판단된다. 그러나, 침익적 행정처분의 근거 법령은 엄격하게 해석, 적용되어야 하고 처분의 상대방에게 불리한 방향으로 유추·확장 해석하여서는 아니 된다는 점에 비추어 볼 때(대법원 2014. 7. 24. 선고 2012두20007 판결), 이와 같은 규제 방향이 타당한 것인지에 대해서는 의문의 여지가 있다. 법 제7조의 규정 취지를 고려할 때, 입법론적으로는 본 조는 직매입거래에 한하여 적용된다는 점을 명확히 하는 방향으로 법문을 개정하는 것이 바람직하다고 판단된다. 다만 아직까지 직매입거래가 아닌 특약매입거래나 위·수탁거래에 대하여 본 조가 적용된 사례는 확인되지 않고 있다. 이 장에서는 특약매입거래 등에 대해서도 여전히 규제 리스크가 존재한다고 보고 최대한 보수적 관점에서 기술하도록 한다.

---

4) 공정거래위원회의 「불공정거래행위 심사지침」에서도 기존의 거래조건을 불리하게 변경하는 행위와 관련하여 '가격'에 수수료 등을 포함하여 판단한다.

5) 유통거래 실무에서는 '매입단가', '납품가', '공급가' 등 다양한 명칭으로 사용된다.

6) 대규모유통업법 제2조 제5호 및 제6호, 법 제8조 제1항 소정의 '상품판매대금'이 이에 해당한다.

라. 대금의 '감액'

'감액'이라 함은 그 형태를 불문하고 대규모유통업자와 납품업자가 당해 상품을 납품할 당시에 약정한 금액보다 적은 대가로 지급하도록 하는 것을 의미한다. 일반적으로 상품 납품 당시 정한 단가보다 낮은 단가를 지급하도록 정하는 등의 행위가 이에 해당할 것이다. 특약매입거래와 위·수탁거래의 경우에 '특약매입거래 판매수익' 또는 '위·수탁 수수료'의 금액 또는 비율을 인상함으로써 납품된 상품의 반대급부로서 대규모유통업자가 납품업자에게 지급하여야 할 대가를 실질적으로 감액하는 행위도 이에 해당된다고 볼 수 있다(다만, 앞서 본 바와 같이 직매입거래가 아닌 경우에도 본 조가 적용될 것인지에 대해서는 논란의 여지가 있다).

본 조는 대규모유통업자에 대하여 납품업자의 납품 후 상품대금 감액을 금지하고 있으므로, 원칙적으로 그 감액의 사유가 무엇인지, 감액 과정에서 대규모유통업자가 납품업자에 대해 거래상의 지위를 부당하게 이용하였는지, 감액의 정도가 정상적인 거래관행에서 벗어났는지 여부를 불문한다. 문언상으로 보면, 대규모유통업자와 납품업자가 자유로운 협의에 따라 납품된 상품의 대금을 재조정하더라도, 법 제7조 제1항 단서에서 정한 예외적 허용사유에 해당하지 않는 한 법위반에 해당한다. 또한 본 조는 대규모유통업자가 납품업자에게 실제로 감액된 대금을 지급하였을 것을 요구하지 않으므로, 대규모유통업자와 납품업자가 감액에 관한 협의를 완료한 것만으로도 법 위반에 해당한다고 볼 수 있다. 다만, 실제로 감액에 관한 협의가 완료되거나 대규모유통업자가 일방적으로 감액하여 대금을 지급한 경우가 아니라 대규모유통업자가 감액을 요구한 사실만으로는 '감액한 경우'에 해당한다고 볼 수는 없다.

대규모유통업법 시행 후 본 조가 적용된 최초의 사건에서, 문제된 감액은 대규모유통업자가 실제로는 '정률장려금'[7]에 해당하는 금원을 판촉비용분담금 등의 명목으로 공제한 것이었다.[8] 한편, 대규모소매업고시 하에서 부당한 상품대금의 감액이라고 해석된 행위 사례로는, ① 할인판매를 한다는 이유로 기존에 납품한 상품을 서

7) 후술하는 바와 같이 이는 「대규모 유통업 분야에서 판매장려금의 부당성 심사에 관한 지침」상 위법한 판매장려금으로 예시되어 있다.

8) 「홈플러스㈜ 및 홈플러스스토어즈㈜의 대규모유통업법 위반행위에 대한 건」(2016. 7. 20. 의결 제2016-221호).

류상으로 반품하고 매입가를 낮춰 재매입한 경우, ② 판매부진으로 남은 재고에 대하여 서류상으로 반품하고 감액한 단가로 재매입한 경우, ③ 상품을 직매입한 이후에 구매가격할인 합의서 등을 작성하여 대금을 추가할인한 경우, ④ 대규모소매업자가 구매가격할인 합의서상 월간 최소구매약정을 달성하지 못하였음에도 구매가격할인액 명목으로 대금을 공제한 경우, ⑤ 대규모소매업자가 임의로 가격을 인하해 판매하고 그 인하분에 상당하는 금액을 감액해 납품업체에 지급한 경우, ⑥ 대규모소매업자가 매월 일정한 이윤율을 확보해야 한다며 납품한 상품의 결제 금액을 감액한 경우, ⑦ 할인판매 후 대금정산 시에는 정상판매 수수료를 적용하여 대금을 공제한 경우 등이 있다. 그리고 '감액' 여부와 관련하여서는 부당한 하도급대금 감액 행위를 금지하는 하도급법 제11조(감액금지)에 관한 「부당한 하도급대금 결정 및 감액 행위에 대한 심사지침」(시행 2022. 11. 29. 공정거래위원회 예규 제411호, 2022. 11. 29. 일부개정)이 열거하는 위법한 하도급대금 감액 행위의 예시도 참조할 수 있다.[9]

반면, 본 조는 민사상 상계를 제한하고 있지 않으므로 대규모유통업자가 납품거래계약에 따라 납품된 상품의 대금에서 납품업자가 대규모유통업자에게 지급해야 할 비용을 공제하거나, 상계적상(相計適狀)에 있는 기타의 채권 상당액을 상계하고 남은 나머지 금액을 지급하는 것은 본 조 소정의 감액에 해당하지 않는다(이러한 경우가 법 제 8 조의 판매대금 지급의무 위반에 해당하지 않음은 물론이다[10]). 예를 들어 납품업자의 납기 지연에 대해 계약에서 정한 바에 따라 지연손해금을 공제하여 상품대금을 지급하는 경우 등이 이에 해당할 것이다.[11]

9) ① 원사업자가 수급사업자로부터 위탁 목적물을 수령하여 자신의 물류센터에 보관하는 과정에서 폭우로 인해 유실된 수량에 해당하는 금액을 대금 지급 시 공제하는 행위, ② 구두로 납기 등을 연기한 후 당초 서면계약서상의 납기를 준수하지 아니한 것으로 처리하여 감액하는 행위, ③ 당초 계약내용과 달리 간접노무비, 일반관리비, 이윤, 부가가치세 등을 감액하는 행위, ④ 단가 및 물량에는 변동이 없으나 운송조건, 납품기한 등의 거래조건을 당초 계약내용과 달리 추가비용이 발생하는 내용으로 변경하고 그에 따른 추가비용을 보전해주지 아니하는 행위, ⑤ 원사업자가 일방적으로 결제화폐를 수급사업자에게 불리한 화폐로 변경하여 환율변동에 따른 손실을 부담 지우는 행위 등

10) 서울고등법원은 하도급법 제13조(하도급대금의 지급 등)의 대금지급의무와 관련하여, 동조가 정하는 지급 기한 내에 상계적상이 발생하였다면 그 기한 이후에 상계의 의사표시를 하였더라도 하도급법 위반(대금미지급)은 인정되지 않는다고 하였다(서울고등법원 2016. 9. 23. 선고 2014누70831 판결, 확정). 대규모유통업법의 경우에도 이와 다를 이유가 없다고 판단된다.

11) 이와 관련하여 2019년경 롯데마트가 '후행물류비'를 공제한 것이 대금 감액에 해당하는지 논란이 된 적이 있다. 당시 심사관은 "본건은 DC방식에 의한 납품거래이고, 상품이 물류

3. 예외적인 대금감액 허용 사유

가. 개 요

대규모유통업자는 납품받은 상품이 계약한 상품과 다르거나, 납품업자의 책임 있는 사유로 인하여 오손·훼손되었거나, 상품에 하자가 있는 등 정당한 사유가 있는 경우로서 해당 거래분야에서 합리적이라고 인정되는 기간 내에 상품대금을 감액하는 경우에는 납품된 상품의 대금을 감액할 수 있다(법 제7조 제1항 단서). 대규모유통업법은 납품된 상품의 대금에 대한 납품업자의 기대이익을 보호하기 위해 원칙적으로 대금감액을 금지하면서도, 정당한 사유가 있어 이러한 이익을 보호할 필요가 없다고 인정될 경우에는 대금의 감액을 허용하고 있는 것으로 이해된다. 대규모유통업법이 허용하는 예외적인 대금감액에 해당하기 위해서는, 첫째, 내용적 요건으로 그 감액에 정당한 사유가 인정되어야 하고, 둘째, 기간적 요건으로 감액이 합리적인 기간 내에 이루어져야 한다(법 제7조 제1항 단서, 제2항). 한편 예외적인 대금감액이 허용되어 감액을 할 경우, 그에 관한 서류는 5년 동안 보존해야 한다(시행령 제5조 제3호).

센터에 입고되는 시점에 세금계산서가 발급되었으므로 그 시점에 해당 상품에 대한 소유권이 롯데마트 측에 완전히 넘어갔다. 따라서 롯데마트가 그 후 물류센터에서 각 소속 점포까지 그 상품을 운송하는데 소요된 물류비를 상계의 방법으로 납품대금에서 차감한 것은 실질상 자기 상품에 대한 물류비를 타인(납품업자)에게 부과하는 것이어서 대금감액행위에 해당한다"고 주장하였으나, 이에 대해서는 (i) 소유권의 이전으로 소유권의 변동은 초래되나 그 원인관계인 채권계약의 이행문제까지 종결되는 것은 아니라는 점, (ii) 상인간 거래의 경우 당사자 자치가 강하게 보장되어야 하며, 양 당사자가 자율적으로 물류센터를 거쳐 각 점포까지 배송하는 비용인 후행물류비를 포함하여 납품대금을 정하였다는 점, (iii) 유통업자가 물류센터 이후의 배송을 담당하는 것이 규모의 경제 등 효과를 고려할 때 납품업자에게 불리하다고 보기 어렵다는 점 등을 근거로 한 반박 의견이 있었다(최영홍, "대규모유통업법 집행의 정당성과 합리성 요건", 2019). 결국 공정거래위원회는 여러 유통업체에 유사한 관행이 있고, 유통업체들이 통합적인 물류 서비스를 제공하므로 유통업체의 물류센터를 이용하는 것이 운송비를 절감하는 측면이 있으며, 해외 유통업체들도 상당수가 후행물류비를 수수하고 있다는 점을 종합적으로 고려하여 '심의절차 종료' 결정을 내렸다[롯데쇼핑㈜의 대규모유통업법 위반행위에 대한 건(2020. 1. 28. 의결 제2020-026호)].

나. 내용적 요건

(1) 납품받은 상품이 계약한 상품과 다르거나, 납품업자의 책임 있는 사유로 인하여 오손·훼손되었거나, 상품에 하자가 있는 경우

대규모유통업법 제 7 조 제 1 항 단서는 대규모유통업자가 납품받은 상품의 대금을 감액할 수 있는 정당한 사유로 납품받은 상품이 계약한 상품과 다르거나(오납품), 납품업자의 책임 있는 사유로 인하여 오손·훼손되었거나(오손·훼손) 상품에 하자가 있는 경우를 규정하고 있다. 법 제 7 조 제 1 항 문언상, 이들 사유는 예외가 인정될 수 있는 정당한 사유의 예시에 해당한다.

오납품이라 함은 대규모유통업자가 납품거래계약에 따라 발주한 상품과 납품업자가 실제 납품한 상품이 다른 경우이다. A상품을 발주하였으나 B상품이 납품된 경우는 물론, 외형상 A상품이지만 납품된 상품의 품목 등 제품특성이나, 상품의 세부등급 또는 원산지 등 품질 면에서 당사자 간의 약정(예컨대 납품거래계약 또는 발주서) 내용과 다른 경우도 포함된다.

오손(汚損)이라 함은 상품이 더럽혀지거나 오염된 것, 훼손(毁損)이라 함은 상품이 헐거나 깨지는 등 물리적으로 손상된 것을 의미한다. 둘 다 완성된 상품이 사후적으로 손상을 입은 경우에 해당하므로, 오손·훼손은 반드시 납품업자에 의하여 발생한 것이 아닐 수 있다. 본 조에서는 오손·훼손이 납품업자의 책임이 있는 사유로 인한 경우에만 감액을 인정하고 있다. 어느 정도의 오손 또는 훼손이 발생하여야 상품대금 감액이 허용될 것인가에 대해서는 본 조에서 특별히 정하고 있지 아니하므로, 당사자 사이의 의사해석 또는 일반 법리에 따라 판단하게 된다.

상품의 하자(瑕疵)라 함은 어떤 상품이 상품으로서 통상 가지고 있어야 할 품질·성능·안정성 등을 갖추지 못하여 당해 상품에 대해 일반적으로 기대하는 교환가치나 사용가치를 하락시키는 일체의 결함, 결점을 의미한다. 하자가 발생한 경우에는 원칙적으로 대규모유통업자와 납품업자가 체결한 납품거래계약의 내용에 따르거나, 그 계약에 별도의 규정이 없으면 민법 또는 상법상 하자담보책임의 규정에 따라야 한다(민법 제580조, 제581조, 상법 제69조). 대규모유통업자와 납품업자 간의 통상의 납품거래계약이 소위 종류물(種類物)을 목적으로 하는 계약임을 고려하면, 특별한 사정이 없는 한, 납품된 상품의 하자가 당해 납품거래계약의 목적을 이행할 수 없을 정도의 중대한 하자에 이르지 않더라도, 하자가 인정된다면 그에 상응하는 정도의 상품대금 감액은 인정될 수 있다고 봄이 타당하다. 나아가 만일 대규모유통업자와 납품업자가 납품되는 상품의 하자 판단의 기준에 대하여 미리 약정하였다면, 그러한 약정이 특별히 불합리하거나 불공정한 경우(예컨대, 하자의 판단 기준이 대규모유통업자에게 일방적으로 유리한 경우 등)가 아닌 이상, 그 약정된 기준에 따라 하자를 판단할 수 있을 것이다.

상품의 오납품, 오손·훼손 및 상품의 하자의 의미는 반품에 관한 법 제10조(상품의 반품금지) 제 1 항 제 3 호 및 제 4 호의 내용과 동일하므로, 해당 내용을 기술한 제 6 장에서 보다 자세히 살펴보도록 한다.

(2) 기타 정당한 사유

법 제 7 조 제 1 항은 오납품, 납품업자의 귀책사유로 인한 오손·훼손, 상품의 하자 외에도, 그에 준하는 정당한 사유로 인정될 만한 사정으로 인해 감액을 한 경우에는 이를 허용하고 있다. 이 때의 정당한 사유 해당 여부는 당해 납품거래의 일반적 현황, 납품된 상품의 특성, 감액의 의도·목적·효과·영향 및 구체적인 태양, 납품업자가 받게 되는 불이익의 내용과 정도 등을 종합적으로 고려하여 당해 감액행위가 정상적인 거래관행을 벗어난 것으로서 공정한 거래를 저해할 우려가 있는지 여부에 따라 판단될 수 있을 것이다.[12] 다만, 법 체계상 정당한 사유에 대한 입증책임은 대규모유통업자에게 있는 것으로 해석되는 점, 문언상 오납품, 오·훼손, 하자 등 일반 민사법의 법리상으로도 납품업자가 책임을 지는 것이 명백한 사유에 준하는 경우에만 정당한 사유가 인정되는 점 등을 고려할 때, 위 정당한 사유는 그 사유로 인해 민

12) "… (구) 공정거래법 제23조 제 1 항 제 4 호, 같은 법 시행령 제36조 제 1 항 [별표 1] 불공정거래행위의 유형 및 기준 제 6 호에서 불공정거래행위의 한 유형으로 거래상 지위의 남용행위를 규정하고 있는 것은 … (중략) … 여기서 말하는 거래상의 지위를 부당하게 이용하였는지 여부는 당사자가 처하고 있는 시장 및 거래의 상황, 당사자 간의 전체적 사업능력의 격차, 거래의 대상인 상품 또는 용역의 특성, 그리고 당해 행위의 의도·목적·효과·영향 및 구체적인 태양, 해당 사업자의 시장에서의 우월한 지위의 정도 및 상대방이 받게 되는 불이익의 내용과 정도 등에 비추어 볼 때 정상적인 거래관행을 벗어난 것으로서 공정한 거래를 저해할 우려가 있는지 여부를 판단하여 결정하여야 하며…"(대법원 2009. 7. 23. 선고 2008다40526 판결, 대법원 2006. 9. 8. 선고 2003두7859 판결 등 다수. 공정거래법상 일반 불공정거래행위의 판단 요소에 관한 대법원 판례로서, 본 조 소정의 정당한 사유에 관한 일응의 기준으로 참고할 수 있다).

사상 납품업자가 직접적으로 책임을 부담하게 되는 경우여야 할 것으로 생각된다.

실무상 납품된 상품의 판매가 부진하거나 경쟁 유통사업자의 가격할인 등에 대응하기 위하여 대규모유통업자가 가격 경쟁력을 유지하기 위한 수단으로 상품대금 감액을 요구하는 경우가 많으나, 이와 같은 시장경쟁 상황의 변화 등은 본 조에 따른 정당한 감액 사유로 인정될 가능성이 낮다. 일반적으로 상품 판매 부진에 따라 예상되는 손실이나 경쟁사업자의 가격할인에 대한 대응과 같은, 대규모유통업 거래에서 통상적으로 예측 가능한 사유는 이미 당해 상품을 납품하는 시점에 그 대금을 산정함에 있어 충분히 고려되는 것이 일반적이라는 점에 기인한다. 법원도 '판매업자의 부도, 폐업 등으로 인한 반품, 신상품 출시로 인한 반품 또는 3개월 경과 상품(회전율이 높지 않은 상품)의 반품'은 양 당사자 누구의 귀책사유로 인한 것도 아니고, '납품업체로부터 상품을 매입한 이후 쌍방의 귀책사유 없는 사정변경으로 발생한 손해는 상품을 매입한 자가 부담하는 것이 원칙'이므로, '위와 같은 사유로 인한 반품을 계약의 조건으로 하거나 실제 반품을 하는 행위'를 위법한 것으로 판단하였다(서울고등법원 2003. 11. 25. 선고 2002누1887 판결).

아울러 하도급법 제11조 제 2 항은 정당한 사유에 의한 행위로 보지 않는 부당 감액의 유형을 열거하고 있는바, 본 조의 정당한 사유 여부 판단 시 일응의 참고가 될 수 있다.[13] 한편 「부당한 하도급대금 결정 및 감액행위에 대한 심사지침」 Ⅴ. 1.은 감액의 정당한 사유를 예시하고 있는바, 이 또한 본 조의 적용에 중요한 참고가

---

13) ① 위탁할 때 하도급대금을 감액할 조건 등을 명시하지 아니하고 위탁 후 협조요청 또는 거래 상대방으로부터의 발주취소, 경제상황의 변동 등 불합리한 이유를 들어 하도급대금을 감액하는 행위, ② 수급사업자와 단가 인하에 관한 합의가 성립된 경우 그 합의 성립 전에 위탁한 부분에 대하여도 합의 내용을 소급하여 적용하는 방법으로 하도급대금을 감액하는 행위, ③ 하도급대금을 현금으로 지급하거나 지급기일 전에 지급하는 것을 이유로 하도급대금을 지나치게 감액하는 행위, ④ 원사업자에 대한 손해발생에 실질적 영향을 미치지 아니하는 수급사업자의 과오를 이유로 하도급대금을 감액하는 행위, ⑤ 목적물등의 제조·수리·시공 또는 용역수행에 필요한 물품 등을 자기로부터 사게 하거나 자기의 장비 등을 사용하게 한 경우에 적정한 구매대금 또는 적정한 사용대가 이상의 금액을 하도급대금에서 공제하는 행위, ⑥ 하도급대금 지급 시점의 물가나 자재가격 등이 납품등의 시점에 비하여 떨어진 것을 이유로 하도급대금을 감액하는 행위, ⑦ 경영적자 또는 판매가격 인하 등 불합리한 이유로 부당하게 하도급대금을 감액하는 행위, ⑧ 「고용보험 및 산업재해보상보험의 보험료징수 등에 관한 법률」, 「산업안전보건법」 등에 따라 원사업자가 부담하여야 하는 고용보험료, 산업안전보건관리비, 그 밖의 경비 등을 수급사업자에게 부담시키는 행위, ⑨ 그 밖에 제 1 호부터 제 8 호까지의 규정에 준하는 것으로서 대통령령으로 정하는 행위

될 만하다.[14)]

다. 기간적 요건

(1) 일반적인 경우

납품된 상품의 대금을 감액할 수 있는 정당한 사유가 있는 경우, 대규모유통업자는 '해당 거래분야에서 합리적이라고 인정되는 기간 내'에 상품 대금을 감액할 수 있다. 즉, 감액에 정당한 사유가 있다고 하더라도 해당 거래분야에서 합리적이라고 인정되는 기간을 지나 상품 대금을 감액하였다면, 당해 감액행위는 법 제 7 조 위반에 해당한다. 감액이 허용되는 정당한 사유가 있는 경우라 하더라도 무제한의 감액 기간을 허용하면 납품업자의 법적 지위가 불안해질 수 있음을 고려한 기간적 제한 요건이다.

실무상 사업자별, 상품별, 거래 시기별로 상품의 오납품, 오손·훼손, 하자 등을 발견할 수 있는 기간이 천차만별로 다를 수 있기 때문에 어느 정도의 기간이 해당 거래분야에서 합리적이라고 인정되는 기간인지 여부는 일률적으로 상정할 수는 없고, 상품의 특성이나 해당 행위가 이루어진 제반 정황 등을 종합적으로 감안하여 판단할 수밖에 없다. 다만, 예를 들어 유통 기한이 있는 스낵류나 유행에 민감한 의류 등의 상품에 하자가 있다는 이유로 납품된 후 1년이나 지나 대금을 감액하였다면, 일반적으로 이를 '해당 거래분야에서 합리적이라고 인정되는 기간'으로 보기는 어려울 것이다.

(2) 신선 농·수·축산물의 경우

보통의 상품은 상품대금의 감액이 허용되는 정당한 사유가 있을 경우 '해당 거래분야에서 합리적이라고 인정되는 기간' 내에 감액을 하면 된다, 그런데 대규모유

14) ① 하도급계약 체결 후에 원사업자가 수급업자가 제출한 하도급대금 산정자료에 중대하고 명백한 착오를 발견하여 이를 정당하게 수정하고 그 금액을 감액하는 경우
② 수급사업자가 위탁내용과 다른 목적물 또는 불량품을 납품하거나 정해진 납기일을 초과하여 납품하는 등 수급사업자의 귀책사유로 인해 원사업자가 납품된 목적물을 반품하고, 반품된 해당 목적물의 하도급대금을 감액하는 경우
③ 수급사업자가 수리가 가능한 불량품을 납품하였으나 반품을 하여 수리를 시킬 시간적 여유가 없어 원사업자가 스스로 수리하여 사용하고 그 비용을 감액하는 경우. 단 사전에 수급사업자가 납득할 수 있는 구체적인 수리비용 산정기준이 필요하며, 감액은 이러한 산정기준에 따라 산출된 금액에 한정되어야 한다.
④ 원사업자가 수급사업자에게 무상으로 장비를 사용할 수 있도록 하였으나, 수급사업자의 장비관리 소홀로 인해 장비가 훼손되어 해당 장비에 대한 적정수리비를 하도급대금에서 공제하는 경우

통업법은 신선 농·수·축산물에 대해서는 특칙을 두어, 감액이 가능한 기간을 대규모유통업자가 상품의 검수 및 매입을 마친 시점까지로 한정하되, 특별한 사유가 없는 한 납품 후 2일을 초과할 수 없는 것으로 엄격히 제한하였다(시행령 제6조). 신선 농·수·축산물은 짧은 시간 내에 부패하거나 변질되기 쉬워 상품으로서의 가치가 소멸할 수 있는 상품이라는 특성을 가지고 있다. 이 점을 고려하여, 신선 농·수·축산물에 대해서는 납품된 상품에 오납품, 오손·훼손 또는 하자가 있다고 하더라도 대규모유통업자가 감액을 할 수 있는 시기를 최대한 단축함으로써 납품업자 입장에서 감액에 따른 위험을 조기에 제거하고 거래를 종결하려는 취지이다.

다만, 특별한 사유가 있는 때에는 신선 농·수·축산물 납품 후 2일이 도과한 경우에도 상품대금을 감액할 수 있다. 특별한 사유의 의미를 일률적으로 확정하기는 어려우나, 통상의 검수, 검품 절차로는 도저히 알 수 없는 오납품이나 하자가 발생한 경우(이른바 '숨은 하자'의 경우), 통상의 검수 및 매입 과정 이후에 납품업자의 책임 있는 사유로 인한 오손·훼손이 발생한 경우 등이 이에 해당될 것으로 생각된다. 이에 관한 보다 자세한 사항은 제6장에서 상술한다.

(3) 기간 내 감액 행위의 의미

법 제7조에서 정한 '기간 내에 감액'할 수 있도록 한 규정이 실제 의미하는 바가 무엇인지의 문제가 있다. 즉, 이 기간 동안 대규모유통업자가 감액하겠다는 취지의 통지만 하면 그것으로 충분한 것인지, 아니면 실제로 납품업자와 감액 사정 및 정도에 관한 확인과 협의까지 마쳐야 하는 것인지의 문제이다.

생각건대 본 조에서 상품 대금의 감액이 가능한 시기를 제한하고 있는 취지는 납품업자가 불측의 감액에 따른 손실 발생으로 인한 불안정한 상태가 장기간 이어지는 것을 방지하려는 데 있으므로, 본 조 소정의 감액행위는 원칙적으로 대규모유통업자의 단독행위를 상정한 것으로 보는 것이 타당하다.[15] 따라서 대규모유통업자가 납품된 상품의 검수 등 과정을 거쳐 상품대금 감액과 관련한 상품목록, 수량, 감액일

15) 본 조는 납품 후 대규모유통업자와 납품업자 사이의 합의에 의한 대금감액도 금지하고 있으나, 통상 본 조가 허용하는 적법한 대금감액은 대규모유통업자가 납품된 상품을 검수하는 과정에서 대규모유통업자의 임의적인 판단에 따라 행해질 가능성이 높다. 대규모유통업자의 이 행위에 대한 사법적 근거는 당해 납품업자와의 거래계약에 따른 권리행사, 민법 또는 상법상 하자담보책임에 따른 일부해제권의 행사 또는 일부 부적법한 변제제공에 대한 동시이행항변권의 행사 등이 해당할 것으로 보인다.

자, 감액사유 및 일응의 감액액수 등을 정하여 납품업자에게 통지하면 '기간 내 감액행위'를 한 것으로 인정되어야 할 것이다. 만일 당해 기간 내에 대규모유통업자와 납품업자가 감액에 관한 실질적 협의 내지 합의까지 할 것을 요한다면, 정당한 사유가 있는 경우조차도 납품업자의 협의 지연에 따른 기간 미준수의 책임을 모두 대규모유통업자가 부담하게 되는 불합리한 결과를 야기할 수 있기 때문이다. 한편, 대규모유통업자가 위 기간 내에 납품업자에게 감액에 관한 사항을 특정하여 통지하는 것과는 별개로, 감액된 상품 대금을 대금 지급기한 내에 지급할 의무를 진다(법 제8조).

4. 감액의 범위

납품된 상품에 정당한 감액 사유가 인정될 경우, 대규모유통업자는 납품받은 상품의 대금을 감액할 수 있다. 이때 감액 가능한 범위가 구체적으로 어느 정도인지 여부가 문제될 수 있다. 이에 관하여 대규모소매업고시는 '정당한 범위 내에서'라고 명시하였으나 대규모유통업법 제 7 조에서는 이와 같은 사항을 별도로 두지 않았다. 그러나 이러한 이유로 정당한 범위를 일탈한 상품대금 감액이 법상 허용된다고 볼 수는 없다. 이는 최소한 기타의 불이익 제공행위(법 제17조)에 해당할 소지가 다분하고, 사법상 채무불이행(민법 제390조) 또는 불법행위(민법 제750조)에 해당할 수도 있기 때문이다.

납품된 상품에 정당한 감액 사유가 인정될 경우, 그 감액의 범위는 일차적으로 대규모유통업자와 납품업자 사이에 체결된 거래계약에서 정한 바에 의할 것이나, 명확히 정하지 않았거나 다툼이 있는 경우에는 사법상 하자담보책임(민법 제580조, 제581조, 상법 제69조)의 법리 및 기타 상관습에 의하면 될 것이다.

5. 관련 서류의 보존의무

대규모유통업자가 납품받은 상품의 대금을 감액한 경우, 당해 대규모유통업자는 납품업자등과의 계약이 끝난 날부터 5년 동안 상품대금 감액과 관련한 상품목록, 수량, 감액일자, 약정상품대금, 감액사유 및 감액의 액수가 적힌 서류를 보존하여야 한다(법 제 6 조 제 8 항, 시행령 제 5 조 제 3 호).

6. 상품대금 감액 금지 규정 위반의 효과

가. 사법상 효과

대규모유통업자가 법 제 7 조에 위반하여 납품된 상품의 대금을 감액한 경우, 즉 정당한 사유가 없음에도 감액을 하거나, 위 조항에서 정한 기간을 도과하여 감액한 경우에도, 일단 당해 감액에 관하여 대규모유통업자와 납품업자가 합의하였다면, 당해 감액 합의의 사법적 효력은 인정된다. 다만, 대규모유통업자는 대규모유통업법에 따른 행정적 제재 책임을 지게 될 뿐 아니라, 경우에 따라서는 민사상 불법행위책임을 부담할 여지도 있다.

참고로 대법원은 하도급법 제11조를 위반한 대금감액 약정의 효력에 관하여, "(위 조항은) 그 규정에 위반된 대금감액 약정의 효력에 관하여는 아무런 규정을 두지 않는 반면 그 규정을 위반한 원사업자를 벌금형에 처하도록 하면서 그 규정 위반행위 중 일정한 경우만을 공정거래위원회에서 조사하게 하여 그 위원회로 하여금 그 결과에 따라 원사업자에게 시정조치를 명하거나 과징금을 부과하도록 규정하고 있을 뿐이므로, 위 규정은 그에 위배한 원사업자와 수급사업자 간의 계약의 사법상의 효력을 부인하는 조항이라고 볼 것은 아니다"라고 하여 대금감액 약정 자체는 사법적으로 유효하다고 판시하면서도, "원사업자가 우월적 지위를 이용하여 수급사업자의 자발적 동의에 의하지 않고 하도급대금을 부당하게 감액한 경우에는 그 하도급대금의 감액 약정이 민법상 유효한지 여부와 관계없이 그 자체가 하도급법 제11조를 위반한 불공정거래행위에 해당하는 것으로서 위 규정에 의하여 보호되는 수급사업자의 권리나 이익을 침해하는 불법행위를 구성하고, 원사업자는 이로 인하여 수급사업자가 입은 손해를 배상할 책임이 있다"고 판시하였다(대법원 2011. 1. 27. 선고 2010다53457 판결).

나. 행정적 제재[16]

(1) 입증책임

법 제 7 조 규제와 관련하여, 공정거래위원회는 '대규모유통업자가 납품업자로부터 납품받은 상품의 대금을 감액한 사실'을 입증하는 것으로 당해 대규모유통업자의 본 조 위반에 따른 처분을 할 수 있다. 이에 대해 대규모유통업자가 본 조 위반이

16) 자세한 사항은 후술하는 제 3 부 제 2 장 '법 위반에 대한 조사 및 처분' 참고.

아님을 항변하기 위해서는 '납품받은 상품이 계약한 상품과 다르거나 납품업자의 책임 있는 사유로 인하여 오손·훼손되었거나 상품에 하자가 있는 등 정당한 사유가 있다는 사실'과 '해당 거래분야에서 합리적이라고 인정되는 기간(신선 농·수·축산물의 경우에는 납품 후 2일 내) 내에 상품대금을 감액하였다는 사실'을 모두 주장, 입증하여야 한다. 이에 대한 입증이 불가능할 경우, 당해 항변 사실의 부존재로 인한 불이익은 대규모유통업자가 부담한다.[17]

(2) 시정조치

공정거래위원회는 상품대금 감액 금지 규정을 위반한 대규모유통업자에게 법위반행위의 중지, 향후 재발방지, 시정명령을 받은 사실의 공표, 시정명령을 받은 사실의 거래상대방인 납품업자등에 대한 통지 그 밖에 시정에 필요한 조치를 명할 수 있다(법 제32조). 아울러 공정거래위원회는 본 조를 위반한 대규모유통업자에게 시정방안을 마련하여 이에 따를 것을 권고하는 시정권고를 할 수도 있다(법 제33조). 일반적으로 그 위반의 정도가 경미하여 경고에 그치지 않는 한, 시정명령 또는 시정권고의 처분이 내려질 가능성이 매우 높다.

(3) 과 징 금

공정거래위원회는 상품대금 감액 금지 규정을 위반한 대규모유통업자에게 대통령령이 정하는 산출방식에 따른 납품대금이나 연간 임대료를 초과하지 아니하는 범위에서 과징금을 부과할 수 있다(법 제35조 제 1 항). 시행령은 '대통령령으로 정하는 산출방식에 따른 납품대금'에 관하여 '대규모유통업자의 위반행위와 관련된 상품 매입액 또는 이에 준하는 금액'으로 규정하고 있다. 구체적인 과징금은 관련 납품대금에 위반금액의 비율을 곱한 금액에 법위반의 중대성을 감안한 '부과기준율(공정거래위원회가 정하여 고시하는 부과기준율을 말한다)'[18]을 곱하여 산정한다{시행령 제28조 제 1 항 [별표 1] 제 2 호 가목}. 다만, 매출액을 산정하기 곤란한 경우 등에는 5억 원을 초과하지 아니하는 범위에서 과징금을 부과할 수 있다(법 제35조 제 1 항 단서).

---

17) 대법원은 상품대금 감액의 정당한 사유가 있어 상품대금 감액금지의 예외에 해당한다는 점은 이를 주장하는 측이 증명하여야 한다고 판시하였다(대법원 2021. 11. 25. 선고 2018두65071 판결).

18) 여기서 '위반금액(상품대금 감액 금액)의 비율' 및 '부과기준율'은 공정거래위원회의 「대규모 유통업법 위반사업자에 대한 과징금 부과기준 고시」에서 정하고 있다(상세한 내용은 제 3 부 제 2 장 나. 과징금 부분 참고).

7. 관련 사례

[대규모소매업자 한국까르푸㈜의 대규모소매점업에 있어서의 특정불공정거래행위 등에 대한 건(2006. 7. 25. 의결 제2006-169호)]

[사실관계]

피심인은 201개 납품업자들과 직매입 거래계약을 체결하여 거래하던 중, 이들 계약과는 별도로 납품업자들과 '구매가격할인'(Purchase Price Discount, 이하 'PPD') 합의서를 작성하고 2005. 1. 1.부터 같은 해 10. 31. 기간 중 아래 〈표〉와 같이 PPD 합의서에 기재된 금액 1,737,407천 원을 납품대금에서 공제한 사실이 있다.

〈표〉 PPD 공제 내역 (기간 : 2005. 1. 1.~2005. 10. 31., 단위 : 천 원)

부서별	매입금액	공제내역				지급액
		매입할인	PPD	기타*	소계	
생활품목부서 (Bazzaar)	61,987,892	6,193,310	1,374,779	164,950	7,732,440	54,254,853
의류품목부서 (Textile)	21,642,897	687,218	362,628	149,221	1,199,067	20,443,830
계	83,630,789	6,880,528	1,737,407	314,171	8,932,106	74,698,683

* 기타는 납기지연에 따른 배상금, 점포에서의 대량발주에 따른 인센티브, 상품권 증정 판촉행사 소요비용(총 증정 상품권 금액의 50%선 부담) 등임

[공정거래위원회의 판단]

대규모소매점업고시 제 4 조(부당감액)는 대규모소매점업자가 납품업자로부터 상품을 매입한 후에는 납품받은 상품에 납품업자의 귀책사유로 인한 오손, 훼손, 하자 등이 있는 경우나 납품받은 상품이 주문한 상품과 다른 경우 정당한 기간 내에 정당한 금액의 범위 내에서 감액하는 것을 제외하고는 납품대금을 감액하는 것을 금지하고 있다. 따라서, 피심인이 최소약정구매액을 초과하여 매입한 납품업자에 대하여 PPD 합의서에 의해 해당 납품업자로부터 추가할인을 하는 행위는 납품업자에게 감액 사유가 없음에도 불구하고 납품대금을 부당하게 감액한 행위로서 이는 대규모소매점업고시 제 4 조에 위반되는 행위이다.

[홈플러스㈜ 및 홈플러스스토어즈㈜의 대규모유통업법 위반행위에 대한 건(2016. 7. 20. 의결 제2016-221호)]

[사실관계]

피심인들은 매입 금액 대비 일정률 또는 일정액을 납품받은 상품의 대금에서 판촉비용

분담금 등의 명목으로 총 12,121,097,691원을 공제하고 상품대금을 지급하였다.

[공정거래위원회의 판단]

피심인들이 매월 납품받은 상품의 대금을 지급하는 과정에서 판촉비용분담금 명목으로 일정 금액을 공제하고 나머지 상품대금만을 지급한 행위는 납품받은 상품의 대금을 감액하는 행위에 해당한다.

피심인들은 위 판촉비용분담금이 매대진열장려금(또는 실체 판촉행사를 실시하고 이에 대한 대가를 수취한 것)이라면서 정당한 사유가 인정된다고 주장하나, 해당 금원은 실제 매월 매입액 대비 일정률 또는 일정액으로 정한 장려금으로 판매장려금지침이 위법한 것으로 예시하는 기본장려금에 해당하므로 정당한 사유는 인정될 수 없다.

[홈플러스㈜ 및 홈플러스스토어즈㈜의 대규모유통업법 위반행위에 대한 건(2018. 9. 18. 의결 제2018-279호)]

[사실관계]

피심인들은 배추, 무 등 채소류에 대한 직매입 거래를 하여 오던 중 2013. 9. 2.부터 2014. 10. 29.까지 총 3차례에 걸쳐 판매촉진행사를 위한 '판촉비용합의서'를 작성하였다. 그러나 판매촉진행사 진행이 실질적인 매출에 도움이 되지 않는다는 이유로 판매촉진행사를 실시하지 않았음에도, 당초 판매촉진행사 계획 시 납품업자가 부담하기로 한 판매촉진비용 총 110백만 원(홈플러스 77백만 원, 홈플러스스토어즈 33백만 원)을 납품업자의 상품매출 대금에서 공제한 사실이 있다.

〈표〉 상품대금 공제 내역

(단위: 천 원)

판촉행사 내용	공제내역 확인서작성일	피심인명	공제비용	대금공제일
김장재료 소비촉진 판촉활동	2013. 9. 26.	홈플러스	7,000	2013. 10. 10.
		홈플러스스토어즈	3,000	
김장 판촉/ 시식행사	2014. 3. 3.	홈플러스	14,000	2014. 3. 10.
		홈플러스스토어즈	6,000	
배추농가 돕기행사	2014. 12. 3.	홈플러스	56,000	2014. 12. 10.
		홈플러스스토어즈	24,000	

[공정거래위원회의 판단]

피심리인들은 납품받은 상품의 대금을 감액하였으며, 감액행위의 정당성을 인정할 만한 사유가 존재하지 아니하므로, 대규모유통업법 제 7 조 제 1 항에 위반된다. 특히, 피심인들은 추후 납품대금을 인상하여 지급하는 형태로 감액 금액을 보상하였다고 주장하나, 감액 비용의 사후 보상은 위법행위에 대한 자진시정의 일환일 뿐이고, 사후에 비용을 보상하였다고 하여 위법성이 조각되는 것은 아니다.

[㈜지에스리테일의 대규모유통업법 위반행위에 대한 건(2020. 12. 1. 의결 제2020-304호)]

[사실관계]

피심인은 2015년 및 2016년에 '헬스·뷰티 시상식'(지에스리테일이 주최하는 자체적인 행사로서 납품업자를 대상으로 1년간 소비자에게 좋은 반응을 받은 상품 및 브랜드를 선정하여 시상하는 행사)을 2차례 개최하였고, 38개 납품업자에게 "2015년 및 2016년 건강·미용 시상식" 행사 비용 명목으로 약 5억 3천만 원을 상품 대금에서 공제한 사실이 있다.

〈표〉 상품대금 감액 현황

(단위: 원)

연도	납품업자 수	대금지급 기간	지급해야 할 금액 (A)	공제금액 (B)	지급한 금액 (A-B)
2015	29개	2015. 12. 15. ~ 2016. 1. 30.	6,026,550,215	5,758,550,215	268,000,000
2016	28개	2016. 12. 15. ~ 2017. 1. 30.	6,767,286,583	6,504,039,683	263,246,900
합계	38개*	–	12,793,836,798	12,262,589,898	531,246,900

* 중복되는 납품업자는 제외한 숫자임

[공정거래위원회의 판단]

피심인은 38개 납품업자에게 상품의 대금을 지급하는 과정에서 행사 비용 명목으로 일정 금액을 감액하여 지급한 사실이 인정된다. 이때 피심인이 주최한 헬스·뷰티 시상식은 피심인이 매년 주관하는 내부적인 자체행사이므로 피심인이 그 비용을 부담해야 하는 것이 원칙이며, 피심인이 위 행사의 실시에 관하여 사전에 납품업자와 서면으로 약정을 체결한 사실도 없고, 달리 납품업자의 책임 있는 사유가 있다고 볼 수 없으므로, 상품 대금을 감액한 행위에 대하여 정당한 사유를 인정할 수 없다.

제 4 장

상품판매대금 지급기한의 준수 의무

1. 서 설

대규모유통업자는 특약매입거래로 납품받은 상품을 판매하거나 매장임차인의 상품판매대금을 받아 관리하는 경우, 위·수탁거래에 따라 해당 상품의 판매대금을 받아 관리하는 경우, 그 각 거래에서의 상품 판매대금을 월 판매마감일부터 40일 이내에 납품업자등에게 지급하여야 하고(법 제8조 제1항), 직매입거래의 경우에는 해당 상품수령일부터 60일 이내에 상품의 대금을 납품업자에게 지급하여야 한다(법 제8조 제2항). 대규모유통업자가 상품판매대금을 월 판매마감일부터 40일 또는 상품수령일부터 60일이 지난 후에 지급하는 경우에는 그 초과 기간에 대하여 연 100분의 40 이내에서 「은행법」에 따른 은행이 적용하는 연체이자율 등 경제사정을 고려하여 공정거래위원회가 정하여 고시하는 이율에 따른 이자를 지급하여야 한다(법 제8조 제3항). 그리고 대규모유통업자는 상품판매대금 및 이자를 상품권이나 물품으로 지급하여서는 아니 된다(법 제8조 제4항).

사적 자치의 원칙상, 대금의 지급기일, 방법 등 거래조건은 거래 당사자간의 합의에 따라 정할 수 있다. 그러나 종전 유통 실무에서는 납품업자에 비해 거래상 우월한 지위가 있는 대규모유통업자가 그 지위를 이용하여 자신에게 지나치게 유리한 조건으로 대금 지급기일을 설정하는 관행이 문제점으로 지적되어 왔다. 아울러 당초에 설정한 대금 지급기일조차도 지키지 아니하거나, 지급기일이 지났음에도 불구하고 약정에 따른 지연손해금을 아예 지급하지 않거나 아주 낮은 법정이율을 적용한 이자만을 지급하는 등의 사례도 빈번하였다. 그럼에도 불구하고 상당수의 납품업자등은 대규모유통업자와 장기간 거래를 해야 하는 점 때문에 적극적으로 상품판매대금 등의 지급을 독촉하거나 지급지연에 따른 책임을 청구하지 못하는 경우가 많았다. 이로 인하여 현금흐름이 원활하지 않은 납품업자등에게 경제적으로 상당한 부담이 야기되기도 하였다.

이러한 점을 고려하여, 대규모유통업법 제 8 조(상품판매대금 등의 지급)는 대규모유통업자가 소비자로부터 직접 판매대금을 수령하고 이를 관리, 정산하여 납품업자등에게 지급하는 거래형태에 대해서는 대금 지급기한을 월 판매마감일로부터 40일로, 직매입 거래를 하는 경우에 대해서는 상품수령일로부터 60일로 법정하는 한편, 법정기한을 지나서 지급하는 경우에 대한 지연손해금의 지급 의무를 대폭 강화하였다. 이는 대규모유통업자와 계속적 거래관계에 있는 중소납품업자에게 납품대금이 적시에 지급되지 않을 경우, 원활한 자금회전에 어려움을 겪게 되고 심할 경우 납품업자의 사업에도 상당한 애로가 발생할 수 있다는 점을 적극 감안한 제도이다. 아울러 대규모유통업법은 상품판매대금을 상품권 또는 물품으로 지급하는 것을 금지함으로써 대금 지급과정에서 일어날 수 있는 납품업자등의 불이익을 원천적으로 방지하고 있다. 대금 지급과 관련된 규정들은 강행규정이며 예외 규정을 두고 있지 않다. 이러한 점에서 본 규정들은 대규모유통업자와 납품업자 사이의 계약 자유 내지 사적 자치의 원칙을 제한하는 것으로 해석된다.[1)]

2. 상품판매대금 등 지급기일의 법정(法定)

가. 개 요

대규모유통업자는 특약매입거래로 납품받은 상품을 판매하는 경우(법 제 8 조 제 1 항 제 1 호), 매장임차인의 상품판매대금을 받아 관리하는 경우(제 2 호), 납품업자로부터 위탁받아 상품을 판매하고 그 판매대금을 받아 관리하는 경우(제 3 호), 해당 상

1) 대규모소매업고시 제 5 조는 "대규모소매업자가 납품업자로부터 상품을 수탁하여 판매하거나 점포임차인의 상품판매대금을 수령하여 관리하는 경우, 정당한 이유 없이 상품판매 대금을 지연하여 지급하는 행위를 하여서는 아니 된다"고 규정하여, '정당한 이유'가 있는 경우 대규모유통업자가 상품판매대금의 지급을 지연하는 것이 정당화될 수 있었다. 그러나 대규모유통업법 제 8 조는 정당한 이유를 삭제하고 지급기한을 '월 판매마감일부터 40일 이내'로 법정하는 한편, 대금을 상품권 또는 물품으로 지급하는 것까지 금지함으로써 대규모소매업고시에 비해 규제를 대폭 강화하였다.

품의 판매대금을 월 판매마감일부터 40일 이내에 납품업자등에게 지급하여야 한다. 사적 자치의 원칙에 따르면 위 각 거래유형의 경우에도 대규모유통업자와 납품업자 또는 매장임차인이 각 판매대금의 지급기일을 협의하여 정할 수 있으나, 거래상 우월한 지위에 있는 대규모유통업자가 대금지급을 장기간 지연할 경우 납품업자등에게 상당한 부담이 될 수 있는 점을 고려하여, 법률로써 월 판매마감일부터 40일 이내에 무조건 지급하도록 한 것이다. 한편 대규모유통업법 제정 당시에는 직매입거래의 경우에는 상품판매대금 지급기한과 관련한 제한이 없었으나, 2021. 4. 20. 법률 제18111호로 개정(시행 2021. 10. 21.)되면서 직매입거래에 대해서도 해당 상품수령일부터 60일 이내에 상품대금을 지급하도록 하는 규정이 제8조 제2항으로 추가되었다.[2)]

나. 대상이 되는 거래유형

(1) 특약매입거래로 납품받은 상품을 판매하는 경우(법 제8조 제1항 제1호)

특약매입거래는 대규모유통업자가 미판매된 상품을 반품하는 조건으로 납품업자로부터 상품을 외상 매입하고 상품판매 후 일정률이나 일정액의 판매수익을 공제한 상품판매대금을 납품업자에게 지급하는 형태의 거래이다(법 제2조 제5호). 따라서 납품업자가 대규모유통업자에게 기왕에 납품한 상품의 대금을 지급받기 위해서는, 일정한 기준시점을 정하여 그 시점까지 판매된 상품의 수량, 가격 및 그에 따른 대규모유통업자의 판매수익이 특정되어야 한다.

(2) 매장임차인의 상품판매대금을 받아 관리하는 경우(제1항 제2호)

매장임대차거래는 매장임차인이 대규모유통업자로부터 매장의 일부를 임차하여 소비자가 사용하는 상품의 판매에 사용하고 그 대가를 대규모유통업자에게 지급하는 형태의 거래이므로(법 제2조 제3호), 반드시 대규모유통업자가 매장임차인의 상품판매대금을 받아 관리할 필요는 없다. 그러나 유통 실무에서는 구매 및 재고관

---

2) 참고로 공정거래위원회는 2024. 9. 9. 자 보도자료(플랫폼 공정경쟁 촉진 및 티몬 위메트 사태 재발방지 입법방향)에서, 재화·용역 거래를 중개하는 일정규모 이상의 온라인 플랫폼에 대해서도 대규모유통업법 적용대상으로 하면서 온라인 플랫폼을 통해 거래되는 상품의 경우 백화점, 대형마트나 온라인쇼핑몰과 같은 기존 대규모유통업자와의 차이를 고려하여 대규모유통업법상의 정산기일(월 판매 마감일로부터 40일)보다 대폭 단축하는 방안(구매확정일로부터 10일 내지 20일 이내 또는 월 판매마감일로부터 30일 이내)을 검토하고 있다는 입장을 밝혔는바, 추후 대규모유통업법 개정 동향을 주시할 필요가 있다.

리 등 임차매장의 운영에 관한 행위는 매장임차인이 수행하고 상품의 판매관리는 대규모유통업자가 대행하면서 그 대가로 임대보증금과 함께 매월 매출액의 일정 비율 상당의 수수료를 지급받는 형태의 매장임대차거래가 활성화되어 있다(소위 '임대을'). 이와 같은 거래유형의 경우, 매장임차인은 일정한 기준시점을 정하여 그 시점까지 판매된 상품판매대금 중 대규모유통업자가 취하는 수수료를 공제한 나머지 금액을 받게 되므로, 그 기준시점에 판매된 상품의 수량, 가격 및 그에 따른 대규모유통업자의 수수료가 특정되어야 한다.

(3) 납품업자로부터 위탁받아 상품을 판매하고 그 판매대금을 받아 관리하는 경우(제 1 항 제 3 호)

위·수탁거래의 경우를 의미한다. 납품업자가 대규모유통업자에게 위탁한 상품의 대금을 지급받기 위해서는, 일정한 기준시점을 정하여 그 시점까지 판매된 상품의 수량, 가격 및 그에 따른 대규모유통업자의 수수료가 특정되어야 한다.

(4) 직매입거래의 경우(법 제 8 조 제 2 항)

직매입거래의 경우 납품받은 상품의 판매 여부와 관계없이 납품대금 지급의무가 발생한다는 점에서, 다른 유형의 거래와 달리 일정한 판매수익 또는 수수료 공제를 위한 판매 마감 및 정산 등의 절차에 따른 기간이 별도로 필요하지 않다고 보아 대규모유통업법 제정 당시에는 대금지급 기한에 대한 규제가 별도로 존재하지 않았다. 이와 관련하여 기존에 직매입거래에 대해서도 법 제 8 조 제 1 항을 적용할 수 있는지에 대한 의문이 있었으나, 법 제 8 조는 상품판매대금의 지급기일을 법정하여 당사자의 계약자유의 원칙을 제한하는 취지이므로 같은 조 제 1 항 각 호에 열거되지 않은 직매입거래에 대해서까지 위 조항을 적용할 수 있다고 해석하기는 어려웠다.

그러나 대규모유통업의 특성상 직매입거래에서도 다양한 다수 상품들의 납품이 지속적으로 이루어지는 경우가 많아지고, 편의상 월 마감 및 정산일을 설정하여 일괄적으로 대금을 지급하는 사례가 늘어남에 따라 실제로는 납품 후 대금 지급까지 일정 기간이 소요되는 것이 일반화되었다. 그런데 대규모유통업자에 따라서는 거래규모가 적은 납품업체에 대해 상대적으로 대금 지급 기일을 길게 설정하는 등 피해가 우려되는 상황이었다. 법 제 8 조 제 2 항은 이러한 법의 사각지대를 해소하기 위하여 신설된 규정으로, 직매입거래에 대해서도 대금지급 기한을 법정하되, 하도급법의 입법례에 따라 대금 지급 기한을 상품수령일로부터 60일 이내로 규정하였다.[3] 이를 통해 직매입거래도 대규모유통업법의 대금지급기한 제한을 받게 되었으며, 대규모유통업자와 직매입거래를 하는 중소 납품업자의 현금 흐름을 개선하는 효과를 기대할 수 있게 되었다.

다. 상품판매대금 등의 법정 지급기일

(1) 서 설

특약매입거래, 위·수탁거래 및 대규모유통업자가 상품판매대금을 관리하는 매장임대차거래의 경우, 대규모유통업자는 해당 상품의 판매대금을 월 판매마감일부터 40일 이내에 납품업자등에게 지급하여야 한다(법 제8조 제1항). 또한 직매입거래의 경우, 대규모유통업자는 상품대금을 상품수령일로부터 60일 이내에 지급하여야 한다(같은 조 제1항).

본 조항은 예외규정 내지 정당화사유를 별도로 두고 있지 않으므로, 본 조항에서 정한 지급기한을 지나서 상품(판매)대금을 지급하는 행위는 곧바로 법 위반으로 평가된다. 따라서 특약매입거래나 위·수탁거래, 매장임대차 거래의 경우 대규모유통업자가 납품업자등과의 약정을 통해 40일을 초과한 상품판매대금 지급기한을 정했다 하더라도 이는 법 제8조 제1항 위반이 된다. 반대로, 대규모유통업자와 납품업자등이 대금지급기한을 40일보다 더 앞당겨서 약정하였으나 대규모유통업자가 그 약정기한을 경과하여 대금을 지급하더라도 40일 이내에만 지급한다면 본 조항에 위반되지 않는다. 물론 당해 약정에 따른 이행지체의 책임은 별론으로 한다.

(2) 특약매입거래 등에서 '월 판매마감일'의 의미

특약매입거래, 위·수탁거래 및 대규모유통업자가 상품판매대금을 관리하는 매장임대차거래는 일련의 연속적인 거래가 이루어지는 도중에 상품판매대금을 지급하기 때문에 대금지급을 위해서는 그 기준시점을 상정할 필요가 있다. 유통 실무에서는 마감일, 정산일 등의 용어로 기준시점을 정하는데, 통상 그 시점을 기준으로 하여 직전 기준시점과 현재 기준시점 사이의 상품판매량, 거래량, 판매대금, 판매수익 내

3) 하도급법 제13조(하도급대금의 지급 등) 제1항은 원사업자가 수급사업자에게 제조등의 위탁을 하는 경우에는 목적물등의 수령일부터 60일 이내로 지급기일을 정하도록 하고, 그 정한 기일내에 하도급대금을 지급하도록 하고 있는바, 직매입거래의 경우 위 하도급법 조항의 입법례를 참고하였다(국회 관련 심사보고서 및 검토보고서 참조).

지 수수료 액수, 정산액 등을 정하게 된다.

원칙적으로 대규모유통업자와 납품업자등은 협의를 통해 위 기준시점을 자유롭게 정할 수 있다. 보통은 매월 일정한 날, 예를 들어 '매월 20일', '매월 5일' 등과 같이 정하는 것이 일반적이나, 반드시 이와 같이 정할 필요는 없다. 경우에 따라서는 '매주 금요일'과 같이 지급 주기를 더 짧게 정하여도 무방하다.

이와 관련하여 법 제 8 조 제 1 항은 '월 판매마감일'이라고 규정하고 있는데, '월'이라고 문언으로 특정한 점, 대금의 조기 지급을 촉진하고자 하는 본 조항의 규정 취지를 고려하면, 역법(曆法)상 '1개월'을 초과하는 기간을 주기로 하여 판매마감일을 정하는 것은 본 조항에 위반될 것으로 보인다.

(3) 직매입거래에서 '상품수령일'의 의미

법 제 8 조 제 2 항은 직매입거래의 경우 해당 상품수령일로부터 60일 이내에 대금을 지급하도록 규정하고 있는데, 여기서 '상품수령일'의 의미가 무엇인지 살펴볼 필요가 있다. 직매입거래에서 상품의 납품은 주기적(예: 매월 1회, 2주에 1회 등)으로 이루어지는 것이 일반적이나, 신선 농·수·축산물과 같이 매일 또는 수시로 납품이 이루어지는 경우도 적지 않다. 즉, 직매입거래의 경우에도 특약매입거래 등과 같이 납품업자로부터 수시로 제품을 납품받아 연속적인 거래가 이루어지는 사례가 빈번하게 발생한다. 주기적으로 상품이 납품되는 경우에는 해당 상품의 수령일을 기준으로 60일 이내 대금 지급 여부를 판단하면 될 것이나, 수시로 납품이 이루어지는 경우에는 대규모유통업자가 수많은 거래상품에 대해 일일이 60일 이내 지급여부를 판단하기는 현실적으로 쉽지 않을 것으로 판단된다. 그렇다면 직매입거래의 경우에도 '월 판매마감일'과 같이 대규모유통업자와 납품업자가 월 1회 이상으로 마감일, 정산일 등을 정하여 그 날을 '상품수령일'로 보아 상품대금 지급기한을 판단할 수 있는지 여부가 문제될 수 있다.

참고로 하도급법에도 하도금대금 지급 기한과 관련하여 유사한 규정을 두고 있다. 하도급법 제 13 조(하도급대금의 지급 등) 제 1 항과 제 2 항은 원사업자가 수급사업자에게 제조등의 위탁을 하는 경우 목적물등의 수령일로부터 60일 이내의 가능한 짧은 기한으로 정한 지급기일까지, 만약 지급기일을 정하지 않은 경우에는 목적물등의 수령일로부터 60일이 되는 날까지 하도급대금을 지급하도록 규정하고 있다. 이 때

하도급법 제13조 제1항은 '목적물등의 수령일'에 대하여 "납품등이 잦아 원사업자와 수급사업자가 월 1회 이상 세금계산서의 발행일을 정한 경우에는 그 정한 날을 말한다"고 규정하고 있다. 대규모유통업법 제8조 제2항 소정의 직매입거래에서 '상품수령일'을 해석함에 있어 위 하도급법 규정을 유추할 수 있는지를 살펴볼 필요가 있다.

살피건대, 대규모유통업법에서는 하도급법과 같이 '목적물등의 수령일'에 대한 명시적인 규정을 두고 있지 않아 '상품수령일'을 하도급법과 같이 유사하게 확대하여 해석할 수 있는지 여부는 명확하지 않다. 이와 관련하여 공정거래위원회는 개정 대규모유통업법 및 지연이율 고시와 관련한 보도참고자료[4]를 통해, 다수의 상품이 지속적으로 납품·정산되는 실정으로 인하여 편의상 직매입거래에서 월 마감·정산 방식을 운영하는 것 자체를 금지하지는 않으나, 월 마감 방식을 사용하더라도 법정 지급기한의 기산점이 월 마감일(또는 세금계산서 발행일)이 되는 것은 아니라는 입장을 밝혔다. 이와 같은 공정거래위원회의 입장에 비추어 볼 때, 직매입 거래에 대하여 월 마감 방식을 사용하는 것은 가능하나, 월 마감 방식과 별개로 상품대금이 실제 상품수령일부터 60일을 넘어 지급되는 경우 법위반으로 판단될 위험이 크다는 점을 유의할 필요가 있다.[5]

(4) 기간 내 지급 의무

대규모유통업자는 법 제8조 제1항 각 호 소정의 거래유형에 해당하는 납품업자등에게 월 판매마감일부터 40일 이내에 해당 상품의 판매대금을 지급하여야 한다. 본 조항에서 판매대금 지급기한을 월 판매마감일부터 40일 이내로 법정한 것은, 종전 대규모소매업고시 하에서 공정거래위원회가 다수 심결례[6]를 통하여 '정당한 이유

---

4) 2021. 10. 21. 공정거래위원회 보도참고자료 "개정 대규모유통업법 및 지연이율 고시 시행" [붙임3] 참조.

5) 예컨대, 직매입거래에서 월 말일에 1회 마감을 하고 익월 25일에 대금을 지급하는 경우라면, 상품수령일부터 최장 55일(월초에 상품을 수령한 경우라 하더라도) 후에 대금을 지급하는 것이므로 법상 문제가 없지만, 만일 익익월 1일에 대금을 지급한다면 경우에 따라서는 상품수령일부터 최장 62일 후에 대금을 지급하는 것이 되므로 법 위반이 될 수도 있다.

6) ㈜신세화백화점의 대규모소매점업에 있어서의 특정불공정거래행위에 대한 건(2000. 10. 31. 의결 제2000－287호), ㈜뉴월드의대규모소매점업에 있어서의 특정불공정거래행위에 대한 건(2007. 4. 19. 의결 제2007－062호) 등.
특히 공정거래위원회는, 「㈜동보올리브백화점의 대규모소매점업에 있어서의 특정불공정거래행위에 대한 건」(2008. 7. 25. 의결 제2008－324호)에서, 그동안의 심결례를 통해 '상품판

없이 지연'한 것으로 판단한 기준 기간이 최대 40일이었음을 고려한 것으로 보인다. 직매입거래의 경우 상품 수령일부터 60일 이내에 해당 상품대금을 지급하여야 한다.

이러한 대금지급 기한 규제에 있어서 예외가 인정될 수 있는가의 문제가 있는데, 법 제 8 조 제 1 항과 제 2 항이 모두 ○○일 이내에 "지급하여야 한다"고 규정하고 있고, 대규모소매업고시와는 달리 '정당한 이유없이' 라는 요건사실이 제외되어 있으므로, 법 문언상으로는 이유 여하를 불문하고 기한내 지급을 강제하고 있는 것으로 해석된다. 다만, 천재지변과 같이 수범자인 대규모유통업자가 법 규정을 도저히 준수할 수 없다고 인정되는 사정이 있는 경우에는 법의 일반 원칙상 이를 위법이라고 볼 수는 없으므로, 천재지변에 준하는 경우에 한하여 대금지급기한 규제의 예외가 인정된다고 할 것이다.[7)]

참고로 대규모소매업고시하에서 공정거래위원회의 구「대형마트(특약매입) 표준거래계약서」는 납품업자가 지급받아야 할 상품대금에 대해 압류, 가압류, 기타 강제집행 절차가 개시되었거나 다른 법령에 근거하여 정부 및 공공기관의 지급금지 요청이 있는 경우, 또는 천재지변 등과 같은 불가항력적인 사유가 발생한 경우에는 예외적으로 대금지급을 보류할 수 있다고 규정한 바 있는데, 대규모유통업법이 제정된 이후 공정거래위원회는 2012. 2. 9.「특약매입 표준거래계약서(백화점, 대형마트)」를 전면 개정하여 상품판매대금의 지급기한을 40일로 규정하면서, 종전 표준거래계약서에서 규정하고 있던 상품대금의 지급을 보류할 수 있는 예외사유를 모두 삭제하였다.[8)]

매대금의 지급기일은 판매마감일로부터 40일 이내'라는 것을 정상적인 거래관행으로 보고 있다고 명시하였다.

7) 법이 국민에게 불가능한 행위를 요구할 수는 없으므로, 사회관념상 수범자가 법을 준수할 기대가능성이 없는 경우에는 법을 위반하여도 그 책임을 물을 수 없다는 것이 법의 일반원칙이다. 민법상 채무자에게 귀책사유 없는 이행불능은 채무자를 채무로부터 해방시킨다고 해석된다[민법주해(Ⅸ), 채권(2), 박영사(2008), 251면]. 이와 같은 법의 일반원칙은 비례의 원칙 등의 형태로 본 법과 같은 규제행정 관계에서도 동일한 준거로 인정된다[홍정선, 행정법원론(상)(제19판), 박영사(2011), 78면].

8) 제 6 조(상품판매대금 지급 및 감액금지)
① "갑"은 상품판매대금을 판매마감일부터 ( )일 이내에 현금, 기업구매 전용카드와 같은 현금성 결제수단으로 지급한다.
※ 상품판매대금은 판매마감일부터 40일 이내에 지급하여야 함
② "갑"이 제 1 항에서 정한 기간을 넘겨서 납품대금을 지급하는 경우에는 그 초과 기간에 대하여 공정거래위원회가 고시하는 이율에 따른 이자를 지급한다.

라. 관련 문제

(1) 퇴점업체 하자보증유보금 관행의 적법 여부

종전에 공정거래위원회는 납품업자등이 퇴점할 때 소비자의 반품, 하자보수, 손해배상청구 등에 대비하기 위하여 하자보증유보금 명목으로 매출액의 일부를 3개월 가량 지급 보류하는 것은 거래 관행상 허용된다고 판단하여 규제하지 않은 예가 있다.[9] 그러나 법 제 8 조 제 1 항이 '정당한 사유 없음'을 위법 판단의 요건사실로 두고 있지 않은 이상, 대규모소매업고시하에서의 이러한 선례가 현행 법 체제하에서도 똑같이 적용되기는 어려울 것으로 보인다. 따라서 대규모유통업자로서는 해당 상품의 판매대금을 본 조항이 정한 기한 내에 지급하되, 원활한 거래를 위해 위와 같은 담보가 필요한 경우에는 계약 체결 시 하자보증보험증권의 제출을 요구하거나, 상품대금과는 별도의 담보금 내지 보증금을 유치하는 방안을 고려할 수 있다. 이 경우, 하자보증보험증권의 보증내용, 담보금 내지 보증금의 정도는 당해 납품업자와의 거래상품, 거래규모 등을 종합적으로 고려하여 적절한 수준에서 상정할 필요가 있다.

다만 이와 관련하여 공정거래위원회 「특약매입 표준거래계약서(백화점, 대형마트)」는 납품업자가 대규모유통업자의 매장에서 철수한 후에 당해 납품업자의 상품에 대한 고객의 교환, 환불요구 등에 대한 사후관리를 위하여 계약 종료일 직전 월에 판매된 상품대금의 일정 부분을 보증금으로 대규모유통업자가 예치할 수 있도록 하고 있다.[10] 따라서 실무상 이 범위 내에서는 퇴점업체 하자보증유보금이 허용된다고 볼 수 있을 것이다.

---

9) " … 특정매입형태로 거래하는 납품업자가 거래관계종료로 매장에서 철수하는 경우, 이후 예상되는 소비자의 교환, 환불요구 등에 대비하여 … " 대규모유통업자가 " … 납품업자에게 지급하여야 할 상품판매대금의 일부를 유보금 명목으로 일정 기간동안 지급보류하는 행위에 대하여는 그 취지를 감안할 때 정당성을 부정할 수 없으나 … " 「㈜아라리오의 대규모소매점업에 있어서의 특정불공정거래행위에 대한 건」(2008. 1. 3. 의결(약) 제2008-012호).

10) 특약매입 표준거래 계약서(백화점, 대형마트) 제14조(사후 고객관리를 위한 조치)
① "갑"은 "을"이 매장을 철수한 후에 "을"의 상품에 대한 고객의 교환, 환불요구 등에 대한 사후관리를 위하여 계약 종료일 직전 월에 판매된 상품대금의 ( )%에 해당하는 금액을 보증금으로 "갑"에게 예치하게 할 수 있다. "을"이 보증금을 예치하지 않은 상태에서 "갑"이 고객의 교환, 환불요구에 응한 경우 "을"은 이로 인하여 지출된 비용을 "갑"에게 지급한다.
② 사후 고객관리를 위한 조치의 유효기간은 이 계약 종료일로부터 3개월까지로 한다.

(2) 납품업자등의 상품판매대금채권에 대한 압류, 가압류, 기타 강제집행 절차가 개시되거나 납품업자가 부도·폐업한 경우

대규모유통업자가 납품업자의 채권자로부터 납품업자의 상품판매대금채권을 대상 채권으로 한 압류, 가압류 또는 이에 준하는 기타의 강제집행에 관한 결정문을 송달받으면, 제 3 채무자인 대규모유통업자는 채무자인 납품업자등에 대해 채권의 지급이 금지되고, 채무자인 납품업자등은 당해 채권의 처분과 영수가 금지된다. 이 효력은 송달 즉시 발효된다(민사집행법 제227조 제 1 항 내지 제 3 항). 따라서 대규모유통업자가 이와 같은 강제집행 명령을 송달받은 후에는 상품판매대금 지급을 할 수 없고, 만일 위 명령에 위반하여 납품업자에게 대금을 지급할 경우 압류채권자에 대해 이중변제의 위험을 부담하게 된다.

이러한 상황에서 대규모유통업자가 월 판매마감일부터 40일 이내(직매입 거래의 경우 상품수령일부터 60일 이내)에 상품(판매)대금을 지급하지 않는 경우 법 제 8 조 제 1 항 또는 제 2 항에 위반되는지 여부가 문제된다. 앞서 본 바와 같이 공정거래위원회의 구(舊) 「대형마트(특정매입) 표준거래계약서」는 '납품업자가 지급받아야 할 상품대금에 대해 압류, 가압류, 기타 강제집행 절차가 개시된 경우 또는 다른 법령에 근거하여 정부 및 공공기관의 지급금지 요청이 있는 경우'에는 상품판매대금 지급을 지연할 정당한 사유가 있는 것으로 규정하였다. 그러나 본 조항에서는 어떠한 예외 규정도 두고 있지 아니하므로, 문언상으로는 가사 위와 같은 법정 지급금지 사유가 발생하였다고 하더라도 본 조 위반으로 판단될 수 있다. 실제로 공정거래위원회 역시 공탁이 가능함을 들어 가압류나 부도·폐업 등의 사유가 있다 하더라도 위법성을 조각할 수는 없다고 보고 있고,[11] 법원도 제 3 채무자는 공탁을 함으로써 이중변제의 위험에서 벗어날 수 있으므로 특별한 사정이 없는 한 대규모유통업자가 납품업자의 상품판매대금 채권에 관하여 가압류명령을 송달받았다는 사정만으로 법정지급기한

11) "대규모유통업법 제 8 조 제 1 항에서 대규모유통업자는 월 판매마감일로부터 40일 이내에 상품판매대금을 지급하도록 규정하고 있고, 지급 거절 또는 지연 지급을 인정하는 예외규정을 두고 있지 아니한바, 대규모유통업자가 지급기한을 경과하여 납품업자에게 상품판매대금을 지급하지 아니하는 경우 그 자체가 법 위반행위가 된다 할 것이고, 납품업자의 부도·폐업 등으로 소재를 알 수 없거나 채권자의 납품업자에 대한 채권가압류가 있을 경우에는 제 3 채무자인 피심인은 채권의 이행기가 도래할 때까지 해당 상품판매대금을 공탁함으로써 납품업자에 대한 채무를 이행할 수 있으므로 피심인의 주장은 이유 없다."[㈜현대홈쇼핑의 대규모유통업법 위반행위 및 공정거래법상 거래상 지위 남용행위에 대한 건 (2015. 4. 15. 의결 제2015-117호)].

도과로 인한 책임을 면할 수 없다고 판시한 바 있다(대법원 2020. 6. 25. 선고 2017두36540 판결). 따라서 대규모유통업자는 이러한 사유가 발생하더라도 법 제 8 조 제 1 항 또는 제 2 항에서 정한 기한 내에 공탁을 함으로써 상품판매대금 지급의무를 이행할 필요가 있다고 판단된다(민사집행법 제248조, 법 제34조 참조).

물론 이러한 해석에 대하여 이론의 여지가 없는 것은 아니다. 대규모유통업법 제 8 조 제 1 항이 민사집행법 제227조(금전채권의 압류) 제 1 항 내지 제 3 항에 우선하는 특별법으로 해석할 근거가 없다면, 채권 압류, 가압류 등 집행에 관한 일반법인 민사집행법이 제 3 채무자의 임의 변제를 금지하고 있는 이상, 다른 법률로 이를 강제하는 것은 부당하다는 해석도 가능하기 때문이다. 또한 예외적인 정당화 사유를 두고 있는 대규모유통업법상의 다른 대부분의 제도와 달리 유독 이 조항에 대해서만 예외적인 정당화 사유를 두지 않을 특별한 입법적 목적도 없다는 점도 이러한 주장의 근거가 될 수 있다. 반면, 예외사유를 인정할 필요가 없다는 입장에서는 제 3 채무자에 해당하는 대규모유통업자가 공탁함으로써 충분하다는 점을 근거로 들 수 있다. 대규모유통업자가 상품판매대금 지급 채무가 압류 또는 가압류되어 지급을 하지 못할 경우, 공탁함으로써 채무를 면할 수 있고, 이 경우 법 제 8 조 제 1 항 및 제 2 항 소정의 지급기한을 준수한 것으로 평가되어야 함은 물론이다. 그러나 배당에 참가한 채권자가 요구한 경우를 제외하고는 제 3 채무자가 공탁을 할 법적 의무는 없다(민사집행법 제248조 제 2 항)는 점에서는 다른 해석도 가능하다. 즉, 제 3 채무자인 대규모유통업자가 공탁함으로써 본 조항 위반의 위험을 사전에 회피할 권리는 당연히 있으나, 공탁을 하지 않았다고 하여 법 위반으로 단정할 수 있는지는 의문이 있는 것이다.

이러한 점에서 입법론적으로는 향후 적어도 납품업자등의 상품판매대금채권에 대한 압류, 가압류, 기타 강제집행 절차가 개시된 경우에는 본 조항의 예외를 인정하는 규정을 둘 필요가 있다고 판단된다.

한편 법정지급기한 당시 납품업자가 폐업 내지 부도상태에 있는 경우에도, 공정거래위원회는 앞서 살펴본 것처럼 공탁이 가능하다는 이유를 들며 납품대금의 지급을 유보할 수 없다고 보고 있다.[12]

---

12) ㈜현대홈쇼핑의 대규모유통업법 위반행위 및 공정거래법상 거래상 지위 남용행위에 대한

대규모유통업자와 납품업자등이 법 제 8 조와 다른 내용으로 약정을 체결한 경우, 그 약정이 유효한지 그리고 이로 인하여 법위반의 책임을 부담하지 않게 되는지 여부가 문제될 수 있다. 예컨대, 가압류를 이유로 대금을 유보할 수 있도록 하거나, 지연이자율을 대규모유통업법의 기준보다 낮게 정한 경우 등을 들 수 있다. 이에 대하여 대법원은 법 제 8 조보다 불리하게 체결한 약정이라고 반드시 해당 약정의 효력이 부인되는 것은 아니지만, 법정지급기한과 지연손해금률과 다른 내용의 약정이 존재한다는 사정만으로 위 규정의 적용을 곧바로 배제할 수 없고, 그 약정이 납품업자의 자발적 동의하에 체결되었다는 사정까지 인정되어야 한다고 판시하였다(대법원 2020. 6. 25. 선고 2016두55896 판결, 서울고등법원 2020. 12. 23. 선고 2020누46549 판결 등). 여기서 납품업자의 자발적 동의가 있었는지 여부는 납품업자에 대한 대규모유통업자의 거래상 우월적 지위의 정도, 거래의 특성과 시장 상황, 약정을 하게 된 경위, 납품업자가 입은 불이익의 내용과 정도, 약정을 하게 된 경위 및 그로 인하여 발생하는 계약당사자의 이익 정도, 상품판매대금의 지급기한이 늦어지게 되면서 납품업자가 얻게 되는 반대급부 등을 정상적인 거래관행이나 상관습 및 경험칙에 비추어 합리적으로 판단하여야 하며 이에 관한 증명책임은 법 제 8 조 제 1 항, 제 2 항의 적용이 배제되어야 한다고 주장하는 대규모유통업자가 부담한다(동 판결).

3. 상품판매대금 등의 지급 방법

가. 금전 지급의 원칙

대규모유통업자는 납품업자등에 대한 상품판매대금 및 이자(이하 이 항에서 '상품판매대금등'이라고 한다)를 상품권이나 물품으로 지급하여서는 아니 된다(법 제 8 조 제 4 항). 상품판매대금등을 현금이 아닌 다른 상품권이나 물품으로 지급하는 경우, 납품업자등은 이를 다시 금전으로 바꾸는 불편을 감수해야 할 뿐만 아니라, 교환과정에서의 가치하락이나 거래비용 등으로 인해 사실상 상품판매대금등을 전액 지급받지 못하게 되는 결과가 초래될 가능성이 있어, 이를 방지하기 위한 규정이다.

본 조항에 따라 대규모유통업자가 납품업자등에게 상품판매대금등을 지급할 경우 허용되는 지급 방법의 범위가 어디까지인지의 문제가 있다. 대규모유통업자의 상

건(2014. 4. 15. 의결 제2015-117호).

품판매대금등 지급채무 이행의 원칙적인 방법은 금전의 지급일 것이므로, 금전 지급이 아닌 다른 방법에 의한 채무의 이행은 일종의 대물변제에 해당할 것이다. 우선 본 조항은 상품권이나 물품으로 지급하는 것을 금지한다고 규정하고 있으므로 상품권 및 물품에 의한 상품판매대금등 지급이 금지된다는 점에는 이견이 있을 수 없다. 다만, 상품권 및 물품 이외의 다른 방법에 의한 지급은 허용될 것인지에 대해서는 논란의 여지가 있다.

본 조항의 문언이 '상품권이나 물품'으로 정하고 있으므로 일견 여타의 대물변제까지도 전면적으로 금지한다고 볼 여지도 없지 않으나, 굳이 그렇게까지 엄격히 해석할 필요는 없어 보인다. 본 조항의 규정 취지를 고려하면 납품업자등이 반드시 금전으로 교환하는 절차를 거칠 필요가 없거나, 그 경제적 가치가 금전과 사실상 동일한 것으로 볼 수 있는 경우에는 납품업자에게도 오히려 도움이 되는 측면이 있기 때문이다. 같은 관점에서 공정거래위원회 「특약매입 표준거래계약서(백화점, 대형마트)」 제 6 조 제 1 항도 "…납품대금을 판매마감일부터 (　)일 이내에 현금, 기업구매전용카드와 같은 현금성 결제수단으로 지급한다"라고 규정하여, 널리 현금성 결제수단에 의한 지급을 허용하고 있다. 따라서 본 조항에 따라 금지되는 것은 '금전 지급과 동일시 할 수 없고 별도의 현금화 절차가 필요하거나, 현금화 시의 경제적 가치가 액면가 상당액과 다른 상품권 또는 물품의 경우'로 한정하여 보는 것이 타당하다고 생각된다. 이러한 기준에 따를 경우 지급에 갈음한 예금증서의 교부나 어음 또는 수표의 교부, 대규모유통업자의 제 3 자에 대한 채권의 양도 또는 납품업자등의 채무의 인수도 적법한 상품판매대금등의 지급에 해당될 것으로 생각된다.[13] 이와 같이 유효한 대물변제에 의한 상품판매대금등 지급 후 당해 대물변제의 수단이 된 목적물 또는 목적 권리에 하자가 있는 경우, 이에 대해서는 별도의 하자담보책임이 문제될 수 있다.[14]

---

13) 다만, 이 경우 이와 같은 대물변제가 지급에 갈음한 것인지, 아니면 지급을 위한 것인지에 관하여는 당사자 사이의 보다 명확한 의사를 확인할 필요가 있다. 전자의 경우에는 종래의 상품판매대금 지급채무가 소멸할 것이나, 후자의 경우에는 종래의 상품판매대금 지급채무도 병존한다. 납품업자등이 종래의 상품판매대금 지급채무를 소멸시키면서까지 대물변제를 받는 경우는 이례적이므로, 특별한 의사표시나 사정이 없는 한 지급을 위한 대물변제로 해석될 경우가 많을 것이다. 다만, 상품판매대금 지급채무의 이행에 갈음하여 대규모유통업자가 납품업자등의 채무를 인수한 경우는 지급에 갈음한 대물변제로 볼 가능성이 보다 클 것이다[지원림, 민법강의(제 9 판), 홍문사(2011), 984~989면; 민법주해(XI), 채권(4), 박영사(2008), 74~79면].

나. 상계의 허용 여부

대규모유통업자가 납품업자등에 대하여 보유하고 있는 금전채권을 자동채권으로 하여 납품업자등의 대규모유통업자에 대한 상품판매대금 지급채권을 대등액에서 상계하는 것이 허용될 것인가의 문제가 있을 수 있다. 생각건대, 법 제8조 제3항이 상계를 명시적으로 금지하지 않은 점, 상계는 성질상 동종 채권을 대등액에서 소멸시키므로 납품업자등의 입장에서도 동액 상당의 채무가 감소되는 것이어서 별도의 손해가 없다는 점을 감안하면, 대규모유통업자의 상계를 허용하지 않을 이유는 없어 보인다. 단, 자동채권은 대금지급기한 도래 이전까지 확정적으로 발생해야 할 것이다. 만일 상품판매대금 지급 기한 도래 시점에 납품업자등에 대한 채권이 확정적으로 발생하지 않은 경우에는 비록 가까운 장래에 발생이 예상된다고 하더라도[15] 장래의 채권 발생가능성을 이유로 현재의 대금지급채무를 면하는 것을 정당화하기는 어렵기 때문이다. 따라서 이러한 점을 고려하면, 대금지급기한 이후에 상계적상(相計適狀)에 도달하더라도 법 제8조 위반으로 보는 것이 타당하다.

다. 어음에 의한 상품판매대금 지급의 허용 여부

유통 실무상으로는 대규모유통업자가 납품업자등에게 지급할 상품판매대금을 어음으로 교부하는 경우가 많다. 대규모유통업법 및 시행령 역시 대규모유통업자가 납품업자등에게 상품판매대금을 어음으로 교부하는 행위를 상정하고 있다(시행령 제5조 제4호). 따라서 대규모유통업자가 어음으로 상품판매대금을 지급하는 것도 당연히 허용된다.

대규모유통업자가 납품업자등에게 어음으로 상품판매대금을 지급한 경우, 당해 어음지급이 본래의 상품판매대금 지급 채무의 지급에 갈음한 것인지, 아니면 지급을 위한 것인지 문제가 될 수 있다. 그러나 납품업자등이 종래의 상품판매대금 지급 채무를 소멸시키면서 어음을 받는 것은 매우 이례적인 경우이므로, 납품업자등의 명시적 의사표시나 사정이 없는 한 지급을 위한 것으로 보는 것이 타당하다. 이와 같이

---

14) 민법주해(XI), 채권(4), 박영사(2008), 78면.

15) 납품업자가 판매부진으로 퇴점을 앞두고 있는 시점에, 대규모유통업자의 고객에 대한 손해배상채무와 그에 따른 납품업자에 대한 구상채권 발생이 예상되는 경우 등이 이에 해당될 수 있다.

본래의 상품판매대금 지급을 위해 어음을 지급한 경우, 양 채무는 병존하게 되므로 대규모유통업자는 어느 채무든 월 판매마감일부터 40일 내에 납품업자등에게 지급되도록 하여야 한다. 만일 어음의 지급일이 월 판매마감일부터 40일 후에 도래하고, 본래의 상품판매대금 지급 채무도 그 기간 동안에 지급된 사실이 없다면, 대규모유통업자는 본 법 제 8 조 제 1 항의 규정을 위반한 것으로 판단된다.

만일 대규모유통업자가 납품업자등에게 지급을 위하여 어음을 지급하고, 그 어음이 법률로 설립된 금융기관에서 할인이 가능한 것이며, 월 판매마감일부터 40일 내에 할인을 하더라도 본래의 상품판매대금 지급 채무와 같거나 더 많은 금액으로 현금화가 가능하다면 어떠한가. 이 경우 납품업자등은 자신의 경제적 손실이 전혀 없이 월 판매마감일부터 40일 내에 현금화하는 것이 가능하므로 자신의 선택에 따라 위 기간 내에 현금으로 교환하거나, 만기를 기다려 어음의 액면가로 지급받을 수 있다. 따라서 이러한 경우까지 단지 당해 어음의 만기일이 월 판매마감일부터 40일 이내에 있지 않다고 하여 대규모유통업자가 본 조항 소정의 기간을 위반하였다고 보기는 어려울 것으로 판단된다. 반면에 월 판매마감일부터 40일 내에 할인할 경우 그 할인금이 상품판매대금 지급 상당액에 미치지 못한다면 납품업자등으로서는 어음의 만기일을 기다려 지급받아야 할 필요가 있으므로, 당해 어음의 만기일이 월 판매마감일부터 40일을 넘는 경우에는 본 조항 소정의 기간 위반으로 판단될 소지가 크다. 일반적으로 어음을 지급하면서 지급 채무 이상을 액면으로 하는 사례는 흔치 않을 것이므로, 판매마감일에 어음을 지급하면서 만기일이 40일을 넘을 경우에는 법 위반이 될 가능성이 크다고 볼 수 있을 것이다.

지급받은 어음이 만기 도래일 전에 부도처리 되는 등의 경우에 대해서도 본 조항의 해석 문제가 있을 수 있다. 해당 어음이 지급을 위하여 교부된 어음이라면 본래의 상품판매대금 지급 채무를 이행하면 될 것이다. 문제는 지급에 갈음하여 교부된 어음의 경우인데, 이 경우에도 민법상 하자담보책임에 준하여 어음 교부에 의한 대물변제계약을 해제하고 본래의 상품판매대금 지급 채무를 이행하면 될 것으로 보인다.[16] 물론 어느 경우에도 대규모유통업자가 납품업자등에게 월 판매마감일로부터 40일 내에 상품판매대금을 지급하지 않은 경우에는 본 조항 위반이 된다.

---

16) 주석상법 어음·수표법(Ⅰ), 한국사법행정학회(1997), 227~231면.

라. 직매입거래 상품대금 지급에의 적용

대규모유통업법에 직매입거래 상품대금 지급 기한을 규정하는 제 8 조 제 2 항을 새롭게 추가하면서 개정된 제 4 항은 기존 문구를 그대로 유지하되 제 2 항을 적용대상에 포함하였으므로, 상품판매대금 지급 방법에 대한 논의는 직매입거래의 상품대금 지급에도 동일하게 적용될 수 있을 것으로 생각된다.

4. 대규모유통업자의 이자 지급의무

대규모유통업자가 상품판매대금을 월 판매마감일부터 40일 또는 상품대금을 상품수령일부터 60일이 지난 후에 지급하는 경우에는 그 초과 기간에 대하여 연 100분의 40 이내에서 「은행법」에 따른 은행이 적용하는 연체이자율 등 경제사정을 고려하여 공정거래위원회가 정하여 고시하는 이율에 따른 이자를 지급하여야 한다. 일종의 법정 채권발생사유로서, 대규모유통업자와 납품업자등 사이에 별도의 이자 또는 지연손해금에 관한 약정이 없더라도 본 조항에 따른 이자 지급의무가 발생한다. 공정거래위원회는 2012. 2. 7. 본 조항의 위임을 받아 「상품판매대금 지연지급 시의 지연이율 고시」를 제정하였다.[17] 동 고시에 의한 지연이율은 2025. 3. 31. 현재 연리 15.5%이다.

본 조항의 이자 지급의무는 법 제 8 조 제 1 항과 제 2 항의 '월 판매마감일부터 40일 이내 지급 의무', '상품수령일부터 60일 이내의 지급 의무'와는 별도의 의무이다. 대규모유통업자가 상품판매대금(상품대금)을 월 판매마감일(상품수령일)부터 40일(60일)이 지난 후에 지급하면서 법 제 8 조 제 3 항에 따른 이자를 지급한다고 하더라도, 위 기일 도과의 행정적 책임은 부담한다. 요컨대 대규모유통업자는 법 제 8 조 제 1 항 및 제 2 항 소정의 상품판매대금(상품대금) 지급기일 준수의무와 당해 기일 도과 시 이자 지급의무를 모두 준수할 의무가 있다.

17) 2012. 2. 7. 고시 제정 당시 이율은 20%였으나, 이후 2015. 3. 6. 개정 시 연리 18%로, 2015. 7. 1. 연리 15.5%로 각 인하하여 현재에 이르고 있다.

5. 관련 서류의 보존의무

대규모유통업자가 납품업자등에게 법 제8조 제1항에 따라 상품의 판매대금을 지급하거나 제2항에 따라 상품대금을 지급한 때에는 동 조항에 따른 상품판매대금의 지급일, 지급금액, 지급수단(어음으로 상품판매대금을 지급하는 경우에는 어음의 교부일·금액 및 만기일 포함) 및 상품판매대금 또는 상품대금에서 공제된 항목별 금액이 적힌 서류를 납품업자등과의 계약이 끝난 날부터 5년 동안 보존하여야 한다(법 제6조 제8항, 시행령 제5조 제4호).

아울러 만일 대규모유통업자가 상품판매대금 또는 상품대금을 법정기한이 지난 후에 지급함에 따라 본 법 제8조 제3항에 의해 이자를 지급한 경우, 당해 대규모유통업자는 위와 같이 지급한 이자의 지급내역을 납품업자등과의 계약이 끝난 날부터 5년 동안 보존하여야 한다(법 제6조 제8항, 시행령 제5조 제5호).

6. 상품판매대금 등 지급기한 준수의무 위반의 효과

가. 사법상 효과

대규모유통업자의 법 제8조 제1항 소정의 상품판매대금, 제2항의 상품대금 지급기일 준수 의무와 납품거래계약상의 채무이행 의무는 상호 별개이다. 예를 들어 대규모유통업자가 법 제8조 제1항에 위반하여 상품판매대금을 월 판매마감일부터 40일 이후에 지급하였다 하더라도 당해 지급일이 대규모유통업자와 납품업자등이 약정한 지급기일 이내라면 사법상 계약 위반은 아니다. 반대로 대규모유통업자가 법 제8조 제1항에 따라 상품판매대금을 월 판매마감일부터 40일 내에 지급하였다 하더라도 당해 지급일이 대규모유통업자와 납품업자등이 약정한 지급기일을 도과한 경우라면 별도의 이행지체 책임을 지게 된다. 같은 조 제4항을 위반한 대규모유통업자의 대물변제 행위 역시 그 사법상 효력은 인정될 것이나, 대규모유통업자는 위 조항을 위반함에 따른 행정적 책임을 부담한다.[18] 이 때, 대규모유통업자가 대규모유

18) 이 점은, 하도급법 제13조 제2항이 "… 목적물 등의 수령일부터 60일이 지난 후에 하도급대금의 지급기일을 정한 경우(제1항의 단서에 해당되는 경우는 제외한다)에는 목적물 등의 수령일부터 60일이 되는 날을 하도급대금의 지급기일로 본다"라고 규정함으로써, 하도급 대금의 지급기일에 관한 사법상 이행기를 직접 정하고 있는 것과 구별된다.

통업법과 다른 약정을 이유로 법 제 8 조 제 1 항, 제 2 항 위반에 따른 행적적 책임을 면하기 위해서는 단순히 같은 항에서 정한 법정지급기한 및 지연손해금률과 다른 약정이 존재한다는 사정만으로는 부족하며, 그 약정이 납품업자의 자발적 동의하에 체결되었다는 사정까지 인정되어야 한다. 여기서 납품업자의 자발적 동의가 있었는지 여부는 납품업자등에 대한 대규모유통업자의 거래상 우월적 지위의 정도, 거래의 특성과 시장 상황, 약정을 하게 된 경위, 납품업자가 입은 불이익의 내용과 정도, 약정을 하게 된 경위 및 그로 인하여 발생하는 계약당사자의 이익 정도, 상품판매대금의 지급기한이 늦어지게 되면서 납품업자등이 얻게 되는 반대급부 등을 정상적인 거래 관행이나 상관습 및 경험칙에 비추어 합리적으로 판단하여야 하며, 이에 관한 증명책임은 대규모유통업자가 부담한다(대법원 2020. 6. 25. 선고 2016두55896 판결).

한편 법 제 8 조 제 3 항에 의한 대규모유통업자의 납품업자등에 대한 이자 지급의무는 일종의 법정 채권발생원인의 하나로 해석된다. 따라서 납품업자등은 대규모유통업자가 월 판매마감일(상품수령일)부터 40일(60일) 내에 상품판매대금(상품대금)을 지급하지 않는 경우 본 조항에 따라 이자지급채권을 취득하게 되고, 이에 따라 이자 청구가 가능할 것으로 보인다. 이는 대규모유통업자와 납품업자등 사이의 납품거래계약 등에서 정한 이자 또는 지연손해금 약정이 있는지 여부를 불문한다.

그리고, 대규모유통업법 제 8 조 제 1 항, 제 2 항에서 정한 지급기한보다 납품업자등에게 불리한 내용의 계약 조항이나 약관에 관하여 납품업자로부터 자발적 동의를 얻지 못한 경우, 그 계약 조항이 사법상 유효한지 여부와 관계 없이 고의·과실에 의한 불법행위에 해당하므로, 납품업자등은 대규모유통업자를 상대로 불법행위를 원인으로 하여 대규모유통업자의 위반행위가 없었더라면 지급받을 수 있었던 지연손해금 상당을 손해배상으로 청구할 수 있다(대법원 2020. 6. 25. 선고 2016두55896 판결).

나. 행정적 제재[19]

(1) 입증책임

대규모유통업법 제 8 조 제 1 항, 제 2 항 및 제 4 항의 규제와 관련하여, 공정거래위원회는 '대규모유통업자가 법 제 8 조 제 1 항 각 호 소정의 거래의 경우에 월 판매마감일부터 40일 이내에 상품의 판매대금을 지급하지 않은 사실', '대규모유통업자가

19) 자세한 사항은 후술하는 제 3 부 제 2 장 '법 위반에 대한 조사 및 처분 등' 참조.

직매입거래의 경우에 상품수령일부터 60일 이내에 상품대금을 지급하지 않은 사실'과 '대규모유통업자가 상품판매대금 및 이자를 상품권이나 물품으로 지급한 사실'을 각각 입증함으로써 당해 대규모유통업자의 본 조항 위반에 따른 처분을 할 수 있다. 법 문언상, 대규모유통업자는 본 조항의 위반이 아님을 항변할 수 없다.

(2) 시정조치

공정거래위원회는 상품판매대금(상품대금)의 지급에 관한 규정을 위반한 대규모유통업자에게 법 위반행위의 중지, 향후 재발방지, 시정명령을 받은 사실의 공표, 시정명령을 받은 사실의 거래상대방인 납품업자등에 대한 통지 그 밖에 시정에 필요한 조치를 명할 수 있다(법 제32조). 아울러 공정거래위원회는 대규모유통업법을 위반한 대규모유통업자에게 시정방안을 마련하여 이에 따를 것을 권고하는 시정권고를 할 수도 있다(법 제33조). 상품판매대금(상품대금)의 지급에 관한 규정을 위반한 대규모유통업자에 대한 기본적인 행정적 제재로서, 위 규정 위반으로 판단될 경우, 그 위반의 정도가 경미하여 경고에 그치지 않는 한, 시정명령 또는 시정권고의 처분이 있는 경우가 대부분이다.

(3) 과 징 금

공정거래위원회는 상품판매대금(상품대금)의 지급에 관한 규정을 위반한 대규모유통업자에게 대통령령이 정하는 산출방식에 따른 납품대금이나 연간 임대료를 초과하지 아니하는 범위에서 과징금을 부과할 수 있다(법 제35조 제 1 항, 제 2 항). 시행령은 '대통령령으로 정하는 산출방식에 따른 납품대금'에 관하여, '대규모유통업자의 위반행위와 관련된 상품 매입액 또는 이에 준하는 금액'으로 정하고 있다(시행령 제28조 제 1 항, 별표 1). 다만, 관련 납품대금을 산정하기 곤란한 경우 등에는 5억 원 이내에서 중대성을 고려하여 과징금을 부과할 수 있다. 공정거래위원회의「대규모유통업법 위반사업자에 대한 과징금 부과기준 고시(개정 및 시행 2024. 2. 6., 공정거래위원회 고시 제2024-4호)」(이하 '과징금 고시')는 과징금 부과 시 '기본 산정기준'으로 위 납품대금에 위반금액의 비율을 곱하고, 이에 위반행위의 중대성의 정도에 따른 부과기준율(매우 중대한 위반행위 140%, 중대한 위반행위 100%, 중대성이 약한 위반행위 60%)을 곱한 금액으로 하도록 규정하고 있다. 참고로, 법 제 8 조 제 1 항부터 제 3 항 위반의 경우에는 '상품판매대금(상품대금) 또는 지연이자 미지급금액'을, 같은 조 제 4 항 위반의 경우에는 '상품판매대금(상품대금) 및 이자를 상품권·물품으로 지급한 금액'을 각

위반금액으로 보게 된다.[20]

다만 대규모유통업자가 법 제 8 조 제 1 항 또는 제 2 항을 위반한 경우로서 법 제29조(위반행위의 조사 등)에 따른 공정거래위원회의 조사가 개시된 날부터 30일 이내에 납품업자등에게 상품판매대금 또는 상품대금(법 제 8 조 제 3 항에 따른 이자를 포함한다)을 모두 지급한 경우에는 과징금을 부과하지 아니할 수 있다{시행령 제28조 제 1 항 관련 [별표 1] 제 1 호 나.목}.

7. 관련 사례

[대규모유통업자 ㈜현대홈쇼핑의 대규모유통업법 위반행위 및 공정거래법상 거래상지위 남용행위에 대한 건(2015.4. 15. 의결 제2015-117호, 대법원 2020. 6. 25. 선고 2016두55896 판결)]

[사실관계]

피심인은 "법원, 세무당국 또는 연금관리공단 등으로부터 지급정지요청, (가)압류, (가)처분, 추심 등의 결정이나 명령이 있는 경우(제 1 호)", "협력사 또는 상품의 제조사의 부도, 파산, 폐업, 중대한 자금사정의 악화 등으로 협력사가 정상적인 영업활동 또는 A/S를 수행할 수 없다고 객관적으로 판단되어 홈쇼핑이 향후 고객에 대한 보상, A/S를 위해 잠정적으로 지급을 보류하기로 한 경우(제 4 호)" 대금 지급을 보류할 수 있다는 취지의 계약을 체결하였다.

피심인은 2012. 3. 12.~2013. 7. 11. 기간 중, 32개 납품업자와 특약매입거래로 납품받은 상품을 판매하면서, 월 판매마감일로부터 40일 이내에 상품판매대금 54,557천 원을 지급하지 아니하였다. 이후 피심인은 2015. 1. 16.~2015. 3. 20. 기간 동안, 9개 납품업자에 38,118천 원을 법원에 공탁하는 방법으로 지급하였으나, 이 금액에 대하여 월 판매마감일부터 40일을 초과한 날부터 실제 지급한 날까지 발생한 지연이자와 나머지 상품판매대금 16,439천 원은 지급하지 아니하였다.

[공정거래위원회의 판단]

피심인은 납품업자에게 상품판매대금을 지급하지 못하거나 지연 지급한 경우는 모두 피심인을 제 3 채무자로 하는 채권가압류나 납품업자의 부도·폐업 등으로 상품판매대금의 지급이 현실적으로 불가능한 경우에 해당한다고 주장한다.

20) 개정된 과징금 부과기준과 관련된 상세 내용은 제 3 부 제 2 장 2. 나. 과징금 부분 참고.

살피건대, 법 제 8 조 제 1 항에서 대규모유통업자는 월 판매마감일로부터 40일 이내에 상품판매대금을 지급하도록 규정하고 있고, 지급 거절 또는 지연 지급을 인정하는 예외 규정을 두고 있지 아니한바, 대규모유통업자가 지급기한을 경과하여 납품업자에게 상품판매대금을 지급하지 아니하는 경우 그 자체가 법 위반행위가 된다 할 것이고, 납품업자의 부도·폐업 등으로 소재를 알 수 없거나 채권자의 납품업자에 대한 채권가압류가 있을 경우에는 제 3 채무자인 피심인은 채권의 이행기가 도래할 때까지 해당 상품판매대금을 공탁함으로써 납품업자에 대한 채무를 이행할 수 있으므로 피심인의 주장은 이유 없다.

[법원의 판단]
대규모유통업법은 공정한 거래질서를 확립하고 대규모유통업자와 납품업자 등이 대등한 지위에서 상호 보완적으로 발전할 수 있도록 함으로써 국민경제의 균형 있는 성장 및 발전에 이바지함을 목적으로 하고 있다(제 1 조). 거래상 우월적 지위에 있는 대규모유통업자가 일방적으로 대규모유통업법 제 8 조 제 1 항, 제 2 항보다 불리한 내용의 계약 조항을 삽입한 다음 납품업자로 하여금 비자발적으로 이에 동의하게 한 후 이를 근거로 납품업자를 상대로 위 규정 위반행위를 하는 것은 대규모유통업법의 입법 목적을 정면으로 훼손하고, 공정한 거래질서를 해치며 납품업자에게 불이익을 가하는 행위이므로 허용할 수 없다. 또한 거래상 우월적 지위에 있는 대규모유통업자가 그 지위를 이용하여 위와 같은 계약 조항을 계약에 편입시킬 우려가 항시 존재하는 거래현실을 아울러 고려하면, 대규모유통업자와 납품업자 사이에 대규모유통업법 제 8 조 제 1 항, 제 2 항에서 정한 법정지급기한과 지연손해금률과 다른 내용의 약정이 존재한다는 사정만으로 위 규정의 적용을 곧바로 배제할 수 없고, 그 약정이 납품업자의 자발적 동의하에 체결되었다는 사정까지 인정되어야 할 것이다.

여기서 납품업자의 자발적 동의가 있었는지 여부는 납품업자에 대한 대규모유통업자의 거래상 우월적 지위의 정도, 거래의 특성과 시장 상황, 약정을 하게 된 경위, 납품업자가 입은 불이익의 내용과 정도, 약정을 하게 된 경위 및 그로 인하여 발생하는 계약당사자의 이익 정도, 상품판매대금의 지급기한이 늦어지게 되면서 납품업자가 얻게 되는 반대급부 등을 정상적인 거래관행이나 상관습 및 경험칙에 비추어 합리적으로 판단하여야 한다(대법원 2011. 1. 27. 선고 2010다53457 판결 등 참조). 그리고 이에 관한 증명책임은 대규모유통업법 제 8 조 제 1 항, 제 2 항의 적용이 배제되어야 한다고 주장하는 대규모유통업자가 부담한다.

채권의 가압류는 제 3 채무자에 대하여 채무자에게 지급하는 것을 금지하는 데 그칠 뿐이므로, 가압류가 있더라도 그 채권의 이행기가 도래한 때에는 제 3 채무자는 그 지체책임을 면할 수 없고, 이러한 경우 제 3 채무자로서는 민사집행법 제291조, 제248조 제 1 항에 의한 공탁을 함으로써 이중변제의 위험에서 벗어날 수 있으며, 이로써 이행지체의 책임도 면하게 된다(대법원 1994. 12. 13. 선고 93다951 판결, 대법원 2016. 6. 23. 선고 2015다234473 판결 등 참조). 따라서 대규모유통업자가 납품업자의 상품판매대금 채권에 관하여 가압류명령을 송달받았다는 사정만으로 법정지급기한 도과로 인한 책임을 면할 수 없다고 보아야 한다.

대규모유통업자와 납품업자가 대금 지급을 지연할 수 있다고 약정하였다고 하더라도, 납품업자들이 자발적으로 동의하였다고 인정할만한 자료가 없고, 위 조항의 내용 중에는 대규모유통업법 제 8 조 제 1 항, 제 2 항의 규정 내용보다 납품업자들에게 불리한 부분이 존재한다. 그렇다면 앞서 본 법리에 비추어 볼 때, 원고가 위와 같은 표준거래계약서의 조항을 근거로 상품판매대금 채권이 가압류된 납품업자에 대하여 법정지급기한이 경과하더라도 지연손해금을 지급하지 않은 것은 대규모유통업법 제 8 조 제 1 항 제 3 호, 제 2 항의 규정을 위반하는 행위에 해당한다.

[㈜티몬의 대규모유통업법 위반행위에 대한 건(2018. 5. 24. 의결 제2018-211호)]

[사실관계]

피심인은 2013. 10.부터 2016. 11.까지의 기간 중 위·수탁 거래관계에 있는 1,902개 납품업자를 대상으로 총 4,158건의 딜에 대한 상품판매대금 3,062,962,370원을 월 판매마감일로부터 40일을 초과하여 지급하고, 그 초과기간에 대한 지연이자 8,520,605원을 지급하지 아니하였다.

[공정거래위원회의 판단]

피심인은 위 행위의 원인이 정산 시스템 알고리즘상 임시공휴일, 대체공휴일 등을 사전에 예상할 수 없어 휴일이 확정되면 추후에 반영하는 과정에서 다른 입력 요소와 한꺼번에 데이터베이스에 업데이트 되다 보니 버그가 발생하여 초래된 것이건, 역법상 일자가 아닌 영업일을 기준으로 정산시스템을 설정하여 중간에 연휴 또는 공휴일이 포함될 경우 1~5일의 지연지급이 발생할 수밖에 없었던 것이므로 고의성이 없어 법 위반이 아니라고 주장한다.

살피건대, 법 제 8 조는 정당한 사유 등의 예외 사유를 두지 않고 법정지급기일을 월 판매마감일부터 40일로 특정하고 있으므로 시스템 오류, 영업일 기준의 정산방식 등은 위법성을 조각시키는 사유가 될 수 없는바, 피심인의 위 주장은 이유 없다.

[에이케이플라자 운영 관련 2개 사업자의 대규모유통업법 위반행위에 대한 건(2023. 4. 24. 의결(약) 제2023-037, 039호)]

[사실관계]

피심인 A는 2018. 2. 10.부터 2020. 12. 11.까지의 기간 중 4개 납품업자와 거래하면서, 해당 납품업자의 상품판매대금에 채권가압류가 부과되었다는 사유로 상품판매대금 46,842,711원을 법정지급기일을 초과하여 지급하고, 그 초과된 기간에 대한 지연이자 3,844,523원을 지급하지 아니하였다.

피심인 B는 2019. 5. 11.부터 2021. 8. 10.까지의 기간 중 7개 납품업자와 거래하면서, 해당 납품업자의 상품판매대금에 채권가압류 또는 전부명령이 부과되었거나 납품업자의 회생절차 개시결정 등의 사유로 상품판매대금 218,918,598원을 법정지급기일을 초과하여 지급하고, 그 초과된 기간에 대한 지연이자 1,411,073원을 지급하지 아니하였다.

[공정거래위원회의 판단]

피심인들이 납품업자의 상품판매대금 채권에 관하여 가압류명령 등을 송달받았다는 사정만으로 법정지급기일을 경과하여 납품업자에게 상품판매대금을 지급한 것에 대한 책임을 면할 수 없다. 따라서, 피심인 A는 2018. 2. 10.부터 2020. 12. 11.까지의 기간 중 4개 납품업자에게 상품판매대금을 법정지급기일로부터 최소 5일에서 최대 455일을 초과하여 지급하였으므로, 법정지급기일 내에 상품판매대금을 지급하지 아니하였다. 피심인 B 또한 2019. 5. 11.부터 2021. 8. 10.까지의 기간 중 7개 납품업자에게 상품판매대금을 법정지급기일로부터 최소 1일에서 최대 41일을 초과하여 지급하였으므로, 법정지급기일 내에 상품판매대금을 지급하지 아니하였다.

제 5 장

상품 수령거부·지체 금지

1. 서 설

대규모유통업법은 대규모유통업자가 납품업자와 납품에 관한 계약을 체결한 후 해당 상품의 전부 또는 일부의 수령을 거부하거나 지체하는 행위를 금지한다(법 제 9 조 본문). 단, 납품받은 상품이 납품업자의 책임 있는 사유로 인하여 훼손되는 등 대통령령으로 정하는 사유가 발생한 경우에는 수령을 거부하거나 지체하더라도 법 위반에 해당하지 않는다(법 제 9 조 단서).

채무자가 채무 이행의 제공을 하였음에도 불구하고 채권자가 그 이행을 받을 수 없거나 받지 아니한 때에는 채무 이행의 제공이 있는 때로부터 지체의 책임(채권자지체)을 진다(민법 제400조). 채권자지체가 발생하는 경우, 채무자는 고의 또는 중대한 과실이 없으면 채무불이행 책임을 면하고(민법 제401조), 채권자는 채권자지체로 인한 목적물 보관 또는 변제의 비용 증가분을 부담하는 등(민법 제403조), 채권자의 부담 내지 책임이 가중된다.

이와 같은 사법상 일반적인 제재 수단이 있음에도 불구하고, 대규모유통업법에서 상품 수령의 거부나 지체를 원칙적으로 금지하고 있는 이유는 대규모유통업 거래에서 채권자지체에 해당하는 상품 수령거부 또는 지체가 발생하게 되면 그 피해는 주로 채무자인 납품업자에게 돌아가기 때문이다. 즉 납품업자는 상품의 생산에 소요된 금융비용이나 상품을 다른 구매처에 판매하여 얻을 수 있었던 기회비용 등을 상실하게 되는 직접적 손실을 볼 뿐만 아니라, 거래상 지위가 있는 대규모유통업자와의 계속적인 거래관계를 유지해야 할 필요성으로 인해 적극적으로 손해배상을 청구하거나 기타 추가 발생된 비용의 구상을 청구하기도 어렵게 된다. 요컨대 대규모유통업법 제 9 조(상품 수령 거부·지체 금지)는 상품 납품에 관한 채권자인 대규모유통업자가 당해 상품에 대한 수령을 거부하거나 지체하더라도 오히려 채무자인 납품업자가 경제적 손실을 입게 되는 불합리한 현실을 감안하여, 납품업자를 보다 두텁게 보호하기 위한 조항이다.[1)]

2. 본 조항의 체계적 문제점

사법의 일반 법리상, 채권자의 수령 거부 또는 지체는 채무자의 변제의 제공이 있는 시점 또는 그 시점에 근접한 시점에 발생할 수 있는 개념이다. 채무자의 변제의 제공이 있고 일단 채권자가 당해 변제를 인수한 후에는 수령 거부 또는 지체란 것이 애당초 성립하기 어렵다. 대규모유통업법에서 상품 납품에 관한 채권자는 대규모유통업자, 채무자는 납품업자이고, 납품업자의 변제의 제공은 발주된 상품의 납품 행위이다. 그렇다면 개념상으로는 대규모유통업자가 납품업자의 상품을 납품받은 후에는 더 이상 상품의 수령을 거부하거나 지체하는 행위가 불가능하다.

그런데 대규모유통업법 제 9 조는 본문에서 "납품에 관한 계약을 체결한 후 해당 상품의 전부 또는 일부의 수령을 거부하거나 지체하여서는 아니 된다"고 규정하면서, 그 단서에서는 "납품받은 상품이 납품업자의 책임 있는 사유로 인하여 훼손되는 등 대통령령으로 정하는 사유가 발생한 경우에는 그러하지 아니하다"라고 함으로써, 문언상 '납품받은 후'에도 수령의 거부 또는 지체가 가능한 것처럼 규정하고 있다. 시행령 제 7 조(상품의 수령 거부·지체) 제 1 호 내지 제 3 호의 규정도 이와 같다.

법 제 9 조 및 시행령 제 7 조가 이와 같이 규정함에 따라, 법 제10조(상품의 반품 금지) 소정의 반품 규정과의 관계가 불분명해지는 문제가 야기된다. 예를 들어 납품업자가 특정 상품을 납품하였고 대규모유통업자가 이를 납품받았는데, 후에 그 상품에 납품업자의 귀책사유에 의한 훼손 또는 하자가 발견되는 경우에 이를 납품업자에

1) 대규모소매업고시 제 7 조는 "대규모소매업자가 납품업자와 주문제조 거래 계약을 체결한 후 당해 납품업자의 귀책사유가 없음에도 불구하고 당해 상품의 전부 또는 일부의 수령을 지연하거나 거부하는 행위를 하여서는 아니 된다"고 규정함으로써 주문제조상품만을 적용대상으로 한정하고 있었던 반면, 대규모유통업법에서는 원칙적으로 납품되는 모든 상품을 그 적용대상으로 하고 있다는 점에서 차이가 있다.

게 되돌려주는 것이 법 제9조 소정의 상품의 수령 거부에 해당하는 것인지, 아니면 법 제10조 소정의 반품에 해당하는 것인지 여부이다. 두 조항의 문언상으로는 쉽게 구분되지 않는다. 대규모유통업법을 제정하면서 대규모소매업고시 제7조의 적용범위를 확대하고 내용을 구체화하는 과정에서 발생한 입법상 오류로 보인다.

생각건대, 채권자의 수령 거부 또는 지체는 채무자의 변제의 제공 시점에 한하여 성립할 수 있는 개념이므로, 본 조도 이에 준하여 해석하여야 한다. 그렇다면 법 제9조 단서 및 시행령 제7조 제1호 내지 제3호 소정의 '납품받은'의 의미는 납품업자가 상품의 납품에 관한 행위를 한 시점 내지 이에 밀접한 시점으로, 상품의 훼손(시행령 제7조 제1호), 결함(제2호), 주문한 상품과 다른 경우(제3호)는 납품업자가 상품의 납품에 관한 행위를 한 시점에 훼손, 결함이 있거나 주문한 상품과 다르다는 사실을 바로 인식할 수 있는 경우로 한정하여 해석하는 것이 법 체계에 부합한다. 이렇게 해석하면, 실무상 본 조가 적용될 수 있는 경우는 크게 줄어들고, 대부분의 경우는 법 제10조 소정의 반품 규정에 의하게 판단하게 될 것으로 예상된다. 입법론상으로는 향후 관련 규정을 보다 명확하게 정비할 필요가 있다고 판단된다.

3. 수령 거부·지체의 원칙적 금지

가. 개　　요

대규모유통업자는 납품업자와 납품에 관한 계약을 체결한 후 해당 상품의 전부 또는 일부의 수령을 거부하거나 지체하는 행위를 하여서는 아니 된다(법 제9조 본문). 환언하면, 대규모유통업자는 법 제9조 단서에서 정한 사유가 없는 한, 납품에 관한 계약을 체결한 후에는 납품업자가 변제의 제공으로 납품하는 상품을 전부 수령하여야 한다. 당연히, 일부만의 수령을 거부하는 행위도 허용되지 않는다.

나. 수령의 거부 또는 지체

대규모유통업법은 '수령'의 의미에 관하여 별도의 정의를 두고 있지 않다. 사전적으로 수령(受領)이라 함은 '돈이나 물건을 받아들임'을 의미하나,[2] 법률적 관점에서는 본 조항과 유사한 취지의 규정을 두고 있는 하도급법에서의 수령의 정의를 참조

---

2) 국립국어원, 표준국어대사전.

할 수 있다. 하도급법상 '수령'이란 수급업자가 납품 등을 한 목적물을 받아 원사업자의 사실상 지배하에 두는 것을 말하고(하도급법 제8조 제3항 전문), 원사업자는 목적물의 납품이 있으면 검사 전이라도 즉시 수령증명서를 발급하여야 한다(하도급법 제8조 제2항). 특별한 사정이 없는 한 대규모유통업법에서의 수령의 의미 역시 이에 준하여 판단할 수 있을 것으로 생각된다. 이를 고려하면 납품업자가 상품을 대규모유통업자에게 납품하고자 하는 시점에 대규모유통업자의 수령행위가 있을 수 있고, 따라서 이 시점에 수령의 거부 또는 지체가 발생할 수 있다. 그렇지만 대규모유통업자가 납품업자의 납품을 받아 일단 상품을 수령한 후에는 논리적으로 수령의 거부 또는 지체가 발생할 수 없고, 단지 특별한 사정이 있는 경우에 한하여 상품대금의 감액 또는 반품 등이 발생할 수 있을 뿐이다. 이러한 점에서 대규모유통업법 제9조 및 시행령 제7조가 체계상 문제가 있음은 앞서 본 바와 같다.

수령의 거부는 납품업자가 납품하고자 하는 상품의 인수를 거절하는 것을 의미한다. 거절은 명시적 의사표시로 할 수 있음은 물론, 묵시적 의사표시나 당해 의사표시를 추단할 수 있는 행동에 의해서도 가능하다. 수령의 지체는 납품하고자 하는 상품의 인수를 지연하는 것으로서, 상품의 수령에 소요되는 통상의 시간이 지났는데도 이를 인수하지 않는 경우가 해당할 수 있다.

다. 수령 거부·지체가 성립하기 위한 전제

대규모유통업자의 수령 거부 또는 지체가 성립하기 위해서는 그 법리적 전제사실로서 채무의 내용에 따른 납품업자의 변제의 제공이 있어야 한다. 즉, 납품업자가 당해 납품거래계약의 내용에 부합하는 상품의 납품 행위를 하였음에도 불구하고 대규모유통업자가 해당 상품의 수령을 거부 또는 지체한 경우이다. 따라서, 납품업자가 당해 납품거래계약과 그에 따른 대규모유통업자의 구체적 발주 내용에 부합하지 않는 변제의 제공(납품행위)을 한 경우에는 유효한 변제의 제공이 없는 경우에 해당하므로, 대규모유통업자가 이에 대해 수령을 거부하거나 지체하였다 하더라도 법 제9조 소정의 수령의 거부 또는 지체는 성립하지 않는다고 보아야 한다.[3]

(1) 수량 부족의 경우

납품업자가 채무의 내용에 좇은 이행을 하지 않은 경우로는 우선 대규모유통업

3) 민법주해(Ⅸ), 채권(2), 박영사(2008), 718면.

자가 발주한 수량에 미치지 못하는 납품 행위가 있을 수 있다. 예를 들어 1,000개를 발주하였는데 그 1/10인 100개만 납품한 경우 등이다. 다만 구체적으로 어느 정도까지 발주량을 충족시켜야 유효한 변제의 제공으로 볼 것인지에 대해서는 일률적으로 판단할 수는 없다. 위 예에서 단지 몇 개의 수량만 부족하다고 해서 납품된 상품의 수령을 모두 거부할 수 있다고 보기는 어렵다. 결국 유효한 변제의 제공 여부를 판단함에 있어서는 당해 상품의 종류, 거래의 형태, 관련 거래시장에서의 관행, 납품의 시기, 납품 및 수령 여부에 따른 당사자 사이의 이해관계 등을 종합적으로 고려할 수밖에 없을 것이다. 법리적으로는 민사상 채권자지체는 채무자의 급부의무와 같이 이행이 강제되는 의무의 위반이 아니라 신의성실의 원칙에 기초한 책무의 위반으로 해석된다는 점을 감안하면,[4] 납품업자의 납품 수량이 지나치게 소량이어서 대규모 유통업자의 매장에 진열하여 판매하는 것이 사실상 불가능한 경우와 같이, 애초의 거래 목적을 달성할 수 없을 정도에 이른 경우에는 유효한 변제의 제공에 해당하지 않는 것으로 보아 납품된 상품의 수령을 모두 거부할 수 있다고 볼 수 있을 것이다.

이에 관하여 대규모소매업고시 하에서는 ① 1만 개를 주문 제조하였으나 초도 납품 물량 3,000개의 판매가 부진하자 나머지 7,000개의 수령을 거부한 사례, ② 주문제조거래 상품을 주문한 이후 매장 개선을 이유로 해당 상품의 수령을 거부한 사례, ③ 납품업체의 부도를 이유로 기존에 주문 및 납품된 주문제조거래 상품의 수령까지도 거부하는 사례, ④ 직매입거래 상품과 주문제조거래 상품을 동시에 발주했는데 직매입 거래 상품이 불량인 점을 들어 주문제조거래 상품의 수령까지 거부한 사례 등이 대규모소매업자의 수령거부 사례로 거론된 바 있다.[5]

(2) 품질 미달의 경우

납품업자가 납품한 상품의 품질이 통상적으로 기대 가능한 수준에 못 미칠 정

4) 채권자지체의 본질은 채권자가 일반적으로 부담하는 수령의무의 위반에 따른 채무불이행책임의 일종에 해당하여, 채권자지체가 성립하기 위해서는 채권자지체의 고유한 요건 이외에 귀책사유 및 위법성 등 채무불이행책임의 일반적 요건을 갖추어야 한다[민법주해(Ⅸ), 채권(2), 박영사(2008), 709~714면]. 다만, 위 수령의무는 민법 제 2 조 제 1 항의 신의성실의 원칙에서 도출되는 책무로서, 이를 준수하지 아니하더라도 상대방이 이행을 강제하거나 그 위반에 대하여 손해배상을 청구할 수는 없다[지원림, 민법강의(제 9 판), 홍문사(2011), 36면].

5) 농수축산물 납품업체를 위한 대규모소매업체의 불공정거래행위 대응매뉴얼, 농림수산식품부(2011), 13면, 78면.

도로 조악하거나, 흠이 있거나 또는 대규모유통업자와 납품업자 사이에 상호 합의한 특성을 가지고 있지 않는 등 전반적인 품질이 미달된 경우, 이를 이유로 대규모유통업자가 수령을 거부하거나 지체할 수 있는지의 문제가 있을 수 있다. 이와 같은 상품의 품질 미달은 일종의 '하자'로 볼 것인바, 법 제 9 조 및 시행령 제 7 조 제 2 호는 '납품받은 상품에 결함이 있는 경우'를 정당한 수령 거부 또는 지체 사유로 두고 있으므로, 위 각 규정 문언상 품질 미달을 이유로 한 수령거부가 일응 가능한 것으로 해석된다.

그러나 현행 민법과 상법은 채무의 이행과 하자담보책임[6]을 엄격히 분리하여, 채권자는 제공된 목적물이 표면상 적합한 것으로 보이는 경우에는 그것을 수령해야 하며, 수령하지 않으면 채권자지체 책임을 지게 되고, 일단 수령한 후에 목적물에 존재하는 하자를 발견하면 채무자에게 하자담보책임을 물을 수 있는 것으로 규범을 구조화하고 있다.[7]

이러한 관점에서 볼 때, 시행령 제 7 조 제 2 호의 '결함이 있는 경우'라 함은 가능한 모든 결함을 의미하는 것이 아니라, 표면상 도저히 채무의 내용에 따른 적합한 상품이라고 볼 수 없음이 명백한 경우로 한정하여 해석함이 타당하다. 요컨대, 상품의 품질 미달이 이 정도에 해당되지 않는 한, 이를 이유로 수령을 거부하거나 지체할 수는 없다고 보아야 한다. 따라서 이러한 경우에는 법 제10조에 의한 반품 절차에 의하도록 하는 것이 법 체계에도 맞는 해석이라고 판단된다.

4. 수령 거부·지체 금지의 예외

대규모유통업법 제 9 조에서는 납품받은 상품이 납품업자의 책임있는 사유로 훼손되는 등 대통령령이 정하는 사유가 발생한 경우에는 상품의 수령 거부나 지체를 허용하도록 규정하면서, 시행령 제 7 조 각 호에서 그 사유를 구체적으로 규정하고

---

6) 대규모유통업법 제 7 조의 상품대금감액, 제10조의 상품의 반품 허용사유는 일종의 하자담보책임, 제 9 조의 상품 수령 거부·지체는 채권자지체에 각각 대응되는 것으로 해석된다.

7) 민법주해(IX), 채권(2), 박영사(2008), 709면. 이러한 민법의 입법태도는 목적물의 품질등을 까다롭게 따지는 대량의 주문생산 및 상인 사이의 거래에는 적절하지 못한 측면이 있다는 비판론이 있다. 관련하여, 영미법에서는 채권자의 수령과 물건의 검사를 직접 관련지어 규율하는 경향이 있다.

있다.

가. 납품받은 상품이 납품업자의 책임 있는 사유로 인하여 훼손된 경우(제 1 호)

대규모유통업자의 수령의무는 상품에 대한 자세한 검사(검수, 검품 등) 단계 이전에 발생하므로 외관상 훼손 사실을 명백하게 알 수 있는 경우가 이에 해당한다. 납품업자의 귀책사유에는 납품업자 자신의 고의 또는 과실로 상품이 훼손된 경우뿐만 아니라, 납품업자가 고용한 운송업자 등 이행보조자의 고의 또는 과실에 의한 경우도 포함한다. 훼손의 구체적 의미 등에 대해서는 제 6 장 3. 다.항에서 상술한다.

나. 납품받은 상품에 결함이 있는 경우(제 2 호)

일반적으로 상품의 '결함'이라 함은 '하자'와 동일한 의미로 사용될 수 있을 것이나, 본 조항은 대규모유통업자의 수령의무 내지 정당한 수령 거부 또는 지체의 사유에 관한 것이므로, 상품 자체의 제반 품질상 하사로서 납품 단계에서 외관상 그 하자의 존재가 명백히 확인될 수 있는 경우를 의미한다고 해석된다. 납품 단계에서 외관상 명백히 확인하기 어려운 하자는 납품 후 검수, 검품 및 그 추후 과정에서 하자에 따른 반품 규정에 따르면 된다(법 제10조 제 1 항 제 3 호). 상품의 하자에 관한 구체적인 사항도 제 6 장 3. 다.항에서 상술한다.

다. 납품받은 상품이 대규모유통업자가 주문한 상품과 다른 경우(제 3 호)

발주 또는 주문한 상품과 다르다는 점이 객관적으로 명백한 경우를 말한다. 일반적으로 주문한 상품과 다른지 여부는 대규모유통업자와 납품업자 사이에 납품거래 기본계약 또는 발주서 등으로 정한 구체적인 내용에 따라 결정된다. 예를 들어 상품의 크기, 색상, 원산지, 제조자 등을 특정하였다면 그 기준에 미치지 않는 경우가, 이러한 점을 특정하지 아니하였다면 품목에 차이가 있는 경우가 이에 해당한다. 다만, 이 경우에도 납품 단계에서 외관상 발주내용과 다르다는 점이 명백히 확인될 수 있는 경우로 한정된다.

라. 일정한 기간 동안에 집중적으로 판매되는 상품으로서 해당 기간을 넘겨 납품한 경우(제 4 호)

일정한 기간 동안에 집중적으로 판매되는 상품을 발주하고 이에 대해 납품을 수락하였다면, 당사자인 대규모유통업자와 납품업자 사이에는 당해 상품이 해당 기간 동안에 집중적으로 판매될 것이라는 점, 따라서 그 기간 전에 납품이 되어야 일반 소비자들에게 정상적인 판매가 가능하다는 점에 관한 합의가 있었다고 볼 수 있다. 따라서 납품업자가 위 일정한 기간을 넘겨 납품하는 경우에는 채무의 내용에 좇은 변제의 제공으로 볼 수 없고, 따라서 대규모유통업자는 정당하게 그 수령을 거부할 수 있다. 민법상 정기행위(定期行爲, 민법 제545조), 상법상 확정기매매(確定期賣買, 상법 제68조)의 규정과 같은 맥락이다.

일정한 기간 동안에 집중적으로 판매되는 상품이라 함은 당사자 사이의 약정 또는 당해 상품의 특성에 따라 정해질 수 있다. 유통 실무상으로는 명절 선물용 상품, 크리스마스 전용상품, 발렌타인데이의 초콜릿, 빼빼로데이의 빼빼로 등 상관행상 일정 기간 집중 판매 상품으로 통용되는 상품이 이에 해당한다. 여름철 물놀이 상품이나 겨울철 스키용품과 같이 '일정한 기간'의 범위가 문제되는 경우가 있을 수 있으나, 거래 관행상 판매되는 기간에 상응하는 기간을 도과한 경우라면 이에 해당할 것으로 보인다. 예를 들어 여름철 상품을 발주하였으나 여름이 다 지난 9월 무렵에 납품하는 경우 등이다.

마. 그 밖에 제 1 호부터 제 4 호까지의 규정에 준하는 사유로서 대규모유통업자가 상품 수령을 지체하거나 거부할 수 있는 정당한 사유가 있는 경우(제 5 호)

시행령 제 7 조 제 1 호 내지 제 4 호에 준할 수 있는 일반적인 유형의 정당한 사유가 인정되는 경우이다. 구체적으로 어느 경우가 이에 해당할 수 있는지는 각 사례의 특성에 따라 개별적으로 판단하여야 한다.[8] 일단 발주한 상품의 수량에 비해 납

8) 관련하여, 하도급법도 제 8 조(부당한 위탁취소의 금지 등) 제 1 항 제 2 호에서 "원사업자는 제조 등의 위탁을 한 후 수급사업자의 책임으로 돌릴 사유가 없는 경우에는 다음 각 호의 어느 하나에 해당하는 행위를 하여서는 아니 된다. … 2. 목적물 등의 납품 등에 대한 수령 또는 인수를 거부하거나 지연하는 행위"라고 규정하여 부당한 수령거부 내지 지연행위를

품업자의 납품 수량이 지나치게 소량이어서 대규모유통업자의 매장에 진열하여 판매하는 것이 사실상 어려운 경우가 이에 해당할 수 있을 것이다. 어느 경우이든 납품 단계에서 그 사유가 명백히 확인될 수 있는 경우에 한정한다.

한편, 납품 지연시에도 수령을 거부할 수 있는가의 문제가 있을 수 있는데, 제4호에서 납품업자의 납품 지연 중 대규모유통업자가 수령을 거부할 수 있는 특수한 경우를 예시하고 있는 점을 비추어 보면, 납품업자의 일반적인 납품 지연은 시행령 제7조 제1호 내지 제4호에 준하는 정도로 그 지연의 정도가 중하다고 인정되지 아니하는 한, 수령 거부의 정당한 사유에 해당하지 않을 것으로 생각된다.

5. 관련 서류의 보존의무

대규모유통업자가 법 제9조 단서 및 시행령 제7조 각 호에 따라 상품의 수령을 거부하거나 지체한 경우, 당해 대규모유통업자는 납품업자등과의 계약이 끝난 날부터 5년 동안 수령을 거부하거나 지체한 상품의 목록, 수량, 주문일자, 주문수량, 수령일자, 수령수량 및 수령 거부 또는 지체 사유가 적힌 서류를 보존하여야 한다(법 제6조 제8항, 시행령 제5조 제6호).

6. 상품 수령 거부·지체 금지 규정 위반의 효과

가. 사법상 효과

대규모유통업자의 수령 거부 내지 지체의 사법상 효과는 민법 제400조 내지 제

금지하고 있다. 이의 판단기준을 구체화한 「부당한 위탁취소, 수령거부 및 반품행위에 대한 심사지침(2012.11.29. 일부 개정 및 시행, 공정거래위원회 예규 제412호) Ⅲ. 2. 나.」에서는 수령거부가 인정될 수 있는 '수급사업자의 책임으로 돌릴 사유'에 해당하는 예시를 규정하고 있는데, 그 예시는 다음과 같다. ① 수급사업자가 일정한 기간이나 계절에 집중적으로 판매되는 목적물의 제조를 충분한 기간을 두고 위탁받았음에도 수급사업자가 자신이 조달하기로 한 원재료를 제때 조달하지 못하는 등 수급사업자의 사정으로 해당 기간이나 계절을 넘겨 납품하는 경우, ② 수급사업자가 직접 조달한 원재료의 품질불량 등으로 납품 등을 한 목적물 등의 품질·성능 등에 하자가 있어 계약의 목적을 달성할 수 없다고 인정되는 경우, ③ 목적물 등의 생산과정 또는 납품 등을 위한 운송과정에서 수급사업자가 제대로 관리를 하지 아니하여 목적물 등이 오손·훼손되어 계약의 목적을 달성할 수 없다고 인정되는 경우.

403조 소정의 채권자지체 일반 규정에 따라 판단된다. 대규모유통업법 제 9 조 및 시행령 제 7 조의 규정은 위 민사상 채권자지체의 효과와는 무관하게 병존한다.

나. 행정적 제재[9]

(1) 입증책임

법 제 9 조 규제와 관련하여, 공정거래위원회는 '대규모유통업자가 납품업자와 납품에 관한 계약을 체결한 후 해당 상품의 전부 또는 일부의 수령을 거부하거나 지체한 사실'을 입증하는 것으로 당해 대규모유통업자의 본 조 위반에 따른 처분을 할 수 있다. 이에 대해 대규모유통업자가 본 조 위반이 아님을 항변하기 위해서는 '납품받은 상품이 납품업자의 책임 있는 사유로 인하여 훼손되는 등 시행령 제 7 조 제 1 호 내지 제 5 호 소정의 사유가 있었다는 사실'을 주장, 입증하여야 한다.

(2) 시정조치

공정거래위원회는 상품 수령 거부·지체 금지 규정을 위반한 대규모유통업자에게 법 위반행위의 중지, 향후 재발방지, 시정명령을 받은 사실의 공표, 시정명령을 받은 사실의 거래상대방인 납품업자등에 대한 통지 등 그 밖에 시정에 필요한 조치를 명할 수 있다(법 제32조). 아울러 공정거래위원회는 본 조를 위반한 대규모유통업자에게 시정방안을 마련하여 이에 따를 것을 권고하는 시정권고를 할 수도 있다(법 제33조). 본 조를 위반한 대규모유통업자에 대한 기본적인 행정적 제재로서, 위 규정 위반으로 판단될 경우, 그 위반의 정도가 경미하여 경고에 그치지 않는 한, 시정명령 또는 시정권고의 처분이 있는 경우가 대부분이다.

(3) 과 징 금

공정거래위원회는 상품 수령 거부·지체 금지 규정을 위반한 대규모유통업자에게 대통령령이 정하는 산출방식에 따른 납품대금이나 연간 임대료를 초과하지 아니하는 범위에서 과징금을 부과할 수 있다(법 제35조 제 1 항 본문, 제 2 항). 시행령은 '대통령령으로 정하는 산출방식에 따른 납품대금'에 관하여, '대규모유통업자의 위반행위와 관련된 상품 매입액 또는 이에 준하는 금액'으로 정하고 있다{시행령 제28조 제 1 항, [별표 1]}. 다만, 매출액을 산정하기 곤란한 경우 등에는 5억 원을 초과하지 아니하는 범위에서 과징금을 부과할 수 있다(법 제35조 제 1 항 단서). 공정거래위원회의

---

9) 자세한 사항은 후술하는 제 3 부 제 2 장 '법 위반에 대한 조사 및 처분 등' 참조.

과징금 고시는 과징금 부과 시 '기본 산정기준'으로 위 납품대금에 위반금액의 비율을 곱하도록 하고 있고, 본 조 위반의 경우에는 '수령거부·지체된 상품금액'이 위반금액이 된다. 여기서 '위반금액의 비율'이란 동 위반금액을 위 '대통령령으로 정하는 산출방식에 따른 납품대금'으로 나눈 값을 말한다.

제 6 장

상품의 반품 금지

1. 서 설

대규모유통업자는 정당한 사유 없이 납품받은 상품의 전부 또는 일부를 반품하는 것이 금지된다(법 제10조 제 1 항 본문). 다만, 정당한 사유가 있는 경우에는 예외적으로 반품이 허용된다(법 제10조 제 1 항 단서).

대규모유통업법상 '반품'이라 함은 대규모유통업자가 납품받은 상품을 되돌려주거나 납품업자의 다른 상품과 바꾸는 등 형식에 상관없이 납품받은 상품을 납품업자에게 실질적으로 되돌려주는 모든 행위를 말한다(법 제 2 조 제 7 호). 따라서 최종소비자가 반품을 요청하여 대규모유통업자가 납품업자에게 당해 상품을 반품하는 경우는 물론, 대규모유통업자가 판매하고 남은 상품을 납품업자에게 되파는 경우도 반품에 해당된다[2008. 5. 22. 의결(약) 제2008－224호].

일반적으로 납품업자가 대규모유통업자에게 납품한 상품이 모두 판매되는 경우는 드물고 어느 정도는 재고가 남기 마련이다. 이 경우 재고의 처리 비용을 누가 부담할 것인지에 관한 문제 역시 반품을 어느 정도 허용할 것인지의 문제와 관련이 있다. 원칙적으로 대규모유통업자와 납품업자는 각자의 자유의사에 따라 이러한 재고 처리에 관한 비용의 분담비율을 협의하여 정할 수 있다. 그러나 현실적으로는 대규모유통업자가 납품업자에 대하여 거래상 우월적 지위를 가지는 것이 일반적이기 때문에, 대규모유통업자가 일방적으로 납품업자에게 재고 처리 내지 반품에 따른 비용을 모두 부담시키는 경우가 적지 않았다. 이 경우 대규모유통업자와 납품업자 사이의 공정하고 자유로운 거래가 저해될 수 있음은 물론이다. 이러한 점을 고려하여, 대규모유통업법은 대규모유통업자가 납품업자로부터 납품받은 상품의 전부 또는 일부를 반품하는 것을 원칙적으로 금지하고 있는 것이다.

그러나 상품의 종류나 거래유형[1]에 따라서는 반품이 필요하거나 불가피하게 반품을 해야 하는 경우가 있기 때문에 무조건적으로 반품을 금지하는 것은 대규모유통업자와 납품업자 사이의 자유로운 거래를 제한할 우려가 있을 뿐만 아니라, 대규모유통업자가 반품을 최소화하기 위해 처음부터 상품의 구매 물량을 줄이게 하여 거래 자체가 감소하는 부작용도 있을 수 있다. 나아가 대규모유통업자가 매수인으로서 정당하게 행사할 수 있는 하자담보책임(민법 제580조, 상법 제69조)의 권리를 부당하게 제한하게 되는 문제도 있다. 이에 따라 대규모유통업법은 정당한 사유가 인정되는 경우에는 반품을 허용하면서 정당한 사유로 추정될 수 있는 경우에 대한 예시를 두고 있다(법 제10조 제1항 각 호). 다만, 반품이 허용되는 예외요건은 비교적 엄격하게 정하고 있다. 예외 요건이 완화될 경우 거래상 지위가 있는 대규모유통업자에 의한 반품이 구조화, 상시화되어 반품금지 규정이 사실상 사문화될 우려가 있기 때문이다.

대규모유통업법 제10조(상품의 반품 금지) 규정에 따라, 납품업자는 상품을 납품하는 때부터 자신이 납품한 상품이 어떠한 경우에 반품될 수 있는지를 미리 예측할 수 있게 된다. 나아가 반품은 일정한 경우에만 허용되므로, 납품업자로서는 일반 상거래에서보다 두터운 거래상 안전을 보장받을 수 있게 된다. 본 조는 원칙적 금지, 예외적 허용이라는 대규모유통업법의 기본적인 구조와 그 궤를 같이 하고 있고, 이 범위 내에서 대규모유통업자와 납품업자 사이의 계약 자유 내지 사적 자치의 원칙은 간접적으로 제한되는 것으로 해석된다. 반품 제한에 관한 규정은 상품의 납품을 전제로 하므로 매장임차인에 대하여는 적용되지 않는다.

한편, 공정거래위원회가 시행중인「대규모유통업자의 반품행위에 대한 위법성 심사지침」(시행 2021. 6.20. 공정거래위원회예규 제368호, 2021. 6. 10. 일부개정, 이하 "반품행위 심사지침")은 (i) 반품조건의 일반적 정의 규정을 신설하여 '반품조건'의 의미[반품의 대상, 시기(기한), 절차, 비용부담 등]를 구체화하였고, (ii) 직매입거래 계약 체결

1) 대규모소매업고시가 주문제조거래 또는 직매입거래에 대하여만 반품 제한 규정을 두고, 특정매입거래에서의 반품에 관하여는 아무런 규정을 두지 않은 것에 비해, 대규모유통업법은 반품 규제에 관한 대상 거래 유형을 한정하지 않음으로써, 사실상 상품이 납품되는 일체의 거래 유형에 일반적으로 적용될 수 있도록 강화되었다.

시 약정하여야 할 반품조건을 구체화하였으며, (iii) 직매입에서 예외적으로 반품이 허용되는 '시즌상품'인지 여부를 판단함에 있어 해당 상품의 월별·분기별 판매량, 재고량뿐만 아니라 매입량 등도 종합적으로 고려하도록 하였다. 또한, (iv) 「전자서명법」 개정사항을 반영하여 반품에 관한 서면약정 시 전자서명으로도 서명이 가능함을 명시하였다.

2. 납품된 상품에 대한 원칙적 반품 금지

가. 개 요

대규모유통업자는 정당한 사유 없이 납품받은 상품의 전부 또는 일부를 반품하여서는 아니 된다(법 제10조 제 1 항 본문). 일반적으로 납품업자는 대규모유통업자에게 자신의 상품을 납품함으로써 사실상 거래가 완료될 것으로 기대하고, 특약매입거래나 위·수탁거래와 같은 특수한 형태의 거래가 아닌 한, 그 납품된 상품이 다시 반품될 것을 예상하지 않는다. 그럼에도 불구하고 유통 실무에서는 대규모유통업자가 자신의 거래상 지위를 남용하여 이미 납품된 상품을 다시 납품업자에게 반품하는 경우가 빈번하였다. 이에 대규모유통업법은 납품업자의 기 납품된 상품에 대한 기대이익을 보다 두텁게 보호하기 위해, 대규모유통업자가 기왕에 납품된 상품을 반품하는 행위를 원칙적으로 금지하고 있다.

나. 납품받은 상품

법 제10조 제 1 항 본문의 규정은 납품업자가 대규모유통업자에게 납품한 상품을 대상으로 한다. 따라서 상품이 납품되기 전에는 반품의 개념이 성립될 수 없다. 이와 관련하여 납품업자가 상품을 납품하기 위해 대규모유통업자에게 제공[2)]한 시점에서 반품의 개념이 성립가능한지 의문이 있을 수 있다. 납품업자가 상품을 납품하기 위하여 제공을 한 즉시 또는 이에 밀접한 시점에는 아직 대규모유통업자의 수령행위가 완료되었다고 보기 어려우므로, 이 시점에서는 반품의 개념은 성립하기 어렵다고 보는 것이 민법의 일반 이론 및 대규모유통업법 제 9 조(상품 수령 거부·지체 금지)와의 조화로운 해석의 관점에서 타당하다. 따라서 이 경우는 법 제10조 소정의 반품이 아니라 제 9 조 소정의 수령 거부·지체 여부를 따져볼 문제이다. 그렇다면 어느

2) 민법상 '변제의 제공'에 해당한다.

시점까지를 '납품업자가 상품을 납품하기 위한 제공 즉시 또는 이에 밀접한 시점'이라고 할 수 있을 것인지가 실무상 문제될 수 있다. 생각건대 상품이 대규모유통업자의 관리영역 하에 들어간 시점, 예를 들어 납품업자가 물류센터 또는 각 매장 입고장 등에 상품을 입고[3]한 즉시 또는 그 자리에서 개략적인 수준에서 당해 상품의 수량 또는 외관상 하자 등 결함 여부를 확인할 수 있는 시점을 이에 해당하는 시점으로 볼 수 있을 것이다. 실무상으로는 늦어도 대규모유통업자가 납품받은 상품을 본격적으로 검수 및 검품하기 이전 시점이 될 수 있다. 따라서 본 조 소정의 반품은 이 시점이 지난 이후에 비로소 문제될 수 있다.

다. 전부 또는 일부의 반품

대규모유통업자는 납품업자로부터 납품받은 상품의 전부 또는 일부를 반품하여서는 아니 된다. 예를 들어 납품업자가 총 1,000개의 상품을 발주받아 총 1,000개의 상품을 납품하였는데 대규모유통업자가 1,000개 전부를 반품하거나 1,000개 중 300개를 반품한 경우가 이에 해당한다.

대규모유통업법상 반품이라 함은 형식에 관계없이 납품받은 상품을 납품업자에게 실질적으로 되돌려주는 모든 행위를 의미하므로, 대규모유통업자와 납품업자가 체결한 거래계약의 내용에 따라 상품의 반환이 이루어지는 경우, 납품업자의 일체의 채무불이행(주로 민법상 불완전이행의 경우가 될 것이다)에 따라 상품의 반환이 이루어지는 경우, 하자담보책임의 실현(민법 제580조, 제581조, 상법 제69조)에 따라 상품의 반환이 이루어지는 경우, 당초의 상품 납품에 관한 거래계약과 별도로 당해 상품에 관한 재매매 계약, 환매 계약을 체결하여 상품을 반환하는 경우, 당초의 상품 납품에 관한 거래계약의 전부 또는 일부를 해제 또는 해지하거나, 의사표시를 취소 또는 철회함으로써 상품의 반환이 이루어지는 경우 등을 모두 포함한다. 반품하고자 하는 상품의 점유를 이전하는 방법 역시, 납품의 경우에 준하여 현실인도, 간이인도, 점유개정, 목적물반환청구권의 양도 모두를 포함한다.

---

3) 유통업자에 따라서는 검수, 검품 후 매입 처리를 하는 것을 입고(入庫)로 칭하는 경우도 있다. 유통 실무에서 사용하는 각종 용어가 통일되지 않음에 기인한다. 이 책에서는 납품업자가 납품을 위해 대규모유통업자에게 상품을 제공한 사실적 행위와 구별하여, 검수, 검품 후 매입 처리가 완료된 상태를 '매입'이라고 한다.

3. 예외적인 반품 허용 사유

가. 개 요

대규모유통업자는 납품업자로부터 납품받은 상품을 반품하는 것이 원칙적으로 금지되나, 기왕에 납품된 상품이라 하더라도 당해 상품의 반품 여부에 관하여 보호해야 할 납품업자의 정당한 기대이익이 인정되지 않는 경우까지 반품을 금지할 이유는 없다. 이에 따라 대규모유통업법은 원칙적으로 반품을 금지하되, 예외적으로 정당한 사유가 있는 경우에는 반품을 허용한다(법 제10조 제1항 본문).

나. '정당한 사유'의 의미 및 정당한 사유의 추정 제도

(1) 정당한 사유의 의미

대규모유통업법은 정당한 사유의 의미에 대해 별도의 규정을 두고 있지 않다. 생각건대 대규모유통업법은 공정거래법상 불공정거래행위의 특수한 형태를 규정하고 있는 특별법이므로, 법에서 달리 해석하여야 할 특별한 사정이 없는 한, 공정거래법상 불공정거래행위에서 공통으로 사용하는 법문의 의미는 같이 보아야 할 것이다. 그렇다면 법 제10조 제1항 본문의 '정당한 사유'의 의미는 공정거래법상의 '정당한 사유'와 동일한 의미로 파악할 수 있다. 다만, 수많은 거래양태가 존재하는 거래현실상 이를 일률적인 기준으로 판단하는 것은 불가능하다. 결국, 대규모유통업자의 어떤 반품 행위가 공정거래를 저해하는 것인지 여부는 당해 반품과 관련된 거래당사자의 거래상의 지위 내지 법률관계, 상대방의 선택 가능성·사업규모 등의 시장상황, 그 행위의 목적 및 효과, 관련 규정의 특성 및 내용 등 여러 사정을 고려하여 그 행위가 공정하고 자유로운 경쟁을 저해할 우려가 있는지 여부에 따라 개별적, 구체적으로 판단할 수밖에 없다(대법원 1998. 9. 8. 선고 96누9003 판결). 법 제10조 제1항의 규정 체계상, 정당한 사유의 존부는 대규모유통업자가 주장, 입증할 책임이 있다.

(2) 정당한 사유의 추정 제도

앞에서 본 바와 같이 반품이 허용되는 정당한 사유가 있는지에 대해서는 다양한 요소들을 종합적으로 고려하여 판단할 수밖에 없는바, 수범자인 대규모유통업자나 납품업자 모두 그 내용을 명확히 알기 어려워, 자칫 법집행의 예측가능성이 저해될 여지가 없지 않다. 이러한 점을 고려하여 대규모유통업법은 반품에 있어 정당한 사유로 추정될 수 있는 경우를 규정하고 있다(법 제10조 제1항 각 호). 단, 대규모유통업자의 반품 행위가 위 사유에 해당하는 경우라 하더라도 정당한 사유가 있는 것으로 추정되는 것에 불과하므로, 공정거래위원회는 반증을 제시함으로써 위 추정을 복멸할 수 있다.

한편, 법 제10조 제1항 각 호가 규정하고 있는 정당한 사유에 해당하지 않는 경우라 하더라도 제9호의 '그 밖에 직매입거래의 경우로서 제3호부터 제8호까지의 규정에 준하는 정당한 사유가 있는 경우'라는 일반 규정을 통해 '정당한 사유'가 인정될 수도 있다.

대규모유통업법상 정당한 사유가 추정되기 위해서는, 첫째, 내용적 요건으로 법 제10조 제1항 각 호의 어느 하나에 해당하는 사실이 인정되어야 하고, 둘째, 기간적 요건으로 해당 거래분야에서 합리적이라고 인정되는 기간 내에 반품하여야 한다.

다. 내용적 요건

(1) 특약매입거래의 경우로서 계약체결 시 반품조건을 구체적으로 약정하고 그 반품조건을 명시한 서면을 납품업자에게 준 경우(제1호)

특약매입거래는 대규모유통업자가 매입한 상품 중 판매되지 아니한 상품을 반품할 수 있는 조건으로 이루어지는 거래이므로, 그 개념상 당연히 '매입한 상품 중 판매되지 아니한 상품'에 대하여는 반품을 전제하고 있다. 납품업자 역시 특약매입거래에 있어서는 납품 후 일정 시점까지 판매되지 않을 경우에는 반품될 것을 전제로 상품을 납품하는 것이므로 당연히 당해 상품의 반품이 가능하다는 것을 예측하고 있다고 볼 수 있다. 따라서 이러한 경우에는, 반품을 허용하더라도 공정거래가 저해될 우려가 없다는 것이 본 호의 기본 취지이다.

다만, 특약매입거래라 하더라도 대규모유통업자에게 언제나 재고 상품을 반품할 수 있는 권리가 인정된다고 볼 수는 없으므로, 어느 시점에, 어떠한 조건으로, 어떤 절차를 거쳐 반품될 것인지에 대해 아무런 정함이 없다면 반품에 관하여 당사자, 특히 납품업자의 법적 지위가 지나치게 불안하게 되고, 경우에 따라서는 불측의 손해가 발생할 수도 있다. 따라서 본 호는 특약매입거래라도 계약체결 시 반품조건을 구체적으로 약정하고 그 반품조건을 명시한 서면을 납품업자에게 준 경우에만 반품을 할 수 있는 것으로 규정하였다.

본 호는 계약체결 시 반품조건을 구체적으로 약정하고 그 반품조건을 명시한 서면을 납품업자에게 준 경우에 정당한 사유가 있는 것으로 추정하도록 규정하고 있으나, 법에서는 어떤 내용에 관하여 어느 정도까지 '구체적으로' 약정하여야 하는지에 대해서는 별도의 정함이 없으며, 반품행위 심사지침이 반품 조건 등에 관하여 구체적으로 규정하고 있다.

반품행위 심사지침에 의하면, 대규모유통업자는 법령에 위반되지 않는 범위 내에서 납품업자와 합의하여 상품의 반품조건 등을 정할 수 있다(반품행위 심사지침 Ⅲ. 1. 가). 이 때, 반품 조건은 반품의 대상, 시기(기한), 절차, 비용 부담 등을 말한다(반품행위 심사지침 Ⅲ. 1. 나). 반품조건은 가능한 한 명확하고 구체적으로 기재하여야 하며, 그 정도는 납품업자들이 불측의 피해를 입지 않을 정도에 이르러야 한다(반품행위 심사지침 Ⅲ. 1. 다). 구체적으로는 당해 상품의 특성, 거래관행, 당사자 사이의 거래양태 등을 종합적으로 고려하여 판단하여야 할 것이나, 일반적으로는 반품의 대상이 되는 '판매되지 아니한 상품'을 특정할 수 있는 기준 시기, 특정의 방법, 반품의 절차 등을 정하여 특약매입거래를 한 납품업자가 상품을 납품한 후 언제, 어떤 절차에 따라 반품이 이루어질 것인지를 예측할 수 있을 정도로 정하면 될 것으로 보인다.[4)]

반품행위 심사지침에서 규정하는 적법한 반품조건의 예시 및 법 위반 소지가 있는 반품조건 예시는 아래와 같다.

〈적법한 반품조건 (예시)〉

– (반품이 폭넓게 허용되는 특약매입거래나 위수탁거래의 경우) 대규모유통업자는 상

4) 공정거래위원회의「특약매입 표준거래계약서(백화점, 대형마트)」(2024. 11. 28. 개정) 제7조는 특약매입거래에서의 반품조건으로 다음 사항을 약정할 것을 요하고 있다.
※ 반품기한 – 납품일로부터 (　)월 이내
※ 반품절차 – 반품대상 상품의 보관주체, 반품대상 상품의 반출과 운반 과정 및 각 과정의 행위주체, 반품장소 등을 기재
※ 반품비용의 부담 – 반품비용의 분담 여부 및 부담 주체를 기재
※ 반품대상 상품 – 판매시즌 경과, 신상품 출시 등 유통업체별 반품대상 상품의 선정 기준을 기재

품판매를 마감한 이후 일정한 기간(예: 10일) 이내에 판매되지 않은 상품을 납품업자에게 반품할 수 있다.

- 대규모유통업자는 납품받은 상품이 오손·훼손된 사실을 인지하고 그 과정에서 자신의 귀책사유가 없다고 판단한 경우 납품업자와 협의를 거쳐 해당 상품이 납품업자의 책임있는 사유로 오손·훼손된 것으로 확인되는 경우 이를 납품업자에게 반품할 수 있다.
- 대규모유통업자는 ○○○○년 □□월 △△일(추석 당일로부터 20일이 경과한 날)까지 판매되지 않은 추석 선물세트를 납품업자에게 반품할 수 있다.

한편, 대규모유통업자가 재고와 관련된 책임 또는 의무를 납품업자에게 부당하게 부담시키는 내용의 반품조건을 설정하고 이를 이행하였을 경우 법령에 위반될 소지가 있다.

〈이행되었을 때 법령에 위반될 소지가 있는 반품조건 (예시)〉

- (반품이 제한되는 직매입거래의 경우) 대규모유통업자는 상품판매를 마감한 이후 납품업자에게 재고상품을 수거해 가도록 요구할 수 있으며 납품업자는 특별한 사정이 없는 한 이에 응하여야 한다.
- 대규모유통업자는 납품받은 상품에 하자가 있는 경우 이를 납품업자에게 반품할 수 있으며 하자와 관련된 일체의 법적책임과 비용은 납품업자가 부담한다.
- 대규모유통업자는 납품받은 신선 농·수·축산물이 당초 계약한 상품과 다른 경우 언제든지 납품업자에게 반품할 수 있으며 납품업자는 이와 관련된 모든 책임과 비용을 부담한다.

반품조건의 약정은 계약체결 시 이루어져야 한다(반품행위 심사지침 Ⅲ. 1. 라). 또한 대규모유통업자는 반품조건을 명시한 서면을 납품업자에게 교부하여야 한다(법 제 6 조 제 1 항, 시행령 제 2 조 제 1 항 제 4 호). 대규모유통업법은 대규모유통업자가 계약을 체결한 즉시 납품업자에게 일정한 계약사항이 명시된 서면을 제공하도록 하고 있는바, 만일 당해 거래가 특약매입거래인 경우에는 법 제10조 제 1 항 제 1 호에 따라 반품조건에 관한 구체적인 사항을 약정하여 계약 체결 시 서면으로 교부하여야 한다. 위 각 조항의 문언 취지상, 대규모유통업자가 특약매입거래에 있어 계약 체결 시 그 내용(특약매입거래라는 점, 특약매입거래이므로 반품이 가능하다는 점 등)을 서면에 기재하여 납품업자에게 교부한 경우라 하더라도, 반품조건을 구체적으로 약정하지 않았거나, 약정하였다 하더라도 이를 서면에 명시하지 않은 경우에는 본 호에 따라 반품의 정당한 사유로 추정되는 것이 제한될 수 있다.[5]

한편, 원래 직매입거래로 납품받은 상품을 반품하기 위하여 이를 특약매입거래의 형태로 계약 내용을 변경하여 반품하는 것은 직매입거래의 반품 제한 규정을 회피하기 위한 것이므로 당초 적법한 반품사유가 존재하였다는 등의 사정이 인정되지 않는 한 허용되기 어렵다.

[월마트코리아㈜의 대규모소매점업에 있어서의 특정불공정거래행위에 대한 건(2005. 5. 12. 의결(약) 제2005-108호)]

[사실관계]

월마트코리아㈜는 ㈜은하수미디어로부터 직매입거래로 서적등의 상품을 납품받아 판매하다가 2003. 1. 정당한 이유없이 특정매입거래로 거래형태를 변경한 후 27,176천 원 상당의 서적재고를 납품업자에게 반품한 사실이 있다.

[공정거래위원회의 판단]

월마트코리아㈜의 위 2.의 행위는 대규모소매점업고시 제3조, 법 시행령 제36조 제1항(불공정거래행위의 유형 및 기준) 제6호(거래상 지위남용)에 해당된다.

(2) 위·수탁거래의 경우(제2호)

위·수탁거래에서는 납품한 상품의 소유권이 대규모유통업자에게 이전되지 않기 때문에 납품업자는 납품 후에도 여전히 상품에 대한 소유권을 보유한다. 한편 위·수탁거래에 있어 위탁자인 납품업자와 수탁자인 대규모유통업자 사이의 내부 법률관계는 일종의 위임관계이므로, 위탁자인 납품업자는 당해 위·수탁거래 계약에서 정한 내용 또는 법률의 규정에 따라 언제든 납품된 상품의 반환을 구할 수 있다.[6] 따라서 위·수탁거래에 있어서는 별도로 계약체결 시 반품조건에 관한 구체적인 약정을 둘 필요가 없다. 즉, 위·수탁거래에서 대규모유통업자는 별도의 제한 없이 이미

5) 이에 더하여 반품조건을 기재하지 않은 경우 법 제6조 제1항, 시행령 제2조 제1항 제4호에 따른 서면교부의무를 이행하지 않은 것으로 판단될 수 있다.

6) 위임계약은 원칙적으로 각 당사자가 언제든지 자유롭게 해지할 수 있다. 다만 당사자 일방이 부득이한 사유 없이 상대방의 불리한 시기에 계약을 해지한 경우에는 그로 인한 손해를 배상하여야 한다(민법 제689조).

납품받은 상품을 반품할 수 있고, 납품업자도 반품을 요청할 수 있는 것이 성질상 당연하므로, 위·수탁거래에서의 반품은 일응 정당한 사유가 있는 것으로 추정된다.

(3) 납품받은 상품이 납품업자의 책임 있는 사유로 인하여 오손·훼손되었거나 상품에 하자가 있는 경우(제3호)

(가) 의　　의

납품업자는 납품거래계약에 따라 대규모유통업자에게 상품을 납품할 때, 당해 납품거래계약의 목적에 맞고 그 계약에서 구체적으로 정한 내용에 부합하는 상품을 납품할 의무가 있다. 대규모유통업자 역시 계약서에 기재된 바와 같은 완전한 내용의 상품을 납품받을 것을 기대한다. 그러나 만일 납품업자가 납품한 상품이 납품업자의 책임 있는 사유로 인하여 오손·훼손되었거나 상품에 하자가 있는 경우에는 그 상품을 반품하더라도 특별히 납품업자에게 불측의 손해를 끼친다고 볼 수 없다. 오히려 이러한 경우의 반품은 대규모유통업자의 당연한 권리이기도 하다. 특히 상품에 하자가 있는 경우에는 통상적으로 대규모유통업자와 납품업자가 납품거래계약의 내용으로 상품의 하자 정도를 고려하여 대금을 감액하거나, 이를 반품한 다음 당해 상품 가액 상당액을 감액하거나 완전한 상품으로 다시 납품하도록 하는 약정을 체결하고 있고, 가사 이와 같은 약정이 없다 하더라도 이러한 상품을 반품하는 것은 민법 또는 상법상 담보책임 관련 규정에 그 근거가 있으므로 허용된다.

이에 따라 대규모유통업자가 납품받은 상품이 납품업자의 책임 있는 사유로 인하여 오손·훼손되었거나 상품에 하자가 있는 경우에는 정당한 사유 있는 반품으로 추정한다. 본 호는 거래유형을 특정하고 있지 아니하므로, 직매입거래, 특약매입거래 및 위·수탁거래 모두에 적용된다.

(나) 상품이 납품업자의 책임 있는 사유로 인하여 오손·훼손된 경우

오손(汚損)이라 함은 상품이 더럽게 되거나 오염된 것, 훼손(毁損)이라 함은 상품이 헐거나 깨지는 등 물리적으로 손상된 것을 의미한다. 둘 다 완성된 상품이 사후적으로 손상을 입은 경우에 해당하므로, 오손·훼손은 반드시 납품업자에 의하여 발생한 것이 아닐 수 있다. 따라서 본 호는 오손·훼손이 납품업자의 책임 있는 사유로 발생한 경우에만 반품의 정당한 사유를 추정하고 있는 것이다.

계약에 따라 납품업자가 대규모유통업자에게 상품을 납품하면, 그 납품 시점에

변제의 제공이 있는 것이므로, 그 효과에 따라 납품된 시점에 당해 상품에 대한 위험은 대규모유통업자에게 이전한다. 따라서 원칙적으로 납품된 시점 이후에 당해 상품이 오손되거나 훼손된 것은 납품업자의 책임과 무관하다. 그러나 예외적으로 납품된 이후에 납품업자의 책임 있는 사유로 인해 오손되거나 훼손된 경우에는 납품업자의 책임이 인정될 수 있다. 통상 이 경우에는 당해 납품업자에 대해 민사상 불법행위 또는 채무불이행의 책임이 인정될 수 있으나, 대규모유통업자와 납품업자가 체결한 계약의 내용에 따라 당해 상품을 반품하는 경우도 있을 수 있다. 본 호는 이와 같이 납품 후 납품업자의 귀책사유에 의한 상품의 오손 또는 훼손이 발생한 경우, 이를 반품하는 것을 정당한 사유의 하나로 추정하고 있다. 한편, 오손·훼손은 하자보다 범위가 넓을 수 있는데, 하자의 정도에는 이르지 않으나 오손·훼손된 상품은 그렇지 않은 상품보다 유통업자가 판매하기 어렵다는 점을 고려하면, 오손·훼손이 납품 전에 발생한 것이어도 본 호에 따라 반품할 수 있다고 봄이 타당하다.[7]

납품된 상품의 오손·훼손이 납품업자의 귀책사유로 인하여 발생한 것이어야 하므로, 대규모유통업자가 자신의 부주의로 진열 또는 판매 중인 상품을 오손·훼손한 경우는 반품의 정당한 사유로 추정될 수 없다.[8]

유통 실무상 상품을 납품받은 이후에 납품업자의 책임 있는 사유로 인하여 오손·훼손되는 경우는 많지 않을 것으로 보인다. 대규모유통업자가 납품업자로부터 상품을 납품받아 당해 상품을 매장에 진열하는 도중에 납품업자가 고용한 인력의 고의 또는 과실로 오손 또는 훼손된 경우나 이에 준하는 경우 등이 이에 해당될 수 있다(반품행위 심사지침 Ⅳ. 3. 다).[9]

어느 정도의 오손 또는 훼손이 발생한 경우에 반품이 허용될 것인가의 문제가 있을 수 있는데, 이에 대해 대규모유통업법에서 특별히 정하고 있는 사항은 없으므로, 당사자 사이의 의사해석 또는 일반 법리에 따라 판단할 것이다. 이 점은 상품의

---

7) 법 문언상으로는 납품 이후에 대하여만 적용되는 것으로 볼 여지도 있으나, 납품 이전에 발생한 오손·훼손을 제외하고 납품 이후에 발생한 오손·훼손만 정당한 반품 사유로 규정하는 것은 균형이 맞지 않고 이와 같이 규정할 합리적인 이유도 찾기 어렵다.

8) 2000. 1. 14. 의결 제2000-10호 참조.

9) 납품업자가 인력대행업체를 통하여 업무를 수행하는 경우에도, 그 인력대행업체는 납품업자의 이행보조자에 불과하기 때문에 그 인력 또는 인력대행업체의 과실은 납품업자의 과실로 간주된다(민법 제391조).

'하자'에 준하여 볼 수 있다.

(다) 상품에 하자가 있는 경우

1) 하자의 개념

대규모유통업법은 상품의 하자에 관한 별도의 규정을 두고 있지 않다. 따라서 본 호에서도 사법상 일반적으로 통용되는 내용에 따라 하자의 개념을 판단하여야 한다. 일반적으로 상품의 하자(瑕疵)라 함은 어떤 상품이 상품으로서 통상 가지고 있어야 할 품질·성능·안전성 등을 갖추지 못하여 당해 상품에 대해 일반적으로 기대되는 교환가치나 사용가치를 하락시키는 일체의 결함, 결점을 의미한다.

이와 같이 상품의 하자를 당해 상품에 대해 일반적으로 기대되는 교환가치나 사용가치를 하락시키는 일체의 결함·결점으로 파악하면, 당해 상품의 객관적인 가치 또는 용도적합성이 결여되거나 감소된 경우(객관적 하자) 뿐만 아니라, 당사자 사이의 약정, 합의 등에 따라 보증된 성질이 결여되거나 감소된 경우(주관적 하자) 또한 하자에 해당한다고 볼 수 있다. 이 경우, 당해 물건의 하자 여부는 종국적으로 당사자 사이에 체결된 계약의 목적, 기타 계약의 체결 상황 등을 기준으로 하여 판단되어야 한다. 따라서 당사자들이 약정한 성질을 갖추지 못하였거나 계약에서 특별히 정한 사항에 부합하지 않는 경우에도 하자가 인정될 수 있다. 민법상 하자 개념에 관한 통설적 견해이고,[10] 판례의 확립된 태도이다.[11]

상품의 하자 인정에 관하여 당해 상품의 매도인(납품업자)의 고의 또는 과실 여부, 귀책사유에 대한 판단이 필요한가에 대하여 종전 대규모소매업고시 제 3 조(부당반품의 금지) 제 1 호는 '납품업자의 귀책사유로 인한 오손, 훼손, 하자 등이 있는 경

10) 하자의 개념에 관한 보다 자세한 사항은 민법주해(XIV) 채권(7), 박영사(2006), 499~519면 참조.

11) "… 매도인이 매수인에게 공급한 부품이 통상의 품질이나 성능을 갖추고 있는 경우, 나아가 내한성이라는 특수한 품질이나 성능을 갖추고 있지 못하여 하자가 있다고 인정할 수 있기 위하여는, 매수인이 매도인에게 완제품이 사용될 환경을 설명하면서 그 환경에 충분히 견딜 수 있는 내한성 있는 부품의 공급을 요구한 데 대하여, 매도인이 부품이 그러한 품질과 성능을 갖춘 제품이라는 점을 명시적으로나 묵시적으로 보증하고 공급하였다는 사실이 인정되어야만 할 것이고, 특히 매매목적물의 하자로 인하여 확대손해 내지 2차 손해가 발생하였다는 이유로 매도인에게 그 확대손해에 대한 배상책임을 지우기 위하여는 채무의 내용으로 된 하자 없는 목적물을 인도하지 못한 의무위반사실 외에 그러한 의무위반에 대하여 매도인에게 귀책사유가 인정될 수 있어야만 한다 …"(대법원 1997. 5. 7. 선고 96다39455 판결 등 참조).

우'라고 규정함으로써 오손, 훼손 이외에 하자의 경우에도 납품업자의 귀책사유를 요하는 것으로 해석될 여지가 없지 않았다. 법 제10조 제 1 항 제 3 호의 문언상으로도 오손·훼손과 하자의 차이가 명확하게 구분된다고 보기 어렵다. 그러나 상품의 하자를 이유로 한 반품이 민법상 매매목적물의 하자담보책임에 상응한다는 점을 고려하면, 상품의 하자 개념은 납품업자의 귀책사유 유무를 불문한다고 해석하는 것이 합당하다고 할 것이다.

이와 같은 상품의 하자에 관한 법리에 의할 때, 본 호에서 상품의 하자를 판단함에 있어서도, 납품대상인 상품의 객관적 형상, 성질, 통상적으로 기대되는 기능, 품질, 성능은 물론, 대규모유통업자와 납품업자 사이에 체결한 납품거래계약상 약정한 형상, 성질, 기능 및 품질, 성능을 모두 종합적으로 고려하여야 할 것이다.

2) 하자의 정도

납품된 상품의 하자가 어느 정도라야 대규모유통업자가 당해 상품을 반품할 수 있는지에 대해서 대규모유통업법은 별도의 규정을 두고 있지 않다. 따라서 이 점 역시 대규모유통업자와 납품업자간 납품거래계약의 내용에 따르거나, 그 계약에 별도의 규정이 없으면 민법 또는 상법상 하자담보책임의 규정에 따라야 한다(민법 제580조, 제581조, 상법 제69조). 대규모유통업자와 납품업자 사이의 통상의 납품거래계약은 소위 종류물(種類物)을 목적으로 하는 계약임을 고려하면, 납품된 상품의 하자가 당해 납품거래계약의 목적을 이행할 수 없을 정도의 중대한 하자에 이르지 않더라도, 특별한 사정이 없는 한 하자가 인정된다면 반품할 수 있다고 보는 것이 타당하다. 나아가 만일 대규모유통업자와 납품업자간 계약서에서 상품의 하자 판단기준을 정하고 있다면, 그러한 기준이 특별히 불합리하거나 불공정한 경우(예컨대, 기준이 대규모유통업자에게 일방적으로 유리한 경우)가 아닌 이상, 그 합의 내용에 따라 하자 여부를 판단할 수 있을 것이다. 본 조에 의한 반품 여부와 상관없이, 납품업자가 납품한 상품에 하자가 있는 경우에는 그 사법상 효력으로 민사상 하자담보책임, 채무불이행책임, 손해배상책임 등이 별도로 발생한다.

3) 대량 납품 상품의 하자 판단 및 반품의 문제

다종, 다양한 상품의 대량 납품을 주된 특징으로 하는 대규모유통업 거래의 속성상, 납품업자가 상품을 납품할 때 한두 개의 소량을 납품하는 경우는 매우 드물다.

유통 실무상으로는 한 종류당 적게는 수십 개에서 많게는 수천 개에 달하는 상품이 동시에 발주되고 납품되는 것이 일반적이다. 따라서 실제로는 수천 종, 수만 개의 상품이 동시에 발주, 납품되는 유통 실무에서, 상품의 하자를 일일이 개별적으로 판단하여 반품 여부를 판단해야 하는지, 아니면 별도의 검수 기준을 두어 그에 따라 일괄적으로 처리하는 것도 허용될 수 있는지에 대하여 논란의 여지가 있을 수 있다. 유통 실무에서는 다량의 상품 납품에 관하여 다음과 같은 검수기준을 두고 그에 따라 납품된 상품의 일괄적으로 처리하는 경우가 많다.

[대량으로 상품 납품시 검수기준 조항 예시][12)]

제OO조(상품의 검수기준)

- 납품된 상품의 하자 판단의 기준은 별도의 '검수기준표'에 의한다.
- 납품된 상품 중 기준미달에 해당하는 수량이 해당일 총 납품량의 10.0%(검수기준표에 따라 표본검사를 하였을 경우에는 전체 샘플 중 기준미달 샘플의 비율) 이상일 경우, 사업자는 전량 반품할 수 있다.

예를 들어 대규모유통업자가 1,000개의 컴퓨터 마우스를 발주하고 이에 따라 납품업자가 1,000개의 컴퓨터 마우스를 납품하였는데 납품 후 검수 과정에서 100개의 상품을 표본검사한 결과 그 중 10개의 하자 상품이 발견된 경우, 1,000개 상품 전량을 반품하는 것이 본 조 위반에 해당하는지의 문제이다.

생각건대, 다음과 같은 이유에서 이와 같은 실무는 허용되어야 할 것으로 보인다. 첫째, 한 번의 발주에 따라 다량의 상품이 납품되는 경우, 이는 대규모유통업자와 납품업자 모두 전량의 상품을 하나의 단위로 거래하고자 하는 인식을 가지고 거래하는 것으로 볼 수 있다. 이 경우 그 상품 집합은 일종의 집합물 개념에 준하여 경제적 단일체로서 일괄 처리를 허용할 필요가 있다. 둘째, 유통 실무상 이와 같이 대량으로 거래되는 상품을 하나하나 검수하여 그 하자를 일일이 판별하고, 그에 따라 개개의 상품을 반품하는 것은 현실적으로 불가능하다. 하루에도 수만 개의 상품이 납품되는 유통 실무에서 본 조를 위와 같이 해석한다면, 현실적으로는 대규모유통업자가 상품 하자의 대부분을 감수할 수밖에 없는 결과를 초래한다. 이는 본 조의 입

12) 사업자에 따라서는 검수에 따른 반품 외에 상품대금 일부 감액 또는 별도의 Penalty를 약정하는 경우도 없지 않다. 각 약정의 적법성 여부에 대해서는 대규모유통업법 또는 공정거래법상 일반 불공정거래행위의 각 판단기준에 의할 것이다.

법 목적을 넘어서는 것으로 불합리할 뿐만 아니라, 사실상 납품된 개개의 상품에 내재한 하자의 인수 책임을 대규모유통업자에게 모두 전가하는 것으로 대규모유통업자의 재산권을 침해하는 위헌적 측면이 없지 않다. 셋째, 위와 같이 해석, 적용하더라도 납품업자에게 특별히 불리하다고 보기 어렵다. 표본검사 및 비율에 의한 검사에 따라 납품된 상품의 전량을 일괄하여 반품하더라도 납품업자로서는 당해 상품의 하자를 선별할 위험만 부담하게 될 뿐이다. 애초에 채무자로서 완전한 급부가 요구되었던 납품업자의 지위를 고려하면, 납품할 상품의 하자를 보다 자세히 선별하도록 한다고 해서 납품업자에게 새로운 위험을 부담시키는 것으로 보기도, 부당하게 불리하다고 보기도 어렵다. 넷째, 위와 같은 표본검사 및 비율에 의한 검사 기준은 납품업자가 대규모유통업자와 협의하여 결정할 수 있는 여지가 있다.[13] 각 기준의 부당성 내지 불공정성은 당해 표본검사의 기준 및 전체 반품을 허용하는 비율 기준이 관련시장에서의 거래 관행상 인정될 수 있는 수준의 것인지, 부당하게 대규모유통업자에게 유리한 것인지를 살펴 얼마든지 합리적인 판단을 통해 규제할 수 있다.

이상의 점을 고려하면, 특별한 사정이 없는 한, 위와 같은 유통 실무는 본 조에 위반된다고 보기 어렵다고 판단된다. 입법론적으로는 이 점에 관한 보다 명확한 판단기준을 두는 것이 바람직하다고 생각된다.

(4) 납품받은 상품이 계약한 상품과 다른 경우(제 4 호)

대규모유통업자가 납품거래계약에 따라 발주한 상품과 납품업자가 실제 납품한 상품이 다른 경우이다. A상품을 발주하였으나 B상품이 납품된 경우는 물론, 외형상 A상품이지만 상품의 세부등급 또는 원산지, 품질 등 주요 내용이 당사자 사이의 약정 합의(예컨대 납품거래계약 또는 발주서)에서 정해진 것과 상이한 경우도 포함된다(반품행위 심사지침 Ⅳ. 3. 가). 법 제10조 제 1 항 제 3 호의 하자를 당해 상품에 흠이 있는 것을 의미하는 협의의 하자라고 한다면, 본 호는 납품된 상품의 흠은 아니나 발주한 상품과는 내용을 달리하는, 넓은 의미에서의 하자로 볼 수 있다.

이와 같이 납품받은 상품이 발주한 상품과 다른 경우, 대규모유통업자는 납품업자와의 납품거래계약의 내용에 따라, 또는 계약에 특별한 약정을 두지 않은 경우에

13) 하도급법 제 9 조(검사의 기준·방법 및 시기) 제 1 항도 수급사업자와 원사업자가 협의하여 검사의 기준 및 방법을 정할 수 있음을 규정하고 있다.

는 민법 또는 상법상 담보책임의 원칙에 따라 당해 상품을 반품할 수 있다.[14] 납품된 다수의 상품 중 다른 상품과 분리 가능한 일부 상품만이 계약한 상품과 다른 경우에는 원칙적으로 그 일부 상품에 한하여 반품을 할 수 있다. 다만 대량 납품 상품에 대한 표본검사 및 비율에 의한 검사를 통한 일괄처리의 경우에는 앞에서 상술한 상품의 하자의 경우에 준하여 볼 수 있을 것이다.

(5) 대규모유통업자가 반품으로 인하여 생기는 손실을 스스로 부담하고 해당 납품업자에게 반품의 동의를 받은 경우(제 5 호)

(가) 의 의

대규모유통업자가 반품으로 인하여 발생하는 납품업자의 손실을 부담하고 해당 납품업자로부터 동의를 받아 반품을 한 경우에는 정당한 사유가 있는 반품으로 추정된다. 기왕에 납품된 상품을 반품함에 따른 손실을 모두 대규모유통업자가 부담한다면, 특별한 사정이 없는 한 당해 반품에 따라 납품업자의 이익을 해친다거나 손실을 유발한다고 볼 수 없기 때문이다. 본 호에 따라 정당한 반품으로 추정되기 위해서는 대규모유통업자가 반품으로 인하여 생기는 손실을 스스로 부담하여야 하며, 이러한 대규모유통업자의 의사에 대하여 납품업자가 동의하여야 한다. 이 경우 대규모유통업자가 납품업자에게 상품을 반품하는 이유는 불문한다. 본 호는 대규모유통업자가 당해 반품행위로 인한 손실을 직접 납품업자에게 배상함에 따라 정당한 사유로 추정되는 것이므로, 굳이 반품의 이유를 따질 필요가 없기 때문이다.

(나) 정당한 사유의 추정 요건

첫째, 대규모유통업자가 반품으로 인하여 생기는 손실을 스스로 부담하여야 한다. 대규모유통업자가 부담하여야 할 '반품으로 인하여 생기는 손실'의 의미에 관하여 대규모유통업법이 특별히 정한 바는 없다. 다만 법 제10조에서 기 납품된 상품의 반품을 원칙적으로 금지하고 예외적인 경우에 한하여 허용하고 있는 취지가 납품업자의 상품 납품거래에 관한 신뢰를 보호하고 불측의 손해를 방지하고자 한다는 점에

---

14) 납품된 상품에 하자가 있는 경우, 대규모유통업자는 납품거래계약 또는 민법, 상법상 담보책임 규정에 따라 통상 다음 세 가지 처리방법을 고려할 수 있다. 첫째, 납품된 상품의 하자 부분을 고려하여 대금을 감액하거나(법 제 7 조), 둘째, 하자 있는 상품의 수령을 거부 또는 반품하거나(이 경우 반품되는 상품 물량에 관한 대금을 감액하거나, 완전물급부청구를 할 것이다), 셋째, 계약의 목적을 달성할 수 없을 때에는 납품거래계약을 해지하는 것이다.

있음을 고려하면, 본 호에 따라 대규모유통업자가 부담하여야 할 손실의 범위는 '당해 반품으로 인하여 납품업자에게 발생하는 모든 손실'이라고 볼 것이다(반품행위 심사지침 Ⅳ. 3. 마). 예를 들어 대규모유통업자가 납품업자에게 상품을 반품하였는데 그 반품 시점에 특별한 사정이 없다면 당해 납품업자가 그 상품을 다른 유통경로를 통해 재판매하거나 기타의 경제적인 방법으로 사용·수익이 가능한 경우, 본 호에 따라 대규모유통업자가 부담하여야 하는 손실은 반품에 소요되는 직접 비용, 반품 후 재판매 또는 기타의 경제적인 방법으로 사용·수익하는데 추가적으로 소요되는 비용, 그밖에 초기 납품 시점에 비해 당해 상품의 경제적인 가치가 하락한 사정이 있다면 그 하락한 가치 상당액 등을 합한 금액이 될 것으로 생각된다. 통상적으로 이는 납품업자의 민법상 신뢰이익(信賴利益)의 범위와 유사할 것으로 생각되고, 그 최대치는 이행이익(履行利益)의 범위에 해당하는 당해 상품의 교환가치 상당액이 될 것으로 보인다.

둘째, 대규모유통업자가 반품으로 인하여 생기는 손실을 스스로 부담하는 조건으로 반품하겠다는 의사에 대한 납품업자의 동의가 있어야 한다. 문언상 납품업자의 동의는 대규모유통업자의 제의와 동시 또는 그 이후에 있어야 하고, 상품의 반품 이전에 있어야 한다. 상품을 반품한 이후에 납품업자의 동의를 받는 '동의의 추완(追完)'에 대해서는 공정거래위원회 실무상 객관적 증거로 인정하지 않으려는 경향이 있다는 점을 유의할 필요가 있다.[15] 문언상 납품업자의 동의는 반드시 서면으로 이루어질 필요는 없다. 그러나 후술하는 바와 같이 본 조항에 따라 반품하였다는 점에 대한 입증책임을 대규모유통업자가 부담하는 점을 고려하면, 실무상으로는 납품업자의 동의가 있었음을 입증하기 위해 대규모유통업자가 납품업자의 서면 동의를 받아 보관할 필요가 있다.

(6) 직매입거래의 경우로서 일정한 기간이나 계절에 집중적으로 판매되는 상품(신선 농·수·축산물은 제외)에 대하여 계약체결 시 반품조건을 구체적으로 약정하고 그 반품조건이 명시된 서면을 납품업자에게 준 경우(제 2 호)

(가) 의 의

직매입거래는 매매의 일종이므로 목적물인 상품에 하자가 있거나, 채무자인 납

15) 예를 들어 '수급사업자가 작성한 사실확인서는 공정거래위원회의 조사 이후 작성된 것으로 객관적 증거 자료로 인정하기 어렵다'는 것 등(2014. 9. 15. 의결 제2014-029호 등).

품업자의 채무불이행으로 평가될 수 있는 사정이 있는 경우 또는 당사자 사이에 반품에 관한 특별 약정을 체결한 경우가 아닌 한, 원칙적으로 반품은 허용되지 않는다. 그러나 한시적으로 판매되는 상품이나 특정 계절에 집중적으로 판매되는 계절상품 등은 판매가능 기간이 짧은 데 반하여 수요 예측이 어려워 다른 상품에 비해 상대적으로 많은 양의 재고가 대규모유통업자에게 발생할 수 있다. 그럼에도 불구하고 직매입이라는 이유로 반품을 모두 금지하게 되면 대규모유통업자는 재고부담의 위험을 고려하여 처음부터 매입 물량을 크게 줄이거나 납품단가 협상 시 가격을 낮추자고 주장할 수밖에 없다. 이와 같이 대규모유통업자의 상품기획이나 매입 또는 판매가 위축되거나 재고위험의 고려에 의하여 결과적으로 납품 물량이 줄거나 납품단가가 낮게 책정된다면, 이는 납품업자에게도 이익이 된다고 보기 어렵다. 따라서 본 호는 이러한 경우 일정한 요건 하에 정당한 사유가 있는 반품으로 추정하는 규정을 두고 있다(반품행위 심사지침 Ⅳ. 3. 바).

(나) 정당한 사유의 추정 요건

첫째, 본 호는 직매입거래의 경우에만 적용된다. 처음부터 재고 상품을 반품할 것을 조건으로 한 특약매입거래나 위·수탁거래에 대해서는 본 호가 적용될 여지가 없다.

둘째, 본 호에 따라 반품이 허용될 수 있는 상품은 '일정한 기간이나 계절에 집중적으로 판매되는 상품'에 한한다. 유통 실무상으로는 대규모유통업자에 따라 '시즌상품', '계절기획상품' 등 다양한 용어로 사용되며, 반품행위 심사지침에서는 '시즌상품'으로 규정하고 있다. 명칭과 상관없이 그 일반적 속성상 '일정한 기간이나 계절에 집중적으로 판매되는 상품'에 해당하여야 한다. 다만, 일정한 기간이나 계절에 집중적으로 판매되는 상품이라 하더라도 신선 농·수·축산물에 대해서는 본 호가 적용되지 않는다. 신선 농·수·축산물의 반품은 별도의 규정에 의하여 보다 엄격히 제한된다.

구체적으로 어떠한 상품이 이에 해당하는지는 일률적으로 판단할 수는 없으나 해당 상품의 월별·분기별 판매량, 매입량, 재고량 및 해당 상품에 대한 소비자의 인식 등을 종합적으로 고려한다. 이러한 기준에 따라 시즌상품으로 판단될 수 있는 사례는 다음과 같다(반품행위 심사지침 Ⅳ. 3. 바).

[‘일정한 기간이나 계절에 집중적으로 판매되는 상품(시즌상품)’ 예시]

구 분	상 품
기념일 상품	발렌타인데이 초콜릿, 화이트데이 사탕, 빼빼로데이 과자, 어린이날 완구, 어버이날 또는 스승의날 선물, 크리스마스 트리 등
명절 상품	추석 선물세트, 설 선물세트, 차례용품, 제기 등
신학기/졸업시즌 용품	가방, 연필, 공책, 실내화, 교복, 꽃다발 등
휴가철 용품	수영복, 튜브 등 물놀이용품, 스키복, 고글 등 스키용품 등
계절 용품	에어컨, 제습기, 선풍기, 히터 등

그렇지만 실제로 시즌상품 여부를 판단함에 있어서는 개별 사안 별로 구체적인 상황에 따라, 위 반품행위 심사지침의 판단기준 외에도 다양한 고려사항이 존재할 수 있음을 유념하여야 한다. 다음은 공정거래위원회가 시즌상품에 해당되지 않는다고 밝힌 사례이다.

[롯데쇼핑㈜(마트부문)의 대규모유통업법 위반행위에 대한 건(2016. 7. 8. 의결 제2016-190호)]

[사실관계]

피심인은 직매입거래 상품 납품업자와 직매입거래 상품 중 일정한 기간이나 계절에 집중적으로 판매되는 상품에 대한 반품조건 계약을 체결하고, 2012. 1. 3. ~ 2015. 4. 25. 기간 동안 96개 납품업자에게 총 11,336,622천 원 상당의 2,961개의 상품을 12,597회에 걸쳐 반품하였다.

[공정거래위원회의 판단]

공정거래위원회는 피심인이 ① 반품대상 행사의 종류 및 기간, 반품대상 상품군 등 반품조건을 구체적으로 약정하지 아니하고 반품하거나 ② 약정된 내용과 다르게 반품(해당 시즌기간 내 납품된 상품과 관련하여 행사 종료일로부터 30일 이내 반품한다고 정하였음에도 해당 시즌 및 과거 상당한 기간 동안 납품받은 사실 자체가 없음)하였다는 이유로 이러한 반품에 정당한 사유가 인정되지 않는다고 하였다.

[홈플러스㈜ 및 홈플러스스토어즈㈜의 대규모유통업법 위반행위에 대한 건(2016. 7. 20. 의결 제2016-221호)]

[사실관계]

피심인들은 2013. 8. 26. ~ 2015. 5. 25. 기간 동안 21개 납품업자들로부터 직매입한 402개의 상품을 '일정한 기간이나 계절에 집중적으로 판매되는 상품'이라는 사유로 해당 시즌이 종료된 후 반품하였다.

[공정거래위원회의 판단]

공정거래위원회는 실제 매출 및 매입액 자료를 분석하여(공정거래위원회는 시즌 기간 중 월평균 매출액이 전체기간 중 '월평균 매출액 대비 2배 미만'이라는 기준이 일응의 보수적인 기준에 해당한다며 이러한 기준을 1차적으로 적용하고, 월 매출액 세부 추이를 동시에 살펴 시즌성 여부를 검증함), 364개 상품은 해당 시즌에 집중 판매되는 상품이 아니고, 오히려 해당 시즌에 매입액이 감소한 점에 비추어 피심인들이 해당 기간 중 집중 판매할 의도가 없었고 오히려 상품성이 떨어져 매입실적이 더 이상 없는 상품들의 재고를 정리하기 위한 의도를 가졌던 것으로 보는 것이 더 타당하다고 판단하여 정당한 사유를 부정하였다.

다만, 공정거래위원회는 402건의 반품내역 중 38건에 대하여는 피심인들이 ① 위반기간 중 일정 계절 또는 명절·기념일 등에 실제 매입액 또는 매출액이 급격히 증가하여 해당 시기에 집중적으로 판매되는 상품임을 입증한 점, ② 반품 조건이 명시된 서면계약 등 합의서가 존재하는 점, ③ 해당 상품에 대하여 실제 시즌 판촉행사를 진행하기로 납품업자들과 협의한 뒤 이를 피심인 판촉행사등록시스템(Promotion Support System, 피심인들의 판촉행사 및 발주, 가격/원가 변경 등을 관리하는 시스템)에 행사상품으로 등록한 관련 자료 등을 제출하였다는 이유로 정당한 사유를 인정하였다.

[㈜씨에스유통의 대규모소매업에 있어서의 특정불공정거래행위에 대한 건(2010. 11. 15. 의결(약) 제2010-138호)]

[사실관계]

피심인은 2008. 1. 1. ~ 2008. 12. 31.의 기간 동안 ○○○○○ 등 8개 납품업자와 직매입 거래를 하면서, 총 16,563천 원 상당의 매입상품을 유통기한 경과, 매출 부진, 점포 리뉴얼을 이유로 또는 가위, 코너정리대 등 계절용품이 아님에도 계절용품이라는 이유로 납품업자로부터 반품요청서를 받고 반품한 사실이 있다.

> [공정거래위원회의 판단]
> 피심인이 반품사유로 든 유통기한 경과, 매출부진, 점포리뉴얼은 피심인에게 판매와 재고관리 및 점포리뉴얼의 책임이 있으므로 납품업자에게 책임을 돌릴 사유로 볼 수 없다. 또한, 피심인이 계절용품으로 분류한 채칼, 세탁볼, 가위, 코너정리대 등은 계절에 상관없이 판매되는 상품으로서 특정 계절에만 판매되는 상품으로 볼 수 없음에도 계절용품이라는 이유를 들어 부당하게 반품한 것에 해당한다.

셋째, 계약체결 시 반품조건을 구체적으로 약정하고 그 반품조건을 명시한 서면을 납품업자에게 주어야 한다. 일정한 기간이나 계절에 집중적으로 판매되는 상품이라 하더라도, 원칙적으로 직매입거래는 반품을 전제로 하는 거래가 아닐 뿐만 아니라, 대규모유통업자가 반드시 재고 상품을 반품해야 할 의무가 있는 것도 아니다. 그러므로 계약 체결 당시에 어느 시점에, 어떠한 조건으로, 어떤 절차를 거쳐 반품될 것인지에 대해 아무런 정함이 없다면, 자칫 납품업자의 법적 지위가 불안하게 되고 불측의 손해가 발생할 위험도 없지 않다. 이 점을 고려하여 본 호는 시즌상품이라 하더라도 계약체결 시 반품조건을 구체적으로 약정하고 그 반품조건을 명시한 서면을 납품업자에게 준 경우에만 반품을 할 수 있도록 규정하였다.

계약체결 시 약정해야 하는 반품조건의 내용은 당해 상품의 특성, 거래관행, 당사자 사이의 거래양태 등을 종합적으로 고려하여 판단하여야 할 것이나, 일반적으로는 반품의 대상이 되는 상품, 반품 기한, 반품의 절차 및 비용 부담 등을 정하여, 통상의 납품업자가 어떤 상품에 대해, 언제, 어떤 절차에 따라, 어느 정도의 비용을 부담하면서 반품이 이루어질 수 있는 것인지를 예측할 수 있는 정도이면 족할 것으로 생각된다.

이와 관련하여 공정거래위원회는 "시즌행사의 종류 및 기간, 반품 대상인 상품군 등이 명시되지 아니하여, 납품업자는 어떠한 상품이 언제, 얼마나 반품될 것인지에 대한 예측이 불가능하고, 피심인이 일방적으로 시즌상품이라고 주장하며 반품을 요구하면 납품업자로서는 이를 받아들일 수밖에 없는 입장이어서 납품업자에게 매우 불리하다. 납품업자는 시즌행사에 참여할 때, 자신의 상품이 반품 가능한지 여부에 따라 반품이 가능한 상품은 단가를 인상하고, 반대로 반품이 불가한 상품에 대해서는 단가를 인하하는 등 그 협상 조건이 달라질 수 있다. 그런데, 피심인의 반품조건 약정서는 반품이 가능한 상품군 등이 표시되지 아니하여 납품업자에게 공정한 거래조건이 제공되지 아니하였다"고 판단한 바 있다.[16]

반품조건의 약정은 계약체결 시 이루어져야 한다. 또한 대규모유통업자는 반품조건을 명시한 서면을 납품업자에게 교부하여야 한다. 법 제6조(서면의 교부 및 서류의 보존 등) 제1항 및 법 제10조 제1항 제6호의 각 문언의 취지상, 대규모유통업자가 계약체결 시 일정한 기간이나 계절에 집중적으로 판매되는 상품에 대한 반품이 허용된다는 점을 서면에 기재하여 납품업자에게 교부하였다고 하더라도, 반품조건을 구체적으로 약정하지 않았거나, 약정하였다고 하더라도 이를 서면에 명시하지 않은 경우에는 법 제6조 제1항, 시행령 제2조 제1항 제4호에 따른 적법한 서면교부의무 이행과는 별도로, 본 호에 따라 반품의 정당한 사유로 추정되는 것이 제한될 수 있다.

(7) 직매입거래의 경우로서 납품업자가 반품이 자기에게 직접적으로 이익이 된다는 객관적인 근거자료를 첨부한 서면으로 반품일 이전에 자발적으로 반품을 요청한 경우(제7호)

(가) 의 의

기왕에 납품한 상품이라 하더라도, 특별한 사정이 있는 경우, 그 상품을 그대로 대규모유통업자에게 납품한 상태로 매장에 진열하여 일반 소비자에게 노출되도록 하거나 재고로 보관하도록 하는 것보다는 차라리 납품업자가 반품을 받아 다른 방법으로 활용하는 것이 납품업자에게 유리한 경우가 있을 수 있다. 이를 고려하여 본 호는 이와 같은 특별한 사정이 있고, 납품업자가 스스로 요청한 경우에는 일정한 요건 하에 정당한 사유가 있는 반품으로 추정하도록 하였다(납품업자의 자발적 반품).

(나) 정당한 사유의 추정 요건

첫째, 본 호도 제6호와 마찬가지로 직매입거래에만 적용된다. 처음부터 재고상품을 반품할 것을 조건으로 한 특약매입거래나 위·수탁거래의 경우에는 적용될 여지가 없다.

둘째, 당해 반품이 납품업자에게 직접적으로 이익이 된다는 객관적인 근거가 인

16) 롯데쇼핑㈜(마트부문)의 대규모유통업법 위반행위에 대한 건(2016. 7. 8. 의결 제2016-190호).

정되어야 한다. 일반적으로 직매입거래에서는 상품의 납품이 완료되어 대규모유통업자가 상품대금을 지급함으로써 거래가 종료된다. 따라서 이와 같이 납품된 상품을 납품업자가 다시 반품받게 되면 당해 상품의 거래대금 상당액을 대규모유통업자에게 환급하거나 다른 상품으로 대체 납품하여야 하므로 당해 납품업자에게 손해가 되는 경우가 많다. 적어도 반품 그 자체로 이익이 되는 경우는 상정하기 어렵다. 그러나 예외적으로 납품이 완료된 직매입거래에 있어서도 반품을 받아오는 것이 납품업자에게 더 이익이 인정될 수 있는 경우가 있을 수 있다. 예를 들면 ① 신제품이 출시되어 기존에 납품된 구 제품을 반품받아 회수하는 것이 납품업자의 입장에서 신제품 판매신장 및 이미지 제고 등의 측면에서 유리하다고 판단되는 경우, ② 특정 상품에 유해한 물질이 첨가되어 있음이 언론을 통하여 밝혀짐에 따라 소비자 피해를 줄이고 납품업자의 이미지 훼손을 막기 위해 해당 상품을 신속히 회수할 필요가 있는 경우, ③ 기존에 납품한 대규모유통업자의 매장보다는 다른 유통망을 활용하는 것이 해당 상품의 판매에 훨씬 유리하다고 판단되는 경우(반품행위 심사지침 Ⅳ. 3. 바), ④ 자발적 리콜의 경우 등이 이에 해당한다.

이와 관련해서는 객관적으로 인정될 수 있는 이익 이외에, 납품업자의 순수한 주관적 판단에 따른 이익도 이에 포함된다고 볼 것인지의 문제가 있다. 그러나 객관적이라고 평가될 수 있는 사유가 전혀 없는 상황이라면 납품업자가 과연 자발적으로 반품 결정을 내렸는지가 의심될 수 있다는 점, 순수한 납품업자의 주관적 이익이 인정된다면 대규모유통업자와의 원만한 관계 등 사실상 당해 거래의 공정성과는 무관한 사유가 개입될 여지가 있다는 점 등을 고려할 때, 적어도 공정거래위원회 실무상으로는 납품업자의 순수한 주관적 판단에 의한 이익을 근거로 본 호에 의한 반품이 정당하다고 볼 가능성은 높지 않을 것으로 생각된다. 한편, 본 논의는 객관적 사유 없이 납품업자의 순수한 주관적 판단에 따른 반품이 가능한지에 관한 것이며, 앞서 살펴 본 사유들이 있을 때 반품을 할 것인지에 대하여는 납품업자의 주관적 판단이 개입될 수밖에 없으므로, 주관적 판단이 개입되었다는 이유만으로 정당한 반품 추정 사유에서 제외될 것은 아니다.

셋째, 납품업자는 반품이 자신에게 이익이 된다는 점을 서면으로 작성하여야 하고, 아울러 당해 서면에 위 이익 사실에 부합한다는 점을 설명할 수 있는 객관적인 근거자료를 첨부하여야 한다. 먼저 서면에는 앞서 본 예시와 같이 구체적으로 어떤 근거로 이익이 된다는 점을 명시하여야 한다. 한편 이에 첨부할 객관적인 근거자료는 그 형태를 정형화할 수는 없으나 이익의 근거를 설명할 수 있는 자료라면 무엇이든 가능할 것으로 생각된다. 예를 들어 신제품 출시에 따른 구제품 회수의 경우에는 신제품 출시와 관련한 의사결정이나 추진 계획에 관한 자료가, 납품된 상품의 품질 문제나 판매부진 등으로 인한 반품의 경우에는 이를 객관적으로 설명하는 자료가 이에 해당할 수 있다. 현재 유통 실무에서는 납품업자가 그 사유를 밝힌 공문 등을 첨부하는 것으로 갈음하는 경우가 일반적인 것으로 파악된다. 한편, 주관적 판단이나 의사결정에 대한 부분은 객관적 근거자료가 존재하지 않을 수 있다. 예컨대, 납품업자 의사결정권자의 지시로 신구제품 교체에 따른 구제품 반품을 결정하였으나, 결재문서나 회의록 등이 존재하지 않는 경우이다[17]. 이러한 경우, 객관적 근거자료를 지나치게 엄격하게 해석하면 납품업자의 의사에 따라 반품이 이루어졌음에도 불구하고, 부당 반품으로 규제되는 불합리가 발생한다. 신구제품 교체는 납품 자체로 객관적으로 인정될 수 있는 사항이고, 주관적 판단 부분은 공문의 기재 내용 등을 고려할 때, 그 내용이 구체적이고 납품업자가 비자발적으로 작성한 것이라고 의심될 사유가 있지 않은 경우라면 본 호에 따른 정당한 사유가 있다고 보거나 제 9 호에 따른 정당한 사유가 있다고 보는 것이 유통실무에 부합하는 해석이라고 생각된다.

다만, 뒤의 사례에서 자세히 살펴보듯이 공정거래위원회는 납품업자가 대규모유통업자에게 보낸 공문 등에 '납품업자가 불이익을 감수하면서까지 대규모유통업자에게 반품을 요청하는 사유' 또는 '납품업자가 대규모유통업자로부터 반품 받은 물건을 다른 유통 경로를 통해 판매하였을 때 납품업자에게 어떻게 이득이 되는지' 등에 대하여 제 3 자가 보기에 납득이 갈 정도로 구체적으로 기재되어야만 하고, 이를 입증할 수 있는 객관적 증거자료가 첨부되어야 반품에 정당한 사유가 있다는 점을 인정하겠다는 입장인 것으로 보인다. 그러나, 이렇게 되면 현실적으로 수많은 거래가 이루어지고, 매번 완벽한 증빙서류를 갖추기 어려운 상황에서 대규모유통업자가 부담하는 증명책임이 과중하게 되어, 납품업자가 자신의 이익을 위하여 반품을 요청하고 대규모유통업자가 이를 수용하였음에도 불구하고, 실제와 다르게 부당 반품으로 규제되는 불합리가 발생한다는 비판이 있을 수 있다.

---

17) 납품업자는 중소기업인 경우가 다수 있어 회의록이나 결재 등에 관한 서류를 많이 작성하지 않는 경우가 많다.

넷째, 납품업자의 요청은 자발적 요청으로 인정될 수 있어야 한다. 실무상, 요청의 자발성 여부는 납품업자가 반품을 요청한 시점을 기준으로 각 사정을 종합하여 판단될 것으로 보인다. 따라서 대규모유통업자가 반품을 요청하도록 납품업자에게 먼저 요구, 요청, 권유 등을 한 경우에는 자발성이 인정되지 않을 수 있다.

다섯째, 납품업자의 요청은 반품일 이전에 이루어져야 한다. 실제 반품이 일어난 시점 이전에 납품업자의 서면에 의한 요청이 있어야 하므로 반품일 이후 요청의 추완(追完)은 허용되지 않는다. 문언상으로는 반품일 이전에 요청하면 족한 것으로 보이나, 특별한 사정이 없는 한 실무상으로는 대규모유통업자가 납품업자로부터 당해 서면 요청을 실제로 수령한 시점이 반품일보다 앞서는지를 기준으로 판단될 것으로 보인다.

(8) 가맹점사업자가 폐업하면서 가맹본부에게 반품한 상품을 대규모유통업자인 가맹본부가 납품업자에게 다시 반품하는 경우(제 8 호)

가맹점사업자가 폐업하면서 대규모유통업자인 가맹본부(편의점 등 소매업가맹본부가 이에 해당한다)에 반품한 상품을 가맹본부가 다시 납품업자에게 반품하는 경우이다. 가맹본부와 가맹점사업자는 모두 가맹사업법 제 2 조의 정의에 의한다. 원칙적으로 대규모유통업자인 가맹본부와 납품업자 사이의 납품거래계약과, 가맹본부와 가맹점사업자 사이의 가맹거래계약은 각 별개의 거래관계이므로 가맹본부가 가맹점사업자로부터 상품을 반품받았다고 하여 이를 이유로 납품업자에게 반품할 수는 없다. 그러나 가맹점사업자의 폐업은 가맹본부가 통제하기 어려운 요인인 점을 감안하여, 대규모유통업법은 일정한 조건 하에서 정당한 사유가 있는 반품으로 추정하는 규정을 두었다. 이는 일반적인 대규모유통업자와는 구별되는 가맹본부의 특성(가맹본부가 직접 판매활동을 하지 않는다는 점)을 고려하여 가맹본부에게 다른 대규모유통업자와 동일한 수준의 반품 금지 의무를 부과하는 것은 지나치다는 인식에 따른 것으로 풀이된다.

정당한 사유는 가맹점사업자의 폐업으로 인하여 해당 가맹점사업자가 반품한 상품을 대규모유통업자인 가맹본부가 납품업자에게 다시 반품하는 경우에 한하여 추정된다(시행령 제 8 조). 가맹점사업자가 폐업한 경우라야 하므로, 가맹점사업자가 영업을 계속하는 도중에 상시적으로 발생하는 반품이나 폐업이 아닌 다른 사정을 이유로 한 반품은 이에 해당하지 않는다. 한편, 폐업으로 인한 경우라고 하더라도 재판매가 불가능한 상품은 반품할 수 없다(시행령 제 8 조 단서). 재판매가 불가능한지 여부는 당해 상품의 형상, 성질, 품질 등 특성 및 반품 시점의 시장 현황 등의 객관적 사정을 종합적으로 고려하여 판단할 수 있을 것이다. 실무상으로는 당해 납품업자의 재판매 가능성 또한 고려될 수 있다.

(9) 그 밖에 직매입거래의 경우로서 제 3 호부터 제 8 호까지의 규정에 준하는 정당한 사유가 있는 경우(제 9 호)

직매입거래에서 정당한 사유 있는 반품에 관한 일반 규정이다. 본 호에 따라 직매입거래에서 법 제10조 제 1 항 제 3 호부터 제 8 호의 사유에 해당하지 않는다 하더라도 이에 준하는 것으로 볼 수 있는 경우에는 정당한 사유가 있는 것으로 인정될 수 있다. 이러한 사유가 있는지는 납품거래의 형태와 특성, 대규모유통업자의 의도와 목적, 반품이 납품업자에게 미치는 효과 등 여러 사정을 종합적으로 고려하여 개별적·구체적으로 판단한다. 이에 따라 대규모유통업법 하에서도 직매입거래에서의 반품의 정당성 여부에 관하여 개별적인 사안에 따른 합리적인 판단이 가능하다.

라. 기간적 요건 – 해당 거래분야에서 합리적이라고 인정되는 기간 내에 반품할 것

(1) 의 의

내용적 요건에 부합하는 반품 사유가 있더라도, 대규모유통업자는 '해당 거래분야에서 합리적이라고 인정되는 기간' 내에 반품하여야 한다. 이 기간을 지나서 반품이 이루어질 경우에는 정당한 사유로 추정되지 아니한다. 내용적 요건에 부합하는 사유가 있다고 해서 반드시 대규모유통업자가 반품을 시행한다고 볼 수 없고, 이에 따라 장기간 반품 여부가 불확실한 상태로 유지될 경우 거래의 안정성을 해칠 수 있기 때문이다.

(2) 신선 농·축산물을 제외한 일반적인 경우

일반적인 상품의 경우 '해당 거래분야에서 합리적이라고 인정되는 기간'이 어느 정도의 기간을 의미하는 것인지를 일률적으로 판단하기는 어렵다. 일반론적으로는 납품업자의 예측가능성, 반품규모, 반품시기, 반품사유, 반품의 계절적 특성, 반품되는 상품의 가치하락 정도 및 납품업자의 피해 정도 등을 종합적으로 고려하여 해당 거래분야의 거래관행상 반품기간이 합리적이었는지 여부를 판단할 수 있을 것이다. 다만 상품에 따라 각 고려요소가 달라질 수밖에 없기 때문에 결국은 개별적·구체적으로 판단할 수밖에 없다. 공정거래위원회는 상품의 하자를 빌미로 그 하자를 발견한 날로부터 10개월이 경과한 시점에 반품하거나, 여름 계절 제품을 이유로 하면서 그 다음해 여름에 반품하는 경우 등을 해당 거래분야에서 합리적이라고 인정되는 기간을 벗어난 것으로 판단한 바 있다.

한편, 법 제10조 제 1 항 제 3 호 및 제 4 호의 사유와 관련하여, 소위 '숨은 하자'에 대해서는 이를 어떻게 보아야 할 것인가의 문제가 있다. 납품업자의 책임 있는 사유로 인한 오손·훼손, 상품의 하자 또는 납품받은 상품이 계약한 상품과 다르다는 사실을 즉시 발견할 수 없는 경우의 문제이다. 예를 들어 포장상품으로서 포장을 열어보아야 제품의 하자를 확인할 수 있는 상품이나 건전지를 넣고 작동시켜야 상품의 하자를 알 수 있는 완구류, 또는 대량 납품된 상품이어서 일일이 그 흠을 확인하거나 계약한 상품과의 동질성을 확인할 수 없는 경우 등이다.

이처럼 대규모유통업자가 상품의 오손·훼손, 하자 또는 계약한 상품과 다른 사실을 뒤늦게 발견하거나 최종 소비자가 이를 발견하고 대규모유통업자에게 반품을 요청하는 경우에는 당사자 사이에 특별히 정함이 없다면 상법에 따라 납품된 후 6개월 이내에 하자를 발견하고 통지하면 납품업자에게 담보책임을 물을 수 있는 점을 고려하여 '합리적 기간'을 판단하는 것이 타당하다. 다만, 의류 등 계절상품(예: 여름용 반바지)의 경우 6개월 이내라 하더라도 해당 계절이 다 지난 후에 반품하는 경우 해당 제품의 가치가 크게 떨어질 수 있다는 점을 감안하면, 이러한 경우까지 6개월 이내라고 하여 합리적 기간이라고 판단하기는 쉽지 않을 것이다.

(3) 신선 농·수·축산물의 특례

(가) 의 의

신선 농·수·축산물이란 시간이 지남에 따라 부패하기 쉬운 특성을 지닌 신선 상태의 농산물·수산물·축산물로서 건조·염장 등 가공을 하지 아니한 것을 의미한다(제 2 조 제10호). 신선 농·수·축산물은 다른 상품에 비하여 유통기한이 짧기 때문에, 내용적으로 정당한 반품사유가 존재한다 하더라도 실제로 반품이 늦게 이루어지면 그 기간 동안 상품성이 현저히 떨어지게 되어, 납품업자가 이를 다시 판매할 기회를 잃을 뿐만 아니라, 여타의 다른 방법으로도 당해 상품의 효익을 취할 수 없게 된다. 결국 반품이 너무 늦게 이루어지면 반품에 따른 모든 손실을 납품업자가 부담하게 되는 것이다.

이를 방지하기 위해 대규모유통업법은 신선 농·수·축산물에 대해서는 특칙을 두어, 신선 농·수·축산물인 경우에는 납품업자의 책임있는 사유로 인한 상품의 오손·훼손이 있거나 상품에 하자가 있는 경우(제 3 호) 및 상품이 다른 경우(제 4 호)라 하더라도 특별한 사유가 없는 한 2일 이내에만 반품을 할 수 있도록 반품 기간을 단기로 정하였다(법 제10조 제 2 항, 시행령 제 6 조).

(나) 적용 범위

신선 농·수·축산물에 대한 특례는 납품받은 상품이 납품업자의 책임 있는 사유로 인하여 오손·훼손되었거나 상품에 하자가 있는 경우(제 3 호)와 납품받은 상품이 계약한 상품과 다른 경우(제 4 호)에 이루어지는 반품에 한하여 적용된다. 따라서 신선 농·수·축산물이라 하더라도 특약매입거래(제 1 호) 혹은 위·수탁거래(제 2 호)로 운영되는 경우, 대규모유통업자가 반품으로 인하여 생기는 손실을 스스로 부담하고 납품업자의 동의를 얻어 반품하는 경우(제 5 호), 직매입거래의 경우로서 납품업자가 반품이 자기에게 직접적으로 이익이 된다는 객관적인 근거자료를 첨부한 서면으로 반품일 이전에 반품을 요구한 경우(제 7 호), 가맹본부가 가맹점사업자로부터 반품 받은 상품을 납품업자에게 다시 반품하는 경우(제 8 호) 및 기타의 사정에 의한 경우(제 9 호)에는 법 제10조 제 2 항 소정의 기간 제한이 적용되지 않는다. 환언하면 위 두 가지 경우 이외에는 신선 농·수·축산물이라 하더라도 반드시 2일 이내에만 반품할 수 있는 것은 아니다.

(다) 신선 농·수·축산물 반품 기간의 준수

대규모유통업자가 납품받은 상품의 흠(제 3 호) 또는 상이함(제 4 호)을 이유로 신선 농·수·축산물을 반품하고자 할 때에는 '납품업자가 신선 농·수·축산물을 납품한 시점부터 대규모유통업자가 해당 상품의 검수 및 매입을 마친 시점까지의 기간' 이내에 반품하여야 하고, 이 기간은 특별한 사유가 없는 한 2일을 초과할 수 없다(시행령 제 6 조). 따라서 특별한 사유가 없는 한 납품이 이루어진 시점부터 2일이 초과한 이후에 위 사유를 이유로 신선 농·수·축산물을 반품하는 경우에는 실제로 대규모유통업자의 검수 및 매입이 이루어졌는지 여부에 관계없이 정당한 사유로 인정받기 어렵다.

대규모유통업법에서 납품이라 함은 납품업자가 대규모유통업자에게 특정의 상품을 사실상 제공하는 일체의 행위를 의미하므로 원칙적으로 현실인도의 방법 이외에 간이인도, 점유개정, 목적물반환청구권의 양도에 의한 납품도 인정될 것이나, 시행령 제 6 조(신선 농·수·축산물의 상품대금 감액기간 및 반품기간)에서 정하는 특례 기간은 대규모유통업자에 의한 검수를 전제로 하므로, 점유개정이나 목적물반환청구권의 양도에 의한 납품의 경우에는 대규모유통업자가 실제로 검수할 수 있는 상태에 놓일 때까지의 기간이 감안되어야 한다.

본 법에서 특별히 정함이 없으므로 시행령 제 6 조 제 2 항 소정의 '2일'을 계산함에 있어서는 일반적인 기간의 계산 방법에 따라 초일(初日)은 산입되지 않는다(민법 제155조, 제157조). 따라서 납품이 이루어진 당일은 이에 포함되지 않고, 그 익일부터 계산된다. 예를 들어 월요일 오후 2시에 신선 농·수·축산물의 납품이 이루어졌다면, 특별한 사유가 없는 한 수요일 자정(24시) 이전에 반품이 이루어져야 한다. 신선 농·수·축산물이 대규모유통업자의 물류창고에 납품된 후 개별 점포로 이동하는 경우에도 납품받은 시점은 대규모유통업자의 물류창고에 상품이 도달한 시점이므로 그 때로부터 2일의 기간이 기산된다. 따라서 개별 점포에서 신선 농·수·축산물의 하자를 바로 발견하여 반품하였더라도 물류창고 도착시점으로부터 2일이 경과하였다면 본 특례 규정에 위반되는 것으로 해석된다.

시행령 제 6 조 제 2 항은 신선 농·수·축산물이라 하더라도 '특별한 사유'가 인정될 경우에는 반품 기간에 예외를 두어 납품 후 2일을 초과할 수 있도록 하고 있다. 여기서 '특별한 사유'란, 대규모유통업자로 하여금 무조건 납품 후 2일 이내에 검수와 매입을 마치도록 하고 그 후에는 반품이 불가능하도록 하는 것이 대규모유통업자에게 지나치게 불리하여 오히려 공정한 거래질서를 해친다고 볼 수 있는 특수한 사정이 있는 경우를 의미한다. 물론 '특별한 사유'에 해당하는지 여부는 구체적인 사정에 따라 개별적으로 판단할 수밖에 없으며, 그 입증책임은 대규모유통업자에게 있다.

(라) 관련문제

1) 법 제10조 제 1 항 각 호와의 중첩 적용의 문제

실무상 신선 농·수·축산물의 납품은 직매입거래의 형태로 이루어지는 것이 대

부분이다. 그러나 일부 유통거래에서는 특약매입거래나 위·수탁거래의 형태로 운영되는 경우도 없지 않다. 이 경우, 특약매입거래 또는 위·수탁거래임을 이유로 한 반품은 법 제10조 제 2 항 및 시행령 제 6 조의 기간 제한을 받지 않을 것이다.[18] 그러나 법 제10조 제 1 항 제 3 호 및 제 4 호는 특약매입거래나 위·수탁거래에 기한 납품의 경우에도 적용되므로, 특약매입거래나 위·수탁거래에 있어서도 위 제 3 호 및 제 4 호를 이유로 신선 농·수·축산물을 반품하는 경우에는 위 특칙의 적용을 받게 된다.

2) PB상품의 문제

신선 농·수·축산물의 경우, 다른 공산품에 비해 상대적으로 브랜드 경쟁이 명시적이지 않고 산지의 상품개발 능력도 약하다는 점에서 대규모유통업자들이 자사의 신뢰도 제고와 경쟁업자와의 차별화를 위해 전략상품으로 신선 농·수·축산물을 PB상품으로 운영하고 있는 경우가 많다.

PB상품은 원칙적으로 유통업체가 제조업체에게 특정 상품의 제조를 위탁한다는 점에서 하도급법 제 2 조(정의) 제 6 항의 '제조위탁'에 해당하는 것으로 판단될 가능성도 있다. 따라서 이 경우에는 대규모유통업법이 적용되지 않고, 하도급법이 우선 적용된다(법 제 4 조 단서).[19] 하도급법은 반품과 관련하여 "원사업자는 수급사업자로부터 목적물등의 납품등을 받은 경우 수급사업자에게 책임을 돌릴 사유가 없으면 그 목적물등을 수급사업자에게 반품하여서는 아니 된다"고 규정하고 있다(하도급법 제10조 제 1 항). 구체적으로는 ① 거래 상대방으로부터의 발주취소 또는 경제상황의 변동 등을 이유로 목적물 등을 반품하는 행위, ② 검사의 기준 및 방법을 불명확하게 정함으로써 목적물 등을 부당하게 불합격으로 판정하여 이를 반품하는 행위, ③ 원사업자가 공급한 원재료의 품질불량으로 인하여 목적물 등이 불합격품으로 판정되었음에도 불구하고 이를 반품하는 행위, ④ 원사업자의 원재료 공급 지연으로 인하여 납기가 지연되었음에도 불구하고 이를 이유로 목적물 등을 반품하는 행위가 있

18) 이와 같은 이유로, 유통 실무에서는 특약매입거래 또는 위·수탁거래의 형태로 신선 농·수·축산물의 거래를 하고자 하는 경우가 없지 않다. 그러나 신선 농·수·축산물을 반품이 상당히 자유롭게 보장되는 특약매입거래 또는 위·수탁거래의 형태로 거래하는 것은 납품업자에게 상당히 불리한 반면, 대규모유통업자에게는 매우 유리한 거래로 판단될 수 있고, 이 경우 공정거래법상 불공정거래행위, 특히 거래상 지위 남용행위(공정거래법 제45조 제 1 항 제 6 호)에 해당할 여지도 없지 않을 것으로 생각된다.

19) PB상품 등에 대한 하도급법 적용과 관련한 쟁점에 대해서는 전술한 제 1 편 제 2 장 '대규모유통업법과 다른 법률과의 관계' 참조.

는 경우에 부당반품으로 간주된다(하도급법 제10조 제 2 항).

하도급법 제10조(부당반품의 금지) 제 2 항은 목적물의 반품 기간에 대해서는 별도의 규정을 두고 있지 않은데, 그렇다면 신선 농·수·축산물의 PB상품에 대해서는 하도급법 외에 대규모유통업법 제10조 제 2 항 및 시행령 제 6 조 소정의 단기 특칙이 함께 적용될 것인가의 문제가 있다. 대규모유통업법 제 4 조(다른 법률과의 관계) 역시 이 점에 관하여 별도로 정하고 있지 않아 논란의 여지가 있다. 신선 농·수·축산물에 대해서는 최대한 반품 기간을 단기로 정하고자 하는 대규모유통업법의 취지, 특히 PB상품의 경우에는 납품업자가 다른 유통망을 통해 재판매하기 어렵다는 점 등을 고려하면 단기 특칙의 적용을 수긍할 수 있는 면이 적지 않은 것으로 생각된다. 이와 같은 혼란은 유통업 거래에서 일어나는 복잡한 현실을 충분히 감안하지 않은 채 대규모유통업법 제 4 조가 입법된 데서 기인하는 것으로 생각된다. 앞에서 살펴본 바와 같이, 공정거래위원회가 법집행에 있어 보다 많은 고민이 필요한 부분으로 보이고, 근본적으로는 입법으로 해결해야 할 사안이라고 판단된다.

4. 관련 서류의 작성 및 보존의무

대규모유통업자가 본 조항에 따라 상품을 반품할 경우, 반품한 상품의 목록, 수량, 거래형태, 반품일자, 납품대금 및 반품사유(제10조 제 1 항 제 1 호 및 제 6 호의 반품조건을 명시한 서류와 같은 항 제 7 호의 납품업자가 제출한 반품요청 서류 및 근거자료 포함)를 명시한 서류를 작성, 보관하여야 한다. 반품조건을 명시한 서면과 실제 반품 시 작성해야 하는 위 서면은 모두 대규모유통업자가 당해 납품업자와의 계약이 끝난 날부터 5년간 보존할 의무가 있는 서류이다(시행령 제 5 조 제 7 호).

5. 상품의 반품 금지 규정 위반의 효과

가. 사법상 효과

대규모유통업자의 납품업자에 대한 상품 반품 행위의 사법적 효과는 당사자 사이의 반품에 관한 약정 내용, 특별히 정한 사항이 없으면 민법, 상법의 각 해당 규정 또는 거래관행에 따라 판단된다. 따라서 법 제10조 위반에 해당하더라도 반품에 따른 사법상 효과에는 영향이 없다. 한편, 본 조항의 '정당한 사유' 또는 '합리적이라고 인정되는 기간'의 판단에 있어서는 사법상 유효한 사유 또는 기간의 내용이 참작될 수 있을 것이다.

나. 행정적 제재[20)]

(1) 입증책임

대규모유통업법 제10조 규제와 관련하여, 공정거래위원회는 일단 '대규모유통업자가 납품받은 상품의 전부 또는 일부를 반품한 사실'을 입증하는 것으로 당해 대규모유통업자의 본 조 위반에 따른 처분을 할 수 있다.

이에 대해 대규모유통업자가 본 조 위반이 아님을 항변하기 위해서는 '납품받은 상품의 전부 또는 일부를 반품한 행위에 정당한 사유가 있다는 사실'을 주장, 입증하여야 한다. 단, 대규모유통업자가 '법 제10조 제 1 항 각 호의 사유가 있다는 사실'과 '해당 거래분야에서 합리적이라고 인정되는 기간 내에 반품한 사실'을 주장, 입증하면 정당한 사유가 있는 것으로 추정된다. 공정거래위원회는 그 추정을 복멸하기 위한 반증을 할 수 있다. '법 제10조 제 1 항 각 호의 사유가 있다는 사실'과 '해당 거래분야에서 합리적이라고 인정되는 기간 내에 반품한 사실'에 대한 입증이 불가능할 경우, 당해 항변 사실의 부존재에 따른 책임은 대규모유통업자가, 위 추정 복멸을 위한 반증이 불가능할 경우, 당해 항변 사실의 부존재에 따른 책임은 공정거래위원회가 각 부담한다.

(2) 시정명령

공정거래위원회는 상품 반품 금지 규정을 위반한 대규모유통업자에게 법 위반행위의 중지, 향후 재발방지, 시정명령을 받은 사실의 공표, 시정명령을 받은 사실의 거래상대방인 납품업자등에 대한 통지 등 그 밖에 시정에 필요한 조치를 명할 수 있다(법 제32조). 아울러 공정거래위원회는 본 조를 위반한 대규모유통업자에게 시정방안을 마련하여 이에 따를 것을 권고하는 시정권고를 할 수도 있다(법 제33조). 상품반품 금지 규정을 위반한 대규모유통업자에 대한 기본적인 행정적 제재로서, 위 규정 위반으로 판단될 경우, 그 위반의 정도가 경미하여 경고에 그치지 않는 한, 시정명령 또는 시정권고의 처분이 있는 경우가 대부분이다.

---

20) 자세한 사항은 후술하는 제 3 부 제 2 장 '법 위반에 대한 조사 및 처분 등' 참조.

(3) 과 징 금

공정거래위원회는 상품 반품 금지 규정을 위반한 대규모유통업자에게 대통령령이 정하는 산출방식에 따른 납품대금이나 연간 임대료를 초과하지 아니하는 범위에서 과징금을 부과할 수 있다(법 제35조 제 1 항 본문). 시행령은 '대통령령으로 정하는 산출방식에 따른 납품대금'에 관하여, '대규모유통업자의 위반행위와 관련된 상품 매입액 또는 이에 준하는 금액'으로 정하고 있다{시행령 제28조 제 1 항, [별표] 1; 단, 구체적으로 위반금액의 비율을 곱하여 기본 산정기준을 정한다는 점은 제 3 장을 참조할 것}. 다만, 매출액을 산정하기 곤란한 경우 등에는 5억 원을 초과하지 아니하는 범위에서 과징금을 부과할 수 있다(법 제35조 제 1 항 단서).

6. 관련 사례

[㈜아성다이소의 대규모유통업법 위반행위에 대한 건(2020. 4. 2. 의결 제2020-069호)][21]

[사실관계]

① 피심인은 2015. 1. 10.부터 2017. 7. 31.까지 92개 납품업자들과 직매입 거래계약을 체결하면서 납품업자가 자발적으로 반품요청을 하지 않았음에도 총 965,126개(반품금액 810,626,593원)의 상품을 반품하였다. 또한, ② 피심인은 2015. 1. 1.부터 2017. 7. 31.까지의 기간 동안 시즌상품의 반품과 관련하여 20개 납품업자로부터 직매입한 총 1,158,581개(반품금액 790,761,570원)의 상품을 계약체결 시 반품조건을 구체적인 약정을 하지 않았음에도 반품하였으며, ○○○ 등 7개 납품업자로부터 매입한 405,281개(반품금액 263,596,140원)의 상품은 계약체결 시 반품조건을 전혀 약정하지 않았고, □□□ 등 14개 납품업자로부터 매입한 753,300개(반품금액 527,165,430원)의 상품은 계약체결 시 반품조건을 약정하기는 하였으나, 구체적으로 하지 않고 포괄적으로만 하였다.[22]

[공정거래위원회의 판단]

공정거래위원회는, ① 시즌상품에 해당하지 않는 상품의 반품에는 납품업자가 피심인에게 별도로 반품요청을 한 사실이 확인되지 않으므로 피심인의 반품에 정당한 사유가

21) 유사한 심결례로는 2021. 3. 12. 의결 제2021-069호, 2021. 5. 6. 의결 제2021-121호, 2019. 8. 22. 의결 제2019-200호 등이 있다.

22) 구체적으로, 피심인은 거래 계약서에 '상품의 일부를 납품일로부터 정당한 기간 내'에 반품할 수 있다고만 약정하였다. 또한, 개별 반품약정서에 반품대상 품목에 대해서 포괄적으로 약정하면서 반품시기 및 기한, 반품절차, 반품장소 등 구체적인 반품조건에 대한 약정을 체결하지 아니한 채 시즌상품을 반품하였다.

있다고 보기 어렵고, ② 시즌상품의 반품의 경우에는 피심인이 반품조건에 대해 약정하지 아니하였거나, 약정을 한 경우에도 포괄적으로 하였으므로, 반품에 정당한 사유가 존재하지 않는다고 판단하였다.

공정거래위원회는 '법 제10조 제1항 제6호는 직매입 거래 시 원칙적으로는 대규모유통업자에게 재고책임이 있어 반품이 불가능하지만 시즌상품과 같이 일정한 기간에 집중적으로 판매되는 특수한 상품은 예외적으로 '계약체결 당시' 반품조건을 구체적으로 약정하고 그 반품조건이 명시된 서면을 납품업자에게 교부하는 경우에 한하여 정당한 사유가 있는 것으로 추정하고 있다. 하지만, 피심인의 반품약정서에는 선물시즌, 행사시즌 등의 제품에 대해 포괄적으로 반품을 할 수 있도록 규정되어 있을 뿐, 구체적인 반품기한, 반품수량의 상한, 반품장소, 반품비용의 부담 등의 구체적인 조건이 명시되어 있지 아니한바, 반품 조건을 구체적으로 약정한 경우에 해당한다고 보기 어렵다'고 보았다.[23]

한편, 피심인은 전산시스템 상 '상품하자'라고 기재된 반품의 경우는 상품하자로 인한 반품으로 추정되기 때문에 정당한 사유가 존재하는 반품에 해당된다고 주장하였으나, 공정거래위원회는 '피심인이 전산시스템 상 반품사유를 임의적으로 입력하는 것이기 때문에 이를 반품의 정당한 사유로 보는 것은 타당하지 않다'고 판단하였다.[24]

[㈜서원유통의 대규모유통업법 위반행위에 대한 건(2021. 1. 12. 의결 제 2021-013호)]

[사실관계]

피심인은 2017. 5. 1. ~ 2018. 5. 31.까지의 기간 동안 93개 납품업자들로부터 직매입거래 방식으로 매입한 상품 3,818개 품목, 1,868,303개 상품을 납품업자의 자발적 반품요청서 등이 없이 반품하였다.

[공정거래위원회의 판단]

피심인은 ① 납품업자들의 반품 관련 협조 공문이 '자발적으로 반품을 요청한 경우'에

23) 본건은 피심인이 스스로 자신의 전산시스템에 반품 사유를 '상품하자'로 기재한 것을 자신의 이익으로 원용할 수 없었다는 점에서 참고할 만한 사안으로 보이며, 향후 자신의 전산시스템에 스스로 기재한 반품 사유를 자신의 이익으로 원용하기 위해서는 내부적으로 상세한 반품 사유 기재 규정(가이드라인)을 마련하는 등 반품 사유가 임의적으로 작성되고 있지 않다는 점을 소명할 수 있는 자료가 필요할 것으로 생각된다.

24) 공정거래위원회는 '시스템 상에 '반품사유'로 '품질기준미달'로 기재되어 있음에도, '비고'란에는 '과다재고'라고 적시되어 있는 경우가 있는 것으로 보아 이는 실제 시스템 상 기재되는 반품사유가 정확하지 않을 뿐만 아니라, 피심인이 임의로 작성하고 있음을 보여준다'고 판단하였다.

해당하므로 이 사건 반품행위에 정당한 사유가 존재한다고 주장하였으나, 공정거래위원회는 '법 제10조 제1항 제7호에 해당하기 위해서는 납품업자의 반품 요청이 자발적인 것이어야 하고 납품업자가 반품이 자기에게 직접적으로 이익이 된다는 객관적인 근거자료를 첨부한 서면으로 요청하여야 하는데', '납품업자들의 반품 관련 협조 공문의 자발성이 의심되고, 납품업자가 반품이 자기에게 직접적으로 이익이 된다는 객관적인 근거자료를 첨부하여 요청하지도 않았는바, 이 사건 반품행위가 법 제10조 제1항 제7호의 사유에 해당한다고 보기 어렵고, 따라서 피심인의 이 부분 주장은 이유 없다'고 판단하였다.

[㈜지에스리테일의 대규모유통업법 위반행위에 대한 건(2022. 1. 26. 의결 제2022-018호)]

[사실관계]

피심인은 2017. 4. 17.부터 2019. 10. 15.까지의 기간 동안 정당한 사유 없이 ○○○ 등 8개 납품업자로부터 직매입거래로 납품받은 766개 품목 62,399개 상품(매입금액 1,856,224,973원)을 반품하였다. 피심인은 이 중 97개 품목 6,001개 상품에 대해 납품업자로부터 반출요청서만 받고 반품하였으며, 669개 품목 56,398개 상품에 대해서는 반출요청서 및 반품된 상품의 재판매 계획 등이 기재된 자료는 받았으나 납품업자에게 직접적으로 이익이 된다는 객관적인 근거자료 없이 반품하였다. 한편, 피심인이 반품한 상품 중에는 시즌상품 49개 품목 3,840개 상품(매입금액 280,720,058원)도 포함되어 있는데, 피심인은 계약체결 시 반품조건을 구체적으로 약정하지 아니하였다.

[공정거래위원회의 판단]

공정거래위원회는 피심인의 반품 사실을 인정하면서, '피심인이 반품한 상품 중에는 일정한 기간이나 계절에 집중적으로 판매되는 상품, 즉 시즌상품이 일부 포함되어 있는데, 직매입거래로 매입한 시즌상품을 반품하기 위하여는 계약 체결 시 반품조건을 구체적으로 약정하고 그 반품조건이 명시된 서면을 납품업자에게 주어야 하며, 해당 서면에는 시즌행사의 종류와 기간, 반품이 가능한 상품군(품목) 등을 가능한 한 명확하고 구체적으로 기재되어야 하는바 그 정도는 납품업자들이 불측의 피해를 입지 않을 정도에 이르러야 한다'고 하면서, 피심인은 물품공급 계약서에 납품업자와 직매입계약 체결시 반품조건을 구체적으로 약정한 경우 반품을 할 수 있다고만 규정하였을 뿐 별도로 시즌상품의 반품에 대한 구체적인 약정을 체결하지 않았으므로 법 제10조 제1항 제6호의 사유에도 해당하지 않고, 납품업자로부터 반품요청서 또는 반품요청서 및 그에 대한 근거자료를 받았을 뿐 반품이 납품업자에게 직접적으로 이득이 된다는 객관적인 근거자료를 받은 바 없으므로 법 제10조 제1항 제7호에도 해당하지 않는다고 판단하였다.

한편, 피심인은 납품업자가 반품요청서 외에 반품 받은 제품을 판매할 유통채널, 예상 판매수량, 더 나아가 예상판매금액까지 기재한 내용을 제출한 것을 들어, 납품업자가 다른 유통채널을 통한 재판매에 따른 이익 실현, 적정 판매물량 공급을 통한 거래채널 관리, 브랜드 이미지 제고 및 시장가격 유지 등 스스로의 이익을 위해 객관적인 근거를 첨부하여 반품을 요청한 경우로서 법 제10조 제1항 제7호에 해당한다면서, 만약 피심인이 납품업자에게 반품을 위해 이보다 더 구체적인 증거자료를 요구한다면 납품업자에게 경영정보를 요구하는 것을 금지하는 법 제14조 위반에 해당할 수 있다고도 주장하였다.

이에 대해 공정거래위원회는 '통상적인 경우 직매입거래에 있어 반품은 납품업자에게 손해가 되므로 법은 직매입거래의 경우 반품을 원칙적으로 금지하지만, 특별한 사정이 있는 경우 상품을 대규모유통업자의 매장에 그대로 두기보다는 반품을 받는 것이 납품업자에게 더 큰 이익이 발생하는 경우가 있을 수 있다'고 하면서, '그러므로 법은 납품업자가 자신의 이득을 위해 반품을 요청하는 경우, 이를 뒷받침하는 객관적인 증거자료를 포함한 서면을 통하도록 규정하고 있다. 만약 객관적인 증거자료 없이 납품업자의 요청만으로 반품이 가능하도록 한다면 거래상 우월한 지위에 있는 대규모유통업자가 형식상 납품업자의 자발적인 요청이 있었던 것처럼 가장하여 반품을 강제하는 등 반품 금지규정을 사실상 형해화시킬 수 있기 때문이다. 특히 TV 홈쇼핑 사업자의 경우 방송채널사용사업자 재승인 평가 시 해당 TV 홈쇼핑 사업자의 중소기업 제품 직매입 비율을 고려하도록 하고 있어, TV 홈쇼핑 사업자가 재승인 평가를 위해 중소기업 제품을 직매입하였다가 추후 납품업자의 자발적인 요청이 있었던 것처럼 가장하여 반품할 유인이 더 크므로 객관적인 증거자료의 필요성이 더 강조된다'고 하였다.

공정거래위원회는 나아가 '이 경우 납품업자가 반품을 하고자 하는 사유 및 객관적인 근거자료에 납품업자의 영업상 비밀 일부가 포함되는 경우도 있을 수 있지만, 이 경우에는 납품업자가 영업상 비밀을 밝힘으로 인해 발생할 불이익과 반품을 통해 얻을 수 있는 이익을 비교형량하여 보다 자신에게 유리한 쪽을 선택할 수 있다. 따라서 납품업자가 자발적으로 자신의 영업상 비밀 등 경영정보를 대규모유통업자에게 제공하고 반품을 받기로 하였다면, 실제로는 대규모유통업자가 납품업자에게 일방적으로 반품을 한 것임에도 법 위반을 회피하기 위해 마치 납품업자의 자발적인 요청에 따른 반품인 것처럼 납품업자가 관련 자료를 작성하여 대규모유통업자에게 제출토록 한 경우가 아닌 한, 경영정보 요구를 금지하는 법 제14조 위반에도 해당하지 않는다고 할 것'이라는 입장을 밝혔다.

공정거래위원회는 위와 같은 입장에 기초하여 '이 사건 반품에서 납품업자가 첨부한 공문에는 상세한 내용의 차이는 있으나 반품 받은 상품의 재판매계획이 기재되어 있을 뿐 납품업자가 불이익을 감수하면서까지 반품을 하여야 하는 특별한 사정은 보이지 않는다고 판단하였다. 한편 피심인은 브랜드 이미지를 위해 과다 재고를 보유한 유통채널의 염가판매를 방지할 필요성, 반품 후 납품업자가 피심인 납품단가보다 더 높은 금액으로 판매한 사례 등을 제시하며 반품이 납품업자에게 이익이 되는 경우에 해당한다고 주장하고 있으나, 공정거래위원회는 설령 이러한 사정이 있다고 하더라도 이를 납품업자가 객관적인 증거자료와 함께 서면으로 명시하여 반품을 요청한 바가 없다'고 보아 피심인의 행위가 위법하다고 판단하였다.[25)]

25) 공정거래위원회는 납품업자가 대규모유통업자에게 보낸 공문 등에 '납품업자가 불이익을 감수하면서까지 대규모유통업자에게 반품을 요청하는 사유' 또는 '납품업자가 대규모유통업자로부터 반품 받은 물건을 다른 유통 경로를 통해 판매하였을 때 납품업자에게 어떻게 이득이 되는지' 등이 제 3 자가 보기에 납득이 갈 정도로 구체적으로 기재되어야만 하고, 이를 입증할 수 있는 객관적 증거자료가 첨부되어야 반품에 정당한 사유가 있다는 점을 인정하겠다는 입장인 것으로 이해할 수 있다. 그러나 이렇게 되면 현실적으로 수많은 거래가 이루어지고, 매번 완벽한 증빙서류를 갖추기 어려운 상황에서 대규모유통업자가 부담하는 증명책임이 과중하게 되어, 납품업자가 자신의 이익을 위하여 반품을 요청하고 대규모유통업자가 이를 수용하였음에도 불구하고, 부당 반품으로 규제되는 불합리가 발생한다는 비판이 있을 수 있다.

제 7 장

판매촉진비용 부담전가 금지

1. 서 설

판매촉진행사라 함은 명칭이나 형식에 상관없이 상품에 대한 수요를 늘려 판매를 증진시킬 목적으로 행하는 행사 또는 활동을 의미한다(법 제2조 제8호). 소매 유통의 본질적인 기능은 상품을 공급자로부터 조달하여 일반 소비자에게 판매하고, 그 과정에서 발생하는 부가가치를 이윤으로 취하는 것이다. 따라서 일반 소비자들의 상품에 대한 수요를 늘려 판매를 증진시키기 위한 판매촉진행사는 유통사업자의 본질적인 영업활동 중의 하나이다. 대규모유통업자 역시 소매유통을 주된 사업내용으로 하는 사업자이므로 판매촉진행사는 대규모유통업자에게도 매우 중요한 영업활동이 된다.

대규모유통업법상 납품업자나 매장임차인은 상품을 납품하거나 매장 중 일부를 임차하여 소매업무에 사용하는 사업자로서, 그 영업상 필요에 의하여 소매유통에 전문화된 대규모유통업자와 상품의 납품거래 또는 매장임차거래를 하게 된다. 따라서 대규모유통업자의 일반 소비자들에 대한 판매촉진활동은 대규모유통업자는 물론 그와 거래를 하고 있는 납품업자나 매장임차인에게도 직접적 또는 간접적으로 영향을 미치는 중요한 영업활동이며, 유통 실무에서 가장 빈번히 일어나는 영업활동의 하나이다.

일반적으로 판매촉진행사는 대규모유통업자와 납품업자등 양측에 모두 긍정적인 효과가 있는 반면, 모든 판매촉진행사는 상당한 비용이 발생하기 마련이므로 그 비용을 누가, 어떻게 분담하는가가 실무상 매우 중요하게 된다. 원칙적으로는 판매촉진행사를 통해 각자 얻게 되는 이익에 비례하는 만큼 비용을 부담하는 것이 가장 합리적일 것이다. 그런데 실제 유통 실무에서는 대규모유통업자가 그 거래상 지위를 남용하여 임의로 판매촉진행사를 기획하여 이익을 취하면서도 그 비용을 납품업자 등에게 전가하는 사례가 적지 않았다.

이러한 점을 고려하여, 대규모유통업법은 대규모유통업거래에서 필수적인 판매촉진행사가 원활히 이루어지도록 하면서도, 비용 정산과정에서의 불필요한 마찰이나 대규모유통업자에 의한 일방적인 횡포를 방지하기 위하여 판매촉진행사 비용 부담과 관련한 몇 가지 규정을 두었다. 먼저, 대규모유통업자가 판매촉진행사를 실시하기 이전에 납품업자등과 판매촉진비용의 부담 등을 서면으로 약정하여 이를 교부하지 않고는 그 비용을 납품업자등에게 부담시킬 수 없도록 하였다. 또한 판매촉진비용 분담비율도 해당 판매촉진행사를 통해 각자 직접적으로 얻게 될 것으로 예상되는 경제적 이익의 비율에 따라 정하도록 하되, 납품업자등의 분담비율은 최대 50%를 초과할 수 없도록 정하였다(법 제11조 제 1 항 내지 제 4 항). 다만 납품업자등이 자발적으로 대규모유통업자에게 요청하여 다른 납품업자등과 차별화되는 판매촉진행사를 실시하려는 경우와 같이 특정 판매촉진행사의 긍정적 효과가 당해 납품업자등에게 대부분 귀속될 수 있다고 인정되는 경우에는 위와 같은 사전 서면약정 및 교부의무, 분담비율의 제한을 완화하였다(법 제11조 제 5 항). 지나친 획일적 규제는 자칫 실제 유통 실무에서 일어날 수 있는 다양한 현상을 제대로 반영할 수 없다는 점을 고려하여 최대한 합리성을 지향한 규정이라고 생각된다.

판매촉진비용 부담전가 금지 제도에 관하여 공정거래위원회는 “거래상 지위의 격차가 큰 양자의 관계를 감안할 때, 대규모유통업자가 임의로 판촉행사 등을 기획하고 그 비용을 납품업자에게 부담시키더라도 납품업자가 이를 거부하기 어렵다는 점에서 판매촉진행사에서 발생할 수 있는 부당한 판매촉진비용 전가를 사전에 방지하기 위한 취지”라고 하거나,[1] “판촉비용의 분담에 있어 명확한 근거나 서면합의가

1) ㈜세이브존아이앤씨의 대규모소매업에 있어서의 특정불공정거래행위에 대한 건(2010. 8. 9. 의결 제2010-086호), ㈜동보올리브백화점의 대규모소매업에 있어서의 특정불공정거래행위에 대한 건(2009. 8. 24. 의결 제2009-175호), 롯데쇼핑㈜의 대규모소매점업에 있어서의 특정불공정거래행위에 대한 건(2007. 10. 19. 의결 제2007-495호), ㈜세이브존리베라의 대규모소매점업에 있어서의 특정불공정거래행위에 대한 건(2007. 8. 28. 의결 제2007-429호), ㈜세이브존아이앤씨의 대규모소매점업에 있어서의 특정불공정거래행위에 대한 건(2007. 8. 28. 의결 제2007-428호) 등. 서울고등법원도 같은 취지로 판시한 바 있다(서울고

없는 경우, 납품업자의 입장에서는 대규모유통업자에 의해서 부당하게 일방적인 비용부담을 강요당할 우려가 있으며, 납품업자의 판촉행사 참여여부에 관한 선택권이 부당하게 제한되고, 납품업자가 사전에 예상하지 못한 비용을 사후에 부담함으로 인하여 불측의 경제적 손해를 야기할 우려를 방지하기 위한 것"이라는 입장을 취하고 있다.[2] 양자 모두 동일한 취지로 볼 수 있고, 이는 판매촉진비용 부담에 관한 대규모유통업법 제11조(판매촉진비용의 부담전가 금지) 규정 취지와도 맥을 같이 한다.

법 제11조의 규정에 따라 납품업자등은 실제 판매촉진행사가 실시되기 전에 미리 당해 판매촉진행사에 따라 자신이 부담하여야 할 비용을 예측할 수 있으므로 불측의 비용 지출로 인한 손실의 위험으로부터 보호받을 수 있다. 다만 법 제11조가 적용되는 범위 내에서는 대규모유통업자와 납품업자 사이의 계약 자유의 원칙 내지 사적 자치의 원칙은 간접적으로 제한되는 것으로 해석된다.

2. 판매촉진비용의 분담

가. 개 요

대규모유통업법법 제11조는 대규모유통업자가 판매촉진행사를 실시함에 있어 납품업자등과 그 비용을 분담하기 위한 기본적인 요건으로, 첫째, 법 제2조 제8호에서 정의하고 있는 판매촉진행사에 소요되는 비용일 것(법 제11조 제1항), 둘째, 판매촉진행사를 실시하기 이전에 대통령령으로 정하는 바에 따라 판매촉진행사에 소요되는 비용의 부담 등을 납품업자등과 약정할 것(법 제11조 제1항), 셋째, 행사 전에 서면으로 약정하여 약정과 동시에 납품업자등에게 교부할 것(법 제11조 제1항 및 제2항), 넷째, 판매촉진비용 분담의 상한선을 준수할 것(법 제11조 제4항)을 규정하고 있다.

나. 적용 범위

법 제11조의 적용 대상이 되는 비용은 판매촉진비용이다. 따라서 판매촉진비

등법원 2019. 9. 5. 선고 2018누63428 판결, 서울고등법원 2020. 8. 26. 선고 2019누49249 판결 등).

2) ㈜세이브존리베라의 대규모소매점업에 있어서의 특정불공정거래행위에 대한 건(2007. 8. 28. 의결 제2007-429호), ㈜세이브존아이앤씨의 대규모소매점업에 있어서의 특정불공정거래행위에 대한 건(2007. 8. 28. 의결 제2007-428호) 등.

용에 해당하지 않는 비용은 본 조에 따른 분담 대상이 아니다. 한편, 본 조는 대규모유통업자와 납품업자등 간의 판매촉진비용 분담에 대한 규정이므로, 상품을 납품하는 납품업자 외에, 매장임차인과의 판매촉진행사에도 적용된다.

유통 실무상으로는 대규모유통업자에게 상품을 공급하거나 매장을 임차한 사업자가 아닌 사업자, 예를 들어 영화사, 여행사, 신용카드사, 연예기획사 등 다른 사업자들과 대규모유통업자가 공동 프로모션 등의 판매촉진활동을 실시하는 경우가 적지 않은데, 이러한 경우에도 본 조가 적용될 것인지 의문이 있을 수 있다. 그러나 대규모유통업법은 대규모유통업자와 납품업자 또는 매장임차인 사이의 관계를 규율하는 법률이므로, 납품업자 또는 매장임차인이 아닌 제 3 자와 대규모유통업자 사이의 거래 관계에 대해서는 적용되지 않는다. 다만 다른 사업자들과의 거래의 경우에도 경쟁사업자 배제행위, 부당한 고객유인행위, 거래상 지위 남용행위, 구속조건부 거래행위 등과 같은 공정거래법상 일반 불공정거래행위 규정이 적용될 수는 있다.

물론 영화사 등 제 3 의 사업자와 대규모유통업자가 함께 진행하는 판매촉진행사의 비용을 사실상 납품업자등이 분담한다고 볼 수 있는 경우에는, 당해 납품업자등과의 관계에서 대규모유통업법이 적용될 수 있다. 이 경우에는 법 제11조 각 항의 요건을 준수하여야 할 것임은 물론이다.

서울고등법원은 대규모유통업자와 납품업자는 서로 독립된 법인격을 가진 별개의 사업자여야 하므로, 대규모유통업자가 제조업체에 제품의 생산만을 위탁하여 독자적으로 제작한 상품을 직접 판매하는 경우, 즉 제조위탁에 해당하는 PB(Private Label) 상품을 판매하는 경우는 대규모유통업법의 적용대상이 아니므로 대규모유통업자가 대규모유통업법에서 금지하는 판매촉진비용 부담 전가행위를 하였다고 볼 수 없는 반면, 납품업자가 대규모유통업자와 같은 기업집단에 속한 계열회사인 경우에도 거래상 우월적 지위가 인정될 수 있고, 따라서 판매촉진비용 부담 전가행위의 상대방이 될 수 있다고 판시한 바 있다.[3] 다만, 제조위탁에 해당하는 PB 제품에 대하여 수급사업자에게 판촉행사 비용을 부담하게 하는 경우, 하도급법 제12조의2(경제적 이익의 부당요구 금지)가 적용될 수 있다.[4]

3) 서울고등법원 2020. 8. 26. 선고 2019누49269 판결. 다만 제조위탁이라고 하여 무조건 대규모유통업법이 아닌 하도급법을 적용하는 것이 타당한지 여부에 대해서는 제 1 편 제 2 장 참조.

4) ㈜지에스리테일의 불공정하도급거래행위에 대한 건(2022. 9. 7. 의결 제2022-224호). 제 1

다. 판매촉진비용 – 판매촉진행사에 소요되는 비용

(1) 판매촉진행사의 개념

판매촉진행사라 함은 명칭이나 형식에 상관없이 상품에 대한 수요를 늘려 판매를 증진시킬 목적으로 행하는 모든 행사 또는 활동을 의미한다(법 제 2 조 제 8 호). 대규모유통업법이 판매촉진행사의 개념을 이와 같이 포괄적으로 정의함에 따라, 문언상으로는 어떤 판매촉진행사를 대규모유통업자가 주관하여 진행하는지 아니면 납품업자와 공동으로 주최하는지,[5] 또는 대규모유통업거래에서 상시적, 일상적으로 일어나는 활동인지, 일정한 시간이나 장소에서만 한정적으로 특별히 이루어지는 활동인지에 관계없이, 위 정의 개념에 포함되면 판매촉진행사에 해당되는 것처럼 해석될 수 있다. 따라서 원칙적으로 대규모유통업자가 정기적으로 시행하는 광고 활동이나 경품 등 사은행사도 모두 판매촉진행사에 해당하는 것으로 볼 여지는 있다.

그러나, 시행령 제 9 조(판매촉진비용의 부담에 관한 약정사항)가 대규모유통업자가 납품업자등에게 판매촉진비용을 부담시키기 위하여 약정할 사항으로 판매촉진행사

편 제 2 장 대규모유통업법과 다른 법률과의 관계 내용 참조.

5) 다만 특약매입거래 심사지침(시행 및 일부개정 2024. 1. 1. 공정거래위원회예규 제448호)은 판매촉진행사를 '점포 차원에서의 판매촉진행사'와 대규모유통업자와 입점업자등 간 '공동 판매촉진행사'로 구분하고, 전자의 경우 그 소요되는 비용을 대규모유통업자가 부담하지 않고 입점업자등에게 부담시킬 경우 법 제17조에 위반될 소지가 있는 반면, 후자는 그 소요되는 비용을 법 제11조에 따라 당해 판매촉진행사를 통해 직접적으로 얻을 것으로 예상되는 경제적 이익의 비율 등에 따라 입점업자등과 분담할 수 있는 것으로 규정하고 있는 점에 유의할 필요가 있다. 동 심사지침은 '점포 차원의 판매촉진행사(비용)'의 예시로는 자신의 점포에서 일정금액 이상 구매자에게 일률적으로 지급하는 사은품 또는 상품권 등, 점포 차원의 제휴 신용카드 할인, 무이자 할부 비용, 대규모유통업자가 점포 우수고객에게 발송하는 할인쿠폰, 대규모유통업자가 점포 우수 또는 방문 고객을 대상으로 실시하는 문화행사(콘서트 등) 등 각종 행사 비용, 대규모유통업자가 구매여부와 관계없이 점포를 방문하는 고객을 대상으로 일률적으로 지급하는 사은품, 대규모유통업자가 특정 입점업자등의 매장에 한정하지 않고 자신의 점포에서 상품을 구매한 고객 중 일부를 추첨하여 지급하는 경품 등을 들고 있고, '공동 판매촉진행사(비용)'의 예시로는 대규모유통업자가 개별 입점업자등과 공동으로 당해 입점업자등의 일정금액 이상 구매고객을 대상으로 지급하는 사은품 또는 상품권 등, 대규모유통업자가 개별 입점업자등의 우수 또는 방문 고객을 대상으로 실시하는 문화행사(콘서트, 식사초대회, 패션쇼 등) 등 각종 행사 비용, 대규모유통업자가 개별 입점업자등과 공동으로 구매여부에 관계없이 입점업자등의 매장을 방문하는 고객을 대상으로 일률적으로 지급하는 사은품, 대규모유통업자가 개별 입점업자등과 공동으로 특정 상품에 대한 가격할인 행사를 실시하는 경우 그 가격할인분 등을 들고 있다[동 심사지침 Ⅲ. 2. 다. (3) (나), (다)].

의 명칭, 성격 및 기간, 당해 판매촉진행사를 통하여 판매할 상품의 목록, 소요 예상 비용, 예상이익 등을 규정하고 있는 점을 감안하면, 본 조에서 주로 규율하고자 하는 판매촉진행사는 비교적 짧은 기간 내에 특정 상품의 판매를 늘려 일정한 이익을 달성하기 위하여 이루어지는 행사로 이해하는 것이 타당해 보인다.

공정거래위원회도 대규모유통업법 제 2 조 제 8 호의 판매촉진행사는 임시적·탄력적으로 이루어지는 이벤트 성격의 행사에 한정되는 것으로 보는 입장인 것으로 파악된다. 공정거래위원회는, 쿠팡 주식회사가 정기배송서비스, 즉 소비자가 일상생활용품 등을 일정한 주기로 계속하여 배송하여 줄 것을 신청하면 상품가격의 5~10%를 할인하여 주는 서비스를 실시하면서 동 행사에 참여하기로 한 납품업자들에게 할인금액의 50%를 초과하는 비용을 부담시킨 것이 법 제11조 제 4 항에 위반되는지 여부가 문제된 사안에서, "법 제 2 조 제 8 호는 판매촉진행사를 명칭이나 형식에 상관없이 상품에 대한 수요를 늘려 판매를 증진시킬 목적으로 행하는 모든 행사 또는 활동으로 폭넓게 정의하고 있으나, 모든 판매 증진 활동을 판매촉진행사로 볼 것은 아니고 일상적인 판매 방식에서 벗어나 특정 기간 동안 임시적·탄력적으로 이루어지는 이벤트 성격의 행사에 한정되는 것으로 봄이 타당하며, 같은 취지에서 법 시행령 제 9 조 제 1 호도 판매촉진비용 부담에 관한 약정 사항으로 판매촉진행사의 기간을 기재하도록 규정하고 있다. 따라서 일반적·상시적으로 진행되는 정규판매 채널로 볼 수 있는 피심인의 정기배송서비스는 판매촉진행사에 해당하지 아니하므로 피심인의 위 행위는 법 제11조 제 4 항에 위반되지 아니한다."고 판단한 바 있다.[6]

(2) 판매촉진행사의 유형

대규모유통업법은 판매촉진행사의 유형이나 예시를 별도로 두고 있지 않다. 실제로 유통 실무에서는 사업자별, 상품별, 지역별, 시기별로 매우 다양한 형태의 판매촉진행사가 있을 수 있는데, 대규모유통업법의 해석 및 적용과 관련하여 비교적 중

6) 쿠팡㈜의 대규모유통업법 위반행위에 대한 건(2018. 5. 24. 의결 제2018-212호). 같은 취지에서 온라인쇼핑몰 심사지침(시행 및 일부개정 2024. 1. 1. 공정거래위원회예규 제449호, 이하 "온라인쇼핑몰 심사지침") Ⅲ. 2. 가. (1)은 "모든 판매 증진 활동이 판매촉진행사에 해당하는 것은 아니고, 판매촉진행사는 일상적인 판매방식에서 벗어나 특정기간 동안 임시적·탄력적으로 이루어지는 이벤트 성격의 행사에 한정되는 것으로 보아야 한다."고 규정하고 있다.

요한 의미가 있고, 또 실제 유통 실무상 자주 나타나는 판매촉진행사를 예시하면 다음과 같다.

[판매촉진행사의 유형]

분 류	예 시
가격 할인판매 행사	정기 할인판매
	특정기간 할인판매
	계절 할인판매
	신학기·명절 등 특수기간 할인판매
	기타 이와 유사한 행사
소비자 혜택 제공 행사	신용카드 수수료 지원 행사
	무이자 할부 행사
	상품권 지원 행사
	사은품 증정 행사
	배송비 지원 행사
	기타 이와 유사한 행사
이와 같은 행사의 광고, 홍보를 위한 부수적 홍보 행사	TV, 라디오, 잡지
	전단지, 플래카드, 리플릿, 팸플릿 등 제작, 배포
	기타 이와 유사한 행사

공정거래위원회 및 법원이 판매촉진행사에 해당한다고 본 사례로는 일정 금액 이상 구매 시 상품권·사은품 증정, 창립축하 사은품 증정, 정기 프라이스 오프, "봄 정기 바겐세일 협력업체에서 상품권을 드립니다"라는 내용의 판매촉진행사, 화이트데이 프로모션, Cool Summer 상품전, 매대 행사,[7] 정기 바겐세일, 광고전단지 제작, 별도 고지문 제작, 설날가이드북 제작, 쿠폰북 제작, 전단, 현수막, 우드락, POP, 브랜드사은행사, 우수고객 테마여행, 와인증정, 사은품 지원, 경품행사, 시식행사,[8] 가

7) 서울고등법원은 겨울상품 마감전 70%~50%, 겨울상품 최종가전 80%~60% 여름의류 특가전, 봄/여름 75%~60%, 여성의류 특가전 80%~60% 등의 명칭을 사용하여 소비자들의 눈에 잘 띄는 행사장 또는 이벤트홀 등 특정한 공간에 유사 상품을 한 곳에 모아 판매하는 등의 방법으로 진행한 이른바, 매대 행사가 판매촉진행사에 해당한다고 판시한 바 있다(서울고등법원 2020. 8. 26. 선고 2019누49269 판결).

8) 롯데쇼핑㈜의 대규모유통업법 위반행위에 대한 건(2015. 5. 20. 의결 제2015-173호).

격할인 행사,[9] 카드사 청구할인 행사[10] 등이 있다.

온라인쇼핑몰 심사지침은 판매촉진행사에 포함될 수 있는 행사 또는 활동의 예시로 특정 상품을 구매한 소비자가 사용후기를 작성하면 사은품을 지급하는 행사, 특정기간 동안 소비자가 상품을 구매한 금액에 상관없이 무료배송을 지원하는 행사, 특정기간 동안 소비자가 상품을 구매한 금액에 따라 온라인쇼핑몰에서 사용가능한 쇼핑포인트를 지급하는 행사, 할인쿠폰을 발급하고 해당 쿠폰을 보유한 소비자에게 상품판매가의 일정금액을 할인해주는 행사, 소비자가 특정 신용카드를 사용하여 상품을 구매하는 경우 일정금액을 할인해주는 행사, 특정기간에 한하여 상품을 할인된 가격으로 판매하는 행사, 특정상품을 구매한 소비자에게 사은품을 지급하는 행사 등을 들고 있다(온라인쇼핑몰 심사지침 Ⅲ. 2. 가.).

(3) 판매촉진비용

(가) 개 념

판매촉진비용이라 함은 판매촉진행사에 소요되는 비용이다(법 제11조 제 1 항). 판매촉진행사란 명칭이나 형식에 상관없이 상품에 대한 수요를 늘려 판매를 증진시킬 목적으로 행하는 모든 행사 또는 활동을 의미하므로(법 제 2 조 제 8 호), 결국 판매촉진비용은 상품에 대한 수요를 늘려 판매를 증진시킬 목적으로 행하는 모든 행사 또는 활동에 소요되는 비용이라고 할 수 있다. 만일 판매촉진을 위한 활동 과정에서 수입이 감소했다면 그 감소된 수입과 실제로 발생된 지출을 모두 합삽한 금액이 판매촉진비용이 된다.

따라서 위 조항의 반대 해석상, 대규모유통업자 또는 납품업자등이 어떤 목적을 위하여 비용을 지출하였더라도 그 비용이 판매촉진행사, 즉 상품에 대한 수요를 늘려 판매를 증진시킬 목적으로 행하는 행사 또는 활동에 소요된 비용이 아니라면, 이

---

9) 모다아울렛 운영 관련 4개 사업자의 대규모유통업법 위반행위에 대한 건(2019. 10. 1. 의결 제2019-246호) 등. 가격할인 행사가 판매촉진행사에 해당하는지 여부와 관련하여, 온라인쇼핑몰 심사지침 Ⅲ. 2. 가. (2)는 "가격할인행사의 경우 가격인하의 경위와 목적, 적용대상(판매기간, 대상 소비자, 상품 수량과 종류 등), 소비자에 대한 홍보 여부 또는 홍보방식 등 제반 사정을 종합적으로 고려하여 이루어져야 한다."고 규정하고 있다.

10) 서울고등법원은 카드사 대금 청구서에서 고객이 결제한 상품가격의 일정 비율을 할인해주는 카드사 청구할인 행사가 판매촉진행사에 해당한다고 판시한 바 있다(서울고등법원 2019. 9. 5. 선고 2018누63428 판결).

는 대규모유통업법상 판매촉진비용에 해당하지 않는다. 판매를 증진시킬 목적이 부수적인 경우에 이를 판매촉진비용으로 평가할지 여부는 구체적 사안에 따라 검토할 수밖에 없다.

이와 관련하여 실제로 판매촉진비용에 해당되는지 여부가 불분명한 경우가 있는데, 이에 대해서도 검토할 필요가 있다. 예컨대, 물품구매 시 대규모유통업자가 구매 금액의 일정 비율을 금액 또는 포인트 형식으로 제공하는 경우, 소비자들은 적립금을 지급대상 상품이 아닌 다른 상품을 구입하는 데 사용할 수 있고 포인트의 경우에는 포인트를 제공한 회사뿐만 아니라 관계사에서도 사용이 가능하다는 점에서 적립금 지급 행사에 소요되는 비용도 판매촉진비용에 해당하는지가 문제될 수 있다. 이러한 적립금 지급 행사는 일반적인 상품권 지급 행사와 그 효과가 동일하며, 해당 행사를 통하여 대규모유통업자 및 납품업자는 고객의 충성도를 높임으로써 결과적으로 상품에 대한 수요를 늘릴 수 있게 된다는 점에서 판매촉진행사라고 볼 수 있으므로, 적립금 지급 행사에 소요되는 비용도 판매촉진비용에 해당한다고 보는 것이 타당하다.

한편 출연료 등 TV홈쇼핑 방송제작 비용의 경우에도 논란이 있을 수 있다. 공정거래위원회는 TV홈쇼핑에 대해서는 판매촉진비용 부담전가 금지 등 일부 불공정거래행위 유형에 대하여 별도의 내부 심사지침('TV홈쇼핑 심사지침')을 두고 있다. 이에 따르면, TV홈쇼핑에 있어서 판매전문가·보조출연자(유명인사, 상품전문가 등)·방청객 등의 방송출연과 방송세트(무대장치·설비 등)·상품소개 프로그램 제작 등에 소요되는 비용은 본질적으로 방송제작 비용으로서 TV홈쇼핑 사업자가 부담해야 할 비용이므로 이러한 비용들은 납품업자와 분담할 수 있는 판매촉진비용에 해당하지 않는다. 또한 위 지침은 "TV홈쇼핑 사업자가 납품업자와 사전에 약정한 판매촉진행사를 진행하면서 당초 약정에 포함되지 않은 비용을 임의로 부담한 경우에도 이는 판매촉진비용 분담 대상이 될 수 없다"고 규정하고 있다(TV홈쇼핑 심사지침 Ⅲ. 2. 나. 2)).

그러나 당초 약정한 내용과 달리 납품업자가 방송출연자의 추가 또는 변경을 요구하는 경우에는 이로 인해 추가로 소요되는 비용의 분담을 상호 협의하여 서면으로 정하는 것이 가능하다.[11] 방송제작비 중 납품업자가 특정 쇼호스트 또는 게스트

11) TV홈쇼핑 심사지침 Ⅲ. 3. 나. 2) 라) [참고] 부분.

를 요구하는 경우, 원인자 부담의 원칙, 공평의 원칙, 납품업자 사이의 형평성 등에 비추어 볼 때 해당 비용은 원칙적으로 납품업자가 부담하는 것이 타당하다는 고려에서 비롯된 것으로 보인다. 대규모유통업법의 체계상으로는 경제적 이익 제공 요구를 금지하고 있는 제15조(경제적 이익 제공 요구 금지) 제 1 항 소정의 '정당한 사유'가 인정되는 경우에 해당한다.

서울고등법원은 대규모유통업자가 직매입거래에 있어서 돈육 판매가격 할인행사, 신규점포 개점기념 할인행사를 하면서 납품단가를 평상시 납품단가보다 낮게 결정한 경우에, 가격 할인폭 상당액이 판매촉진비용에 해당하고, 이 중 납품단가 인하분 상당액이 납품업자들이 부담하는 판매촉진비용에 해당한다고 판시한 바 있다.[12]

또한 서울고등법원은 납품업자의 판매촉진비용 분담비율이 50%를 초과하는지 여부를 판단함에 있어, 기준이 되는 판매촉진비용이 사전 서면약정에 기재된 비용에 한정된다고 볼 수 없고, 사전 서면약정에 기재된 비용은 물론 추후 추가된 비용 또한 그것이 판매촉진행사에 소요되었다는 것이 인정되고, 나아가 그 비용을 대규모유통업자가 부담한 사실이 인정되는 한, 분담비율을 판단하기 위한 판매촉진비용에 모두 포함되어야 한다고 판시하였다.[13]

(나) 회계상 '비용' 개념과의 구별

대규모유통업법에서의 판매촉진비용은 회계학상 정의되는 '비용'의 개념과 반드시 일치한다고 할 수 없다. 회계학상 비용이라 함은 수익을 얻기 위하여 기업이 소비한 재화 또는 용역으로써 소멸된 원가를 의미한다. 구체적으로는 현장 노동자의 인건비·재료비 등과 같이 수익창출과정에 직접 소요되는 직접비와 감가상각비 등 일시적으로 지출되는 비용을 기간별로 배분하기 위한 비용, 사무원 급료·광고선전비와 같은 간접비 등으로 구분된다.

반면 대규모유통업법상 판매촉진비용은 반드시 회계학적 의미의 비용에만 한정되지 않는다. 예를 들어 소비자 판매가격 10,000원인 상품을 10% 할인판매 하는 경우, 10% 할인액 상당인 1,000원은 회계상으로는 대규모유통업자 또는 납품업자의 회계적 비용으로 계상되지 않고 매출할인 항목으로 매출액에서 직접 차감되지만,[14] 이

12) 서울고등법원 2021. 7. 22. 선고 2020누35716 판결.
13) 서울고등법원 2024. 2. 1. 선고 2022누36102 판결(상고심 계속 중).

는 할인판매 전의 소비자 매출 10,000원에서 1,000원이 감소된 것이므로 대규모유통업법상으로는 1,000원이 판매촉진비용으로 인정된다. 10,000원을 9,000원에 할인하는 대신, 판매가는 10,000원을 유지하되 1,000원 상당의 사은품을 제공하는 경우에 1,000원을 판매촉진비용으로 보는 것과 마찬가지이다.

(다) 판매장려금과의 관계

대규모유통업법상 판매촉진비용은 앞서 본 바와 같이 '상품에 대한 수요를 늘려 판매를 증진시킬 목적으로 행하는 모든 행사 또는 활동에 소요되는 비용'으로 정의되고(법 제 2 조 제 8 호, 제11조 제 1 항 참조), 판매장려금은 '명칭에 상관없이 직매입거래에서 상품의 판매촉진을 위하여 연간거래 기본계약에 명시된 조건에 따라 납품업자가 대규모유통업자에게 지급하는 경제적 이익'으로 정의된다(법 제 2 조 제 9 호). 이처럼 대규모유통법법상 판매촉진비용과 판매장려금은 별도의 개념이다. 양자의 주된 구별 실익은, 판매촉진비용에 해당하는 경우에는 대규모유통업법 제11조에 따라 엄격한 조건 하에서 비용을 분담하여야 하는 반면, 판매장려금에 해당하는 경우에는 법 제15조 제 2 항에서 정한 조건이 충족되는 경우에 한하여 수수할 수 있다는 점에 있다. 판매촉진비용과 판매장려금의 구별에 관해서는 제 1 편 제 1 장 2. 자.항에서 상술한 바 있다.

(라) 파견종업원 인건비와의 관계

대규모유통업자가 법 제12조(납품업자등의 종업원 사용 금지) 제 1 항 제 2 호 내지 제 4 호에 의하여 납품업자등으로부터 종업원을 파견받아 판매촉진행사를 위한 상품판매 및 관리 업무에 종사하게 하는 경우 해당 파견종업원의 인건비 전액을 납품업자등에게 부담시킬 수 있는지, 아니면 이 경우에도 법 제11조 제 4 항이 적용되어 대규모유통업자가 100분의 50 이상을 분담하여야 하는지 여부가 문제된다.

대법원은, '(1) 대규모유통업법 제11조는 판매촉진행사와 관련된 일반적인 비용분담의 방식과 한도 등을 규정한 반면, 법 제12조는 파견종업원을 상품의 판매 및 관리 업무에 종사하게 하는 경우에 관하여 파견요건을 제한하는 형식을 취하고 있을 뿐 파견종업원 인건비 등 비용분담의 비율을 제한하고 있지는 않은 점, (2) 법 제12

14) 사업자에 따라서는 관리회계상 판매관리비, 장려금 내지 기타 계정항목으로 계상하여 회계상 비용으로 처리하는 경우도 없지는 않다.

조 제 1 항 제 1 호는 대규모유통업자가 비용 전부를 부담하여 종업원을 파견받기 위한 요건을 규정하고, 제 2 호 내지 제 4 호에서는 납품업자등이 비용을 부담하는 것을 전제로 규정하고 있는데, 만약 제 2 호 내지 제 4 호의 경우에도 법 제11조에 따라 인건비의 1/2 이상은 대규모유통업자가 부담하도록 제한하려고 하였다면, 종업원 파견의 경우에도 대규모유통업법 제11조가 적용된다는 취지를 법 제12조에서 명시하는 것이 자연스럽다고 할 것인데 법은 그와 같이 규정하고 있지 않은 점, (3) 종업원 파견의 경우에 대규모유통업법 제11조와 제12조가 중복 적용된다고 하면, 종업원 파견의 경우에는 법 제12조에 따른 종업원 파견 약정과 법 제11조에 따른 비용분담 등 약정을 모두 갖추지 않는 한 위법하게 될 것인데, 이는 보통의 당사자가 법 규정 자체로부터 통상 이해할 수 있는 범위를 넘고, 이와 같은 법 규정의 미비나 모호함으로 인한 불이익을 행정처분의 상대방 부담으로 돌릴 수는 없는 점 등을 고려하면, 대규모유통업자가 법 제12조 제 1 항 단서의 제 2 호 내지 제 4 호가 정한 종업원 파견에 관한 요건을 모두 충족한 경우에는, 파견받은 종업원을 상품의 판매촉진행사 업무에 종사하도록 하면서 파견종업원 인건비 전부를 납품업자등이 부담하도록 하는 것도 허용된다고 할 것이다. 이러한 경우 대규모유통업자가 파견종업원 인건비 이외의 판매촉진행사에 소요된 비용을 납품업자등에게 부담시키지 아니한 이상, 납품업자등과 법 제11조 제 2 항에서 정한 서면 약정을 별도로 하지 않았다거나 또는 납품업자등이 법 제11조 제 3 항, 제 4 항이 정한 분담비율을 초과하여 파견종업원 인건비를 부담하였다고 하여 법 제11조 위반이 되지는 않는다.'고 판시하였다(대법원 2017. 3. 15. 선고 2016두51481 판결).

라. 판매촉진비용 부담에 관한 약정사항[15)]

(1) 개 관

대규모유통업자는 판매촉진행사를 실시하기 이전에 시행령 제 9 조(판매촉진비용의 부담에 관한 약정사항) 각 호로 정한 사항들에 관하여 납품업자등과 약정을 하지

15) 이하에서 보는 바와 같이, 판매촉진비용에 대해서는 대규모유통업법의 다른 규정과 달리 계약체결 당시에 미리 약정할 것이 요구되지 않는다. 따라서 판매촉진비용은 대규모유통업자와 납품업자등이 각각의 판매촉진행사를 하는 시점에 개별적으로 약정하는 것이 일반적이다. 이에 따라 아래 각 약정사항 역시, 특별한 사정이 있는 경우를 제외하고는 대규모유통업자와 납품업자등의 거래기본계약 또는 그 부속약정서에 기재하지 않고, 개별 약정 등의 형식으로 체결하는 것이 일반적이다.

않고는 납품업자등에게 당해 판매촉진행사에 소요되는 비용을 부담시키는 행위를 할 수 없다(법 제11조 제 1 항, 시행령 제 9 조). 대규모유통업자가 사전에 납품업자등과 체결하여야 할 약정사항은 판매촉진비용 부담에 관한 가장 기본적인 사항들로서, 당사자들은 이 약정을 통하여 비용 부담의 대상이 되는 판매촉진행사와 다른 행사를 구분하고, 당해 판매촉진행사로 발생할 것으로 예상되는 이익에 따라 공평한 비용 분담을 할 수 있게 된다.

[판매촉진비용 부담을 위한 사전 약정사항(시행령 제 9 조)]

> **제 9 조(판매촉진비용의 부담에 관한 약정사항)** 법 제11조 제 1 항에 따라 대규모유통업자와 납품업자등이 판매촉진비용과 관련하여 약정하여야 하는 사항은 다음 각 호와 같다.
> 1. 판매촉진행사의 명칭·성격 및 기간
> 2. 판매촉진행사를 통하여 판매할 상품의 품목
> 3. 판매촉진행사에 소요될 것으로 예상되는 비용의 규모 및 사용내역
> 4. 해당 판매촉진행사를 통하여 대규모유통업자와 납품업자등이 얻을 것으로 예상되는 경제적 이익의 비율
> 5. 판매촉진비용의 분담 비율 또는 액수

이와 관련하여 온라인쇼핑몰 심사지침은 "판매촉진행사의 명칭·성격 및 기간 등 판매촉진비용의 부담에 관한 약정사항은 기본적으로 온라인쇼핑몰업자가 행사에 참여하는 납품업자와의 협의를 통해 법령이 허용한 범위 내에서 자유롭게 정하되, 양 당사자가 판매촉진행사의 기간, 판매할 상품의 품목, 예상 비용의 규모 및 사용내역 등을 분쟁 없이 확정할 수 있을 정도의 구체성을 갖추어 충실하게 약정하여야 한다."고 규정하고 있는바[온라인쇼핑몰 심사지침 Ⅲ. 2. 나. (1) (나) ①], 이는 백화점이나 대형마트 등 다른 대규모유통업자에게도 동일하게 적용될 수 있다.

(2) 판매촉진행사의 명칭·성격 및 기간(제 1 호)

대규모유통업자가 납품업자등과 어떤 판매촉진행사에 소요되는 비용의 일부를 분담하기 위해서는 당해 판매촉진행사의 명칭, 성격 및 기간을 특정하여 약정하여야 한다. 판매촉진행사의 명칭은 그 행사에 관여하는 대규모유통업자 또는 납품업자등이 자유롭게 정할 수 있는데, 당해 대규모유통업자와 납품업자등, 또는 그 행사를 접하는 일반 소비자들이 당해 판매촉진행사와 다른 판매촉진행사를 구별할 수 있을 정

도로 특정이 되면 족하다. 판매촉진행사의 성격은 당해 판매촉진행사가 일반 소비자들에 대한 할인행사인지, 사은품 증정행사인지, 배송비 지원행사인지 등 그 판매촉진행사의 일반적인 성격을 특정하여 약정하면 된다. 기간은 당해 판매촉진행사의 시기(始期)와 종기(終期)를 의미한다. 유통 실무상으로 보면, 판매촉진행사의 기간은 판매촉진비용 발생 및 분담의 기초가 되는 사실이므로 객관적으로 명확히 특정될 수 있을 정도로 구체적으로 약정하여 기재되어야 할 것임에 비해, 명칭과 성격은 당해 판매촉진행사를 다른 판매촉진행사와 구별지을 수 있을 정도로 기재하면 족할 것으로 생각된다. 기본적인 약정의 예시는 아래 표와 같다.

[판매촉진행사의 명칭·성격 및 기간에 관한 약정 예시]

• 행사의 명칭 : 2024년 가을 정기 세일 • 행사의 성격 : 품목당 10% 할인 판매 / 일부 품목 구매 시, 사은품 증정행사 • 행사의 기간 : 2024. 9. 28. ~ 2024. 10. 13.

온라인쇼핑몰 심사지침은, 수 개의 판매촉진행사에 관한 일괄 약정이 가능한지 여부와 관련하여, "온라인쇼핑몰에서의 상품 판매형태 등과 같은 특성으로 인해 일정기간 연속한 수 개의 판매촉진행사 각각에 대한 개별약정은 많은 거래비용을 수반하므로 온라인쇼핑몰업자와 납품업자가 일정기간 동안 실시하기로 계획한 여러 판매촉진행사를 일괄적으로 하나의 서면에 의해 사전 약정을 체결하는 것은 허용된다. 이 경우 법정 필수 약정 내용은 각 판매촉진행사별로 구분하여 약정 서면에 구체적으로 기재하여야 한다. 일괄 약정의 허용주기는 각 판매촉진행사의 실시여부, 내용 및 소요비용 등에 대해 합리적으로 예측이 가능한 범위(예: 분기당 1회 등)에서 양 당사자 간의 협의를 통해 결정되어야 한다."고 규정하고 있다[온라인쇼핑몰 심사지침 III. 2. 나. (1) (다)].

(3) 판매할 상품의 품목(제 2 호)

대규모유통업자는 판매촉진행사를 통하여 판매할 상품의 품목을 특정하여 약정하여야 한다. 당해 판매촉진행사를 통하여 판매할 상품의 개괄적인 품목을 기재하면 족하고 이에 더 나아가 판매할 상품 개개의 구체적인 명칭, 기호, 모델명, 상품코드 등을 일일이 기재할 필요는 없다. 대규모유통업 거래에서는 하나의 품목 내에 수많은 종류의 상품이 포함되기 때문에 이를 일일이 특정하는 것은 실무상으로도 불가능하다. 유통 실무에서는 '여름 의류/소형 가전제품류/주방 집기류/필기도구류' 등과 같이 대(大) 품목 내지 중(中) 품목 정도의 분류로 특정하는 경우가 많다. 일반적으로 각 납품업자등은 유사한 상품을 취급하면서 대규모유통업자와의 거래 과정에서 상품의 종류가 구체적으로 특정되는 것이 일반적이기 때문에, 위와 같은 수준으로만 품목을 특정하더라도 당해 판매촉진행사를 통하여 판매되는 상품의 품목을 구분하는 데 큰 문제가 없을 것으로 생각된다. 특별한 사정이 없는 한, 이보다 더 구체적으로 특정할 것을 요구하는 것은 다소 무리가 있을 것으로 보이기 때문이다. 대규모유통거래의 본질적 특성에 기인하는 것으로 실무상 탄력적인 규정 운영이 필요한 부분이다. 기본적인 약정의 예시는 아래 표와 같다.

[판매할 상품의 품목에 관한 약정 예시]

• 판매할 상품의 품목 : 여름 의류 / 주방 집기류

(4) 판매촉진행사에 소요될 것으로 예상되는 비용의 규모 및 사용내역(제 2 호)

대규모유통업자는 당해 판매촉진행사에 소요될 것으로 예상되는 비용의 규모 및 사용내역을 납품업자등과 약정하고 그 내용을 기재하여야 한다. '소요될 것으로 예상되는 비용의 규모 및 사용내역'이므로, 반드시 당해 판매촉진행사가 실시된 후 확인할 수 있는 '실제 소요 비용 및 사용내역'과 사후적으로 일치할 필요는 없다. 특정 판매촉진행사를 실시하기 이전에 당해 판매촉진비용에 소요될 것으로 예상되는 비용의 정확한 규모와 사용내역을 오차 없이 산정하여 약정하는 것은 사실상 불가능하기 때문이다. 실무상으로는 당해 판매촉진행사의 성격, 기간, 대상 상품품목, 방법 등을 종합적으로 고려하여 산정하면 족하고, 통상적인 거래관행에 비추어 명백히 객관성과 타당성을 결여한 정도의 예상비용 규모 및 사용내역이 아닌 한, 당사자 사이의 예상 및 그에 기초한 약정 내용은 존중될 필요가 있다고 생각된다. 통상적인 거래관행에 비추어 약정한 예상 비용 및 사용내용에 대하여 객관성과 타당성을 인정할 수 있을 것인지 여부는 당해 판매촉진행사와 유사한 내용으로 진행된 판매촉진행사에 소요된 비용규모 및 사용내역과 당해 판매촉진행사에 실제로 소요된 비용규모 및 사용내역 등을 근거로 판단할 수 있을 것이다.

그런데 대규모유통업 분야의 경우 대규모유통업자 간 치열한 경쟁으로 인하여

잦은 판매촉진행사가 이루어지고 있으며, 경쟁 점포의 행사에 대항하는 차원에서 판매촉진행사가 이루어지는 경우도 적지 않다. 즉 유통 실무에서는 대규모유통업자와 납품업자등이 특정 판매촉진행사 시행 이전에 예상한 비용의 규모 및 사용내역에 포함되지 않은 비용이 실제 행사 시에 추가로 투입되는 경우가 빈번하게 발생하게 된다. 예를 들어 판매촉진행사 도중에 보다 효과적인 소비자 홍보활동을 위하여 납품업자가 당초에 예상하지 않았던 추가 인원이나 집기를 임의로 투입하는 경우 등이다. 원칙적으로 이처럼 당사자 일방이 종전 약정에 없던 내역으로 임의로 새로운 인력이나 자원을 투입함으로 인하여 발생한 비용은 본 조 소정의 비용 분담 대상이 될 수 없다. 따라서 이러한 비용은 임의로 투입한 당사자가 단독으로 부담하여야 할 비용으로 보아야 할 것이다.[16)]

다만 위와 같은 비용이 소요될 것임이 약정 당시부터 명백히 예측되었음에도 이를 약정내용에 포함하지 않아 부득이 납품업자등이 추가 비용을 투입한 경우라면, 이러한 약정은 객관성과 타당성이 결여된 예상 비용 및 사용내역 협의에 해당하여 법 제11조 제 1 항, 시행령 제 9 조 제 3 호에 위반되는 약정으로 평가될 수 있다. 따라서 이 경우 당해 대규모유통업자의 위 행위는 사전 서면계약 체결의무를 위반하여 납품업자등에게 판매촉진비용을 전가한 행위로서 법 위반으로 인정될 수 있다.

한편 일부 판매촉진행사의 경우 비용 산정 기준이 무엇인지가 문제될 수 있다. 예컨대 대규모유통업자가 'N+1 행사(소비자가 N개의 상품을 구매할 경우 동일한 상품을 1개 더 제공하는 행사)'를 할 경우, 납품업자가 유통업자에게 상품을 공급하는 가격인 '원가' 또는 이에 물류비 등이 추가된 '공급가'를 기준으로 비용분담을 할 것인지, 아니면 해당 상품이 최종 소비자에게 판매되는 가격인 '매가'를 기준[17)]으로 비용분담을 할 것인지의 문제이다. 결론적으로 어떠한 것을 기준으로 하더라도 당사자의 합의에 따른 것이라면 적법한 비용분담으로 볼 수 있다. '매가'를 기준으로 할 경우 납품업

16) 이는, 납품업자등이 임의로 비용을 투입하여 자신의 상품에 대한 판매촉진활동을 한 것은, (1) 납품업자등이 스스로 부담한 것이고 대규모유통업자가 납품업자등에게 판매촉진비용을 부담시키는 행위를 한 것이 아니므로 법 제11조 제 1 항 내지 제 4 항 위반이라고 할 수 없다는 점, 또는 (2) 위와 같은 경우의 납품업자등의 부담은 자신이 자발적으로 차별적인 판매촉진행사를 하기 위한 것이므로 법 제11조 제 5 항에 따라 모든 판매촉진비용을 부담한 것(물론 이 경우에는 이에 관한 대규모유통업자와의 상호 협의 과정이 인정되어야 함)에 해당한다는 점에 근거한다.

17) 정상판매 시 대비 이익감소분을 의미한다.

자의 부담이 증가한다는 측면이 있기는 하나, 판매촉진행사는 기본적으로 소비자를 상대로 이루어지는 활동이라는 점과 N+1 행사의 경우 소비자에게 '+1' 만큼의 제품을 직접 제공한다는 점 등을 고려할 때, 대규모유통업자와 수급사업자 간 '매가'를 기준으로 판매촉진비용 분담 비율을 약정하는 것도 적법한 비용분담으로 인정될 수 있을 것이다[18]. 다만 이 경우 납품업자와 충분한 협상을 거친 후 판매촉진행사 약정서 등에 위와 같은 분담기준을 명시하는 것이 바람직하다.

판매촉진행사에 소요될 것으로 예상되는 비용의 규모 및 사용내역에 관한 기본적인 약정의 예시는 다른 약정사항과 함께 본다.

(5) 해당 판매촉진행사를 통하여 대규모유통업자와 납품업자등이 얻을 것으로 예상되는 경제적 이익의 비율(제 4 호)

대규모유통업자는 해당 판매촉진행사를 통하여 자신과 납품업자등이 얻을 것으로 예상되는 경제적 이익의 비율을 납품업자등과 약정하고 그 내용을 기재하여야 한다. 이 또한 '얻을 것으로 예상되는 경제적 이익의 비율'이므로 반드시 당해 판매촉신행사가 실시된 후 확인할 수 있는 '실제 얻은 경제적 이익의 비율'과 일치될 것을 요하는 것은 아니다. 실무상으로는 당해 판매촉진행사를 통하여 증가할 것으로 예상되는 매출액, 매출액 증가에 따라 대규모유통업자와 납품업자등이 각각 취할 수 있는 이익의 정도, 당해 판매촉진행사의 성격, 기간, 대상 상품품목, 방법 등을 종합적으로 고려하면 충분한 것으로 생각되고, 통상적인 거래관행에 비추어 명백히 객관성과 타당성을 결여한 정도의 비율로 약정한 것이 아닌 한, 당사자 사이의 약정 내용은 존중될 필요가 있다. 이 경우 역시 당해 판매촉진행사와 유사한 내용으로 진행된 판매촉진행사에서 인정된 경제적 이익의 비율과 당해 판매촉진행사에 실제로 인정된 경제적 이익의 비율이 위 예상비율의 객관성과 타당성을 판단하기 위한 참조가 될 수 있다.

본 호에서 말하는 '경제적 이익'이 당해 판매촉진행사를 통하여 추가로 발생하는 매출증가분을 의미하는 것인지, 아니면 대규모유통업자와 납품업자등이 당해 매출에 따라 부담하는 판매관리비 등 일체의 비용을 공제한 영업이익의 증가분을 의미

18) 온라인 심사지침은 매가를 기준으로 하는 산정 방식을 판촉비용 분담 예시로 규정하고 있다(위 심사지침 Ⅲ. 2. 다. (나)).

하는 것인지 의문이 있을 수 있다. 각 사업자의 영업이익률이 단기적으로는 유사하다고 보면, 어느 쪽으로 보더라도 그 비율은 비슷할 것이므로 실질적인 차이는 크지 않을 것으로 생각된다. 다만 실무상으로는 시행령 제 9 조 제 4 호에 따라 대규모유통업자와 납품업자등이 협의를 통해 각각의 경제적 이익의 비율을 산정하기 위하여 그 기초자료로 상호 제시하여 교환할 필요가 있는 자료의 범위가 다소 달라질 수 있다는 점에서 양자를 검토할 실익이 있다. 이에 관하여 대규모유통업법이 별도로 정하고 있는 바는 없다. 생각건대, 법 제11조 제 3 항에 따라 비용분담의 비율을 정하는 기초가 되는 경제적 이익이라 함은 일체의 경제적 이익을 의미한다고 볼 것이지 이를 영업이익 또는 순이익 등으로 한정할 문언상·법리상 근거가 없다는 점, 만일 영업이익률 증가분을 기준으로 한다면 납품업자등의 원가 구조 및 비용 구조까지도 살펴보아야 하는데, 이 경우 법 제14조(경영정보 제공 요구 금지) 제 1 항에 위반될 여지가 있다는 점 등을 고려하면, 여기서 말하는 경제적 이익이란 당해 판매촉진행사를 통하여 추가로 발생하는 매출증가분을 의미한다고 보는 것이 보다 합리적이라고 생각된다.

한편 대규모유통업법 제11조 제 3 항 및 제 4 항은 대규모유통업자와 납품업자등이 예상되는 경제적 이익의 비율을 산정할 수 없을 경우에는 대규모유통업자와 납품업자등의 예상이익이 같은 것으로 추정하고, 납품업자등의 판매촉진비용 분담비율은 최대 50%를 초과할 수 없도록 규정하고 있다. 따라서 만일 대규모유통업자가 납품업자등과의 경제적 이익의 비율을 달리하고자 할 때에는 이를 보다 객관적으로 증명할 수 있는 근거를 첨부할 필요가 있다. 예를 들어 어떤 판매촉진행사에 따른 대규모유통업자와 납품업자 사이의 경제적 이익을 60 : 40으로 예상하고자 할 경우에는 그 이유를 객관적으로 소명할 수 있는 근거의 제시가 필요하다.[19] 이 경우에도 납품업자등의 판매촉진비용 분담 비율은 50%를 초과할 수 없음은 물론이다(법 제11조 제 4 항). 이에 관한 기본적인 약정의 예시는 다른 약정사항과 함께 본다.

19) 이와 같은 소명에 필요한 근거자료 자체는 법상 보존의무가 있는 서류에 포함되지 않는다(시행령 제 5 조 참조). 다만 이와 관련된 분쟁이 발생하는 경우, 그 소명에 관한 실질적인 증명책임은 대규모유통업자에게 있는 경우가 많으므로, 대규모유통업자로서는 객관적 자료에 기한 비율 분담 행위는 물론 그 분담 비율 결정에 관한 객관적 자료를 확보하여 보관할 필요가 있다.

(6) 판매촉진비용의 분담 비율 또는 액수(제 5 호)

대규모유통업자는 해당 판매촉진행사에 소요되는 비용의 분담 비율 또는 액수를 특정하여 납품업자등과 약정하여야 한다. 이에 관한 서면 약정은 대규모유통업자와 납품업자등 사이에 향후 당해 판매촉진비용에 소요된 비용의 분담에 관한 직접적인 근거가 되므로 처분문서에 해당한다.[20]

법 제11조 제 3 항은 원칙적으로 대규모유통업자와 납품업자등이 각각 해당 판매촉진행사를 통하여 직접적으로 얻을 것으로 예상되는 경제적 이익의 비율에 따라 당해 판매촉진비용의 분담 비율을 정하도록 하고 있으므로, 예상이익의 비율과 다른 비율로 판매촉진비용 분담 비율을 약정한 경우, 이는 법위반에 해당한다.

납품업자등이 당해 판매촉진비용으로 분담한 금액이 당해 판매촉진행사를 통하여 얻게 된 경제적 이익의 금액보다 큰 경우가 있을 수 있다. 예를 들어 판매촉진행사를 실시하기 전에 예상한 경제적 이익이 1,000만 원이고 대규모유통업자와 납품업자등의 각 예상 기대이익의 비율이 60 : 40이어서, 총 비용 500만 원을 각 300만 원, 200만 원으로 분담하였는데, 실제 판매촉진행사를 진행한 결과 발생한 총 경제적 이익은 400만 원에 불과하고, 대규모유통업자와 납품업자가 실제로 얻은 이익이 각각 200만 원인 경우이다. 이른바 실패한 판매촉진행사의 문제이다. 판매촉진비용의 분담 비율은 '실제 발생한 이익'을 기준으로 하는 것이 아니라 '예상이익'을 기준으로 하는 점, 판매촉진행사의 성과를 사전에 예측하기 어려움에도 불구하고 대규모유통업자에게만 그 결과에 따른 책임을 지우는 것은 대규모유통업자에게 지나치게 가혹하다는 점을 고려하면, 당해 판매촉진행사가 실시되기 전에 산정한 예상이익과 그에 따른 비용 분담이 객관적인 근거에 따라 이루어진 이상, 실제 판매촉진행사의 성과가 부진하여 결과적으로 납품업자등이 실제로 투입한 비용에 비해 이익이 적다 하더라도 그 책임을 대규모유통업자에게 지울 수는 없다.

대규모유통업자와 납품업자등은 당해 판매촉진행사에 소요될 것으로 예상되는

---

20) 처분문서란, 증명하고자 하는 법률적 행위가 그 문서 자체에 의하여 이루어진 경우의 문서를 의미한다. 처분문서의 진정성립(당해 문서의 작성자가 진실로 작성한 것이고 다른 사람에 의해 위조·변조된 것이 아님을 의미)이 인정되는 이상, 법원은 그 문서의 기재내용에 따른 의사표시의 존재 및 내용을 인정하여야 한다. 다만 그 기재내용을 부인할 만한 분명하고도 수긍할 수 있는 반증이 인정될 경우에는 그 기재내용과 다른 사실을 인정할 수 있다(대법원 2010. 11. 11. 선고 2010다56616 판결).

비용의 분담에 관하여, 그 분담비율 또는 액수 중 하나를 택하여 약정하여야 한다. 비율로 약정하는 경우에는 대규모유통업자와 납품업자등이 각 60 : 40으로 하는 등의 형식이 될 것이고, 액수로 약정하는 경우에는 대규모유통업자와 납품업자등이 각 600만 원 : 400만 원과 같이 정액으로 약정하는 형식이 될 것이다. 실무상으로는 판매촉진행사에 소요될 비용을 미리 정확하게 예상하기 어려운 점을 고려하여 분담 비율로 약정하는 경우가 일반적이다.

한편 비용부담의 약정과 관련하여 '특정 판매촉진행사에 소요될 것으로 예상되는 비용 중 광고매체 준비 비용은 대규모유통업자가, 사은품 준비 비용은 납품업자등이 부담한다'는 형식으로 약정하는 것도 가능한지가 문제된다. 예를 들어 '1+1 사은 행사'를 함에 있어, 당해 행사를 위한 TV 광고비는 대규모유통업자가 부담하고, '+1' 사은품 비용은 납품업자등이 부담하도록 하는 등의 분담 약정이다. 대규모유통업자와 납품업자등이 각각 부담하게 될 비용을 객관적으로 산정할 수 있다면 이를 허용하지 않을 특별한 이유는 없다고 본다. 실무상으로는 다음과 같은 조건 하에서 허용될 수 있다고 생각된다. 첫째, 각 비용은 모두 동일한 판매촉진행사로 볼 수 있는 행사에 소요되는 비용의 일부이어야 한다. 둘째, 대규모유통업자와 납품업자등이 분담하기로 한 비용의 상대적 비율 또는 총액을 합리적인 범위 내에서 비교 산정할 수 있어야 한다. 위 예에서, '1+1 사은 행사의 총 비용 중 TV 광고비와 사은품 비용의 비율은 60 : 40이다'라는 등의 판단이 가능하여야 한다는 의미이다. 유통 실무에서 하나의 판매촉진행사를 구성하는 다양한 요소에 소요되는 비용을 정확하게 특정하여 산정하기 어려운 경우가 많은 점을 고려하면, 위 두 가지 조건을 충족할 경우 명백히 사실에 반하는 예상비용의 산정이 아닌 한, 위와 같은 형식의 비용부담 약정은 당사자들의 사이의 합리적인 판단의 결과로 해석될 여지가 클 것으로 생각된다. 이와 같이 산정된 내역을 기준으로 하여 대규모유통업법 제11조 제 1 항 내지 제 4 항에 따른 비용 분담 기준 준수 여부를 판단하게 된다.

이상의 판매촉진비용의 분담비율 또는 액수에 관한 기본적인 약정 및 기타 관련 약정의 예시는 아래 표와 같다. 한편, 사적 자치의 원칙상 판매촉진비용의 분담에 관한 약정은 당사자 사이의 자유로운 협의에 따라 정할 수 있는 것이나, 법 제11조 제 3 항 및 제 4 항은 이에 대한 제한 규정을 두고 있다. 위 각 제한에 관한 사항은 항을 바꾸어 살펴본다.

[예상비용의 규모 및 사용내역, 예상이익의 비율 및 판매촉진비용의 분담 비율 또는 액수에 관한 약정 예시]

• 예상되는 비용의 규모 및 사용내역(단위 : 만 원)

예상 사용내역	예상 비용의 규모
행사 홍보비	500
할인 비용	2,500
사은품 비용	2,000
…	1,000
합계	6,000

• 예상되는 경제적 이익의 비율(단위 : 만 원)

예상 소비자 매출 증가분	유통업자 : 납품업자 매출 구성비	유통업자 예상 매출 증가분	납품업자 예상 매출 증가분
8,000	70 : 30	5,600	2,400

• 판매촉진비용의 분담 비율 또는 액수

예상 비용 총액	유통업자 : 납품업자 경제적 이익 비율[21)]	유통업자 비용 분담	납품업자 비용 분담
6,000	70 : 30	4,200	1,800

마. 판매촉진비용 분담비율 약정의 법률상 제한

(1) 개 관

어떤 판매촉진행사를 진행하는 데 소요되는 비용은 그 행사에서 기대되는 경제적 효과에 비례하여 분담하도록 하는 것이 원칙적으로든, 경제적으로든 가장 합리적이다. 이러한 취지에서 법 제11조 제 3 항 전단은 "…판매촉진비용의 분담비율은 대규모유통업자와 납품업자등이 각각 해당 판매촉진행사를 통하여 직접적으로 얻을 것으로 예상되는 경제적 이익의 비율에 따라 정하되…"라고 하여 사전 약정 시 대규모유통업자와 납품업자등이 협의하여 정한 예상되는 경제적 이익 비율에 따른 비용

21) 만일 유통업자 : 납품업자의 예상 경제적 이익 비율이 30 : 70일 경우에는 산술적으로는 유통업자 비용 분담액과 납품업자 비용 분담액이 각각 1,800만 원, 4,200만 원이 될 것이나, 법 제11조 제 4 항에 따라 납품업자의 비용 분담액이 최대 50%를 초과할 수 없으므로, 유통 실무상으로는 각 3,000만 원을 분담하는 것으로 정하게 될 것이다.

분담을 원칙으로 하고 있다.[22)]

다만, 특정한 판매촉진행사에서 예상할 수 있는 경제적 이익 비율을 정확히 산정하기 어렵다는 점, 이로 인하여 종전 유통 실무에서 대규모유통업자가 납품업자등에게 더 많은 비용 분담을 요구한 사례가 빈번하게 있다는 점 등을 고려하여, 본 조는 대규모유통업자와 납품업자등 사이의 판매촉진비용 분담비율 약정의 내용에 관하여 추가적인 규제를 하고 있다. 판매촉진비용 분담 측면에서 납품업자등을 보다 두텁게 보호하기 위한 입법에 해당한다.

(2) 예상이익 비율 동등(同等) 추정

대규모유통업자와 납품업자등 사이의 예상이익의 비율을 산정할 수 없는 경우에는 대규모유통업자와 납품업자등의 예상이익은 같은 것으로 추정된다(법 제11조 제 3 항 후단). 예상이익의 비율은 당해 판매촉진행사를 통하여 실제 얻은 경제적 이익의 비율이 아니므로, 예상이익의 총량은 물론, 대규모유통업자와 납품업자등 사이의 예상이익의 비율을 당해 판매촉진행사를 실시하기 전에 정확히 예상하는 것은 매우 어렵다. 이러한 실무상 어려움을 고려하여 위와 같은 추정 조항을 둔 것이다.

대규모유통업자와 납품업자등 사이의 예상이익의 비율이 동일한 것으로 추정되기 위한 요건은 '대규모유통업자와 납품업자등 사이의 예상이익의 비율을 산정할 수 없는 경우'이다. 대규모유통업자와 납품업자등이 특정 판매촉진행사를 기획하는 과정에서 예상이익의 비율을 산정할 수 없거나 산정하기 곤란한 경우를 의미한다. 그런데 이와 관련하여, 대규모유통업자와 납품업자등이 협의를 통하여 예상이익의 비율을 산정하였으나 그 근거의 신빙성을 인정하기 어려운 경우에도 본 조항이 적용될 수 있는지가 문제된다. 예를 들어 대규모유통업자와 납품업자등이 예상이익 비율을 30 : 70으로 협의하여 약정하였으나, 그 후 그 적정성 여부를 판단함에 있어 산출의

---

22) 이와 관련하여 온라인쇼핑몰 심사지침은 "온라인쇼핑몰업자는 실제 판매촉진비용을 정산하는 단계에서 납품업자와 약정한 사항을 충실히 이행하여야 한다. (가) 만일 온라인쇼핑몰업자가 당초 약정사항에 포함되지 않았던 약정 당시 예상하지 못한 비용이 추가로 발생하였다는 이유로 그 비용의 일부 또는 전부를 납품업자에게 부담시킨 경우 법 제11조 제 1 항에 위반될 수 있다. (나) 또한, 사전 약정은 해당 판매촉진행사로 인해 양 당사자가 실제로 얻은 매출액이나 이익의 크기와 관계없이 이행되어야 한다. 즉, 납품업자가 예상보다 더 높은 비율의 경제적 이익을 실제로 얻었다고 하여 온라인쇼핑몰업자가 사전에 약정한 판매촉진비용 분담비율 수준보다 높은 비율의 판매촉진비용을 납품업자에게 임의로 부담시켜서는 아니된다."고 규정하고 있다(위 심사지침 Ⅲ. 2. 나. (2)).

근거에 충분한 증명력이 인정되지 않는 경우이다. 이에 대하여 대규모유통업자와 납품업자등이 협의할 당시를 기준으로 하여 예상이익의 비율을 산정할 수 없었는지 여부를 따져 보아야 한다는 견해도 있을 수 있으나, 첫째, 법 제11조 제3항이 별도의 문언상 제한을 두고 있지 않은 점, 둘째, 일반 법리상 사실의 '추정'은 사후 사실관계의 존부를 판단하는 과정에서 당사자 일방의 증명책임을 경감하기 위한 제도인 점, 셋째, 본 조항에 따라 대규모유통업자가 예상이익의 비율에 따라 비용을 분담하였는지를 판단하기 위해서는 규제기관 또는 법원이 그 예상이익의 비율을 판단하여야 할 것인데, 그 판단을 시도하는 시점에 이를 산정하기 어려운 경우에는 본 조항에 따라 동등 비율로 추정되도록 하는 것이 법 제11조의 입법 취지에 부합한다는 점 등을 고려하면, 위 예와 같이 대규모유통업자와 납품업자등이 기왕에 체결한 비율 분담 약정의 적정성 여부를 판단하기 어려운 경우에도 법 제11조 제3항 소정의 추정은 적용된다고 보는 것이 타당하다.[23)]

대규모유통업자와 납품업자등 사이의 예상이익의 비율을 산정할 수 없는 경우에 대규모유통업자와 납품업자등의 예상이익이 같은 것으로 추정되는 것이므로, 위 추정 사유에 해당하는 경우라 하더라도, 예상이익이 같지 않다는 점을 주장하고자 하는 자는 반증을 제시함으로써 위 추정을 복멸할 수 있다.

(3) 납품업자등의 판매촉진비용 분담 비율의 한도

대규모유통업법 제11조 제1항 내지 제3항에 의하여 원칙적으로 그 판매촉진행사로 예상되는 경제적 이익에 비례하여 비용을 분담하는 것으로 하더라도, 대규모유통업자가 납품업자등에게 분담하도록 할 수 있는 비용은 최대 50%를 초과할 수 없다(법 제11조 제4항). 실무상 본 조항이 의미를 가지게 되는 것은 판매촉진행사에 따른 예상이익의 비율이 납품업자등 측이 높은 것으로 나타나는 경우이다. 이와 같이 납품업자등 측의 예상이익 비율이 높아 납품업자등이 판매촉진비용을 더 부담할 수 있는 것처럼 보이는 경우라 하더라도 대규모유통업자가 납품업자등으로 하여금 당해 판매촉진비용 중 50%를 초과한 비용을 부담하도록 하는 것은 본 조항에 위반된다.

23) 다만 대규모유통업자가 납품업자등에 비하여 많은 비율의 경제적 이익을 예상한 경우라면 그에 따라 더 많은 비용 분담을 하게 되어 문제가 없고, 반대의 경우에는 법 제11조 제4항에 따라 납품업자등의 비용 분담이 최대 50%로 제한되므로, 본 조의 실무상 실익은 크지 않을 것으로 생각된다.

한편 납품업자등이 다수 참여하는 공동 판매촉진행사의 경우 본 조항의 50% 상한선을 어떻게 판단하여야 할 것인지가 문제될 수 있다. 예를 들어 하나의 대규모유통업자와 5개 납품업자들이 공동으로 판매촉진행사를 실시하는 경우, 본 조항의 50% 상한선 준수 여부를 개별 납품업자를 기준으로 판단할 것인지, 아니면 납품업자 5개 사업자의 분담 비율을 합산한 숫자를 기준으로하여 판단할 것인지의 문제이다. 이에 대하여 납품업자등이 각각 부담한 금액을 합산한 전체금액과 대규모유통업자가 부담한 금액을 기준으로 분담비율을 판단한 공정거래위원회 심결례가 있다.[24) 반면, 홈쇼핑 사업자가 70개 납품업자와 204회 방송판매계약을 체결하여 상품을 판매하면서 신용카드 무이자할부 행사를 한 사안에서,[25) 피심인과 납품업자 간 상품판매방송 계약은 개별 판매방송 프로그램별로 이루어지고, 판매촉진행사도 개별 판매방송 계약별로 약정을 통하여 이루어진다는 점을 들어 '납품업자별로 비용분담비율을 산정하여야 한다'는 피심인의 주장을 배척하고, 각 방송 프로그램(즉, 각 판촉행사)별로 50%의 상한선 준수여부를 판단한 사례도 있다.[26) 그러나 이와 같은 공정거래위원회 심결례는, 각 납품업자별로 총 판매촉진행사 비용이 50%를 넘지 않는 경우에는 개별 방송프로그램별로는 그 한도를 초과하더라도 개개의 납품업자에게 실질적인 불이익이 발생할 가능성이 매우 적은 반면, 탄력적인 판매촉진행사의 진행에 상당한 제약이 된다는 점에서 타당성에 의문이 있다.

[㈜현대홈쇼핑의 대규모유통업법 위반행위 및 공정거래법상 거래상지위 남용행위에 대한 건(2015. 4. 15. 의결 제2015-117호)]

[사실관계]

피심인은 2012. 1. 3. ~ 2014. 10. 26. 기간 동안, 아래 〈표 5〉 기재와 같이 ○○○○㈜ 등 70개 납품업자와 204회 방송판매계약을 체결하여 상품을 판매하면서 신용카드 할부

24) ㈜씨제이오쇼핑의 대규모유통업법 위반행위 및 공정거래법상 거래상지위 남용행위에 대한 건(2015. 6. 3. 의결 제2015-179호). 위 의결에서 공정거래위원회는, 홈쇼핑사업자가 총 146개 납품업자들과 총 811건의 방송을 실시하며 무이자할부, ARS 할인 등의 판매촉진행사를 실시한 사안에서, 146개 납품업체 전부가 부담한 비용 합산액을 기준으로 대규모유통업자인 홈쇼핑사업자와의 분담비율을 산정하여 50% 법정상한 비율 초과 여부를 판단하였다.

25) 하나의 납품업체가 여러 개의 방송판매계약을 맺어 상품을 판매한 사례이다.

26) ㈜현대홈쇼핑의 대규모유통업법 위반행위 및 공정거래법상 거래상지위 남용행위에 대한 건(2015. 4. 15. 의결 제2015-117호).

수수료를 납품업자에게 부담시킨 사실이 있다. 이때 납품업자가 부담한 금액은 각 방송 상품판매(프로그램)별 판매촉진비용(신용카드 할부수수료, 일시불 할인금액, 할인쿠폰 금액, Hmall 포인트 적립금 등) 총액의 50%를 초과하였다.

〈표 5〉 판매촉진비용 부담전가 내역(소갑 제 4 호증 발췌) (단위 : 원, %)

연번	방송일시	상품명	납품업자	부담금액	
				납품업자	피심인
1	2012. 1. 3.	OOOOO	OOOO㈜	3,880,603 (64.0)	2,182,280 (36.0)
2	2012. 1. 4.	OOOO	OOOOOO㈜	7,516,261 (54.4)	6,311,602 (45.6)
…	…	…	…	…	…
101	2012. 6. 17.	OOOOO	OOOO㈜	4,882,095 (54.7)	4,036,100 (45.3)
…	…	…	…	…	…
204	2014. 10. 26.	OOO	OOOOOO㈜	6,999,327 (51.5)	6,599,187 (48.5)
합계 (평균)				902,961,865 (56.7)	689,315,020 (43.3)

[공정거래위원회의 판단]

인정사실과 같이 피심인이 각 방송판매 상품(프로그램)별로 70개 납품업자에게 부담시킨 판매촉진비용은 판매촉진비용 총액의 51.3 ~ 68.4%로 100분의 50을 초과하므로 이 요건을 충족한다.

피심인은 … 판매촉진행사 부담비율은 각 개별 상품별로 산정할 것이 아니라 납품업체별, 시기별로 통합하여 산정하여야 한다고 주장한다.

살피건대, 다음과 같은 점을 고려할 때 피심인의 주장은 이유 없다. … 피심인과 납품업자 간 상품판매방송 계약은 개별 판매방송 프로그램별로 이루어지고, 판매촉진행사도 개별 판매방송 계약별로 약정을 통하여 이루어지는 점 등을 종합적으로 고려할 때, 업체별, 시기별로 판매촉진비용을 통합하여 산정하여야 한다는 취지의 피심인 주장은 타당하지 않다.

바. 사전 서면약정 및 교부

대규모유통업자와 납품업자등 사이의 판매촉진비용의 부담 등에 관한 약정은 당해 판매촉진행사 실시 이전에 대규모유통업자와 납품업자등이 각각 서명 또는 기명날인한 서면으로 이루어져야 하고, 대규모유통업자는 약정과 동시에 이 서면을 납품업자등에게 교부하여야 한다(법 제11조 제 2 항).[27)]

이와 관련하여 온라인쇼핑몰 심사지침은 "온라인쇼핑몰업자가 '판매촉진행사를 실시하기 이전'에 사전 약정절차를 완료하였는지에 대한 판단은 '판매촉진행사 기간이 시작된 시점'과 '납품업자가 판매촉진비용을 부담한 시점'을 비교하여 빠른 시점을 기준으로 한다. 다만 납품업자의 판매촉진비용 부담 시점을 알 수 없거나 납품업자가 해당 판매촉진행사만을 위하여 비용을 부담했다는 사실이 불확실한 경우 등에는 판매촉진행사 기간이 시작된 시점을 기준으로 한다."고 규정하고 있다(위 심사지침 Ⅲ. 2. 나. (1) (가)).

대규모유통업법의 다른 규정과 달리, 판매촉진행사에 관한 사항은 대규모유통업자와 납품업자등이 거래기본계약 체결 즉시 작성하여 교부하여야 하는 서면의 기재사항에 포함되지 않는다(법 제 6 조 제 1 항, 시행령 제 2 조 제 1 항). 판매촉진행사는 계약기간 동안 수시로 변경되는 경쟁 상황을 고려하여 기민한 대응을 할 필요가 있는 영업활동이므로, 초기 계약 시점에 판매촉진활동을 미리 예상하여 약정하는 것이 용이하지 않은 점을 고려한 것으로 생각된다. 다만 적어도 특정 판매촉진행사가 실시되기 전에는 그 판매촉진행사에 관한 중요한 사항을 미리 서면으로 약정하고 대규모유통업자로 하여금 그 서면을 납품업자등에게 교부하도록 함으로써, 사전 서면약정이라는 대규모유통업법의 기본 원칙을 최대한 반영하고자 하였다. 본 조에서의 약정의 의미, 서명 또는 기명날인의 방식과 절차, 교부 시점 등에 관한 사항은 법 제 6 조 제 1 항, 제 2 항의 그것과 동일하므로 그 해석에 따른다.

서울고등법원은, 온라인쇼핑몰업자가 사은품 지원행사를 실시하면서 사전에 법

27) 이와 같은 사전 서면약정 및 교부의무와 별도로 대규모유통업자는 서류의 보존의무를 부담한다. 즉 대규모유통업자와 납품업자등이 판매촉진행사 약정과 관련하여 각각 서명 또는 기명날인한 서류 및 그 판매촉진행사의 실시에 관한 서류와 관련하여, 대규모유통업자는 납품업자등과의 판매촉진행사 관련 계약이 끝난 날부터 5년 동안 보존할 의무를 부담한다(법 제 6 조 제 8 항 및 같은 법 시행령 제 5 조 제 8 호).

령이 규정한 약정사항에 대한 합의 내용을 단순 팝업창에 고지하고 납품업자들의 행사참여 신청을 받은 사안에서, 이를 두고 사전 서면약정 의무를 다 한 것으로 볼 수 없다고 판시하고 대규모유통업법 제11조 제1, 2항 위반을 인정한 바 있다(서울고등법원 2019. 9. 5. 선고 2018누63428 판결).[28]

3. 판매촉진비용 분담 원칙의 예외

가. 개 요

원칙적으로 판매촉진행사에 소요되는 비용 분담은 예상비용의 범위 내에서 예상이익의 비율에 따라 정할 것이고, 그 경우에도 대규모유통업자는 납품업자등에게 최대 50%를 초과하여 비용을 분담시킬 수 없다. 그러나 유통 실무에서 이루어지는 판매촉진행사는 그 목적과 방식, 효과 등이 실로 다양하기 때문에, 모든 판매촉진행사에 대해서 이처럼 일률적으로 규제할 경우 대규모유통업자는 물론 납품업자등에게도 지나친 영업 자유의 침해가 될 뿐만 아니라, 다양한 판매촉진행사를 통한 경쟁을 제한하는 결과를 초래할 수도 있다.

이에 대규모유통업법은 납품업자등이 자발적으로 대규모유통업자에게 요청하여 다른 납품업자등과 차별화되는 판매촉진행사를 실시하려는 경우, 즉 대규모유통업자의 영향력이 미치지 않고 납품업자등이 자율적인 판단하에 실시하는 것으로 인정되는 판매촉진행사에 대해서는 법 제11조 제 1 항 내지 제 4 항에서 정한 비용분담에 관한 원칙의 예외를 두어, 대규모유통업자와 납품업자등이 상호 협의하여 판매촉진비용의 분담비율을 정할 수 있도록 하였다(법 제11조 제 5 항). 납품업자등이 스스로 자신을 위한 차별적인 판매촉진행사를 기획하여 실시하는 경우에는 대규모유통업자의 판매촉진비용 전가에 따른 납품업자등의 손해 발생 가능성이 낮다는 점을 고려한 규정이다.

나. 판매촉진비용 분담 원칙의 예외인정 요건

(1) 개 관

대규모유통업자와 납품업자등이 대규모유통업법 제11조 제 1 항 내지 제 4 항에

---

28) 다만, 본 사안은 후술하는 판촉행사 가이드라인 시행 이전의 사안이다.

서 정한 원칙에 따라 판매촉진비용을 분담하지 않고, 상호 협의하여 이와 달리 정하는 것이 허용되기 위해서는, 첫째, 납품업자등이 자발적으로 대규모유통업자에게 판매촉진행사의 실시를 요청하여야 하고[자발성(自發性) 요건], 둘째, 다른 납품업자등과 차별화되는 판매촉진행사를 실시하는 경우이어야 한다[차별성(差別性) 요건]. 그리고 셋째, 대규모유통업자와 납품업자등 사이에 판매촉진비용의 분담비율에 관하여 유효한 상호 협의가 있어야 한다(법 제11조 제5항). 위 각 요건은 모두 충족되어야 하고, 이 중 하나라도 누락되거나 인정되지 않을 경우, 예외는 인정되지 않는다.

(2) 자발성 요건

납품업자등이 대규모유통업자에게 자발적으로 판매촉진행사의 실시를 요청한 경우이어야 한다. 여기서 '자발'의 사전적 의미는 '남이 시키거나 요청하지 아니하여도 자기 스스로 나아가 행하는 것'을 의미한다.[29] 납품업자등의 판매촉진행사 실시 요청이 자발적 요청인지 여부는 그 요청 당시의 제반 사정을 종합적으로 고려하여 판단한다.

자발적 요청 여부를 판단함에 있어 납품업자등의 판매촉진행사 실시 요청이 그 개념상 반드시 대규모유통업자의 당해 판매촉진행사 실시에 관한 의사표시(예를 들어, 당해 판매촉진행사의 실시 제안, 동의 등)보다 시간적으로 앞서야 하는 것은 아니다. 그러나 일반적으로는 납품업자등이 대규모유통업자에게 판매촉진행사의 실시를 요청하기 전에 대규모유통업자가 같은 내용의 판매촉진행사를 진행할 것을 납품업자등에게 요구하였다거나, 행사를 먼저 계획한 후 납품업자등의 동의를 구하는 등의 사정이 있었다면, 당해 납품업자등의 자발적 요청이 있었다고 보기 어려운 측면이 있다. 예를 들어 대규모유통업자가 납품업자등에게 특정 판매촉진행사 실시와 관련하여 '참여 요청', '참여 여부 의사확인', '참여 독려', '진행 후 사후 비용분담', '참여 의사 질의 후 반대 없으면 진행' 등의 의사를 먼저 표시하고 그 후 납품업자등이 당해 판매촉진행사의 실시를 요청하거나 의사를 피력한 사실이 인정된다면, 당해 납품업자등의 판매촉진행사 실시 요청이 과연 자발적인 것인지 의문이 생길 수 있다. 실제 문언의 내용을 보더라도 '납품업자등이 자발적으로 대규모유통업자에게 요청하여'라고 규정하고 있어, 납품업자의 판매촉진행사 요청이 선행되어야 하는 것처럼 해석될 소지가 크다.

29) 국립국어원, 표준국어대사전.

행사 참여 요청의 시간적인 고려와 함께, 납품업자등의 판매촉진행사 실시 요청이 자발적이었는지를 판단함에 있어서는 납품업자등의 판매촉진행사 실시 요청이 당해 납품업자등의 입장에서 경제적으로 합리적인 행동이었는지 여부도 중요한 참작 사유가 된다. 공정거래위원회의 규제 관점에서 보면, 본 조항은 일반적으로 납품업자등이 당해 판매촉진행사에 소요된 비용의 50%를 초과하여 부담한 경우에 적용 여부가 검토될 것으로 예상되는바, 그 경우 납품업자등이 이와 같이 상대적으로 많은 비용을 부담하면서까지 해당 판매촉진행사를 실시할만한 경제적 유인이 있었는지 여부가 중요한 검토사항이 될 것이다. 납품업자 입장에서 아무런 경제적 유인이 없음에도 판매촉진비용의 50% 이상을 부담하면서까지 판매촉진행사를 진행할 이유가 없기 때문이다.

이와 관련하여 대법원은, 대규모유통업자인 원고가 실시한 무료사은품행사에 법 제11조 제5항의 자발성 및 차별성 요건이 인정되는지가 문제된 사안에서, “대규모유통업법 제11조 제5항에서 납품업자등의 요청이 ‘자발적’이라는 것은 단순히 대규모유통업자가 납품업자등에게 판매촉진행사를 강제하지 않았다거나 납품업자등의 동의가 있었다는 정도를 의미하는 것이 아니라, 대규모유통업자의 실질적 관여나 개입 없이 납품업자등이 먼저 독자적이고 적극적으로 판매촉진행사를 기획하여 대규모유통업자에게 그 실시를 요청하는 것을 의미한다고 보아야 한다. (중략) 자발성과 차별성은 해당 판매촉진행사를 실시하게 된 경위와 목적, 행사의 명칭과 성격, 시기와 기간, 방법과 태양, 행사대상인 상품의 품목과 특성, 행사에 참여한 납품업자등의 수와 범위, 행사의 효과, 관련 업계의 상황과 소비자의 반응 등을 종합적으로 고려하여 판단하여야 하고, 이에 관한 증명책임은 관련 규정의 취지와 체계상 대규모유통업자에게 있다고 보아야 한다.”고 판시하였다(대법원 2020. 5. 14. 선고 2018두52044 판결).

한편 대법원은 홈쇼핑 사업자가 일부 납품업자와 거래 방식을 위·수탁거래에서 재고부담을 홈쇼핑사업자가 부담하는 직매입 방식으로 변경하면서도 수수료는 기존 수준을 유지하기로 합의하고, 이에 따라 재고 위험을 덜게 된 납품업자가 판매촉진을 위하여 홈쇼핑사업자와 상품권을 제공하는 내용(상품권 비용 전액을 납품업자가 부담하기로 함)의 경품행사를 실시하기로 협의한 사안에서, ‘홈쇼핑사업자와 납품업자 간 거래가 납품업자에게 유리하게 변경된 사실이 인정된다는 점 및 납품업자 또한 거래 조건이 유리하게 변경되었기 때문에 판매촉진행사를 기획하기로 결정하였다는 점' 등을 근거로, 위와 같은 판매촉진행사는 납품업자의 자발적인 요청에 의한 것이라고 판시하여, 경제적 유인의 존재를 근거로 납품업자의 자발성을 인정한 바 있다(대법원 2020. 6. 25. 선고 2017두36540 판결, 서울고등법원 2017. 1. 18. 선고 2015누40363 판결).

이처럼 대법원은 단순히 대규모유통업자의 요청에 소극적으로 응한 사실만으로는 '자발성'이 인정되기 어렵고, 납품업자등이 적극적으로 판매촉진행사를 기획하여 대규모유통업자에게 요청하는 정도가 되어야 한다고 하여 자발성을 상당히 좁게 해석하면서, 한편으로는 납품업자등이 판매촉진행사를 기획할만한 경제적 유인이 있는지 여부를 매우 중요한 판단기준으로 삼고 있음을 알 수 있다.

(3) 차별성 요건

납품업자등이 자발적으로 실시를 요청한 판매촉진행사의 내용이 그 속성상 다른 납품업자등과 차별화될 수 있는 것이어야 한다. 사전적 의미로 '차별성'이라 함은, '둘 이상의 대상을 각각 등급이나 수준 따위의 차이를 두어서 구별함'을 의미한다.[30] 어떤 판매촉진행사가 특정 납품업자등에게 다른 납품업자등에 비하여 차별적인 판매촉진의 효과를 부여하는지 여부 또한, 당해 판매촉진행사의 객관적 내용 및 행사 당시의 제반 사정을 종합적으로 고려하여 판단하여야 한다.

이와 관련하여 특정 납품업자등이 실시를 요청한 판매촉진행사의 내용에 차별성이 있는지 여부를 대규모유통업자와 거래하는 모든 납품업자등을 기준으로 하여 판단할 것인지, 아니면 판매촉진행사의 실시를 요청한 납품업자등과 직접적인 경쟁관계에 있는 다른 납품업자등을 기준으로 하여 판단할 것인지 문제될 수 있다. 직접적인 경쟁의 대상이 아닌 상품, 예를 들어 '의류'와 '식품'의 경우와 같이 상품 자체로 차별성이 인정되는 경우에는 판매촉진행사에 있어서도 차별성이 인정될 여지가 높다. 따라서 어떤 납품업자등이 참여한 판매촉진행사가 그 납품업자등에 대하여 차별적으로 판매촉진효과를 부여하는지 여부는 그 납품업자등이 당해 판매촉진활동에 따라 판매하고자 하는 상품과 직접 경쟁관계에 있는 상품을 취급하는 다른 납품업자등과의 비교를 통하여 판단되는 경우가 많을 것으로 생각된다. 통상 공정거래법상 '관련상

30) 국립국어원, 표준국어대사전.

품'의 개념과 유사할 것으로 생각되나, 반드시 이와 일치한다고 단정할 수는 없다.

종전 대규모소매업고시는 차별성의 일례로 납품업자등이 신상품 홍보 등을 목적으로 하는 경우를 예시하였으나(대규모소매업고시 제8조 제3항 제1호), 본 조항에서의 차별성은 이에 국한되지 않는다. 일반적으로 특정 납품업자가 새로 개발한 신상품 홍보를 위한 행사, 특정 납품업자가 스스로 기획하여 실시를 요청한 시식행사, 특정 납품업자의 판매촉진을 위한 전용 비품 내지 집기 지원, 특정 납품업자의 상품 판매에 특화된 사은품 증정 행사, 특정 납품업자가 자신의 상품 판매촉진을 위하여 행사전용 모델을 투입하거나 기획상품을 개발하여 제공하는 행사, 행사 시점을 기준으로 그 경제적 효과가 다른 납품업자등과 명백히 구별되는 소비자 혜택 제공 행사 등 특정한 납품업자에게만 그 영향이 미친다고 판단되는 행사의 경우에는 차별성이 인정될 가능성이 상당하다.

한편 대규모유통업자가 주도적으로 실시하는 '정기, 비정기 세일', '계절 할인', '수시 바겐세일', '정기, 비정기 판촉 행사', '여성복, 남성복, 가전, 가구 등 특정 품목 정기 할인' 등과 같이 당해 대규모유통업자의 전 점포 또는 특정 점포에 입점한 다수의 납품업자등이 참여하는 판매촉진행사의 경우에는 차별성 인정 여부에 대하여 여러 견해가 있을 수 있다. 특정 시기에 '전 품목 10% 할인행사'를 실시한다든가 '100만 원 이상 구매 시 1만 원 상품권 증정' 등의 행사가 그 예가 될 수 있다. 이에 대해서는, (i) 상품별로 판매가격이 다르므로 할인행사에 따른 가격탄력성도 각각 다르고, 행사의 시기나 장소에 따라 상품에 대한 소비자들의 수요 또한 다르므로 상품별 차별적 성격이 존재한다고 볼 수 있다는 견해도 있고, (ii) 반대로 판매촉진비용의 분담에 관한 엄격한 제한을 두고자 하는 법 제11조의 전체적인 취지를 고려하면, 단순히 할인 비율이나 사은품 종류가 다소 다르다는 사정만으로는 판매촉진비용의 원칙적 분담 기준을 정한 대규모유통업법 제11조 제1항 내지 제4항의 적용을 배제할 수 없다고 보는 견해도 있다. 유통 실무상 동종의 상품(예를 들어 여성의류, 정장신발 등)을 판매하는 다수 납품업자들이 있는 상황에서 1개의 업체가 판매촉진행사를 실시하는 경우 다른 납품업자들도 유사한 행사를 함께 시행하고자 하는 경우가 많은데 이 경우에도 차별성을 판단하기는 쉽지 않은 측면이 있다. 그러나 동종의 상품 전체를 대상으로 하는 판매촉진행사라면 대규모유통업자가 주도적으로 실시하는 행사라고 볼 여지가 크기 때문에 어차피 자발성이 인정되기는 쉽지 않을 것으로 보이므로 차별성을 별도로 검토할 실익이 크지 않다. 물론 동종 업종내 다수 납품업자등이 함께 참여하는 행사라는 점에서 차별성이 인정되기도 쉽지 않을 것으로 생각된다. 반면, 각 납품업자들의 자발적 요청에 따라 각 매장별로 실시하는 판매촉진행사의 경우에는 할인율이나 사은품의 지급이 다소 유사하더라도 각 납품업자별 판매촉진행사 참여 목적이나 효과를 살펴 그 차별성이 인정될 필요가 있을 수 있다.

대법원도, 앞서 살펴본 롯데쇼핑㈜의 대규모유통업법 위반행위에 대한 건에서, "판매촉진행사가 다른 납품업자등과 '차별화'된다고 하려면 그 행사의 내용이나 효과가 그 행사를 요청한 해당 납품업자등에게 특화되어 있어야 하고, 다른 납품업자등에게도 그대로 적용되거나 귀속될 수 있는 것이어서는 안 된다. 특정 납품업자등이 자발적으로 요청한 판매촉진행사라면 특별한 사정이 없는 한 그 납품업자등에게 특화되어 있을 가능성이 크므로, 자발성이 인정되지 않는다면 차별성 여부는 굳이 따져볼 필요가 없고, 자발성이 인정된다면 차별성 역시 인정할 수 있는 경우가 많을 것이다. 다만 개별 납품업자등에게 특화되지 않은 판매촉진행사라면 특별한 사정이 없는 한 해당 납품업자들이 그러한 행사를 자발적으로 기획하여 실시할 가능성은 그리 크지 않으므로, 이러한 측면에서 차별성은 자발성을 판단하는 데 중요한 고려요소가 된다."고 판시함으로써 자발성과 차별성 간 높은 상관관계를 인정한 바 있다(대법원 2020. 5. 14. 선고 2018두52044 판결).[31)]

한편 대법원은 앞서 살펴본 다른 판결에서, 홈쇼핑사업자와 납품업자 간 거래가 납품업자에게 유리하게 변경된 사실 및 납품업자 또한 거래 조건이 유리하게 변경되었기 때문에 판매촉진행사를 기획하기로 결정하였다는 사실을 인정하고, 이와 같은 판매촉진행사를 실시하게 된 경위와 진행 과정 등이 다른 납품업자와의 사이에 일반적으로 이루어지는 판매촉진행사와 구별된다고 판단하며 해당 판매촉진행사의 차별

31) 이 사건에서 대법원은, 판매촉진행사 진행 과정에서 사용된 용어 내지 표현을 보면 이 사건 무료사은품행사는 개별 납품업자들의 자체 브랜드 행사라기보다는 원고 점포의 전체 행사로 보이는 점, 설령 일부 납품업자들의 제안에 따라 시작되었다 하더라도 그 기획 과정에서 원고의 의도와 개입으로 원고 점포 전체에 행사의 효과가 미치게 함으로써 행사의 본질적 성격이 변경되었다고 봄이 타당해 보이는 점, 결국 이 사건 무료사은품행사는 참여 납품업체들의 매출 신장에 특별히 기여한다기보다는 다른 납품업체들의 매출 신장에 전체적으로 영향을 미침으로써 결과적으로 원고 점포의 전체 매출 신장에 기여할 가능성이 더 큰 점 등을 근거로 이 사건 무료사은품행사의 차별성이 인정되지 않는다고 판단하였다.

성을 인정하였다(서울고등법원 2017. 1. 18. 선고 2015누40363 판결, 대법원 2020. 6. 25. 선고 2017두36540 판결).[32] 위 판결은 차별성의 판단기준을 상세히 밝히지는 않았으나, 상품권 지급행사 자체가 독창적인 판매촉진행사가 아니라는 점을 고려할 때, 납품업자가 자발적으로 기획하고 요청한 판매촉진행사의 경우에는 차별성을 적극적으로 인정하겠다는 취지로 해석 가능하다.

(4) 자발성 및 차별성 인정 요건 완화

위 자발성 및 차별성 요건과 관련하여 공정거래위원회는 2020년 6월 그 판단기준을 완화하는 내용의 대규모유통업법 제11조 적용 가이드라인(이하 "판촉행사 가이드라인")을 마련하여 운용하기 시작하였다. 공정거래위원회는 위 가이드라인을 발표하면서 i) 코로나19 사태로 인한 외출·소비 자제 등으로 유통업계 매출이 급감하여 유통업체 및 중소 납품업체의 어려움이 가중되고 있는 점, ii) 그간 공정거래위원회가 납품업자 보호를 위해 판매촉진행사 비용 분담에 대하여 엄격한 기준을 적용해 온 결과 대규모유통업자가 납품업자에게 판촉비를 부당하게 떠넘기는 것을 방지하는 데 기여했으나, 그 기준이 시나지게 엄격하여 법위반을 우려한 대규모유통업자가 판매촉진행사를 소극적으로 진행함에 따라 그렇지 않아도 코로나19로 인해 어려운 상황에 놓여있는 납품업자들의 판로가 제약되는 점, iii) 이를 우려한 납품업계가 먼저 대규모유통업자들이 적극적으로 행사를 기획하여 판매 부진으로 인한 재고를 소진할 수 있도록 공정거래위원회에 그 기준을 완화해 달라고 요청한 점 등을 그 배경으로 밝힌 바 있다. 즉 코로나19로 인해 어려운 경제상황을 함께 극복하자는 취지에서 그동안 대규모유통업자 주도의 판매촉진행사에 대해 적용해 온 자발성, 차별성 요건의 판단기준을 완화하기로 한 것이다. 판촉행사 가이드라인의 주요 내용은 대규모유통업자가 공개모집을 통하여 납품업자의 자율적 참여를 절차적으로 보장하고, 납품업자가 할인 품목과 할인 폭을 스스로 결정할 수 있다면 자발성과 차별성을 갖춘 판매촉진행사로 인정하겠다는 것이다.[33]

공정거래위원회는 당초 2020년 12월까지 한시적 운영을 예정하고 위 가이드라인을 시행하였으나, 이후 납품·유통업계의 요청으로 2023년 12월까지 매년 유효기

32) 대법원도 판매촉진비용 전가행위 관련 서울고등법원의 판단에 법리를 오해한 잘못이 없다고 판단하였다.

33) 공정거래위원회 2020. 6. 3.자 보도자료, "공정위, 유통-납품 업계와 손잡고 소비촉진에 나선다".

간을 연장하였다. 2023년 말 들어 코로나19 기조는 완화되었으나 경기 불확실성이 여전하고, 매출 부진, 재고 누적, 고물가 등으로 인하여 유통업체·납품업체·소비자 모두가 어려움을 겪는 상황이 지속되자, 그간 한시적으로 운영해오던 가이드라인의 주요 내용을 관련 심사지침(특약매입거래 심사지침 및 온라인쇼핑몰 심사지침)에 반영함으로써 비용분담 의무 예외사유인 자율성·차별성에 대한 판단기준을 상시적으로 완화하기로 하였고,[34] 2024년 1월부터 개정된 심사지침이 시행되었다. 각 심사지침에는 '기존에 규정되어 있던 자발성 및 차별성 인정 요건의 내용에도 불구하고 [별표 1]이 적용되는 판매촉진행사의 경우 자발성 요건과 차별성 요건의 충족 여부를 판단함에 있어서는 [별표 1]의 기준에 따른다'는 내용이 추가되었는데, [별표 1]의 내용은 다음과 같다.

[별표 1] 대규모유통업법 제11조 관련 기준

대규모유통업법 제11조 제 1 항부터 제 4 항까지의 규정에 따라 대규모유통업자는 판매촉진행사시 그 비용의 50% 이상을 부담하여야 하나, 특정한 기간동안 임시적·탄력적으로 이루어지는 이벤트 성격의 가격할인행사의 경우 다음 사항을 모두 만족시키는 범위 내에서는 법 제11조 제 5 항에 규정된 예외요건이 충족되어 50% 이상 비용분담 의무 등이 적용되지 아니한다.

가. (행사 기간) 대규모유통업자는 자신의 판매촉진행사 기간을 자유롭게 정할 수 있다.

나. (행사 기획) 대규모유통업자는 상품 판매를 촉진하기 위하여 주제, 홍보, 고객지원 방안 등 행사를 주도적으로 기획할 수 있다.

다. (참여 납품업자 결정) 대규모유통업자는 자신이 정한 기간 및 주제, 홍보 방식, 고객지원방안 등의 정보를 납품업자들에게 공지한 후, 자발적으로 판매촉진행사에 참여를 원하는 납품업자를 모집할 수 있다.
- 납품업자 모집은 공개모집 방식을 원칙으로 한다.
- 이때, 대규모유통업자는 납품업자의 의사에 반하여 행사에 참여하도록 직·간접적으로 강요하여서는 아니된다. 강요행위가 있었는지를 판단할 때는 판매촉진행사 시행 전까지 대규모유통업자가 납품업자에게 구체적인 행사지원 내역, 내역별 예상지원 비용 등의 정보를 충분히 제공하였는지 여부 등을 종합적으로

34) 공정거래위원회 2023. 10. 30.자 보도자료, "유통·납품업체 매출 증대, 재고소진 등 지원을 위한 판촉행사 비용분담규정 제도개선방안 발표".

고려하여 판단한다.

라. (비용 분담) 판매촉진행사에 참여하기로 한 납품업자가 납품업자 상품의 할인 품목, 할인 폭은 스스로 정해야 하며, 이외의 사항은 대규모유통업자와 납품업자가 협의하여 정할 수 있다.
   – 특히, 대규모유통업자는 납품업자의 의사에 반하여 상품을 구매하는 고객 등에게 상품권 등 사은품을 제공하도록 하거나 홍보비, 기타 판매촉진 행사비용의 분담 등을 직·간접적으로 강요하여서는 아니된다.

그동안은 대규모유통업자가 주도하거나 기획한 판매촉진행사의 경우 그 성격상 자발성이나 차별성이 인정되기 어려웠으나, 위 심사지침이 개정됨에 따라 대규모유통업자 주도의 판촉행사라 하더라도 참여할 납품업자등을 공개로 모집하고, 할인품목이나 할인 폭 등 핵심적인 판촉행사의 내용을 납품업자등이 스스로 정할 수 있다면 자발성 및 차별성을 인정하겠다는 것으로, 대규모유통업거래의 현실을 감안한 제도개선이라고 판단된다.

(5) 판촉비용 분담비율의 상호 협의

납품업자등이 자발적으로 요청하여 차별화된 판매촉진행사를 실시하는 경우, 대규모유통업자와 납품업자등은 상호 협의 하에 당해 판매촉진비용의 분담 비율을 정할 수 있다. 이 경우에는 대규모유통업법 제11조 제 1 항 내지 제 4 항의 규정이 적용되지 않는다. 따라서 대규모유통업자와 납품업자등이 당해 판매촉진행사에 소요될 것으로 예상되는 비용을 산출하거나 예상되는 경제적 이익의 비율에 따라 비용을 분담하지 않아도 된다. 또한 납품업자등의 판매촉진비용 분담의 상한선인 50% 제한도 받지 않으므로, 경우에 따라서는 납품업자등이 비용을 모두 부담하도록 협의하는 것도 가능하다.

그런데 이러한 상호협의를 하는 경우 그 협의도 서면으로 이루어져야 하는지 여부가 문제될 수 있다. 법 제11조 제 5 항의 문언상으로는 대규모유통업자와 납품업자등은 판매촉진비용의 분담에 관한 상호 협의를 하고 그에 따라 판매촉진행사를 실시하고 비용을 정산하는 것으로 족한 것으로 해석된다. 따라서 원칙적으로 판매촉진비용의 분담에 관한 상호 협의를 반드시 각각 서명 또는 기명날인한 서면으로 할 필요가 없고, 대규모유통업자가 그 서면을 납품업자등에게 제공할 의무도 없다.

다만 실무상으로는 법 제11조 제 5 항 소정의 각 요건사실의 존부 및 대규모유통업자와 납품업자등 사이의 비용 분담에 관한 상호 협의의 내용에 관한 증명의 문제가 있을 수 있으므로, 적어도 이에 관한 사항을 서면으로 기재하여 둘 필요는 있다. 기재할 사항으로는 시행령 제 9 조 각 호의 사항 중 해당 판매촉진행사의 명칭, 성격 및 기간, 판매촉진행사를 통하여 판매할 상품의 품목 등과 함께, 해당 판매촉진행사를 시행하고자 하는 이유, 해당 판매촉진행사가 다른 납품업자등의 판매촉진행사와 구별되는 차이점, 대규모유통업자와 당해 납품업자등 사이의 비용 분담에 관한 협의 사항 등이 포함된다. 이는 판매촉진행사 시행 이후, 그에 관한 자발성 요건, 차별성 요건 및 비용 분담에 관한 상호 협의 사항을 확인할 수 있는 중요한 증거자료가 될 수 있기 때문이다.

다. 입법론 : 차별성 및 자발성 요건의 완화 필요성

(1) 납품업자등의 판매촉진비용 분담 비율의 한도 폐지 필요성

납품업자등의 판매촉진비용 분담 비율의 상한이 50%로 규정되어 있는 것에 대하여 이러한 규정이 유통업계에서 판매촉진행사의 실행을 과도하게 제한한다는 비판이 제기되어 왔다. 판매촉진행사의 실행에 따른 예상이익의 비율이 납품업자가 더 높은 경우에도 위 규정으로 인하여 대규모유통업자는 여기에 소요되는 비용의 50%를 일률적으로 부담하여야 하기 때문에 판매촉진행사의 실행이 대규모유통업자에게는 오히려 손해가 예상되는 경우가 얼마든지 발생할 수 있고,[35] 이 경우 대규모유통업자는 판매촉진행사를 실행하지 않는 것을 선택할 수 있다는 것이다.[36] 특히 공정거래위원회 및 법원이 과거 판매촉진비용 분담 비율 한도에 대한 예외를 인정받기 위한 법 제11조 제 5 항의 자발성 및 차별성 요건을 상당히 엄격하게 해석해 옴에 따라, 대규모유통업자들의 판매촉진행사 실행이 위축되었다는 지적이 제기되어 왔다.[37]

35) 예컨대, 대규모유통업자의 영업이익율이 매우 낮은 수준(회사별, 시기별로 상이하나 일반적으로 5%를 넘지 않는 경우가 많은 것으로 보인다)임을 고려할 때, 할인행사의 경우 영업이익을 기준으로 손해가 발생하는 경우가 다수 있고, 심지어 대규모유통업자의 위탁판매수수료보다 할인행사 분담비용이 더 큰 경우도 얼마든지 발생할 수 있다.

36) 심재한, "대규모유통업법상 판촉비용 관련 법적 쟁점과 개정의견", 경쟁법연구 제48권(2023), 65~67면.

37) 심재한, "대규모유통업법상 판촉비용 관련 법적 쟁점과 개정의견", 경쟁법연구 제48권(2023), 74~75면.

이에 공정거래위원회는, 전술한 바와 같이, 2020년 6월 자발성 및 차별성 인정 요건을 완화하는 것을 주요 내용으로 하는 판촉행사 가이드라인을 발표하고, 이를 한시적으로 적용하면서 그 기간을 1년씩 연장해 오다가, 이후 위 내용을 반영하여 2024년 1월부로 관련 심사지침[38]을 개정 및 시행하여 상시화함으로써 판매촉진행사 활성화를 꾀하였다[위 3. 나. (4) 참고]. 이에 더하여 법상의 판매촉진비용 분담 비율 한도를 삭제하되, 대규모유통업자가 납품업자등을 판매촉진행사에 강제로 참여시키는 행위를 더 엄격히 규제하는 방안도 고려해 볼 수 있다고 생각된다.

한편, 위수탁거래 및 특약매입거래에 있어서는 수수료율 비율에 따라 할인행사 비용을 부담할 수 있도록 하는 방안도 합리적인 것으로 생각된다. 위수탁거래의 성질상 대규모유통업자와 납품업자가 합의하여 판매가격을 인하하는 것을 금지할 이유가 없고, 할인행사의 성격은 비용(이익감소)분담 관점에서 가격인하와 다를 것이 없으므로 수수료율을 그대로 둔 채 판매가격을 인하하는 경우와 마찬가지로 할인행사 시에도 수수료율에 따라 비용을 분담할 수 있도록 하는 것도 합리적인 것으로 보이며, 할인행사를 보다 활성화시킬 수 있는 방안이라고 생각된다.

(2) 차별성 요건의 폐지 필요성

대규모유통업법 제11조 제 5 항은 제 1 항 내지 제 4 항의 규정이 적용되지 않기 위한 조건으로 납품업자등이 ‘차별적’인 판매촉진행사를 ‘자발적’으로 요청할 것을 요구하고 있다. 유통 실무에서 일반 소비자들을 대상으로 하는 판매촉진활동이 차지하는 중요성이 막대함에도, 이 조항은 현행 대규모유통업법의 여러 조항들 중에서도 가장 논란의 여지가 큰 조항 중 하나이다.

위 조항에서 말하는 ‘차별성’의 의미가 무엇인지에 대해서는 법령상 명확한 규정이나 근거를 찾아보기 어렵다. 특히 판매촉진행사라는 개념과 결합할 때 ‘차별성’의 개념은 상당히 모호해진다. 기본적으로 판매촉진행사는 특정 상품을 ‘동시에 팔리고 있는 다른 상품들’에 비하여, 또는 그 판매촉진행사를 ‘시행하기 전 또는 후의 시기’에 비하여 더 잘 팔릴 수 있도록 하기 위한 활동이다. 따라서 본질적으로 모든 판매촉진행사는 (i) 다른 상품들에 대하여, (ii) 다른 시간에 대하여, (iii) 다른 장소에 대하여, (iv) 다른 소비자들에 대하여 차별성을 내포하고 있다.

---

38) 특약매입거래 심사지침 및 온라인쇼핑몰 심사지침.

이와 같이 판매촉진행사가 그 자체로 대상 상품에 대하여 다른 상품과의 차별성을 부여하는 속성이 있다는 점을 고려할 때, 특정 납품업자의 비용 분담으로 시행하는 판매촉진활동이 그 납품업자의 자발적 요청에 따른 정당한 협상에 의한 것인지, 아니면 대규모유통업자에 의한 부당한 거래상지위 남용행위의 산물인지를 판단하기 위하여 그 근거도 명확하지 않은 차별성 요건을 별도로 검토할 필요는 크지 않다고 생각된다. 즉 '자발성' 요건만으로도 충분하다는 것이다. 특정 납품업자의 자발적인 판매촉진행사의 기획과 요청이 있었고, 그에 따라 그 납품업자가 그 판매촉진행사에 소요된 비용을 분담(실무상으로는 납품업자가 50% 이상 분담한 경우가 주로 문제될 것이다)하였다는 점만 인정되면,[39] 그 정당성을 인정해야 한다는 뜻이다.

납품업자가 판매촉진행사를 자발적으로 기획했다면 그 자체로 해당 상품을 위한 차별적인 요소를 내포할 것이고, 그 차별성의 정도는 납품업자가 부담할 판매촉진비용 대비 판매촉진효과의 차이로 평가될 수 있다. 즉 납품업자는 객관적으로 상당한 수준의 차별적인 판매촉진행사라고 판단되면 그에 부합하는 수준의 비용을 부담할 경제적 유인이 있는 것이고, 그것이 차별적인 판매촉진행사가 아니라면 그에 합당한 일반적인 수준의 비용만을 분담할 유인만 있는 것이다. 경우에 따라서는 해당 판매촉진행사를 통하여 당장 직접적인 매출 내지 이익증대 효과가 나타나지 않더라도, 브랜드 인지도나 신인도 제고 등 보다 장기적인 관점에서의 광고효과를 노리고 행사를 진행할 수도 있으므로, 이러한 장기적인 광고효과 또한 차별적 요소라고 보아야 한다. 특히 납품업자가 자발적으로 참여한 판매촉진활동이라면 납품업자가 주관적으로 판단하는 차별적 효과는 더욱 크다고 볼 수 있다. 이러한 관점에서, 특정 납품업자와 상호 협의를 통하여 판매촉진비용을 분담시킨 행위의 위법성 여부는, 그 협의가 납품업자의 자발적인 요청에 의하여 이루어졌는지를 면밀히 판단하는 것으로 충분하다. 반면 별도의 차별성 요건은 그 개념이 불분명하고 법 수범자들의 혼란을 가중시킴으로써 규제 비용만 증가시키는 문제가 있다. 이러한 점을 모두 고려하면, 판매촉진비용 분담의 적법성을 판단함에 있어 '차별성'은 판단기준에서 제외하는 것이 타당하다고 생각된다.[40]

39) 물론 여기에서 '자발성'은 앞서 본 바와 같은 제반 사정을 모두 종합하여 판단해야 한다.

40) 대규모유통업법 제11조 제5항 요건 충족 여부가 문제된 사례들 중 자발성 요건과 차별성 요건의 인정 여부에 관한 판단 결과가 서로 달랐던 사례를 찾아보기 어렵다는 점을 고려하면, 차별성 요건을 별도로 둘 실익 또한 크지 않아 보인다.

4. 관련 서류의 보존의무

대규모유통업자가 대규모유통업법 제11조 제 1 항 내지 제 4 항에 따라 판매촉진행사를 실시하고 납품업자등과 그 비용을 분담하는 경우, 대규모유통업자는 본 법 제11조 제 1 항, 제 2 항에 따라 작성한 서면과 그 판매촉진행사의 실시에 관한 서류를 계약종료일로부터 5년간 보존하여야 한다(법 제 6 조 제8항, 시행령 제 5 조 제 8 호). 판매촉진행사의 실시에 관한 서류라 함은, 주로 당해 판매촉진행사의 실시 현황, 비용의 정산 현황 등이 기재된 기안문, 협의문 또는 정산자료 등이 해당될 것이나 반드시 이에 국한되지는 않는다.

5. 판매촉진비용의 부담 전가 금지 규정 위반의 효과

가. 사법상 효과

대규모유통업자의 납품업자등에 판매촉진비용의 부담 전가 금지에 관한 대규모유통업법 제11조 규정은 대규모유통업자와 납품업자등 사이의 비용 분담 약정의 사법상 효력에 영향을 미치지 아니한다. 따라서 대규모유통업자와 납품업자등이 법 제11조 각 항 소정의 규정에 위반되는 내용으로 판매촉진비용의 분담에 관한 약정을 한 경우, 그 약정의 사법상 효력은 당사자 사이의 비용 분담에 관한 약정 내용 또는 민법, 상법의 각 해당 규정 또는 거래관행에 따라 판단된다.

나. 행정적 제재[41]

(1) 입증책임

대규모유통업법 제11조와 관련하여, 공정거래위원회는 ‘대규모유통업자가 판매촉진행사를 실시하기 이전에 시행령 제 9 조에서 정한 사항을 납품업자등과 약정하지 아니하고 납품업자등에게 부담시킨 행위를 한 사실’(제 1 항) 또는 ‘판매촉진비용 분담에 관한 약정이 대규모유통업자와 납품업자등이 각각 서명 또는 기명날인한 서면으로 이루어지지 않거나, 대규모유통업자가 약정과 동시에 이 서면을 납품업자등에게 주지 않은 사실’(제 2 항) 또는 ‘판매촉진비용의 분담비율을 예상이익의 비율에 따라 정하지 않은 사실’(제 3 항) 또는 ‘납품업자등의 판매촉진비용 분담비율을 100분

41) 자세한 사항은 후술하는 제 3 부 제 2 장 ‘법 위반에 대한 조사 및 처분 등’ 참조.

의 50을 초과하여 정한 사실'(제 4 항)의 전부 또는 일부를 입증하는 것으로 당해 대규모유통업자의 본 조 위반에 따른 처분을 할 수 있다. 각 사항은 서로 독립적인 위법을 구성하는 요건사실로서, 상호 양립 가능하다.

법 제11조 각 항의 문언 구조에 따르면 제 5 항이 제 1 항 내지 제 4 항에 대한 항변 사유는 아닌 것으로 해석되나, 실무상 공정거래위원회가 대규모유통업자에 대하여 제 1 항 내지 제 4 항 소정의 위법을 주장, 입증할 경우, 대규모유통업자는 제 5 항의 규정을 들어 적법함을 주장하는 경우가 많아, 제 5 항은 제 1 항 내지 제 4 항에 대한 사실상의 항변 사유로 이용, 주장되는 경우가 많을 것으로 생각된다. 이 경우, 대규모유통업자는 '납품업자등이 자발적으로 요청하여 다른 납품업자등과 차별화되는 판매촉진행사를 실시하였고, 이에 따라 납품업자등과 상호 협의하여 판매촉진비용의 분담비율을 정하였다는 사실'을 주장, 증명함으로써, 공정거래위원회가 당해 사업자에 대하여 법 제11조 제 1 항 내지 제 4 항 위반을 주장하는 것을 다툴 수 있다.

'법 제11조 제 1 항 내지 제 4 항의 사유가 있다는 사실'에 관한 증명이 불가능할 경우 그 사실의 부존재 책임은 공정거래위원회가, '법 제11조 제 5 항의 사유가 있다는 사실'에 대한 입증이 불가능할 경우 그 사실의 부존재 책임은 대규모유통업자가 각 부담한다.

(2) 시정조치

공정거래위원회는 판매촉진비용의 부담전가 금지 규정을 위반한 대규모유통업자에게 법 위반행위의 중지, 향후 재발방지, 시정명령을 받은 사실의 공표, 시정명령을 받은 사실의 거래상대방인 납품업자등에 대한 통지 등 그 밖에 시정에 필요한 조치를 명할 수 있다(법 제32조). 아울러 공정거래위원회는 본 조를 위반한 대규모유통업자에게 시정방안을 마련하여 이에 따를 것을 권고하는 시정권고를 할 수도 있다(법 제33조). 판매촉진비용의 부담전가 금지 규정을 위반한 대규모유통업자에 대한 기본적인 행정적 제재로서, 위 규정 위반으로 판단될 경우, 그 위반의 정도가 경미하여 경고에 그치지 않는 한, 시정명령 또는 시정권고의 처분이 있는 경우가 대부분이다.

한편 공정거래위원회가 이러한 시정명령 등 행정처분을 하기 위해서는 그 대상이 되는 판매촉진비용 부담전가의 내용이 구체적으로 명확하게 특정되어야 한다. 특정되지 않은 상태에서 이루어진 시정명령 등 행정처분은 위법하다.[42]

(3) 과 징 금

공정거래위원회는 판매촉진비용의 부담전가 금지 규정을 위반한 대규모유통업자에게 대통령령이 정하는 산출방식에 따른 납품대금이나 연간 임대료를 초과하지 않는 범위에서 과징금을 부과할 수 있다(법 제35조 제 1 항, 제 2 항). 시행령은 '대통령령으로 정하는 산출방식에 따른 납품대금'에 관하여, '대규모유통업자의 위반행위와 관련된 상품 매입액 또는 이에 준하는 금액'으로 정하고 있다{시행령 제28조 제 1 항, [별표 1] 2. 2)}. 다만 매출액을 산정하기 곤란한 경우 등에는 5억 원을 초과하지 아니하는 범위에서 과징금을 부과할 수 있다(법 제35조 제 1 항 단서).

---

42) "… (구 공정거래법) 제 2 조 제 1 호 소정의 사업자가 법 제23조 제 1 항 제 4 호, 제 2 항, 법 시행령 제36조 제 1 항 [별표 1] 제 6 호 (나)목 및 (라)목 소정의 행위를 하였음을 이유로 공정거래위원회가 법 제24조 소정의 시정명령 등 행정처분을 하기 위해서는 그 대상이 되는 '이익제공강요' 및 '불이익제공'의 내용이 구체적으로 명확하게 특정되어야 하고, 그러하지 아니한 상태에서 이루어진 그 시정명령 등 행정처분은 위법하다고 할 것이다. 기록에 의하면, 원고는 납품업자에 대하여 제조를 위탁하는 하도급상품의 거래 및 직매입하는 상품의 거래와 관련하여 거래의 전제조건 또는 납품상품의 판매촉진과 관련된 것을 이유로 광고선전비 등 각종 명목의 비용을 납품업자의 납품대금에서 공제하거나 현금 또는 상품으로 수령하여 온 사실(이하 위와 같은 각종 명목의 비용 수령행위를 '비용부담행위'라고 한다), 피고는 1999년도 및 2000년도 기간 동안 원고의 납품업자들에 대한 합계 154,887,260,000원 상당의 각종 비용부담행위가 법 제23조 제 1 항 제 4 호, 제 2 항, 법 시행령 제36조 제 1 항 [별표 1] 제 6 호 (나)목 및 (라)목에 해당된다는 이유로 비용부담행위 부분과 관련된 이 사건 시정명령을 하면서 그 의결서 이유 부분에, 원고가 1999년도 및 2000년도 기간 동안 납품업자에 대하여 원심판결의 '납품업체에 대한 각종비용 부담내역' 기재와 같은 각종 명목의 비용을 부담할 것을 사실상 강요하고 납품대금에서 이를 일방적으로 공제하거나 현금 또는 상품으로 수수하고 있다고 하면서 그 구체적 사례로 원고에게 야채 등 신선식품류를 납품하였던 정원유통의 경우를 들고 있는 사실, 그런데 위 '납품업체에 대한 각종비용 부담내역'에는 1999년도 및 2000년도 사이에 원고가 수령한 비용명목 및 업체수, 비용별 합계액 등만이 기재되어 있을 뿐 그 비용을 제공한 업체명, 비용제공의 시기, 업체별 비용부담 액수 등 구체적인 내용이 전혀 적시되어 있지 아니한 사실, 피고는 또한, 원고가 납품업자에 대해 자기가 제조를 위탁하여 매입하는 하도급상품 및 직매입하는 상품의 재고품을 납품업자의 자발적 요청이나 동의 또는 귀책사유가 없음에도 불구하고, 납품업자들에 대하여 2000년도에 모두 43,822건, 합계 30,995,185,000원 상당의 반품행위를 하였고 이러한 반품행위는 법 제23조 제 1 항 제 4 호 및 '대규모소매점업에 있어서의 특정불공정거래행위의 유형 및 기준 지정 고시'(2001. 7. 6. 공정거래위원회 고시 제2001-9호로 개정되기 전의 것) 제 3 조에 해당한다는 이유로 반품행위와 관련된 이 사건 시정명령을 하면서 그 의결서 이유 부분에 반품대상 업체명, 반품시기 등에 대한 구체적 적시 없이 단지 2000년도 원고 점포별 반품건수 및 반품액수만을 적시하고 있는 사실 등을 인정할 수 있으므로 비용부담행위 및 반품행위 부분에 관한 이 사건 시정명령은 그 대상이 되는 행위들의 내용이 구체적으로 명확하게 특정되었다고 할 수 없고, 따라서 이 부분 시정명령은 위법하다고 할 것이다 …"(대법원 2007. 1. 12. 선고 2004두7146 판결, 대법원 2007. 1. 12. 선고 2004두7139 판결).

한편, 과징금 고시는 법 위반 유형별로 과징금 산정의 기준의 되는 '위반금액'을 정하면서, 대규모유통업법 제11조 제 1 항 위반의 경우에는 '판매촉진비용 전가금액'을, 같은 조 제 3 항 및 제 4 항 위반의 경우에는 '예상되는 경제적 이익에 따른 납품업자의 분담비율'(산정 곤란 시 100분의 50)을 초과하는 금액'을 각 위반금액으로 규정하고 이를 과징금 산정 시 고려하도록 하고 있다.[43]

7. 관련 사례

[롯데쇼핑㈜의 대규모유통업법 위반행위에 대한 건(2017. 6. 19. 의결 제2017-198호)][44] – 자발성 및 차별성 요건

[사실관계]

피심인은 2024. 3. 15.부터 2015. 3. 14.까지의 기간 동안 자신의 3개 점포에서 총 4회에 걸쳐 이른바 '줄세우기 행사[45]'를 실시하면서, 42개 납품업자와 판매촉진행사를 실시하기 전까지 서면으로 판매촉진비용의 부담 등에 관한 약정을 하지 않고 총 11,625천 원의 판매촉진비용을 부담하게 하였다.[46]

[공정거래위원회의 판단]

공정거래위원회는 다음과 같은 이유를 들어 '줄세우기 행사'가 납품업자의 자발적인 요청에 따라 실시된 차별화된 판매촉진행사에 해당한다는 피심인 주장을 배척하였다.

– '줄세우기 행사'를 비롯한 점포별 전체 판매촉진행사를 피심인이 주도적으로 기획하

---

43) 개정된 과징금 부과기준 관련 상세한 내용은 본서 제 3 부 제 2 장 2. 나. 과징금 부분 참조.

44) 서울고등법원에서 자발성, 차별성이 인정되어 공정거래위원회의 처분이 취소되는 판결이 선고되었으나(서울고등법원 2018. 7. 4. 선고 2017누62435 판결), 대법원에서 자발성, 차별성이 인정되지 않는다는 취지로 파기환송 판결이 이루어졌다(대법원 2020. 5. 14. 선고 2018두52044 판결). 이후 파기환송심에서 원고는 소를 취하하였다(서울고등법원 2020누41490호).

45) 백화점 점포 오픈 전 입구에서 선착순으로 줄을 선 고객들에게 미리 순서대로 번호표를 나누어 주고, 번호표를 수령한 고객들이 점포 오픈 후 행사 참여 매장 중 자신이 희망하는 매장을 방문하여 번호표를 제시하고 해당 매장에서 제공하는 무료사은품 등을 수령하는 형태의 판매촉진행사이다.

46) 이 밖에 공정거래위원회 심의 단계에서는 '홍대 인디밴드 초청공연' 관련 약정서면 사전 미교부 혐의도 함께 문제되었으나, 공정거래위원회는 이에 대해서는 자발성 및 차별성 요건이 인정되는 판매촉진행사에 해당하는지 여부를 명확하게 판단하기 어려워 법 위반 여부의 판단이 불가능하다는 이유로 심의절차를 종료하였다.

여 실시한 점, 납품업자들이 줄세우기 행사에 참가하겠다는 공문을 피심인에게 발송한 사실은 있으나 이는 납품업자들이 비강제적으로 행사에 참가하였다는 근거로 볼 수는 있어도 판매촉진행사의 내용 등을 납품업자가 주도적으로 결정하여 피심인에게 판매촉진행사의 실시를 자발적으로 요청한 근거로 볼 수 없는 점 등을 고려하면, 이 사건 줄세우기 행사가 납품업자의 자발적인 요청에 따라 실시되었다고 보기 어려움

– 이 사건 '줄세우기 행사'는, 선착순 방식으로 번호표를 지급받은 고객이 무료사은품 지급 행사에 참가한 매장에 우선적으로 방문하여 해당 브랜드 상품을 구매하게 될 가능성이 높아지는 효과가 있기는 하나, 기본적으로는 백화점 전체 차원에서 다수의 고객을 유인하기 위한 행사의 성격을 가지고 있으므로, 다른 납품업자와 차별화된 행사라고 볼 수 없음

[㈜한화갤러리아 및 ㈜한화갤러리아타임월드의 대규모유통업법 위반행위에 대한 건(2017. 6. 21. 의결 제2017-202호)][47] – 자발성 및 차별성 요건

[사실관계]

피심인들은 2013. 1.부터 2015. 7.까지의 기간 중 우수 고객 초대, 패션쇼, 콘서트 행사 등 66건의 판매촉진행사를 진행하면서, 행사를 실시하기 이전에 405개 납품업자들과 그에 소요되는 비용의 부담 등에 대하여 총 1,925건의 약정을 체결하였으나, 약정과 동시에 양당사자가 서명 또는 기명날인한 약정서면을 교부하지 않았다.

[공정거래위원회의 판단]

공정거래위원회는, 이 사건 우수 고객 초대 행사 등은 피심인들이 100% 비용을 부담하는 백화점 차원의 기본 판매촉진행사를 기회삼아 납품업자들이 자율적인 판단 하에 기본행사의 참여 여부를 결정하고, 매장별로 우수고객 한정 사은품 증정·가격할인·매장 내 식음료 제공 등 차별화된 추가 행사를 기획하여 실시한 것이므로 법 제11조 제5항의 예외에 해당한다는 피심인들의 주장을, 다음과 같은 이유를 들어 배척하였다.

– 이 사건 우수고객 초대 행사 등은 피심인들이 주도적으로 기획·실시하는 판매촉진행사로서 기획 단계에서부터 입점 매장의 참여가 예정되어 있고, 참여 업체가 실시할 수 있는 매장별 세부행사의 유형 등도 사전에 제시되어 있는 등 전체적으로 하나의 판매촉진행사로 볼 수 있는 점

– 납품업자들이 피심인들에게 자체적인 행사계획을 적시하여 판매촉진행사에 참여하

47) 서울고등법원은 공정거래위원회의 처분이 적법하다고 판시하였고(서울고등법원 2018. 1. 25. 선고 2017누62442 판결), 대법원의 심리불속행 기각 판결으로 확정되었다(대법원 2018. 6. 15. 선고 2018두36905 판결).

겠다는 공문을 발송한 사실 등은 일부 확인되나, 이는 피심인의 행사 참여 요청 또는 권고에 대하여 납품업자들이 자발적으로 참여 결정을 하여 회신한 것에 해당할 뿐이므로 처음부터 납품업자가 주도적으로 기획하여 피심인에게 요구하는 자발적인 판매촉진행사 실시 요청과는 동일시할 수 없다는 점

- 매장별로 진행된 행사의 내용에 다소 차이가 있다고 하더라도 참여 업체가 전체 매장의 40~50%에 이르고, 동일한 시기에 한정된 유형으로 진행된 행사이므로 납품업자별로 차별화된 행사로 보기는 어렵다는 점

[㈜씨제이오쇼핑의 대규모유통업법 위반행위 및 공정거래법상 거래상지위 남용행위에 대한 건(2015. 6. 3. 의결 제2015-179호)][48]

[사실관계]

피심인은 2012. 1. ~ 2013. 12. 기간 동안 총 146개 납품업자들과 총 811건의 방송조건 등에 관한 협약서를 체결하고 정액수수료 방송을 실시하면서 총 판매촉진비용 5,669백만 원 중 99.8%에 해당하는 5,658백만 원을 납품업자가 부담하도록 하였다. 구체적으로 방송시간대 및 방송종료 후 2시간 이내의 주문에 소요되는 판매촉진비용 5,651백만 원은 전액 납품업자가 부담하게 하고 방송종료 후 2시간 이후의 주문에 소요되는 판매촉진비용 총 18백만 원 중 11백만 원은 피심인이 7백만 원은 납품업자가 부담하도록 하였다.[49]

[공정거래위원회의 판단]

공정거래위원회는, 피심인이 2012. 1.부터 2013. 12.까지 146개 납품업자와 811건의 방송조건 등에 관하여 협약서를 작성하고 정액수수료 방송을 실시하면서 총 판매촉진비용의 99.8%에 해당하는 5,658,000,000원을 납품업자들에게 부담하게 한 이상, 납품업자의 분담비율이 50%를 초과하므로 대규모유통업법 제11조 제 4 항의 위반행위에 해당한다고 판단하였다.

공정거래위원회는, 정액수수료 제도 하에서 상품의 판매 또는 판매촉진행사로 인한 이익은 궁극적으로 납품업자에게 돌아가고, 자신에게는 판매량에 따른 이익이 발생하지 않으므로 판매촉진비용을 부담할 의무가 없으며, 판매촉진행사에 대한 세부적인 결정도 납품업자가 주도하였다는 피심인 주장을, 다음과 같은 이유를 들어 배척

48) 서울고등법원 및 대법원은 공정거래위원회의 처분이 적법하다고 판시하였다(서울고등법원 2017. 1. 18. 선고 2015누49308 판결, 대법원 2018. 6. 15. 선고 2018두36905 판결).

49) 이 밖에 계약서면 교부의무 위반행위, 모바일 주문유도를 통한 불이익 제공행위도 함께 문제되었으나, 이에 대한 자세한 논의는 생략한다.

하였다.

- 피심인 자신이 작성하여 납품업자에게 교부한 '방송조건 등에 관한 협약서'에 부동문자로 프로모션비용은 전액 납품업자가 부담한다고 기재되어 있고, 납품업자들이 이에 동의하는 형식을 취하고 있어 납품업자의 자발적 요청에 의한 판매촉진행사로 볼 수 없는 점, 홈쇼핑 방송과 관련하여 피심인이 상품기획, 상품구성, 방송진행 등 방송의 전 과정에 주도적인 역할을 하는 점, 납품업자가 판매촉진행사를 요청하였다거나 주도하였다는 객관적 증거가 없는 점 등을 고려할 때 납품업자가 판매촉진행사를 주도하였다는 피심인의 주장은 근거가 없음
- 해당 납품업자들이 피심인과 대등한 지위에서 자유로운 의사로 협의하여 해당 정액수수료 방송조건 등에 관한 협약을 체결하였다면 방송종료 후 2시간 이내의 판매촉진비용 전액을 부담하여야 하는 일방적으로 불리한 조건 하에서 피심인이 부담하여야 하는 비용까지 자신이 부담하겠다는 프로모션을 자발적으로 기획하였다고 보기는 어려움
- 피심인은 자신의 각 방송 상품의 카테고리별로 시간, 취급고, 한계이익 목표 등을 설정하여 전체적으로 관리하고 있으며 이는 수수료체계가 정액인지 정률인지에 따라 달라지는 것이 아님. 판매촉진행사에 따른 판매량의 증가는 피심인의 매출액 증가로 이어져 홈쇼핑 시장에서 피심인의 지위가 향상되고, 이는 소비자의 피심인 상품구매 증대, 납품업자의 거래관계 지속 및 피심인이 수수료를 인상할 수 있는 근거가 되어, 결과적으로 피심인의 수익증대라는 선순환 역할을 한다는 점에서도 피심인이 판매촉진행사로 인한 이익을 납품업자와 공유한다고 볼 수 있음

[㈜이랜드리테일의 대규모유통업법 위반행위에 대한 건(2019. 6. 5. 의결 제2019-120호)][50]

[사실관계]

피심인은 2017년 1월부터 2017년 12월까지의 기간 동안, 자신의 17개 점포에 입점한 이랜드월드 등 314개 납품업자와 5,077건의 판매촉진행사에 대하여 약정을 체결하였다. 위 납품업자들은 약정에 따라 판매촉진행사를 진행하는 과정에서 매대 및 행거 등의 집기를 대여업체로부터 대여하여 사용하였고, 이를 위해 215,197,900원의 비용을 부담하였다. 그런데 피심인과 납품업자 간에 체결된 판매촉진행사 실시를 위한 약정서에는

50) 서울고등법원은 판촉비용 비용 전가 부분 중 PB 상품을 제외한 나머지 부분은 대규모유통업법 제11조에 위반되나, 다만, PB 상품에 대한 부분은 대규모유통업이 적용되지 않는다고 판시하였고, 다만, 법원은 재량권의 일탈·남용만 판단할 수 있을 뿐 재량권의 범위 내에서 어느 정도가 적정한 것인지는 판단할 수 없다면서 이 부분 과징금납부명령 전부를 취소하였다(서울고등법원 2020. 8. 26. 선고 2019누49269 판결).

이와 같은 비용 부담에 관한 사항이 기재되지 않았다.

[공정거래위원회의 판단]

공정거래위원회는 위 피심인의 행위가 법 제11조 제 1 항 및 제 2 항에 위반되는 위법한 판매촉진비용 부담 전가행위에 해당한다고 판단하였다. 공정거래위원회는 다음과 같은 이유를 들어 해당 판매촉진행사가 협력사 요청행사에 해당한다거나 사실상 비용을 분담한 경우에 해당한다는 피심인의 주장을 배척하였다.

- 판촉행사 약정서에는 판매촉진행사에 소요되는 비용으로 납품가격 인하에 따른 납품업자의 비용, 수수료 인하에 따른 유통업자의 비용, 행사에 투입되는 인력에 대한 인건비 등이 기재되어 있으나, 행거 및 매대 등 집기 대여 비용은 기재되어 있지 않음. 다만 피심인의 내부자료, 업무 담당자의 진술 등에 따르면 피심인은 납품업자의 행사장 사용을 승인하는 과정에서 매대 등 집기대여 비용이 소요될 것으로 예상할 수 있었음이 인정됨
- 이 사건 판매촉진행사는 피심인의 기획 및 결정에 의해 이루어진 것으로 보이고, 피심인의 내부자료인 ‘판촉행사 진행 프로세스’의 내용에 비춰볼 때 만약 이 사건 행사가 납품업자가 요청하여 진행된 행사에 해당한다면 피심인은 납품업자의 행사 요청 공문을 수신하였을 것으로 보임에도 피심인은 이를 제출하지 못하고 있음
- 피심인은 이벤트홀, 행사장 등을 무상으로 제공하였으므로 사실상 판매촉진비용을 분담한 것이라는 취지로 주장하나, 법 제11조 제 1 항 및 제 2 항은 판매촉진행사의 실시와 관련하여 대규모유통업자와 납품업자 간에 사전에 서면으로 명확히 약정함으로써 계약이행 과정에서 발생할 수 있는 납품업자의 피해를 예방하기 위한 것인데, 특히 비용의 부담과 관련해서는 판매촉진행사에 소요될 것으로 예상되는 비용의 규모 및 사용내역과 그 분담에 대한 사항을 서면으로 약정하도록 함으로써 납품업자들이 예측하지 못한 추가 비용을 부담하는 것을 방지하고 사후 분쟁을 예방하기 위한 것인 점 등을 고려할 때 약정서에 기재되지 않은 다른 혜택 또는 이득을 제공했다는 것이 피심인의 행위에 대한 정당한 이유가 된다고 볼 수는 없음

제8장

납품업자등의 종업원 사용 및 인건비 부담 전가 금지

1. 서　　설

일반 소비자들의 상품에 대한 수요를 늘려 판매를 증진하기 위한 대규모유통업자와 납품업자등의 영업활동은 다양한 방식으로 진행된다. 판매촉진행사가 일반 소비자들을 대상으로 할인이나 사은품 제공 등의 금전적 이익을 제공하는 방식이 판매촉진활동이라면, 실제 소매 영업이 이루어지는 대규모유통업자의 점포에서 판촉사원과 같은 인력을 활용하는 것은 일반 소비자들에게 상품을 직접 설명하고 사용법을 안내하여 점포내 매장에 방문한 고객을 직접 유인하기 위한 판매촉진활동에 해당한다.[1] 당해 대규모유통업자의 점포 내에서 이루어지는 각종 인적 자원을 통한 영업활동은 일반적인 판매촉진행사와 함께 가장 대표적인 대(對) 소비자 영업활동에 해당하는 것으로, 대규모유통업자는 물론 그와 거래계약을 체결하고 있는 납품업자나 매장임차인과도 직접적인 이해관계를 가진다. 실제로 대규모유통업자가 운영하는 점포에 입점하고 있는 매장 상당수가 판촉사원을 통해 운영되고 있고, 그 판촉사원은 납품업자등이 파견하는 것이 일반적이다.

한편 판촉사원등 종업원을 활용한 영업활동에는 상당한 비용이 수반되기 마련인데, 실무상 그 비용을 어떻게 분담하는가는 대규모유통업자와 납품업자등 양측 모두에게 매우 중요한 문제이다. 일반적으로 판촉사원을 통한 영업활동은 대규모유통업자와 납품업자등 양측 모두에게 긍정적인 효과가 있는 것으로 보아 상호 협의 하

1) 전자의 경우 업태에 관계없이 모든 대규모유통업자들이 사용하는 방식인 반면, 후자의 경우 백화점이나 대형마트, 양판점과 같은 오프라인 중심의 대규모유통업자들이 주로 활용하는 방식이라는 점에 차이가 있다.

에 그 비용을 분담하여야 한다. 그러나 때로는 대규모유통업자의 요구 내지 강요로 인해 납품업자등의 의사에 반하여 판촉사원 등 종업원을 고용하거나, 납품업자등이 자신의 필요에 의해 판촉사원을 고용하였지만 해당 납품업자등의 판촉활동과는 무관한 대규모유통업자의 업무에 투입되는 경우도 적지 않았다. 또는 대규모유통업자와의 합의하에 판촉사원등 종업원을 고용하였더라도 그 소요되는 비용을 납품업자등이 주로 부담하는 경우도 빈번하게 발생하였다.

원칙적으로 대규모유통업자와 납품업자등은 각자 자유로운 판단에 따라 서로 협의를 통해 소매 영업에 필요한 인적 자원의 활용에 소요되는 비용의 분담비율을 정해야 한다. 그러나 현실적으로는 대규모유통업자가 납품업자등에 대하여 우월한 거래상 지위를 가지는 것이 일반적이기 때문에, 과거에는 양자가 서로 대등한 관계에서 자유로운 협의를 통해 판촉사원 파견 여부나 비용 분담률을 정하기 보다는 대규모유통업자의 일방적인 요구에 따라 파견을 결정하고 그에 따른 비용을 납품업자등이 대부분 또는 상대적으로 더 부담하는 사례가 빈번하였다. 이러한 점을 고려하여, 대규모유통업법은 대규모유통업자가 납품업자등으로부터 종업원이나 그 밖에 납품업자등에 고용된 인력(이하 '종업원등')을 파견받아 자기의 사업장에서 근무하게 하는 것을 원칙적으로 금지하였다(법 제12조 제 1 항 본문). 같은 맥락에서 대규모유통업자가 자신이 고용한 자의 인건비를 납품업자등에게 부담시키는 행위 역시 금지하였다(법 제12조 제 3 항).

그러나 납품되는 상품에 따라서는 전문성을 가진 인력이 상품의 특성이나 사용법 등을 설명하는 것이 꼭 필요하거나, 납품업자등의 입장에서는 자신이 비용을 부담해서라도 인력을 파견하는 것이 훨씬 이익이 되는 경우가 있다. 이 같은 경우까지도 종업원등의 사용을 무조건 금지하는 것은 납품업자등의 자유로운 영업활동을 제약할 뿐만 아니라, 대규모유통업자의 점포에 입점하고 있는 여러 납품업자간의 경쟁을 위축시킬 우려도 적지 않다. 나아가, 일반 소비자들을 대상으로 하는 상품의 소매라는 대규모유통업 거래의 본질적인 영업활동이 위축될 경우, 비단 대규모유통업자뿐만 아니라 궁극적으로는 납품업자 또는 매장임차인에게도 손해가 될 가능성이 크다. 이러한 점들을 감안하여 대규모유통업법은 일정한 조건이 충족될 경우에는 예외적으로 대규모유통업자가 납품업자등으로부터 종업원등을 파견받아 자기의 사업장에서 근무하게 하는 것을 허용하고 있다(법 제12조 제 1 항 단서, 제 2 항). 본 조항에 따라 납품업자등은 자신이 어떤 조건 하에서 종업원등을 파견하거나 그 비용을 부담하게 될 것인지를 미리 예측할 수 있게 된다.

대규모유통업법 제12조 또한 원칙적 금지, 예외적 허용이라는 대규모유통업법의 기본적인 규율 구조를 그대로 따르고 있다. 따라서 대규모유통업자와 납품업자등 사이의 계약 자유의 원칙 내지 사적 자치의 원칙은 상당한 정도로 제한을 받게 된다.[2)]

2. 납품업자등의 종업원등 사용에 대한 원칙적 금지

가. 개 요

대규모유통업자는 납품업자등으로부터 종업원이나 그 밖에 납품업자등에 고용된 인력을 파견받아 자기의 사업장에서 근무하게 하여서는 아니 된다(법 제12조 제1항 본문). 동 규정의 적용대상에 납품업자뿐만 아니라 매장임차인도 포함된다는 점은 문언상 명백하다. 원칙적으로 독립된 사업자가 자신의 영업활동을 위해 인력을 고용하는 경우 그 고용에 소요된 비용과 기타 인력운영에 필요한 비용은 자신이 부담하여야 한다. 따라서 대규모유통업자의 점포에서 일반 소비자들에게 상품을 판매

2) 대규모소매업고시 제8조 제4항은, "대규모소매업자는 납품업자 등으로부터 종업원 등을 파견받아 자기 등의 업무에 종사시키거나 또는 자기가 직접 고용하는 종업원 등의 인건비를 납품업자에게 부담시키는 행위를 하여서는 아니 된다. 다만, 다음 각 호(1. 특수한 판매기법 또는 능력을 지닌 종업원을 파견하는 경우, 2. 대규모소매업자가 납품업자 등에게 종업원 등의 파견을 요청하면서 인건비 등 통상적으로 필요한 비용을 부담하는 경우, 3. 납품업자 등이 자기의 신상품 홍보, 매출증대 등을 위해 자기에게 직접적으로 이익이 된다고 판단하여 종업원 등을 자발적으로 파견하는 경우, 4. 특정매입거래에 있어 납품업자 등이 상시적으로 운영하는 매장에서 상품을 판매하는 경우로서 당해 상품의 특성상 전문지식이 중요하다고 인정되는 경우)의 어느 하나에 해당하는 경우로서 파견종업원 등의 업무내용, 노동시간, 파견기간 등의 파견조건에 관하여 사전에 서면으로 명확히 약정하고 당해 상품의 판매업무에만 종사시키는 경우에는 그러하지 아니하며, 이 경우 대규모소매업자는 납품업자 등에게 서면약정 체결을 강요하여서는 아니 된다"고 규정하고 있었다.
대규모소매업고시의 규정에 비하여 대규모유통업법 제12조는 다음과 같은 점에서 규제의 수준을 강화하였다고 평가된다. (i) 원칙적으로 종업원등의 파견을 금지하는 대신 일정한 조건 하에서만 허용함. (ii) 대규모유통업자로 하여금 실제 종업원등의 파견이 있기 전에 시행령에서 정한 사항을 약정하여 적시하고 양 당사자가 서명 또는 기명날인한 서면을 작성하여 교부하도록 함(법 제12조 제1항 및 제2항, 시행령 제10조 제1항). (iii) 납품업자등이 종업원등의 파견을 요청하는 서면에서도 납품업자의 서명 또는 기명날인을 요함(법 제12조 제1항 제2호 및 제2항).

하는 데 투입되는 인력 및 기타 영업활동에 소요되는 비용은 당연히 대규모유통업자가 부담하여야 한다. 실제로 이와 같이 소요되는 비용을 전제로 하여 대규모유통업자와 납품업자등 사이의 상품 납품단가, 판매수익, 판매수수료 및 매장임차료 등의 수준이 결정된다고 볼 수 있다. 이러한 관점에서 보면, 대규모유통업자의 점포에서 일반 소비자들에게 상품을 판매하는 데 투입되는 인력 비용은 통상 대규모유통업자가 부담하여야 할 영업비용의 일부라 할 것이다. 따라서 납품업자등은, 자신의 주된 영업활동에 소요되는 비용, 예를 들어 대규모유통업자에게 납품하거나 그 매장에서 판매할 상품의 구입 또는 제조에 소요되는 비용 및 대규모유통업자의 점포 내 매장에서 자신의 상품을 소비자에게 판매하는데 필요한 판매수수료나 매장임차료 등을 제외하고는 원칙적으로 별도의 비용을 부담할 의무가 없다. 그럼에도 불구하고 종전 유통실무에서는 대규모유통업자들이 납품업자등의 실질적 비용 부담 하에 별도의 종업원등을 파견받아 자신의 소매 영업에 투입한 사례가 적지 않았다. 이는 사실상 대규모유통업자가 자신이 부담하여야 하는 비용을 납품업자등에게 전가한 행위에 해당한다. 이에 대규모유통업법은 대규모유통업자가 납품업자등으로부터 종업원등을 파견 받아 자기의 사업장에서 근무하도록 하는 행위를 원칙적으로 금지한다.

나. '종업원등'의 의미

대규모유통업자가 납품업자등으로부터 파견 받아 자기의 사업장에서 근무하게 하는 행위가 금지되는 '종업원등'에는 납품업자등이 기왕에 직접 고용한 종업원은 물론, 당해 파견을 위해 납품업자등이 자신의 비용으로 새로 고용한 종업원 또는 다른 제 3 의 사업자와의 계약을 통해 파견한 그 사업자의 종업원도 포함된다. 즉, 반드시 납품업자등과 파견 종업원등이 근로기준법 제 2 조(정의) 소정의 사용자 및 근로자의 관계에 해당하는 경우로만 한정된다고 볼 수 없고, 널리 실질적으로 납품업자등의 비용 부담으로 대규모유통업자의 사업장에 근무하게 되는 경우라면 모두 이에 해당된다고 볼 수 있다. 유통 실무상으로는 납품업자등이 직접 고용한 종업원을 파견하는 경우보다는, 납품업자등이 「파견근로자 보호 등에 관한 법률」(이하 '파견법')에 의해 파견사업주와 근로자파견계약을 체결하고 그에 따라 파견근로자를 대규모유통업자의 사업장에 파견하는 형태가 일반적이다.

다. 대규모유통업자 사업장 근무의 원칙적 금지

대규모유통업법은 '사업장', '점포', '매장'의 개념을 구별하여 사용하면서도(법 제2조 제1호 나목, 제12조 제1항, 제16조 등), 세 가지 개념을 구체적으로 정의하지 않고 있어 법상으로는 세 가지 개념의 정확한 차이가 무엇인지는 명확치 않다. 국어사전 상 '매장'은 "물건을 파는 장소"로, '점포'는 "물건을 늘어놓고 파는 곳"이라고 정의되고 있어, 양자가 비슷한 개념이거나 '매장'이 좀 더 넓은 개념인 것처럼 이해된다. 그러나 각 관련 규정의 내용 및 취지등을 종합적으로 고려하면, 대규모유통업법에서는 매장 보다는 점포가, 점포 보다는 사업장이 보다 넓은 개념으로 사용되고 있는 것으로 보인다. 즉, '매장'이란 납품업자 또는 매장임차인이 일반 소비자들을 대상으로 상품을 진열하고 실제로 판매하는 공간 및 그에 부속한 시설을 의미하는 반면, '점포'는 다수의 매장을 포함하고 있는 대규모유통업자의 상업시설을 의미하는 용어로 사용되고 있어(법 제2조 제1호 나목), 사전적 의미와는 차이가 있다.[3] '사업장'은 '점포'와 구분하기 쉽지 않으나, 일응 그보다 넓은 범위로서 대규모유통업자가 영업활동을 영위하기 위해 사용하는 일체의 영업장 내지 영업시설을 의미하는 것으로 이해된다. 이에 따르면, 법 제12조(납품업자등의 종업원 사용 금지 등) 제1항 소정의 '사업장'은 상품의 소매 영업이 일어나는 '매장'은 물론, 상품의 소매 영업과 직접적인 관련이 없는 물류 시설, 일반 사무시설 등도 포함하는 것으로 해석할 수 있다. 다만, 대규모유통업법에서 매장과 점포, 매장과 사업장은 구분되는 개념으로 사용되고 있는 반면, 점포와 사업장의 개념은 구분할 실익은 크지 않은 것으로 판단된다.

대규모유통업법 제12조 제1항에서 말하는 '근무'라 함은 근로기준법 소정의 근로, 즉 정신노동과 육체노동에 해당하는 일체의 노무 활동을 의미한다(근로기준법 제2조 제1항 제3호). 따라서 특정 상품의 판매 및 관리를 위한 업무 외에, 일반 관리

3) 대규모소매업고시에서는 매장과 점포의 개념이 모순적으로 사용됨에 따라 정확한 개념 구분이 어려운 문제가 있었는데, 대규모유통업법을 제정하면서 이 문제를 해소하기 위해 개념을 어느 정도 정리한 것으로 보인다. 예컨대, 대규모소매업고시 제2조(용어의 정의) 제2항제2호는 "매장면적의 합계가 3,000㎡ 이상인 점포를 소유한 자"를 "대규모소매업자"라고 규정하면서, 같은조 제4항에서는 ""점포임차인"이라 함은 대규모소매업자의 매장의 일부를 대규모소매업자로부터 임차하여 일반소비자가 일상적으로 사용하는 상품의 판매에 사용하고 그 판매액의 일정율 또는 일정액을 수수료의 명목으로 대규모소매업자에게 임차료로 지급하는 형태의 점포임대차거래를 하는 자를 말한다"고 규정하여 점포의 개념과 매장의 개념을 반대로 사용하고 있었다.

업무, 사무 업무, 사무보조 업무, 홍보 업무 등 일체의 업무를 모두 포함한다.

3. 납품업자등의 종업원등 사용 금지의 예외

가. 개　　요

대규모유통업자가 납품업자등의 종업원등을 사용하는 행위는 원칙적으로 금지된다. 그러나 관련시장에서의 경쟁 상황을 고려하여 볼 때, 납품업자등이 대규모유통업자의 점포 내 자신의 매장에서 종업원등을 이용할 필요가 있는 개별적인 사정이 존재하고, 이를 예외적으로 허용한다고 하더라도 납품업자등에게 불측의 손실을 야기하거나 필요 이상의 부담을 준다고 볼 수 없는 경우까지 일률적으로 금지할 이유는 없다. 이에 따라 대규모유통업법은 일정한 조건 하에서는 예외적으로 종업원등을 파견받아 대규모유통업자가 자신의 사업장에서 근무하게 할 수 있도록 허용하였다(법 제12조 제 1 항).

종업원등의 파견이 허용되기 위한 조건은 첫째, 종업원등 파견의 사유가 법 제12조 제 1 항 각호의 어느 하나에 해당하여야 하고, 둘째, 대규모유통업자와 납품업자등 간에 종업원등 파견에 관하여 사전에 서면으로 약정하여야 하며, 셋째, 파견된 종업원등은 해당 납품업자등이 납품하는 상품만을 대상으로 한 판매 및 관리 업무에 종사하여야 한다(법 제12조 제 1 항 단서 및 제 2 항).

나. 종업원등 파견이 허용되는 사유(법 제 12 조 제 1 항)

(1) 대규모유통업자가 파견된 종업원등의 인건비 및 제반 비용을 부담하는 경우 (제 1 호)

대규모유통업자가 대통령령으로 정하는 바에 따라 파견된 종업원등의 인건비를 비롯한 제반 비용을 부담하는 경우, 다른 요건들이 함께 충족되면 납품업자등의 종업원등을 파견 받는 것이 허용된다. 대규모유통업자가 종업원등의 파견에 필요한 제반 비용을 모두 부담한다면 납품업자등에게 특별히 불리하다고 보기 어려우므로 이러한 경우까지 종업원등의 파견을 금지할 필요는 없을 것이다.

대규모유통업자가 부담하여야 할 비용에는 파견된 종업원등의 인건비와 식비, 교통비 등 각종 실비, 그 밖에 대규모유통업자의 점포에서 종업원등이 상품의 판매 및 관련 업무에 종사하는 데 소요되는 비용이 모두 포함된다(시행령 제10조 제 2 항). 특히 시행령 제10조(파견 종업원등에 관한 약정사항) 제 2 항 제 3 호가 '그 밖에 대규모유통업자의 점포에서 파견 종업원등이 상품의 판매 및 관련 업무에 종사하는데 소요되는 비용'을 대규모유통업자가 부담하도록 규정하고 있으므로, 유통 실무상으로는 당해 종업원등 파견에 따라 발생할 수 있는 통상의 비용은 모두 대규모유통업자가 부담해야 할 것으로 생각된다. 따라서 대규모유통업자가 납품업자등으로부터 파견 비용을 부담하는 조건으로 종업원등을 파견받았음에도, 그 비용의 일부 또는 전부를 부담하지 않거나 납품업자등에게 전가하는 경우에는 법 위반이 된다. 구체적으로는 (i) 파견 인력에 지급하는 비용부담을 이유로 납품업자에게 납품단가의 인하를 요구하거나, 판매장려금 또는 광고비를 추가로 수취하는 행위, (ii) 약정서상에 기재된 판매활동을 수행함에 있어 소요되는 진열대·시식대 등 설치비용, 샘플·시식용 상품비용 등 대규모유통업자가 부담해야 할 비용 중 일부를 납품업자에게 부담시키는 행위 등이 그 예가 될 수 있다.[4)]

(2) 납품업자등이 종업원등의 파견에 따른 예상이익과 비용의 내역 및 산출근거를 객관적, 구체적으로 작성하여 명시한 서면에 따라 대규모유통업자에게 자발적으로 자신이 고용한 종업원등의 파견을 요청하는 경우(제 2 호)

납품업자등이 종업원등의 파견에 따른 예상이익과 비용의 내역 및 산출근거를 객관적, 구체적으로 작성하여 명시한 서면에 따라 대규모유통업자에게 자발적으로 자신이 고용한 종업원등의 파견을 요청하는 경우에는 종업원등 사용 금지의 예외가 인정된다. 납품업자등이 종업원등의 파견에 따른 이익과 비용을 객관적 근거에 따라 산출하여 자발적으로 요청한 것이 명백하다면 납품업자등의 손해가 발생할 가능성이 낮다는 점을 고려한 규정이다. 실무상, 법 제12조 제 1 항 각 호의 예외적 허용사유 중 가장 많이 원용될 것으로 예상되는 규정이다. 예외 인정 요건을 구체적으로 살펴보면 아래와 같다.

(가) 납품업자등이 종업원등의 파견에 따른 예상이익과 비용의 내역 및 산출근거를 객관적, 구체적으로 작성하여 서면에 명시할 것

본 호에 따라 예외적으로 납품업자등의 종업원등 파견이 허용되기 위해서는, 납

4) 「대규모유통업 분야에서 납품업자 등의 종업원 파견 및 사용에 관한 가이드라인」(시행 2021. 2. 1. 공정거래위원회 예규 제360호, 2020. 12. 18. 일부개정)(이하 '파견 가이드라인') Ⅲ. 1.

품업자등이 종업원등의 파견에 따른 예상이익과 비용의 내역 및 산출근거를 서면으로 객관적, 구체적으로 작성하여, 이를 대규모유통업자에게 제시하여야 한다.

종업원등의 파견에 따른 예상이익이라 함은 당해 종업원등 파견에 따라 얻을 것으로 예상되는 납품업자등의 경제적 이익을 의미한다. '얻을 것으로 예상되는 경제적 이익'이므로 반드시 당해 종업원등의 파견을 통해 확인된 '실제 경제적 이익'과 일치될 것을 요하는 것은 아니다. 이와 같은 예상이익을 산정하기 위해서는 당해 종업원등 파견을 통해 증가할 것으로 예상되는 매출액, 매출액 증가에 따라 납품업자등이 얻을 것으로 예상되는 이익의 정도, 종업원등 파견의 기간, 대상 상품의 품목, 파견 방법 등을 종합적으로 고려할 필요가 있다. 실무상으로는 통상적인 거래관행에 비추어 명백히 객관성과 타당성을 결여한 정도의 예상이 아닌 한, 납품업자등의 추산 내용은 존중되어야 할 것으로 보인다. 본 호의 문언상, 납품업자등이 산출하여야 하는 예상이익은 납품업자등 자신이 얻을 것으로 예상되는 이익을 의미하고, 대규모유통업자가 얻을 것으로 예상되는 이익은 포함되지 않는다. 다만, 납품업자등이 대규모유통업자에게 당해 종업원등 파견에 따른 비용의 일부 또는 전부 분담을 요청하고자 할 때에는 대규모유통업자의 예상이익을 산출할 필요도 있을 수 있다.

종업원등의 파견에 따른 비용에는 당해 종업원등의 인건비 기타 파견에 따라 발생할 것으로 예상되는 일체의 제반 비용이 포함된다. 본 호의 문언상으로는 예상이익과 '비용'이라고만 규정되어 있어 '비용'의 의미에 대해 의문이 있을 수 있으나, 본 호는 실제 종업원등 파견이 있기 전에 작성되어야 할 서면 약정사항을 규정한 것이므로 해석상 그 실질적 의미는 '예상비용'임이 명백하다. 따라서 당해 종업원등 파견이 이루어진 후 확인되는 '실제 소요 비용'과 반드시 일치될 필요는 없다. 그렇다 하더라도, 납품업자등이 산출한 예상이익과 예상비용은 객관적이고 구체적인 근거에 의해 입증될 수 있어야 한다. 물론, 종업원등 파견에 따른 미래의 이익 및 비용을 예상하는 것이므로, 이를 완벽히 객관적으로 예측하는 데는 한계가 있을 수밖에 없다는 점은 당연히 고려되어야 한다.

(나) 납품업자등의 자발적 요청일 것

납품업자등이 대규모유통업자에게 자발적으로 자신의 종업원등의 파견을 요청한 경우이어야 한다. 자발적 요청의 의미는 대규모유통업법 제11조(판매촉진비용의 부담전가 금지) 제5항에서의 자발성과 같은 의미로 생각된다. 납품업자등의 입장에서는 대규모유통업자와의 지속적 거래관계의 유지를 위해 대규모유통업자가 종업원등의 파견을 요구할 경우 이를 거부하기가 쉽지 않다는 점 때문에, 공정거래위원회로서는 '자발적 요청' 여부에 대하여 비교적 엄격하게 판단할 가능성이 크다. 예컨대, 대규모유통업자가 먼저 납품업자등에게 비공식적으로 파견 요청, 파견 여부 의사확인, 파견 독려 등의 의사를 구두나 유선 또는 이메일 등으로 전달하고, 그에 따라 해당 납품업자등이 당해 종업원등의 파견을 요청하거나 파견의사를 피력하였다면, 납품업자등의 자발적 요청이 있었다고 인정되기는 쉽지 않을 것이다. 또한 대규모유통업자가 판촉사원 운영에 관한 계획을 수립하여 각 납품업자별로 파견해야 할 판촉사원의 수를 할당한 다음, 개별 납품업자등으로부터 자발적 파견 요청서를 제출하게 하는 경우에도 자발성이 인정되기 어렵다(파견 가이드라인 Ⅲ. 2.). 예컨대 비슷한 시기에 같은 업종의 다수 납품업자등이 대규모유통업자에게 판촉사원을 파견하겠다고 요청하였다면, 비록 대규모유통업자가 판촉사원 파견을 요구한 명시적인 증거가 없더라도 납품업체등의 자발적인 요청에 따른 것이 아니라는 추측이 가능하며, 공정거래위원회 또한 그러한 관점에서 위 판촉사원 파견 요청 행위를 법위반에 해당하는 것으로 판단할 가능성이 크다.

납품업자등이 종업원등을 파견할 수 있도록 대규모유통업자에게 요청을 한 행위가 당해 납품업자등의 입장에서 경제적으로 합리적인 행동에 해당하는지 여부에 대한 판단도 중요한 참작 사유가 될 수 있다. 현재의 유통 실무를 보면, 납품업자등이 대규모유통업자에게 종업원등을 파견하는 경우, 파견에 소요되는 비용 전액을 납품업자등이 부담하는 것이 일반적이다. 그렇다면 이와 같이 종업원등의 파견 비용을 전액 부담하면서까지 납품업자등이 종업원등을 파견할만한 경제적 유인이 있었는지 살펴볼 필요가 있다. 충분한 경제적 유인이 있었다면 납품업자등의 자발적 요청이었음이 인정될 여지가 높은 반면, 그 반대라면 다른 판단이 이루어질 가능성이 크다.

한편 대규모유통업자가 납품업자등에 종업원 파견을 요구하면서, 이를 거절할 경우 거래개시 거절, 거래지속 중단 등 불이익을 주겠다는 뜻을 명시적·묵시적으로 표시하였다면, 그러한 요구에 응하여 한 납품업자등의 파견 요청 또한 자발적 요청으로 보기 어렵다(파견 가이드라인 Ⅲ. 2.).

(다) 서면에 의한 요청일 것

납품업자등의 자발적 요청은 예상이익 및 예상비용을 객관적, 구체적으로 명시한 서면에 의해 이루어져야 한다. 납품업자등의 자발적 요청이었는지, 그 요청의 근거가 객관적, 구체적으로 타당한지를 사후에 명확히 확인하기 위한 법정의 의사표시 형식이다. 특별한 사정이 없는 한, 납품업자등의 서면 요청은 당해 서면을 대규모유통업자에게 교부하는 방식으로 이루어질 것으로 생각된다. 한편 대규모유통업자는 이와 같이 납품업자등으로부터 수령한 서면을 당해 납품업자등과의 계약이 종료한 후로부터 5년 동안 보존할 의무가 있다(법 제 6 조 제 8 항, 시행령 제 5 조 제 9 호). 본 호의 예외적 허용사유에 관하여는 다음과 같은 예시를 참조할 수 있다.

[납품업자등의 자발적 종업원등 파견 요청 예시]

• 예상이익(근거 별첨)(단위 : 만 원)

예상 소비자 매출 증가분	유통사업자 : 공급자 매출 구성비	유통사업자 예상 매출 증가분	공급자 예상 매출 증가분
8,000	40 : 60	3,200	4,800

• 예상 비용(근거 별첨)(단위 : 만 원)

예상 내역	예상 비용
인건비	1,500
기타 제반비용	1,000
합계	2,500

• 합계(단위 : 만 원)

공급자 예상 이익 총액	공급자 예상 비용 총액	공급자 예상 손익
4,800	2,500	2,300

(3) 특수한 판매기법 또는 능력을 지닌 숙련된 종업원등을 파견 받는 경우(제 3 호)

특수한 판매기법이나 능력을 지닌 숙련된 종업원등이 파견되어 그 상품을 판매·관리하는 경우에는 그렇지 않은 경우보다 당해 상품의 판매가 훨씬 늘어날 수 있다. 실제로 상품에 따라서는 구매 과정에서 사용법 등 전문가의 설명이 필요한 경우도 있다. 대규모유통업법은 이처럼 종업원등을 파견받는 것이 대규모유통업자와 납품업자등 모두에게 이익이 될 수 있는 경우에 대해서는 종업원등의 파견을 허용하고 있다. 반면 특별한 기술이 필요하지 않거나 단순 교육만으로도 판매에 종사할 수 있는 경우, 또는 대규모유통업자 차원의 바겐세일 등 판촉행사기간에 행사보조업무의 수행을 목적으로 납품업자등으로부터 종업원등을 파견받는 행위는 본 호에 따른 예외 사유로 보기 어렵다.

여기서 '특수한 판매기법 또는 능력'이라 함은 개별적·구체적인 상황에 따라 달라질 수 있으나, 일반 종업원이 지닌 능력에 비해 상당한 정도로 차별화된 판매기법이나 능력을 말한다. 이를 판단함에 있어서는 해당 기법 또는 능력이 소정의 교육과정 이수만으로는 갖추기 어려울 정도로 전문적인지(예: 특정 전자제품에 대한 지식, 와인 감별 능력 등), 그리고 이를 토대로 한 판매 및 상품관리 능력을 필요로 하는지가 기준이 될 것이다. 따라서, 소정의 교육과정 이수만으로 습득이 가능하거나, 상품 및 브랜드의 특성과 무관하게 공통적으로 적용되는 지식이라면 특수한 판매기법 또는 능력에 해당한다고 보기 힘들 것이다.

'숙련된 종업원' 여부를 판단함에 있어서는 특수한 판매기법 또는 능력이 요구되는 분야에서 1년 이상 종사한 경험이 있는 인력은 숙련된 종업원으로 추정한다. 1년 이상 종사한 경험이 없더라도 특수한 판매기법 또는 능력을 충분히 발휘하여 일반 종업원과 차별화된 판매, 상품관리 등을 할 수 있으면 '숙련된 종업원'으로 보아 파견받을 수 있다. 이 경우 대규모유통업자가 소위 숙련된 종업원이라는 이유로 해당 종업원을 파견받는 경우에는 당초 파견받은 목적에 부합하는 직무에만 종사하게 하여야 한다. 그러므로 이러한 종업원을 단순 판매보조나 판촉을 위한 시식·시연 업무에 종사하게 한다면 법 위반의 소지가 있을 수 있다(파견 가이드라인 III. 3.).

공정거래위원회는, 대규모소매업고시가 적용되던 당시, 대형마트 사업자가 직매입 형태로 수산물을 납품하던 납품업자로부터 그가 납품한 굴비 반건생선의 시식, 설명, 포장 등의 판매활동을 하는 데 필요한 직원을 파견받아 판매활동에 종사시킨 사안에서, "굴비·반건생선의 원산지, 생산(가공)지, 어종, 가공기술 등의 내용 정도만을 숙지하고 있는 일반판매직원이면 판매활동이 가능하며, 실제로도 파견된 상당수 종업원이 굴비·반건생선의 판매활동경험이 없는 종업원으로 관련 이론적인 내용을 단기간(하루를 넘지 않음) 교육받고 판매활동에 종사하였다는 점" 등을 고려할 때 굴

비·반건생선의 판매는 특별한 판매기법 및 능력이 필요한 경우에 해당하지 않는다고 보았다.[5)]

(4) 특약매입거래를 하는 납품업자등이 상시적으로 운영하는 매장에서 상품의 특성상 전문지식이 중요하다고 공정거래위원회가 정하여 고시하는 상품류를 판매·관리하기 위하여 종업원등을 파견 받는 경우(제 4 호)

특약매입거래는 대규모유통업자가 매입한 상품 중 판매되지 아니한 상품을 반품할 수 있는 조건으로 납품업자로부터 상품을 외상 매입하고 상품판매 후 판매수익을 공제한 나머지 상품판매대금을 납품업자에게 지급하는 거래이므로, 대규모유통업자가 당해 상품을 소비자들에게 판매하면 그에 따라 납품업자의 매출도 증가하는 반면, 상품의 판매가 저조하면 그 재고 부담을 지게 된다. 따라서 특약매입거래에서의 납품업자는 직매입거래에 비해 상품의 판매에 더 직접적인 이해관계를 가지게 된다. 특히 납품업자가 대규모유통업자의 점포 내에 브랜드 매장을 보유하고 있는 경우에는 더욱 그러하다. 이러한 점을 고려하여 대규모유통업법은 특약매입거래를 하는 납품업자등이 상시적으로 운영하는 매장에서 상품의 특성상 전문지식이 중요하다고 공정거래위원회가 정하여 고시하는 상품류를 판매·관리하기 위하여 종업원등을 파견 받는 것을 예외적으로 허용하고 있다. 다만 아직까지 공정거래위원회가 이에 관하여 고시한 사항은 없다.

다. 종업원등 파견에 관한 사전 약정

(1) 개 관

대규모유통업 거래에 있어서 납품업자등의 입장에서 종업원등을 활용할 필요가 있다 하더라도 항상 종업원등이 필요한 것은 아니다. 납품업자등이 납품하거나 취급하는 상품의 종류에 따라서는 굳이 별도의 인력이 필요하지 않은 경우가 있는 반면, 판매촉진행사 기간 동안에는 납품된 상품의 판매를 늘리기 위해 일시적으로 판촉사원을 활용하는 것이 유리한 경우도 있다. 이러한 상황에서 종업원등의 활용여부에 대한 결정권을 당사자들에게만 맡겨 놓을 경우 거래상지위가 우월한 대규모유통업자에게만 유리한 방향으로 종업원등의 파견여부, 파견조건이나 비용부담비율 등이

---

5) ㈜신세계[이마트]의 대규모소매점업에 있어서의 특정불공정거래행위에 대한 건(2008. 8. 26. 의결 제2008-353호).

결정될 위험이 적지 않다. 따라서 대규모유통업자와 납품업자등 사이에 종업원등의 파견 시기, 조건 및 절차 등에 관한 기본적인 사항이 전혀 정하여지지 않으면 자칫 종업원등의 파견과정에서 납품업자등이 불측의 손해를 입을 수 있고, 납품업자등의 법적 지위가 지나치게 불안해지는 문제가 발생하게 된다. 이 점을 고려하여, 대규모유통업법은 납품업자등의 종업원등 파견이 허용될 수 있는 예외적인 사정이 있다고 하더라도 사전에 시행령으로 정하는 바에 따라 파견조건을 서면으로 약정한 경우에만 종업원등의 파견이 가능하도록 규정하였다.

법 제12조 제1항 단서에 따라 사전에 서면으로 약정하여야 하는 파견조건은 시행령 제10조 제1항 각 호에서 구체적으로 명시하고 있다. 따라서 대규모유통업자와 납품업자등은 납품업자등의 종업원등을 파견하고자 할 경우에는 사전에 위 조항에 적시된 파견조건에 관하여 약정을 하여야 한다. 한편 대규모유통업법은 계약을 체결한 즉시 대규모유통업자가 납품업자등에게 일정한 계약사항이 명시된 서면을 제공하도록 하고 있고, 여기에는 납품업자등의 종업원등 파견에 관한 조건도 포함된다(법 제6조 제1항, 시행령 제2조 제1항 제6호).

여기서 법 제6조(서면의 교부 및 서류의 보존 등) 제1항, 시행령 제2조(서면 기재사항) 제1항 제6호에서 규정하고 있는 '종업원등의 파견조건, 파견비용 분담 여부 및 조건'과 법 제12조 제1항 단서 및 시행령 제10조 제1항에서 규정하고 있는 '파견조건'의 의미 내지 상호 관계가 구체적으로 무엇인지에 대한 의문이 있을 수 있다. 각 조항의 문언상으로는 사실상 동일한 규정의 외관을 보이고 있다.[6] 이 두 조항의 관계에 대한 입법자의 의도가 명확하지는 않다. 다만, 두 조항의 관계를 선해하면, 법 제6조 제1항은 대규모유통업 거래에 있어서의 일반적인 약정에 관한 사전 서면주의를, 법 제12조 제1항 단서는 종업원등 파견에 있어서 보다 구체적인 사전 서면약정을 요하는 것으로 해석할 수 있다. 즉, 대규모유통업자와 납품업자등이 납품등계약을 체결하면서 당해 계약기간 내에 종업원등의 파견이 있을 것으로 예상되는 경우에는 계약체결 시점 기준으로 약정가능한 수준에서 '종업원등의 파견조건, 파견비용 분담 여부 및 조건'을 약정하여 서면에 기재하면 될 것이고(법 제6조 제1항에 의한 서면 약정), 그 후 실제 종업원등을 파견하기로 하면 파견 전에 보다 구체적으로

6) 시행령 제2조 제1항 제6호 소정의 '종업원등의 파견조건'은 시행령 제10조 제1항 제1호 내지 제3호와, '파견비용 분담 여부 및 조건'은 같은 항 제4호와 각각 대응된다.

파견조건을 협의하여 약정하면 될 것이다(법 제12조 제 1 항 단서에 의한 서면 약정). 요컨대, 납품업자등의 종업원등 파견에 관하여, 법 제 6 조 제 1 항은 추상적·기본적 약정을, 법 제12조 제 1 항 단서는 구체적·실질적 약정을 의미한다고 볼 수 있다. 그러므로 대개의 경우에는 법 제12조 제 1 항 단서에 의한 약정은 법 제 6 조 제 1 항에 의한 약정 내용과 같거나, 보다 구체적인 경우가 많을 것으로 생각된다. 이와 같은 관점에서 볼 때, 대규모유통업자가 계약체결 시 납품업자등의 종업원등 파견에 관한 사항을 서면에 기재하여 납품업자등에게 교부한 경우라도, 실제로 종업원등의 파견 시점에 그에 관한 구체적인 파견조건 약정을 하지 않거나 이를 서면에 명시하지 않는 경우에는, 법 제 6 조 제 1 항, 시행령 제 2 조 제 1 항 제 6 호에 따른 적법한 서면 교부 의무 이행에는 해당할 수 있지만, 법 제12조 제 1 항 단서에는 위반된다고 판단될 가능성이 있다.

납품업자등의 종업원등 파견조건에 대한 약정이 반드시 계약체결 시에만 가능할 것인지에 대해서도 검토할 필요가 있다. 예를 들어 대규모유통업자와 납품업자등이 계약을 체결할 당시에는 종업원등의 파견 필요성을 느끼지 못하여 그에 관한 약정을 두지 않았다가, 계약기간 도중에 서로 필요성을 느껴 상호 합의하에 구체적인 파견조건을 서면으로 약정하고 종업원등을 파견하는 경우에 대한 법 적용의 문제이다. 법 제 6 조 제 1 항, 시행령 제 2 조 제 1 항 각 호에서 각 법정 기재사항을 명시한 서면을 계약 체결 즉시 작성하여 교부할 것을 대규모유통업자의 의무사항으로 하고 있는 이상, 계약이 체결된 이후에 기 명시된 법정 기재사항을 수정, 변경, 보충하는 것은 위 각 조항의 문언에 반하는 행위로 판단될 여지가 없지 않다. 그러나 종업원등의 파견의 경우에는 법 제17조(불이익 제공행위의 금지) 각 호에서 규정하고 있는 불이익 제공의 어느 한 유형에 해당하지 않는 점을 감안할 때 일정한 조건하에서는 계약체결 이후에 종업원등을 파견하는 내용으로 계약을 변경하더라도 이를 법위반으로 볼 이유는 없다고 판단된다. 구체적으로는 첫째, 종업원 파견 등 실제 행위가 발생하기 전에 관련 서면이 작성되고(법 제12조 제 1 항 단서 등 참조), 둘째, 변경된 내용은 그 변경 시점부터 유효하고, 그 전에 이루어진 거래에 대해서는 소급 적용되지 않으며, 셋째, 추가 삽입되었거나 추후 수정, 변경, 보충된 내용이 납품업자에게 불이익하지 않다는 점이 인정된다면, 이를 굳이 위법하다고 볼 이유는 없을 것이다. 법 제12조 제 1 항 단서에서도 예외적인 종업원등 파견의 조건으로 '당해 종업원등이 파견되기 전'이라고 하였을 뿐, 반드시 '계약체결 시'로 한정하지 않은 점을 고려하더라도 같은 결론이 가능하다. 아직까지는 이 부분이 문제가 된 적은 없으나, 실제 이러한 사례가 발생하더라도 보다 유연한 해석, 적용이 필요한 부분으로 생각된다.

(2) 구체적 약정 사항

(가) 종업원등의 수(시행령 제10조 제 1 항 제 1 호)

납품업자등이 구체적으로 몇 명의 종업원등을 파견할 것인지 약정하여야 한다. 유통 실무상 종업원등의 파견은 단발성 또는 일회성으로 이루어지기 보다는 일정한 기간 동안 계속하여 이루어지는 경우가 많으므로, 파견되는 종업원등의 수의 약정 역시 해당 기간을 기준으로 하는 것이 타당하다. 실무상으로는 파견된 종업원등이 수시로 퇴직하고 새로 채용되는 사례가 빈번하게 발생하는 점을 고려하여, 특별한 사정이 없는 한 파견되는 종업원등을 개별적으로 특정하지 않은 채 파견 인원수만을 정하는 것이 일반적이다. 이러한 관점에서 볼 때, 본 호 소정의 '종업원등의 수'는 그 기간 동안 파견될 총 인원수, 즉 연인원을 의미하는 것이 아니라, 동시에 파견되어 업무에 종사할 수 있는 종업원등의 수를 의미하는 것으로 새겨야 할 것으로 생각된다.

이와 관련하여 파견 종업원등의 수를 특정하지 않고 범위를 지정하여 약정하는 것이 가능한 지의 문제가 있을 수 있는데, 납품업자등의 예측가능성을 해치지 않고 불측의 손해를 입을 정도가 아닌 한 이를 허용하지 않을 이유는 없다고 판단된다. 따라서 '0명~100명' 또는 '2명~50명' 등과 같이 파견 자체가 불분명하거나 파견 종업원 수의 범위를 지나치게 넓게 약정하여 납품업자등으로 하여금 종업원등 파견 범위의 예측을 아예 불가능하게 하는 정도가 아닌 한, 범위를 지정하여 약정하더라도 문제는 없다. 다만, 이 경우 그 비용에 관한 약정 역시 동일한 범위에서 이루어져야 할 것이다.

(나) 종업원등의 근무기간 및 근무시간(제 2 호)

약정서에는 파견될 종업원등의 근무기간 및 근무시간이 명시되어야 한다. 일반적으로는 날짜를 특정하여 근무기간을 정하는 경우가 많으나, 납품업자등의 예측가능성을 해치지 않는 정도의 특정이 가능하다면 굳이 역법상 날짜를 명기하는 방법으로만 한정할 필요는 없을 것으로 보인다. 즉, '신학년, 신학기 기간 중', '2024년 여름 정기세일 중', '2024년 겨울 시즌행사 중' 등과 같은 약정 방식도 고려 가능하다.

근무시간은 파견될 종업원등이 하루 중 실제로 근무할 시간을 의미한다. 근무할 시간에 따라 파견 비용이 달라진다는 점을 고려한 약정사항이다. 통상 시간대를 정하여 약정하는 것이 일반적이다.

(다) 종업원등이 종사할 업무 내역(제 3 호)

파견된 종업원등이 대규모유통업자의 사업장 내에서 종사하게 될 구체적인 업무 내역을 약정하여야 한다. 법 제12조 제 1 항 단서는 파견된 종업원등의 업무 종사 범위를 '해당 종업원등을 고용한 납품업자등이 납품하는 상품의 판매 및 관리 업무'로 제한하고 있으므로, 본 호에 따라 약정할 사항도 이 범위를 넘을 수 없다. 실무상으로는 위 범위 내에서 당해 파견 종업원등이 담당하게 될 구체적인 업무 분장에 관한 사항을 약정하게 된다. '해당 종업원등을 고용한 납품업자등이 납품하는 상품의 판매 및 관리 업무'의 구체적인 내용에 관하여는 해당 부분에서 상술한다.

(라) 종업원등의 인건비 분담 여부 및 조건(제 4 호)

파견될 종업원등의 인건비를 누가, 얼마나, 어떤 조건에서 부담할 것인지 약정하여야 한다. 대규모유통업법은 판매촉진비용의 분담과 관련하여서는 제11조 제 4 항에서 납품업자등의 분담 상한선을 50%로 제한하고 있으나, 종업원등의 파견에 따른 비용의 분담에 관하여는 별도로 규정하지 않고 있다. 따라서 원칙적으로 대규모유통업자와 납품업자등이 상호 협의하여 그 분담 여부 및 조건을 정할 수 있다.[7] 본 호의 문언 상으로는 대규모유통업자와 납품업자등이 총 비용을 일정 비율씩 분담하는 경우에만 한정되지 않으므로, 어느 일방이 그 비용을 전부 부담하는 경우라 하더라도 그 내용을 약정서에 명시하는 것으로 족하다.[8]

7) 법 제12조 제 1 항 제 1 호는 대규모유통업자가 종업원등 파견에 필요한 모든 비용을 부담하는 것을 조건으로 하고 있으므로, 실제 납품업자등과 비용 분담을 하게 되는 경우는 같은 항 제 2 호 내지 제 4 호에 한정된다.

8) 대법원은, "대규모유통업자가 법 제12조 제 1 항 단서의 제 2 호 내지 제 4 호가 정한 종업원 파견에 관한 요건을 모두 충족한 경우에는, 파견받은 종업원을 상품의 판매촉진행사 업무에 종사하도록 하면서 파견종업원 인건비 전부를 납품업자등이 부담하도록 하는 것도 허용된다"라고 하여 파견 종업원 약정의 경우 그 비용의 분담비율을 자유롭게 정할 수 있다는 취지로 판시한 바 있다(대법원 2017. 3. 15. 선고 2016두51481 판결).
한편, 위 판례는 판매촉진행사를 위해 납품업자등으로부터 종업원등을 파견받는 경우 대규모유통업법 제11조 제 4 항의 비용분담비율의 제한이 적용되는지 여부와도 연관되는바, 이에 대한 내용은 별도의 항에서 상술하도록 한다.

본 호 문언은 종업원등의 인건비에 대한 분담 여부 및 조건만을 사전 약정 대상으로 하고 있다. 그렇다면 종업원등 파견에 따라 부수적으로 발생하는 비용, 특히 시행령 제10조 제 2 항 각 호 소정의 비용도 사전 약정 대상에 포함되는지에 대해 의문이 있을 수 있다. 이에 대해서는 시행령 제10조 제 1 항이 대규모유통업자의 법정 의무 사항을 규정하고 있는 점, 법 제12조를 위반할 경우 대규모유통업자에 대해 각종 제재가 가해질 수 있다는 점(법 제32조, 제33조, 제35조) 등을 고려하여 보다 엄격히 해석할 필요가 있다. 따라서 인건비 이외의 비용의 분담 여부 및 조건은 본 호 소정의 법정 약정대상에는 포함되지 않는 것으로 보아야 한다. 다만, 실무상으로는 인건비를 제외한 나머지 비용의 부담 주체 역시 정할 필요가 있으므로, 특별한 사정이 없다면 위 인건비 분담 약정에 부수하여 정해지는 경우가 많을 것이다.

(마) 약정 예시

이상의 내용은 법정 약정사항이므로 형식 여하를 불문하고 그 내용은 반드시 포함되어야 한다. 유통 실무에서 통용되는 납품업자등의 종업원등 파견에 관한 조건을 약정하는 형식은 따로 정해져 있지 않으나, 다음의 예를 참조할 수 있을 것이다.

[납품업자등의 종업원등 파견조건 약정 예시]

- 파견될 종업원의 수 : 5명~7명
- 파견 기간 : 2025. 3. 1.~2025. 4. 30.
- 근무 시간 : 영업일 오전 9시~오후 4시 (점심시간 포함 7시간)
- 업무 내용 : 당사 상품 진열관리, 시식 홍보, 소비자들에 대한 상품 설명
- 인건비 분담 내역 : 당사 자체 부담

라. 종업원등 파견의 형식적 요건

대규모유통업자가 납품업자등으로부터 예외적으로 종업원등을 파견받아 자신의 사업장에서 근무하도록 하기 위해서는 실제 종업원등의 파견이 있기 전에 앞에서 살펴본 요건들이 대규모유통업자와 납품업자등의 서명 또는 기명날인이 있는 서면의 형식으로 약정되어야 한다(법 제12조 제 1 항 단서, 제 2 항). 본 조항의 서명 또는 기명날인, 약정과 동시에 교부의 의미는 법 제 6 조에서 살펴본 바와 같다.

마. 파견 종업원등의 업무 범위의 한계

납품업자등의 종업원등 파견이 예외적으로 허용되는 경우에도 당해 파견된 종업원등은 해당 종업원등을 고용한 납품업자등이 납품하는 상품의 판매 및 관리 업무에 한정하여 종사하여야 한다(법 제12조 제 1 항 단서 후단). 즉, 대규모유통업자는 파견된 종업원등을 해당 납품업자등의 상품 판매 및 관리 업무에만 종사하도록 하여야 하며, 파견 종업원등을 해당 업무 범위를 벗어나 종사하게 하는 경우 이는 원칙적으로 법 위반에 해당한다.

'납품업자등이 납품하는 상품의 판매 및 관리 업무'라 함은, 납품업자등이 대규모유통업자에게 납품한 상품을 대규모유통업자의 점포에서 직접 소비자들에게 판매하거나, 판매보조 또는 관리하는 업무를 말한다. 본 조는 '납품업자등'이라 하여 매장임차인을 포함하고 있으나 매장임차인은 대규모유통업자에게 상품을 납품하는 거래를 하지 아니하므로, 본 조에서의 '납품'에는 매장임차인이 대규모유통업자의 점포 내 자신의 매장에서 일반 소비자들에게 상품을 판매하는 행위도 포함되는 것으로 넓게 해석할 필요가 있다.

상품 판매업무는 일반 소비자들에게 직접 상품을 판매하거나 그 판매업무에 부수하는 업무로 볼 수 있으나, '관리 업무'의 범위에 대해서는 별도의 정함이 없다. 현재 유통 실무상으로는 대규모유통업자의 사업장에 파견된 납품업자등의 종업원등은 주로 당해 납품업자등의 상품 판매에 종사하고 있으나, 이 외에 매장 관리, 청소, 정리 등의 업무도 함께 수행하는 경우가 많고, 더 나아가 같은 종류의 다른 브랜드 제품의 판매를 보조하는 경우도 있다. 특히 브랜드별로 매장이 엄격하게 구분되어 있지 않은 사업장에서 이러한 경향은 더욱 많이 나타난다. 우선, 종업원등을 파견한 납품업자등의 매장 관리, 상품 및 비품 정리 업무는 '상품 판매 및 관리 업무'에 직접 해당하거나 이에 필수적으로 부수하는 업무에 해당하여 본 조 소정의 파견 종업원등의 업무 범위에 포함된다. 그러나 종업원등을 파견한 납품업자등의 상품 판매와 전혀 무관한 '계산대에서 현금출납 보조업무, 포장업무(단, 백화점 내 매장처럼 납품업자별로 별도의 계산대나 결제시스템이 있는 경우는 제외)', '배송 차량으로부터의 상품 하역 및 창고반입 업무, 쇼핑 카트 회수·정리, 주차장 관리 및 주차지원 업무', '다른 납품업자등의 상품에 대한 재고 파악 및 관리, 진열업무', '대규모유통업자의 일반적인 홍보 업무', '공용시설 청소, 관리 업무', '해당 납품업자가 납품한 대규모유통업자의 PB 상품에 대한 판매업무' 등의 업무는 본 조 소정의 파견 종업원등의 업무 범위에 포함된다고 보기 어렵다(파견 가이드라인 V). 요컨대, 당해 납품업자등의 상품 판매 및 관리와 직·간접적으로 관련이 있는 업무에의 종사까지는 허용될 것이나, 전혀 무관한 업무(주로 대규모유통업자 고유의 업무)에 종사하는 것은 허용되지 않는다.

이와 관련하여 서울고등법원은 파견조건서에 "상품진열"이라고 기재하여 파견된 종업원의 업무범위에 "점포 환경개선(리뉴얼) 공사 완료 후 상품을 새로 재진열하는 업무"는 포함될 수 없다고 판시하였다(서울고등법원 2019. 7. 17. 선고 2018누71658 판결).[9] 법원은 점포 환경개선은 납품업자가 지배 또는 관리할 수 없는 영역이므로 납품업자가 그에 따른 비용 등을 사전에 예측할 수 없었다고 보고, 이와 같이 납품업자가 파견조건서를 제출할 당시 예측하지 못한 사항에는 파견조건서의 효력이 미친다고 보기 어렵다고 판단한 것이다

그런데 해당 판결에 대해서는 법원이 제12조 제1항 제2호에 따라 파견된 종업원이 종사할 수 있는 업무를 지나치게 엄격하게 해석하여 납품업자의 지배 또는 관리 영역에서 이루어지는 업무로 한정 내지 제한하였다는 비판이 제기될 수 있을 것으로 보인다. 점포 환경개선 공사 후 납품업자의 제품을 재진열하는 업무는 '진열업무'의 범위를 벗어난다고 해석하는 것이 문언상 타당한 해석인지에 대한 의문이 있을 뿐 아니라, 재진열 업무 자체가 납품업자의 상품 판매촉진에 도움을 줄 수 있다는 점을 고려하더라도, 해당 판결은 대규모유통업법 제12조의 입법 취지와 달리 파견한 종업원등이 종사할 수 있는 업무 범위를 지나치게 축소해석하였다는 비판의 여지가 있다.

대규모유통업자가 주관하는 직원 정례조회, 고객 서비스 관련 교육 등 점포 전체 업무에 각 납품업자등에게 파견된 종업원등을 참석하도록 하는 것은 허용될 것인지에 대해서도 살펴볼 필요가 있다. 대규모유통업 거래가 대규모유통업자의 단일 브랜드와 점포 안에서 다양한 매장들이 집단적으로 각종 상품을 진열하고 판매하는 기본적 속성을 가지고 있음을 고려하면, 대규모유통업자가 각 매장에서 직접 각종 업

9) 해당 고등법원 판결은 대법원에서 심리불속행 기각되어 확정되었다(대법원 2019. 11. 28. 선고 2019두50151 판결).

무에 종사하는 종업원들(대규모유통업자의 종업원 및 파견된 납품업자등의 종업원등)을 대상으로 시행하는 직원 정례조회나 각종 고객 서비스 관련 교육은 당해 대규모유통업자의 영업 표준(고객 응대, 출퇴근 교육, 유니폼 및 태도 관련 교육 등)에 부합하도록 하기 위한 것으로서 허용될 필요가 있다.[10] 다만 그 경우에도 해당 조회나 교육 등이 당해 종업원등을 파견한 납품업자등의 상품 판매 및 관리업무에 부수되는 경우에만 한정하여 허용할 것이지, 이와는 관계없이 오로지 당해 대규모유통업자의 홍보, 고객서비스 제공, 일반 업무 보조 등에 관한 내용이라면 허용된다고 보기 어렵다.

최근 고등법원은 한 가전양판업체가 여러 납품업자로부터 파견받은 종업원들로 하여금 서로 교차하여 다른 업체 상품을 판매하거나 신용카드 발급·상조서비스 가입 등 제휴회사들의 서비스를 판매하도록 한 행위에 대하여 파견 종업원으로 하여금 해당 납품업자가 납품하는 상품의 판매 및 관리 업무 이외에 업무에 종사하도록 한 것이므로 대규모유통업법 제12조 제 1 항을 위반하였다고 판단하였다(서울고등법원 2023. 7. 12. 선고 2021누33090 판결[11]). 해당 판결에서 법원은 파견 종업원들의 교차판매나 제휴회사 서비스 판매는 납품업자 상품의 판매 및 관리 업무와 직·간접적으로 관련이 있고, 종국적으로는 납품업자 상품의 판매촉진으로 이어져 납품업자의 이익에도 부합한다는 주장에 대하여, 대규모유통업자가 납품업자의 종업원 사용을 엄격하게 금지하는 대규모유통업법 제12조의 취지에 비추어, 같은 조 제 1 항 단서의 예외적 허용 요건을 함부로 확장 해석하는 것은 합당하지 않다고 설시하였다.

그러나 매장에서의 상품 판매 현실에 비추어 보면, 교차판매가 불가피한 측면이 있는 것도 사실이다. 특히 파견 종업원들의 교차판매는 납품업자의 상품 판매·관리 업무와 직·간접적인 관련이 있다고 볼 여지도 상당하고, 각 납품업자 상품의 판매증가로 이어지는 측면도 있다. 즉, 가전양판 전문 대형유통점을 방문하는 소비자는 여러 가전제품을 동시에 구매하려 하는 경우가 다수 있는데(예: 신혼살림 장만), 이러한 경우에는 어느 한 브랜드(납품업자)의 제품만을 구입하기 보다는 여러 브랜드의 제품을 비교하면서 다양한 제품을 구입하는 것이 일반적이다. 이 경우 예컨대, TV 등 다양한 가전제품을 구입하기 위해 A사와 B사, 또는 C사의 제품에 대한 설명을 듣고 이

10) 다만, 파견된 종업원등에 대해 직접 근태 관리를 하거나 직접적으로 상벌(賞罰)을 부여하는 등의 행위를 하는 경우에는 관련 법령상 '직접 고용'의 문제가 있을 수 있다.

11) 해당 고등법원 판결은 대법원에서 심리불속행 기각되어 확정되었다(대법원 2023. 11 16. 선고 2023두48339 판결).

를 비교하여 구매를 결정하게 되는데, 필요한 가전 제품에 대해 브랜드마다 상담 직원을 달리하게 되면 소비자 입장에서는 오히려 혼란과 불편을 느끼게 될 수 있다. 이러한 상황에서는 종업원이 소비자가 문의하는 타 브랜드 제품들을 소개, 안내하는 것이 납품업자에게 무조건 불이익이 된다고 보는 것이 합리적인지에 대해서는 의문의 여지가 있다. 납품업자가 파견한 사원들끼리 일종의 품앗이와 같이 판매 역할을 수행함으로써 결과적으로는 자사와 다른 납품업자 모두에게도 이익이 될 수 있고, 상호 비용을 전가하는 것으로 보기 어려운 측면도 있기 때문이다. 또한 가전제품 추가 할인 등을 위해 신용카드 발급을 안내하거나 상조서비스와의 결합 상품을 안내하는 것 역시 납품업자의 판매업무에 부수한 업무를 수행한 것으로 볼 여지도 상당하다.

다만, 납품업자에게 발생하는 경제적 불이익 외에 측정하기 어려운 여타 불이익을 보호하고 사후 불측의 분쟁이 발생하는 경우 권리·의무관계를 명확히 하여 납품업자를 보호하고자 하는 대규모유통업법의 취지상 공정위와 법원은 계속해서 제12조 제1항을 엄격하게 해석할 가능성이 높다. 따라서 향후 대규모유통업자가 이와 같은 교차판매에 납품업자의 종업원을 동원하기 위해서는 공동파견의 형식을 취하거나 납품업자와 충분한 협의를 거쳐 파견조건서의 업무 범위에 포함시켜 서면화하는 것이 필요해 보인다.

그 밖에 복수의 납품업자등이 공동으로 종업원등을 고용하여 대규모유통업자에게 파견하는 경우가 있을 수 있다. 예를 들어 A 납품업자와 B 납품업자가 공동으로 비용을 분담하여 1명의 종업원을 고용한 다음 그 종업원을 대규모유통업자의 점포에 파견하는 형식이다. 단독으로 종업원등을 고용하여 파견하기에는 비용 대비 이익이 크지 않은 경우에 종종 나타나는 방식인데, 소위 ‘공동파견’, ‘연합파견’ 등의 명칭으로 운영된다. 살피건대, 법 제12조는 대규모유통업자와 납품업자등이 1 : 1 형태의 약정을 통해서만 종업원등의 파견을 받을 것을 요구하고 있지는 않다. 오히려 비용상의 문제 등으로 납품업자등이 이를 의도하였다면 그에 따르는 것이 납품업자등의 의사 및 이익에도 부합할 것이므로 이를 제한할 이유가 없다. 따라서 대규모유통업자가 종업원등을 공동으로 고용한 복수의 납품업자등과 함께 파견조건에 대한 서면 약정을 체결하고 그 종업원의 업무 범위를 명확히 한 이상, 이와 같은 공동의 파견 역시 허용된다고 볼 것이다. 대규모유통업자와 공동 파견 납품업자등이 상호 협의하에 업무 범위를 정하게 되므로, 파견된 종업원등은 그 약정에 따라 공동 파견 납품업자등의 상품을 각각 판매 및 관리하는 업무에 종사할 수 있다(파견 가이드라인 V.).

바. 파견 종업원등을 통한 판매촉진행사 시 법 적용의 문제(법 제11조와 제12조의 중복적용 여부)

대규모유통업자가 법 제12조 제 1 항 단서의 제 2 호 내지 제 4 호, 같은 조 제 2 항 등에서 정한 요건과 절차에 따라 종업원등을 파견받아 판매촉진행사를 위한 판매 및 관리 업무에 종사하게 한 경우, 판매촉진행사와 관련된 법 제11조 제 1 항 내지 제 4 항이 중복하여 적용되는지 여부가 문제된다. 대규모유통업법 제11조 및 제12조에서는 이러한 경우에 대한 규정을 두고 있지 않다.

대법원은 대규모유통업자가 시식행사를 위해 해당 납품업체의 종업원을 파견받으면서 그 인건비를 전액 납품업체에게 부담시킨 행위에 대하여 공정거래위원회가 법 제11조 제 1 항 내지 제 4 항에 위반되었다며 시정명령 및 과징금을 부과한 사안에서, "대규모유통업자가 법 제12조 제 1 항 단서의 제 2 호 내지 제 4 호가 정한 종업원 파견에 관한 요건을 모두 충족한 경우에는, 파견받은 종업원을 상품의 판매촉진행사 업무에 종사하도록 하면서 파견종업원 인건비 전부를 납품업자등이 부담하도록 하는 것도 허용된다고 할 것이다. 이러한 경우 대규모유통업자가 파견종업원 인건비 이외의 판매촉진행사에 소요된 비용을 납품업자등에게 부담시키지 아니한 이상, 납품업자등과 법 제11조 제 2 항에서 정한 서면 약정을 별도로 하지 않았다거나 또는 납품업자등이 법 제11조 제 3 항, 제 4 항이 정한 분담비율을 초과하여 파견종업원 인건비를 부담하였다고 하여 법 제11조 위반이 되지는 않는다"고 판시하여 공정거래위원회의 처분을 적법하다고 판시한 원심판결을 파기하였다(대법원 2017. 3. 15. 선고 2016두51481 판결).

대규모유통업법 제12조는 파견종업원의 인건비 등 비용분담의 비율을 제한하고 있지 않다는 점, 종업원등 파견의 경우에 법 제11조와 제12조가 중복 적용된다고 하면, 종업원등 파견의 경우에는 법 제12조에 따른 종업원등 파견 약정과 법 제11조에 따른 비용분담 등 약정을 모두 갖추지 않는 한 위법하다는 결론에 이르게 되는데 이는 보통의 당사자가 법 규정 자체로부터 통상 이해할 수 있는 범위를 넘어선다는 점, 대규모유통업자가 판매촉진행사를 위한 종업원등 파견에 대한 비용을 납품업자등에게 부당하게 전가할 수 있다는 우려는 법 제12조 제 1 항 각 호의 요건이 갖추어졌는지를 엄격하게 심사하는 방법으로 얼마든지 규율가능하다는 점 등을 고려할 때, 위 대법원의 판단은 타당한 것으로 생각된다. 따라서, 법 제12조를 준수하여 납품업자등으로부터 종업원을 파견받았다면 그것이 판매촉진행사를 위한 경우라 하더라도, (i) 종업원파견을 위한 약정서 이외에 별도로 법 제11조에 따른 서면 약정을 하지 않거나, (ii) 파견종업원에 대한 인건비 부담에 대하여 법 제11조 제 4 항의 분담비율 제한을 준수하지 않았다고 하여 이를 법 제11조 위반이라고 볼 수 없다.

사. TV홈쇼핑 방송 판매에서 납품업자가 섭외한 보조출연자의 출연에 대한 대규모유통업법 제12조 적용 여부 문제

최근 공정위는 납품업체가 상품 홍보 및 판매를 위해 자신의 비용으로 섭외한 TV홈쇼핑 출연자(보조 쇼호스트, 게스트, 모델 등, 이하 "보조 출연자")에 대하여도 종업원 사용금지 조항이 적용된다고 보아 홈쇼핑사업자들을 제재하였다(2022. 2. 15. 의결 제2022－031호 등, 서울고등법원 2022누39705 등으로 계속 중). 공정거래위원회는 홈쇼핑 게스트 파견에 대해 대규모유통업법 제12조가 적용된다는 전제 하에, ① 납품업자의 이익을 두텁게 보호하는 대규모유통업법의 취지상 홈쇼핑 게스트가 납품업자에게 고용되지 않았더라도 '종업원'이라고 볼 수 있고, ② 단시간의 근무에 대해서도 '파견'이라고 인정할 수 있으며, ③ 법 제12조 제 1 항 제 3 호의 예외요건에도 해당할 수 없다고 판단하였다.

그러나 관련 조항의 해석 및 홈쇼핑 영업 현실에 비추어 이같은 공정거래위원회의 판단이 과연 타당한지에 대해서는 상당한 의문이 있다. 먼저, 법 제 6 조의 위임을 받은 시행령 제 2 조 제 1 항에서는 대규모유통업자와 납품업자등 간 거래 체결 시 필수로 명시해야 하는 계약사항들을 규정하면서 제 6 호에서 "종업원등의 파견조건, 파견비용 분담 여부 및 조건"을 그 중 하나로 하고 있다. 한편, 시행령 제 2 조 제 2 항은 텔레비전홈쇼핑업자에 대해서는 제 1 항에도 불구하고 "종업원등의 파견조건, 파견비용 분담 여부 및 조건" 대신 "방송출연자의 인건비와 그 분담 여부 및 조건"을 명시하도록 별도로 규정하고 있다. 즉, 대규모유통업법은 TV홈쇼핑 방송출연자의 경우 백화점이나 대형마트등 전통적인 대규모유통업자의 사업장에 파견되는 납품업자등의 종업원등과는 그 성격을 다르게 보고 달리 취급하는 것으로 이해된다.

한편, 공정거래위원회의 TV홈쇼핑 심사지침에서는 경제적 이익 제공 요구의 관점에서, "TV홈쇼핑사업자가 방송제작비용에 해당하는 판매전문가·보조출연자(유명인사, 상품전문가 등)·방청객 등의 인건비를 납품업자로 하여금 부담하도록 요구하는 행위"는 대규모유통업법 제15조(경제적 이익 제공 요구 금지)에 위반될 수 있다고 하면서도, "납품업자가 특정 판매전문가·보조출연자·방청객 등 방송출연자의 추가 또는 변경을 요구할 경우 추가·변경으로 인해 추가로 소요되는 비용의 분담에 관해 상호 협의하여 서면으로 정하는 것은 정당한 사유가 있는 것으로 본다"고 규정함으로써(TV홈쇼핑 심사지침 Ⅲ. 3. 나. 2)항), 보조출연자로 인한 비용 문제를 종업원 사용에 관한 법 제12조의 적법 요건 측면이 아니라 경제적 이익 요구 관점에서 규율하고 있다. 즉, 납품업자등이 자신의 상품 판매 증대를 위해 별도의 판매전문가, 보조전문가 또는 방청객을 섭외할 수 있고, 이 경우 비용의 분담은 상호 협의하여 서면으로 정할 수 있도록 하고 있는 것이다. 홈쇼핑의 영업 구조상 방송출연자의 능력이 상품 판매에 큰 영향을 미치고, 납품업자등의 매출에 직접적인 도움이 된다는 점에 근거해 납품업자등의 자발적으로 방송출연자를 섭외하여 출연을 요청하는 경우에는 당사자간 서면 협의만 이루어지면 문제를 삼지 않겠다는 취지를 규정한 것으로 볼 수 있다.

이러한 대규모유통업법의 체계에 따라 지금까지 홈쇼핑 보조출연자는 법 제15조의 경제적 이익 제공 요구에 해당하는지 여부의 측면에서 규율되어 왔다. 그런데, 위 사건에서 공정거래위원회는 홈쇼핑 보조출연자에 대하여 법 제12조가 적용된다고 판단한 것이다. 그런데, 만약 공정거래위원회의 판단와 같이 홈쇼핑의 보조출연자를 법 제12조 소정의 "종업원등"으로 보아 보조출연자에 대해서도 법 제12조가 중복 적용되는 것으로 보면, 법 제12조와 경제적 이익 요구에 관한 법 제15조 제 1 항이 충돌하는 문제가 발생한다.

앞에서 살펴보았듯이 TV홈쇼핑 심사지침은 홈쇼핑사업자가 방송제작비용에 해당하는 홈쇼핑 보조출연자의 인건비를 납품업자에게 부담시키는 것을 원칙적으로 금지하고, 납품업자가 특정 보조출연자의 추가 또는 변경을 요구한 경우에 한하여 그로 인해 추가로 소요되는 비용을 상호 협의하여 서면으로 정할 수 있다고 규정하고 있다. 그런데 만약 홈쇼핑 보조출연자를 법 제12조 소정의 "종업원등"에 포함되는 것으로 해석하면, 같은 조 제 1 항 제 3 호의 '특수한 판매기법 또는 능력을 지닌 숙련된 종업원을 파견 받는 경우'에 해당하여 납품업자가 먼저 요구한 경우가 아니라고 하더라도 납품업자등과 파견조건 등을 사전에 서면 약정하고 파견을 받을 수 있게 된다.

한편, 보조출연자에 대하여 법 제12조를 적용하지 않더라도 규제의 공백이 발생하지 않는다는 점도 고려할 필요가 있다. TV홈쇼핑 심사지침은 보조 출연자와 관련하여 법 제12조보다 엄격한 기준인 법 제15조의 측면에서 규율하고 있고, 법 제6조는 방송출연자의 인건비와 분담 여부, 그 조건을 사전에 약정하여 교부하도록 규정하고 있으므로, 실체적 적법 요건이나 절차적 적법 요건 측면에서 보조출연자에 대하여 별도로 법 제12조를 적용할 실익이 없다.

결국, 문언이나 규제 체계 등을 고려할 때, 보조 출연자에 대해서는 종업원 사용에 관한 대규모유통업법 제12조가 아니라 법 제6조 및 제15조 제1항이 적용된다고 보는 것이 체계적인 해석으로 생각된다.

4. 대규모유통업자가 직접 고용한 종업원의 인건비 부담 전가 금지

가. 개 요

대규모유통업자는 자기가 고용한 자의 인건비를 납품업자등에게 부담시키는 행위를 하여서는 아니 된다(법 제12조 제3항). 대규모유통업자가 납품업자등으로부터 종업원등의 파견을 받아 자기의 사업장에 근무하도록 하는 것을 원칙적으로 금지하는 법 제12조 제1항의 취지와 동일한 것으로 해석된다. 따라서 대규모유통업자는 자기가 직접 고용한 종업원에 대하여 자기가 부담하여야 할 비용을 납품업자등에게 부담하도록 할 수 없다.

나. 입법론상 문제점

사실상 동일한 취지와 목적을 지니고 있음에도, 법 제12조 제3항은 같은 조 제1항 및 제2항과 별도의 항으로 존재한다. 대규모유통업법이 이와 같은 규정 형식을 취함에 따라 다음과 같은 의문이 제기된다. 향후 입법을 통한 개선이 필요한 부분이다.

첫째, 대규모유통업자가 직접 고용한 종업원의 인건비 부담에 대해서는 어떠한 예외도 허용되지 않는지 여부이다. 법 제12조 제3항은 문언상 절대적 금지 규정의 형식을 취하고 있으므로, 원칙적으로 어떠한 예외도 허용되지 않는다. 그러나 대규모유통업자가 직접 고용한 종업원에 대해, 납품업자등이 그 종업원 사용에 따른 예상이익과 비용의 내역 및 산출근거를 객관적, 구체적으로 작성하여 명시한 서면에 따라 대규모유통업자에게 자발적으로 비용 분담을 요청하거나(법 제12조 제 1 항 제 2 호 참조), 대규모유통업자가 직접 고용한 종업원이 납품업자등의 상품 판매에 관하여 특수한 판매기법 또는 능력을 지닌 숙련된 종업원이어서 납품업자등이 그 종업원을 자신이 납품한 상품판매에 종사해 주기를 원하는 경우(법 제12조 제 1 항 제 3 호 참조)에는 이를 허용하더라도 특별히 납품업자등에게 불측의 손실 내지 부담을 야기한다거나 법 제12조의 취지에 어긋난다고 보기 어렵다.

둘째, 본 조항은 '인건비'만 규정하고 있어, 인건비 이외의 비용에 대해서는 별도의 약정에 따라 대규모유통업자와 납품업자 간 분담이 가능한 것인지 의문이 있을 수 있다. 문언상으로는 본 조항에 따라 금지되는 행위는 인건비에 한한다고 볼 것이나, 이 경우 본 조항 취지에 부합하지 않는 실무례가 발생할 여지가 없지 않다.

5. 관련 서류의 보존의무

대규모유통업자가 대규모유통업법 제12조 제 1 항 단서, 제 2 항에 따라 납품업자등의 종업원등을 파견 받아 자신의 사업장에서 근무하도록 한 경우, 대규모유통업자는 법 제12조 제 1 항 단서 및 제 2 항, 시행령 제10조 제 1 항에 따라 작성한 서류 및 파견된 종업원등의 근무내역에 관한 서류를 보존하여야 한다(법 제 6 조 제 8 항, 시행령 제 5 조 제 9 호). 파견된 종업원등의 근무내역에 관한 서류는 주로 당해 파견 종업원등의 근무일지, 보고문서, 기안문, 협의문 등이 이에 해당될 것이나 반드시 이에 국한되지는 않는다. 아울러 법 제12조 제 1 항 제 2 호에 따라 납품업자등이 자발적으로 종업원등의 파견을 요청한 경우에는 대규모유통업자가 납품업자등으로부터 수령한 서류 또한 위 보존할 서류에 포함된다.

6. 납품업자등의 종업원 사용 금지 규정 위반의 효과

가. 사법상 효과

대규모유통업자가 대규모유통업법 제12조에 위반하여 납품업자등의 종업원등을 파견 받은 경우라 하더라도, 그 종업원등의 파견이 대규모유통업자와 납품업자등 사이의 사법상 유효한 약정에 따라 이루어진 것이라면 대규모유통업자와 납품업자등의 종업원 파견에 관한 약정의 사법상 효력은 당사자 사이의 비용 분담에 관한 약정 내용 또는 민법, 상법의 각 해당 규정 또는 거래관행에 따르게 된다.

나. 행정적 제재[12)]

(1) 입증책임

대규모유통업법 제12조 규제와 관련하여, 공정거래위원회는 '대규모유통업자가 납품업자등으로부터 종업원이나 그 밖에 납품업자등에 고용된 인력을 파견받아 자기의 사업장에서 근무하게 한 사실'을 입증하는 것으로 당해 대규모유통업자의 본조 위반에 따른 처분을 할 수 있다. 종업원등의 파견절차와 관련하여서는 (i) 종업원등을 파견받은 이후에 서면약정하였거나 (ii) 법정 기재사항의 일부 또는 전부에 대해 약정을 체결하지 않았거나 (iii) 불명확하게 약정하였거나 (iv) 약정서면을 납품업자등에게 교부하지 않은 사실을 입증함으로써 행정적 제재를 할 수 있다.

이에 대하여 대규모유통업자가 당해 종업원등 파견이 위법이 아님을 항변하기 위해서는, '당해 파견이 법 제12조 제1항 각 호의 어느 하나에 해당한다는 사실', '이에 관하여 납품업자등과 사전에 시행령 제10조 제1항에서 정한 바에 따라 파견조건을 서면으로 약정한 사실' 및 '파견된 종업원등을 해당 종업원등을 고용한 납품업자등이 납품하는 상품의 판매 및 관리 업무에 종사하게 한 사실'을 모두 주장, 입증하여야 한다. 위 각 사실은 하나의 유효한 항변을 구성하는 요건사실로서, 어느 하나라도 누락되면 유효한 항변이 될 수 없다. '법 제12조 제1항 본문의 사유가 있다는 사실'에 대한 입증이 불가능할 경우 그 사실의 부존재 책임은 공정거래위원회가, '법 제12조 제1항 단서 등의 사유가 있다는 사실'에 대한 입증이 불가능할 경우 그 사실의 부존재 책임은 대규모유통업자가 각 부담한다.

한편 법 제12조 제3항의 경우, 공정거래위원회는 '대규모유통업자가 자기가 고용한 자의 인건비를 납품업자등에게 부담시키는 행위를 한 사실'을 입증함으로써 당해 대규모유통업자의 본 조항 위반에 따른 처분을 할 수 있다. 본 조항 문언상으로는 대규모유통업자가 이에 대한 유효한 항변을 할 수 없다. 이 점과 관련한 본 조항

12) 자세한 사항은 후술하는 제3부 제2장 '법 위반에 대한 조사 및 처분 등' 참조.

의 문제점은 앞서 본 바와 같다.

(2) 시정조치

공정거래위원회는 납품업자등의 종업원 사용 금지 규정을 위반한 대규모유통업자에게 법 위반행위의 중지, 향후 재발방지, 시정명령을 받은 사실의 공표, 시정명령을 받은 사실의 거래상대방인 납품업자등에 대한 통지 등 그 밖에 시정에 필요한 조치를 명할 수 있다(법 제32조). 아울러 공정거래위원회는 대규모유통업법을 위반한 대규모유통업자에게 시정방안을 마련하여 이에 따를 것을 권고하는 시정권고를 할 수도 있다(법 제33조). 납품업자등의 종업원등 사용 금지 규정을 위반한 대규모유통업자에 대한 기본적인 행정적 제재로서, 위 규정 위반으로 판단될 경우, 그 위반의 정도가 경미하여 경고에 그치지 않는 한, 시정명령 또는 시정권고의 처분이 있는 경우가 대부분이다.

(3) 과 징 금

공정거래위원회는 납품업자등의 종업원등 사용 금지 규정을 위반한 대규모유통업자에게 대통령령이 정하는 산출방식에 따른 납품대금이나 연간 임대료를 초과하지 아니하는 범위에서 과징금을 부과할 수 있다(법 제35조 제 1 항, 제 2 항). 시행령은 '대통령령으로 정하는 산출방식에 따른 납품대금'에 관하여, '위반행위와 관련된 상품매입액 또는 이에 준하는 금액'으로 정하고 있다{시행령 제28조 제 1 항 [별표 1]}. 다만, 매출액을 산정하기 곤란한 경우 등에는 5억 원을 초과하지 아니하는 범위에서 과징금을 부과할 수 있다(법 제35조 제 1 항 단서). 개정 전 과징금 고시에서는 법 위반행위의 유형을 전혀 고려하지 않고 모든 위반행위에 대하여 납품대금이나 연간 임대료를 기준으로 과징금을 산정하도록 정하고 있었으나 이러한 과징금 산정 기준은 파견에 따른 비용이나 대규모유통업자가 받은 이익의 규모를 전혀 고려하지 않았다는 점에서 비례의 원칙 내지 과징금의 본질에 부합하지 않는 문제가 있었다.

법원 또한 파견조건을 서면으로 약정하지 않고 납품업자로부터 종업원을 파견받아 사용한 행위에 대하여 해당 종업원이 판매한 상품의 판매금액 전체에서 판매수수료 및 부가가치세액을 제외한 금액을 '관련 납품대금'으로 보아 과징금을 산정한 공정거래위원회의 처분에 대하여, 서면으로 파견조건을 약정한 사실이 없다는 사실만으로는 파견된 종업원이 판매한 모든 상품이 모두 위반행위의 직접 또는 간접적인 영향을 받았다거나, 위반행위가 있었던 기간에 판매된 상품의 전체 판매금액에서 판매수수료 및 부가가치세액을 제외한 금액이 위반행위로부터 직접 또는 간접적으로 영향을 받았다고 단정하기 어렵다고 하여 처분을 취소한 바 있다(대법원 2020. 5. 28. 선고 2016두36062 판결).

이에 개정된 과징금 고시는 법 위반 유형별로 과징금 산정의 기준의 되는 '위반금액'을 새롭게 정하면서, 법 제12조 제 1 항 위반[13]의 경우에는 '납품업자등의 종업원등의 인건비'를, 같은 조 제 3 항 위반[14]의 경우에는 '대규모유통업자가 고용한 자에 대하여 납품업자등이 부담한 인건비'를 각 위반금액으로 규정하는 등, 법 위반 책임에 상응하는 방향으로 과징금 부과기준이 개선되었다.

한편, 법 제12조 위반에 대해서는 법 제35조의2를 신설하여 납품업자등에게 손해를 입힌 경우에는 법원이 납품업자등에게 발생한 손해의 3배를 넘지 않는 범위에서 손해배상액을 정할 수 있도록 하는 이른바 '징벌적 손해배상'의 대상으로 하였다(제 2 항 본문). 이 경우 대규모유통업자가 고의 또는 과실이 없음을 입증하여야만 손해배상 책임에서 벗어날 수 있다(제 2 항 단서). 법원이 손해배상액을 정할 때에는 고의 또는 손해발생의 우려를 인식한 정도, 위법행위로 인한 납품업자등의 피해규모, 대규모유통업자가 취득한 경제적 이익, 위반행위로 인한 벌금 및 과징금, 대규모유통업자의 재산상태, 피해구제 노력의 정도 등이 고려된다(제 3 항).

7. 관련 사례

[㈜세계로마트, ㈜세계로유통의 대규모유통업법 위반행위에 대한 건(2023. 7. 27. 의결 제2023-106호)]

[사실관계]

피심인들은 2019. 1.부터 2021. 3. 사이 납품업자 소속 직원을 파견받아 자신의 사업장에 근무하게 하면서, 납품업자의 자발적인 파견요청서, 파견조건에 대한 서면 약정서 없이 납품업자의 상품 판매와 관련 없는 자신들의 매장업무(COVID 방역, 청소, 고객응대, 야간재고조사 등)에 종사하게 하였다.

13) 대규모유통업자가 위법하게 납품업자로부터 종업원을 파견받은 경우
14) 대규모유통업자가 위법하게 자신이 고용한 자의 인건비를 납품업자에게 부담시킨 경우

[공정거래위원회의 판단]

법 제12조 제 1 항 단서의 예외적 허용 요건에 해당하여 납품업자등의 종업원 사용이 허용되기 위해서는 ① 절차적 요건으로 피심인이 납품업자등과 종업원 파견일 전에 법 시행령 제10조 제 1 항 각 호에서 정하는 파견조건을 서면으로 약정하여야 하고, ② 실체적 요건으로 종업원등의 파견사유가 법 제12조 제 1 항 각 호 중 어느 하나에 해당하는 경우로서 파견받은 종업원등을 해당 납품업자등이 납품하는 상품의 판매 및 관리 업무에만 종사하게 하여야 한다.

그런데 피심인들은 납품업자로부터 종업원등을 파견받으면서 사전에 법 시행령 제10조 제 1 항에서 정하고 있는 종업원등의 수, 근무기간 및 근무시간, 종사할 업무내용, 인건비 분담 여부 및 조건 등 파견조건을 서면으로 약정한 사실이 없으며, 납품업자로부터 파견받은 종업원등을 매장 청소, 고객 응대, 재고조사 등 납품업자가 납품하는 상품의 판매 및 관리 업무와 관련 없는 업무에 종사하게 한 사실이 있다.

따라서 피심인들의 위 행위는 법 제12조 제 1 항 단서의 절차적 요건 및 실체적 요건을 모두 충족하지 못하였으므로 법 제12조 제 1 항 단서의 예외적 허용 요건에 해당하지 않는다.

[㈜이마트의 대규모유통업법 위반행위에 대한 건(2023. 9. 8. 의결 제2023-138호)]

[사실관계]

피심인은 2019. 3. 12.~2021. 3. 29. 기간 동안 505개 납품업자와 809건의 종업원 파견약정을 체결하면서, 납품업자의 종업원 파견요청 공문이 없는 상태에서 종업원 파견약정을 체결하고, 약정 체결 후에 납품업자로부터 종업원 파견요청 공문을 수취하였다. 피심인의 파견요청 공문 수취는 파견 약정의 체결일로부터 최소 1일에서 최대 23일 이후에 이루어졌다.

[공정거래위원회의 판단]

대규모유통업자가 납품업자 등의 자발적 요청을 사유로 납품업자 등과 종업원 파견약정을 체결하기 위해서는 납품업자 등의 서면요청이 선행되어야 하는데, 피심인이 해당 납품업자들과 종업원 파견약정을 체결할 당시 납품업자들의 서면에 따른 요청이 없었으므로 법에서 정한 절차를 위반하였고, 따라서 법 제12조 제 1 항의 요건을 충족하지 않는다.

[롯데쇼핑㈜(마트부문)의 대규모유통업법 위반행위에 대한 건(2018. 10. 10. 의결 제2018-302호), 서울고등법원 2019. 7. 17. 선고 2018누71658 판결]

[사실관계]

롯데쇼핑㈜는 2015. 8. 26.~2016. 8. 16. 기간 동안 자신이 운영하는 20개 대형마트 점포의 환경 개선(리뉴얼) 작업을 진행하면서, 사전에 서면으로 약정하지 않고 118개 납품업자로부터 906명의 종업원을 파견받아 사용했다.

[공정거래위원회의 판단]
피심인은 연간 기본거래계약시 판촉사원 파견조건서를 체결하고 고정 판촉사원을 파견 중인 납품업자의 경우 새로운 종업원을 추가로 투입하지 않고 이미 파견된 종업원에게 판촉사원 파견조건서상 정해진 업무인 (리뉴얼 후) 진열 작업을 하도록 업무를 조정한 것에 불과하다고 주장하였다.

공정거래위원회는 이에 대하여 ①피심인의 연간 기본거래계약서에 첨부된 판촉사원 파견조건서는 법 제12조 제 1 항 제 2 호에 따라 납품업자가 인건비를 부담하면서 피심인의 매장에 판촉사원을 파견하기 위하여 자발적으로 요청하는 경우에 체결하는 서면이므로 매장 리뉴얼, 신규 개점, MD개편 등과 같이 피심인의 계획 및 요청 하에 납품업자의 종업원이 일시적으로 동원되는 경우를 포괄하는 근거 서면으로 볼 수는 없고, 법 제12조 제 1 항 제 1 호와 제 2 호는 종업원의 사용목적, 인건비 부담주체 등이 근본적으로 상이하므로 특별한 사정이 없는 한 별도의 서면약정이 필요한 경우로 보는 것이 타당한 점, ②가사 피심인의 주장과 같이 새로운 종업원의 투입 없이 고정 판촉사원을 리뉴얼 작업에 투입한 경우라 하더라도 주로 야간 또는 휴무일에 이루어지는 리뉴얼 작업의 특성상 정상 영업시간 내 근무를 전제로 작성된 판촉사원 파견조건서는 여전히 유효한 서면약정이 될 수 없는 점 등을 고려할 때, 피심인의 위 주장은 이유 없다고 판단하였다.

[서울고등법원의 판단]
원고는 리뉴얼 공사가 완료된 후 새로운 진열 공간에 납품업자의 파견종업원이 상품을 재진열하는 업무는 파견조건서에 규정된 '상품진열 및 판매'에 해당하므로, 납품업자와 사전 서면 약정을 체결하고 그에 따라 납품업자의 파견종업원을 사용한 것일 뿐이라고 주장하였으나, 법원은 아래와 같은 이유로 파견조건서는 원고가 납품업자의 파견종업원을 리뉴얼 후의 상품 재진열 업무에 종사하게 할 수 있는 약정 서면이 될 수 없다고 판단하였다.

(1) 파견조건서의 "상품진열"은 납품업자가 원고에게 납품한 상품을 자신의 지배 또는 관리로 판매하기 위해 진열·관리하는 것을 의미하고, 납품업자는 그 범위 한도 내에서 파견종업원 관련 비용을 부담하겠다고 한 것이며, 납품업자가 파견요청서를 작성하여 원고에게 제출할 당시에 예측하지 못한 사항에는 그 효력이 미치지 않는다고 봄이 옳다. 그러므로 설령 원고 주장과 같이 원고가 지배 내지 관리한 판매촉진 활동이 원고에게 이익이 되고 나아가 결과적으로 납품업자에게도 이익이 되더

라도, 납품업자가 파견조건서 체결 당시 그 활동을 구체적으로 예측하지 못한 경우에 그 활동 비용까지 스스로 부담하겠다는 의사를 표시했다고 볼 것은 아니다.

(2) 리뉴얼의 필요성을 파악하고 그에 따른 구체적인 리뉴얼 시행계획을 수립하여 실시한 것은 납품업자가 아니라 원고이다. '공사가 완료된 매장에 상품을 재진열'하는 것은 원고 직원이 압축진열을 위해 임시로 이동시켰던 상품을 다시 판매하기 위해 진열대에 되돌려 진열하여 놓는다는 점에서 리뉴얼 과정으로 인식하는 것이 자연스럽고, 이와 달리 이 부분만을 따로 떼어내 상품진열로서 독자적인 의미가 있다고 이해할 것은 아니다.

(3) 납품업자는 리뉴얼의 시행 여부와 시기, 기간, 그 구체적 내용 등에서 주도권을 전혀 가지고 있지 않았고, 다만 리뉴얼 실행 직전에 원고로부터 리뉴얼의 필요성과 내용 등에 관해 통보받고 이에 동의했던 것으로 보인다. 그 처지가 이와 같았던 납품업자는 리뉴얼이 연중에 혹시 시행될지도 모른다는 막연한 예상 내지 추측을 넘어 리뉴얼 실시 여부, 시행 시기와 기간, 필요한 인력과 비용 등을 개략적이라도 예측할 수 없었다고 보인다. 설령 원고 주장대로 납품업자 대부분이 리뉴얼을 어느 정도 예측했더라도, 적어도 사전에 그 파견요청서를 작성·제출하지 않은 과반수 납품업자는 리뉴얼 인건비 등을 자신이 부담할 의사가 전혀 없었고 오히려 이를 원고가 전적으로 부담해야 한다고 인식했음을 분명히 보여준다. 파견요청서를 작성·제출하여 파견조건서를 작성한 납품업자들은 이와 다르게 원고가 아니라 자신이 스스로 리뉴얼 인건비 등을 부담할 의사가 있었을 수 있다고 의심하게 할만한 합리적인 특별한 사정에 관한 주장과 그 충분한 증명이 없다.

8. 관련 사항 – 종업원등의 파견에 관한 노동관련법상 문제점

대규모유통업자가 납품업자등으로부터 종업원등을 파견받아 자신의 사업장에서 근무하도록 하는 행위와 관련하여, 대규모유통업법 이외에 근로기준법 및 파견법상의 문제가 있을 수 있다. 대규모유통업 거래에서 납품업자등이 대규모유통업자의 사업장에 종업원등을 파견하여 자신의 상품을 판매하도록 하는 관행은 지금도 많이 존재하고 있으나 이에 관한 노동법적 관점에서의 검토는 활발히 이루어지지 않았다. 향후 이러한 관점에서 종업원등의 파견에 관한 관행이 검토될 여지가 없지 않다. 이하에서 간략히 살펴본다.

우선, 납품업자등이 자신의 종업원을 대규모유통업자의 사업장에 파견하는 경우, 납품업자등은 당해 근로자 파견을 업으로 하였다거나 이를 통해 영리를 취득한 것이 아니므로, 파견법상 근로자파견에는 해당하지 않는다.[15] 다만, 대규모유통업자가 파견 종업원의 근무시작 여부, 보수액 및 그 지급방법, 업무내용을 주도적으로 정하고, 출퇴근, 휴가일정 등을 관리한 사정, 파견 종업원이 대규모유통업자 소속 직원의 지시에 따라 자신들에게 보수를 입금한 납품업체의 상품만이 아니고 대규모유통업자에게 납품된 전체 상품의 진열 및 재고조사, 대청소, 창고정리, 판매보조 등의 업무를 수행한 사정 등이 인정될 경우에는 명시적인 근로계약 체결사실이 없다 하더라도 대규모유통업자와 파견된 종업원 간에 묵시적 근로계약관계가 형성되어 대규모유통업자가 파견 종업원의 근로기준법상 사용자로서의 의무를 부담하게 될 수도 있다.[16]

다음으로, 납품업자등이 제 3 의 업체인 근로자파견업체와 파견계약을 체결한 뒤 근로자파견업체의 직원을 대규모유통업자에게 파견하거나 또는 대규모유통업자가 직접 근로자파견업체와 파견계약(계약의 명칭이 '도급계약', '업무위탁계약'인지 여부와는 무관하게 계약내용의 실질로 판단함[17])을 체결하는 경우 이는 파견법상 근로자파견에 해당할 수 있다. 이와 같이 파견법상 근로자파견에 해당하는 경우에는 파견법이 적용되는데, 파견법상 근로자파견이 가능하기 위해서는 같은 법 제 5 조(근로자파견 대상 업무 등) 소정의 근로자파견 대상 업무에 해당하여야 한다. 그러나 같은 법

15) 근로자파견사업이라 함은 근로자파견을 업으로 행하는 것을 말한다(파견법 제 2 조 제 2 호).

16) 농업협동조합이 운영하는 대형할인매장에 파견된 특정 납품업체의 종업원이, 농업협동조합 직원의 지시에 따라 자신이 소속된 납품업체의 상품은 물론 해당 매장에 납품된 전체 상품에 대한 관리, 판매보조 등의 업무를 수행한 사안으로, 농업협동조합이 위 납품업체직원들의 사용자로서 근로기준법상의 의무를 지는 것인지 여부가 문제된 사안이다(대법원 2006. 12. 7. 선고 2006도300 판결 참조).

17) 대법원 2015. 2. 26. 선고 2012다96922 판결, 대법원 2015. 2. 26. 선고 2010다93707 판결, 대법원 2015. 2. 26. 선고 2010다106436 판결. 위 판결들은 파견근로관계의 성립여부에 대하여, "① 제 3 자가 당해 근로자에 대하여 직·간접적으로 그 업무수행 자체에 관한 구속력 있는 지시를 하는 등 상당한 지휘·명령을 하는지, ② 당해 근로자가 제 3 자 소속 근로자와 하나의 작업집단으로 구성되어 직접 공동 작업을 하는 등 제 3 자의 사업에 실질적으로 편입되었다고 볼 수 있는지, ③ 원고용주가 작업에 투입될 근로자의 선발이나 근로자의 수, 교육 및 훈련, 작업·휴게시간, 휴가, 근무태도 점검 등에 관한 결정 권한을 독자적으로 행사하는지, ④ 계약의 목적이 구체적으로 범위가 한정된 업무의 이행으로 확정되고 당해 근로자가 맡은 업무가 제 3 자 소속 근로자의 업무와 구별되며 그러한 업무에 전문성, 기술성이 있는지, ⑤ 원고용주가 계약의 목적을 달성하기 위하여 필요한 독립적 기업조직이나 설비를 갖추고 있는지 등의 요소를 바탕으로 그 근로관계의 실질에 따라 판단하여야 한다"고 판시하였다.

제 5 조 제 1 항 및 같은 법 시행령이 정하고 있는 근로자파견 대상 업무는 일부 제한된 업무에 한하고 있다. 그 구체적인 사항은 다음과 같다.[18)]

한국표준 직업분류	대상업무	비고
120	컴퓨터관련 전문가의 업무	
16	행정, 경영 및 재정 전문가의 업무	행정 전문가(161)의 업무를 제외한다.
17131	특허 전문가의 업무	
181	기록 보관원, 사서 및 관련 전문가의 업무	사서(18120)의 업무를 제외한다.
1822	번역가 및 통역가의 업무	
183	창작 및 공연예술가의 업무	
184	영화, 연극 및 방송관련 전문가의 업무	
220	컴퓨터관련 준전문가의 업무	
23219	기타 전기공학 기술공의 업무	
23221	통신 기술공의 업무	
234	제도 기술 종사자, 캐드 포함의 업무	
235	광학 및 전자장비 기술 종사자의 업무	보조업무에 한한다. 임상병리사(23531), 방사선사(23532), 기타 의료장비 기사(23539)의 업무를 제외한다.
252	정규교육 이외 교육 준전문가의 업무	
253	기타 교육 준전문가의 업무	
28	예술, 연예 및 경기 준전문가의 업무	
291	관리 준전문가의 업무	
317	사무 지원 종사자의 업무	
318	도서, 우편 및 관련 사무 종사자의 업무	
3213	수금 및 관련 사무 종사자의 업무	
3222	전화교환 및 번호안내 사무 종사자의 업무	전화교환 및 번호안내 사무 종사자의 업무가 당해 사업의 핵심 업무인 경우를 제외한다.
323	고객 관련 사무 종사자의 업무	

18) 파견법 제 5 조(근로자파견대상업무 등) ① 근로자파견사업은 제조업의 직접생산공정업무를 제외하고 전문지식·기술·경험 또는 업무의 성질 등을 고려하여 적합하다고 판단되는 업무로서 대통령령이 정하는 업무를 대상으로 한다.

411	개인보호 및 관련 종사자의 업무	
421	음식 조리 종사자의 업무	「관광진흥법」 제 3 조에 따른 관광 숙박업의 조리사 업무를 제외한다.
432	여행안내 종사자의 업무	
51206	주유원의 업무	
51209	기타 소매업체 판매원의 업무	
521	전화통신 판매 종사자의 업무	
842	자동차 운전 종사자의 업무	
9112	건물 청소 종사자의 업무	
91221	수위 및 경비원의 업무	「경비업법」 제 2 조 제 1 호에 따른 경비업무를 제외한다.
91225	주차장 관리원의 업무	
913	배달, 운반 및 검침 관련 종사자의 업무	

이에 따르면, 한국표준직업분류(통계청 고시 제2000-2호)의 '소매업체 판매종사자'(512) 중 '기타 소매업체 판매원'(51209)을 제외한 나머지 직군, 즉 '종합 소매판매원'(51201), '음식료품 및 담배 소매판매원'(51202), '의복, 신발 및 관련제품 소매판매원'(51203), '가정용 기기, 가구 및 장비 소매판매원'(51204), '서적, 문구 및 사무, 정밀기기 소매판매원'(51205)은 파견법상 허용되는 근로자파견대상업무에 포함되지 않는 것으로 해석된다.[19]

실질적으로 근로자파견 계약관계가 형성되는 이상, 파견법에 위반되는 근로자파견으로 인정될 경우, 당해 종업원을 파견한 사업주는 물론, 이들로부터 종업원을 파견받은 대규모유통업자 역시 파견업 허가가 없는 업체로부터 인력을 파견 받았다는 점(파견법 제43조 제 2 호, 제 7 조 제 3 항),[20] 당해 인력이 파견된 업무가 파견가능 업

19) 고용노동부는 대형마트의 상품 진열·정리 및 판매보조업무는 근로자파견대상업무에 해당하지 않는다고 유권해석을 한 바 있다(고용차별개선과-967, 2011. 6. 30.).

20) 파견법 제43조(벌칙) 다음 각 호의 1에 해당하는 자는 3년 이하의 징역 또는 2천만 원 이하의 벌금에 처한다.

1. 제 5 조 제 5 항, 제 6 조 제 1 항·제 2 항·제 4 항 또는 제 7 조 제 1항을 위반하여 근로자파견사업을 한 자
2. 제 5 조 제 5 항, 제 6 조 제 1 항·제 2 항·제 4 항 또는 제 7 조 제 3항을 위반하여 근로자파견의 역무를 제공받은 자

파견법 제 7 조(근로자파견사업의 허가)

무가 아님에도 불구하고 인력을 파견 받았다는 점(파견법 제43조 제 2 호, 제 5 조 제 5 항)[21]을 이유로 하여 형사처벌될 수 있다. 또한 근로자파견 대상업무에 해당하지 아니하는 업무에서 파견근로자를 사용하는 경우, 2년을 초과하여 계속적으로 파견근로자를 사용하는 경우, 허가를 받지 않은 파견업체로부터 근로자파견의 역무를 제공받은 경우 등 파견법이 정하는 일정한 경우에는 사용사업주인 대규모유통업자가 해당 파견 종업원을 직접 고용하여야 한다(파견법 제 6 조의2).[22]

---

③ 사용사업주는 제 1 항의 규정을 위반하여 근로자파견사업을 행하는 자로부터 근로자파견의 역무를 제공받아서는 아니 된다.

21) 파견법 제 5 조(근로자파견대상업무등) ⑤ 누구든지 제 1 항부터 제 4 항까지의 규정을 위반하여 근로자파견사업을 하거나 그 근로자파견사업을 하는 자로부터 근로자파견의 역무를 제공받아서는 아니 된다.

22) 파견법 제 6 조의2(고용의무) ① 사용사업주가 다음 각 호의 어느 하나에 해당하는 경우에는 해당 파견근로자를 직접 고용하여야 한다.

1. 제 5 조 제 1 항의 근로자파견대상업무에 해당하지 아니하는 업무에서 파견근로자를 사용하는 경우(제 5 조 제 2 항에 따라 근로자파견사업을 한 경우는 제외한다)
2. 제 5 조 제 3 항을 위반하여 파견근로자를 사용하는 경우
3. 제 6 조 제 2 항을 위반하여 2년을 초과하여 계속적으로 파견근로자를 사용하는 경우
4. 제 6 조 제 4 항을 위반하여 파견근로자를 사용하는 경우
5. 제 7 조 제 3 항을 위반하여 근로자파견의 역무를 제공받은 경우

제 9 장

배타적 거래 강요 금지

1. 서 설

대규모유통업자는 부당하게 납품업자등에게 배타적 거래를 하도록 하거나 납품업자등이 다른 사업자와 거래하는 것을 방해하는 행위를 하여서는 아니 된다(법 제13조). 대규모유통업법상의 규제조항들이 대부분 거래상 지위를 이용한 대규모유통업자의 납품업자등에 대한 불공정거래행위를 규율하려는 취지인 반면, 법 제13조(배타적 거래 강요 금지)는 이러한 취지 외에도 배타적 거래를 통해 다른 대규모유통업자의 경쟁력을 떨어뜨리는 등 경쟁제한적 효과를 차단하는 데도 중요한 목적이 있다. 유통 실무상 배타조건부거래는 주로 대규모유통업자가 특정 납품업자에게 다른 경쟁 유통업자와는 거래하지 않는 조건으로 자신하고만 거래하도록 하는 형태로 이루어지는 것이 일반적인데, 이와 같은 배타조건부거래는 긍정적인 측면과 부정적인 측면을 동시에 내포하고 있다.

우선, 배타조건부거래의 긍정적인 측면으로, 납품업자등은 배타조건부 계약을 체결한 대규모유통업자로부터 보다 충실한 지원을 받으면서 안정적인 수요처를 확보하는 효과를 누리게 된다. 대규모유통업자의 입장에서는 특정 상품 또는 브랜드를 독점함으로써 다른 경쟁 유통업자에 비해 차별성 있는 구성이 가능해지고, 보다 안정적인 공급처를 확보함으로써 경쟁에서 유리한 위치를 점할 수 있게 된다. 반면, 배타조건부 계약을 체결한 대규모유통업자의 경쟁 유통업자들의 입장에서는 당해 납품업자등과의 거래가 제한되어 시장에서의 경쟁력이 약화되는 문제가 있다[소위, 봉쇄효과(Foreclosure effect)]. 나아가 배타조건부거래는 그 자체로 자신과 계약을 체결한 당해 납품업자등의 거래상대방 결정의 자유를 제한하는 부정적 효과가 있다.

이처럼 대규모유통업자와 납품업자등 사이의 배타조건부거래는 긍정적 측면과 부정적 측면을 동시에 내포하고 있으므로 이를 일률적으로 허용하거나 금지하기 보다는 개별 사안에 따라 그 타당성을 구체적으로 살펴보아야 한다. 대규모유통업법이 본 법의 다른 규제들과 달리 배타조건부거래에 대하여는 '원칙적 금지, 예외적 허용'의 규범 구조를 취하지 아니하고, '부당하게 한 행위'만을 금지하는 것으로 규정한 것도 배타조건부 거래행위의 이 같은 특성을 감안한 취지로 보인다. 이에 따라 부당성의 입증책임은 공정거래위원회가 진다. 이러한 점은 법 제14조(경영정보 제공 요구 금지), 제14조의2(경영활동 간섭 금지), 제15조의2(부당한 영업시간 구속 금지) 규정과 규율 태도를 같이 한다. 다만, 여기서 '부당성'은 무엇으로 판단할 것인가의 문제가 있는데 이 부분에 대해서는 뒤에서 자세히 살펴보기로 한다.

2. 배타적 거래 강요 등의 금지

가. 적용 범위

대규모유통업법 제13조는 대규모유통업자가 납품업자등에 대해 부당하게 배타적 거래를 하도록 하거나, 납품업자등이 다른 사업자와 거래하는 것을 방해하는 행위를 금지하고 있다. 법 제13조 전단과 후단은 각각 독립적인 위법 요건사실로 해석되므로, 이 중 하나에 해당하고 그 행위가 부당하다는 점을 공정거래위원회가 입증하면 법 위반이 된다. 본 조 문언상, 대규모유통업자에게 금지되는 행위의 상대방에는 납품업자는 물론, 매장임차인도 포함된다.

나. '배타적 거래를 하도록' 하는 행위의 금지

대규모유통업자는 납품업자등에 대해 부당하게 배타적 거래를 하도록 하는 행위를 하여서는 아니 된다. '배타적 거래를 하도록' 하는 행위라 함은 대규모유통업자가 납품업자등으로 하여금 자신하고만 거래를 하고 다른 사업자와는 거래를 하지 않도록 하는 일체의 행위를 의미한다. 여기서 '다른 사업자'라 함은 주로 경쟁 유통업자를 말하지만, 행위 당시에는 경쟁관계에 있지 않더라도 잠재적으로 경쟁사업자가 될 수 있는 사업자도 당연히 포함한다. 또한 납품업자등에게 직접적으로 경쟁사업자와의 거래를 금지하거나 제한하는 행위뿐만 아니라, 자신이 취급하는 품목의 경쟁품목을 취급하는 것을 금지하거나 제한하는 행위도 포함한다. 예컨대 시장에서 입소문이 나서 수요가 급증한 상품을 공급하는 납품업자에게 물량 전부를 자기에게만 공급하도록 하거나, 매장임차인에게 다른 대규모유통업자의 점포에는 입점하지 않도록 하는 행위가 이에 해당한다.

여기서 배타적 거래를 '하도록' 하는 행위를 어떻게 해석할 것인지가 문제가 될 수 있다. 이에 대해서는 배타적 거래를 직접 강요하는 행위 뿐만 아니라, 엄격한 의미의 강요에는 이르지 않는다고 하더라도 실질적으로 납품업자등의 행위를 구속하는 효과를 가져오는 행위, 즉 '사실상 구속성'이 인정되는 경우까지도 포함된다고 해석하는 것이 타당하다. 예컨대, 대규모유통업자가 납품단가 인하, 대규모유통업자의 판매수익 또는 수수료 인상, 판매장려금 지급 중지, 거래중단, 매장이동 등 불이익을 제공하거나 불이익을 제공하겠다는 뜻을 전달하거나 협박하는 행위 등이 이에 해당한다. 일반적으로 납품업자등의 입장에서 납품단가 인하, 대규모유통업자의 판매수익 또는 수수료 인상, 판매장려금 지급 중지, 거래중단, 매장이동은 영업실적에 결정적인 영향을 미치는 경우가 많고, 특히 당해 대규모유통업자의 시장점유율이 높은 경우에는 사실상 당해 대규모유통업자의 요청 내지 요구를 거부하기 어렵기 때문이다. 다만 대규모소매업고시[1)] 하에서 공정거래위원회는 강요의 의미를 보다 확장하여 판단한 것으로 보인다.[2)]

1) 대규모소매업고시 제10조 제1항은 '사업활동 방해 등의 금지'라는 제목 하에, "대규모소매업자는 납품업자 등과의 거래를 자기에게만 한정하거나 납품업자 등에게 배타적 거래를 강요함으로써 납품업자 등의 자율적 판단을 제한하여 다른 사업자와의 거래를 부당하게 방해하는 행위를 하여서는 아니 된다"고 규정하고 있었다.

2) 동 건에서 피심인이 납품업자에 대하여 경쟁 사업자 입점을 방해함으로써 배타적 거래관계를 강요하였는지가 쟁점이 되었는데, 공정거래위원회는 '강요' 란 서면약정의 형식적인 절차를 거쳤다고 하더라도 계약당사자의 실질적인 의사의 합치나 납품업자와 충분한 협의가 이루어지지 않거나, 거래상 지위의 차이로 인해 대규모소매점업자의 형식적인 요청을 납품업자가 거절하기 곤란하여 이를 따를 수 밖에 없는 경우도 포함될 수 있다고 전제하면서, 대규모소매점업자 입장에서는 단순한 '요청'의 수준이었거나 형식적으로 합의의 요건을 갖추었다 하더라도 거래상 지위가 열위에 있는 납품업자 입장에서는 요청을 거부하여 불이익을 당했거나 당할 우려가 큰 경우 또는 주위의 사정으로 보아 객관적으로 요청을 수락하지 않을 수 없는 사정이 인정되는 경우에는 '강요'가 있는 것으로 보는 것이 타당하다고 판단한 바 있다[롯데쇼핑㈜의 거래상 지위 남용행위에 대한 건(2008. 12. 2. 의결 제2008-315호)].

생각건대, '하도록' 하는 행위의 정도를 어디까지로 볼 것인지에 대해서는 본 조의 제목이 '배타적 거래 강요 금지'라고 되어 있는 점과 본 조 위반이 인정될 경우 형벌조항까지도 적용이 가능한 점을 감안할 때, 강요로 볼 수 있을 정도의 '사실상 구속성'이 인정되는 정도를 넘어 그 범위를 지나치게 확장하여 해석하는데는 신중할 필요가 있다고 판단된다.

한편, 배타적 거래 강요 금지에서의 '거래'의 범위와 관련하여, 공정거래위원회는 경쟁사업자에 비해 소비자접근성이나 기대 매출이 높은 씨제이올리브영이 자신이 진행하는 판촉행사에 참여하려는 납품업자에게 행사 진행 당월과 그 전월에 경쟁사업자와 판촉행사를 진행하지 않도록 한 행위(소위 '단독행사 원칙')가 문제된 사안에서, 대규모유통업자와 진행하는 판촉행사에 참여하는 행위도 '거래'임을 전제로 배타적 거래행위가 인정된다고 판단하였는바, 납품, 입점 뿐만 아니라 판촉행사 등 기타 일체의 행위도 '거래' 개념에 포함되는 것으로 해석하는 입장으로 보인다(공정거래위원회 2023. 12. 21. 의결 제2023-234호).[3)]

다. '다른 사업자와 거래하는 것을 방해하는' 행위의 금지

대규모유통업자가 납품업자등에 대해 배타적 거래를 하도록 한 경우가 아니라 하더라도, 특정 납품업자등이 다른 사업자와 거래하는 것을 방해하는 행위도 금지된다. 본 조 후단의 문언상으로는 '다른 사업자'라고 규정하고 있으므로, 대규모유통업자의 경쟁사업자에 한정된다고 볼 수는 없다. 그러나, (i) 거래 방해 금지 규정이 배타적 거래 금지와 병렬적으로 규정되어 있는 점, (ii) 본 조의 입법 취지가 주로 대규모유통업자에 의한 경쟁제한적 행위를 방지하기 위한 것으로 보이는 점, (iii) 현실의 유통실무에서는 대규모유통업자가 자신과 경쟁관계에 있지도 않는 사업자와의 거래를 방해하는 것은 상정하기 어렵다는 점 등을 감안할 때 본 조에서의 다른 사업자는 자신 또는 그 계열회사의 경쟁사업자 또는 잠재적 경쟁사업자가 되는 경우가 일반적일 것으로 판단된다.

'거래를 방해하는 행위'에는 납품업자등이 자신의 의사에 따라 어떤 사업자와 거래를 하고자 함에도 불구하고 대규모유통업자가 이를 금지 또는 제한하거나, 기타 납품업자등의 곤란을 야기하는 일체의 행위가 포함 될 수 있다. 대규모유통업자가

3) 이에 대해서는 현재 행정소송이 진행 중이다.

납품업자등으로 하여금 특정 사업자에게는 정해진 품목만을 납품 내지 거래하도록 하는 행위, 거래는 허용하되 거래조건을 제한하는 행위 등이 이에 해당될 수 있다. 예를 들어 대규모유통업자가 특정 납품업자등으로 하여금 자기에게만 유리한 조건으로 납품하도록 하거나, 특정한 경쟁 유통업자에게는 불리한 조건으로 거래하도록 하는 행위 등이다.

한편, '방해'라는 문언의 의미상, 단순한 권유만으로는 부족하고, 적어도 납품업자등의 거래상대방 선택에 관한 자유로운 의사결정에 사실상의 장애를 유발할 수 있는 정도에 이르러야 할 것이다(2008. 12. 2. 의결 제2008-315호). 다른 경쟁사업자와는 거래하지 않는다는 조건을 계약서에 기재하고 이를 위반할 경우 일정한 제재를 가하겠다는 취지의 규정을 명시하는 방식으로 사전에 다른 사업자와의 거래를 방해하는 경우는 물론이고, 경쟁 대규모유통업자에 입점하였다는 이유로 해당 매장임차인의 매장을 불리한 곳으로 이동하거나 판매수수료를 인상하는 등 사후적인 방해행위도 이에 해당한다고 볼 수 있을 것이다.

라. '부당성'의 존재

대규모유통업자가 납품업자등에게 배타적 거래를 하게 하거나, 다른 사업자와의 거래를 방해하였다고 해서 이를 모두 위법하다고 평가할 수는 없다. 대규모유통업법 제13조는 부당성을 위법성 판단 요소의 하나로 규정하고 있기 때문이다. 이러한 점이 대규모유통업법의 여러 다른 규정과 구별됨은 앞서 기술한 바와 같다. 공정거래법상 거래상 지위 남용행위에서의 '부당성'의 의미에 관하여 법원은 "거래상 지위를 부당하게 이용하였는지 여부는 당사자가 처하고 있는 시장 및 거래의 상황, 당사자 간의 전체적인 사업능력의 격차, 거래의 대상인 상품 또는 용역의 특성, 그리고 당해 행위의 의도, 목적, 효과, 영향 및 구체적인 태양, 해당 사업자의 시장에서의 우월한 지위의 정도 및 상대방이 받게 되는 불이익의 내용과 정도 등에 비추어 볼 때 정상적인 거래관행을 벗어난 것으로서 공정한 거래를 저해할 우려가 있는지 여부를 판단하여 결정하여야 한다"고 판시한 바 있다(대법원 2002. 1. 25. 선고 2000두9359 판결). 본 조 역시 공정거래법상 일반 불공정거래행위의 특수 형태인 점을 고려하면 이에 준하여 판단할 수 있을 것이다.

배타적 거래 강요 금지에 있어 부당성을 거래의 불공정성 측면에서 파악할 것인지 아니면 경쟁제한성 측면에서 파악할 것인지 이론이 있을 수 있다. 생각건대 (i) 공정거래법상 배타조건부거래의 경우에도 경쟁제한성 측면에서 부당성을 판단하는 점, (ii) 현실적으로 납품업자 입장에서 배타조건부거래를 체결하는 것이 더 유리한 경우도 있을 수 있는 점, (iii) 대규모유통업법 시행 무렵 공정거래위원회는 보도자료를 통해, 배타조건부거래행위는 경쟁제한효과가 큰 행위임을 감안하여 경영정보제공요구와 함께 형벌조항을 두고, 위법성 입증책임을 공정거래위원회에게 부여한다고 밝히고 있는 점,[4] (iv) 부당성을 불공정성으로 해석할 경우 특정한 납품업자에게만 배타조건부거래를 요구하더라도 위법하다고 판단해야 할 경우가 많을 것인데, 대규모유통업자의 입장에서 특정한 목적(경쟁제한 목적) 없이 특정 납품업자에게만 배타적 거래를 강요할 만한 합리적인 이유가 있다고 보기 어려운 점 등을 고려할 때, 배타조건부 거래 강요행위의 부당성은 경쟁제한성 측면에서 파악하는 것이 타당하다고 판단된다.

예를 들어, TV홈쇼핑 거래에서 홈쇼핑사업자와 납품업자 사이에서 배타적 거래계약(독점 계약)을 체결하는 경우가 있다. 어느 납품업자의 상품의 생산능력에 한계가 있어 다른 홈쇼핑사에는 추가로 납품할 여력이 없는 상태에서 특정 홈쇼핑사에만 납품하면서 배타적 거래계약을 체결하는 경우가 그것인데, 홈쇼핑 방송을 통해 소비자들에게 '독점 판매' 사실을 강조하면 판매를 촉진시키는 효과가 있기 때문에, 이 경우 납품업자 입장에서는 배타적 계약을 체결할 유인이 생기게 된다. 이러한 이해관계에 따라 양 당사자가 상호 충분한 협의를 거쳐 자유로운 의사에 따라 배타적 거래계약을 체결한 경우에는 독점계약에 따른 별도의 인센티브를 제공하지 않았다고 하더라도 강요행위 또는 부당성이 없는 것으로 볼 수 있을 것이다.

한편, 종전 대규모소매업고시 제10조 제 1 항은 '사업활동 방해 등의 금지'라는 제목 하에, "대규모소매업자는 납품업자 등과의 거래를 자기에게만 한정하거나 납품업자 등에게 배타적 거래를 강요함으로써 납품업자 등의 자율적 판단을 제한하여 다른 사업자와의 거래를 부당하게 방해하는 행위를 하여서는 아니 된다"고 규정하고 있었다. 동 조항을 문언적으로만 보면, 대규모유통업자가 납품업자등에게 배타적 거래를 강요할 경우 결과적으로 납품업자등의 자율적 판단이 제한되고 나아가 다른 유

4) 2011. 12. 30. 배포 공정거래위원회 보도자료 "대형유통업체의 입점 방해나 퇴점 방해 등을 금지 –「대규모유통업에서의 거래 공정화에 관한 법률」, 2012. 1. 1.부터 시행 –" 참조.

통업자와의 거래가 부당하게 방해된다는 논리구조로 이루어져 있다. 물론, 대규모소매업고시와 공정거래법의 관계를 고려하면, 대규모소매업자가 거래상의 우월적 지위를 이용하였어야 하고, 그 행위가 부당(또는 공정거래를 저해)하여야 한다는 점은 당연히 고려되어야 할 요건사실로서,[5] 대규모소매업고시 하에서 배타적 거래행위는 납품업자등의 자율적 판단을 제한하고, 결과적으로 다른 사업자와의 거래를 부당하게 방해하는 결과를 초래한다는 관점으로 위법성을 판단한 것으로 보인다.[6]

그런데, 대규모유통업법 제13조는 '대규모유통업자가 납품업자등에게 배타적 거래를 하도록 하는 행위'와 '납품업자등이 다른 사업자와 거래하는 것을 방해하는 행위'를 병렬적으로 나열함으로서, 각각 별도의 위법행위로 규정하였다. 대규모소매업고시 제10조가 대규모유통업자의 납품업자등에 대한 배타적 거래행위를 납품업자등의 자율적 판단을 제한하여 다른 사업자와의 거래를 방해하는 행위의 원인 또는 수단의 일종으로 보고 있는 것과 구별된다. 즉, 앞에서 살펴본 바와 같이 종전에는 대규모소매업자의 '강요'가 있으면 곧 납품업자등의 자유로운 판단을 제한한 것으로 사실상 추정되고, 여기에 공정거래저해성만 입증되면 위법성이 인정되었다. 반면, 대규모유통업법 제13조는 부당하게 납품업자등에게 배타적 거래를 하도록 하거나 다른 사업자와의 거래를 방해하는 행위를 금지하고 있는데, 병렬적인 두 가지 행위 모두 납품업자등에게도 영향을 미치지만 실질적으로는 대규모유통업자의 '경쟁사업자'에게 더 큰 영향을 미침으로써 경쟁을 제한하는 효과가 있다. 따라서 이러한 행위의 부당성을 판단함에 있어서는 대규모소매업고시와는 달리 볼 여지가 크다고 판단된다.

다만, 공정거래위원회는 불공정성 측면에 보다 주목하여 부당성을 판단하는 경향을 보이고 있다. 공정거래위원회는 ㈜위메프의 대규모유통업법 위반행위에 대한 건(2018. 5. 24. 의결 제2018-209호) 및 씨제이올리브영㈜의 시장지배적지위 남용행위 및 대규모유통업법 위반행위에 대한 건(2023. 12. 21. 의결 제2023-234호)에서 경쟁제

5) 제45조(불공정거래행위의 금지) ① 사업자는 다음 각 호의 어느 하나에 해당하는 행위로서 공정한 거래를 저해할 우려가 있는 행위(이하 '불공정거래행위'라 한다)를 하거나, 계열회사 또는 다른 사업자로 하여금 이를 하도록 하여서는 아니 된다.
7. 거래의 상대방의 사업활동을 부당하게 구속하는 조건으로 거래하는 행위

6) 대규모소매업자 롯데백화점의 대규모소매업에 있어서의 거래상 지위 남용행위에 대한 건(2008. 12. 2. 의결 제2008-315호) 참조.

한성에 대한 검토를 하지 않고, 대규모유통업자가 일방적으로 배타적 거래를 결정하였다거나, 납품업자들의 자유로운 의사결정을 침해하거나 침해할 우려가 있었던 점 등을 부당성의 근거로 제시한 바 있다. 입법 당시에는 경쟁제한성 측면에서 부당성을 판단하려던 취지와는 달리, 법 운영과정에서 거래상대방(납품업자등)의 자유로운 의사결정 침해를 주된 부당성의 근거로 판단하고 있는 것이다. 이와 같은 공정거래위원회의 태도가 타당한지에 대해서는 별론으로 하더라도, 피 규제자인 대규모유통업자 입장에서는 배타적 거래 행위가 양 당사자간 합의 없이 대규모유통업자의 일방의 의사에 따라 이루어질 경우, 그 자체로 납품업자등의 자유로운 의사결정은 침해된 것으로 볼 수밖에 없으므로, 부당성이 인정될 가능성은 매우 높아진다는 점을 유의할 필요가 있다.

4. 배타적 거래 강요 금지 규정 등 위반의 효과

가. 사법상 효과

대규모유통업자가 대규모유통업법 제13조에 위반하여 납품업자등에 대해 배타적 거래를 하도록 하거나 납품업자등이 다른 사업자와 거래하는 것을 방해하는 등의 약정을 체결한 경우라고 하더라도, 동 약정의 사법상 효력에는 영향을 미치지 아니한다. 대규모유통업자와 납품업자등의 배타적 거래에 관한 약정의 사법상 효력은 당사자 사이의 약정 내용 또는 민법, 상법의 각 해당 규정 또는 거래관행에 따른다. 따라서 위 약정이 민법상 하자 있는 의사표시에 해당하거나(민법 제107조 내지 제110조), 반사회적 법률행위(민법 제103조, 제104조)에 해당하는 등의 사유가 없는 한, 법 제13조에 위반되었다고 하여 그 사법상 효력까지 자동적으로 부인된다고 볼 수 없다.

나. 위반에 대한 제재[7)]

(1) 입증책임

대규모유통업법 제13조 규제와 관련하여, 공정거래위원회는 '대규모유통업자가 부당하게 납품업자등에게 배타적 거래를 하도록 하거나 납품업자등이 다른 사업자와 거래하는 것을 방해하는 행위를 한 사실'을 입증하는 것으로 당해 대규모유

7) 자세한 사항은 후술하는 제 3 부 제 2 장 '법 위반에 대한 조사 및 처분 등' 참조.

통업자의 본 조 위반에 따른 처분을 할 수 있다. 법 제13조 위반 사유가 있다는 사실에 대한 입증이 불가능할 경우 그 사실의 부존재 책임은 공정거래위원회가 부담한다.

(2) 시정조치

공정거래위원회는 배타적 거래 강요 금지 등 규정을 위반한 대규모유통업자에게 법 위반행위의 중지, 향후 재발방지, 시정명령을 받은 사실의 공표, 시정명령을 받은 사실의 거래상대방인 납품업자등에 대한 통지 등 그 밖에 시정에 필요한 조치를 명할 수 있다(법 제32조). 아울러 공정거래위원회는 본 조를 위반한 대규모유통업자에게 시정방안을 마련하여 이에 따를 것을 권고하는 시정권고를 할 수도 있다(법 제33조). 납품업자등에 대한 배타적 거래 강요 금지 규정을 위반한 대규모유통업자에 대한 기본적인 행정적 제재로서, 위 규정 위반으로 판단될 경우, 그 위반의 정도가 경미하여 경고에 그치지 않는 한, 시정명령 또는 시정권고의 처분이 있는 경우가 대부분이다.

(3) 과 징 금

공정거래위원회는 배타적 거래 강요 금지 규정을 위반한 대규모유통업자에게 대통령령이 정하는 산출방식에 따른 납품대금이나 연간 임대료를 초과하지 아니하는 범위에서 과징금을 부과할 수 있다(법 제35조 제 1 항, 제 2 항). 시행령은 과징금을 '관련 납품대금 또는 관련 임대료에 위반사업자의 위반금액의 비율을 곱한 금액에 부과기준율을 곱한 금액'으로 정하고 있다(시행령 제28조 제 1 항 별표 및 별표 1). 다만, 매출액을 산정하기 곤란한 경우 등에는 5억 원을 초과하지 아니하는 범위에서 과징금을 부과할 수 있다(법 제35조 제 1 항 단서). 과징금 고시는 배타적 거래 강요 금지 규정을 위반한 경우에는 위반행위가 중대하거나 파급효과가 큰 경우에 해당한다고 보아 원칙적 과징금 부과대상으로 규정하고 있다(과징금 고시 Ⅲ. 2.).

(4) 형사처벌

형사처벌 조항이 없는 상당수 규정과는 달리, 대규모유통업법 제13조의 배타적 거래 강요 금지 규정을 위반한 대규모유통업자는 2년 이하의 징역 또는 1억 5천만 원 이하의 벌금에 처해질 수 있고(법 제39조 제 1 항 제 1 호), 법인의 대표자나 법인 또는 개인의 대리인, 사용인이나 그 밖의 종업원이 그 법인 또는 개인의 업무에 관하여 배타적 거래 강요 금지 규정에 위반되는 행위를 하면 그 행위자를 벌하는 외에 그 법인 또는 개인에게도 해당 조문의 벌금형을 과할 수 있다. 다만, 법인 또는 개인이 그 위반행위를 방지하기 위하여 해당 업무에 관하여 상당한 주의와 감독을 게을리하지 아니한 경우에는 그러하지 아니하다(법 제40조). 위 죄는 공정거래위원회의 고발이 있는 경우에 한하여 공소가 제기될 수 있다(법 제42조).

5. 관련 사례

[롯데쇼핑(백화점 부문)의 거래상 지위 남용행위에 대한 건(2008. 12. 2. 의결 제2008-315호)][8)]

[사실관계]

피심인은 납품업자등이 2005. 8. 경쟁 대규모소매업자의 매장에 입점하자, 2006. 3. 납품업자 매장을 고객의 접근성이 낮은 곳으로 이동시키거나 납품업자가 지급해야 하는 수수료를 인상하는 방법으로 불이익을 제공하고, 경쟁 대규모소매업자의 매장에서 철수할 것을 요구한 사실이 있다. 또, 경쟁 대규모소매업자의 매장에 입점하려는 납품업자등에게 수수료 인상, 매장이동 등의 불이익을 제공한다고 하면서 경쟁 대규모소매업자 매장에의 입점을 방해하였다.

[공정거래위원회의 판단]

피심인의 납품업자에 대한 거래상 우월적 지위를 고려할 때 납품업자는 거래를 지속하기 위해서는 피심인이 제시하는 마진인상, 매장이동 조치 등의 패널티를 감수할 수밖에 없다. 납품업자의 입장에서 매장의 위치나 수수료 수준은 당해 백화점에서의 영업실적에 매우 큰 영향을 미치는 요소이며 시장점유율이 높은 피심인의 매장에서 이러한 불이익을 당할 경우 다른 백화점으로의 신규입점은 사실상 의미가 없게 되고, 따라서 경쟁백화점 입점은 불가능하게 된다. 결국 피심인의 이러한 행위는 납품업자의 자율적 판단을 제한하여 납품업자로 하여금 자신과만 거래하고 경쟁사업자와는 거래를 하지 못하게 하는 효과를 가지므로, 당해 행위는 거래상의 우월적 지위를 이용하여 배타적 거

8) 배타적 거래 강요 및 거래 방해 금지 의무와 관련하여, 대규모유통업법 제정 이전에 적용되었던 대규모소매업고시에 따라 공정거래위원회가 판단한 사례로서, 인용된 내용들은 대규모유통업법 시행 이후에도 여전히 참고할 수 있을 것으로 판단된다. 이 사건은 공정거래위원회의 판단과 동일한 취지의 내용으로 대법원에서 2011. 10. 13. 선고 2010두8522 판결로 확정되었다. 다만 본 조의 문언상으로는 부당성의 판단기준이 달라질 수 있음은 앞에서 살펴본 바와 같다.

래를 강요한 행위로 판단된다.

또한 피심인의 납품업자에 대한 마진인상, 매장이동 행위는 단지 경쟁백화점에 입점하였다는 이유로 주어진 보복성 조치이므로 납품업자가 자유로운 의사결정 및 합리적인 판단에 기초하여 자신의 거래상대방을 선택할 수 있는 여지를 봉쇄함으로써 통상적인 거래 관행을 벗어나서 공정한 거래를 저해한다고 할 것이다. 따라서 피심인의 행위는 대규모소매업고시 제10조 제 1 항에 위반되고, 이는 (구) 공정거래법 제23조 제 1 항 제 5 호 및 법 시행령 제36조 제 1 항 관련 [별표 1의2] '불공정거래행위의 유형 및 기준' 제 7 호 가목 '부당하게 거래상대방이 자기 또는 계열회사의 경쟁사업자와 거래하지 아니하는 조건으로 그 거래 상대방과 거래하는 행위'에 해당한다.

[㈜위메프의 대규모유통업법 위반행위에 대한 건(2018. 5. 24. 의결 제2018-209호)][9]

[사실관계]
피심인은 납품업자와의 위·수탁거래를 위해 상품입점계약을 체결하면서 피심인의 사이트를 통하여 판매되는 상품들을 판매시점으로부터 3개월 간 동종업계에서 판매하지 않도록 하고 이를 위반 시 위약금 일백만 원을 부담하도록 하였다.

[공정거래위원회의 판단]
피심인은 경쟁사업자와의 거래를 금지하도록 하는 내용으로 상품입점계약을 체결함으로써 합리적인 사유 없이 납품업자의 거래상대방을 제한하였고, 별도로 위약금이라는 구체적인 이행확보 수단까지 명시함으로써 납품업자들의 자유로운 의사결정을 저해할 우려가 있었던 점을 고려할 때, 위메프의 위 행위는 대규모유통업법 제13조에 위반되어 위법하다.

위메프는 행위 당시 후발업체에 불과하여 배타적 거래 조항을 적용할 수 있는 지위에 있지 아니하였고, 실제로도 납품업자들이 경쟁사업자와 거래함에도 불구하고 동 조항

9) 공정위는 우리홈쇼핑이 2016. 9. 6.부터 2019. 5. 15.까지의 기간 동안 ○○○ 등 32개 납품업자와 112건의 직매입거래계약을 체결하여 상품을 판매하면서, 납품업자로 하여금 피심인에게 최저납품가격을 보장하는 한편 다른 사업자에게는 피심인보다 낮은 가격으로 납품하지 못하도록 하고, 이를 준수하지 않을 경우 계약을 해지할 수 있도록 한 행위에 대해 배타적거래강요 금지 규정을 적용하여 위법성을 인정하였다(2022. 1. 26.자 의결 제2022-019호). 다만, 공정위는 어떠한 행위에 '배타성'이 있는지 명확히 검토하지는 않았는데, 우리홈쇼핑에게 최저가로 납품하도록 하고 타 사업자에게는 최저가로 납품하지 못하도록 거래조건을 설정한 행위를 '배타적 거래'로 본 것으로 보인다. 그러나 2023. 8. 8. 대규모유통업법 제14조의2(경영활동 간섭 금지) 규정이 신설 시행되었으므로, 앞으로 이와 같은 행위는 경영활동 간섭 금지 규정으로 규제하는 것이 타당해 보인다.

을 근거로 위약금을 부과한 사실도 없으므로 법 제13조의 위반행위가 성립하였다고 보기 어렵다고 주장하나, ① 위메프가 납품업자의 거래상대방을 직접 제한하는 내용과 함께 구체적인 이행확보 수단을 계약서에 명시한 것만으로도 일정한 구속력이 발생하는 점, ② 당해 조항을 엄격하게 적용하지 아니한 사례가 일부 확인된다는 사정만으로 전체 납품업자들이 경쟁사업자와 자유롭게 거래하였다고 단정할 수도 없는 점 등을 종합적으로 고려할 때, 위메프의 위 주장은 이유 없다.

[씨제이올리브영㈜의 시장지배적지위 남용행위 및 대규모유통업법 위반행위에 대한 건 (2023. 12. 21. 의결 제2023-234호)]

[사실관계]

피심인은 2019년부터 현재까지 판촉행사 차별화를 위해 행사 진행 당월과 그 전월에는 경쟁사업자와 동일 품목으로 행사를 진행하지 않을 것을 원칙('단독행사 원칙')으로 세우고, 납품업자에게 이 원칙에 따를 것을 요구하였다. 이때 피심인은 납품업자로 하여금 피심인 단독행사인지 여부를 사전에 체크하여 제출하도록 요구하였는데, 구체적으로 2019년 '선정 기준표'를 마련한 이후 2020년까지 약 2년간 해당 표에서 정한 기준에 따라 행사에 참여할 브랜드를 결정하였고, 이때 단독행사에 해당하는 브랜드사에게는 일정한 배점을 부여하였다.

[공정거래위원회의 판단]

소비자 접근성, 기대 매출 등의 측면에서 피심인이 경쟁사업자 대비 압도적으로 우월한 위치에 있었던 상황을 고려할 때, 이 사건 배타조건 거래가 납품업자에게 사실상 강제되었다고 봄이 타당하므로 피심인의 배타조건에 대해 납품업자는 따를 수밖에 없는 상황이라 판단된다. 한편, 피심인은 단독행사 원칙이 내부 기준에 불과하여 외부에 공개한 사실이 없다고 주장하나, 피심인 측 MD가 납품업자에게 행사 전에 브랜드사에 단독행사인지 여부를 사전에 체크하여 제출하도록 요구한 점, 일반적으로 형성되는 MD와 납품업자 간 긴밀한 관계 등을 고려할 때, 이러한 주장은 설득력이 없다고 판단된다.

또한, 다음의 사정을 고려할 때, 이 사건 행위는 부당한 행위라고 판단된다. 첫째, 대규모유통업자와 납품업자 간 거래에서 자신의 판촉행사를 이유로 경쟁사업자의 판촉행사를 금지하는 등 판촉활동과 관련하여 배타조건을 붙인 사례를 찾기 힘든바, 이 사건 피심인의 행위는 통상적인 거래관행이라 보기 어렵다. 둘째, 판촉행사에 있어 유통업자와 납품업자 간 귀속되는 이익에 영향을 미치는 거래조건에 대해서는 양자가 협의하여 그 거래조건을 결정하는 것이 정상적인 거래관행임에도, 피심인은 명백히 양자의 이익 귀속에 영향을 미치는 2019년 단독행사 원칙을 납품업자의 의사를 배제하고 일방적으로 도입하였다. 셋째, 피심인의 단독행사 원칙은 납품업자의 자유로운 의사결정을 상당히 침해하거나 침해할 우려가 상당하다. 통상적인 경우 납품업자는 소비자 접점을 늘리는 것이 유리한데, 특히 이 사건 브랜드 중 피심인이 독점 공급업자에게 제공하는 각종 혜택 등을 포기하고 경쟁사업자와도 상품 공급 관계를 유지하는 것을 선택한, 즉 소비자 접점을 늘리려는 의사가 큰 납품업자가 존재한다. 그런데 그 납품업자에게 거래상 지위가 있는 피심인이 단독행사를 요구할 경우 납품업자는 소비자 접점을 늘리기를 원하는 상황에서도 피심인의 경쟁사업자와 행사일정 등을 자유롭게 결정하지 못하거나 경쟁사업자와의 행사 진행 자체를 포기할 우려가 있다.

제10장

경영정보 제공 요구 금지 및 경영간섭 금지

1. 서 설

사업자가 경쟁에서 이기기 위하여 시장과 경쟁사업자의 각종 정보를 수집하고 경쟁사업자의 전략을 분석하여 이를 자신의 경영 의사결정에 반영하는 것은 사업의 기본이자 필수적인 활동이다. 그러나 이와 같은 정보수집이 부당한 방법으로 이루어지거나 다른 사업자의 영업비밀까지 침해할 경우, 이는 공정한 경쟁을 제한하고 거래상대방의 사업활동을 어렵게 하는 불합리한 결과를 초래할 우려가 있다. 특히 상대적으로 거래상 지위가 우월한 대규모유통업자가 납품업자등에게 그들의 중요한 경영정보의 제공을 요구하는 경우, 납품업자등은 이러한 정보가 제공될 경우 대규모유통업자와의 협상에서 훨씬 불리한 처지에 놓이게 됨을 알면서도 현실적으로 그 요구를 거절하기가 어렵다. 나아가 대규모유통업자가 이와 같은 방법을 통해 납품업자등으로부터 중요한 경영정보를 취득하면 이를 납품단가, 판매수익 또는 수수료 조정의 근거로 삼거나, 판매촉진행사의 참여를 요구하거나, 기타 자신에게 유리한 쪽으로 거래조건을 조정하기 위한 근거자료로 활용할 위험성도 배제할 수 없다. 뿐만 아니라 경쟁 유통사업자에 대한 공급가격 등 공급조건, 임차료 등 입점조건에 대한 정보를 취득할 경우에는 이를 활용하여 경쟁 사업자와의 경쟁에서 유리한 위치에 설 수 있도록 각종 판매 및 유통전략을 세울 수 있으며, 경우에 따라서는 정보를 제공한 납품업자등을 매개로 경쟁 유통사업자들이 가격 등에 대한 정보를 서로 공유하게 되고, 이는 결과적으로 유통사업자들간의 묵시적인 담합으로 이어질 수도 있다.

이에 대규모유통업법은 대규모유통업자가 부당하게 납품업자등에게 공급가격이나 매출액 정보 등 일정한 경영정보의 제공을 요구하는 것을 금지하는 한편, 위 사항에 해당하는 경영정보를 요구할 경우에는 사전에 요구목적 등 시행령에서 정하는 사항을 기재한 서면을 교부하도록 하고, 제공을 요구하는 경영정보의 범위도 그 요구목적에 필요한 최소한의 범위에 한하도록 제한하였다(법 제14조). 본 조의 기본 취지는 위와 같은 제한을 통해 대규모유통업자의 납품업자등에 대한 부당한 경영정보 제공 요구행위를 금지하고, 아울러 취득한 정보를 이용한 대규모유통업자의 납품업자등에 대한 경영간섭 등 불공정거래행위의 가능성을 사전에 차단하고자 함에 있다.

한편, 대규모유통업법은 대규모유통업자가 자신의 거래상 지위를 이용하여 납품업자의 독자적인 경영활동을 부당하게 간섭하거나 계열회사 또는 다른 사업자에게 이를 행하도록 하는 것을 금지하는 '경영활동 간섭 금지' 규정을 신설하였다(법 제14조의2).[1] 온라인 유통시장이 크게 성장하고 온·오프라인을 아우르는 경쟁이 심화되면서 대규모유통업자가 납품업자의 경영활동에 부당하게 관여하는 사례가 발생함에도 불구하고 대규모유통업법에는 이를 직접 규율할 수 있는 규정이 없어 이러한 행위에 대해서는 공정거래법상 거래상지위 남용금지 규정이 적용되어 왔다.[2] 이에 대규모유통업법을 개정하여 경영활동 간섭 금지 규정을 신설하면서 대규모유통업자의 불공정거래행위를 보다 적극적으로 규율하고 경영간섭에 노출된 납품업자에 대한 보호를 강화하게 되었다. 대리점법와 가맹사업법이 이미 대리점 공급업체 및 가맹본부의 부당한 경영간섭 행위를 각각 규율하고 있다는 점에서 대규모유통업법 상 경영활동 간섭 금지 규정의 신설은 법 집행의 일관성 확보에도 기여하는 의미를 가지게 되었다.[3] 나아가 공정거래위원회는 신설된 경영활동 간섭 금지 규정을 뒷받침하기 위하여 대규모유통업법 시행령에 경영활동 간섭 행위의 세부 유형을 구체화함으로써 수범자의 예측 가능성을 제고하고, 경영간섭에 노출된 납품업자의 독립적이

1) 대규모유통업법 제14조의2는 2023. 8. 8. 신설되고 2024. 2. 9. 법률 제19615호로 시행되었다.

2) 공정거래위원회는 쿠팡㈜가 자사몰의 상품가격을 최저가로 유지하기 위해 납품업자에게 경쟁온라인몰의 판매가격 인상을 요구한 행위에 대해 공정거래법상 거래상지위 남용금지 규정(경영활동 간섭)를 적용하여 과징금 13.6억 원을 부과하였다[쿠팡㈜의 대규모유통업법 등 위반 행위에 대한 건(2021. 9. 23. 의결 제2021-237호)].

3) 공정거래위원회 2023. 7. 18.자 보도자료 "대규모유통업법 등 6개 법률 개정안 국회 본회의 통과"

고 자유로운 의사결정을 보장하고자 하였다.[4)]

대규모유통업법 제14조(경영정보 제공 요구 금지)와 유사한 종전 제도는 대규모소매업고시 제10조 제 2 항[5)]이다. 법의 일반 체계상, 공정거래법 및 같은 법 시행령의 하위 규정에 불과한 대규모소매업고시는 위임입법의 한계로 인하여 공정거래법 및 같은 법 시행령에 규정되어 있지 않은 행위유형을 새로운 불공정거래행위의 유형으로 규정할 수 없다. 그런데 동 고시의 상위 규범인 구 공정거래법 제23조 제 1 항 제 4 호 및 같은 법 시행령은 거래상 지위 남용행위의 구체적 유형으로 구입강제, 이익제공강요, 판매목표강제, 불이익제공 및 경영간섭을 들고 있을 뿐, 대규모유통업자가 단순히 납품업자의 매출정보 등을 취득하는 행위 자체를 금지하지는 않고 있었다.[6)] 이러한 점을 고려하여 공정거래위원회는 2009. 7. 31. 대규모소매업고시의 개정을 통해 "대규모소매업자는 납품업자등으로부터 경쟁사업자에 대한 납품업자등의

4) 공정거래위원회 2024. 1. 30.자 보도자료 "대규모유통업법 등 2개 법률 시행령 개정안 국무회의 통과"

5) 제10조(사업활동방해 등의 금지)
② 대규모소매업자는 납품업자등으로부터 경쟁사업자에 대한 납품업자등의 중요한 경영자료(가격, 판매량, 할인율 등 매출에 대한 세부정보를 포함)를 납품업자등의 의사에 반하는 방법 등으로 부당하게 취득하여 납품업자등에게 판촉행사 참여를 강요하는 등 경영을 간섭하는 행위를 하여서는 아니된다.

6) 구 공정거래법 시행령 제36조(불공정거래행위의 지정) ① 법 제23조(불공정거래행위의 금지) 제 2 항의 규정에 의한 불공정거래행위의 유형 또는 기준은 별표 1의2와 같다.
[별표 1의 2] 불공정거래행위의 유형 및 기준(제36조 제 1 항 관련)
6. 거래상 지위의 남용
법 제23조(불공정거래행위의 금지) 제 1 항 제 4 호에서 "자기의 거래상의 지위를 부당하게 이용하여 상대방과 거래하는 행위"라 함은 다음 각목의 1에 해당하는 행위를 말한다
가. 구입강제
거래상대방이 구입할 의사가 없는 상품 또는 용역을 구입하도록 강제하는 행위
나. 이익제공강요
거래상대방에게 자기를 위하여 금전·물품·용역 기타의 경제상이익을 제공하도록 강요하는 행위
다. 판매목표강제
자기가 공급하는 상품 또는 용역과 관련하여 거래상대방의 거래에 관한 목표를 제시하고 이를 달성하도록 강제하는 행위
라. 불이익제공
가목 내지 다목에 해당하는 행위 외의 방법으로 거래상대방에게 불이익이 되도록 거래조건을 설정 또는 변경하거나 그 이행과정에서 불이익을 주는 행위
마. 경영간섭
거래상대방의 임직원을 선임·해임함에 있어 자기의 지시 또는 승인을 얻게 하거나 거래상대방의 생산품목·시설규모·생산량·거래내용을 제한함으로써 경영활동을 간섭하는 행위

중요한 경영자료(가격, 판매량, 할인율 등 매출에 관한 세부정보를 포함)를 납품업자등의 의사에 반하는 방법 등으로 부당하게 취득하여 납품업자등에게 판촉행사 참여를 강요하는 등 경영을 간섭하는 행위를 하여서는 아니 된다"고 규정하였다(대규모소매업고시 제10조 제2항).[7] 즉, 대규모유통업자가 '경영정보를 부당하게 취득'하는 행위 자체를 금지한 것이 아니라, 이와 같이 부당하게 취득한 경영정보를 이용하여 '납품업자등의 경영을 간섭'하는 행위를 금지한 것이다. 따라서 대규모유통업법이 제정되어 시행되기 전에는 대규모소매업고시 문언상, 대규모유통업자가 납품업자등에게 부당하게 경영정보를 요구, 취득하였다고 하더라도 그 정보를 이용하여 '판촉행사 참여를 강요'하는 등 경영에 간섭하는 행위를 하지 않는 한, 그 요구행위만으로는 별도의 규제대상이 되지 않았다.[8]

그러나 대규모유통업법이 제정되면서 제14조에서 '부당한 경영정보 제공 요구' 자체를 금지함에 따라, 대규모유통업자가 부당하게 납품업자등에게 특정 경영정보

---

7) 공정거래위원회가 2009. 7. 31. 이와 같이 대규모소매업고시를 개정한 것은 그 직전인 2008. 12.경 "백화점 상위 3개사가 경쟁백화점에 중복입점한 납품업자에게 경쟁백화점의 EDI(Electronic Data Interchange) 정보통신망에 접속하는 아이디 및 비밀번호를 요구하여 동 통신망에 접속한 뒤 납품업자의 경쟁백화점에 대한 매출정보를 취득하여 이를 통해 납품업자에게 판촉행사 참여 등을 강요한 행위"를 구 공정거래법 제23조 제1항 제4호 및 같은 법 시행령 제36조 별표 1 제6호 마목의 경영간섭에 해당한다고 판단하여 위 백화점들에게 시정명령 및 과징금 등을 부과하면서, 이와 같은 대규모유통업자의 납품업자등에 대한 부당한 매출정보 요구 및 판촉행사 강요 등이 유통 실무상 빈번하다는 점을 확인함에 따른 후속 조치의 일환이었던 것으로 보인다.

8) 서울고등법원은 신세계의 거래상지위 남용행위 건에서 백화점을 운영하는 대규모소매업자가 납품업체로부터 매출정보를 취득함으로써 납품업체의 의사결정과 경영판단을 침해할 가능성 내지 우려가 있다고 하더라도 이러한 매출정보를 바탕으로 매출대비율(자사 대비 경쟁사 매출비중 또는 경쟁사 대비 자사 매출비중) 등을 분석하고 이를 관리하기 위하여 납품업체에게 경쟁 백화점에서의 판촉행사나 할인행사에 대응하는 행사를 하도록 구체적으로 강요하거나 이를 거부하는 경우 제재를 가하는 등의 행위로까지 나아가지 않은 경우라면, 납품업체의 독자적인 의사결정과 경영판단에 대한 구체적이고 직접적인 침해가 있다고 단정하기 어려운 바, 구 공정거래법 제23조 제1항 및 시행령 제36조 제1항 소정의 경영간섭이 성립하려면 단순히 협력업체로부터 매출정보를 취득한 행위만으로는 부족하고 더 나아가 매출정보를 바탕으로 매출대비율 등을 관리하기 위하여 협력업체에게 판촉행사나 할인행사를 강요하거나 이를 거부하면 제재를 가하는 등의 행위를 함으로써 그 의사결정이나 판단에 부당하게 관여하는 경우에 해당하여야 할 것이라고 판시하였다(서울고법 2010. 4. 8. 선고 2009누548 판결, 대법원 2011. 10. 27. 선고 2010두8478 판결).
반면, 매출정보 취득 후 이를 바탕으로 납품업체의 매출대비율을 일정 수준으로 관리한 사안에 대해서는 부당한 경영간섭으로 판단하였다(롯데쇼핑의 거래상지위 남용행위, 대법원 2011. 10. 13. 선고 2010두8522 판결).

의 제공을 요구한 사실이 있다면, 해당 정보를 실제로 취득하였는지 여부, 해당 정보를 판촉행사 참여 강요 등 다른 목적으로 사용하였는지와 관계없이 법 위반으로 판단할 수 있게 되었다. 나아가, 대규모유통업법은 제14조의2(경영활동 간섭 금지)를 신설하여 추가로 대규모유통업자가 자신의 거래상 지위를 부당하게 이용하여 납품업자등의 경영활동을 간섭하는 행위 등을 금지하였다. 이에 대규모유통업자가 부당하게 취득한 경영정보를 이용하여 납품업자등의 경영에 간섭한 사실이 있다면, 이러한 대규모유통업자의 행위는 법 제14조 위반에 해당하는 것과 별도로 법 제14조의2 위반에도 해당될 수 있게 되었다.

한편, 법 제 4 조(다른 법률과의 관계)에 따라 대규모유통업법은 대규모유통업자와 납품업자등 사이의 거래에 관하여 공정거래법에 우선하여 적용된다. 그러므로 대규모유통업자의 '부당한 경영정보 제공 요구'에 대해서는 공정거래법상 거래상 지위의 남용행위(공정거래법 제45조 제 1 항 제 6 호 및 같은 법 시행령 제52조 관련 [별표 2] 제 6 항)에 해당한다 하더라도, 대규모유통업법 제14조가 우선하여 적용[9]된다. 다만, 제공을 요구한 경영정보가 법 제14조 제 1 항 각호에서 열거하지 않은 정보에 해당하거나, 또는 정보 제공 요구행위가 부당성 요건을 충족하지 않는 경우에도 사안에 따라 공정거래법이 적용될 여지는 있다. '경영활동 간섭'의 경우 법 제14조의2가 공정거래법상 거래상 지위의 남용행위에 우선하여 적용되는 것도 동일하다.[10][11]

9) 온라인쇼핑몰 심사지침도 부당한 경영정보 제공 요구행위가 법 제14조에 해당하는 경우 법 제14조를 공정거래법상 경영간섭 등 거래상 지위남용행위에 우선하여 적용한다고 규정하고 있다[온라인쇼핑몰 심사지침 Ⅲ. 3. 나. (4) (가)].

10) 대규모유통업법 제14조에서 열거하지 않은 정보제공을 요구하거나 경영정보 제공 요구행위가 부당성을 충족하지 아니하는 등의 사유로 법 제14조에 해당하지 않더라도 정보제공요구를 통해 거래상대방의 생산품목·시설규모·생산량·거래내용을 제한함으로써 경영활동을 간섭하는 경우에는 공정거래법상 거래상 지위 남용행위(경영간섭행위)에 해당할 수 있다[온라인쇼핑몰 심사지침 Ⅲ. 3. 나. (4) (나)]. 다만 2024. 2. 9. 시행된 법률 제19615호에 의할 때 경영활동간섭 행위는 공정거래법상 거래상 지위 남용행위가 아니라 대규모유통업법 제14조의2로 의율함이 타당하다.

11) 하도급법 및 대리점법도 대규모유통업법 제14조 및 제14조의2와 유사하게 거래 상대방에 대한 경영간섭 및 경영상 정보 내지 영업상 비밀 정보 제공 요구를 금지하는 규정을 두고 있다. 하도급법 제18조(부당한 경영간섭의 금지)는 제 1 항에서 "원사업자는 하도급거래량을 조절하는 방법 등을 이용하여 수급사업자의 경영에 간섭하여서는 아니된다"고 규정하면서, 제 2 항 각 호에서 부당한 경영간섭으로 간주되는 행위들을 열거하고 있다. 그 중 하나가 "정당한 사유 없이 수급사업자에게 원가자료 등 공정거래위원회가 고시하는 경영상의 정보를 요구하는 행위(하도급법 제18조 제 2 항 제 3 호)"이다. 한편, 대리점법 제10조(경영활동 간섭 금지)는 공급업자가 자기의 거래상의 지위를 부당하게 이용하여 대리점의 경

2. 부당한 경영정보 제공요구의 금지

가. 개 요

시장 경쟁에서 이기기 위해, 그리고 경쟁을 통해 많은 이윤을 얻기 위해, 사업자가 시장이나 경쟁사업자에 대한 정보를 탐색하고, 필요한 자료를 취합·분석하여 경영전략 수립에 활용하는 것은 지극히 자연스러운 모습이다. 대규모유통업자 역시 다른 유통업자들과의 경쟁에서 이기기 위해 다양한 경로로 자신의 영업에 필요한 각종 정보와 자료를 취합하여 활용하고 있다. 사업자들의 이러한 정보수집 활동은 경영활동의 일환으로서 원칙적으로 자유이다. 정보의 수집 경로는 언론, 임직원을 통한 탐문, 자체 연구, 경쟁사업자 등을 불문한다. 대규모유통업자의 경우 거래상대방인 납품업자등으로부터도 정보를 수집할 수 있다. 요컨대 취합 및 활용의 대상이 될 수 있는 정보와 자료의 범위는 관련 법령이 제한 또는 금지하지 않는 한,[12] 널리 인정될 수 있다.

그러나 대규모유통업거래에 있어서 대규모유통업자에게 무제한의 정보수집의 자유를 허용할 경우, 납품업자등은 거래상 우월한 지위에 있는 대규모유통업자의 정보제공 요구를 거절하기 어렵기 때문에 자칫 대규모유통업자의 정보요구가 과도하거나 부당한 방법으로 이루어질 우려가 크다. 이 경우 이러한 정보들이 거래상대방

영활동을 간섭하는 행위를 하거나, 계열회사 또는 다른 사업자로 하여금 이를 행하도록 하는 행위를 금지하고 있고, 대리점법 시행령 제7조(경영활동 간섭의 유형 또는 기준) 제2호는 "합리적인 이유 없이 대리점에 거래처 현황, 매출 내역 등 영업상 비밀에 해당하는 정보를 제공하도록 요구하는 행위"를 경영활동 간섭 행위로 보고 있다.

요약하면, 대규모유통업법은 부당한 경영정보 제공 요구행위와 경영활동 간섭행위 금지를 별도의 조문으로 규정하고 있는 반면, 하도급법과 대리점법은 경영정보 제공 요구행위를 경영활동 간섭행위의 한 유형으로 규정하고 있다는 점에 차이가 있다. 한편, 위법요건과 관련하여 대규모유통업법은 "부당하게"로 규정하고 있으나, 하도급법의 경우 "정당한 사유 없이"로, 대리점법의 경우 "거래상 지위를 부당하게 이용하여 합리적 이유없이"라고 규정하여 미세한 차이를 보이고 있다.

12) 예를 들어 「개인정보 보호법」 제15조, 「지능형전력망의 구축 및 이용촉진에 관한 법률」 제22조는 정보주체의 동의를 받은 경우 등 법에서 규정한 경우에 한하여 개인정보의 수집을 허용하고 있고, 「위치정보의 보호 및 이용 등에 관한 법률」 제15조는 긴급구조 요청 등이 있는 경우를 제외하고 정보주체의 동의를 받지 않고 위치정보 수집 등을 금지하고 있다. 또한, 「부정경쟁방지 및 영업비밀보호에 관한 법률」은 부정한 수단으로 영업비밀을 취득하는 것이 금지됨을 전제로 제10조 내지 제12조에서 영업비밀 침해행위에 대한 금지청구권, 영업비밀 침해로 인한 손해배상책임 등을 규정하고 있다.

인 납품업자등의 권리를 심각하게 침해하거나, 취득한 정보가 담합 등 불법적인 목적으로 이용될 가능성을 배제할 수 없다. 특히, 납품업자등의 원가정보나 다른 유통사업자에 대한 납품가격 등은 납품업자등의 영업비밀에 속하는 사항으로서 이를 대규모유통업자가 알게 될 경우 또다른 후속 불공정거래행위의 수단으로 활용할 소지가 있으며, 과거에도 그러한 사례가 적지 않았다. 이에 법 제14조는 대규모유통업자가 납품업자등에 대해 부당하게 제공을 요구하여서는 아니 되는 정보의 종류(제 1 항), 위 정보 제공을 요구하는 경우 준수하여야 하는 절차적 요건(제 2 항, 제 3 항) 및 제공 요구를 할 수 있는 정보의 범위(제 4 항)를 법정하여 규제하고 있다.

나. 경영정보 제공 '요구'의 금지

대규모유통업법 제14조 제 1 항은 대규모유통업자가 납품업자등에게 경영정보를 제공하도록 '요구'하여서는 아니 된다고 규정하고 있다. 경영정보 제공 요구에는 특정한 방식이 필요하지 않으며, 문의나 의견교환의 형식을 취하더라도 실질적으로 요구한 것으로 볼 수 있다면 '요구'에 포함될 수 있다.[13] 본 조항은 대규모유통업자의 제공 요구 자체를 금지하는 규정이므로, 대규모유통업자가 경영정보 제공요구를 통해서 후발적인 불공정거래행위를 했는지, 나아가 실제 납품업자등이 그 요구에 응하여 경영정보를 실제로 제공하였는지 여부와 관계없이 경영정보 제공 요구 자체만으로 법위반에 해당할 수 있다.[14] 공정거래위원회는 납품업자에게 경쟁사업자 점포에서의 매출액 등에 관한 정보를 카카오톡으로 요구하여 제공받은 경우에도 경영정보 제공 '요구'에 해당한다고 판단한 바 있다.[15]

한편, 대규모유통업자가 경영정보 제공을 요구하지 않았다면 납품업자가 대규모유통업자에게 그 정보를 제공했다고 하더라도 법 제14조 제 1 항 위반에는 해당하지 않는다. 대법원은 납품업자의 직원이 먼저 홈쇼핑 사업자의 직원에게 연락하여

---

13) 정재훈, "대규모유통업법상 경영정보 제공 요구금지의 적용범위", 유통법연구 제6권 제 2 호(2019), 23면.

14) 온라인쇼핑몰 심사지침 Ⅲ. 3. 나. (2) (다) 참조. 다만 법 제14조는 대규모유통업자의 정보제공 요구가 '부당'할 것을 요건으로 하고 있으므로, 실제로 정보제공을 요구만 하고 납품업자등이 이를 제공하지 않았다면 '부당성'을 판단함에 있어서는 정상 참작의 여지가 있다. 이 점에 대해서는 후술하는 '마. 정보 제공 요구의 부당성 판단기준' 부분에서 좀더 자세히 살펴본다.

15) ㈜신세계의 대규모유통업법 위반행위에 대한 건(2017. 6. 5. 의결 제2017-191호).

납품 가능성을 타진하면서 다른 홈쇼핑에서의 방송실적을 문자메시지로 발송하였고, 이에 원고의 직원이 방송조건에 따라 방송실적이 달라질 수 있는 것 아니냐며 보완을 요청하자 위 납품업자의 직원이 다른 홈쇼핑에서 5회에 걸쳐 진행한 방송시간, 판매물품, 분당 효율, 목표달성률, 판매량, 할부개월, 진행시간을 정리하여 이메일로 전송한 사안에서 홈쇼핑 사업자가 납품업자에게 부당하게 경영정보제공을 '요구'하였다고 보기 어려울 뿐 아니라 그러한 요구가 '부당'하다고 보기도 어렵다고 판시하였다.[16]

한편 서울고등법원은 TV홈쇼핑업자가 254개 납품업자에 대하여 경쟁 홈쇼핑사에 납품하는 상품의 수수료율(마진율)에 관한 정보를 요구하여 수집하였고, 이와 별도로 전자우편과 구두(전화)로 A납품업자에 경쟁 홈쇼핑사와의 계약체결 건수, 평균계약금액 등의 정보를 요구하여 받았으며, B납품업자의 영업담당자에게 경쟁 홈쇼핑사의 8월 첫째 주 방송현황과 매출액 정보를 요구하여 받은 사안에서, TV홈쇼핑업자가 경영정보를 요청한 사실은 인정하면서도, 납품업자와 방송 횟수, 마진율 등을 논의하는 과정에서 다른 홈쇼핑사의 정보를 수집하는 것이 가능하였던 것으로 보이고, 이러한 정보나 업계에 알려진 사정 등을 기초로 내부 문서를 작성할 수 있었다는 점을 들어 경영정보의 제공 요구가 아니라고 판단하였다(서울고등법원 2017. 1. 18. 선고 2015누40363 판결). 그러나 이에 대하여 대법원은 홈쇼핑 시장은 방송법 제9조(허가·승인·등록 등) 제5항에 따라 과학기술정보통신부장관(이 사건 당시 미래창조과학부장관)의 승인을 받은 사업자만 진입할 수 있는 시장으로서 이 사건 당시 6개 사업자만이 참여하고 있었던 과점시장인데, 이러한 진입장벽과 시장구조를 감안하면 설령 홈쇼핑사업자의 입장에서는 단순한 논의, 요청이라 하더라도 홈쇼핑을 통한 상품판매를 원하는 납품업자들에게는 거부하기 어려운 요구가 될 수 있다는 점까지 고려한다면 이 사건 납품업자들이 민감한 비공개 경영정보의 제공을 요구받고, 이에 응하지 않을 경우 발생할 수 있는 불이익을 우려하여 부득이 정보를 제공한 것으로 볼 여지가 있는지 판단하여야 했다며 서울고등법원의 판단에 심리미진 및 법리 오해의 잘못이 있다고 판시했다(대법원 2020. 6. 25. 선고 2017두36540 판결).

---

16) 공정거래위원회는 경영정보 제공 요구행위의 부당성을 인정했으나[㈜홈앤쇼핑의 대규모유통업법 위반행위 및 공정거래법상 거래상지위 남용행위에 대한 건(2015. 6. 3. 의결 제2015－180호)], 서울고등법원 및 대법원은 부당성을 부정했다(서울고등법원 2016. 9. 23. 선고 2015누49292 판결, 대법원 2020. 6. 25. 선고 2016두55896 판결).

다. 경영정보 제공 요구의 '상대방'

법 제14조 제 1 항은 '납품업자등'에게 경영정보를 요구하는 것을 금지하고 있다. 그런데, 대규모유통업자가 거래를 개시하기 위해 '납품업자 또는 매장임차인이 되려는 자'에게 경영정보를 요구한 경우에도 법 제14조 제 1 항에 위반되는지의 문제가 있을 수 있다. '납품업자등'은 대규모유통업자와 이미 거래하고 있는 자임을 전제로 하므로(서울고등법원 2015. 12. 17. 선고 2015누38902 판결, 대법원 2018. 10. 12. 선고 2016두30897 판결), 이 경우에는 본 조항에 위반된다고 볼 수 없을 것이다. 서울고등법원 및 대법원은 위 판결에서 공정거래위원회가 처분 대상으로 삼은 5개 납품업자들은 경영정보 요구 당시 거래관계에 있었다는 입증이 없다는 이유로 공정거래위원회의 처분이 위법하다고 판시하였다.[17)]

라. 제공요구가 금지되는 '정보'

(1) 개 요

대규모유통업자는 납품업자등에게 부당하게 정보의 제공을 요구하는 것이 금지되는데, 이때의 정보는 법 제14조 제 1 항 각 호 및 시행령 제11조(경영정보 제공 요구 금지) 제 1 항 각 호의 정보에 한정된다. 주로, 대규모유통업자와 납품업자등이 각자의 이해관계에 따라 협상을 하여야 할 상품의 공급조건이나 매장의 임차조건 등에 관한 정보로서, 대규모유통업자에게 제공될 경우 납품업자등이 당해 협상에서 불리한 위치에 놓일 수 있는 중요한 경영정보들이 이에 해당한다.[18)] 본 조항 문언상 이는

17) 정재훈 교수는 납품업자가 되려는 자에 대한 정보제공 요구를 일률적으로 금지한다면 거래자체가 위축되는(chilling effect) 비효율의 문제가 발생하므로 납품업자가 아니라 납품업자가 되려는 자에게 일반적인 금지규정을 적용할 사안으로 보기 어렵고, 침익적 행정처분의 근거가 되는 행정법규는 엄격하게 해석·적용하여야 하고 행정처분의 상대방에게 불리한 방향으로 지나치게 확장해석 하거나 유추해석 하여서는 안 되며 그 해석이 문언의 통상적인 의미를 벗어나서는 안 되기 때문에 '납품업자가 되려는 자'는 경영정보 제공 요구의 상대방이 아니라는 대법원 및 서울고등법원의 판단은 정당하다고 보았다(정재훈, "대규모유통업법상 경영정보 제공 요구금지의 적용범위", 유통법연구 제6권 제 2 호, 2019, 16면 참조).

18) 예를 들어, 법 제14조 제 1 항 각 호의 정보를 대규모유통업자가 취득할 경우, 대규모유통업자는 해당 납품업자등과 계약을 체결함에 있어 다른 사업자와의 거래조건보다 자신에게 더 유리하거나 적어도 동일한 조건으로 거래할 것을 요구할 가능성이 높고, 일반적으로 거래상 열위에 있는 납품업자등은 대규모유통업자의 이러한 요구를 거절하기 어려운 경우가 많다.

한정적 열거로 해석된다.

(2) 납품업자가 다른 사업자에게 공급하는 상품의 공급조건에 관한 정보(법 제14조 제1항 제1호)

납품업자가 당해 대규모유통업자 이외의 다른 사업자에게 어떤 조건으로 상품을 공급하는지에 관한 정보이다. 납품업자가 다른 사업자에게 공급하는 상품의 공급가격은 물론, 공급물량 및 시기, 대금지급 방식 및 반품조건, 제조원 또는 공급자, 제조방식 등 상품의 공급에 관한 대부분의 조건들이 이에 포함될 것으로 판단된다.

본 호의 문언상 반드시 당해 대규모유통업자의 '경쟁사업자'에 대한 공급조건에 한정되지 아니한다. 경우에 따라서는 당해 대규모유통업자와 경쟁관계에 없는 사업자에 대한 공급조건에 관한 정보도 포함될 수 있다. 상품 역시 반드시 당해 대규모유통업자와 납품 거래 중에 있는 상품뿐만 아니라, 과거에 납품거래가 있었거나 장래에 납품거래가 예정된 상품 등에 대한 정보도 모두 포함된다고 볼 것이다. 특정상품과 관련하여 다른 사업자에 대한 당해 납품업자의 공급조건을 미리 알 경우 다른 상품의 공급조건을 결정함에 있어서도 중요한 참고가 될 수 있음을 고려하면 더욱 그러하다.

(3) 매장임차인이 다른 사업자의 매장에 들어가기 위한 입점조건에 관한 정보(제2호)

매장임차인이 다른 사업자의 매장에 들어가기 위한 입점조건에 관한 정보이다. 매장임차인이 다른 사업자에게 지급하는 임차료 금액 또는 요율 및 해당 임차료의 지급시기·방법, 다른 사업자로부터 임차한 매장의 위치 및 면적, 다른 사업자와의 임대차계약에 따른 권리·의무의 내용 등 사실상 매장임대차거래에 관한 대부분의 정보가 이에 포함될 것으로 판단된다. 본 호 역시 제1호의 경우와 마찬가지로 반드시 당해 대규모유통업자의 경쟁사업자에 대한 입점조건 또는 당해 대규모유통업자와 현재 거래관계에 있는 매장과 유사한 지위를 가지는 매장의 입점조건에 한정되지 아니한다.

(4) 그 밖에 납품업자등이나 납품업자등의 거래상대방에 관한 제1호 및 제2호에 준하는 정보로서 대통령령으로 정하는 경영정보(제3호)

(가) 의 의

대규모유통업자가 납품업자등에게 제공을 요구하는 것이 금지되는 정보에 대한 일반 조항이다. 다만, 이를 지나치게 넓게 해석하여 적용하면 대규모유통업자의 자유로운 정보수집 활동을 제약할 수 있으므로, 그 범위는 '제 1 호 및 제 2 호에 준하는 정보'로 제한된다. 여기서 '제 1 호 및 제 2 호에 준하는 정보'의 의미가 문제되는바, 본 호의 취지상 해당 정보가 대규모유통업자에게 제공되는 경우 공급조건 등의 협상에 불리한 지위에 놓이게 되거나 자유로운 영업활동을 방해받을 수 있어 납품업자등이 영업비밀로 유지하고자 하는 경영정보로서, 제 1 호 및 제 2 호에 비견될 수 있을 정도로 '중요한' 경영정보를 의미하는 것으로 해석함이 타당하다. 그 구체적인 사항은 시행령 제11조 제 1 항 각 호에서 적시하고 있다.

(나) 납품업자등이 납품하거나 판매하는 상품의 원가에 관한 정보(시행령 제11조 제 1 항 제 1 호)

납품업자가 납품하는 상품 또는 매장임차인이 당해 매장에서 일반 소비자들에게 판매하는 상품의 원가에 관한 정보이다. 본 호에서 규정하고 있는 원가라 함은 '상품의 제조, 판매, 배급 등에 소요된 재화와 용역을 단위에 따라 계산한 가격'을 의미한다. 통상적으로 상품의 제조 및 판매 등에 소요된 재료비, 노무비, 운송비, 기타 경비 등에 대한 정보가 이에 해당될 것으로 보인다.[19] 상품의 원가는 일종의 영업비밀[20]에 해당할 수 있으므로 그 제공을 요구하는 행위 자체의 정당성이 인정되기 어려울 뿐만 아니라, 만일 대규모유통업자가 납품업자등이 납품하거나 판매하는 상품의 원가 정보를 알게 된다면 이를 이용하여 자신에 대한 납품가격을 낮추도록 하거나, 판매수익, 수수료 또는 매장임차료를 인상하는 등의 요구를 할 수 있으므로 이러한 정보의 제공 요구를 금지하고 있는 것이다.

대규모유통업자가 납품거래계약 또는 매장임대차계약을 체결함에 있어 납품업

19) 공정거래위원회의 불공정거래행위 심사지침은 공정거래법 제45조 제 1 항 제 3호의 경쟁사업자 배제행위의 유형 중 하나인 부당염매의 판단기준으로 제조원가와 매입원가를 제시하고 있는데, 이때 제조원가는 재료비, 인건비, 기타 제조경비, 일반관리비를 포함하여 산정하고 매입원가는 실제 구입가격을 기준으로 한다[위 지침 V. 3. 가. (1) (나)]. 본 조항 소정의 원가의 개념에 일응 참고가 될 수 있다.

20) 영업비밀이란 '공공연히 알려져 있지 아니하고 독립된 경제적 가치를 가지는 것으로서, 비밀로 관리된 생산방법, 판매방법, 그 밖에 영업활동에 유용한 기술상 또는 경영상의 정보'를 의미한다(「부정경쟁방지 및 영업비밀보호에 관한 법률」제 2 조 제 2 호). 법원은 제조원가가 생산관련 영업비밀에, 영업판가와 물류비용을 포함한 총 원가자료가 영업관련 영업비밀에 해당한다고 판단하여 이를 누설한 행위를 부정경쟁방지 및 영업비밀보호에 관한 법률 위반죄로 판단한 바 있다(서울중앙지방법원 2011. 4. 5. 선고 2011고단545 판결 등).

자등에게 재무제표 또는 신용정보회사를 통한 신용정보[21]를 요구하는 것이 상품의 원가에 관한 정보 또는 기타 이와 유사한 정보의 제공에 해당하는지 의문이 있을 수 있다. 생각건대 재무제표는 납품업자등의 재무 현황을 객관적으로 확인할 수 있는 자료로서 해당 사업자의 신용도 판단 등에 정당하게 활용될 수 있고, 대부분 공개되는 정보일 뿐만 아니라, 재무제표 자체만으로는 특정 상품의 원가나 다른 개별 사업자와의 거래규모, 내역 등 구체적인 정보를 확인하기 어려우므로, 법 제14조 제1항 또는 시행령 제11조 제1항 소정의 경영정보에 해당된다고 보기는 어려울 것으로 판단된다.

(다) 납품업자등이 다른 사업자에게 납품하거나 다른 사업자의 점포에서 판매하는 상품의 매출액, 기간별 판매량 등 매출 관련 정보(제2호)

납품업자등이 다른 사업자와의 거래에서 정한 공급조건 내지 기타 거래조건에 직접 해당하지는 않으나, 과거 백화점 3개사가 해당 정보를 통해 납품업자에게 판촉행사 참여 등을 강요함에 따라 문제가 된 사례가 있어, 이를 고려하여 만들어진 규정으로 보인다. 납품업자등이 다른 사업자에게 납품하거나 다른 사업자의 점포에서 판매하는 상품의 매출액, 기간별 판매량 등 매출 관련 정보는 납품업자등의 영업비밀로서 이러한 정보를 대규모유통업자에게 자발적으로 공개할 이유가 없고,[22] 오히려 해당 정보가 제공되는 경우 대규모유통업자가 판촉행사를 강요하는 근거로 활용될 수 있으며, 매출액이나 판매량 등 정보를 통하여 간접적으로 당해 납품업자등의 다른 사업자에 대한 공급조건 또는 거래조건을 파악하거나 추정하는 것이 가능하다는 점에서 제공 요구가 금지되는 정보에 포함한 것으로 판단된다.

21) 신용정보업(개인사업자신용평가업, 기업신용조회업 등)에 대하여 금융위원회의 허가를 받은 신용정보회사는 신용정보주체의 신용거래능력을 판단할 수 있는 정보(재무제표 등) 등을 수집·평가하여 이해관계를 가지는 자에게 제공할 수 있다(신용정보의 이용 및 보호에 관한 법률 제2조 등).

22) 대법원은 롯데쇼핑㈜가 매출대비율 관리 행위에 대한 공정거래위원회의 시정명령 및 과징금납부명령의 취소를 구한 사안에서, "납품업체로서는 영업비밀인 다른 백화점에 대한 매출정보를 자발적으로 공개할 이유가 없으므로, 비록 납품업체들이 원고에게 신세계 백화점의 EDI시스템 접속권한을 제공하였다고 하더라도 이는 거래상 우월적 지위에 있는 원고의 요구를 거부할 수 없었기 때문이라고 봄이 상당한 이상, 원고는 자기의 거래상의 지위를 부당하게 이용하여 납품업체들이 매출대비율을 일정하게 유지하도록 관리하고 롯데백화점 및 경쟁 백화점에서 할인행사를 진행할지 여부에 관한 자유로운 의사결정을 저해하는 등 납품업체들의 거래내용을 제한함으로써 경영활동을 간섭하였다"고 판단한 원심을 유지하였다(대법원 2011. 10. 13. 선고 2010두8522 판결).

(라) 납품업자등이 다른 사업자의 점포에서 하는 판매촉진행사의 시기·횟수 및 거래조건 등 판매촉진행사에 관한 정보(제 3 호)

납품업자등이 행하는 판매촉진행사의 시기·횟수 및 거래조건과 같은 사항은 당해 납품업자등이 거래하는 사업자별, 지역별, 상품별, 시기별로 각각 달라질 수 있다. 그럼에도 불구하고 특정 대규모유통업자가 이에 관한 정보를 제공할 것을 요구하여 이를 취득한다면, 당해 대규모유통업자는 이 정보를 이용하여 자신과의 판매촉진행사 진행 시 그 행사에 관한 조건을 자신에게 보다 유리하게 하도록 요구할 가능성이 없지 않다. 이와 같은 점을 고려하여 본 정보 역시 요구가 금지되는 정보에 포함한 것으로 판단된다.

(마) 납품업자등이 다른 사업자와의 거래에서 사용하는 전자적 정보교환 전산망의 고유식별명칭, 비밀번호 등 해당 전산망에 접속하기 위한 정보(제4 호)

일반적으로 유통 실무에서 대규모유통업자들은 납품업자등에게 자신과의 거래에 사용되는 전산 시스템 사용권을 부여하고, 이를 통해 상품 발주, 납품, 판매 및 재고관리, 단가 및 매출액 관리, 반품 처리 등의 업무를 일괄적으로 수행한다. 이와 같은 상황에서 특정 대규모유통업자가 납품업자등이 다른 사업자와의 거래에서 사용하는 전자적 정보교환 전산망의 고유식별명칭(ID, Identification), 비밀번호 등 해당 전산망에 접속하기 위한 정보를 제공할 것을 요구하여 이를 취득한다면, 그 대규모유통업자는 아무런 제한 없이 당해 납품업자등의 거래에 관한 모든 정보에 접근하여 열람할 수 있게 된다. 종전에 국내 백화점 사업자들이 실제로 이와 같은 방법으로 경쟁백화점에 중복 입점한 납품업자에게 해당 백화점의 정보통신망에 접속하는 아이디 및 비밀번호를 요구하여 동 통신망에 접속한 뒤 경쟁백화점에 대한 납품업자의 매출정보를 취득하여 이를 통해 납품업자에게 판매촉진행사 참여 등을 강요한 사실이 적발된 바가 있는데, 본 호 역시 이러한 사례를 감안하여 포함된 것으로 이해된다.

마. 정보 제공 요구의 부당성 판단기준

대규모유통업자가 납품업자등에게 법 제14조 제 1 항 각 호 소정의 정보를 제공할 것을 요구한 행위가 실질적으로 부당한 경우에 한하여 위법성이 인정된다.[23] 본

23) 이와 비교하여 하도급법은 '정당한 사유' 없이 수급사업자에게 원가자료 등 경영상 정보를 요구하는 행위를 부당한 경영간섭행위로 보고 금지하고 있다(하도급법 제18조 제 2 항 제 3 호). 여기서 '정당한 사유'는 당해 행위의 합목적성 및 대체수단의 유무 등을 고려할 때 제

조 소정의 '부당성'이 인정되기 위해서는 그 요구행위 자체가 거래상 지위를 남용한 것으로서 납품업자등의 자유로운 의사결정을 저해하여 공정거래의 기반이 침해되거나 침해될 우려가 있음을 입증하여야 한다. 이와 관련하여 온라인쇼핑몰 심사지침은 "'부당성'이란, 당사자가 처해있는 시장 및 거래의 상황, 거래의 대상인 상품의 특성, 경영정보 제공을 요구한 의도·경위·목적·효과·영향 및 구체적인 요구의 태양, 경영정보 요구에 응하지 않을 경우 받을 수 있는 불이익의 내용과 정도 등 여러 사정을 고려하여 그 요구행위가 정상적인 거래관행을 벗어난 것으로서 공정한 거래를 저해할 우려가 있다고 인정할 수 있는 경우를 의미한다"고 규정하고 있는 바(온라인쇼핑몰 심사지침 Ⅲ. 3. 나), 이는 모든 대규모유통업자의 경영정보 제공 요구행위의 부당성을 판단하는데 동일하게 적용될 수 있다.

서울고등법원은 부당성에 대하여 "경영정보 제공 요구 목적, 요구 대상인 경영정보의 내용, 요구의 방법과 태양, 요구의 강도, 요구에 응하지 않았을 경우 가해지거나 예상되는 불이익의 내용과 정도, 제공받은 경영정보가 납품업자에 대하여 활용되는 방안, 경영정보 제공을 요구할 불가피한 사정의 존부 등을 종합"하여 판단해야 하며, "이러한 부당성의 입증책임은 … 피고(공정거래위원회)에 있다"고 판시한 바 있다(서울고등법원 2015. 12. 17. 선고 2015누38902 판결). 이에 대하여 대법원은 "대규모유통업법 제14조 제 1 항에 따라 금지되는 경영정보 제공 요구행위에서 말하는 '부당성'이란, 당사자가 처해 있는 시장 및 거래의 상황, 거래의 대상인 상품의 특성, 경영정보 제공을 요구한 의도·경위·목적·효과·영향 및 구체적인 요구의 태양, 제공이 요

조 등 위탁목적을 달성하기 위하여 수급사업자의 경영정보가 절차적·기술적으로 불가피하게 필요하게 되는 경우를 의미하되, 이 경우에도 요구되는 정보는 목적달성을 위해 필요한 최소범위를 넘어서는 아니된다(하도급거래공정화지침 Ⅲ. 17. 라.). 한편, 대리점법은 거래상지위를 '부당하게' 이용하여 '합리적 이유'없이 대리점에 거래처 현황, 매출 내역 등 영업상 비밀에 해당하는 정보를 제공하도록 요구하는 행위를 금지하고 있다(대리점법 제10조, 같은 법 시행령 제 7 조 제 2 호). 여기서 '부당성'은 거래내용의 공정성을 침해하는지 여부와 합리성이 있는 행위인지 여부를 종합적으로 고려하여 판단하되, '거래내용의 공정성 여부'는 당해 행위를 한 목적, 당해 행위가 대리점의 자유로운 의사결정에 기초했는지 여부, 대리점의 예측가능성, 대리점의 사업활동에 미치는 경제상 불이익 또는 사업활동 곤란의 정도, 당해 업종의 통상적인 거래관행, 관련 법령 등을, '합리적 이유'는 영업상 비밀 정보 제공 요구행위로 인한 대리점거래의 효율성 증대효과나 소비자후생 증대효과가 거래내용의 공정성 침해효과를 현저히 상회하는지 여부, 기타 당해 행위에 합리적인 사유가 있는지 여부를 종합적으로 고려하여 판단한다(대리점분야 불공정거래행위 심사지침 Ⅲ. 3. 나.).

구된 정보의 내용과 범위, 경영정보 제공 요구를 받은 상대방이 이에 응하지 않을 때에 받을 수 있는 불이익의 내용과 정도, 행위 사업자의 시장에서의 우월한 지위의 정도 및 당사자 간의 전체적인 사업능력의 격차 등 여러 사정을 참작하여 그 요구행위가 정상적인 거래관행을 벗어난 것으로서 공정한 거래를 저해할 우려가 있다고 인정될 수 있는 경우를 의미한다고 보아야 한다"라고 하여, 시장상황이나 대규모유통업자의 시장에서의 지위 등을 보다 폭넓게 고려하여야 한다고 판시하였다(대법원 2018. 10. 12. 선고 2016두30897 판결, 대법원 2017. 12. 22. 선고 2015두36010 판결).

관련 사건에서 서울고등법원은, 원고 백화점이 자신과 거래하고 있는 129개 납품업자에게 자신의 아울렛 김포점 개설과 관련하여 경쟁사 아울렛의 매출액, 마진 등의 정보가 기재된 입점의향서 양식을 송부하여 이를 제출할 것을 요구하였고, 자신의 아울렛 가산점의 개설 40일 전에 자신이 거래 중인 5개의 납품업자에게 이메일로 경쟁사의 아울렛에서의 마진, 매출액 등 정보를 제공하도록 요구한데 대하여, i) 납품업자들이 입점의향서 미제출, 부정확한 정보 기재 또는 정보 미기재 등 비협조적인 태도를 취한 경우에도 원고 백화점이 납품업자들에게 불이익을 가하였다는 사정이 엿보이지 않는 점, ii) 원고 백화점이 입점의향서의 제출을 통하여 제공받은 경영정보들 중 주요 정보는 매출액이나 마진과 같은 경영정보들인데, 그와 같은 정보들은 납품업자들의 주관적인 작성에 의존하고 있어 후발적인 불공정거래행위에 활용될 수 없을 것으로 보이는 점, iii) 원고 백화점이 납품업자들로부터 수집한 정보를 납품업자들과의 거래조건에 활용하거나 거래상 우월적 지위를 이용하여 해당정보를 수취한 것으로 보이지 않는 점, iv) 원고 백화점이 납품업자들에게 배포한 입점의향서 양식에는 대규모유통업법 제14조 제 2 항에서 규정하는 사항 등이 기재되어 있을 뿐만 아니라 "원고 백화점이 대규모유통업법 등 관련 법규를 준수하고 필요 최소한의 정보만을 입점희망자의 자율적 의사에 따라 기재"하는 내용이 기재되어 있는 점, v) 원고의 아울렛 가산점 개설 관련 경영정보 제공 요구도 앞서 살펴본 입점의향서를 통해 요구한 경영정보와 별반 차이가 없고 경영정보 제공요구가 부당한지 여부에 관해서 인정할 아무런 증거가 없다는 점을 종합적으로 고려하여 부당성이 인정되지 않는다고 판단했다(서울고등법원 2015. 12. 17. 선고 2015누38902 판결).

그러나 이에 대해 대법원은 원고 백화점이 납품업자에게 요구한 경영정보는 원고 경쟁사의 매출액과 구체적인 마진에 관한 정보로서 향후 원고의 이익을 위해 사용될 가능성이 있고, 이러한 정보는 일반적으로 다른 사업자에게 제공하지 않는 정보이고 납품업자들이 이러한 비공개 정보를 원고에게 자발적으로 제공할 동기나 이익이 있었다고 볼 사정은 없는 점, 원고도 제공된 경영정보를 자신의 업무에 활용한 것으로 보이는 점 등에서 부당성이 인정된다고 판단하였다(대법원 2018. 10. 12. 선고 2016두30897 판결).

한편, 부당성 판단 시 경쟁제한성을 고려하는지 여부와 관련하여 서울고등법원은 "이 사건 납품업자들이 원고의 요청에 따라 매출자료를 제공하였다 하더라도 이는 거래상 우월적 지위에 있는 원고의 요청을 거부할 수 없었기 때문이라고 봄이 상당하고, 이는 이 사건 납품업자들의 자유로운 의사결정을 저해하여 공정거래의 기반이 침해되거나 침해될 우려가 큰 것으로 보인다."라고 판시하여 거래질서를 고려하면서도, "원고가 이 사건 납품업자들로부터 경쟁백화점에서의 이 사건 납품업자들의 매출자료를 제공받아 이 사건 브랜드들에 대한 매출대비율을 관리하게 되면 이에 따라 이 사건 납품업자들로서는 각 백화점별로 비슷한 행사를 진행할 수밖에 없고 이는 각 백화점 간의 경쟁을 감소시켜 소비자 후생을 저해할 개연성이 있다."라고 판시하여 부당성 판단에 경쟁제한성을 함께 고려하고 있다(서울고등법원 2014. 12. 4. 선고 2014누46678 판결). 그러나 같은 사건의 상고심에서 대법원은 경쟁제한성을 경영정보 요구행위의 부당성 판단의 근거로 들고 있지 않다(대법원 2017. 12. 22. 선고 2015두36010 판결).[24] 법 제14조는 공정거래법상 거래상 지위 남용에 연원을 두고 있는 만큼 원칙적으로 부당성 판단시 불공정성을 위주로 하는 것이 타당한 것으로 보이나, 경쟁제한성을 함께 고려해야할 경우도 있을 것이다.[25] 다만, 거래질서에 저촉되더라도 이를 효율성 증대효과나 소비자후생 증대효과와 비교형량한 결과 후자가 전자를 현저히 상회한다면 법 위반으로 판단할 수 없다고 보는 것이 바람직하다.

---

24) 경영정보 요구행위의 경우 단순히 거래상대방인 납품업자등에 대한 거래상지위 남용의 목적을 넘어, 다른 경쟁사업자에 대한 납품가격 등을 파악하고 이를 자신의 거래조건 결정에 활용하기 위한 목적으로 행해지는 경우가 적지 않은데, 이 경우에는 경쟁제한 효과도 적지 않다. 공정거래위원회 또한 대규모유통업법 시행을 앞두고 보도자료를 배포하면서, 경쟁제한효과가 큰 배타적 거래 요구 및 경영정보 제공 요구 행위 및 보복조치, 시정조치 불이행과 같은 악질적인 행위에 대해서만 형벌을 부과할 수 있도록 규정을 정비했다는 취지를 적시하고 있다(2011. 12. 30. 공정거래위원회 보도자료 참조).

25) 정재훈, "대규모유통업법상 경영정보 제공 요구금지의 적용범위", 유통법연구 제6권 제2호(2019), 27면.

대규모유통업자가 납품업자등에게 법 제14조 제 1 항 각 호 소정의 경영정보의 제공을 요구하였으나, 실제로는 실행으로까지 이어지지 않은 경우에도 부당성이 인정될 수 있는지의 문제가 있다.[26] 이에 대해서는 본 조의 규정 취지가 대규모유통업자의 납품업자등에 대한 경영간섭 등 후속 불공정거래행위의 가능성을 미연에 방지하고자 하는 데 있다는 점, 법 제14조 제 1 항 각 호는 납품업자등이 대규모유통업자와의 협상 등에서 영업비밀로 유지할 필요가 있는 중요한 경영정보를 제한적으로 규정하고 있다는 점, 거래상 우월적 지위에 있는 대규모유통업자가 납품업자등에 대하여 중요한 경영정보의 제공을 요구하면 납품업자등은 이러한 경영정보 제공으로 인하여 대규모유통업자와의 협상에 있어 훨씬 불리하게 되는 것을 알면서도 불가피하게 그 요구에 따를 수밖에 없는 상황에서 구체적으로 요구받은 정보를 실제로 제공하였는지 여부는 그리 중요한 것으로 보이지 않는 점 등을 감안할 때 부당성을 판단함에 있어서는 실행여부를 별도로 고려할 필요가 없다는 견해가 있을 수 있다. 이와 관련하여 대규모유통업자의 납품업자등에 대한 경영정보 요구 행위와 관련한 종전 공정거래위원회의 심결례 등을 종합하면, 거래의 구조나 내용상 불가피하게 중요한 경영정보를 확인해야 할 사정(예를 들어 납품가격을 결정하기 위하여 상품의 원가 확인이 반드시 필요한 사정이 있다는 등)이 없는 한, 대규모유통업자가 납품업자등에게 본 조 제 1 항 각 호에 규정된 정보의 제공을 요구하는 것 자체로 부당하다고 판단될 가능성이 있는 것으로 생각된다. 거래상 우월적 지위에 있는 대규모유통업자가 납품업자등에 대하여 중요한 경영정보의 제공을 요구하면 납품업자등은 이러한 경영정보 제공으로 인하여 대규모유통업자와의 협상에 있어 훨씬 불리하게 되는 것을 알면서도 이를 제공할 수밖에 없고, 이로 인해 납품업자등의 자유로운 의사결정이 저해되어 공정거래 기반이 침해되거나 침해될 우려가 있기 때문이다.

그렇지만 다른 한편으로는 대규모유통업법상의 대부분의 다른 규정과 달리 본 조를 위반할 경우 과징금뿐만 아니라 형벌까지도 부과할 수 있는 점에서 부당성은 보다 엄격하게 판단할 필요가 있는 점, 실제로 경영정보를 요구하였으나 납품업자등

26) 이와 관련하여 법원은 요구행위의 부당성을 인정하기 위하여 대규모유통업자가 요구하여 받은 경영정보를 기초로 납품업자에게 매장이동, 중요행사 배제 등의 불이익을 가하는 등의 행위가 현실적으로 이루어져야 한다거나, 공정거래위원회가 그 행위를 증명할 필요는 없다고 판시하고 있으나(서울고등법원 2014. 12. 4. 선고 2014누46678 판결), 동 건의 경우 대규모유통업자가 납품업자로부터 경영정보를 받은, 즉 실행으로 이어진 사례이므로, 본 쟁점과는 차이가 있다.

이 정보를 제공한 사실이 없고 그로 인해 대규모유통업자로부터 다른 불이익을 받은 사실이 없다면 그 자체로서 부당성이 크지 않다고 볼 여지가 있는 점 등을 감안할 때 단순히 정보 제공의 요구만 있었다면 이에 대해서까지 부당성을 인정하기 어렵다고 볼 여지도 있다.

이에 대해서는 법 제14조의 각 항의 규정 내용으로부터 그 해석의 단서를 찾을 수 있을 것으로 생각된다. 즉, 법 제14조 제 2 항에서는 "제 1 항 각호의 어느 하나에 해당하는 경영정보를 요구하는 경우에는 대통령령이 정하는 바에 따라 그 요구목적이나 비밀유지에 관한 사항 등 법정 기재사항을 적은 서면을 납품업자등에게 제공하여야 한다"고 규정하는 한편, 같은 조 제 3 항에서는 "제 2 항의 서면에는 대규모유통업자와 납품업자등이 각각 서명 또는 기명날인하여야 한다"고 규정하고 있는데, 이들 조항을 법 제14조 제 1 항과 함께 고려하면, 단순히 정보제공을 요구한 것만으로 부당성을 인정하는 것이 타당한지 의문을 불러일으키게 된다. 즉, 법 제14조 제 2 항에 따라 서면으로 정보제공을 요구하였는데 납품업자등이 서명 또는 기명날인하지 않는다면, 대규모유통업자에게는 두 가지 가능한 선택지가 있을 수 있다. 즉, 납품업자등의 동의가 없음에도 거래상 지위를 남용하여 어떻게든 정보를 제공받아 내거나, 납품업자등의 부동의를 존중하여 더 이상 실행행위로까지는 나아가지 않는 방안이 그것인데, 전자의 경우에는 납품업자등의 동의도 없이 정보제공을 요구하고 이를 제공 받은 것이 되므로 당연히 부당성이 인정될 가능성이 높아지겠지만, 후자의 경우에는 논란의 소지가 발생하게 된다. 살피건대, 법 제14조 제 2 항 및 제 3 항은 대규모유통업자가 정보제공을 서면으로 요구하는 행위나 이에 대해 납품업자등이 동의하여 서명 또는 기명날인하는 행위를 모두 절차적 요건의 하나로 인정하고 있으므로, 납품업자등이 동의(서명 또는 기명날인)하지 않아 후속 실행행위로까지 이어지지 않았다면 대규모유통업자의 서면요구행위를 '부당'하다고 까지 보는 것이 합리적인지 의문이 생길 수 있다. 이 경우 실행 여부는 납품업자의 자율적 판단에 따라 결정된 것으로 보는 것이 타당하기 때문이다.

요컨대, 정보제공의 요구만 있고 실행은 없는 경우 그 자체만으로 부당성 여부를 판단할 것이 아니라, 다른 부당성 판단요건들과 함께 고려할 사항으로 보는 것이 타당하다고 판단된다. 후술하는 바와 같이 정보제공을 요구하면서 사전에 서면 제공의무를 준수하지 않은 절차적 하자가 있다고 해서 이를 바로 부당하다고 볼 수 없는 것처럼, 서면 또는 구두 요구 여부, 실행으로까지 이어졌는지 여부, 해당 서면요구에 대한 동의(서명 또는 기명날인)가 납품업자등의 자발적 의사에 따라 이루어졌는지 여부 등은 부당성을 판단할 때 참작할 사유는 되지만 그 자체만으로 부당성 인정 여부를 정하는 결정적인 요소가 될 수는 없다고 할 것이다. 다만, 유통 실무에서는 계속적 거래관계에 있는 상황에서 대규모유통업자가 일회성의 정보제공 요구를 하였으나 그 요구가 실행되지 않았다면 납품업자등이 이를 문제삼을 가능성은 거의 없을 것이므로, 공정거래위원회에서 문제가 되는 정보제공 요구행위는 대부분 실행으로까지 이어진 경우일 가능성이 크다. 이 점에 비추어 보면 법 실무상으로는 실행 여부가 쟁점이 될 가능성은 높지 않다고 판단된다.

그 밖에 대규모유통업자가 납품업자등에게 법 제14조 제1항 각 호에 열거되지 않은 정보의 제공을 요구한 경우까지도 법 위반이 될 수 있는지의 문제가 있을 수 있다. 앞서 본 바와 같이 대규모유통업자가 여러 경로를 통해 자신의 영업상 필요한 각종 정보와 자료를 수집하여 활용하는 것은 원칙적으로 허용되므로, 본 조항에서 구체적으로 적시하지 않은 정보 제공을 요구하는 것까지 금지된다고 보기는 어려울 것이다. 다만, 이러한 행위가 법 제14조 소정의 금지행위에는 해당하지 않는다고 하더라도 기타의 불이익 제공행위에 해당될 가능성은 여전히 존재한다(법 제17조 제10호).[27] 이를 판단하기 위해서는 위 정보 제공 요구 행위의 목적이나 정보의 내용, 요구의 방법이나 강도, 요구 거부 시 제공되는 불이익의 내용 등을 종합적으로 감안해야 함은 물론이다.

바. 사전 서면에 의한 정보제공 요구 의무

(1) 개 요

대규모유통업자가 법 제14조 제1항 각 호에 열거된 정보를 납품업자등으로 하여금 제공하도록 요구하는 경우에는 그 제공 요구에 앞서 대통령령으로 정하는 바에 따라 요구목적, 비밀유지에 관한 사항 등을 기재한 서면을 납품업자등에게 제공하여

---

27) 법 제14조에서 금지하는 부당한 경영정보 제공 요구 행위에는 해당하지 않더라도 정보제공 요구를 통해 납품업자등의 판매품목, 시설규모, 영업시간 등을 부당하게 제한하거나, 납품업자등이 다른 유통업자를 통해 판매하는 상품의 가격, 수량 등 거래조건을 정하거나 유지 또는 변경하도록 요구하는 등의 방법으로 경영활동에 간섭하는 경우에는 법 제14조의2 제2항, 같은 법 시행령 제11조의2의 경영활동 간섭 금지 행위에 해당할 수 있다.

야 한다(법 제14조 제 2 항). 법 제14조 제 1 항에서는 부당하게 각 호에 열거된 정보를 제공하도록 요구하는 것을 금지하되, 같은 조 제 2 항에서 정보요구에 앞서 시행령 제11조 제 2 항 각 호의 사항을 기재한 서면을 제공하도록 하고, 제 3 항에서는 대규모유통업자와 납품업자등이 각각 서명 또는 기명날인하도록 규정하였다. 이는 대규모유통업자로 하여금 무분별하게 정보제공을 요구하는 것을 사전에 방지하는 한편, 사전 서면 제공 및 납품업자등의 동의 등 절차적 요건 충족여부를 추후 부당성 판단의 기초 자료로 하려는 취지로 판단된다.

본 조항에서의 서면의 제공 시기, 서명 또는 기명날인의 각 의미는 법 제 6 조(서면의 교부 및 서류의 보존 등) 소정의 그것과 동일하다.

(2) 사전 제공 서면의 필수적 기재사항(시행령 제11조 제 2 항)

대규모유통업자가 법 제14조 제 1 항 각 호에 열거된 정보를 납품업자등에게 제공하도록 요구할 경우, 대규모유통업자는 당해 경영정보 제공을 요구하는 목적(시행령 제11조 제 2 항 제 1 호), 비밀유지방법 등 요구 대상 정보의 비밀유지에 관한 사항 및 비밀침해 시의 손해배상에 관한 사항(제 2 호), 경영정보 요구일자 · 제공일자 및 제공방법(제 3 호), 경영정보 제공 요구가 불가피함을 객관적으로 증명할 수 있는 사항(제 4 호)을 서면에 기재하여야 한다.

시행령 제11조 제 2 항 제 1 호 내지 제 3 호 소정의 사항은 그에 부합하는 내용을 구체적으로 적시하여 기재하는 것으로 족하다. 그러나 제 4 호의 '경영정보 제공 요구가 불가피함을 객관적으로 증명할 수 있는 사항'의 경우에는 입법론상 의문의 여지가 있다. 우선, 제 4 호의 문언상 구체적으로 어떤 사정의 기재를 요구하는 것인지 불분명하여 수범자인 대규모유통업자가 그 행위 준칙으로 삼기 어렵다는 문제가 있다. 또한 시행령 규정의 위임 법률인 법 제14조 제 2 항은 서면 기재사항으로서 '요구목적 및 비밀유지에 관한 사항'을 예시하고 있으므로 그 위임범위를 넘은 시행령 규정은 그 자체로 위임입법의 한계 일탈이 될 우려가 큰데, '경영정보 제공 요구가 불가피함을 객관적으로 증명할 수 있는 사항'이 과연 모법이 규정한 '요구목적, 비밀유지에 관한 사항' 내지 그에 준하는 경우에 해당한다고 볼 수 있는지에 대해서는 상당한 의문이 있다. 나아가 경영정보 제공 요구가 불가피한 상황에서 이루어졌는지 여부는 추후 당해 요구 행위의 부당성 여부를 판단하는 주요한 기준이 될 가능성이 큰데, 이를 대규모유통업자가 반드시 기재하여야 할 사항으로 둔다면 이는 사실상 부당성 판단에 관한 사항을 대규모유통업자에게 제시하도록 하는 것으로 밖에 볼 수 없어, 법률에서 분배한 입증책임을 시행령에서 사실상 전환한 것으로 볼 여지도 없지 않다.

이와 관련하여 서면주의 등 절차적 요구는 추후에 법위반 행위가 문제되거나 당사자 사이에 분쟁이 있을 때 이를 판단하기 위한 전제로서의 의미가 있는데, 본 조항의 경우 절차적 요구가 실체적인 심사를 대체하는 방식으로 규정된 모양새가 되어 절차적 요구 본연의 기능을 넘어 과도한 측면이 있고 균형에도 맞지 않으며, 납품업자등에 대한 보호의 필요성을 고려하더라도 서면주의의 기준을 지나치게 높게 설정하는 경우 불필요한 거래비용을 초래하여 거래의 위축을 가져올 수 있다는 지적도 있다.[28] 이러한 점들을 종합적으로 감안할 때 시행령 제11조 제 2 항 제 4 호 규정은 입법론상 재검토가 필요가 있다고 생각된다.

(3) 사전 서면 제공의무 위반의 효과

납품업자등에 대한 대규모유통업자의 경영정보 요구의 부당성 판단은 별론으로 하더라도, 대규모유통업자가 구두로 경영정보의 제공을 요구하거나, 미리 서면을 작성·제공하지 않는 경우, 필수적 기재사항이 누락된 불완전 서면을 제공하거나 양 당사자의 기명·날인이 없는 경우 등 절차적 요건을 갖추지 못했거나 흠결이 있는 경우에도 해당 경영정보요구에 대하여 곧바로 부당성을 인정할 수 있는지 여부의 문제가 있다. 그러나 법 제14조 제 1 항은 납품업자등에게 부당하게 경영정보를 요구하는 행위를 금지하고 있고, 같은 조 제 2 항, 제 3 항에서 절차적 요건을 별도로 규정하고 있으며, 법 제14조 제 1 항을 위반한 경우에 대해서만 벌칙조항을 두고 있으므로(법 제39조 제 1 항 제 1 호), 절차적 요건이 흠결되었다고 하여 곧바로 같은 조 제 1 항의 부당한 경영정보 요구행위라고 볼 수는 없을 것이다.

(4) 경영정보 제공 요구의 범위 제한

대규모유통업자는 납품업자등에게 경영정보를 요구하는 경우 요구목적에 필요한 최소한의 범위에서 하여야 한다(법 제14조 제 4 항). 요구목적에 필요한 최소한의

---

28) 정재훈, “대규모유통업법상 경영정보 제공 요구금지의 적용범위”, 유통법연구 제6권 제 2 호(2019), 30~31면.

범위에 해당하는지는 정보 요구의 구체적인 목적, 요구한 정보의 내용, 당해 목적을 달성하기 위한 다른 방법이 있는지 여부 등을 종합적으로 고려하여 판단한다[온라인 쇼핑몰 심사지침 Ⅲ. 3. 나. (1) (다) 참조].

본 조항은 요구목적에 필요한 최소한의 범위에서 제공을 요구하여야 할 경영정보를 법 제14조 제1항 각 호 소정의 경영정보로 특정하고 있지는 않은데, 그렇다면 그 밖의 다른 경영 정보를 제공할 것을 요구하는 경우에도 위와 같은 범위 제한을 받을 것인지 의문이 있을 수 있다. 생각건대, 입법취지상 법 제14조 제4항의 적용범위는 같은 조 제1항 각 호 소정의 경영정보에 국한하여 해석하는 것이 타당해 보인다. 법 제14조 제1항 이외에는 경영정보에 대한 별도의 정의 규정이 없는 상황에서 대규모유통업자가 요구하는 법 제14조 제1항 이외의 경영정보에 대해서도 본 조항을 적용하는 것은 수범자에게 법문을 초과하는 지나치게 광범위한 규제를 하는 것이 되기 때문이다. 사적자치의 원칙상으로도 이렇게 해석하는 것이 타당하다고 판단된다. 다만, 법 제14조 제1항 각 호 소정의 경영정보에 한하여 같은 조 제4항의 범위 제한이 적용된다 하더라도, 다른 경영정보에 대해 그 필요 범위를 초과하여 요구하는 행위는 기타의 불이익 제공행위에 해당될 소지가 있다는 점은 유념할 필요가 있다(법 제17조 제10호 참조).

(5) 관련 서류의 보존의무

대규모유통업자가 납품업자등에게 경영정보를 제공할 것을 요구하면서 납품업자등에게 서류를 제공한 경우에는 그 제공한 서류를 납품업자등과의 계약이 끝난 날부터 5년간 보존하여야 한다(법 제6조 제8항, 시행령 제5조 제10호).

3. 경영활동 간섭 금지

가. 개 요

대규모유통업법 제14조의2(경영활동 간섭 금지)는 제1항에서 “대규모유통업자는 자기의 거래상의 지위를 부당하게 이용하여 납품업자등의 경영활동을 간섭하는 행위를 하거나, 계열회사 또는 다른 사업자로 하여금 이를 행하도록 하여서는 아니 된다”라고 하면서, 제2항에서 “제1항의 행위의 유형 또는 기준은 대통령령으로 정한다”라고 규정하고 있다. 법 제14조의2 제2항의 위임을 받은 시행령 제11조의2(경영활동 간섭의 유형 또는 기준)는 법 제14조의2 제 1 항에 따라 금지되는 행위를 제 1 호부터 제 5 호에서 열거하고 있다.[29)]

법 제14조의2 위반에 해당하기 위해서는 ① 대규모유통업자가 자기의 거래상 지위를 부당하게 이용하여, ② 납품업자들의 경영활동을 간섭하는 행위를 하거나, 계열회사 또는 다른 사업자로 하여금 이를 행하도록 해야 한다. 경영활동 간섭행위의 유형 또는 기준은 시행령 제11조의2 각 호에서 구체적으로 규정하고 있으므로, 그 중 어느 하나에 해당하지 않는 경우 부당한 경영활동 간섭으로 보기 어렵다.

나. 거래상 지위를 부당하게 이용하여 직접 또는 계열회사나 다른 사업자로 하여금 경영활동을 간섭하는 행위의 금지

(1) 거래상 지위를 '부당하게 이용'할 것

대규모유통업자는 자기의 거래상 지위를 '부당하게 이용'하여 납품업자등의 경영활동을 간섭하는 행위를 하거나 계열회사 또는 다른 사업자로 하여금 경영활동 간섭행위를 하도록 하여서는 아니 된다. 법 제14조의2는 부당성을 위법성 판단 요건으로 규정하고 있기 때문에, 단지 대규모유통업자가 납품업자등의 경영활동에 간섭했다고 하여 이를 모두 위법하다고 볼 수 없으며, 부당성이 인정되어야 한다.

여기서 거래상 지위는 유통시장의 구조, 소비자의 소비실태, 대규모유통업자와 납품업자 사이의 사업능력의 격차, 납품업자등의 대규모유통업자에 대한 거래 의존도, 거래의 대상이 되는 상품의 특성, 공정거래법 제 2 조 제11호의 기업집단이나 하나의 대규모유통업자가 운영하는 유통업태의 범위를 종합적으로 고려하여 판단할 수 있다(법 제 3 조 제 2 항).

29) 하도급법 제18조(부당한 경영간섭의 금지)는 제 1 항에서 "원사업자는 하도급거래량을 조절하는 방법 등을 이용하여 수급사업자의 경영에 간섭하여서는 아니 된다"라고 하면서, 제 2 항에서 "다음 각 호의 어느 하나에 해당하는 원사업자의 행위는 부당한 경영간섭으로 본다"고 규정하고 제 1 호부터 제 3 호까지의 행위를 열거하고 있다. 한편 대리점법 제10조(경영활동 간섭 금지)는 제 1 항에서 "공급업자는 자기의 거래상의 지위를 부당하게 이용하여 대리점의 경영활동을 간섭하는 행위를 하거나, 계열회사 또는 다른 사업자로 하여금 이를 행하도록 하여서는 아니된다"고 규정하고, 제 2 항에서는 "제 1 항의 행위의 유형 또는 기준은 대통령령으로 정한다"고 규정하여 대규모유통업법 제14조의2와 동일한 규제방식을 취하고 있다. 법 제14조의2를 신설함에 있어서는 대리점법 제10조의 입법례를 참고한 것으로 보인다.

한편, 공정거래법상 거래상 지위 남용행위의 한 유형인 경영간섭은 "거래상의 지위를 부당하게 이용하여" "거래상대방의 임직원을 선임·해임하는 경우에 자기의 지시 또는 승인을 얻게 하거나 거래상대방의 생산품목·시설규모·생산량·거래내용을 제한하여 경영활동을 간섭하게 하는 행위"로 규정하고 있는데{공정거래법 제45조 제1항 제6호, 동법 시행령 제52조, [별표 2] 6. 라}, 본 조의 부당성 규정의 문언은 공정거래법상 경영간섭 금지 규정과 동일하므로, 경영간섭의 부당성에 관한 판단 기준이 동일하게 적용될 수 있을 것으로 판단된다.

대법원은 공정거래법상 경영간섭과 관련하여, 거래상의 지위를 부당하게 이용하였는지 여부는 당사자가 처해 있는 시장 및 거래의 상황, 당사자 간의 전체적 사업능력의 격차, 거래의 대상인 상품 또는 용역의 특성, 그리고 당해 행위의 의도·목적·효과·영향 및 구체적인 태양, 해당 사업자의 시장에서의 우월한 지위의 정도 및 상대방이 받게 되는 불이익의 내용과 정도 등에 비추어 볼 때 정상적인 거래관행을 벗어난 것으로서 공정한 거래를 저해할 우려가 있는지 여부를 판단하여 결정하여야 한다고 판시하고 있나(대법원 2006. 9. 8. 선고 2003두7859 판결 등 참조). 부당성 판단 요소로는 법문에 기재된 바와 같이 거래상 지위를 '이용'하였는지 여부도 하나의 고려요소가 될 수 있다. 서울고등법원 및 대법원은 극장광고업자가 극장사업자에게 무상으로 디지털영사기를 제공하기로 하여 거래상 지위 남용 행위 중 이익제공 강요행위가 문제된 사안에서, 거래상 지위에 상대적 차이가 있다고 하더라도 디지털영상사업으로 인한 광고매출확대 등을 통한 이익증진에 공통의 이해관계를 가지는 점 등을 고려할 때 정상적인 거래관행을 벗어난 것으로 보기 어렵고, 극장사업자와 극장광고업자가 사이에서 극장광고영화만이 아닌 일련의 디지털영상사업에 관하여 협력하는 과정에서 극장사업자가 디지털영사기 제공을 요청한 행위가 거래상 지위 남용행위에 해당한다고 보기 어렵다는 취지로 판시하였는바(서울고등법원 2010. 12. 15. 선고 2009누39065 판결, 대법원 2011. 4. 28. 선고 2011두1207 판결), 거래상 우월적 지위가 있다고 하더라도 거래상 우월적 지위를 이용한 행위가 아니라고 볼 사정[30]이 있는 경우에는 부당성이 부정될 수 있다.[31]

30) 양 당사자의 공통의 이해관계에 따라 양 당사자가 대등한 지위에서 충분한 협의를 거친 경우 등을 상정해 볼 수 있다.

31) 본 조와 유사한 규제조항을 두고 있는 하도급법 제18조 제1항에서 "하도급거래량을 조절하는 방법 등을 이용하여"라는 문언을 두고 있는 점에 주목하여, 원사업자의 경영간섭만으

(2) 직접 납품업자등의 경영활동을 간섭하거나 계열회사나 다른 사업자로 하여금 간섭하도록 하는 행위의 금지

본 조는 대규모유통업자가 직접 납품업자등의 경영활동을 간섭하는 행위 뿐만 아니라 계열회사나 다른 사업자로 하여금 간섭하도록 하는 행위도 금지하고 있다. 여기서 계열회사는 동일한 기업집단에 속하는 회사들을 의미하고(공정거래법 제 2 조 11호, 12호), 다른 사업자는 문언 체계상 대규모유통업자와 계열회사를 제외한 다른 사업자를 의미하는 것으로 해석된다. 대규모유통업법상의 각종 규제 조항 중 유일하게, 계열회사 또는 다른 사업자에게 경영을 간섭하게 하는 행위를 규제하고 있다는 특징이 있다. 공정거래법 제45조(불공정거래행위의 금지)에서 사업자가 불공정거래행위를 직접 하는 경우 뿐만 아니라 계열회사 또는 다른 사업자로 하여금 이를 하도록 하는 행위도 금지하고 있는데, 이와 유사한 규제방식으로 이해할 수 있다. 다만, 본 조의 입법과정에서는 대리점법 제10조의 입법례를 참고한 것으로 보이는데, 대규모유통업법상 다른 규제조항과 달리 경영간섭을 '하도록 하는 행위'까지 금지하게 된 이유는 정확히 확인하기 어렵다.[32]

그러함에도 본 조가 경영간섭을 '하도록 하는 행위'까지도 금지하고 있는 이상, 그 입법취지와 의미에 대해서 생각해 볼 필요가 있다. 통상적으로 대규모유통업자와 납품업자등과의 거래는 직거래 형태로 이루어지는 것이 일반적이다. 특히 납품업자등의 취급 품목이 시장에서 상당한 지위에 있거나 소위 '뜨는 브랜드'인 경우, 또는 판매 물량이 많아 그 자체로 원가 경쟁력이 있는 경우라면 더욱 그러하다. 이와 같은 직거래방식의 경우 거래과정에서 대규모유통업자의 MD(merchandiser)나 Buyer가

로는 하도급법 제18조 위반이 성립하지 않고, 원사업자가 자기의 거래상 지위를 구체적으로 이용하는 행위가 수반되어야 법 위반이 성립하는 것으로 해석될 소지가 있다고 하면서, 하도급거래의 현실에서 원사업자와 수급사업자간 거래상 지위의 차이를 부인할 수 없고 이를 기본 전제로 하도급법의 구성체계가 짜여져 있는데, 하도급법 제18조에서만 거래상 지위를 '이용하여' 라는 규정을 두고 있어, 해석과 관련한 논란의 여지가 없도록 입법론적으로 재검토가 필요하다는 견해가 있다. 오승돈, 하도급법, 지식과감성(2017), 266면.

32) 〈주석 29〉에서 살펴본 바와 같이 본 조의 입법과정에서는 대리점법 제10조의 입법례를 참고한 것으로 보인다. 대리점법의 경우 모든 금지행위(대리점법 제 6 조부터 제11조)에 대해 '하도록 하는 행위', 즉 '교사행위'까지 금지하고 있는 구조로 되어 있고, 제10조 또한 마찬가지이다. 반면, 대규모유통업법의 경우 본 조를 제외하고는 대규모유통업자가 직접 금지행위를 하는 경우만을 규제대상으로 하고 있다는 점에서, 본 조 신설을 위한 법률 개정안 논의 당시 이와 같은 규제방식의 차이까지도 감안하여 법률 개정이 이루어졌는지는 명확하지 않다.

직접 납품업자등과 협의를 하므로, 대규모유통업자가 직접 납품업자등에게 경영간섭을 하는 형태가 나타날 수 있다.[33] 그러나, 시장 규모가 커지고 경쟁이 격화되면서 대규모유통업자가 더욱 대형화되고, 취급하는 품목이 많아지면서, 상당수 납품업자등은 직접 대규모유통업자와 거래하기 보다는 중간 유통상, 소위 벤더(vendor)[34]를 통해 대규모유통업자에게 납품하는 경우가 적지 않다. 특히 대규모유통업자의 점포에 입점하고자 하는 중소 납품업자등에게 대규모유통업자와 연결해주는 역할을 하는 벤더의 역할은 매우 중요하다. 이러한 벤더가 중간에서 게이트웨이(gateway) 역할을 하는 경우, 대규모유통업자가 이들 벤더를 통해 납품업자등의 경영활동에 간섭하는 것이 얼마든지 가능해지는 것이다. 또는 대규모유통업자가 그 계열회사를 별도로 설립하여, 벤더와 비슷한 역할을 맡김으로써 해당 계열회사의 일거리를 챙겨주면서 한편으로는 해당 계열회사를 통해 납품업자등의 경영에 간섭함으로써 자신의 이익을 도모하는 경우도 있을 수 있다. 특히 납품업자등은 특정한 대규모유통업자하고만 거래하기 보다는 다수의 유통망을 통해 자신의 상품 판매를 늘리고자 하는 당연한 욕구가 있는 반면, 대규모유통업자 입장에서는 필요시 우수한 제품을 생산하는 납품업자의 판매품목이나 판촉행사 등을 제한하거나 간섭함으로써 자신의 이익을 도모하고자 하는 욕구가 있을 수 있는데, 이러한 행위의 경우 대규모유통업자가 직접 나서기보다는 계열회사나 제 3 자를 통하는 것이 훨씬 용이할 뿐 아니라, 규제당국의 적발 가능성도 낮출 수 있을[35] 것이다. 요컨대, 경영간섭 행위 뿐 아니라 경영간섭 교사행위도 금지함으로써, 계열회사나 제 3 자를 통하여 행하는 대규모유통업법상의 여타 금지행위가 규제의 사각지대로 되는 것을 방지하는 효과도 기대할 수 있다.

33) 이 경우에는 납품업자등의 브랜드력이나 시장 지위에 따라 대규모유통업자와의 거래상 지위가 달라질 수 있으므로, 실제로 경영간섭이 일어날 가능성은 상황에 따라 다를 것이다.

34) 유통실무에서 벤더란 유통업자와 제조업체를 이어주는 중간유통업자를 뜻하는 말로, 제휴를 맺은 상품으로 영업 대행을 하면서 수수료를 받아가는 역할을 하는 업체를 말한다. 대규모유통업자 입장에서도 다수의 납품업자등과 직접 거래하기 보다는 관리의 효율성을 위해 중소납품업자에 대해서는 벤더를 통해 거래하는 경우가 많다. 한편, 실무적으로는 영업대행 또는 중개 형태가 아니라 대규모유통업자의 직접 거래상대방이 되는 중간유통업자도 벤더라고 칭하는데, 이 경우에는 벤더가 대규모유통업법상 납품업자가 되고, 벤더에게 상품을 공급하는 제조사 등은 납품업자에 해당하지 않는다.

35) 대규모유통업자에게 대게 특정 품목을 공급하지 못하도록 하거나, 판촉행사를 같이 하는 것을 제한하는 행위는 관련 조항, 예컨대 대규모유통업법 제13조(배타적 거래 강요 금지)에 위반될 가능성이 있으나, 이를 계열회사나 제 3 자를 통해서 하는 경우에는 해당 조항으로는 규제가 불가능하다. 물론 공정거래법 제45조 제 1 항을 적용하는 방법도 있겠으나, 그만큼 규제의 실효성은 떨어질 수밖에 없다.

한편, 대법원은 공정거래법상 부당한 공동행위와 관련하여, "(구) 공정거래법 제19조 제 1 항[36] 후단의 '다른 사업자로 하여금 부당한 공동행위를 행하도록 하는 행위'는 다른 사업자로 하여금 부당한 공동행위를 하도록 교사하는 행위 또는 이에 준하는 행위를 의미하고, 다른 사업자의 부당한 공동행위를 단순히 방조하는 행위는 여기에 포함되지 않는다"고 판시하였는바(대법원 2019. 3. 14 선고 2018두59670 판결, 대법원 2009. 5. 14. 선고 2009두1556 판결 등 참고), 이러한 해석은 본 규정에서도 동일하게 적용될 수 있을 것으로 판단된다.

다. 경영활동 간섭의 유형 또는 기준

(1) 개 요

대규모유통업법은 대규모유통업자로 하여금 납품업자등의 경영활동에 대한 간섭 행위를 금지하면서, 그 유형 또는 기준을 대통령령에 위임하고 있다(법 제14조의2 제 2 항). 이에 따라 대규모유통업법 시행령 제11조의2는 납품업자등이 종업원등을 선임 또는 해임하거나 종업원등의 근무지역 또는 근무조건을 결정하는 경우 대규모유통업자의 지시 또는 승인을 받도록 하는 행위(제 1 호), 납품업자등의 판매품목, 시설규모, 영업시간 등 경영활동에 관한 사항을 부당하게 제한하는 행위(제 2 호), 납품업자등이 다른 유통업자를 통해 판매촉진행사를 실시하는 경우 협의 또는 승인의 요구, 판매촉진행사의 제한 또는 중단 등의 방법으로 간섭하는 행위(제 3 호), 납품업자등이 다른 유통업자를 통해 판매하는 상품의 가격, 수량 등 거래조건을 정하거나 유지하거나 변경하도록 요구하는 등의 방법으로 간섭하는 행위(제 4 호), 그 밖에 납품업자등이 독자적으로 의사결정을 하고 수행해야 하는 경영활동에 간섭하는 행위로서 공정거래위원회가 정하여 고시하는 행위(제 5 호)로 규정하고 있다. 이와 같이 시행령 제11조의2는 경영활동 간섭 행위의 유형을 제 1 호 내지 제 4 호로 열거하여 규정하되 그 밖에 경영활동간섭 행위를 공정거래위원회 고시로 위임하고 있으므로 한정적 열거 규정으로 해석된다.

한편, '간섭'의 사전적 의미는 "자신과 직접 관계가 없는 다른 사람의 일에 부당하게 참견한다"는 뜻인 점을 고려할 때,[37] 경영간섭 행위에 해당하려면 자신과 직접

---

36) 현행 공정거래법 제40조 제 1 항

37) 서울고등법원 2010. 4. 8. 선고 2009누548 판결(대법원 2011. 10. 27. 선고 2010두8478 판결로 확정)은 공정거래법상 경영간섭이 문제된 사안에서 이러한 사전적 의미를 근거로 경영

관계가 없는 사항에 대하여 영향력을 미쳐 부당한 간섭을 하는 것에 한정하여야 하고, 거래조건에 대한 합의와 같이 양 당사자의 합의에 따라 정해지는 사항에 대해서는 대규모유통업자의 협상력이 좀 더 발휘되었다고 하더라도 본 규정에서 말하는 경영간섭이라고 볼 수 없다. 예컨대, 납품업자가 유통채널에 대하여 일률적으로 10,000원에 납품하려는 정책을 가지고 있는데, 대규모유통업자와의 협상에 따라 납품단가가 9,000원으로 정해졌다고 하더라도 이는 거래조건에 대한 합의의 결과일 뿐, 경영간섭에 해당한다고 보기 어렵다. 대규모유통업법 시행령 제11조의2 각호의 규정을 해석함에 있어서도 위 판결의 취지가 고려되어야 할 것이다.

본 조는 대규모유통업자가 납품업자등의 경영활동에 간섭하는 행위 자체를 금지하고 있으므로, 반드시 간섭한 내용의 결과가 실현되지 않았다고 하더라도 실질적으로 납품업자 등의 자유로운 의사결정에 영향을 미칠 수 있는 간섭 행위라면 법 위반이 성립할 수 있을 것으로 판단된다.[38] 다만, 본 조 위반은 부당성을 요건으로 하므로 간섭행위로 인한 영향의 정도가 부당성 판단에서 하나의 요인으로 고려될 수는 있을 것이다.

(2) 납품업자등이 종업원등을 선임 또는 해임하거나 종업원등의 근무지역 또는 근무조건을 결정하는 경우 대규모유통업자의 지시 또는 승인을 받도록 하는 행위(시행령 제11조의2 제1호)

대규모유통업자가 납품업자등이 종업원등을 선임·해임하거나 종업원등의 근무지역·근무조건을 결정하는 경우 자신의 지시 또는 승인을 받도록 하는 행위는 금지된다. 납품업자등은 헌법상 보장되는 영업의 자유에 따라 원칙적으로 자유롭게 종업원 등을 선임, 해임하거나 종업원등의 근무지역 등을 결정할 수 있어야 한다. 그럼에도 불구하고, 대규모유통업자가 거래상 우월적 지위를 이용하여 이러한 종업원등의 선임 등에 간섭하는 경우, 납품업자등의 의사결정 권한을 침해하므로 이를 금지하는 취지이다.

본 호에서 "종업원등"이라고 규정하면서 그 정의 규정을 두고 있지 않으므로 종

간섭의 범위를 제한하여 해석하였다.

38) 이와 달리 단순히 납품업자의 의향을 한 차례 물어 본 정도이고, 납품업자 등의 의사결정에 전혀 영향을 미친 바 없다면 간섭행위에 해당하지 않거나 부당성이 없는 경우도 얼마든지 있을 수 있다.

업원등의 범위가 무엇인지 쟁점이 될 수 있다. 먼저, "종업원등"의 문언은 대규모유통업법 제12조에서 규정하고 있으나, 대규모유통업법 제12조는 "납품업자등으로부터 종업원이나 그 밖에 고용된 인력"을 "종업원등"이라고 표현하고 있으므로 본 호에서의 "종업원등"은 법 제12조의 종업원등과는 동일하다고 볼 수 없다. 한편, 공정거래법 시행령 [별표 2]는 "거래상대방의 임직원"으로 규정하고 있고, 대리점법 시행령 제 7 조 제 1 호는 "임직원 등"이라고 규정하고 있어 용어에 일부 차이가 있으나, 선임, 해임에 간섭하는 것을 금지하는 문언[39]과 규정 취지에 비추어 볼 때, 고용관계에 있는 직원(종업원) 뿐만 아니라 임원을 포함하는 개념으로 보는 것이 타당해 보인다.

나아가 간접고용의 형태, 즉 납품업자가 용역업체와 도급계약을 체결하고, 인력을 파견하는 형태에 간섭하는 형태도 이에 해당할 수 있을 것인지 문제될 수 있는데, 문언에서 "선임 또는 해임"으로 규정하고 있는데, 용역업체와 도급계약을 체결하는 것까지 포함하는 것은 문언의 한계를 넘는다는 점을 고려할 때 본 호에서의 종업원등은 직원 또는 임원 등 직접적인 고용 내지 위임관계에 있는 경우만을 의미하는 것으로 해석하는 것이 타당해 보인다. 다만, 본 호에는 해당하지 않는다고 하더라도 제 2 호에 해당할 수 있으므로 본 논의에 대한 실익은 크지 않을 것으로 생각된다.

한편, 대규모유통업자의 지시 또는 승인을 받도록 하는 것과 관련하여, 대리점분야 불공정거래행위 심사지침(2020. 6. 30. 제정 및 시행, 공정거래위원회예규 제348호)은 '사전 지시 또는 사후 승낙은 사실상 승낙을 강제하거나 우회적인 수단을 통해서 지시 또는 승낙을 받게 하는 행위도 포함'된다고 규정하고 있는데[대리점분야 불공정거래행위 심사지침 Ⅳ. 5. 가. 2)]. 대리점법 시행령 제 7 조(경영활동 간섭의 유형 또는 기준) 제 1 호 규정과의 유사성을 고려했을 때 본 호의 지시 또는 승인도 사전 지시·사후 승인을 포함하고 사실상 승낙을 강제하거나 우회적인 수단을 통해서 지시 또는 승낙을 받게하는 행위도 포함한다고 해석함이 타당하다.[40]

서울고등법원은 ㈜포스코퓨처엠[舊 ㈜포스코케미칼]이 협력사들의 임원 임기, 임

39) 엄밀히 보면, 직원은 고용관계, 임원은 위임관계로서 선임, 해임은 임원에 해당하는 용어이다.

40) 위 대리점분야 불공정거래행위 심사지침(Ⅳ. 5. 다.)에서는 대리점 거래와 관련하여 경영활동 간섭행위로서 법위반에 해당될 수 있는 행위의 예를 들고 있는바, 본 조항에 대해서도 이를 참고할 수 있다.

원 처우, 배당률, 이익잉여금 등 적정 자본 규모, 지분구성 등 협력사 내부 경영에 관한 구체적인 사항을 포함하고 있는 '협력사 경영관리 기준'을 운용하여 각 협력사별로 임원들의 부임시기, 퇴직시기 등을 별도로 관리하면서 협력사 임원의 임기가 도래하면 해당 자리에 부임할 ㈜포스코퓨처엠 직원을 후임자로 선정하여 협력사에 전직할 수 있도록 관리하고, 협력사 경영관리 기준을 반영한 협력사 핵심성과지표(KPI)를 토대로 협력사를 평가하여 그 결과를 인센티브 지급, 계약해지, 물량 축소 등의 근거자료로 사용한 행위에 대해, 공정거래위원회가 하도급법 제18조 제1항의 경영간섭 또는 공정거래법 제45조 제1항 6호 및 같은 법 시행령 제52조 [별표 2] 6. 마목에서 정한 부당한 경영간섭에 해당하여 위법하다고 판단하고 시정명령 및 과징금 납부명령을 부과한 사안[41]에서, 공정거래위원회의 처분이 위법하지 않다고 판시하였다. 서울고등법원은 협력사 설립과 운영을 ㈜포스코퓨처엠에 전적으로 의존할 수밖에 없는 구조여서 '협력사 경영관리 기준'이 사실상 강제력을 가질 수밖에 없는 점 등을 고려하여 '협력사 경영관리 기준'이 강제력 없는 내부적 참고기준에 불과하다는 ㈜포스코퓨처엠의 주장을 배척하였다(서울고등법원 2023. 12. 7. 선고 2022누69409 판결[42]). 이러한 판시는 비록 하도급법 또는 공정거래법상 경영간섭에 관한 것이지만 규정의 유사성[43]을 고려할 때 본 호의 해석에도 적용될 수 있다고 생각된다.

한편, 본 호에서는 제2호와 달리 법문에 '부당하게'라는 문언이 포함되어 있지 않아 본 호에 따른 경영간섭 유형에 부당성을 요건으로 하는지 의문이 있을 수 있다. 그러나 대규모유통업법 제14조의2에서 부당성을 요건으로 하고 있고, 종업원등의 선임, 해임에 관여하더라도 부당성이 없는 경우도 있을 수 있으므로 체계적 해석상 부당성을 요건으로 한다고 해석된다(이는 제3호 및 제4호도 동일하다).

41) 공정거래위원회는 ㈜포스코퓨처엠은 협력사 임원의 임기가 도래하면 다음 후임자를 내정하여 임원의 선·해임에 직접 관여한 사실이 드러나는데, 협력사 입장에서는 ㈜포스코퓨처엠에 대한 거래의존도가 절대적인 상황에서 ㈜포스코퓨처엠이 설정한 경영관리 기준에 따를 수밖에 없으므로 부당한 경영간섭 행위가 인정된다고 판단하였다[㈜포스코케미칼의 불공정하도급거래행위 등에 대한 건(2022. 11. 8. 의결 제2022-268호)].

42) 상고심에서 심리불속행으로 기각(대법원 2024. 4. 25. 선고 2024두32485 판결)되어 2024. 5. 3. 확정되었다.

43) 공정거래법상 경영간섭은 "거래상대방의 임직원을 선임·해임하는 경우에 자기의 지시 또는 승인을 얻게 하거나 거래상대방의 생산품목·시설규모·생산량·거래내용을 제한하여 경영활동을 간섭하는 행위"로 규정되어 있다(공정거래법 제45조 제1항 6호 및 같은 법 시행령 제52조 [별표 2] 6. 마목).

실무적으로 대규모유통업자가 대규모유통업법 제12조에 따라 납품업자등의 종업원 등을 파견받으면서 일정 교육을 받도록 하거나 파견종업원으로 하여금 대규모유통업자가 정한 영업 기준(예컨대, 복장, 친절도)을 충족하도록 하는 경우가 있다. 이러한 경우, 파견 종업원은 대규모유통업자의 점포에서 근무하게 되므로 대규모유통업자가 브랜드 가치를 유지하려는 것과 이해관계를 가지게 된다. 따라서 대규모유통업자의 점포 상황, 브랜드 가치, 영업 방향 등을 고려할 때, 합리적 수준에서 일정 교육을 받거나 파견 종업원의 기준을 충족하도록 하는 것은 부당성이 인정된다고 보기 어려울 것이다.

(3) 납품업자등의 판매품목, 시설규모, 영업시간 등 경영활동에 관한 사항을 부당하게 제한하는 행위(제 2 호)

대규모유통업자가 납품업자등의 판매품목, 시설규모, 영업시간 등 경영활동에 관한 사항을 부당하게 제한하는 행위는 금지된다. 납품업자등은 대규모유통거래의 목적을 해하지 않는 범위 내에서 자유롭게 경영활동을 할 수 있어야 함에도 불구하고, 대규모유통업자가 부당하게 납품업자의 경영활동에 관여하여 자신의 거래와 무관한 판매품목, 시설규모 등 경영활동에 관한 사항을 부당하게 제한하는 것을 금지하는 취지이다.

본 호에서 간섭의 대상이 되는 보호법익은 판매품목, 시설규모, 영업시간 등 납품업자등의 '경영활동'에 관한 사항이다. 서울고등법원은 공정거래법상 거래상지위 남용행위 중 하나인 경영간섭과 관련하여 "거래상대방의 임직원을 선임, 해임함에 있어 자기의 지시 또는 승인을 얻게 하거나 거래상대방의 생산품목, 시설규모, 생산량, 거래내용을 제한함으로써 경영활동을 간섭하는 행위"라고 규정하고 있는바, 그 중 거래상대방의 '거래내용'이란 "생산품목, 시설규모, 생산량 등과 달리 구체적인 내용을 특정하기 어려운 포괄적인 의미를 가지는 것으로 앞서 열거된 생산품목, 시설규모, 생산량 등과 동일시할 수 있는 거래상대방의 판매가격, 부과수수료율, 결제조건 등 거래와 관련되는 제반사항을 포함한다고 할 것이다"라고 판시하였는데[44], 이러한 판결 취지를 고려할 때 경영활동의 범위는 포괄적인 것으로 이해할 수 있으며, 다만, 납품업자등의 모든 경영활동을 보호대상으로 한다기 보다는 판매품목, 시설규

44) 서울고등법원 2010. 4. 8. 선고 2009누548 판결, 대법원 2011. 10. 27. 선고 2010두8478 판결로 확정.

모, 영업시간 등에 준하는 정도의 중요한 경영활동에 대한 것으로 한정한다[45]고 봄이 타당하다. 요컨대, 대규모유통업법은 대규모유통업자와 납품업자등의 공정한 거래질서를 보호함을 목적으로 하므로, 이러한 관점에서 공정한 거래질서가 해하여지는 경영활동에 관여하는 것을 금지하는 취지로 이해하여야 한다.

한편, 본 호에 규정된 경영간섭이 성립하기 위해서는 납품업자등의 '경영활동'에 관한 사항을 부당하게 제한하여야 한다. 앞서 살펴 본 바와 같이 경영간섭의 대상은 납품업자등이 독자적으로 결정할 사항에 해당하는 것을 전제로 하므로, 성질상 대규모유통업자와 납품업자등이 합의에 따라 정하는 거래조건은 이에 해당하지 아니한다. 예컨대, 매장이 주어지는 특약매입거래의 납품업자나 매장임차인의 경우, 계약을 체결할 때, 매장면적에 대한 거래조건 합의를 하게 된다. 이 때, 매장임차인은 보다 넓은 면적의 매장을 원하는데, 대규모유통업자와 협의를 거치는 과정에서 원하는 면적보다 적은 매장을 계약하게 되었다고 하더라도 이는 납품업자의 경영활동이라고 보기 어려우므로 본 호 위반에 해당한다고 볼 수 없다. 대규모유통업자와 납품업자등이 계약을 체결하면서 판매 품목을 정하여 계약을 체결하는 경우(예컨대, 나이키 브랜드, 햄버거류 등),[46] 이는 양 당사자가 합의하여 거래조건을 정한 것이므로 납품업자등의 경영활동을 제한하는 것으로 보기 어렵다. 마찬가지로 대규모유통업자와 납품업자등이 계약을 체결하면서 대규모유통업자가 정한 영업시간을 준수하도록 계약을 체결하는 것도 본 호 위반이라고 볼 수 없다. 다만, 법 제15조의2(부당한 영업시간 구속 금지)에 따라 질병이나 치료 목적의 영업시간 단축 요구가 있음에도 이를 받아들이지 않는 경우 법위반으로 판단될 가능성이 있는바, 이에 대해서는 제13장에서 상세히 설명한다.

매장이 주어지는 특약매입거래나 매장임대차에 있어 내부시설은 원칙적으로 실질적인 사용권을 가지는 납품업자 또는 매장임차인이 결정할 수 있어야 한다. 그러나 대규모유통업자의 점포는 다수의 납품업자 또는 매장임차인이 이해관계를 가지

45) 예컨대, 납품업자등으로 하여금 입점 매장을 청결하게 유지하도록 하는 것은 공정한 거래질서 관점에서 납품업자의 경영활동을 제한하는 것으로 보기 어려우므로 부당성이 없다고 보기보다는 본 호의 보호법익인 납품업자등의 경영활동 범위에 포함되지 않는다고 보는 것이 타당하다.

46) 대규모유통거래는 집합건물의 특성과 다수의 매장이 구색을 갖추어 영업을 하고 이를 기반으로 집객효과를 형성한다는 특성을 가지고 있으므로, 입점 시에 판매할 품목을 정하는 것이 일반적이다.

고, 점포 전체의 특성도 고려되어야 하므로, 점포 전체의 통일성을 기하거나 일정한 점포의 컨셉 유지 등을 위해 납품업자등에게 일정한 제한을 두는 것은 불가피하므로 이를 부당하다고 보기 어렵다.

반면, 대규모유통업자가 대규모유통업 거래의 특성이나 자신의 직접적인 이해관계와 무관하게 납품업자등의 판매품목을 부당하게 제한하거나, 영업시간 등을 제한하는 경우에는 본 호의 경영간섭이 성립할 수 있다. 예컨대, 대규모유통업자와 매장임차인이 커피 매장을 운영하기로 하고 임대차계약을 체결하였는데, 합리적 이유 없이 아메리카노는 판매할 수 없도록 제한하는 경우나 대규모유통업자의 영업시간 이내로서 대규모유통업자와 납품업자등의 계약상 영업시간에 대한 아무런 제한이 없음에도 불구하고 특정 매장임차인에 대하여 합리적 이유 없이 매장 운영시간을 단축하도록 요구하는 경우 등에는 본 호 위반이 될 수 있다.

(4) 납품업자등이 다른 유통업자를 통해 판매촉진행사를 실시하는 경우 협의 또는 승인의 요구, 판매촉진행사의 제한 또는 중단 등의 방법으로 간섭하는 행위(제 3 호)

대규모유통업자가 납품업자등이 다른 유통업자를 통해 판매촉진행사를 실시하는 경우 협의 또는 승인의 요구, 판매촉진행사의 제한 또는 중단 등의 방법으로 간섭하는 행위는 금지된다.

대규모유통업 거래의 특성상 유통업자 간의 경쟁이 쉽게 발생하므로 대규모유통업자는 자신이 판매하는 상품의 매출을 늘리기 위해 납품업자로 하여금 자신의 점포 내지 유통채널에서 판매되는 상품의 판촉행사를 실시하도록 유도하고, 경쟁점포 내지 유통채널을 통해 판매하는 상품에 대한 판촉행사 실시를 제한하려고 하는 유인이 발생할 수 있다. 대규모유통업법은 전자의 행위와 관련하여 정당한 사유 없이 납품업자의 의사에 반하여 판매촉진행사에 참여하게 하는 행위를 금지하는 규정을 두고 있는데(법 제17조 제4호), 본 호는 후자의 행위를 금지하는 규정에 해당한다. 영업의 자유를 고려할 때, 납품업자등은 유통채널 별로 자유롭게 판매촉진행사 실시 여부 및 방법 등을 정할 수 있어야 하는데, 대규모유통업자가 자신의 거래와는 무관함에도 해당 납품업자등이 다른 유통채널을 통해 판매촉진행사에 참여하는 등의 경영활동에 부당하게 간섭하는 것을 금지하는 취지이다. 예컨대, 대규모유통업자가 경쟁 홈쇼핑사에도 납품하는 납품업자에게 경쟁 홈쇼핑사의 방송판매에서 자신보다 유리한 할인 조건이나 사은품 제공 등의 조건을 설정하지 않도록 요구하는 경우 본 호에 위반될 수 있다.

본 호에서 경영간섭의 대상이 되는 것은 '납품업자등이 다른 유통업자를 통해 실시하는 판매촉진행사'이므로, 대규모유통업자 자신과의 거래를 통해 소비자에게 판매되는 상품에 관하여 실시하는 판촉행사에 간섭하는 것은 본 호의 적용대상에 해당하지 아니하며, 납품업자의 의사에 반하여 판촉행사를 실시하도록 하는 경우 법 제17조(불이익 제공행위의 금지) 제 4 호가 성립할 뿐이다. 간섭의 방법으로는 협의 또는 승인을 요구하거나 판촉행사를 제한 또는 중단하도록 요구하는 행위 등이 포함되며, 방법에는 제한이 없다. 따라서 납품업자와 계약을 통해 납품업자에 대하여 다른 유통업자와의 판촉행사를 제한하는 경우에도 본 호 위반이 될 수 있다. 다만, 간섭의 사전적 의미가 "자신과 직접 관계가 없는 다른 사람의 일에 부당하게 참견한다"는 점인 것을 고려할 때, 자신의 유통채널에서 단독으로 판촉행사를 실시할 경우 인센티브를 제공하는 등으로 단독 판촉행사 실시를 유노하는 것은 원칙적으로 경영간섭에 해당한다고 보기 어려울 것으로 생각된다.[47]

한편, 다른 유통채널을 통해 판매하는 상품에 대한 판촉행사를 실시하도록 요구하는 행위도 본 호의 경영간섭으로 볼 수 있을 것인가의 문제가 있다. 실무적으로 이러한 행위가 발생하기는 어려워 보이나 본 호의 경영간섭의 문언상 '간섭'하는 행위를 금지하고 있고, 판촉행사의 제한 또는 중단은 간섭의 예시 형태로 규정하는 점을 고려할 때, 본 호 위반에 해당할 수 있을 것으로 판단된다. 이 경우, 제3자를 위하여 경제적 이익을 제공하게 하는 행위를 금지하는 법 제15조(경제적 이익 제공 요구 금지) 제 1 항과의 관계가 문제될 수 있으나, 판촉비용은 궁극적으로 소비자에게 제공하는 이익이므로, 다른 유통업자와 판촉비용을 정산하더라도 제 3 자(다른 유통업자)에게 경제적 이익을 제공하도록 요구한 것으로 보기는 어려울 것이다.

47) 구체적 사안에서 대규모유통업자의 행위가 강제성을 띄는지 여부는 일률적으로 논하기는 어려우며, 사안 별로 실질적인 강제성 유무를 따져보아야 할 것이다.

(5) 납품업자등이 다른 유통업자를 통해 판매하는 상품의 가격, 수량 등 거래조건을 정하거나 유지하거나 변경하도록 요구하는 등의 방법으로 간섭하는 행위(제 4 호)

대규모유통업자가 납품업자등이 다른 유통업자를 통해 판매하는 상품의 가격, 수량 등 거래조건을 정하거나 유지 또는 변경하도록 요구하는 등의 방법으로 간섭하는 행위는 금지된다. 대규모유통업자는 자신이 납품받는 공급가격에 적정 마진, 경쟁 상황 등을 고려하여 판매가격을 설정하게 되는데, 경쟁 유통업자가 동일한 납품업자로부터 자신보다 낮은 가격에 동일 상품을 공급받아 소비자에게 더 낮은 판매가격으로 판매하게 되는 경우가 있다. 이 경우 대규모유통업자는 경쟁에서 불리해지는 상황을 막기 위해 해당 납품업자에게 다른 유통채널에 공급하는 가격의 인상을 요구하거나 자신에게 공급하는 가격 이상으로 공급할 것을 요구하는 등 다른 유통업자와의 거래조건에 간섭하는 경우가 발생할 수 있으며, 본 호는 이러한 부당한 간섭을 방지하려는 취지로 도입된 조항이다.

본 호 위반행위가 성립하기 위해서는 '다른 유통업자를 통해 판매되는 상품'의 거래조건에 대하여 간섭하여야 한다. 따라서 자신에게 납품하는 상품에 대한 거래조건을 협상하는 것은 본 호의 관심 영역이 아니다. 한편, 납품업자가 이른바 오픈마켓으로 불리우는 중개 플랫폼을 통해 소비자에게 직접 판매하는 가격에 관여하거나 자사몰의 판매가격에 간섭하는 경우, 본 호 위반이 성립할 것인지가 문제될 수 있다. 먼저, 자사몰의 가격에 간섭하는 것은 문언의 한계를 고려할 때, 공정거래법상 경영간섭 성립 가능성은 별론으로 본 호 위반이라고 보기는 어려울 것으로 판단된다.

한편, 중개 플랫폼을 통해 판매되는 상품의 거래조건에 간섭하는 행위도 본 호의 규제대상이 되는지 의문이 있을 수 있다. 이에 대해서는, 본 호가 납품업자의 거래상대방 및 거래조건 선택의 자유를 보호하는 것을 목적으로 하고 있는 점과, 소비자 관계에서 온라인 쇼핑몰과 중개 플랫폼(오픈마켓등)이 경쟁관계에 있는 점을 고려할 때, 납품업자가 중개 플랫폼에서 판매하는 가격 등에 대해서도 간섭하는 형태를 규제할 필요가 있다는 점에서 본 호 규제 대상에 해당한다는 견해가 있을 수 있다. 그러나, 통상 유통업자의 문언적 의미를 고려할 때, 본 호에서 규정하는 유통업자의 의미는 소비자에게 상품(용역 포함)을 판매하는 소매업을 영위하는 사업자를 의미한다고 보아야 한다는 점에서 본 호가 직접 적용되기는 어렵다고 판단된다. 다만, 중개 플랫폼에서의 가격결정행위에 대하여 대규모유통업자가 간섭하는 행위 자체는 공정거래법상 부당한 경영간섭 행위로 판단될 가능성은 여전히 남아있다고 보아야 한다. 이러한 문제를 해결하기 위해서는 제 5 호에 의한 고시를 조속히 제정하여, 중개 플랫폼을 통해 판매되는 상품에 대한 거래조건 등에 간섭하는 행위를 법위반의 유형에 포함할 필요가 있다고 생각된다.

본 호의 간섭 대상은 다른 유통업자와의 '가격, 수량 등 거래조건'이다. 가격을 인상할 것을 요구하거나, 공급 수량을 줄이도록 요구하는 행위가 전형적인 경영간섭 행위에 해당할 수 있다. 가격, 수량은 여러 거래조건의 예시에 불과하므로, 가격이나 수량 이외의 다른 거래조건에 간섭하는 경우에도 본 호 위반이 될 수 있다. 서울고등법원은 공정거래법상 경영간섭이 문제된 사안에서 "경영간섭 중 하나의 행위태양으로서 '거래내용을 제한'한다는 것은 거래상대방의 판매가격을 변경하도록 요구하거나 판매품목을 승인하고 단가를 조정하는 행위, 거래상대방의 지급대금수준과 결제조건을 계약조건에 포함시키는 행위, 거래상대방이 징수하는 수수료율을 직접 결정하거나 출하사에게 지급하는 장려금의 요율 결정에 관여하는 행위 등과 같이 적어도 거래상대방의 의사에 반하여 거래내용을 결정하거나 영향력을 행사함으로써 거래상대방의 경영활동에 부당하게 관여하는 일정한 행위를 말한다(서울고등법원 2010. 4. 8. 선고 2009누548 판결 참조)고 판시하였는바, 이러한 해석은 본 호에도 적용될 수 있다.

한편, 특정 상품이 공급보다 수요가 높은 상황에서 자신에게 많은 수량을 공급해 달라고 요청하는 경우, 이로 인해 반사적으로 다른 유통업자가 공급받는 상품이 줄어드는 결과를 초래한다고 하더라도 본 호 위반이라고 볼 수 없다. 예컨대, 가전을 비롯하여 이른바 히트 상품의 경우, 공급 물량이 부족하여 유통업자 사이에서 물량을 확보하기 위한 경쟁이 발생하는 경우가 다수 있다. 이러한 경우, 유통업자의 협상력에 따라 더 많은 물량을 공급받는 것은 시장경제체계에서 예정하는 정상적인 경쟁의 모습일 뿐이므로 다른 사업자에게 공급할 물량을 자신에게 공급해 달라고 요청하는 것은 경영간섭에 해당한다고 볼 수 없다.

다른 유통업자를 통해 판매하는 상품의 가격에 간섭하는 행위로는 다른 유통업자에게 납품하는 상품의 가격을 인상하도록 요구하거나 자신에게 납품하는 가격 이상으로 납품하도록 하는 경우 등을 들 수 있다. 공정거래위원회는 자신에게 가장 낮은 가격으로 상품을 공급해야 한다는 내용의 이른바 최혜사(最惠社) 조항에 대하여 대규모유통업법 제13조 후문의 "다른 사업자와 거래하는 것을 방해하는 행위"로 의율한 바 있다.[48]

한편, 본 호의 경영간섭의 방법에는 제한이 없으므로, 구두 요구, 구속력 없는 협정(MOU), 계약 체결 등의 방법이 모두 포함되며, 간섭의 정도는 납품업자 등의 의사결정에 영향을 미칠 정도면 되며, 반드시 간섭한 대로 결과가 초래될 필요까지는 없다.

제 3 호와 마찬가지로 본 호에서의 간섭의 대상은 '다른' 유통업자와의 거래조건이므로, 납품업자등과 자신과의 거래 조건을 협상을 통해 정하는 것은 본 호의 관심 영역이 아니다.

(6) 그 밖에 납품업자등이 독자적으로 의사결정을 하고 수행해야 하는 경영활동에 간섭하는 행위로서 공정거래위원회가 정하여 고시하는 행위(제 5 호)

대규모유통업법 시행령 제11조의2 제 1 호 내지 제 4 호 외의 경영간섭 행위 유형을 공정거래위원회 고시에 위임하였으나, 본 호의 위임에 의한 고시는 아직 제정되지 않았다.

4. 경영정보 제공 요구 금지 및 경영간섭 금지 규정 위반에 대한 제재[49]

가. 입증책임

대규모유통업법 제14조 규제와 관련하여, 공정거래위원회는 '대규모유통업자가 납품업자등에게 법 제14조 제 1 항 각 호 소정의 경영정보를 제공하도록 요구하였다는 사실 및 위 요구행위가 부당하다는 점'(제 1 항 위반)을 주장, 입증함으로써 당해

---

48) 공정위는 우리홈쇼핑이 납품업자들에게 최저가로 납품하도록 요구하고 이를 준수하지 않을 경우 계약을 해지할 수 있도록 한 행위에 대해 배타적거래강요 금지 규정을 적용하였다[㈜우리홈쇼핑의 대규모유통업법 위반행위에 대한 건(2022. 1. 26. 의결 제2022-019호)]. 그러나 앞으로 이와 같은 행위는 경영활동 간섭 금지 규정으로 규제하는 것이 타당해 보인다.

49) 자세한 사항은 후술하는 제 3 부 제 2 장 '법 위반에 대한 조사 및 처분 등' 참조.

대규모유통업자의 본 조 위반에 따른 처분을 할 수 있다. '대규모유통업자가 법 제14조 제2항 소정의 서면을 사전에 납품업자등에게 제공하지 않았거나, 그 서면에 대규모유통업자와 납품업자등이 각각 서명 또는 기명날인하지 않았다는 사실'(제2항, 제3항 위반) 또는 '대규모유통업자가 납품업자등에게 경영정보의 요구목적에 필요한 최소한의 범위를 초과하여 요구하였다는 사실'(제4항 위반)과 같은 절차적 요건의 흠결은 부당성 판단의 한 요소로 고려된다.[50)]

대규모유통업법 제14조의2의 경우, 공정거래위원회가 동법 시행령 제11조의2가 규정하는 성립 요건에 관한 객관적 행위사실과 부당성을 모두 입증하여야 한다. 대규모유통업법 시행령 제11조의2 각 호 중 제1, 3, 4호가 '부당하게'라는 문언을 포함하고 있지 않더라도 대규모유통업법 제14조의2 문언 및 체계상 부당성을 요건으로 하며, 그 행위사실만으로 곧바로 위법한 것으로 볼 수 없다.

나. 시정조치

공정거래위원회는 경영정보 제공 요구 금지 및 경영활동 간섭 금지 규정을 위반한 대규모유통업자에게 법 위반행위의 중지, 향후 재발방지, 시정명령을 받은 사실의 공표, 시정명령을 받은 사실의 거래상대방인 납품업자등에 대한 통지 등 시정에 필요한 조치를 명할 수 있다(법 제32조). 아울러 공정거래위원회는 법을 위반한 대규모유통업자에게 시정방안을 마련하여 이에 따를 것을 권고하는 시정권고를 할 수도 있다(법 제33조). 경영정보 제공 요구 금지 규정을 위반한 대규모유통업자에 대한 기본적인 행정적 제재로서, 위 규정 위반으로 판단될 경우, 그 위반의 정도가 경미하여 경고에 그치지 않는 한, 시정명령 또는 시정권고의 처분이 있는 경우가 대부분일 것으로 생각된다.

---

50) 공정거래위원회는 피심인이 피심인과 경쟁사업자의 점포에 동시에 입점해 있는 3개 납품업자에게 경쟁사업자 점포에서의 매출액 등에 관한 정보를 요구목적 및 비밀유지에 관한 사항 등을 적은 서면의 제공 없이 카카오톡을 통하여 요구하고 제공받은 사안에서, 피심인의 경영정보 제공 요구행위의 부당성을 인정하면서 피심인이 법 제14조 제2항의 규정에 의한 서면을 제공하지 않았다는 점을 근거로 들었다[㈜신세계의 대규모유통업법 위반행위에 대한 건(2017. 6. 5. 의결 제2017-191호)].

다. 과 징 금

(1) 과징금 부과

공정거래위원회는 경영정보 제공 요구 금지 및 경영활동 간섭 금지 규정을 위반한 대규모유통업자에게 대통령령이 정하는 산출방식에 따른 납품대금이나 연간 임대료를 초과하지 아니하는 범위에서 과징금을 부과할 수 있다(법 제35조 제 1 항, 제 2 항). 시행령은 '대통령령으로 정하는 산출방식에 따른 납품대금'에 관하여 '대규모유통업자의 위반행위와 관련된 상품[51) 매입액 또는 이에 준하는 금액'으로, '연간 임대료'에 관하여 '매장임차인이 위반사업자에게 지급해야 하는 위반기간의 임대료를 1년의 기간으로 환산한 금액'으로 정하고 있다{시행령 제28조 제 1 항, [별표 1] 2. 가. 2)}. 다만, 매출액을 산정하기 곤란한 경우 등에는 5억 원을 초과하지 아니하는 범위에서 과징금을 부과할 수 있다(법 제35조 제 1 항 단서).

(2) 과징금 산정

대법원은 '경영정보 요구행위로 인하여 직접 또는 간접적으로 영향을 받는 상품으로서 납품업자들이 납품한 대금액' 등을 경영정보 제공 요구 행위에 관한 과징금 산정기준으로 정하고 있는 구 과징금 고시[52)]의 규정 내용은 합리적이라고 볼 수 없고, 이에 따른 과징금 부과 처분은 위법하다고 판단하였다(대법원 2017. 12. 22. 선고 2015두36010 판결).

대법원 판단의 구체적인 논거는 다음과 같다. 경영정보 제공 요구 행위에 대한 비난 가능성의 핵심은, 힘의 차이를 부당하게 이용하여 정보를 요구한 행위 그 자체에 있다. 이에 따라 그에 관한 제재 수준을 1차적으로 정하는 '과징금 산정기준'을 설정할 때에는 거래상 지위를 얼마나 악용하였는지 여부, 그 요구 방법, 거래관계를 이용하여 취득하게 된 정보의 내용과 양, 위반행위의 횟수와 기간 등 그 위법성 정도를 나타내는 핵심 지표를 일응의 기준으로 삼아야 합리적이라고 볼 수 있다. 이러한

---

51) '관련 상품'은 위반행위로 인하여 직접 또는 간접적으로 영향을 받는 상품의 종류와 성질, 거래지역, 거래상대방, 거래단계 등을 고려하여 행위유형별로 개별적·구체적으로 판단한다. 관련 상품에는 당해 위반행위로 인하여 거래가 실제로 이루어지거나 이루어지지 아니한 상품이 포함된다(과징금 고시 Ⅱ. 4. 나.).

52) 구 과징금 고시(2014. 11. 27. 공정거래위원회고시 제2014-11호로 개정되기 전의 것, 2012. 3. 28. 공정거래위원회고시 제2012-6호로 개정되기 전의 것 등).

점에서 대규모유통업법 제14조 위반행위는 상품대금 감액 행위(제7조)와 같이 대규모유통업자와 납품업자등의 거래관계 자체에 그 우월적 지위를 이용한 부당한 행위가 개입되는 경우와는 구별된다. 상품대금 감액 행위에 관하여는 '그로 인하여 직·간접적으로 영향을 받은 상품의 매입액'과 같이 '위반행위가 개입된 거래관계의 규모'를 과징금 산정기준으로 삼아 그 제재수준을 결정하는 것이 일응 합리적이라고 볼 수 있다. 그러나 이와 달리 거래관계에 있음을 기화로 한 위법행위인 경영정보제공 요구행위에 대해서는 같은 기준을 그대로 적용할 수 없다. 경영정보 제공 요구행위로 인하여 취득한 이득액이 많지 않더라도 제공을 요구한 정보의 내용, 위반행위의 횟수 등에 따라서는 그 위법성 수준이 낮지 않을 수도 있기 때문이다. 그러므로 '대규모유통업자가 위반행위로 인하여 영향을 받은 상품을 납품업자로부터 매입한 규모' 등은 적어도 경영정보 제공 요구 행위에 관하여 제재 수준을 1차적으로 결정하는 '과징금 산정기준'으로서는 합리적이라고 보기 어렵다. 그 밖에 대규모유통업자가 부당하게 취득한 경영정보를 이용하여 유통시장에서 부당한 이득을 취하거나 추가적인 법령위반행위를 하였는지는 구체적 과징금 산정과정에서 부수적으로 고려될 사정에 불과하다.

위 판결에 따라 과징금 고시는 법 제14조 위반에 대해서는 정액과징금 부과를 원칙으로 하도록 규정하고,[53] 과징금액 산정시 요구방법, 취득 정보의 내용·양, 요구횟수, 요구기간을 추가 요소로 고려하도록 개정되었다.[54]

라. 형사처벌

대규모유통업법 제14조 제1항을 위반하여 부당하게 경영정보 제공을 요구한 자 또는 법 제14조의2를 위반하여 납품업자등의 경영활동을 간섭하는 행위를 하거나, 계열회사 또는 다른 사업자로 하여금 이를 행하도록 하는 행위를 한 자는 2년 이하의 징역 또는 1억 5천만 원 이하의 벌금에 처해질 수 있다(법 제39조 제1항 제2호, 제3호). 법인의 대표자나 법인 또는 개인의 대리인·사용인이나 그 밖의 종업원이 그 법인 또는 개인의 업무에 관하여 경영정보 제공 요구 금지 규정에 위반되는 행위를 하면 그 행위자를 벌하는 외에 그 법인 또는 개인에게도 해당 조문의 벌금형

53) 같은 취지에 비추어 볼 때 법 제14조의2(경영활동 간섭 금지) 또는 법 제15조의2(부당한 영업시간 구속금지)의 경우에도 정액과징금 대상으로 판단될 가능성이 크다.

54) 공정거래위원회고시 2018. 9. 14. 제2018-14호.

을 과할 수 있다. 다만, 법인 또는 개인이 그 위반행위를 방지하기 위하여 해당 업무에 관하여 상당한 주의와 감독을 게을리하지 아니한 경우에는 그러하지 아니하다(법 제40조). 위 죄는 공정거래위원회의 고발이 있는 경우에 한하여 공소가 제기될 수 있다(법 제42조).

한편, 대법원은 구 공정거래법 위반의 형사처벌 대상과 관련하여, 사업자가 거래상대방에게 '직접' 거래상 지위 남용행위를 한 경우가 아닌 '계열회사 또는 다른 사업자로 하여금 이를 하도록 한 경우'는 구 공정거래법 제67조 제 2 호에 따른 형사처벌의 대상이 되지 않는다고 판시한 바 있으나(대법원 2020. 2. 27 선고 2016도9287 판결), 대규모유통업법 제39조 제1항 제3호는 법 제14조의2를 위반하여 "계열회사 또는 다른 사업자로 하여금 이를 행하도록 하는 행위를 한 자"에 대해서도 형사처벌의 대상으로 하고 있으므로 관련 규정이 없음을 전제로 한 위 대법원 판결의 취지가 본 조에는 적용되기 어려울 것으로 판단된다.

5. 관련 사례

[롯데쇼핑㈜의 거래상지위남용행위에 대한 건(2008. 12. 2. 의결 제2008-315호)]

[사실관계]

백화점을 운영하는 대규모소매업자 롯데쇼핑㈜은 자사와 경쟁백화점에 중복입점한 납품업자로부터 경쟁백화점의 EDI 정보통신망에 접속할 수 있는 아이디 및 패스워드를 취득하여 직접 접속하는 방법으로 납품업체의 실시간 또는 일별 판매량이나 판매금액 등 매출정보, 할인행사 진행 실적 등을 파악하고, 이를 통해 납품업자에게 할인행사 등을 실시하도록 요구하였다.

[공정거래위원회의 판단]

대규모소매업자 롯데쇼핑㈜는 (i) 다른 백화점에서의 매출관련 정보가 영업비밀에 해당되고 납품업체가 롯데쇼핑㈜와의 거래에서 이러한 영업비밀을 밝히는 것은 수수료 협상 등에 있어서 매우 불리한 위치에 서게 되는 등 불이익을 가져오게 되므로 납품업체가 경쟁백화점 매출정보를 가급적 비밀로 유지하려 할 것임에도 불구하고 자기의 거래상의 지위를 이용하여 이를 취득하였고, (ii) 경쟁백화점에 대한 납품업자의 실시간별·일별·월별 매출정보를 납품업체의 경쟁백화점 매출액이 롯데쇼핑㈜ 대비 일정비율 이하가 되도록 강제하는 수단으로 활용하여 자기의 거래상 지위를 이용하여 거래상대방의 거래내용을 제한하였으며, (iii) 경쟁사 대비 매출대비율을 일정수준으로 유지하기 위한 목적 이외에 어떠한 합리적인 이유도 없이 납품업체로 하여금 자신의 백화점에서 할인행사 등을 실시하도록 요구함으로써 거래상대방의 자유로운 의사결정을 제한하였으므로, 대규모소매업자 롯데쇼핑㈜의 위 행위는 법 제23조 제1항 제4호 및 법 시행령 제36조 제1항 관련 [별표 1] 불공정거래행위의 유형 및 기준 제6호 마목에서 금지하고 있는 "거래상대방의 임직원을 선임·해임함에 있어 자기의 지시 또는 승인을 얻게 하거나 거래상대방의 생산품목, 시설규모, 생산량, 거래내용을 제한함으로써 경영활동을 간섭하는 행위"에 해당된다.

[롯데쇼핑㈜(백화점부문)의 대규모유통업법 위반행위에 대한 건(2014. 3. 6. 의결 제2014-046호), 서울고등법원 2014누46678 판결, 대법원 2015두36010 판결]

[사실관계]

백화점을 운영하는 대규모유통업자인 롯데쇼핑㈜는 경쟁백화점에 중복입점한 납품업자로부터 경쟁백화점의 월별 또는 특정 기간별 매출자료를 구두 또는 이메일로 요구하여 제공받고, 이를 토대로 경쟁백화점 대비 매출대비율을 작성하여 그 매출대비율이 저조한 경우 판촉행사 등을 요구하거나 경쟁백화점에서 판촉행사를 진행하지 말 것을 요구하였다.

[공정거래위원회의 판단]

피심인의 경영정보 요구행위는 납품업자등의 의사에 반하는 행위라는 점과 납품업자등의 경영활동에 관한 의사결정의 자유를 침해하는 행위로 이어질 수 있다는 점에서 부당하다고 할 것이다.

즉, 납품업자등은 피심인에게 경쟁백화점 매출자료를 제공함으로써 판촉행사 진행여부에 관한 요구를 받고 이에 미협조시 마진인상, 매장이동, 중요행사 배제 등 불이익을 받을 수 있다는 점에서 납품업자등이 자발적으로 피심인에게 경쟁백화점 매출자료를 제공할 이유가 없으므로 피심인이 납품업자등에 경영정보를 요구한 행위는 납품업자등의 의사에 반한다고 판단된다.

또한 피심인은 납품업자등이 제공한 경쟁백화점 매출자료를 토대로 경쟁백화점 대비 매출대비율을 작성하고, 이를 토대로 매출대비율이 저조할 경우 판촉행사의 진행을 요구하거나 경쟁백화점에서 판촉행사를 진행하지 말 것을 요구하였는바, 피심인이 납품업자등에게 경영정보를 요구한 행위는 납품업자등의 판촉행사 진행여부에 관한 자유로운 의사결정을 침해하는 행위로 이어질 수 있는 행위로 판단된다.

[서울고등법원의 판단]

서울고등법원은 아래와 같은 점을 들어 원고가 회사 차원에서 이 사건 납품업자들에게 거래상 우월적 지위를 이용하여 매출자료를 요구한 것은 정상적인 거래관행을 벗어난 것으로서 공정한 거래를 저해할 우려가 있어 그 부당성을 인정할 수 있다고 판단하였다.

"가) EDI 사건에서 원고가 매출대비율을 관리한 바 있는 사실 및 앞서 본 원고의 매출대비율 관리 사례와 인사 평가 관련 인정 사실 등을 종합하여 보면, 원고는 적어도 2006년경 이후에는 계속하여 회사 차원에서 다른 경쟁백화점과의 중복브랜드별 매출대비율을 관리하여 왔다고 봄이 상당하다.

나) 그 과정에서 원고 직원들이 앞서 본 바와 같이 이 사건 납품업자들에게 이 사건 브랜드들에 대한 경쟁백화점에서의 매출자료를 요청하여 이를 취득하였는바, 이를 원고의 일부 직원이 개인적 업무편의를 위해 원고의 납품업자에게 요청하여 취득한 것에 불과하다고 보기는 어렵고, 앞서 본 바와 같이 원고의 직원인 A MD가 직장 상사인 B CMD의 지시로 갤럭시 외 13개 브랜드에 이메일을 보내 2012년 1월부터 5월까지의 매출자료를 요청한 점 및 앞서 본 바와 같은 원고 대표이사의 지시사항과 원고의 영업실적 평가기준 등에 비추어 보면, 이 사건 납품업자들에 대한 이 사건 매출자료 요구행위는 원고의 일부 직원들에 의한 개인적인 차원이 아니라 회사 차원에서 행하여진 것이라고 봄이 상당하다.

다) 앞서 본 바와 같이 원고는 백화점 업계 1위의 대규모유통업자이며 이 사건 납품업자들에 대하여 거래상 우월적 지위가 인정되는 점, EDI사건에서 원고는 납품업자들의 경쟁백화점에서의 매출자료 등을 취득한 후 이를 이용하여 납품업자들에게 판촉행사 참여 등을 강요한 행위 등으로 피고로부터 시정명령 및 과징금납부명령을 받은 바 있는 점, 을 제26 내지 31호증의 각 기재 및 변론 전체의 취지에 의하면, 원고는 원고에게 비협조적인 납품업자들에 대하여 패널티를 부여할 수 있는 지위에 있고, 실제로 패널티를 부여한 사례도 존재하는 것으로 보이는 점 등을 종합하여 보면, 원고의 요청에 따라 이 사건 납품업자들이 브랜드별 매출자료를 제공한 것이 이 사건 납품업자들의 자발적 의사에 기한 것이라고 보기는 어렵고, 또한 이 사건 납품업자들이 영업비밀인 다른 백화점에서의 매출 관련 정보를 원고에게 자발적으로 공개할 이유도 없으므로, 결국 이 사건 납품업자들이 원고의 요청에 따라 매출자료를 제공하였다 하더라도 이는 거래상 우월적 지위에 있는 원고의 요청을 거부할 수 없었기 때문이라고 봄이 상당하고, 이는 이 사건 납품업자들의 자유로운 의사결정을 저해하여 공정거래의 기반이 침해되거나 침해될 우려가 큰 것으로 보인다.

라) 위와 같이 원고과 이 사건 납품업자들로부터 경쟁백화점에서의 이 사건 납품업자

들의 매출자료를 제공받아 이 사건 브랜드들에 대한 매출대비율을 관리하게 되면 이에 따라 이 사건 납품업자들로서는 각 백화점별로 비슷한 행사를 진행할 수밖에 없고 이는 각 백화점 간의 경쟁을 감소시켜 소비자 후생을 저해할 개연성이 있다."

또한, 서울고등법원은 다음과 같은 사정에 비추어 보면, 피고는 원고에게 원고 행위의 내용과 정도 등을 참작하여 관계 법령의 범위 내에서 이 사건 과징금납부명령을 한 것으로 판단되고, 이 사건 과징금납부명령이 과도하다거나 이 사건 과징금납부명령에 비례 원칙과 평등 원칙에 반하여 재량권을 일탈·남용한 위법이 없다고 보았다.

[대법원의 판단]
대법원은 ① 원고가 요구한 납품업자들의 경영정보는 원고와 경쟁관계에 있는 다른 백화점에서의 매출자료 등에 관한 정보로서 향후 원고가 백화점에 관한 거래에서 원고의 이익을 위해 사용될 가능성이 있는 점, ② 원고 입장에서 시장조사를 할 필요성이 인정된다 하더라도 이를 위하여 자신의 납품업자에게 매출자료 등의 정보를 제공하도록 요구하는 것이 반드시 필요한 방법이라고 보기 어려운 점, ③ 원고의 이 사건 요구행위가 원고와 이 사건 납품업자들 사이의 거래관계 개선 등을 위해 필요하였다는 등의 다른 사정도 보이지 않는 점 등에 비추어 살펴보면, 원심의 '부당성'에 관한 판단은 정당하다고 판단했다.

그러나, 대법원은 다음과 같은 이유로 원심의 판단에는 과징금 산정기준 설정의 합리성, 과징금 부과에서의 재량권 일탈·남용 등에 관한 법리를 오해하여 판결에 영향을 미친 잘못이 있다고 보고, 원심판결을 파기환송하였다.

① 대규모유통업법 제14조가 부당한 경영정보 제공 요구 행위를 원칙적으로 금지하는 주된 취지는, 대규모유통업자가 거래상 우월적 지위를 이용하여 납품업자의 원가정보나 거래조건 등 통상의 거래관계에서는 알기 어려운 경영정보를 요구하지 못하도록 함으로써 납품업자가 거래관계에서 더욱 열세의 지위에 놓이는 것을 방지하고 대규모유통업에서의 공정한 거래질서를 확립하려는 데에 있다.

② 경영정보 제공 요구 행위에 대한 비난 가능성의 핵심은, 힘의 차이를 부당하게 이용하여 정보를 요구한 행위 그 자체에 있다. 이에 따라 그에 관한 제재 수준을 1차적으로 정하는 '과징금 산정기준'을 설정할 때에는 거래상 지위를 얼마나 악용하였는지 여부, 그 요구 방법, 거래관계를 이용하여 취득하게 된 정보의 내용과 양(量), 위반행위의 횟수와 기간 등 그 위법성 정도를 나타내는 핵심 지표를 일응의 기준으로 삼아야 합리적이라고 볼 수 있다.

③ 이러한 점에서 대규모유통업법 제14조 위반행위는 상품대금 감액 행위(제7조)와

같이 대규모유통업자와 납품업자등의 거래관계 자체에 그 우월적 지위를 이용한 부당한 행위가 개입되는 경우와는 구별된다. 상품대금 감액 행위에 관하여는 '그로 인하여 직·간접적으로 영향을 받은 상품의 매입액'과 같이 '위반행위가 개입된 거래관계의 규모'를 과징금 산정기준으로 삼아 그 제재수준을 결정하여도 합리적이라고 볼 수 있다. 그러나 이와 달리 거래관계에 있음을 기화로 한 위법행위인 경영정보 제공 요구행위에 대하여는 같은 기준을 그대로 적용할 수 없다. 경영정보 제공 요구 행위로 인하여 취득한 이득액이 많지 않더라도 제공을 요구한 정보의 내용, 위반행위의 횟수 등에 따라서는 그 위법성 수준이 낮지 않을 수도 있기 때문이다.

④ 그러므로 '대규모유통업자가 위반행위로 인하여 영향을 받은 상품을 납품업자로부터 매입한 규모' 등은 적어도 경영정보 제공 요구 행위에 관하여 제재 수준을 1차적으로 결정하는 '과징금 산정기준'으로서는 합리적이라고 보기 어렵다. 그 밖에 대규모유통업자가 부당하게 취득한 경영정보를 이용하여 유통시장에서 부당한 이득을 취하거나 추가적인 법령위반행위를 하였는지는 구체적 과징금 산정과정에서 부수적으로 고려될 사정에 불과하다.

⑤ 이러한 전제에서 살펴보면, '위반행위로 인하여 직접 또는 간접적으로 영향을 받는 상품의 매입액' 등을 경영정보 제공 요구 행위에 관한 과징금 산정기준으로 정하고 있는 구「대규모 유통업법 위반사업자에 대한 과징금 부과기준 고시」(2014. 11. 27. 공정거래위원회고시 제2014-11호로 개정되기 전의 것), 구「과징금 부과 세부기준 등에 관한 고시」(2012. 3. 28. 공정거래위원회고시 제2012-6호로 개정되기 전의 것) 등의 규정 내용은 합리적이라고 볼 수 없다.

⑥ 결국, 그 자체로 합리적이라고 볼 수 없는 과징금 산정기준에 따른 이 사건 과징금 부과처분은 재량권을 일탈·남용한 것으로서 위법하다.

[㈜현대백화점의 대규모유통업법 위반행위에 대한 건에 관한 서울고등법원 2015누38902 판결, 대법원 2016두30897 판결]

[사실관계]

대규모유통업자인 ㈜현대백화점은 납품업자들에게 입점의향서 양식을 제공하여 경쟁관계에 있는 다른 프리미엄 아울렛에 입점한 경우, 각 입점한 아울렛 별로 계약형태, 입점일, 계약기간, 계약면적, 2012년도 연간 매출액 및 월별 매출액, 마진 등을 기재하도록 하고, 매출액 기입이 곤란한 경우, 2012년도 연간매출액은 1억 원 단위, 월편균 매출액은 1,000만 원 단위로 기재하도록 하여 이를 취합하였는데, 이 중 일부 입점의향서에는 매출액 등의 정보가 기재되어 있지 않거나 불분명하게 기재되어 있었다.

[서울고등법원의 판단]

서울고등법원은 (i) 일부 납품업자등이 입점의향서를 제출하지 아니하거나 입점의향서에 부정확한 정보를 기재하는 경우, 정보를 기재하지 않은 경우 등 비협조적인 태도를 취한 경우에도 불이익을 가한 바 없어 정보제공 요구의 강도가 높지 않은 점, (ii) 매출액, 마진 등의 경영정보가 재무제표 등 객관적 자료에 근거한 것이 아니라 납품업자들의 주관적 작성에 의존하고 있고, 구간 단위의 정보들로 기재한 경우도 있는 등 부정확한 정보만으로 후발적인 불공정거래행위에 활용할 수 없을 것으로 보이는 점, (iii) 경영정보요구의 목적이 프리미엄 아울렛 시장에 신규 진입하기 위한 개발계획을 수립하기 위함이고, 실제로 정보를 제공받은 때로부터 2년 후에 김포점을 개설한 점, (iv) 입점의향서에 기재된 정보는 김포점 내부상품군 구성을 위한 내부 기초자료로만 활용되고, 제3자에게 유출 시 손해배상을 한다는 내용 등 대규모유통업법에서 정한 법정기재사항이 기재되어 있으며, 김포점 신규입점계약의 공정한 거래조건 설정에 부득이 필요한 최소한의 정보만을 입점희망자의 자율적 의사에 따라 기재하도록 되어 있다는 내용이 기재되어 있는 점, (v) 가산점 개설과 관련한 경영정보요구도 그 대상이 5개 납품업자에 불과하고, 입점현황조사 양식 등을 볼 때 김포점 개설과 관련하여 납품업자들에 대하여 요구한 경영정보와 별반 차이가 없는 점 등을 종합하여, 위 정보제공요구행위가 부당하여 공정한 거래를 저해할 우려가 발생하였다고 보기 어렵다는 이유로 공정거래위원회의 처분이 위법하다고 판시하였다.

[대법원의 판단]

그러나, 대법원은 다음과 같은 이유로 원고가 이 사건 납품업자들에게 경영정보 제공을 요구한 행위는 정상적인 거래관행을 벗어난 것으로서 공정한 거래를 저해할 우려가 있는 부당한 행위에 해당한다고 볼 수 있으므로, 원심의 부당성이 없다는 판단에는 대규모유통업법 제14조 제1항의 부당성에 관한 법리를 오해한 잘못이 있다고 보았다.

① 원고가 제공을 요구한 이 사건 납품업자들의 경영정보는 원고와 경쟁관계에 있는 다른 아울렛에서의 납품업자들의 매출액과 구체적 마진 등에 관한 것으로서 향후 원고가 신규 개설할 아울렛에서의 거래뿐 아니라 백화점과 관련한 거래에서도 원고의 이익을 위해 사용될 가능성이 있다.

② 원고가 신규 아울렛 개설을 위해 시장조사를 할 필요성이 인정된다 하더라도 이를 위하여 자신의 납품업자들에게 경쟁사 아울렛의 매출액, 마진 등의 정보를 제공하도록 요구하는 것이 반드시 필요하다고 볼 수 없다.

③ 원고가 이 사건 납품업자들에게 제공을 요구한 매출액이나 마진 등 경영정보는 일반적으로 다른 사업자에게 제공하지 않는 정보로 보이는데, 이 사건 납품업자들이 이러한 비공개 정보를 원고에게 자발적으로 제공할 동기나 이로 인한 어떠한 이익이 있었다고 볼 사정은 없고, 오히려 이 사건 납품업자들은 만일 원고의 요구에 응하지 아니할 경우 향후 원고가 신규 개설할 아울렛 입점에 지장을 초래할 가능성을 고려하여 경영정보를 제공한 것으로 보인다.

④ 설령 일부 납품업자들이 입점의향서를 제출하지 아니하거나 입점의향서에 부정확한 정보를 기재하거나 그 정보를 기재하지 아니하는 등으로 비협조적인 태도를 보인 경우가 있다 하더라도, 상당수의 납품업자들이 원고의 요구에 따라 경영정보를 제공하였고, 일부 납품업자는 경쟁사 아울렛에서의 마진과 유사한 수준에서 원고에 대한 요청 마진을 기재하는 등 자신이 제공한 경영정보의 내용에 영향을 받아 원고와의 거래조건을 고려한 것으로 보이고, 원고도 그와 같이 제공된 경영정보를 자신의 업무에 활용한 것으로 보인다.

⑤ 원고가 자신의 신규 아울렛 개설 준비를 위해 이 사건 납품업자들의 경영정보가 필요하였다는 사정 외에는 달리 원고의 경영정보 제공 요구행위가 원고와 이 사건 납품업자들 사이의 거래관계 개선 등을 위해 필요하였다는 등의 다른 사정은 보이지 않는다.

⑥ 원고가 가산점과 관련하여 제공을 요청한 정보도 경쟁사 아울렛에서의 매출액, 마진 등으로서 김포점 개설과 관련한 경영정보 제공 요구와 달리 볼 이유가 없다.

[㈜이랜드리테일의 대규모유통업법 위반행위에 대한 건(2017. 6. 21. 의결 제2017-206호), 서울고등법원 2017누62138 판결(대법원 상고취하로 확정)]

[사실관계]

2013. 11.부터 2014. 12.까지 수원 및 부산 서면 지역에서 자신과 경쟁사업자의 점포에 동시에 입점하고 있던 68개 납품업자로 하여금 경쟁사업자 점포에서의 월평균 매출액 등에 대한 정보를 요구목적 및 비밀유지에 관한 사항 등을 적은 서면의 제공 없이 이메일이나 전화 등을 통해 요구하여 제공받았다.

[공정거래위원회의 판단]

① 피심인이 요구한 경쟁사업자에 대한 납품업자의 월매출액 정보는 납품업자의 영업비밀에 해당하는 정보로서 피심인의 요구가 없었다면 납품업자들이 이를 자발적으로 제공할 이유가 없는 점, ② 매각대상인 경쟁백화점의 가치를 가늠하거나 신규 오픈점의

예상 매출액을 파악하려는 요구목적은 오로지 피심인만의 이익을 위한 것으로서 피심인이 납품업자에 대한 자신의 거래상 우월적 지위를 이용하여 영향력을 행사한 것으로 볼 수 있는 점, ③ 피심인의 직원들이 주고받은 메일의 기재 내용을 보더라도 피심인의 특정매입파트 직원 다수가 동원되어 납품업자들로부터 경쟁사업자에 대한 월매출액 정보를 수집하고 제공받은 정보를 상호 공유하는 등 회사차원에서 조직적으로 납품업자로부터 제공받은 정보를 수집·관리한 정황을 알 수 있는 점, ④ 이러한 정보는 결국 경쟁사업자 대비 피심인에 대한 매출 실적이 미진한 납품업자들에게는 상품판매가격 인하, 판매촉진행사 참여 강요 등의 후발적인 불공정행위의 단초로 기능할 가능성이 크다는 점, ⑤ 피심인은 법 제14조 제2항이 정한 적법한 경영정보 제공 요구 방법이 아니라 전화나 이메일 등으로 이 사건 경영정보를 요구하였는바 요구 과정의 절차적 정당성도 확보되지 아니한 점 등을 종합적으로 고려할 때, 피심인의 경영정보 제공 요구행위는 부당성이 인정된다.

[서울고등법원의 판단]

서울고등법원은 다음과 같은 이유로 원고가 회사 차원에서 납품업자들에게 거래상 우월적 지위를 이용하여 월평균 매출액 정보를 요구한 것은 정상적인 거래관행을 벗어난 것으로서 공정한 거래를 저해할 우려가 있어 그 부당성을 인정할 수 있다고 판시하였다.

① 원고가 요구한 납품업자들의 경영정보는 새로 백화점을 설립하고자 하는 지역에 있는 경쟁사업자 백화점 내 점포에서의 월평균 매출액에 관한 정보이다. 매출액은 납품업자 선정 및 관리, 수수료율 산정에 있어 원고과 납품업자 사이에 영향을 미치는 중요한 정보로서, 원고는 납품업자가 다른 사업자의 점포에서 판매하는 상품의 매출액 정보를 바탕으로 판매가격 인하, 수수료율 인상 등 원고의 이익을 위해 사용할 가능성이 높다. 증인 I도 이 법원에서 납품업자의 다른 경쟁사업자 점포에서의 매출정보를 전체적으로 보면 수수료율을 가늠할 수 있다는 취지로 증언하였고, 납품업자들은 원고의 요구에 따라 월평균 매출액 정보를 제공하면서 이를 '대외비'라고 명시하였으며, 인터넷 사이트나 기사 등을 통하여 알 수 있는 납품업자들의 월평균 매출액 정보는 원고가 납품업자들로부터 제공받는 매출액 정보와 그 내용이 달라 원고가 요구한 월평균 매출액 정보가 통상적인 방법으로 쉽게 알 수 있는 정보라 볼 수도 없다. 따라서 원고가 납품업자들에게 요구한 월평균 매출액 정보는 대규모유통업법 제14조 제1항 제3호, 같은 법 시행령 제11조 제1항 제2호의 '경영정보'에 해당한다.

② 원고는 납품업자들에 대하여 거래상 우월적 지위에 있으므로 만일 납품업자들이 원

고의 요구에 응하지 아니할 경우 장래 재계약조건과 매장위치 선정, 신규 설립될 원고 백화점에서의 입점 조건 등에서 불이익을 받을 가능성이 높다. 증인 I도 이 법원에서 원고가 매출정보를 알려달라고 할 때 알려주지 않은 업체가 없었다고 증언하였다. 따라서 원고의 요청에 따라 납품업자들이 월평균 매출액 자료를 제공한 것이 납품업자들의 자발적 의사에 따른 것이라 보기 어렵다. 또한, 납품업자들이 원고의 이익을 위해 사용될 가능성이 높은 다른 백화점에서의 매출액 관련 정보를 원고에게 자발적으로 제공할 만한 특별한 사정도 보이지 않는다. 따라서 원고의 요청에 따라 매출자료를 제공한 행위는 거래상 우월적 지위에 있는 권고의 요청을 거부할 수 없었기 때문이라고 보는 것이 타당하다.

③ 원고의 직원들이 납품업자들로부터 취득한 경쟁백화점에서의 월평균 매출액 자료는 장래 수수료율 산정이나 입점업체 선정 등에 이용될 가능성이 높은 정보로서, 오직 원고의 신규 점포 개점 전 관련시장 조사를 위하여 취득한 것이라고 보기 어렵다. 납품업자들에게 매출액 정보를 제공할 것을 지시한 원고의 부서가 납품업자의 선정·관리를 담당하는 J 부서가 아닌 K 산하 L실이라고 하더라도, 이는 원고 내부의 업무 구별에 불과하고, 개별 납품업자들에게 매출액 자료를 요구한 원고의 J 직원들도 K 측에 전달한 정보가 어떻게 활용되는지 개괄적으로 예상할 수 있었다. 원고는 회사 차원에서 직원들을 동원하여 납품업자들로부터 경쟁사업자에 대한 월매출액 정보를 수집하였고, 그 정보를 관리·분석하여 언제든지 필요한 경우 다양한 부서에서 공유하도록 하거나 다른 목적으로도 활용할 수 있다.

④ 설령 원고가 오직 시장조사를 위한 목적과 의도만이 있었다고 하더라도, 이를 위하여 자신의 납품업자들에게 매출자료 등의 정보를 제공하도록 요구하는 것이 반드시 필요한 방법이라고 보기 어렵고, 이러한 원고의 경영정보 요구행위가 원고와 납품업자들의 거래관계 개선 등을 위해 필요하였다는 등의 다른 사정도 보이지 않는다.

⑤ 대규모유통업법 제14조는 매출정보 요구행위를 원칙적으로 금지하지만, 예외적으로 긴급히 필요한 목적을 밝히고 정해진 양식에 따라 납품업자등에게 요구하는 경우에는 가능하도록 규정하고 있다. 그러나 이 사건에서 원고는 납품업자들에게 이러한 방법에 따라 요구하지 아니하였고, 요구 목적과 비밀유지에 관한 사항 등을 기재한 입점의향서를 제출받는 방식으로 납품업자등에게 경영정보의 제공을 요구한 행위를 부당하지 않다고 한 판결(서울고등법원 2015. 12. 17. 선고 2015누38902 판결)과 사실관계를 달리하고 있다.

[㈜우리홈쇼핑의 대규모유통업법 위반행위 및 공정거래법상 거래상지위 남용행위에 대한 건(2015. 4. 15. 의결 제2015-118호), 서울고등법원 2015누40363 판결, 대법원 2017두36540 판결]

[사실관계]

2012. 7월 경 254개 납품업자에 대하여 경쟁 홈쇼핑사에 납품하는 상품의 수수료율(마진율)에 관한 정보를 요구하여 수집하였다. 또한, 2013. 9. 13.과 2013. 10. 1.에 전자우편과 구두(전화)로 납품업자에게 경쟁 홈쇼핑사와의 계약체결 건수, 평균 계약금액 등의 정보를 요구하여 받았으며, 2014. 8. 7. 다른 납품업자에게 카카오톡으로 지에스홈쇼핑 및 현대홈쇼핑의 8월 첫째 주 방송현황과 매출액 정보를 요구하여 받은 사실이 있다.

[공정거래위원회의 판단]

① 납품업자의 경쟁 홈쇼핑사에 대한 수수료율 정보가 제공될 경우, 경쟁 홈쇼핑사에 보다 높은 수수료율로 상품을 공급하는 납품업자는 피심인으로부터 수수료율 인상을 요구받게 될 개연성이 크고, 실제 피심인의 명품브랜드 마진율 운영에 관한 내부 문건에 적시된 "명품 브랜드 마진율을 동업계 내비 마진격차 2% 미만으로 조정"이라는 내용이 있는 것으로 보아 피심인이 해당 경영정보를 취득해 납품업자들에게 수수료율 상향 조정을 요구하였을 가능성이 크고, ② 납품업자의 경쟁 홈쇼핑사에 대한 매출액 정보가 제공됨으로써 경쟁 홈쇼핑사 대비 실적이 미진한 납품업자들의 경우, 피심인으로부터 상품 판매가격의 인하 또는 판매촉진행사 진행 등을 강요받게 될 가능성이 크므로 피심인의 경영정보 제공 요구 행위는 납품업자의 자유로운 의사결정을 저해하여 시장에서의 공정한 거래질서를 침해할 우려가 있어 부당성이 인정된다.

[서울고등법원의 판단]

서울고등법원은 다음과 같은 사정들을 종합하여 보면, 원고가 대규모유통업법 제14조 제1항에서 금지하는 부당한 경영정보 제공 요구행위를 하였다고 단정하기 어렵다고 보았다.

① 납품업자들의 진술에 의하면 원고는 납품업자와 방송 횟수, 마진율 등을 논의하는 과정에서 다른 홈쇼핑사의 정보를 수집하는 것이 가능하였던 것으로 보이고, 이러한 정보나 업계에 알려진 사정 등을 기초로 앞서 본 내부 문서를 작성할 수 있었다고 판단된다.

② 증거에 의하면 원고는 다른 홈쇼핑사와 유사하거나 동일한 조건으로 방송이 진행되었음에도 불구하고 원고 판매방송의 매출이 부진한 상품에 대하여 다른 홈쇼핑사의

매출액을 요청하였거나 원고 소속 보험 상담원의 상담 품질 향상 등을 관리하고자 다른 홈쇼핑사의 월별 상담원수, 전화문의 대비 계약체결건수 등을 요청한 사실이 있어 보인다. 매출 향상을 목표로 최적의 판매방송을 기획·관리하고 판매 관련 서비스를 개선하기 위한 목적 등으로 납품업자를 상대로 일정 정보를 수집·공유하는 것은 납품업자에게도 이익이 되면 면이 많다. 원고가 요구한 정보의 항목이 위와 같은 목적 달성을 위해 필요한 범위를 넘어 과도하였다고 보기는 어렵다. 원고에게 납품업자가 원고의 요구에 응하지 않는 경우 불이익을 가하였다거나 가하려는 의사가 있었다고 볼 만한 증거는 없다. 이러한 사정들을 보면, 원고의 정보 제공 요구 행위에 납품업자의 자유로운 의사결정을 저해하여 공정한 거래질서를 침해할 우려가 있었다거나 달리 부당성이 인정된다고 보기 어렵다.

[대법원의 판단]

홈쇼핑 시장은 방송법 제9조 제5항에 따라 과학기술정보통신부장관(이 사건 당시 미래창조과학부장관)의 승인을 받은 사업자만 진입할 수 있는 시장으로서 이 사건 당시 6개 사업자만이 참여하고 있었던 과점시장인데, 이러한 진입장벽과 시장구조를 감안하면 설령 홈쇼핑사업자의 입장에서는 단순한 논의, 요청이라 하더라도 홈쇼핑을 통한 상품판매를 원하는 납품업자들에게는 거부하기 어려운 요구가 될 수 있다는 점까지 고려한다면 원심으로서는 앞서 본 사정의 유무를 심리한 다음 이 사건 납품업자들이 민감한 비공개 경영정보의 제공을 요구받고, 이에 응하지 않을 경우 발생할 수 있는 불이익을 우려하여 부득이 정보를 제공한 것으로 볼 여지가 있는지 판단하여야 한다. 그런데 원심은 그 판시와 같은 사정만으로 원고의 정보제공 요구행위가 부당한 경영정보 제공 요구행위에 해당하지 않는다고 판단하였다. 이러한 원심 판단에는 심리미진 및 대규모유통업법 제14조 제1항의 해석에 관한 법리 오해의 잘못이 있다.

제11장

경제적 이익 제공 요구 금지

1. 서　　설

일반적으로 대규모유통업자와 납품업자 사이에서는 납품거래 계약의 내용에 따라 상품의 납품과 그 대가의 지급이 이루어진다. 특약매입거래와 위·수탁거래의 경우에는 판매수익 또는 판매수수료 정산이 수반되고, 매장임대차거래(임대 을)의 경우에는 상품대금과 매장임차료 정산이 이루어진다. 이러한 각각의 채권·채무는 유상, 쌍무계약의 성질을 가지고 있는 대규모유통업 거래에서 쌍방이 일차적으로 부담하는 주된 급부의무이다.

그러나 유통 실무에서는 이와 같은 주된 급부의무 이외에 별도의 합의를 통하여 대규모유통업자가 납품업자등으로부터 기타의 부수적 경제적 이익을 제공받는 경우가 있다. 가장 대표적인 것으로 각종의 장려금 지급 약정이 있고, 그 외에도 보조금 지급 약정, 비품 제공 약정, 무담보·무이자 대차 약정, 업무 활동비 지급 약정 등과 같은 다양한 형태의 경제적 이익 수수 약정이 이루어진다.

이와 같이 대규모유통업자와 납품업자등이 통상의 거래기본계약에서 예정하고 있는 급부의무 외에 기타의 경제적 이익의 수수를 약정하는 것은 각 사업자별·거래유형별·시기별로 다양한 이유가 있겠으나, 주된 경제적 목적은 상품 판매의 장려에 있다. 즉, 대규모유통업자는 일반 소비자들에 대한 판매를 전문으로 하는 유통사업자이기 때문에, 상품의 생산자 또는 중간 유통사업자인 납품업자등으로서는 대규모유통업자에게 별도의 경제적 이익을 제공함으로써 대규모유통업자로 하여금 자신들의 상품을 보다 적극적으로 판매하도록 하려는 유인이 있을 수 있다. 실제로 대규모유통업거래에서 가장 일반적인 경제적 이익 제공 방식의 하나인 판매장려금의 경우 상품판매를 촉진하려는 목적 외에도 다양한 목적으로 활용되는 경향이 있다. 대표적인 예로, 납품업자 입장에서는 자신의 상품을 여러 유통업자에게 납품하더라도 유통업자들에 대한 공급가격은 가급적이면 일정하게 유지하고자 하는 경향이 있는데, 이를 위해 유통업자에게 지급하는 판매장려금을 적절히 조정함으로써 실질적인 공급가격에 차등을 두면서 명목상의 공급가격은 적정선에서 유지할 수 있게 된다. 이 경우 상품의 브랜드 가치가 떨어지는 것도 방지하는 효과를 누릴 수 있다.

또한 대규모유통업자와 납품업자는 애초 유통업자의 소비자 판촉 비용을 고려하여 상품의 단가를 정할 수도 있으나, 판매 촉진 활용의 효율성을 제고하기 위해 장려금 등 별도의 비용을 수수할 수도 있다. 예컨대, 납품업자가 판촉 비용을 고려하여 단가를 정할 경우에는 유통업자가 실제로 그러한 판촉 활동을 하는지를 통제하기 어려우나, 이를 별도의 장려금으로 지급할 경우에는 유통업자가 장려금 수취를 위한 조건을 충족해야 하므로 납품업자가 이를 통제할 수 있게 된다.

다만, 납품업자등이 대규모유통업자에게 지급하는 경제적 이익이 반드시 위와 같은 효율성 증대 효과 내지 브랜드 가치 유지 효과 등의 긍정적인 효과만 있는 것은 아니다. 첫째, 대규모유통업자를 통한 납품업자들간에 상품의 가격, 품질, 서비스 수준 등 정당한 경쟁수단을 통해 경쟁하는 것이 아니라 음성적인 성격을 가지는 별도의 경제적 이익 제공을 수단으로 경쟁함으로써 경쟁이 왜곡될 수 있다. 둘째, 이같은 경제적 이익의 제공을 통한 경쟁이 일반화되고 대규모유통업자가 경제적 이익을 수령한 납품업체등의 상품 판매에만 관심을 가지게 될 경우, 대규모유통업자의 매장을 이용하는 일반 소비자들의 선택권을 왜곡하는 결과를 초래할 수 있다. 셋째, 반대로 대규모유통업자가 거래상 우월적 지위에 있는 경우 추가적인 이익을 취하기 위해 납품업자등에게 과도한(즉, 납품업자의 이익 이상의) 경제적 이익 제공을 요구할 가능성도 있다. 넷째, 이러한 경우 납품업자등이 필요 이상의 경제적 부담을 지게 되고, 경우에 따라서는 대규모유통업자의 요구를 충족할 수 없는 영세한 납품업자등은 대규모유통업자와의 거래 기회를 상실하게 될 수도 있다.

이러한 우려를 바탕으로, 대규모유통업법은 공정거래법상 거래상지위 남용행위와 마찬가지로 대규모유통업자가 '갑'의 지위에서 이익을 착취하는 상황을 상정하면서, 대규모유통업자가 납품업자등에게 자기 또는 제 3 자를 위하여 금전·물품·용역·그 밖의 경제적 이익을 제공하게 하는 것을 금지하되, 정당한 사유가 있는 경우에만 이를 허용하면서(법 제15조 제 1 항), 유통 실무에서 가장 일반적으로 통용되는 판매장려금에 대해서는 별도의 조문을 두어 일정한 조건이 충족되는 경우 이를 적법한 행위로 인정하고 있다(법 제15조 제 2 항). 법체계상 법 제15조(경제적 이익 제공 요구 금지) 제 2 항은 같은 조 제 1 항에 규정된 '정당한 사유'의 예시적 규정이라고 새길 수 있을 것이다. 대규모유통업법이 공정거래법 대비 정당한 사유의 입증책임을 수범자에게 전환하고 있으므로, 최소한 유통 현실을 감안하여 일률적인 예외를 인정함으로써 부작용을 감소시키려는 것으로 이해된다.[1)]

2. 경제적 이익 제공 요구의 원칙적 금지

대규모유통업자는 정당한 사유 없이 납품업자등에게 자기 또는 제 3 자를 위하여 금전, 물품, 용역, 그 밖의 경제적 이익을 제공하게 하여서는 아니 된다(법 제15조 제 1 항). 대규모유통업자의 납품업자등에 대한 경제적 이익 제공 요구 행위에 대한 원칙적 금지 조항에 해당한다.

대규모유통업자가 납품업자등에게 경제적 이익을 제공하게 하는 행위가 금지되는 것이므로, 경제적 이익 제공의 주체에는 납품업자와 매장임차인이 모두 포함된

1) 대규모유통업법 제15조는 종전 대규모소매업고시 제 9 조와 취지를 같이 하면서, 그 내용을 좀 더 강화하였다. 양 자의 차이를 개괄하면 아래와 같다.

[경제적 이익 제공 요구 금지 제도 관련 종전 제도와의 비교]

종전 제도	대규모유통업법	비고
납품업자등이 제공할 필요가 없거나, 납품업자등의 이익에 기여하지 않는 금전, 역무 기타 경제상이익을 대상으로 함	원칙적으로 모든 경제적 이익을 대상으로 함	강화
대규모소매업자가 납품업자등으로부터 경제상 이익을 수령하는 행위를 금지함	대규모유통업자가 납품업자등에게 경제적 이익을 제공하게 하는 행위를 금지함	강화
납품업자등이 얻는 이익 등을 감안할 때 합리적이라고 인정되는 범위를 판단의 기준으로 함	정당한 사유를 판단함	강화
합리적이라고 인정되는 범위를 초과한 경제상 이익 수령 행위와 판매장려금 수령 행위를 혼재하여 규정함	정당한 사유 없는 경제적 이익 제공 요구 행위와 허용되는 판매장려금 수수행위를 문언상 분리하여 규정함	강화

다. 납품업자 또는 매장임차인이 직접 제공하거나 다른 사람을 통하여 제공하는 행위는 물론, 경제적으로 볼 때 사실상 납품업자 또는 매장임차인이 경제적 이익을 제공하였다고 볼 수 있는 경우까지도 모두 해당한다. 경제적 이익 제공의 상대방에는 대규모유통업자 자신은 물론 제 3 자도 포함한다. 본 조에서는 제 3 자의 범위를 한정하고 있지 아니하므로, 특별히 당해 대규모유통업자와 법률적·경제적 관련이 있든, 없든 모두 제 3 자의 범위에 포함된다고 보아야 한다. 다만, 대규모유통업자와 아무런 관계가 없는 제 3 자에게 경제적 이익을 제공하도록 하는 경우가 실제로 발생할 가능성은 그리 크지 않을 것이다.

한편, 본 조에서 말하는 '경제적 이익'의 범위와 관련하여서는 금전, 물품, 용역 등 민법상 물건에 해당하는 유체물, 무체물 및 법률상 권리 등 일체의 경제적 가치가 있는 것은 모두 이에 포함된다고 볼 수 있다. 본 조 문언상, 반드시 금전으로 그 가치를 환산할 수 있어야 한다거나, 유체물에만 한한다고 해석할 수는 없다.

다른 한편, 경제적 이익의 범위를 부수적인 것만으로 한정할 것인지, 거래계약 고유의 성질에 따라 통상적으로 수수되는 것까지도 포함할 것인지에 대해서도 의문이 있을 수 있다. 생각건대, 본 조가 경제적 '이익'이라고 규정하고 있는 점, 본 조의 규정 취지가 거래계약의 고유의 성질에 따라 통상적, 기본적으로 수수되는 급부 이외의 경제적 이익이 납품업자등으로부터 대규모유통업자로 이전되는 것을 규제하려는 규정인 점을 고려하면, 본 조의 경제적 이익에는 대규모유통업자가 납품업자등과 체결한 거래계약의 고유의 성질에 따라 통상적, 기본적으로 수수되는 것은 제외된다고 새기는 것이 타당하다. 예를 들어 직매입거래에서의 상품 매매대금, 특약매입거래 및 위·수탁거래에서의 판매수익 또는 수수료, 매장임차거래에서의 차임 상당액 및 위 각 거래에 부수하는 기타의 비용(관리비, 수도광열비, 보안비 등)은 본 조의 경제적 이익에 포함된다고 보기 어렵다.[2] 요컨대 본 조 소정의 경제적 이익이라 함은, 각 거래의 기본적 성격에 비추어 전형적인 쌍무적, 등가적(等價的) 대가 이외의 추가적인 경제적 이익으로 한정하여 해석함이 타당하다.[3] 유통 실무상으로는 각종 보조금,

2) 이에 관하여, 이들도 모두 본 조의 경제적 이익의 범위에 포함시키되, 다만 정당한 사유가 있는 급부로 법리를 구성할 여지도 없지 않다. 그러나 이와 같은 견해는, 첫째, 이와 같이 상호 등가성이 있는 대가를 일방 당사자의 경제적 이익이라고 보기 어렵고, 둘째, 각 거래의 내용에 따라 당연히 인정되는 대가를 원칙적으로 금지되는 행위로 본다는 관점에서도 부당하므로, 이와 같은 견해는 인정되기 어렵다고 생각된다.

장려금, 성과금(incentive), 기부금, 각종 비품 등 물품, 기타의 이익 등의 다양한 명칭과 형식으로 존재한다.

아울러, 하도급법 제12조의2의 해석과 관련하여 외견상 이러한 이익의 제공이 이루어졌다고 해도 바로 경제상 이익의 제공을 인정할 것은 아니고, 거래 전체 관점에서 그러한 이익 제공이 납품업자에게 불이익한 경우에 비로소 경제상 이익이 제공된 것으로 보는 것이 타당하다는 견해가 있고,[4] 이러한 해석은 대규모유통업법에 있어서도 참고할 필요가 있어 보인다. 이에 의하면 후술하는 것처럼 원칙적으로 경제상 이익 제공을 금지하면서 정당한 사유의 입증책임을 수범자에게 지움으로써 발생하는 효율성 저해의 문제를 상당 부분 해소할 수 있을 것이기 때문이다.

본 조에서 금지하고 있는 행위는 납품업자등에게 경제적 이익을 '제공하게 하는 행위'이므로, 납품업자등이 대규모유통업자 또는 제3자에게 경제적 이익을 제공하는 행위를 실제로 하였을 것까지 요하지는 않는다.[5] 본 조 문언상 '제공하게 하는 행위'이므로 단순히 제공 의사를 문의한 정도로는 이에 해당된다고 할 수 없을 것이다. 또한 반드시 납품업자등에게 제공을 강요한 정도에까지 이를 필요는 없으나, 공정거래법상 거래상지위 남용행위(불이익제공)에서 요구되는 '사실상 강제'(혹은 사실상 구속력)는 요구된다고 봄이 타당하다.[6] 공정거래위원회의 예규도 "경제적 이익을 제공하게 하는 행위에는 온라인쇼핑몰업자/TV홈쇼핑사업자의 거래상 지위를 이용한 강요는 물론 요구, 요청, 제안 등에 의해 납품업자가 자신의 자유로운 의사결정에 영향을 받아 이를 거부하기 어려운 정도에 이른 경우까지를 포함한다."고 하여 공정거래법상 거래상지위 남용행위(불이익제공)와 마찬가지로 '사실상 강제성'이 요건이 된다는 것으로

3) 한편, 하도급법 제12조의2(경제적 이익의 부당요구 금지)의 경제적 이익은 하도급계약의 내용이나 그 이행과 아무런 관련성이 없는 경우(아파트, 자동차 구매 등)에 해당하는 것으로 봄이 타당하다는 해석론이 존재한다[정재훈, "하도급법 연구" 제2판(2023), 323면]. 이러한 해석론은 대규모유통업법에 있어서도 참고할 수 있다고 보인다.

4) 정재훈, 앞의 책, 326~331면. 이에 의하면 사실상 거절할 수 없거나 납품업자가 응하지 않을 수 없는 객관적인 상황을 만들어내는 경우 등이 이에 해당하게 된다.

5) 공정거래위원회 의결은 요구한 행위(금액)와 실제 수수한 행위(금액)를 함께 기재하는데 [㈜지에스홈쇼핑의 대규모유통업법 위반행위 및 공정거래법상 거래상지위 남용행위에 대한 건(2015. 6. 11. 의결 제2015-193호)], 경제적 이익을 요구한 행위만으로 법 위반이 성립되고, 다만 위법의 정도를 파악하기 위해, 즉 제재수준을 정하기 위해 실제 수수액도 함께 기재하는 것으로 이해할 수 있다.

6) 하도급법 제12조의2의 '제공하도록 하는 행위'를 이와 같이 해석해야 한다는 견해가 있다 (정재훈, 앞의 책, 333~334면).

해석된다[온라인쇼핑몰 심사지침 4. 가. (1) (다)항, TV홈쇼핑 심사지침 3. 나. 1) 나)항].

한편, 거래상 지위의 존재 여부와 제공하도록 하는 행위는 구분되므로, 거래상 우월적 지위가 있다고 당연히 사실상 강제가 인정되는 것은 아니며, 대규모유통업자의 요구·요청·제안을 납품업자등이 사실상 거부하기 어려운 정도에 이른 경우에야 제공하게 한 행위로 판단될 가능성이 크다. 반대로 납품업자등의 입장에서도 부담할 유인이 있는 비용의 요구는 사실상 강제성이 인정되기 어려울 것이다.

3. 경제적 이익 제공 요구금지의 예외 – 정당한 사유의 존재

원칙적으로 대규모유통업자가 납품업자등에게 자기 또는 제 3 자를 위하여 경제적 이익을 제공하게 하는 행위가 금지되지만, 예외적으로 정당한 사유가 있는 경우에는 허용된다(법 제15조 제 1 항). 대규모유통업자가 납품업자등에게 경제적 이익을 제공할 것을 요구하더라도, 그것이 납품업자가 공급한 상품의 판매촉진에 기여하거나 일반 소비자들에 대한 직접적인 경제적 혜택으로 이전되는 등 긍정적인 효과가 명백한 경우도 있다는 점을 고려한 규정이다. 이에 관한 핵심적 판단기준은 '정당한 사유'의 존재여부이다.

어떤 것이 정당한 사유에 해당하는지에 대해서 일률적으로 판단할 수는 없다. 주로 당해 대규모유통업자와 납품업자등 사이의 거래계약 유형과 내용, 동종 거래에서의 수수 여부와 규모, 당사자의 예측가능성 및 당해 경제적 이익의 제공 목적 등 제반 사정을 종합적으로 고려될 수 있을 것이다.[7)]

7) 대규모유통업법의 여러 조항에 '정당한 사유'라는 표현이 존재하는데, 각 조항의 제정 취지나 문언에 따라 그 구체적인 해석이 다소 달라질 수는 있으나, 판단에 관한 핵심적인 관념은 동일하다고 볼 수 있다. "… (구) 공정거래법 제23조 제 1 항 제 4 호, 같은 법 시행령 제36조 제 1 항 [별표 1] 불공정거래행위의 유형 및 기준 제 6 호에서 불공정거래행위의 한 유형으로 거래상 지위의 남용행위를 규정하고 있는 것은 … (중략) … 여기서 말하는 거래상의 지위를 부당하게 이용하였는지 여부는 당사자가 처하고 있는 시장 및 거래의 상황, 당사자 간의 전체적 사업능력의 격차, 거래의 대상인 상품 또는 용역의 특성, 그리고 당해 행위의 의도·목적·효과·영향 및 구체적인 태양, 해당 사업자의 시장에서의 우월한 지위의 정도 및 상대방이 받게 되는 불이익의 내용과 정도 등에 비추어 볼 때 정상적인 거래관행을 벗어난 것으로서 공정한 거래를 저해할 우려가 있는지 여부를 판단하여 결정하여야 하며 …"(대법원 2009. 7. 23. 선고 2008다40526 판결, 대법원 2006. 9. 8. 선고 2003두7859 판결 등 다수).

다만, 대규모유통업자가 거래상 우월적 지위를 이용하여 납품업자를 착취할 수 있다고 가정하면, 이를 활용하는 가장 손쉬운 방법은 납품단가를 낮게 정하는 것이다. 그런데 이와 동시에 별도의 비용을 수취한다고 하여 납품업자를 더 착취할 수 있다는 실증적 근거는 존재하지 않는다.[8] 따라서 납품 당시에 납품단가와 함께 정해진 거래조건의 경우는 위법한 경제상 이익 제공 요구에 해당하기 어려울 것이다.

유통 실무상 통상적인 수준의 보조금, 장려금, 성과금(incentive) 정도라면 정당한 사유가 인정될 수도 있겠으나, 어떠한 형태의 경제적 이익 제공 요구이든 앞의 사정들을 종합적으로 살펴야 할 것이다(특히 아직까지 공정거래위원회 실무를 고려하면 정당한 사유를 인정받는 것은 용이하지 않은 측면이 있다). 다만, 판매장려금에 대해서는 법 제15조 제2항에서 별도로 규정하고 있으므로 해당 조항이 직접 적용된다. 이에 대해서는 항을 바꾸어 자세히 살펴보기로 한다.

참고로, 공정거래법상 거래상지위 남용행위는 특화된 투자 등에 기인하여 고착화된 계속적 거래 상황에서의 상당한 거래의존도가 있는 상대방을 대상으로 하는 착취행위를 규제하는 것인데,[9] 유통거래에서는 기본적으로 특화된 투자 등이 발생하기 어려워 이러한 경우를 쉽게 상정하기 어렵다(이러한 문제점은 거래상 우월적 지위의 해석을 통해 해결할 필요가 있다). 게다가 앞서 본 비용의 분리에 따른 효율성 발생의 측면 등을 고려하면, 대규모유통업법이 경제적 이익 제공을 원칙적으로 금지하면서 정당한 사유에 대한 입증 책임을 수범자에게 부담시키는 것이 입법론상 적절한지는 상당한 의문이 있다. 이와 같은 방식의 규제에 의하면, 별도 비용 수취의 정당성은 모두 수범자가 입증해야 하므로, 효율성을 증대하는 비용의 수취도 제약하게 되고, 그 결과 규제가 없는 경우에 비해 효율성이 저해될 수 있다. 이러한 결과는 다시 납품업자에게도 이익이 되지 않을 수 있다.

4. 판매장려금

가. 개　　요

대규모유통업자와 납품업자등 사이에 수수되는 경제적 이익에는 다양한 형태가

8) 오히려 단일 독점이윤 이론(single monopoly theory)을 고려하면, 갑을관계에서도 그 지위를 통해 얻어낼 수 있는 이익의 총합은 다르지 않다고 보는 것이 합리적이다.
9) “불공정거래행위 심사지침” Ⅴ. 6. (3)항.

있을 수 있는데 그 중 가장 대표적인 형태가 판매장려금이다. 판매장려금이란 상품의 공급업자가 상품의 판매를 장려할 목적으로 판매수량 또는 거래금액에 따라 일정 기준을 정하여 유통업자에게 지급하는 금원을 의미한다. 판매장려금은 대규모유통업 거래 분야뿐만 아니라 제조업체와 대리점, 판매점 등 유통망을 활용하는 여러 분야에서 상품 판매를 촉진하기 위한 방편으로 널리 활용되는 제도이다. 세무상으로도 판매장려금·판매수당 등 판매와 관련된 부대비용에 대해서는 전액 손금(損金)으로 인정하고 있다.[10)]

대규모유통업법 또한 정당한 사유가 있는 경우 외에는 경제적 이익 제공 요구를 금지하는 것을 원칙으로 하되(법 제15조 제 1 항), 위와 같은 판매장려금의 성격을 감안하여 판매장려금에 대해서는 일정한 요건을 갖춘 경우에는 대규모유통업자가 납품업자등로부터 이를 제공받을 수 있도록 규정하였다(법 제15조 제 2 항). 법 제15조 제 1 항의 '정당한 사유'를 제 2 항에서 구체화한 것으로 볼 수 있다.

다만 유통실무에서는 이와 같이 판매장려금과 관련된 실체규정이 엄격하게 해석되는 것은 실제 유통 환경과 다소 괴리된 것이라는 비판이 있다. 대규모유통업자들이 과거에는 우월적 지위를 가지고 있었을지언정, 현재의 온라인 기반의 유통 환경에서는 예전과 같은 시장력을 기대하는 것은 어려운데도 판매장려금을 지나치게 엄격한 요건 하에서만 인정하는 것은 유통 현실에 부합하지 않는다는 것이다. 이에 더하여 판매장려금의 금지가 경쟁제한적인 효과를 가져올 수도 있다는 점을 함께 고려하면, 금지되는 판매장려금의 내용과 범위를 축소하고 '정당한 사유'의 기준을 확대하여 경쟁촉진효과를 보장하는 방향으로 법 개정이 이루어질 필요가 있다는 견해가 있다.[11)]

나. 관련 조항의 적용 체계의 해석 문제

법 제 2 조(정의) 제 9 호에서는 판매장려금을 "명칭에 관계없이 상품의 판매촉진을 위하여 연간거래 기본계약에 명시된 조건에 따라 납품업자가 대규모유통업자에

10) 반면, 특수관계인에 대한 지원의 성격을 가지거나 건전한 사회통념과 상관행에 비추어 정상적인 거래라고 인정될 수 없는 경우에는 접대비로 인정되어 일정 요건 하에서만 손금으로 인정된다.

11) 최요섭, "최근 대규모유통업법의 법적 쟁점에 관한 연구 −판매장려금 문제를 중심으로−", 한국경쟁법학회 경쟁법연구(2023), 48면.

게 지급하는 경제적 이익"으로 정의하고 있는데, 여기서 말하는 '연간거래 기본계약'의 의미가 정확히 무엇인지에 대해서는 제 1 편 제 1 장 2. 자. 항에서 상세히 살펴본 바와 같다. 즉, '연간거래 기본계약'을 판매장려금의 개념 표지로 해석할 것인지, 아니면 대규모유통업자가 납품업자로부터 판매장려금을 지급받을 수 있는 적법성 요건으로 해석할 것인지의 문제이다. 이와 관련하여 공정거래위원회는 단순히 개념표지로 해석할 경우, 대규모유통업자가 고의로 연간거래 기본계약서상 판매장려금을 포함시키지 않더라도 이를 제재할 수 있는 수단이 없게 되어, 연간거래 기본계약서에 포함시켜 거래의 투명성 및 안정성을 높이고자 한 입법취지가 사문화될 수 있다는 점을 이유로 연간거래 기본계약으로 약정하지 않고 판매장려금 성격의 금원을 수취할 경우 절차상 하자 있는 판매장려금 수취 행위에 해당한다고 판단한 바 있다.[12)]

공정거래위원회는 법 제15조 제 2 항의 의미와 관련하여, 법 제15조 제 1 항은 정당한 사유가 인정되는 경우에 한하여 경제적 이익을 제공하게 하는 행위를 허용하면서, 제 2 항에서 대규모유통업 거래에서 가장 자주 발생하는 전형적인 유형인 판매장려금에 대해 '정당한 사유'가 인정되기 위한 절차적, 실체적 요건을 규정한 것으로 해석하는 것으로 보인다. 이에 따르면 법 제15조 제 1 항의 규정에 관계없이 판매장려금의 경우에는 법정 기재사항이 포함된 연간거래 기본계약을 체결하고, 해당 거래분야에서 합리적이라고 인정되는 범위내에서 수수하는 경우에 한하여 정당한 사유가 있는 경제적 이익으로 인정된다.[13)]

그러나 이와 같이 '연간거래 기본계약'을 판매장려금을 지급받기 위한 절차적 의무를 규정한 것으로 해석하여, 이에 의하지 않고 수수한 판매장려금을 위법으로 보는 것은 문언을 넘는 해석이라는 비판이 제기된다. 공정거래위원회는 법 제15조 제 2 항 자체가 판매장려금에 관한 절차를 명시하고 있으며, 그러한 절차를 위반해서 판매장려금을 수령해서는 안 된다고 해석하고 있지만, 대규모유통업법 어디에도 판매장려금을 일정한 절차 또는 형식에 따라 수령하여야 한다고 규정하고 있지 않기 때문이다.[14)]

---

12) ㈜지에스리테일의 대규모유통업법 위반행위에 대한 건(2017. 1. 26. 의결 제2017-047호) 등
13) 다만, 판매장려금 정의 조항의 해석과 관련해서는 논란이 있을 수 있고, 입법적으로 정비할 필요가 있다는 점에 대해서는 제 1 편 제 1 장 2. 자. 항에서 상세히 살펴 본 바와 같다.
14) 김린·김천수, "대규모유통업법상 판매장려금 규제에 대한 소고", 유통법연구 6, 한국유통법학회(2019), 138면.

최근 서울고등법원은 대규모유통업자가 연간거래 기본계약 없이 받은 판매장려금이라는 이유만으로 대규모유통업법 제15조 제 2 항 위반이 성립한다고 볼 수는 없다고 판시하였다. 법원은 대규모유통업법 제 2 조 제 9 호에 의하면 직매입거래에서 상품의 판매촉진을 위하여 납품업자가 대규모유통업자에게 지급하는 경제적 이익의 경우, 그 '명칭'은 어떠하더라도 상관없지만, 그것이 연간거래 기본계약의 '형식'을 갖추지 않았다면 이는 판매장려금이 아니라고 보면서, "이러한 사정에 비추어 보면, 설령 대규모유통업자가 연간거래 기본계약 없이 판매장려금 명목의 경제적 이익을 받았다 하더라도, 이는 대규모유통업법상 판매장려금이 아니므로 제15조 제 2 항은 적용될 수 없고, 원칙대로 제 1 항이 적용되어야 한다"고 판단하였다. 나아가 "제15조 제 2 항은 대규모유통업자가 납품업자로부터 받는 경제적 이익 중 상품의 판매촉진을 위한 것은 그것이 납품업자에게도 이익이 될 수 있다는 점을 고려하여 특별히 이를 허용하고자 한 취지"이므로 연간거래 기본계약 없이 받은 판매장려금이라는 이유만으로 제15조 제 2 항 위반이 성립한다고 볼 수는 없으며, 이러한 해석이 유통업의 특성과 거래계의 현실에도 부합한다고 판시하였다(서울고등법원 2024. 2. 1. 선고 2022누36102 판결). 대법원의 판단이 남아 있지만, 그동안 논란이 되어 왔던 법 제15조 제 1 항과 제 2 항의 관계를 비교적 명쾌하게 정리한 판결로 판단된다.

다. 법 제15조 제 2 항의 판매장려금 수수(授受)의 적법 요건

(1) 대규모유통업법상 판매장려금에 해당할 것

판매장려금이라 함은 명칭에 상관없이 직매입거래에서 상품의 판매촉진을 위하여 연간거래 기본계약에 명시된 조건에 따라 납품업자가 대규모유통업자에게 지급하는 경제적 이익을 의미한다(법 제 2 조 제 9 호). 유통 실무상으로는 다양한 이름으로 판매장려금이 수수되고 있으나, 대규모유통업법상 인정되는 판매장려금은 위 정의 규정에 부합하는 경우에 한한다. 따라서 직매입거래 이외에 특약매입거래, 위·수탁거래 또는 매장임대차 거래에 있어서 수수되는 경제적 이익, 직매입거래에 있어서 당해 상품의 판매촉진이 아닌 다른 목적으로 지급되는 경제적 이익[15] 등은 그 명칭이

15) 실무상 판매장려금과 판매촉진비용은 다음과 같은 관점에서 각각의 특징을 찾을 수 있다. 첫째, 판매장려금은 직매입거래에서 상정 가능한 개념인 데 비해, 판매촉진비용은 모든 거래형태에서 발생한다는 점, 둘째, 판매장려금은 직매입거래에서의 매수인인 대규모유통업자가 당해 상품의 구매량을 증가시키거나 대규모유통업자가 당해 상품을 일반 소비자들에게 더욱 적극적으로 판매하도록 장려 내지 유도하기 위해 지급되는 경우가 많은 반면, 판

판매장려금 또는 이와 유사한 것이라고 하더라도 법상 판매장려금에 해당하지 않는다. 이러한 유사 판매장려금의 경우에는 법 제15조 제1항 소정의 통상의 '경제적 이익'으로 평가되어 정당한 사유가 있는 경우에 한하여 그 제공을 요구할 수 있다.

한편, 특약매입거래 또는 위·수탁거래 등에 있어 판매장려금은 어떠한 경우에 정당한 사유가 인정될 수 있는지가 문제될 수 있다. 이에 대해서는 반품이 인정되는 특약매입거래나 위·수탁거래의 경우에도 납품업자가 대규모유통업자의 판매활동에 대하여 인센티브를 부여하여 자신의 상품에 대한 판매를 촉진하고자 하는 경제적 동기는 직매입거래에서와 마찬가지로 존재하는 점, 판매량 또는 판매금액에 따라 판매수수료를 달리 정하는 것도 얼마든지 가능한 점, 납품업자가 자신의 정책에 따라 판매장려금을 지급하고자 할 경우 이를 특별히 금지할 이유가 없는 점 등을 고려할 때, 특약매입거래 또는 위·수탁거래에 대해 일률적으로 판매장려금 수수가 허용되지 않는다고 보는 것은 타당하지 않다는 견해도 있을 수 있다. 그러나, 법 제2조 제9호의 정의상 판매장려금은 직매입거래와 관련된 것에 한하고, 법 제15조 제2항에서는 적법하게 인정되는 판매장려금에 대하여 정의하고 있으므로, 특약매입거래나 위·수탁거래 과정에서 지급받는 어떠한 명목의 금원이라도 이는 대규모유통업법상의 판매장려금이 아니라고 해석하는 것이 타당하다. 따라서, 이 경우에는 법 제15조 제1항에 따라 '정당한 사유'가 있는 경제적 이익인지 여부를 판단하여야 한다.[16]

(2) 판매장려금 수령의 실체적 요건

(가) 판매촉진 목적과 관련될 것

판매장려금이 적법하기 위해서는 판매촉진을, 즉 '해당 상품에 대한 수요를 늘

매촉진비용은 직접적으로 일반 소비자들이 당해 상품을 선택하도록 유도하기 위해 지출되는 경우가 많다는 점, 환언하면 판매장려금은 당해 상품의 일차적 구매자인 대규모유통업자에게 지급하여 판매촉진을 장려하는 간접적인 방식으로 볼 수 있는 반면, 판매촉진비용은 직접 당해 상품의 최종 구매자인 일반 소비자들에게 이익을 제공함으로써 판매촉진을 장려하는 직접적인 방식으로 볼 수 있다는 점, 셋째, 판매장려금은 연간거래 기본계약에서 그 지급 조건을 명시하여 둔 경우가 많은 반면, 판매촉진비용은 미리 그 분담 조건을 두지 않는 경우가 많다는 점에 그 차이가 있다.

16) 이와 관련하여 온라인쇼핑몰 심사지침[Ⅲ. 4. 가. (2) (가)]은 "특약매입거래나 위·수탁거래등과 같이 '직매입거래'가 아닌 모든 거래유형에서의 판매장려금은 허용되지 않는다"고 규정하고 있다. 그러나, 특약매입거래 등과 관련된 판매장려금에 대해서는 법 제15조 제1항에 따라 '정당한 사유'가 있는 경제적 이익 제공 요구 행위인지를 판단하는 것이 합리적인 법 해석으로 보인다. 다만 특약매입거래 등에서의 장려금 제공 요구에 대해 '정당한 사유'가 인정되기는 쉽지 않을 것으로 보인다.

려 판매를 증진'시키는 것을 목적으로 하여야 한다. 대규모유통업법이 소매업 중심의 가맹본부에게까지 적용된다는 점에서 판매와 수요의 의미는 반드시 직접적으로 소비자에 대한 것으로 한정할 이유는 없어 보인다. 예컨대 대규모유통업법이 적용되는 가맹본부가 가맹점사업자를 대상으로 수요를 늘려 판매를 증진하고자 하는 경우도 판매촉진 목적과 관련된 것으로 보아야 할 것이다.

공정거래위원회의 판매장려금 심사지침은 유통 실무에서 다양한 명칭으로 사용되고 있는 각종 장려금이 판매촉진 목적과 관련성이 있는지 여부의 판단 기준을 제시하고 있다. 예컨대, 기본장려금은 판매촉진을 목적으로 하는 것이 아니므로 적법한 판매장려금이라고 보기 어려운 반면, 성과장려금·신상품(출시 후 6개월 이내) 입점장려금·진열장려금, 온라인쇼핑몰업자의 경우 게시장려금 등은 판매촉진목적과 관련성이 있으므로 적법한 판매장려금 유형에 해당한다(판매장려금 심사지침 Ⅲ. 1., 온라인쇼핑몰 심사지침 Ⅲ. 4.).[17)]

다만 이와 같이 예시된 적법 장려금에 한정하여 적법성을 인정하는 규제 방식은 소위 형식적 접근(form－based approach)으로서 효율성을 저해할 가능성이 높다. 따라서 예시된 적법 장려금이 아니라도 납품업자에게 이익이 될 수 있어 부담의 유인이 있는 장려금까지 일률적으로 금지된다고 볼 이유는 없다고 판단된다.

(나) 직매입 거래의 속성상 인정될 수 있는 판매장려금일 것

직매입 거래에서 대규모유통업자는 납품받은 상품에 대한 소유권을 취득하며, 가격결정 등 상품판매에 관한 권한을 가짐과 동시에 판매부진에 따른 재고책임을 부담한다. 그러므로 대규모유통업자가 직매입 거래의 속성상 금지되는 행위(예: 부당반품, 재고 등 비용전가)를 하지 않는 것을 조건으로 판매장려금을 받는 경우, 그러한 판매장려금은 법에서 정한 합리적인 인정범위 내에 있는 것으로 보기 어렵다. 예컨대, (i) 무반품장려금, (ii) 시장판매가격 대응장려금, (iii) 재고소진 장려금, (iv) 폐점장려금은 성질상 대규모유통업자의 책임 범위에 있는 것을 납품업자에게 전가하거나 직매입 거래 속성상 금지되는 행위를 하지 않을 것을 조건으로 대가를 받는 것이므로 적법한 판매장려금으로 인정되기는 쉽지 않을 것이다(판매장려금 심사지침 Ⅲ. 2.).

---

17) 참고로 위·수탁거래의 경우, 온라인쇼핑몰업자는 인터넷쇼핑몰 배너 또는 별도 페이지를 통해 납품업자의 상품을 광고하고 별도 수수료를 받을 수 있다[온라인쇼핑몰 표준거래계약서(위·수탁거래) 제12조 제 1 항].

(다) 합리적이라고 인정되는 범위 이내일 것

대규모유통업자가 연간거래 기본계약의 내용으로 시행령에서 정한 법정 약정 사항을 납품업자와 약정하였다고 하더라도, 그 판매장려금의 규모는 해당 거래분야에서 합리적이라고 인정되는 범위를 넘을 수 없다. 법이 정하는 판매장려금 수수의 내재적 한계이다. 다만 '해당 거래분야에서 합리적이라고 인정되는 범위'인지 여부를 일률적인 기준으로 판단하기는 어렵고, 당사자인 대규모유통업자와 납품업자의 통상의 거래 관행, 약정 시기, 판매장려금 수수의 목적, 상품의 거래량, 관련 시장에서의 상품의 일반 선호도, 경쟁 상품의 존재, 대체 상품의 존재, 상품의 가격 탄력성, 유사 상품군에서 수수되는 통상의 판매장려금 규모 등을 종합하여 판단하여야 한다.

판매장려금을 합리적인 범위 내에서만 허용하는 취지는, 납품업자가 대규모유통업자에게 판매장려금을 지급하는 이유가 상품의 판매를 늘려 판매성과에 대한 이익을 양자가 공유하기 위한 것이기 때문이다. 즉, 지급된 판매장려금이 단순히 대규모유통업자의 이익으로만 귀속되어서는 아니되고 대규모유통업자와 납품업자 양자 모두의 이익에 기여하여야 하며, 판매장려금 지급 대상 기간 중 대규모유통업자가 받은 판매장려금액과 해당기간 중 납품업자의 납품액 증가로 인한 이익 간에는 합리적 비례관계가 있어야 한다고 보기 때문이다. 판매장려금 약정에 따른 혜택이 대규모유통업자에게 현저히 편향되어 귀속되는 경우, 본 조항에서 정한 합리적인 인정범위 내에 있는 것으로 보기 어렵다(판매장려금 심사지침 Ⅲ. 3. 1.). 다만, 신상품을 출시한 후 해당 상품을 조속히 시장에 알려 시장점유율을 높일 필요가 있다고 보아 납품업자가 자발적으로 요청하여 한시적으로 판매장려금 약정을 하는 경우 등 예외적인 경우에는 적법성을 인정할 수도 있을 것이다.

이상의 기준에 따라 판매장려금 심사지침 및 온라인쇼핑몰 심사지침에서 규정하고 있는 허용되는 장려금 유형과 허용되지 않는 장려금 유형을 표로 정리하면 아래와 같다.[18]

18) 심사지침에서 허용되는 장려금 유형은 예시로 보는 것이 타당하므로, 그 외에도 대규모유통업법 기준에 부합한다면 적법한 것으로 볼 수 있다.

허용되는 장려금 유형	
성과장려금	명칭에 상관없이 대규모유통업자와 납품업자가 합의하여 전년동기 대비 납품액(납품단가×납품물량) 신장목표에 도달하였을 때, 대규모유통업자가 납품업자로부터 지급받는 형태의 판매장려금
진열(매대)장려금	명칭에 상관없이 대규모유통업자가 상품을 매출증가 가능성이 큰 자리(매대)에 진열해 주는 서비스에 대한 대가로 납품업자로부터 받는 형태의 판매장려금
신상품 입점 장려금	명칭에 상관없이 대규모유통업자가 납품업자의 신상품(출시 후 6개월 이내)을 매장에 진열해 주는 대가로 납품업자로부터 받는 형태의 판매장려금
게시장려금	명칭에 상관없이 온라인쇼핑몰업자가 상품의 매출증가 가능성이 큰 위치에 게시(노출)해 주는 대가로 납품업자로부터 받는 형태의 판매장려금(단, 웹페이지 상 노출위치와 판매장려금 지급수준 등에 관해서는 사전에 서면으로 약정한 경우에 한함)
허용되지 않는 장려금 유형	
기본장려금	명칭에 상관 없이 대규모유통업자가 납품업자로부터 상품 매입금액의 일정비율 혹은 일정금액을 받는 형태의 판매장려금
무반품 장려금	명칭에 상관없이 대규모유통업자가 직매입한 상품을 반품하지 않음을 조건으로 납품업자로부터 받는 형태의 판매장려금
시장판매가격 대응장려금(판매가격인하 비용보전 장려금)	판매가격인하 비용보전 장려금, 명칭에 상관없이 대규모유통업자가 납품업자로부터 직매입으로 기 납품받은 상품의 판매가격을 인하하기 위한 목적으로 받는 형태의 판매장려금
재고소진 장려금	명칭에 상관없이 대규모유통업자가 직매입한 상품의 재고를 소진시킬 목적으로 재고분의 일정 비율에 해당하는 금액을 납품업자로부터 받는 형태의 판매장려금
폐점장려금	명칭에 상관없이 대규모유통업자가 점포 폐점시 덤핑, 가격할인 등을 통해 남아 있는 상품을 소진하는 과정에서 발생하는 비용을 보전하기 위해 납품업자로부터 받는 형태의 판매장려금

(3) 판매장려금 수령의 절차적 요건

(가) 연간거래 기본계약의 내용으로 약정할 것

대규모유통업자가 납품업자로부터 적법하게 판매장려금을 제공받기 위해서는 당해 판매장려금의 지급 기준 등의 사항을 연간거래 기본계약으로 약정하여야 한다(법 제15조 제 2 항). 연간거래 기본계약으로 약정하도록 한 것은 그동안 대규모유통업자가 자신의 이익 제고의 목적으로 임의로 납품업자에게 판매장려금을 요구함으로 인해 납품업자가 불측의 손해를 입는 경우가 적지 않았기 때문이다. 연간거래 기본계약을 통해 판매장려금의 조건, 규모, 내용, 절차 등을 미리 정해놓음으로써 납품업자도 계약기간 동안 자신이 부담해야 할 비용을 미리 예측할 수 있도록 하기 위한 취지이다. 유통 실무상으로는 직매입거래 기본계약에 그 자세한 내용을 포함하거나, 거래 기본계약의 별첨 서류로 판매장려금 약정을 두는 방식으로 진행하는 경우가 많다. 만일 대규모유통업자와 납품업자가 연간거래 기본계약의 내용으로 약정하지 않은 판매장려금을 수수한 경우에는 법 제15조 제 2 항에 부합하지 않는 것으로 판단될 수 있다.[19]

한편, 판매장려금 심사지침은 절차적 타당성[20]과 관련하여 (i) 대규모유통업자가 납품업자에게 판매장려금 약정에 필요한 정보를 충분히 제공할 것, (ii) 양 당사자 간 자유로운 의사합치에 의해 판매장려금에 관한 약정을 체결할 것, (iii) 판매장려금 약정사항을 연간거래 기본계약의 내용에 포함시키고 동 계약서면을 즉시 교부할 것을 요구하고 있다(판매장려금 심사지침 III. 4.).

구체적으로 (i) 대규모유통업자는 납품업자와의 판매장려금 지급에 관한 협의에 앞서 납품업자에게 시행령 제12조(판매장려금 지급에 관한 약정사항)에 규정된 약정사항에 대한 정보를 납품업자가 충분히 이해할 수 있도록 제공하여야 한다고 규정하고 있다. 동 조항의 의미가 다소 불분명한 측면이 있으나, 기본계약 체결을 위해 해당 내용이 기재된 계약서 초안을 주고 받았다면 필요한 정보를 충분히 제공한 것으로 볼 수 있을 것이다. 또한 (ii) 대규모유통업자는 납품업자와 상기 사항이 포함된 판매장려금에 관한 약정을 심리적 압박, 기만, 위계, 강요 등의 방법이 아닌 자유로운 의사의 합치에 의해 체결하여야 한다.

---

19) 이 경우, 그간의 공정거래위원회 실무는 '연간거래 기본계약'이라는 절차적 요건을 충족하지 못했기 때문에 법 제15조 제 2 항 위반이 성립한다는 입장이었고, 지금도 여전히 같은 입장인 것으로 보인다(후술하는 판매장려금 심사지침상 법 위반 예시 등 참조). 다만, 법문언상으로는 연간거래 기본계약으로 약정하지 않은 판매장려금이라 하더라도 경우에 따라서 '정당한 사유'가 존재할 수도 있기 때문에, 법 제15조 제 1 항으로 돌아가 위법성 여부를 판단해야 한다고 해석하는 것이 합리적이라고 판단된다. 앞서 본 서울고등법원 2024. 2. 1. 선고 2022누36102 판결도 같은 취지이다.

20) 이처럼 '절차적 타당성'이라는 제목을 두고 있는 점에 비추어 보더라도 공정거래위원회는 판매장려금 약정 내용을 연간거래 기본계약에 포함시키지 않을 경우 절차적 요건을 충족시키지 않은 것이어서 적법한 판매장려금으로 볼 수 없다는 입장임을 알 수 있다.

판매장려금 심사지침은 아래와 같은 행위를 법 위반에 해당될 수 있는 예시로 들고 있다.

- 당초 연간거래 기본계약시 약정되지 아니하거나 약정된 범위를 초과하여 판매장려금을 납품업자로부터 받는 행위
- 판매장려금의 종류 및 명칭, 판매장려금의 지급목적, 지급시기 및 지급횟수, 판매장려금의 비율 또는 액수 등을 구체적으로 기재함이 없이, 추후에 개별적으로 판매장려금 약정을 체결할 수 있다고 포괄적으로 규정한 후 수시로 판매장려금을 받는 행위
- 대규모유통업자가 계약기간 중 판매장려금률 또는 액수를 납품업자의 의사와 무관하게 일방적으로 인상하는 경우
- 대규모유통업자가 연간거래 기본계약 체결시 판매장려금 항목과 비율을 협의절차 없이 일방적으로 정하여 통보하고 판매장려금을 수령하는 경우
- 대규모유통업자가 매대(진열)장려금과 관련하여 납품업자의 해당 상품이 진열될 위치 및 기간, 위치별 판매장려금률 또는 금액 등 판매장려금 결정 및 변경 기준을 사전에 명확히 구체적으로 규정함이 없이 자신이 정한 규정에 따라 일방적으로 판매장려금을 받는 경우
- 대규모유통업자의 제안내용을 납품업자가 수용하지 않을 경우 거래중단 등 불이익을 받을 수 있음을 직·간접적으로 암시하는 등 납품업자의 자율적인 의사가 제한된 상태에서 판매장려금 약정이 체결된 경우

(나) 판매장려금 지급에 관한 법정(法定) 약정 사항

대규모유통업자가 판매장려금을 받기 위하여 납품업자와 연간거래 기본계약의 내용으로 약정하여야 할 구체적인 사항은 다음과 같다(시행령 제12조).

- 판매장려금의 종류 및 명칭
- 판매장려금의 지급목적, 지급시기 및 지급횟수
- 판매장려금의 비율 또는 액수
- 판매장려금의 결정기준 및 결정절차
- 판매장려금의 변경사유, 변경기준 및 변경절차

1) 판매장려금의 종류 및 명칭(제 1 호)

대규모유통업자와 납품업자가 약정하고자 하는 판매장려금의 종류와 그 명칭에 관한 사항이다. 대규모유통업법상 판매장려금은 '명칭에 상관없이 직매입거래에서

상품의 판매촉진을 위하여 연간거래 기본계약에 명시된 조건에 따라 납품업자가 대규모유통업자에게 지급하는 경제적 이익'으로 정의되므로(법 제2조 제9호), '직매입거래에서 상품의 판매촉진을 위해 납품업자가 지급하는 경제적 이익'이라는 속성만으로 충분하며, 그 명칭은 판매장려금 여부의 판단에 큰 영향을 미치지 아니한다. 과거 유통 실무에서는 '판매장려금', '판촉장려금', '신상품 장려금', '성과 장려금', '기본장려금', '매입 장려금', '판매 장려금', '재고보상 장려금', '물량 장려금', '진열품 지원장려금' 등 다양한 명칭과 기능의 장려금이 있었으나, 판매장려금 심사지침을 제정한 이후에는 지침상 적법 장려금 위주로 수취되고 있는 것으로 보인다. 법에서 허용되는 판매장려금에 해당하는지 여부는 당해 장려금의 실질적 내용에 따르게 된다. 기재의 예시는 다음과 같다.

[판매장려금의 종류 및 명칭 약정 예시]

• 종류 및 명칭 : 성과 장려금

2) 판매상려금의 지급목적, 지급시기 및 지급횟수(제2호)

연간거래 기본계약에는 직매입거래의 납품업자가 대규모유통업자에게 판매장려금을 지급하는 목적을 기재하여야 한다. 대규모유통업법상 판매장려금은 '직매입거래에서 상품의 판매촉진'을 그 개념 표지상의 목적으로 하고 있으므로, 본 호의 지급목적 역시 이에 부합하여야 한다. 지급시기는 연간거래 중 판매장려금의 구체적인 지급시기를 말하는데, 대규모유통업자와 납품업자 사이의 자유로운 협의에 따라 정할 수 있다. 유통 실무상으로는 월별, 분기별, 반기별 등 정기적으로 지급되는 경우뿐만 아니라 수시 지급 형태로 약정이 이루어지는 경우도 있다. 판매장려금 지급시기를 월별, 분기별, 반기별로 한 경우에는 특별한 사정이 없는 한 연간 판매장려금 지급횟수가 정하여 진다고 볼 수 있으나, 수시로 정한 경우에는 연간 판매장려금이 지급되는 횟수를 특정하여 기재할 필요가 있다. 납품업자가 실제로 부담하게 될 판매장려금을 예측할 수 있도록 하려는 제도의 취지상 이는 당연한 해석이라 하겠다. 기재의 예시는 다음과 같다.

[판매장려금의 지급목적, 지급시기 및 지급횟수 약정 예시]

- 지급목적 : 판매촉진을 통한 작년 동기 대비 납품액 신장목표에 도달
- 지급시기 및 지급횟수 : 성과 달성 시, 매 분기말 1회

3) 판매장려금의 비율 또는 액수(제 3 호)

납품업자가 대규모유통업자에게 지급할 판매장려금의 구체적 규모에 관한 사항이다. 통상 대규모유통업자가 납품업자로부터 매입하는 상품의 금액 또는 물량에 비례하여 일정한 비율의 금전을 수수하는 판매장려금 약정을 하는 것이 일반적이나, 반드시 이와 같은 형식에만 한정되지는 않는다. 본 호 문언과 같이 정액의 판매장려금으로 약정하더라도 무방하다. 그 밖에 보다 적극적인 판매장려 효과를 위해 매출액의 구간별로 지급률을 차등하여 적용하는 방법을 취하는 경우도 있다. 다만, 어떤 방법에 의하든 그 비율 또는 액수가 해당 거래분야에서 합리적이라고 인정되는 범위를 넘을 수 없다는 내재적 한계가 있음은 앞에서 살펴본 바와 같다(법 제15조 제 2 항 2문). 판매장려금의 비율 또는 액수의 약정례는 다음과 같다.

[판매장려금의 비율 또는 액수 약정 예시]

[정률 약정 방식]

- 정률장려금(진열장려금) 지급 비율 : 분기 총 매입액 × [*]%

[구간별 차등 비율 약정 방식]

- 판매장려금(성과장려금) 지급 비율
  - 매입금액 기준 방식

분기당 전년대비 납품액 신장률	장려금
0～5% 미만	분기별 매입금액의 0.5%
5～10% 미만	분기별 매입금액의 0.7%
10～15% 미만	분기별 매입금액의 0.9%
15～20% 미만	분기별 매입금액의 1.0%
20% 이상	분기별 매입금액의 1.3%

- 순증액 기준 방식

분기당 전년대비 납품액 신장률	장려금
0~5% 미만	신장금액(분기 매출액 - 전년도 동기 매출액)의 3%
5~10% 미만	신장금액의 4%
10~15% 미만	신장금액의 5%
15~20% 미만	신장금액의 6%
20% 이상	신장금액의 8%

[정액 약정 방식]

• 판매장려금(진열장려금) 지급 비율 : 분기당 [*]만 원

4) 판매장려금의 결정기준 및 결정절차(제 4 호)

종전 유통 실무에서는 통상 대규모유통업자와 납품업자가 사전에 체결한 판매장려금의 비율 또는 액수에 따라 구체적인 판매장려금을 정하여 수수하는 것으로 충분하였기 때문에, 본 호에서 말하는 판매장려금의 결정기준 및 결정절차가 정확히 무슨 의미인지는 명확하지 않다. 다만 문언상으로는 대규모유통업자가 납품업자로부터 제공받을 구체적인 판매장려금 액수를 확정하기 위해 필요한 기준을 의미하는 것으로 이해된다. 예를 들어 성과장려금을 지급하기로 하면서 납품액의 신장률을 기준으로 하는 경우 신장률에 비례하여 지급할 것인지, 일정한 신장률 이상에 도달한 이후부터 장려금을 지급할 것인지, 또는 납품업자의 기여도를 판단하기 위한 구체적인 별도의 기준에 의할 것인지 등에 관한 사항이 결정기준이 될 수 있다. 결정 절차로는 담당 MD와 납품업체간의 협의 절차나 협의 불성립 시의 재협의 절차, 그래도 합의에 도달하지 않을 경우의 결정 절차 등이 이에 해당할 수 있을 것이다. 요컨대 이 역시 판매장려금의 결정 절차에서의 납품업자의 예측가능성을 제고하기 위한 규정으로 이해된다. 다만 입법론적으로는 본 호의 의미를 보다 명확히 할 필요가 있다고 판단된다.[21)]

21) 참고로 공정거래위원회「직매입 표준거래계약서(백화점, 대형마트)」제 8 조는 판매장려금의 결정기준 및 결정절차에 관하여 다음과 같이 설명하고 있다.
※ 결정기준 및 변경기준 – 대규모유통업자와 납품업자 간의 상품거래량 및 각 당사자의 상대방에 대한 매출액이 전체 매출액에서 차지하는 비중, 거래기간, 대규모유통업자의 판

5) 판매장려금의 변경사유, 변경기준 및 변경절차(제 5 호)

법 제 2 조 제 9 호 및 법 제15조 제 2 항에 따라, 원칙적으로 대규모유통업자는 연간거래 기본계약으로 약정하지 않고는 납품업자로부터 판매장려금을 제공받을 수 없으므로, 본 호에서 말하는 '판매장려금의 변경사유, 변경기준 및 변경절차'라 함은 기왕에 연간거래 기본계약으로 약정된 판매장려금의 내용을 변경하는 경우를 상정한 것으로 볼 수 있다. 그런데 판매장려금의 주요 내용은 사실상 앞서 본 판매장려금의 지급목적, 지급시기 및 지급횟수, 판매장려금의 비율 또는 액수인데, 법 제17조(불이익 제공행위의 금지) 제 9 호, 시행령 제13조(상품권 구입 요구 금지 등) 제 2 항 제 1 호에 따라 계약기간 중에는 판매장려금의 비율 또는 액수를 정당한 사유 없이 변경할 수 없으므로, 결국 본 호에 따라 정할 수 있는 판매장려금의 변경사유, 변경기준 및 변경절차는 매우 한정적일 것으로 생각된다. 다만, 연간거래 기본계약을 체결하면서 미리 정한 판매장려금을 변경할 만한 특정한 사유를 구체적으로 기재하고, 해당 사유가 발생할 경우 판매장려금을 변경하는 기준이나 절차를 명시해 놓은 경우에는 계약기간 중에 판매장려금을 변경하더라도 정당한 사유가 있다고 인정될 가능성이 높다. 이러한 변경은 납품업자로서도 충분히 예측 가능하기 때문이다.[22] 법 제17조 제 9 호 및 시행령 제13조 제 2 항에서 '정당한 사유없이' 계약기간 중에 판매장려금의 비율 또는 액수, 특약매입거래에서의 판매수익이나 위수탁거래에서 수수료를 변경하는 행위를 금지하고 있는 점을 보더라도 이렇게 해석하는 것이 법체계상 합리적이라고 판단된다.

여기서 더 나아가 연간거래 기본계약으로 정한 판매장려금의 내용을 그 계약기간 만료 후 계약을 갱신하는 시점에서 변경하는 사유, 기준 및 절차까지도 본 호에 따라 미리 약정하여야 하는지에 대해 의문이 있을 수 있다. 예를 들어 어떤 대규모유통업자와 납품업자가 1년의 계약기간 동안 판매장려금 비율을 5%로 약정하면서

매장려금 정책 등을 종합적으로 감안하여 실제 부과하는 판매장려금의 수준을 결정·변경하기 위한 기준

※ 결정절차 및 변경절차 – 담당 MD와 납품업체 간의 협의절차, 협의 불성립 시 재협의절차, 결정된 판매장려금 수준의 통지 및 확인 등과 같은 절차적 사항

22) 공정거래위원회「직매입 표준거래계약서(백화점, 대형마트)」제 8 조는 판매장려금의 변경사유에 관하여 다음과 같이 설명하고 있다.

※ 변경사유 – 매출액의 증감, 시장상황의 변동과 같이 판매장려금률의 인상/인하가 필요한 사유를 기재

변경기준 및 절차에 관하여는 판매장려금의 결정기준 및 결정절차의 내용과 같음.

계약 갱신 시에는 5.5%로 인상될 것을 고려하는 것과 같이 이러한 판매장려금의 변경가능성까지 고려하여 그 변경사유, 변경기준 및 변경절차를 미리 약정하여야 하는지의 문제이다. 보통은 계약기간이 만료되어 새로 계약을 체결하거나 종전 계약이 갱신될 때, 종전의 상품 납품단가, 판매수익, 수수료 등 계약의 주된 급부의 내용과 판매장려금 비율 등 부수적 약정의 내용은 여러 제반사정의 변화를 감안하여 재조정되는 것이 일반적이다. 그렇지만 미래 어느 시점의 상황 변화를 제대로 예측하기 어려운 상황에서 미래에 갱신되거나 새로 체결될 수 있는 약정상황을 지금 시점에 미리 정하는 것은 통상의 계약관행에 부합한다고 보기 어렵다. 따라서 본 호가 이와 같은 경우까지는 포함하지 않는다고 해석하는 것이 합리적이라고 판단된다. 다만, 본 호의 문언상으로 이 점에 대해서는 별도의 정함이 없으므로, 향후 시행령 개정 시 보다 명확하게 규정할 필요가 있을 것이다.

5. 경제적 이익 제공 요구 금지 규정 위반에 대한 제재[23)]

가. 입증책임

법 제15조 규제와 관련하여, 공정거래위원회는 '대규모유통업자가 납품업자등에게 자기 또는 제 3 자를 위하여 금전, 물품, 용역, 그 밖의 경제적 이익을 제공하게 한 행위가 있다는 사실'을 주장, 입증함으로써 당해 대규모유통업자에 대해 본 조 위반에 따른 처분을 할 수 있다. 이에 대해 대규모유통업자가 본 조 위반이 아님을 항변하기 위해서는 '납품업자등에게 자기 또는 제 3 자를 위하여 금전, 물품, 용역, 그 밖의 경제적 이익을 제공하게 한 행위에 정당한 사유가 있다는 사실' 또는 '법 제15조 제 2 항에 의한 판매장려금을 제공받은 것이라는 사실' 중 어느 하나를 주장, 입증하여야 한다. 대규모유통업자의 법 제15조 위반 사실에 대한 입증이 불가능할 경우 그 사실의 부존재 책임은 공정거래위원회가 부담하고, 각 항변 사실에 대한 입증이 불가능할 경우, 그 항변 사실의 부존재 책임은 대규모유통업자가 부담한다.

나. 시정조치

공정거래위원회는 경제적 이익 제공 요구 금지 규정을 위반한 대규모유통업자

---

23) 자세한 사항은 후술하는 제 3 부 제 2 장 '법 위반에 대한 조사 및 처분 등' 참조.

에게 법 위반행위의 중지, 향후 재발방지, 시정명령을 받은 사실의 공표, 시정명령을 받은 사실의 거래상대방인 납품업자등에 대한 통지 등 그 밖에 시정에 필요한 조치를 명할 수 있다(법 제32조). 아울러 공정거래위원회는 법을 위반한 대규모유통업자에게 시정방안을 마련하여 이에 따를 것을 권고하는 시정권고를 할 수도 있다(법 제33조). 이러한 시정권고를 받은 대규모유통업자는 그 권고를 통지받은 날부터 10일 이내에 그 수락 여부를 공정거래위원회에 알려야 하고, 만일 대규모유통업자가 시정권고를 수락하였을 때에는 제32조에 따른 시정명령을 받은 것으로 간주된다. 시정명령 및 시정권고는 경제적 이익 제공 요구 금지 규정을 위반한 대규모유통업자에 대한 가장 기본적인 행정적 제재이다. 따라서 경제적 이익 제공 요구 금지 규정 위반으로 판단될 경우, 그 위반의 정도가 경미하여 경고에 그치지 않는 한 시정명령 또는 시정권고의 처분이 있는 경우가 대부분이다.

다. 과 징 금

공정거래위원회는 경제적 이익 제공 요구 금지 규정을 위반한 대규모유통업자에게 대통령령이 정하는 산출방식에 따른 납품대금이나 연간 임대료를 초과하지 아니하는 범위에서 과징금을 부과할 수 있고(법 제35조 제 1 항), 제 1 항의 과징금은 위반행위를 규정한 조문별로 산정하되, 그 합계가 위 납품대금이나 연간 임대료의 2배를 초과할 수 없다(법 제35조 제 2 항). 시행령은 '대통령령으로 정하는 산출방식에 따른 납품대금'에 관하여, '위반사업자가 위반기간 동안 구매한 관련 상품의 매입액 또는 이에 준하는 금액'으로 정하고 있다{시행령 제28조 제 1항 관련 [별표 1]}. 다만, 매출액을 산정하기 곤란한 경우 등에는 5억 원을 초과하지 아니하는 범위에서 과징금을 부과할 수 있다(법 제35조 제 1 항 단서). 과징금 고시에 의하면 법 제15조 제 1 항 위반의 경우에는 '대규모유통업자가 제공받은 경제적 이익금액'을, 같은 조 제 2 항 위반의 경우에는 '제 2 항에서 허용된 범위를 넘어서 대규모유통업자가 수취한 판매장려금액'을 위반금액으로 산정하도록 하고 있다.

6. 관련 사례

[㈜지에스홈쇼핑의 대규모유통업법 위반행위 및 공정거래법상 거래상지위 남용행위에 대한 건(2015. 6. 11. 전원회의 의결 제2015-193호)][24)]

[사실관계]

피심인은 관련 납품업자에게 해당 카테고리 방송 상품의 매출실적이 부진하자 부족한 실적을 보전하기 위한 방안으로 추후 순환방송(재방송) 수수료 조정 등을 통해 보전해 주기로 하고, 광고비 명목으로 72,439,000원의 금전 제공을 요구하여 실제로 72,600,000원을 수취하였다.

[공정거래위원회의 판단]

피심인이 관련 납품업자에게 자신의 부족한 매출실적을 보전하기 위하여 상품 판매방송 편성 명목으로 경제적 이익을 제공하게 한 행위는 납품업자의 열위적 지위 및 사전에 해당 상품 판매방송을 진행할지 여부 등을 전혀 예측하지 못한 납품업자에게 일방적으로 금전적 불이익을 제공한 것이라는 점 등을 고려할 때 그 자체로 정당한 사유가 될 수 없을 뿐만 아니라, 정상적인 거래관행을 벗어난 행위로서 공정한 거래질서를 저해할 우려가 있다. 따라서 피심인의 행위는 대규모유통업법 제15조의 제1항에 해당하므로 위법하다.

[㈜지에스리테일의 대규모유통업법 위반행위에 대한 건(2017. 1. 26. 의결 제2017-047호)][25)]

<재고소진 장려금 수취>

[사실관계]

피심인은 2012. 8. 15.부터 2013. 12. 15.까지 14개 납품업자와 직매입거래를 하면서 판매부진 재고상품을 소진시켜 진열대에서 제외할 목적으로 20~50%의 가격할인행사를 진행하면서, 피심인 내부 영업시스템상에 설정된 공제비율에 따라 재고금액의 30~50%에 해당하는 총 228,934,583원의 금전을 제공 받았다.

[공정거래위원회의 판단]

판매부진 재고상품을 조기에 소진할 목적으로 이 사건 가격할인행사를 진행하였다는 피심인 직원들의 진술조서, 피심인이 납품업자들에게 반대급부로 제시한 리뉴얼 상품

24) 경제적 이익 제공 요구 부분을 제외하고 처분 일부만 취소되었음(대법원 2017. 4. 28. 선고 2017두35974 판결로 확정).

25) 과징금 약 1억 원으로 취소소송 미제기.

등의 조기 납품으로 인한 매출증대 효과는 불확실하고 간접적인 기대이익에 불과하여 피심인이 재고소진을 통해 얻은 이익과 합리적인 비례관계에 있는 것으로 보기 어렵다는 사정 등을 종합적으로 고려할 때, 이 사건 재고소진 장려금 수취 행위는 판매부진에 따라 자신에게 발생할지도 모르는 손실 또는 이익 감소 위험을 납품업자에게 전가하기 위한 것 외에 다른 정당한 사유가 있다고 보기 어렵다.

이에 대하여 피심인은 위 인정사실에 대하여 상품을 리뉴얼한 납품업자들의 자발적인 요청에 따라 진행된 판매촉진행사이고, 그 금원의 실질도 판매촉진행사 비용의 분담에 해당하며, 해당 납품업자들과 사전 서면 약정을 체결하였으므로 법 제11조에 따른 정당한 금원이라고 주장한다.

살피건대, ① 직매입거래의 본질상 재고부담은 매입자인 피심인에게 있음에도 불구하고 이 사건 가격할인행사는 납품업자에게 재고소진비용을 전가하기 위한 수단으로 실시한 것이므로 법 제11조가 허용하는 판매촉진행사로 보기 어렵다는 점, ② 피심인은 납품업자가 자발적으로 이 사건 가격할인행사를 요청하였다는 사실을 입증할만한 객관적인 증거자료를 제출하지 못하고 있는 점, ③ 실제 금원 수취 과정을 보더라도 피심인의 내부 영업시스템상 자동으로 설정된 30~50%의 공제비율에 따라 일방적으로 납품업자의 익월 매입대금에서 일정 금원이 공제되는 것이므로 납품업자의 진정한 의사에 기한 합의가 있었다고 보기도 어려운 점, ④ 피심인의 직원들은 해당 금원을 판매장려금이라고 인식하고 있었으며, 내부 결재과정 및 기타 회계자료 등에서도 판매장려금(정액)이라는 명칭을 사용하고 있었다는 점 등을 종합적으로 고려할 때, 해당 금원은 판매촉진행사 비용이 아니라 판매장려금으로 봄이 상당하므로 법 제11조가 적용된다는 피심인의 이 부분 주장은 이유 없다.

<독과점 진열장려금 수취>

[사실관계]

피심인은 2013. 2. 10.부터 2014. 1. 15.까지 6개 납품업자와 직매입거래를 하면서 연간거래 기본계약의 내용으로 판매장려금의 지급목적, 지급시기 및 횟수, 판매장려금의 비율이나 액수 등의 사항을 약정하지 아니하고, 별도로 특정 품목에 대한 제한입찰을 실시하여 낙찰자의 지위를 가지게 된 납품업자들의 상품을 독·과점적으로 진열해주는 대가로 총 713,500,000원의 진열장려금을 수취하였다.

[공정거래위원회의 판단]

이 사건 진열장려금은 직매입거래에서 경쟁 납품업자의 상품을 배제하고 특정 납품업자의 상품을 독·과점적으로 진열하여 상품의 판매를 촉진시키기 위하여 납품업자로부터 지급받은 금전이므로 법 제2조 제9호의 판매장려금에 해당한다.

피심인은 이 사건 금원이 연간거래 기본계약상 약정된 바 없으므로 법 제2조 제9호의 판매장려금이 아니고, 따라서 연간 거래기본계약서에 명시된 판매장려금을 규율하기 위한 법 제15조 제2항이 적용될 여지가 없으며, 그 금원의 실질도 제한입찰 방식의 거래과정에서 납품업자가 자발적으로 제시한 거래조건인 상품의 공급가격에 해당하므로 법 제15조 제1항에 따라 정당하게 지급받은 금원이라고 주장한다.

살피건대, 대규모유통업자의 불측의 경제적 이익 요구로부터 납품업자를 보호하기 위하여 연간거래 기본계약으로 판매장려금의 자세한 사항을 약정하도록 한 법 제2조 제9호, 제15조 제2항 및 법 시행령 제12조의 입법취지를 고려할 때, 대규모유통업자가 연간거래 기본계약으로 약정하지 아니하고 판매장려금 성격의 금원을 수취할 경우 절차상 하자 있는 판매장려금 수취 행위에 해당하는 것으로 봄이 타당하다.

만약 피심인의 주장과 같이 연간거래 기본계약에서 약정한 바 없는 금원을 일률적으로 판매장려금이 아니라고 본다면, 대규모유통업자가 고의로 연간거래 기본계약서상에 판매장려금을 포함시키지 않더라도 이를 제재할 수 있는 수단이 없게 되어 판매장려금을 연간거래 기본계약서 상에 포함시켜 거래의 투명성 및 안전성을 높이고자 한 입법취지는 사문화될 것이다.

이 사건 정액 금원의 경우 피심인 스스로 입찰공고 및 입찰 제안서상에 공급가격과 구별하여 '장려금'이라는 명칭을 사용해온 점, 그 금원의 성격도 슈퍼마켓의 제한된 진열공간에 타사 상품을 배제하고 낙찰된 납품업자의 상품을 독·과점적으로 진열하여 상품의 판매를 촉진시키는 대가로 수취한 금원이라는 점 등을 고려할 때, 판매장려금의 일종인 진열장려금으로 봄이 상당하며, 피심인은 위 인정사실과 같이 연간거래 기본계약으로 약정하지 않고 해당 금원을 수취하였으므로 법 제15조 제1항의 정당한 사유 여부를 판단할 필요도 없이 같은 조 제2항에 따라 절차적으로 위법한 진열장려금 수취행위에 해당한다.

[한국미니스톱㈜의 대규모유통업법 위반행위에 대한 건(2018. 7. 19. 의결 제2018-237호)]

[사실관계]

피심인은 2013년 1월부터 2016년 11월까지 기간 동안, 총 236개 납품업자들과 'MINISTOP 상품공급계약서'(이하 '기본계약서')라는 명칭으로 직매입 연간거래기본계약을 체결하였다. 이때 기본계약서에는 판매장려금과 관련해서 '판매장려금은 매월 상품 공급가액(VAT제외)의 (　)%를 대금결제시 상품매입 대금과 상계처리 할 수 있다'는 내용과 '추가 장려금은 별도로 발생시마다 약정하기로 한다'는 내용만을 규정하였다.
이후 피심인은 위 납품업자들과 기본계약서 계약기간 중에 총 2,914건의 약정서를 별도로 작성하고 성장장려금, 신상품 입점장려금, 발주장려금, 진열촉진장려금 등을 수취하였다. 그 결과 피심인은 기본계약서 내용으로 약정하지 아니하고 총 23,144백만 원의 경제적 이익을 제공받았다.

[공정거래위원회의 판단]
피심인이 236개 납품업자와 별도 약정서를 작성하고 수령한 23,144백만 원은 직매입거래에 있어 상품의 판매촉진을 위해 납품업자가 피심인에게 지급하는 경제적 이익에 해당하는 것으로서 법 제 2 조 제 9 호의 판매장려금에 해당하며, 피심인은 위 인정사실과 같이 연간거래 기본계약의 내용으로 판매장려금에 관한 법정 약정사항을 약정하지 아니하고 납품업자로부터 판매장려금을 수취하였는 바 법 제15조 제 2 항에 위반되어 위법하다.

[롯데쇼핑㈜[마트부문]의 대규모유통업법 위반행위에 대한 건(2020. 1. 28. 전원회의 의결 제2020-026호)][26]

<납품업자 ○○ 로 하여금 A사에 자문수수료를 지급하게 한 행위>

[사실관계]
통상적으로 PB상품은 유통업체 자신의 브랜드로, 당해 개발 비용은 유통업체가 부담하는 것이 일반적임에도, 피심인은 2013년 4월부터 2015년 6월 기간 중 납품업체에게 PB상품 개발 자문 수수료를 컨설팅회사(A사)에게 지급토록 했다.

구체적으로 A사는 2013년 2월경부터 납품업자 ○○에게 피심인에 공급한 PB상품 '초이스엘' 일반돈육 납품대금의 일정비율을 자신에게 지급하도록 요구하였고, 2013년 4월 납품업자 ○○는 A사와 피심인에게 납품하는 초이스엘 돼지고기 납품금액의 1.1%를 PB상품 관련 자문료로 지급하는 내용의 자문계약을 체결하였다. 피심인은 A사에게 PB상품 컨설팅수수료 부과의 대상이 되는 납품업자별 거래금액에 대한 정보를 제공하였고, ○○는 위와 같은 계약내용에 따라 2013년 4월부터 2015년 6월까지 피심인에게 납품한 '초이스엘' 일반돈육 납품대금 총 7,459,651,534원의 약 1.1%에 해당하는 금액 82,056,167원을 PB상품 개발을 위한 자문수수료 명목으로 A사에게 지급하였다.

26) 취소소송 패소 확정(대법원 심리불속행 기각).

[공정거래위원회의 판단]
아래와 같은 이유로 피심인은 정당한 사유 없이 ○○로 하여금 피심인과 A사를 위하여 A사에게 자문수수료를 지급하게 한 것으로 판단된다.

첫째, ○○ 직원의 진술에 따르면 A사는 ○○와 자문 계약을 체결하기 전, ○○가 A사의 존재조차 알지 못하는 상황에서 ○○가 피심인에게 납품한 대금의 1.1%를 ○○에게 '초이스엘' 상품 개발 관련 자문수수료 명목으로 청구하였다. 이와 관련하여 피심인은 A사가 ○○에게 자문수수료를 청구할 수 있도록 ○○의 납품대금을 A사에게 알려주는 등 ○○와 A사 간의 거래관계에 개입하였다.

피심인 직원의 진술에 따르면 납품업자가 PB상품에 대한 납품계약을 하면 납품대금의 1.1%를 수수료로 공제하는 것으로 알고 있음에 비추어 볼 때 어떤 방식으로든 피심인은 PB상품 납품업자들을 대상으로 A사에게 자문수수료를 지급하도록 통지하였을 것이라는 정황을 알 수 있다. 따라서 ○○는 자문 계약의 체결 여부를 자유롭게 선택하여 부담하지 않아도 되는 비용으로 인식할 수 없었으며 피심인과의 PB상품 거래에 부과되는 수수료로 이해할 수밖에 없었다.

둘째, ○○가 피심인과 거래를 시작한 것은 A사가 피심인의 PB상품을 생산할 수 있는 사업자로서 ○○를 발굴하고 연결했기 때문이 아니라 2012년 3월 피심인의 축산팀 담당자가 돼지고기 유통업자를 찾던 중 ○○를 발견하면서 이루어지게 되었다. 즉, ○○는 A사와 계약 체결하기 이전부터 피심인에게 PB 돼지고기를 납품하고 있었으므로 A사와의 자문 계약은 ○○가 피심인과 PB거래를 개시하는데 기여한 바가 없다.

셋째, 더욱이 A사가 ○○의 PB 돼지고기 납품거래에 기여한 자문서비스를 제공했다고 볼만한 정황이 없다. 신선식품인 돼지고기는 공산품과 달리 PB상표로 차별화되기 어렵고 자문서비스를 통한 매출 증대효과가 크게 나타나기 어려운 상품이다. 실제 ○○가 A사로부터 받은 서비스는 돼지고기 상품과 무관한 뉴스레터 수신정도에 불과하다.

넷째, PB상품은 피심인이 개발하여 자신의 상표를 부착한 상품이므로 PB상품의 개발에 소요되는 비용은 피심인이 부담해야 하고, 피심인은 납품업자들이 A사에게 지급한 자문수수료를 투자금 회수 명목으로 환급받는다는 점 등을 고려할 때 납품업자가 A사에 지급한 자문수수료는 피심인에게 경제적 이익이 된다.

<세절비용을 보전하지 않은 행위>

[사실관계]
피심인은 2013년 1월부터 2015년 6월까지의 기간 동안 ○○로부터 세절된 돼지고기를

납품 받았다. 납품업자는 세절된 돼지고기를 납품하기 위해서 덩어리 돼지고기를 소비자에게 판매될 수 있는 형태로 얇게 잘라 5kg단위 산소팩 등에 포장하여 피심인에게 공급하고, 피심인은 납품업자로부터 납품받은 세절된 돼지고기를 별도의 절단 작업 없이 작은 용기에 재포장하여 판매한다.

○○는 피심인에게 납품하는 돼지고기의 세절가공을 위해 육가공업체에 임가공을 의뢰하였으며, ○○가 2013~2015년간 피심인에게 납품한 세절육 납품금액은 1,751,090,126원, 육가공업체에게 지급한 세절 관련 임가공비용은 272,402,394원이다.

2013년 1월부터 같은 해 7월까지는 같은 부위의 세절 돼지고기 납품단가가 덩어리 돼지고기의 납품단가보다 400원, 500원 또는 800원 높은 것이 확인된다. 하지만 2013년 8월부터는 세절 돼지고기와 덩어리 돼지고기의 납품단가가 동일한 수준으로 결정되었으며, 피심인이 세절업무에 소요된 비용을 ○○에게 지급한 바는 없다.

[공정거래위원회의 판단]

납품업자가 덩어리 돼지고기를 납품하는 경우 얇은 형태로 가공하는 비용을 피심인이 부담하지만, 세절된 돼지고기를 납품하는 경우 납품업자가 가공에 따른 추가적인 비용을 부담하게 된다. 돼지고기를 세절하여 납품하는 경우 덩어리 형태로 납품하는 경우에 비해 세절에 필요한 용역비가 추가된다는 사실은 피심인도 인정하고 있다.

피심인은 ○○로부터 세절된 형태의 돼지고기를 납품하게 하면서도 세절에 따른 비용을 보전하거나 그에 상응하는 반대급부를 제공한 바도 없어 ○○로 하여금 정당한 사유 없이 세절이라는 용역을 제공하게 한 경우에 해당한다.

[㈜농협하나로유통의 대규모유통업법 위반행위에 대한 건(2020. 12. 15. 의결 제2020-322호)][27)]

[사실관계]

피심인은 2014년부터 R1(납품업자로 하여금 자신의 물류센터로 납품하게 한 후 자신이 각 소요 점포로 배송하는 방식, 즉 직매입거래 방식) 상품에 대하여 납품업자로부터 성과장려금을 수취하고 있다. 성과장려금은 전년 동기 대비 구매금액(구매단가x납품물량)이 당해연도 신장목표에 도달하였을 때 납품업체로부터 수취하는 장려금으로 신장률의 범위에 따라 지급률을 차등하여 적용한다.

한편, 피심인은 전년 분기에 R1 방식으로 납품한 실적이 없는 신규 입점업체와 기존 거

27) 취소소송 제기 여부 미확인.

래업체 중 R2 방식(납품업자등이 직접 각 소요 점포로 배송하도록 하는 방식)에서 R1 방식으로 전환한 업체에 대해서도 성과장려금을 수취하였다. 2014년도에는 신규 입점업체에 대해 구매금액의 1.2%를 수취하다가 2015년부터는 신규 입점업체뿐만 아니라 기존 거래업체 중 R2 방식에서 R1 방식으로 전환한 납품업체에 대해서도 성과장려금을 수취하였으며, 수취률도 1.5%로 인상하였다.

[공정거래위원회의 판단]
피심인은 납품 실적이 없는 신규 입점 납품업자 및 R2 방식에서 R1 방식으로 전환한 납품업자에 대해 1.5%의 일정 비율로 성과장려금 명목의 금원을 수취하였다.

이는 전년 동기 등과 비교하여 매입액이 증가하였는지, 납품액 신장목표에 도달하였는지 여부와 관계없이 일정 비율의 금원을 납품업자로부터 받은 것으로 법규정 및 법리에 비추어 볼 때 성과장려금적 성격이 아니라 상품에 대한 판매촉진 목적과의 관련성이 없는 기본장려금적 성격의 금원을 수취한 것이다. 따라서 피심인이 이 사건 납품업자로부터 수취한 금원은 합리적 인정범위 이내의 판매장려금이라 할 수 없다. 다만, R2 방식에서 R1 방식으로 전환한 납품업자에 대한 성과장려금 중, 기존 거래에서 일부 상품에 대해서는 직매입거래가 있는 상태에서 배송방식을 R1 방식으로 추가적으로 전환한 경우에 기존 직매입거래 부분과 관련한 성과장려금의 수취는 판매촉진 목적과의 관련성이 전혀 없다고 할 수 없으므로 합리적인 인정범위 이내의 판매장려금도 혼재되어 있다고 판단된다.

따라서 피심인의 위 행위는 대규모유통업법 제15조 제2항에 해당되지 아니하여 제1항에 위반되어 위법하다.

[롯데하이마트㈜의 대규모유통업법 위반행위에 대한 건(2020. 12. 29. 의결 제2020-341호)][28)]

[사실관계]
피심인은 2015년 1월부터 2017년 6월 기간 중 기본계약서에 포함되지 않았음에도 약 183억 원의 판매장려금을 총 80개 납품업자로부터 부당하게 수취하였다. 이 중 65개 납품업자로부터는 '판매특당' 또는 '시상금'이란 명목으로 약 160억 원을 수취하여 자신의 우수 판매 지점 회식비, 우수 직원(자사·납품업체 직원 불문) 시상 등 자신의 판매 관리비로 사용하였다.

28) 취소소송 패소 확정(대법원 심리불속행 기각).

[공정거래위원회의 판단]

가) 판매장려금에 해당하는지 여부

피심인이 25개 납품업자로부터 수령한 성과장려금은 매출 신장목표 달성 정도에 따라 지급되는 것이며, 매대장려금은 상품의 매출증가 가능성이 큰 자리에 진열해 주는 서비스 대가로 지급되는 것으로 둘 다 그 목적이 직매입거래에서 상품에 대한 소비자 수요를 늘려 판매를 증진시키기 위한 것인바 법 제 2 조 제 9 호의 판매장려금에 해당한다.

또한, 65개 납품업자로부터 수령한 판매특당은 특정기간 피심인의 지사 또는 판매점에서 상품이 판매될 경우 지급되는 것으로, 이 역시 상품에 대한 수요를 늘려 판매를 증진시키는 목적으로 지급받은 것인바 법 제 2 조 제 9 호의 판매장려금에 해당한다.

나) 서면으로 약정을 체결하였는지 여부

피심인은 판매장려금에 해당하는 성과장려금, 매대장려금 및 판매특당을 수령하면서 연간거래 기본계약의 내용으로 판매장려금 지급에 관한 법정 사항을 약정한 사실이 없다.

따라서 피심인의 위 행위는 대규모유통업법 제15조 제 2 항에 위반되어 위법하다.

[쿠팡㈜의 대규모유통업법 위반행위에 대한 건(2021. 9. 23. 전원회의 의결 제2021-237호)]

[사실관계]

피심인은 2017년 1월부터 2019년 6월까지 직매입 거래를 하고 있는 총 330개 납품업자로부터 판매장려금 지급에 관한 약정 사항을 연간 거래 기본계약의 내용으로 약정하지 않고 성장장려금 명목으로 약 104억 원을 수취하였다.

[공정거래위원회의 판단]

피심인이 납품업자로부터 제공받은 이 사건 금원의 성격을 보면, 판매촉진을 위하여 매입하는 상품의 물량이 증가하면 그에 따라 납품업자가 지급하는 성과장려금 명목의 경제적 이익으로서 법 제 2 조 제 9 호에서 규정하고 있는 판매장려금에 해당한다.

피심인은 이 사건 판매장려금을 제공하도록 하면서 판매장려금 지급에 관한 법정사항을 연간거래 기본계약의 내용으로 약정하지 아니 하였다.

따라서 피심인의 위 행위는 법 제15조 제 2 항에 위반되어 위법하다.

[서울고등법원 판결][29)]

원고가 연간거래 기본계약 없이 판매장려금 명목의 금원을 받았다 하더라도, 이를 들어

29) 상고심 계속중.

대규모유통업법 제15조 제2항 위반이라고 볼 수는 없고, 달리 원고가 대규모유통업법 제15조 제2항을 위반하였음을 인정할 근거가 없다.

대규모유통업법 제2조 제9호에 의하면 '판매장려금'이란 "명칭에 상관없이 직매입거래에서 상품의 판매촉진을 위하여 연간거래 기본계약에 명시된 조건에 따라 납품업자가 대규모유통업자에게 지급하는 경제적 이익"을 말한다(이는 대규모유통업법 제2조 제8호가 '판매촉진행사'를 정의하면서 "명칭이나 형식에 상관없이"라고 규정하고 있는 것과 대비된다). 즉 직매입거래에서 상품의 판매촉진을 위하여 납품업자가 대규모유통업자에게 지급하는 경제적 이익의 경우, 그 '명칭'은 어떠하더라도 상관없지만, 그것이 연간거래 기본계약의 '형식'을 갖추지 않았다면 이는 판매장려금이 아니다. 이러한 사정에 비추어 보면, 설령 대규모유통업자가 연간거래 기본계약 없이 판매장려금 명목의 경제적 이익을 받았다 하더라도, 이는 대규모유통업법상 판매장려금이 아니므로 제15조 제2항은 적용될 수 없고, 원칙대로 제1항이 적용되어야 한다.

한편 제15조 제2항은 대규모유통업자가 납품업자로부터 받는 경제적 이익 중 상품의 판매촉진을 위한 것은 그것이 납품업자에게도 이익이 될 수 있다는 점을 고려하여 특별히 이를 허용하고자 한 취지이다. 즉 제15조 제2항에서 연간거래 기본계약으로 판매장려금을 약정하도록 요구한 것은, '적법요건'으로서 이를 갖춘 경우 그것이 합리적 범위를 넘지 않는 한 별도로 정당한 사유를 주장·증명할 필요가 없음을 의미하는 것이지, '위법요건'으로서 이를 갖추지 않은 경우 정당한 사유를 주장·증명할 기회조차 박탈한 채 오히려 다른 경제적 이익보다 더 가혹하게 규제하려는 취지가 아니라 할 것이다. 이에 비추어 보더라도, 연간거래 기본계약 없이 받은 판매장려금이라는 이유만으로 제15조 제2항 위반이 성립한다고 볼 수는 없는바, 이러한 해석이 유통업의 특성과 거래계의 현실에도 부합한다.

[㈜세계로마트, ㈜세계로유통의 대규모유통업법 위반행위에 대한 건(2023. 7. 27. 전원회의 의결 제2023-106호)][30]

[사실관계]

피심인 세계로마트는 2021. 1. 1. ~ 2021. 3. 31. 기간 동안 67개 납품업자로부터 월 매입액의 1%~5%를 상품매입대금 지급 시 공제하는 방식으로 총 89,361,863원을 수취하였고, 4개 납품업자로부터 재고조사 결과 손실분에 대한 지원이라는 명목으로 3,287,200원 상당의 물품을 무상으로 제공받았다.

30) 취소소송 제기 여부 미확인.

피심인 세계로유통은 2019. 1. 1. ~ 2021. 3. 31. 기간 동안 57개 납품업자로부터 피심인 세계로마트와 동일한 방식으로 총 1,022,803,383원을 수취하였고, 7개 납품업자로부터 피심인 세계로마트와 동일한 명목으로 6,876,600원 상당의 물품을 무상으로 제공받았다.

[공정거래위원회의 판단]

피심인들이 수취하거나 제공받은 이 사건 정률장려금 및 무상지원물품은 다음과 같은 점을 고려할 때 법 제2조 제9호 및 법 제15조 제2항에서 규정하고 있는 판매장려금에 해당되지 아니한다.

법 제2조 제9호에 따르면, 판매장려금이란 명칭에 상관없이 직매입거래에서 상품의 판매촉진을 위하여 연간거래 기본계약에 따라 납품업자가 대규모유통업자에게 지급하는 경제적 이익을 말하는 것이나, 이 사건 정률장려금 및 무상지원물품은 판매촉진 목적과 무관하게 상품매입금액의 일정 비율에 상당하는 금액을 획일적으로 수취하거나, 재고조사 결과 손실분에 대해 물품을 무상으로 지원받은 것으로서 법 제15조 제2항의 적용 대상이 되는 판매장려금에 해당되지 않는다. 따라서 피심인들이 이 사건 정률장려금을 수취하거나 무상지원물품을 제공받은 행위에 대해서는 정당한 사유가 인정되지 않으며, 피심인들도 정당한 사유를 입증하지 못하였다.

따라서 피심인들의 위 행위는 법 제15조 제1항에 위반된다.

제12장

매장 설비비용의 보상 의무

1. 서 설

일반적으로 대규모유통업자의 점포 내 매장들은 대규모유통업자가 관리하는 시설물이므로 매장의 개량, 개선, 유지, 보수 내지 이에 준하는 비용의 지출은 원칙적으로 대규모유통업자의 몫이다. 그러나 유통 실무에서는 다수의 납품업자나 매장임차인이 대규모유통업자로부터 임차 등을 통해 매장공간을 사용하고, 자신의 상품 컨셉에 맞추어 내부 설비를 교체하거나 인테리어를 새롭게 하는 경우가 적지 않다. 이 경우에는 그 비용을 대규모유통업자가 부담할 수 없기 때문에 납품업자등이 지출하게 된다. 특히 '단독의 독립된 브랜드 공간'을 사용하는 것으로 약정한 경우가 대표적이다. 납품업자등이 이와 같이 설비비용등을 지출하는 경우, 대규모유통업자와의 계약기간 동안 납품이나 판매를 통해서 그 설비비용 상당액을 모두 회수할 것으로 기대하는 것이 일반적인바, 만일 계약기간 중에 해당 매장에서 영업을 할 수 없게 되면 그 매장에 투자한 기왕의 설비비용을 회수할 수 없게 되어 예상치 못한 손해가 발생할 수 있다.

이러한 점을 고려하여, 대규모유통업법은 대규모유통업자가 계약기간 도중에 납품업자등과의 거래를 중단 또는 거절하거나, 납품업자등의 매장 위치·면적·시설 등을 변경하는 경우, 당해 납품업자등이 자신이 사용하는 매장에 지출한 설비비용 중 잔여 계약기간 분에 해당하는 금원 상당을 보상해 주도록 규정하였다(법 제16조). 초기 투자비용 회수에 대한 납품업자등의 기대이익을 보호하는 데 규정의 취지가 있는 것으로 해석된다.

2. 종전 제도와의 비교

종전 대규모소매업고시 제11조의2 제 2 항은 점포임차인이 인테리어를 한 후 인테리어 비용 회수에 필요한 상당한 기간(특별한 사유가 없는 한 1년)이 경과하지 아니한 때에는 ① 대규모소매업자가 점포임차인이 지출한 인테리어 비용을 합리적인 범위 내에서 보상하지 아니하고 거래를 거절하거나(제 1 호), ② 대규모소매업자가 인테리어 비용을 부담하지 아니하고 점포임차인 매장의 위치·면적·시설 등을 변경시키는 행위(제 2 호)를 하지 못하도록 규정하였다. 이에 따라, 대규모소매업자는 거래를 중단하려면 '기존' 인테리어 비용에 대한 보상을 하여야 하고, 매장의 위치·면적·시설 등을 변경(이른바 'MD 개편')하려면 '신규' 인테리어 비용을 부담하여야 했다.

그런데, 대규모유통업법 제16조(매장 설비비용의 보상)는 대규모유통업자가 납품업자등과의 '거래를 중단 또는 거절'하거나 '매장의 위치·면적·시설 등을 변경'하는 경우 모두에 대하여 '기존' 매장에 지출한 설비비용[1)]에 전체 계약기간[2)] 중 잔여 기간의 비율을 곱한 금액 이상[3)]을 해당 납품업자등에게 보상하도록 규정하고 있다. 다만 대규모소매업고시와는 달리 MD 개편 등으로 인한 '신규' 인테리어 비용의 부담 주체에 대해서는 별도의 규정을 두지 않아, 신규 인테리어 비용의 부담주체가 누가 될 것인지에 대해 논란의 여지를 남겨두고 있다.

이와 관련하여 공정거래위원회는 「대규모유통업 분야의 특약매입거래에 관한

---

1) 보상의 대상에 관하여, 대규모소매업고시 제11조의2 제 2 항은 점포임차인의 인테리어 비용으로 규정하고 있는 반면, 대규모유통업법은 매장 설비비용으로 규정하였다. 매장 설비비용이라 함은 당해 매장의 인테리어 비용을 포함한 일체의 설비비용을 의미한다고 볼 수 있으므로, 대규모유통업법 제정과 함께 대규모유통업자가 부담하는 보상 의무의 범위가 확대된 것으로 이해된다.

2) 보상 대상의 시간적 범위에 관하여, 대규모소매업고시는 특별한 사유가 없는 한 인테리어 비용회수에 필요한 상당한 기간을 1년으로 규정한 반면, 대규모유통업법은 원칙적으로 잔여 계약기간을 기준으로(계약기간이 1년 미만인 경우는 계약기간을 1년으로 간주함) 납품업자등에게 보상금을 산정, 지급하도록 규정하였다. 이 때의 계약기간은 별도의 약정이 없는 한 원칙적으로 매장 설비비용을 투입할 당시에 존속하고 있는 계약 상 계약기간을 의미하는 것(즉, 해당 계약 기간이 종료되고 갱신된 이후에는 법 제16조에 의한 보상 문제는 발생하지 않는 것)으로 봄이 타당하다.

3) 보상액 산정 기준에 관하여, 대규모소매업고시는 '합리적인 범위 내에서 보상'이라고 하여 산정 기준을 명확히 규정하지 않은 반면, 대규모유통업법은 대규모유통업자가 부담하는 최소 보상액의 산정 기준을 명확히 규정하였다.

부당성 심사지침」(2024. 1. 1. 개정, 이하 '특약매입 심사지침')을 통하여, 특약매입 거래에 있어서는 ① 원칙적으로 MD 개편 시의 신규 인테리어 비용은 대규모유통업자가 부담하되, ② 좋은 위치로의 매장 이동, 입점업자의 매뉴얼에 따른 인테리어 추가변경 등 입점업자에게 이익이 되는 경우에는 50%까지 분담이 가능한 것으로 규정하면서, 다만 ③ 입점업자가 대규모유통업자에게 서면으로 자신이 50%를 초과하여 비용을 분담하겠다는 의사를 명백히 밝힌 경우에는 대규모유통업자의 50% 분담규정의 예외를 인정하고 있다. 이렇게 규정한 이유는 대규모유통업자의 사유로 새로운 인테리어 비용이 발생하였음에도 이를 납품업자등에게 부담시키는 것이 법 제16조에 직접 위반되지는 않지만 납품업자등에게 불이익을 제공하는 행위로서 제17조(불이익 제공행위의 금지) 위반에 해당할 수 있다는 판단 때문인 것으로 보인다.[4)]

그런데, 법 제16조와 특약매입 심사지침의 규정에 따를 경우 대규모유통업자 입장에서는 계약기간 중에 MD 개편을 하는 경우에는 기존 매장에 대한 설비비용을 보상하면서 동시에 신규 매장에 대한 설비비용까지 추가로 부담해야 하는 결과가 되어, 후술하는 바와 같이 이중보상의 문제가 발생한다. 따라서 법 제16조의 (기존) 매장 설비비용 보상 의무와 함께 신규 매장 설비비용 부담에 관한 문제를 함께 살펴볼 필요가 있다.

3. 대규모유통업자의 기존 매장 설비비용 보상 의무

대규모유통업자가 계약기간 중 거래를 중단 또는 거절하거나 매장위치·면적·시설을 변경하는 경우 납품업자등이 지출한 기존 매장설비비용을 어떻게 부담할 지가 문제된다.

가. 보상 의무의 발생 요건

(1) 납품업자등이 지출한 비용이 있을 것

대규모유통업자와 거래를 한 납품업자등이 지출한 비용이 있어야 한다. '납품업자등'이므로 납품업자와 매장임차인이 모두 포함된다. 대규모소매업고시 제11조의2

4) 공정거래위원회는 2014. 9. 30. 법 제16조의 보상의무를 '대규모유통업자에게 귀책사유가 있는 경우'로 한정하는 내용의 대규모유통업법 개정안을 입법예고하였으나, 개정이 이루어지지 못한 채 19대 국회 임기만료로 폐기되었다.

제 2 항이 매장임차인에게만 인테리어 비용 보상의무를 규정한 것과 구별된다. 납품업자등이 지출한 비용이 본 조 소정의 보상 대상이 되므로, 납품업자등이 아닌 대규모유통업자나 기타 제 3 자가 지출한 비용은 이에 해당하지 않지만, 그 경제적 실질을 따져 보았을 때 사실상 납품업자등이 지출한 것으로 인정될 수 있는 경우에는 보상 대상이 된다고 보아야 한다.

(2) 해당 매장에 대한 설비비용에 해당할 것

(가) 매장의 범위

납품업자등이 대규모유통업자의 점포 내 매장에 대해 설비비용을 지출한 경우여야 한다. 통상 '독립된 브랜드 공간'에 해당하는 매장에 입점한 납품업자나 매장임차인이 그 해당 매장에 설비비용을 지출한 경우가 이에 해당하나, 본 조 문언상 반드시 이에 한정된다고 볼 수는 없다. 따라서 '집합 공간'(예를 들어, 소형가전 코너, 식료품 코너 등)에 대해서도 특정 납품업자등이 설비비용을 지출하였다면 그 비용 역시 보상의 대상이 될 수 있다.

본 조는 '납품업자등이 지출한 해당 매장에 대한 설비비용 총액'을 보상의 대상으로 규정하고 있다. 이와 관련하여 납품업자등이 직접 입점하여 상품을 판매하는 매장 공간을 위하여 지출한 설비비용 외에, 납품업자등이 위 매장 공간 이외의 공간, 예를 들어 대규모유통업자의 점포 중에서 매장으로 활용되지 않는 공용부분 등에 지출한 설비비용까지도 보상의 대상으로 할 수 있는지 의문이 있을 수 있다. 생각건대, 첫째, 공용부분이라 하더라도 직접 또는 간접적으로 당해 납품업자등의 매장 사용에 편익을 제공한다고 볼 수 있는 점, 둘째, 특별한 사정이 없는 한 전용부분이나 공용부분 어디에 비용을 지출했든 관계없이 납품업자등은 자신이 지출한 비용 전체를 회수할 것으로 기대한다는 점, 셋째, 공용부분 등에 대한 납품업자등의 비용 지출은 납품업자등이 직접 사용하는 매장에 대한 비용 지출보다 더 보호의 필요가 크다고 할 것인데, 만일 본 조 소정의 '해당 매장'을 오로지 당해 납품업자등의 전용부분에만 한정되는 것으로 제한적으로 해석하면 납품업자등의 기대이익을 두텁게 보호하고자 하는 본 조의 규정 취지에 충분히 부합하지 않는다는 점 등을 고려하면, 법 제16조에 따라 보상하여야 하는 매장 설비비용에는 납품업자등이 직접 사용하는 매장 공간 외의 부분에 지출된 비용도 포함해야 할 경우가 있을 것으로 생각된다.

일반적으로, 납품업자등과의 거래를 중단함에 따라 해당 납품업자등이 대규모유통업자의 점포에서 철수하는 경우에는 공용부문에 대한 비용까지도 보상하는 것이 합리적일 것이다. 반면, MD개편 등으로 인해 납품업자등의 매장 위치나 면적이 변경된다면, 대부분의 경우 공용부분에 대한 편익은 계속 누릴 수 있게 되므로, 특별한 사정이 없는 한, 이러한 경우에는 본 조에 따른 비용 보상 의무의 대상에서는 제외되어야 할 것으로 생각된다.

(나) '설비비용'의 의미

매장 설비비용이라 함은 당해 매장 인테리어, 매장 내 집기 등의 설치·개량·개선에 투입된 비용, 기타 당해 매장에서의 상품 소매를 위해 필요한 설비를 하는 데 필요한 비용을 모두 포함한다. 이 점에서 인테리어 비용만을 보상대상으로 규정한 대규모소매업고시 제11조의2 제2항과 구별된다. 단, 권리에 대한 비용, 예를 들어 매장 양수도 과정에서 양수인이 양도인에게 지급하는 권리금 등 추상적 권리에 대한 대가로서 지출된 비용은 이에 해당하지 않는다.

구체적으로 어떤 것을 매장 설비비용으로 볼 것인지는 당해 매장의 성격, 설치된 설비의 내용, 형상, 용도, 분리가능성 및 재활용 가능성 등을 종합적으로 고려하여 판단하여야 한다.

우선, 납품업자등이 지출한 비용을 민법에 따라 구분해 보면 필요비(必要費), 유익비(有益費) 및 부속물에 대한 지출로 나눌 수 있다.[5] 필요비는 당해 물건(매장)을 통상의 사용 상태로 유지하는 데 소요되는 비용이고, 유익비 및 부속물에 대한 지출은 당해 물건(매장)의 객관적 이용가치를 증대시킨 비용이므로 특별한 사정이 없는 한 모두 매장 설비비용에 포함될 것으로 보인다. 구체적으로 보면 다음과 같다. 납품업자등이 대규모유통업자와 거래계약을 체결하면서, ① 당해 매장을 통상의 용도에 적합한 상태로 보존하기 위하여 비용을 지출한 경우(필요비 성격의 지출. 일반적으로 이와 같은 필요비는 당해 매장의 사용권을 제공할 의무가 있는 대규모유통업자가 부담하여야 할 것이나, 특약 등에 따라 납품업자등이 매장 설비비용의 일환으로 부담하기로 하고 이러한 점을 대금 결정에 고려하는 경우가 있을 수 있다), ② 당해 매장의 현존 상태를 개량하여 객관적 가치를 증가시키기 위해 비용을 지출한 경우(유익비 성격의 지출), ③ 당

5) 설명의 편의를 위해 이와 같이 분류하였으나, 납품업자등의 입장에서는 필요비든 유익비든 지출 사실이 입증되면 보상의 대상이 되므로, 분류의 실익은 크지 않다고 판단된다.

해 매장에 부속되어서 그 편익에 이바지하는 유체물을 갖추기 위해 비용을 지출한 경우(부속물에 대한 지출의 성격)에는, 모두 법 제16조 소정의 '납품거래의 유지를 위해 당해 매장에 대한 설비비용을 지출한 것'으로 볼 수 있을 것으로 생각된다. 실제로 이러한 지출이 있었다는 사실에 대한 입증 책임은 납품업자등에게 있다.

민법상 필요비, 유익비 및 부속물에 대한 지출에 해당하지 아니하는 기타의 집기 등에 대하여 지출한 비용도 설비비용에 포함할 것인지의 문제가 있다. 예를 들어 납품업자등이 대규모유통업자의 매장 내에서 상품을 소매하기 위해 필요한 상품 진열대, 탈의실, 시식용 선반, 입간판 등을 설치하기 위해 소요된 비용과 같은 경우이다. 생각건대 본 조 소정의 설비비용은 민법상 필요비, 유익비 및 부속물에 대한 비용 개념보다 넓은 의미의 비용으로 이해된다. 따라서 민법상 위 각 비용에 해당하지 않는 경우라 하더라도 본 조 소정의 설비비용에 해당될 수 있다. 통상 위에서 본 것과 같은 설비들 중 납품업자등이 특정 대규모유통업자의 매장 내의 특정 공간에서만 사용할 것을 예상하여 비용을 지출하였고 실제로 그 공간에서만 사용 가능한 경우라면[6] 본 조 소정의 설비비용에 해당된다고 보는 것이 타당하다. 반대로, 매장에서의 소매 영업을 위하여 사용되고 있지만 그것이 당해 매장에 특화되어 있지 않고 상당한 추가비용의 발생 없이 당해 매장 이외에서도 사용할 수 있는 설비들, 예를 들어 컴퓨터, TV, 사무기기, 이동식 탈의실 등의 경우에는 이를 매장의 설비비용으로 보기 어려울 것이다.

(3) 대규모유통업자가 계약기간 도중에 거래를 중단·거절하거나, 매장 위치·면적·시설을 변경하는 행위를 하였을 것

(가) 계약기간 도중의 행위일 것

법 제16조의 매장 설비비용 보상 제도는 대규모유통업자와의 거래를 위해 초기 비용을 지출한 납품업자등의 계약기간 동안의 기대이익을 보호하기 위한 것이므로, 그 비용을 지출할 당시에 납품업자등이 합리적으로 기대할 수 있는 계약 존속기간 도중에 그와 같은 기대이익 침해 행위가 발생한 경우에 한해 보상의무가 발생한다. 통상적으로는 대규모유통업자와 납품업자등이 체결한 계약기간이 그 기준 기간이 된다.

---

6) 유통 실무상, 특정 매장에 이미 설치된 상품 진열대, 탈의실, 시식용 선반, 입간판 등 설비를 떼어 내어, 다른 매장에 재설치하여 사용하는 것을 일반적으로 상정하기는 어렵다.

이와 관련하여, 일정한 계약기간을 정하여 매장 설비비용을 지출하였는데 그 계약이 갱신된 경우에도 계약기간 도중에 매장 시설 등을 변경하는 행위를 한 것으로 보아 보상의무가 발생하는지의 문제가 있다. 예를 들어 대규모유통업자와 납품업자가 1년을 기간으로 하는 납품거래계약을 체결하면서 납품업자가 매장 설비비용으로 1,200만 원을 지출하였는데, 이 계약이 매년 자동으로 갱신되는 경우이다. 유통 실무에서는 특별히 당사자 사이의 명시적인 계약종료고지(Termination notice)를 하지 않는 경우에는 자동으로 갱신되도록 하는 경우가 많다. 이와 같은 경우, 법 제16조 소정의 '계약기간'을 당초의 1년으로 볼 것인지, 아니면 갱신된 기간을 포함할 것인지 의문이 있을 수 있다. 생각건대, 원칙적으로 매장 설비비용의 보상의 기준이 되는 계약기간은 당초 명시적으로 약정한 계약기간으로 하는 것이 타당하다고 판단된다. 이에 의하면 위 납품업자에 대한 매장 설비비용 보상은 최초 계약기간인 1년을 기준으로 이루어지면 충분하고, 그 후 계약이 갱신된 경우에는 더이상 매장 설비비용 보상 의무가 없다고 보아야 한다. 요컨대, 특별한 사정이 없는 한, 위 납품업자의 초기 매장 설비비용 1,200만 원은 초기 계약기간이 도과함으로써 전액 상각된 것으로 볼 수 있다.

그러나 다음과 같은 특수한 사정이 있는 경우에는 계약기간을 얼마로 볼 것인지에 대해 논란의 여지가 있을 수 있다. 예를 들어 앞서 본 바와 같이 원칙적으로는 1년을 계약기간으로 하여 계약을 체결하였으나, 계약 체결 당시 특별한 사정이 없는 한 자동 갱신되는 형태로 계약이 지속될 것을 당사자 쌍방이 예상하였고, 실제로 당해 대규모유통업자와 다른 납품업자 간에는 통상적으로 수년간 계약이 계속하여 갱신되고 있었으며, 이에 따라 납품업자가 다년간의 계약관계가 유지될 것을 신뢰하여 상당한 비용을 지출한 경우이다. 이 경우, 법 제16조 소정의 매장 설비비용 보상이 가능한 기간을 여전히 1년으로만 한정할 것인지, 아니면 통상적으로 갱신될 수 있는 기간을 기준으로 볼 것인지 문제가 된다. 생각건대, 법 제16조의 주된 취지가 매장 설비비용을 지출할 당시에 납품업자등이 합리적으로 기대할 수 있는 계약 존속기간에 대한 기대이익의 보호에 있음을 고려하면, 대규모유통업자와 납품업자 사이에 일정한 기간 동안의 계약 존속에 대한 합리적인 신뢰가 있었음이 명백히 인정되고, 또한 납품업자의 매장 설비비용의 지출 규모를 보더라도 그 정도의 기간을 상정한 것임이 명백하다면 이를 보호할 필요가 있다고 생각된다.[7] 다만, 본 조를 적용함에 있어 가장 객관적이고 분명한 시간적 기준은 당사자 사이의 계약서에 기재된 계약기간이므로, 위와 같은 특별한 신뢰의 존재에 관한 사실은 이를 주장하는 쪽에게 입증할 책임이 있다고 보아야 한다.

(나) 본 조 적용에 관한 일반 사항 – 각 당사자들의 귀책사유 요부의 문제

법 제16조는 계약기간 도중에 거래를 중단 또는 거절하였거나, 매장 위치·면적·시설 등을 변경한 경우에 대규모유통업자의 납품업자등에 대한 매장 설비비용 보상 의무를 규정하고 있다. 그러나 거래중단 또는 거래거절의 사유와 매장 위치·면적·시설 등의 변경 사유를 특별히 제한하고 있지는 않다. 따라서 대규모유통업자와 납품업자등 사이의 거래가 계약기간 도중에 중단 또는 거절된 사실이 있거나 매장 위치·면적·시설 등을 변경한 사실이 있으면 그 자체로 대규모유통업자에게 본 조 소정의 매장 설비비용 보상 의무가 인정되는 것인지, 아니면 대규모유통업자 또는 납품업자등의 귀책사유와 같은 추가적 요건이 필요한지 여부를 검토할 필요가 있다.

이에 대해서는 다음과 같은 세 가지 견해가 있을 수 있다. 첫째, 당사자들의 귀책사유 여부를 불문하고 대규모유통업자와 납품업자등 사이의 거래가 계약기간 도중에 중단 또는 거절된 사실이나, 매장 위치·면적·시설 등을 변경한 사실만 있으면 대규모유통업자에게 매장 설비비용 보상 의무가 인정된다는 견해이다(제 1 견해). 본 조에서 별도의 귀책사유 여부를 규정하지 않고 있고, 이와 같이 해석하는 것이 납품업자등의 매장 설비비용 지출에 대한 가장 두터운 보호를 할 수 있다는 점을 근거로 한다. 둘째, 대규모유통업자가 당해 거래의 중단 또는 거절, 매장 위치·면적·시설 등의 변경에 대한 귀책사유가 있는 경우에 한한다는 견해이다(제 2 견해). 본 조에서 '대규모유통업자는 …'이라고 한 것은 대규모유통업자의 귀책사유 있는 행위를 의미한다고 볼 수 있고, 대규모유통업자 입장에서 아무런 귀책사유가 없음에도 불구하고 단지 결과적으로 거래가 계약기간 도중에 중단 또는 거절되거나, 매장 위치·면적·시설 등이 변경된 사실만으로 보상 의무를 부담하는 것은 불합리하다는 점을 근거로 한다. 셋째, 납품업자등의 귀책사유에 의하여 계약이 해지되거나 사실상 당해 납품업자등이 계약기간 도중에 거래를 중단 또는 거절하거나 매장 위치·면적·시설 등을 변경한 것으로 인정되는 경우에는 대규모유통업자의 보상 의무가 인정되지 않는다

7) 다만, 이러한 경우라고 하더라도 MD 개편의 경우에는 후술하는 바와 같이 기존 설비비용에 대한 보상보다 신규 설비비용에 대한 분담을 통하여 이해관계를 조정함이 타당하다.

는 견해이다(제3견해). 앞선 두 견해의 절충적 입장에 해당한다. 이에 따르면, 대규모유통업자의 귀책사유없이 납품업자등만의 귀책사유로 인하여 거래가 계약기간 도중에 중단 또는 거절되거나 매장 위치·면적·시설 등이 변경된 경우에는 대규모유통업자의 보상 의무가 발생하지 않는다고 해석된다. 본 조에서 '대규모유통업자는 …'이라고 한 것은 귀책사유 여부를 불문한 대규모유통업자의 행위를 의미하는 것이지만, 납품업자등의 귀책사유로 인해 계약이 해지된 경우나 납품업자등이 일방적으로 계약기간 도중에 거래를 중단 또는 거절하거나 매장 위치·면적·시설 등을 변경한 경우까지 대규모유통업자가 당해 매장 설비비용 지출에 관한 기대이익을 보장할 필요는 없다는 점을 그 근거로 한다.

살피건대, 우선 법 제16조는 "대규모유통업자는 다음 각 호의 어느 하나에 해당하는 행위를 하는 경우에는 … (중략) … 지급하여야 한다"고 규정하고 있으므로, 대규모유통업자가 계약기간 도중에 거래를 중단 또는 거절하거나 매장 위치·면적·시설 등을 변경하였다고 인정될 수 있어야 한다. 따라서 행위의 주체 내지 귀책사유 여부를 불문하는 제1견해는 본 조 문언에 부합하지 않는다. 다음으로 본 조는 대규모유통업자의 행위에 따른 계약기간 도중 거래 중단 또는 거절 사실, 매장 위치·면적·시설 등의 변경 사실 존재를 보상 의무 발생의 요건으로 규정하고 있을 뿐, 그 행위가 반드시 대규모유통업자의 귀책사유에 의할 것임을 요하지 않고 있고(문언해석), 앞서 본 바와 같이 본 조의 적용 대상을 대규모유통업자의 귀책사유에 의한 경우로 한정하려는 공정거래위원회의 2014년 법 개정안이 실제 입법에 이르지 못한 점 등을 고려하면(입법자의 입법 취지), 제2견해도 본 조에 대한 적절한 해석이 될 수 없다. 결국, 계약기간 도중에 대규모유통업자가 거래를 중단하였거나 거절한 사실, 매장 위치·면적·시설 등을 변경한 사실이 존재하면 본 조 소정의 매장 설비비용 보상 의무가 발생한다고 볼 것이나, 만일 그러한 사실이 납품업자등의 귀책사유에 의해 유발된 경우에는 보상 의무가 인정되지 않는다고 보는 제3견해가 가장 타당하다고 생각된다. 이렇게 해석하는 것이 납품업자등의 매장 설비비용 지출에 관한 기대이익을 보호하면서도, 납품업자등이 스스로 위 기대이익 보호 가치를 훼손했다고 볼 수 있는 경우에는 그 기대이익을 박탈할 수 있게 되어 보다 균형있는 법집행이 가능할 것이기 때문이다. 요컨대 원칙적으로 거래가 계약기간 도중에 중단 또는 거절되거나 매장 위치·면적·시설 등이 변경된 경우에는 본 조에 따른 대규모유통업자의 보상

의무를 인정할 것이나, 만일 그 계약기간 도중의 거래 중단 또는 거절이나 매장 위치·면적·시설 등의 변경이 사실상 납품업자등의 귀책사유에 의한 것이라면 대규모유통업자의 보상 의무는 인정되지 않는 것으로 보는 것이 타당하다. 다만, 논란의 여지를 없애기 위해서는 이러한 내용을 법 제16조 단서 규정으로 명시하는 것이 입법론적으로 바람직한 것으로 보인다.

(다) 대규모유통업자의 거래중단, 거절 행위(제 1 호)

1) 개　　요

대규모유통업자가 계약기간 도중에 납품업자등과 거래를 중단하거나 거절한 경우를 의미한다. 본 조 문언상 '거래의 중단'이라 함은 종전에 유지되던 납품거래 또는 매장임대차거래를 종료하는 것을, '거래의 거절'이란 종전의 납품거래 또는 매장임대차거래를 지속해 줄 것을 납품업자등이 요청하였음에도 대규모유통업자가 이를 거절하는 것을 각각 의미하는 것으로 보인다. 그러나 실무상으로는 거래중단과 거래거절 행위를 명확히 구분하기 어려운 경우가 많을 것으로 생각된다. 개별 사안 별로 구체적으로 살펴보아야 할 것이다.

대규모유통업자가 합리적 이유없이 일방적으로 거래를 중단하거나 거절한 경우에는 당연히 본 조 소정의 매장 설비비용 보상 의무가 발생한다. 그 밖에 실무상 보상 의무 인정 여부가 주로 문제될 수 있는 경우는 ① 대규모유통업자의 채무불이행이나 불법행위등으로 인한 납품업자등의 계약해지, ② 납품업자등의 채무불이행이나 불법행위로 인한 대규모유통업자의 계약해지, ③ 당사자간 합의에 따른 계약해지, ④ 불가항력으로 인한 계약 이행불능 등을 생각해 볼 수 있다. 각 경우에 관하여 간략히 살펴본다.

2) 대규모유통업자의 채무불이행 또는 불법행위로 인한 계약 해지

법 제16조는 대규모유통업자가 거래를 중단하거나 거절한 경우에 보상 의무가 발생하는 것으로 규정하고 있는바, 대규모유통업자의 채무불이행 또는 불법행위 등을 이유로 납품업자등이 계약 해지권 등을 직접 행사하여 당해 거래가 중단된 경우에도 보상 의무가 있는지에 대한 의문이 있을 수 있다. 그러나 이러한 이유로 납품업자등이 해지권을 행사하였다면, 사실상 대규모유통업자가 거래의 중단을 유발한 것이라는 점에서 대규모유통업자의 행위로 볼 여지가 없지 않고, 본 조 적용에 관한

제3견해에 의하면 이는 납품업자등의 책임있는 사유에 의한 것이라고 볼 수도 없다. 따라서 이 경우에도 대규모유통업자가 보상 의무를 부담한다고 보는 것이 타당하다.[8)]

3) 납품업자등의 채무불이행 또는 불법행위 귀책사유로 인한 계약 해지

납품업자등이 자신의 판단에 따라 매장 운영을 중단함으로써 매장 설비비용을 계약기간 내에 회수할 수 있는 기회를 스스로 포기하였다고 볼 수 있는 사정이 있는 경우에는 대규모유통업자가 당해 매장 설비비용을 보상할 의무를 부담하지 않는다고 보아야 한다. 이처럼 납품업자등의 귀책사유에 의해 거래가 중단되었음이 명백한 경우까지도 대규모유통업자에게 보상 의무를 부담하도록 하면 납품업자등의 도덕적 해이가 유발될 뿐만 아니라, 납품업자등이 스스로 권리를 포기하였음에도 그로 인한 부담을 대규모유통업자가 지도록 하는 것이 되어 법의 일반원칙상으로도 타당하지 않기 때문이다. 예컨대 특정 납품업자가 자신의 매장에서 일방적으로 철수하였다면 해당 납품업자가 매장 설비비용의 회수에 관한 권리를 포기하였음이 명백하다고 볼 수 있을 것이다.

그렇다면, 납품업자등의 채무불이행 또는 불법행위로 인하여 대규모유통업자가 계약 해지권을 행사한 경우에도 대규모유통업자가 보상 의무를 부담하는가의 문제가 있을 수 있다. 즉, 납품업자등의 고의 또는 과실로 인하여 결과적으로 당해 계약이 중단 또는 거절된 경우까지도 계약 상대방인 대규모유통업자가 매장 설비비용을 보상해주어야 하는지의 문제인데, 이에 대해서는 다소 논란의 여지가 있다. 예컨대 대규모유통업자와 납품업자 간 거래기본계약서상 '5회 이상의 상품 납품의무 불이행 또는 지연'시 계약을 해지할 수 있도록 규정하고, 그 사유가 발생함에 따라 대규모유통업자가 당해 계약을 해지한 경우이다. 이에 대해서는 납품업자등의 귀책사유에 의한 것이므로 보상 의무를 인정할 수 없다는 견해와 납품업자등이 명백히 자신의 권리를 포기한 것은 아니므로 보상 의무는 인정해야 한다는 견해가 있을 수 있다. 이 점에 관해서는 본 조에도 특별히 규정되어 있지 않고 확립된 견해도 존재하지 않는

8) 이 경우 납품업자등은 대규모유통업자의 계약상 의무위반을 이유로 한 손해배상청구를 통해서도 동일한 내용의 손해배상을 청구할 수 있을 것으로 생각되는데, 이처럼 어느 하나의 방법으로 보상 또는 배상이 이루어지는 경우에는 다른 청구권은 소멸한다고 보는 것이 형평에 부합할 것이다.

다. 다만, 본 조의 보상 의무와 일부 유사점이 있는 민법상 임차인의 부속물매수청구권(민법 제646조 제 1 항)에 관한 학설과 판례를 참조할 수 있다.

> [민법상 부속물매수청구권에 대한 학설 및 판례]
>
> 1. 의의
>
> 건물 기타 공작물의 임차인이 그 사용의 편익을 위하여 임대인의 동의를 얻어 이에 부속한 물건이 있는 때, 또는 임대인으로부터 매수한 부속물이 있는 때에는 임차인은 임대차의 종료 시에 임대인에 대하여 그 부속물의 매수를 청구할 수 있다(민법 제646조 제 1 항).
>
> 2. 학설
>
> 민법 제646조는 임대차의 종료원인을 묻지 않고 있으므로, 기간만료로 인한 경우뿐만 아니라 임차인의 차임연체를 이유로 한 계약해지의 경우에도 부속물 매수청구가 가능하다.[9]
>
> 3. 판례
>
> 임대차 계약이 임차인의 채무불이행으로 해지된 경우에는 민법 제646조에 의한 부속물 매수청구권은 인정되지 아니한다(대법원 1990. 1. 23. 선고 88다카7245 판결).

대규모유통업법이 대규모유통업 거래에 있어 열등한 지위에 있는 납품업자등을 최대한 보호하고자 한다는 점, 납품업자등의 일반적인 채무불이행 또는 불법행위를 이유로 계약을 해지하고 그와 동시에 매장 설비비용 보상 의무에서도 벗어날 수 있다면 대규모유통업자가 보상 의무를 벗어나기 위해 적극적으로 해지권 행사를 할 우려가 있다는 점을 고려하면, 납품업자등이 스스로 매장 설비비용 회수 기회를 포기하는 정도에 이르지 않는 경우에는 여전히 대규모유통업자가 매장 설비비용 보상 의무를 부담한다고 볼 필요도 없지는 않다.

그러나 첫째, 납품업자등의 계약기간 내 매장 설비비용 회수에 관한 기대이익은 자신이 당해 계약의 당사자로서 적법한 권리, 의무를 행사하는 경우에 한해 인정될 수 있다는 점, 둘째, 대규모유통업자의 입장에서도 거래상대방인 납품업자등이 당연히 채무를 성실히 이행하면서, 불법행위를 저지르지 않을 것이라는 기대를 하였을 것이고 이러한 기대 또한 보호가치가 있다는 점, 셋째, 스스로 채무를 이행하지 않거

9) 민법주해[XV] 채권(8), 박영사(2009), 160면.

나 불법행위를 저지른 납품업자등에게까지 보상을 받을 권리를 부여하는 것은 형평에도 부합하지 않는다는 점, 넷째, 납품업자등의 경미한 채무불이행 또는 불법행위에 대해서는 앞서 본 제3견해에 따라 '대규모유통업자의 일부 귀책사유가 인정되는 등, 납품업자등이 사실상 계약기간 도중에 거래를 중단 또는 거절한 것으로 볼 수 없는 경우'로 보아 본 조의 보상 의무를 인정할 수 있으므로 대규모유통업자의 해지권 남용행위가 방지될 수 있다는 점 등을 고려하면, 원칙적으로 납품업자등의 채무불이행 또는 불법행위를 원인으로 한 계약 해지의 경우에도 본 조 소정의 매장 설비비용 보상 의무는 인정되지 않는다고 보는 것이 타당하다.[10)]

4) 당사자 사이의 합의 또는 쌍방 귀책사유에 의한 계약 해지

당사자 사이의 합의에 의해 계약기간 도중에 거래가 중단, 거절되거나, 또는 대규모유통업자와 납품업자등 쌍방의 귀책사유로 인해 계약이 중단, 거절된 경우[11)]가 문제된다. 법 제16조의 적용에 관한 제3견해의 입장에 의하면, 납품업자등의 귀책사유로 사실상 당해 납품업자등이 계약기간 도중에 거래를 중단 또는 거절하거나 매장 위치·면적·시설 등을 변경한 것이라고 볼 수 있는 경우가 아닌 한, 대규모유통업자는 보상 의무를 부담하여야 한다. 따라서 쌍방 귀책사유로 인한 계약 중단, 거절의 경우에도 대규모유통업자의 본 조에 따른 보상의무는 존재한다고 보아야 한다.

---

10) 한편, 원사업자의 수급사업자에 대한 기간 내 하도급대금 지급 의무에 관한 하도급법 제13조(하도급대금의 지급 등)의 해석 및 적용에 대하여, 공정거래위원회와 대법원은 "…원사업자가 하도급법에 규정한 기간 내에 대금을 지급하지 않는 경우, 대금 지급을 거절하거나 그 지급을 미룰 만한 상당한 이유가 있는지 여부와 관련 없이 하도급법 위반이 인정된다…"고 판시하고 있다(공정거래위원회 2009. 11. 19. 의결 제2009-258호, 대법원 1999. 3. 26. 선고 98두19773 판결, 대법원 1995. 6. 16. 선고 94누10320 판결). 이와 같은 공정거래위원회 및 대법원의 판단을 대규모유통업법 제16조의 해석 및 적용에 유추하여 적용할 수 있는지 문제될 수 있다. 그러나 하도급법 제13조 제1항은 하도급대금 지급기일을 법정한 것으로서 그 문언상 당해 법정기일(60일) 내에 원사업자가 하도급대금의 지급행위를 하지 않은 객관적 사실이 있는 이상 명백히 위법으로 평가될 수 있다. 반면, 대규모유통업법 제16조의 경우에는 '대규모유통업자의 계약기간 내 거래 중단, 거절 또는 매장 위치, 면적, 시설 변경 행위가 있었는지 여부'에 대한 판단의 문제이므로 하도급법 제13조 제1항과는 논의의 평면이 다르다. 즉, 전자는 '하도급대금 지급행위의 객관적 존부'에 관한 사실인정의 문제이나, 후자는 '대규모유통업자가 거래 거절, 중단 또는 매장 변경 행위를 한 것으로 볼 수 있는지 여부'에 관한 법률상 해석의 문제에 보다 가까운 것으로 생각된다. 따라서 하도급법 제13조 제1항에 관한 공정거래위원회와 대법원의 판단을 대규모유통업법 제16조에 유추 적용할 수는 없을 것으로 생각된다.

11) 당사자 둘 다 계약 해지권을 행사하여 계약이 중단된 경우, 당사자 중 일방이 먼저 계약 해지권을 행사하여 계약이 중단된 경우를 불문한다.

대규모유통업자와 납품업자등이 합의에 의해 매장 설비비용 보상에 관한 법 제16조 규정을 배제하기로(법 제16조 규정에도 불구하고 잔존 매장 설비비용에 대한 보상을 하지 않기로) 하는 경우가 있을 수 있는데, 이때 이 합의의 효력이 문제된다. 생각건대 이와 같은 합의에 따라 매장 설비비용을 보상하지 않는 경우라 하더라도, 대규모유통업자가 당해 납품업자등에 대하여 거래상 우월적 지위에 있다고 인정되는 한(법 제3조), 본 조 위반으로 판단될 여지가 크다. 다만 위 합의의 사법상 효력은 별개의 문제인데, 결국은 법 제16조에 사법상 효력규정[12]으로서의 성격이 인정될 것인지의 문제로 귀결된다. 이와 관련하여 민법상 건물임차인의 부속물매수청구권은 강행법규이지만 계약성립의 경과 기타 당사자 쌍방의 제반 사정을 참작할 때 실질적으로 임차인에게 불리하지 않다면 건물매수청구권 등을 포기하는 특약의 사법상 효력은 인정된다는 점을 참고할 수 있다.[13] [14]

생각건대, 대규모유통업자와 납품업자등이 매장 설비비용의 보상에 관하여 별도의 합의를 한 경우, 대규모유통업자가 법 제16조 규정에 따라 행정적 제재의 책임을 부담하는지 여부는 별론으로 하더라도, 그 합의의 사법상 효력까지 부인할 이유는 없다고 본다. 대규모유통업자와 납품업자등이 여러 제반 사정을 고려하여 합의한 사항을 일률적으로 금지하거나 제한한다면 이는 사적 자치에 대한 지나친 제한이 될 뿐만 아니라, 법 제16조의 문언상 명시적 규정이 없음에도 이와 같이 사법상 효력이

12) 강행법규라 함은 선량한 풍속 기타 사회질서와 관계 없는 규정인 임의법규(민법 제105조)에 대립되는 개념으로 이해된다. 학계의 다수설은 강행법규를 단속규정과 효력규정으로 구분하여, 효력규정은 법규에 위반되는 행위의 사법상 효력이 발생하지 않는 법규로 보는 데 반하여, 단속규정은 행정상 목적을 달성하기 위하여 거래행위를 제한 금지하는 공법상 규정으로서 이에 위반하더라도 처벌을 받거나 행정상의 불이익을 받을 뿐, 그 행위 자체의 사법상 효력에는 아무런 영향이 없는 법규로 이해하고 있다. 오창수, “효력규정과 단속규정의 구별 및 그 위반거래의 사법상 효력”, 판례연구 2(1989. 1.) 19~20면.

13) 민법 제652조(강행규정) 제627조, 제628조, 제631조, 제635조, 제638조, 제640조, 제641조, 제643조 내지 제647조의 규정에 위반하는 약정으로 임차인이나 전차인에게 불리한 것은 그 효력이 없다.

14) “… 임차인이 증개축한 시설물과 부대시설을 포기하고 임대차 종료시에 현상대로 원고의 소유로 하기로 하여 부속물매수청구권을 포기하였지만 그 대가로 임대차계약의 보증금 및 월임료를 파격적으로 저렴하게 하고 임대차 기간도 장기간으로 약정하였으며, 임대차기간 만료 즉시 임대인이 이 사건 건물을 헐고 새 건물을 신축하려고 하고 있다는 점을 임차인이 임대차 계약 당시 알고 있었다면 위 부속물매수청구권의 포기 특약은 임차인에게 불리한 것으로 볼 수 없다 …”(대법원 1982. 1. 19. 선고 81다1001 판결, 같은 취지의 판결로 대법원 1980. 12. 23. 선고 80다2312 판결).

제한된다고 해석하기도 어렵다. 따라서 위 합의의 사법상 효력은 당해 합의의 내용 및 관련 법령의 규정에 따라 결정될 것이지, 본 조에 따라 무효가 된다고는 볼 수 없다. 다만, 위 합의의 사법상 효력과는 별개로 대규모유통업자는 법 제16조에 따른 행정적 책임을 부담할 수 있고, 아울러 만일 위 합의가 대규모유통업법상 기타의 불이익 제공행위(법 제17조) 또는 공정거래법상 일반 불공정거래행위에 해당하면 그 책임을 부담할 수 있으므로, 이러한 범위 내에서는 간접적으로 사적 자치의 원칙이 제한된다고 볼 수도 있을 것이다.

5) 불가항력으로 인한 계약 종료 등의 경우

법 제16조는 '대규모유통업자에 의한 거래 중단 또는 거절'을 요건으로 하고 있으므로, 대규모유통업자의 행위로 볼 수 없는 자연재해 등 불가항력으로 인한 거래 중단(예를 들어 자연재해 등으로 인하여 매장이 완전히 소실되는 경우)은 본 조 소정의 보상 의무 대상으로 보기 어렵다. 불가항력으로 인한 경우까지 대규모유통업자의 거래상 지위 남용 행위 및 기타의 탈법행위로 볼 수 없다는 점에서도 같은 결론에 도달한다.

(라) 매장 위치·면적·시설 등을 변경하는 행위(제 2 호)

대규모유통업자가 MD 개편 등의 명목으로 납품업자등이 설비비용을 기 지출한 매장의 위치·면적·시설 등을 변경하는 행위를 의미한다. 법 제16조 제 1 호가 매장의 지속적 이용에 대한 시간적 단절이라면, 제 2 호는 매장의 지속적 이용에 대한 공간적, 물리적 단절에 해당한다.

한편 법 제17조 제 8 호는 정당한 사유가 있는 경우에 한하여 계약기간 중에 대규모유통업자가 납품업자등의 매장 위치·면적·시설을 변경하는 행위를 할 수 있도록 규정하고 있는데, 동 조항에 따라 정당하게 납품업자등의 매장 위치·면적·시설을 변경하였다고 하더라도 법 제16조 제 2 호에 따라 기 지출한 매장 설비비용의 일부를 보상할 의무는 여전히 남는다.

법 제16조 제 2호는 단순히 '매장의 위치·면적·시설 등을 변경하는 행위'로 규정하고 있을 뿐, 그 변경의 정도에 대하여는 별도의 기준을 두고 있지 않다. 따라서 모든 변경 행위에 대해 법에서 정한 금액을 전부 보상해야 할 의무가 있는지 의문이 있을 수 있다. 특히, 미미한 수준으로 매장 위치·면적·시설이 변경된 경우에도 본 조에 따른 보상의무가 발생되는지가 실무상 문제될 수 있다. 생각건대, 본 조의 주된 취지는 납품업자등의 매장 설비비용 회수에 대한 기대이익을 보장하는 데 있으므로, 대규모유통업자가 법상 보상의무를 전부 부담하여야 하는 경우는 '초기 투자된 비용에 따라 설비된 것을 더 이상 활용할 수 없을 정도로 변경된 경우'에 한하고, 이에 이르지 않는 부분적 변경의 경우에는 당해 변경의 정도를 고려하여 종전 설비비용의 상각 내지 멸실 비율을 산정하고 이를 보상하는 것이 합리적일 것이다.

나. 대규모유통업자의 보상 내용

법 제16조에 따라 대규모유통업자가 납품업자등에게 보상하여야 할 구체적인 금액은, '납품업자등이 지출한 해당 매장에 대한 설비비용 총액에 전체 계약기간(계약기간이 1년 미만인 경우는 계약기간을 1년으로 봄)에서 거래 중단 또는 거절이나 매장 위치·면적·시설의 변경 행위가 발생한 날부터 계약기간의 마지막 날까지의 기간이 차지하는 비율을 곱한 금액 이상'이어야 한다. 정리하면 다음과 같다.

[대규모유통업자의 매장 설비비용 보상 금액]

• 대규모유통업자의 매장 설비비용 보상 금액
  ≧ 납품업자등의 매장 설비비용 지출 총액[15] × [(계약기간 마지막 날-거래중단 등 발생일)/전체 계약기간]

4. 보론 : 신규 설비비용 분담에 따른 이중보상의 문제

앞에서 살펴본 바와 같이 대규모유통업법은 제16조에서 기존 매장의 설비비용 보상에 관한 규정을 두면서, 납품업자등의 뜻과는 무관한 MD 개편 등 대규모유통업자의 요구로 인해 신규 인테리어등 설비비용이 발생하는 경우 해당 비용의 분담문제에 대해서는 아무런 규정을 두고 있지 않다. 다만, 제17조 제 8 호에서 정당한 사유없이 '계약기간 중에 납품업자 등의 매장 위치·면적·시설을 변경하는 행위'를, 제10호에서 정당한 사유없이 '제 1 호부터 제 9 호까지의 규정에 준하는 것으로서 납품업자등에게 불이익을 주거나 이익을 제공하게 하는 행위'를 각각 금지하고 있다. 그리고

15) 특별한 사정이 없는 한, 납품업자등이 당해 매장에 지출한 설비비용 총액은 대규모유통업자와 납품업자등이 계약 체결 시점에 협의하여 작성한 서류(법 제6조 제1항 참조)의 기재사항에 따르게 된다. 이 기재와 다른 사실은 이를 주장하는 자에게 입증책임이 있다.

특약매입 심사지침[16)]은 MD 개편 시의 신규 인테리어 비용은 대규모유통업자가 부담하는 것을 원칙으로 하면서, 납품업자등과 비용을 분담할 수 있는 경우 및 분담기준을 별도로 규정하고 있다. 이 같은 특약매입 심사지침에 따르면, 기존 설비의 잔존가치가 존재하는 상황에서 대규모유통업자의 사유로 신규 설비비용이 추가로 발생할 경우, 법 제16조에 따라 기존 인테리어 비용을 보상하면서 동시에 신규 인테리어 비용의 전부 또는 일부를 대규모유통업자가 부담해야 하는 결과가 된다. 그러나 대규모유통업자의 신규 인테리어 비용 분담 여부에 대해서는 다음과 같이 2가지 견해가 있을 수 있다.

甲설: 기존 인테리어의 잔존가치 보상(법 제16조) + 특약매입 심사지침에 따라 원칙적으로 신규 인테리어 비용 전액을 부담해야 함
乙설: 기존 인테리어의 잔존가치 보상(법 제16조) + 기존 인테리어의 잔존가치 소멸로 인한 리뉴얼 시점보다 유통업자의 요구(예: MD 개편)로 신규 인테리어 공사시점이 당겨진 기간 동안의 금융비용 상당액을 보상하면 족함(기존 인테리어의 잔존가치를 보상받은 금액과 신규 인테리어 비용의 차액은 입점업체가 부담)

甲설에 의할 경우 특약매입거래의 납품업자등이 실제 지출한 비용 이상으로 이중보상을 받게 된다는 점에서 불합리한 측면이 있다. 대규모유통업자가 MD개편을 한다는 이유만으로 특약매입거래의 납품업자는 법 제16조에 따라 기존 설비비용을 보상받으면서 추가로 특약매입 심사지침에 따라 신규 설비비용 상당의 경제적 이익을 모두 취득하는 결과가 되기 때문이다.

---

16) 특약매입 심사지침은 원칙적으로 MD 개편 등으로 인해 인테리어 비용이 발생하는 경우 ① 기초시설은 전체 점포의 근간을 이루는 것이므로 기초시설 공사(매장 바닥, 조명, 벽체 등) 비용은 원칙적으로 대규모유통업자가 부담하되, 입점업자등이 자신의 고유사양에 의해 기초 공사를 시행하려는 경우 이때 추가로 소요되는 공사비용은 양 당사자간 사전 서면약정을 체결하여 비용을 분담할 수 있고, ② 대규모유통업자의 사유로 발생하는 매장 인테리어비용 또한 대규모유통업자가 부담하되, 좋은 위치로의 매장 이동, 입점업자등의 매뉴얼에 따른 인테리어 추가변경 등 입점업자에게 이익이 되는 경우에는 사전 서면약정을 통해 비용을 분담하되, 입점업자등의 부담비율은 50%를 넘을 수 없으며, ③ 입점업자가 대규모유통업자에게 서면으로 명백히 자신이 100분의 50을 초과하여 비용을 분담하겠다는 의사를 밝힌 경우에는 50% 이상을 부담할 수 있고, ④ 입점업자등의 개별적인 사유로 발생하는 매장 인테리어 비용의 경우에는 대규모유통업자와 입점업자등이 서로 협의하여 분담비율을 정할 수 있는 것으로 규정하고 있다(특약매입 심사지침 Ⅲ. 2. 다.).

예를 들어, 특정 납품업자가 대규모유통업자의 매장에 입점하면서 인테리어 비용(2,000만 원)을 부담한 상황에서, 얼마 지나지 않아 MD개편으로 다시 신규 인테리어를 하게 되는 경우(비용 2,000만 원)를 가정해 보자. MD 개편이 없다면 해당 납품업자는 최초 입점을 할 때 2,000만 원의 인테리어 비용을 부담하고 별도의 보상을 받지 않는다. 그런데 인테리어 직후 MD 개편을 하면, 대규모유통업자는 법 제16조에 따라 해당 납품업자가 지출한 기존 인테리어 비용 전액인 2,000만 원을 보상하여야 한다. 이 경우 납품업자는 보상받은 금액을 투입하여 다시 신규 인테리어를 하면 되므로 해당 납품업자에게는 아무런 손해나 손실도 발생하지 않는다(즉, 최종적으로 2,000만 원만 부담). 그런데 여기서 더 나아가 대규모유통업자가 신규 인테리어 비용도 부담해야 한다면, 납품업자는 아무런 비용을 들이지 않고 신규 인테리어를 하는 것이 되어 대규모유통업자가 부담한 만큼의 초과 이익을 얻게 되는 것이다.[17)]

생각건대, 통상 특약매입거래나 매장임대차거래에 있어 매장 입점 시 소요되는 인테리어 비용은 납품업자등이 부담하고 있는 점, 기존 인테리어에 대한 잔존 보상은 대규모유통업법 제16조에 따라 이루어지는 점, MD개편 등은 대규모유통업자와 납품업자등 모두의 이익 증대를 위한 것인 점 등을 고려할 때, 대규모유통업법이 납품업자등에 대한 이중 보상까지 예정하고 있다고 보기는 어렵다. 따라서 해당 MD개편 등으로 인해 납품업자등에게 특별히 추가적인 불이익이 초래되지 않는 한 계약기간 중 매장 변경으로 인해 기존 인테리어 비용을 보상받은 납품업자등에게 신규 인테리어 비용을 부담하게 하였다고 해서 이를 법 제17조 제10호 위반으로 보는 것은 불합리하다고 생각된다.

다만, 위와 같은 상황에서는 납품업자가 매장 인테리어 비용을 부담하는 것이 원칙이라 하더라도, MD개편이나 매장 리뉴얼 등의 사유로 계약기간 중 매장을 변경하는 경우 납품업자 입장으로서는 자신이 계획한 시점보다 앞선 시점에 신규 인테리어 비용을 재차 부담해야 하게 되어 일부 불이익한 측면도 있을 수 있다. 구체적으로 여기서의 '불이익'이란 (납품업자가 원칙적으로 부담하여야 하는) 신규 인테리어 비용이 아니라, 당초 납품업자가 계획하고 있던 시점보다 앞당겨 신규 인테리어 비용을 부담하게 됨에 따른 불이익이다. 예를 들어 2024. 12. 31.까지 인테리어를 사용하

17) 신규 인테리어 비용의 분담과 관련해서는 특약매입 심사지침에만 규정되어 있으나, 특약매입거래와 유사한 매장임대차거래에 있어서도 마찬가지의 문제가 있을 수 있다.

고 2025. 1. 1.자로 계약이 갱신될 때 새로 인테리어를 할 것으로 예상하였던 납품업자가 대규모유통업자의 MD개편으로 인해 당초 계획보다 6개월 빠른 2024. 7. 1.에 인테리어 비용을 투입하게 되었다면 해당 비용을 조기 투입하게 됨으로써 발생하는 금융비용이 이러한 불이익에 해당할 것이다. 따라서 대규모유통업자로서는 계약기간 중 매장 변경 시 납품업자에게 잔존기간에 상응하는 비용과 함께 신규 인테리어 비용의 조기 지출로 인해 발생한 금융비용을 지급하는 것으로, 대규모유통업법 제16조가 정하는 잔존 비용 '이상'을 보상했다고 볼 수 있을 것이다(위 乙설). 만일, 납품업자등이 기 지출한 설비비용의 잔존가액이 남아있지 않아 법 제16조에 의한 보상의무가 발생하지 않는 경우에는 신규 인테리어를 예상보다 일찍 하게 된 것에 대한 금융비용을 보상하는 것만으로도 충분하다.

이와 관련하여 서울고등법원은 MD 개편 시 매장 위치 변경에 따라 새롭게 설치하여야 하는 매장의 인테리어비용을 매장 임차인들로 하여금 전액 부담하도록 한 사안에서, 법 제17조 제8호의 매장 위치·면적·시설을 변경함에 있어 '정당한 사유'가 인정되는지 여부를 판단하면서 "신규 인테리어비용에 대해서도 상호 협의에 의한 적절한 비용 분담이 필요"하다고 판시하였다. 이는 상황에 따라 신규 인테리어비용 중 일부를 대규모유통업자가 부담할 수 있음을 보다 명확히 하는 입장인 것으로 해석된다. 서울고등법원은 대규모유통업자의 신규 인테리어비용 부담 근거로 (i) 법에서 정하고 있는 매장 설비비용의 보상의무는 매장변경의 적법여부를 떠나 대규모유통업자가 준수해야 할 최소한의 보상의무를 규정한 것으로 볼 수 있는 점, (ii) 매장 임차인들은 기존 인테리어나 설비의 내구연한이 남아있는 한 계속적으로 영업을 영위할 수 있었던 점, (iii) 대규모유통업자와 매장 임차인들 사이의 지위의 대등성을 보장하여 상호보완적인 관계에서 함께 성장할 수 있는 기반을 조성하는 방향으로 해석기준을 정립하는 것이 헌법 제119조 제2항, 제123조 제3항의 취지에도 부합하는 점 등을 제시하였으나(서울고등법원 2020. 7. 2. 선고 2019누52159 판결), 신규 인테리어 비용의 구체적인 분담 기준 및 방법에 대해서는 별도로 언급하지 않았다.

특약매입 심사지침도 대규모유통업자가 지침상 정해진 부담·분담을 하지 않은 경우 대규모유통업법 위반 소지가 있다고 규정할 뿐 일률적으로 법 위반이라고는 하고 있지는 않다. 그렇지만 법 제16조와 특약매입 심사지침의 규정은 서로 근본적인 모순이 존재하는 만큼 조속한 정비가 필요하다고 판단된다. 즉, 법 제16조는 신규 인테리어 비용을 납품업자등이 지출한 것을 전제로 하여 계약기간 중에 대규모유통업자가 임의로 MD 개편 등을 실시한 경우에 비용을 보상하는 규정이다. 따라서 신규 인테리어 비용을 대규모유통업자가 부담한 경우라면 법 제16조는 적용할 여지가 없다. 그런데, 특약매입 심사지침은 신규 인테리어 비용은 원칙적으로 대규모유통업자가 부담해야 한다고 하면서, 그렇지 않은 경우 법 제17조 제10호에 위반될 소지가 있는 것처럼 규정하고 있다. 즉, 특약매입 심사지침에 따라 대규모유통업자가 신규 인테리어비용을 모두 부담하게 되면 법 제16조는 사실상 사문화되는 결과가 되고, 일정한 기준에 따라 양자가 적절하게 분담한다면 그런 경우까지도 다시 납품업자등이 지출한 설비비용을 대규모유통업자가 보상할 필요는 없을 것이기 때문이다. 따라서 현행 특약매입 심사지침은 전면적인 재검토가 필요하며, 필요하다면 대규모유통업법의 관련조항도 실질에 맞도록 개정할 필요가 있다.

다만, 법 해석론적 관점에서 보면, 신규 인테리어 비용과 관련하여 대규모유통업자가 특약매입 심사지침 상의 분담기준을 따르지 않았다 하더라도, 대규모유통업자의 MD 개편 등의 과정에서 잔존 설비 비용 등 관련 비용의 보상이 충분히 이루어져 납품업자등이 특별한 불이익을 받지 않았음이 입증된다면, 법 제17조 소정의 '정당한 사유'를 전향적으로 인정하는 방식으로 법을 집행할 수 있을 것으로 판단된다. 물론 근본적인 해결방안은 관련 규정의 정비일 것이다.

5. 매장 설비비용 보상 의무 위반의 효과

가. 사법상 효과

법 제16조가 사법상 법정 채권발생사유에 해당하는지는 명확하지 않다. 이에 해당한다면 본 조에 따라 납품업자등은 대규모유통업자에 대해 사법상 채권을 행사할 수 있고, 이에 따라 대규모유통업자는 채무를 이행할 의무가 있다. 해당하지 않는다면 본 조 규정에도 불구하고 대규모유통업자와 납품업자등 사이의 매장 설비비용 보상에 관한 사법상 채권채무관계는 별도의 법률행위(예를 들어, 당사자 사이의 매장 설비비용 보상에 관한 약정)에 따라 정해지게 된다.

대규모유통업법은 원칙적으로 대규모유통업자와 납품업자등 사이의 사법상 효과를 규율하는 법률이 아니라는 점, 법 제16조 자체의 내용만으로는 납품업자등이

행사할 수 있는 구체적인 채권 내지 청구권이 특정된다고 볼 수 없다는 점 등을 고려하면, 법 제16조 자체가 당사자 사이의 사법상 권리의무 관계를 직접 규율하는 규정에 해당한다고 보기 어렵다는 견해가 있을 수 있다. 그러나 대규모유통업법의 다른 규정과 달리 본 조는 직접 대규모유통업자에 대해 "… 금액 이상을 … 해당 매장 설비비용에 대한 보상으로 납품업자등에게 지급하여야 한다"라고 규정하고 있다는 점을 고려하면, 납품업자등이 대규모유통업자에게 직접 본 조에 따른 매장 설비비용 상당액을 사법상 청구할 수 있는 채권의 근거로 볼 여지도 있는 것으로 생각된다. 이와 같이 볼 경우, 본 조는 대규모유통업자의 매장 설비비용 보상에 관한 행정적 규제조항임과 동시에 사법상 법정 채권발생사유에 해당하는 것으로 이해될 수 있다. 단, 본 조를 이와 같이 사법상 법정 채권발생사유에 해당하는 것으로 보더라도, 이를 사법상 강행규정(특히 효력규정)으로 볼 수는 없으므로, 앞서 본 바와 같이 대규모유통업자와 납품업자등이 자유로운 의사에 의해 매장 설비비용 보상에 관한 법 제16조 규정을 배제 또는 제한하기로 합의한 경우, 대규모유통업자와 납품업자등 사이의 위 배제 약정의 사법상 효력은 그 약정 내용 또는 민법, 상법의 각 해당 규정이나 거래 관행에 따르게 된다.

나. 행정적 제재[18]

(1) 입증책임

법 제16조 규제와 관련하여, 공정거래위원회는 '대규모유통업자가 법 제16조 소정의 행위를 하였음에도 불구하고 동 조항에 따라 납품업자등이 지출한 해당 매장에 대한 설비비용에 대한 보상을 납품업자등에게 지급하지 않은 사실'을 입증하는 것으로 당해 대규모유통업자의 본 조 위반에 따른 처분을 할 수 있다. 이에 대하여 본 조 문언상으로는 대규모유통업자가 이에 대한 유효한 항변을 할 수 없다.

(2) 시정조치

공정거래위원회는 매장 설비비용 보상 규정을 위반한 대규모유통업자에게 법 위반행위의 중지, 향후 재발방지, 시정명령을 받은 사실의 공표, 시정명령을 받은 사실의 거래상대방인 납품업자등에 대한 통지 등 그 밖에 시정에 필요한 조치를 명할 수 있다(법 제32조). 아울러 공정거래위원회는 본 조를 위반한 대규모유통업자에게

---

18) 자세한 사항은 후술하는 제3부 제2장 '법 위반에 대한 조사 및 처분 등' 참조.

시정방안을 마련하여 이에 따를 것을 권고하는 시정권고를 할 수도 있다(법 제33조). 이러한 시정권고를 받은 대규모유통업자는 그 권고를 통지받은 날부터 10일 이내에 그 수락 여부를 공정거래위원회에 알려야 하고, 만일 대규모유통업자가 시정권고를 수락하였을 때에는 제32조에 따른 시정명령을 받은 것으로 본다. 시정명령 및 시정권고는 매장 설비비용 보상 규정을 위반한 대규모유통업자에 대한 기본적인 행정적 제재이다. 따라서, 매장 설비비용 보상 규정 위반으로 판단될 경우, 그 위반의 정도가 경미하여 경고에 그치지 않는 한, 시정명령 또는 시정권고의 처분이 있는 경우가 대부분이다.

(3) 과 징 금

공정거래위원회는 매장 설비비용 보상 규정을 위반한 대규모유통업자에게 대통령령이 정하는 산출방식에 따른 납품대금이나 연간 임대료의 2배를 초과하지 아니하는 범위에서 과징금을 부과할 수 있다(법 제35조 제 1 항, 제 2 항). 시행령은 '대통령령으로 정하는 산출방식에 따른 납품대금'에 관하여, '납품대금'을 '대규모유통업자의 위반행위와 관련된 상품 매입액 또는 이에 준하는 금액'으로, '연간 임대료'를 ' 매장 임차인이 위반사업자에게 지급하여야 하는 위반기간의 임대료를 1년의 기간으로 환산한 금액'으로 정하고 있다{시행령 제28조 제 1 항, 시행령 [별표 1] 2. 2}. 다만, 매출액을 산정하기 곤란한 경우 등에는 5억 원을 초과하지 아니하는 범위에서 과징금을 부과할 수 있다(법 제35조 제 1 항 단서). 과징금 고시에 의하면 법 제16조 위반의 경우에는 '매장 설비비용 미보상 금액'을 위반금액으로 산정하도록 하고 있다

제 13 장

부당한 영업시간 구속 금지

1. 서　　설

대규모유통업자는 매장임차인(매장임차인으로부터 판매위탁을 받은 자를 포함한다)이 질병의 발병과 치료의 사유로 인하여 필요 최소한의 범위에서 영업시간의 단축을 요구함에도 이를 허용하지 않는 등 부당하게 매장임차인의 영업시간을 구속하는 행위를 하여서는 아니 된다. 이같은 내용을 담은 법 제15조의2(부당한 영업시간 구속 금지)는 2018. 3. 13. 대규모유통업법이 일부개정(법률 제15469호) 되면서 도입되었고, 2018. 9. 14.부터 시행되었다.[1)2)] 본 조가 처음 신설될 당시에는 매장임차인만 보호객체로 하였으나, 2021. 4. 20. 대규모유통업법이 개정(법률 제18111호)[3)]되면서 매장임차

1) 손금주 의원이 2017. 5. 29.자로 대표 발의한 당초 대규모유통업법 일부개정 법률안(의안번호 제7066호)은 가맹사업법 제12조의3(부당한 영업시간 구속 금지)의 규정례에 따라 대통령령이 정하는 시간대(심야시간을 염두에 둔 것으로 보임)에 정당한 이유 없이 매장임차인의 의사에 반하여 영업의 이행을 강제하는 행위에 대해서도 부당한 영업시간 구속 행위로 보는 내용이 포함되어 있었으나, i) 이미 유통산업발전법 제12조의2(대규모점포등에 대한 영업시간의 제한 등)에 의해 특별자치시장·시장·군수·구청장은 자정부터 오전 10시까지 영업시간을 제한할 수 있어 동일한 내용을 규정할 실익이 없는 점, ii) 규제대상이 될 대형마트나 백화점 등의 경우 독립적으로 운영하는 가맹점사업자와는 달리 여러 입점업체가 유기적으로 결합된 하나의 사업체이므로 동일한 영업시간을 적용하는 것이 합리적이라는 점, iii) 일부 입점업체가 영업을 조기에 종료하면 대규모유통업체 전체의 시너지 효과가 감소하여 다른 입점업체의 매출하락이 우려되고, 소비자 선택권도 제한될 수 있는 점 등을 이유로 심야시간대 영업강제 금지는 도입되지 않았다(국회 검토보고서 및 심사보고서 참조).

2) 제15조의2의 개정규정은 이 법 시행 이후 최초로 매장임차인이 영업시간 단축을 요구하는 경우부터 적용된다(위 개정법 부칙 제 2 조).

3) 2021. 10. 21. 시행되었고, 제15조의2의 개정규정은 매장임차인으로부터 판매위탁을 받은 자가 이 법 시행 이후 영업시간의 단축을 요구하는 경우부터 적용된다(위 개정법 부칙 제

인으로부터 판매위탁을 받은 자도 보호객체로 추가하였다.

본 조는 질병의 발병과 치료 등과 같은 불가피한 사유로 인해 대규모유통업자가 정한 영업시간을 지키는 것이 현실적으로 어려운 매장임차인이 필요 최소한의 범위에서 영업시간의 단축을 요구함에도 불구하고, 대규모유통업자가 이를 허용하지 아니하는 등 부당하게 영업시간을 구속하는 행위를 제한하여 거래상 약자인 매장임차인을 보호하기 위함이다.[4] 통상적으로 백화점, 대형마트 등과 같은 대규모유통업자의 경우 영업일(휴무일)과 영업시간을 정해두고, 자신의 점포에 입점한 매장임차인으로 하여금 이를 준수하도록 규정하는 경우가 많다. 다수의 브랜드와 상품의 구색을 갖추고, 통일성 있게 전체 점포를 운영해야 할 필요성과 점포 전체 상권을 보호해야 할 대규모유통업의 특성 및 소비자 접근 용이성이라는 소비자 후생 등을 고려할 때, 매장임차인으로 하여금 대규모유통업자의 매장 영업규정을 따르도록 하는 것 자체는 합리적인 것으로 해석된다.[5] 다만, 매장임차인이 질병의 발병과 치료의 사유로 인하여 필요최소한의 범위에서 영업시간의 단축을 요구함에도 이를 허용하지 않는 것은 매장임차인에게 지나치게 가혹하며, 영업의 자유와 계약의 자유, 그리고 "계약은 지켜져야 한다"는 일반적 법언(法諺)에 앞서 납품업자의 생명과 신체라는 고도의 가치를 가지는 기본권을 보호하기 위한 것으로서 대규모유통업자의 위와 같은 행위를 거래상 지위남용행위로 의제하는 것으로 이해할 수 있다.

소수의 개인이 매장을 운영하는 가맹점사업자와는 달리, 백화점이나 대형마트와 같은 대규모유통업자의 점포에 입점하고 있는 매장임차인은 그보다 훨씬 큰 규모의 사업자이거나 일정 규모 이상의 법인인 경우가 많고, 이에 따라 다수의 종업원을 고용하여 매장을 운영하는 것이 일반적이다. 이러한 경우 일부 종업원에게 질병의 발병이나 치료가 필요한 경우가 발생한다고 하더라도 매장임차인 입장에서는 얼마든지 다른 종업원으로 대체하거나 충원을 통해 매장을 운영하는 것이 자신에게 유리

---

3 조).

4) 대규모유통업법 제정·개정 이유. 2018. 2. 20.자 공정위 보도자료(대규모유통업법 개정안 국회 본회의 통과).

5) 공정거래위원회의 2024. 11. 28.자 매장 임대차 표준거래계약서(백화점, 대형마트 등) 제 4 조 제 5 항도 "임대차 기간 동안 "을"의 영업시간 및 휴무일은 관련 법규 및 "갑"이 별도로 정하는 매장 영업규정에 따른다. 이 때, "을"은 "갑"이 지정한 영업시간 내에 영업활동을 하며, "갑"이 지정한 시간 외에 임차한 매장에 출입하기 위해서는 "갑"의 사전승인을 받는다"고 규정하여 영업시간 및 휴무일 지정 자체는 허용되는 것으로 이해된다.

하므로, 실제로 질병 등을 이유로 영업시간의 단축을 요구하는 경우는 매우 드물 것으로 보인다.

그러나, 매장에 따라서는 매장임차인이 직접 매장을 운영하는 경우[6]에 매장임차인이 질병의 발병과 치료의 사유로 인해 대규모유통업자가 원하는 시간 만큼 매장 운영이 불가능한 경우도 있을 수 있으므로, 이러한 영세한 매장임차인을 보호한다는 점에서 본 조의 의미가 있다. 나아가 2021년 법 개정을 통해 매장임차인 뿐만 아니라 매장임차인으로부터 판매위탁을 받은 자도 보호대상에 포함됨에 따라 제도의 실익이 좀더 커진 것으로 판단된다.

2. 성립 요건

가. 개 요

대규모유통업자는 매장임차인(매장임차인으로부터 판매위탁을 받은 자를 포함한다)이 질병의 발병과 치료의 사유로 인하여 필요 최소한의 범위에서 영업시간의 단축을 요구함에도 이를 허용하지 않는 등 부당하게 매장임차인의 영업시간을 구속하는 행위를 하여서는 아니 된다(법 제15조의2). 대규모유통업자가 계약을 통해 영업시간을 구속하는 행위가 일반적으로 금지되는 것은 아니며, 매장임차인과의 거래에서 매장임차인 등이 질병의 발병과 치료의 사유로 인하여 필요 최소한의 범위에서 영업시간의 단축을 요구함에도 이를 허용하지 않는 행위 등이 금지된다.

나. 매장임차인 및 매장임차인으로부터 판매위탁을 받은 자

(1) 본 규정이 적용되는 거래 유형

본 조에 따른 영업시간 구속 예외 인정의 보호 객체는 매장임차인과 매장임차인으로부터 판매위탁을 받은 자이다. 따라서 문언상 위·수탁거래, 특약매입거래, 직매입거래에서의 납품업자는 이에 해당하지 않는다. 이는 각 거래의 특성을 고려한 것으로 이해할 수 있다.

---

6) 아울렛 등에서 자연인인 매장임차인이 혼자 약국 또는 의류 매장을 운영하는 경우나, 대규모유통 점포에서 소규모 음식점을 단독으로 운영하는 경우, 매장임차인이 법인이라고 하더라도 1인의 위탁운영인만을 두고 운영되는 매장의 경우 등이 이에 해당할 수 있다.

먼저, 대규모유통업법상 '매장임차인'은 대규모유통업자로부터 매장의 일부를 임차하여 소비자가 사용하는 상품의 판매에 사용하고 그 대가를 대규모유통업자에게 지급하는 형태의 거래를 하는 자를 말한다(법 제 2 조 제 3 호). 이는 민법상 임대차와 동일한 의미로서 민법은 "임대차는 당사자 일방이 상대방에게 목적물을 사용, 수익하게 할 것을 약정하고 상대방이 이에 대하여 차임을 지급할 것을 약정함으로써 그 효력이 생긴다"고 규정하고 있다(민법 제618조). 즉, 임대차거래의 본질상 매장임차인은 목적물을 자유롭게 사용·수익할 권리가 있고, 영업시간 또는 영업의 휴무 여부도 임대차 거래의 본질에 따라 인정되는 강제 사항이 아니며, 매장임차인은 소비자와의 관계에서 직접적인 판매 주체가 된다. 따라서 매장임차인의 영업시간이라는 개념이 성립할 수 있으며, 대규모유통업의 특성상 필요한 통일적 점포 운영과 매장임차인의 생명과 신체라는 고도로 보호할 가치가 있는 권리에 대한 조화를 이루고자 매장임차인에게 영업 단축을 요구할 수 있는 권리를 명시적으로 부여한 것으로 볼 수 있다. 반면, 위·수탁거래, 특약매입거래, 직매입거래는 상품의 판매 주체 및 매장의 운영 주체가 대규모유통업자이므로 '납품업자'의 영업시간이라는 개념은 성립하기 어렵다는 점에서 본 조의 보호 대상을 매장임차인으로 한정한 것으로 이해할 수 있다.

한편, 백화점이나 아울렛과 같이 임대차와 유사하게 매장이 주어지는 특약매입거래의 형태가 있는데, 이러한 거래에 대해서도 본 조가 적용될 수 있는지 여부가 문제될 수 있다.[7] 즉, 이러한 거래 유형의 경우 매장의 운영 측면에서는 임대차와 유사한 측면이 있다는 점에서 본 조를 유추적용할 수 있는지의 문제이다. 그러나, 본 조의 문언상 보호객체를 "매장임차인"으로 명확히 한정하고 있고, 침익적 행정처분 근거 규정에 대한 엄격해석의 원칙, 즉 행정실무상의 필요나 입법정책적 필요만을 이유로 문언의 가능한 범위를 벗어나 처분상대방에게 불리한 방향으로 확정해석하거나 유추해석하는 것이 금지되는 점(대법원 2021. 11. 11 선고 2021두43491 판결 등 참고) 등을 고려할 때, 본 조가 특약매입거래에도 적용된다고 볼 수는 없다고 판단된다.[8]

---

7) 반면, 특약매입거래는 미판매 상품에 대한 반품이 원칙적으로 자유롭다는 특성을 가지는데, 매장과 무관하게 반품조건부 거래로 활용되는 경우도 다수 있다. 이 경우에는 본 논의가 적용될 여지가 없다.

8) 납품업자의 경우 대부분 상당한 매출규모를 가진 법인일 가능성이 크므로, 특약매입거래

(2) 매장임차인으로부터 판매위탁을 받은 자

법 제15조의2는 보호객체의 범위에 매장임차인으로부터 판매위탁을 받은 자를 포함하고 있다. 대규모유통업 거래에서 (i) 매장임차인이 자연인인 경우도 있으나, (ii) 매장인차인이 법인이면서 종업원을 통해 매장을 직영하는 경우 및 (iii) 제3자인 위탁관리자를 두어 매장을 관리하는 경우도 존재한다(이 경우 매장임차인과 제3자는 매장 위탁운영 계약 등을 체결하며 이러한 거래도 상당히 활성화되어 있다).

(iii)의 경우, 매장임차인과 제3자 사이 내부관계에서는 판매액의 일정 비율 또는 금액을 매장임차인에게 지급하고, 제3자가 나머지 판매대금으로 차임과 종업원 고용 비용, 각종 관리비 등 영업비용 그리고 이를 제외한 수익을 취하는 형태로 운영되는 경우가 다수 있다. 예컨대, 소비자 판매가격이 10,000원인 상품을 취급하면서 상품이 판매되면 6,000원만 매장임차인에게 지급하고, 나머지 4,000원으로 매장임대차 등 영업비용에 충당하면서 영업비용 등 제비용을 제외한 나머지를 이익으로 취하는 거래구조이다. 이 경우, 실질적으로 영업활동을 하는 주체는 제3자가 되는데, 이러한 제3자가 질병 등으로 인해 불가피하게 영업시간 단축을 요구함에도 불구하고 매장임차인이 아니라는 이유로 본 조가 적용되지 않을 경우, 보호 공백이 발생할 수 있으므로 법 개정을 통해 매장임차인으로부터 판매위탁을 받은 자도 영업단축을 요구할 수 있는 보호객체로 규정한 것으로 이해할 수 있다.

한편, '매장임차인으로부터 판매위탁을 받은 자'가 상법상 위탁매매를 의미하는 것인지 의문이 들 수 있다. 상법 제101조는 "자기명의로써 타인의 계산으로 물건 또는 유가증권의 매매를 영업으로 하는 자를 위탁매매인"이라고 규정하고 있는데, 양자의 용어가 유사하므로 상법상 위탁매매에 한정되는 것인지 문제된다. 문언의 해석상 매장임차인이 제3자에게 상법상 매매위탁(위탁매매)을 한 경우에만 본 조가 적용된다고 해석할 여지도 없지는 않다. 그러나, 대규모유통업법에서는 상법상 위탁매매라는 표현 대신 판매위탁을 받은 자라는 상이한 용어를 사용하고 있고, 대규모유통업 임대차거래에서 매장임차인이 제3자에게 상법상 위탁매매를 하는 경우(즉, 소비자와의 관계에서 판매 주체가 제3자가 되는 경우)는 드물고, 매장의 운영만을 위탁하는 형태가 일반적이라는 점을 고려할 때, 판매위탁 또는 매장의 운영위탁 형태를 모두

의 납품업자를 보호대상으로 하더라도 본 조가 실제로 적용될 가능성은 크지 않을 것으로 보인다.

포함하는 것으로 해석하는 것이 입법 취지에 부합하는 것으로 생각된다.

매장임차인과 매장임차인으로부터 판매위탁을 받은 자의 의사가 대립되는 경우, 본 조가 적용되는지 문제될 수 있다. 실제 발생 사례가 많지는 않을 것으로 보여지나 법인인 매장임차인 입장에서는 매장이 운영되는 것이 유리하므로 매장임차인으로부터 판매위탁을 받은 자가 질병 치료의 사유로 영업시간 단축을 요구함에도 불구하고, 매장임차인은 영업 계속의 의사를 밝히는 경우이다. 그런데, 본 조는 실질적으로 임차매장의 영업활동을 하는 자연인의 생명과 신체를 보호하기 위한 취지이므로, 매장임차인으로부터 판매위탁을 받은 자의 의사를 우선하는 것이 합리적인 것으로 보여지며, 매장 영업시간 단축으로 인해 대규모유통업자가 매장임차인에게 채무불이행 등에 따른 손해배상책임은 부담하지 않는 것으로 해석된다.[9]

다. 매장임차인[10]이 질병의 발병과 치료의 사유로 인하여 필요최소한의 범위에서 영업시간의 단축을 요구함에도 불구하고 이를 거절하는 등 부당하게 영업시간을 구속

앞서 살펴 본 바와 같이, 매장임차인으로 하여금 대규모유통업자가 운영하는 점포의 영업시간을 준수하도록 하는 것은 일반적으로 적법하며, 이와 같은 영업시간 준수 약정이 금지되는 것도 아니다. 따라서 본 조가 문제되는 경우는 대부분 매장임차인이 영업시간 단축을 요구하였음에도 불구하고 대규모유통업자가 이를 거절하는 행위 유형만이 문제될 것으로 보인다.

매장임차인이 질병의 발병과 치료의 사유로 인하여 필요최소한의 범위에서 영업시간의 단축을 요구하였음에도 불구하고, 이를 거절하는 경우에는 원칙적으로 부당성이 인정될 수 있다. 다만 법 문언의 표현에도 불구하고, 위와 같은 사정이 발생하면 무조건적으로 부당성이 인정된다고 보기는 어렵다. 부당성을 판단하기 위해서는 위 요소들 외에 거래 관행, 영업시간 단축의 필요성과 영업시간 단축으로 인해

9) 임대차 매장의 운영주체는 매장임차인이고, 대규모유통업자는 영업 시간 단축 요청을 수용한 것일 뿐, 대규모유통업자가 영업을 중단한 것이 아니므로 대내적 관계에서 매장임차인과 매장임차인으로부터 판매위탁을 받은 자 사이의 의사가 상이하다고 하더라도 이는 내부적 문제일 뿐, 대규모유통업자의 채무불이행 등은 문제될 여지가 없는 것으로 생각된다.

10) 이하에서는 매장임차인으로부터 판매위탁을 받은 자를 포함하여 매장임차인이라 칭한다.

발생하는 손실의 규모 및 영업시간 단축이 전체 점포 및 주변의 다른 매장의 영업에 미치는 영향 등을 충분히 비교형량할 필요가 있다. 즉, 위와 같은 사정이 발생하면 원칙적으로 부당성이 인정되는 경우가 많을 것이나 예외적으로 위와 같은 사정에도 불구하고, 영업시간 단축을 허용할 수 없는 특별한 사정이 있다면 부당성이 부정될 수도 있을 것이다.

영업시간 단축을 요구하는 사유가 반드시 질병의 발병과 치료의 사유로 한정되는지 문제된다. 그러나, 법문언상 "(생략) 이를 거절하는 '등' 부당하게"라고 되어 있어 매장임차인 등의 영업시간 단축 요구 사유를 한정적 열거로 해석하기는 어려워 보인다. 다만, 매장임차인의 영업시간 단축 요구 사유는 질병의 발병과 치료 등 고도의 보호가치가 있는 법익을 보호하기 위해서나 이에 준하는 정도로 부득이한 사유가 있는 경우로 한정된다고 보는 것이 합리적인 해석이라고 생각된다. 이와 관련하여 공정거래위원회의 매장 임대차 표준거래계약서(백화점, 대형마트 등. 2024. 11. 28)가 질병의 발병과 치료 외에 "사고 발생"도 부득이한 사유의 하나로 규정하고 있다는 점도 참고힐 필요가 있나.

> 제20조 [영업시간 및 휴무일]
>
> ① "을"은 아래의 영업시간과 휴무일을 준수하여 임대차 목적물 내에 한하여 상행위를 하여야 한다.
>
> 1. 영업시간 : 시 분 ~ 시 분
> 2. 휴무일 :
>
> ② "을"("을"로부터 판매위탁을 받은 자를 포함한다. 이하 이 조에서 같다)에게 질병 발병, 치료 또는 사고 발생 등 부득이한 사유가 발생하여 영업시간 변경 내지 단축 등이 필요한 경우, "을"은 변경 또는 단축 예정일 7일 전까지 "갑"에게 서면(전자서면을 포함한다)으로 해당 사유, 변경 (단축) 시간, 적용 예정 기간 등을 기재하여 필요 최소한의 범위 내에서 영업시간 변경(단축)을 신청할 수 있다.
>
> ③ "갑"은 제 2 항에 따른 "을"의 신청이 있을 경우 특별한 사유가 없는 한 이를 승인하여 "을"의 영업시간을 조정하여야 한다.

다만, 부득이한 사유를 주관적 관점에서 지나치게 확대해석하는 경우 점포 운영의 통일성이라는 대규모유통업의 본질적 특성을 해치게 될 수 있으므로, 매장임차인의 영업의 자유 측면이 아니라 불가항력이나 생명·신체 보호 등에 준하는 사유로 한정하여 해석하는 것이 타당하다. 그런 관점에서, 매장임차인의 영업부진은 영업시간 단축 요구의 사유가 될 수 없으며, 매장임차인이 영업부진을 이유로 일방적으로 영업시간 단축을 요구할 경우, 대규모유통업자가 이를 거절하더라도 본 조 위반에 해당한다고 볼 수 없다.[11)]

한편, 매장임차인이 영업시간 단축을 요구할 수 있는 기간은 질병의 치료 등을 위해 필요한 최소한의 범위로 한정된다. 이는 대규모점포의 통일적 운영과 매장임차인 등의 보호를 조화롭게 규정한 것으로 이해할 수 있다. 매장임차인이 영업시간 단축을 과도하게 요구할 경우, 합리적으로 필요한 범위로 한정하여 승인하는 것은 본 조 위반이라고 볼 수 없다. 단축 기간이 과도함을 이유로 영업시간 단축 요구를 전부 거절하는 경우, 부당성이 인정될 여지가 있으므로 합리적 거래 관행 측면과 상식적인 선에서 운영할 필요가 있으며, 일응 합리적인 선에서 매장임차인의 요구의 전부 또는 일부를 수용하였다면 필요 최소한의 범위가 구체적으로 어디까지인지를 문제삼기는 어려울 것으로 생각된다.

3. 부당한 영업시간 구속 금지 규정 위반의 효과

가. 사법상 효과

대규모유통업에서 매장임대차 거래는 크게 매출액과 무관하게 정액 임대료를 지급하는 소위 “임대 갑(甲)” 형태와 매출액의 일정 비율을 임대료로 지급하는 소위

11) 이와 같은 관점에서 가맹사업법상 부당한 영업시간 구속 금지와는 구별된다. 가맹사업법 제12조의3 제 2 항은 제 2 호에서 본 조의 행위와 유사한 형태의 규정(가맹점사업자가 질병의 발병과 치료 등 불가피한 사유로 인하여 필요 최소한의 범위에서 영업시간의 단축을 요구함에도 이를 허용하지 아니하는 행위 금지)을 두면서, 제 1 호에서 가맹점사업자의 점포가 위치한 상권의 특성 등의 사유로 대통령령으로 정하는 심야 영업시간대의 매출이 그 영업에 소요되는 비용에 비하여 저조하여 대통령령으로 정하는 일정한 기간 동안 영업손실이 발생함에 따라 가맹점사업자가 영업시간 단축을 요구함에도 이를 허용하지 않는 행위도 금지하고 있다. 반면, 본 조에서는 수익 측면에서의 영업 중단 사유를 규정하고 있지 않으므로 영업 부진을 이유로 한 영업시간 단축 요구는 본 조의 영업시간 단축 요구 사유에 해당하지 아니한다. 주석 1에서 살펴본 바와 같이 개정 법률안에는 심야시간대 영업 강제행위를 규제하는 내용이 포함되어 있었으나, 대규모유통업 분야에는 적절하지 않다고 보아 최종 개정법률에는 제외되었다.

"임대 을(乙)" 형태가 존재한다. 그런데, 임대 을의 형태는 매장 임차인이 임의로 영업을 중단하는 경우, 매출액이 감소하게 되므로 이 경우, 영업이 계속되었을 경우를 상정한 손해배상 규정을 두는 경우가 있다(예컨대, 과거 3개월 또는 과거 1년 월 평균 매출액에 임대료율을 곱한 금액을 기준으로 임의 영업중단 기간 동안 일할 계산한 형태).

그런데, 매장임차인이 본 조에 따라 영업시간 단축을 요구하였음에도 불구하고 대규모유통업자가 부당하게 이를 거절하였고, 매장임차인은 자신의 사정에 따라 대규모유통업자의 동의를 얻지 않고 영업시간을 단축한 경우, 매장임차인이 손해배상책임(채무불이행 책임)을 부담하는지 문제될 수 있다. 특히, 상당수의 대규모유통업자는 공정거래위원회가 고시하는 매장임대차 표준거래계약서를 사용하고 있는데, 앞서 살펴 본 매장임대차 표준거래계약서 문언대로 계약이 체결되어 있을 경우, 매장임차인이 손해배상책임을 부담하는지의 문제이다. 이에 대하여, 대규모유통업자의 부당한 영업시간 구속 행위가 있다고 하더라도 사법상 계약을 무효로 만들거나 매장임차인의 영업시간 단축 의사표시만으로 약정된 영업시간을 조정하는 형성적 효과(形成權)가 있다고 보기 이려우므로 매상임차인이 손해배상책임을 부담한다는 견해와 대규모유통업자는 계약상으로도 영업시간 조정 의무가 있으므로 손해배상책임을 부담하지 않는다는 견해가 있을 수 있다. 생각건대, 대규모유통업자의 부당한 영업시간 구속 행위가 있다고 하여 곧바로 사법(司法)적 법률관계가 변경된다고 보기는 어려운 것으로 생각된다. 다만, 매장임차인은 대규모유통업자가 영업시간 조정 의무를 이행하지 않았음을 들어, 불법행위를 이유로 대규모유통업자에게 자신이 부담하는 손해액 상당의 손해배상청구를 할 수 있을 것이다. 결국, 양 견해를 구분할 실익은 크지 않으나 소송에서는 항변 사항과 입증책임, 상계 가능 여부 등에서 일부 차이를 보일 것으로 보인다.

나. 행정적 제재

(1) 입증책임

법 제15조의2 규제와 관련하여, 공정거래위원회는 요건사실과 부당성에 대한 입증책임을 부담한다. 즉, 대규모유통업자가 매장임차인에게 영업시간을 구속한 행위가 존재함을 입증하여야 하며, 부당성에 대한 입증책임도 함께 부담한다. 본 조에서 '정당한 사유 없이'가 아닌 '부당하게'라고 규정한 것은 대규모유통업 거래에서 매장임차인으로 하여금 대규모유통업자가 정한 영업시간을 준수하도록 하는 것은 일반적 거래관행에 부합하는 것으로서 영업시간 구속행위는 일반적으로 적법한 경우가 많으나, 그 중 일부 부당하게 영업시간을 구속하는 경우, 즉, 본 조에 예시로 규정한 사유로 매장임차인이 영업시간 단축을 요청하였음에도 이를 대규모유통업자가 거절한 경우에 한하여 규제하겠다는 의미로 이해할 수 있다.

한편, 부당성 요건과 관련하여, 법문에서 '매장임차인이 질병의 발병과 치료의 사유로 인하여 필요 최소한의 범위에서 영업시간의 단축을 요구함에도 이를 허용하지 아니하는 행위'를 부당성의 예시로 규정하고 있는 것으로 이해할 수 있으므로, 공정거래위원회가 매장임차인이 질병의 발병과 치료의 사유로 인하여 필요 최소한의 범위에서 영업시간의 단축을 요구함에도 이를 허용하지 아니하였음을 입증하는 경우, 일응 부당성이 있는 것으로 추정되며, 이를 정당화하는 특별한 사정은 대규모유통업자가 입증책임을 부담한다. 다만, 부당성에 대한 입증책임은 원칙적으로 공정거래위원회에 있으므로 대규모유통업자의 부당성을 상쇄하는 입증의 정도는 본증(本證)이 아닌 반증(反證)이라고 보아야 한다.

(2) 시정조치

공정거래위원회는 부당한 영업시간 구속 금지 규정을 위반한 대규모유통업자에게 법 위반행위의 중지, 향후 재발방지, 시정명령을 받은 사실의 공표, 시정명령을 받은 사실의 거래상대방인 납품업자 등에 대한 통지, 법위반행위의 시정에 필요한 계획 또는 행위의 보고나 그 밖에 시정에 필요한 조치를 명할 수 있다(법 제32조). 아울러 공정거래위원회는 법을 위반한 대규모유통업자에게 시정방안을 마련하여 이에 따를 것을 권고하는 시정권고를 할 수도 있다(법 제33조).

(3) 과 징 금

공정거래위원회는 부당한 영업시간 구속 금지 규정을 위반한 대규모유통업자에게 대통령령이 정하는 산출방식에 따른 연간 임대료를 초과하지 아니하는 범위에서 과징금을 부과할 수 있다(법 제35조 제 1 항, 제 2 항). 시행령은 '대통령령으로 정하는 산출방식에 따른 연간 임대료'에 관하여, '위반사업자가 매장임차인이 위반사업자에게 지급해야 하는 위반기간의 임대료를 1년의 기간으로 환산한 금액'으로 정하고 있고{시행령 제28조 제 1 항, [별표 1]}, 과징금 고시는 과징금 부과 시 '기본 산정기준'으로 위 연간 임대료에 위반금액의 비율을 곱하도록 하고 있다. 다만, 관련 임대료를 산정하기 곤란한 경우 등에는 5억 원을 초과하지 아니하는 범위에서 과징금을 부과할 수 있다(법 제35조 제1항 단서).

제14장

불이익 제공행위 금지

1. 서 설

대규모유통업법은 대규모유통업 거래 분야에서 빈번하게 나타나는 불공정거래 행위의 유형들, 예를 들어 상품대금지급의 지연, 부당한 반품 행위 또는 판매촉진비용 전가 행위 등에 관하여 비교적 상세한 사항을 규정함으로써 대규모유통업자에 의한 불공정거래행위를 방지하는 한편, 직접적 수범자인 대규모유통업자는 물론, 간접적 수범자 내지 법의 보호대상인 납품업자등에 대한 행위규범으로서의 기능을 하고자 한다. 그러나 실제 거래에 있어서는 이와 같이 정형화된 행위 외에도 대규모유통업자와 납품업자등 간 거래상 지위의 차이에 기인하는 다양한 형태의 불공정 거래행위가 나타나게 마련이다. 이에 대규모유통업법 제17조(불이익 제공행위의 금지)는 정당한 사유 없이 상품권이나 물품을 구입하도록 하는 등 대규모유통업자가 납품업자등이 응할 의무가 없는 행위를 요구하거나 그 밖에 일방적으로 납품업자등에게 불이익을 주는 행위를 하는 것을 금지함으로써 다양하게 발생할 수 있는 대규모유통업자의 불이익 제공행위에 대한 규제를 강화하였다. 본 조는 대규모유통업자의 납품업자에 대한 각종 불이익 제공행위에 대한 기타 규제 조항 내지 일반 조항에 해당한다.

2. 불이익 제공행위의 원칙적 금지

가. 개 요

대규모유통업법 제17조는 "대규모유통업자는 정당한 사유없이 다음 각 호의 어느 하나에 해당하는 행위를 하여서는 아니된다"고 규정하면서, 제 1 호 내지 제10호를 열거하고 있다. 본 조는 공정거래법 제45조 제1항 제6호의 거래상지위 남용행위 중 하나인 불이익제공{공정거래법 시행령 제52조 및 [별표 2] 불공정거래행위의 유형 및 기준 제6호 라목}을 대규모유통업 분야에서 구체화한 것이라고 할 수 있다.

나. 불이익제공

본 조에서 '불이익제공'이란 대규모유통업자가 거래상 지위를 이용하여 거래 과정에서 정당한 사유없이 납품업자등과의 거래조건을 설정 또는 변경하거나 그 이행 과정에서 납품업자등에게 불이익을 주거나 납품업자등으로 하여금 이익을 제공하게 하는 행위를 말하며, 납품업자 등에게 '불이익을 주는 행위'인지 여부는 해당 행위로 인해 납품업자에게 생길 수 있는 불이익의 내용과 정도, 거래관계의 지속성 및 의존도, 관련 업계의 거래관행과 거래형태, 관계 법령의 규정 등 여러 요소를 종합적으로 고려하여 판단한다(온라인쇼핑몰 심사지침 Ⅲ. 6. 가. 나. 항 참조). 거래상지위 남용행위를 규정하고 있는 공정거래법 시행령 [별표 2]는 거래상지위 남용행위의 유형을 구입강제, 이익제공강요, 판매목표강제, 불이익제공 및 경영간섭의 5가지로 규정하고 있어 이익제공강요와 불이익제공은 각각 다른 개념으로 보고 있다. 반면, 대규모유통업법 제17조 제10호는 "그 밖에 제1호부터 제9호까지의 규정에 준하는 것으로서 납품업자등에게 불이익을 주거나 이익을 제공하게 하는 행위"를 불이익 제공행위의 하나로 규정하고 있는바, 납품업자에게 직접 불이익을 주는 경우뿐만 아니라 이익을 제공하게 하는 행위 또한 넓게 보아 불이익 제공행위에 포함된다.

한편 대법원은 불이익제공행위에 해당하기 위해서는 그 행위의 내용이 상대방에게 다소 불이익하다는 점만으로는 부족하고 구입강제, 이익제공강요, 판매목표강제 등과 동일시할 수 있을 정도로 일방 당사자가 자기의 거래상의 지위를 부당하게 이용하여 그 거래조건을 설정 또는 변경하거나 그 이행과정에서 불이익을 준 것으로 인정되어야 하고(대법원 2003. 12. 27. 선고 2001두9646 판결 등 다수), 공정거래위원회가 공정거래법 제49조 소정의 시정명령 등 행정처분을 하기 위해서는 그 대상이 되는 '이익제공강요' 및 '불이익제공'의 내용이 구체적으로 명확하게 특정되어야 하며(대법원 2007. 1. 12. 선고 2004두7146 판결), 거래상대방에게 발생한 불이익이 금전상의 손해인 경우에는 법률상 책임있는 손해의 존재는 물론 그 범위(손해액)까지도 명확하게 확정되어야 한다(대법원 2002. 5. 31. 선고 2000두6213 판결)는 입장을 밝히고 있다. 그렇다면 법 제17조를 적용함에 있어서도 이와 같은 대법원의 판단기준이 동일하게 적용할 수 있을지의 문제가 있을 수 있다. 생각건대, 대규모유통업법의 제정 취지 중 하나가 금지행위의 부당성을 일일이 공정거래위원회가 입증해야 하는 어려움을 극복하고 '정당한 사유'의 존재에 대한 입증책임을 대규모유통업자에게 지움으로써 규제의 실효성을 높이고자 하는데 있다는 점과, 후술하는 바와 같이 법 제17조 제 1 호 내지 제 9 호의 규정 중 일부는 그 자체로 불이익제공의 내용을 구체적으로 명확하게 특정하기 쉽지 않아 보인다는 점[1] 등을 감안하면, '불이익제공'과 관련한 위 대법원의 판시 내용들이 대규모유통업법 제17조 각 호의 규정에 대해 모두 동일하게 적용된다고 보기는 어렵다고 판단된다. 즉, 구체적인 위법성 요건은 각 호에 따라 달라질 수 있는 것으로 보이고, 이에 대해서는 자세히 후술한다.

다. 정당한 사유

법 제17조 각 호의 어느 하나에 해당하는 행위라 하더라도 대규모유통업자가 '정당한 사유'가 있다는 점을 입증하면 법 위반에 해당하지 않는다. '정당한 사유'에 해당하는지 여부는 납품업자등과의 사전 합의 여부, 납품업자등의 예측가능성, 불이익 행위의 사유 및 목적, 불이익 행위의 내용 및 정보, 납품업자등의 불이익을 상쇄할 정도의 반대급부의 존재 여부, 정상적인 거래방식 등을 종합적으로 고려하여 판단하여야 한다(온라인쇼핑몰 심사지침 Ⅲ. 6. 나.항 참조). 다만, 입법 당시 법 제17조 각 호의 행위들의 경우 유통실무상 납품업자등에게 불이익이 될 가능성이 크다고 보아 금지되는 행위의 유형으로 열거된 만큼, 공정거래위원회 실무상 정당한 사유가 인정되는 경우는 상당히 제한적일 것으로 생각된다.

라. 대규모유통업법 제15조와의 관계

앞서 살펴본 바와 같이 법 제15조(경제적 이익 제공 요구 금지) 제 1 항은 대규모유통업자에 대해 정당한 사유없이 납품업자등에게 자기 또는 제 3 자를 위하여 금전, 물품, 용역, 그 밖의 경제적 이익을 제공하게 하는 것을 금지하고 있는바, 법 제17조 제10호 후단에서의 "이익을 제공하게 하는 행위"와의 관계가 문제될 수 있다.

---

1) 제17조 제 3 호(판매촉진행사를 실시하기 위하여 통상의 납품수량보다 현저히 많은 수량을 납품하게 하는 행위) 또는 제 6 호(납품업자등의 의사에 반하여 해당 납품업자등의 상품에 관한 광고를 하게 하는 행위)가 그러한 사례에 해당할 수 있을 것으로 보인다.

생각건대, 법 제15조 제 1 항은 '경제적' 이익에 한정하고 있는 반면, 법 제17조 제10호 후단의 경우 '경제적' 이익으로 제한하지 않고 있고, 같은 조 제 1 호 내지 제 9 호의 금지되는 행위들도 금전, 물품 등의 경제적 불이익으로만 국한된다고 보기 어려움 점을 감안하면, 금전 등 경제적 이익을 제공하게 하는 행위에 대해서는 원칙적으로 법 제15조의 규정을 우선 적용하되, 법 제15조로 포섭되지 않는 경우로서 납품업자등으로 하여금 이익을 제공하게 하는 행위에 대해서는 법 제17조가 적용될 수 있을 것이다.

3. 금지 행위의 유형

대규모유통업법 제17조 제 1 호 내지 제10호는 대규모유통업자가 거래상의 우월적 지위를 이용하여 정당한 사유 없이 납품업자등에게 아래의 각 행위를 하는 것을 금지하고 있다. 납품업자등에 대한 행위이므로 납품업자 및 매장임차인을 모두 포함한다.

가. 상품권이나 물품을 구입하게 하는 행위(제 1 호)

(1) 개 요

대규모유통업자는 정당한 사유 없이 납품업자등에게 상품권이나 물품을 구입하게 하는 행위를 하여서는 아니 된다(법 제17조 제 1 호). 납품업자등이 원치 않는 상품권이나 물품을 구입하게 하거나, 필요한 이상으로 많이 구입하게 하는 행위, 거래관계에 있는 상품이 아닌 다른 상품이나 상품권을 구입하게 하는 행위도 모두 포함된다. 종전 유통 실무에서는 대규모유통업자 또는 그 소속 임직원들이 당해 대규모유통업자나 그 계열회사가 발행하거나 보유하고 있는 상품권 또는 물품을 납품업자등에게 구입하도록 요구하는 경우가 종종 발생하였다. 특히 명절이나 연말 연시 등 특정 시기에 상품권을 각 임직원들에게 할당하여 일정한 판매목표를 달성하도록 독려(소위 임직원 등을 통한 '사원판매')하거나 강요하는 경우 각 임직원들은 자신들이 관리하고 있는 납품업자등에게 해당 할당량을 떠넘기는 방식으로 목표를 달성하고자 하였고, 그 피해를 납품업자등이 입게 되는 사례가 빈번히 발생하였던 것이다.

일반적으로 거래상 열위에 있는 납품업자등으로서는 자신과 거래 관계에 있는 대규모유통업자 또는 그 임직원들의 구매 요청을 쉽게 거절하기 어려운 것이 현실이었다. 이로 인하여 일부 납품업자등은 필요하지 않음에도 또는 필요 이상으로 대규모유통업자의 상품권 또는 물품을 구입하게 되었고, 이는 그대로 당해 납품업자등의 경제적 부담으로 작용하였다. 본 호는 이와 같은 불합리한 관행을 방지하기 위한 조항이다.

(2) 금지의 객체 - 상품권 또는 물품

대규모유통업자가 납품업자등에게 구입하게 하는 행위가 금지되는 대상은 상품권 또는 물품이다. 상품권의 사전적 의미는 액면 가격에 상당하는 상품과 교환할 수 있는 표로써 백화점이나 기타 상점이 발행하는 무기명 유가증권[2]을 말하는바, 통상 현재 시중에서 유통되고 있는 각종 명칭의 상품권 일체를 포함한다고 볼 수 있다. 물품은 "일정하게 쓸 만한 값어치가 있는 물건" 또는 "부동산을 제외한 모든 유체물"을 말한다.

그렇다면 상품권 및 물품에 해당하지 않는 경제적 가치있는 객체, 예를 들어 채권이나 사채 등도 이에 포함되는가의 문제가 있다. 이에 대해서는 본 호의 규정 취지가 대규모유통업자의 납품업자등에 대한 각종 권매(勸買)에 따른 경제적 부담을 방지하려는 데 있음을 고려하면 채권이나 사채라 하여 달리 볼 이유가 없다는 주장도 있을 수 있다. 이와 관련하여, 공정거래위원회는 대규모유통업자가 납품업자등에게 자신의 전산시스템을 통하여 '상품 관리 기능'과 '상품 판매 관련 정보 제공 기능" 을 함께 제공하면서 그 대가로 정보처리비를 수취한 데 대하여, 납품업자등의 의사와 무관하게 '상품 판매 관련 정보 제공 기능'을 구입하게 한 행위이고, 해당 '상품 판매 관련 정보 제공 기능'이 본 호의 '물품'에 해당한다고 보아 물품의 범위를 넓게 해석하였다.[3]

---

2) 구 상품권법은 "상품권이라 함은 그 명칭 또는 형태에 관계없이 발행자가 일정한 금액이나 물품 또는 용역의 수량이 기재(전자 또는 자기적 방법에 의한 기록을 포함한다. 이하 같다)된 무기명증표를 발행·매출하고 그 소지자가 발행자 또는 발행자가 지정하는 자(이하 "상품권발행자등"이라 한다)에게 이를 제시 또는 교부하거나 기타의 방법으로 사용함으로써 그 증표에 기재된 내용에 따라 상품권발행자등으로부터 물품 또는 용역을 제공받을 수 있는 유가증권을 말한다"고 규정하였다. 구 상품권법은 1999. 2. 5. 폐지되었으므로 대규모유통업법 제17조 제 1 항 소정의 상품권의 개념을 이에 한정할 필요는 없다. 본 호 적용 실무상, 관련 거래에서 사실상 상품권으로 통용되는 무기명 유가증권의 경우에는 모두 본 호 소정의 상품권에 해당될 것으로 생각된다.

3) 씨제이올리브영㈜의 시장지배적지위 남용행위 및 대규모유통업법 위반행위에 대한 건(공

위 사안에서 공정거래위원회는 '물품'이란 일정하게 쓸 만한 값어치가 있는 물건으로 '경제적 가치가 있는 일체'를 의미하는 것으로 볼 수 있다는 논리를 제시하면서, '정보 제공 기능'도 물품에 해당한다고 판단하였다. 그러나 물품의 정확한 사전적 개념은 일정하게 쓸 만한 값어치가 있는 '물건'이고, 민법 제98조(물건의 정의)에서는 "본법에서 물건이라 함은 유체물 및 전기 기타 관리할 수 있는 자연력을 말한다"고 규정하고 있는바, 위 공정거래위원회 심결과 같이 '상품 판매 관련 정보 제공 기능'도 '물품'에 해당한다고 볼 수 있을지에 대해서는 논란의 여지가 있다. 차라리 위 사안에 대해서는 법 제17조 제1호 대신 제10호를 적용하는 것이 논란의 여지를 줄이는 법적용이 될 수 있었을 것으로 생각되는바, 향후 법원의 판단을 기다려 볼 필요가 있다.

본 호 문언상, 대규모유통업자가 납품업자등에게 구입하게 하는 상품권이 반드시 대규모유통업자가 발행한 것에 한정된다거나, 물품이 반드시 대규모유통업자가 생산 또는 판매하거나 소유한 것에 한정된다고 볼 수는 없다. 본 호의 취지가 납품업자등에 대한 불이익한 행위를 규제하기 위한 것이라는 점을 고려하면, 대규모유통업자 자신의 상품권이나 물품이 아니더라도 납품업자등으로 하여금 상품권이나 물품을 구입하도록 하는 행위는 모두 금지된다고 보는 것이 타당하다. 실무상으로는 대규모유통업자가 자신 또는 계열회사의 매장(반드시 법상 대규모유통업자에 해당하는 사업자의 매장일 필요는 없다)에서 사용가능한 상품권을 구입하도록 하거나,[4] 계열회사가 생산한 상품이나 계열회사가 발행한 상품권을 구입하도록 하는 행위가 주된 규제 대상이 될 것으로 보인다. 요컨대, 본 호 소정의 상품권은 그 발행자, 구체적 사용처를 불문한다. 물품 역시 마찬가지이다.

(3) '구입하게 하는 행위'의 금지

대규모유통업자가 납품업자등에게 상품권이나 물품을 '구입하게 하는 행위'가 금지된다. 참고로 종전 대규모소매업고시는 대규모소매업자가 납품업자등에 대해 상품이나 상품권의 구입 등을 '강요'하는 행위를 금지하는 것으로 규정하고 있었으나(대규모소매업고시 제6조), 대규모유통업법 제17조 각 호는 위법의 요건사실에서

정거래위원회 2023. 12. 21. 의결 제2023-234호).

4) 예를 들어 「○○○ 상품권」이라는 명칭의 상품권이 '○○○ 백화점', '○○○ 마트', '○○○ 프랜차이즈', '○○○서점', '○○○ 패밀리레스토랑', '○○○ 인터넷 쇼핑몰' 등, 계열 관계에 있는 사업자들의 매장에서 공통으로 사용가능한 경우가 대표적이다.

'강요'라는 표현을 사용하는 대신, 대규모유통업자가 납품업자등에게 위와 같은 행위를 '하게 하는' 행위를 금지하는 것으로 규정하였다. 따라서 이와 같은 '하게 하는' 행위의 해석과 관련하여 대규모유통업자의 요구가 있으면 그것이 납품업자등에게 '강요'하는 정도에 이르지 않은 경우까지도 위법한 것으로 볼 수 있는지가 문제된다. 이에 대해서는 법 제15조 제1항의 "납품업자등에게 자기 또는 제 3 자를 위하여 금전, 물품, 용역, 그 밖의 경제적 이익을 제공하게 하여서는 아니된다"는 규정의 해석을 주로 참고할 필요가 있다. 즉, 납품업자등에게 구입등을 강요한 정도에까지 이를 필요는 없으나, 공정거래법상 거래상지위 남용행위에서 요구되는 '사실상 강제'(혹은 사실상 구속력)는 필요하다고 해석하는 것이 타당하다.[5)6)] 참고로 본 호와 유사하게 '하게 하는' 행위를 금지하고 있는 하도급법 제12조의2(경제적 이익의 부당요구 금지)[7)]의 적용과 관련하여 대법원은 동 조항의 입법 취지는 '원사업자가 하도급거래를 하면서 자신의 우월적 지위를 이용하여 수급사업자에게 법률상 의무 없는 부담을 강요하는 불공정거래행위를 금지'하는 데에 있다고 하면서 '수급사업자의 의사에 반하는지 여부'를 따져야 한다고 판단한 바 있다(대법원 2010. 12. 9. 선고 2009두2368 판결 등). 한편, 대규모소매업고시 하에서도, 대규모유통업자의 거래상 우월적 지위가 인정되고 납품업자등이 대규모유통업자의 요구에 응할 만한 합리적인 이유가 없었던 경우에는 강요에 해당하는지를 엄격하게 고려하지 않고 부당한 강요행위를 인정하는 것이 공정거래위원회의 실무 경향이었다는 점도 참고할 수 있다.

종합하면 납품업자등이 자신의 의사에 반하여 대규모유통업자의 요구를 따를 수밖에 없는 상황이었는지, 실제로 상품권이나 물품을 구입하였는지, 구입규모나

5) '하게 하는' 행위의 의미에 대해서는 제11장 제 2 항 참조

6) 대규모유통업법은 여러 조항에서 '하게 하는' 행위를 금지하고 있으면서도, 그 제목은 조금씩 달리 하고 있는바, 조속한 정비가 필요한 부분으로 보인다. 예컨대, 법 제13조는 '배타적 거래 강요 금지'라는 제목하에 "부당하게 납품업자등에게 배타적 거래를 하도록 하 … 여서는 아니된다"고 규정하고 있고, 법 제14조에서는 '경영정보 제공 요구 금지'라는 제목하에 "부당하게 납품업자등에게 다음 각 호의 어느 하나에 해당하는 정보를 제공하도록 요구하여서는 아니된다"고 규정하고 있으며, 법 제14조의2는 '경영활동 간섭 금지'라는 제목하에 '계열회사 또는 다른 사업자로 하여금 납품업자등의 경영활동을 간섭하는 행위를 하도록 하여서는 아니된다'는 취지의 규정을 두고 있다. 법 제15조나 제17조 또한 비슷한 규정을 두고 있지만, 조금씩 차이가 있어 각 조항들의 의미가 정확히 무엇인지에 대해서는 해석을 통해 정리될 수밖에 없는바, 가능하면 입법을 통한 정비가 필요하다고 판단된다.

7) 원사업자가 정당한 사유 없이 수급사업자에게 자기 또는 제 3 자를 위하여 금전, 물품, 용역, 그 밖의 경제적 이익을 제공하도록 하는 행위를 하여서는 아니 된다.

구입가격, 조건 등을 종합적으로 고려하여 본 호 위반 여부를 판단하여야 할 것으로 생각된다. 이러한 점에서 대규모유통업자가 단순히 구입을 권유하거나 구매의 기회를 제공한 것에 그친 경우까지 '구입하게 하는 행위'라고 보기는 어렵다고 판단된다.

예컨대, 당해 상품권의 액면가나 당해 물품의 시가보다 낮은 가격으로 구매하도록 한 경우에도 본 호에 따라 금지되는 행위로 볼 것인지의 문제가 있다. 대규모유통업자 입장에서 납품업자등에게도 경제적으로 유리한 조건이라고 판단하여 구입을 요청하였고, 이에 대해 납품업자등이 스스로의 판단 하에 자유로운 의사로 구매하였다면, 대규모유통업자가 구입하게 한 행위로 보기는 어려울 것이다. 다만, 이를 일률적으로 판단하기는 어려운 경우가 적지 않다. 상품권의 경우에는 단순히 액면가 미만으로 구입했다고 해서 반드시 경제적으로 유리한 조건이라고 보기 어려운 경우가 있기 때문이다. 실제로 상품권의 경우 시장에서 유통되는 시장가격[8]이 액면가보다 낮은 경우가 일반적이며, 그 할인율은 해당 상품권의 환금성 정도에 따라서도 크게 다르게 나타난다. 예를 들어 환금성이 높은 상품권을 시장가격보다 낮은 가격으로 구매하게 되면 납품업자등으로서도 경제적으로 유리한 선택이 될 수 있지만, 환금성이 크게 떨어지는 상품권이나 물품의 경우에는 가사 그 구입 가격이 시장가격보다 낮다고 하더라도 그 자체만으로는 경제적으로 합리적인 판단이라고 보기 어려운 경우가 있을 수 있다.[9]

한편, 법문상 대규모유통업자가 납품업자등에 대해 상품권 또는 물품을 구입하게 하는 행위를 한 것만으로 본 호 위반은 성립하므로 당해 납품업자등이 실제로 상

8) 상품권의 액면가와는 다른 개념이다. 예를 들어 액면가 10만 원짜리 상품권의 경우, 시중에서 2~10% 정도의 환금 수수료(換金 手數料)를 공제한 9만 8,000원 내지 9만 원 정도에 거래되는 경우에는 이 가격이 당해 상품권의 시장가격이 된다. 상품권의 발행 주체, 사용처, 당시의 시장 수요 등에 따라 환금 수수료는 다양하게 형성된다.

9) 이에 관하여는, 상품권을 거래시세보다 낮은 가격으로 구입하였다는 이유만으로 본 호 소정의 '구입하게 하는 행위'에 해당되지 않는다고 볼 수는 없다는 견해가 있을 수 있다. 예를 들어 환금성이 있어서 실제로 납품업자등이 구입한 상품권을 전부 현금으로 교환한 경우라면, 이것이야말로 납품업자로 하여금 불필요한 일을 하도록 한 것에 해당할 수 있다는 이유에서이다. 대규모유통업자가 납품업자에게 구입하도록 한 상품권의 가격이 시장가격보다 낮다고 하여 예외없이 본 조 위반에 해당되지 않는다고 볼 것은 아니므로, 위 견해 역시 이러한 관점에서 고려할 만하다. 결국 본 호 위반 여부는 제반 사정을 종합적으로 고려하여 행위 당시 납품업자등이 '대규모유통업자의 거래상 우월한 지위에 기한 요구가 아니었다면 전혀 구입할 이유가 없었는지' 여부를 합리적으로 살펴서 판단하여야 할 것이다.

품권 또는 물품을 구입하였을 것까지 요구되지는 않는다. 그러나 실제 구입이 이루어지지 않았다면 납품업자등에게 손해가 없고, 대규모유통업자가 자신의 지위를 이용하여 사실상의 강제를 하였다고도 보기 어려우므로, 이러한 경우까지 법 위반으로 보는 것은 타당하지 않다고 생각된다.

(4) 정당한 사유

대규모유통업자가 납품업자등에게 상품권 또는 물품을 구입하게 한 경우라도 그 행위에 정당한 사유가 인정될 수 있다면 본 호 위반에 해당하지 않는다. 정당한 사유에 해당하는지 여부는 당시의 제반 사정을 종합적으로 고려하여 판단하여야 할 것이나, 공정거래위원회 실무상 정당한 사유로 인정되는 경우는 매우 제한적일 것으로 보인다.

(5) 관련 서류의 보존

대규모유통업자가 정당한 사유로 납품업자등에게 상품권을 구입하게 한 경우, 대규모유통업자는 당해 상품권의 발행, 판매 및 회수내역을 적은 서류를 보존하여야 한다(법 제 6 조 제 8 항, 시행령 제 5 조 제12호). 이와 같은 정보를 적시하기 위해서는 납품업자등에게 구입하도록 한 상품권을 특정할 수 있어야 할 것이다. 통상 당해 상품권의 일련번호 등으로 위 각 정보를 특정하여 기재 가능할 것으로 보이나, 다수의 상품권이 거래되어 개개의 일련번호를 모두 확인하기 어려운 경우에는 당해 거래 시점이나 물량, 기타 사항 등을 고려하여 다른 방법에 의할 여지도 없지 않다.[10)]

(6) 관련 사례

[씨제이올리브영㈜의 시장지배적지위 남용행위 및 대규모유통업법 위반행위에 대한 건(공정거래위원회 2023. 12. 21. 의결 제2023-234호)]

[사실관계]

피심인은 2017년 1월경부터 2022년 말까지 납품업자의 의사와 상관없이 상품 관련 정보를 제공하고 그 대가로 총 760개 납품업자로부터 순매입액의 약 1%~3%를 '정보처리비'로 수취하였다.

10) 이하 각 호의 내용을 설명함에 있어서는 관련 서류의 보존 항목은 별도로 설명하지 아니한다.

[공정거래위원회의 판단]

이 사건 문제가 된 '정보 제공 기능'은 피심인이 납품업자의 상품 현황 또는 고객 데이터 등의 처리 등을 통해 특정한 목적에 따라 특유의 형식을 갖춘 정보를 생산한 것으로써 일정하게 쓸 만한 값어치가 있는 '물품'에 해당한다. '정보 제공 기능'은 올리브원 및 파트너 백포스를 통하여 피심인과의 거래를 위해 반드시 필요한 '상품 관리 기능'과 함께 묶어 제공되었다. 따라서 납품업자 입장에서는 '상품 관리 기능'만을 원하는 경우에도 '정보 제공 기능'을 거절할 수 있는 상황이 아니었고, 이에 따라 피심인과 거래를 개시 또는 유지하고자 한 거의 모든 납품업자들이 '정보 제공 기능'의 대가로 피심인에게 정보처리비를 지급할 수밖에 없었다. 따라서 이 사건 피심인의 행위는 납품업자로 하여금 물품을 구입하게 한 행위에 해당한다고 판단된다.

[㈜뉴코아백화점의 불공정거래행위에 대한 건(1988. 12. 28. 의결 제88-108호)-상품권 구입 강요 사례][11)]

[사실관계]

피심인은 추석명절등에 매출액 신장을 위하여 자기의 직원들로 하여금 정해진 판매목표를 판매케 하는 직원권유판매를 실시하면서 구두표, 갈비세트표 등 상품권을 납품업체에 20% 할인하여 판매하고 동 대금을 납품업체의 납품대금 지급시에 1회 내지 3회에 걸쳐 공제하였다.

[공정거래위원회의 판단]

피심인이 납품업체를 대상으로 판매한 상품권 금액이 1억 원에 달하고 피심인과 거래하는 대부분의 납품업체가 납품대금에서 공제한 것 등으로 볼 때 납품업체가 자발적으로 구매하였다고 보기는 어려우므로, 피심인의 위와 같은 행위는 거래상 우월한 지위를 이용하여 부당하게 납품업체에게 불이익을 주는 행위로서 공정거래법상 거래상지위남용행위(현행 공정거래법 제45조 제 1 항 제 6 호)에 해당한다.

---

11) 상품권을 20% 할인하여 판매하였음에도 위법으로 판단한 사례이다. 즉, 납품업자에게 경제적으로 불이익이 아니라고 평가할 소지가 있는 경우임에도 부당한 상품권 강매로 판단된 사례이다. 납품업자등의 경제적 불이익 여부보다는 납품업자등이 응할 의무가 없는 행위를 대규모유통업자가 요구하는 것을 금지한다는 점을 보다 고려한 것으로 볼 수 있다. 그러나 공정거래위원회의 본 사건 의결서 기재만으로는 당해 상품권의 실제 구매가격이 시장가격보다 낮았는지 여부를 확인하기 어려우므로, 본 사례만으로 납품업자등의 경제적 이익 여부가 본 호의 위법성 판단 요소에서 완전히 배제된다고 확대 해석할 수는 없다.

나. 통상적인 시장의 납품 가격보다 현저히 낮은 가격으로 납품하게 하는 행위(제 2 호)

(1) 개 요

대규모유통업자는 정당한 사유 없이 납품업자등에게 통상적인 시장의 납품가격보다 현저히 낮은 가격으로 납품하게 하는 행위를 하여서는 아니 된다(법 제17조 제 2 호). 일반적으로 납품업자가 납품하는 상품의 가격은 대규모유통업자와 납품업자 간의 자유로운 협상에 의해 결정되어야 하므로, 양 거래당사자간의 가격결정에 정부가 관여하는 것이 적절하지는 않다. 실제로도 본 호는 대규모유통업자와 납품업자의 최초 거래 시점에는 적용되기 어렵다. 통상적인 시장의 납품 가격을 판단하는 것이 어려울 뿐만 아니라, 계약 체결 여부에 대한 자유가 있는 최초 거래 시에는 납품업자가 해당 가격 수준의 수용가능성을 충분히 판단하여 거래개시에 응하였다고 보는 것이 타당하기 때문이다. 그러나 일단 대규모유통업자와의 거래를 시작하고 나면 납품업자로서는 거래를 지속하는 것이 중요해지므로 대규모유통업자의 무리한 요구까지도 수용할 수밖에 없는 경우가 발생하게 된다. 실제로 유통 실무에서도 일반 소비자들에 대한 가격 경쟁력 제고 등을 명분으로 대규모유통업자가 납품업자에 대해 납품 가격을 낮추어 공급하도록 요구하는 사례가 종종 발생하였다(소위, '납품가 후려치기'). 이 경우 거래상 열위에 있는 납품업자로서는 경제적 불이익을 감수하면서도 대규모유통업자의 요구를 받아들일 수밖에 없는 경우가 적지 않았다. 본 호는 이와 같은 불합리한 관행을 방지하고자 도입된 것으로 생각된다.

(2) 적용 범위 - 법 제17조 제 5 호와의 관계

대규모소매업고시 역시 본 호와 유사한 규정을 두고 있었다(대규모소매업고시 제 6 조 제 2 호). 그러나 대규모소매업고시가 '특별판매행사를 하기 위하여 납품업자에게 통상적인 납품가격보다 현저히 낮은 가격으로 납품하도록 강요하는 행위'를 금지한 것에 반하여(제 6 조 제 2 호), 본 호는 '특별판매행사'라는 문언을 삭제하고 '납품하게 하는 행위'를 금지하였다는 점에서 차이가 있다. 한편, 이에 더하여 법 제17조 제 5 호는 '한시적으로 인하하기로 약정한 납품가격을 기한이 경과한 후에도 정상가격으로 환원하지 아니하거나 환원을 지연하는 행위'를 금지하고 있다. 이에 따라 대규모소매업고시 제 6 조 제 2 호와 법 제17조 제 2 호 및 제 5 호 사이의 관계 및 적용 범위를 보다 자세히 살펴볼 필요가 있다.

법 제17조 제 2 호와 제 5 호는 모두 법 제정 과정에서 신설된 규정으로서 그 해석에 관한 확립된 견해가 없어 그 적용 범위를 명확히 판단하기 어렵다. 다만, 이들 조항이 모두 대규모소매업고시 제 6 조 제 2 호 규정과 유사한 면이 있어 해당 고시 규정의 취지를 계수한 것으로 볼 수 있고, 두 조항 모두 납품업자에 대한 납품가격 인하 요구와 관련된 규정이므로 서로 관계가 있다고 볼 수 있다. 다만 각 조항의 문언을 좀더 구체적으로 보면, 법 제17조 제 2 호는 '대규모유통업자와 납품업자간에 납품가격을 정함에 있어 그 납품가격의 수준의 적절성'과 관련된 조항인 반면, 같은 조 제 5 호는 '한시적으로 납품가격을 인하하기로 약정한 경우'에는 그 타당성을 인정하되 약정과 달리 이를 원래대로 환원하지 않는 행위는 납품업자에게 불이익이 될 수 있다는 판단하에 추가된 조항으로서 제 2 호와는 구분된다. 즉, 법 제17조 제 2 호와 제 5 호는 대규모소매업고시 제 6 조 제 2 호의 내용을 분할하여 규율한 조항이기는 하지만, 종전에는 특별판매행사등을 명목으로 납품가격 인하를 강요하는 행위로 규율대상을 한정한 데서 더 나아가 그 규율범위를 훨씬 더 확대한 점에서 차이가 있다. 특별판매행사가 아닌 다른 명목으로 납품업자의 의사에 반하여 납품가격 인하를 요구하거나, 서로 합의를 통해 일시적인 가격할인행사를 하다가 이를 빌미로 지속적인 납품업자의 희생을 강요하는 사례는 얼마든지 발생할 수 있다고 판단하였기 때문으로 보인다. 이와 같은 관점에서 볼 때, 본 호는 대규모소매업고시에서는 직접적으로 규제하지 않던 납품가격의 수준을 직접 대상으로 하여, 그것이 통상적인 시장의 납품 가격보다 현저히 낮은 가격인 경우에는 위법으로 판단하고자 하는 새로운 규제라 할 수 있다.

한편, 본 호 소정의 납품가격은 상품을 납품하는 납품업자에게만 적용된다. 따라서 문언상 매장임차인에게는 본 호가 적용된다고 보기 어렵다. 단, 매장임차인으로부터 수취하는 임대료가 통상적인 시장의 임대료보다 현저히 높은 경우에는 같은 취지에 따라 본 조 제10호 소정의 기타 불이익 제공에 해당될 수는 있을 것이다.

(3) 통상적인 시장의 납품가격보다 현저히 낮은 가격으로 납품하게 하는 행위

대규모유통업자는 납품업자에 대해 '통상적인 시장의 납품가격보다 현저히 낮은 가격'으로 납품하게 하는 행위를 하여서는 아니 된다. 특별한 사정이 없는 한 납품업자 입장에서는 시장에서 통상적으로 형성된 가격보다 현저히 낮은 가격으로 납품할 만한 경제적 유인이 있다고 보기는 어렵다. 다만 납품업자가 처음으로 대규모유통업자와 거래를 개시할 때에는 가격이나 기타 거래조건 등을 충분히 감안하여 자유의사에 따라 거래개시 여부를 결정하는 것이 보통이고, 경우에 따라서는 시장에서의 인지도 제고 등을 위해 낮은 납품가격을 감수하고서라도 특정한 대규모유통업자와 거래를 시작하고자 하는 유인이 있을 수 있으므로, 최초 거래시의 납품가격이 어떠하든 이 경우까지 본 호를 적용하는 것은 적절하지 않다고 판단된다. 이처럼 본 호는 거래 개시 시점에는 적용하기 어렵고, 거래가 개시된 이후(계약기간 중이나 계약의 갱신 시점 등)에 납품 가격을 현저히 낮은 수준으로 변경하는 경우에 한하여 적용된다고 보는 것이 타당하다.

이렇게 해석하는 것이 시행령 제13조(상품권 구입 요구 금지 등) 제 1 항에서 '통상적인 시장의 납품 가격 및 통상의 납품수량'을 판단함에 있어서는 납품업자의 납품실태, 원재료의 수급 상황의 변화, 시장에서의 수요 변동, 상품의 생산량 또는 수입량의 변동 및 그 밖에 상품의 가격 변동 또는 납품수량에 영향을 미칠 수 있는 사유의 발생 여부를 종합적으로 고려하도록 규정하고 있는 취지에도 부합한다. 따라서 '현저히 낮은 가격'에 해당하는지 여부를 판단함에 있어서도 종전의 거래가격과 유사상품의 시장가격, 시장상황의 변화 등을 종합적으로 고려하여야 한다. 당해 납품가격의 수준이 납품업자 입장에서 경제적으로 합리적인 판단이라고 도저히 보기 어려울 정도로 일방적으로 불리한 수준이라면 이에 해당할 수 있으나, 단순히 통상의 시장 가격보다 낮은 수준으로 납품가격을 정한 것만으로는 본 조항을 적용할 수 없다. 상품의 대량 구매에 따른 통상의 가격할인(volume discount)이 이에 해당하지 않음은 물론이다.

관련하여, 구 하도급법(2013. 5. 28. 법률 제11842호로 개정되기 전의 것) 제 4 조(부당한 하도급대금의 결정 금지) 제 1 항에서는 '일반적으로 지급되는 대가보다 현저하게 낮은 수준으로 하도급대금을 결정'하는 행위를 부당한 하도급대금 결정으로 금지하였는바(다만 2013년 개정 하도급법은 '현저하게' 요건을 삭제하였다), 이를 본 호의 해석·적용에 어느 정도 참조할 수 있다. 하도급법상 '일반적으로 지급되는 대가'란 동종 또는 유사한 목적물에 대하여 동일거래지역에서 일반적으로 적용되는 가격을 의미하고 '현저히 낮은 수준'은 일반적으로 지급되는 대가와의 차액, 그 차액이 수급사업자에게 미치는 영향 등 제반 사정을 종합적으로 고려하여 판단하여야 한다는 것이 대체적인 견해이다.[12] 나아가 하도급법 제 4 조 제 2 항은 제 1 호부터 제 8 호까지 하도급대금을 원사업자가 일방적으로 인하하여 결정하는 특정한 유형들을 열거하면서 이 중 하나에 해당하면 부당한 하도급대금 결정으로 간주하는 규정을 두고 있다.[13] 하도급법에서의 위 각 적용례를 그대로 본 호의 해석에 준용할 수는 없으나, 현저성 여부를 판단함에 있어서 일응 참조할 수는 있을 것으로 생각된다.

한편, '통상의 시장가격'이란 당해 대규모유통업자가 속한 시장에서 당해 상품의 통상적인 납품가격을 의미한다. 백화점과 대형마트, TV홈쇼핑, 편의점이나 온라인 쇼핑몰 등은 유통구조의 차이로 인해 납품가격 자체가 다를 수도 있으므로, 수요/공급의 관점에서 각각 별개의 시장으로 보아야 할 경우가 많을 것이다. 따라서 본 호의 '통상적인 시장의 납품가격보다 현저히 낮은 가격'인지 여부를 판단함에 있어서도 각자 속한 시장에서 유통되는 제품의 가격을 기준으로 하는 것이 합리적이라고

---

12) 한국공정경쟁연합회, 제조하도급 실무편람(2010), 244~245면; 한국공정경쟁연합회, 건설하도급 실무편람(2010), 114~115면, 한국공정경쟁연합회, 용역하도급 실무편람(2010), 85~86면; 김홍석·구상모, 하도급법, 화산미디어(2010), 128~130면.

13) 하도급법 제 4 조(부당한 하도급대금의 결정 금지) ① 원사업자는 수급사업자에게 제조등의 위탁을 하는 경우 부당한 방법을 이용하여 목적물 등과 같거나 유사한 것에 대하여 일반적으로 지급되는 대가보다 현저하게 낮은 수준으로 하도급대금을 결정(이하 "부당한 하도급대금의 결정"이라 한다)하거나 하도급받도록 강요하여서는 아니 된다.

② 다음 각 호의 어느 하나에 해당하는 원사업자의 행위는 부당한 하도급대금의 결정으로 본다.

1. 정당한 사유 없이 일률적인 비율로 단가를 인하하여 하도급대금을 결정하는 행위
2. 협조요청 등 어떠한 명목으로든 일방적으로 일정 금액을 할당한 후 그 금액을 빼고 하도급대금을 결정하는 행위
3. 정당한 사유 없이 특정 수급사업자를 차별 취급하여 하도급대금을 결정하는 행위
4. 수급사업자에게 발주량 등 거래조건에 대하여 착오를 일으키게 하거나 다른 사업자의 견적 또는 거짓 견적을 내보이는 등의 방법으로 수급사업자를 속이고 이를 이용하여 하도급대금을 결정하는 행위
5. 원사업자가 수급사업자와의 합의 없이 일방적으로 낮은 단가에 의하여 하도급대금을 결정하는 행위
6. 수의계약(隨意契約)으로 하도급계약을 체결할 때 정당한 사유 없이 대통령령으로 정하는 바에 따른 직접공사비 항목의 값을 합한 금액보다 낮은 금액으로 하도급대금을 결정하는 행위
7. 경쟁입찰에 의하여 하도급계약을 체결할 때 정당한 사유 없이 최저가로 입찰한 금액보다 낮은 금액으로 하도급대금을 결정하는 행위
8. 계속적 거래계약에서 원사업자의 경영적자, 판매가격 인하 등 수급사업자의 책임으로 돌릴 수 없는 사유로 수급사업자에게 불리하게 하도급대금을 결정하는 행위

생각된다.

(4) 정당한 사유

대규모유통업자가 납품업자에게 통상적인 시장의 납품가격보다 현저히 낮은 가격으로 납품하게 한 경우라도 그 행위에 정당한 사유가 있다면 본 호 위반에 해당하지 않는다. 예를 들면 납품업자가 더 이상 정상적인 시장 가격으로는 판매되기 어려운 악성재고를 단기간에 처리하기 위해 저가 납품하는 경우가 이에 해당할 수 있을 것이다. 다만 이 경우에도 저가 납품을 누가 먼저 요청하였는지, 시장 수요상황이나 납품업자의 재고 상황 등이 객관적으로 확인되어야 정당한 사유 인정여부를 판단할 수 있다.

다. 판매촉진행사를 실시하기 위하여 통상의 납품수량보다 현저히 많은 수량을 납품하게 하는 행위(제 3 호)

(1) 개 요

대규모유통업자는 정당한 사유 없이 납품업자에게 판매촉진행사를 실시하기 위하여 통상의 납품수량보다 현저히 많은 수량을 납품하게 하는 행위를 하여서는 아니 된다(법 제17조 제 3 호). 본 호는 상품의 납품수량에 관한 조항이므로 납품업자에게만 해당하고, 매장임차인에 대하여는 적용되지 않는다.

본 호는 대규모소매업고시에는 없던 행위 유형으로, 대규모유통업법 제정 시 새롭게 규정된 조항이다. 다만 본 호의 문언내용만으로는 구체적으로 무엇을 규제하려고 하는 것인지가 분명하지 않은 점이 있어 보인다.[14] 납품업자가 평소보다 많은 수량을 대규모유통업자에게 납품하게 되면, 그 결과 매출과 영업이익이 늘어나게 되므로 궁극적으로 납품업자에게는 오히려 이익이 되는 것이 일반적이기 때문이다. 물론 경우에 따라서는 한정된 물량만을 재고로 보유하고 있는 상황에서 특정 대규모유통업자가 판매촉진행사를 명목으로 특정 납품업자에게 무리하게 많은 수량을 납품하

14) 본 호의 경우 같은 조의 나머지 규정들과 마찬가지로 2011. 6. 10. 이사철 의원이 대표 발의한 대규모소매업에서의 거래공정화에 관한 법률안에 포함되어 있던 내용인데, 박선숙 의원이 대표 발의한 대규모유통업 납품거래 공정화에 관한 법률안(2010. 7. 13.)과 합쳐서 국회 정무위원회 대안으로 만들어지는 과정에서 특별한 논의 없이 대규모유통업 거래공정화에 관한 법률 제정안에 포함된 것이다. 이로 인해 본 호의 구체적인 취지는 법문언을 통해 추측할 수밖에 없다.

게 할 경우, 해당 납품업자로서는 다른 유통경로에 대한 상품 공급에 지장이 초래될 수 있고, 이로 인해 다른 경쟁 유통업자들의 경쟁조건이 악화되는 상황이 발생할 수 있다. 나아가 지나치게 과도한 물량의 납품 요구는 상품 공급에 관한 납품업자의 자율성을 침해할 우려도 없지 않다.

그러나 유통 현실에서는 다른 유통경로에 납품하지 못할 정도의 물량을 납품하도록 요구하는 사례가 발생하기도 어려울 뿐 아니라, 실제로 그런 상황이 발생한다고 해도 통상적인 가격으로 납품되는 것을 전제하면 대부분의 경우에는 납품업자에게 이익이 되는 것이 일반적이므로, 예외적으로 특수한 경우(예컨대, 전반적으로 상품이 부족한 상황에서 판매촉진행사를 명목으로 사재기에 이를 정도로 많은 상품을 납품하게 하는 경우) 외에는 이를 위법한 행위로까지 보는 것이 타당한지 의문이 있다. 본 호의 경우에도 다른 조항과 마찬가지로 원칙적으로는 법 위반으로 보고, 대규모유통업자가 정당한 사유를 입증하는 경우에만 위법성이 조각되는 구조이기 때문이다. 향후 입법을 통해서 개선할 필요가 있다고 판단된다. 따라서 본 호를 실제로 운용함에 있어서는 '현저한' 규모의 판단을 엄격하게 하는 등 신중하게 운용할 필요가 있다.[15)]

(2) 판매촉진행사 실시를 목적으로 많은 수량을 납품하게 하는 행위

대규모유통업자는 판매촉진행사를 실시하기 위하여 통상의 납품수량보다 현저히 많은 수량을 납품하게 하는 행위를 하여서는 아니 된다. 앞서 본 바와 같이 대규모유통업자에 대한 납품 물량의 증대는 납품업자에게 이익이 되는 것이 일반적이므로 통상적인 거래조건 하에서는 납품수량을 아무리 늘린다고 하더라도 납품업자에게 불이익이 될 가능성은 없다고 보는 것이 합리적이다. 다만, 대규모유통업자가 자신의 이익을 위해 당해 납품업자의 상품 공급에 관한 자율성을 심히 침해하면서까지 현저히 많은 수량을 납품하도록 요구하고, 납품업자는 그 요구를 어쩔 수 없이 따르게 되었다는 점이 명확히 확인되는 경우와 같이 극히 예외적인 경우에 한해 본 호가 적용될 수 있을 것으로 판단된다. 통상의 거래상황에서 단지 많은 수량의 거래가 있었다는 사실만으로 대규모유통업자가 납품업자에게 통상의 납품수량보다 현저히 많은 수량을 납품하게 하였다고 볼 것은 아니다.

본 호가 '판매촉진행사'를 실시하기 위한 목적인 경우로 한정한 것도 이러한 점

15) 과징금 고시에 의하면 법 제17조 위반에 대해서는 원칙적 과징금 부과 대상으로 규정하고 있다는 점에서 더욱 엄격한 법 해석이 요구된다.

을 고려하였기 때문으로 보인다. '판매촉진행사' 실시를 위한 목적인 경우에만 본 호가 적용되므로, 일반적인 거래과정에서 납품수량을 늘릴 것을 요구하는 행위는 전혀 문제가 되지 않는다. 그 밖에 다른 사유, 예를 들어 실제 그 대규모유통업자의 매장에서 당해 상품의 판매량이 급속히 증가하여 판매물량을 미리 확보하고자 하거나, 특정 매장에서 당해 상품을 전문적으로 판매하기 위해 물량을 비축하려는 등의 사유인 경우에도 마찬가지이다. 본 호 문언상, 판매촉진행사의 주체가 누구인지, 비용은 어떻게 분담하는지 등의 사유는 별도로 고려하지 않으나, 본 호의 규정 취지나 본조 제 4 호(납품업자등의 의사에 반하여 판매촉진행사에 참여하게 하는 행위)와의 관계 등을 고려할 때 납품업자가 실시하는 판매촉진행사와 관련하여서는 본 호의 규제가 적용된다고 보기는 어렵다.

(3) 통상의 납품수량보다 '현저히' 많은 수량을 납품하게 하는 행위

'통상의 납품수량'보다 '현저히 많은 수량'인지 여부는 납품업자의 납품 실태, 원재료의 수급 상황의 변화, 시장에서의 수요 변동, 상품의 생산량 또는 수입량의 변동 및 그 밖에 상품의 가격 변동 또는 납품수량에 영향을 미칠 수 있는 사유의 발생 여부를 종합적으로 고려하여 판단하여야 한다(시행령 제13조 제 1 항). 단순히 통상의 거래량에 비해 숫자상으로 많은 수량의 납품이 있었다는 점만으로 '현저히 많은 수량'에 해당된다고 판단하여서는 아니 된다.

(4) 정당한 사유

대규모유통업자가 납품업자에게 판매촉진행사를 실시하기 위하여 통상의 납품수량보다 현저히 많은 수량을 납품하게 하는 행위를 한 경우라도 그 행위에 정당한 사유가 있다면 본 호 위반에 해당하지 않는다. 특별한 사유가 없는 한, 많은 수량을 납품하는 것은 납품업자에게도 이익이 되므로, 본 호의 정당한 사유는 법상 다른 규정에 비해 인정될 여지가 상대적으로 넓을 것으로 생각된다. 납품업자가 더 이상 정상적인 형태로는 판매하기 어려운 재고 상품을 판매촉진행사를 통해 단기간에 처리하기 위해 다량 납품하는 경우 또는 이에 준하는 경우가 이에 해당될 수 있을 것으로 보인다. 이 외의 정당한 사유의 해당 여부는 당시의 제반 사정을 종합적으로 고려하여 판단하여야 할 것이다. 다만 본 호의 경우 입법을 통해 개선될 필요가 있음은 앞에서 살펴본 바와 같다.

라. 납품업자등의 의사에 반하여 판매촉진행사에 참여하게 하는 행위(제 4 호)

(1) 개 요

대규모유통업자는 정당한 사유 없이 납품업자등의 의사에 반하여 판매촉진행사에 참여하게 하는 행위를 하여서는 아니 된다(법 제17조 제 4 호). 대규모소매업고시에서 '경품부판매, 할인특매 등의 특별판매행사에 납품업자등이 참여토록 강요하는 행위'를 금지하던 것(제 6 조 제 3 호)과 같은 취지이다.

유통 실무에서는 대규모유통업자가 주도적으로 판매촉진행사를 기획하여 시행하는 사례가 빈번히 발생한다. 일반적으로 판매촉진행사는 상품의 최종 소비를 늘리고, 그에 비례하여 납품업자의 매출액도 증대시키는 효과를 발생시키므로 판매촉진행사 참여를 요구하는 행위 자체를 일률적으로 위법하다고 할 수는 없다. 그러나 대규모유통업자가 납품업자등의 의사를 고려하지 않고 독단적, 강제적으로 판매촉진행사에 참여하도록 할 경우, 납품업자등의 입장에서는 효과 대비 부담비용이 상대적으로 커지는 문제가 발생할 수 있고, 브랜드 관리에 관한 자율성을 침해당할 우려도 없지 않다. 실제로 대규모유통업 거래에서 불공정거래 여부가 자주 문제가 된 대표적인 유형이 대규모유통업자가 주관하는 판매촉진행사에 납품업자등을 강제로 동원하거나, 판촉행사를 위해 각종 할인을 요구하면서 이와 관련한 비용을 납품업자등에게 떠넘기는 행위, 예상하지 못한 행사를 갑자기 실시하여 납품업자등의 부담을 증가시키는 행위 등 판매촉진행사와 관련된 것이었다. 이에 따라 대규모유통업법은 제11조(판매촉진비용의 부담전가 금지)에서 대규모유통업자가 판매촉진행사를 하고자 할 경우에는 반드시 사전에 납품업자등과 약정하고 그 비용도 공평하게 분담하도록 규정하면서, 한편으로는 제17조 제 4 호에서 정당한 사유없이 납품업자등의 의사에 반하여 판매촉진행사에 참여하도록 하는 행위를 불이익 제공 행위 중 하나로 규정한 것이다. 본 호는 납품업자와 매장임차인 모두에 적용된다.

(2) 납품업자등의 의사에 반한 판매촉진행사 참여

납품업자등의 의사에 반하는지 여부는 판매촉진행사 참여 시점을 기준으로 제반 사정에 비추어 '납품업자가 원하지 않음에도 대규모유통업자의 요구에 의해 어쩔 수 없이 판매촉진행사에 참여하였는지 여부'에 따라 판단될 것이다. 즉, 규제의 취지상 본 호에서 말하는 '의사'는 외부에 표시된 의사가 아니라 납품업자등의 진정한 의사를 의미한다. 일반적으로 납품업자에게는 아무런 경제적 유인이 없음에도 대규모유통업자의 요구에 따라 판매촉진행사에 참여하였다면, 사후적으로 해당 납품업자가 이의를 제기할 경우 납품업자등의 진정한 의사에 반한 것으로 판단될 가능성이 높다. 따라서 대규모유통업자의 입장에서는 판매촉진행사 실시를 위해서는 납품업자등과 사전에 구체적인 협의를 하고, 그 과정에서 납품업자등에게 이익이 되어 자발적으로 참여한다는 점을 명확히 입증할 수 있어야 한다.

납품업자등의 의사에 반하여 판매촉진행사에 참여하게 하였다면, 실제로 당해 판매촉진행사 참여로 인하여 이익을 얻었는지 손해를 입었는지 여부는 고려하지 않는다. 과거 공정거래위원회 심결례 중에도 같은 취지로 판단한 사례가 있다.[16] 다만, 당해 판매촉진행사에의 참여로 인해 납품업자등의 매출과 이익이 증가한 경우까지도 규제를 하는 것이 타당한지에 대해서는 다툼이 있을 수 있다. 이 경우 구체적인 사안에 따라서는 '위반행위에 대하여 과징금을 부과할 실익이 크지 아니하거나 과징금을 부과함으로써 달성할 목적이 분명하지 아니한 경우'에 해당하여 과징금까지는 부과하지 않는 것으로 판단될 수도 있을 것이다(과징금 고시 Ⅲ. 3.[17]).

본 호 위반이 되기 위해서는 납품업자등의 의사에 반하여 판매촉진행사에 참여하도록 한 것으로 충분하고, 당해 판매촉진행사의 비용 분담에 관한 법 제11조 소정의 분담비율 관련 규정을 준수하였는지 여부는 원칙적으로 고려 대상이 아니다. 실무상으로는 대규모유통업자가 납품업자등과의 사전 약정하에 법 제11조의 판매촉진비용 분담에 관한 규정을 준수하였다면, 법 제11조는 물론, 법 제17조 제 4 호 위반의 문제가 발생할 여지는 크지 않을 것으로 생각된다. 사전에 판촉비용 분담을 약정하였다는 점만으로도 납품업자등이 판매촉진행사 참여에 동의한 것으로 추정할 수 있기 때문이다. 다만 본 호는 법 제11조와는 별개의 규정이므로 법 제11조의 분담비율을 준수하였다고 하여 본 호의 적용이 반드시 배제된다고 볼 수는 없다. 경우에 따라서는 판매촉진행사 참여 당시의 구체적인 상황을 종합적으로 감안하여 법 위반 여

16) ㈜롯데쇼핑의 대규모소매점업에 있어서의 특정불공정거래행위 및 부당한 광고행위에 대한 건(2000. 10. 14. 의결 제2000-156호).

17) "법 제35조 제 3 항에 따라 준용하는 공정거래법 제102조 제 1 항 각 호의 사항을 종합적으로 고려할 때 위반행위에 대하여 과징금을 부과할 실익이 크지 아니하거나 과징금을 부과함으로써 달성할 목적이 분명하지 아니한 경우에는 과징금을 부과하지 아니할 수 있다."

부를 판단하여야 할 경우도 있을 수 있다. 예컨대, 납품업자등에게 대규모유통업자가 기획한 판매촉진행사에 참여할 만한 재정적 여력이 부족한 상황이라거나, 납품업자등이 당해 상품의 브랜드 이미지를 고려하여 할인행사와 같은 형태의 판매촉진행사에는 참여하지 않는 영업방침을 취하고 있는 등의 사정이 있는 경우에는 납품업자등의 자율성 보호 측면에서 본 호 위반으로 판단될 가능성이 있다.

관련하여, 판매촉진행사 비용분담에 있어서 납품업자등이 자발적으로 요청하여 판매촉진행사가 실시되는 경우에는 대규모유통업자와 납품업자등이 상호 협의하여 판매촉진비용의 분담비율을 정할 수 있는데(법 제11조 제5항), 외형상으로는 이와 같이 납품업자등의 자발적 요청이라는 모습을 갖추고 있으나 그 실질은 대규모유통업자의 요구에 납품업자등이 부득이하게 따른 것이라고 인정되는 경우에는 법 제11조 위반과 함께 본 호 위반 여부도 따져볼 여지가 있다.[18]

(3) 정당한 사유

대규모유통업자가 납품업자등의 의사에 반하여 판매촉진행사에 참여하게 하는 행위를 한 경우라도 그 행위에 정당한 사유가 있다면 본 호 위반에 해당하지 않는다. 판매촉진행사에의 참여는 납품업자등에게도 이익이 되는 측면이 있으므로, 본 호의 정당한 사유 여부는 여러 사정을 고려하여 판단할 필요가 있다.

특히 대규모유통업 거래는 대규모유통업자의 단일한 브랜드 하에, 다수의 납품업자등이 입점한 매장에서 공동으로 상품을 진열하고 판매하는 것을 주된 특성으로 하고 있으므로, 당해 대규모유통업자의 브랜드 통일성, 공동 마케팅 필요성, 그에 따른 시너지 효과 등도 함께 고려될 필요가 있을 수 있다. 예를 들어 만일 어떤 대규모유통업자의 점포에 1,000개의 납품업자등이 입점해 있고, 당해 점포의 공동 마케팅을 위한 판매촉진행사에 990개의 납품업자등이 참여한 상태에서 나머지 10개 납품업자등이 자신의 주관에 따라 참여하지 않는 것이 과연 본 호의 보호목적에 부합할 것인지의 문제이다. 당해 판매촉진행사의 필요성 및 그에 따른 시너지 효과 등이 충분히 인정되고, 대부분의 납품업자등이 참여하고 있어서 이로 인한 상당한 고객 증대 효과가 예상됨에 따라 행사에 불참한 납품업자들도 그로 인한 반사이익을 누릴 것으로 보이는 상황에서, 특정 납품업자가 해당 판매촉진행사에 불참할 합리적인 근

---

18) 자발성 여부의 판단기준에 대해서는 제7장 참조.

거가 있다고 보기 어려운 경우에는, 본 호 소정의 정당한 사유가 인정될 여지도 있을 수 있을 것으로 생각된다. 따라서 정당한 사유를 미리 예단하기는 어렵고, 구체적인 사정들을 종합적으로 감안하여 판단할 수밖에 없을 것으로 생각된다.

(4) 관련 사례

[㈜롯데쇼핑의 대규모소매점업에 있어서의 특정불공정거래행위 및 부당한 광고행위에 대한 건(2000. 10. 14. 의결 제2000-156호) - 백화점카드 우대 할인판매 참가 강요 사례]

[사실관계]

피심인의 대전점은 2000. 3. 31.부터 봄세일을 실시하면서 이에 참여하지 않는 노세일 브랜드에 대하여는 롯데카드로 상품을 구입할 경우 10% 할인판매를 실시해 오던 중, 같은 해 4. 3.부터는 노세일 브랜드와 세일 중인 브랜드에 대해서 롯데카드를 사용하여 구입할 경우 공히 일방적으로 추가로 10% 할인판매하였다. 또 같은 해 5. 15.부터 같은 달 28.까지 유명브랜드 바겐세일을 실시하면서 세일 3일 후부터 롯데카드로 상품을 구입할 경우 노세일브랜드에 대해서는 10%~15%의, 세일에 참여하고 있는 브랜드에 대해서는 10%의 추가할인을 일방적으로 실시하였다.

[공정거래위원회의 판단]

직매입과 달리 특정매입으로 납품받는 상품은 납품업자가 스스로 상품의 판매가격을 결정하는 것이 정상적인 거래관행이라고 할 것임에도, 피심인이 납품업자의 의사와 관계없이 롯데카드 추가 할인판매에 따른 납품업자의 매출감소분을 자기가 부담한다는 이유만으로 세일기간 중에 일방적으로 할인판매가격을 변경시켜 광고함으로써 납품업자로 하여금 부득이 행사에 참여할 수밖에 없도록 한 피심인의 행위는 자기의 거래상 지위를 남용하여 납품업자에게 행사참여를 강요한 행위로 인정된다. 나아가 이러한 피심인의 행사참여 강요는 노세일브랜드의 브랜드 차별화 전략과 세일브랜드의 브랜드 이미지 관리를 위한 할인율, 할인판매횟수 등의 판매정책에 장애요인으로 작용하여 납품업자에게 지대한 영업손실을 가져올 수 있다는 점에서 추가할인에 따른 비용을 피심인이 부담한다는 이유만으로 피심인의 행위가 정당하다고 볼 수 없다.

마. 한시적으로 인하하기로 약정한 납품 가격을 기한이 경과한 후에도 정상가격으로 환원하지 아니하거나 환원을 지연하는 행위(제5호)

(1) 개 요

대규모유통업자는 정당한 사유 없이 한시적으로 인하하기로 약정한 납품 가격을 기한이 경과한 후에도 정상가격으로 환원하지 아니하거나 환원을 지연하는 행위를 하여서는 아니 된다(법 제17조 제5호). 대규모유통업 거래에서 일반 소비자들에 대한 가장 큰 경쟁 요소는 가격이다. 유통 실무상으로도 대규모유통업자들 사이에서는 일상적인 소비자판매가격을 낮추는 경쟁(최저가 보상제, 가격비교 차액보상제 등의 그 예이다)은 물론, 바겐세일이나 일시적인 가격할인행사 등 다양한 방식의 가격경쟁이 상시적으로 일어나고 있다. 가격할인행사는 특정 상품의 가격경쟁력 제고를 통한 매출증대의 목적으로 대규모유통업자와 납품업자간 협의를 통해 한시적으로 납품가격을 인하하고 이에 연동하여 소비자 판매가격은 낮추는 방식으로서 유통 실무에서 자주 활용되는 판촉방안이다. 일반적으로 상품의 소비자 판매가격이 낮아지면 판매량이 늘어나고 이에 따라 납품업자의 매출액도 증가하므로 단순히 납품가격을 인하하였다는 점만으로는 일률적으로 위법하다고 할 수는 없다. 그러나 종전 유통 실무에서는 기한을 정하여 가격할인행사를 하는 경우 행사기간이 종료되면 판매가격 및 납품가격 모두 종전의 상태로 환원되어야 함에도 불구하고, 소비자 판매가격의 환원 여부와 무관하게 납품업자에게는 계속하여 인하된 가격으로 납품할 것을 요구하는 경우가 적지 않았다. 이는 납품업자의 이익에 직접적인 영향을 미칠 뿐만 아니라, 납품업자의 가격 결정에 관한 자율성을 침해한다는 점에서 규제할 필요가 있다고 보아, 대규모유통업법은 본 호를 두어 이를 방지하려는 것이다.

(2) 한시적으로 인하하기로 약정한 납품가격

대규모유통업자와 납품업자가 한시적으로 납품가격을 인하하기로 약정한 경우를 의미한다. 한시적이라 함은 당해 납품가격의 인하기간이 특정되어 있는 것을 말한다. 예를 들어 통상의 납품가격이 10,000원인 상품에 대해 2025. 3. 1.~2025. 3. 15. 기간 동안 납품되는 물량에 한해서는 8,000원으로 하는 경우이다. 납품에 관한 거래형태는 불문한다. 따라서 직매입거래에서의 납품가격, 특약매입거래 또는 위수탁거

래에서의 납품가격의 경우도 모두 포함한다.[19]

한시적으로 인하하기로 약정한 목적은 불문한다. 통상적으로는 가격할인행사 등과 같이 소비자 판매가격 인하로 연결되는 판매촉진행사를 위한 납품가격 인하가 주된 내용으로 생각되나, 반드시 이에 한정되지는 않는다. 따라서 소비자 판매가격 인하 목적이 아닌, 다른 목적을 위한 한시적 납품가격 인하도 있을 수 있다. 약정없이 일방적으로 납품가격 인하를 요구하는 경우라면 인하의 '현저성' 여부에 따라 법 제17조 제 1 호가 적용될 수 있다.

(3) 약정한 기한이 경과한 후에도 정상가격으로 환원하지 아니하거나 환원을 지연하는 행위

대규모유통업자와 납품업자가 정한 기한이 경과하였음에도 기왕에 인하된 납품가격을 정상가격으로 환원하지 않거나 이를 지연하여 환원하는 행위를 의미한다. 위 예에서 납품가격 인하 기한인 2025. 3. 15.이 도과한 이후에 납품되는 물량에 대해서도 인하된 납품가격인 8,000원으로 납품하도록 하는 경우 본 호에 위반된다. 특별한 사정이 없는 한, 본 호에서의 정상가격이라 함은 당해 납품가격 인하 약정이 있기 직전의 통상의 납품가격을 의미한다.

환원하지 않거나 환원을 지연하는 행위는 일반적으로 대규모유통업자의 일방적 단가 적용 등의 방식으로 행하여지는 경우가 많으나 그렇지 않은 경우도 있다. 예컨대, 외관상 대규모유통업자와 당해 납품업자가 합의하여 종전의 한시적 납품가격 인하 약정을 연장하기로 하는 추가 약정을 체결한 사실이 있는 경우에도 사실상 종전 약정의 일방적 연장 적용으로 판단될 수 있다. 단, 이와 같이 외관상 대규모유통업자와 납품업자 사이의 추가 약정에 의해 환원하지 않거나 당초 약정한 기한보다 환원이 지연된 경우에는 납품가격 인하의 정도, 납품가격 인하의 목적 및 그 효과, 납품업자의 경제적 손실 또는 이익 여부, 기한 연장의 이유나 사유 및 그 연장기간, 그러

19) 실무상으로는 특약매입거래 또는 위·수탁거래의 경우보다는 직매입거래에서의 납품가격 인하 사례가 상대적으로 많을 것으로 생각된다. 전자의 경우, 판매수익률 또는 수수료율이 고정되어 있는 한, 납품가격이 인하되면 대규모유통업자의 판매수익 또는 수수료가 연동하여 감소하게 되므로 대규모유통업자의 매출액 감소로 직결되는 경우가 많다. 반면, 후자인 직매입거래의 경우에는 납품가격이 인하된다고 하여 곧바로 그에 연동하여 소비자 판매가격이 인하되거나, 대규모유통업자의 매출이익이 감소하지 않는 경우가 많기 때문에 대규모유통업자에게 보다 유리할 수 있다.

한 이유나 사유가 실현되었는지 여부 등 당시의 제반 사정을 종합하여 납품업자의 진정한 의사를 살펴야 할 것이다.

(4) 정당한 사유

대규모유통업자가 한시적으로 인하하기로 약정한 납품가격을 기한이 경과한 후에도 정상가격으로 환원하지 아니하거나 환원을 지연하였더라도 그 행위에 정당한 사유가 있다면 본 호 위반에 해당하지 않는다. 실무상으로는 특별한 사정이 없는 한 납품가격의 인하는 납품업자에게 불리한 경우가 많으므로, 당초 약정한 기한이 지났는데도 이를 환원하지 아니하거나 약정한 기한이 지나서 환원하는 행위를 정당화할 만한 사유는 그리 많지 않을 것으로 생각된다. 판매촉진행사가 매우 성공적이어서 행사기간 동안의 매출이 크게 늘어나 납품업자측이 행사의 연장을 먼저 요청하여 대규모유통업자가 이에 응한 경우 등이 이에 해당할 수 있다. 앞서 본 바와 같이 외관상 대규모유통업자와 납품업자 사이의 추가 약정에 의해 환원하지 않거나 약정이 종료되었음에도 환원을 지연한 경우에는 당해 납품가격 인하의 크기 및 기간, 납품가격 인하의 목적 및 그 효과, 납품업자의 경제적 손실 또는 이익 등 당시의 제반 사정을 종합하여 정당성 여부를 살펴보아야 할 것이다.

(5) 다른 조항과의 관계

대규모유통업법 제17조 제5호 위반 여부와는 별개로, 대규모유통업자와 납품업자가 한시적으로 납품가격을 인하하기로 약정하였음에도 대규모유통업자가 일방적으로 이를 환원하지 아니하고 종전의 인하된 납품가격을 계속 유지하는 경우, 법 제7조(상품 대금 감액의 금지) 또는 제8조(상품판매 대금의 지급) 위반 여부가 동시에 문제될 수 있다. 아울러 사법상으로는 대규모유통업자의 납품업자에 대한 채무불이행 내지 불법행위 책임을 구성할 수 있다(민법 제390조, 제750조).

한편, 위 (2) 항에서 살펴본 바와 같이 본 호는 '한시적으로 납품가격을 인하하기로 약정한 경우'를 대상으로 하는 규정으로, '대규모유통업자와 납품업자가 기본적인 납품가격을 정함에 있어 그 납품가격의 수준'을 대상으로 하는 규정인 본 조 제2호와는 구분된다. 아울러, 본 조 제4호와의 관계도 문제가 되는데, 정당한 사유없이 납품업자등의 의사에 반하여 한시적으로 가격을 인하하는 내용의 판매촉진행사를 실시하는 경우에는 본 조 제4호 위반이 된다. 따라서 본 호는 정상적인 협의를 거친 약정을 통해 가격인하 행사를 실시한 후에 원상태로 환원하지 않는 경우에 적용되는 규정으로 볼 것이다.

바. 납품업자등의 의사에 반하여 해당 납품업자등의 상품에 관한 광고를 하게 하는 행위(제 6 호)

(1) 개 요

대규모유통업자는 정당한 사유 없이 납품업자등의 의사에 반하여 해당 납품업자등의 상품에 관한 광고를 하게 하는 행위를 하여서는 아니 된다(법 제17조 제 6 호). 대규모소매업고시에서는 상품 광고와 관련하여 광고비 등 판촉비용을 부당하게 강요하는 행위를 금지 대상으로 하였으나(대규모소매업고시 제 8 조), 대규모유통업법은 광고비 등 판매촉진비용의 부담전가 금지(법 제11조)와 별도로, 납품업자등의 의사에 반하여 해당 납품업자등의 상품에 관한 광고를 하게 하는 행위 자체도 금지하는 규정을 신설하였다.

일반적으로 대규모유통업 거래에서는 대규모유통업자가 자사 브랜드 또는 자신의 점포 홍보를 위해 광고 활동을 기획하여 시행하는 경우가 많다. 대규모유통업자의 점포를 방문하는 소비자들은 특정한 납품업자의 상품을 구매하기 위해 해당 점포를 방문하기 보다는, 다양한 상품을 한꺼번에 구매할 수 있다는 장점 때문에 대규모유통업자의 점포를 방문하는 것이 일반적이어서, 대규모유통업자 차원의 광고활동이 매우 중요하기 때문이다. 반면, 납품업자등의 입장에서는 특정한 대규모유통업자의 점포 내 판매촉진을 위해 자신만의 상품을 따로 광고할 유인이 그리 크지 않다. 대부분의 납품업자등은 한두 개의 특정한 대규모유통업자에게만 상품을 납품하는 것이 아니라 여러 대규모유통업자에게 납품을 하는 것이 일반적이고, 어차피 대규모유통업자들 사이에도 매출증대를 위해 서로 치열한 광고 경쟁을 벌이고 있으므로 굳이 납품업자등이 나서서 상품을 광고할 필요가 없기 때문이다. 그럼에도 불구하고 대규모유통업자가 거래상지위를 이용하여 납품업자등으로 하여금 그 의사에 반하여 광고를 하게 하고, 그 비용을 부담시키는 경우가 있을 수 있으므로 이러한 행위를 방지하기 위해 본 호를 신설한 것으로 보인다. 본 호는 납품업자와 매장임차인 모두에 적용된다.

(2) 납품업자등의 의사에 반하여 해당 납품업자등의 상품에 관한 광고를 하게 하는 행위

본 호는 납품업자등의 의사에 반하여 상품에 관한 광고를 하게 한 행위에 적용된다. 여기서 '광고를 하게 하는 행위'를 무엇으로 볼 것인지의 문제가 제기된다. 본 조 제4호에서는 '판매촉진행사에 참여하게 하는 행위'를 금지하고 있는바, 광고도 판매촉진행사의 일종이라고 보면, 대규모유통업자가 광고를 실시하면서 참여의사가 없는 납품업자등을 참여하게 하고 일정한 비용을 분담시키는 경우에는 얼마든지 본 조 제4호 또는 법 제11조를 통해 규율할 수 있다. 따라서 본 조 제6호를 위의 취지로 해석하게 되면 불필요한 규정이 되므로, 제6호는 대규모유통업자가 실시하는 광고행사와 무관하게, 특정한 납품업자등 또는 다수 납품업자등에게 별도의 광고를 하게 하는 행위를 금지하는 규정으로 새기는 것이 타당하다.

일반적으로는 대규모유통업자가 특정 납품업자등에게 자신이 판매하는 상품에 대한 광고를 하도록 하는 경우가 이에 해당될 것이나, 그 형식은 특별히 제한되지 아니한다. 온라인 쇼핑몰 거래에서 대규모유통업자가 납품업자의 상품을 온라인 쇼핑몰 상단(배너 등) 또는 별도의 팝업창에 노출되게 하는 등의 광고를 구입하게 하는 경우도 포함되고[온라인쇼핑몰 심사지침 III. 5. 나. (1) (바)], 경우에 따라서는 복수의 납품업자등이 연합한 상품 광고 또는 특정 매장에 입점한 상품 전체에 대한 일괄 광고 등도 이에 해당할 수 있다. 본 호의 금지 대상은 광고 행위 자체가 납품업자등의 의사에 반한 경우이므로, 당해 광고를 함으로써 그 납품업자등이 이익을 보았는지 손해를 입었는지 여부는 원칙적으로 고려하지 않는다. 현실적으로는 광고 행위와 납품업자등의 손익과의 인과관계를 명확히 밝히기도 쉽지 않다는 점에서 더욱 그러하다. 다만, 납품업자등의 의사에 반하는지 여부가 불분명할 경우에는 이익 또는 불이익 여부가 하나의 판단 기준이 될 수는 있을 것이다.

납품업자등의 의사에 반하여 상품에 대한 광고를 하게 하였지만, 대규모유통업자가 광고비용의 일부를 분담한 경우에는 이를 어떻게 해석할 것인가는 논란이 있을 수 있다. 원칙적으로는 본 호를 적용함에 있어 대규모유통업자가 광고비를 분담하였는지, 분담에 있어 법 제11조(판매촉진비용의 부담전가 금지) 소정의 분담비율 관련 규정을 준수하였는지 여부는 고려 대상이 아니다. 다만 실무상으로는 대규모유통업자가 법 제11조에 따라 유효한 사전 약정 하에 광고비를 분담하였다면 법 제11조는 물론, 본 호 위반의 문제가 발생할 가능성은 그리 크지 않을 것으로 보인다. 사전에 광고비 분담을 약정하였다는 사실만으로도 납품업자등이 의사에 반하여 광고를 한 것으로 보기는 어렵기 때문이다.

(3) 정당한 사유

대규모유통업자가 납품업자등의 의사에 반하여 해당 납품업자등의 상품에 관한 광고를 하도록 한 경우라도 그 행위에 정당한 사유가 있다면 본 호 위반에 해당하지 않는다. 다만 정당한 사유에 해당할 수 있을 경우가 어떤 경우인지는 상정하기 쉽지 않다. 대규모유통업자로서는 자신과 무관한 광고를 납품업자등에게 굳이 하도록 할 이유가 없고, 대규모유통업자와 관련된 광고라면 본 호의 적용대상이라고 보기 어렵기 때문이다. 본 호의 적용대상이라고 보더라도 대규모유통업자와 관련된 광고라면 납품업자보다는 대규모유통업자에게 훨씬 도움이 되는 것이 일반적이므로, 그 경우에도 정당한 사유가 인정되기는 쉽지 않을 것으로 생각된다. 행위 시의 구체적인 제반 사정을 종합적으로 감안하여 판단할 수밖에 없을 것으로 보인다.

참고로 공정거래위원회는 대규모유통업자가 손실 보전을 위해 직매입거래를 하고 있는 납품업자에 대해 광고를 하도록 한 사안에서, 납품업자의 상품에 관한 광고를 통해 납품업자가 부수적으로 판매가 일부 촉진되었다고 하더라도 그로 인한 이득이 납품업자가 해당 대규모유통업자에게 보전해 준 광고금액을 상회한다고 단정하기 어렵고 정상적인 거래 관행에 부합한다고도 보기 어려운 점을 종합적으로 고려하여, 정당한 사유를 인정하지 않은 바 있다.[20]

(4) 관련 사례

[쿠팡㈜의 대규모유통업법 등 위반 행위에 대한 건 (2021. 9. 23. 의결 제2021-237호)]

[사실관계]

피심인은 2017. 3월부터 2019. 7월까지의 기간 동안 최저가 매칭시스템 운영에 따른 마진 손실을 보전하기 위해 총 128개 납품업자에게 총 213건의 광고 게재를 요구하였으며, 납품업자가 피심인의 이러한 요구를 수용하지 않을 경우 판매(발주)중단을 하거나 이를 암시하는 방법으로 납품업자들을 압박하였다.

20) 쿠팡㈜의 대규모유통업법 등 위반 행위에 대한 건(공정거래위원회 2021. 9. 23. 의결 제 2021－237호).

[공정거래위원회의 판단]

피심인이 자신의 최저가 매칭시스템 운영에 따른 마진손실을 보전하기 위해 광고 게재를 요구하고, 납품업자가 이를 수용하지 않는 경우 발주중단(또는 판매중단)을 하거나 이를 암시하는 방법으로 납품업자를 압박한 사실, 피심인의 이러한 요구가 부당하다는 취지의 신고인 등 납품업자들 진술 또는 기재 사실 등에서 볼 때, 피심인의 광고 게재 요구는 납품업자의 의사에 반하는 것으로 인정된다.

피심인과 납품업자 간에는 직매입거래를 하고 있기 때문에 납품업자가 상품을 납품한 이후에는 마진 감소 등에 따른 손실 부담은 전적으로 피심인에게 있음에도 불구하고 피심인은 자신이 선택한 가격 정책에 따른 손실을 납품업자의 광고를 통해 보전하려고 한 점, 납품업자의 의사에 반하여 납품업자의 상품에 관한 광고를 함으로써 납품업자가 부수적으로 판매가 일부 촉진되었다고 하더라도 그로 인한 이득이 납품업자가 피심인에게 보전해 준 광고금액을 상회한다고 단정하기 어렵고 정상적인 거래 관행에 부합한다고도 보기 어려운 점을 종합적으로 고려하여 볼 때, 피심인의 이 사건 행위에는 정당한 사유를 인정할 수 없다.

따라서 피심인의 마진 손실을 보전하기 위해 광고 게재를 요구한 행위는 대규모유통업법 제17조 제6호에 해당된다.

사. 일정한 점포의 매장에서 퇴점하는 것을 방해하거나 납품업자등의 의사에 반하여 자기의 다른 점포의 매장에 입점하게 하는 행위(제7호)

(1) 개 요

대규모유통업자는 정당한 사유 없이 납품업자등이 일정한 점포의 매장에서 퇴점하는 것을 방해하거나 납품업자등의 의사에 반하여 자기의 다른 점포의 매장에 입점하게 하는 행위를 하여서는 아니 된다. 규정 내용상으로는 주로 매장임차인에게 적용되나, 특약매입거래나 위·수탁거래에서 대규모유통업자의 점포에서 매장을 이용하고 있는 납품업자에게도 적용될 수 있다.

(2) 일정한 점포의 매장에서 퇴점하는 것을 방해하는 행위

대규모유통업자가 특정 점포의 매장에서 퇴점하고자 하는 납품업자등의 의사에 반하여 이를 하지 못하도록 방해하는 일체의 행위를 의미한다. 예를 들어 전국에 A부터 Z의 다수의 점포를 운영하는 대규모유통업자의 점포 중 A, B, C 점포의 매장에 입점한 납품업자가 A 점포의 매장에서는 퇴점하고자 하는데 이를 방해하는 행위 등을 말한다.

사실상 납품업자등이 그 자유로운 의사에 반하여 퇴점을 방해받는 경우는 모두 이에 해당된다고 할 것이다. 예를 들어 당해 매장에 관한 납품계약이 종료되어 납품업자가 퇴점하고자 함에도 불구하고 그 퇴점에 필요한 정산 처리, 시설물 철거 등 사실상의 절차를 방해하는 행위 등이 그것이다. 그러나 납품업자등이 계약기간 중에 무단으로 매장에서 퇴거하고자 하는 등, 납품업자등의 퇴거가 계약상 또는 법령상 근거가 없는 행위일 경우에 그 계약 또는 관련 법령의 준수를 요구하는 행위는 본 호 소정의 퇴점 방해에 해당한다고 보기 어렵다.[21)]

(3) 납품업자등의 의사에 반하여 자기의 다른 점포의 매장에 입점하게 하는 행위

다수의 점포를 운영하고 있는 대규모유통업자가 납품업자등으로 하여금 그 의사에 반하여 자신의 특정 점포에 입점하도록 하는 행위를 의미한다. 예를 들어 전국에 다수의 점포를 운영하는 대규모유통업자가 특정 점포를 지정하여 특정 납품업자등으로 하여금 그 점포에 입점하도록 하는 행위 등을 말한다. 당해 대규모유통업자와 기왕의 거래를 하고 있는 납품업자등에 대해 다른 점포에 추가로 입점하도록 하는 행위가 대표적이라 할 수 있다.[22)]

대규모유통업자가 자신의 점포에 입점하게 하는 행위는 납품업자등의 의사에 반하는 행위이어야 한다. 단순한 권유 또는 추천에 불과한 경우는 이에 해당한다고 보기 어렵다. 나아가 특정 점포에 입점할 경우 추가적인 경제적 이익을 제공하여 납품업자등으로 하여금 그 점포에 입점하도록 유도하였다고 하더라도 이는 납품업자

21) 이들도 모두 본 호의 퇴점 방해행위에 해당되지만 정당한 사유가 있는 경우로 볼 여지도 없지 않다. 그러나 납품업자등의 퇴거가 계약상 또는 법률상 근거가 없거나 적극적으로 위법한 행위이고, 대규모유통업자의 행위가 이와 같은 납품업자등의 계약위반이나 부당행위 내지 위법 행위에 대해 계약준수 내지 준법을 요구하는 것이라면, 이는 본 호 소정의 '방해 행위'에 해당되지 않는 것으로 새기는 것이 타당하다.

22) 최초 거래를 하는 납품업자등에 대해 입점할 점포를 그 의사에 반하여 일방적으로 지정해 주는 행위도 해당될 것인지 문제될 수 있으나, 법 제17조 제7호는 '자기의 다른 점포의 매장'이라고 규정하고 있는바, 문언상으로는 기왕에 거래계약을 체결하여 입점한 납품업자등을 대상으로 하는 것으로 보아야 한다. 따라서 이 경우는 본 호의 적용대상으로 보기 어렵다. 나아가 납품업자 입장에서는 해당 매장에 입점하는 것이 마음에 들지 않는다면 굳이 대규모유통업자와 거래를 개시할 필요가 없으므로, 더더욱 본 호의 적용 여지가 없을 것이다.

등의 자유로운 경제적 판단에 따른 선택이므로 본 호 소정의 '납품업자등의 의사에 반하여 자기의 다른 점포의 매장에 입점하게 하는 행위'에 해당한다고 보기 어렵다. 다만, 대규모유통업자가 지정한 특정 점포에 입점하지 아니하면 해당 납품업자등에게 더 불리한 조건을 적용하는 등의 불이익을 제공하는 경우에는 납품업자등의 의사에 반하여 그 점포에 입점하게 한 것으로 볼 수 있다.

대규모유통업자가 자기의 특정 점포에 대한 추가 입점만 허용하고 그 외의 나머지 점포에의 추가 입점은 허용하지 않는 행위도 본 호 위반에 해당하는지가 문제될 수 있다. 원칙적으로 자신의 어떤 점포에 어떤 납품업자등을 입점시킬 것인지는 대규모유통업자의 자유로운 판단의 영역으로서 보호되어야 한다. 따라서 특정 점포 외에는 추가 입점 계약을 체결하지 않는다는 것 자체만으로는 이를 위법하다고 보기 어렵다. 그러나 대규모유통업자의 이와 같은 특정 점포 지정행위 및 기타 점포 입점 거절 행위로 인해 당해 납품업자등이 그 특정 점포에의 입점을 피할 수 없게 되는 특별한 사정이 있는 경우에는 예외적으로 본 호 위반이 될 수 있다.[23]

문언상으로는 대규모유통업자가 정당한 사유 없이 납품업자등에게 그 의사에 반하여 당해 대규모유통업자의 다른 점포의 매장에 입점하게 하는 행위를 한 것으로 족하고, 당해 납품업자등이 실제로 당해 점포의 매장에 입점하였을 것까지 요하지는 않는다. 다만, 납품업자등이 실제로 입점하지 않았다면, 납품업자등의 의사에 반하여 입정하게 한 것이라는 것을 입증하기가 용이하지 않을 것으로 판단되므로, 본 호가 적용될 가능성은 그리 높지 않을 것으로 생각된다.

(4) 정당한 사유

대규모유통업자가 납품업자등에게 일정한 점포의 매장에서 퇴점하는 것을 방해하거나 납품업자등의 의사에 반하여 자기의 다른 점포의 매장에 입점하게 하는 행위를 한 경우라도 그 행위에 정당한 사유가 인정될 수 있다면 본 호 위반에 해당하지 않는다. 정당한 사유에 해당하는지 여부는 당시의 제반 사정을 종합적으로 고려하여 판단하여야 할 것이나, 대규모유통업자가 납품업자등의 퇴점을 방해하였다거나 납품업자등의 의사에 반하여 자기의 다른 점포의 매장에 입점하게 한 행위를 한 것으

---

23) 나아가 위와 같은 대규모유통업자의 행위에 합리적인 이유가 없는 경우에는 법 제17조 제10호 소정의 일반 불이익 제공에 해당할 수 있다.

로 인정되는 이상, 공정거래위원회 실무상 정당한 사유로 인정되는 경우는 매우 제한적일 것으로 생각된다.

아. 계약기간 중에 납품업자등의 매장 위치·면적·시설을 변경하는 행위(제 8 호)

(1) 개　　요

대규모유통업자는 정당한 사유 없이 계약기간 중에 납품업자등의 매장 위치·면적·시설을 변경하는 행위를 하여서는 아니 된다(법 제17조 제 8 호). 종전 대규모소매업고시가 부당하게 계약기간 중 계약조건을 변경하는 행위를 원칙적으로 금지하면서 예외적으로 허용되는 경우를 한정적으로 열거한 것에 비해(대규모소매업고시 제11조의2 제 1 항),[24)] 대규모유통업법은 계약기간 중 변경이 금지되는 계약조건을 두 종류로 구체화하여 규정하는 형식을 취하였는데(법 제17조 제 8 호 및 제 9 호), 그 중 하나가 본 호에서 정한 매장 위치·면적·시설의 변경이다.

넓은 공간에 다수의 납품업자등이 입점하여 다양한 상품이 동시에 판매되고 있는 대규모유통업자의 점포 특성상, 전체 점포 중 어떤 매장에 어떤 형태로 입점하는지에 따라 납품업자등의 매출액은 매우 큰 영향을 받게 된다. 실제로도 대부분의 대규모유통업자들은 납품업자등이 입점한 매장의 크기나 위치에 따라 납품업자등에게 적용하는 수수료율이나, 매장임대료, 판매장려금등에 상당한 차이를 두고 있다. 이에 따라 납품업자등은 대규모유통업자와의 계약을 체결할 당시 협의된 매장 위치·면적·시설을 통해 일정한 기대이익을 가지게 된다. 그러나 실제 유통 실무에서는 대규모유통업자의 일방적 판단에 따라 납품업자등의 매장의 위치·면적·시설 등이 변경되는 경우가 적지 않다. 이 경우, 납품업자등이 당해 매장 운영을 통해 얻을 것으로 예상했던 기대이익이 침해되거나, 때로는 예상하지 못한 추가적인 손해까지 발생할 수도 있다. 이에 대규모유통업법은 본 호를 두어 계약기간 중의 매장 위치·면적·시설 변경을 제한하고자 한 것이다.

---

24) 종전 대규모소매업고시상 계약기간 중 계약조건의 변경이 허용되는 사유는 (i) 상품재구성의 목적 등으로 다수 매장의 위치·면적·시설 등을 동시에 변경하는 경우, (ii) 납품업자와 합의된 방송일정 등 상호 계약사항에 대해 일정기간 동안의 방송일정을 전면적으로 개편해야 하는 불가피한 사유가 발생한 경우, (iii) 기타 납품업자등에게 직접적으로 이익이 되는 경우 등이다(대규모소매업고시 제11조의2 제 1 항 제 1 호 내지 제 3 호).

본 호는 판매수량에 따라 반품 여부나 수익 규모 등에 직접적인 영향을 받는 특약매입거래와 위·수탁거래 또는 매장임대차 거래의 경우에 주로 적용된다. 실무상 직매입거래의 경우에는 매장위치가 계약내용에 포함되지 않는 경우가 많기 때문에 본 호가 적용되는 경우는 많지 않을 것이나, 직매입거래에서도 매장위치를 특별히 계약조건에 포함시키는 경우에는 본 호가 적용될 수 있을 것으로 보인다.

(2) 계약기간 중 매장 위치·면적·시설 변경

금지되는 행위는 계약기간 중의 매장 위치·면적·시설 변경 행위이다. 따라서 계약기간이 만료된 후 당해 매장의 위치·면적·시설을 변경하는 행위는 새로운 계약체결의 결과로 볼 수 있으므로 원칙적으로 문제를 삼기 어렵다. 본 호의 매장은 기본적으로 통상의 오프라인 점포의 매장을 염두에 둔 규정으로 볼 수 있으나, 경우에 따라서는 인터넷쇼핑몰 내에서의 구성이나 위치도 포함되는 것으로 해석될 수도 있다. 다만, 아직까지 인터넷쇼핑몰의 위치 변경이 문제된 사례는 없다.

본 호에서의 매장을 반드시 '단독의 독립된 브랜드 공간'에 한정된다고 볼 것인지의 문제가 있다. 예를 들어, 독립된 공간(매장의 일부에 칸막이를 설치하여 다른 납품업자의 공간과 분리된 공간)에 특정 납품업자의 브랜드를 명시하고, 당해 공간에서 그 브랜드 상품만 진열, 판매하는 경우만을 의미하는지의 문제이다. 일반적으로 대규모유통업자의 매장은 '브랜드 공간'(예를 들어, 나이키 매장, 삼성전자 매장 등)과 '집합 공간'(예를 들어, 소형가전 코너, 식료품 코너 등)으로 나눌 수 있다. 일반적으로 집합 공간의 경우에는 대규모유통업자가 자체의 매장관리 노하우를 살려 매장 공간을 구조화하고, 그 구조에 따라 동종의 다수 납품업자들의 상품을 진열하여 판매하는 경우가 많기 때문에, 특정 납품업자 고유의 공간이 확보되는 '브랜드 공간'에 비해서는 당해 공간에 대하여 납품업자등의 이해관계가 크다고는 할 수 없으나, 그렇다고 이해관계가 전혀 없다고 볼 수도 없다. 따라서 '단독의 독립된 브랜드 공간'이 아니더라도, 일단 상품이 납품되어 대규모유통업자의 매장 내에서 진열, 판매되는 경우에는 본 호 소정의 매장에 해당된다고 보아야 할 것이다. 다만 앞에서 본 바와 같이 납품업자등의 이해관계가 크지 않다는 점을 고려할 때 브랜드 공간에 비해 정당한 사유가 보다 쉽게 인정될 것으로 판단된다.

금지되는 매장의 위치·면적·시설 변경의 정도에 대해서는 본 호에서 별도로 정하고 있지 않다. 따라서 문언상으로는 일체의 면적, 시설 변경도 이에 해당된다고 볼 여지는 있다. 그러나 당해 매장에서의 통상의 상품 판매에 별다른 영향이 없고, 납품업자등의 당해 매장에 대한 정당한 기대이익의 침해로 볼 여지도 없는 경미한 변경까지 이에 해당된다고 보기는 어렵다. 공정거래위원회는 계약기간 중에 판매수수료율을 1% 인상한 사안에 대하여, 약 23일 후 계약갱신일이 도래하여 피심인이 의도적으로 판매수수료를 인상할 이유가 없어 단순한 부주의에 기인한 것으로 인정되는 점, 판매수수요율을 1% 인상함에 따라 추가로 수취한 판매수수료는 43,809원(VAT 제외)로서 매우 작은 금액인 점 등을 고려할 때, 피심인이 납품업자에게 불이익을 제공하였다고 보기 어렵다는 이유로 무혐의 처분을 한 바 있는데,[25] 이와 유사한 관점에서 납품업자등의 매장에 대한 정당한 기대이익의 침해로 볼 여지가 없는 극히 경미한 변경은 이에 해당하지 않는다고 봄이 타당하다.

변경의 형식은 불문한다. 따라서 대규모유통업자가 사실상의 행위로 변경하는 것은 물론, 납품업자등의 의사에 반하는 약정을 체결하여 변경하는 경우도 이에 해당한다. 특히 대규모유통업자가 납품업자등과 별도의 새로운 계약을 체결하여 매장의 위치·면적·시설을 변경하는 경우, 당해 변경이 납품업자등에게 유리하다고 인정될 여지가 없는 경우라면 그 약정 자체가 납품업자등의 자율적인 의사에 기한 것으로 인정되지 않을 가능성이 높을 것이다.

(3) 정당한 사유

대규모유통업자가 계약기간 중에 납품업자등의 매장 위치·면적·시설을 변경하는 행위를 한 경우라도 그 행위에 정당한 사유가 인정될 수 있다면 본 호 위반에 해당하지 않는다. 어떤 경우에 정당한 사유에 해당할 것인지에 대해서는 종전 대규모소매업고시의 내용을 참고할 수 있다. 대규모소매업고시는 매장의 위치·면적·시설의 변경과 관련한 정당한 사유로 첫째, 상품재구성의 목적 등으로 다수 매장의 위치·면적·시설 등을 동시에 변경하는 경우(소위 MD 개편, 대규모소매업고시 제11조의2 제 1 항 제 1 호), 둘째, 홈쇼핑의 경우 방송일정을 전면적으로 개편해야 하는 불가피한 사유가 발행한 경우(대규모소매업고시 제11조의2 제 2 호), 셋째, 기타 납품업자등에게 직접적으로 이익이 되는 경우(대규모소매업고시 제11조의2 제 3 호)를 제시하였다.

---

25) 에이케이(AK)플라자 운영 관련 4개 사업자의 대규모유통업법 위반 행위에 대한 건(2017. 6. 21. 의결 제2017-203호)

다만, 대규모소매업고시와 달리 대규모유통업법은 계약기간 중 매장위치 등의 변경이 허용되는 명시적인 예외를 규정하지 않고 포괄적으로 '정당한 사유'를 요건으로 하고 있다는 점, 법 제17조의 취지는 납품업자등의 의사에 반하거나 납품업자등에게 불리한 행위를 대규모유통업자가 일방적으로 요구하는 행위를 금지하고자 하는 것이라는 점 등을 고려하면, 대규모유통업자의 입장에서 상품재구성 등의 필요성이 있다는 것만으로 '정당한 사유'가 인정되기는 쉽지 않을 것으로 생각된다. 공정거래위원회는 대규모유통업자가 계약기간의 종료와 관계없이 자신의 MD개편 계획에 따라 납품업자의 매장위치를 변경하면서 해당 매장의 면적을 MD개편 이전보다 축소하고, 새로운 매장의 인테리어비용을 납품업자에게 전액 부담하게 한 행위에 대하여, 이는 계약기간 중에 매장 위치·면적 등을 납품업자에게 불리하게 변경한 행위에 해당되고 아울러 매장 위치 등의 변경에 연계하여 납품업자에게 불이익을 준 행위로서 계약기간 중에 매장위치 등을 변경한 행위에 준하는 행위로도 인정된다고 판단한 바 있다.[26]

이러한 내용들을 종합하면, 정당한 사유 해당여부를 판단함에 있어서는 대규모유통업자가 법 제16조(매장 설비비용의 보상) 제2항에 따라 매장설비비용을 적법하게 보상하였는지 여부, 변경 후의 매장위치나 면적, 시설 수준 등이 납품업자등에게 지나치게 불리한 것은 아닌지 여부, 기타 당해 변경에 따른 납품업자등의 이익 여부 등을 함께 고려하여야 할 것이다. 만일 당해 매장 위치·면적·시설 변경에 따라 납품업자등에게 직접적인 이익이 발생하는 경우에는 그 자체로 '정당한 사유'로 인정될 가능성이 클 것이다. 납품업자등에게 이익이 되는 것이라면 굳이 이를 금지할 필요가 없기 때문이다. 다만, 매장의 위치·면적·시설 변경으로 납품업자등에게 발생할 이익 또는 불이익의 판단에 있어서는, 당해 매장에 관한 변경 내용은 물론, 그에 따른 환경의 변화, 반대급부의 존부 등 당시의 제반 사정을 종합적으로 판단하여야 할 것이다.

(4) 관련 문제 – 법 제16조와의 관계

본 호는 법 제16조 제2호에 따른 매장 설비비용의 보상 의무규정과 직접적인 관련이 없다. 대규모유통업자는 본 호에 따라 정당한 사유 없이 계약기간 중에 납품

---

26) 에이케이(AK)플라자 운영 관련 4개 사업자의 대규모유통업법 위반 행위에 대한 건(2017. 6. 21. 의결 제2017-203호).

업자등의 매장 위치·면적·시설을 변경하는 행위를 하여서는 아니되므로, 대규모유통업자가 정당한 사유에 따라 계약기간 중에 납품업자등의 매장 위치·면적·시설을 변경하였다면 본 호 위반에는 해당하지 아니하나, 법 제16조에 따라 그 설비비용을 보상할 의무를 부담한다. 만일 위 보상 의무를 이행하지 않은 경우, 당해 대규모유통업자는 법 제16조 위반이 된다.[27]

공정거래위원회는 최초 임대차거래에 있어 대규모유통업자가 감가상각기준에 따른 잔여기간 보상만 하고, 신규 인테리어비용은 부담하지 않은 사안에 대하여 최초 심의절차종료를 하였다.[28] 그러나 이후 공정거래위원회는 대규모유통업자가 특약매입거래에 있어 대규모유통업법 제16조에 따른 보상 외에 신규 인테리어비용을 부담하지 않은 사안에 대하여 본 호 및 제17조 제10호 위반으로 판단하였고,[29] 이후에는 위 제1사안과 동일하게 신규 인테리어비용을 매장임차인에게 전액 부담시킨 사안에 대하여도 본 호 위반으로 판단하였으며,[30] 특약매입거래에 있어 대규모유통업자가 신규 인테리어 비용의 50%를 부담한 사안에 대하여도 납품업자에게 불리한 위치 변경으로서 신규 인테리어 비용을 100% 부담하지 않았다는 이유로 본 호에 위반한 것으로 판단하였다.[31] 한편, 서울고등법원은 AK플라자 건에서 공정거래위원회의 견해를 모두 받아들여 위법한 것으로 판단하였다(서울고등법원 2018. 1. 25. 선고 2017누62848 판결).

이와 같은 심결례를 볼 때, 공정거래위원회는 특약매입거래 심사지침과 같이 특약매입거래나 임대차거래에 있어 대규모MD 개편에 따라 매장 위치 등을 변경할 경우, 대규모유통업자가 시설비용을 모두 부담하는 외에 원칙적으로 개별 매장의 신규 인테리어비용도 100% 부담해야 하며, 다만, 납품업자등에게 좋은 위치로의 이동 등 직접적으로 이익이 되는 경우에 한하여 납품업자등으로 하여금 최대 50%까지 신규 인테리어비용을 부담하게 할 수 있다는 입장으로 해석된다.

---

27) 대규모유통업자의 설비비용 보상 의무에 대한 자세한 사항은 전술한 제12장 '매장 설비비용의 보상 의무' 참조.
28) 홈플러스㈜의 대규모유통업법 위반 행위에 대한 건(2014유통3116, 2014유통3117).
29) 에이케이(AK)플라자 운영 관련 4개 사업자의 대규모유통업법 위반 행위에 대한 건(2017. 6. 21. 의결 제2017－203호).
30) 홈플러스㈜의 대규모유통업법 위반행위에 대한 건(2019. 6. 18. 의결 제2019－130호).
31) ㈜이랜드리테일의 대규모유통업법 위반 행위에 대한 건(2019. 6. 5. 의결 제2019－120호).

(5) 관련 서류의 보존

대규모유통업자가 정당한 사유로 계약기간 중에 납품업자등의 매장 위치·면적·시설을 변경하는 행위를 한 경우, 대규모유통업자는 납품업자등의 매장 위치·면적·시설을 변경할 당시의 변경기준 및 협의내용을 적은 서류를 보존하여야 한다(법 제6조 제8항, 시행령 제5조 제13호). 예를 들어 매장 진열개편(MD 개편) 등에 의해 전반적인 매장 변경이 있는 경우, 각 납품업자등의 매장이 어떤 기준으로 재배치되는지에 관한 사항이 적힌 서류 등이다. 납품업자등의 매장이 변경될 경우, 일반적으로 대규모유통업자와 납품업자등은 매장 변경에 관한 기준, 절차, 방법 등에 관한 협의를 진행하는 경우가 많은바, 이와 같은 협의가 있는 경우에는 그 협의 내용을 적은 서류도 보존 대상이 될 수 있다.

(6) 관련 사례

[㈜이랜드리테일의 대규모유통업법 위반 행위에 대한 건(2019. 6. 5. 의결 제2019-120호)]

[사실관계]

피심인은 2017년 뉴코아아울렛 평촌점의 MD개편을 진행하면서 특약매입거래 관계에 있는 6개 납품업자에 대하여 매장 면적을 적게는 21%, 많게는 60%까지 줄이고, 매장의 위치변경에 따라 소요되는 인테리어비용을 3백만 원에서 31백만 원까지 납품업자가 부담하게 하였다.

[공정거래위원회의 판단]

피심인은 특약매입거래 계약기간 중에 있는 6개 납품업자를 대상으로 MD개편을 진행하면서 매장의 위치·면적·시설을 변경한 사실이 인정된다.

6개 납품업자의 매장 면적은 21%에서 60%까지 감소하였는 바, 이는 계약 조건을 당초보다 납품업자에게 불리하게 변경한 것으로서, 납품업자에게 계약 당시 예상하지 못한 손실이 발생한 경우에 해당하는 점, 본 건 매장 변경이 발생한 평촌점 전체 매장의 이 사건 MD개편 6개월 전·후 매출액이 25.1% 증가한데 반하여 6개 납품업자의 매출액은 2.7%~32.4% 감소하였다는 점에 비추어 볼 때 이 사건 매장 변경은 납품업자에게 이익이 된 것으로 보기 어려우며, 특히 MD개편은 피심인의 필요에 의해 실시한 것이라는 점, MD개편 전·후 매장 도면을 통해 본 건 6개 납품업자 매장의 경우 원래의 위치에서 변화가 거의 없거나 혹은 에스컬레이터 등 중심에서 멀어져 구석으로 이동되는 등 집객에 불리한 위치로 이동되었음에도 불구하고 피심인은 납품업자로 하여금 인테리어 비용의 50%~100%를 부담토록 하였다는 점들을 고려할 때 피심인의 본 건 매장 위치·

면적·시설의 변경 행위에 정당한 사유가 있었다고 보기 어렵다.

피심인의 계약기간 중 납품업자의 매장 위치 등 변경행위는 법 제17조 제 8 호에 위반되어 위법하다.

[에이케이(AK)플라자 운영 관련 4개 사업자의 대규모유통업법 위반 행위에 대한 건(2017. 6. 21. 의결 제2017-203호), (서울고등법원 2018. 1. 25. 선고 2017누62848 판결로 청구 기각, 상고하지 않아 확정)

[사실관계]

피심인 애경유지공업, 피심인 에이케이에스앤디 및 피심인 수원애경역사(이하 '피심인 애경유지공업 등'이라 한다)은 2014년 3월~2015년 7월 기간 동안 2014년 봄·여름(S/S) 개편, 2014년 가을·겨울(F/W)개편, 2015년 S/S개편 등 3차례에 걸친 정기 점포개편(이하 'MD개편')을 하면서, 총 223개 매장의 위치를 변경하였다.

피심인 애경유지공업 등이 위치를 변경한 223개의 매장 중에서 피심인 애경유지공업은 구로점에 대하여 2개 납품업자의 2개 매장, 피심인 에이케이에스앤디는 분당점에 대하여 15개 납품업자의 19개 매장, 피심인 애경수원역사는 수원점에 대하여 3개 납품업자의 4개 매장 등 총 20개 납품업자의 25개 매장에 대하여 매장 위치를 변경하면서 그 면적을 줄이고, 위치변경에 따라 새롭게 설치하여야 하는 매장의 인테리어비용을 납품업자들이 전액 부담하게 하였다.

[공정거래위원회의 판단]

피심인 애경유지공업 등이 계약기간의 종료와 관계없이 자신의 MD개편 계획에 따라 납품업자의 매장위치를 변경하면서 해당 매장의 면적을 MD개편 이전보다 축소하고, 새로운 매장의 인테리어비용을 납품업자별로 8백만 원~114백만 원까지 전액 부담하게 한 바, 이는 계약기간 중에 매장위치·면적 등을 납품업자에게 불리하게 변경한 행위에 해당되고 아울러 매장 위치 등의 변경에 연계하여 납품업자에게 불이익을 준 행위로서 계약기간 중에 매장위치 등을 변경한 행위에 준하는 행위로도 인정된다.

또한 피심인 애경유지공업 등의 행위는 자신의 MD개편 계획에 따라 납품업자의 매장 위치·면적을 변경·축소하였고, 새로운 매장의 인테리어비용까지 납품업자가 전액 부담하게 한 것으로서 납품업자의 불이익을 상쇄하는 효과가 발생하는 등의 정당한 사유가 있었다고 보기 어렵다.

피심인의 계약기간 중 납품업자의 매장 위치·면적 등 변경행위는 법 제17조 제 8 호 및 제10호에 해당되어 위법하다.

[서울고등법원의 판결]
아래의 각 사정들을 살펴보면, 원고들이 해당 납품업자들의 매장 위치·면적·시설을 변경하고 이에 관한 인테리어비용을 납품업자들에게 전가하는 행위를 한 것에 정당한 사유가 존재한다고 할 수 없으며, 위 원고들의 인테리어비용 부담행위는 대규모유통업법 제17조 제8호 및 제10호에 위반한 행위에 해당한다.

(1) 원고 A, 원고 B 및 원고 C는 정기 MD개편을 계획하고 추진하면서 위 원고들 측에서 작성한 정기 MD개편 사항을 납품업자들에게 알려주면 납품업자들은 위 원고들이 제시한 개편안에 따라는 방식으로 MD개편을 수행하여 위 원고들 측의 사유에 의해 인테리어비용이 소요된 경우에 해당한다. 그럼에도 불구하고 위 원고들은 납품업자들의 매장 위치를 변경하고 면적을 줄이거나 위치 변경에 따라 새롭게 설치하여야 하는 매장 고유의 인테리어비용 전부를 해당 납품업자들에게 부담시켰다.
(2) 원고들은 위와 같은 MD개편으로 매장위치 및 인테리어가 변경될 경우 입점업자들과 매장위치 변경 및 인테리어비용 부담에 관하여 서면으로 약정을 체결하였다고 주장하면서도 이 사건에서 문제된 납품업체들 관련 인테리어비용 부담행위와 관련하여서는 그에 대한 증거를 제출하지 못하고 있다.
(3) 원고들은 원고 A의 2015년 L점 MD개편은 6층 유아동 매장의 고객편의시설을 확충하고, 고객이탈을 방지하기 위한 목적이 있었으므로 정당한 사유가 존재한다는 취지로 주장한다. 위 필요는 납품업체들만의 필요라기보다는 원고 A 운영의 백화점 전체의 이익을 위한 측면이 강함에도 불구하고, 매장 고유의 인테리어 공사라 하더라도 계약기간 중임을 고려할 때 매장 위치나 면적 등 변경이 없었다면 납품업체들이 부담하지 않아도 되는 공사비용 전부를 납품업자에게 부담하게 하여, 위 원고들이 자신의 영업상 필요 등을 위하여 소요되는 비용까지 납품업자에게 전가시켰다.
(4) K점, N점, L점에 입점한 인테리어비용 부담행위 관련 납품업체들의 위치변경 후 면적이 대체로 3%에서 44% 정도 감소하였고 총 25개 납품업체 운영 매장 중 대부분인 17개 매장에서 인테리어 공사 완료 후 3개월간 판매량이 감소하는 등 위와 같은 매장 위치변경 등이 납품업자들에게 이익인지 의심스러우며, 관련 납품업자들의 인테리어공사가 원고 A, 원고 B 및 원고 C의 MD개편의 과정에서 이루어진 사안의 경과 등을 고려할 때, 원고들 제출의 증거들만으로는 위 인정 사실과 달리 원고들이 주장하는 바와 같이 위 납품업자들 스스로의 인테리어 변경 필요에 따른 자발적인 요청에 의하여 납품업자들의 부담 하에 인테리어 공사가 시행되었다고 인정할 만한 증거도 없다.

자. 계약기간 중에 판매장려금의 비율 등 대통령령으로 정하는 계약조건을 변경하는 행위(제 9 호)

(1) 개 요

대규모유통업자는 정당한 사유 없이 계약기간 중에 판매장려금의 비율 등 대통령령으로 정하는 계약조건을 변경하는 행위를 하여서는 아니 된다(법 제17조 제 9 호). 본 호에 따라 계약기간 중에 변경이 금지되는 계약조건은, 첫째, 직매입거래의 경우 판매장려금의 비율 또는 액수, 둘째, 특약매입거래 또는 위·수탁거래의 경우 상품판매대금에서 대규모유통업자가 공제하는 판매수익 또는 수수료에 관한 사항이다(시행령 제13조 제 2 항).

직매입거래에서의 판매장려금의 비율 또는 액수, 특약매입거래 또는 위·수탁거래에서의 판매수익 또는 수수료는 납품업자등의 경제적 이해관계에 직접적으로 영향을 미치는 매우 중요한 계약상 거래조건에 해당한다. 그럼에도 불구하고 종전 유통 실무에서는 거래상 지위가 있는 대규모유통업자가 일방적으로 이들 거래조건을 변경하는 사례가 빈번하였다. 이와 같이 계약기간 중에 납품업자등의 경제적 이해에 결정적인 영향을 미칠 수 있는 거래조건이 변경될 경우, 납품업자등이 당해 거래에 관하여 가지고 있던 기대이익이 침해되거나 불측의 손해가 발생할 가능성이 높다. 이에 대규모유통업법은 본 호를 두어 명시적으로 이를 금지하였다.

(2) 계약기간 중 판매장려금의 비율 또는 액수, 판매수익 또는 수수료의 변경

금지되는 행위는 계약기간 중의 판매장려금의 비율 또는 액수, 판매수익 또는 수수료의 변경 행위이다. 따라서 계약기간이 만료된 후 위 각 계약조건을 변경하여 재계약을 체결하거나 계약을 갱신하는 행위는 원칙적으로 본 호 위반 여부의 고려대상이 아니다.

본 호 소정의 '계약기간 중'의 의미와 관련하여 실무상 자주 문제되는 것은 계약이 자동갱신되는 경우이다. 대규모유통업자와 납품업자등 사이의 통상의 거래기본계약에는 계약기간 종료 수 개월 전(통상 2~3개월 전)까지 계약당사자 일방이 갱신거절 등 다른 의사를 표시하지 않는 한 동일한 조건으로 계약이 갱신된다는 내용의 자동갱신조항을 두는 경우가 많다. 그런데 실무에서는 갱신거절의 의사표시 기한까지 갱신 여부나 조건 변경에 대한 별다른 의사표시를 하지 않고 있다가, 당해 계약기간이 종료한 후에 판매장려금의 비율 또는 액수, 판매수익 또는 수수료의 변경에 관한 재협의를 하는 경우가 많았다. 이러한 경우는 당사자 사이의 아무런 의사표시 없이 당해 계약에서 정한 갱신거절 기한을 경과한 것이므로 이미 종전 조건과 동일한 내용으로 계약이 갱신된 것이고, 이에 따라 판매장려금의 비율 또는 액수, 판매수익 또는 수수료 역시 종전 계약과 동일한 내용으로 유지된다고 보는 것이 원칙이다. 따라서, 자동갱신조항을 두고 있는 계약에서 위와 같이 갱신거절의 의사표시 기한이 지나거나 당해 계약기간이 종료한 후에 판매장려금의 비율 또는 액수, 판매수익 또는 수수료를 변경하는 것은 본 호 소정의 계약기간 중의 변경에 해당될 수 있다. 그동안 유통 실무상으로는 종전 계약기간이 종료한 후 그 계약기간 동안의 거래 실적 등을 평가하여 재계약 또는 계약갱신의 내용에 반영하는 것이 관행적으로 이루어졌으나, 각 거래계약의 내용 및 본 조 문언상으로는 이러한 경우에도 계약기간 중의 조건 변경으로 판단될 가능성이 크다. 공정거래위원회와 법원 역시 동일한 입장이다.[32)33)]

그러므로 대규모유통업자의 입장에서 재계약이나 계약갱신 과정에서 거래 조건에 대한 협의가 지체되어 자동 계약갱신이 이루어진 후 그 '계약기간 중'에 거래조건을 변경하는 것으로 의율될 위험을 피하기 위해서는, 거래조건 변경을 위한 협의를 예정하고 있다면 사전에 자동 계약갱신이 이루어지지 않도록 공문이나 내용증명우편 등을 통하여 거래조건에 대하여 협의를 할 예정이고 그 협의가 늦어질 경우에는 일단 종래의 거래조건에 의한다는 내용의 통지를 해 둘 필요가 있다.

본 호의 판매장려금, 특약매입거래에서의 판매수익 및 위·수탁거래에서의 수수료의 의미는 대규모유통업법 각 관련 규정에서의 그것과 동일하므로 해당 부분에서의 설명으로 갈음한다. 판매장려금의 비율 또는 액수, 판매수익 또는 수수료를 정률 또는 정액으로 하지 않고 구간별 비율 차등 또는 구간별 누진적 비율 적용 등으로 약정함에 따라, 그 범위 내에서 수시로 변동되어 적용되는 경우에도 본 호 소정의

---

32) ㈜씨에스유통의 대규모소매업에 있어서의 특정불공정거래행위에 대한 건(2010. 11. 15 의결 제2010-138호), 현대DSF의 대규모소매점업에 있어서의 특정불공정거래행위에 대한 건(2007. 8. 21. 의결 제2007-426호), 수원애경역사㈜의 대규모소매업에 있어서의 특정불공정거래행위에 대한 건(2009. 9. 25. 의결 제2009-202호) 등

33) 원고가 71개 납품업체와 판매수수료율을 변경할 당시에는 이미 그들 사이의 기존 특정매입거래계약이 동일한 조건으로 계약기간이 1년 연장되어 존속 중인 상태였다고 봄이 타당하다. 따라서 원고의 수수료율 변경행위는 계약기간 중 계약조건인 판매수수료율을 부당하게 변경한 행위에 해당한다(서울고등법원 2018. 1. 25 선고 2017누62138 판결).

변경에 해당한다고 볼 수 있는지가 문제된다. 생각건대, 대규모유통업자와 납품업자등이 체결한 서면 계약에 판매장려금의 비율 또는 액수, 판매수익 또는 수수료의 상한과 하한, 그리고 그 범위 내에서 결정되는 기준 내지 조건이 명시되어 있고, 대규모유통업자가 이와 같은 계약조건에 따라 판매장려금의 비율 또는 액수, 판매수익 또는 수수료를 변경하여 적용한 것이라면, 이는 당해 계약조건을 적용한 것이지 계약조건을 변경한 것이라고 보기는 어렵다. 서울고등법원도 홈쇼핑사업자와 납품업자는 사전에 CATV 판매수수료와 신채널 판매수수료를 다르게 할 것을 합의하였는데, 이를 처리할 계약, 전산시스템이 구비되지 않아 정산 단계에서 별도의 서면 계약을 체결한 것이고, 방송조건합의서에 "상기 거래조건은 미리 주문, LIVE, 지난방송보기를 통한 주문 시에도 동일하게 적용합니다"라고 기재된 것은 일종의 부동문자로 보아 위 문구만으로 사전에 동일하게 적용할 것으로 합의하였다고 보기 어렵다는 이유 등으로 계약기간 중 수수료율을 변경한 것이라고 볼 수 없다고 판단한 바 있다(서울고등법원 2017. 1. 18. 선고 2015누50353 판결). 따라서 이 경우는 본 호 소정의 계약조건 변경에 해당하지 않는다.

변경의 형식은 불문한다. 따라서 대규모유통업자가 사실상의 행위로 변경하는 것은 물론, 납품업자등의 의사에 반하는 약정을 체결하여 변경하는 경우도 이에 해당한다. 특히 대규모유통업자가 납품업자등과 별도의 새로운 계약을 체결하여 이들 계약조건을 변경하는 경우, 당해 변경이 납품업자등에게 유리하다고 인정될 여지가 없다면 그 약정 자체가 납품업자등의 자율적인 의사에 기한 것으로 인정되지 않을 가능성이 높을 것이다.

본 호는 계약변경으로 인하여 거래상 지위가 열위에 있는 납품업자등에게 손실이 발생하거나 그 지위가 약화됨으로써 공정한 거래질서를 해치는 것을 방지하기 위한 규정이다. 따라서 계약기간 중 납품업자등에게 불리하게 계약이 변경되었다고 하더라도, 그 변경이 의도적이라고 보기 어렵고 계약변경으로 인한 불이익의 정도가 극히 미미한 경우라면 본 호 위반에 해당하지 않을 수 있다.

(3) 정당한 사유

대규모유통업자가 계약기간 중에 판매장려금의 비율 또는 액수, 판매수익 또는 수수료를 변경하였더라도 그 행위에 정당한 사유가 인정될 수 있다면 본 호 위반에 해당하지 않는다. 정당한 사유에 해당하는지 여부는 당시의 제반 사정을 종합적으로 고려하여 판단하여야 할 것이나, 판매장려금의 비율 또는 액수, 판매수익 또는 수수료가 납품업자에게 불리한 내용으로 변경되었다면, 당해 판매장려금의 비율 또는 액수의 인상분, 판매수익 또는 수수료의 인상분에 상응하거나 이를 초과하는 반대급부가 납품업자에게 주어지는 등의 특별한 사정이 없는 한, 정당한 사유로 인정될 수 있는 경우는 많지 않을 것으로 보인다. 공정거래위원회는 대규모유통업자의 심각한 경영난 등 적자를 면하기 위해 판매수수료율 인상이 불가피 하였다는 등의 사유는 정당한 사유로 인정하고 있지 않다.[34)]

반면, 만일 판매장려금의 비율 또는 액수, 판매수익 또는 수수료가 납품업자에게 유리하게 변경되었다면 이는 납품업자등에게 직접적인 이익이 발생한 경우로서 그 자체로 '정당한 사유'로 인정됨이 타당하다.[35)]

공정거래위원회는 본 조의 정당한 사유를 판단함에 있어 '계약상 의무'와 '정상적인 거래방식' 등을 종합적으로 고려하고 있다(아래 관련 사례 참조).

(4) 관련 사례

[㈜지에스홈쇼핑의 대규모유통업법 위반행위 및 공정거래법상 거래상지위 남용행위에 대한 건(2015. 6. 11. 의결 제2015-193호) - 홈쇼핑업자가 방송조건합의서의 수수료율과 달리 추가매출 방송에 대한 계약을 체결하면서 다른 수수료율을 적용한 사례(서울고등법원 2017. 1. 18. 선고 2015누50353 판결(확정)로 처분이 취소됨)]

[사실관계 및 공정거래위원회의 판단]

피심인은 39개 납품업자들과 142건의 추가매출 방송(정액수수료 방송과 정률수수료 방송의 중간적인 형태)을 실시하면서, 방송 이후 인터넷, 모바일, TV채널(이하 'EC, MC, TC 채널') 판매분을 정산하는 과정에서 당초 방송조건합의서상에 기재된 정률수수료율보다 높은 수수료율을 변경 적용하였다.

공정거래위원회는 방송 이후 EC/MC/TC 판매분을 정산하는 과정에서 당초 계약한 방송조건합의서상 기재된 정률수수료율보다 높은 수수료율로 변경 적용함으로써 총 약 15억 원 상당의 추가 수수료를 수취하였다는 이유로 본 호 위반으로 판단하였다.

34) ㈜티몬의 대규모유통업법 위반행위에 대한 건(2018. 5. 24. 의결 제2018-211호).
35) 종전 대규모소매업고시 제11조의2 제1항 제3호 참조.

[서울고등법원의 판결]

서울고등법원은 홈쇼핑사업자와 납품업자는 사전에 CATV 판매수수료와 신채널 판매수수료를 다르게 할 것을 합의하였는데, 이를 처리할 계약, 전산시스템이 구비되지 않아 정산 단계에서 별도의 서면 계약을 체결한 것이고, 방송조건합의서에 "상기 거래조건은 미리 주문, LIVE, 지난방송보기를 통한 주문 시에도 동일하게 적용합니다"라고 기재된 것은 일종의 부동문자로 보아 위 문구만으로 사전에 동일하게 적용할 것으로 합의하였다고 보기 어렵다는 등 아래와 같은 이유로 계약기간 중 수수료율을 변경한 것이라고 볼 수 없다고 판단하여 공정거래위원회의 처분을 취소하였다.

첫째, 원고와 납품업자 사이에 신채널 판매수수료가 계약기간 중 변경되어 그에 따라 원고가 수수료를 추가 수취한 것이 아니라, 당사자 사이의 사전 합의에 따라 신채널 판매수수료를 정산한 것일 뿐이므로 수수료의 사후 정산이 있었다고 하여 대규모유통업법 제17조 제 9 호에 위배되는 계약기간 중 판매수수료율 변경행위가 있었다고 볼 수 없다.

둘째, ㉠ 일반적으로 신채널 판매수수료는 30~40%대에서 정해지는 것이 홈쇼핑업계의 관행으로 보이므로 홈쇼핑업계 1위 업체인 원고가 사전에 신채널 판매수수료를 CATV 판매수수료와 동일하게 10%대로 낮게 약정하고 사후에 이를 30~40%로 변경하는 방식을 취할 필요성이 없어 보이는 점, ㉡ 원고가 제출한 자료에 의하면 신채널 판매분 중에서도 미리 주문 및 다시보기 주문 판매 부분은 시스템에 따라 신채널 판매수수료로 자동정산되었고 라이브 방송판매분에 대하여만 사후정산이 된 것으로 보인다.

[㈜이랜드리테일의 대규모유통업법 위반행위에 대한 건(2017. 6. 21. 의결 제2017-206호) – 계약의 자동갱신이 '계약기간 중'인지가 문제된 사례]

[사실관계 및 공정거래위원회의 판단]

피심인은 2012. 4. 1.부터 2014. 9. 1.까지 ○○○○ 등 총 54개 납품업자와 71건의 기본거래계약을 체결한 후 그 계약이 자동갱신 되어 계약조건이 계속하여 동일하게 존속되는 기간 중에 판매수수료율을 최저 1%p에서 최고 12%p까지 인상하고, 2012. 4. 1.부터 2015. 7. 31.까지 총 196,079천 원의 납품대금을 추가로 수취하였다.

피심인은 자동갱신 조항에 따라 종전과 동일한 조건으로 납품업자와의 계약이 갱신된 상태에서 판매수수료율을 인상하는 행위를 하였고, 피심인이 계약기간 만료 전 공문 또는 내용증명의 발송 등을 통하여 납품업자에게 계약갱신 거부 또는 계약조건 변경의 의사표시를 하였다는 등의 정당한 사유가 있는 것으로 보이지도 아니한바, 법 제17조 제 9 호에 위반되어 위법하다.

[서울고등법원의 판단]

원고가 계약기간 만료일로부터 3개월 이전까지 별도의 서면에 의한 계약갱신의 의사표시를 하지 않았다면 위 조항에 따라 동일한 계약조건으로 계약기간이 1년 연장된다고 볼 수 있다. 그런데 원고는, 1,032개의 납품업체의 납품업체에 대해서는 계약기간 만료 3개월 이전까지 공문 또는 내용증명우편으로 갱신거절의 의사 표시를 하였던 반면 71개의 납품업체에 대해서는 그러한 갱신거절의 의사 표시를 하였다는 점을 인정할 만한 자료를 제출하지 못하고 있고, 원고 스스로도 피고에게 사전 서면통지를 하였다는 점을 인정할 만한 자료를 제출하지 못하고 있을 뿐 아니라 사전 서면통지를 하지 않았다는 취지의 확인서를 작성하여 제출하고 있는 점 등을 고려하면, 원고가 71개 납품업체와 판매수수료율을 변경할 당시에는 이미 그들 사이의 기존 특정매입거래계약이 동일한 조건으로 계약기간이 1년 연장되어 존속 중 계약조건인 판매수수료율을 부당하게 변경한 행위에 해당한다.

[㈜티몬의 대규모유통업법 위반행위에 대한 건(공정거래위원회 2018. 5. 24. 의결 제2018-211호 2016유통3476) – 심각한 경영난 등 적자를 면하기 위해 판매수수료율 인상이 불가피 하였다는 피심인의 주장을 배척한 사례]

[사실관계]

피심인은 2016년 2월부터 8월까지 482개 납품업자와 체결한 2,006건의 위수탁 거래 계약 기간 중에 정당한 사유없이 판매 수수료율을 최소 0.3%p부터 최대 12%p까지 인상하였다. 동 행위로 인하여 피심인은 납품업자들로부터 총 40,207,309원의 추가적인 이익을 취득하였다.

[공정거래위원회의 판단]

피심인은 2014년 이후 심각한 경영난에 처하였고, 총 8만개의 딜을 운영하는데 소요되는 월 평균 240억 원을 충당하기 위해서 딜당 최소 30만 원의 수입이 발생하여야 적자를 면하는 상황이었으나, 이 사건 판매수수료율 인상 대상인 롱테일 상품군의 경우 딜당 월평균 수입액이 19,247원에 불과하여 판매할수록 손해인 상태였으므로 필요최소한의 판매수수료율 인상이 불가피하였다는 점, 이와 같은 어려운 사정을 납품업자들에게 사전에 고지·설명하고 협의를 통해 수수료율 인상 여부 및 인상폭을 결정하였다는 점 등을 근거로 정당한 사유가 존재한다고 주장한다.

① 피심인은 2016년도 상품팀 매출확대 전략의 일환으로 생활·주방 용품 등 일부 상품군의 마진을 인상하기로 결정한 것이고, 다른 조건의 변경 없이 진행 중인 딜의 판매수

수료율만을 인상하였으므로 행위의 목적 및 태양 자체가 피심인에게는 이익이 되고 납품업자에게는 불이익을 초래하는 점, ② 딜당 평균 진행기간이 3~4개월에 불과하여 비교적 단기임에도 불구하고 계약기간 중에 판매수수료율을 인상하여야할 만큼 급박한 사정이 있었다고 보기 어려운 점, ③ 가사 적자폭을 줄이는 것이 긴요한 시점이었다 하더라도 정식 계약 변경 절차를 통해 변경계약서를 작성하였어야 할 것이나 피심인은 그러한 절차를 거친 바 없고, 납품업자들의 동의를 얻은 증거라고 제출한 자료들은 피심인이 인상시기와 인상률을 일방적으로 정하고 통보하는 내용으로 볼 여지도 있는 점 등을 고려할 때, 피심인의 위 주장은 이유 없다.

차. 그 밖에 납품업자등에게 불이익을 주거나 이익을 제공하게 하는 행위(제10호)

(1) 개 요

대규모유통업자는 정당한 사유 없이 납품업자등에게 법 제 17 조 제 1 호부터 제 9 호까지의 규정에 준하는 것으로서 납품업자등에게 불이익을 주거나 이익을 제공하게 하는 행위를 하여서는 아니 된다(법 제17조 제10호). 법 제 17 조 제 1 호부터 제 9 호 외에도 유통 실무상으로는 다양한 유형의 불이익제공행위가 발생할 수 있음을 고려하여 대규모유통업법은 본 호를 통해 대규모유통업자의 불이익제공행위를 포괄적으로 규제하고 있다. 이에 따라 법 제 17 조 제 1 호 내지 제 9 호에 해당하지 않는 행위라 하더라도 그것이 납품업자등에게 실질적으로 불이익을 주거나 대규모유통업자에게 이익을 제공하도록 하는 행위는 본 호에 따라 규제될 수 있다.

(2) 납품업자등에게 불이익을 주거나 이익을 제공하게 하는 행위

실질적으로 납품업자등에게 불이익이 되는 행위를 하거나, 납품업자등으로 하여금 이익을 제공하도록 하는 행위를 한 경우가 이에 해당한다.[36] 본 호는 '제 1 호부터 제 9 호까지의 규정에 준하는 것'이라는 제한적 문언을 두고 있으므로 공정거래위원회도 제 1 호부터 제 9 호까지에 준한다고 볼 수 있는지를 검토하여 유사한 유형의

36) 공정거래위원회도 "법 제17조 제10호는 제 1 호 내지 제 9 호의 행위에 해당하지 아니하는 행위라 하더라도 그것과 유사한 성격의 행위를 통하여 납품업자 등에게 실질적으로 불이익을 주는 제반 행위들을 포괄적으로 금지하기 위한 것이고, 제 1 호 내지 제 9 호에서 규정하고 있는 내용이 광범위한 불이익 제공 또는 이익제공 요구에 관한 것인 점을 감안할 때, 납품업자 등에게 실질적으로 불이익을 주거나 이익을 제공하게 하는 행위이면 법 제17조 제10호에 해당될 수 있다"고 한다[「㈜우리홈쇼핑의 대규모유통업법 위반행위 및 공정거래법상 거래상지위 남용행위에 대한 건」(2015. 4. 15. 의결 제2015-118호)].

행위에 대하여는 본 조 제10호를 적용하나, 그렇지 않은 유형의 경우에는 본 조 제10호가 아닌 법 제15조 제 1 항(경제적 이익제공 요구) 또는 공정거래법 제45조 제 1 항 제 6 호의 거래상 지위남용행위 규정을 적용하는 것으로 보인다(TV홈쇼핑 심사지침 및 온라인쇼핑몰업자의 불공정거래행위 심사지침 참조). 본 호가 제재적 처분을 내용으로 하는 조항이어서 엄격하게 해석되어야 한다[37]는 점에서 이와 같은 공정거래위원회의 법 해석·적용은 타당하다고 판단된다.

이와 관련하여 TV홈쇼핑 심사지침과 온라인쇼핑몰 심사지침은 다음과 같은 규정을 두고 있다.

[TV홈쇼핑 심사지침]

1) 법 제17조 제10호는 납품업자에게 불리하게 작용할 수 있는 TV홈쇼핑사업자의 거래상 지위남용행위들을 포괄적으로 금지하기 위해 일반조항으로 규정된 것이다. 따라서 TV홈쇼핑사업자의 행위가 법 제17조 제 1 호 내지 제 9 호에 해당하지 않더라도 그것이 납품업자에게 실질적으로 불이익이 되거나 TV홈쇼핑사업자에게 이익을 제공하도록 하는 행위에 해당할 경우 법 제17조 제10호의 위반으로 인정될 가능성이 높다.

2) TV홈쇼핑사업자가 정당한 사유 없이 납품업자와 체결한 상품판매방송계약을 취소하거나 당초 계약내용의 주요 사항을 변경하는 것과 같이 법 제17조 제 1 호 내지 제 9 호에 준하는 행위를 통해 납품업자에게 불이익을 주거나 납품업자로 하여금 이익을 제공하도록 하는 경우 법 제17조 제10호의 위반으로 인정될 가능성이 높다.

[참고] 다만, TV홈쇼핑사업자가 변경 계약을 체결하는 사유가 사전에 TV홈쇼핑사업자와 납품업자 간에 변경 계약을 체결하기로 합의한 사항으로서 ① 동일 또는 유사 시간대에 다른 TV홈쇼핑사업자가 동일 품목을 판매하여 해당 상품의 판매실적 부진이 명백히 예상되는 경우, ② 납품상품의 하자, 방송판매 상품 준비물량 미확보 등으로 정상적인 판매가 어려운 경우 등은 정당한 사유가 있는 것으로 본다.

3) 법위반에 해당될 수 있는 행위(예시)

가) TV홈쇼핑사업자가 당초 납품업자와 체결한 방송 일시를 상품매출 등에서 납품업자에게 불리한 일자나 시간대로 변경하거나, 당초 계약한 사은품이나 상품 구성내용을 변경하여 납품업자로 하여금 추가로 비용을 부담하도록 하는 행위

나) TV홈쇼핑사업자가 납품업자와 당초 약정한 방송 횟수 중 진행되지 않은 나머지

37) 대법원 2014. 7. 24. 선고 2012두20007 판결 등 참조.

회 차의 방송에 대해 매출 부진 등을 이유로 일방적으로 취소하는 행위

다) TV홈쇼핑사업자와 납품업자 간 상품 품목·디자인, 준비물량, 방송판매 횟수 등에 대한 사전 합의에 따라 납품업자가 상당기간(수개월~수주일)에 걸쳐 준비한 계절상품에 대해 정률제 판매방송을 1~2회 실시한 결과 판매실적이 부진하자, TV홈쇼핑사업자가 이를 사유로 당초 약속한 횟수의 방송 중 진행되지 않은 나머지 방송에 대해 판매수수료 수취 방식을 정액제나 혼합제로 변경함으로써 납품업자로 하여금 정률제 대비 높은 수수료를 부담하도록 하는 행위

라) TV홈쇼핑사업자가 중간유통업자(유통 vender)의 실질적 역할이 거의 없거나 납품업자가 원하지 않음에도 불구하고, 납품업자로 하여금 중간유통업자를 통해 납품하도록 함으로써 납품업자에게 중개수수료 등 불필요한 비용을 부담 지우는 행위[38]

[온라인쇼핑몰 심사지침][39]

온라인쇼핑몰업자가 그 밖에 법 제17조 제 1 호 내지 제 6 호, 제 9 호에 준하는 것으로서 납품업자 등에게 불이익을 주거나 이익을 제공하게 하는 행위(법 제17조 제10호)

① 법 제17조 제10호는 납품업자에게 불리하게 작용할 수 있는 대규모유통업자의 거래상 지위남용행위들을 포괄적으로 금지하기 위해 규정한 일반조항이다. 법 제17조 제 1 호 내지 제 6 호, 제 9 호에 해당하지 않더라도 그에 준하는 행위를 통해 납품업자에게 불이익이 되거나 온라인쇼핑몰업자에게 이익을 제공하도록 하는 행위에 해당하는 경우 법 제17조 제10호에 해당한다.

② 다만, 법 제17조 제10호는 '제 1 호부터 제 9 호까지의 규정에 준하는 행위'에 대하여 적용되므로 법 제17조 제 1 호부터 제 9 호까지의 규정에 준하지 않는 행위에 대해서는 법 제15조 제 1 항(경제적 이익제공 요구) 또는 공정거래법 제23조 제 1 항 제 4 호(거래상 지위남용행위)가 적용된다.

<법위반에 해당될 수 있는 행위(예시)>

- 온라인쇼핑몰업자가 납품업자에게 온라인쇼핑몰이 제공하는 배송서비스 등 온라인쇼핑몰 자신의 유료서비스를 이용할 것을 제안하고 이를 거부할 경우 납품업자가 납품하는 물품의 검색순위를 하락시키는 경우

38) 이 경우 공정거래법 제45조 제 1 항 제 9 호 (나)목의 통행세 규제에 해당할 수도 있다. 또한 그 중간유통업자가 일정한 요건을 갖춘 계열회사에 해당할 경우에는 공정거래법 제47조의 특수관계인에 대한 부당한 이익제공 금지에 해당할 수도 있다.

39) 이러한 행위는 대부분 온라인쇼핑몰업자 외에 오프라인 사업을 운영하는 대규모유통업자에게도 마찬가지로 적용될 수 있을 것이다.

- 온라인쇼핑몰업자가 납품업자와 체결한 광고계약과 달리 광고비 인상 근거의 제시 없이 과도한 광고비를 청구하고 납품업자가 이에 대하여 이의를 제기할 경우 계약 연장 거부 등 불이익을 주는 경우
- 온라인쇼핑몰업자가 자신의 목표 수익률 또는 마진을 정해두고 최저가 경쟁을 위해 판매가격을 낮추고 납품업자에게 납품가격을 인하하도록 강요하는 경우
- 온라인쇼핑몰업자가 납품업자와의 계약조건과 관계없이 임의로 소비자에게 물품을 반품 또는 환불하고, 포장비용 등 양품비용(재상품화에 소요되는 비용), 왕복 배송비 등을 납품업자에게 부담하도록 한 경우
- 온라인쇼핑몰업자가 판매촉진행사를 실시하면서 판매촉진행사에 참가하는 납품업자에게 참가비 또는 광고비 등을 부담하도록 강요하는 경우

한편, 법 제17조 제10호 후단은 납품업자등에게 이익을 제공하게 하는 행위를 금지하고 있는바, 법 제15조 제1항 소정의 '자기 또는 제3자를 위하여 경제적 이익을 제공하게 하는 행위'와의 관계가 문제될 수 있다. 법 제15조는 그 제공의 객체를 '경제적 이익'에 한정하고 있는 반면, 제17조 제10호는 일체의 '이익'으로 규정하고 있는 점을 고려하면, 통상적인 경제적 이익 제공 요구에 대해서는 법 제15조가 우선 적용되고, 그 외의 이익 제공 요구에 대하여는 법 제17조 제10호가 적용된다고 보는 것이 체계에 부합한다.

(3) 정당한 사유

대규모유통업자가 기타의 방법으로 납품업자등에게 불이익을 주거나 이익을 제공하게 하는 행위를 한 경우라도 그 행위에 정당한 사유가 인정될 수 있다면 본 호 위반에 해당하지 않는다. 본 조의 정당한 사유에 해당하는지 여부는 대규모유통업자의 행위 내용, 그 행위 당시의 제반 사정을 종합적으로 고려하여 판단하여야 할 것이다.

(4) 관련 사례

[롯데하이마트㈜의 대규모유통업법 위반행위에 대한 건(공정거래위원회 2020. 12. 29. 의결 제2020-341호 2017유통1856) - 물류대행 수수료 인상분을 소급 적용한 행위가 문제된 사례]

[사실관계]

피심인은 2014년 8월 롯데로지스틱스의 적자누적에 따른 단가 인상 요청에 따라 2015년 1월까지 단가인상 협상을 진행하였다. 피심인은 롯데로지스틱스와 물류운용 용역비

단가를 기존 계약 대비 8.1% 인상하는 방안으로 협상이 마무리되자, 공동물류를 이용하는 납품업자에 대한 물류대행 수수료도 기존 계약 대비 총 9.1%를 인상하고 인상안을 2014년 9월부터 소급적용하기로 하였다. 이후 피심인은 2015년 3월 45개 납품업자와 물류대행 수수료가 기존 계약 대비 9.1% 인상된 안을 2014년 9월부터 소급적용하는 내용의 계약을 체결하여 총 110,866,090원의 수수료를 현금 또는 납품대금에서 공제하는 방식으로 수령하였다.

피심인은 2015년 8월 롯데로지스틱스의 창고직 인건비 상승 등 원가인상에 따른 단가인상 요청에 따라 2015년 12월까지 단가인상 협상을 진행하였다. 피심인은 롯데로지스틱스와 물류운용 용역비 단가를 기존 계약 대비 5.6% 인상하는 방안으로 협상이 마무리되자, 공동물류를 이용하는 납품업자에 대한 물류대행 수수료도 기존 계약 대비 총 5.0%를 인상하고 인상안을 2015년 9월부터 소급적용하기로 하였다. 이후 피심인은 2016년 2월 73개 납품업자와 물류대행 수수료가 기존 계약 대비 5.0% 인상된 안을 2015년 9월부터 소급적용하는 내용의 계약을 체결하여 총 82,015,178원의 수수료를 현금 또는 납품대금에서 공제하는 방식으로 수령하였다.

[공정거래위원회의 판단]

피심인은 2015. 3월 및 2016. 2월 물류대행 계약을 체결하면서, 2014. 9월~2015. 2월 및 2015. 9월~2016. 1월 기간에 대해 변경된 계약조건을 적용하여 수수료를 추가로 수령함으로써 납품업자에게 불이익을 제공한 바 이는 법 제17조 제 9 호에 준하는 불이익을 제공한 것으로 볼 수 있으므로 법 제17조 제10호에 해당한다.

또한, 물류대행 수수료를 인상하는 것은 원칙적으로 계약체결일 이후부터 적용하는 것이 타당할 것이나 피심인은 인상된 수수료를 소급적용한 점, 물류수수료 인상 자체는 물류대행 업체인 롯데로지스틱스의 단가 인상 요청에 따라 불가피하였다 하더라도, 협상이 지연된 것은 납품업자의 귀책사유에 따른 것이 아닌 점을 종합적으로 고려할 때 피심인의 행위에 정당한 사유가 인정되지 아니한다.

[㈜홈앤쇼핑의 대규모유통업법 위반행위에 대한 건(2022. 1. 26. 의결 제2022-022호) - 물류비 수취행위가 문제된 사례]

[사실관계]

피심인은 2015. 10월~2018. 10월 기간 중 13개 납품업자에게 소비자 반품 상품 중 재판매를 위해 양품화가 필요한 직매입 상품에 대한 173건의 양품화 작업을 위탁하고, 이와 관련하여 납품업자가 양품화 작업을 위하여 피심인의 물류센터에서 해당 상품을 반출하고 작업 완료 후 이를 재입고하는 과정에서 발생한 24,541,112원 상당의 물류비를 지급하지 아니하였다.

[공정거래위원회의 판단]

이 사건 양품화 물류비는 피심인과 납품업자 간 당초 납품계약에 따른 납품단가 내지 양품화 비용(단가)에 포함된 것이 아니다. 그럼에도 불구하고 양품화에 따른 물류비를 납품업자에게 부담하도록 하는 것은 납품업자에 대한 불이익에 해당하고, 대규모유통업자가 상품의 납품 및 판매와 관련하여 납품업자로부터 수취하는 판매장려금 또는 수수료 등을 불이익하게 변경하는 행위를 금지하는 법 제17조 제9호의 불이익 제공행위에 준하는 것이라 할 것이다.

양품화 작업 관련 물류비 미지급 내역의 위반 건들은 피심인과 납품업자 간 당초 납품계약의 내용에 양품화 물류비를 포함한 것들이 아니며, 이 사건 양품화 작업은 피심인이 별도로 납품업자에게 위탁한 것이므로 민법상 지참채무에 따른 납품비용을 당연히 납품업자가 부담하는 것이 타당하다고 할 수 없다.

[㈜우리홈쇼핑의 대규모유통업법 위반행위 및 공정거래법상 거래상지위 남용행위에 대한 건(2015. 4. 15. 의결 제2015-118호) - 홈쇼핑업자가 시즌 상품인 패션잡화를 방송별로 계약을 체결하면서 정률제 방식으로 거래하다가 혼합제 방식으로 변경한 사례]

[사실관계]

우리홈쇼핑은 28개 납품업자와 패션잡화 상품에 대하여 각 상품별로 2회 이상의 판매방송 계약을 체결하면서 초기 방송에서는 정률제 방식으로 거래를 하다가, 첫방송 또는 수회 방송 후 판매실적이 부진한 경우 혼합제 방식으로 변경하여 거래하였다.

[공정거래위원회의 판단]

첫째, 시즌상품은 해당 시즌 기간 중에만 판매하기 위한 것으로 당해 기간 동안 여러 회차에 걸쳐 판매하기 위해 시즌이 시작되기 수개월 전부터 기획하여 납품업자에게 물량을 준비하게 하는 점, 시즌 기간 동안 여러 회차의 방송에 대하여 방송별로 계약을 체결하더라도 기획단계에서 중요한 거래조건이 정해진다고 볼 수 있는 점 등을 고려할 때, 해당 시즌은 계약기간에 준하는 기간으로 볼 수 있고, 따라서 시즌 초기 방송에서는 정률제 방식으로 거래하다가 혼합제 방식으로 변경한 것은 계약기간에 준하는 기간 중에 계약조건을 변경한 행위에 해당한다. 법 제17조 제10호는 납품업자 등에게 불리하게 작용할 수 있는 제반 행위들을 포괄적으로 금지하기 위한 것이므로 반드시 계약기간 중에 계약조건을 변경하는 것과 같은 행위일 필요도 없다.

둘째, 혼합제 방식은 정액수수료를 위주로 하고 정률수수료를 가미한 것으로 판매부진으로 인한 피심인의 위험부담을 줄이는 대신 납품업자가 그 위험부담을 지게 되는 구조로서 판매가 부진한 상품에 대하여 정률제를 혼합제로 변경하게 되면 납품업자에게 불리할 수밖에 없다.

셋째, 실제로도 수수료 방식을 변경한 총 77개 납품업자와의 거래에서 변경전의 정률제 수수료율과 혼합제 수수료율(혼합수수료의 정액부분과 정률 부분을 합쳐 매출액에서 차지하는 비중이므로 정률수수료방식의 수수료율과 같은 개념으로 환산한 것)을 비교할 때 혼합제의 수수료율이 정률제 수수료율 보다 낮아진 경우는 전혀 없고, 수수료율이 약 0.9% 내지 73.8% 정도 높게 나오는 점에서 수수료 수취방식의 변경을 통하여 해당 납품업자들에게 불이익을 주었다고 할 수 있다.

피심인의 내부문건 및 직원의 진술 내용 등에 비추어 볼 때, 판매 부진에 따라 자신에게 발생할 지도 모를 손실 또는 이익 감소 위험을 납품업자에게 전가하거나 자신의 이익률을 유지 또는 향상시키기 위한 것 외에 다른 정당한 사유가 있었다고 보기 어렵다.

[㈜홈앤쇼핑의 대규모유통업법 위반행위 및 공정거래법상 거래상지위 남용행위에 대한 건(2015. 6. 3. 의결 제2015-180호) - 홈쇼핑업자가 방송에서 수수료율이 높은 모바일 주문을 유도한 행위에 대해 공정거래법상 거래상지위남용 규정을 적용한 사례(서울고등법원 2016. 9. 23. 선고 2015누49292 판결, 대법원 2020. 6. 25. 선고 2016두55896 판결로 처분 취소됨)]

[사실관계 및 공정거래위원회의 판단]
홈앤쇼핑은 153개 납품업자와 총 1,028건의 혼합수수료 방식 거래계약을 체결하면서 정률수수료 부분에 대하여 구매자가 전화(ARS 포함)로 상품을 주문하는 경우보다 인터넷을 이용하여 상품을 주문하는 경우에 수수료율을 약 2~4배 정도 높은 수준으로 정한 상태에서, 방송 화면에 '상담원 연결 어려움! 10%할인+10% 적립되는 스마트폰앱 주문 적극권장' 등의 내용을 자막으로 내보내거나, 방송진행자가 이와 같은 내용의 말을 함으로써 구매자가 모바일로 주문하도록 유도하였다.

피심인의 행위로 인해 전화로 상품을 주문할 구매자 중 상당수는 모바일 주문으로 전환하게 되어 결과적으로 납품업자는 그만큼 더 높은 판매수수료를 부담하게 되었으므로 비록 홈쇼핑 시청 중 모바일 주문으로 전환한 구매자 수 및 납품업자가 받은 불이익의 규모를 명확히 산정할 수 없을지라도 이와 같은 피심인의 행위는 납품업자에게 명백히 불이익을 제공하는 행위에 해당한다.

피심인의 행위는 계약내용의 본질적인 부분이면서 납품업자의 금전적 부담에 영향을 끼칠 수 있는 중대한 사항에 관한 것이므로 피심인이 방송 상품의 구매자 주문을 모바일 채널로 유도하는 행위를 할 것인지 여부에 대하여는 당사자가 대등한 지위에서 충분한 합의과정을 거치는 것이 타당하다. 그럼에도 불구하고 피심인은 납품업자의 사전 동의나 약정 없이 영업 정책적 차원에서 일방적으로 모바일 주문 유도 행위를 실시하였다.

[서울고등법원의 판결]

(1) TV수수료는 정액과 정률의 혼합이고, 모바일 수수료는 순수하게 정률만으로 정해지므로, TV수수료의 정률 부분의 수수료율이 상대적으로 낮다고 하여 모바일 수수료율과 산술적으로 비교하여 모바일매체를 통한 판매가 납품업자에게 항상 불리하다고 단정할 수는 없다.

(2) 실제로 TV수수료 중 정률 부분을 정액으로 환산하여 정액 부분과 합산한 뒤 다시 판매금액으로 나누어 산정한 환산수수료율을 모바일 수수료율과 비교하여 보면, TV환산수수료율이 오히려 모바일 수수료율보다 높다고 평가할 수 없다.

(3) 홈쇼핑 방송은 그 목적이 방송시간 동안의 전화(ARS) 판매에만 있는 것이 아니라 종국적으로는 방송물품의 판매량을 극대화시키는 것에 있으므로 원고가 방송을 통하여 물품 자체뿐만 아니라 그 물품을 소비자가 구입할 수 있는 다양한 경로를 홍보하는 것도 그 목적에 부합하는 행위라고 보인다. 위와 같이 자막·구두 안내로 구매의사가 확정된 소비자가 전화 대신 모바일로 주문하는 경우도 있겠으나, 구매의사가 확정되지 않은 소비자가 할인 및 적립금 혜택을 이유로 구매를 결정하게 되는 경우도 있어 납품업자에게 불이익이 될 우려가 있다고 단정할 수 없다.

(4) 홈쇼핑의 모바일 활선화는 2013. 10.이후 본격화되었고 다수의 홈쇼핑 사업자가 실제로 스마트폰앱의 사용을 권장하는 방식의 방송을 널리 해왔으므로, 납품업자는 거래계약을 체결한 2014년 당시 TV방송에서 모바일매체를 홍보한다는 점을 알았거나 충분히 예상할 수 있었다고 보인다.

(5) 모바일 주문이 활성화되기 이전인 2013. 10.과 활성화된 이후인 2014. 10. 동일한 제품에 대한 방송 결과를 비교해 보면 분당 효율과 그에 따른 업체의 예쌍 매출액이 모두 증가한 점, 홈앤쇼핑이 수수료율차이를 이용할 수 없는 정률제 방송에서도 동일한 방식으로 모바일 주문에 대한 혜택을 홍보한 점 등을 종합하여 보면, 모바일 주문을 권장함으로써 납품업자들에게 구입강제, 이익제공강요, 판매목표강제 등과 동일시할 수 있을 정도로 부당하게 불이익을 제공하였다고 보기는 어렵다.

[대법원의 판결]

원심은, 원고가 2014. 1.부터 2014. 10.까지 153개 납품업자와 거래계약을 체결하면서

TV매체에 대한 수수료는 정액수수료와 정률수수료를 합한 혼합제 방식으로, 모바일매체에 대한 수수료는 정률제 방식으로 각각 정한 사실을 인정한 다음, TV 수수료 중 정률수수료 부분을 정액으로 환산한 결과를 토대로 한 전체 TV 환산수수료율을 모바일 수수료율과 비교해 보면 TV 수수료 중 정률수수료 부분의 수수료율이 상대적으로 낮다는 사정만으로 모바일매체를 통한 판매가 TV방송을 통한 판매보다 납품업자에게 항상 불리하다고 단정할 수 없는 점, 모바일 주문방식으로 인하여 구매의사가 확정되지 않은 소비자가 할인 및 적립금 혜택 등을 이유로 구매를 결정하게 되는 경우에는 이로써 납품업자의 매출이 증가하게 되고 실제로 그러한 정황이 존재하는 점, 2013. 10. 이후 원고를 포함한 다수의 홈쇼핑사업자가 스마트폰 앱의 사용을 널리 권장해 왔으므로 이 부분 위반행위의 대상이 된 납품계약이 체결된 2014년경에는 납품업자로서도 TV방송에서 모바일 주문을 홍보한다는 점을 알았거나 충분히 예상할 수 있었다고 보이는 점 등을 고려하면, 원고가 모바일 주문을 유도한 행위는 자기의 거래상의 지위를 부당하게 이용하여 거래상대방에게 불이익을 제공하는 행위에 해당되지 않는다고 판단하였다.
대법원은 이러한 원심판결 이유를 관련 법리와 기록에 비추어 살펴보면, 이러한 원심 판단에 공정거래법상 불이익제공행위에 관한 법리를 오해한 잘못이 없다고 판단하였다.

4. 불이익 제공 금지 규정 위반의 효과

가. 사법상 효과

대규모유통업자가 법 제17조에 위반하여 납품업자등에 대해 불이익을 제공하거나 이익을 제공하게 한 것으로 인정된다고 하더라도, 이는 대규모유통업자의 각 행위의 사법상 효력에는 영향을 미치지 아니한다. 예를 들어 대규모유통업자와 납품업자등의 합의나 약정에 따라 본 조가 금지하는 행위가 행해질 경우, 그 합의나 약정이 민법상 하자 있는 의사표시에 해당하여 취소되거나(민법 제107조 내지 제110조) 반사회적 법률행위로서 무효(민법 제103조, 제104조)가 되는 경우가 아닌 한, 본 조에 위반되었다고 하여 그 사법상 효력까지 부인된다고 볼 수 없다.

나. 행정적 제재[40]

(1) 입증책임

대규모유통업법 제17조 규제와 관련하여, 공정거래위원회는 '대규모유통업자가

40) 자세한 사항은 후술하는 제 3 부 제 2 장 '법 위반에 대한 조사 및 처분 등' 참조.

법 제17조 각 호 소정의 행위를 한 사실'을 입증하는 것으로 당해 대규모유통업자의 법 제17조 위반에 따른 처분을 할 수 있다. 이에 대해 대규모유통업자가 본 조 위반이 아님을 항변하기 위해서는 '법 제17조 각 호 소정의 행위를 하였으나, 그 행위에 정당한 사유가 있다는 사실'을 주장, 입증하여야 한다. '법 제17조 각 호의 사유가 있다는 사실'에 대한 입증이 불가능할 경우, 그 사실의 부존재 책임은 공정거래위원회가, 정당한 사유의 존재에 관한 사실이 입증이 불가능할 경우, 당해 항변 사실의 부존재 책임은 공정거래위원회가 각 부담한다.

(2) 시정명령

공정거래위원회는 법 제17조를 위반한 대규모유통업자에게 법 위반행위의 중지, 향후 재발방지, 시정명령을 받은 사실의 공표, 시정명령을 받은 사실의 거래상대방인 납품업자등에 대한 통지 등 그 밖에 시정에 필요한 조치를 명할 수 있다(법 제32조). 아울러 공정거래위원회는 본 조를 위반한 대규모유통업자에게 시정방안을 마련하여 이에 따를 것을 권고하는 시정권고를 할 수도 있다(법 제33조). 대규모유통업자에 대한 가장 기본적인 행정적 제재로서, 본 조 위반으로 판단될 경우, 그 위반의 정도가 경미하여 경고에 그치지 않는 한, 시정명령 또는 시정권고의 처분이 있는 경우가 대부분이다.

(3) 과 징 금

공정거래위원회는 법 제17조를 위반한 대규모유통업자에게 대통령령이 정하는 산출방식에 따른 납품대금이나 연간 임대료를 초과하지 아니하는 범위에서 과징금을 부과할 수 있으며, 과징금은 위반행위를 규정한 조문별로 산정하되, 그 합계가 대통령령이 정하는 산출방식에 따른 납품대금이나 연간 임대료의 2배를 초과할 수 없다(법 제35조 제 1 항, 제 2 항). 과징금은 위반행위의 내용과 정도 등을 고려하여 산정하되, 관련 납품대금 또는 관련 임대료에 위반사업자의 위반금액의 비율을 곱한 금액에 부과기준율을 곱하여 산정한다{시행령 제28조 제 1 항 관련 [별표 1]}. 다만, 매출액을 산정하기 곤란한 경우 등에는 5억 원을 초과하지 아니하는 범위에서 과징금을 부과할 수 있다(법 제35조 제 1 항 단서).

한편 과징금 고시에 의하면 법 제17조 위반은 원칙적으로 과징금부과 대상에 해당하며, 같은 조 제 1 호의 경우 상품권·물품 구입금액, 제 2 호의 경우 통상적인 납품가격과 실제 납품가격의 차이로 인한 납품대금 차액, 제 3 조의 경우 통상적인 납품수량과 판매촉진행사시 납품된 수량의 차이로 인한 납품대금 차액, 제 4 호의 경우 판매촉진행사 참여로 인해 발생한 비용, 제 5 호의 경우 할인된 납품가격 미환원으로 인한 납품대금 차액, 제 6 호의 경우 납품업자등이 지출한 광고비용, 제 9 호의 경우 판매장려금 등 계약조건 변경으로 인한 납품업자등의 손실액 또는 대규모유통업자의 추가 수취금액을 각각 법위반금액으로 하도록 규정하고 있다(과징금 고시 Ⅱ. 11).[41] 다만, 이러한 규정에도 불구하고 위반행위 유형별 위반금액을 보다 합리적으로 산정 가능한 경우에는 합리적으로 산정된 금액을 위반금액으로 할 수 있으며, 과징금 고시 Ⅱ. 11.에서 규정하고 있지 아니한 위반행위 유형이라도 합리적인 위반금액이 산정 가능한 경우에는 그 금액을 위반금액으로 할 수 있다.

41) 법 제17조 제 7 호 및 제 8 호의 경우에는 행위의 성격상 당해 위반행위로 인하여 직간접적으로 영향을 받은 상품이나 매출액의 범위를 특정하기 어려워 관련 납품대금 및 법위반금액의 산정이 곤란한 경우로 판단한 것으로 보인다. 실제로 법 제17조 제 8 호 위반이 문제된 사건에서 관련 납품대금 산정이 곤란한 경우로 보아 정액과징금을 부과한 바 있다[에이케이(AK)플라자 운영 관련 4개 사업자의 대규모유통업법 위반 행위에 대한 건(공정거래위원회 2017. 6. 21. 의결 제2017-203호 2016유통2121)].

제15장

보복조치의 금지

1. 서　　설

대규모유통업자는 납품업자등이 대규모유통업자의 법 위반행위를 공정거래위원회에 신고하거나 대규모유통업거래 분쟁조정협의회에 분쟁조정을 신청하는 등을 이유로 납품업자등에게 불리하게 계약조건을 변경하는 행위, 납품이나 매장 임차의 기회를 제한하는 행위 또는 계약의 이행과정에서 불이익을 주는 행위를 하여서는 아니 된다(법 제18조). 대규모유통업법은 대규모유통업자의 납품업자등에 대한 각종 불공정 거래행위를 규제하고 있으나, 대규모유통업자의 불공정 거래행위는 은밀히 이루어지는 경우가 많기 때문에 피해당사자인 납품업자등이 그 피해사실을 공정거래위원회에 신고하거나, 공정거래위원회의 조사에 협조하는 등 납품업자등의 적극적인 도움이 없이는 대규모유통업자의 법위반 행위를 확인, 입증하기가 쉽지 않다. 그렇지만 대규모유통업자와 계속적 거래관계를 이어가야 하는 납품업자등으로서는 신고나 분쟁조정 신청, 조사협조 등의 사실이 밝혀질 경우 거래중단 등 대규모유통업자로부터의 보복을 우려하여 적극적인 신고등을 꺼리는 한계가 있었다. 이에 납품업자등이 피해사실을 적극적으로 제보할 수 있는 여건을 마련하는 한편, 대규모유통업자의 불공정거래관행을 점차 줄여나가기 위해 대규모유통업법 제18조(보복조치의 금지)에서 신고나 분쟁조정 신청, 조사협조 등을 이유로 납품업자등에게 불이익을 주는 행위(소위 보복조치)를 금지하는 내용의 입법적 조치를 하였다.

대규모유통업법 제정 당시 법 제18조는 "불이익등 금지"라는 제목하에 "납품업자등이 대규모유통업자의 법위반행위를 관계 기관에 신고하거나 알리는 행위"를 한 것을 이유로 불이익을 주는 행위를 금지하는 것으로 규정하고 있어, '관계 기관' 또는 '신고하거나 알리는 행위'의 범위나 내용을 어떻게 해석할 것인지가 명확하지 않은 측면이 있었다. 이후 2018. 10. 16. 대규모유통업법 일부개정(법률 제15854호)을 통해 보복조치의 원인행위를 '법 제25조(조정의 신청 등)에 따른 분쟁조정 신청, 법 제29조(위반행위의 조사 등) 제 1 항에 따른 신고, 법 제30조(서면실태조사)에 따른 서면실태조사에 응하여 자료 제출 등의 방식으로 공정거래위원회에 협조하는 행위, 공정거래법 제81조(위반행위의 조사 등)에 따른 공정거래위원회의 조사에 대한 협조'로 명확히 규정함으로써 해석상 논란의 여지를 해소하였다.[1)]

2. 보복조치의 금지

가. 공정거래위원회 신고 등의 존재

한국공정거래조정원 내 대규모유통업거래 분쟁조정협의회에 대한 조정신청, 공정거래위원회에 대한 신고, 공정거래위원회의 서면실태조사에 대한 협조, 공정거래위원회 조사에 대한 협조 행위 등이 존재하여야 한다.

위 각 행위를 제한적 열거로 보아야 하는지 문제된다. 구 대규모유통업법(2018. 10. 16. 법률 제15854호로 개정되기 전의 것) 제18조는 "대규모유통업자는 납품업자등이 대규모유통업자의 '법 위반행위를 관계 기관에 신고하거나 알리는 행위'를 한 것을 이유로 납품업자등에게 불리하게 계약조건을 변경하는 행위, 납품이나 매장 임차의 기회를 제한하는 행위 또는 계약의 이행과정에서 불이익을 주는 행위를 하여서는 아니 된다"라고 규정하여 보복조치의 원인을 "관계 기관에 신고하거나 알리는 행위"로 포괄적으로 규정하였다.

그러나 개정 대규모유통업법 제18조는 보복조치의 원인 행위를 보다 구체적으로 규정함에 따라, 법 제18조 각 호에 규정되지 않은 원인행위, 예컨대 대규모유통업법 위반을 이유로 한 수사기관에 대한 고소·고발, 공정거래위원회 외의 기관에 대한 민원, 공정거래위원회에 대한 익명제보 등을 이유로 대규모유통업자가 납품업자등

1) 다만 위 대규모유통업법의 개정 이유에는 "납품업자등이 공정거래위원회 조사, 서면실태조사에 협조한 행위를 금지되는 보복조치 원인행위로 신설"하기 위한 것으로 되어 있어, 기존의 보복행위의 원인을 축소하려는 것인지 또는 명확히 하려는 것인지는 불분명하다.

에게 불이익을 제공하였을 때 본 조 위반이 성립하는지 여부가 문제될 수 된다.

그런데 본 조에 위반될 경우 행정처분뿐만 아니라 형사처벌 및 3배 손해배상 대상이 되는 바, 침익적 행정행위 근거 법률에 대한 엄격해석의 원칙, 형사법에서의 죄형법정주의 등을 고려할 때, 제한적 열거로 해석함이 타당하다. 따라서 본 조 각 호에서 열거하는 공정거래위원회에 대한 신고 등 이외의 행위를 이유로 납품업자등에게 불이익을 제공할 경우, 해당 불이익 제공행위에 대해 법 제17조(불이익 제공행위의 금지) 위반이 성립할 수 있음은 별론으로 하더라도, 본 조 위반으로 의율하기는 어렵다.

나. 공정거래위원회의 신고 등을 이유로 할 것

납품업자등이 대규모유통업자의 법 위반행위에 대하여 분쟁조정을 신청하거나 공정거래위원회에 신고하는 등의 행위를 한 것을 이유로 하여야 한다. 즉, 보복조치의 위법성은 납품업자등의 신고 등 원인행위와 대규모유통업자의 불이익을 주는 행위간 인과관계가 있는지 여부를 중심으로 판단한다. 다만, 납품업자등에게 불이익을 제공한 원인이 오로지 공정거래위원회 신고 등에만 국한될 필요는 없고, 불이익을 제공한 여러 이유 중 하나가 납품업자등의 공정거래위원회의 신고 등이면 족하다. 예컨대, 채무불이행 등 계약해지 사유가 있다고 하더라도 공정거래위원회의 신고를 이유로 실제 해지까지 나아간 경우 본 조 위반에 해당할 수 있다.

공정거래위원회는 가맹점사업자단체의 구성 등을 이유로 가맹점사업자에게 집중적인 매장점검을 실시하고, 계약갱신을 거절한 사안에서 가맹점사업자단체에 적극적으로 참여한 가맹점사업자를 집중 관리매장으로 분류한 후, 사전에 계약갱신 거절 방침을 정하고 통상적 수준을 넘어서는 보복성 매장점검을 실시한 후, 계약갱신을 거절하였다는 이유로 가맹사업법 제14조의2(가맹점사업자단체의 거래조건 변경 협의 등) 제5항[2]에 해당한다고 판단하면서, 해당 가맹점사업자에게 계약 위반 등의 사유가 존재하였고, 이를 이유로 계약갱신 거절을 한 것이어서 정당성이 인정되므로 법 위반에 해당하지 않는다는 피심인의 주장을 배척한 바 있다.[3]

2) 가맹사업법 제14조의2(가맹점사업자단체의 거래조건 변경 협의 등) ⑤ 가맹본부는 가맹점사업자단체의 구성·가입·활동 등을 이유로 가맹점사업자에게 불이익을 주는 행위를 하거나 가맹점사업자단체에 가입 또는 가입하지 아니할 것을 조건으로 가맹계약을 체결하여서는 아니 된다.

납품업자등에게 제공한 불이익이 공정거래위원회의 신고 등을 이유로 하였다는 점은 객관적 성립 요건으로서 항고소송에 있어 처분의 적법성에 대한 입증책임은 원칙적으로 처분청에게 있는 점을 고려할 때(대법원 1984. 7. 24. 선고 84누124 판결), 공정거래위원회가 그 입증책임을 부담한다고 봄이 상당하다.

공정거래위원회는 납품업자가 대규모유통업자의 세절비용 전가 등 법위반행위에 대해 한국공정거래조정원에 분쟁조정을 신청한 이후, 대규모유통업자가 납품업자와 거래하는 점포 수와 발주물량을 줄이고 거래를 중단한 사안에서, 납품업자가 납품하는 점포 수와 납품금액이 전월에 비해 일시 감소하였다가 그 다음달에는 다시 증가한 점, 대규모유통업자와의 전체 거래를 중단하는 것이 납품업자의 대표이사의 지시였다는 직원의 확인서가 존재하는 점, 당시 대규모유통업자도 보복조치를 했다는 의혹을 받지 않기 위해 납품업자의 의사를 재차 확인한 후 전체 돼지고기 거래를 중단한 점 등을 근거로 분쟁조정의 신청을 이유로 불이익을 준 것으로 볼 수 없다고 판단하였다[롯데쇼핑㈜(마트부문)의 대규모유통업법 위반행위에 대한 건(2020. 1. 28. 의결 제2020-026호)].

다. 납품업자등에게 불리하게 계약조건을 변경하는 행위, 납품이나 매장 임차의 기회를 제한하는 행위 또는 계약의 이행과정에서 불이익을 주는 행위

납품업자등이 대규모유통업자의 법 위반행위를 공정거래위원회에 신고 등을 한 것을 이유로 종전의 계약조건을 불리하게 변경하거나 납품이나 매장 임차의 기회를 제한 또는 계약의 이행과정에서 불이익을 주는 행위를 의미하고, 특별한 사정이 없는 한 불이익의 정도는 원칙적으로 법 위반 여부에 영향을 미치지 아니한다.

'납품업자등에게 불리하게 계약조건을 변경하는 행위, 납품이나 매장 임차의 기회를 제한하는 행위 또는 계약의 이행과정에서 불이익을 주는 행위'가 무엇인지에 대하여는 대리점법 제12조(보복조치의 금지)의 보복조치를 예시하고 있는 대리점분야 불공정거래행위 심사지침을 참고할 수 있다. 대리점분야 불공정거래행위 심사지침은 ① 대리점이 법 위반사실을 공정위에 신고했음을 이유로 정당한 사유 없이 대리점계약에 자동갱신 조항이 있음에도 불구하고 계약갱신을 거절하거나 계약을 해지

3) ㈜에땅의 가맹사업법 위반행위에 대한 건(2018. 11. 26. 의결 제2018-346호).

하는 행위, ② 대리점이 공정거래위원회 조사에 협조했음을 이유로 정당한 사유 없이 상품 또는 용역의 공급을 중단하거나 정상적인 영업활동에 지장이 초래될 정도로 공급 물량을 축소하는 등의 방법으로 대리점의 사업활동을 곤란하게 하는 행위, ③ 대리점이 분쟁조정을 신청하였음을 이유로 정당한 사유 없이 반품조건이나 결제조건 또는 지원사항 등을 다른 대리점에 비해 현저히 불리하게 변경하는 행위를 예시하고 있다.

3. 보복행위 금지 규정 위반의 효과

가. 사법상 효과

대규모유통업자가 법 제18조에 위반하여 납품업자등에게 불리하게 계약조건을 변경하는 행위, 납품이나 매장 임차의 기회를 제한하는 행위 또는 계약의 이행과정에서 불이익을 주는 행위를 하였다고 하더라도, 그 불이익 제공행위가 납품업자등과의 계약에 의하거나, 종전 계약 이행에 해당되는 경우, 법 제18조는 당해 계약 또는 계약이행의 사법상 효력에 영향을 미치지 아니한다. 대규모유통업자와 납품업자등 사이의 사법상 효력은 당사자 사이의 약정 내용 또는 민법, 상법의 각 해당 규정 또는 거래관행에 따른다. 따라서 위 약정이 민법상 하자 있는 의사표시에 해당하거나(민법 제107조 내지 제110조), 반사회적 법률행위(민법 제103조, 제104조)에 해당하는 등의 사유가 아닌 한, 법 제18조에 위반되었다고 하여 그 사법상 효력까지 자동적으로 부인된다고 볼 수 없다.

다만 대규모유통업자가 법 제18조에 위반함으로써 납품업자등에게 손해를 입힌 경우에는 법원은 납품업자등에게 발생한 손해의 3배를 넘지 아니하는 범위에서 손해배상액을 정할 수 있고, 고의 또는 과실 부존재에 대한 입증책임은 대규모유통업자에게 있다(법 제35조의2 제 2 항).

나. 제 재

(1) 입증책임

대규모유통업법 제18조 규제와 관련하여, 공정거래위원회는 '대규모유통업자가 납품업자등이 제18조 각 호의 어느 하나에 해당하는 행위를 한 것을 이유로 납품업자등에게 불리하게 계약조건을 변경하는 행위, 납품이나 매장 임차의 기회를 제한하는 행위 또는 계약의 이행과정에서 불이익을 주는 행위를 한 사실'을 입증하는 것으로 당해 대규모유통업자의 본 조 위반에 따른 처분을 할 수 있다. 법 제18조의 사유가 있다는 사실에 대한 입증이 불가능할 경우 그 사실의 부존재 책임은 공정거래위원회가 부담한다.

(2) 시정조치

공정거래위원회는 보복조치 금지 규정을 위반한 대규모유통업자에게 법 위반행위의 중지, 향후 재발방지, 시정명령을 받은 사실의 공표, 시정명령을 받은 사실의 거래상대방인 납품업자등에 대한 통지 등 그 밖에 시정에 필요한 조치를 명할 수 있다(법 제32조). 아울러 공정거래위원회는 본 조를 위반한 대규모유통업자에게 시정방안을 마련하여 이에 따를 것을 권고하는 시정권고를 할 수도 있다(법 제33조).

(3) 과 징 금

공정거래위원회는 보복행위 금지 규정을 위반한 대규모유통업자에게 대통령령이 정하는 산출방식에 따른 납품대금이나 연간 임대료를 초과하지 아니하는 범위에서 과징금을 부과할 수 있다(법 제35조 제 1 항, 제 2 항). 시행령 및 과징금 고시는 '대통령령으로 정하는 산출방식에 따른 납품대금'에 관하여, '대규모유통업자의 위반행위와 관련된 상품 매입액 또는 이에 준하는 금액'으로 정하고 있다{시행령 제28조 제 1 항 및 [별표 1] 2. 가. 및 과징금 고시 Ⅱ. 4. 가.}. 다만, 매출액을 산정하기 곤란한 경우 등에는 5억 원을 초과하지 아니하는 범위에서 과징금을 부과할 수 있다(법 제35조 제 1 항 단서).

(4) 형사처벌

대규모유통업법 제18조의 보복조치 금지 규정을 위반한 대규모유통업자는 2년 이하의 징역 또는 1억 5천만 원 이하의 벌금에 처해질 수 있고(법 제39조 제 1 항 제 1 호), 법인의 대표자나 법인 또는 개인의 대리인, 사용인이나 그 밖의 종업원이 그 법인 또는 개인의 업무에 관하여 불이익 제공 행위 금지 규정에 위반되는 행위를 하면 그 행위자를 벌하는 외에 그 법인 또는 개인에게도 해당 조문의 벌금형을 과할 수 있다. 다만, 법인 또는 개인이 그 위반행위를 방지하기 위하여 해당 업무에 관하여 상당한 주의와 감독을 게을리하지 아니한 경우에는 그러하지 아니하다(법 제40조).

위 죄는 공정거래위원회의 고발이 있는 경우에 한하여 공소가 제기될 수 있다(법 제42조).

제16장

대규모유통업자와 납품업자 사이의 협약 제도

1. 서 설

대규모유통업법은 대규모유통업 거래에서의 공정한 거래질서를 확립하고 대규모 유통업자와 납품업자 또는 매장임차인이 대등한 지위에서 상호 보완적으로 발전할 수 있도록 함으로써 국민경제의 균형 있는 성장 및 발전에 이바지함을 목적으로 한다(법 제1조). 대규모유통업법은 이러한 목적하에 대규모유통업자의 거래상 지위 남용으로 인해 발생할 수 있는 각종 불공정거래행위를 예방하고 시정하기 위한 각종 규제조항을 두고 있다. 그리고 이와 같은 불공정거래행위를 적발하기 위해 공정거래위원회는 신고 또는 직권에 의해 대규모유통업자에 대한 조사를 실시할 수 있으며(법 제29조), 대규모유통업자와 납품업자등과의 거래에 관한 서면실태조사를 실시하여 그 조사결과를 공표하여야 한다(법 제30조).

그러나 공정거래위원회의 적은 인력으로 대규모유통업 거래에서 일어나는 모든 불공정거래행위를 적발, 시정하는 데는 한계가 있을 뿐만 아니라, 기본적으로 대규모유통업 거래는 사인간의 거래라는 점에서 이에 대해 정부가 일일이 개입하는 것이 딱히 바람직하다고 보기도 어렵다. 어떠한 거래에서든 거래당사자 간에는 어느 정도의 거래상 지위의 차이는 있기 마련인데, 이를 지나치게 엄격한 잣대로 판단하여, 제재 일변도로 법률을 운용할 경우에는 자칫 유통 생태계를 무너뜨리는 우(愚)를 범할 수도 있기 때문이다. 이러한 이유로 대규모유통업법에서는 양 당사자간 분쟁의 성격이 큰 행위에 대해서는 공정거래위원회의 제재 이전에 분쟁조정위원회를 통한 분쟁조정을 적극 유도하고 있다. 아울러 2022. 1. 4. 법 개정(2022. 7. 5. 시행, 법률 제18170

호)을 통해 공정거래법 등에서 이미 운영 중인 동의의결 제도를 대규모유통업법에도 도입하여 공정거래위원회와 법위반혐의가 있는 사업자간 상호 합의에 의해 조사 또는 심의절차를 종료시킬 수 있도록 함으로써, 조속한 행위중지나 원상회복, 피해 납품업자등에 대한 피해구제가 가능한 여건을 마련하였다.[1]

분쟁의 해결이나 피해구제 못지 않게 중요한 것이 사전에 불공정거래행위가 일어나지 않도록 예방하는 것이라고 할 수 있을 텐데, 이를 위해 대규모유통업법은 공정거래위원회로 하여금 대규모유통업자와 납품업자등이 대규모유통업 관련 법령의 준수 및 상호 지원·협력을 약속하는 내용의 협약을 체결하는 것을 권장할 수 있도록 하고 있다. 납품업자등과 협약을 체결한다는 것은 법 위반의 당사자가 될 가능성이 큰 대규모유통업자의 공정거래준수에 대한 강력한 의지의 표명이기도 하기 때문에, 이는 곧 공정거래질서 확립이라는 대규모유통업법의 목적에도 부합한다고 하겠다.

2. 협약 권장 제도

가. 개 요

공정거래위원회는 대규모유통업자와 납품업자등이 대규모유통업 관련 법령의 준수 및 상호 지원·협력을 약속하는 협약을 체결하도록 권장할 수 있다(법 제19조 제1항). 이를 위해 공정거래위원회는 대규모유통업자와 납품업자등이 협약을 체결하는 경우 그 이행을 독려하기 위하여 포상 등 지원시책을 마련하여 시행하여야 하며(법 제19조 제2항), 협약의 내용·체결절차·이행실적평가 및 지원시책 등에 필요한 사항을 정한다(법 제19조 제3항). 이에 따라 공정거래위원회는 「대·중소기업간 공정거래 협약 이행평가 등에 관한 기준(유통분야)」(시행 2024. 8. 21. 공정거래위원회 예규 제463호, 2024. 8. 21. 일부개정. 이하 '협약평가기준')을 제정하여 시행 중에 있다.

나. 협약평가기준의 목적 및 협약의 성격

공정거래위원회의 협약평가기준은 대규모유통업자와 납품업자등 간 거래를 함에 있어 자율적인 공정거래질서 확립과 동반성장 기반조성을 위하여 상호 공정거래

1) 분쟁조정제도 및 동의의결제도의 절차와 내용에 대해서는 제3부에서 후술한다.

관련 법령의 준수와 동반성장을 약속하는 협약을 자율적으로 체결하도록 지원하기 협약체결, 협약내용, 협약이행평가 및 인센티브 제공 등에 대한 절차와 방법 및 기준을 정하는 데 그 목적이 있다(협약평가기준 제 1 조).

협약평가기준에 의한 협약은 유통분야 거래관계에 있는 대·중소기업이 대규모유통업법 등 공정거래위원회 소관 관련 법령 등의 자율적인 준수와 상호간의 상생협력을 스스로 다짐하는 약속이다(협약평가기준 제 2 조). 엄밀한 의미의 법률적 권리·의무와는 구별된다고 할 수 있다.

다. 협약의 당사자

협약의 당사자는 대규모유통업자 및 대규모유통업자와의 거래 중에 있는 모든 중소 납품업자등이다. 대규모유통업자는 협약체결 당시 거래 중에 있는 모든 중소 납품업자와 동일한 내용의 협약을 각각 체결하는 것을 원칙으로 하되, 납품업자를 대표할 수 있는 단체의 대표가 구성원의 위임을 받은 경우 해당 대표와 일괄하여 협약을 체결할 수 있다. 대규모유통업자는 협약 체결 후 새로이 납품거래가 이루어지는 납품업자등과도 원칙적으로 협약을 체결하여야 한다(협약평가기준 제 3 조).

라. 협약의 내용

협약을 체결하는 당사자는 협약 당사자 간의 공정한 계약을 위한 사항, ② 협약 당사자 간의 법위반 예방 및 법준수 노력을 위한 사항, ③ 협약 당사자 간의 상생을 위한 지원·협력 사항, ④ 협약평가기준의 준수, 협약내용 및 평가자료의 공정위 제출 등 기타 협약 관련 사항을 협약 내용에 반영한다(협약평가기준 제 4 조).

(1) 공정한 계약을 위한 사항(협약평가기준 제 5 조).

① 납품업자의 선정, 거래개시 및 중단 등에 대한 공정한 기준 설정·운용
1. 납품업자 등의 선정, 입·퇴점 및 거래개시·중단·종료 결정의 세부 기준 설정·공개 및 준수
2. 납품업자 선정, 기본 방송 횟수 보장 및 방송 편성·중단 결정의 세부 기준 설정·공개 및 준수
3. 납품업자 등과의 거래와 관련된 불공정거래행위 방지 규정 설정 및 운용

② 판매수수료 및 판매장려금 결정·변경 등에 대한 공정한 기준 설정·운용
1. 판매수수료 및 판매장려금 결정·변경의 세부 기준 설정·공개 및 준수
2. 연간거래기본계약서 등에 기재된 판매수수료 및 판매장려금의 요율, 기간 등 중요사항 준수
3. 판매수수료 및 판매장려금 적용기간 준수 및 소급적용 등의 금지
4. 당초 합의하지 않았거나 연간거래기본계약서 등에 없는 각종 명목의 수수료나 경제적 이익 제공 요구 금지

③ 판매촉진행사 진행 및 비용분담 등에 대한 공정한 기준 설정·운용
1. 판매촉진행사시 납품업자 등의 참여, 가격인하율, 수량 및 비용분담의 세부 기준 설정·공개 및 준수
2. 판매촉진행사시 납품업자 등과 충분한 사전 합의 및 비용분담 내역에 대한 서면 계약체결
3. 납품업자에 대한 판매촉진 행사 실시 요구 및 참여 강요 금지

④ 매장 인테리어 비용, 판매촉진물 및 방송제작비용 분담 등에 대한 공정한 기준 설정·운용
1. 매장 위치이동·인테리어 비용 분담·보상의 세부 기준 설정·공개 및 준수
2. 상품 소개 동영상 및 모델·쇼핑호스트 출연료 등 방송제작시 소요되는 비용과 광고·홍보물 등 판매촉진물 제작시 소요되는 비용 분담의 세부 기준 설정·준수
3. 매장위치 변경에 따라 납품업자 등이 인테리어 비용을 지출한 경우 합리적인 범위 내에서 계약기간을 보장

⑤ 표준거래계약서 사용

⑥ 결제수단 및 대금지급기일 개선
1. 현금 및 현금성 결제비율 개선(각 결제수단별 지급비율은 1년 동안 대규모유통업자가 납품업자 등에게 지급한 대금의 누적 총액 중 결제수단별 지급액의 비율을 말한다.)
2. 월 판매마감일로부터 대금지급 기일까지의 평균 일수에 대한 사항

⑦ 판매수수료 및 판매장려금 등의 개선
1. 납품업자 등과 협의를 통한 판매수수료 및 판매장려금 등의 합리적 결정(납품업자 등의 매출액 증가, 시장 상황, 입지 여건 등 고려)
2. 직매입거래 비율과 중소기업 상품판매 실적 증가 비율 등의 점진적 확대 노력(백화점, 면세점, 홈쇼핑의 경우)

3. 매장 임차인과의 협의를 통한 임대료 조정(임대를 하는 경우)

(2) 법위반 예방 및 법준수 노력을 위한 사항(협약평가기준 제 6 조)

① 법위반 사전 예방 및 사후 감시시스템 구축·운용

1. 사전 서면 계약체결 및 법정 계약사항이 명시된 서면 교부 시스템 구축
2. 서면 교부 전 상품 제조·주문(구두발주) 등의 방지 시스템 구축
3. 경영정보 요구 목적·범위·절차 관련 기준 마련 및 준수

② 대규모유통업법 주요 내용 준수(각 업태별 해당되는 내용을 반영)

1. '납품업자 등의 종업원 파견 및 사용에 관한 가이드라인' 준수
2. '판매장려금 부당성 심사에 관한 지침' 준수
3. '특약매입거래에 관한 부당성 심사 지침' 준수
4. 'TV홈쇼핑 사업자의 특정 불공정거래행위에 대한 위법성 심사지침' 준수
5. '대규모유통업자의 반품행위에 대한 위법성 심사지침' 준수
6. '온라인 쇼핑몰업자의 불공정행위 심사지침' 준수

(3) 상생협력을 위한 지원·협력 사항(협약평가기준 제 7 조)

① 대규모유통업자의 납품업자 등에 대한 상생을 위한 지원 사항은 다음과 같이 구분한다.

1. 금융(자금)지원

   금융(자금)지원이라 함은 대규모유통업자가 납품업자 등에게 원자재·장비구입비, 생산자금, 설비투자비, 기술(개발·연구)자금 및 운영비 등 명칭 여하를 불문하고 다음과 같이 지원하는 것(거래대금의 선급금 지급을 제외한다)을 말한다.

   가. 직접지원 : 대규모유통업자가 직접 납품업자에게 자금을 무상으로 제공하거나 기준금리보다 저리 또는 무상으로 대여하는 것을 의미

   나. 간접지원 : 대규모유통업자가 금융기관 등에 납품업자 등의 거래내역·보증·담보 등의 제공 또는 추천을 통하여 납품업자 등에게 기준금리보다 저리의 여신을 제공(대출) 하도록 알선 또는 중재하는 등의 방법으로 대출을 지원하는 것(대규모유통업자－금융기관－중소기업간의 약정을 통한 네트워크론 등)을 의미

   다. 혼합지원 : 대규모유통업자가 직접 금융기관 등에 자금을 예치하거나 펀드를 조성하여(계열사가 예치한 자금 또는 조상한 펀드를 이용하는 경우 포함) 금

융기관으로 하여금 대규모유통업자 또는 계열사의 납품업자 등에게 기준금리보다 저리로 여신을 제공하도록 알선 또는 중재하는 등의 방법으로 대출을 지원(상생협력펀드 조성, 펀드공동이용 등)하거나, 대규모유통업자가 지분투자펀드를 조성하여 납품업자 등을 대상으로 투자하는 것을 의미

2. 기타 납품업자 등 지원
기타 납품업자 등 지원은 금융(자금)지원 외 납품업자 등 지원 사항을 의미한다.

② 납품업자의 상생협력을 위한 협력사항은 다음과 같다.
1. 신의성실의 원칙에 입각한 계약내용의 이행
2. 생산성 향상을 위한 원가절감, 기술개발, 공정·품질·물류개선 등
3. 대규모유통업자의 윤리규정 준수
4. 기타 납품업자의 상생협력을 위한 협력사항으로 협약 당사자가 정한 내용

마. 협약기간 및 절차

협약기간은 원칙적으로 1년으로 하되, 상호 합의에 의해 1년 이상 2년 이하의 기간으로 설정할 수도 있다. 협약기간이 만료되면 상호 합의에 의해 협약기간을 1년 단위로 연장하거나, 1년 이상 2년 이하의 기간으로 연장할 수도 있다. 협약기간 만료 시 당사자 간의 합의지연, 대규모유통업자의 상생협력 지원내용 미확정, 기타 불가피한 사유로 인하여 협약기간을 연장하지 아니하고 일정기간이 경과한 후에 협약을 체결하고자 하는 경우에는 새로운 협약을 다시 체결(이하 '재협약'이라 한다)한다. 협약기간을 연장하거나 재협약을 체결하는 경우에는 후술하는 협약체결 절차 및 이행평가 기준을 따라야 한다(협약평가기준 제 8 조).

협약을 체결하고자 하는 대규모유통업자는 협약체결 전에 협약서(안)과 공정거래위원회가 정한 양식에 따라 작성한 협약체결 신청서를 공정거래위원회에 제출하여야 한다. 공정거래위원회는 대규모유통업자가 제출한 협약서(안)의 내용이 이 기준에 적합한지 여부 등을 검토하여 협약서(안)의 내용에 대해 이 기준에 맞게 수정을 요구할 수 있으며, 수정을 요구받은 대규모유통업자는 특별한 사정이 없는 한 이에 응하여야 한다. 대규모유통업자는 이와 같은 절차를 거쳐 협약을 체결한 경우 협약체결일로부터 20일 이내에 협약서 사본과 협약평가기준 제 5 조 내지 제 7 조의 규정에 의한 협약내용에 대한 구체적인 세부 이행계획을 공정거래위원회에 제출하여야

한다. 공정거래위원회는 「(유통)공정거래 표준 협약서」를 제정하여 사용을 권장할 수 있으며, 대규모유통업자 또는 납품업자등은 표준 협약서를 협약 체결 당사자 간의 거래 현실에 맞게 수정하여 사용할 수 있다. 대규모유통업자는 협약체결 희망일에 전년도 매출액이 확정되지 아니한 경우 전전년도 매출액에 기초하여 협약(안) 및 소정의 양식에 따라 작성한 협약체결 신청서를 공정거래위원회에 제출하되, 전년도 결산이 완료된 이후 15일 내에 확정된 전년도 매출액 기준으로 협약(안)의 구체적 내용을 수정하고 이에 근거하여 납품업자등과 협약을 체결하여야 한다. 또한, 협약체결일로부터 15일 이내에 협약서 사본, 세부 이행계획 및 협약사 명단을 공정거래위원회에 제출하여야 한다. 대규모유통업자는 협약체결일에 전년도 매출액이 확정되지 아니한 경우 전전년도 매출액에 기초하여 협약을 체결하되, 전년도 결산이 완료된 이후 30일 내에 확정된 전년도 매출액 기준으로 협약의 구체적 내용을 수정해서 공정거래위원회에 제출하여야 한다. 동반성장지수[2] 평가대상 기업이거나 협약 상대방별로 협약 기간이 다른 경우 등 합리적 사유가 인정되는 경우에는 협약이 해당연도 1.31.에 체결된 것과 동일하게 이상의 절차를 거칠 수 있다(협약평가기준 제10조).

3. 공정거래위원회의 지원사항 및 이행평가

가. 공정거래위원회의 지원 일반

공정거래위원회는 대·중소기업의 적극적인 협약 참여를 유도하고 협약 당사자가 협약내용을 성실히 이행할 수 있도록 하기 위하여 관련 대규모유통업자 및 사업자 단체와 협의하여 다음 사항을 지원할 수 있다(협약평가기준 제 9 조 제 1 항).

1. 협약체결 절차·방법, 협약내용, 평가 및 인센티브 등에 대한 기준의 마련
2. 협약체결 전 협약내용의 검토 등 협약체결 지원
3. 중간점검
4. 협약이행 평가
5. 협약이행 우수 기업에 대한 인센티브 제공

2) 대·중소기업 간 동반성장을 촉진하기 위해「대·중소기업 상생협력 촉진에 관한 법률」제20조의2(동반성장위원회의 설치 등)에 의거, 동반성장위원회 주관으로 중소기업과의 동반성장 수준을 평가하여 계량화한 지표로서 동반성장위원회의 동반성장 종합평가 및 공정거래위원회의 공정거래협약 이행평가 결과를 합산하여 매년 정기적으로 산정·공표한다.

6. 원활한 협약이행을 위한 상담
7. 협약이행 평가결과에 따른 컨설팅
8. 공정거래 표준 협약서 제정·보급
9. 기타 협약 전반에 대하여 지원이 필요하다고 판단되는 사항

공정거래위원회는 협약 당사자의 자율적인 협약체결 및 이행을 위하여 최대한 지원을 하여야 하며, 이 기준이나 협약내용의 불이행 또는 평가등급의 저조 등을 이유로 어떠한 불이익을 제공하여서도 아니 된다(협약평가기준 제9조 제2항). 공정거래위원회는 대규모유통업자의 매출액·납품업자 등과의 거래규모 등을 고려하여 기존 협약의 연장, 재협약, 신규협약의 체결을 권장할 수 있다(제3항). 공정거래위원회는 신규 협약을 체결하는 대규모유통업자가 협약 체결 및 이행을 성공적으로 수행할 수 있도록 도입 초기 2년에 한하여 i) 대규모유통업자의 유통거래관행에 대한 사전 자문 ii) 대규모유통업자의 공정한 거래관행을 위한 내부 기준 설정 iii) 공정위 표준계약서의 도입 iv) 항목별 모의 평가 등의 사항을 지원할 수 있다(제4항). 공정위는 대규모유통업자가 협약평가기준 제9조 제4항의 지원과정에서 공정위가 권고한 내용을 충실히 이행한 경우 이행평가시 가점을 부여하거나 이행 내역과 관련되는 평가항목의 실적으로 고려할 수 있다(제5항).

나. 이행평가 및 인센티브

(1) 협약이행 평가 제도

대규모유통업자는 유통분야 협약을 체결한 날로부터 1년이 경과한 후에는 1년 경과일로부터 30일 이내(동반성장지수 대상기업 또는 동반성장지수 평가 대상기업과 함께 평가를 받고자 하는 기업의 경우 1. 31.까지)에 공정거래위원회에 협약내용의 이행평가를 요청한다. 이때 협약내용 이행실적 자료를 공정거래위원회에 제출하여야 한다(협약평가기준 제11조 제1항). 동반성장지수 평가 대상기업 중 이미 체결한 협약이 종료되지 않은 기업은 기존의 협약체결 시점부터 동반성장지수 평가 대상 기간 이전까지의 기간에 대해 평가를 요청할 수 있다(제2항). 공정거래위원회는 협약 이행평가를 요청 받은 때에는 다음의 절차와 기준에 따라 평가를 실시한다(제3항).

1. 평가를 요청한 대규모유통업자의 협약내용 및 이행실적에 대하여 평가를 실시한다.

2. 평가를 요청한 대규모유통업자의 협약기간 1년 경과일을 기준하여 같은 분기에 해당하는 대규모유통업자를 모아 평가를 실시한다. 다만, 동반성장지수 평가 대상기업 및 동반성장지수 평가 대상기업과 함께 평가를 받을 것을 신청한 기업의 경우 직전 년도의 실적에 대해 상반기에 평가를 실시한다.
3. 협약이행 평가는 협약체결 대규모유통업자 및 납품업자 등이 제출한 서면(전자서면을 포함)자료 등을 통한 평가를 원칙으로 한다.
4. 제 3 호의 규정에도 불구하고 협약체결 당사자의 일방이 요청하거나 공정위가 판매수수료 및 판매장려금의 개선 등 서면(전자서면을 포함)확인으로는 정확한 평가가 곤란하다고 판단하는 부분에 대해 대규모유통업자 또는 납품업자 등을 대상으로 현장 확인을 실시할 수 있다. 이때 현장 확인은 평가대상 기업이 제출한 자료의 진위 여부를 가리기 위한 확인으로 국한한다.
5. 협약이행평가 자료와 관련한 대규모유통업자의 내부제보 및 납품업자 등의 제보를 위해 공정위 홈페이지에 제보방을 운영할 수 있다.

협약이행 평가를 위한 주요항목은 다음과 같다(협약평가기준 제11조 제 4 항).

1. 계약의 공정성
2. 법위반 예방 및 법 준수 노력
3. 상생협력 지원
4. 법위반 등에 따른 감점

대규모유통업법 위반으로 법 제32조에 의한 시정조치 또는 제35조 제 1 항에 의한 과징금 부과조치를 받거나, 제42조 제 2 항에 의한 고발조치를 당한 기업 및 납품업자등에 대한 거래상지위 남용행위(공정거래법 제45조 제 1 항 제 6 호)로 공정거래법 제49조에 의한 시정조치 또는 제50조에 의한 과징금 부과조치를 받거나, 제129조에 의한 고발조치(이하 공정거래위원회 소관 법률 위반으로 인한 제재들을 합하여 이 장에서 '시정조치 등'이라고 함)를 당한 기업, 그리고 이외 공정거래위원회 소관 법률 위반으로 시정조치 등을 받아 협약평가위원회가 납품업자 등과의 상생 협력을 저해하였다고 인정한 기업에 대해서는 조치시점(공정거래위원회의 심의·의결 후 합의일 기준) 이후 최근의 이행평가점수에서 감점을 할 수 있다. 단, 시정조치 등을 받은 전력이 있는 기업이 신규로 협약을 체결하였을 경우, 해당 협약에 대한 이행평가시 협약 체결 전의 시정조치 등을 이유로 감점하지 아니한다(협약평가기준 제11조 제 5 항).

그러나 평가시점 기준 3개월 내 시정조치 등이 예상되는 경우, 시정조치 등이 확정되는 시점까지 당해 평가를 유예할 수 있으며, 평가가 이미 완료된 후 3개월 내 시정조치 등이 있는 경우, 기 이루어졌던 직전 이행평가의 점수를 소급하여 감점할 수 있다(협약평가기준 제11조 제6항).

공정거래위원회는 그 임직원이 납품업자 등과 관련하여 금품수수, 배임, 청탁 등 기업윤리와 상생협력에 반하는 행위를 한 전력이 있는 대규모유통업자의 경우, 해당 행위와 관련된 언론보도, 기소, 판결 등이 있었던 시점 이후 최근 협약의 평가점수에서 감점을 할 수 있다. 단, 평가 후 3개월 내 상생협력에 반하는 행위로 언론보도, 기소, 판결 등이 있는 경우, 기 이루어졌던 직전 이행평가의 점수를 소급하여 감점할 수 있으며, 과거 상생협력에 반하는 행위를 한 전력이 있는 기업이 신규로 협약을 체결하였을 경우, 해당 협약에 대한 이행평가시 협약 체결 전의 행위를 이유로 감점하지 아니한다(협약평가기준 제11조 제7항). 그러나 기업 스스로 임직원의 법규 위반행위를 적발하여 해당 임직원을 직접 검찰에 고발하고, 이에 따라 해당 임직원에 대한 기소 또는 판결 등이 이루어진 경우에는 이행평가시 해당 법규 위반행위를 이유로 감점하지 아니한다(협약평가기준 제11조 제8항).

협약평가 주요 항목별 점수배분 기준은 협약평가기준 <별표 1>과 같으나, 다음에 해당하는 경우에는 협약내용의 충실도 및 이행도에 대한 평가점수를 가감 조정할 수 있다(협약평가기준 제11조 제9항, 제10항).

1. 영위 업종의 특성상 그 필요성이 현저히 낮다고 판단되는 평가항목의 경우, 해당 항목의 반영 및 이행 여부를 불문하고 당해 항목에 대한 점수를 다른 항목으로 반영하여 평가할 수 있다.
2. 대규모유통업자가 속한 시장 또는 산업여건, 대규모유통업자의 재무상황 등이 객관적으로 어려워 평가기준을 그대로 적용하는 것이 합리적이지 않다고 판단되는 경우에는 금융(자금)지원, 결제수단 개선 항목에 대해 협약평가위원회의 심의를 거쳐 평가기준을 달리 적용하여 평가할 수 있다.

공정거래위원회는 협약체결기업의 성실한 협약이행 여부를 협약기간 중 점검하고 그 결과를 통보할 수 있다. 중간점검은 협약내용 전반 또는 일부 내용에 대하여 실시한다. 대규모유통업자가 제출한 중간점검 제출자료와 중간점검 결과에 대한 공개 여부에 대하여는 협약평가기준 제15조(영업비밀 등의 보호)의 규정을 준용한다(협약평가기준 제11조의2).

협약이행 평가업무의 효율적 수행을 위해 공정거래위원회는 협약제도 기획·총괄업무를 수행하고, 한국공정거래조정원은 공정거래위원회의 지휘·감독 하에서 ⅰ) 협약이행 평가신청 접수 및 실적 자료 제출 안내 ⅱ) 실적자료 검토 및 현장 점검 ⅲ) 평가점수 산정 ⅳ) 기업 대상 자문·컨설팅 및 간담회 ⅴ) 기타 협약 관련 제반 업무 등 개최의 업무를 수행한다(협약평가기준 제11조의3).

공정거래위원회는 제11조의 규정에 의한 협약이행 평가를 위하여 협약을 체결한 대규모유통업자의 납품업자등에 대하여 협약내용 및 협약이행과 관련한 '납품업자 등의 만족도'를 조사한다. 납품업자 만족도 조사대상 납품업자등은 대규모유통업자의 협약체결 납품업자 수의 30~50% 범위내에서 공정거래위원회가 정한다. 다만 표본추출 결과 조사대상 납품업자 수가 30개 미만인 경우에는 협약체결 납품업자등의 50%에 대해 만족도 조사를 실시한다. 동반성장지수 평가 대상기업에 대해서는 납품업자 만족도 조사를 하지 않는다(협약평가기준 제12조).

(2) 협약이행 평가를 위한 위원회의 구성 및 운용

공정거래위원회는 공정하고 객관적인 협약이행 평가와 협약제도의 발전에 대한 심의를 위해 협약평가위원회를 구성·운용한다. 위원은 동반성장위원회, 대한상공회의소, 중소기업중앙회 및 한국공정거래조정원 소속 임원 각 1인, 변호사 1인, 교수 1인 및 설문조사 전문기관(회사) 소속 임원 1인과 공정거래위원회 담당 국과장 등 11인의 범위 내에서 구성한다. 위원 중 변호사, 교수 및 설문조사 전문기관(회사) 소속 임원의 임기는 2년으로 한다. 공정거래위원회는 협약평가위원을 위촉하는 경우 당사자에게 위촉사실을 문서로 통보하거나 위촉장을 수여할 수 있다(협약평가기준 제13조 제 1 항 내지 제 4 항).

협약평가위원회는 협약이행평가, 납품업자 만족도 조사, 인센티브 내용 및 협약평가기준의 개정, 이의신청, 허위자료 제출 등에 대한 조치 등 협약과 관련된 제반사항을 심의·결정하되, 긴급한 안건을 논의하기 위하여 필요하다고 인정하는 경우 서면으로 심의를 할 수 있다(협약평가기준 제13조 제 5 항, 제 7 항).

(3) 협약이행 평가등급 및 인센티브 제공

공정거래위원회는 대규모유통업자의 협약이행 평가결과 점수에 따라 다음과 같이 등급을 구분하여 인센티브를 제공한다(협약평가기준 제14조 제1항).

평가등급	평가점수	인센티브 제공내용
최우수	95점 이상	– 대규모유통업법 제29조 제2항에 따른 직권조사 2년간 면제 (조사 면제라 함은 당해 기업을 조사 대상에 미포함하는 것을 의미, 이하 동일) – 법인·개인 대상 위원장 이상 표창 수여
우 수	90점 이상	– 대규모유통업법 제29조 제2항에 따른 직권조사 1년간 면제 – 법인 대상 위원장 표창 수여
양 호	85점 이상	– 법인 대상 위원장 표창 수여

동반성장지수 평가 대상 기업의 경우, 그 평가 등급에 따라 다음과 같이 인센티브를 제공하며, 해당 기업이 제1항의 인센티브도 제공받는 기업인 경우, 양자를 비교하여 기업에게 더 유리한 인센티브를 제공할 수 있다(협약평가기준 제14조 제2항).

평가등급	인센티브 제공내용
최우수	– 대규모유통업법 제29조 제2항에 따른 직권조사 2년간 면제
우 수	– 대규모유통업법 제29조 제2항에 따른 직권조사 1년간 면제

공정거래위원회는 협약평가위원회 심의 후 평가를 받은 대규모유통업자에 잠정적인 평가등급을 통지할 수 있으며, 해당 대규모유통업자는 1주일 이내에 이의신청을 할 수 있다. 동반성장지수 평가 대상기업 중 이미 체결한 협약이 종료되지 않아 기존의 협약체결 시점부터 동반성장지수 평가 대상 기간 이전까지의 기간에 대해 평가를 요청하여 평가를 한 기업의 경우 평가대상기간이 6개월을 초과하는 경우 기존 인센티브의 100%까지, 6개월 이하인 경우 50%까지 부여할 수 있다. 이 협약평가기준에 따라 제공되는 인센티브는 다른 공정거래 관련 법규 등에서 정한 것과 별개로 제공된다(협약평가기준 제14조 제3항 내지 제5항).

공정거래위원회는 협약평가기준 제14조 제1항 및 제2항의 직권조사 면제 인센티브에 불구하고 신빙성 있는 첩보, 제보, 익명신고 등을 근거로 직권 인지하여 실시하는 조사(단, 대규모유통업법 제30조에 따른 서면실태조사 결과를 근거로 직권 인지하여 실시하는 경우는 제외)는 직권으로 실시할 수 있다. 공정위는 협약평가기준 제14조 제 1 항의 규정에 의한 인센티브 제공 대상이 되는 당해 기업에 대해 평가등급, 인센티브 내용 및 인센티브 제공기간 등을 통지하여야 한다(협약평가기준 제14조 제 6 항, 제 7 항).

4. 기타 사항

가. 영업비밀의 보호

공정거래위원회는 협약 당사자가 협약체결 및 협약이행 평가와 관련하여 임의로 공정거래위원회에 제출한 협약내용, 협약이행 실적 및 평가결과 자료 중 협약 당사자의 영업비밀에 속하거나 외부로 제공될 경우 당해 사업자의 영업 및 이미지 관리에 지장을 초래할 수 있는 다음 내용을 당해 기업의 동의 없이 공정거래위원회 이외의 국가기관(지방자치단체 포함), 단체 또는 기업 등에게 제공하여서는 아니 된다. 다만, 동반성장지수 산정을 위해 필요한 평가점수, 납품업자 명단(회사명, 대표자명, 주소, 연락처 등)은 동반성장위원회에 제공할 수 있다. 당해 기업의 동의는 당해 기업의 대표이사 명의의 서면(전자서면 포함)동의를 말한다(협약평가기준 제15조).

1. 대규모유통업자의 개별 납품업자에 대한 자금지원, 매입가격 결정, 기타 경영지원과 관련한 구체적인 계획 및 실적내용
2. 대규모유통업자의 납품업자 명단(회사명, 대표자명, 거래금액, 거래품목, 주소, 연락처, 이메일 주소 등)
3. 평가대상 대규모유통업자의 구체적인 평가점수 등 세부평가자료
4. 협약서 및 협약내용 세부추진계획, 협약이행실적 관련 자료
5. 납품업자별 만족도조사 회신내용 등 공개시 납품업자에게 불이익이 우려되는 자료
6. 기타 당해 기업의 영업비밀 공개, 기업이미지 훼손, 거래상의 불이익 등을 초래할 우려가 있는 자료

나. 불공정거래행위에 대한 특례

협약을 체결한 대규모유통업자가 이 기준에 따라 자기의 납품업자등 또는 자기

와 계열관계에 있는 다른 사업자의 납품업자등을 지원하는 행위가「대·중소기업 상생협력 촉진에 관한 법률」 제13조(불공정거래행위 금지에 대한 특례) 및 같은 법 시행령 제9조(불공정거래행위 금지에 대한 특례)의 요건을 충족하는 경우 공정거래법 제45조 제1항 제9호의 규정에 의한 불공정거래행위(부당지원행위)에 해당하지 아니한다(협약평가기준 제16조).

다. 허위자료 제출 등에 대한 조치

협약체결 대규모유통업자가 평가 자료를 허위로 제출하였다는 사실이 드러나거나 이행 평가와 관련하여 납품업자등에 부당한 압력을 행사한 사실이 드러난 경우에는 공정위는 협약평가위원회의 심의·결정을 거쳐 허위자료 제출로 의결된 시점 이후 최근의 이행평가 점수를 50점 감점 처리한다. 단, 평가시점 기준 3개월 내 허위자료 제출로 의결이 예상되는 경우, 의결이 확정되는 시점까지 당해 평가를 유예할 수 있으며, 평가가 이미 완료된 후 3개월 내 의결이 있는 경우, 기 이루어졌던 직전 이행평가의 점수를 소급하여 감점할 수 있다. 위 '허위자료 제출'이란 협약체결 대규모유통업자가 실제 협약이행실적과 다른 자료를 제출하는 행위로서, 좋은 평가를 받기 위한 목적 내지 고의가 존재하는 것을 의미한다. 다만 이러한 목적 내지 고의가 없었다는 것은 해당 협약체결 대규모유통업자가 입증하여야 한다. 허위자료 제출여부를 확인하기 위한 조사에 정당한 사유 없이 응하지 아니하거나 조사를 방해하는 경우에는 해당 협약체결 대규모유통업자는 허위자료를 제출한 것으로 간주한다(협약평가기준 제17조).

제 3 부

대규모유통업법의 집행 및 법 위반에 대한 규제

제 1 장

분쟁의 조정

1. 서 설

대규모유통업법은 대규모유통업자와 납품업자등 사이의 분쟁을 조정하기 위하여 공정거래법 제48조의2 제 1 항에 따라 2007. 12. 3. 설립된 한국공정거래조정원에 대규모유통업거래 분쟁조정협의회를 두고 있다(법 제20조). 한국공정거래조정원이 처음 설립되면서 공정거래분쟁조정협의회, 가맹사업거래분쟁조정협의회가 설치되었고, 이후 2011. 6. 30. 하도급분쟁조정협의회가 설치되어, 각 분야의 분쟁을 조정하는 기능을 수행하였다. 대규모유통업법이 제정되기 전에는 공정거래법을 근거로 대규모소매업고시를 운영하였으므로, 대규모소매업자와 납품업자등 사이에 발생하는 분쟁도 공정거래분쟁조정협의회에서 담당하였다. 이후 공정거래법과 독립한 별도의 법률인 대규모유통업법이 제정, 시행됨에 따라, 하도급법이나 가맹사업법의 경우와 같이 대규모유통업자와 납품업자등 사이의 분쟁에 관한 조정 업무를 담당하는 대규모유통업거래 분쟁조정협의회를 두게 된 것이다.[1]

2. 분쟁조정협의회의 조정 대상

대규모유통업법상 분쟁조정협의회의 조정 사항은 법 제 5 조부터 제14조까지,

1) 이후 약관규제법에 약관분쟁 조정협의회의 설치 근거가 마련되면서, 2012. 8.에는 약관분쟁조정협의회가 설치되었고, 2016. 12. 23.부터 대리점법이 시행되면서 2017. 1.부터는 대리점 분쟁조정협의회까지 설치되어, 지금은 한국공정거래조정원 산하에 총 6개의 분쟁조정협의회가 설치, 운영되고 있다. 한편, 방문판매법, 할부거래법, 전자상거래법과 관련된 소비자피해 분쟁은 한국소비자원에서 조정 업무를 수행하고 있다.

제14조의2, 제15조, 제15조의2, 제16조부터 제18조까지의 규정과 관련한 분쟁에 관한 사항인데(법 제24조), 사실상 대규모유통업법이 대규모유통업자와 납품업자등 사이의 거래관계에 관하여 규율하고 있는 모든 사항이 분쟁조정협의회의 조정 대상이 된다. 다만, 공정거래위원회가 의뢰하거나 분쟁당사자가 신청하는 경우에 한하여 분쟁조정협의회의 조정 대상이 되며(법 제24조), 분쟁조정위원회의 직권에 의한 조정은 허용되지 아니한다.

3. 분쟁조정협의회의 구성

가. 분쟁조정협의회 위원의 구성, 자격 및 위촉

(1) 위원의 구성

분쟁조정협의회는 위원장 1명을 포함한 9명의 위원으로 구성되고, 9명의 위원은 공익을 대표하는 위원, 대규모유통업자의 이익을 대표하는 위원, 납품업자등의 이익을 대표하는 위원이 각각 동수가 된다(법 제20조 제1항 내지 제3항). 위원의 임기는 3년이며 연임할 수 있다(법 제20조 제6항). 위원장은 공익을 대표하는 위원 중에서 공정거래위원장이 위촉한다(법 제20조 제5항). 위원장은 상임으로 하고, 그 직무 외에 영리를 목적으로 하는 업무에 종사하지 못한다(법 제20조 제2항 후단, 제8항 내지 제10항).

(2) 위원의 자격 및 위촉

위원은 대학에서 법률학·경제학·경영학 또는 유통 관련 분야 학문을 전공한 사람으로서 고등교육법상의 대학·산업대학·전문대학·원격대학(방송대학·통신대학·방송통신대학 및 사이버대학)이나 공인된 연구기관에서 부교수 이상의 직 또는 이에 상당하는 직에 있거나 있었던 사람, 판사·검사의 직에 있거나 있었던 사람 또는 변호사 자격이 있는 사람, 독점금지 및 공정거래업무에 관한 경험이 있는 4급 이상 공무원의 직에 있거나 있었던 사람, 그 밖에 대규모유통업 분야의 거래 및 분쟁조정에 관한 학식과 경험이 풍부한 사람 중에서 한국공정거래조정원장의 제청으로 공정거래위원장이 임명하거나 위촉한다(법 제20조 제4항). 단, 위촉일 현재 대규모유통업자 또는 납품업자등의 임직원으로 있는 사람은 공익을 대표하는 위원으로 위촉될 수 없고, 공익을 대표하는 위원이 대규모유통업자 또는 납품업자등의 임직원인 경우 공정거래위원장은 즉시 위촉을 해제하여야 한다(법 제21조). 위원 중 결원이 생겼을 때에는 보궐위원을 임명하거나 위촉하고, 그 보궐위원의 임기는 전임자 임기의 남은 기간으로 한다(법 제20조 제 7 항).

나. 위원의 제척·기피·회피

분쟁조정위원회의 위원은 본인 또는 그 배우자나 배우자였던 사람이 해당 조정사항의 분쟁당사자가 되거나 공동권리자 또는 의무자의 관계에 있는 경우, 위원 본인이 해당 조정사항의 분쟁당사자와 친족관계이거나 친족관계였던 경우, 위원 본인 또는 본인이 속한 법인이나 법률사무소가 분쟁당사자의 법률·경영 등에 대하여 자문 또는 고문의 역할을 하고 있는 경우, 위원 본인 또는 본인이 속한 법인이나 법률사무소가 해당 조정사항에 대하여 분쟁당사자의 대리인으로 관여하거나 관여하였던 경우 및 증언이나 감정을 한 경우에는 해당 조정사항의 조정에서 제척된다(법 제23조 제 1 항).

위원에게 조정을 공정하게 수행하기 어려운 사정이 있는 경우, 분쟁당사자는 서면으로 협의회에 그 위원에 대한 기피신청을 할 수 있고, 기피신청에 상당한 이유가 있는 경우에는 위원장의 결정으로 해당 위원을 조정에서 제외한다(법 제23조 제 2 항, 제 4 항). 제 2 항의 기피신청이 서면이 아닌 구두로 이루어진 경우나 조정의 지연을 목적으로 하는 것이 분명한 경우에는 위원장의 결정으로 기피신청을 각하한다(법 제23조 제 3 항). 위원이 제척 또는 기피 사유에 해당하는 경우에는 위원장의 허가를 받아 해당 조정사항의 조정에서 회피할 수 있다(법 제23조 제 5 항).

다. 분쟁조정협의회의 회의

분쟁조정협의회의 회의는 위원 전원으로 구성하는 회의('전체회의')와 공익을 대표하는 위원 1명, 대규모유통업자의 이익을 대표하는 위원 1명, 납품업자등의 이익을 대표하는 위원 1명으로 구성하는 회의('소회의')로 구분한다(법 제22조 제 1 항). 전체회의는 소회의에서 의결되지 아니하거나 소회의가 전체회의에서 처리하도록 결정한 사항, 협의회 내부 규칙의 제정·개정에 관한 사항, 그 밖에 전체회의에서 처리할 필요가 있어 위원장이 전체회의에 부치는 사항을 심의·의결한다(법 제22조 제 2 항). 소회의는 전체회의의 대상이 되는 사항 이외의 사항을 심의·의결한다(법 제22조 제 3 항).

전체회의는 위원장이 주관하며, 재적의원 과반수의 출석으로 개의(開議)하고 출석위원 과반수의 찬성으로 의결한다(법 제22조 제4항). 소회의는 공익을 대표하는 위원이 주관하며, 구성위원 전원의 출석과 출석위원 전원의 찬성으로 의결한다. 이 경우 회의의 결과는 전체회의에 보고하여야 한다(법 제22조 제5항). 분쟁조정협의회 위원장이 부득이한 사유로 직무를 수행할 수 없는 때에는 공익을 대표하는 위원 중에서 공정거래위원장이 지명하는 위원이 그 직무를 대행한다(법 제22조 제6항). 조정의 대상이 된 분쟁의 당사자인 사업자('분쟁당사자')는 협의회의 회의에 출석하여 의견을 진술하거나 관계 자료를 제출할 수 있다(법 제22조 제7항).

분쟁조정협의회 위원장이 전체회의를 소집하거나 공익을 대표하는 위원이 같은 항에 따른 소회의를 소집하려는 경우에는 관계 위원들에게 회의 개최 7일 전까지 회의의 일시·장소 및 안건을 서면으로 통지하여야 한다. 다만, 긴급을 요하는 경우에는 그러하지 아니하다(시행령 제14조 제1항). 협의회의 회의는 공개하지 않지만, 위원장이 필요하다고 인정할 때에는 분쟁당사자나 그 밖의 이해관계인에게 방청하게 할 수 있다(시행령 제14조 제2항).

4. 조정 절차

가. 조정의 개시

(1) 분쟁당사자의 조정 신청

분쟁당사자는 신청인과 피신청인의 성명 및 주소(법인인 경우에는 법인명칭, 주된 사무소 소재지, 대표자의 성명 및 주소), 대리인이 있는 경우에는 그 성명 및 주소, 신청의 이유, 소송사건의 번호(분쟁조정을 신청하려는 사건에 대해 소가 제기된 경우에 한함)를 적은 서면을 제출하여 분쟁조정협의회에 조정을 신청할 수 있다(법 제25조 제1항, 시행령 제15조 제1항). 분쟁조정의 신청에는 분쟁조정 신청의 원인 및 사실을 증명하는 서류, 대리인이 신청하는 경우 그 위임장, 그 밖에 분쟁조정에 필요한 증거서류 또는 자료를 첨부하여야 한다(시행령 제15조 제2항). 다수인이 공동으로 분쟁조정을 신청하는 경우에는 신청인 중 3명 이내의 대표자를 선정할 수 있다(시행령 제16조). 분쟁조정협의회는 분쟁당사자가 분쟁조정을 신청한 경우에는 즉시 그 사항을 분쟁당사자에게 알려야 한다(법 제25조 제3항). 분쟁조정협의회 위원장은 제15조에 따른 분쟁조정의 신청에 대하여 보완이 필요하다고 인정될 때에는 상당한 기간을 정하여 그 보완을 요구하여야 한다. 그리고 위 보완에 걸리는 기간은 법 제26조(조정 등) 제 6 항 제 3 호에 따른 기간의 산정에서 제외한다(시행령 제17조)

(2) 공정거래위원회의 조정 의뢰

공정거래위원회는, 대규모유통업자와 납품업자등 사이의 거래와 관련한 분쟁에 관한 사건에 대하여 분쟁조정협의회에 그 조정을 의뢰할 수 있다(법 제25조 제 2 항). 공정거래위원회가 조정을 의뢰하는 경우, 아래와 같은 기준을 적용한다[「대규모유통업 분야 분쟁조정 의뢰기준」(공정거래위원회 예규 제281호, 2017. 4. 5. 제정·시행)].

1. 원칙적 의뢰대상

다음의 사건은 원칙적으로 협의회에 조정을 의뢰할 수 있다.

가. 법 제 7 조(상품대금 감액의 금지), 제 8 조(상품판매대금의 지급), 제 9 조(상품 수령 거부·지체의 금지), 제10조(상품의 반품 금지), 제11조(판매촉진비용의 부담전가 금지), 제12조(납품업자등의 종업원 사용금지 등), 제15조(경제적 이익 제공 요구 금지), 제16조(매장 설비비용의 보상), 제17조(불이익 제공행위의 금지)와 관련된 분쟁사건

나. 그밖에 가격·수수료율·거래조건의 설정·변경과 관련된 분쟁사건

2. 임의적 의뢰대상

법 제 5 조(신의성실의 원칙), 제 6 조(서면의 교부 및 서류의 보존 등), 제13조(배타적 거래 강요 금지), 제14조(경영정보 제공 요구 금지), 제18조(보복조치의 금지)와 관련된 분쟁사건은 ① 그 분쟁의 내용이 궁극적으로 당사자의 금전적 피해구제와 관련되거나 ② 위 1.의 원칙적 의뢰대상에 해당하는 분쟁사건과 함께 신고·인지된 경우 협의회에 조정을 의뢰할 수 있다.[2)]

3. 예외사유

위 1. 2.의 의뢰대상에 해당하더라도 다음의 경우에는 분쟁조정을 의뢰하지 않고 법 제29조 등에 따라 공정거래위원회가 직접 조사·처리할 수 있다.

가. 대규모유통업자의 중대한 법위반사항이 있는 경우

2) 분쟁조정 의뢰기준이 제정된 이후 신설된 법 제14조의2(경영활동 간섭 금지) 및 제15조의2(부당한 영업시간 구속 금지)와 관련된 분쟁사건의 경우에도 법 제24조(협의회의 조정사항)에 의해 조정대상이 되므로, 2. 임의적 의뢰대상인 분쟁사건에 준하여 조정을 의뢰할 수 있다고 판단된다. 다만 분쟁조정 대상인지에 대한 논란이 있을 수 있으므로 개정된 법률 내용을 감안하여 위 기준을 조속히 개정할 필요가 있어 보인다.

나. 당사자가 분쟁조정을 거부하는 경우
다. 당사자간 분쟁조정이 성립될 가능성이 없다고 판단되는 경우
라. 그밖에 공정거래위원회가 직접 조사·처리할 필요성이 있다고 판단되는 경우

(3) 분쟁조정 신청의 효력

조정의 신청은 시효중단의 효력이 있다. 다만, 신청이 취하되거나 각하된 때에는 그러하지 아니하다. 이 경우 6개월 내에 재판상의 청구, 파산절차 참가, 압류 또는 가압류, 가처분을 한 때에는 시효는 최초의 조정의 신청으로 인하여 중단된 것으로 본다(법 제25조 제4항, 제5항). 중단된 시효는 분쟁조정이 이루어져 조정조서를 작성한 때 또는 분쟁조정이 이루어지지 아니하고 조정절차가 종료된 때부터 새로이 진행한다(법 제25조 제6항).

나. 조정신청의 각하

분쟁조정협의회는 조정신청의 내용과 직접적인 이해관계가 없는 자가 조정신청을 한 경우, 대규모유통업법의 적용 대상이 아니거나 같은 법에서 정하는 조정사항이 아닌 사안에 관하여 조정신청을 한 경우, 공정거래위원회가 같은 법 위반 여부를 조사하고 있는 사건에 관하여 조정신청을 한 경우, 조정신청이 있기 전에 공정거래위원회가 법 제29조(위반행위의 조사 등)에 따라 조사를 개시한 사건에 대하여 조정신청을 한 경우(다만, 공정거래위원회로부터 시정조치 등의 처분을 받은 후 분쟁조정을 신청한 경우에는 그러하지 아니하다)[3]에는 조정신청을 각하할 수 있다(법 제26조 제4항). 신청이 각하된 때에는 시효중단의 효력이 발생하지 아니한다(법 제25조 제4항).

다. 조정 절차의 진행

(1) 조정절차의 개시

분쟁조정협의회는 분쟁조정 당사자로부터 조정을 신청 받거나 공정거래위원회로부터 조정을 의뢰 받는 경우에는 지체 없이 분쟁조정 절차를 개시하여야 하며, 분쟁당사자에게 분쟁조정사항에 대하여 스스로 합의하도록 권고하거나 조정안을 작성하여 제시할 수 있다(법 제26조 제1항, 제2항). 분쟁조정협의회는 법 제26조 제1항

3) 협의회는 분쟁조정이 신청된 행위 또는 사건이 이와 같은 경우에 해당하는지(즉 공정거래위원회가 법 제29조에 따라 조사를 개시한 사건에 해당하는지)에 대하여 공정거래위원회의 확인을 받아야 한다(법 제26조 제4항 후단).

에 따라 분쟁조정 절차를 개시하는 경우에는 조정번호, 조정개시일 등을 지체 없이 분쟁당사자에게 통보하여야 하고, 분쟁당사자와 분쟁의 구체적 내용을 관리대장에 기록하여야 한다(시행령 제17조의2).

(2) 사실확인 조사

분쟁조정협의회는 해당 분쟁조정 사항에 관한 사실을 확인하기 위하여 필요한 경우 조사를 하거나 분쟁당사자에게 관련 자료의 제출이나 출석을 요구할 수 있다(법 제26조 제 3 항). 보다 세부적인 절차는 분쟁조정협의회의 운영세칙으로 정한다.

분쟁조정협의회는 분쟁당사자에게 출석을 요구하려는 경우에는 시기 및 장소를 정하여 출석요구일 7일 전까지 분쟁당사자에게 통지하여야 한다. 다만, 긴급을 요하거나 분쟁당사자가 동의하는 경우에는 그 기간을 달리 정할 수 있다. 위 통지를 받은 분쟁당사자는 협의회에 출석할 수 없는 부득이한 사유가 있으면 미리 서면으로 의견을 제출할 수 있다(시행령 제18조).

(3) 분쟁당사자 지위의 승계

분쟁조정협의회는 조정절차가 종료되기 전에 분쟁당사자가 사망하거나 능력의 상실 그 밖의 사유로 조정절차를 계속할 수 없는 경우에는 법령에 따라 그 지위를 승계한 자가 분쟁당사자의 지위를 승계하게 할 수 있다(시행령 제22조 제 1 항). 분쟁당사자의 지위를 승계하려는 자는 서면으로 협의회에 신청하여야 하며(시행령 제22조 제 2 항), 협의회가 신청을 받은 때에는 지체 없이 심사하여 승계 여부를 결정하고 그 내용을 신청인에게 서면으로 통지하여야 한다(시행령 제22조 제 3 항).

(4) 소제기 등의 통지

분쟁당사자는 분쟁조정 신청 후 해당 사건에 대해 소를 제기하거나 중재를 신청한 때에는 지체 없이 이를 협의회에 통지하여야 한다(시행령 제23조).

라. 조정 절차의 종결

(1) 조정 절차의 임의적 종결

분쟁조정협의회의 조정 절차는 임의 절차이다. 따라서 분쟁당사자는 자신들의 자유로운 판단에 따라 분쟁조정협의회의 조정 절차를 진행 또는 거부할 수 있다. 분쟁조정협의회는 분쟁당사자의 한쪽이 조정절차 진행 중 조정을 거부한 경우, 조정의 신청 전후에 분쟁당사자가 「중재법」에 따라 중재신청을 한 경우, 신청인이 정당한 사유 없이 기한 내에 조정신청을 보완하지 아니한 경우, 신청인이 부당한 이익을 얻을 목적으로 조정신청을 한 것으로 인정되는 경우, 분쟁의 성격상 조정을 하는 것이 적당하지 아니하다고 인정되는 경우, 신청인이 같은 사안에 대하여 같은 취지로 2회 이상 조정신청을 한 경우, 신청인이 협의회에서 이미 끝난 분쟁조정과 같은 사안을 공정거래위원회에 신고하여 다시 협의회에 넘겨진 경우, 신청인이 조정신청을 취하한 경우에는 조정절차를 종결할 수 있다(법 제26조 제5항, 시행령 제19조).

(2) 조정절차의 필수적 종결

분쟁조정협의회는 분쟁당사자에게 분쟁조정사항에 대하여 스스로 합의하도록 권고하거나 조정안을 작성하여 제시할 수 있다. 그러나 분쟁조정협의회의 권고 또는 조정안에 대해서는 분쟁당사자들이 반드시 이를 수락해야 할 법률상 의무는 없다. 따라서 분쟁당사자는 자신들의 자유로운 판단에 따라 분쟁조정협의회의 권고 또는 조정안에 대해 수락 또는 거부할 수 있다. 분쟁조정협의회는 분쟁당사자가 협의회의 권고 또는 조정안을 수락하거나 조정에 합의하여 조정이 이루어진 경우, 분쟁당사자가 협의회의 권고 또는 조정안을 수락하지 아니하여 조정이 이루어지지 아니한 경우, 조정신청을 통지받은 날부터 60일(분쟁당사자 쌍방이 기간연장에 동의한 경우에는 90일)이 지나도 조정이 이루어지지 아니한 경우에는 조정절차를 종결하여야 한다(법 제26조 제6항). 다만, 분쟁조정협의회 위원장은 시행령 제15조(분쟁조정의 신청)에 따른 분쟁조정의 신청에 대하여 보완이 필요하다고 인정될 때에는 상당한 기간을 정하여 그 보완을 요구해야 하고, 보완에 걸리는 기간은 위 기간의 산정에서 제외한다(시행령 제17조).

마. 조정절차 종결 후의 조치

(1) 조정신청이 각하되거나 조정절차가 종결된 경우

분쟁조정협의회는 조정신청을 각하하거나 조정절차를 종결한 경우에는 공정거래위원회에 분쟁당사자의 일반 현황, 분쟁의 경위, 조정의 쟁점, 조정신청 각하 또는 조정절차 종료의 사유 등을 관계 서류와 함께 지체 없이 서면으로 보고하고 분쟁당사자에게 그 사실을 통보하여야 한다(법 제26조 제7항). 공정거래위원회는 조정절차 개시 전에 시정조치 등의 처분을 하지 아니한 분쟁조정사항에 관하여 조정절차가 끝날 때까지 해당 분쟁당사자에게 시정명령이나 시정권고를 하여서는 아니 된다(법 제26조 제 8 항).

(2) 조정조서의 작성

분쟁조정협의회는 조정이 이루어진 경우 조정에 참가한 위원과 분쟁당사자가 기명날인한 조정조서를 작성하며(법 제27조 제 1 항), 분쟁당사자가 분쟁조정사항을 스스로 조정하고 조정조서의 작성을 요청하는 경우에는 그 조정조서를 작성하여야 한다(법 제27조 제 2 항). 분쟁조정협의회는 분쟁당사자의 일반 현황, 분쟁의 경위, 조정의 쟁점, 조정결과 등을 포함한 조정조서를 작성한 후 공정거래위원회에 그 사본을 첨부하여 보고하여야 한다(시행령 제21조).

(3) 이행결과 보고

분쟁당사자는 조정에서 합의된 사항을 이행하여야 하고 이행결과를 공정거래위원회에 제출하여야 한다(법 제27조 제 3 항). 공정거래위원회는 조정조서의 내용이 이행된 경우에는 시정명령이나 시정권고를 하지 아니한다(법 제27조 제 4 항).

(4) 조정조서의 효력

위와 같이 조정조서를 작성한 경우 조정조서는 재판상 화해와 동일한 효력을 갖는다(법 제27조 제 5 항).

바. 소송과의 관계

법 제25조 제 1 항에 따른 조정이 신청된 사건에 대하여 신청 전 또는 신청 후 소가 제기되어 소송이 진행 중일 때에는 수소법원(受訴法院)은 조정이 있을 때까지 소송절차를 중지할 수 있다(법 제26조의2 제 1 항). 협의회는 이에 따라 소송절차가 중지되지 아니하는 경우에는 해당 사건의 조정절차를 중지하여야 한다(법 제26조의2 제 2 항). 협의회는 조정이 신청된 사건과 동일한 원인으로 다수인이 관련되는 동종·유사 사건에 대한 소송이 진행 중인 경우에는 협의회의 결정으로 조정절차를 중지할 수 있다(법 제26조의2 제 3 항).

제 2 장

법 위반에 대한 조사 및 처분

1. 법 위반행위의 조사

가. 사건의 인지

누구든지 대규모유통업법에 위반되는 사실이 있다고 인정할 때에는 그 사실을 공정거래위원회에 신고할 수 있다(법 제29조 제1항 전문). 법위반 행위를 신고하고자 하는 자는 자신의 성명·주소, 피신고인의 주소, 위반행위 내용 등 일정한 사항을 기재한 서면을 공정거래위원회에 제출해야 하나, 신고사항이 긴급을 요하거나 부득이한 경우에는 전화 또는 구두로도 신고할 수 있다(시행령 제25조).

공정거래위원회는 신고를 접수한 날부터 15일 이내에 신고가 접수된 사실을 대규모유통업자에게 통지하는 것과, 위 통지를 하는 경우 신고자와 신고내용도 함께 통지하는 것에 대해 신고자가 동의하는지 여부를 확인하기 위한 서면을 신고자에게 직접 발급하거나 우편(전자우편을 포함한다)을 통하여 송부하여야 한다(시행령 제25조 제2항). 신고자는 위 서면을 발급받거나 송부받은 날부터 15일 이내에 동의를 한다는 사실을 공정거래위원회에 서면으로 통지하여야 하며, 해당 기간 내에 통지하지 아니한 경우에는 동의를 하지 아니한 것으로 본다(시행령 제25조 제3항). 공정거래위원회는 신고자로부터 위 통지를 받은 경우 그 통지를 받은 날부터 7일 이내에 신고 접수 사실, 신고자 및 신고내용을 기재한 서면을 대규모유통업자에게 직접 발급하거나 우편을 통하여 송부하여야 한다(시행령 제25조 제4항).

공정거래위원회는 신고자가 동의한 경우에는 대규모유통업자에게 신고가 접수된 사실을 통지하여야 한다(법 제29조 제1항 후문). 공정거래위원회가 대규모유통업자에게 신고 접수 사실을 통지한 때에는 「민법」 제174조(최고와 시효중단)에 따른 최고가 있은 것으로 본다. 다만, 신고된 사실이 대규모유통업법의 적용대상이 아니거나 법 제31조(처분대상의 제한) 본문에 따른 처분대상의 제한 기한(5년)을 경과하여 공정거래위원회가 심의절차를 진행하지 아니하기로 한 경우, 신고된 사실에 대하여 공정거래위원회가 무혐의로 조치한 경우 또는 신고인이 신고를 취하한 경우에는 그러하지 아니하다(법 제29조 제 4 항).

한편, 공정거래위원회는 법에 위반되는 혐의가 있다고 인정할 때에는 직권으로 필요한 조사를 개시할 수 있다(법 제29조 제 2 항).

나. 조사결과의 통지

공정거래위원회는 신고 또는 직권으로 대규모유통업자의 법 위반 여부를 조사한 경우에는 그 결과(조사결과 시정명령 등의 처분을 하고자 하는 경우에는 그 처분의 내용을 포함한다)를 서면으로 해당 사건의 당사자에게 알려야 한다(법 제29조 제 3 항). 대규모유통업법은 법 시행을 위하여 필요한 공정거래위원회의 조사, 의견 청취에 관하여 공정거래법을 준용하고 있다(법 제38조 제 3 항).

다. 서면실태조사

대규모유통업법은 대규모유통업에서의 공정한 거래질서 확립을 위하여 공정거래위원회로 하여금 대규모유통업자와 납품업자등 사이의 거래에 관한 서면실태조사를 의무적으로 실시하여 그 조사결과를 공표하도록 하고 있다(법 제30조 제 1 항). 공정거래위원회가 서면실태조사를 하는 경우에는 조사대상자의 범위, 조사기간, 조사내용, 조사방법, 조사절차 및 조사결과 공표범위 등에 관한 계획을 수립하여야 하고, 조사대상자에게 거래실태 등 조사에 필요한 자료의 제출을 요구할 수 있다(법 제30조 제 2 항). 공정거래위원회가 자료의 제출을 요구하는 경우에는 조사 대상자에게 자료의 범위와 내용, 요구사유, 제출 기한 등을 명시하여 서면으로 알려야 한다(법 제30조 제 3 항).

2. 법 위반 사업자에 대한 처분

가. 법 위반행위의 판단시점

공정거래위원회는 대규모유통업법에 위반되는 행위에 대하여 의결하는 경우,

그 행위에 관한 심리를 마치는 날까지 발생한 사실을 기초로 판단한다(법 제36조).

나. 행정적 제재

(1) 시정권고

공정거래위원회는 대규모유통업법을 위반한 대규모유통업자에게 대통령령이 정한 일정한 내용[1)]을 기재한 서면으로 시정방안을 마련하여 이에 따를 것을 권고할 수 있다. 이 경우 대규모유통업자가 해당 권고를 수락한 때에는 공정거래위원회가 시정명령을 한 것으로 본다는 뜻을 함께 알려야 한다(법 제33조 제1항). 시정권고를 받은 대규모유통업자는 그 권고를 통지 받은 날부터 10일 이내에 그 수락 여부를 공정거래위원회에 알려야 하고(법 제33조 제2항), 권고를 받은 대규모유통업자가 그 권고를 수락하였을 때에는 법에 따른 시정명령을 받은 것으로 본다(법 제33조 제3항).

(2) 시정명령

공정거래위원회는 서면 교부 의무(법 제6조 제1항부터 제3항), 상품대금 감액 금지(법 제7조), 상품판매대금 또는 상품대금의 기한내 지급 의무(법 제8조), 상품 수령 거부·지체 금지(법 제9조), 상품의 반품금지(법 제10조), 판매촉진비용의 부담전가 금지(법 제11조 제1항부터 제4항), 납품업자등의 종업원 사용 금지 등(법 제12조), 배타적 거래 강요 금지(법 제13조), 경영정보 제공요구 금지(법 제14조), 경영활동 간섭 금지(법 제14조의2), 경제적 이익 제공 요구 금지(법 제15조), 부당한 영업시간 구속 금지(법 제15조의2), 매장 설비비용의 보상 의무(법 제16조), 상품권 구입 요구 등 불이익 제공행위의 금지(법 제17조), 보복조치의 금지(법 제18조) 등의 규정을 위반한 대규모유통업자에 대해 법 위반행위의 중지, 향후 재발방지, 상품 판매대금 또는 상품대금의 지급, 매장 설비비용의 보상, 계약조항의 삭제·수정, 시정명령을 받은 사실의 공표, 시정명령을 받은 사실의 거래상대방인 납품업자 등에 대한 통지, 법 위반행위의 시정에 필요한 계획 또는 행위의 보고나 그 밖에 시정에 필요한 조치를 명할 수 있다(법 제32조).

---

1) 시행령 제27조(시정권고 절차) 법 제33조 제1항에 따른 시정권고는 다음 각 호의 사항을 명시한 서면으로 하여야 한다.
1. 법 위반내용 2. 권고사항 3. 시정기한 4. 수락 여부 통지기한 5. 수락 거부 시의 조치

[공정거래위원회의 시정명령 예시][2)]

> [법 위반행위의 중지, 재발방지]
>
> 피심인은 점포개편 작업을 하면서 정당한 사유없이 계약기간 중에 납품업자의 매장 위치·면적을 변경·축소하고, 이에 따른 새로운 매장의 인테리어비용을 납품업자에게 전액 부담시키는 것과 같은 행위를 다시 하여서는 아니 된다.[3)]
>
> [시정명령을 받은 사실의 거래상대방인 납품업자 등에 대한 통지[4)]]
>
> 피심인은 이 시정명령을 받은 날부터 30일 이내에 위 위반행위를 함으로써 '대규모 유

2) 보통 공정거래법을 위반한 경우에는 시정명령을 받은 사실의 공표명령을 내리는 것이 일반적이나, 대규모유통업법 위반의 경우에는 법 위반으로 피해를 입은 납품업자등에게 공정거래위원회로부터 시정명령을 받았다는 사실을 통지하도록 하는 명령을 내리는 경우가 많다.

3) 서울고등법원은, 피고인 공정거래위원회가 "주식회사 ○○○ 등 2,301개 납품업자에 대해 사전에 파견조건을 납품업자와 서면으로 약정하지 아니하거나 법정비용 중 인건비를 제외하고 일부만을 부담하면서 납품업자 등의 종업원을 자기의 사업장에서 근무하게 하는 것과 같은 행위를 다시 하여서는 아니 된다."라는 내용의 재발 방지 시정명령을 하자, 원고가 '시정명령 대상 납품업자 중 1,990개 납품업자가 구체적으로 특정되어 있지 아니하므로 시정명령이 위법하다'고 주장한 사안에 대하여, "재발방지를 위한 시정명령의 경우 동일한 상대방에 대한 재발방지뿐 아니라, 잠재적인 상대방에 대한 재발방지를 포함하여 시정명령을 하는 것이므로 반드시 현재의 법 위반 대상자를 특정해야 한다고 보기 어렵고, 위 1,990개의 납품업자는 원고가 제출한 자료(을 제 1 호증)를 바탕으로 피고가 산정한 것으로 보이는바, 피고가 개별적으로 특정하지 않았더라도 원고는 해당 납품업자가 누구인지 충분히 알 수 있는 것으로 보인다. 따라서 이 사건 시정명령 제 2 항은 그 문언의 형식, 내용, 취지 등을 살펴보았을 때 그 내용이 특정되어 원고가 충분히 실현가능하다고 보인다."라고 하면서 적법하다고 판단하였다(서울고등법원 2019. 2. 13. 선고 2017누86226 판결).

4) 서울고등법원은, 공정거래위원회가 "원고들이 거래하는 모든 납품업자 등에게 등기우편으로 통지하고, 그 결과를 공정거래위원회에 보고하여야 한다."라는 내용의 시정명령을 하자, 원고들이, '거래상대방인 납품업자 뿐만 아니라 원고들과 거래하는 모든 납품업자에 대한 통지명령을 한 것은 과도한 제재로서 비례원칙을 위반한 것이다'라고 주장한 사안에 대하여, "대규모유통업법 제32조의 규정이 시정명령의 종류를 제한적으로 열거한 규정이 아니라 예시적 규정이라고 보아야 한다. 원고들과 거래하는 모든 납품업자를 통지의 대상으로 한 이 사건 통지명령은 원고들의 거래상대방에게 원고들에 대한 시정조치와 관련된 사실이 직접 통지되게 함으로써 원고들의 거래상대방으로 하여금 원고들의 법 위반행위를 명확히 인식하게 하고, 원고들로 하여금 거래상대방이 지속적으로 자신의 행위를 감시할 것임을 의식하여 향후 동일 또는 유사한 행위를 하지 못하게 하는 데 그 목적이 있다고 할 것이다. 또한, 원고들이 한 위반행위의 종류, 위반 횟수, 위반행위 상대방의 수 등을 비롯한 위반행위의 내용 및 정도와 원고들의 백화점 경영의 형태 및 그 과정에서 발생한 위반행위의 내용 등을 관련 대규모유통법 규정의 취지에 비추어 보더라도 통지명령의 목적을 달성하기 위하여 위반행위의 직접 상대방뿐만 아니라 모든 납품업자들에 대하여 원고들이 시정명령을 받은 사실을 통지할 필요성이 있다고 보이므로, 이 사건 통지명령은 '기타 시정을 위하여 필요한 조치'로서 재량권의 범위를 일탈·남용하여 위법하다고 볼 수 없다."라고 하면서 적법하다고 판단하였다(서울고등법원 2018. 1. 25. 선고 2017누62848 판결).

통업에서의 거래 공정화에 관한 법률'을 위반하였다는 이유로 공정거래위원회로부터 시정명령을 받았다는 사실을 〈별지 1〉 기재의 문안대로 피심인이 거래하는 모든 납품업자 등에게 등기우편으로 통지하고, 그 결과를 공정거래위원회에 보고하여야 한다.

[법 위반행위의 시정 내지 재발방지에 필요한 계획 또는 행위의 보고]
피심인은 이 사건과 같은 행위 및 유사행위가 발생하지 않도록 향후 2년간 매 반기 별로 내부감사를 실시하고, 그 결과를 내부감사 종료일로부터 30일 이내에 공정거래위원회에 보고하여야 한다. 이때 구체적 이행에 대한 사항은 이 시정명령을 받은 날부터 60일 이내에 공정거래위원회와 협의하여 결정하여야 한다.

(3) 과 징 금

(가) 개 요

공정거래위원회는 위 시정명령의 대상이 되는 행위를 한 대규모유통업자에게 대통령령으로 정하는 산출방식에 따른 납품대금이나 연간 임대료를 넘지 않는 범위에서 과징금을 부과할 수 있다. 다만, 매출액을 산정하기 곤란한 경우 등에는 5억 원을 초과하지 않는 범위에서 과징금을 부과할 수 있다(법 제35조 제 1 항). 과징금은 위반행위를 규정한 조문별로 산정하되, 그 합계가 위 산출방식에 따른 납품대금이나 연간 임대료의 2배를 초과할 수 없다(법 제35조 제 2 항).

한편 시행령 제28조(과징금) 제 1 항 관련 [별표 1]의 제 2 항 가목 제 2 호는 "관련 납품대금(법 제35조 제 1 항 본문에 따른 납품대금으로서 대규모유통업자의 위반행위와 관련된 상품 매입액 또는 이에 준하는 금액을 말한다) 또는 관련 임대료(법 제35조 제 1 항 본문에 따른 연간 임대료로서 매장임차인이 위반사업자에게 지급해야 하는 위반기간의 임대료를 1년의 기간으로 환산한 금액을 말한다)에 위반사업자의 위반금액의 비율(공정거래위원회가 정하여 고시하는 금액의 비율을 말한다)을 곱한 금액에 부과기준율(공정거래위원회가 정하여 고시하는 부과기준율을 말한다)을 곱하여 산정한다. 다만, 관련 납품대금 또는 관련 임대료나 위반금액의 비율을 산정하기 곤란한 경우에는 5억 원 이내에서 중대성의 정도를 고려하여 산정할 수 있다."고 규정하고 있고, [별표 1]의 제 3 항은 "그 밖에 과징금의 부과에 필요한 사항은 공정거래위원회가 정하여 고시한다"고 규정하고 있다.

이에 따라 공정거래위원회는 과징금 고시를 제정하여 2012. 2. 28.자로 시행하고 있다. 공정거래위원회는 최근 2024. 2. 6. 과징금 고시를 개정하였다.[5] 당해 고시는 고시한 날부터 시행되나, 경영활동간섭 금지(법 제14조의2), 불이익 제공행위의 금지(법 제17조), 보복조치의 금지(법 제18조) 위반을 원칙적 과징금 부과 대상으로 규정한 과징금 고시 Ⅲ. 2. 가 및 [별표] 세부평가 기준표의 개정 규정은 2024. 2. 9.부터 시행되는 것으로 규정하고 있다.

(나) 과징금 부과여부의 결정

과징금 부과 여부는 위반행위의 내용 및 정도를 우선적으로 고려하고 대규모유통업에서의 공정거래질서 확립에 미치는 파급효과 등을 종합적으로 참작하여 결정하되, 위반행위로 인한 대규모유통업에서의 공정거래질서 저해효과가 중대하거나 다수의 납품업자등에 미치는 영향이 큰 것으로 판단되는 경우 및 위반행위가 악의적으로 행해진 경우에는 과징금을 부과하는 것을 원칙으로 한다. 이 경우 법 위반의 중대성과 파급효과는 위반사업자의 위반유형, 위반행위의 수, 관련 납품업자 등의 수 및 위반업종의 특성 등을 종합적으로 고려하여 판단한다.

과징금 고시는 이러한 원칙에 따라 다음 중 어느 하나에 해당하는 경우에는 원칙적 과징금 부과 대상으로 보도록 규정하고 있다. 다만, 아래 규정에도 불구하고 대규모유통업자가 법 제 8 조(상품판매대금 등의 지급) 제 1 항 또는 제 2 항을 위반한 경우로서 법 제29조(위반행위의 조사 등)에 따른 공정거래위원회의 조사가 개시된 날부터 30일 이내에 납품업자등에게 상품판매대금 또는 상품대금(법 제 8 조 제 3 항에 따른 이자를 포함한다)을 모두 지급한 경우, 또는 위반 행위에 대하여 과징금을 부과할 실익이 크지 아니하거나 과징금을 부과함으로써 달성할 목적이 분명하지 아니한 경우에는 과징금을 부과하지 아니할 수 있다{시행령 제28조 제 1 항 관련 [별표 1] 제 1 호 나.목 및 과징금 고시 Ⅲ}.

> 2. 다음 각 호 중 하나에 해당하는 경우에는 III/ 1/ 본문의 원칙적 과징금 부과 대상으로 본다.
>
> 가. 법 제 6 조(서면의 교부 및 서류의 보존 등), 법 제12조(납품업자등의 종업원 사용 금지 등), 제13조(배타적 거래 강요 금지), 제14조(경영정보 제공 요구 금지), 제14조의2(경영활동의 간섭 금지), 제17조(불이익 제공행위의 금지) 또는 제18조(보복조

5) 일부개정 및 시행 2024. 2. 6. 공정거래위원회 고시 제2024-4호.

치의 금지)를 위반한 경우, 다만 법 제6조(서면의 교부 및 서류의 보존 등) 위반의 경우 해당 납품업자 등이 10개 미만인 경우 및 납품금액이 5천만 원 이하인 경우는 제외한다.

나. 위반행위(법 제35조 제1항에 의한 과징금 부과대상이 되는 조문별 위반행위를 말한다)의 수가 2개 이상이며, 위반행위와 직접 관련된 납품업자 등이 30개 이상인 경우

다. 위반사업자가 과거 3년간(신고사건의 경우에는 신고접수일을, 공정거래위원회가 이 법에 위반되는 사실이 있다고 인정하여 조사가 개시된 경우 그 법 위반 혐의와 관련한 자료제출 요청일, 당사자 또는 이해관계인에 대한 출석요청일, 현장조사일 중 가장 빠른 날을 기준으로 한다. 이하 같다.) 2회 이상 법 위반으로 조치(경고 이상을 포함하되 과태료 부과는 제외한다)를 받고 위반횟수 가중치의 합산이 2점 이상인 경우, 다만 당해 행위의 위반의 정도가 경미하거나 서면실태조사에서 발견된 법 위반 혐의사항에 대하여 공정거래위원회의 자진시정 요청을 받고 스스로 시정하여 경고에 해당되는 경우에는 제외할 수 있다.

(다) 과징금 산정 기준 및 절차

시행령 제28조 제1항 관련 [별표 1] 및 과징금 고시에 따르면 법위반 행위에 대한 과징금은 '관련 납품 대금, 관련 임대료'에 '법 위반 금액의 비율'을 곱한 후, 그 금액에 '부과기준율'을 곱하여 산정한다. '법 위반금액 비율'은 실제 '위반금액을 관련 납품대금(또는 관련 임대료)으로 나눈 값(= 위반금액 / 관련 납품대금 또는 관련 임대료)'으로 산정하고, 부과기준율은 법위반 행위의 중대성 정도별로 과징금 고시(Ⅳ. 1. 나)에서 정한 바에 따른다.

1) 관련 납품대금 및 관련 임대료

'관련 납품대금'은 대규모유통업자가 법 위반 행위를 한 기간 동안 구매한 관련 상품의 매입액 또는 이에 준하는 금액을 말하는데, 여기서 '관련 상품'은 위반행위로 인하여 직접 또는 간접적으로 영향을 받는 상품의 종류와 성질, 거래지역, 거래상대방, 거래단계 등을 고려하여 행위유형별로 개별적·구체적으로 판단한다. 관련 상품에는 당해 위반행위로 인하여 거래가 실제로 이루어지거나 이루어지지 아니한 상품이 포함된다. 관련 상품의 범위를 정하기 곤란한 경우에는 당해 위반행위로 인하여 직접 발생하였거나 발생할 우려가 현저하게 된 다른 사업자(사업자단체를 포함한다.

이하 같다)의 피해와 연관된 상품을 관련 상품으로 볼 수 있다. 관련 상품의 범위를 결정할 때에는 「통계청장이 고시하는 한국표준산업분류상 5단위 분류 또는 광공업조사통계보고서상의 8단위 분류」 또는 「당해 사업자의 품목별 또는 업종별 매출액 등의 최소 회계단위」를 참고할 수 있다.

'관련 임대료'란 법 제35조 제1항에 의한 연간 임대료로서 매장 임차인이 위반사업자에게 지불해야 하는 위반기간의 임대료를 1년의 기간으로 환산한 금액을 말한다.

2) 법위반 금액

각 행위 유형별 위반금액은 다음과 같이 정한다. 다만 아래 규정에도 불구하고 위반행위 유형별 법위반 금액을 보다 합리적으로 산정 가능하거나, 아래에서 규정하고 있지 아니한 법위반 행위 유형이라도 법위반 금액을 합리적으로 산정 가능한 경우에는 그 금액을 위반금액으로 할 수 있다(과징금 고시 Ⅱ. 11.).

가. 법 제7조(상품대금 감액의 금지)의 경우 상품대금 감액 금액
나. 법 제8조(상품판매대금의 지급)제1항 내지 제3항의 경우 상품판매대금 또는 상품대금 및 지연이자 미지급금액, 같은 조 제4항의 경우 상품판매대금 또는 상품대금 및 이자를 상품권·물품으로 지급한 금액
다. 법 제9조(상품 수령 거부·지체 금지)의 경우 수령거부·지체된 상품금액
라. 법 제10조(상품의 반품 금지)의 경우 반품금액
마. 법 제11조(판매촉진비용의 부담전가 금지) 제1항의 경우 판매촉진비용 전가금액, 같은 조 제3항 및 제4항의 경우 예상되는 경제적 이익에 따른 납품업자의 분담비율(산정곤란시 100분의 50)을 초과하는 금액
바. 법 제12조(납품업자 등의 종업원 사용 금지 등) 제1항의 경우 납품업자 등의 종업원 등의 인건비, 같은 조 제3항의 경우 대규모유통업자가 고용한 자에 대하여 납품업자 등이 부담한 인건비
사. 법 제15조(경제적 이익 제공 요구 금지) 제1항의 경우 대규모유통업자가 제공받은 경제적 이익 금액, 같은 조 제2항에서 허용된 합리적 범위를 넘어서 대규모유통업자가 수취한 판매장려금액
아. 법 제16조(매장 설비비용의 보상)의 경우 매장 설비비용 미보상 금액
자. 법 제17조(불이익제공행위의 금지) 제1호의 경우 상품권·물품 구입금액, 제2호의 경우 통상적인 납품가격과 실제 납품가격의 차이로 인한 납품대금 차액, 제3호의

경우 통상적인 납품수량과 판매촉진행사시 납품된 수량의 차이로 인한 납품대금 차액, 제4호의 경우 판매촉진행사 참여로 인해 발생한 비용, 제5호의 경우 할인된 납품가격 미환원으로 인한 납품대금 차액, 제6호의 경우 납품업자 등이 지출한 광고비용, 제9호의 경우 판매장려금 등 계약조건 변경으로 인한 납품업자 등의 손실액 또는 대규모유통업자의 추가 수취금액

3) 위반행위의 중대성 평가기준에 따른 부과기준율

과징금 고시는 위반행위의 중대성 정도를 "중대성이 약한 위반행위", "중대한 위반행위", "매우 중대한 위반행위"로 구분하고, 중대성의 정도는 아래 세부평가 기준표에 따라 산정된 점수를 기준으로 정한다.

참작사항		비중	상·중·하 구분시 고려사항
위반행위 내용	부당성/ 거래조건 악화	0.3	행위의 의도·목적, 당해 행위에 이른 경위, 관련업계의 거래관행 등을 고려한 부당성의 정도 거래상대방에 대한 거래조건의 악화 정도 * 법 제14조(경영정보 제공 요구 금지) 위반행위의 경우, 정보 요구에 불응시 납품업자에 대한 불이익 정도, 요구한 정보의 내용, 정보요구의 정기성, 요구 기간 등도 추가 고려
	위반행위 유형	0.3	15개 법조의 위반행위 유형을 상·중·하로 구분 상 : 법 제6조, 제12조 내지 제14조, 제14조의2, 제18조 중 : 법 제7조부터 제11조, 제15조, 제17조 하 : 법 제15조의2, 제16조
위반행위 정도	납품업자등의 수	0.1	위반행위의 대상이 되는 납품업체의 수
	위반행위의 수	0.1	위반행위의 수
	매출액	0.1	3개년 평균 매출액의 규모
	관련매입액 등	0.1	관련 매입액 또는 임대료의 규모

기준표에 따른 점수는 각 참작사항별 해당 비중치에 부과수준별 해당등급의 점수(상, 중, 하로 구분하여 각각 3, 2, 1점을 배점)를 곱하여 산출된 참작사항별 점수를 모두 합하여 산정한다. 위반행위가 각 참작사항의 항목 중 두 가지 이상에 해당하는 경우에는 높은 점수의 기준을 적용한다. 기준표에 따른 산정 점수에 따라 중대성 정도가 정해지고, 각 중대성 정도에 따라 부과기준율이 아래와 같이 결정된다.

중대성의 정도	기준표에 따른 산정점수	부과 기준율
매우 중대한 위반행위	2.2 이상	140%
중대한 위반행위	1.4 이상 2.2 미만	100%
중대성이 약한 위반행위	1.4 미만	60%

한편, 법 제35조 제 1 항 단서는 "매출액을 산정하기 곤란한 경우 등에는 5억 원을 초과하지 아니하는 범위에서 과징금을 부과할 수 있다"고 규정하고 있는바, 과징금 고시(IV. 1. 다.)에서는 관련 납품대금 또는 관련 임대료나 위반금액의 비율을 산정하기 곤란한 경우에는 위반행위 중대성의 정도별 부과기준금액을 아래와 같이 정하고 있다.

중대성의 정도	기준표에 따른 산정점수	부과기준금액
매우 중대한 위반행위	2.2 이상	4억 원 이상 5억 원 이하
중대한 위반행위	1.4 이상 2.2 미만	2억 원 이상 4억 원 미만
중대성이 약한 위반행위	1.4 미만	5백만 원 이상 2억 원 미만

4) 과징금 산정기준 금액의 결정

관련 납품대금 또는 관련 임대료에 위반금액 비율을 곱한 후, 위와 같이 산정된 위반행위의 중대성의 정도별 부과 기준율을 곱하여 과징금 산정기준 금액을 정한다.

5) 위반행위의 기간 및 횟수 등에 의한 기준금액의 조정

다음으로 위반행위의 기간 및 횟수 등을 감안하여 기준금액을 조정하는데, 다음 사정이 인정될 경우, 과징금 산정기준에서 일정 비율에 따라 가중 또는 감경된다. 가중 또는 감경의 방법은 각각의 가중비율의 합에서 각각의 감경비율의 합을 공제하여 산정된 비율을 산정기준에 곱하여 산정된 금액을 산정기준 금액에 더하거나 빼는 방법으로 한다. 다만 가중되는 금액은 산정기준의 100분의 50 범위 이내이어야 하고 감경되는 금액은 산정기준의 100분의 70 범위 이내이어야 한다.

6) 이 경우 위반사업자는 재결서·판결서·불기소처분 고지서 등 과거 시정조치 또는 고발이

가중사유	감경사유 (단, 조사방해시 감경하지 않을 수 있음)
법 위반기간 1년 초과 2년 이내: 10% 2년 초과 3년 이내: 20% 3년 초과: 50%	자진시정 위반행위로 인한 관련 납품업자등의 피해의 원상회복 등 위반행위의 효과를 실질적으로 제거한 경우: 30 ~ 50% 위반행위로 인한 관련 납품업자등의 피해의 50% 이상 회복 등 위반행위를 자진 시정한 경우: 10 ~ 30% (위반행위 효과의 실질적 제거 또는 피해의 50% 이상 회복에 이르지 아니하였으나) 위반행위 효과를 제거하기 위해 적극적으로 노력하였고 자신의 귀책사유 없이 위반행위 효과가 제거되지 않은 경우: 10% 이내 * 자진시정이 조사 개시 이후 또는 심사보고서 송부 이후 이루어진 경우 각각 감경률 축소할 수 있음
과거 3년간 법 위반회수 가중치의 합산 2회 이상+가중치 누산 2점 이상: 20% 이내 3회 이상+가중치 누산 3점 이상: 40% 이내 4회 이상+가중치 누산 4점 이상: 50% 이내 이 경우 과거 법위반으로 조치를 받은 횟수를 산정할 때에는 해당 조치의 무효 또는 취소판결이 확정된 건(의결 당시 취소판결, 직권취소 등이 예정된 경우를 포함한다) 및 법원의 무죄, 면소, 공소기각 판결이 확정되었거나, 검찰이 불기소처분(혐의없음, 죄가안됨, 공소권없음)한 고발 건은 제외한다.[6]	조사협력 위원회의 조사 단계에서 위법성 판단에 도움이 되는 자료를 제출하는 등 적극 협력한 경우: 10% 이내 위원회의 심의의 신속하고 효율적인 운영에 적극협조하고 심리 종결시까지 행위사실을 인정하는 경우: 10% 이내 소회의의 약식심의 결과를 수락한 경우: 10% 이내
위반사업자가 법 제18조(보복조치의 금지)를 위반한 경우: 30% 이내	위 사항에 준하는 경우: 10% 이내
위 사항에 준하는 경우: 10% 이내	

6) 부과과징금의 결정

위반행위의 기간 및 횟수 등에 의한 조정이 이루어진 후, 최종적으로 부과 과징금이 결정된다. 위반행위의 기간 및 횟수 등에 따라 조정된 금액이 위반사업자의 특

위반횟수 및 가중치 산정 시 제외되어야 한다는 사실을 증명할 수 있는 객관적인 자료를 공정거래위원회에 제출하여야 한다.

수한 재정적 사정 또는 시장·경제 여건을 반영한 현실적 부담능력, 당해 위반행위가 시장에 미치는 효과 및 위반행위로 인해 취득한 이익의 규모에 비하여 과중한 경우 공정거래위원회는 그 이유를 의결서에 명시하고 위반행위의 기간 및 횟수 등에 따라 조정된 금액을 다음과 같이 조정하여 부과과징금을 결정할 수 있다. 다만, 위반사업자의 현실적 부담능력과 관련한 감경의 경우, 공정거래위원회로부터 부과받을 과징금 납부로 인해 단순히 자금사정에 어려움이 예상되는 경우(공정거래법 제103조에 따른 과징금 납부기한 연장 및 분할납부로 자금사정의 어려움을 피할 수 있는 경우를 포함한다)에는 인정되지 않는다.

가) 위반사업자의 현실적 부담능력 및 시장 또는 경제여건을 감안한 조정 : 100분의 50 이내에서 감액하는 경우

위반사업자의 현실적 부담능력에 따른 조정을 위해서는 다음 사항을 고려한다. 1) 의결일 직전 사업연도 사업보고서상 자본잠식 상태에 있는 경우 위반행위의 기간 및 횟수 등에 따른 조정된 금액의 100분의 30 이내에서 감액할 수 있다. 2) 의결일 직전 사업보고서상 (i) 부채비율이 300%를 초과하거나 부채비율이 200%를 초과하면서 같은 업종[「통계법」에 따라 통계청장이 고시하는 한국표준산업분류의 대분류 기준에 따른 업종(제조업의 경우 중분류 기준에 따른 업종)을 말한다] 평균의 1.5배를 초과하고 (ii) 당기순이익이 적자이면서 (iii) 위반행위의 기간 및 횟수 등에 따른 조정된 금액이 잉여금 대비 상당한 규모인 경우 위반행위의 기간 및 횟수 등에 따른 조정된 금액의 100분의 30 이내에서 감액할 수 있다. 3) 위 1), 2)의 요건을 모두 충족하는 경우 위반행위의 기간 및 횟수 등에 따른 조정된 금액의 100분의 50 이내에서 감액할 수 있다.

다음의 조정사유는 불가피한 경우에 한하여 적용하되, 모든 경우를 합하더라도 위반행위의 기간 및 횟수 등에 따른 조정된 금액의 100분의 10 이내에서만 감액할 수 있다. 1) 시장 또는 경제여건에 따른 조정은 경기변동(경기종합지수 등), 수요·공급의 변동(해당 업종 산업동향 지표 등), 환율변동 등 금융위기, 석유·철강 등 원자재 가격동향, 천재지변 등 심각한 기후적 요인, 전쟁 등 심각한 정치적 요인 등을 종합적으로 고려할 때 시장 또는 경제여건이 상당히 악화되었는지 여부를 고려하여 적용한다. 2) 위반행위가 시장에 미치는 효과, 위반행위로 인해 취득한 이익의 규모 등에 따른 개별 위반사업자의 시장점유율, 가격(판매수수료율을 포함한다) 인상요인 및 인상 정도, 위반행위의 전후 사정, 해당 산업의 구조적 특징, 실제로 취득한 부당이득의 정도 등

을 고려하여 적용하되, 처분의 개별적·구체적 타당성을 기하기 위한 경우에만 적용한다.

나) 위반사업자의 현실적 부담능력 및 시장 또는 경제여건을 감안한 조정 : 100분의 50을 초과하여 감액하는 경우

공정거래위원회는 다음을 고려하여 위반행위의 기간 및 횟수 등에 따른 조정된 금액의 100분의 50을 초과해서 감액할 수 있으며, 「채무자 회생 및 파산에 관한 법률」에 따른 회생절차 중에 있는 등 객관적으로 과징금을 납부할 능력이 없다고 인정되는 경우에는 과징금을 면제할 수 있다. 먼저 위반사업자의 현실적 부담능력에 따른 조정은 의결일 직전 사업연도 사업보고서상 위반사업자의 자본잠식률이 50% 이상인지 여부, 또는 다음 세 가지 요건을 동시에 충족시키면서 위반행위의 기간 및 횟수 등에 따른 조정된 금액의 100분의 50을 초과하여 감경하지 않고서는 위반사업자가 사업을 더 이상 지속하기 어려운지 여부를 고려하여 적용한다. 1) 의결일 직전 사업연도 사업보고서상 부채비율이 400%를 초과하거나 200%를 초과하면서 같은 업종 평균의 2배를 초과할 것, 2) 의결일 기준 최근 2개 사업연도 사업보고서상 당기순이익이 모두 적자일 것, 3) 의결일 직전 사업연도 사업보고서상 자본잠식 상태일 것 등이다.

다음의 조정사유는 불가피한 경우에 한하여 적용하되, 모든 경우를 합하더라도 위반행위의 기간 및 횟수 등에 따른 조정된 금액의 100분의 10 이내에서만 감액할 수 있다. 1) 시장 또는 경제여건에 따른 조정은 경기변동(경기종합지수 등), 수요·공급의 변동(해당 업종 산업동향 지표 등), 환율변동 등 금융위기, 석유·철강 등 원자재 가격동향, 천재지변 등 심각한 기후적 요인, 전쟁 등 심각한 정치적 요인 등을 종합적으로 고려할 때 시장 또는 경제여건이 현저히 악화되었는지 여부를 고려하여 적용한다. 2) 그밖의 사유에 따른 조정은 위반사업자의 사업규모 또는 매출규모 대비 행위·행위자 요소에 의한 조정금액의 비율 등을 다른 위반사업자와 비교한 결과 추가 감경 없이는 비례·평등 원칙에 현저히 위배된다고 판단되는 경우에 적용한다.

위반사업자는 위반행위의 기간 및 횟수 등에 따른 조정된 금액을 조정할 필요가 있다는 사실을 경영 및 자산상태에 관한 객관적인 자료로 증명하여야 하며, 이 경우 '현실적 부담능력' 입증과 관련해서는 개별 또는 별도 재무제표가 포함된 사업

보고서를 제출하여야 한다. 예상 과징금액이 충당부채, 영업외 비용 등에 미리 반영되어 있는 경우 이를 제외하여 다시 작성한 재무제표도 추가로 제출하여야 한다. 공정거래위원회는 이와 관련하여 위반사업자의 경영 및 자산상태에 관한 객관적인 평가를 위하여 필요하다고 인정할 경우 기업회계, 재무관리, 신용평가 분야 등의 외부 전문가로부터 의견을 청취할 수 있다.

다) 하나의 사업자가 여러 개의 법 위반행위를 한 경우

하나의 사업자가 여러 개의 법 위반행위를 한 경우, 여러 개의 법 위반행위를 함께 심리하여 1건으로 의결할 때에는 각 위반행위별로 부과과징금을 산정한 후 이를 모두 합산한 금액을 과징금으로 부과하되, 부과과징금의 한도는 관련 납품대금 또는 관련 임대료의 2배를 초과할 수 없다. 여러 개의 위반행위를 여러 건으로 나누어 의결하는 경우에는 이를 1건으로 의결하는 경우와의 형평을 고려하여 후속 의결에서 부과과징금을 조정할 수 있다.

(4) 처분시효

공정거래위원회는 대규모유통업법에 위반되는 행위가 끝난 날부터 5년이 지난 경우에는 해당 위반행위에 대하여 법에 따른 시정명령·과징금 부과 등을 하지 아니한다. 다만, 법원의 판결에 따라 시정명령 또는 과징금 부과처분이 취소된 경우로서 그 판결이유에 따라 새로운 처분을 하는 경우에는 그러하지 아니하다(법 제31조).

(5) 공 탁

대규모유통업법은 시정권고를 수락하였거나 시정명령을 받은 대규모유통업자가 과실이 없음에도 불구하고 납품업자등에 대하여 금전 지급명령 등을 이행할 수 없는 상황에 처하게 되는 것을 방지하기 위하여 공탁제도를 두고 있다. 시정명령을 받았거나 시정권고를 수락한 대규모유통업자는 납품업자등이 변제를 받지 아니하거나 받을 수 없는 때, 과실 없이 납품업자 등을 알 수 없는 경우 등에는 납품업자등을 위하여 변제의 목적물을 공탁하고 그 시정명령의 이행의무를 면할 수 있다(법 제34조).

다. 동의의결

(1) 동의의결의 의의

동의의결이란, 공정거래 사건의 당사자인 공정거래 당국과 법위반혐의가 있는

사업자가 상호 합의에 의해 조사 또는 심의절차를 종료시키는 것을 의미한다. 이러한 동의의결은, 행위의 위법성을 확정하지 아니한 상태에서 행위중지나 원상회복, 신속한 피해구제를 위해 마련된 제도이다.[7] 2022. 1. 4. 대규모유통업법이 법률 제18710호로 개정(시행 2022. 7. 5.)되면서 동의의결 제도가 도입되었다(법 제34조의2 내지 제34조의4). 공정거래위원회의 동의의결이 있었다고 하여 사업자의 해당 행위가 대규모유통업법에 위반된다고 인정한 것을 의미하지 아니하며, 누구든지 신청인이 동의의결을 받은 사실을 들어 해당 행위가 대규모유통업법에 위반된다고 주장할 수 없다(법 제34조의2 제4항).

(2) 동의의결의 신청

공정거래위원회의 조사나 심의를 받고 있는 대규모유통업자 또는 대규모유통업자를 구성원으로 하는 사업자단체(이하 '신청인')는 해당 조사나 심의의 대상이 되는 행위(이하 이 장에서 '해당 행위')로 인한 불공정한 거래내용 등의 자발적 해결, 납품업자등의 피해구제 및 거래질서의 개선 등을 위하여 동의의결을 하여 줄 것을 공정거래위원회에 신청할 수 있다. 다만, 해당 행위가 ① 법 제42조(고발) 제2항에 따른 고발 요건에 해당하는 경우 ② 동의의결이 있기 전 신청인이 신청을 취소하는 경우에는 공정거래위원회는 동의의결을 하지 아니하고 법에 따른 심의 절차를 진행하여야 한다(법 제34조의2 제1항). 신청인이 동의의결을 신청하는 경우, 해당 행위를 특정할 수 있는 사실관계, 해당 행위의 중지·원상회복 등 경쟁질서의 회복이나 거래질서의 적극적 개선을 위하여 필요한 시정방안, 그 밖에 납품업자등의 피해를 구제하거나 예방하기 위하여 필요한 시정방안을 기재한 서면으로 하여야 한다(법 제34조의2 제2항).

(3) 공정거래위원회의 동의의결 절차 등

공정거래위원회는 신속한 조치의 필요성, 납품업자 등의 피해의 직접 보상 필요성 등을 종합적으로 고려하여 동의의결 절차의 개시 여부를 결정하여야 한다(법 제34조의3, 공정거래법 제90조 제1항).

공정거래위원회는 동의의결을 하기 전에 30일 이상의 기간을 정하여 해당 행위의 개요, 관련 법령 조항, 시정방안, 신고인 등 이해관계인의 이해를 돕는 그 밖의 정

7) 이봉의, 공정거래법, 박영사(2022), 1304면 참조.

보를 신고인 등 이해관계인에게 통지하거나, 관보 또는 공정거래위원회의 인터넷 홈페이지에 공고하는 등의 방법으로 의견을 제출할 기회를 주어야 하고(법 제34조의3, 공정거래법 제90조 제 2 항), 관계 행정기관의 장에게도 위 사항을 통보하고 그 의견을 들어야 하며, 법 제39조의 규정이 적용되는 행위에 대해서는 검찰총장과 협의하여야 한다(법 제34조의3, 공정거래법 제90조 제 3 항).

공정거래위원회는, 해당 행위의 사실관계에 대한 조사를 마친 후 법 제34조의2 제 2 항의 서면에 기재된 시정방안이, '① 해당 행위가 대규모유통업법을 위반한 것으로 판단될 경우에 예상되는 시정조치 및 그 밖의 제재와 균형을 이룰 것, ② 공정하고 자유로운 경쟁질서나 거래질서를 회복시키거나 납품업자등을 보호하기에 적절하다고 인정될 것'의 요건을 모두 충족한다고 판단하는 경우, 해당 행위 관련 심의절차를 중단하고 시정방안과 같은 취지의 의결(즉 동의의결)을 할 수 있다. 이 경우 신청인과의 협의를 거쳐 시정방안을 수정할 수 있다(법 제34조의2 제 3 항). 이러한 동의의결은 공정거래위원회 전원회의 또는 소회의의 심의·의결을 거쳐야 한다(법 제34조의3, 공정거래법 제90조 제4항 및 제59조).

(4) 동의의결 이후의 후속 조치

동의의결을 받은 신청인은 그러한 동의의결에 따라 동의의결의 이행계획과 이행결과를 공정거래위원회에 제출하여야 한다(법 제34조의2 제 5 항). 공정거래위원회는 제출된 이행계획의 이행 여부를 점검할 수 있고, 동의의결을 받은 신청인에게 그 이행에 관련된 자료의 제출을 요청할 수 있다(법 제34조의2 제 6 항).

만약 동의의결에서 정한 시정방안이 정당한 이유 없이 동의의결 시 정한 이행기한까지 이행되지 않는 경우, 공정거래위원회는 동의의결이 이행되거나 취소되기 전까지 이행기한이 지난 날부터 1일당 200만 원 이하의 이행강제금을 부과할 수 있다(법 제34조의4).

(5) 동의의결의 취소 등

공정거래위원회는 ① 동의의결의 기초가 된 시장상황 등 사실관계의 현저한 변경 등으로 시정방안이 적정하지 아니하게 된 경우, ② 신청인이 제공한 불완전하거나 부정확한 정보로 동의의결을 하게 되었거나 신청인이 거짓 또는 그 밖의 부정한 방법으로 동의의결을 받은 경우, ③ 신청인이 정당한 이유 없이 동의의결을 이행하지 아니하는 경우에는 동의의결을 취소할 수 있다(법 제34조의3, 공정거래법 제91조 제1항). 이러한 동의의결 취소 또한 동의의결과 마찬가지로 공정거래위원회 전원회의 또는 소회의에서의 심의·의결을 거쳐야 한다(법 제34조의3, 공정거래법 제90조 제4항 및 제59조). 만약 공정거래위원회가 ①을 이유로 동의의결을 취소한 경우, 신청인이 다시 동의의결을 하여 줄 것을 신청하면 공정거래위원회는 다시 동의의결을 할 수 있다. 그러나 ② 내지 ③을 이유로 동의의결을 취소한 경우 공정거래위원회는 법 제34조의2 제3항에 따라 중단된 해당 행위 관련 심의절차를 계속하여 진행할 수 있다(법 제34조의3, 공정거래법 제91조 제2항, 제3항).

라. 형사적 제재

(1) 의 의

대규모유통업법상 15개 의무 또는 금지규정 위반행위 중에서도 그 위법의 정도가 심하여 행정처분인 시정권고, 시정명령 또는 과징금 부과만으로는 실효적인 제재가 어렵다고 볼 수 있는 중대한 위반행위에 대해서는 법 제39조에 벌칙 조항을 두고 있다. 구체적인 내용은 다음과 같다.

> 제39조(벌칙) ① 다음 각 호의 어느 하나에 해당하는 자는 2년 이하의 징역 또는 1억 5천만 원 이하의 벌금에 처한다.
>
> 1. 제13조(배타적 거래 강요 금지)를 위반하여 납품업자등에게 배타적 거래를 하도록 하거나 납품업자등이 다른 사업자와 거래하는 것을 방해한 자
> 2. 제14조(경영정보 제공 요구 금지) 제1항을 위반하여 납품업자등에게 정보 제공을 요구한 자
> 3. 제14조의2(경영활동 간섭 금지)를 위반하여 납품업자등의 경영활동을 간섭하는 행위를 하거나, 계열회사 또는 다른 사업자로 하여금 이를 행하도록 하는 행위를 한 자
> 4. 제18조(보복조치의 금지)를 위반하여 납품업자등에게 불리하게 계약조건을 변경하는 행위, 납품이나 매장 임차의 기회를 제한하는 행위 또는 계약의 이행과정에서 불이익을 주는 행위를 한 자
> 5. 제32조에 따른 시정명령에 따르지 아니한 자

(2) 양벌규정

법인의 대표자나 법인 또는 개인의 대리인·사용인이나 그 밖의 종업원이 그

법인 또는 개인의 업무에 관하여 법 제39조 제 1 항 또는 제 2 항에 해당하는 위반행위를 하면 그 행위자를 벌하는 외에 그 법인 또는 개인에게도 해당 조문의 벌금형을 과(科)한다. 다만, 법인 또는 개인이 그 위반행위를 방지하기 위하여 해당 업무에 관하여 상당한 주의와 감독을 게을리하지 아니한 경우에는 그러하지 아니하다(법 제40조).[8)]

(3) 전속고발제도

대규모유통업법 제42조 제 1 항은 "제39조 제 1 항의 죄는 공정거래위원회가 고발하는 경우에만 공소를 제기할 수 있다"고 규정함으로써 공정거래위원회에 대하여 대규모유통업법 위반행위에 관한 소위 '전속고발권한'을 부여하고 있다. 따라서 공정거래위원회의 고발은 범죄수사의 단서에 불과한 일반적인 고발과 달리 형사소추의 요건으로서 고발 없이 제기된 공소는 법률에 위반된 공소제기로서 공소기각의 판결 대상이다.

이러한 전속고발제도의 기본 취지는, 대규모유통업법을 비롯한 공정거래 관련 법률의 경우 경제현상을 대상으로 하므로, 이러한 법률 위반사건에 대해서는 전문성과 독립성을 갖춘 경쟁당국이 행정상의 제재수단을 활용하여 시장의 훼손된 경쟁질서를 회복시키는 것을 원칙으로 하되, 위반행위의 위법성이 중대하여 행정상의 제재수단만으로는 미흡하다고 경쟁당국이 판단하는 경우에 한하여 예외적이고 보충적인 수단으로서 국가 형벌권의 개입을 허용하겠다는 것으로 이해된다. 제39조 제 1 항의 죄 중 위반정도가 객관적으로 명백하고 중대하여 대규모유통업에서의 거래질서를 현저히 저해한다고 인정하는 경우에는 검찰총장에게 고발하도록 규정하고 있다(법

---

8) 대법원은 산업안전보건법 위반 사건에 있어 "산업안전보건법 제67조 제 1 호, 제23조 제 1 항, 제69조 제 4 호, 제42조 제 1 항 소정의 벌칙규정의 적용대상은 사업자임이 그 규정 자체에 의하여 명백하나, 한편 같은 법 제71조는 법인의 대표자 또는 법인이나 개인의 대리인, 사용인(관리감독자를 포함한다), 기타 종업원이 그 법인 또는 개인의 업무에 관하여 제67조 내지 제70조의 위반행위를 한 때에는 그 행위자를 벌하는 외에 그 법인 또는 개인에 대하여도 각 본 조의 벌칙규정을 적용하도록 양벌규정을 두고 있고, 이 규정의 취지는 같은 법 제67조 내지 제70조의 위반행위를 사업자인 법인이나 개인이 직접 하지 않은 경우에는 그 행위자와 사업자 쌍방을 모두 처벌하려는 데에 있으므로, 이 양벌규정에 의하여 사업자가 아닌 행위자도 사업자에 대한 각 같은 법 제67조 제 1 호, 제69조 제 4 호 벌칙규정의 적용대상이 된다."고 판시하여(대법원 1995. 5. 26 선고 95도230 판결) 양벌규정이 행위자에 대한 처벌의 근거 규정이 된다고 보고 있는바, 벌칙규정 적용대상이 사업자인 대규모유통업법에서도 동일한 법리가 적용될 수 있을 것이다.

제42조 제 2 항). 그러나 검찰총장 역시 법 제42조 제 2 항에 따른 고발요건에 해당하는 사실이 있음을 공정거래위원회에 통보하여 고발을 요청할 수 있다(법 제42조 제 3 항). 공정거래위원회가 제 2 항에 따른 고발요건에 해당하지 아니한다고 결정하더라도 감사원장, 중소벤처기업부장관은 사회적 파급효과, 납품업자등에게 미친 피해 정도 등 다른 사정을 이유로 공정거래위원회에 고발을 요청할 수 있다(법 제42조 제 3 항). 제 3 항 또는 제 4 항에 따른 고발요청이 있는 때에는 공정거래위원회 위원장은 검찰총장에게 고발하여야 한다(법 제42조 제 4 항). 공정거래위원회는 공소가 제기된 후에는 고발을 취소할 수 없다(법 제42조 제 5 항).

마. 과 태 료

대규모유통업법 제41조 제 1 항 내지 제 4 항에서는 허위자료제출, 조사거부·방해, 계약서 등 중요서류 미보관, 심판정 질서유지명령위반 등의 행위에 대한 과태료를 규정하고 있다. 이에 관한 법 규정은 다음과 같다.

제41조(과태료) ① 대규모유통업자가 제 1 호에 해당하는 경우에는 2천만 원 이하, 제 2 호 또는 제 3 호에 해당하는 경우에는 1억 원 이하, 제 4 호에 해당하는 경우에는 2억 원 이하의 과태료를 각각 부과한다.

1. 제30조 제 2 항에 따른 자료를 제출하지 아니하거나 거짓의 자료를 제출한 자
2. 제30조 제 4 항을 위반하여 납품업자 등으로 하여금 자료를 제출하지 아니하게 하거나 거짓 자료를 제출하도록 요구한 자
3. 제38조 제 3 항에 따라 준용되는 「독점규제 및 공정거래에 관한 법률」 제81조 제 1 항 제 1 호를 위반하여 정당한 사유 없이 출석하지 아니한 자
4. 제38조 제 3 항에 따라 준용되는 「독점규제 및 공정거래에 관한 법률」 제81조 제 1 항 제 3 호 또는 같은 조 제 6 항에 따른 보고 또는 필요한 자료나 물건을 제출하지 아니하거나 거짓으로 보고 또는 자료나 물건을 제출한 자
5. 제38조 제 3 항에 따라 준용되는 「독점규제 및 공정거래에 관한 법률」 제81조 제 2 항 및 제 3 항에 따른 조사를 거부·방해 또는 기피한 자

② 대규모유통업자의 임원이 제 1 항제 5 호에 해당하는 경우에는 5천만 원 이하, 같은 항 제 1 호 또는 제 4 호까지에 해당하는 경우에는 1천만 원 이하의 과태료를 각각 부과한다.

③ 대규모유통업자의 종업원이나 그 밖의 이해관계인이 제 1 항제 5 호에 해당하는

경우에는 5천만 원 이하, 같은 항 제 1 호, 제 3 호 또는 제 4 호에 해당하는 경우에는 1천만 원 이하, 같은 항 제 2 호에 해당하는 경우에는 500만 원 이하의 과태료를 각각 부과한다

④ 제 6 조 제 8 항을 위반하여 계약서 등 중요 서류를 보관하지 아니한 자는 1천만 원 이하의 과태료를 부과한다.

⑤ 제38조 제 1 항에 따라 준용되는 「독점규제 및 공정거래에 관한 법률」 제66조에 위반하여 질서유지의 명령을 따르지 아니한 사람에게는 100만 원 이하의 과태료를 부과한다.

⑥ 제 1 항부터 제 5 항까지의 규정에 따른 과태료는 대통령령으로 정하는 바에 따라 공정거래위원회가 부과·징수한다.

한편, 대규모유통업법 시행령은 법위반유형별로 과태료 부과액을 정하고 최근 3년간 법위반횟수에 따라 부과액이 가중되도록 하는 과태료 부과기준표를 시행령 [별표 2]에 규정하고 있다.

법위반유형		부과액(만 원)		
		1차 위반	2차 위반	3차 이상 위반
공정위 조사에 대한 방해·거부·기피	대규모유통업자	10,000	15,000	20,000
	임직원·이해관계인(개인)	2,500	3,500	5,000
공정위의 출석요구에 불응	대규모유통업자	2,000	5,000	10,000
	임직원·이해관계인	200	500	1,000
조사공무원 요구자료 미제출·거짓제출	대규모유통업자	2,000	5,000	10,000
	임직원·이해관계인	200	500	1,000
서면실태조사 자료 미제출·거짓제출	대규모유통업자	500	1,000	2,000
	임직원·이해관계인	50	100	200
납품업자 등에 대한 서면실태조사 자료 미제출·거짓제출 요구	대규모유통업자	2,500	5,000	10.000
	임원	250	500	1.000
	종업원·이해관계인	125	250	500

계약서 등 법률상 보존의무가 있는 서류 미보존	300	500	1,000
공정위의 심판정 질서유지명령에 불응	50	75	100

3. 기타 사항

가. 관계기관의 장의 협조

공정거래위원회는 대규모유통업법의 시행에 필요하다고 인정하는 경우 관계 행정기관의 장의 의견을 들을 수 있고 관계 행정기관의 장에게 필요한 조사를 의뢰하거나 필요한 자료를 요청할 수 있다. 또한 법에 따른 시정명령의 이행을 확보하기 위하여 필요하다고 인정하는 경우 관계 행정기관의 장에게 필요한 협조를 요청할 수 있다. 공정거래위원회로부터 조사의뢰 또는 자료요청을 받거나, 공정거래위원회로부터 필요한 협조를 요청받은 관계 행정기관의 장은 특별한 사유가 없으면 이에 협조하여야 한다(법 제37조).

나. 공정거래법의 준용

공정거래위원회의 심의, 의결 절차에 관한 제반사항, 공정거래위원회의 처분에 대한 이의 신청, 소의 제기, 불복의 소의 전속관할, 대규모유통업자가 대규모유통업법을 위반함으로써 입은 피해에 대한 손해배상책임, 이 법에 따른 직무에 종사하거나 종사하였던 공정거래위원회의 위원 및 공무원 또는 분쟁조정협의회에서 분쟁의 조정업무를 담당하거나 담당하였던 사람에 대한 비밀엄수 의무 등에 관하여는 공정거래법에 따른다(법 제38조).

다. 신고포상금 제도

대규모유통업법은 법을 위반한 대규모유통업자를 신고한 신고자에 대한 포상금 제도를 도입하였다. 공정거래위원회는 법 위반행위를 신고하거나 제보하고 그 신고나 제보를 입증할 수 있는 증거자료를 제출한 자에게 예산의 범위 내에서 포상금을 지급할 수 있다(법 제29조의2 제1항). 포상금 지급 대상이 되는 법 위반행위는 서면교부 의무 위반(법 제6조 제1항부터 제3항), 상품대금 감액 금지 규정 위반(법 제7조), 기한내 상품판매대금 등 지급 의무 위반(법 제8조), 상품 수령 거부·지체 금지 규정 위반(법 제 9 조), 상품의 반품금지 규정 위반(법 제10조), 판매촉진비용의 부담전가 금지 규정 위반(법 제11조 제 1 항부터 제 4 항), 납품업자 등의 종업원 사용 금지 규정 위반(법 제12조), 배타적 거래 강요 금지 규정 위반(법 제13조), 경영정보 제공요구 금지 규정 위반(법 제14조), 경영활동 간섭 금지(법 제14조의2), 경제적 이익 제공 요구 금지 규정 위반(법 제15조), 부당한 영업시간 구속 금지(법 제15조의2), 매장 설비비용의 보상 규정 위반(제16조), 불이익 제공행위 금지 규정 위반(법 제17조), 보복조치 금지 규정 위반(법 제18조)으로, 대규모유통업법상 15개 의무 또는 금지규정을 모두 포함한다(시행령 제26조 제 1 항). 포상금은 대규모유통업자의 법 위반행위를 신고하거나 제보하고, 이를 입증할 수 있는 자료를 최초로 제출한 자에게 지급한다. 다만, 법 위반행위를 한 대규모유통업자 및 그 대규모유통업자의 임직원으로서 해당 위반행위에 관여한 사람은 제외한다(시행령 제26조 제 2 항).

공정거래위원회는 특별한 사정이 있는 경우를 제외하고, 신고 또는 제보된 행위를 법 위반행위에 해당한다고 인정하여 해당 행위를 한 대규모유통업자에게 시정조치 등의 처분을 하기로 의결한 날(이의신청이 있는 경우에는 재결한 날)부터 3개월 안에 포상금을 지급해야 한다(시행령 제26조 제 3 항). 포상금의 지급에 관여한 조사 공무원은 신고자 또는 제보자의 신원 등 신고 또는 제보와 관련된 사항을 타인에게 제공하거나 누설하여서는 아니된다(시행령 제26조 제 4 항). 그 외에 각 행위 유형별 구체적인 포상금 지급기준은 법 위반행위의 중대성 및 증거의 수준 등을 고려하여 공정거래위원회가 정하여 고시한다(시행령 제26조 제 5 항). 포상금의 지급에 관한 사항을 심의하기 위하여 공정거래위원회는 신고포상금 심의위원회를 둘 수 있다(시행령 제26조 제 6 항). 신고포상금 심의위원회의 설치·운영에 관한 사항 및 그 밖에 포상금 지급의 기준·절차 등에 관한 세부사항은 공정거래위원회가 정하여 고시한다(시행령 제26조 제 7 항).

공정거래위원회는 포상금을 지급한 후 신고자가 부정한 방법으로 포상금을 지급받았거나, 동일한 원인으로 다른 법령에 따라 포상금을 지급받은 경우, 그 밖에 착오 등의 사유로 포상금이 잘못 지급된 경우에는 해당 포상금을 환수하여야 한다. 구체적인 환수 사유 및 환수 절차는 아래 표와 같다.

[신고 포상금 환수 사유 및 환수 절차(법 제29조의3)]

환수 사유	① 위법·부당한 증거 수집, 거짓 신고, 거짓 진술, 증거 위조 등 부정한 방법으로 포상금을 지급받은 경우 ② 동일한 원인으로 다른 법령에 따라 포상금을 지급받은 경우 ③ 그 밖에 착오 등의 사유로 포상금이 잘못 지급된 경우
환수 절차	• 포상금 수령자에게 환수사유 통지 → 수령자는 30일 이내에 반납 • 30일 이내 미납 시 국세 체납처분의 예에 따라 징수 가능

제 3 장

손해배상 절차

1. 서 설

대규모유통업법은 대규모유통업자가 법을 위반하여 납품업자등에게 손해를 입힌 경우에 손해배상책임을 지도록 하고 있다. 법 제35조의2(손해배상책임) 제 1 항 본문은 이에 대하여 규정하면서, 단서에서는 "다만, 대규모유통업자가 고의 또는 과실이 없음을 입증한 경우에는 그러하지 아니하다"고 규정하고 있다. 즉, 납품업자등이 대규모유통업자의 법위반으로 인해 손해를 입었음을 주장하면서 손해배상을 청구하는 경우 법을 위반한 대규모유통업자가 고의·과실의 부존재를 입증하도록 하고 있는데, 일반적인 민법상 불법행위(민법 제750조)로 인한 손해배상청구소송의 경우 원고가 피고측의 고의·과실을 입증하도록 하고 있는 것과 대비된다. 즉, 대규모유통업법상 손해배상책임은 민법상 불법행위책임과 법적 성격이 동일하면서 원고의 입증책임을 완화하고 있다. 다만, 대규모유통업자가 대규모유통업법을 위반하여 납품업자등에게 손해를 입힌 경우 민법상 불법행위(민법 제750조)도 성립하므로, 납품업자등은 대규모유통업법상 손해배상청구권 및 민법상 손해배상청구권을 선택적으로 행사할 수 있다.

2. 손해배상청구의 절차

가. 당 사 자

대규모유통업자가 법을 위반함으로써 손해를 입은 납품업자등은 대규모유통업자를 상대로 손해배상을 청구할 수 있다. 소송 절차를 통해 손해배상을 구하는 경우,

민사소송법은 형식적 당사자 개념을 취하고 있기 때문에, 누구든지 대규모유통업자의 법 위반행위를 이유로 손해배상청구의 소를 제기하면 그 주장 자체로 원고적격을 가진다. 따라서 심리 결과 대규모유통업법 위반으로 인한 손해가 인정되지 않음이 밝혀지더라도 청구기각 판결을 받게 될 뿐, 원고적격이 없다는 이유로 소 각하 판결을 받지는 않는다.

나. 관할법원

대규모유통업법상 손해배상청구의 소는 피고의 보통재판적 소재지의 지방법원 또는 불법행위지를 관할하는 지방법원을 제1심 관할법원으로 한다.

다. 증거조사방법의 특칙

손해배상청구의 소가 제기된 때에는 법원은 필요한 경우 공정거래위원회에 대하여 당해 사건의 기록(사건관계인, 참고인 또는 감정인에 대한 심문조서 및 속기록 기타 재판상 증거가 되는 일체의 것을 포함한다)의 송부를 요구할 수 있다(법 제35조의2 제4항, 공정거래법 제110조). 법원이 직권으로 공정거래위원회에 송부를 요구할 수 있다는 점 외에는 당사자가 법원에 신청하는 증거조사 방법인 문서송부촉탁(민사소송법 제352조)과 유사한 것으로 생각된다. 다만 문서송부촉탁은 법원이 촉탁의 주체가 되기는 하지만 당사자의 신청을 법원이 채택하여 절차적으로 대행하는 증거조사 방법이라는 점에서 피촉탁기관의 자료의 제출 시기나 범위에 있어 충분히 협조하지 않더라도 달리 강제할 방법이 없는 반면, 공정거래법 제110조(기록의 송부 등)에 따른 법원의 기록송부 요구는 법률의 명시적 근거에 의하여 법원의 직권으로 이루어지는 것이라는 점에서 차이가 있다. 문언상으로는 기록송부 요구 시기에 제한이 없으므로 공정거래위원회의 조사 절차가 진행 중인 상태에서도 법원이 당해 사건의 기록송부를 요구할 수 있다고 해석할 여지가 있다.

3. 손해배상청구권의 성립 요건

가. 법 위반행위의 존재

대규모유통업자의 대규모유통업법 위반행위가 존재하여야 한다. 법 위반행위란 대규모유통업법에서 금지하고 있는 규정 위반행위를 의미한다. 다만 법 위반에 대한 공정거래위원회의 사실인정이나 판단은 법원을 구속하지 아니한다. 대법원 역시 "시정조치에 있어서 공정거래위원회의 인정 사실 및 판단은 그 시정조치에서 지적된 불공정거래행위에 의하여 입은 손해를 배상받고자 제기한 민사소송에서 법원을 구속하지 못한다"고 판시한 바 있다(대법원 1999. 12. 10. 선고 98다46587 판결). 다른 한편 대법원은 "시정조치에 있어서 공정거래위원회가 인정한 사실은 그 시정조치에서 지적된 불공정거래행위에 의하여 입은 손해를 배상받고자 제기한 민사소송에서 법원을 구속하지 못하고 다만 사실상 추정을 받게 되는데 그치는 것이다"라고 판시한 바 있다(대법원 1990. 4. 10. 선고 89다카29075 판결). 이러한 대법원의 판시를 고려하면, 납품업자등은 대규모유통업법상의 손해배상청구권을 법 위반행위에 대한 공정거래위원회의 시정조치 여부와 관계없이 행사할 수 있으나, 기왕에 진행된 공정거래위원회의 조사, 심사 과정에서 인정된 사실에 대해서는 사실상의 증명력이 인정될 여지가 높다고 볼 수 있다.

나. 손해의 발생 및 손해액

(1) 손해의 입증

손해의 존재는 손해배상청구소송에서의 일반적인 요건이다. 일반적으로 손해배상청구소송에서 손해액은 확정되어야 하고 이에 대한 입증책임은 원칙적으로 원고에게 있다. 그러나 대규모유통업법 제35조의2 제4항에서 준용하고 있는 공정거래법 제115조(손해액의 인정)에 따르면 법을 위반한 행위로 인하여 손해가 발생한 것은 인정되나 그 손해액을 입증하기 위하여 필요한 사실을 입증하는 것이 해당 사실의 성질상 극히 곤란한 경우에는 법원이 변론 전체의 취지와 증거조사의 결과에 기초하여 상당한 손해액을 직권으로 인정할 수 있다. 이 조항을 통하여 기대할 수 있는 효과는 대규모유통업법을 포함한 공정거래 관련 법률 위반으로 인한 손해배상청구 사건에서 손해액의 입증이 곤란하여 승소 가능성이 높지 않다는 일반의 선입견에 따른 심리적 부담을 경감하여 손해배상제도의 활용도를 높이는 것이라고 할 수 있다.[1)]

(2) 손해의 산정방법

가) 일반론

불법행위로 인한 재산상 손해의 산정방법에 관하여는 차액설이 판례의 입장이

1) 홍대식, "공정거래법상 손해배상제도의 현황과 과제", 공정경쟁 제98호(2003), 15~16면.

다. 위법한 가해행위로 인하여 발생한 재산상 불이익, 즉 그 위법행위가 없었더라면 존재하였을 재산상태와 그 위법행위가 가해진 현재의 재산상태의 차이가 손해로 산정되며, 여기에는 기존의 이익이 상실되는 적극적 손해와 장차 얻을 수 있을 이익을 얻지 못하는 소극적 손해가 포함된다(대법원 1992. 6. 23. 선고 91다33070 전원합의체 판결, 대법원 1996. 2. 9. 선고 94다53372 판결, 대법원 1998. 7. 10. 선고 96다38971 판결 등).

[대형할인점 대 납품업자 사건(대법원 2009. 7. 23. 선고 2008다40526 판결)]

[사실관계]

"원고(납품업자)는 피고(대규모소매점업자)와 직매입거래계약을 맺고 피고에게 황태포 등을 납품하면서 이러한 직매입거래와 관련하여 피고의 8~9개 영업점에 협력사원을 파견한 사실, 원고가 협력사원을 채용하여 파견하는 형식을 취하기는 하였으나 사실은 피고가 직접 면접 후 협력사원을 채용하고, 근무시간, 근태관리 및 급여 등 제반 사항을 결정하였고 원고는 급여 등 인건비만 부담한 사실, 원고는 협력사원을 파견하면서 협력사원의 업무상의 재해나 부상시 고용주로서 전적인 책임을 부담하며 해당 사원으로 인한 제3자에 대한 손해배상책임 발생시 피고에게 어떠한 민·형사상의 책임도 묻지 않는다는 내용의 서약을 한 사실, 원고와 피고 사이에 협력사원의 업무내용, 노동시간, 파견기간 등의 파견조건에 관하여 사전에 명확히 약정하지 않은 사실, 협력사원들은 피고의 영업점에서 원고가 납품한 황태포를 물에 불린 후 뼈·가시 등을 제거하고 양념하여 판매하거나 그 일부를 즉석에서 구워 시식용으로 제공하는 등의 판촉활동을 하는 것이 주된 업무였으나 생선코너에 근무하는 등 황태포 판매와 관계없는 업무를 담당하기도 하였던 사실, 원고가 황태포 등 납품을 그만두고 다른 납품업자로 변경된 후에도 협력사원 중 일부는 다른 납품업자가 급여를 지급하는 형태로 피고의 영업점에서 계속하여 근무를 하기도 한 사실 등"이 존재하는 사실관계

[법원의 판단]

원고가 직매입거래로 납품한 황태포 등은 납품이 완료되어 매입이 확정되면 관리·처분권이 피고에게로 이전되는 것으로서 그 판매와 관리는 피고의 비용과 책임으로 수행하여야 할 피고의 고유한 업무라고 할 것인 점, 원고의 협력사원들이 피고의 영업점에서 황태포를 물에 불린 후 뼈·가시 등을 제거하고 양념하여 판매하거나 그 일부를 즉석에서 구워 시식용으로 제공하는 등의 판촉활동을 한 것이 납품업자가 대규모소매점업자에게 특수한 판매기법 또는 능력을 가진 종업원을 파견하여야 할 경우에 해당한다고 보기 어려울 뿐만 아니라 피고는 이들 협력사원들을 자신의 매장에서 납품한 상품의 판매와 관계없는 다른 업무를 담당하게 하기도 하였던 점, 원고와 피고 사이에 파견종

> 업원의 파견조건에 관하여 사전에 서면으로 명확히 약정을 하지도 않았던 점 등을 종합하여 보면, 이러한 행위는 피고가 거래상 우월한 지위를 이용하여 거래상대방에게 경제상 이익을 제공하도록 강요하는 행위에 해당한다고 보아야 할 것이고, 이는 (구) 공정거래법 시행령 제36조 제1항 [별표 1] 불공정거래행위의 유형 및 기준 제6호 (나)목에서 금지하는 거래상 지위의 남용행위로서 민사상 불법행위에 해당한다고 할 것이다.
>
> 또한, 위와 같은 불법행위로 인하여 원고가 입은 손해의 범위는 다른 특별한 사정이 없는 한 위와 같은 불공정거래행위가 없었더라면 원고가 지출하지 않았을 비용, 즉 원고가 소외인 등과 같은 협력사원을 파견함으로써 지출한 인건비 등 비용의 합계액이라고 봄이 상당하다고 할 것이고, 다만 법원으로서는 원고가 협력사원이라는 명목으로 파견 종업원의 인건비를 부담함으로써 피고의 매장에서 원고 제품의 매출을 확대하는 등의 이익을 얻을 수 있었던 점 및 그 밖의 기록에 나타난 여러 사정을 감안하여 신의칙 내지 공평의 원칙을 고려하여 피고의 책임을 적정한 범위로 제한할 수 있을 것이다.

나) 3배 손해배상 제도

대규모유통업법은, "대규모유통업자가 법 제7조(상품대금 감액의 금지), 제10조(상품의 반품 금지), 제12조(납품업자등의 종업원 사용 금지), 제18조(보복조치의 금지)를 위반함으로써 납품업자등에게 손해를 입힌 경우에는 법원은 납품업자등에게 발생한 손해의 3배를 넘지 아니하는 범위에서 손해배상액을 정할 수 있다."라고 규정하여, 4가지 유형의 법 위반행위의 경우 손해배상청구 소송의 수소법원으로 하여금 최대 발생한 손해의 3배까지 손해액을 인정할 수 있도록 하고 있다(법 제35조의2 제2항 본문). 법원은 이에 따라 3배 범위 내의 손해액을 인정하는 경우, 고의 또는 손해발생의 우려를 인식한 정도, 위반행위로 인하여 납품업자등이 입은 피해규모, 위반행위로 인하여 대규모유통업자가 취득한 경제적 이익, 위반행위에 따른 벌금 및 과징금, 위반행위의 기간 및 횟수, 대규모유통업자의 재산상태, 대규모유통업자의 피해구제 노력의 정도 등의 사항을 고려하여야 한다(법 제35조의2 제3항).

(3) 과실상계

납품업자등에게 손해의 발생이나 확대에 관하여 과실이 있는 경우에는 민법의 일반원칙에 따라 법원이 이를 손해배상의 책임 및 그 금액을 정할 때 참작할 수 있다. 다만 불법행위에 있어서 과실상계는 손해액을 정함에 있어 신의칙 내지 공평의 견지에서 피해자의 과실을 참작하는 것이므로, 당해 거래양태, 거래현황 및 제반 사정을 종합하여 손해배상을 청구하는 납품업자등의 과실로써 이를 과실상계할 실질적 필요가 있는지 여부를 살펴보아야 할 것이다.

(4) 손익상계 또는 손해액 제한의 가능성

과실상계 사유에 해당하지 않더라도 신의칙 내지 공평의 원칙을 고려하여 법 위반자의 책임을 적정한 범위 내로 제한할 수 있는 경우가 있다. 예를 들어 위반자의 법 위반행위로 인하여 피해자가 손해를 입는 동시에 이익을 얻고 있는 경우에는 공평의 관념상 그 이익은 손해를 산정함에 있어서 공제될 수 있다. 대법원 역시 같은 취지로, 원고(납품업자)가 협력사원이라는 명목으로 파견종업원의 인건비를 부담함으로써 피고(대규모소매업자)의 매장에서 원고 제품의 매출을 확대하는 등의 이익을 얻을 수 있었던 점 등 여러 사정을 감안하여 신의칙 내지 공평의 원칙을 고려하여 피고의 책임을 적정한 범위로 제한할 수 있다고 판시한 바 있다(대법원 2009. 7. 23. 선고 2008다40526 판결, 483~484면 참고).

다. 인과관계의 존재

대규모유통업법 위반행위와 발생한 손해간에 인과관계가 인정되어야 한다. 대규모유통업법상 손해배상청구권도 민법상 불법행위에 기한 손해배상청구권과 그 본질을 같이 하는바, 인과관계에 관한 민법상 법리에 따른다.

라. 고의·과실

대규모유통업법상 손해배상책임의 성격은 과실책임이나 고의·과실에 대한 입증책임은 가해자인 대규모유통업자가 부담한다. 따라서 피해자인 납품업자등은 고의·과실에 대한 입증 없이 손해배상을 청구할 수 있으나 대규모유통업자가 고의·과실이 없음을 입증한 경우에는 손해배상책임이 인정되지 않는다(법 제35조의2 제1항 단서). 법 제7조, 제10조, 제12조, 제18조를 위반함에 따라 발생한 손해의 3배 이내 범위에서 손해배상을 하는 경우에도 같다. 즉, 이러한 경우에도 고의·과실에 대한 입증책임은 가해자인 대규모유통업자가 부담한다(법 제35조의2 제2항 단서).

마. 소멸시효

대규모유통업법상 손해배상청구권의 소멸시효는 민법의 일반원칙에 따라 피해자나 그 법정대리인이 손해 및 가해자를 안 날로부터 3년, 불법행위를 한 날로부터 10년이다(민법 제766조).

3년의 소멸시효의 기산점인 "손해 및 가해자를 안 날"이라고 함은 손해의 발생, 위법한 가해행위의 존재, 가해행위와 손해의 발생과의 사이에 상당한 인과관계가 있다는 사실 등 불법행위의 요건사실에 대하여 현실적이고도 구체적으로 인식하였을 때를 의미한다. 나아가 피해자 등이 언제 위와 같은 불법행위의 요건사실을 현실적이고도 구체적으로 인식한 것으로 볼 것인지는 개별적 사건에 있어서의 여러 객관적 사정을 참작하고 손해배상청구가 사실상 가능하게 된 상황을 고려하여 합리적으로 판단하여야 한다. 이 때 민법 제766조 제 1 항에 정한 '손해를 안다'는 것은 단순히 손해발생의 사실을 아는 것만으로는 부족하고 가해행위가 불법행위로서 이를 원인으로 하여 손해배상을 소구할 수 있다는 사실까지 아는 것을 의미한다.

법원은 대체로, 납품업자가 대규모유통업자의 법 위반행위를 신고하였다고 하더라도 법률전문가가 아닌 일반인의 입장에서는 대규모유통업자의 행위가 법 위반에 해당하는지 여부를 쉽게 알 수 없을 것인 점 등을 감안하면, 납품업자로서는 공정거래위원회가 대규모유통업자의 법 위반행위를 인정하는 취지의 의결을 하기 이전까지는 가해행위가 불법행위로서 이를 원인으로 하여 손해배상을 소구할 수 있다는 것까지 알지 못하였다고 봄이 타당하다(즉, 손해를 안 것이 아니므로 민법 제766조에 의한 단기소멸시효가 진행하지 않는다)는 입장에 있다[아래 대구고등법원 2022. 10. 26. 선고 2021나21754, 2021나21761 판결, 서울고등법원 2017. 7. 7. 선고 2016나2001302, 2016나200131 판결(대법원에서 상고 기각되어 확정) 등 참조].

[농협유통㈜ 대 수산물납품업자 사건(대구고등법원 2022. 10. 26. 선고 2021나21754, 2021나21761 판결, 대법원에서 심리불속행 기각되어 확정)]

[사실관계]

"원고(납품업자)는 2006년부터 2012년까지 매년 피고(대규모소매업자, 현 대규모유통업자)와 수산품 공급계약을 체결하고 2013. 9. 17.까지 피고에게 간고등어 등을 납품한 사실, 이러한 공급계약과 관련하여 원고가 고용한 판촉사원을 피고가 운영하는 매장에 파견하여 이 사건 상품의 판매업무를 담당하게 한 사실, 위 판촉사원들의 급여 및 퇴직금을 비롯한 각종 인건비는 모두 원고가 지출한 사실, 이에 원고가 2016. 11.경 공정거래위원회에 피고를 공정거래법·대규모유통업법 등 위반 혐의로 신고한 사실, 공정거래위원회는 2019. 1. 18. 피고가 대규모유통업법 제12조 제1항 등을 위반하였다고 하면서 법 위반 혐의를 인정하고 피고에게 시정명령 및 과징금납부명령을 부과하는 내용의 의결을 한 사실, 한편 원고는 위와 같이 공정거래위원회에 신고를 하던 무렵 피고를 상대로 손해배상을 구하는 소송을 제기하였고 해당 소송 절차에서 2016. 11. 1. 준비서면을 제출하여 '피고에게 자발적으로 판촉사원의 파견을 요청한 적이 없고 판촉사원의 파견에 따른 예상이익과 비용의 내역 및 산출근거를 객관적·구체적으로 작성하여 명시한 서면으로 판촉사원의 파견을 요청한 사실도 없으므로 피고가 원고로부터 판촉사원을 파견 받은 행위는 위법하다'고 하면서 불법행위로 인한 손해배상청구를 청구원인으로 주장했던 사실, 이후 원고는 2021. 9. 17. 준비서면을 제출하면서 구 공정거래법 제56조에 따른 손해배상청구를 청구원인으로 추가한 사실 등"이 존재하는 사실관계

[법원의 판단]

불법행위로 인한 손해배상청구권의 단기소멸시효의 기산점이 되는 민법 제766조 제1항의 '손해 및 가해자를 안 날'이라고 함은 손해의 발생, 위법한 가해행위의 존재, 가해행위와 손해의 발생과의 사이에 상당인과관계가 있다는 사실 등 불법행위의 요건사실에 대하여 현실적이고도 구체적으로 인식하였을 때를 의미한다. 나아가 피해자 등이 언제 위와 같은 불법행위의 요건사실을 현실적이고도 구체적으로 인식한 것으로 볼 것인지는 개별적 사건에 있어서의 여러 객관적 사정을 참작하고 손해배상청구가 사실상 가능하게 된 상황을 고려하여 합리적으로 판단하여야 한다(대법원 2010. 5. 27. 선고 2010다7577 판결 등 참조). 이 때 민법 제766조 제1항에 정한 '손해를 안다'는 것은 단순히 손해발생의 사실을 아는 것만으로는 부족하고 가해행위가 불법행위로서 이를 원인으로 하여 손해배상을 소구할 수 있다는 것까지 아는 것을 의미한다(대법원 2014. 2. 27. 선고 2012다67061 판결 등 참조).

앞서 본 사실 및 변론 전체의 취지에 의하여 알 수 있는 다음의 사정, 즉 ① 원고는 장기간에 걸쳐 피고와 이 사건 공급계약을 체결하고 거래관행에 따라 판촉사원의 인건비를 부담해왔던 점, ② 원고들도 판촉사원을 고용함으로써 매출증대로 인한 이익을 어느 정도 얻었던 점, ③ 불공정거래행위에 해당하는지 여부는 여러 요소를 종합적으로 고려하여 판단하여야 알 수 있는 것인데, 법률전문가가 아닌 일반인으로서는 피고의 행위가 불공정거래행위에 해당하는지 여부를 쉽게 알 수 없을 것인 점 등을 종합하여 보면, 비록 원고가 2016. 11.경 공정거래위원회에 피고의 공정거래법 위반 혐의에 대하여 신고를 하였다고 하더라도 원고로서는 적어도 2019. 1. 18. 관련 공정거래위원회 심결이 있기 전까지는 피고의 행위가 불법행위로서 이를 원인으로 하여 손해배상을 소구할 수 있다는 점을 알지 못하였다고 봄이 타당하다. 피고는 이 사건 소송 도중 2016. 11. 1.

불법행위로 인한 손해배상청구를 청구원인으로 주장하였으므로(2021. 9. 17.에는 석명준비명령에 따라 적용법률을 보완한 것에 불과하다), 피고의 위 항변은 어느 모로 보나 이유 없다.

부　　록

1. 대규모유통업에서의 거래 공정화에 관한 법률
2. 대규모유통업에서의 거래 공정화에 관한 법률 시행령
3. TV홈쇼핑사업자의 특정 불공정거래행위에 대한 위법성 심사지침
4. 대규모유통업 분야에서 납품업자등의 종업원 파견 및 사용에 관한 가이드라인
5. 대규모유통업 분야에서 판매장려금의 부당성 심사에 관한 지침
6. 대규모유통업 분야의 특약매입거래에 관한 부당성 심사지침
7. 대규모유통업자의 반품행위에 대한 위법성 심사지침
8. 온라인쇼핑몰업자의 불공정거래행위 심사지침
9. 대규모유통업법 위반사업자에 대한 과징금 부과기준 고시

1. 대규모유통업에서의 거래 공정화에 관한 법률(약칭: 대규모유통업법)

[시행 2025. 1. 21.] [법률 제20712호, 2025. 1. 21., 타법개정]

공정거래위원회(유통대리점정책과) 044-200-4961

제1장 총칙

제1조(목적) 이 법은 대규모유통업에서의 공정한 거래질서를 확립하고 대규모유통업자와 납품업자 또는 매장임차인이 대등한 지위에서 상호 보완적으로 발전할 수 있도록 함으로써 국민경제의 균형 있는 성장 및 발전에 이바지함을 목적으로 한다.

제2조(정의) 이 법에서 사용하는 용어의 뜻은 다음과 같다. <개정 2018. 10. 16.>

1. "대규모유통업자"란 소비자가 사용하는 상품을 다수의 사업자로부터 납품받아 판매하는 자(「가맹사업거래의 공정화에 관한 법률」 제2조제2호의 "가맹본부"를 포함한다) 중 다음 각 목의 어느 하나에 해당하는 자를 말한다.
   가. 직전 사업연도의 소매업종 매출액(기업회계기준상 순액법에 의하여 수익을 인식하는 사업자의 경우에는 총매출액을 말하며, 가맹본부의 경우 소매업종 매출액과 가맹점사업자에게 판매한 상품매출액을 합산한 금액을 말한다. 다만, 직전 사업연도의 사업기간이 1년 미만인 경우에는 그 기간 동안의 매출액을 12개월로 환산한 금액으로 한다. 이하 같다)이 1천억원 이상인 자
   나. 매장면적(매장의 바닥면적에 100분의 95를 곱하여 산출된 면적을 말한다. 이하 같다)의 합계가 3천제곱미터 이상인 점포를 소매업에 사용하는 자
2. "납품업자"란 거래형태에 상관없이 대규모유통업자가 판매할 상품을 대규모유통업자에게 공급(대규모유통업자가 판매한 상품을 소비자에게 직접 공급하는 경우를 포함한다)하는 자를 말한다.
3. "매장임차인"이란 대규모유통업자로부터 매장의 일부를 임차하여 소비자가 사용하는 상품의 판매에 사용하고 그 대가를 대규모유통업자에게 지급하는 형태의 거래를 하는 자를 말한다.
4. "직매입거래"란 대규모유통업자가 매입한 상품 중 판매되지 아니한 상품에 대한 판매책임을 부담하고 납품업자로부터 상품을 매입하는 형태의 거래를 말한다.
5. "특약매입거래"란 대규모유통업자가 매입한 상품 중 판매되지 아니한 상품을 반품할 수 있는 조건으로 납품업자로부터 상품을 외상 매입하고 상품판매 후 일정률이나 일정액의 판매

수익을 공제한 상품판매대금을 납품업자에게 지급하는 형태의 거래를 말한다.
6. "위·수탁거래"란 대규모유통업자가 납품업자가 납품한 상품을 자기 명의로 판매하고 상품판매 후 일정률이나 일정액의 수수료를 공제한 상품판매대금을 납품업자에게 지급하는 형태의 거래를 말한다.
7. "반품"이란 대규모유통업자가 납품받은 상품을 되돌려 주거나 납품업자의 다른 상품과 바꾸는 등 형식에 상관없이 납품받은 상품을 납품업자에게 실질적으로 되돌려 주는 모든 행위를 말한다.
8. "판매촉진행사"란 명칭이나 형식에 상관없이 상품에 대한 수요를 늘려 판매를 증진시킬 목적으로 행하는 모든 행사 또는 활동을 말한다.
9. "판매장려금"이란 명칭에 상관없이 직매입거래에서 상품의 판매촉진을 위하여 연간거래 기본계약에 명시된 조건에 따라 납품업자가 대규모유통업자에게 지급하는 경제적 이익을 말한다.
10. "신선농·수·축산물"이란 시간이 지남에 따라 부패하기 쉬운 특성을 지닌 신선상태의 농산물·수산물·축산물로서 건조·염장 등 가공을 하지 아니한 것을 말한다.

제2조의2(대규모유통업자의 의제) 매장을 임대하는 자로서 임차인으로부터 상품 매출액에 연동되는 임차료 또는 이에 준하는 경제적 이익(이하 "임차료등"이라 한다)을 수취하는 사업자 중 다음 각 호의 어느 하나에 해당하는 자는 제6조, 제6조의2, 제8조, 제11조부터 제14조까지, 제14조의2, 제15조, 제15조의2, 제16조부터 제18조까지 규정의 적용에 있어서는 "대규모유통업자"로 본다. <개정 2023. 6. 20., 2023. 8. 8.>
1. 직전 사업연도에 자신이 임대한 매장에서 발생한 소매업종 매출액이 1천억원 이상인 자
2. 자신이 임대한 매장면적의 합계가 3천제곱미터 이상인 자

[본조신설 2018. 10. 16.]

제3조(적용제외) ① 이 법은 다음 각 호의 어느 하나에 해당하는 거래에는 적용하지 아니한다. <개정 2018. 10. 16.>
1. 대규모유통업자가 납품업자 또는 매장임차인(이하 "납품업자등"이라 한다)에 대하여 거래상 우월적 지위에 있다고 인정되지 아니하는 거래
2. 제2조의2에 따라 대규모유통업자로 의제되는 사업자가 자신과 거래하는 다수의 매장임차인 중 일부 매장임차인으로부터는 상품 매출액에 연동되는 임차료등을 수취하지 아니하는 경우 그 매장임차인과 대규모유통업자로 의제되는 사업자 간의 거래

② 거래상 우월적 지위에 있는지의 여부는 다음 각 호의 사항을 종합적으로 고려하여 판단한다. <개정 2020. 12. 29.>
1. 유통시장의 구조
2. 소비자의 소비실태
3. 대규모유통업자와 납품업자등 사이의 사업능력의 격차
4. 납품업자등의 대규모유통업자에 대한 거래 의존도

5. 거래의 대상이 되는 상품의 특성
6. 「독점규제 및 공정거래에 관한 법률」 제2조제11호의 기업집단이나 하나의 대규모유통업자가 운영하는 유통업태의 범위

제4조(다른 법률과의 관계) 이 법은 대규모유통업자와 납품업자등 사이의 거래에 관하여 「독점규제 및 공정거래에 관한 법률」 제45조제1항제6호 및 제7호에 우선하여 적용한다. 다만, 대규모유통업자와 납품업자등 사이의 거래가 「하도급거래 공정화에 관한 법률」 제2조제6항에 따른 제조위탁에 해당하는 경우에는 같은 법을 이 법에 우선하여 적용한다. <개정 2020. 12. 29.>

제2장 대규모유통업에서의 거래 공정화

제5조(신의성실의 원칙) 대규모유통업자와 납품업자등은 각자의 거래상 의무를 신의에 따라 성실하게 이행하여야 한다.

제6조(서면의 교부 및 서류의 보존 등) ① 대규모유통업자는 납품업자등과 계약을 체결한 즉시 납품업자등에게 거래형태 등 대통령령으로 정하는 계약사항이 명시된 서면(「전자거래기본법」 제2조제1호에 따른 전자문서를 포함한다. 이하 이 법에서 같다)을 주어야 한다.
② 제1항의 서면에는 대규모유통업자와 납품업자등이 각각 서명[「전자서명법」 제2조제2호에 따른 전자서명(서명자의 실지명의를 확인할 수 있는 것을 말한다)을 포함한다. 이하 이 법에서 같다] 또는 기명날인하여야 한다. <개정 2020. 6. 9.>
③ 대규모유통업자는 제1항의 서면을 납품업자에게 줄 때까지 납품할 상품을 제조·주문하게 하거나 납품할 상품을 위한 설비·장치를 준비하도록 요구하여서는 아니 된다. 다만, 대규모유통업자가 서명 또는 기명날인한 서면으로 요구하는 경우는 그러하지 아니하다.
④ 납품업자등은 대규모유통업자가 제1항의 서면을 주지 아니하는 경우에 제1항에 따라 대통령령으로 정하는 계약사항을 대규모유통업자에게 서면으로 통지하여 계약 내용의 확인을 요청할 수 있다.
⑤ 대규모유통업자는 제4항의 통지를 받은 날부터 15일 이내에 그 내용에 대한 인정 또는 부인(否認)의 의사를 명시한 회신을 서면으로 납품업자등에게 발송하여야 하며 이 기간 내에 회신을 발송하지 아니한 경우에는 제4항에 따라 납품업자등이 통지한 내용대로 계약이 체결된 것으로 추정한다. 다만, 천재지변이나 그 밖의 사변으로 회신이 불가능한 경우에는 그러하지 아니하다.
⑥ 제4항의 통지에는 납품업자등이, 제5항의 회신에는 대규모유통업자가 각각 서명 또는 기명날인하여야 한다.
⑦ 제4항의 통지 및 제5항의 회신과 관련하여 필요한 사항은 대통령령으로 정한다.
⑧ 대규모유통업자는 납품업자등과의 계약이 끝난 날부터 5년간 대규모유통업자와 납품업자등 사이의 거래에 관하여 대통령령으로 정하는 서류를 보존하여야 한다.

⑨ 삭제 <2023. 6. 20.>

제6조의2(표준거래계약서) ① 공정거래위원회는 대규모유통업에 있어서 공정한 거래질서를 확립하고 불공정한 내용의 계약이 통용되는 것을 방지하기 위하여 일정한 거래분야에서 표준이 되는 거래계약서(이하 "표준거래계약서"라 한다)를 마련하고, 이 법의 적용 대상이 되는 대규모유통업자나 대규모유통업자를 구성원으로 하는 사업자단체 및 납품업자등에 이를 사용하도록 권장할 수 있다.

② 대규모유통업자 및 대규모유통업자를 구성원으로 하는 사업자단체, 납품업자등은 공정거래위원회에 표준거래계약서의 제정 또는 개정을 요청할 수 있다.

③ 공정거래위원회는 표준거래계약서의 제정 또는 개정을 위하여 필요한 경우 이해관계자 또는 대규모유통업에서의 거래에 관한 학식과 경험이 풍부한 전문가 등으로부터 의견을 들을 수 있다.

④ 제1항부터 제3항까지에서 규정한 사항 외에 표준거래계약서의 제정 또는 개정에 필요한 세부 사항은 공정거래위원회가 정하여 고시한다.

[본조신설 2023. 6. 20.]

제7조(상품대금 감액의 금지) ① 대규모유통업자는 납품받은 상품의 대금을 감액하여서는 아니 된다. 다만, 납품받은 상품이 계약한 상품과 다르거나 납품업자의 책임 있는 사유로 인하여 오손·훼손되었거나 상품에 하자가 있는 등 정당한 사유가 있는 경우로서 해당 거래분야에서 합리적이라고 인정되는 기간 내에 상품대금을 감액하는 경우는 그러하지 아니하다.

② 제1항 단서에 따른 상품대금의 감액이 신선농·수·축산물을 대상으로 하는 경우에는 대통령령으로 정하는 기간 내에 하여야 한다.

제8조(상품판매대금 등의 지급) ① 대규모유통업자는 다음 각 호의 어느 하나에 해당하는 경우에는 해당 상품의 판매대금을 월 판매마감일부터 40일 이내에 납품업자등에게 지급하여야 한다.

1. 특약매입거래로 납품받은 상품을 판매하는 경우
2. 매장임차인의 상품판매대금을 받아 관리하는 경우
3. 납품업자로부터 위탁받아 상품을 판매하고 그 판매대금을 받아 관리하는 경우

② 대규모유통업자는 직매입거래의 경우에는 해당 상품수령일부터 60일 이내에 해당 상품의 대금을 납품업자에게 지급하여야 한다. <신설 2021. 4. 20.>

③ 대규모유통업자가 제1항 및 제2항에서 정한 기한을 초과하여 상품판매대금 또는 상품대금을 지급하는 경우에는 그 초과 기간에 대하여 연 100분의 40 이내에서 「은행법」에 따른 은행이 적용하는 연체이자율 등 경제사정을 고려하여 공정거래위원회가 정하여 고시하는 이율에 따른 이자를 지급하여야 한다. <개정 2021. 4. 20.>

④ 대규모유통업자는 제1항부터 제3항까지의 규정에 따른 상품판매대금 또는 상품대금 및 이자를 상품권이나 물품으로 지급하여서는 아니 된다. <개정 2021. 4. 20.>

[제목개정 2021. 4. 20.]

제9조(상품 수령 거부·지체 금지) 대규모유통업자는 납품업자와 납품에 관한 계약을 체결한 후 해당 상품의 전부 또는 일부의 수령을 거부하거나 지체하여서는 아니 된다. 다만, 납품받은 상품이 납품업자의 책임 있는 사유로 인하여 훼손되는 등 대통령령으로 정하는 사유가 발생한 경우에는 그러하지 아니하다.

제10조(상품의 반품 금지) ① 대규모유통업자는 정당한 사유 없이 납품받은 상품의 전부 또는 일부를 반품하여서는 아니 된다. 다만, 다음 각 호의 어느 하나에 해당하는 경우로서 해당 거래분야에서 합리적이라고 인정되는 기간 내에 반품하는 경우에는 정당한 사유가 있는 것으로 추정한다.

1. 특약매입거래의 경우로서 계약체결 시 반품조건을 구체적으로 약정하고 그 반품조건을 명시한 서면을 납품업자에게 준 경우
2. 위·수탁거래의 경우
3. 납품받은 상품이 납품업자의 책임 있는 사유로 인하여 오손·훼손되었거나 상품에 하자가 있는 경우
4. 납품받은 상품이 계약한 상품과 다른 경우
5. 대규모유통업자가 반품으로 인하여 생기는 손실을 스스로 부담하고 해당 납품업자에게 반품의 동의를 받은 경우
6. 직매입거래의 경우로서 일정한 기간이나 계절에 집중적으로 판매되는 상품(신선농·수·축산물은 제외한다)에 대하여 계약체결 시 반품조건을 구체적으로 약정하고 그 반품조건이 명시된 서면을 납품업자에게 준 경우
7. 직매입거래의 경우로서 납품업자가 반품이 자기에게 직접적으로 이익이 된다는 객관적인 근거자료를 첨부한 서면으로 반품일 이전에 자발적으로 반품을 요청한 경우
8. 대통령령으로 정하는 바에 따라 「가맹사업거래의 공정화에 관한 법률」 제2조제3호의 가맹점사업자로부터 반품받은 상품을 가맹본부가 납품업자에게 반품하는 경우
9. 그 밖에 직매입거래의 경우로서 제3호부터 제8호까지의 규정에 준하는 정당한 사유가 있는 경우

② 제1항제3호 및 제4호에 따른 신선농·수·축산물의 반품은 대통령령으로 정하는 기간 이내에 하여야 한다.

제11조(판매촉진비용의 부담전가 금지) ① 대규모유통업자는 판매촉진행사를 실시하기 이전에 대통령령으로 정하는 바에 따라 판매촉진행사에 소요되는 비용(이하 이 조에서 "판매촉진비용"이라 한다)의 부담 등을 납품업자등과 약정하지 아니하고는 이를 납품업자등에게 부담시키는 행위를 하여서는 아니 된다.

② 제1항의 약정은 대규모유통업자와 납품업자등이 각각 서명 또는 기명날인한 서면으로 이루어져야 하며 대규모유통업자는 약정과 동시에 이 서면을 납품업자등에게 주어야 한다.

③ 제1항 및 제2항에 따른 판매촉진비용의 분담비율은 대규모유통업자와 납품업자등이 각각

해당 판매촉진행사를 통하여 직접적으로 얻을 것으로 예상되는 경제적 이익(이하 이 조에서 "예상이익"이라 한다)의 비율에 따라 정하되 대규모유통업자와 납품업자등 사이의 예상이익의 비율을 산정할 수 없는 경우에는 대규모유통업자와 납품업자등의 예상이익이 같은 것으로 추정한다.

④ 제3항에 따른 납품업자등의 판매촉진비용 분담비율은 100분의 50을 초과하여서는 아니 된다.

⑤ 납품업자등이 자발적으로 대규모유통업자에게 요청하여 다른 납품업자등과 차별화되는 판매촉진행사를 실시하려는 경우에는 대규모유통업자는 납품업자등과 상호 협의하여 판매촉진비용의 분담비율을 정할 수 있다. 이 경우 제1항부터 제4항까지의 규정은 적용하지 아니한다.

제12조(납품업자등의 종업원 사용 금지 등) ① 대규모유통업자는 납품업자등으로부터 종업원이나 그 밖에 납품업자등에 고용된 인력(이하 이 조에서 "종업원등"이라 한다)을 파견받아 자기의 사업장에서 근무하게 하여서는 아니 된다. 다만, 다음 각 호의 어느 하나에 해당하는 경우로서 납품업자등과 사전에 대통령령으로 정하는 바에 따라 파견조건을 서면으로 약정하고 파견된 종업원등을 해당 종업원등을 고용한 납품업자등이 납품하는 상품의 판매 및 관리 업무에 종사하게 하는 경우에는 그러하지 아니하다.

1. 대규모유통업자가 대통령령으로 정하는 바에 따라 파견된 종업원등의 인건비를 비롯한 제반 비용을 부담하는 경우
2. 납품업자등이 종업원등의 파견에 따른 예상이익과 비용의 내역 및 산출근거를 객관적·구체적으로 작성하여 명시한 서면에 따라 대규모유통업자에게 자발적으로 자신이 고용한 종업원등의 파견을 요청하는 경우
3. 특수한 판매기법 또는 능력을 지닌 숙련된 종업원등을 파견받는 경우
4. 특약매입거래를 하는 납품업자등이 상시적으로 운영하는 매장에서 상품의 특성상 전문지식이 중요하다고 공정거래위원회가 정하여 고시하는 상품류를 판매·관리하기 위하여 종업원등을 파견받는 경우

② 제1항 단서의 서면에는 대규모유통업자와 납품업자등이, 제1항제2호의 서면에는 납품업자등이 각각 서명 또는 기명날인하여야 한다.

③ 대규모유통업자는 자기가 고용한 자의 인건비를 납품업자등에게 부담시키는 행위를 하여서는 아니 된다.

제13조(배타적 거래 강요 금지) 대규모유통업자는 부당하게 납품업자등에게 배타적 거래를 하도록 하거나 납품업자등이 다른 사업자와 거래하는 것을 방해하는 행위를 하여서는 아니 된다.

제14조(경영정보 제공 요구 금지) ① 대규모유통업자는 부당하게 납품업자등에게 다음 각 호의 어느 하나에 해당하는 정보를 제공하도록 요구하여서는 아니 된다.

1. 납품업자가 다른 사업자에게 공급하는 상품의 공급조건(공급가격을 포함한다)에 관한 정보
2. 매장임차인이 다른 사업자의 매장에 들어가기 위한 입점조건(임차료를 포함한다)에 관한

정보
3. 그 밖에 납품업자등이나 납품업자등의 거래상대방에 관한 제1호 및 제2호에 준하는 정보로서 대통령령으로 정하는 경영정보

② 대규모유통업자가 납품업자등에게 제1항 각 호의 어느 하나에 해당하는 경영정보를 요구하는 경우에는 경영정보 요구에 앞서 대통령령으로 정하는 바에 따라 요구목적, 비밀유지에 관한 사항 등을 적은 서면을 해당 납품업자등에게 제공하여야 한다.

③ 제2항의 서면에는 대규모유통업자와 납품업자등이 각각 서명 또는 기명날인하여야 한다.

④ 대규모유통업자가 납품업자등에게 경영정보를 요구하는 경우 요구목적에 필요한 최소한의 범위에서 하여야 한다.

제14조의2(경영활동 간섭 금지) ① 대규모유통업자는 자기의 거래상의 지위를 부당하게 이용하여 납품업자등의 경영활동을 간섭하는 행위를 하거나, 계열회사 또는 다른 사업자로 하여금 이를 행하도록 하여서는 아니 된다.

② 제1항의 행위의 유형 또는 기준은 대통령령으로 정한다.

[본조신설 2023. 8. 8.]

제15조(경제적 이익 제공 요구 금지) ① 대규모유통업자는 정당한 사유 없이 납품업자등에게 자기 또는 제3자를 위하여 금전, 물품, 용역, 그 밖의 경제적 이익을 제공하게 하여서는 아니 된다.

② 제1항에도 불구하고 대규모유통업자는 대통령령으로 정하는 바에 따라 연간거래 기본계약의 내용으로 판매장려금의 지급목적, 지급시기 및 횟수, 판매장려금의 비율이나 액수 등의 사항을 납품업자와 약정하고 이에 따라 납품업자로부터 판매장려금을 받을 수 있다. 이 경우 판매장려금은 해당 거래분야에서 합리적이라고 인정되는 범위를 넘을 수 없다.

제15조의2(부당한 영업시간 구속 금지) 대규모유통업자는 매장임차인(매장임차인으로부터 판매위탁을 받은 자를 포함한다. 이하 이 조에서 같다)이 질병의 발병과 치료의 사유로 인하여 필요 최소한의 범위에서 영업시간의 단축을 요구함에도 이를 허용하지 아니하는 등 부당하게 매장임차인의 영업시간을 구속하는 행위를 하여서는 아니 된다. <개정 2021. 4. 20.>

[본조신설 2018. 3. 13.]

제16조(매장 설비비용의 보상) 대규모유통업자는 다음 각 호의 어느 하나에 해당하는 행위를 하는 경우에는 납품업자등이 지출한 해당 매장에 대한 설비비용 총액에 전체 계약기간(계약기간이 1년 미만인 경우는 계약기간을 1년으로 본다. 이하 이 조에서 같다)에서 다음 각 호의 어느 하나에 해당하는 행위가 발생한 날부터 계약기간의 마지막 날까지의 기간이 차지하는 비율을 곱한 금액 이상을 해당 매장 설비비용에 대한 보상으로 납품업자등에게 지급하여야 한다.

1. 납품업자등과 거래를 중단하거나 거절하는 행위
2. 납품업자등의 매장 위치·면적·시설을 변경하는 행위

제17조(불이익 제공행위의 금지) 대규모유통업자는 정당한 사유 없이 납품업자등에게 다음 각 호의 어느 하나에 해당하는 행위를 하여서는 아니 된다.

1. 상품권이나 물품을 구입하게 하는 행위
2. 통상적인 시장의 납품 가격보다 현저히 낮은 가격으로 납품하게 하는 행위
3. 판매촉진행사를 실시하기 위하여 통상의 납품수량보다 현저히 많은 수량을 납품하게 하는 행위
4. 납품업자등의 의사에 반하여 판매촉진행사에 참여하게 하는 행위
5. 한시적으로 인하하기로 약정한 납품 가격을 기한이 경과한 후에도 정상가격으로 환원하지 아니하거나 환원을 지연하는 행위
6. 납품업자등의 의사에 반하여 해당 납품업자등의 상품에 관한 광고를 하게 하는 행위
7. 일정한 점포의 매장에서 퇴점하는 것을 방해하거나 납품업자등의 의사에 반하여 자기의 다른 점포의 매장에 입점하게 하는 행위
8. 계약기간 중에 납품업자등의 매장 위치·면적·시설을 변경하는 행위
9. 계약기간 중에 판매장려금의 비율 등 대통령령으로 정하는 계약조건을 변경하는 행위
10. 그 밖에 제1호부터 제9호까지의 규정에 준하는 것으로서 납품업자등에게 불이익을 주거나 이익을 제공하게 하는 행위

[제목개정 2018. 10. 16.]

제18조(보복조치의 금지) 대규모유통업자는 납품업자등이 다음 각 호의 어느 하나에 해당하는 행위를 한 것을 이유로 납품업자등에게 불리하게 계약조건을 변경하는 행위, 납품이나 매장 임차의 기회를 제한하는 행위 또는 계약의 이행과정에서 불이익을 주는 행위를 하여서는 아니 된다. <개정 2020. 12. 29.>

1. 제25조에 따른 분쟁조정의 신청
2. 제29조제1항에 따른 신고
3. 제30조에 따른 서면실태조사에 응하여 자료 제출 등의 방식으로 공정거래위원회에 협조하는 행위
4. 「독점규제 및 공정거래에 관한 법률」 제81조에 따른 공정거래위원회의 조사에 대한 협조

[전문개정 2018. 10. 16.]

제19조(대규모유통업자와 납품업자등 사이의 협약 체결) ① 공정거래위원회는 대규모유통업자와 납품업자등이 대규모유통업 관련 법령의 준수 및 상호 지원·협력을 약속하는 협약을 체결하도록 권장할 수 있다.

② 공정거래위원회는 대규모유통업자와 납품업자등이 제1항에 따른 협약을 체결하는 경우 그 이행을 독려하기 위하여 포상 등 지원시책을 마련하여 시행하여야 한다.

③ 공정거래위원회는 제1항에 따른 협약의 내용·체결절차·이행실적평가 및 지원시책 등에 필요한 사항을 정한다.

제3장 분쟁의 조정 등

제20조(분쟁조정협의회의 설치 및 구성) ① 대규모유통업자와 납품업자등 사이의 분쟁을 조정하기 위하여 「독점규제 및 공정거래에 관한 법률」 제72조제1항에 따른 한국공정거래조정원(이하 이 조에서 "조정원"이라 한다)에 대규모유통업거래 분쟁조정협의회(이하 "협의회"라 한다)를 둔다. <개정 2020. 12. 29.>

② 협의회는 위원장 1명을 포함한 9명의 위원으로 구성하되, 위원장은 상임으로 한다. <개정 2023. 8. 8.>

③ 위원은 공익을 대표하는 위원, 대규모유통업자의 이익을 대표하는 위원, 납품업자등의 이익을 대표하는 위원으로 구분하되 각각 같은 수로 한다.

④ 위원은 다음 각 호의 어느 하나에 해당하는 사람 중에서 조정원의 장의 제청으로 공정거래위원회 위원장이 임명하거나 위촉한다. <개정 2023. 8. 8.>

1. 대학에서 법률학·경제학·경영학 또는 유통 관련 분야 학문을 전공한 사람으로서 「고등교육법」 제2조제1호·제2호·제4호 또는 제5호에 따른 학교나 공인된 연구기관에서 부교수 이상의 직 또는 이에 상당하는 직에 있거나 있었던 사람
2. 판사·검사의 직에 있거나 있었던 사람 또는 변호사 자격이 있는 사람
3. 독점금지 및 공정거래업무에 관한 경험이 있는 4급 이상 공무원(고위공무원단에 속하는 일반직공무원을 포함한다)의 직에 있거나 있었던 사람
4. 그 밖에 대규모유통업 분야의 거래 및 분쟁조정에 관한 학식과 경험이 풍부한 사람

⑤ 위원장은 공익을 대표하는 위원 중에서 공정거래위원회 위원장이 위촉한다. <개정 2023. 8. 8.>

⑥ 위원의 임기는 3년으로 하고 연임할 수 있다.

⑦ 위원 중 결원이 생겼을 때에는 보궐위원을 제4항에 따라 임명하거나 위촉하고, 그 보궐위원의 임기는 전임자 임기의 남은 기간으로 한다.

⑧ 위원장은 그 직무 외에 영리를 목적으로 하는 업무에 종사하지 못한다. <신설 2024. 2. 6.>

⑨ 제8항에 따른 영리를 목적으로 하는 업무의 범위에 관하여는 「공공기관의 운영에 관한 법률」 제37조제3항을 준용한다. <신설 2024. 2. 6.>

⑩ 위원장은 제9항에 따른 영리를 목적으로 하는 업무에 해당하는지에 대한 공정거래위원회 위원장의 심사를 거쳐 비영리 목적의 업무를 겸할 수 있다. <신설 2024. 2. 6.>

제21조(공익을 대표하는 위원의 위촉제한) ① 위촉일 현재 대규모유통업자 또는 납품업자등의 임직원으로 있는 사람은 공익을 대표하는 위원으로 위촉될 수 없다.

② 공정거래위원회 위원장은 공익을 대표하는 위원으로 위촉받은 사람이 대규모유통업자 또는 납품업자등의 임직원인 경우에는 즉시 위촉을 해제하여야 한다.

제22조(협의회의 회의) ① 협의회의 회의는 위원 전원으로 구성하는 회의(이하 이 조에서 "전체회의"라 한다)와 공익을 대표하는 위원 1명, 대규모유통업자의 이익을 대표하는 위원 1명, 납

품업자등의 이익을 대표하는 위원 1명으로 구성하는 회의(이하 이 조에서 “소회의”라 한다)로 구분한다.

② 전체회의는 다음 각 호의 사항을 심의·의결한다.

1. 소회의에서 의결되지 아니하거나 소회의가 전체회의에서 처리하도록 결정한 사항
2. 협의회 내부 규칙의 제정·개정에 관한 사항
3. 그 밖에 전체회의에서 처리할 필요가 있어 위원장이 전체회의에 부치는 사항

③ 소회의는 제2항 각 호 외의 사항을 심의·의결한다.

④ 전체회의는 위원장이 주관하며, 재적의원 과반수의 출석으로 개의(開議)하고 출석위원 과반수의 찬성으로 의결한다.

⑤ 소회의는 공익을 대표하는 위원이 주관하며, 구성위원 전원의 출석과 출석위원 전원의 찬성으로 의결한다. 이 경우 회의의 결과는 전체회의에 보고하여야 한다.

⑥ 협의회의 위원장이 부득이한 사유로 직무를 수행할 수 없는 때에는 공익을 대표하는 위원 중에서 공정거래위원회 위원장이 지명하는 위원이 그 직무를 대행한다.

⑦ 조정의 대상이 된 분쟁의 당사자인 사업자(이하 “분쟁당사자”라 한다)는 협의회의 회의에 출석하여 의견을 진술하거나 관계 자료를 제출할 수 있다.

제23조(위원의 제척·기피·회피) ① 위원은 다음 각 호의 어느 하나에 해당하는 경우에는 해당 조정사항의 조정에서 제척(除斥)된다.

1. 위원 또는 그 배우자나 배우자였던 사람이 해당 조정사항의 분쟁당사자가 되거나 공동권리자 또는 의무자의 관계에 있는 경우
2. 위원이 해당 조정사항의 분쟁당사자와 친족관계이거나 친족관계였던 경우
3. 위원 또는 위원이 속한 법인이나 법률사무소가 분쟁당사자의 법률·경영 등에 대하여 자문 또는 고문의 역할을 하고 있는 경우
4. 위원 또는 위원이 속한 법인이나 법률사무소가 해당 조정사항에 대하여 분쟁당사자의 대리인으로 관여하거나 관여하였던 경우 및 증언이나 감정을 한 경우

② 위원에게 조정을 공정하게 수행하기 어려운 사정이 있는 경우 분쟁당사자는 서면으로 협의회에 그 위원에 대한 기피신청을 할 수 있다.

③ 제2항의 기피신청이 제2항의 방식에 어긋나거나 조정의 지연을 목적으로 하는 것이 분명한 경우에는 위원장의 결정으로 기피신청을 각하한다.

④ 제2항의 기피신청에 상당한 이유가 있는 경우에는 위원장의 결정으로 해당 위원을 조정에서 제외한다.

⑤ 위원이 제1항 또는 제2항의 사유에 해당하는 경우에는 위원장의 허가를 받아 해당 조정사항의 조정에서 회피할 수 있다.

제24조(협의회의 조정사항) 협의회는 공정거래위원회가 의뢰하거나 분쟁당사자가 신청하는 사항으로서 제5조부터 제14조까지, 제14조의2, 제15조, 제15조의2, 제16조부터 제18조까지의 규정과 관련한 분쟁에 관한 사항을 조정한다. <개정 2018. 3. 13., 2023. 8. 8.>

제25조(조정의 신청 등) ① 분쟁당사자는 제24조의 조정사항과 관련하여 대통령령으로 정하는 사항을 적은 서면을 제출하여 협의회에 그 조정을 신청할 수 있다. <개정 2023. 6. 20.>

② 공정거래위원회는 대규모유통업자와 납품업자등 사이의 거래와 관련한 분쟁에 관한 사건에 대하여 협의회에 그 조정을 의뢰할 수 있다.

③ 협의회는 제1항에 따라 조정을 신청받았을 때에는 즉시 그 조정신청사항을 분쟁당사자에게 알려야 한다.

④ 제1항에 따른 조정의 신청은 시효중단의 효력이 있다. 다만, 신청이 취하되거나 각하된 때에는 그러하지 아니하다. <신설 2016. 3. 29.>

⑤ 제4항 단서의 경우에 6개월 내에 재판상의 청구, 파산절차참가, 압류 또는 가압류, 가처분을 한 때에는 시효는 최초의 조정의 신청으로 인하여 중단된 것으로 본다. <신설 2016. 3. 29.>

⑥ 제4항 본문에 따라 중단된 시효는 다음 각 호의 어느 하나에 해당하는 때부터 새로이 진행한다. <신설 2016. 3. 29.>

1. 분쟁조정이 이루어져 조정조서를 작성한 때
2. 분쟁조정이 이루어지지 아니하고 조정절차가 종료된 때

제26조(조정 등) ① 협의회는 제25조제1항에 따라 조정을 신청 받거나 같은 조 제2항에 따라 조정을 의뢰 받는 경우에는 대통령령으로 정하는 바에 따라 지체 없이 분쟁조정 절차를 개시하여야 한다. <신설 2016. 3. 29.>

② 협의회는 분쟁당사자에게 분쟁조정사항에 대하여 스스로 합의하도록 권고하거나 조정안을 작성하여 제시할 수 있다. <개정 2016. 3. 29.>

③ 협의회는 해당 분쟁조정사항에 관한 사실을 확인하기 위하여 필요한 경우 조사를 하거나 분쟁당사자에게 관련 자료의 제출이나 출석을 요구할 수 있다. <개정 2016. 3. 29.>

④ 협의회는 다음 각 호의 어느 하나에 해당되는 경우에는 조정신청을 각하한다. 이 경우 협의회는 분쟁조정이 신청된 행위 또는 사건이 제3호에 해당하는지에 대하여 공정거래위원회의 확인을 받아야 한다. <개정 2016. 3. 29., 2023. 6. 20.>

1. 조정신청의 내용과 직접적인 이해관계가 없는 자가 조정신청을 한 경우
2. 이 법의 적용 대상이 아니거나 제24조에 해당하는 조정사항이 아닌 사안에 관하여 조정신청을 한 경우
3. 조정신청이 있기 전에 공정거래위원회가 제29조에 따라 조사를 개시한 사건에 대하여 조정신청을 한 경우. 다만, 공정거래위원회로부터 시정조치 등의 처분을 받은 후 분쟁조정을 신청한 경우에는 그러하지 아니하다.

⑤ 협의회는 다음 각 호의 어느 하나에 해당되는 경우에는 조정절차를 끝낼 수 있다. <개정 2016. 3. 29., 2023. 6. 20.>

1. 분쟁당사자의 한쪽이 조정절차 진행 중 조정을 거부한 경우
2. 조정의 신청 후에 분쟁당사자가 「중재법」에 따라 중재신청을 한 경우
3. 그 밖에 조정을 하여야 할 실익이 없는 것으로서 대통령령으로 정하는 사항이 발생하는 경우

⑥ 협의회는 다음 각 호의 어느 하나에 해당하는 경우에는 조정절차를 끝내야 한다. ＜개정 2016. 3. 29.＞

1. 분쟁당사자가 협의회의 권고 또는 조정안을 수락하거나 조정에 합의하여 조정이 이루어진 경우
2. 분쟁당사자가 협의회의 권고 또는 조정안을 수락하지 아니하여 조정이 이루어지지 아니한 경우
3. 조정신청을 통지받은 날부터 60일(분쟁당사자 쌍방이 기간연장에 동의한 경우에는 90일)이 지나도 조정이 이루어지지 아니한 경우

⑦ 협의회는 제4항부터 제6항까지의 규정에 따라 조정신청을 각하하거나 조정절차를 끝낸 경우에는 대통령령으로 정하는 바에 따라 공정거래위원회에 조정의 경위, 조정신청 각하 또는 조정절차 종료의 사유 등을 관계 서류와 함께 지체 없이 서면으로 보고하여야 하고 분쟁당사자에게 그 사실을 통보하여야 한다. ＜개정 2016. 3. 29.＞

⑧ 공정거래위원회는 조정절차 개시 전에 시정조치 등의 처분을 하지 아니한 분쟁조정사항에 관하여 조정절차가 끝날 때까지 해당 분쟁당사자에게 제32조에 따른 시정명령이나 제33조제1항에 따른 시정권고를 하여서는 아니 된다. ＜개정 2016. 3. 29., 2023. 6. 20.＞

제26조의2(소송과의 관계) ① 제25조제1항에 따른 조정이 신청된 사건에 대하여 신청 전 또는 신청 후 소가 제기되어 소송이 진행 중일 때에는 수소법원(受訴法院)은 조정이 있을 때까지 소송절차를 중지할 수 있다.

② 협의회는 제1항에 따라 소송절차가 중지되지 아니하는 경우에는 해당 사건의 조정절차를 중지하여야 한다.

③ 협의회는 조정이 신청된 사건과 동일한 원인으로 다수인이 관련되는 동종·유사 사건에 대한 소송이 진행 중인 경우에는 협의회의 결정으로 조정절차를 중지할 수 있다.

[본조신설 2023. 6. 20.]

제27조(조정조서의 작성과 그 효력) ① 협의회는 분쟁조정사항에 대하여 조정이 이루어진 경우 조정에 참가한 위원과 분쟁당사자가 기명날인하거나 서명한 조정조서를 작성한다. ＜개정 2016. 3. 29., 2018. 4. 17.＞

② 협의회는 분쟁당사자가 분쟁조정사항을 스스로 조정하고 조정조서의 작성을 요청하는 경우에는 그 조정조서를 작성하여야 한다. ＜개정 2016. 3. 29.＞

③ 분쟁당사자는 조정에서 합의된 사항을 이행하여야 하고, 이행결과를 공정거래위원회에 제출하여야 한다.

④ 공정거래위원회는 조정절차 개시 전에 시정조치 등의 처분을 하지 아니한 분쟁조정사항에 대하여 제1항 또는 제2항에 따른 합의 및 이에 대한 이행이 이루어진 경우에는 제32조에 따른 시정명령이나 제33조제1항에 따른 시정권고를 하지 아니한다. ＜개정 2018. 3. 13., 2023. 6. 20.＞

⑤ 제1항 또는 제2항에 따라 조정조서를 작성한 경우 조정조서는 재판상 화해와 동일한 효력

을 갖는다. <신설 2016. 3. 29.>

제28조(협의회의 조직·운영 등) 제20조부터 제26조까지, 제26조의2 및 제27조에서 규정한 사항 외에 협의회의 조직, 운영, 조정절차 등에 관하여 필요한 사항은 대통령령으로 정한다. <개정 2023. 6. 20.>

제4장 공정거래위원회의 사건처리절차 등

제29조(위반행위의 조사 등) ① 누구든지 이 법에 위반되는 사실이 있다고 인정할 때에는 그 사실을 공정거래위원회에 신고할 수 있다. 이 경우 공정거래위원회는 대통령령으로 정하는 바에 따라 신고자가 동의한 경우에는 대규모유통업자에게 신고가 접수된 사실을 통지하여야 한다. <개정 2016. 3. 29.>

② 공정거래위원회는 이 법에 위반되는 혐의가 있다고 인정할 때에는 직권으로 필요한 조사를 할 수 있다.

③ 공정거래위원회는 제1항 또는 제2항에 따라 조사를 한 경우에는 그 결과(조사결과 시정명령 등의 처분을 하고자 하는 경우에는 그 처분의 내용을 포함한다)를 서면으로 해당 사건의 당사자에게 알려야 한다.

④ 제1항 후단에 따라 공정거래위원회가 대규모유통업자에게 통지한 때에는 「민법」 제174조에 따른 최고가 있은 것으로 본다. 다만, 신고된 사실이 이 법의 적용대상이 아니거나 제31조 본문에 따른 처분대상의 제한 기한을 경과하여 공정거래위원회가 심의절차를 진행하지 아니하기로 한 경우, 신고된 사실에 대하여 공정거래위원회가 무혐의로 조치한 경우 또는 신고인이 신고를 취하한 경우에는 그러하지 아니하다. <신설 2016. 3. 29., 2018. 3. 13.>

제29조의2(포상금의 지급) ① 공정거래위원회는 이 법의 위반행위를 신고하거나 제보하고 그 신고나 제보를 입증할 수 있는 증거자료를 제출한 자에게 예산의 범위에서 포상금을 지급할 수 있다.

② 제1항에 따른 지급대상자의 범위, 지급 기준·절차 등에 필요한 사항은 대통령령으로 정한다.
[본조신설 2018. 3. 13.]

제29조의3(포상금의 환수) ① 공정거래위원회는 제29조의2제1항에 따른 포상금을 지급한 후 다음 각 호의 어느 하나에 해당하는 사실을 발견한 경우에는 해당 포상금을 환수하여야 한다.

1. 위법·부당한 증거수집, 거짓신고, 거짓진술, 증거위조 등 부정한 방법으로 포상금을 지급받은 경우
2. 동일한 원인으로 다른 법령에 따라 포상금 등을 지급받은 경우
3. 그 밖에 착오 등의 사유로 포상금이 잘못 지급된 경우

② 공정거래위원회는 제1항에 따라 포상금을 환수하는 경우 포상금을 지급받은 자에게 반환하여야 할 금액을 통지하여야 한다.

③ 제2항에 따른 포상금 반환 통지를 받은 자는 그 통지를 받은 날부터 30일 이내에 이를 납부하여야 한다.

④ 공정거래위원회는 제3항에 따라 포상금을 반환하여야 할 자가 납부기한까지 그 금액을 납부하지 아니하면 국세 체납처분의 예에 따라 징수할 수 있다.

[본조신설 2018. 3. 13.]

제30조(서면실태조사) ① 공정거래위원회는 대규모유통업에서의 공정한 거래질서 확립을 위하여 대규모유통업자와 납품업자등 사이의 거래에 관한 서면실태조사를 실시하여 그 조사결과를 공표하여야 한다.

② 공정거래위원회가 제1항에 따라 서면실태조사를 실시하려는 경우에는 조사대상자의 범위, 조사기간, 조사내용, 조사방법, 조사절차 및 조사결과 공표범위 등에 관한 계획을 수립하여야 하고, 조사대상자에게 거래실태 등 조사에 필요한 자료의 제출을 요구할 수 있다.

③ 공정거래위원회가 제2항에 따라 자료의 제출을 요구하는 경우에는 조사대상자에게 자료의 범위와 내용, 요구사유, 제출기한 등을 명시하여 서면으로 알려야 한다.

④ 대규모유통업자는 납품업자등으로 하여금 제2항에 따른 자료를 제출하지 아니하게 하거나 거짓 자료를 제출하도록 요구해서는 아니 된다. <신설 2018. 4. 17.>

제31조(처분대상의 제한) 공정거래위원회는 이 법에 위반되는 행위가 끝난 날부터 5년이 지난 경우에는 해당 위반행위에 대하여 이 법에 따른 시정명령·과징금 부과 등을 하지 아니한다. 다만, 법원의 판결에 따라 시정명령 또는 과징금 부과처분이 취소된 경우로서 그 판결이유에 따라 새로운 처분을 하는 경우에는 그러하지 아니하다.

제32조(시정명령) 공정거래위원회는 제6조제1항부터 제3항까지, 제7조부터 제10조까지, 제11조제1항부터 제4항까지, 제12조부터 제14조까지, 제14조의2, 제15조, 제15조의2, 제16조부터 제18조까지의 규정을 위반한 대규모유통업자에게 법 위반행위의 중지, 향후 재발방지, 상품판매대금 또는 상품대금의 지급, 매장 설비비용의 보상, 계약조항의 삭제·수정, 시정명령을 받은 사실의 공표, 시정명령을 받은 사실의 거래상대방인 납품업자등에 대한 통지, 법위반행위의 시정에 필요한 계획 또는 행위의 보고나 그 밖에 시정에 필요한 조치를 명할 수 있다. <개정 2018. 3. 13., 2021. 4. 20., 2023. 8. 8.>

제33조(시정권고) ① 공정거래위원회는 이 법을 위반한 대규모유통업자에게 대통령령으로 정하는 바에 따라 시정방안을 마련하여 이에 따를 것을 권고할 수 있다. 이 경우 대규모유통업자가 해당 권고를 수락한 때에는 공정거래위원회가 시정명령을 한 것으로 본다는 뜻을 함께 알려야 한다.

② 제1항에 따른 권고를 받은 대규모유통업자는 그 권고를 통지받은 날부터 10일 이내에 그 수락 여부를 공정거래위원회에 알려야 한다.

③ 제1항에 따른 권고를 받은 대규모유통업자가 그 권고를 수락하였을 때에는 제32조에 따른 시정명령을 받은 것으로 본다.

제34조(공탁) 제32조에 따른 시정명령을 받았거나 제33조제1항에 따른 시정권고를 수락한 대규모유통업자는 납품업자등이 변제를 받지 아니하거나 받을 수 없는 때에는 납품업자등을 위하여 변제의 목적물을 공탁하고 그 시정명령의 이행의무를 면할 수 있다. 대규모유통업자가 과실 없이 납품업자등을 알 수 없는 경우에도 또한 같다.

제34조의2(동의의결) ① 공정거래위원회의 조사나 심의를 받고 있는 대규모유통업자 또는 대규모유통업자를 구성원으로 하는 사업자단체(이하 이 조에서 "신청인"이라 한다)는 해당 조사나 심의의 대상이 되는 행위(이하 이 조에서 "해당 행위"라 한다)로 인한 불공정한 거래내용 등의 자발적 해결, 납품업자등의 피해구제 및 거래질서의 개선 등을 위하여 제3항에 따른 동의의결을 하여 줄 것을 공정거래위원회에 신청할 수 있다. 다만, 해당 행위가 다음 각 호의 어느 하나에 해당하는 경우 공정거래위원회는 동의의결을 하지 아니하고 이 법에 따른 심의 절차를 진행하여야 한다.

1. 제42조제2항에 따른 고발요건에 해당하는 경우
2. 동의의결이 있기 전 신청인이 신청을 취소하는 경우

② 신청인이 제1항에 따른 신청을 하는 경우 다음 각 호의 사항을 기재한 서면으로 하여야 한다.

1. 해당 행위를 특정할 수 있는 사실관계
2. 해당 행위의 중지, 원상회복 등 경쟁질서의 회복이나 거래질서의 적극적 개선을 위하여 필요한 시정방안
3. 그 밖에 납품업자등의 피해를 구제하거나 예방하기 위하여 필요한 시정방안

③ 공정거래위원회는 해당 행위의 사실관계에 대한 조사를 마친 후 제2항제2호 및 제3호에 따른 시정방안(이하 "시정방안"이라 한다)이 다음 각 호의 요건을 모두 충족한다고 판단되는 경우에는 해당 행위 관련 심의 절차를 중단하고 시정방안과 같은 취지의 의결(이하 "동의의결"이라 한다)을 할 수 있다. 이 경우 신청인과의 협의를 거쳐 시정방안을 수정할 수 있다.

1. 해당 행위가 이 법을 위반한 것으로 판단될 경우에 예상되는 시정조치 및 그 밖의 제재와 균형을 이룰 것
2. 공정하고 자유로운 경쟁질서나 거래질서를 회복시키거나 납품업자등을 보호하기에 적절하다고 인정될 것

④ 공정거래위원회의 동의의결은 해당 행위가 이 법에 위반된다고 인정한 것을 의미하지 아니하며, 누구든지 신청인이 동의의결을 받은 사실을 들어 해당 행위가 이 법에 위반된다고 주장할 수 없다.

[본조신설 2022. 1. 4.]

제34조의3(동의의결 절차 및 취소) 이 법에 의한 동의의결 절차 및 취소에 관하여는 「독점규제 및 공정거래에 관한 법률」 제90조 및 제91조를 준용한다. 이 경우 같은 법 제90조제1항의 "소비자"는 "납품업자등의"로, 같은 법 제90조제3항 후단의 "제124조부터 제127조까지의 규정"은 "이 법 제39조의 규정"으로 본다.

[본조신설 2022. 1. 4.]

제34조의4(이행강제금) ① 공정거래위원회는 정당한 이유 없이 동의의결 시 정한 이행기한까지 동의의결을 이행하지 아니한 자에게 동의의결이 이행되거나 취소되기 전까지 이행기한이 지난 날부터 1일당 200만원 이하의 이행강제금을 부과할 수 있다.

② 이행강제금의 부과·납부·징수 및 환급 등에 관하여는 「독점규제 및 공정거래에 관한 법률」 제16조제2항부터 제4항까지를 준용한다. <개정 2025. 1. 21.>

[본조신설 2022. 1. 4.]

제35조(과징금) ① 공정거래위원회는 제6조제1항부터 제3항까지, 제7조부터 제10조까지, 제11조제1항부터 제4항까지, 제12조부터 제14조까지, 제14조의2, 제15조, 제15조의2, 제16조부터 제18조까지의 규정을 위반한 대규모유통업자에게 대통령령으로 정하는 산출방식에 따른 납품대금이나 연간 임대료를 초과하지 아니하는 범위에서 과징금을 부과할 수 있다. 다만, 매출액을 산정하기 곤란한 경우 등에는 5억원을 초과하지 아니하는 범위에서 과징금을 부과할 수 있다. <개정 2018. 3. 13., 2023. 8. 8.>

② 제1항의 과징금은 위반행위를 규정한 조문별로 산정하되, 그 합계가 제1항에 따라 대통령령으로 정하는 산출방식에 따른 납품대금이나 연간 임대료의 2배를 초과할 수 없다.

③ 제1항에 따른 과징금의 부과·징수에 관하여는 「독점규제 및 공정거래에 관한 법률」 제102조부터 제107조까지의 규정을 준용한다. <개정 2020. 12. 29.>

제35조의2(손해배상책임) ① 대규모유통업자가 이 법을 위반함으로써 납품업자등에게 손해를 입힌 경우에는 그 손해에 대하여 배상책임을 진다. 다만, 대규모유통업자가 고의 또는 과실이 없음을 입증한 경우에는 그러하지 아니하다.

② 제1항에도 불구하고 대규모유통업자가 제7조, 제10조, 제12조, 제18조를 위반함으로써 납품업자등에게 손해를 입힌 경우에는 법원은 납품업자등에게 발생한 손해의 3배를 넘지 아니하는 범위에서 손해배상액을 정할 수 있다. 다만, 대규모유통업자가 고의 또는 과실이 없음을 입증한 경우에는 그러하지 아니하다.

③ 법원은 제2항의 배상액을 정할 때에는 다음 각 호의 사항을 고려하여야 한다.

1. 고의 또는 손해발생의 우려를 인식한 정도
2. 위반행위로 인하여 납품업자등이 입은 피해규모
3. 위반행위로 인하여 대규모유통업자가 취득한 경제적 이익
4. 위반행위에 따른 벌금 및 과징금
5. 위반행위의 기간 및 횟수
6. 대규모유통업자의 재산상태
7. 대규모유통업자의 피해구제 노력의 정도

④ 제1항 또는 제2항에 따라 손해배상청구의 소가 제기된 경우 「독점규제 및 공정거래에 관한 법률」 제110조 및 제115조를 준용한다. <개정 2020. 12. 29.>

[본조신설 2018. 10. 16.]

제36조(위반행위의 판단시점) 공정거래위원회가 이 법에 위반되는 행위에 대하여 의결하는 경우에는 그 행위에 관한 심리를 마치는 날까지 발생한 사실을 기초로 판단한다.

제37조(관계 행정기관의 장의 협조) ① 공정거래위원회는 이 법의 시행에 필요하다고 인정하는 경우 관계 행정기관의 장의 의견을 들을 수 있다.

② 공정거래위원회는 이 법의 시행에 필요하다고 인정하는 경우 관계 행정기관의 장에게 필요한 조사를 의뢰하거나 필요한 자료를 요청할 수 있다.

③ 공정거래위원회는 이 법에 따른 시정명령의 이행을 확보하기 위하여 필요하다고 인정하는 경우 관계 행정기관의 장에게 필요한 협조를 요청할 수 있다.

④ 제2항에 따라 공정거래위원회로부터 조사의뢰 또는 자료요청을 받거나 제3항에 따라 공정거래위원회로부터 협조를 요청받은 관계 행정기관의 장은 특별한 사유가 없으면 이에 협조하여야 한다. <신설 2016. 12. 20.>

제38조(「독점규제 및 공정거래에 관한 법률」의 준용) ① 이 법에 따른 공정거래위원회의 심의·의결에 관하여는 「독점규제 및 공정거래에 관한 법률」 제64조부터 제68조까지, 제93조 및 제95조를 준용한다. <개정 2020. 12. 29.>

② 이 법에 따른 공정거래위원회의 처분에 대한 이의신청, 소(訴)의 제기 및 불복의 소(訴)의 전속관할에 관하여는 「독점규제 및 공정거래에 관한 법률」 제96조부터 제98조까지, 제98조의2, 제98조의3 및 제99조부터 제101조까지를 준용한다. <개정 2020. 12. 29., 2024. 2. 6.>

③ 이 법의 시행을 위하여 필요한 공정거래위원회의 조사·의견청취에 관하여는 「독점규제 및 공정거래에 관한 법률」 제81조제1항부터 제3항까지, 같은조 제6항 및 제9항, 제84조 및 제85조를 준용한다. <개정 2020. 12. 29.>

④ 삭제 <2018. 10. 16.>

⑤ 이 법에 따른 직무에 종사하거나 종사하였던 공정거래위원회의 위원 및 공무원 또는 협의회에서 분쟁의 조정업무를 담당하거나 담당하였던 사람 및 제34조의3에 따른 동의의결의 이행관리 업무를 담당하거나 담당하였던 사람에 대하여는 「독점규제 및 공정거래에 관한 법률」 제119조를 준용한다. <개정 2020. 12. 29., 2022. 1. 4.>

⑥ 제34조의3에 따른 동의의결의 이행관리 업무를 담당하거나 담당하였던 사람에 대하여는 「독점규제 및 공정거래에 관한 법률」 제123조제2항을 준용한다. <신설 2022. 1. 4.>

제5장 벌칙

제39조(벌칙) ① 다음 각 호의 어느 하나에 해당하는 자는 2년 이하의 징역 또는 1억 5천만원 이하의 벌금에 처한다. <개정 2023. 8. 8.>

1. 제13조를 위반하여 납품업자등에게 배타적 거래를 하도록 하거나 납품업자등이 다른 사업

자와 거래하는 것을 방해한 자

2. 제14조제1항을 위반하여 납품업자등에게 정보 제공을 요구한 자
3. 제14조의2를 위반하여 납품업자등의 경영활동을 간섭하는 행위를 하거나, 계열회사 또는 다른 사업자로 하여금 이를 행하도록 하는 행위를 한 자
4. 제18조를 위반하여 납품업자등에게 불리하게 계약조건을 변경하는 행위, 납품이나 매장 임차의 기회를 제한하는 행위 또는 계약의 이행과정에서 불이익을 주는 행위를 한 자
5. 제32조에 따른 시정명령에 따르지 아니한 자

② 제38조제3항에 따라 준용되는「독점규제 및 공정거래에 관한 법률」제81조제1항제2호에 따른 감정을 거짓으로 한 자는 1억원 이하의 벌금에 처한다. <개정 2020. 12. 29.>

③ 제38조제5항에 따라 준용되는「독점규제 및 공정거래에 관한 법률」제119조를 위반하여 비밀을 누설하거나 이 법의 시행을 위한 목적 외에 그 비밀을 이용한 사람은 2년 이하의 징역 또는 200만원 이하의 벌금에 처한다. <개정 2020. 12. 29.>

제40조(양벌규정) 법인의 대표자나 법인 또는 개인의 대리인·사용인이나 그 밖의 종업원이 그 법인 또는 개인의 업무에 관하여 제39조 제1항 또는 제2항에 해당하는 위반행위를 하면 그 행위자를 벌하는 외에 그 법인 또는 개인에게도 해당 조문의 벌금형을 과(科)한다. 다만, 법인 또는 개인이 그 위반행위를 방지하기 위하여 해당 업무에 관하여 상당한 주의와 감독을 게을리하지 아니한 경우에는 그러하지 아니하다.

제41조(과태료) ① 대규모유통업자가 제1호부터 제4호까지의 규정에 해당하는 경우에는 1억원 이하, 제5호에 해당하는 경우에는 2억원 이하의 과태료를 각각 부과한다. <개정 2018. 4. 17., 2020. 12. 29.>

1. 제30조제2항에 따른 자료를 제출하지 아니하거나 거짓의 자료를 제출한 자
2. 제30조제4항을 위반하여 납품업자등으로 하여금 자료를 제출하지 아니하게 하거나 거짓 자료를 제출하도록 요구한 자
3. 제38조제3항에 따라 준용되는「독점규제 및 공정거래에 관한 법률」제81조제1항제1호를 위반하여 정당한 사유 없이 출석하지 아니한 자
4. 제38조제3항에 따라 준용되는「독점규제 및 공정거래에 관한 법률」제81조제1항제3호 또는 같은 조 제6항에 따른 보고 또는 필요한 자료나 물건을 제출하지 아니하거나 거짓으로 보고 또는 자료나 물건을 제출한 자
5. 제38조제3항에 따라 준용되는「독점규제 및 공정거래에 관한 법률」제81조제2항 및 제3항에 따른 조사를 거부·방해 또는 기피한 자

② 대규모유통업자의 임원이 제1항제5호에 해당하는 경우에는 5천만원 이하, 같은 항 제1호부터 제4호까지의 규정에 해당하는 경우에는 1천만원 이하의 과태료를 각각 부과한다. <개정 2018. 4. 17.>

③ 대규모유통업자의 종업원이나 그 밖의 이해관계인이 제1항제5호에 해당하는 경우에는 5천만원 이하, 같은 항 제1호, 제3호 또는 제4호에 해당하는 경우에는 1천만원 이하, 같은 항 제2

호에 해당하는 경우에는 500만원 이하의 과태료를 각각 부과한다. <신설 2018. 4. 17.>

④ 제6조제8항을 위반하여 계약서 등 중요 서류를 보관하지 아니한 자는 1천만원 이하의 과태료를 부과한다. <개정 2018. 4. 17.>

⑤ 제38조제1항에 따라 준용되는 「독점규제 및 공정거래에 관한 법률」 제66조에 위반하여 질서유지의 명령을 따르지 아니한 사람에게는 100만원 이하의 과태료를 부과한다. <개정 2018. 4. 17., 2020. 12. 29.>

⑥ 제1항부터 제5항까지의 규정에 따른 과태료는 대통령령으로 정하는 바에 따라 공정거래위원회가 부과·징수한다. <개정 2018. 4. 17.>

제42조(고발) ① 제39조제1항의 죄는 공정거래위원회가 고발하는 경우에만 공소를 제기할 수 있다.

② 공정거래위원회는 제39조제1항의 죄 중 위반정도가 객관적으로 명백하고 중대하여 대규모유통업에서의 거래질서를 현저히 저해한다고 인정하는 경우에는 검찰총장에게 고발하여야 한다.

③ 검찰총장은 제2항에 따른 고발요건에 해당하는 사실이 있음을 공정거래위원회에 통보하여 고발을 요청할 수 있다.

④ 공정거래위원회가 제2항에 따른 고발요건에 해당하지 아니한다고 결정하더라도 감사원장, 중소벤처기업부장관은 사회적 파급효과, 납품업자등에게 미친 피해 정도 등 다른 사정을 이유로 공정거래위원회에 고발을 요청할 수 있다. <신설 2013. 7. 16., 2017. 7. 26.>

⑤ 제3항 또는 제4항에 따른 고발요청이 있는 때에는 공정거래위원회 위원장은 검찰총장에게 고발하여야 한다. <신설 2013. 7. 16.>

⑥ 공정거래위원회는 공소가 제기된 후에는 고발을 취소할 수 없다. <개정 2013. 7. 16.>

부칙 <제20712호, 2025. 1. 21.> (이행강제금 규정 정비를 위한 가맹사업거래의 공정화에 관한 법률 등 10개 법률의 일부개정에 관한 법률)

이 법은 공포한 날부터 시행한다.

2. 대규모유통업에서의 거래 공정화에 관한 법률 시행령(약칭: 대규모유통업법 시행령)

[시행 2024. 2. 9.] [대통령령 제34204호, 2024. 2. 6., 일부개정]

공정거래위원회(유통대리점정책과) 044－200－4961

제1조(목적) 이 영은 「대규모유통업에서의 거래 공정화에 관한 법률」에서 위임된 사항과 그 시행에 필요한 사항을 규정함을 목적으로 한다.

제2조(서면 기재사항) ① 「대규모유통업에서의 거래 공정화에 관한 법률」(이하 "법"이라 한다) 제6조제1항에서 "거래형태 등 대통령령으로 정하는 계약사항"이란 다음 각 호의 사항을 말한다. <개정 2018. 1. 9., 2022. 8. 30.>

1. 거래형태, 거래품목 및 기간
2. 납품방법, 납품장소 및 일시

2의2. 일정 수량의 상품을 납품받는 계약의 경우 판매를 위하여 납품업자가 공급하거나 준비하는 상품의 수량

3. 상품판매대금 또는 상품대금의 지급수단 및 지급시기
4. 상품의 반품조건
5. 다음 각 목의 금액
   가. 매장임차인의 경우 매장임차료
   나. 특약매입거래 또는 위·수탁거래의 경우 대규모유통업자가 상품판매대금에서 공제하는 판매수익 또는 수수료
   다. 그 밖에 납품업자 또는 매장임차인(이하 "납품업자등"이라 한다)이 대규모유통업자에게 추가로 지급해야 하는 비용
6. 납품업자등으로부터 종업원이나 그 밖에 납품업자등에게 고용된 인력(이하 "종업원등"이라 한다)을 파견받는 경우 그 종업원등의 파견조건, 파견비용 분담 여부 및 조건
7. 판매장려금을 받는 경우 판매장려금에 관한 제12조 각 호의 사항
8. 하나의 점포에 복수의 매장이 있는 경우 매장의 위치 및 면적, 매장 설비비용의 분담 여부 및 조건

② 제1항에도 불구하고 대규모유통업자 중 텔레비전홈쇼핑업자(「방송법」 제9조제5항 단서에 따른 상품소개와 판매에 관한 전문편성을 행하는 방송채널사용사업을 하기 위하여 과학기술

정보통신부장관의 승인을 받은 자를 말한다)는 다음 각 호의 사항을 서면에 명시하여야 한다. <개정 2013. 3. 23., 2017. 7. 26., 2018. 1. 9.>

1. 제1항제1호, 제2호, 제2호의2 및 제3호부터 제5호까지의 사항
2. 방송 횟수 및 일시
3. 방송출연자의 인건비와 그 분담 여부 및 조건
4. 소비자가 주문한 상품의 배송조건
5. 소비자가 구매를 취소하거나 반품한 상품의 배송 및 처리조건

③ 제1항에도 불구하고 대규모유통업자 중 인터넷쇼핑몰업자(인터넷홈페이지를 이용하여 소매업을 경영하는 자를 말한다)는 다음 각 호의 사항을 서면에 명시하여야 한다. <개정 2018. 1. 9.>

1. 제1항제1호, 제2호, 제2호의2, 제3호 및 제4호의 사항
2. 제2항제4호 및 제5호의 사항

제3조(계약내용의 확인) 납품업자등이 법 제6조제4항에 따라 대규모유통업자에게 계약내용의 확인을 요청할 때에는 다음 각 호의 사항을 적은 서면으로 해야 한다. <개정 2018. 1. 9., 2022. 8. 30.>

1. 계약일자
2. 상품의 종류

2의2. 일정 수량의 상품을 납품하는 계약의 경우 판매를 위하여 납품업자가 공급하거나 준비하는 상품의 수량

3. 상품판매대금 또는 상품대금의 지급수단 및 지급시기
4. 그 밖에 해당 계약내용을 구체적으로 확인할 수 있는 사항

제4조(통지 및 회신의 방법 등) ① 법 제6조제4항 및 제5항에 따른 통지 및 회신은 내용증명우편이나 그 밖에 통지와 회신의 내용 및 수신 여부를 객관적으로 확인할 수 있는 방법[전자문서의 방법으로 하는 경우에는 「전자서명법」 제2조제2호에 따른 전자서명(서명자의 실지명의를 확인할 수 있는 것으로 한정한다)이 있어야 한다]으로 한다. <개정 2020. 12. 8.>

② 제1항에 따른 통지와 회신은 대규모유통업자와 납품업자등의 주소 또는 전자우편주소로 한다.

③ 공정거래위원회는 제1항에 따른 통지와 회신에 필요한 양식을 정하여 보급할 수 있다.

제5조(서류의 보존) 법 제6조제8항에 따라 대규모유통업자가 보존해야 하는 서류는 다음 각 호의 서류(컴퓨터 등 정보처리능력을 가진 장치를 통해 전자적인 형태로 작성·송수신 또는 저장된 것을 포함한다. 이하 이 조에서 같다)를 말한다. <개정 2022. 8. 30.>

1. 법 제6조제1항에 따른 계약사항이 적힌 서류
2. 법 제6조제4항 및 제5항에 따른 통지 및 회신의 내용이 적힌 서류
3. 법 제7조제1항 단서에 따른 상품대금 감액과 관련한 상품목록, 수량, 감액일자, 약정상품대

금, 감액사유 및 감액의 액수가 적힌 서류

4. 다음 각 목의 사항이 적힌 서류
   가. 법 제8조제1항 또는 제2항에 따른 상품판매대금 또는 상품대금의 지급일, 지급금액, 지급수단(어음으로 상품판매대금 또는 상품대금을 지급하는 경우에는 어음의 교부일·금액 및 만기일을 포함한다)
   나. 상품판매대금 또는 상품대금에서 공제된 항목별 금액과 대규모유통업자가 납품업자등에게 추가로 받은 항목별 금액
5. 법 제8조제3항에 따라 지급한 이자의 지급내역
6. 법 제9조 단서에 따라 수령을 거부하거나 지체한 상품의 목록, 수량, 주문일자, 주문수량, 수령일자, 수령수량 및 수령 거부 또는 지체 사유가 적힌 서류
7. 법 제10조제1항에 따라 반품된 상품의 목록, 수량, 거래형태, 반품일자, 납품대금 및 반품사유가 적힌 서류(법 제10조제1항제1호 및 제6호의 반품조건을 명시한 서류와 같은 항 제7호의 납품업자가 제출한 서류 및 근거자료를 포함한다)
8. 법 제11조제2항에 따라 대규모유통업자와 납품업자등이 판매촉진행사 약정과 관련하여 각각 서명 또는 기명날인한 서류 및 그 판매촉진행사의 실시에 관한 서류
9. 법 제12조제2항에 따라 대규모유통업자와 납품업자등이 종업원등의 파견조건 약정과 관련하여 각각 서명 또는 기명날인한 서류 및 그 파견된 종업원등의 근무내역에 관한 서류(법 제12조제1항제2호의 경우 납품업자등이 자발적으로 종업원등의 파견을 요청한 서류를 포함한다)
10. 법 제14조제2항에 따라 대규모유통업자가 경영정보를 요구하기 위하여 납품업자등에게 제공한 서류
11. 법 제16조에 따라 매장 설비비용을 보상하는 경우 보상사유 및 보상금액 등을 적은 서류
12. 법 제17조제1호에 따라 정당한 사유로 상품권을 구입하게 한 경우 상품권의 발행, 판매 및 회수내역을 적은 서류
13. 법 제17조제8호에 따라 정당한 사유로 납품업자등의 매장 위치·면적·시설을 변경한 경우 그 변경기준 및 협의내용을 적은 서류
14. 법 제17조제9호에 따라 정당한 사유로 제13조제2항 각 호의 계약조건을 변경한 경우 그 협의내용을 적은 서류

제6조(신선농·수·축산물의 상품대금 감액기간 및 반품기간) ① 법 제7조제2항 및 제10조제2항에서 "대통령령으로 정하는 기간"이란 납품업자가 신선농·수·축산물을 납품한 시점부터 대규모유통업자가 그 상품의 검수 및 매입을 마친 시점까지의 기간을 말한다.
② 제1항의 기간은 특별한 사유가 없으면 2일을 초과할 수 없다.

제7조(상품의 수령 거부·지체) 법 제9조 단서에서 "납품받은 상품이 납품업자의 책임 있는 사유로 인하여 훼손되는 등 대통령령으로 정하는 사유"란 다음 각 호의 어느 하나에 해당하는 경우를 말한다.

1. 납품받은 상품이 납품업자의 책임 있는 사유로 인하여 훼손된 경우
2. 납품받은 상품에 결함이 있는 경우
3. 납품받은 상품이 대규모유통업자가 주문한 상품과 다른 경우
4. 일정한 기간 동안에 집중적으로 판매되는 상품으로서 해당 기간을 넘겨 납품한 경우
5. 그 밖에 제1호부터 제4호까지의 규정에 준하는 사유로서 대규모유통업자가 상품 수령을 지체하거나 거부할 수 있는 정당한 사유가 있는 경우

제8조(가맹본부의 반품이 허용되는 경우) 법 제10조제1항제8호에 따라 가맹본부가 납품업자에게 반품할 수 있는 경우는 가맹점사업자가 폐업하면서 반품한 상품을 가맹본부가 납품업자에게 다시 반품하는 경우만 해당한다. 이 경우 재판매가 불가능한 상품은 반품할 수 없다.

제9조(판매촉진비용의 부담에 관한 약정사항) 법 제11조제1항에 따라 대규모유통업자와 납품업자등이 판매촉진비용과 관련하여 약정하여야 하는 사항은 다음 각 호와 같다.

1. 판매촉진행사의 명칭·성격 및 기간
2. 판매촉진행사를 통하여 판매할 상품의 품목
3. 판매촉진행사에 소요될 것으로 예상되는 비용의 규모 및 사용내역
4. 해당 판매촉진행사를 통하여 대규모유통업자와 납품업자등이 얻을 것으로 예상되는 경제적 이익의 비율
5. 판매촉진비용의 분담 비율 또는 액수

제10조(파견 종업원등에 관한 약정사항) ① 법 제12조제1항 각 호 외의 부분 단서에 따라 대규모유통업자가 종업원등을 파견받을 경우 약정하여야 하는 사항은 다음 각 호와 같다.

1. 종업원등의 수
2. 종업원등의 근무기간 및 근무시간
3. 종업원등이 종사할 업무내용
4. 종업원등의 인건비 분담 여부 및 조건

② 법 제12조제1항제1호에 따라 대규모유통업자가 종업원등을 파견받을 경우 부담하여야 할 비용은 다음 각 호와 같다.

1. 파견된 종업원등의 인건비
2. 파견된 종업원등의 식비, 교통비 등 각종 실비
3. 그 밖에 대규모유통업자의 점포에서 파견 종업원등이 상품 판매 및 관련 업무에 종사하는 데에 드는 비용

제11조(경영정보 제공 요구 금지) ① 법 제14조제1항제3호에서 "대통령령으로 정하는 경영정보"란 다음 각 호의 어느 하나에 해당하는 정보를 말한다.

1. 납품업자등이 납품하거나 판매하는 상품의 원가에 관한 정보
2. 납품업자등이 다른 사업자에게 납품하거나 다른 사업자의 점포에서 판매하는 상품의 매출액, 기간별 판매량 등 매출 관련 정보

3. 납품업자등이 다른 사업자의 점포에서 하는 판매촉진행사의 시기·횟수 및 거래조건 등 판매촉진행사에 관한 정보
4. 납품업자등이 다른 사업자와의 거래에서 사용하는 전자적 정보교환 전산망의 고유식별명칭, 비밀번호 등 해당 전산망에 접속하기 위한 정보

② 법 제14조제2항에 따라 대규모유통업자가 경영정보를 요구하는 경우 서면에 적어야 할 사항은 다음 각 호와 같다.

1. 경영정보 제공을 요구하는 목적
2. 비밀유지방법 등 요구 대상 정보의 비밀유지에 관한 사항 및 비밀침해 시의 손해배상에 관한 사항
3. 경영정보 요구일자, 제공일자 및 제공방법
4. 경영정보 제공 요구가 불가피함을 객관적으로 증명할 수 있는 사항

제11조의2(경영활동 간섭의 유형 또는 기준) 법 제14조의2제1항에 따라 금지되는 행위는 다음 각 호의 어느 하나에 해당하는 행위로 한다.

1. 납품업자등이 종업원등을 선임 또는 해임하거나 종업원등의 근무지역 또는 근무조건을 결정하는 경우 대규모유통업자의 지시 또는 승인을 받도록 하는 행위
2. 납품업자등의 판매품목, 시설규모, 영업시간 등 경영활동에 관한 사항을 부당하게 제한하는 행위
3. 납품업자등이 다른 유통업자를 통해 판매촉진행사를 실시하는 경우 협의 또는 승인의 요구, 판매촉진행사의 제한 또는 중단 등의 방법으로 간섭하는 행위
4. 납품업자등이 다른 유통업자를 통해 판매하는 상품의 가격, 수량 등 거래조건을 정하거나 유지하거나 변경하도록 요구하는 등의 방법으로 간섭하는 행위
5. 그 밖에 납품업자등이 독자적으로 의사결정을 하고 수행해야 하는 경영활동에 간섭하는 행위로서 공정거래위원회가 정하여 고시하는 행위

[본조신설 2024. 2. 6.]

제12조(판매장려금 지급에 관한 약정사항) 법 제15조제2항에 따라 대규모유통업자가 판매장려금을 받기 위하여 납품업자와 약정하여야 할 사항은 다음 각 호와 같다.

1. 판매장려금의 종류 및 명칭
2. 판매장려금의 지급목적, 지급시기 및 지급횟수
3. 판매장려금의 비율 또는 액수
4. 판매장려금의 결정기준 및 결정절차
5. 판매장려금의 변경사유, 변경기준 및 변경절차

제13조(상품권 구입 요구 금지 등) ① 법 제17조제2호 및 제3호에 따른 통상적인 시장의 납품가격 및 통상의 납품수량은 다음 각 호의 사항을 종합적으로 고려하여 판단하여야 한다.

1. 납품업자의 납품 실태

2. 원재료의 수급 상황의 변화
3. 시장에서의 수요 변동
4. 상품의 생산량 또는 수입량의 변동
5. 그 밖에 상품의 가격 변동 또는 납품수량에 영향을 미칠 수 있는 사유의 발생 여부

② 법 제17조제9호에서 "판매장려금의 비율 등 대통령령으로 정하는 계약조건"이란 다음 각 호의 어느 하나를 말한다.

1. 판매장려금의 비율 또는 액수
2. 특약매입거래 또는 위·수탁거래의 경우 상품판매대금에서 대규모유통업자가 공제하는 판매수익 또는 수수료

제14조(협의회의 회의) ① 법 제20조제1항에 따른 대규모유통업거래 분쟁조정협의회(이하 "협의회"라 한다)의 위원장이 법 제22조제1항에 따른 전체회의를 소집하거나 공익을 대표하는 위원이 같은 항에 따른 소회의를 소집하려는 경우에는 관계 위원들에게 회의 개최 7일 전까지 회의의 일시·장소 및 안건을 서면으로 통지하여야 한다. 다만, 긴급을 요하는 경우에는 그러하지 아니하다.

② 협의회의 회의는 공개하지 아니한다. 다만, 위원장이 필요하다고 인정할 때에는 분쟁당사자나 그 밖의 이해관계인에게 방청하게 할 수 있다.

제15조(분쟁조정의 신청) ① 법 제25조제1항에서 "대통령령으로 정하는 사항을 적은 서면"이란 다음 각 호의 사항이 적힌 서면을 말한다. <개정 2024. 2. 6.>

1. 신청인과 피신청인의 성명 및 주소(분쟁당사자가 법인인 경우에는 법인의 명칭, 주된 사무소의 소재지, 그 대표자의 성명 및 주소를 말한다)
2. 대리인이 있는 경우에는 그 성명 및 주소
3. 신청의 이유
4. 소송사건의 번호(분쟁조정을 신청하려는 사건에 대해 소가 제기된 경우로 한정한다)

② 제1항에 따른 서면에는 다음 각 호의 서류를 첨부하여야 한다.

1. 분쟁조정 신청의 원인 및 사실을 증명하는 서류
2. 대리인이 신청하는 경우 그 위임장
3. 그 밖에 분쟁조정에 필요한 증거서류 또는 자료

제16조(대표자의 선정) ① 다수인이 공동으로 분쟁의 조정을 신청하는 경우에는 신청인 중 3명 이내의 대표자를 선정할 수 있다.

② 신청인이 제1항에 따른 대표자를 선정하지 아니한 경우 위원장은 신청인에게 대표자를 선정할 것을 권고할 수 있다.

③ 신청인이 대표자를 변경하는 경우에는 그 사실을 지체 없이 위원장에게 통지하여야 한다.

제17조(분쟁조정 신청의 보완 등) ① 위원장은 제15조에 따른 분쟁조정의 신청에 대하여 보완이 필요하다고 인정될 때에는 상당한 기간을 정하여 그 보완을 요구하여야 한다.

② 제1항에 따른 보완에 걸리는 기간은 법 제26조제6항제3호에 따른 기간의 산정에서 제외한다. <개정 2016. 9. 21.>

제17조의2(조정절차의 개시) 협의회는 법 제26조제1항에 따라 분쟁조정 절차를 개시하는 경우에는 조정번호, 조정개시일 등을 지체 없이 분쟁당사자에게 통보하여야 하고, 분쟁당사자와 분쟁의 구체적 내용을 관리대장에 기록하여야 한다.
[본조신설 2016. 9. 21.]

제18조(분쟁당사자의 사실 확인 등) ① 협의회는 법 제26조제3항에 따라 분쟁당사자에게 출석을 요구하려는 경우에는 시기 및 장소를 정하여 출석요구일 7일 전까지 분쟁당사자에게 통지하여야 한다. 다만, 긴급을 요하거나 분쟁당사자가 동의하는 경우에는 그 기간을 달리 정할 수 있다. <개정 2016. 9. 21.>
② 제1항의 통지를 받은 분쟁당사자는 협의회에 출석할 수 없는 부득이한 사유가 있으면 미리 서면으로 의견을 제출할 수 있다.

제19조(분쟁조정의 종료사유) 법 제26조제5항제3호에서 "대통령령으로 정하는 사항이 발생하는 경우"란 다음 각 호의 어느 하나에 해당하는 경우를 말한다. <개정 2016. 9. 21.>
1. 신청인이 정당한 사유 없이 기한 내에 조정신청을 보완하지 아니한 경우
2. 신청인이 부당한 이익을 얻을 목적으로 조정신청을 한 것으로 인정되는 경우
3. 분쟁의 성격상 조정을 하는 것이 적당하지 아니하다고 인정되는 경우
4. 신청인이 같은 사안에 대하여 같은 취지로 2회 이상 조정신청을 한 경우
5. 신청인이 협의회에서 이미 끝난 분쟁조정과 같은 사안을 공정거래위원회에 신고하여 다시 협의회에 넘겨진 경우
6. 신청인이 조정신청을 취하한 경우

제20조(분쟁조정의 종료 등) 협의회는 법 제26조제7항에 따라 조정신청을 각하하거나 조정절차를 끝낸 경우에는 다음 각 호의 사항을 포함한 분쟁조정종료서를 작성한 후 그 사본을 첨부하여 공정거래위원회에 보고하여야 한다. <개정 2016. 9. 21.>
1. 분쟁당사자의 일반 현황
2. 분쟁의 경위
3. 조정의 쟁점
4. 조정신청의 각하 또는 조정절차의 종료사유

제21조(분쟁의 조정 등) 협의회는 법 제27조제1항에 따른 분쟁의 조정이 성립된 경우 다음 각 호의 사항을 포함한 조정조서를 작성한 후 그 사본을 첨부하여 조정결과를 공정거래위원회에 보고하여야 한다.
1. 분쟁당사자의 일반 현황
2. 분쟁의 경위

3. 조정의 쟁점
4. 조정의 결과

제22조(분쟁당사자의 지위승계) ① 협의회는 조정절차가 종료되기 전에 분쟁당사자가 사망하거나 능력의 상실 그 밖의 사유로 조정절차를 계속할 수 없는 경우에는 법령에 따라 그 지위를 승계한 자가 분쟁당사자의 지위를 승계하게 할 수 있다.
② 제1항에 따라 분쟁당사자의 지위를 승계하려는 자는 서면으로 협의회에 신청하여야 한다.
③ 협의회가 제2항에 따른 신청을 받은 때에는 지체 없이 심사하여 승계 여부를 결정하고, 그 내용을 신청인에게 서면으로 통지하여야 한다.

제23조(소 제기 등의 통지) ① 분쟁당사자는 법 제25조제1항에 따라 분쟁조정을 신청한 후 해당 사건에 대해 소를 제기한 경우에는 지체 없이 그 사실을 협의회에 알려야 한다. 분쟁당사자가 「중재법」에 따른 중재신청을 한 경우에도 또한 같다.
② 협의회는 제1항 전단에 따른 사실을 통지받거나 법 제25조제1항에 따라 제출받은 서면을 통해 분쟁조정이 신청된 사건에 대해 소가 제기된 사실을 확인한 경우에는 분쟁당사자의 동의를 받아 다음 각 호의 사항을 수소법원(受訴法院)에 알려야 한다.
1. 분쟁당사자의 성명과 주소(분쟁당사자가 법인인 경우에는 법인의 명칭, 주된 사무소의 소재지, 그 대표자의 성명과 주소를 말한다. 이하 이 조에서 같다)
2. 분쟁조정 신청일
3. 분쟁조정 신청의 취지와 그 이유
4. 소송사건의 번호
③ 분쟁당사자는 법 제26조의2제1항에 따라 수소법원이 소송절차를 중지한 경우에는 지체 없이 그 사실을 협의회에 알려야 한다.
④ 협의회는 법 제26조의2제1항에 따라 수소법원이 소송절차를 중지한 분쟁조정 사건에 대해 법 제26조제4항에 따라 조정신청을 각하하거나 같은 조 제5항·제6항에 따라 조정절차를 끝낸 경우에는 분쟁당사자의 동의를 받아 다음 각 호의 사항을 수소법원에 알려야 한다.
1. 분쟁당사자의 성명과 주소
2. 조정신청의 각하 사유 또는 조정절차의 종료 사유
3. 조정의 결과(조정이 성립된 경우로 한정한다)
4. 소송사건의 번호
⑤ 협의회는 법 제26조의2제2항·제3항에 따라 조정절차를 중지한 경우에는 지체 없이 그 사실을 분쟁당사자에게 알려야 한다.
[전문개정 2024. 2. 6.]

제24조(협의회의 운영세칙) 이 영에서 규정한 사항 외에 협의회의 조직·운영·조정절차 등에 필요한 사항은 협의회의 심의·의결을 거쳐 협의회의 위원장이 정한다.

제25조(위반행위의 신고 및 신고내용의 통지) ①법 제29조제1항 전단에 따른 신고를 하려는 자

는 다음 각 호의 사항을 적은 서면을 공정거래위원회에 제출하여야 한다. 다만, 신고사항이 긴급을 요하거나 부득이한 경우에는 전화 또는 구두로 신고할 수 있다. <개정 2016. 9. 21.>

1. 신고인의 성명·주소
2. 피신고인의 주소, 대표자 성명 및 사업내용
3. 피신고인의 위반행위 내용
4. 그 밖에 위반행위의 내용을 명백히 할 수 있는 사항

② 공정거래위원회는 제1항의 신고를 접수한 날부터 15일 이내에 신고자가 다음 각 호의 동의를 하는지 여부를 확인하기 위한 서면을 신고자에게 직접 발급하거나 우편(전자우편을 포함한다. 이하 이 조에서 같다)을 통하여 송부하여야 한다. <신설 2016. 9. 21.>

1. 신고가 접수된 사실을 공정거래위원회가 대규모유통업자에게 통지하는 것에 대한 동의
2. 제1호의 통지를 하는 경우 신고자와 신고내용도 함께 통지하는 것에 대한 동의

③ 신고자는 제2항에 따라 서면을 발급받거나 송부받은 날부터 15일 이내에 제2항 각 호의 동의를 한다는 사실을 공정거래위원회에 서면으로 통지하여야 하며, 해당 기간 내에 통지하지 아니한 경우에는 제2항에 따른 동의를 하지 아니한 것으로 본다. <신설 2016. 9. 21.>

④ 공정거래위원회는 제3항에 따른 통지를 받은 경우에는 그 통지를 받은 날부터 7일 이내에 신고접수 사실, 신고자 및 신고내용을 기재한 서면을 대규모유통업자에게 직접 발급하거나 우편을 통하여 송부하여야 한다. <신설 2016. 9. 21.>

[제목개정 2016. 9. 21.]

제26조(포상금의 지급) ① 법 제29조의2제1항에 따른 포상금(이하 이 조에서 "포상금"이라 한다)의 지급대상이 되는 법 위반행위는 법 제6조제1항부터 제3항까지, 제7조부터 제10조까지, 제11조제1항부터 제4항까지, 제12조부터 제15조까지, 제15조의2 및 제16조부터 제18조까지의 어느 하나에 해당하는 규정을 위반하는 행위로 한다. <개정 2018. 9. 11.>

② 포상금은 제1항의 위반행위를 신고하거나 제보하고, 이를 입증할 수 있는 증거자료를 최초로 제출한 자에게 지급한다. 다만, 해당 위반행위를 한 대규모유통업자 및 그 대규모유통업자의 임직원으로서 해당 위반행위에 관여한 사람은 제외한다. <개정 2018. 9. 11.>

③ 공정거래위원회는 특별한 사정이 있는 경우를 제외하고는 신고 또는 제보된 행위가 법 위반행위에 해당한다고 인정하여 해당 행위를 한 대규모유통업자에게 시정조치 등의 처분을 하기로 의결한 날(이의신청이 있는 경우에는 재결한 날을 말한다)부터 3개월 이내에 포상금을 지급한다. <개정 2018. 9. 11.>

④ 포상금의 지급에 관여한 조사공무원은 신고자 또는 제보자의 신원 등 신고 또는 제보와 관련된 사항을 타인에게 제공하거나 누설해서는 아니 된다. <신설 2018. 9. 11.>

⑤ 위반행위의 유형별 구체적인 포상금 지급기준은 위반행위의 중대성 및 증거의 수준 등을 고려하여 공정거래위원회가 정하여 고시한다. <신설 2018. 9. 11.>

⑥ 포상금의 지급에 관한 사항을 심의하기 위하여 공정거래위원회에 신고포상금 심의위원회를 둘 수 있다. <신설 2018. 9. 11.>

⑦ 제6항에 따른 신고포상금 심의위원회의 설치·운영에 관한 사항 및 그 밖에 포상금 지급의 기준·절차 등에 관한 세부사항은 공정거래위원회가 정하여 고시한다. ＜신설 2018. 9. 11.＞

제26조의2(공표명령의 방법 및 절차) ① 공정거래위원회는 법 제32조에 따라 대규모유통업자에게 시정명령을 받은 사실의 공표를 명하려는 경우에는 다음 각 호의 사항을 고려하여 공표의 내용, 매체의 종류·수 및 지면 크기 등을 정하여 명하여야 한다.

1. 위반행위의 내용과 정도
2. 위반행위의 기간과 횟수

② 공정거래위원회는 제1항에 따라 시정명령을 받은 사실의 공표를 명할 때에는 해당 대규모유통업자에게 미리 그 문안(文案) 등에 관하여 공정거래위원회와 협의하도록 할 수 있다.

[본조신설 2018. 9. 11.]

제27조(시정권고 절차) 법 제33조제1항에 따른 시정권고는 다음 각 호의 사항을 명시한 서면으로 하여야 한다.

1. 법 위반내용
2. 권고사항
3. 시정기한
4. 수락 여부 통지기한
5. 수락 거부 시의 조치

제28조(과징금) ① 법 제35조에 따른 과징금의 부과기준은 별표 1과 같다. ＜개정 2018. 1. 9.＞

② 제1항에서 규정한 사항 외에 과징금의 부과에 필요한 사항은 공정거래위원회가 정하여 고시한다.

제29조(규제의 재검토) 공정거래위원회는 제2조에 따른 서면 기재사항에 대하여 2017년 1월 1일을 기준으로 3년마다(매 3년이 되는 해의 1월 1일 전까지를 말한다) 그 타당성을 검토하여 개선 등의 조치를 해야 한다.

[전문개정 2020. 3. 3.]

제29조의2(과태료 부과기준) 법 제41조제1항부터 제5항까지의 규정에 따른 과태료의 부과기준은 별표 2와 같다. ＜개정 2018. 1. 9., 2018. 9. 11.＞

[본조신설 2016. 9. 21.]

부칙 ＜제34204호, 2024. 2. 6.＞

이 영은 공포한 날부터 시행한다. 다만, 제11조의2의 개정규정은 2024년 2월 9일부터 시행한다.

3. TV홈쇼핑사업자의 특정 불공정거래행위에 대한 위법성 심사지침

[시행 2023. 7. 18.] [공정거래위원회예규 제438호, 2023. 7. 18., 일부개정.]

공정거래위원회(유통대리점정책과), 044－200－4961

Ⅰ. 목적

이 지침은 TV홈쇼핑사업자와 납품업자간의 거래와 관련하여 발생하는「대규모 유통업에서의 거래 공정화에 관한 법률」(이하 "법"이라 한다)제6조(서면의 교부 및 서류의 보존 등)·제11조(판매촉진 비용의 부담전가 금지)·제15조(경제적 이익 제공 요구 금지)·제17조(상품권 구입 요구 금지 등)에서 규정하고 있는 행위 중 TV홈쇼핑 거래의 특성을 고려할 필요가 있는 행위에 대한 심사관의 위법성 심사기준과 법 위반 유형을 제시하여 TV홈쇼핑 거래분야에 대한 법 집행의 일관성과 예측 가능성을 높이는 데에 그 목적이 있다.

Ⅱ. 지침의 적용범위

이 지침은 TV홈쇼핑사업자(「방송법」 제9조제5항 단서에 따른 상품소개와 판매에 관한 전문편성을 행하는 방송채널사용사업을 하기 위하여 과학기술정보통신부장관의 승인을 받은 자)가 납품업자로부터 상품을 공급받아 TV홈쇼핑방송을 통해 소비자에게 판매하고 상품판매 대금을 납품업자에게 지급하기까지의 모든 과정에서 발생하는 행위에 적용된다.

TV홈쇼핑방송은 TV홈쇼핑 상품판매방송 프로그램을 소비자에게 제공하는 TV(Cable－TV, IP TV, 위성 TV)방송, e－TV(모바일, 인터넷)방송 및 데이터방송을 포함한다.

Ⅲ. 위법성 심사기준

1. 계약 체결 즉시 서면 교부 의무 (법 제6조 관련)

가. 의무 행위

TV홈쇼핑사업자는 납품업자와 계약을 체결한 즉시 납품업자에게 법 시행령 제2조(서면 기재사항) 제1항 및 제2항에서 정하고 있는 계약사항(이하 "법정 계약사항"이라 한다)이 명시되고 TV홈쇼핑사업자와 납품업자가 각각 서명 또는 기명날인한 서면(이하 "계약서면"이라 한다)을 교부하여야 한다(법 제6조 제1항 및 제2항).

[참고] "계약의 체결"이라 함은 TV홈쇼핑사업자와 납품업자간의 상품거래를 위한 법정 계약사항 등에 대한 의사표시의 합치(합의) 상태가 발생한 것을 의미하는 것으로 별도의 형식을 요하지 않으며, 법정 계약사항의 전부에 대해 동시에 일괄적으로 계약을 체결하거나, 계약사항 별로 시차를 두어 따로 계약을 체결할 수도 있다.

〈TV홈쇼핑사가 계약서면에 명시해야할 법정 계약사항(법 시행령 제2조)〉

1. 거래형태, 거래품목 및 기간
2. 납품방법, 납품장소 및 일시
3. 상품대금의 지급수단 및 지급시기
4. 상품의 반품조건
5. TV홈쇼핑사업자가 상품판매대금에서 공제하는 판매수익 또는 수수료 및 납품업자가 판매수익 또는 수수료 외에 추가로 부담하는 비용
6. 방송 횟수 및 일시
7. 방송출연자의 인건비와 그 분담 여부 및 조건
8. 소비자가 주문한 상품의 배송조건
9. 소비자가 구매를 취소하거나 반품한 상품의 배송 및 처리조건

나. 위법성 심사기준

1) 계약서면의 교부시기

가) TV홈쇼핑사업자가 납품업자와 방송판매 상품의 거래조건(법정 계약사항) 전부에 대해 일괄하여 계약을 체결한 경우 계약사항 전부를 기재한 계약서면을 계약체결 즉시 납품업자에게 교부하여야 한다.

[참고] "계약 체결 즉시"라 함은 계약체결과 동시 또는 계약체결 직후를 의미한다고 볼 수 있다.

나) TV홈쇼핑사업자가 납품업자와 법정 계약사항 중 일부에 대해 계약을 체결하고 나머지 계약사항에 대해 나중에 정하기로 합의를 한 경우 그 즉시 이러한 계약내용을 기재한 계약서면을 납품업자에게 교부하여야 한다.

다) TV홈쇼핑사업자는 납품업자와 위 나)와 같이 나중에 정하기로 한 계약사항에 대해 계약을 체결하는 즉시 이러한 계약사항을 기재한 계약서면을 납품업자에게 교부하여야 한다.

[참고] TV홈쇼핑사업자는 납품업자와 통상 아래 <표 1> 기재와 같이 판매 방송일로부터 상당한 기간(수개월 내지 수주일) 전에 해당 상품의 품목, 판매기간, 방송횟수 등에 대해 합의(계약체결)가 이루어지고, 해당 방송 주간 2주 전에는 주간 방송편성표를 확정하면서 그때까지 체결되지 않은 법정 계약사항의 전부 또는 주요 사항에 대해 계약을 체결하는 경우가 많다.

〈표1〉 거래단계별 계약내용 (예시)

거래 단계	계약체결(합의) 내용
품목선정·물량 준비 단계	상품의 품목, 판매기간, 방송횟수 등
방송일정 확정 단계	방송일시, 판매수수료, 상품판매가격, 판매촉진비용 분담비율 등
방송임박 단계	기타 나머지 사항

라) TV홈쇼핑사업자는 납품업자와 계약을 체결한 법정 계약사항의 일부 또는 전부에 대해 변경계약을 체결하는 경우, 그 즉시 변경된 계약내용을 기재한 계약서면을 납품업자에게 교부하여야 한다.

마) TV홈쇼핑사업자는 재방송 판매상품의 거래에 대해 본방송 판매상품의 거래와 마찬가지로 계약을 체결하여야 하며, 계약체결 즉시 계약서면을 납품업자에게 교부하여야 한다.

2) 법위반에 해당될 수 있는 행위(예시)

가) TV홈쇼핑사업자가 납품업자와 냄비세트 판매방송을 진행하기 위해 판매방송일 2주 전에 방송일시를 포함한 전체 법정 계약사항에 대해 계약을 체결하였음에도 그 즉시 계약서면을 교부하지 않고 방송일 하루 전에 교부하는 행위

나) TV홈쇼핑사업자가 납품업자와 방송일 10일 전에 법정 계약사항 전부에 대해 계약을 체결하였음에도 방송일시를 누락한 계약서면을 교부하는 행위

다) TV홈쇼핑사업자가 시즌성 패션잡화 상품 판매를 위해 방송일 6개월 전 납품업자와 상품품목·방송횟수(3회)·준비물량을 합의(계약체결)하고 납품업자가 이에 따라 상품 생산·주문을 진행하였으나, 계약체결 즉시 계약내용을 기재한 계약서면을 교부하지 아니하고 매 방송일 수일 전 1회분의 판매 방송에 대한 계약서면만 교부하는 행위

라) TV홈쇼핑사업자와 납품업자 중 어느 일방만이 서명 또는 기명날인한 계약서를 교부하는 행위

[참고] 법은 양 당사자의 의사합치를 명확히 하기 위해 TV홈쇼핑사업자에게 양 당사자의 서명이 있는 계약서면을 교부하도록 의무를 지우고 있다.

2. 판매촉진비용의 부담전가 금지 (법 제11조 관련)

가. 금지 및 의무 행위

1) TV홈쇼핑사업자는 판매촉진행사를 실시하기 이전에 법 시행령 제9조에서 정한 사항(이하 "판매촉진비용 부담에 관한 법정 약정사항"이라 한다)에 대해 납품업자와 약정을 하지 아니하고는 납품업자에게 해당 판매촉진행사에 소요되는 비용을 부담시키는 행위를 할 수 없다(법 제11조 제1항).

[참고] 동 규정은 판매촉진비용 부담 관련 계약서면 교부를 규정한 절차적 규제가 아니라 사전약정 없이는 판매촉진비용을 납품업자에게 부담시킬 수 없도록 규정한 실체적 규제이다.

〈판매촉진비용의 부담에 관한 법정 약정사항(법 시행령 제9조)〉

1. 판매촉진행사의 명칭·성격 및 기간
2. 판매촉진행사를 통하여 판매할 상품의 품목
3. 판매촉진행사에 소요될 것으로 예상되는 비용의 규모 및 사용내역
4. 해당 판매촉진행사를 통하여 대규모유통업자와 납품업자등이 얻을 것으로 예상되는 경제적 이익의 비율
5. 판매촉진비용의 분담 비율 또는 액수

2) 위 1)의 약정은 TV홈쇼핑사업자와 납품업자가 각각 서명 또는 기명날인한 서면으로 이루어져야하며 TV홈쇼핑사업자는 약정과 동시에 이 서면을 납품업자에게 주어야 한다(법 제11조 제2항).

3) 법 시행령 제9조 제5호의 규정에 의한 판매촉진비용의 분담비율 또는 액수는 TV홈쇼핑사업자와 납품업자가 각각 해당 판매촉진행사를 통하여 직접적으로 얻을 것으로 예상되는 경제적 이익의 비율에 따라 정하되, TV홈쇼핑사업자와 납품업자 사이의 예상이익의 비율을 산정할 수 없는 경우에는 TV홈쇼핑사업자와 납품업자의 예상이익이 같은 것으로 추정한다(법 제11조 제3항).

4) 법 제11조 제3항에 따른 납품업자의 판매촉진비용 분담비율은 100분의 50을 초과하여서는 아니 된다(법 제11조 제4항).

나. 위법성 심사기준

1) 판매촉진비용의 범위

"판매촉진행사"란 명칭이나 형식에 상관없이 상품에 대한 수요를 늘려 판매를 증진시킬 목적으로 행하는 모든 행사 또는 활동을 말하며(법 제2조 제8호), "판매촉진비용"이라 함은 판매촉진행사에 소요되는 비용을 의미한다(법 제11조 제1항).

"판매촉진행사"의 일반적인 유형은 아래 <표 2> 기재와 같다.

〈표 2〉 판매촉진행사의 유형

분류	예시
가격 할인판매 행사	계절·기념일 등 할인판매
	신학기·명절 등 특수기간 할인판매
소비자 혜택 제공 행사	신용카드 할부수수료 지원 행사
	상품권 지원 행사
	사은품 증정 행사
	적립금 증정 행사
	배송비 지원 행사
	ARS(자동응답시스템) 이용자 할인 행사
	모바일·인터넷 주문·결제자 할인 행사
위와 같은 판매촉진행사의 광고·홍보를 위한 부수적 홍보 행사 및 상품 광고	TV·라디오·잡지 등을 통한 광고·홍보
	전단지·플래카드·리플릿 등 제작·배포

2) 판매촉진비용에 해당하지 아니하는 비용

가) 판매전문가·보조출연자(유명인사, 상품전문가 등)·방청객 등의 방송출연과 방송세트(무대장치·설비 등)·상품소개 프로그램 제작 등에 소요되는 비용은 본질적으로 방송제작 비용으로서 상품판매방송 서비스를 제공하고 그 대가로 판매수수료를 받는 TV홈쇼핑

사업자가 부담해야할 비용이며 이는 납품업자와 분담할 수 있는 판매촉진비용에 해당하지 않는다.

[참고] 방송법 시행령 제63조의5[별표2의2]는 방송 출연료를 방송제작비용으로 규정하고 있다.

나) TV홈쇼핑사업자가 납품업자와 사전에 약정한 판매촉진행사를 진행하면서 당초 약정사항에 포함되지 않은 비용을 TV홈쇼핑사업자가 임의로 부담한 경우 이는 판매촉진비용 분담 대상이 될 수 없다.

3) TV홈쇼핑사업자와 납품업자 간 판매촉진비용의 분담비율에 대한 사전 약정은 해당 판매촉진행사로 인해 양당사자가 실제 얻은 매출액이나 이익의 크기와 관계없이 이행되어야 한다. 이때 납품업자의 판매촉진비용 분담비율은 100분의 50을 초과할 수 없다.

4) 법위반에 해당될 수 있는 행위(예시)

가) TV홈쇼핑사업자가 판매촉진을 위해 경품행사 등을 진행하면서 사전에 납품업자와 비용부담에 관한 사항을 약정하지 아니하고 판매촉진비용을 납품업자에게 부담시키는 행위

나) TV홈쇼핑사업자가 판매촉진행사를 진행하면서 이에 소요되는 판매촉진비용의 50%를 초과하여 납품업자에게 부담시키는 행위

다) TV홈쇼핑사업자가 상품판매가 집중되는 방송 중 및 방송종료 후 일정시간 이내에 소요되는 판매촉진비용은 납품업자에게 부담시키고 자신은 방송종료 후 일정시간 이후에 소요되는 판매촉진비용을 부담하는 것으로 약정하여 판매촉진비용의 대부분을 납품업자에게 부담시키는 행위

라) TV홈쇼핑사업자가 납품업자로 하여금 자신의 방송에서 판매할 납품업자의 상품에 대해 종합편성채널 등을 통해 간접광고를 실시하게 하면서 이에 소요되는 비용의 부담을 (1) 납품업자와 사전에 약정하지 아니하고 납품업자에게 부담시키는 행위, (2) 납품업자와 약정하였으나 이에 소요되는 비용의 50%를 초과하여 납품업자에게 부담시키는 행위

3. 경제적 이익 제공의 요구 금지 (법 제15조 관련)

가. 금지 행위

TV홈쇼핑사업자는 정당한 사유 없이 납품업자에게 자기 또는 제3자를 위하여 금전, 물품, 용역, 그 밖의 경제적 이익을 제공하게 하여서는 아니 된다(법 제15조 제1항).

나. 위법성 심사기준

1) "정당한 사유 없이 경제적 이익을 제공하게 하는 행위"에 해당하는지의 여부는 TV홈쇼핑사업자가 상품판매에 대한 대가로 수취하는 판매수수료 이외에 추가적인 경제적 이익을 납품업자로부터 수취하는 것을 원칙적으로 금지하기 위한 법 제15조 제1항의 입법 취지를 고려하여 판단한다.

가) "경제적 이익"이란 TV홈쇼핑사업자가 납품업자와 체결한 거래계약의 고유한 성질에 따라 통상적, 기본적으로 수수하는 판매 수수료 이외에 일체의 경제적 가치가 있는 것으로

서, 민법상 물건에 해당하는 유체물, 무체물 및 법률상 권리 등이 포함되며, 보조금, 장려금, 성과금, 기부금, 각종 비품 등 물품 제공, 기타의 이익 제공 등의 다양한 형식이 존재한다.

나) "경제적 이익을 제공하게 하는 행위"에는 TV홈쇼핑사업자의 거래상 지위를 이용한 강요는 물론 요구, 요청, 제안 등에 의해 납품업자가 자신의 자유로운 의사결정에 영향을 받아 이를 거부하기 어려운 정도에 이른 경우까지를 포함하며, "제공하게 하는 행위"가 금지되는 것이므로 실제로 납품업자가 TV홈쇼핑사업자나 제3자에게 경제적 이익을 제공하였을 것을 요하지는 않는다.

다) "정당한 사유"에 해당하는지 여부는 사전 합의 여부 및 납품업자의 예측 가능성, 상품 방송판매와 경제적 이익의 관련 정도, 경제적 이익의 내용·성격 및 해당 업종의 통상적인 거래관행 등을 고려하여 납품업자가 경제적 이익을 부담할 타당한 사유가 있는지 여부를 종합적으로 고려하여 판단한다.

[참고] TV홈쇼핑사업자가 납품업자와 체결한 적법한 계약내용에 따라 수취하는 판매촉진비용, 판매장려금, 간접비 등과 사전에 계약으로 정하지 않았다 하더라도 납품업자가 당연히 부담하여야 하는 비용(납품업자의 과실에 따른 손해배상 등)을 요구하는 것은 정당한 사유가 있는 행위로 볼 수 있다.

2) 법위반에 해당될 수 있는 행위(예시)

가) TV홈쇼핑사업자가 방송 판매상품의 매출 부진에 따른 판매수수료 수입 부족분을 보전하기 위하여 납품업자들에게 당초 계약에 없던 금전 제공을 요구하는 행위

나) TV홈쇼핑사업자가 해외 여행상품의 현지 홍보영상물을 제작하면서 자신의 소속 직원들의 항공·숙박비를 납품업자로 하여금 부담하도록 강요하는 행위

다) TV홈쇼핑사업자가 납품업자에게 거래와 무관한 기부금·협찬금, 기타 금품·향응 등을 요구하는 행위

라) TV홈쇼핑사업자가 방송제작비용에 해당하는 판매전문가·보조출연자(유명인사, 상품전문가 등)·방청객 등의 인건비를 납품업자로 하여금 부담하도록 요구하는 행위

[참고] 납품업자가 특정 판매전문가·보조출연자(유명인사, 상품전문가 등)·방청객 등 방송출연자의 추가 또는 변경을 요구할 경우 추가·변경으로 인해 추가로 소요되는 비용의 분담에 관해 상호 협의하여 서면으로 정하는 것은 정당한 사유가 있는 것으로 본다.

4. 납품업자에게 불이익을 주거나 이익을 제공하게 하는 행위 금지(법 제17조 관련)

가. 금지행위

TV홈쇼핑사업자는 정당한 사유 없이 제1호부터 제9호까지의 규정에 준하는 것으로서 납품업자에게 불이익을 주거나 이익을 제공하게 하는 행위를 하여서는 아니 된다(법 제17조 제10호).

[참고] 법 제17조 제1호 내지 제9호의 금지사항 : ①상품권·물품구입 요구, ②현저한 저가납품 요구, ③현저히 많은 수량 납품요구, ④판매촉진행사 참여강요, ⑤할인가격 정상가 미

환원·환원지연, ⑥상품광고 강요, ⑦퇴점방해·입점강요, ⑧계약기간 중 매장 위치·면적 등 변경, ⑨계약기간 중 계약조건(판매수수료, 판매장려금 등) 변경 등

나. 위법성 심사기준

1) 법 제17조 제10호는 납품업자에게 불리하게 작용할 수 있는 TV홈쇼핑사업자의 거래상 지위 남용행위들을 포괄적으로 금지하기 위해 일반조항으로 규정된 것이다. 따라서 TV홈쇼핑사업자의 행위가 법 제17조 제1호 내지 제9호에 해당하지 않더라도 그것이 납품업자에게 실질적으로 불이익이 되거나 TV홈쇼핑사업자에게 이익을 제공하도록 하는 행위에 해당할 경우 법 제17조 제10호의 위반으로 인정될 가능성이 높다.

2) TV홈쇼핑사업자가 정당한 사유 없이 납품업자와 체결한 상품판매방송계약을 취소하거나 당초 계약내용의 주요 사항을 변경하는 것과 같이 법 제17조 제1호 내지 제9호에 준하는 행위를 통해 납품업자에게 불이익을 주거나 납품업자로 하여금 이익을 제공하도록 하는 경우 법 제17조 제10호의 위반으로 인정될 가능성이 높다.

[참고] 다만, TV홈쇼핑사업자가 변경 계약을 체결하는 사유가 사전에 TV홈쇼핑사업자와 납품업자 간에 변경 계약을 체결하기로 합의한 사항으로서 ①동일 또는 유사 시간대에 다른 TV홈쇼핑사업자가 동일 품목을 판매하여 해당 상품의 판매실적 부진이 명백히 예상되는 경우, ②납품상품의 하자, 방송판매 상품 준비물량 미 확보 등으로 정상적인 판매가 어려운 경우 등은 정당한 사유가 있는 것으로 본다.

3) 법위반에 해당될 수 있는 행위(예시)

가) TV홈쇼핑사업자가 당초 납품업자와 체결한 방송 일시를 상품매출 등에서 납품업자에게 불리한 일자나 시간대로 변경하거나, 당초 계약한 사은품이나 상품 구성내용을 변경하여 납품업자로 하여금 추가로 비용을 부담하도록 하는 행위

나) TV홈쇼핑사업자가 납품업자와 당초 약정한 방송 횟수 중 진행되지 않은 나머지 회 차의 방송에 대해 매출 부진 등을 이유로 일방적으로 취소하는 행위

다) TV홈쇼핑사업자와 납품업자 간 상품 품목·디자인, 준비물량, 방송판매 횟수 등에 대한 사전 합의에 따라 납품업자가 상당기간(수개월~수주일)에 걸쳐 준비한 계절상품에 대해 정률제 판매방송을 1~2회 실시한 결과 판매실적이 부진하자, TV홈쇼핑사업자가 이를 사유로 당초 약속한 횟수의 방송 중 진행되지 않은 나머지 방송에 대해 판매수수료 수취 방식을 정액제나 혼합제로 변경함으로써 납품업자로 하여금 정률제 대비 높은 수수료를 부담하도록 하는 행위

라) TV홈쇼핑사업자가 중간유통업자(유통 vender)의 실질적 역할이 거의 없거나 납품업자가 원하지 않음에도 불구하고, 납품업자로 하여금 중간유통업자를 통해 납품하도록 함으로써 납품업자에게 중개수수료 등 불필요한 비용을 부담 지우는 행위

Ⅳ. 재검토기한

공정거래위원회는「훈령·예규 등의 발령 및 관리에 관한 규정」에 따라 이 지침에 대하여 2024년 1월 1일을 기준으로 매3년이 되는 시점(매 3년째의 12월 31일까지를 말한다)마다 그 타당성을 검토하여 개선 등의 조치를 하여야 한다.

부칙 <제438호, 2023. 7. 18.>

이 지침은 2023년 7월 18일부터 시행한다.

4. 대규모유통업 분야에서 납품업자등의 종업원 파견 및 사용에 관한 가이드라인

[시행 2021. 2. 1.] [공정거래위원회예규 제360호, 2020. 12. 18., 일부개정.]

공정거래위원회(유통대리점정책과), 044-200-4961

I. 서론

1. 목적

이 가이드라인은 대규모유통업자가 납품업자 또는 매장임차인(이하 "납품업자등"이라 한다)으로부터 종업원이나 그 밖에 납품업자등에 고용된 인력(이하 "종업원등"이라 한다)을 파견받아 자기의 사업장에 근무하게 하는 과정에서 발생할 수 있는「대규모유통업에서의 거래 공정화에 관한 법률」(이하 "법"이라 한다) 위반행위를 예방하기 위한 사항들을 구체적으로 제시함으로써, 향후 대규모유통업자가 스스로 법 위반행위를 방지할 수 있게 함을 목적으로 한다.

2. 적용 범위

이 가이드라인은 거래형태(직매입거래, 특약매입거래, 위·수탁거래, 임대차거래) 및 소매업태(백화점, 대형마트, 슈퍼마켓 등)를 불문하고 대규모유통업자가 납품업자등으로부터 종업원등을 파견받는 단계와 그 이후 자기의 사업장에서 근무하게 하는 단계에서 발생하는 행위를 대상으로 한다. 이 가이드라인에 규정된 <법 위반에 해당될 수 있는 행위>는 대규모유통업법의 규정과 관련하여 발생할 수 있는 대표적인 유형의 행위를 예시한 것이므로, 가이드라인에 열거되지 아니한 행위라고 하여도 법 적용이 배제되는 것은 아니다.

Ⅱ. 관련 법 규정(법 제12조)

법 제12조제1항 본문에서는 대규모유통업자가 납품업자등으로부터 종업원등을 파견받아 자기의 사업장에 근무하게 하는 행위를 원칙적으로 금지하고 있다. 다만, 법 제12조제1항 단서에서는 아래의 세가지 요건을 모두 충족한 경우에 한하여 제한적으로 종업원등을 파견받을 수 있도록 규정하고 있다.

1. 파견을 받음에 있어 아래의 예외적 허용사유 중 하나에 해당·대규모유통업자가 납품업자등으로부터 파견된 종업원등의 인건비 등 제반 비용을 부담하는 경우(법 제12조제1항제1호)
   - 납품업자등이 종업원등 파견에 따른 예상이익과 비용의 내역 및 산출근거를 객관적·구체적으로 작성하여 명시한 서면에 의거하여 대규모유통업자에게 자발적으로 파견을 요청하는

경우(법 제12조제1항제2호)

- 상기 두가지 사유에 해당되지 않더라도, 대규모유통업자가 납품업자등으로부터 특수한 판매기법 또는 능력을 지닌 숙련된 종업원등을 파견받는 경우(법 제12조제1항제3호)

2. 납품업자등과 사전에 파견조건에 관해 서면으로 약정

대규모유통업자는 상기 세가지 예외적 허용사유의 어느 하나에 해당되어 납품업자등으로부터 종업원등을 파견받더라도 사전에 아래에 제시된 사항에 관해 서면으로 약정하고, 납품업자등과 각각 서명 또는 기명날인하여야 한다.(법 제12조제1항 단서 및 제12조제2항) 이 때, 약정서에 포함되어야 할 사항은 다음과 같다.(시행령 제10조제1항)

- 종업원등의 수
- 종업원등의 근무기간 및 근무시간
- 종업원등이 종사할 업무내용
- 종업원등의 인건비 분담 여부 및 조건

3. 해당 납품업자등이 납품하는 상품의 판매 및 관리 업무에 종사

대규모유통업자는 파견된 종업원등을 해당 납품업자등이 납품하는 상품의 판매 및 관리 업무에 종사하도록 해야 한다.(법 제12조제1항 단서) 따라서 대규모유통업자는 특정 납품업자등으로부터 파견된 종업원등을 자신의 일반적인 관리 업무나 여타 업무 또는 다른 납품업자등이 납품하는 상품의 판매 및 관리 업무에 종사하게 하여서는 아니된다.

Ⅲ. 대규모유통업자가 종업원등을 파견받는 사유와 관련하여 준수해야 할 사항

대규모유통업자는 법(제12조제1항 각호)에서 규정하고 있는 예외적 허용사유의 어느 하나에 해당될 경우에 납품업자등으로부터 종업원등을 파견받을 수 있다. 따라서, 종업원등 파견사유가 상기에서 제시된 예외적 허용사유 중 어느 하나에 해당되지 않거나, 그 범위를 넘어서지 않도록 유의하여야 한다.

1. 대규모유통업자가 파견된 종업원등의 인건비를 비롯한 제반 비용을 부담하는 조건으로 파견을 받았으나, 그 비용의 일부 또는 전부를 부담하지 않거나 납품업자등에게 전가하여서는 아니됨

대규모유통업자가 법 제12조제1항제1호에 따라 종업원등 파견에 소요되는 제반비용을 부담하는 조건으로 납품업자등으로부터 파견받을 경우, 대규모유통업자는 인건비(보수)와 식비·교통비 등 각종 실비, 기타 파견된 종업원등이 상품 판매 및 관련 업무에 종사하는 데에 드는 비용(이하 “파견비용”이라 한다)을 부담하여야 한다.(시행령 제10조제2항) 따라서, 이 경우 대규모유통업자가 파견비용의 일부 또는 전부를 부담하지 않거나, 납품업자등에게 파견비용을 전가시키는 행위를 한다면 법 위반에 해당될 수 있다.

〈법 위반에 해당될 수 있는 행위 (예시)〉

- 파견비용을 부담하는 조건으로 파견을 받았으나, 파견 인력에 지급하는 비용부담을 이유로 납품업자에게 상품 매입원가의 인하를 요구하거나, 판매장려금 또는 광고비를 추가로 수취하는 행위
- 파견 비용을 부담하는 조건으로 파견을 받았으나, 약정서 상에 기재된 판매활동을 수행함에 있어 소요되는 진열대·시식대 등 설치비용, 샘플·시식용 상품 비용 등 대규모유통업자가 부담해야 할 비용 중 일부를 납품업자에게 부담시키는 행위

2. 대규모유통업자가 먼저 납품업자등에게 종업원등을 파견할 것을 요구하였음에도 불구하고, 납품업자등으로부터 자발적 요청이 있었음을 이유로 종업원등을 파견받아서는 아니됨

납품업자등은 지속적 거래관계 유지를 위해 대규모유통업자가 종업원등을 파견하여줄 것을 요구하더라도 이를 거부하기 어려운 경우가 많다. 대규모유통업자가 납품업자등에게 구두나 유선 또는 이메일 등으로 비공식적으로 종업원등을 파견하여 줄 것을 먼저 요구하고, 납품업자등이 이에 응하는 경우라면 납품업자로부터 자발적인 요청이 있는 경우로 보기 어렵다.

따라서 대규모유통업자가 납품업자로부터 자발적인 요청이 있었다는 사유로 종업원등을 파견받으려면 대규모유통업자의 비공식적인 요구 이전에 납품업자등이 자신의 필요에 의해 스스로 자사 인력을 파견받아 줄 것을 먼저 요청하여야 한다. 이 경우 납품업자등의 요청은 종업원등의 파견에 따르는 예상 이익과 비용의 내역 및 산출근거를 객관적·구체적으로 작성하여 명시한 서면에 의하여야 한다.(법 제12조제1항제2호) 대규모유통업자가 납품업자등으로부터 사전에 자발적 파견요청서를 받았더라도, 파견에 따른 예상 이익 및 비용에 대한 구체적 산출근거가 없는 경우에는 자발성에 대한 다툼이 있을 수 있으므로 유의하여야 한다.

〈법 위반에 해당될 수 있는 행위 (예시)〉

- 납품업자등의 자발적 요청 이전에 대규모유통업자가 납품업자등에게 협조요청 등의 명목으로 종업원등을 파견하여 줄 것을 구두나 유선 또는 이메일 등으로 비공식적으로 요구하고, 사후에 납품업자등으로부터 파견요청서를 제출하게 하는 행위
- 대규모유통업자가 파견사원 운영에 관한 계획을 수립하여 각 납품업자 별로 파견해야 할 판촉사원의 수를 할당한 다음, 개별 납품업자등으로부터 자발적 파견 요청서를 제출하게 하는 행위
- 대규모유통업자가 납품업자등에 종업원 파견을 요구하면서 이를 거절할 경우 거래개시 거절, 거래지속 중단 등 불이익을 부여하거나, 이를 암시함으로써 납품업자등이 그 요구에 응할 수 밖에 없는 경우

3. 대규모유통업자가 파견에 따른 제반비용을 부담(법 제12조제1항제1호)하거나 납품업자등이 자발적으로 파견을 요청(동조제2호)하는 경우에 해당되지 않을 경우에는 특수한 판매기법 또는 능력을 지닌 숙련된 종업원만을 파견받을 수 있음(동조제3호)

'특수한 판매기법 또는 능력'이라 함은 개별적·구체적인 상황에 따라 달라질 수 있으나, 일반 종업원이 지닌 능력에 비해 상당한 정도로 차별화된 판매기법이나 능력을 말한다. 이를 판단함에 있어 해당 기법 또는 능력이 소정의 교육과정 이수만으로는 갖추기 어려울 정도의 상품에 관한 전문지식(예: 특정 전자제품의 기능, 와인 감별 및 보관기법 등)과 이를 토대로 한 판매 및 상품관리 능력을 필요로 하는지가 기준이 될 것이다. 따라서, 소정의 교육과정 이수만으로 습득이 가능하거나, 상품 및 브랜드의 특성과 무관하게 공통적으로 적용되는 지식의 경우에는 이에 해당된다고 보기 힘들 것이다.

특수한 판매기법 또는 능력이 요구되는 분야에서 1년 이상 종사한 경험이 있는 인력은 '숙련된 종업원'으로 추정한다. 한편, 1년 이상 종사한 경험이 없더라도 특수한 판매기법 또는 능력을 충분히 발휘하여 일반 종업원과 차별화된 판매, 상품관리 등을 할 수 있으면 '숙련된 종업원'으로 보아 파견받을 수 있다.

대규모유통업자는 '특수한 판매기법 또는 능력을 지닌 숙련된 종업원' 사유로 파견받은 종업원을 당초 파견받은 목적에 부합하는 직무에 종사하게 하여야 한다. 예를 들어, '특수한 판매기법 또는 능력을 지닌 숙련된 종업원'을 단순 판매보조 또는 판촉을 위한 시식·시연 업무에만 종사하게 할 경우에는 법 위반 소지가 있을 수 있다.

〈법 위반에 해당될 수 있는 행위 (예시)〉

- 대규모유통업자가 파견에 따른 제반비용을 부담하거나 납품업자등이 자발적으로 파견을 요청하는 경우에 해당되지 않음에도 불구하고, 상품의 특성이나 판매업무와 관련된 소정의 교육만으로도 가능한 단순 상품판매 업무의 수행을 위해 종업원등을 파견받는 행위
- 특별한 기술이 필요하지 않은 시식 및 시연, 고객에 대한 관심제고 수준의 단순 판촉업무에 숙련된 종업원등을 요구하여 판촉사원을 파견받는 행위
- 특수한 판매기법이나 능력과 무관한 판매대금 수령 등 단순 판매보조업무의 수행을 위해 숙련된 종업원등을 요구하여 파견받는 행위
- 대규모유통업자 차원의 바겐세일 등 판촉행사 기간에 행사보조업무의 수행을 위한 임시 행사요원을 추가로 요구하여 파견받는 경우

Ⅳ. 대규모유통업자가 종업원등을 파견받을 경우 따라야 할 절차

대규모유통업자는 사전에 납품업자등과 파견조건을 서면으로 약정하여야 한다.(법 제12조제1항 단서) 동 서면에는 대규모유통업자와 납품업자등이 각각 서명 또는 기명날인하여야 한다.(법 제12조제2항) 이 때, 약정하여야 할 사항은 다음과 같다.(시행령 제10조제1항)

- 종업원등의 수
- 종업원등의 근무기간 및 근무시간
- 종업원등이 종사할 업무내용
- 종업원등의 인건비 분담 여부 및 조건

대규모유통업자는 파견조건을 약정한 서면을 즉시 납품업자등에게 교부하여야 하며(법 제6조제1항), 동 서면을 약정이 끝난 날부터 5년간 보존하여야 한다(법 제6조제8항)

따라서, 대규모유통업자가 ① 종업원등을 파견받은 이후에 서면약정하는 행위, ②상기 사항의 일부 또는 전부에 대해 약정을 체결하지 않거나 ③불명확하게 약정하는 행위, ④약정 서면이 불완전하거나 이를 납품업자등에게 교부하지 않는 행위 등은 법 위반에 해당될 수 있으므로 유의하여야 한다.

1. 파견조건에 대한 서면약정을 종업원등의 파견 이후에 실시하여서는 아니됨

파견조건에 대한 서면약정은 실제 납품업자등의 종업원등을 파견받아 자기의 사업장에 근무시키기 이전에 체결되어야 한다. 즉, 종업원등을 파견받기 이전에 구체적인 파견조건을 명시한 서면의 마련과 더불어, 이에 대한 양 당사자의 서명 또는 기명날인까지 이루어져야 한다.

〈법 위반에 해당될 수 있는 행위 (예시)〉

- 단기(예 : 1주일 이내) 판촉행사라는 이유로 서면약정없이 납품업자등에게 판촉사원 파견을 추가로 요구하고, 사후에 납품업자로부터 파견요청서와 서면약정서(기명날인 포함)를 징구하는 행위
- 1월부터 종업원등을 파견받았음에도 불구하고 4월에 파견조건에 대해 약정하고, 이를 1월부터 소급하여 적용하거나 약정일자를 1월 이전으로 수정하여 기재하는 행위
- "파견 종업원등의 인원수는 차후 협의에 의해 결정한다" 또는 "해당 월의 파견 인원수는 전월말까지의 협의에 의해 결정한다" 등 파견조건을 사후로 유보하는 행위
- 파견조건을 명시한 서면의 마련은 종업원등 파견 이전에 이루어졌으나, 한 당사자 또는 양 당사자의 서명 또는 기명 날인은 파견 이후에 이루어진 경우

2. 파견조건의 전부 또는 일부에 대해 서면약정을 체결하지 않는 행위를 하여서는 아니됨

대규모유통업자는 거래형태 및 파견조건, 파견의 자발성 여부 등과 무관하게 상기 4가지 파견조건(종업원등의 수, 근무기간 및 근무시간, 종사 업무내용, 인건비 분담 여부 및 조건)에 대해서는 반드시 약정을 체결하여야 한다. 따라서 상기 사항을 전부 약정하지 않거나, 일부만 약정하는 것은 법 위반에 해당될 수 있다.

복수의 납품업자가 공동으로 종업원을 고용하여 파견하는 경우, 대규모유통업자는 관련 납품업자 전체와 서면약정을 체결하여야 한다. 또한, 단기 판촉행사 진행 등을 이유로 부정기적·일시적으로 파견되는 판촉사원에 대해서도 사전 서면약정이 필요하다.

〈법 위반에 해당될 수 있는 행위 (예시)〉

- 단기 판촉행사 또는 복수의 납품업자가 공동으로 파견하는 경우 등과 같이 서류 작업에 많은 시간이 소요된다는 이유로 파견조건을 사전에 서면으로 약정하지 않고, 구두·이메일·파견요청 문서 등으로 종업원등 파견을 요청하여 파견받는 행위
- 납품업자등이 자발적으로 종업원등의 파견을 요청했다는 이유로 사전에 서면약정을 체결하

지 않는 행위

- 종업원등의 근무시간 및 근무기간, 업무내용에 대해서는 명확히 약정하였으나, 종업원등의 수는 예측이 어렵다는 이유로 약정서에 명시하지 않는 행위
- 상시로 판매사원을 파견받아 사용함에도 불구하고, 약정기간 만료 이전에 해당 약정을 갱신하지 않은 상태에서 계속해서 파견받는 행위

3. 파견조건을 약정하였으나, 약정된 파견조건이 불명확하여서는 아니됨

종업원등 파견에 관한 약정을 체결할 경우, 종업원등의 수·근무기간·근무내용 등은 구체적이어서 납품업자가 자신의 종업원 파견에 소요되는 비용을 사전에 예측할 수 있어야 한다.

상품의 매출액 변동이나 산발적인 판촉행사의 실시에 따라 파견 종업원의 숫자 및 근무기간을 특정하기 어려운 경우 등 불가피한 경우에는 범위를 지정하여 파견조건을 약정할 수 있을 것이다. 다만, 이 경우 지정된 범위가 너무 넓어 납품업자등이 파견비용을 예측하기 어려울 정도라면 법 위반에 해당될 소지가 있게 되므로 유의하여야 한다.

〈법 위반에 해당될 수 있는 행위 (예시)〉

- 파견조건에 관한 예측이 가능한 상시근무 판매사원을 파견받으면서 파견 인원 및 근무시간 등을 명확히 약정하지 않는 행위
- 상품매출 변동, 단기 판촉행사 등의 추가인원수요를 감안하더라도 최대 10명이면 가능한 경우임에도 불구하고 종업원등의 수를 "5명~30명" 또는 "30명 이하" 등 포괄적으로 약정하는 행위
- 종업원등의 근무기간을 "상반기 중" 또는 "3분기 중" 등으로 모호하게 규정하여 납품업자등이 파견기간을 예측하기 어려운 경우
- 납품업자는 구체적 파견조건이 명시되지 않은 서면에 서명/기명날인만 하고, 구체적인 파견조건은 유통업자가 사후에 일방적으로 기재하는 행위

4. 약정서면이 불완전하거나, 약정서면을 미교부하는 행위 등을 하여서는 아니됨

파견조건은 서면(전자문서 포함)으로 약정하여야 하며, 해당 서면에는 대규모유통업자와 납품업자등이 서명(전자서명 포함) 또는 기명날인하여야 한다.

또한, 대규모유통업자는 약정을 체결한 즉시 약정서면을 납품업자등에게 교부하여야 하며, 파견조건에 대한 약정서면과 종업원등의 근무내역에 관한 서류를 5년간 보존하여야 한다.

〈법 위반에 해당될 수 있는 행위 (예시)〉

- 파견조건을 명시한 서면은 마련되었으나, 한 당사자 또는 양 당사자 모두의 서명 또는 기명날인이 누락된 경우
- 약정서면을 납품업자등에게 교부하지 않거나, 파견 이후에 교부하는 행위
- 파견조건 약정서면 또는 종업원등의 근무내역에 관한 서류를 1년 동안만 보존하고 폐기하는 행위

- 전자서면을 통해 약정을 체결하는 경우, 납품업자등의 서명을 대규모유통업자가 보관하고 있다가 이를 약정서에 기재하는 행위

Ⅴ. 대규모유통업자가 파견받은 종업원등에 대해 유의해야 할 남용행위

대규모유통업자는 파견 종업원을 해당 인원을 고용한 납품업자등이 납품하는 상품의 판매 및 관리 업무에만 종사하게 할 수 있다.(법 제12조제1항 단서) 따라서 자사 상품 판매·관리 업무에 해당되지 않는 대규모유통업자의 고유업무나 타 납품업자등 상품에 대한 판매·관리 업무에 종사시키는 행위는 법 위반에 해당될 소지가 있게 되므로 유의해야 한다. 다만, 복수의 납품업자등이 종업원을 공동으로 파견하는 경우 파견종업원을 공동으로 파견한 납품업자등이 각각 납품하는 모든 상품의 판매 및 관리업무에 종사시키는 행위는 허용된다.

또한, 법 제17조제10호에서는 대규모유통업자가 납품업자등에게 불이익을 주거나 이익을 제공하게 하는 행위를 금지하고 있다. 따라서 대규모유통업자가 파견 종업원에 대해 설정된 판매 목표액을 달성하도록 강제하는 등 납품업자의 이익보다 자신의 이익을 일방적으로 추구하는 행위를 할 경우 법 위반 소지가 있을 수 있다.

〈법 위반에 해당될 수 있는 행위 (예시)〉

- 파견된 종업원등을 계산대에서 현금출납 보조업무, 포장업무 등에 종사시키는 행위(단, 백화점 내 점포와 같이 해당 납품업자등별로 별도의 계산대 나 결제시스템이 있는 경우는 제외한다)
- 파견된 종업원등에 통로·화장실 등 매장 공용공간 청소, 매장 공용공간에서 매장 전체차원의 고객 응대 및 안내업무 등을 하도록 지시하는 행위
- 파견된 종업원등을 배송 차량으로부터의 상품 하역, 창고반입 업무, 쇼핑 카트 회수·정리, 주차장 관리 및 주차지원 업무에 종사시키는 행위
- 파견된 종업원등에게 자사 상품 뿐만 아니라 다른 납품업자등이 납품하는 상품의 판매 및 재고파악 및 관리, 진열업무 등을 맡기는 행위
- 납품업자의 직매입상품에 대한 판촉행사를 진행하기 위해 판촉사원을 파견받아, 해당 납품업자가 납품한 대규모유통업자의 PB상품에 대한 판매업무에도 종사하도록 한 행위
- 대규모유통업자가 자기의 이익을 위한 고유 업무의 일환으로 수행하는 정기재고조사업무 등의 원활한 수행을 위해 파견 종업원등으로 하여금 자사상품의 재고를 파악토록 하는 행위
- 대규모유통업자 또는 소속 직원이 입점업체에 대해 월별 매출목표를 설정하고, 실제 달성여부와는 관계없이 제시된 목표 금액을 기준으로 판매수수료(판매장려금 포함)를 징수하는 행위 (법 제17조제10호 불이익 금지 규정)
- 대규모유통업자가 입점업체에 대해 판매목표를 설정하고, 파견 종업원에 대해 이를 달성하도록 강요하는 행위 (법 제17조제10호 불이익 금지 규정)

Ⅵ. 재검토기한

공정거래위원회는 「훈령·예규 등의 발령 및 관리에 관한 규정」에 따라 이 예규에 대하여 2021년 1월 1일을 기준으로 매3년이 되는 시점(매 3년째의 12월 31일까지를 말한다)마다 그 타당성을 검토하여 개선 등의 조치를 하여야 한다.

부칙 <제360호, 2020. 12. 18.>

이 예규는 2021년 2월 1일부터 시행한다.

5. 대규모유통업 분야에서 판매장려금의 부당성 심사에 관한 지침

[시행 2022. 10. 8.] [공정거래위원회예규 제409호, 2022. 10. 8., 폐지제정.]

공정거래위원회(유통대리점정책과), 044－200－4961

I. 목적

이 지침은 「대규모유통업에서의 거래 공정화에 관한 법률」(이하 '법'이라 한다) 제15조제2항에서 규정하고 있는 판매장려금의 합리적 인정범위에 대한 판단기준을 명확하게 규정함과 아울러 법위반에 해당될 수 있는 사례를 구체적으로 제시함으로써 대규모유통업 분야에서 판매장려금의 위법성을 심사하는 기준으로 삼는 한편, 대규모유통업자들이 법 위반 행위를 스스로 예방할 수 있게 함에 그 목적이 있다.

Ⅱ. 관련 법 규정

1. 판매장려금의 개념 및 인정범위

법 제2조제9호는 "판매장려금"이라 함은 명칭에 상관없이 "직매입거래"에서 상품의 "판매촉진"을 위하여 "연간거래 기본계약에 명시된 조건"에 따라 납품업자가 대규모유통업자에게 지급하는 경제적 이익을 말한다고 규정하고 있다.

또한, 법 제2조제8호는 상기 판매장려금의 개념 규정에 사용된 "판매촉진"의 의미에 대해, "판매촉진행사" 개념과 관련하여 명칭이나 형식에 상관없이 상품에 대한 수요를 늘려 판매를 증진시킴을 말한다고 규정하고 있다.

법 제15조제2항후문에서는 판매장려금은 "해당 거래분야에서 합리적이라고 인정되는 범위를 넘을 수 없다"고 규정하고 있다.

2. 판매장려금 약정에 관한 절차

법 제15조제2항에서는 대규모유통업자는 대통령령으로 정하는 바에 따라 연간거래 기본계약의 내용으로 판매장려금의 지급목적, 지급시기 및 횟수, 판매장려금의 비율이나 액수 등의 사항을 납품업자와 약정하고 이에 따라 납품업자로부터 판매장려금을 받을 수 있다고 규정하고 있다.

또한, 동법 시행령 제12조에서는 법 제15조제2항에 의거하여 대규모유통업자가 판매장려금을 받기 위하여 납품업자와 약정하여야 할 사항은 아래와 같다고 규정하고 있다.

- 판매장려금의 종류 및 명칭
- 판매장려금의 지급목적, 지급시기 및 지급횟수
- 판매장려금의 비율 또는 액수

- 판매장려금의 결정기준 및 결정절차
- 판매장려금의 변경사유, 변경기준 및 변경절차

그리고, 법 제6조제1항및 동법 시행령 제2조제1항제7호에서는 대규모유통업자가 납품업자로부터 판매장려금을 받는 경우 상기의 약정사항이 명시된 서면을 납품업자와 계약을 체결한 즉시 교부하여야 한다고 규정하고 있다.

Ⅲ. 판매장려금의 부당성 판단기준

상기 법령 규정들을 종합적으로 고려할 때, 판매장려금의 부당성 여부를 판단하기 위한 기준은 다음과 같다.

1. 판매촉진 목적과의 관련성 여부

1.1. 기본원칙

법 제2조제8호 및 제9호에 의하여, 대규모유통업자가 받는 경제적 이익이 판매장려금에 해당되기 위해서는 판매촉진 즉, "해당 상품에 대한 수요를 늘려 판매를 증진" 시킴을 목적으로 하여야 한다. 이때 "판매"라 함은 해당 상품에 대한 소비자 판매를 의미하므로, "수요"의 의미도 해당 상품에 대한 소비지 수요를 밀한다고 봄이 타당하다.

따라서 직매입 거래에서 "상품에 대한 소비자 수요를 늘려 판매를 증진" 시키는 목적과 직접적 관련성이 없이 대규모유통업자가 납품업자로부터 받는 판매장려금은 이 법에서 정한 합리적인 인정범위 내에 있는 것으로 보기 어렵다.

1.2. 판매촉진 목적과의 관련성이 인정되지 않는 판매장려금 항목 (예시)

1.2.1. 기본장려금

명칭에 상관없이 대규모유통업자가 납품업자로부터 상품 매입금액의 일정비율 혹은 일정금액을 받는 형태의 판매장려금이 이에 해당된다.

동 판매장려금 항목은 대규모유통업자가 납품업자로부터 상품 매입금액의 일정비율을 획일적으로 받기(지급해야 할 상품 매입대금에서 공제하고 지급받는 경우 포함) 때문에 당해 상품에 대한 판매촉진 목적과의 연관성이 매우 낮다. 더욱이 납품업자의 납품액(대규모유통업자 매입액)이 감소되더라도 동 판매장려금을 받게 된다는 점에서 더욱 그러하다.

또한, 동 판매장려금 명목을 통해 징수된 경제적 이익은 대규모유통업자의 직원 인건비, 점포유지 운영비, 영업이익 등 일반적 관리 목적에도 활용될 수 있는 점을 감안할 때, 동 판매장려금 항목은 법에서 정한 합리적 인정범위 내에 있는 것으로 보기 어렵다.

1.3. 판매촉진 목적과의 관련성이 인정되는 판매장려금 항목 (예시)

1.3.1. 성과 장려금

명칭에 상관없이 대규모유통업자와 납품업자가 합의하여 전년동기 대비 납품액(납품단가x납품물량) 신장목표에 도달하였을 때, 대규모유통업자가 납품업자로부터 지급받는 형태의 판매장려금이 이에 해당된다.

대규모유통업자는 다양한 판촉노력을 통해 당해 상품의 판매액을 증가시켜야 약정된 목표를 달성할 수 있으므로 동 판매장려금은 판매촉진 목적과의 직접적 관련성이 인정된다. 또한, 이는 납품업자의 납품액 증가에도 기여하므로 납품업자의 이익도 제고하게 된다.

따라서 동 판매장려금 항목은 판매촉진 목적과의 관련성이 인정될 수 있다.

1.3.2. 신상품 입점장려금(출시 후 6개월 이내)

명칭에 상관없이 대규모유통업자가 납품업자의 신상품을 매장에 진열해 주는 대가로 납품업자로부터 받는 형태의 판매장려금이 이에 해당된다.

이때 신상품인지의 여부는 업계의 거래관행 등을 고려하여 출시 후 6개월 이내의 상품을 원칙으로 하며, 실질적으로 기존 상품과 상품코드가 바뀐 것에 불과한 리뉴얼 상품은 이 지침에서의 신상품에 해당되지 아니한다.

신상품은 대규모유통업자 입장에서 볼 때 소비자들에게 브랜드 인지도가 낮기 때문에 판매 여부가 불확실한 경우가 많다. 또한 납품업자 입장에서 볼 때도 신상품의 경우 판로 확보가 용이하지 않은 경우가 많다.

신상품이 대규모유통업자의 매장에 진열되면 해당 상품에 대한 브랜드 인지도를 향상시키고 상품에 대한 고객 접근성을 높이게 되어 동 상품에 대한 판매가 촉진되는 효과가 있다. 또한 동 판매장려금 항목은 대규모유통업자가 신상품을 직매입 함에 따른 판매부진의 위험을 보상하는 측면이 있다.

따라서 동 판매장려금 항목은 판매촉진 목적과의 관련성이 인정될 수 있다.

1.3.3. 매대(진열) 장려금

명칭에 상관없이 대규모유통업자가 상품을 매출증가 가능성이 큰 자리(매대)에 진열해 주는 서비스에 대한 대가로 납품업자로부터 받는 형태의 판매장려금이 이에 해당된다. 이때 매대위치와 판매장려금 지급수준에 관해서는 사전에 대규모유통업자와 납품업자가 서면으로 약정하여야 한다.

특정 상품을 고객 접근성이 보다 높은 위치에 진열하게 되면 해당 상품에 대한 판매가 촉진될 가능성이 높아진다. 이러한 고객 접근성이 보다 높은 매대는 한정되어 있으며 이를 특정 상품에 배당하는 것은 대규모유통업자의 해당 상품에 대한 판매촉진 노력의 일환에 해당될 수 있다.

또한 납품업자의 입장에서도 고객 접근성이 보다 높은 매대에 자신의 상품이 진열되어 판매량이 늘어날 경우 납품액 증가로 이어질 수 있다. 따라서 동 판매장려금 항목은 판매촉진 목적과의 관련성이 인정될 수 있다.

2. 직매입 거래의 속성상 인정되지 아니하는 행위와 관련되어 판매장려금을 받는지 여부

2.1. 기본원칙

법 제2조제9호에 의하여, 대규모유통업자가 받는 경제적 이익이 법에 규정된 판매장려금에 해당되기 위해서는 해당 거래가 직매입 거래 분야에서 발생한 것이어야 한다.

여기서 직매입 거래란 대규모유통업자가 매입한 상품 중 판매되지 아니한 상품에 대한 판매책임을 부담하고 납품업자로부터 상품을 매입하는 형태의 거래를 말한다(법 제2조제4호).

직매입 거래에서 대규모유통업자는 기 납품받은 상품에 대한 가격결정 등 상품판매에 관한 권한을 가짐과 동시에 판매부진에 따른 재고책임도 부담한다.

따라서, 대규모유통업자가 직매입 거래의 속성상 금지되는 행위(예: 부당반품, 재고 등 비용전가)를 하지 않음과 관련하여 판매장려금을 받는 경우, 법에서 정한 합리적인 인정범위 내에 있는 것으로 보기 어렵다.

2.2. 직매입 거래의 속성상 인정되지 아니하는 판매장려금 항목(예시)

2.2.1. 무반품장려금

명칭에 상관없이 대규모유통업자가 직매입한 상품을 반품하지 않음을 조건으로 납품업자로부터 받는 형태의 판매장려금이 이에 해당된다.

법 제10조에 따라 직매입 거래의 경우, 상품의 하자가 있는 경우(오손·훼손 포함), 특정계절 상품(예: 명절 선물세트 등)에 대한 반품 또는 납품받은 상품이 계약한 상품과 다른 경우 등 법에 규정된 정당한 사유가 있는 경우 외에는 대규모유통업자가 직매입한 상품을 원칙적으로 반품하여서는 아니된다.

따라서, 동 판매장려금 항목은 법에서 금지하고 있는 부당반품을 하지 않음을 이유로 대규모유통업자가 경제적 이익을 받는 행위로, 법에서 정한 합리적 인정범위 내에 있는 것으로 보기 어렵다.

2.2.2. 시장판매가격 대응장려금(판매가격인하 비용보전 장려금)

명칭에 상관없이 대규모유통업자가 납품업자로부터 직매입으로 기 납품받은 상품의 판매가격을 인하하기 위한 목적으로 받는 형태의 판매장려금이 이에 해당된다.

대규모유통업자는 직매입 거래에 있어 기 납품 받은 상품에 대한 판매가격을 설정하고 이로 인한 손익과 재고 위험을 부담하여야 한다. 동 판매장려금 항목은 대규모유통업자가 경쟁업체의 판매가격 인하 등 시장상황에 대응하기 위하여 자신이 직매입한 상품의 판매가격을 인하함에 소요되는 비용을 자신이 부담하지 않고 납품업자에게 전가시키는 행위로, 법에서 정한 합리적 인정범위 내에 있는 것으로 보기 어렵다.

2.2.3. 재고소진 장려금

명칭에 상관없이 대규모유통업자가 직매입한 상품의 재고를 소진시킬 목적으로 재고분의 일정 비율에 해당하는 금액을 납품업자로부터 받는 형태의 판매장려금이 이에 해당된다.

대규모유통업자는 직매입 거래에 있어 납품받은 상품의 판매부진에 따른 재고위험도 함께 부담하여야 한다. 따라서 동 판매장려금 항목은 직매입한 상품에 대한 재고를 소진시키기 위해 행하는 가격할인 등 비용을 자신이 부담하지 않고 납품업자에게 전가시키는 행위로, 법에서 정한 합리적 인정범위 내에 있는 것으로 보기 어렵다.

2.2.4. 폐점장려금

명칭에 상관없이 대규모유통업자가 점포 폐점시 덤핑, 가격할인 등을 통해 남아 있는 상품을 소진하는 과정에서 발생하는 비용을 보전하기 위해 납품업자로부터 받는 형태의 판매장려금이 이에 해당된다.

직매입 상품의 경우 원칙적으로 대규모유통업자가 소유권을 가지고 재고 위험도 부담하여야 한다. 따라서 폐점 시 자신의 미판매 상품을 소진시키기 위해 행하는 가격할인 등 소요비용은 원칙적으로 대규모유통업자가 부담하여야 한다.

동 판매장려금 항목은 대규모유통업자가 점포 폐점시 미판매 상품을 소진시키기 위해 발생하는 비용을 자신이 부담하지 않고 납품업자에게 전가시키는 행위로, 법에서 정한 합리적 인정범위 내에 있는 것으로 보기 어렵다.

3. 판매장려금 약정이 대규모유통업자·납품업자 양자 모두에게 이익이 되는지 여부

3.1. 기본원칙

법에서 판매장려금을 합리적인 범위 내에서 허용하는 취지는 납품업자가 대규모유통업자에게 판매장려금을 지급하여 상품에 대한 소비자 수요를 늘려 판매를 증진시킴으로써, 판매성과에 대한 이익을 양자가 공유하기 위한 것이다.

따라서, 판매장려금 약정은 대규모유통업자와 납품업자 양자 모두의 이익에 기여하여야 하며 판매장려금 지급 대상 기간 중 대규모유통업자가 받은 판매장려금액과 해당기간 중 납품업자의 납품액 증가로 인한 이익 간에는 합리적 비례관계가 있어야 한다.

판매장려금 약정에 따른 혜택이 대규모유통업자에게 현저히 편향되어 귀속되는 경우, 법에서 정한 합리적인 인정범위 내에 있는 것으로 보기 어렵다.

3.2. 법위반에 해당될 수 있는 판매장려금 (예시)

3.2.1. 판매장려금 지급 대상 기간 중 대규모유통업자가 받은 판매장려금액이 해당 기간 납품업자의 납품액 증가로 인한 이익액보다 큰 경우(단, 신상품 입점비는 제외)

3.2.2. 성과장려금과 관련하여, 대규모유통업자와 납품업자 간 협의된 매출신장 목표(예: 전년대비 월별, 분기별, 연별 매출 신장률)에 도달하지 아니하였음에도, 매출신장 목표 달성을 이유로 납품업자에게 판매장려금을 받는 경우

예컨대, 아래의 성과장려금 약정에서 대규모유통업자가 분기당 전년대비 납품액 신장률 3%를 달성한 경우, 당초 약정대로 분기별 매입금액의 0.5%를 수령해야 함에도 분기별 매입금액의 0.7%를 수령하는 경우

〈성과장려금 약정 예시〉

분기당 전년대비 납품액 신장률 0~5% 미만인 경우, 분기별 매입금액 0.5% 지급
분기당 전년대비 납품액 신장률 5~10% 미만인 경우, 분기별 매입금액 0.7% 지급
분기당 전년대비 납품액 신장률 10~15% 미만인 경우, 분기별 매입금액 0.9% 지급
분기당 전년대비 납품액 신장률 15~20% 미만인 경우, 분기별 매입금액 1.0% 지급
분기당 전년대비 납품액 신장률 20% 미만인 경우, 분기별 매입금액 1.3% 지급

3.2.3. 매대(진열)장려금과 관련하여, 판매장려금 수입 감소분을 보충하기 위하여, 매대(진열) 장려금 지급수준을 통상적인 거래관행에 비해 현저히 상승시키고, 이를 납품업체에 수용하도록 하는 경우

4. 절차적 타당성

대규모유통업자와 납품업자는 판매장려금률과 액수가 합리적으로 결정되도록 법령 내용에 따라 투명하고도 예측 가능한 절차에 의해 약정을 체결하여야 한다. 이를 위해 대규모유통업자와 납품업자가 따라야 할 절차는 다음과 같다.

4.1. 대규모유통업자가 납품업자에게 판매장려금 약정에 필요한 정보를 충분히 제공

대규모유통업자는 납품업자와의 판매장려금 지급에 관한 협의에 앞서 납품업자에게 시행령 제12조에 규정된 아래 약정사항에 대한 정보를 납품업자가 충분히 이해할 수 있도록 제공하여야 한다.

- 판매장려금의 종류 및 명칭
- 판매장려금의 지급목적, 지급시기 및 지급횟수
- 판매장려금의 비율 또는 액수
- 판매장려금의 결정기준 및 결정절차
- 판매장려금의 변경사유, 변경기준 및 변경절차

4.2. 양 당사자 간 자유로운 의사합치에 의해 판매장려금에 관한 약정을 체결

대규모유통업자는 납품업자와 상기 사항이 포함된 판매장려금에 관한 약정을 심리적 압박, 기만, 위계, 강요 등의 방법이 아닌 자유로운 의사의 합치에 의해 체결하여야 한다.

4.3. 판매장려금 약정사항을 연간거래 기본계약 내용에 포함시키고 동 계약서면을 즉시 교부

대규모유통업자는 판매장려금을 받기 전에 판매장려금에 관한 상기 약정사항을 연간거래 기본계약의 내용에 포함시켜야 하며, 대규모유통업자는 납품업자와 동 계약이 체결되는 즉시 판매장려금 관련 약정 서면이 포함된 연간거래 기본계약 서면을 납품업자에게 교부하여야 한다.

4.4. 법위반에 해당될 수 있는 절차 (예시)

4.4.1. 당초 연간거래 기본계약 시 약정되지 아니하거나 약정된 범위를 초과하여 판매장려금을 납품업자로부터 받는 행위

4.4.2. 판매장려금의 종류 및 명칭, 판매장려금의 지급목적, 지급시기 및 지급횟수, 판매장려금의 비율 또는 액수 등을 구체적으로 기재함이 없이, 추후에 개별적으로 판매장려금 약정을 체결할 수 있다고 포괄적으로 규정한 후 수시로 판매장려금을 받는 행위

4.4.3. 대규모유통업자가 계약기간 중 판매장려금률 또는 액수를 납품업자의 의사와 무관하게 일방적으로 인상하는 경우

4.4.4. 대규모유통업자가 연간거래 기본계약 체결 시 판매장려금 항목과 비율을 협의절차 없이 일방적으로 정하여 통보하고 판매장려금을 수령하는 경우

4.4.5. 대규모유통업자가 매대(진열)장려금과 관련하여 납품업자의 해당 상품이 진열될 위치 및 기간, 위치별 판매장려금률 또는 금액 등 판매장려금 결정 및 변경 기준을 사전에 명확히 구체적으로 규정함이 없이 자신이 정한 규정에 따라 일방적으로 판매장려금을 받는 경우

4.4.6. 대규모유통업자의 제안내용을 납품업자가 수용하지 않을 경우 거래중단 등 불이익을 받을 수 있음을 직·간접적으로 암시하는 등 납품업자의 자율적인 의사가 제한된 상태에서 판매장려금 약정이 체결된 경우

Ⅳ. 유효기간

이 지침은 「훈령·예규 등의 발령 및 관리에 관한 규정」(대통령 훈령 제431호)에 따라 이 지침을 발령한 후의 법령이나 현실 여건의 변화 등을 검토하여야 하는 2025년 10월 7일까지 효력을 가진다.

부칙 <제409호, 2022. 10. 8.>

제1조(시행일) 이 지침은 2022년 10월 8일부터 시행한다.

제2조(종전 예규의 폐지) 종전 「대규모유통업 분야에서 판매장려금의 부당성 심사에 관한 지침」은 이를 폐지한다.

6. 대규모유통업 분야의 특약매입거래에 관한 부당성 심사지침

[시행 2024. 1. 1.] [공정거래위원회예규 제448호, 2024. 1. 1., 일부개정.]

공정거래위원회(유통대리점정책과), 044－200－4961

Ⅰ. 목적

"특약매입거래"는 대규모유통업자가 매입한 상품 중 판매되지 아니한 상품을 반품할 수 있는 조건으로 입점(납품)업자(이하에서는 "입점업자등"이라고 함)로부터 상품을 외상 매입하고 상품판매 후 일정률이나 일정액의 판매수익(판매수수료)을 공제한 상품 판매대금을 입점업자등에게 지급하는 형태의 거래이다.(「대규모유통업에서의 거래 공정화에 관한 법률」 제2조 제5호)

특약매입거래 시 대규모유통업자는 매입 처리된 상품에 대해 소유권을 갖게 된다. 반면, 입점업자등은 상품에 대한 가격설정·판매활동·재고관리 등 상품의 실질적인 판매·관리 기능을 수행한다. 이에 따라 특약매입거래에서는 상품의 소유권자(대규모유통업자)와 상품의 실질적인 판매·관리 기능을 수행하는 자(입점업자등)가 달라지기 때문에 거래과정에서 발생하는 각종 비용의 부담주체가 불분명하게 되는 경우가 발생할 수 있다.

또한 입점업자등이 외견상 자발적으로 대규모유통업자가 실시하는 판매촉진행사에 참여하는 경우에 있어서도 대규모유통업자가 자신의 거래상의 지위를 이용하여 입점업자등으로 하여금 판매촉진행사에 참여토록 강제하는 경우가 발생할 수 있다.

이에 본 지침에서는 특약매입거래 과정에서 발생할 수 있는 대규모유통업자와 입점업자등 간 각종 비용 분담 및 입점업자등에게 판매촉진행사 참여를 강제하는 행위에 대해 대규모유통업에서의 거래 공정화에 관한 법률(이하에서는 "대규모유통업법"이라고 함) 제11조, 제12조, 제17조 규정을 심사함에 있어서 부당성에 관한 판단기준을 제시함으로써, 특약매입거래분야에서 공정한 거래관행을 정착시킴과 동시에 대규모유통업자가 대규모유통업법 위반행위를 스스로 방지해 나갈 수 있도록 함을 목적으로 한다.

Ⅱ. 특약매입거래의 특성

1. 거래과정 및 특성

특약매입거래에 있어, 대규모유통업자와 입점업자등은 다음과 같은 거래과정을 거치게 된다.

- 상품 발주(대규모유통업자) → 상품 입고 → 검품·검수(단, 빈번한 상품 입고로 인해 양 당사자가 합의하여 생략하는 경우도 있음) → 외상매입 처리(세금계산서 발행) → 판매상품분에 대해서 판매수수료를 공제한 후 판매대금을 입점업자등에 지급(월별 마감) → 미판매분은 반품처리

특약매입거래는 대규모유통업자가 입점업자등으로부터 상품을 외상 매입한 이후 상품 소유권을 취득한다는 점과 대규모유통업자 명의로 상품이 판매되고 판매대금도 대규모유통업자에게 일단 귀속되는 점에서 직매입과 유사한 측면이 있다.

그러나 대규모유통업자가 비록 자기의 이름으로 상품을 판매하지만 판매수수료를 공제한 후 대금을 입점업자등에 지급한다는 점과 판매되지 아니한 상품에 대해서는 반품할 수 있다는 점에서는 위수탁거래와 유사한 측면이 있다.

또한 대규모유통업자가 상품 소유권을 보유하지만, 입점업자등이 실질적으로는 상품에 대한 판매·재고관리 기능을 수행한다는 점과 대규모유통업자가 입점업자등으로부터 판매액수의 일정비율을 수수료 명목으로 수령한다는 점에서 임대차거래(매출액의 일정비율의 임대료를 수취하는 임대을 거래)와도 유사한 측면도 있다.

따라서 특약매입거래는 직매입과 임대차, 위수탁거래의 특성이 혼재된 형태의 거래방식으로 볼 수 있다.

2. 대규모유통업자와 입점업자등의 역할

대규모유통업자는 입점업자등을 통해 자신의 이름으로 상품을 판매하고 판매대금을 수령한 후 월별로 판매액수를 집계하여 판매수수료를 공제한 금액을 입점업자등에게 지급한다. 또한, 대규모유통업자는 전체 점포 차원에서 집객을 위한 광고·홍보·판촉행사 기획 등 활동을 실시한다.

입점업자등은 대규모유통업자의 점포 내에 있는 자신의 매장에 판촉사원을 파견하여 상품에 대한 판매활동과 매장 내에서 상품에 대한 진열·보관 업무를 수행한다. 이 과정에서 입점업자등은 상품에 대한 판매가격을 설정·변경한다. 또한, 상품재고를 관리하고 미판매 상품을 대규모유통업자와 협의하여 회수(반품)한다.

3. 판매수수료의 성격

대규모유통업자와 입점업자등 간 약정으로 결정되는 판매수수료는 입점업자등이 대규모유통업자의 점포 내 매장을 이용하는 대가로서의 성격을 지닌다. 또한, 판매수수료는 대규모유통업자가 점포 차원에서 집객활동(예: 광고, 판촉활동 등)을 수행함으로써 입점업자등의 매출증가에 기여하는데 대한 대가로서의 성격도 지닌다.

Ⅲ. 특약매입거래 과정에서의 비용분담에 관한 부당성 심사기준

1. 필요성

특약매입거래 과정에서 상품의 입고·관리에 소요되는 비용(재산보장보험 비용/창고보관 비용/멸실·훼손 비용(Loss) 등), 매장운영 비용(매장이동에 따른 인테리어 변경 비용, 판촉사원 비용 등), 광고 및 판매촉진행사 비용 등 다양한 형태의 비용이 발생한다.

거래상 지위가 있는 대규모유통업자가 입점업자등에 이러한 비용들을 부당하게 부담하도록 할 경우 대규모유통업법(제11조, 제12조, 제17조) 위반소지가 있을 수 있다.

따라서 이를 방지하기 위해 대규모유통업자와 입점업자등은 다음과 같은 비용들에 대한 분담 기준을 준수할 필요가 있다.

2. 부당성 심사기준

가. 기본원칙

특약매입거래에서는 대규모유통업자가 입점업자등으로부터 상품을 매입하면 상품의 소유권이 대규모유통업자에게 귀속되므로, 상품 자체의 보관·관리에 소요되는 비용은 소유권의 본질적 성격을 고려할 때 대규모유통업자가 부담함이 타당하다.

매장운영에 소요되는 비용과 광고 및 판매촉진 활동에 소요되는 비용들은 대규모유통업법 관련 규정에 따라 분담되어야 하고, 직접적인 관련 법 규정이 없을 경우에는 그 비용의 성격 및 혜택이 돌아가는 주체가 누구인지 등을 종합적으로 고려하여 수익자부담 원칙 등에 따라 판단되어야 할 것이다.

나. 적용 범위

이 기준에서 규정한 비용 분담 항목은 특약매입거래 과정에서 발생할 수 있는 대표적 유형의 발생 비용들을 예시한 것이므로, 열거되지 아니한 비용 항목이라고 하여 그 적용이 배제되는 것은 아니다.

다. 세부 심사기준

(1) 상품 입고 및 관리 단계

(가) 상품에 대한 재산보장보험 비용

대규모유통업자는 화재홍수 등 천재지변과 도난 등에 의해 보유 상품의 피해를 입을 경우를 대비하여 재산보장보험에 가입하는 경우가 많다. 대규모유통업자는 매입 처리된 상품에 대해 소유권을 가지므로, 이러한 보험 비용을 자신이 부담하지 않고 입점업자등에게 부담시킬 경우 대규모유통업법 규정(제17조)에 위반될 소지가 있다.

(나) 상품보관 비용

대규모유통업자가 상품에 대한 검품·검수 후 입점업자등에게 세금계산서를 발급하면 당해 상품에 대한 소유권을 가지므로, 이후 과정에서 창고 등 시설에 상품을 보관시키는 비용을 자신이 부담하지 않고 입점업자등에게 별도로 부담시킬 경우에는 대규모유통업법 규정(제17조)에 위반될 소지가 있다.

(다) 상품 멸실·훼손(Loss) 비용

대규모유통업자는 입고된 상품에 대해 검품검수를 하여 상품의 하자여부와 물량을 확정한다. 검품·검수를 거치고 매입 처리된 상품은 대규모유통업자의 소유가 되므로, 이후 단계에서 상품이 멸실 또는 훼손되는 경우 대규모유통업자가 그 비용을 부담하지 않는다면 대규모유통업법 규정(제17조)에 위반될 소지가 있다. 다만, 입점업자등에게 귀책사유가 있는 경우에는 그러하지 아니하다.

그러나, 거래과정에서 상품의 입출고가 너무 빈번하여 대규모유통업자와 입점업자등 간 검품 검수하지 않기로 약정한 경우에는 입점업자등이 실질적으로 상품을 입고 시부터 관리하게 된다. 따라서 이 경우에는 대규모유통업자가 상품의 하자 여부와 입고 물량을 확정할 수 없기 때문에 상품의 멸실·훼손 비용을 입점업자등이 부담할 수 있을 것이나, 이 경우에도 대규모유통업자는 매입 처리된 상품의 멸실·훼손을 방지하기 위해 선량한 관리자로서의 의무와 책임을 다하여야 한다. 다만, 멸실·훼손이 대규모유통업자 자신이 직접 관리하는 창고 또는 매장(매대)에서 발생하였거나 입점업자등으로부터 파견된 판촉사원의 귀책사유 없이 발생하였음이 명백한 경우 등 입점업자등에게 귀책사유가 있다고 보기 어려운 경우에는 입점업자등에게 그 비용을 부담시킬 경우 대규모유통업법 규정(제17조)에 위반될 소지가 있다.

(2) 매장 운영·관리 단계

(가) 매장 인테리어 비용

대규모유통업자의 요구(예: MD 개편 등)에 의하거나 입점업자등의 개별적인 요구에 의해 입점업자등이 매장의 위치를 이동하거나 기존 매장에서 집기 등을 교체하는 경우 인테리어 비용이 소요된다.

이 경우 대규모유통업자가 소요되는 인테리어 비용을 다음과 같이 분담하지 않을 경우, 정당한 사유 없이 불이익 제공을 금지하고 있는 대규모유통업법 규정(제17조)에 위반될 소지가 있다.

1) 기초시설 공사(매장 바닥, 조명, 벽체 등) 비용

기초시설은 전체 점포의 근간을 이루는 기본 시설이므로 대규모유통업자가 부담하지 않을 경우 대규모유통업법 규정(제17조)에 위반될 소지가 있다.

단, 입점업자등이 자신의 고유사양에 의해 기초 공사를 시행하려는 경우, 이때 추가로 소요되는 공사비용에 대해서는 대규모유통업자와 입점업자등이 서로 사전에 서면 약정을 체결하여 비용을 분담할 수 있을 것이다.

2) 대규모유통업자 사유(MD개편, 매장 리뉴얼 등)로 발생하는 매장 인테리어 비용

대규모유통업자가 MD 개편, 점포 차원에서의 리뉴얼 공사 시행 등 사유로 입점업자등에게 매장을 이동하도록 하거나 인테리어 공사를 시행토록 하는 경우 등에는 대규모유통업자가 소요되는 비용을 부담하지 않을 경우 대규모유통업법 위반 소지가 있다.

그러나, 대규모유통업자 측의 사유에 의해 인테리어 비용이 소요된다고 하더라도 좋은 위치로의 매장 이동, 입점업자등의 매뉴얼에 따른 인테리어 추가변경 등 입점업자등에게도 이익이 되는 경우에는 대규모유통업자와 입점업자등이 서로 협의하여 사전에 서면 약정에 의해 비용을 분담할 수 있을 것이다. 이 경우 입점업자등의 분담비율은 100분의 50을 초과하지 않아야 한다. 다만, 입점업자등이 대규모유통업자에게 자신의 분담비율을 100분의 50을 초과하여 부담하겠다는 의사를 서면으로 명백히 밝힌 경우에는 그러하지 아니하다. (기초시설 공사비용은 위 1)에 의함)

3) 입점업자등의 개별적인 사유로 발생하는 매장 인테리어 비용

브랜드 콘셉트 변경, 선호 위치로의 이동 희망 등 사유로 입점업자등이 매장위치를 변경하여 매장 인테리어 비용이 발생하는 경우, 이에 소요되는 비용은 대규모유통업자와 입점업자등이 서로 협의하여 분담비율을 정할 수 있다.(기초시설 공사비용은 위 가)에 의함)

(나) 판촉사원 비용(규모)

대규모유통업법 규정(제12조)에서는 판촉사원을 파견 받아 자기의 사업장에 근무하게 하여서는 아니 됨을 규정하면서, 입점업자등이 자발적으로 파견하는 경우, 특수한 판매기법 또는 능력을 지닌 숙련된 판촉사원을 파견 받는 경우 등에는 예외적으로 판촉사원을 파견 받을 수 있도록 허용하고 있다.

상기 예외 규정에 따라 대규모유통업자가 입점업자등으로부터 판촉사원을 파견 받더라도 그 규모를 일정 수 이상으로 하여 줄 것을 요구 또는 강요하는 경우(계약서 형식에 의하는 경우 포함)에는 상기 법 규정에 위반될 소지가 있다. 따라서 매장에 파견할 판촉사원 규모는 입점업자등이 자율적으로 결정할 수 있어야 한다.

(다) 매장관리 비용

특약매입거래 시 대규모유통업자는 입점업자등으로부터 상품을 외상매입하게 되면, 당해 상품에 대한 소유권을 가지게 되고, 입점업자등(파견 판촉사원)을 통해 자신 소유의 상품을 판매하게 한다. 따라서 입점업자등이 대규모유통업자 소유의 상품을 판매하는 과정에서 발생하는 각종 관리 비용(전기료, 가스료, 대금결제 장비 사용료 등)은 대규모유통업자가 부담함이 타당하다고 할 것이다. 특히 대규모유통업자는 입점업자등으로부터 판매대금의 일정률로 판매수수료를 수령하고 있음을 고려할 때 더욱 그러하다. 따라서 대규모유통업자가 입점업자등에게 자신 소유의 상품을 판매시키면서 발생하는 관리 비용을 자신이 부담하지 않고 입점업자등에게 전가할 경우 대규모유통업법 규정(제17조)에 위반될 소지가 있다.

또한, 대규모유통업자가 자신의 로고 또는 브랜드가 들어간 쇼핑백을 입점업자등에게 사용토록 의무화하면서, 쇼핑백을 입점업자등 비용으로 구입하도록 할 경우에는 대규모유통업법 규정(제17조)에 위반될 소지가 있다. 다만, 입점업자등이 대규모유통업자의 쇼핑백을 사용할지 아니면 자기 브랜드의 쇼핑백을 사용할지 여부를 자유롭게 선택할 수 있다면 그러하지 아니하다.

(3) 광고 및 판매촉진 활동 단계

(가) 점포 차원에서의 광고 비용

대규모유통업자가 점포 차원에서 행하는 광고는 자신의 상호 브랜드를 높이기 위한 성격이 강하다. 또한, 특약매입거래에 있어서 대규모유통업자는 입점업자등으로부터 점포 내 매장이용 및 점포 차원에서의 마케팅 활동 대가로 판매수수료를 수령하고 있다. 따라서 대규모유통업자가 점포 차원에서 지출하는 광고 비용을 자신이 부담하지 않고 입점업자등에게 부담시킬 경우에는 대규모유통업법 규정(제17조)에 위반될 소지가 있다.

〈점포 차원의 광고 비용(예시)〉

① 대규모유통업자 자신의 이미지 제고를 위한 광고 비용

② 점포차원에서 집객을 위한 광고 비용(전단지, DM, 카탈로그, 잡지, SNS 홍보 등)(단, 입점업자등이 자체적으로 자신의 우수고객 등에게 한정하여 실시하는 광고 비용은 입점업자등이 부담할 수 있을 것임)

③ 대규모유통업자가 점포 단위로 통일적으로 연출하는 홍보·광고 장식·제작물 비용(현수

막, POP, 우드락, 배너, 포스터 등)

(나) 점포 차원에서의 판매촉진행사 비용

대규모유통업자가 자신의 전체 점포(예: ○○백화점) 또는 개별 점포(예: ○○백화점 △△점) 차원에서 우수고객 등을 대상으로 하는 판매촉진행사는 비록 그 행사로 인해 입점업자등이 반사적으로 혜택을 본다고 하더라도, 대규모유통업자가 주체가 되어 행하는 행사인 점, 상품은 법적으로 대규모유통업자의 소유인 점, 대규모유통업자는 판매금액의 일정률을 판매수수료로 수령하고 있는 점을 고려할 때, 그 소요되는 비용을 대규모유통업자가 부담하지 않고 입점업자등에게 부담시킬 경우 대규모유통업법 규정(제17조)에 위반될 소지가 있다.

〈점포 차원의 판매촉진행사 비용(예시)〉

① 자신의 점포에서 일정금액 이상 구매자에게 일률적으로 지급하는 사은품 또는 상품권 등
② 점포 차원의 제휴 신용카드 할인, 무이자 할부 비용
③ 대규모유통업자가 점포 우수고객에게 발송하는 할인쿠폰
④ 대규모유통업자가 점포 우수 또는 방문 고객을 대상으로 실시하는 문화행사(콘서트 등) 등 각종 행사 비용
⑤ 대규모유통업자가 구매여부와 관계없이 점포를 방문하는 고객을 대상으로 일률적으로 지급하는 사은품
⑥ 대규모유통업자가 특정 입점업자등의 매장에 한정하지 않고 자신의 점포에서 상품을 구매한 고객 중 일부를 추첨하여 지급하는 경품

(다) 대규모유통업자와 입점업자등 간 공동 판매촉진행사 비용

1) 원칙

대규모유통업자가 개별 입점업자등에게 직접적으로 매출증진 효과가 발생하는 판매촉진행사(예: 특정 입점업자등의 구매고객에 대한 사은품 증정 등)를 당해 입점업자등과 공동으로 실시하는 경우에는 대규모유통업법 제11조 제3항 및 제4항 규정에 따라 그 소요 비용은 대규모유통업자와 당해 개별 입점업자등 간에 판매촉진행사를 통해 직접적으로 얻을 것으로 예상되는 경제적 이익의 비율에 따라 분담하되, 입점업자등의 분담비율은 100분의 50을 초과하여서는 아니 된다. 단, 입점업자등이 스스로 판매촉진행사를 진행하는 과정에서 대규모유통업자와 협의를 거쳐 공동 판매촉진행사인 것으로 보이는 경우라고 하더라도, 아래 (라)에 명시된 대규모유통업법 제11조 제5항 적용요건을 모두 충족하는 경우에는 양 당사자가 상호 협의를 통해 분담비율을 정할 수 있다.

〈공동 판매촉진행사 비용(예시)〉

① 대규모유통업자가 개별 입점업자등과 공동으로 당해 입점업자등의 일정금액 이상 구매고객을 대상으로 지급하는 사은품 또는 상품권 등
② 대규모유통업자가 개별 입점업자등의 우수 또는 방문 고객을 대상으로 실시하는 문화행사(콘서트, 식사초대회, 패션쇼 등) 등 각종 행사 비용
③ 대규모유통업자가 개별 입점업자등과 공동으로 구매여부에 관계없이 입점업자등의 매장

을 방문하는 고객을 대상으로 일률적으로 지급하는 사은품

④ 대규모유통업자가 개별 입점업자등과 공동으로 특정 상품에 대한 가격할인 행사를 실시하는 경우 그 가격할인분

2) 가격할인 행사의 경우

특히, 공동 판매촉진행사가 가격할인 방식으로 이루어지고 그 비용분담을 위해 정상 판매시보다 낮은 판매수수료율을 적용하기로 합의한 때에는 행사시 판매된 상품에 대한 가격할인분을 포함한 전체 판매촉진비용의 50% 이상을 대규모유통업자가 분담할 수 있도록 판매수수료율이 충분히 조정될 필요가 있다. 대규모유통업자가 입점업자등과 상품공급 기본계약 등을 통해 사전에 행사상품에 대해 적용되는 판매수수료율을 정상 판매수수료율보다 낮은 수준으로 약정하고 실제 개별 판매촉진행사를 실시하면서 계약서에 명시된 행사 판매수수료율을 적용한 경우라 하더라도, 판매촉진행사별 비용을 정산한 결과 입점업자등의 분담비율이 50%를 초과하게 된다면 대규모유통업법 규정(제11조) 위반에 해당될 수 있다. 이때 단순히 사전에 입점업자등과 판매수수료율을 약정했다는 이유만으로는 면책되지 아니할 수 있다.

〈법위반에 해당될 수 있는 행위(예시)〉

- 대규모유통업자가 개별 입점업자등과 공동으로 기존 판매가격이 1만원, 정상 판매수수료율이 30%인 상품을 8천원의 가격으로 할인 판매하고 28%의 판매수수료율을 적용하여 총 2만개의 상품이 판매된 경우(가격할인분이 아닌 판촉비용은 없다고 가정)
  - 판촉비용(가격할인분) : (1만원−8천원)×2만=4천만원
  - 대규모유통업자 부담액(판매수수료 수익 감소분) : (1만원×30%−8천원×28%)×2만=1,520만원
  - 입점업자등 부담액(판매수익 감소분) : [1만원×(1−0.30)−8천원×(1−0.28)]×2만=2,480만원

    ⇒ 입점업자등의 분담비율이 판촉비용의 50%를 초과
  - ※ 입점업자등의 분담비율이 50%를 초과하지 아니하기 위해서는 행사 판매수수료율을 25% 이하로 조정하여야 함(행사 판매수수료율 25% 적용 시 입점업자등 부담액은 판촉비용의 50%인 2천만원 [1만원×(1−0.30)−8천원×(1−0.25)]×2만)

(라) 입점업자등의 자발적 요청에 따른 차별화된 판매촉진행사 비용

1) 원칙

판매촉진행사에 해당되는 모든 행사 또는 활동에 대해 법 제11조 제3항 및 제4항에 따른 판매촉진비용 분담 의무가 적용되는 것은 아니다. 입점업자등이 자발적으로 대규모유통업자에게 요청(자발성 요건)하여 다른 입점업자등과 차별화되는 판매촉진행사를 실시(차별성 요건)하려는 경우에는 대규모유통업법 제11조제5항에 따라 입점업자등과 대규모유통업자가 협의를 통해 판매촉진비용의 분담비율을 정할 수 있다. 입점업자등을 보호하기 위해 사전에 서면약정을 체결하지 않고 판매촉진비용의 50% 이상을 부담시키는 행위를 원칙적으로 금지한 입법취지에 비추어 볼 때, 대규모유통업법 제11조제5항과 같은 예외규정은 그 적용요건을 최대한 엄격하게 제한적

으로 해석되어야 할 것이다.

자발성 요건은 대규모유통업자가 입점업자등에게 판매촉진행사를 하도록 요청하지 아니한 상황에서, 입점업자등이 먼저 스스로 판매촉진행사 실시여부와 내용 등을 독자적으로 결정하고 대규모유통업자에게 이러한 의사를 전달하였을 때 충족될 수 있다. 단지 대규모유통업자가 입점업자등에게 판매촉진행사에 대한 참여를 직접적으로 강제하지 않았다는 사실만으로는 자발적 요청이 있었다고 할 수 없으며, 입점업자등이 판매촉진행사에 참여할 수밖에 없는 객관적인 상황을 만들어 내는 등 사실상 참여를 강제한 경우에도 자발성은 부인될 수 있다. 따라서, 단순히 입점업자등이 대규모유통업자에게 판매촉진행사 실시를 요청한 공문이 있다고 해서 그것만으로 자발적인 요청이 있는 것으로 인정되는 것은 아닐 것이다. 공문이 있는 경우라 하더라도 실제로는 대규모유통업자가 사전에 입점업자등에게 행사에 참여하겠다고 요청하는 내용의 공문을 보내도록 지시하거나 강제할 수 있기 때문이다.

또한, 단순히 판매촉진행사 이전에 대규모유통업자가 이를 기획·고지하였다거나 입점업자와 협의를 거쳤다는 정황만으로 자발성이 무조건 부인된다고 볼 수는 없을 것이다. 입점업자등이 스스로 판매촉진행사 여부와 내용 등을 독자적으로 결정하여 실시하는 경우에도 대규모유통업자와 협의를 전혀 거치지 않을 수 없고, 대규모유통업자도 특정 기간 동안 점포 차원의 집객효과를 제고하기 위한 기획 행위를 전혀 하지 않을 수는 없기 때문이다.

〈자발성 요건이 인정되지 않을 수 있는 경우(예시)〉

- 대규모유통업자가 행사의 유형, 내용을 독자적으로 기획하고, 입점업자등에게 이를 제시하면서 참여를 요청한 것에 대해 입점업자등이 개별적으로 참여여부를 답변하고 행사에 참여한 경우

차별성 요건은 판매촉진행사의 경위와 목적, 진행과정과 내용 등을 종합적으로 고려할 때, 행사를 진행한 입점업자등이 다른 입점업자등과 비교하여 뚜렷이 구분된다고 볼 수 있는 특수한 사정이나 성격을 가질 경우에 충족될 수 있다. 단지 입점업자등 간 일부 형식과 내용에 차이가 있다는 사실만으로는 차별화된 행사로 인정되는 것은 아니며, 판매촉진행사를 실시하게 된 경위와 진행과정, 행사내용, 행사방법, 행사상품의 품목, 행사시기 및 기간, 관련 상품 소비자들의 특성 및 시장상황, 행사의 효과 등 제반사정을 종합적으로 고려하여 해당 행사를 요청한 입점업자등이 다른 입점업자등과 구별될 수 있는 경우에 한해 차별화된 행사로 인정될 수 있다.

〈차별성 요건이 인정되지 않을 수 있는 경우(예시)〉

- 대규모유통업자가 입점업자등에게 행사 세부내용을 미리 제시한 것에 대해, 입점업자등이 그 내용중 일부를 선택하여 행사를 실시한 경우

자발성 요건과 차별성 요건의 충족은 사실상 서로 밀접한 관련이 있다. 입점업자등이 대규모유통업자의 의사와 무관하게 자발적으로 판매촉진행사 내용을 정하여 실시를 요청하는 경우, 그러한 행사는 경위, 목적, 진행과정, 내용 등의 측면에서 다른 입점업자등과 차별화될 개연성이 크기 때문이다. 그러나, 입점업자등이 요청한 행사라고 하여 반드시 차별화된 행사로 인정되는 것은 아닐 수 있다. 입점업자등이 요청하였다 하더라도 실제 진행과정에서 대규모유통업자의 의사

가 개입됨에 따라 당초 입점업자등이 실시하고자 한 행사의 의도와 특성이 사라지고 다른 입점업자등과 구분되지 아니하는 경우에는 차별화된 행사로 인정되지 아니할 수 있다.

자발성 요건과 차별성 요건이 모두 충족되는 판매촉진행사는 대규모유통업법 제11조제5항에 따라 동법 제11조제1항부터 제4항까지의 규정이 적용되지 않으므로 입점업자등의 판촉비용 분담비율이 50%를 초과할 수 있다. 이러한 적용예외 조항의 규정 취지는 대규모유통업자의 의사가 개입되지 아니한 상황에서 입점업자등이 스스로 이익을 얻을 것으로 판단하고 주도적으로 판매촉진행사 제반사항을 정하여 진행하는 경우, 대규모유통업자의 판매촉진행사에 의해 예상하지 못한 비용을 부담할 가능성이 낮다는 점을 고려한 것이다.

2) 적용예외 요건(법 제11조 제5항)의 적용례

적용예외 요건 충족여부에 대한 구체적인 판단은 해당 판매촉진행사의 기획주체, 요청경위, 목적과 내용, 입점업자등의 (예상)이익과 비용 등 효과, 비용분담 내역과 협의과정, 입점업자등 및 대규모유통업자가 처한 경제적 상황과 관련 상품의 시장현황, 소비자 특성 등 제반사정을 종합적으로 고려하여 이루어진다.

〈법 제11조제5항의 적용예외 요건이 충족될 수 있는 경우(예시)〉

- 입점업자등이 자신의 브랜드에 한해 적용되는 판매촉진행사의 실시를 스스로 기획하고 행사실시와 관련된 사항을 독자적으로 결정하여 진행한 경우
- 입점업자등이 대규모유통업자로부터 사전에 단순 고지된 사항(점포 차원의 집객효과를 위해 집중 홍보하고자 하는 행사 기간, 홍보물 제작 등 판촉 지원 사항 등)을 참고하여, 자신의 판매계획 또는 경영적 판단에 따라 행사 실시여부와 내용 등을 독자적으로 결정하고, 행사 시기를 대규모유통업자의 집객 또는 소비자 구매가 활발한 기간으로 하고 싶다는 의사를 대규모유통업자에게 전달하여 그에 맞게 행사를 진행한 경우

대규모유통업법 제11조제5항의 예외규정이 적용되지 않는 판매촉진행사임에도 불구하고 대규모유통업자가 판매촉진비용의 50% 이상을 부담하지 않는 경우에는 대규모유통업법 규정(제11조) 위반에 해당될 수 있다.

〈법 제11조제5항의 적용예외 요건이 충족되기 어려운 경우(예시)〉

- 입점업자등이 행사에 참여하겠다는 의사를 밝힌 공문은 제시되었으나 사전에 대규모유통업자가 참여를 독려하였고, 행사관련 사항을 대규모유통업자가 주도적으로 정하여 실시한 경우
- 대규모유통업자가 사전에 점포 차원의 집객효과를 위해 집중 홍보하고자 하는 행사 기간, 홍보물 제작 등 판촉 지원 사항 등을 단순 고지하는 차원을 넘어, 개별 입점업자등이 참여한다는 답변을 하도록 유도하거나, 입점업자등의 자발적 요청 이전에 행사참여 계획을 일일이 확인하는 등 사실상 입점업자등이 행사실시 여부를 결정하는 데 관여하고, 자신이 행사의 구체적 내용을 정하여 행사를 실시한 경우

(마) [별표1]이 적용되는 판매촉진행사의 경우

위 규정에도 불구하고 [별표1]이 적용되는 판매촉진행사의 경우 자발성 요건과 차별성 요건의

충족 여부를 판단함에 있어서는 [별표1]의 기준에 따른다.

Ⅳ. 특약매입거래 과정에서의 판매촉진행사 참여에 대한 강제성 판단 기준

1. 필요성

대규모유통업자는 거래과정에서 소비자에 대한 상품의 판매를 증진시키기 위해서 주도적으로 바겐세일행사 등과 같은 판매촉진행사를 기획하여 시행하는 경우가 빈번히 발생한다. 이 과정에서 대규모유통업자는 판매촉진효과를 극대화하기 위해 입점업자등에게 자신이 주관하는 판촉행사에 참여할 것을 요청하거나 참여의사를 확인하는 경우가 있을 수 있다.

그러나 이러한 대규모유통업자의 요청 등에 의해 외견상 입점업자등이 판매촉진행사에 참여하였다 하더라도 실제 대규모유통업자의 강제에 의하여 입점업자등이 의사에 반하여 참여한 경우에는 정당한 사유가 없는 한 대규모유통업법 제17조제4호에 위반될 소지가 있다.

따라서 이를 방지하기 위해 대규모유통업자는 다음과 같은 강제성 판단 기준을 준수할 필요가 있다.

2. 강제성 판단 기준

강제성은 판매촉진행사에 대한 입점업자등의 자발적인 참여의사 여부와 행사 불참시 제재수단 존부 내지 불이익 부여 여부 등과 같이 대규모유통업자가 입점업자등에게 사실상 참여를 강제하였는지를 중심으로 판단하되, 판매촉진행사의 성격 및 거래상 우월적 지위의 정도, 거래의 존도, 거래관계의 지속성, 거래상품의 특성 등도 고려하여 종합적으로 판단한다.

또한, 형식적으로는 각각의 입점업자등이 개별적으로 진행하는 사은품증정 등의 판매촉진행사라 하더라도, 실제 대규모유통업자가 판매촉진행사를 주도적으로 기획하였고 대규모유통업자의 요청 등을 통하여 입점업자등의 의사에 반하여 참여하게 하였다면 대규모유통업법 규정(제17조제4호)에 위반될 소지가 있다.

〈법위반에 해당될 수 있는 행위(예시)〉

① 대규모유통업자가 판매촉진행사 미참여 업체를 별도로 관리하면서 미참여 업체에게 불이익을 주거나 재계약 심사 등에 반영하는 경우

② 대규모유통업자가 입점업자등의 의사에 반하여 노세일브랜드를 바겐세일 행사 등에 참여시키는 경우

③ 대규모유통업자가 입점업자등의 의사에 반하여 당초 할인율, 할인기간 등 판매촉진행사의 내용을 변경하여 입점업자등을 참여시키는 경우

Ⅴ. 재검토 기한

공정거래위원회는 「훈령·예규 등의 발령 및 관리에 관한 규정」에 따라 이 예규에 대하여 2021

년 1월 1일을 기준으로 매 3년이 되는 시점(매 3년째의 12월 31일까지를 말한다)마다 그 타당성을 검토하여 개선 등의 조치를 하여야 한다.

부칙 <제448호, 2024. 1. 1.>
이 지침은 2024년 1월 1일부터 시행한다.

7. 대규모유통업자의 반품행위에 대한 위법성 심사지침

[시행 2021. 6. 10.] [공정거래위원회예규 제368호, 2021. 6. 10., 일부개정.]

공정거래위원회(유통대리점정책과), 044－200－4961

Ⅰ. 목 적

이 심사지침은 「대규모유통업에서의 거래 공정화에 관한 법률」(이하 "법"이라 한다) 제10조(상품의 반품 금지)의 적용과 관련하여 법령의 내용과 그 적용기준을 명확히 규정하고 법위반행위에 해당될 수 있는 사례를 구체적으로 예시함으로써 대규모유통업자 스스로 법령을 준수하도록 유도하고 이를 통해 대규모유통업 분야에서 공정한 거래질서를 확립하는 데 그 목적이 있다.

Ⅱ. 정 의

이 심사지침에서 사용되는 용어의 뜻은 다음과 같다.

1. "납품"이란 거래형태에 상관없이 대규모유통업자가 판매할 상품을 대규모유통업자에게 공급하는 행위를 말한다. 대규모유통업자가 이미 판매한 상품을 납품업자가 소비자에게 직접 공급하는 행위도 대규모유통업자와 납품업자의 관계에서는 납품으로 본다(법 제2조제2호).
2. "반품"이란 대규모유통업자가 납품받은 상품을 납품업자에게 실질적으로 되돌려주는 모든 행위를 말한다. 단순히 납품업자에게 상품을 되돌려주는 경우뿐만 아니라 납품업자의 다른 상품과 바꾸면서 당초 납품받은 상품을 되돌려주는 경우 등 행위의 법률적 형식이나 성격과 관계없이 당초 납품된 상품이 납품업자에게 되돌아간 경우에는 반품된 것으로 본다(법 제2조제7호).
3. "직매입거래"란 대규모유통업자가 납품업자로부터 상품을 매입하는 형태의 거래를 말한다. 매입한 상품 중 소비자에게 판매되지 아니한 상품에 대한 재고는 대규모유통업자가 부담한다(법 제2조제4호).
4. "특약매입거래"란 대규모유통업자가 소비자에게 판매되지 아니한 상품을 반품할 수 있는 조건으로 납품업자로부터 상품을 외상 매입하는 형태의 거래를 말한다. 상품판매 후 대규모유통업자는 일정률이나 일정액의 판매수익을 공제한 상품판매대금을 납품업자에게 지급한다(법 제2조제5호).
5. "위수탁거래"란 대규모유통업자가 납품업자로부터 납품받은 상품을 자기 명의로 판매하고 상품판매 후 일정률이나 일정액의 수수료를 공제한 상품판매대금을 납품업자에게 지급하는 형태의 거래를 말한다(법 제2조제6호).

Ⅲ. 반품에 관한 약정

1. 반품의 조건

가. 대규모유통업자는 법령에 위반되지 않는 범위 내에서 납품업자와 합의하여 상품의 반품조건 등을 정할 수 있다.

나. 반품조건이란, 반품의 대상, 시기(기한), 절차, 비용부담 등을 말한다.

다. 반품조건은 가능한 한 명확하고 구체적으로 기재하여야 하며, 그 정도는 납품업자들이 불측의 피해를 입지 않을 정도에 이르러야 한다.

라. 특히, 특약매입거래와 같은 반품조건부 거래의 경우 대규모유통업자와 납품업자는 계약체결 시점에 반품조건을 구체적으로 정해야 한다.

〈적법한 반품조건 (예시)〉

(반품이 폭넓게 허용되는 특약매입거래나 위수탁거래의 경우) 대규모유통업자는 상품판매를 마감한 이후 일정한 기간(예: 10일) 이내에 판매되지 않은 상품을 납품업자에게 반품할 수 있다.

대규모유통업자는 납품받은 상품이 오손·훼손된 사실을 인지하고 그 과정에서 자신의 귀책사유가 없다고 판단한 경우 납품업자와 협의를 거쳐 해당 상품이 납품업자의 책임있는 사유로 오손·훼손된 것으로 확인되는 경우 이를 납품업자에게 반품할 수 있다.

대규모유통업자는 ○○○○년 □□월 △△일(추석 당일로부터 20일이 경과한 날)까지 판매되지 않은 추석 선물세트를 납품업자에게 반품할 수 있다.

한편, 대규모유통업자가 재고와 관련된 책임 또는 의무를 납품업자에게 부당하게 부담시키는 내용의 반품조건을 설정하고 이를 이행하였을 경우 법령에 위반될 소지가 있다.

〈이행되었을 때 법령에 위반될 소지가 있는 반품조건 (예시)〉

(반품이 제한되는 직매입거래의 경우) 대규모유통업자는 상품판매를 마감한 이후 납품업자에게 재고상품을 수거해가도록 요구할 수 있으며 납품업자는 특별한 사정이 없는 한 이에 응하여야 한다.

대규모유통업자는 납품받은 상품에 하자가 있는 경우 이를 납품업자에게 반품할 수 있으며 하자와 관련된 일체의 법적책임과 비용은 납품업자가 부담한다.

대규모유통업자는 납품받은 신선 농·수·축산물이 당초 계약한 상품과 다른 경우 언제든지 납품업자에게 반품할 수 있으며 납품업자는 이와 관련된 모든 책임과 비용을 부담한다.

2. 반품조건 등에 관한 서면기재 의무와 서류보존 의무

가. 대규모유통업자는 상품의 반품조건에 대해 납품업자와 합의한 경우 이를 적은 서면을 납품업자에게 주어야 한다(법 제6조제1항, 시행령 제2조제1항제4호). 서면에는 대규모유통업자와 납품업자가 각각 서명 또는 기명날인하여야 하며「전자거래기본법」제2조제1호에 따른 전자문서의 형태로 서면을 주거나「전자서명법」제2조제2호에 따른 전자서명(서명자의 실지명의를 확인할 수 있는 것을 말한다) 등으로 서명하는 것도 가능하다(법 제6조제

1항 및 제2항).

나. 대규모유통업자는 반품조건을 적은 서면을 납품업자에게 교부하기 전까지는 원칙적으로 납품업자에게 상품을 제조하게 하거나 주문하여서는 아니 된다(법 제6조제3항본문, 시행령 제2조제1항제4호). 다만, 반품조건을 적은 서면을 교부하기 이전이라도 대규모유통업자가 서명 또는 기명날인한 서면으로 상품의 제조나 주문을 요구하는 것은 가능하다(법 제6조제3항 단서).

다. 대규모유통업자는 납품업자와의 계약이 끝난 날부터 5년간 다음의 사항이 적힌 서류를 보존해야 한다(법 제6조제8항, 시행령 제5조제1호 및 제7호).

1) 반품조건

2) 반품된 상품의 목록

3) 반품된 상품의 수량

4) 반품된 상품의 거래형태(직매입거래/특약매입거래/위수탁거래 등)

5) 반품된 상품의 반품일자

6) 반품된 상품과 관련된 납품대금

7) 반품된 상품의 반품사유

8) 납품업자가 대규모유통업자에게 서면으로 반품을 요청하면서 해당 반품이 자신에게 직접적으로 이익이 된다는 사실을 증명하는 객관적인 근거자료를 제출한 경우 납품업자가 제출한 서면과 근거자료

라. 대규모유통업자가 가.에서 다.까지의 의무를 준수하지 않는 경우 법 제6조(서면의 교부 및 서류의 보존 등)에 위반될 소지가 있다.

Ⅳ. 반품행위에 대한 위법성 심사기준

1. 기본원칙

대규모유통업자의 반품행위는 원칙적으로 금지된다(법 제10조제1항 본문). 이는 대규모유통업자가 거래상 우월적 지위를 이용해 자신이 부담해야 할 재고(在庫)를 납품업자에게 일방적으로 부담시키는 행위를 방지하기 위한 것이다. 그러나 반품을 무조건 금지하는 것은 대규모유통업자와 납품업자 간의 자유로운 거래를 과도하게 제한할 우려가 있으며 거래의 성격상 일정부분 반품이 필요한 경우도 있을 수 있다. 그래서 법은 정당한 사유가 있는 경우 예외적으로 반품을 허용하고 있다(법 제10조제1항 본문 및 단서).

한편, 반품은 그 개념상 상품의 납품을 전제로 하므로 이와 관련된 법령규정 역시 대규모유통업자와 납품업자간 거래에만 적용된다. 상품의 납품이 이루어지지 않는 대규모유통업자와 매장임차인간 거래에는 반품과 관련된 법령규정과 이 심사지침이 적용되지 않는다.

2. 위법 요건

대규모유통업자는 정당한 사유 없이 납품받은 상품의 전부 또는 일부를 반품하여서는 아니 된다(법 제10조 제1항 본문)

반품행위의 위법성이 성립하려면 다음 각 목의 요건이 모두 충족되어야 한다.

가. 납품받은 상품

법은 대규모유통업자가 "납품받은 상품"을 반품하는 행위를 금지하고 있다. 따라서 상품을 납품받기 이전에 납품업자에게 되돌려준 경우에는 반품행위가 성립되지 않는다. 가령, 대규모유통업자가 자신의 점포나 물류센터에 상품을 입고(入庫)하기 이전, 검수·검품하는 단계에서 납품업자에게 상품을 되돌려준 경우가 이에 해당한다. 이 경우에는 상품을 반품한 것이 아니라 상품 수령 자체를 거부한 것에 가깝기 때문에 법 제9조(상품 수령 거부·지체 금지)의 적용 가능성을 검토할 필요가 있다.

나. 전부 또는 일부를 반품

법은 대규모유통업자가 납품받은 상품의 ① "전부 또는 일부"를 ②"반품"하는 행위를 금지하고 있다. 이에 따라 우선 1) 납품받은 수량을 전부 반품하지 않고 극히 일부만 반품해도 법에 위반될 소지가 있다. 또한, 2) 반품행위의 형식이나 성격을 특별히 제한하지 않고 있기 때문에 i)계약해지에 따른 상품반환, ii)채권·채무 상계에 따른 상품반환, iii)납품업자의 다른 상품을 납품받으면서 이미 납품받은 상품과 교환하는 경우 등 그 형식과 성격에 상관없이 대규모유통업자가 납품받은 상품을 납품업자에게 실질적으로 되돌려주기만 하면 일단 반품행위가 성립된다.

다. 정당한 사유가 없을 것

법은 대규모유통업자가 "정당한 사유 없이" 반품하는 행위를 금지하고 있다. 반품에 정당한 사유가 있는지 여부는 i)납품거래의 형태와 특성, ii)대규모유통업자의 의도와 목적, iii)반품이 납품업자에게 미치는 효과 등 여러 사정을 종합적으로 고려하여 개별적·구체적으로 판단한다. 반품행위를 하더라도 정당한 사유가 있는 것으로 인정되면 위법성이 성립되지 않으며 정당한 사유에 대한 입증책임은 이를 주장하는 대규모유통업자가 부담한다.

〈정당한 사유가 있는 것으로 보기 어려운 반품행위(위법성이 인정되는 사례)〉

대규모유통업자가 납품업자와 판촉행사 비용을 분담한다는 명목으로 상품 판매가격을 할인한 만큼 매입단가도 낮추기 위해 이미 납품받은 상품을 납품업자에게 반품하고 반품된 상품을 당초 매입단가보다 낮은 가격으로 재매입한 행위

대규모유통업자가 판매가 부진한 A상품 판매를 줄이고 상대적으로 판매실적이 좋은 B상품 판매를 늘리기 위해 이미 납품받은 A상품을 납품업자에게 반품한 행위

대규모유통업자가 전체 점포 중 40% 이상의 점포에서 4주 이상 판매실적이 없는 상품에 대해 재고부담을 나눈다는 목적으로 이미 납품받은 상품의 일부를 납품업자에게 반품한 행위

3. 반품이 허용되는 경우 (정당한 사유가 있는 것으로 추정되는 경우

다음 각 호의 어느 하나에 해당하는 경우로서 해당 거래분야에서 합리적이라고 인정되는 기간 내에 반품하는 경우에는 정당한 사유가 있는 것으로 추정한다(법 제10조 제1항 단서).

법은 정당한 사유가 있는 경우 예외적으로 반품을 허용하고 있다. 아울러, 대규모유통업자와 납품업자의 예측 가능성을 높이기 위해 정당한 사유로 추정될 수 있는 9가지 반품사유도 별도로 규정하고 있다(법 제10조제1항 각 호).

다만, 법 제10조제1항 각 호의 9가지 반품사유에 해당되더라도 대규모유통업자가 "해당 거래분야에서 합리적으로 인정되는 기간 내"에 반품하는 경우에만 정당한 사유가 있는 것으로 추정된다. 어떤 사유가 발생하였다고 하여 무기한 반품을 허용하는 것은 납품업자의 예측가능성과 법적 안정성을 심히 저해할 수 있기 때문이다. 대규모유통업자가 합리적으로 인정되는 기간 내에 반품하였는지 여부를 판단할 때에는 납품업자의 예측가능성 측면에서 반품기간이 합리적이었는지 여부를 고려한다. 즉, 해당 거래분야에서 대부분의 납품업자가 특정 기간(예: 30일) 내에는 통상 반품이 있을 수 있다고 인식하고 있고, 그 기간 내에 실제 반품이 이루어진 경우에는 합리적인 기간 내에 반품이 이루어진 것으로 본다.

또한, 앞의 모든 요건을 충족하더라도 반품에 정당한 사유가 있는 것으로 "추정"되는 것에 불과하다. 따라서 추정을 번복할 수 있는 증거가 제시되는 경우 반품행위는 법위반이 될 수 있다.

정당한 사유가 있는 것으로 추정되어 반품이 허용될 수 있는 9가지 사유는 다음 각 목과 같다.

가. 특약매입거래의 경우로서 계약체결 시 반품조건을 구체적으로 약정하고 그 반품조건을 명시한 서면을 납품업자에게 준 경우(법 제10조 제1항 제1호)

특약매입거래는 대규모유통업자가 소비자에게 판매되지 않은 상품을 반품할 수 있는 조건으로 납품업자로부터 상품을 매입하는 거래형태이므로, 그 개념상 판매되지 않은 상품이 납품업자에게 반품될 것임을 전제하고 있다. 납품업자 역시 계약체결 시점부터 재고상품이 반품될 것임을 예측할 수 있으므로 이러한 거래형태에서는 반품이 비교적 폭넓게 허용된다.

다만, 이 경우에도 구체적인 반품조건을 미리 약정하고 그 반품조건을 명시한 서면을 납품업자에게 준 경우에만 반품을 할 수 있다. 구체적인 반품조건에는 i)반품대상을 특정하는 방법과 절차, ii)반품이 이루어지는 시점, iii)반품 절차 등이 포함될 수 있다.

〈사례〉

백화점이 납품업자와 특약매입계약을 체결하면서 반품시점·절차 등을 미리 약정하고 이를 계약서에 명시하여 납품업자에 교부한 경우, 이에 따른 반품은 허용될 수 있다.

백화점이 납품업자와 특약매입거래를 체결했으나 i)반품조건을 별도 약정하지 않거나 ii)구두로만 이를 약정한 후, 재고상품을 매월 납품업자에게 반품하는 행위는 허용되지 않는다.

나. 위·수탁거래의 경우(법 제10조 제1항 제2호)

위수탁거래의 경우 수탁자인 대규모유통업자는 위탁받은 상품을 판매하는 역할만 할 뿐, 상품의 소유권은 위탁자인 납품업자에게 있다. 대규모유통업자가 위탁받은 상품을 판매하고 남은 재고상품의 소유권도 결국 납품업자에게 있기 때문에 대규모유통업자는 별도의 제한 없이 재고상품을 납품업자에게 반품할 수 있다.

다. 납품받은 상품이 납품업자의 책임 있는 사유로 인하여 오손·훼손되었거나 상품에 하자가 있는 경우(법 제10조 제1항 제3호)

납품계약을 이행할 때 납품업자는 i)계약의 목적에 맞고 ii)계약에서 정한 내용에 부합하는 상품을 납품해야 할 의무가 있고 대규모유통업자 역시 그러한 상품을 납품받을 권리가 있다. 만일, 납품한 상품이 계약한 내용과 달리 더럽게 오염되거나(오손) 물리적으로 손상(훼손)된 경우, 상품에 하자가 있는 경우에는 이를 소비자에게 정상적으로 판매하기 어렵기 때문에 상품에 오손이나 훼손을 유발하거나 하자 있는 상품을 납품한 당사자가 이와 관련된 책임을 부담할 필요가 있다. 이러한 취지에서 법은 납품업자가 상품의 오손·훼손·하자에 책임이 있는 경우 대규모유통업자의 반품을 허용하고 있다.

〈사례〉

납품업자로부터 고용된 인력이 대형마트 매장에서 상품을 진열하는 도중 고의 또는 과실로 일부 상품을 바닥에 떨어뜨려 파손시킨 경우 해당 상품에 대한 반품은 허용될 수 있다.

대형마트 종업원이 창고에서 재고물량을 확인하는 도중 부주의로 일부 상품에 사인펜 자국을 남겨 오손시킨 경우 해당 상품에 대한 반품은 허용되지 않는다.

납품업자가 공급한 상품이 대형마트 창고에 입고된 이후 대형마트 직원이 부주의로 상품을 떨어뜨려 파손시킨 경우 해당 상품에 대한 반품은 허용되지 않는다.

라. 납품받은 상품이 계약한 상품과 다른 경우(법 제10조 제1항 제4호)

대규모유통업자가 당초 계약한 상품과 다른 상품을 납품받은 경우 납품계약이 정상적으로 이행된 것이 아니므로 역시 반품이 폭넓게 허용될 필요가 있다. 납품된 상품의 품목이 계약한 상품과 전혀 다른 경우뿐만 아니라 상품의 원산지, 유통기한, 크기 등 계약목적 달성에 중요한 제품의 특성이 당초 계약한 내용과 다른 경우도 이에 포함된다.

〈사례〉

대형마트가 당도 18브릭스(Brix)인 델라웨어 포도를 납품받기로 계약하고 20박스를 납품받았는데 당도 14브릭스에 불과한 포도가 일부 박스에 포함된 경우 해당 상품에 대한 반품은 허용될 수 있다.

마. 대규모유통업자가 반품으로 인하여 생기는 손실을 스스로 부담하고 해당 납품업자에게 반품의 동의를 받은 경우(법 제10조 제1항 제5호)

대규모유통업자가 이미 납품받은 상품을 반품하여 발생하는 손실을 스스로 부담하는 경우 특별한 사정이 없는 한 납품업자의 이익을 저해하거나 손실을 유발하지 않기 때문에 반품이 허용될 수 있다. 이 경우 법은 대규모유통업자가 부담해야 하는 손실의 범위에 대해서는 명확히 규정하고 있지는 않는데, 해당 규정의 취지가 i)납품거래에 관한 납품업자의 신뢰를 보호하고 ii)반품으로 인해 납품업자에게 발생할 수 있는 불측의 손해를 방지하기 위한 것임을 고려할 때, 대규모유통업자가 부담하여야 할 손실의 범위는 "반품으로 인해 납품업자에게 추가적으로 발생하는 모든 비용"을 의미하는 것으로 보는 것이 타당하다. 가령, i)반품에 소요되는 직접비용, ii)반품된 상품을 납품업자가 재판매하는 등의 방식으로 사용·수익하는 데 추가적으로 소요되는 비용, iii)납품시점에 비해 상품의 가치가 하락한 경우 그 차액 등이 이에 모두 포함되는 것으로 볼 수 있다.

다만, 이 경우에도 법은 납품업자에게 반품에 대한 동의를 받도록 하고 있다. 법문언과 규정의 취지상 반품 이전에 납품업자의 동의를 받아야 하는 것으로 해석될 수 있다.

〈사례〉

대형마트가 i)반품으로 인해 납품업자에게 발생할 수 있는 직접 비용, ii)납품업자가 반품된 상품을 재판매하는 데 소요되는 비용, iii)납품시점과 반품시점 사이의 상품 가치하락분 등 반품에 따른 모든 손실을 부담하기로 하고 납품업자 역시 반품에 동의한 경우 해당 상품에 대한 반품은 허용될 수 있다.

대형마트가 반품비용의 일부를 부담하긴 했으나 i)비용 부담액에 대해 납품업자와 이견이 있고 ii)납품업자가 반품에 명시적으로 동의하지 않은 경우 해당 상품에 대한 반품은 허용되지 않는다.

바. 직매입거래의 경우로서 일정한 기간이나 계절에 집중적으로 판매되는 상품에 대하여 계약체결 시 반품조건을 구체적으로 약정하고 그 반품조건이 명시된 서면을 납품업자에게 준 경우(법 제10조 제1항 제6호)

한시적으로 판매되는 상품이나 특정 계절에 집중적으로 판매되는 상품(일명 "시즌상품")의 경우 상품이 실제 판매될 수 있는 기간은 짧은 반면 수요예측이 어려워 다른 상품에 비해 상대적으로 많은 양의 재고가 대규모유통업자에게 발생할 수 있다. 이 경우 반품을 모두 금지하게 되면 대규모유통업자는 재고의 위험(risk)을 고려해 처음부터 적은 수량만 매입하거나 납품가격에 위험에 대한 비용을 반영할 가능성이 크며 이는 결국 납품업자에게도 이익이 된다고 보기 어렵다. 그래서 법은 이러한 경우 일정 요건 하에서 반품을 허용하고 있다.

1) 우선, 이 규정은 직매입거래의 경우에만 적용된다. 계약시점부터 재고상품의 반품을 전제로 하는 특약매입거래나 위수탁거래의 경우에는 적용될 여지가 없다.

2) 또한, 이 규정에 따라 반품이 허용될 수 있는 상품은 “일정한 기간이나 계절에 집중적으로 판매되는 상품(시즌상품)”에 한정된다.

가) 어떤 상품이 이에 해당하는지를 판단하기 위해서는 i)해당 상품의 월별·분기별 판매량, 매입량, 재고량, ii)해당 상품에 대한 소비자의 인식 등을 종합적으로 고려한다.

나) 이 같은 기준에 따라 시즌상품으로 판단될 수 있는 사례는 다음과 같다.

① 기념일 상품 : 발렌타인데이 초콜릿, 화이트데이 사탕, 빼빼로데이 과자, 어린이날 완구, 어버이날 또는 스승의날 선물, 크리스마스 트리 등

② 명절 상품 : 추석 선물세트, 설 선물세트, 차례용품, 제기 등

③ 신학기/졸업시즌 용품 : 가방, 연필, 공책, 실내화, 교복, 꽃다발 등

④ 휴가철 용품 : 수영복, 튜브 등 물놀이용품, 스키복, 고글 등 스키용품 등

⑤ 계절 용품 : 에어컨, 제습기, 선풍기, 히터 등

3) 앞의 1)과 2)의 요건에 모두 해당되더라도 계약체결 시점부터 대규모유통업자가 납품업자와 반품조건에 대해 구체적으로 약정하고 그 반품조건이 명시된 계약서면을 납품업자에게 미리 준 경우에만 반품이 가능하다.

– 반품조건에는 반품의 대상, 시기(기한), 절차, 비용부담 등이 포함된다.

〈예시〉 반품조건 작성 내용

반품대상: 명절용 선물세트(별지 기재된 품목에 한함)

반품기한: 명절 종료일로부터 30일 이내

반품절차: 반품상품은 유통업체의 물류창고에 보관하며, 해당 장소에서 반품상품 확인 후 납품업체에게 인도

반품비용부담: 반품장소까지 반출·운반하는 비용은 유통업체가, 그 후의 반품과 관련하여 발생하는 비용은 납품업체가 부담

〈사례〉

편의점이 i)발렌타인데이 당일로부터 7일이 경과한 날까지 판매되지 않은 초콜릿은 8일째 되는 날 납품업자에게 전량 반품하는 조건으로 납품업자와 약정을 체결하고 ii)해당 내용을 적은 약정서를 납품업자에게 사전 교부한 경우 이에 따른 반품은 허용될 수 있다.

대형마트가 물놀이 용품을 납품받으면서 8월말까지 판매되지 않은 상품은 전량 반품하기로 납품업자와 합의하였으나 이러한 내용을 적은 약정서를 납품업자에게 미리 교부하지 않은 경우 이에 따른 반품은 허용되지 않는다.

사. 직매입거래의 경우로서 납품업자가 반품이 자기에게 직접적으로 이익이 된다는 객관적인 근거자료를 첨부한 서면으로 반품일 이전에 자발적으로 반품을 요청한 경우(법 제10조 제1항 제7호)

재고상품일지라도 이를 대규모유통업자의 매장에 그대로 두기보다는 납품업자가 반품을 받아 다른 유통채널에 판매하는 것이 납품업자에게 더 큰 이익이 되는 경우가 있을 수 있다. 이러한 경우 반품이 허용될 필요가 있는데, 법은 납품업자가 i) 반품이 자기에게 이익이 된다는 사실을 객관적으로 증명할 수 있는 근거와 함께 ii) 반품일 이전에 자발적으로 대규모유통업자에게 반품을 요청하는 경우 해당 반품이 허용될 수 있도록 근거규정을 두었다.

〈사례〉

납품업자가 자신의 상품에 유해물질이 첨가되어 있다는 보도를 접하고 이를 신속히 반품받아 소비자 피해를 줄이는 것이 스스로에게도 이익이 된다고 판단하여 대규모유통업자에게 반품을 요청하면서 객관적인 근거서류를 제출한 경우, 이에 따른 반품은 허용될 수 있다.

납품업자가 신제품을 출시하면서 기존에 납품한 상품을 매장에서 회수하는 것이 브랜드 이미지 제고에 더 도움이 된다는 판단을 하여 대규모유통업자에게 반품을 요청하면서 객관적인 근거서류를 제출한 경우, 이에 따른 반품은 허용될 수 있다.

아. 대통령령으로 정하는 바에 따라 가맹점사업자로부터 반품받은 상품을 대규모유통업자인 가맹본부가 납품업자에게 다시 반품하는 경우(법 제10조 제1항 제8호)
- (시행령 제8조) 법에 따라 반품이 허용되는 경우는 가맹점사업자가 폐업하면서 가맹본부에게 반품한 상품을 가맹본부가 납품업자에게 다시 반품하는 경우만 해당한다. 이 경우 재판매가 불가능한 상품은 반품할 수 없다.

원칙적으로 대규모유통업자인 가맹본부와 납품업자간 납품계약, 가맹본부와 가맹점사업자간 가맹계약은 각각 별개의 계약이므로 단지 가맹본부가 가맹점사업자로부터 상품을 반품받았다는 이유만으로 이를 납품업자에게 다시 반품하는 것은 인정되기 어렵다. 그러나 법은 가맹점사업자가 폐업하면서 가맹본부에게 상품을 반품하는 경우에는 예외적으로 이러한 반품을 허용하고 있다. 그러나 이 경우에도 다른 유통채널에 재판매하기 불가능한 상품의 경우에는 납품업자에게 반품할 수 없도록 하고 있다. 해당 상품이 재판매가 불가능한지 여부는 반품된 상품의 특성, 반품 시점의 시장상황 등을 종합적으로 고려해 개별적·구체적으로 판단한다.

〈사례〉

편의점주가 영업을 계속하면서 판매되지 않은 치약을 본사에 반품한 경우, 편의점 본사는 해당 상품을 납품업자에게 반품할 수 없다.

편의점 폐업 이후, 유통기한이 임박하여 다른 채널로 판매할 수 없는 우유를 본사가 반품 받은 경우 편의점 본사는 해당 상품을 납품업자에게 반품할 수 없다.

자. 그 밖에 직매입거래의 경우로서 정당한 사유가 있는 경우(법 제10조 제1항 제9호)

법에 명시되어 있지 않더라도 반품이 필요하거나 불가피한 경우가 있을 수 있다. 법 제10조제1

항제3호부터 제8호까지에 직접적으로 해당되는 사유가 없더라도 그에 준하는 사유가 있는 경우에는 반품에 정당한 사유가 있는 것으로 추정될 수 있다. 이러한 사유가 있는지 여부는 Ⅳ.2.다목의 정당한 사유 판단기준 등을 활용해 개별적·구체적으로 판단한다.

Ⅴ. 재검토 기한

공정거래위원회는 「훈령·예규 등의 발령 및 관리에 관한 규정」에 따라 이 예규에 대하여 2021년 1월 1일을 기준으로 매 3년이 되는 시점(매 3년째의 12월 31일까지를 말한다)마다 그 타당성을 검토하여 개선 등의 조치를 하여야 한다.

부칙 <제368호, 2021. 6. 10.>

이 심사지침은 2021년 6월 10일부터 시행한다.

8. 온라인쇼핑몰업자의 불공정거래행위 심사지침

[시행 2024. 1. 1.] [공정거래위원회예규 제449호, 2024. 1. 1., 일부개정.]

공정거래위원회(유통대리점정책과), 044－200－4961

Ⅰ. 목적

이 지침은 온라인쇼핑몰업자와 납품업자간의 거래와 관련하여 발생하는 「대규모유통업에서의 거래 공정화에 관한 법률」(이하 “법”이라 한다) 제10조(상품의 반품 금지)·제11조(판매촉진비용의 부담전가 금지)·제14조(경영정보 제공 요구의 금지)·제15조(경제적 이익 제공 요구 금지)·제17조(불이익 제공행위의 금지)에서 규정하고 있는 행위 중 온라인쇼핑 거래의 특성을 고려할 필요가 있는 행위에 대한 위법성 심사기준과 법 위반 유형을 구체적으로 제시하여 온라인쇼핑 거래분야에서 법 집행의 일관성과 예측 가능성을 높임으로써 온라인쇼핑몰업자의 법위반행위를 예방하고 공정한 거래질서를 확립하는 데에 그 목적이 있다.

Ⅱ. 지침의 적용범위

1. 이 지침은 거래의 형태(직매입거래, 특약매입거래, 위·수탁거래 등)를 불문하고, 대규모유통업자에 해당하는 온라인쇼핑몰업자가 다수의 사업자로부터 상품을 납품받아 온라인을 통하여 판매하는 과정 전반에서 발생할 수 있는 다양한 유형의 불공정거래행위에 적용된다.

2. ‘온라인쇼핑몰업자’는 온라인 네트워크에 기반 하여 소매업을 경영하는 자 중 대규모유통업자에 해당하는 자(이하 ‘온라인쇼핑몰업자’)를 말한다. 법은 소비자가 사용하는 상품을 다수의 사업자로부터 납품받아 판매하는 사업자 중 직전 사업연도의 소매업종 매출액이 1천억 원 이상이거나 소매업에 사용하는 매장면적의 합계가 3천 제곱미터 이상인 자를 ‘대규모유통업자’로 정의하고 있다(법 제2조 제1호). 다만, 온라인쇼핑몰업자가 통신판매업(소매업)과 통신판매중개업을 겸하여 영업하는 경우 통신판매중개업을 통해 발생한 매출과 관련된 행위에 대해서는 이 심사지침이 적용되지 아니한다.

Ⅲ. 개별행위 유형별 위법성 심사기준

1. 상품의 반품 금지 (법 제10조 관련)

가. 반품의 정의

반품이란, 온라인쇼핑몰업자가 납품받은 상품을 되돌려 주거나 납품업자의 다른 상품과 바꾸는 등 형식에 상관없이 납품받은 상품을 납품업자에게 실질적으로 되돌려주는 모든 행위를 말한다(법 제2조 제7호).

나. 금지 및 의무행위에 대한 심사기준

(1) 정당한 사유 없는 반품의 금지

온라인쇼핑몰업자는 정당한 사유 없이 납품받은 상품의 전부 또는 일부를 반품하여서는 아니 된다(법 제10조 제1항). 반품행위의 위법성이 성립하려면 다음 각 목의 요건이 모두 충족되어야 한다.

(가) 납품받은 상품

① 법 제10조 제1항에 의하면 "납품받은 상품"을 반품하는 행위를 금지하고 있으므로 상품을 납품받기 이전에 납품업자에게 되돌려준 경우에는 반품행위가 성립하지 않는다.

② 즉, 온라인쇼핑몰업자가 자신의 사업장이나 물류센터 등 지정된 납품장소에 상품을 입고하기 이전, 검수·검품 단계에서 납품업자에게 되돌려준 경우에는 납품받은 상품에 해당하지 않아 반품행위로 보기 어렵다. 그러나 이 경우 반품에는 해당하지 않으나 상품 수령을 거부한 것으로 볼 수 있으므로 법 제9조(상품 수령 거부·지체 금지)가 적용된다.

(나) 전부 또는 일부를 반품

① 법 제10조 제1항은 납품받은 상품의 "전부 또는 일부를 반품"하는 행위를 금지하고 있으므로 납품받은 수량의 전부가 아니라 그 중 일부만을 반품하더라도 정당한 사유가 없다면 법에 위반된다.

② 반품행위의 형식이나 성격에는 제한이 없으므로 ⅰ)계약해지에 따른 상품반환, ⅱ)채권·채무 상계에 따른 상품반환, ⅲ)납품업자의 다른 상품을 납품받으면서 이미 납품받은 상품과 교환하는 경우 등 형식과 성격에 상관없이 온라인쇼핑몰업자가 납품받은 상품을 납품업자에게 실질적으로 되돌려주기만 하면 일단 반품행위가 성립한다.

(다) 정당한 사유가 없을 것

① 법 제10조 제1항은 "정당한 사유 없이" 반품하는 행위를 금지하고 있다. 정당화 사유의 유무는, ⅰ)납품업자와의 사전 합의여부 및 그 내용, 계약상 반품사유의 존재, 계약해지·취소 사유의 존재여부 ⅱ)납품거래의 형태와 특성, ⅲ)온라인쇼핑몰업자의 반품 의도와 목적, ⅳ)반품이 납품업자에게 미치는 효과 등을 종합적으로 고려하여 개별·구체적으로 판단한다.

② 정당화 사유에 대한 입증책임은 이를 주장하는 온라인쇼핑몰업자가 부담한다.

③ 다만, 법 제10조 제1항 각 호에 해당하는 경우로서 해당 거래분야에서 합리적이라고 인정되는 기간 내에 반품하는 경우에는 정당한 사유가 있는 것으로 추정한다. 이 때, 온라인쇼핑몰업자가 합리적으로 인정되는 기간 내에 반품하였는지 여부는 납품업자의 예측가능성, 반품규모, 반품시기, 반품사유, 반품의 계절적 특성, 피해정도 등을 고려하여 해당 거래분야의 거래관행상 반품기간이 합리적이었는지 여부를 판단한다.

〈반품의 정당화 사유 추정〉(법 제10조 제1항)
1. 특약매입거래의 경우로서 계약체결 시 반품조건을 구체적으로 약정하고 그 반품조건을 명시한 서면을 납품업자에게 준 경우 2. 위·수탁거래의 경우 3. 납품받은 상품이 납품업자의 책임 있는 사유로 인하여 오손·훼손되었거나 상품에 하자가 있는 경우 4. 납품받은 상품이 계약한 상품과 다른 경우 5. 온라인쇼핑몰업자가 반품으로 인하여 생기는 손실을 스스로 부담하고 해당 납품업자에게 반품의 동의를 받은 경우 6. 직매입거래의 경우로서 일정한 기간이나 계절에 집중적으로 판매되는 상품(신선농·수·축산물은 제외한다)에 대하여 계약체결 시 반품조건을 구체적으로 약정하고 그 반품조건이 명시된 서면을 납품업자에게 준 경우 7. 직매입거래의 경우로서 납품업자가 반품이 자기에게 직접적으로 이익이 된다는 객관적인 근거자료를 첨부한 서면으로 반품일 이전에 자발적으로 반품을 요청한 경우 8. 대통령령으로 정하는 바에 따라 「가맹사업거래의 공정화에 관한 법률」 제2조 제3호의 가맹점사업자로부터 반품받은 상품을 가맹본부가 납품업자에게 반품하는 경우 9. 그 밖에 직매입거래의 경우로서 제3호부터 제8호까지의 규정에 준하는 정당한 사유가 있는 경우

④ 법 제10조 제2항에 의한 신선농·수·축산물의 반품 기간은 법 시행령 제6조에 따라 납품업자의 납품 시점부터 온라인쇼핑몰업자가 당해 상품의 검수·매입을 마친 시점까지의 기간을 의미하며, 그 기간은 특별한 사유가 없는 한 2일을 초과할 수 없다.

〈법위반에 해당될 수 있는 행위(예시)〉

– 온라인쇼핑몰업자가 임의로 소비자에게 반품 또는 환불하고, 사전에 납품업자와 약정한 반품조건과 달리 해당 상품을 납품업자에게 반품한 경우 – 온라인쇼핑몰업자가 판매실적이 낮은 A 상품 판매를 줄이고 상대적으로 판매실적이 좋은 B상품 판매를 늘리기 위해 이미 납품받은 A상품을 납품업자에게 반품한 경우 – 온라인쇼핑몰업자가 A상품 대리점으로부터 상품을 납품받다가 A상품 제조사로 구매처를 변경하면서 A상품을 대리점에게 반품한 경우

(2) 반품조건 및 절차 등에 관한 서면교부 및 서류보존 의무

(가) 온라인쇼핑몰업자는 납품업자와 계약체결 시 ⅰ)상품의 반품조건, ⅱ)소비자가 구매를 취소하거나 반품한 상품의 배송 및 처리조건 등을 명시하고 양자가 각각 서명 또는 기명날인한 서면을 교부하여야 한다(법 제6조 제1항, 법 시행령 제2조).

(나) 온라인쇼핑몰업자는 법령에 위반되지 않는 범위 내에서 납품업자와 합의하여 상품의 반품조건과 절차 등을 정할 수 있다. 특히, 특약매입거래와 같은 반품조건부 거래의 경우 온라인쇼핑몰업자와 납품업자는 계약체결 시점에 반품조건을 구체적으로 정해야 한다.

(다) 온라인쇼핑몰업자는 납품업자와의 계약이 끝난 날부터 5년간 아래의 사항이 기재된 서류를 보존해야 한다(법 제6조 제8항, 법 시행령 제5조 제1호 및 제7호).

〈반품 관련 보존 서류의 기재 사항〉(법 시행령 제5조 제1호 및 제7호)
1. 반품조건 2. 반품된 상품의 목록 3. 반품된 상품의 수량 4. 반품된 상품의 거래형태(직매입거래/특약매입거래/위수탁거래 등) 5. 반품된 상품의 반품일자 6. 반품된 상품과 관련된 납품대금 7. 반품된 상품의 반품사유 8. 납품업자가 온라인쇼핑몰업자에게 서면으로 반품을 요청하면서 해당 반품이 자신에게 직접적으로 이익이 된다는 사실을 증명하는 객관적인 근거자료를 제출한 경우 납품업자가 제출한 서면과 근거 자료 등

(3) 법 제15조 또는 제17조와의 관계

온라인쇼핑몰업자가 납품업자의 책임 없는 사유에 의해 상품을 반품함에도 불구하고 포장비, 물류비 등 반품에 소요되는 비용을 납품업자에게 전가하는 경우 법 제15조(경제적 이익 제공 요구 금지) 또는 제17조(불이익 제공행위의 금지)에 위반될 수 있다.

2. 판매촉진비용의 부담전가 금지 (법 제11조 관련)

가. 판매촉진행사의 정의

판매촉진행사란, 명칭이나 형식에 상관없이 상품에 대한 수요를 늘려 판매를 증진시킬 목적으로 행하는 모든 행사 또는 활동이다(법 제2조 제8호). 판매촉진행사는 업계 관행상 통상적으로 행하는 상품판매 및 관리 활동과는 달리 별도의 비용 또는 노력을 들여 판매를 증진시킬 목적으로 실시하는 행사 또는 활동을 의미한다.

(1) 모든 판매 증진 활동이 판매촉진행사에 해당하는 것은 아니고, 판매촉진행사는 일상적인 판매방식에서 벗어나 특정기간 동안 임시적·탄력적으로 이루어지는 이벤트 성격의 행사에 한정되는 것으로 보아야 한다.

(2) 가격할인행사의 경우 가격인하의 경위와 목적, 적용대상(판매기간, 대상 소비자, 상품 수량과 종류 등), 소비자에 대한 홍보 여부 또는 홍보방식 등 제반 사정을 종합적으로 고려하여 이루어져야 한다.

〈판매촉진행사에 포함될 수 있는 행사 또는 활동(예시)〉

- 특정 상품을 구매한 소비자가 사용후기를 작성하면 사은품을 지급하는 행사
- 특정기간 동안 소비자가 상품을 구매한 금액에 상관없이 무료배송을 지원하는 행사
- 특정기간동안 소비자가 상품을 구매한 금액에 따라 온라인쇼핑몰에서 사용가능한 쇼핑포인트를 지급하는 행사
- 할인쿠폰을 발급하고 해당 쿠폰을 보유한 소비자에게 상품판매가의 일정금액을 할인해주는 행사
- 소비자가 특정 신용카드를 사용하여 상품을 구매하는 경우 일정금액을 할인해주는 행사
- 특정기간에 한하여 상품을 할인된 가격으로 판매하는 행사
- 특정상품을 구매한 소비자에게 사은품을 지급하는 행사
- 쇼핑몰사이트 화면 중 소비자 접근이 용이한 위치에 특정 상품이나 행사내용을 노출시키는 활동 등

나. 금지 및 의무행위에 대한 심사기준

(1) 판매촉진비용 부담에 관한 사전 약정 의무

온라인쇼핑몰업자가 판매촉진행사를 실시함에 있어 그 판매촉진비용의 일부를 납품업자에게 부담시키기 위해서는 해당 행사를 실시하기 이전에 납품업자와 판매촉진비용의 부담에 관한 약정을 체결하여야 한다(법 제11조 제1항).

(가) 사전 약정절차

온라인쇼핑몰업자는 판매촉진비용 부담에 대한 사전 약정을 함에 있어 납품업자등과 각각 서명 또는 기명날인한 서면으로 하여야 하며, 온라인쇼핑몰업자는 약정과 동시에 이 서면을 납품업자에게 주어야 한다(법 제11조 제2항).

① 온라인쇼핑몰업자가 '판매촉진행사를 실시하기 이전'에 사전 약정절차를 완료하였는지에 대한 판단은 '판매촉진행사 기간이 시작된 시점'과 '납품업자가 판매촉진비용을 부담한 시점'을 비교하여 빠른 시점을 기준으로 한다.

② 다만, 납품업자의 판매촉진비용 부담 시점을 알 수 없거나 납품업자가 해당 판매촉진행사만을 위해 비용을 부담했다는 사실이 불확실한 경우 등에는 판매촉진행사 기간이 시작된 시점을 기준으로 한다.

〈법위반에 해당될 수 있는 행위(예시)〉

- 온라인쇼핑몰업자가 납품업자와 사전에 약정을 체결하지 아니하고 1개의 상품가격에 2개의 상품을 제공하는 1+1행사를 실시하는 경우
- 온라인쇼핑몰업자가 즉석쿠폰 행사를 실시함에 있어 행사이전에 개별 납품업자와 합의한 내용을 내부 시스템에 등록하는 절차만을 거치고, 행사를 진행한 이후 시스템을 통해 납품업자의 최종 서명을 받아 해당 판매촉진 행사에 소요된 비용을 정산하는 경우

- 온라인쇼핑몰업자가 상품홍보를 위한 이벤트 행사를 개최하면서 사전에 법령이 규정한 약정 사항에 대한 합의내용이 모두 포함된 약정 서면을 납품업자에게 교부하였으나 납품업자의 서명이 행사진행 중 또는 행사종료 이후에 이루어진 경우
- 온라인쇼핑몰업자가 사은품지원행사를 실시하면서 사전에 법령이 규정한 약정 사항에 대한 합의내용을 단순 팝업창에 고지한 경우 등

(나) 사전 약정내용

온라인쇼핑몰업자가 판매촉진행사 실시 이전에 납품업자와 체결한 판매촉진비용의 부담에 관한 약정에는 아래의 사항이 포함되어야 한다(법 제11조 제1항).

〈판매촉진비용의 부담에 관한 약정사항〉(법 시행령 제9조)

1. 판매촉진행사의 명칭·성격 및 기간
2. 판매촉진행사를 통하여 판매할 상품의 품목
3. 판매촉진행사에 소요될 것으로 예상되는 비용의 규모 및 사용내역
4. 해당 판매촉진행사를 통하여 대규모유통업자와 납품업자 등이 얻을 것으로 예상되는 경제적 이익의 비율
5. 판매촉진비용의 분담 비율 또는 액수

① 판매촉진행사의 명칭·성격 및 기간 등 판매촉진비용의 부담에 관한 약정사항은 기본적으로 온라인쇼핑몰업자가 행사에 참여하는 납품업자와의 협의를 통해 법령이 허용한 범위 내에서 자유롭게 정하되, 양 당사자가 판매촉진행사의 기간, 판매할 상품의 품목, 예상 비용의 규모 및 사용내역 등을 분쟁 없이 확정할 수 있을 정도의 구체성을 갖추어 충실하게 약정하여야 한다.

② 판매촉진비용 부담에 대한 사전 약정을 하면서 납품업자 등의 판매촉진비용 분담비율을 100분의 50을 초과하여 부담하도록 약정하여서는 아니 된다(법 제11조 제4항).

〈법위반에 해당될 수 있는 행위(예시)〉

- 온라인쇼핑몰업자가 특정한 기간 동안 상품을 할인가격으로 판매하는 행사를 실시하기 이전에 납품업자와 판매촉진행사 관련 약정을 체결함에 있어 약정 서면에 판매가격과 물량에 대한 내용만을 기재하고 법령에 규정된 다른 약정 사항은 모두 누락시킨 경우
- 온라인쇼핑몰업자가 쇼핑몰개설 10주년 기념행사를 실시하면서 판매촉진행사 약정 서면에 납품업자의 판매촉진비용 분담비율을 80%로 명시한 경우
- 온라인쇼핑몰업자가 사전에 약정한 판매촉진행사를 진행하면서 당초 약정한 사항에 포함되지 않은 비용(서버비, 광고비, 배송비 등)을 납품업자에게 임의로 부담시키는 경우 등

(다) 수 개의 판매촉진행사에 관한 일괄 약정

온라인쇼핑몰에서의 상품 판매형태 등과 같은 특성으로 인해 일정기간 연속한 수 개의 판매촉진행사 각각에 대한 개별약정은 많은 거래비용을 수반하므로 온라인쇼핑몰업자와 납품업자가 일정기간 동안 실시하기로 계획한 여러 판매촉진행사를 일괄적으로 하나의 서면에 의해 사전 약정을 체결하는 것은 허용된다. 이 경우 법정 필수 약정 내용은 각 판매촉진행사별로 구분하여 약정 서면에 구체적으로 기재하여야 한다. 일괄 약정의 허용주기는 각 판매촉진행사의 실시여부, 내용 및 소요비용 등에 대해 합리적으로 예측이 가능한 범위(예: 분기당 1회 등)에서 양 당사자 간의 협의를 통해 결정되어야 한다.

(라) 사전 약정 서류의 보존

온라인쇼핑몰업자는 판매촉진행사에 관한 사전 약정 후 약정 서면 및 행사실시 관련 서류를 계약의 종료일부터 5년간 보존하여야 한다(법 제6조 제8항, 시행령 제5조 제8호). 이때 '계약'은 온라인쇼핑몰업자가 납품업자로부터 상품을 공급받기 위해 체결한 계약(상품공급 기본계약)을 의미한다.

(2) 사전 약정의 이행 의무

대규모유통업자가 사전 약정 없이 납품업자 등에게 판매촉진비용을 부담시키는 행위를 하여서는 아니 된다고 규정한 법 제11조 제1항의 취지를 고려할 때, 온라인쇼핑몰업자는 실제 판매촉진비용을 정산하는 단계에서 납품업자와 약정한 사항을 충실히 이행하여야 한다.

(가) 만일 온라인쇼핑몰업자가 당초 약정사항에 포함되지 않았던 약정 당시 예상하지 못한 비용이 추가로 발생하였다는 이유로 그 비용의 일부 또는 전부를 납품업자에게 부담시킨 경우 법 제11조 제1항에 위반될 수 있다.

(나) 또한, 사전 약정은 해당 판매촉진행사로 인해 양 당사자가 실제로 얻은 매출액이나 이익의 크기와 관계없이 이행되어야 한다. 즉, 납품업자가 예상보다 더 높은 비율의 경제적 이익을 실제로 얻었다고 하여 온라인쇼핑몰업자가 사전에 약정한 판매촉진비용 분담비율 수준보다 높은 비율의 판매촉진비용을 납품업자에게 임의로 부담시켜서는 아니된다.

(3) 판매촉진비용 분담비율 준수 의무

온라인쇼핑몰업자는 판매촉진행사 실시 이후 결과적으로 납품업자의 판매촉진비용 분담비율이 100분의 50을 초과하지 않도록 하여야 한다(법 제11조 제1항 및 제4항).

판매촉진비용 분담비율 준수 여부에 대한 판단은 '전체 판매촉진비용'과 '납품업자 부담액'을 기준으로 하여야 한다. 수 개의 판매촉진행사가 진행된 경우에 판매촉진비용 분담비율 판단은 온라인쇼핑몰업자와 납품업자가 개별 판매촉진행사별로 각각 체결한 약정 건별로 산정한다. 하나의 서면으로 수 개의 판매촉진행사에 대해 일괄약정을 체결한 경우에도 각 판매촉진행사 건별로 판매촉진비용 분담비율을 산정한다.

(가) 판매촉진비용의 산정

판매촉진비용이란, 판매촉진행사에 소요되는 비용을 의미한다(법 제11조 제1항). 판매촉진행사에 소요되는 비용은 판매촉진을 위한 활동 과정에서 발생하는 지출과 감소되는 수입을 모두 합산하여 산정한다.

〈판매촉진비용 산정방식(예시)〉

행사유형	산정 방식
가격할인행사	[행사대상 상품의 기존(정상) 판매가격-할인 판매가격]× 행사 판매수량+기타 지출한 광고·홍보비 등
소비자혜택 제공행사	사은품·적립금·신용카드 청구할인·경품지급 등 혜택 제공에 소요된 비용+기타 지출한 광고·홍보비 등
기타 상품 광고·홍보 행사	기타 지출한 광고·홍보에 소요된 비용 등

(나) 납품업자 부담액의 산정

① 납품업자 부담한 판매촉진비용은 판매촉진행사 유형에 따라 납품단가 조정분, 판매가격 및 판매수수료율 조정분 등을 고려하여 해당 판매촉진행사를 진행하면서 소요된 납품업자의 모든 부담 비용을 합산하여 산정한다.

예를 들어, 납품업자가 판매촉진행사를 위하여 사은품 제작 또는 구입, 광고·홍보비 등으로 별도의 비용을 지출하였거나 온라인쇼핑몰업자로부터 상품 판매대금이 일부가 공제된 금액을 지급받은 경우 등에 있어서 그 지출비용 또는 공제 금액이 납품업자의 부담액에 포함되어야 한다.

② 납품업자의 분담비율이 50%를 초과하였는지 여부는 판매촉진행사 후 실제 정산결과를 기준으로 판단한다. 이 때 단순히 온라인쇼핑몰업자가 납품업자와 정상 판매수수료율보다 낮은 수준으로 약정하고 그에 따라 판매촉진행사를 실시하였다는 사유만으로는 면책되지 않는다.

〈납품업자 부담액 산정방식(예시)〉

행사유형	산정 방식
가격할인행사	■ 행사를 이유로 낮은 납품단가가 적용된 경우 (판매촉진비용 부담에 대한 다른 약정사항이 없음을 가정) [납품업자의 부담액] =[기존(정상)납품단가−행사(할인)납품단가]×판매수량 ■ 행사를 이유로 낮은 판매수수료율이 적용된 경우 (판매촉진비용 부담에 대한 다른 약정사항이 없음을 가정) [납품업자의 부담액] =[{기존(정상)판매가−기존(정상)수수료}−{행사(할인)판매가−

	행사(할인)수수료}] × 판매수량

〈법위반에 해당될 수 있는 행위(예시)〉

- 행사상품을 구매한 소비자에 대해 신용카드 무이자할부 혜택을 제공하면서 납품업자에게 판매촉진비용인 할부수수료 전부를 부담하도록 한 경우(단, 행사는 온라인쇼핑몰업자의 기획을 통해 진행되었으며 양 당사자 모두 다른 판매촉진비용은 부담하지 않음)
- 기존 상품가격: 1만원, 기존 판매수수료율 15% → 행사 상품가격: 9천원, 행사 판매수수료율 12%, 행사판매수량: 2만개(단, 온라인쇼핑몰업자가 행사 기획, 다른 판매촉진비용 없음)
  - 판매촉진비용＝(10,000－9,000)×20,000＝2천만 원
  - 납품업자 부담액＝[10,000×(1－0.15)－9,000×(1－0.12)]×20,000＝1,160만 원

    ⇒ 납품업자 부담액이 판매촉진비용의 50% 초과
- 행사기간 동안 소비자가 판매가격이 1만원인 상품 2개를 구매하면 1개를 덤으로 제공하는 행사를 진행하면서 납품업자로부터 납품단가 6천원인 상품 총 1만개를 덤으로 납품받아 소비자에게 제공한 경우(단, 온라인쇼핑몰업자가 행사 기획, 다른 판촉비용 없음)
  - 판매촉진비용＝(10,000×10,000)＝1억 원
  - 납품업자 부담액＝(6,000×10,000)＝6천만 원

    ⇒ 납품업자 부담액이 판매촉진비용의 50% 초과
- 약정서면 상 납품업자의 판매촉진비용 분담비율은 50% 이내였으나, 그 비용을 정산한 결과 납품업자의 실제 판매촉진비용 분담비율이 50%를 초과한 경우
- 할인행사 전 납품단가 200원, 판매가격 400원인 상품을 할인행사를 위해 납품단가 100원, 판매가격 200원에 100개를 납품하여 행사를 진행하고 행사기간동안 50개만 판매됨. 행사기간 종료 후 온라인쇼핑몰업자가 판매가격을 다시 400원으로 인상하여 판촉행사 상품의 재고(50개)를 판매하고 판매가격 인상분에 대하여 납품업자와 정산을 하지 않은 경우(단, 온라인쇼핑몰업자가 행사 기획, 다른 판매촉진비용 없음)
  - 납품업자 부담액＝(200－100)×100＝10,000원
  - 온라인쇼핑몰업자 부담액＝{(400－200)－(200－100)}×50＝5,000 원
  - 판매촉진비용＝10,000＋5,000＝15,000 원

    ⇒ 납품업자 부담액이 판매촉진비용의 50% 초과

다. 적용제외

납품업자 등이 자발적으로 온라인쇼핑몰업자에게 요청하여 다른 납품업자등과 차별화되는 판매촉진행사를 실시하려는 경우에는 온라인쇼핑몰업자는 납품업자등과 상호 협의하여 판매촉

진비용의 분담비율을 정할 수 있다. 이 경우 법 제11조 제1항부터 제4항까지의 규정은 적용하지 않는다(법 제11조 제5항).

(1) 적용제외 요건: 자발성 요건, 차별성 요건

법 제11조 제5항의 자발성과 차별성은 해당 판매촉진행사를 실시하게 된 경위와 목적, 행사의 명칭과 성격, 시기와 기간, 방법과 태양, 행사대상인 상품의 품목과 특성, 행사에 참여한 납품업자 등의 수와 범위, 행사의 효과, 관련 업계의 상황과 소비자의 반응 등을 종합적으로 고려하여 판단하여야 한다.

(가) 자발적으로 요청하였는지 여부(자발성 요건)

① 납품업자가 먼저 스스로 판매촉진행사를 기획하고 실시할 것을 결정한 후 온라인쇼핑몰업자에게 판매촉진행사를 요청한 경우 '자발적으로 요청'한 것으로 인정할 수 있다.

② 이 때, 납품업자의 자발적 요청이 성립하기 위해서는 온라인쇼핑몰업자가 납품업자에게 판매촉진행사를 강제하지 않았다거나 납품업자의 동의가 있었다는 정도만으로는 부족하고, 온라인쇼핑몰업자의 실질적 관여나 개입없이 납품업자가 먼저 독자적이고 적극적으로 판매촉진행사를 기획하여 그 실시를 요청해야 한다.

③ 다만, 단순히 판매촉진행사 이전에 온라인쇼핑몰업자가 이를 기획·고지하였다거나 납품업자와 협의를 거쳤다는 정황만으로 납품업자의 자발성이 무조건 부인되는 것은 아니다. 납품업자가 스스로 판매촉진행사 참여여부 등을 독자적으로 결정하는 경우에도 온라인 쇼핑몰업자와 협의를 거쳐야 할 필요가 있을 수 있고, 온라인쇼핑몰업자도 특정기간 동안 집객효과를 제고하기 위해 기획행위를 전혀 하지 않을 수는 없기 때문이다.

(나) 차별화된 행사에 해당하는지 여부(차별성 요건)

① 판매촉진행사의 경위와 목적, 진행과정과 내용(행사방법, 품목, 행사시기 및 기간, 소비자들의 특성 및 시장상황, 행사의 효과) 등을 종합적으로 고려할 때, 행사를 진행한 납품업자가 다른 납품업자와 비교하여 뚜렷이 구분된다고 볼 수 있는 특수한 사정이나 성격을 가질 경우 '차별화된 행사'로 인정될 수 있다.

② 이 때, 다른 납품업자와 차별화된다는 것은 그 행사의 동기, 내용이나 효과가 그 행사를 요청한 해당 납품업자에게 특화되어 있는 것을 의미하며, 행사를 요청하지 않은 다른 납품업자에게도 그대로 적용되거나 귀속될 수 있는 것이어서는 아니된다.

(다) 자발성과 차별성의 관계

① 납품업자가 자발적으로 요청한 판매촉진행사라면 행사의 경위, 목적, 진행과정, 형식, 내용, 효과 등의 측면에서 다른 납품업자와 차별화될 개연성이 크므로 특별한 사정이 없는 한 차별성 요건은 충족될 가능성이 크다.

② 차별성 요건이 충족되지 아니한 판매촉진행사라면 특별한 사정이 없는 한 해당 납품업자들이 그러한 행사를 자발적으로 실시할 가능성은 그리 크지 않을 것이므로 이러한 측면에서 차별성은 자발성을 판단하는 중요한 고려요소이다.

(2) 입증책임

온라인쇼핑몰업자가 판매촉진행사에 대해 법 제11조 제1항 내지 제4항의 규정을 적용받지 않기 위해서는 자신이 법 제11조 제5항의 예외규정에 해당한다는 점을 입증해야 한다.

(가) 온라인쇼핑몰업자는 자발성과 차별성을 입증할 객관적 자료를 구비하여야 한다.

(나) 구체적으로 이러한 자료에는 납품업자가 먼저 스스로 판매촉진행사를 진행하기로 결정하고 온라인쇼핑몰업자에게 행사실시를 요청한 공문이나 이메일, 판매촉진비용의 분담비율, 양 당사자 간 협의 내용 등 행사와 관련된 중요사항을 납품업자가 독자적으로 결정하였음을 객관적으로 알 수 있는 자료 등이 포함된다.

〈적용제외(법 제11조 제5항) 요건이 충족 될 수 있는 경우(예시)〉

- 납품업자가 다른 브랜드와의 차별화를 위해 자신의 상품이 판매되고 있는 여러 온라인쇼핑몰에 상품구매 후기를 작성한 고객에게 사은품을 제공하는 행사를 실시할 것을 스스로 기획하고 그 기간 및 사은품 종류 등 관련 사항을 독자적으로 결정·진행한 경우
  (다만, 특정 온라인쇼핑몰에서 일괄적으로 실시하는 판매촉진행사의 한 유형으로서의 상품평 이벤트 행사에 참여하는 것은 제외)
- 납품업자가 자신의 브랜드에 한해 적용되는 정기행사(브랜드 기념일, 시즌오프, 브랜드 정기세일, 기획전 등)의 실시를 스스로 기획하고 행사실시와 관련된 사항을 독자적으로 결정·진행한 경우
- 납품업자가 먼저 재고소진 목적으로 할인판매행사의 실시를 스스로 결정하고 할인대상 품목 및 수량, 할인가격(할인율), 행사시기 및 기간 등 할인판매행사의 중요한 사항을 결정하여 온라인쇼핑몰업자에게 할인판매행사를 요청하고. 할인판매행사의 부수적 사항을 온라인쇼핑몰업자의 지원을 받아 행사를 기획·실시한 경우
- 납품업자가 자발적으로 다른 브랜드와 차별화된 행사를 기획하여 진행하는데 있어 상품관리 지원프로그램('셀러툴')을 통해 사은품을 등록하거나 상품 판매가격을 변경하는 등 행사진행을 위한 사항을 적용한 것에 대해 온라인쇼핑몰업자가 납품업자의 의사결정에 대한 개입없이 단순히 기본적인 사항(관련 법령 위반여부, 필수 상품정보의 누락여부, 가격 또는 카테고리 표기의 오기여부 등)만을 검토한 후 승인조치를 한 경우
- 납품업자가 자발적으로 다른 브랜드와 차별화된 행사(예: 리퍼상품 할인 판매, 무료체험행사, 배송비지원행사 등)를 기획하면서 그 내용을 온라인쇼핑몰사이트에 광고하기로 결정한 후 광고비 단가표를 참고하여 광고방식, 기간, 내용 등 제반사항을 독자적으로 결정·진행한 경우 등
- 온라인쇼핑몰업자가 판매촉진행사의 기간 등 전체적인 틀을 기획하고, 셀러툴 등에 팝업을 띄우는 방식 등 공개적인 방식을 통해 납품업자들에게 고지하여 납품업자가 온라인쇼핑몰업자의 개입없이 자신의 필요에 의해 스스로 판매촉진행사에 참여할지 여부, 행사대상 품목 및 가격 등 판매촉진행사의 중요한 사항을 독자적으로 결정한 경우

〈적용제외(법 제11조 제5항) 요건이 충족될 수 없는 경우(예시)〉

- 납품업자가 온라인쇼핑몰업자에게 판매촉진행사에 참여하겠다는 공문은 송부하였으나, 납품업자가 판매촉진행사 실시를 먼저 요청하였거나 주도하였다는 객관적 증거는 없고, 온라인쇼핑몰업자가 주도적으로 판매촉진행사를 기획하여 실시한 경우 - 온라인쇼핑몰업자가 먼저 납품업자에게 행사진행 여부를 문의하고 동의한 납품업자에 대해 행사방식을 안내한 경우 - 납품업자가 온라인쇼핑몰의 상품관리 시스템 또는 상품관리 지원프로그램(셀러툴)을 통해 사은품을 등록하거나 상품 판매가격을 변경하였으나, 그 의사결정에 온라인쇼핑몰업자가 개입한 경우 - 납품업자가 온라인쇼핑몰업자로부터 제안을 받아 쇼핑몰사이트 광고를 진행한 경우 등 - 납품업자가 온라인쇼핑몰업자가 기획하는 여러 행사 중 하나를 선택하여 행사를 진행하는 경우 등

(3) 법 제17조와의 관계

판매촉진행사를 기획·실시하면서 온라인쇼핑몰업자가 판매촉진행사에 대한 협의·지원을 하거나 또는 온라인쇼핑몰업자와 납품업자가 공동으로 판매촉진행사를 실시하는 것에서 더 나아가 온라인쇼핑몰업자가 납품업자에게 판매촉진행사 참여를 강요하거나 판매촉진행사의 중요한 사항에 관한 일정한 의사결정을 강요하는 경우 법 제17조에 위반된다.

라. [별표1]이 적용되는 판매촉진행사의 경우

위 규정에도 불구하고 [별표1]이 적용되는 판매촉진행사의 경우 자발성 요건과 차별성 요건의 충족 여부를 판단함에 있어서는 [별표1]의 기준에 따른다.

3. 경영정보 제공 요구의 금지 (법 제14조 관련)

가. 경영정보의 정의 및 범위

법 제14조의 경영정보란, ① 원가 등 납품업자 등의 영업상 비밀에 해당하는 정보, ② 다른 사업자, 특히 다른 유통업자와의 거래조건 및 기타 거래과정 또는 결과를 나타내는 정보등 을 의미한다.

(1) 대규모유통업자가 납품업자에게 부당하게 정보의 제공을 요구하는 것이 금지되는 경영정보는 아래와 같다.

〈부당하게 제공을 요구하는 것이 금지되는 경영정보〉 (법 제14조 제1항 및 시행령 제11조 제1항)
1. 납품업자가 다른 사업자에게 공급하는 상품의 공급조건(공급가격 포함)에 관한 정보 2. 납품업자가 납품하거나 판매하는 상품의 원가에 관한 정보

3. 납품업자가 다른 사업자에게 납품하거나 다른 사업자의 점포에서 판매하는 상품의 매출액, 기간별 판매량 등 매출 관련 정보 4. 납품업자가 다른 사업자의 점포에서 하는 판매촉진행사의 시기·횟수 및 거래조건 등 판매촉진행사에 관한 정보 5. 납품업자가 다른 사업자와의 거래에서 사용하는 전자적 정보교환 전산망의 고유식별 명칭, 비밀번호 등 해당 전산망에 접속하기 위한 정보

(2) 상품의 공급조건에 관한 정보에는 공급가격은 물론 공급물량, 시기, 대금지급방식 및 반품조건, 제조원 또는 공급자, 제조방식 등이 포함된다. 또한 현재 납품 중인 상품의 공급조건뿐만 아니라 과거의 상품 공급조건과 향후 공급할 상품의 공급조건도 포함한다.

(3) 상품의 원가에 관한 정보는 납품업자가 온라인쇼핑몰업자 또는 다른 사업자에게 상품을 공급하기 위해 상품의 제조, 판매 등을 하면서 소요된 제조원가(재료비, 인건비, 운송비, 기타 제조경비 등) 또는 매입원가 등에 관한 정보를 의미한다.

나. 금지 및 의무행위에 대한 심사기준

(1) 경영정보 요구에 관한 서면교부·보존의무 및 경영정보 제공 요구 범위의 제한

(가) 온라인쇼핑몰업자가 납품업자 등에게 요구하는 정보가 법 제14조 제1항 및 시행령 제11조 제1항에 해당하는 경우에는 경영정보 요구에 앞서 대통령령으로 정하는 아래의 사항이 기재된 서면에 온라인쇼핑몰업자와 납품업자가 각각 서명 또는 기명날인하여 해당 납품업자 등에게 제공하여야 한다(법 제14조 제2항 및 제3항, 법 시행령 제11조 제2항).

〈경영정보 요구 시 서면 기재 사항〉(법 시행령 제11조 제2항)
1. 경영정보 제공을 요구하는 목적 2. 비밀유지방법 등 요구 대상 정보의 비밀유지에 관한 사항 및 비밀침해 시의 손해배상에 관한 사항 3. 경영정보 요구일자, 제공일자 및 제공방법 4. 경영정보 제공 요구가 불가피함을 객관적으로 증명할 수 있는 사항

(나) 온라인쇼핑몰업자가 납품업자에게 경영정보를 제공할 것을 요구하면서 납품업자에게 서류를 제공한 경우에는 그 제공한 서류를 계약이 끝나는 날부터 5년간 보존하여야 한다(법 제6조 제8항 및 법 시행령 제5조 제10호).

(다) 온라인쇼핑몰업자가 납품업자에게 경영정보를 요구하는 경우 요구목적에 필요한 최소한의 범위에서 하여야 한다(법 제14조 제4항). 요구목적에 필요한 최소한의 범위에 해당하는지는 정보 요구의 구체적인 목적, 요구한 정보의 내용, 당해 목적을 달성하기 위한 다른 방법이 있는지 여부 등을 종합적으로 고려하여 판단한다.

(2) **부당한 경영정보의 제공 요구 금지**

(가) 온라인쇼핑몰업자가 납품업자에게 다른 사업자에게 공급하는 상품의 공급가격을 포함한 공급조건 등 경영정보를 제공하도록 부당하게 요구하는 행위는 금지된다(법 제14조 제1항)

(나) 여기서 '부당성'이란, 당사자가 처해있는 시장 및 거래의 상황, 거래의 대상인 상품의 특성, 경영정보 제공을 요구한 의도·경위·목적·효과·영향 및 구체적인 요구의 태양, 경영정보 요구에 응하지 않을 경우 받을 수 있는 불이익의 내용과 정도 등 여러 사정을 고려하여 그 요구행위가 정상적인 거래관행을 벗어난 것으로서 공정한 거래를 저해할 우려가 있다고 인정할 수 있는 경우를 의미한다.

(다) 부당한 경영정보 제공요구 행위는 온라인쇼핑몰업자가 경영정보 제공요구를 통해서 후발적인 불공정거래행위를 했는지, 나아가 실제 납품업자 등이 경영정보를 제공하였는지 여부와 관계없이 부당한 경영정보 제공요구 행위 그 자체를 금지한다.

(4) **독점규제 및 공정거래에 관한 법률(이하 '공정거래법') 상 경영간섭행위(법 제23조 제1항 제4호 및 법 시행령 제36조 제1항 관련 [별표 1의2])와의 관계**

(가) 부당한 경영정보 제공 요구행위가 법 제14조 제1항에 해당하는 경우에는 공정거래법 상 경영간섭행위 등 공정거래법 제23조 제1항 제4호의 거래상 지위남용행위에 우선하여 적용한다.

(나) 다만, 법 제14조에서 열거하지 않은 정보제공을 요구하거나 경영정보 제공 요구행위가 부당성을 충족하지 아니하는 등 법 제14조에서 금지하는 부당한 경영정보 제공요구행위에는 해당하지 않더라도 정보제공 요구를 통해 거래상대방의 생산품목·시설규모·생산량·거래내용을 제한함으로써 경영활동을 간섭하는 경우에는 공정거래법 상 경영간섭행위에 해당한다.

〈법위반에 해당될 수 있는 행위(예시)〉

- 온라인쇼핑몰업자가 자신과 경쟁쇼핑몰에 동시에 상품을 납품하는 납품업자로 하여금 경쟁쇼핑몰에서의 판매량이나 월평균 매출액을 이메일이나 전화 등을 통하여 요구하는 경우
- 온라인쇼핑몰업자가 신상품 또는 새로운 납품업자의 입점 과정에서 해당 납품업자에게 자신과 경쟁관계에 있는 온라인쇼핑몰에서의 납품업자의 마진율 등의 정보가 기재된 납품(입점)의향서를 제출하도록 하는 경우
- 온라인쇼핑몰업자가 제조업체 등과 직접 거래하거나 온라인쇼핑몰업자 스스로의 상품을 제조하기 위하여 납품업자가 공급하는 상품의 제조원 또는 공급원 등 공급 관련 정보나 제조·매입원가 등에 관한 정보를 요구하는 경우
- 온라인쇼핑몰업자가 다른 온라인쇼핑몰에서 진행하는 판매촉진행사에 납품업자가 참여하는지 여부, 판매촉진행사 시 거래 조건 등에 관한 정보를 요구하는 경우

4. 경제적 이익 제공 요구 금지 (법 제15조 관련)

가. 금지 및 의무행위에 대한 심사기준

(1) 경제적 이익 제공 요구 금지

온라인쇼핑몰업자가 정당한 사유 없이 납품업자 등에게 자기 또는 제3자를 위하여 금전, 물품, 용역, 그 밖의 경제적 이익을 제공하게 하는 행위는 원칙적으로 금지된다(법 제15조 제1항).

(가) "경제적 이익"이란, 온라인쇼핑몰업자가 납품업자와 체결한 거래계약의 고유한 성질에 따라 통상적·기본적으로 수수하는 판매수수료 이외에 일체의 경제적 가치가 있는 것으로서 민법상 물건에 해당하는 유체물, 무체물 및 법률상 권리 등이 포함되며, 그 외 보조금·장려금·성과금·기부금 등 금전, 각종 비품 등 물품, 용역·서비스 등 기타의 이익 제공을 모두 포함한다.

(나) "정당한 사유"에 해당하는지 여부는 납품업자와의 사전합의 여부, 납품업자의 예측가능성, 상품판매와 경제적 이익의 관련 정도, 경제적 이익의 내용·성격, 정상적인 거래방식, 납품업자의 사업경영상의 필요성 등을 고려하여 납품업자가 경제적 이익을 부담할 타당한 사유가 있는지 여부를 종합적으로 고려하여 판단한다.

(다) "경제적 이익을 제공하게 하는 행위"에는 온라인쇼핑몰업자가 거래상 지위를 이용한 강요는 물론 요구, 요청, 제안 등에 의해 납품업자가 자신의 자유로운 의사결정에 영향을 받아 이를 거부하기 어려운 정도에 이른 경우까지를 포함한다. 또한, "제공하게 하는 행위"가 금지되는 것이므로 실제로 납품업자가 온라인쇼핑몰업자나 제3자에게 경제적 이익을 제공하였을 것을 요하지 않는다.

〈법위반에 해당될 수 있는 행위(예시)〉

- 온라인쇼핑몰업자가 지급사유가 불분명하거나 납품업자 이익과 관련 없는 기부금·협찬금·기타 금품 등을 요구하는 경우
- 온라인쇼핑몰업자가 최저가 경쟁에 따른 판매수수료 수입 부족분을 보전하기 위하여 납품업자들에게 당초 계약에 없던 금전을 광고비, 서버비, 입점료 등의 명목으로 납품업자에게 요구하는 경우
- 온라인쇼핑몰업자가 다른 온라인쇼핑몰에서 동일한 상품이 자사보다 저가로 판매된다는 이유로 당해 상품의 판매가격을 인하하고, 그로 인한 매출액 감소분 상당을 납품업자에게 청구 또는 전가하는 경우
- 납품업자의 귀책사유 없이 소비자가 교환 또는 환불한 상품에 대해 포장비 등 양품화 비용(재상품화에 소요되는 비용)을 요구하는 경우

(2) 판매장려금에 대한 예외적 허용

예외적으로 온라인쇼핑몰업자는 대통령령으로 정하는 바에 따라 연간거래 기본계약의 내용으로 판매장려금의 지급목적, 지급시기 및 횟수, 판매장려금의 비율이나 액수 등의 사항을 납품

업자와 약정하고 이에 따라 납품업자로부터 판매장려금을 받을 수 있다(법 제15조 제2항). 다만, 판매장려금은 해당 거래분야에서 합리적이라고 인정되는 범위를 넘을 수 없다(법 제15조 제2항 후문).

(가) 판매장려금의 의의

판매장려금이란, 명칭에 상관없이 "직매입거래"에서 상품의 판매촉진을 위하여 연간거래 기본계약에 명시된 조건에 따라 납품업자가 대규모유통업자에게 지급하는 경제적 이익이다(법 제2조 제9호). 따라서 '특약매입거래', '위·수탁거래' 등과 같이 '직매입거래'가 아닌 모든 거래유형에서의 판매장려금은 허용되지 않는다.

(나) 판매장려금 약정에 관한 절차

① 온라인쇼핑몰업자가 법 제15조 제2항에 근거하여 판매장려금을 받기 위하여 납품업자와 체결한 연간거래 기본계약에는 아래의 사항이 포함되어야 한다.

〈판매장려금 지급에 관한 약정사항〉(법 시행령 제12조)
1. 판매장려금의 종류 및 명칭 2. 판매장려금의 지급목적, 지급시기 및 지급횟수 3. 판매장려금의 비율 또는 액수 4. 판매장려금의 결정기준 및 결정절차 5. 판매장려금의 변경사유, 변경기준 및 변경절차

② 온라인쇼핑몰업자는 납품업자와 상기 사항이 포함된 판매장려금에 관한 약정을 심리적 압박, 기만, 위계, 강요 등의 방법이 아닌 자유로운 의사의 합치에 의해 체결하여야 한다.

③ 또한, 온라인쇼핑몰업자가 납품업자로부터 판매장려금을 받는 경우 상기 약정사항이 명시된 서면을 납품업자와 계약을 체결한 즉시 교부하여야 한다(법 제6조 제1항 및 동법 시행령 제2조 제1항 제7호)

〈법위반에 해당될 수 있는 행위(예시)〉

- 온라인쇼핑몰업자가 납품업자에게 당초 연간거래 기본계약 시 약정되지 아니하거나 약정된 범위를 초과하여 판매장려금을 요구하는 경우
- 온라인쇼핑몰업자가 판매장려금의 종류 및 명칭, 지급목적, 지급시기 및 지급횟수 등을 구체적으로 기재함이 없이 추후에 개별적으로 판매장려금 약정을 체결할 수 있다고 포괄적으로 규정한 후 수시로 판매장려금을 요구하는 경우
- 온라인쇼핑몰업자의 제안내용을 납품업자가 수용하지 않을 경우 거래중단 등 불이익을 받을 수 있음을 직·간접적으로 암시하는 등 납품업자의 자율적인 의사가 제한된 상태에서 판매장려금 약정이 체결된 경우

(다) 법적 한계("해당 거래분야에서 합리적 범위 내")를 준수한 판매장려금인지 여부에 대한 심사기준

판매장려금은 해당 거래분야에서 합리적이라고 인정되는 범위를 넘을 수 없다(법 제15조 제2항 후문). 이때, 해당 판매장려금이 '당해 거래분야의 합리적 범위'를 넘어선 것인지 여부를 판단함에 있어서 이익 제공의 목적(판매촉진 목적)과 제공되는 경제적 이익 규모, 지급사유와 지급액 간의 관련성, 납품업자의 이익과 등가성 여부, 해당 거래분야의 정상적·합리적 거래관행을 종합적으로 고려한다.

① 판매촉진 목적과의 관련성 여부

온라인쇼핑몰업자가 받는 경제적 이익이 법 제15조 제2항의 정당한 판매장려금에 해당되기 위해서는 법에서 정한 판매장려금의 정의(법 제2조 제8호 및 제9호) 상 판매촉진 즉, 해당 상품에 대한 소비자의 수요를 늘려 소비자 판매를 증진시킬 목적으로 하여야 한다.

〈판매촉진 목적과의 관련성이 인정될 수 있는 판매장려금 항목(예시)〉

구 분	내용 및 취지
성과장려금	– 명칭에 상관없이 온라인쇼핑몰업자와 납품업자가 합의하여 전년 동기 대비 납품액(납품단가×납품물량) 신장목표에 도달했을 때, 온라인쇼핑몰업자가 납품업자로부터 지급받는 형태의 판매장려금
게시장려금	– 명칭에 상관없이 온라인쇼핑몰업자가 상품의 매출증가 가능성이 큰 위치에 게시(노출)해 주는 대가로 납품업자로부터 받는 형태의 판매장려금(단, 웹페이지 상 노출위치와 판매장려금 지급수준 등에 관해서는 사전에 서면으로 약정한 경우에 한함)

〈판매촉진 목적과의 관련성이 인정될 수 없는 판매장려금 항목(예시)〉

구 분	내용 및 취지
기본장려금	■ 명칭에 상관없이 온라인쇼핑몰업자가 납품업자로부터 상품 매입금액의 일정비율 혹은 일정금액을 받는 형태의 판매장려금 – 기본장려금은 온라인쇼핑몰업자가 납품업자로부터 상품 매입금액의 일정금액을 획일적으로 받기 위한 장려금으로 판매촉진 목적과의 연관성은 인정되지 않음

② 직매입 거래의 속성과의 관련성

온라인쇼핑몰업자가 받는 경제적 이익이 법 제15조 제2항의 정당한 판매장려금에 해당되기 위해서는 법에서 정한 직매입거래와 판매장려금의 정의(법 제2조 제4호 및 제9호) 상 직매입 거

래의 속성상 금지되는 행위(예: 부당반품, 재고 등 비용전가)가 수반되지 않아야 한다.

〈직매입 거래의 속성상 인정될 수 없는 판매장려금 항목(예시)〉

구 분	내용 및 취지
무반품장려금	명칭에 상관없이 온라인쇼핑몰업자가 직매입한 상품을 반품하지 않음을 조건으로 납품업자로부터 받는 형태의 판매장려금
시장판매가격 대응장려금 (판매가격인하 비용보전 장려금)	명칭에 상관없이 온라인쇼핑몰업자가 최저가경쟁을 위하여 납품업자로부터 직매입으로 기 납품받은 상품의 판매가격을 인하하기 위한 목적으로 받는 형태의 판매장려금
재고소진 장려금	명칭에 상관없이 온라인쇼핑몰업자가 직매입한 상품의 재고를 소진시킬 목적으로 재고분의 일정 비율에 해당하는 금액을 납품업자로부터 받는 형태의 판매장려금

③ 판매장려금 약정이 온라인쇼핑몰업자와 납품업자 모두에게 이익이 되는지 여부

판매장려금에 관한 입법 취지가 판매성과에 대한 이익을 온라인쇼핑몰업자와 납품업자가 공유하기 위한 것이라는 점을 고려하면, 판매장려금 약정은 온라인쇼핑몰업자와 납품업자 모두의 이익에 기여하여야 하며, 판매장려금 지급대상 기간 중 온라인쇼핑몰업자가 받은 판매장려금과 해당기간 중 납품업자의 납품액 증가로 인한 이익 간에는 합리적 비례관계가 있어야 한다. 따라서 판매장려금 약정에 따른 혜택이 온라인쇼핑몰업자에게 편향되어 귀속되는 경우 법에서 정한 합리적 범위 내에 있는 것으로 보기 어렵다.

〈법위반에 해당될 수 있는 행위(예시)〉

- 온라인쇼핑몰업자가 협의된 매출신장 목표에 도달하지 않았음에도 매출신장 목표달성에 근접했다는 이유로 납품업자에게 판매장려금을 받는 경우
- 판매장려금 지급대상 기간 중 온라인쇼핑몰업자가 받은 판매장려금이 해당 기간 납품업자의 납품액 증가로 인한 이익액 보다 큰 경우
- 판매장려금 수입 감소분을 보충하기 위해 게시장려금 등의 지급수준을 통상적인 거래관행에 비해 현저히 인상하는 경우

5. 불이익 제공행위의 금지 (법 제17조 관련)

가. 불이익 제공의 정의

불이익 제공이란, 온라인쇼핑몰업자가 거래상 지위를 이용하여 거래를 함에 있어 정당한 사유

없이 납품업자와의 거래조건을 설정 또는 변경하거나 그 이행과정에서 납품업자에게 불이익을 주거나 납품업자로 하여금 이익을 제공하게 하는 행위를 말한다.

나. 금지 및 의무행위에 대한 심사기준

(1) **불이익 제공행위의 금지**

온라인쇼핑몰업자는 정당한 사유 없이 납품업자 등에 대하여 법 제17조 각 호에 해당하는 행위를 하여서는 아니 된다. 단, 법 제17조 제7호 및 제8호는 매장임차인으로부터 상품매출액에 연동되는 임차료 또는 이에 준하는 경제적 이익을 수취하는 사업자에게 적용되므로 온라인쇼핑몰업자에게는 적용되지 않는다.

〈금지되는 불이익 제공행위의 유형〉(법 제17조)
1. 상품권이나 물품을 구입하게 하는 행위 2. 통상적인 시장의 납품 가격보다 현저히 낮은 가격으로 납품하게 하는 행위 3. 판매촉진행사를 실시하기 위하여 통상의 납품수량보다 현저히 많은 수량을 납품하게 하는 행위 4. 납품업자의 의사에 반하여 판매촉진행사에 참여하게 하는 행위 5. 한시적으로 인하하기로 약정한 납품 가격을 기한이 경과한 후에도 정상가격으로 환원하지 아니하거나 환원을 지연하는 행위 6. 납품업자의 의사에 반하여 해당 납품업자의 상품에 관한 광고를 하게 하는 행위 7. 일정한 점포의 매장에서 퇴점하는 것을 방해하거나 납품업자의 의사에 반하여 자기의 다른 점포의 매장에 입점하게 하는 행위 8. 계약기간 중에 납품업자의 매장 위치·면적·시설을 변경하는 행위 9. 계약기간 중에 판매장려금의 비율 등 대통령령으로 정하는 계약조건(판매장려금의 비율 또는 액수, 특약매입거래 또는 위·수탁거래의 경우 상품판매대금에서 온라인쇼핑몰업자가 공제하는 판매수익 또는 수수료) 10. 그 밖에 제1호부터 제9호까지의 규정에 준하는 것으로서 납품업자에게 불이익을 주거나 이익을 제공하게 하는 행위

(가) 납품업자에게 "불이익을 주는 행위"인지 여부는 해당 행위로 인해 납품업자에게 생길 수 있는 불이익의 내용과 정도, 거래관계의 지속성 및 의존도, 관련 업계의 거래관행과 거래형태, 관계 법령의 규정 등 여러 요소를 종합적으로 고려하여 판단한다.

(나) "정당한 사유"에 해당하는지 여부는 납품업자와의 사전 합의 여부, 납품업자의 예측가능성, 불이익 행위의 사유 및 목적, 불이익 행위의 내용 및 정도, 납품업자의 불이익을 상쇄하는 반대급부의 존부, 정상적인 거래방식 등을 종합적으로 고려하여 판단한다.

(2) **개별 불이익 제공행위 유형(법 제17조 각호)**

(가) 온라인쇼핑몰업자가 정당한 사유없이 납품업자에게 상품권이나 물품을 구입하게 하는 행위(법 제17조 제1호)

① 납품업자가 원치 않는 상품권이나 물품을 구입하게 하거나 필요 이상으로 많이 구입하게 하는 행위, 거래관계에 있는 상품 이외에 다른 상품권이나 물품을 추가로 구입하게 하는 행위 등을 말한다.

② 상품권이란, 그 명칭이나 형태와 상관없이 발행자가 일정한 금액이나 재화나 서비스('재화등'이라 함)의 수량이 기재된 무기명증표를 발행하고 그 소지자가 발행자 또는 발행자가 지정하는 자('발행자 등'이라함)에게 이를 제시 또는 교부하거나 그 밖의 방법으로 사용함으로써 그 증표에 기재된 내용에 따라 발행자등으로부터 재화등을 제공받을 수 있는 유가증권을 말한다.

③ 상품권과 물품에는 온라인쇼핑몰업자가 발행하거나 생산 또는 판매, 소유한 것뿐만 아니라 다른 사업자가 발행하거나 생산 또는 판매, 소유한 것도 포함된다.

〈법위반에 해당될 수 있는 행위(예시)〉

- 온라인쇼핑몰업자가 자신 또는 계열회사의 온라인쇼핑몰에서 사용가능한 상품권을 납품업자에게 구입하도록 하는 경우
- 온라인쇼핑몰업자가 자신 또는 계열회사 등이 생산 또는 판매하는 물품을 납품업자에게 구입하도록 하는 경우

(나) 온라인쇼핑몰업자가 정당한 사유없이 납품업자에게 통상적인 시장의 납품 가격보다 현저히 낮은 가격으로 납품하게 하는 행위(법 제17조 제2호)

- "통상적인 시장의 납품가격보다 현저히 낮은 가격"인지 여부는 납품업자의 납품 실태, 원재료의 수급 상황의 변화, 시장에서의 수요 변동, 상품의 생산량 또는 구입량의 변동, 그 밖에 상품의 가격 변동 또는 납품수량에 영향을 미칠 수 있는 사유의 발생 여부 등을 종합적으로 고려하여 판단한다.(법 시행령 제13조 제1항)

(다) 온라인쇼핑몰업자가 판매촉진행사 실시를 위해 통상의 납품수량보다 현저히 많은 수량을 납품하게 하는 행위(법 제17조 제3호)

- "통상의 납품수량보다 현저히 많은 수량"인지 여부는 납품업자의 납품 실태, 원재료의 수급 상황의 변화, 시장에서의 수요 변동, 상품의 생산량 또는 구입량의 변동, 그밖에 상품의 가격 변동 또는 납품수량에 영향을 미칠 수 있는 사유의 발생 여부 등을 종합적으로 고려하여 판단한다.(법 시행령 제13조 제1항)

〈법위반에 해당될 수 있는 행위(예시)〉

– 온라인쇼핑몰업자가 시장 전반적으로 물품이 부족한 상황에서 판매촉진행사의 실시를 위해 납품업자가 다른 거래상대방에게 이미 공급하기로 한 계약을 이행할 수 없을 정도로 많은 수량을 납품업자에게 납품하게 한 경우

(라) 온라인쇼핑몰업자가 납품업자의 의사에 반하여 판매촉진행사에 참여하게 하는 행위(법 제17조 제4호)

– "납품업자의 의사에 반하는지" 여부는 판매촉진행사 참여여부에 대한 납품업자의 의사, 판매촉진행사에 참여하지 않을 경우 예상되는 불이익 등 온라인쇼핑몰업자가 납품업자에게 판매촉진행사에의 참여를 사실상 강제하였는지를 중심으로 판단하되, 온라인쇼핑몰업자와 납품업자 간 거래관계의 지속성, 납품업자의 영업방침, 거래 상품의 특성 등을 종합적으로 고려하여 판단한다.

〈법위반에 해당될 수 있는 행위(예시)〉

– 온라인쇼핑몰업자가 판매촉진행사의 품목, 판매가격, 소비자에게 제공되는 혜택의 내용 등 판매촉진행사의 중요한 사항을 납품업자와 사전 협의 없이 결정하고 납품업자에게 판매촉진행사에의 참여를 강요한 경우

(마) 온라인쇼핑몰업자가 한시적으로 인하하기로 약정한 납품 가격을 기한이 경과한 후에도 정상가격으로 환원하지 아니하거나 환원을 지연하는 행위(법 제17조 제5호)

〈법위반에 해당될 수 있는 행위(예시)〉

– 온라인쇼핑몰업자가 정해진 기간동안 한시적으로 납품가격을 인하하기로 납품업자와 약정하고 납품업자의 의사와 관계없이 정해진 기간을 연장하는 경우 – 온라인쇼핑몰업자가 행사기간동안 일시적으로 인하하기로 한 납품가격을 행사 후에도 정상납품가격으로 환원시키지 않는 경우

(바) 온라인쇼핑몰업자가 납품업자의 의사에 반하여 해당 납품업자 등의 상품에 관한 광고를 하게 하는 행위(법 제17조 제6호)

〈법위반에 해당될 수 있는 행위(예시)〉

– 온라인쇼핑몰업자가 납품업자의 상품을 온라인쇼핑몰 상단 또는 별도의 팝업창에 노출되게 하는 등의 광고를 구입하게 하고 납품업자가 이를 거부할 경우 거래중단 등 불이익을 주는 경우

- 온라인쇼핑몰업자가 카카오, 블로그 등 소셜매체를 통해 소액광고를 하고 사후에 광고비를 일률적으로 수취하는 경우

(사) 온라인쇼핑몰업자가 계약기간 중 판매장려금의 비율 등 대통령령으로 정하는 계약조건을 변경하는 행위(법 제17조 제9호)

① 법 제17조 제9호에 따라 계약기간 중 변경이 금지되는 계약조건은 ⅰ. 판매장려금의 비율 또는 액수, ⅱ.특약매입거래 또는 위·수탁거래의 경우 상품판매대금에서 온라인쇼핑몰업자가 공제하는 판매수익 또는 수수료이다.(법 시행령 제13조 제2호)

② 위 ⅰ.~ⅱ.에 해당하지 않더라도 온라인쇼핑몰업자가 정당한 사유 없이 계약기간 중 중요한 계약조건을 변경하여 납품업자에게 불이익을 주는 경우 법 제17조 제10호에 해당할 수 있다.

(아) 온라인쇼핑몰업자가 그 밖에 법 제17조 제1호 내지 제6호, 제9호에 준하는 것으로서 납품업자 등에게 불이익을 주거나 이익을 제공하게 하는 행위(법 제17조 제10호)

① 법 제17조 제10호는 납품업자에게 불리하게 작용할 수 있는 대규모유통업자의 거래상 지위남용행위들을 포괄적으로 금지하기 위해 규정한 일반조항이다. 법 제17조 제1호 내지 제6호, 제9호에 해당하지 않더라도 그에 준하는 행위를 통해 납품업자에게 불이익이 되거나 온라인쇼핑몰업자에게 이익을 제공하도록 하는 행위에 해당하는 경우 법 제17조 제10호에 해당한다.

② 다만, 법 제17조 제10호는 '제1호부터 제9호까지의 규정에 준하는 행위'에 대하여 적용되므로 법 제17조 제1호부터 제9호까지의 규정에 준하지 않는 행위에 대해서는 법 제15조 제1항(경제적 이익제공 요구) 또는 공정거래법 제23조 제1항 제4호(거래상 지위남용행위)가 적용된다.

〈법위반에 해당될 수 있는 행위(예시)〉

- 온라인쇼핑몰업자가 납품업자에게 온라인쇼핑몰이 제공하는 배송서비스 등 온라인쇼핑몰 자신의 유료서비스를 이용할 것을 제안하고 이를 거부할 경우 납품업자가 납품하는 물품의 검색순위를 하락시키는 경우
- 온라인쇼핑몰업자가 납품업자와 체결한 광고계약과 달리 광고비 인상 근거의 제시 없이 과도한 광고비를 청구하고 납품업자가 이에 대하여 이의를 제기할 경우 계약연장 거부 등 불이익을 주는 경우
- 온라인쇼핑몰업자가 자신의 목표 수익률 또는 마진을 정해두고 최저가 경쟁을 위해 판매가격을 낮추고 납품업자에게 납품가격을 인하하도록 강요하는 경우
- 온라인쇼핑몰업자가 직매입거래 또는 특약매입거래에서 납품업자에게 입고 상품 등을 자신의 창고에 보관하도록 하면서 창고 사용비용을 부담시킨 경우
- 온라인쇼핑몰업자가 납품업자와의 계약조건과 관계없이 임의로 소비자에게 물품을

반품 또는 환불하고, 포장비용 등 양품비용(재상품화에 소요되는 비용), 왕복 배송비 등을 납품업자에게 부담하도록 한 경우
- 온라인쇼핑몰업자가 판매촉진행사를 실시하면서 판매촉진행사에 참가하는 납품업자에게 참가비 또는 광고비 등을 부담하도록 강요하는 경우

Ⅳ. 재검토 기한

공정거래위원회는 「훈령·예규 등의 발령 및 관리에 관한 규정」에 따라 이 예규에 대하여 2021년 1월 1일을 기준으로 매 3년이 되는 시점(매 3년째의 12월 31일까지를 말한다)마다 그 타당성을 검토하여 개선 등의 조치를 하여야 한다.

부칙 <제449호, 2024. 1. 1.>

이 지침은 2024년 1월 1일부터 시행한다.

9. 대규모유통업법 위반사업자에 대한 과징금 부과기준 고시

[시행 2024. 2. 6.] [공정거래위원회고시 제2024-4호, 2024. 2. 6., 일부개정.]

공정거래위원회(유통대리점정책과), 044-200-4961

Ⅰ. 목적

이 고시는 「대규모유통업에서의 거래 공정화에 관한 법률」(이하 "법"이라 한다) 제35조(과징금) 및 같은 법 시행령(이하 "시행령"이라 한다) 제28조(과징금) 제2항 및 별표 1의 규정에 따라 과징금 부과에 관하여 필요한 사항을 정하는데 그 목적이 있다.

Ⅱ. 정의

1. 위반행위의 유형에 따른 산징기준

"위반행위의 유형에 따른 산정기준"은 법 제35조제1항에 따른 위반행위를 법 제35조제3항에 따라 준용하는 「독점규제 및 공정거래에 관한 법률(이하 "공정거래법"이라 한다)」 제102조의 규정에 의한 참작사유 중 위반행위의 내용 및 정도에 따라 위반행위의 중대성 정도를 "중대성이 약한 위반행위", "중대한 위반행위", "매우 중대한 위반행위"로 구분하여 산정한 금액으로서 과징금 산정의 기준이 되는 금액을 말한다. (이하 "산정기준"이라 한다)

2. 위반행위의 기간 및 횟수 등에 따른 조정

"위반행위의 기간 및 횟수 등에 따른 조정"은 위반행위의 기간·횟수, 자진시정·조사협력 여부, 위반행위의 성격, 법위반 전력 등을 고려하여 산정기준을 가중 또는 감경하는 것을 말한다.

3. 부과과징금

"부과과징금"은 위반행위의 기간 및 횟수 등에 따른 조정을 거쳐 산출된 금액이 위반사업자의 현실적 부담능력, 당해 위반행위가 시장에 미치는 효과, 기타 시장 또는 경제여건 등을 충분히 반영하지 못하여 현저히 과중하다고 판단되는 경우에 이를 감액(면제를 포함한다)하여 부과하는 금액을 말한다.

4. 관련 납품대금

가. "관련 납품대금"은 시행령 별표 1 제2호가목2)의 규정에 따라 해당 대규모유통업자가 위반행위를 한 기간 동안 구매한 관련 상품의 매입액 또는 이에 준하는 금액을 말한다.

나. 관련 상품의 범위

(1) 관련 상품은 위반행위로 인하여 직접 또는 간접적으로 영향을 받는 상품의 종류와 성질, 거래지역, 거래상대방, 거래단계 등을 고려하여 행위유형별로 개별적·구체적으로 판단한다. 관련 상품에는 당해 위반행위로 인하여 거래가 실제로 이루어지거나 이루어지지 아니한 상품이 포함된다.

(2) 위 (1)에 의하여 관련 상품의 범위를 정하기 곤란한 경우에는 당해 위반행위로 인하여 직접 발생하였거나 발생할 우려가 현저하게 된 다른 사업자(사업자단체를 포함한다. 이하 같다)의 피해와 연관된 상품을 관련 상품으로 볼 수 있다.

(3) 관련 상품의 범위를 결정할 때에는「통계청장이 고시하는 한국표준산업분류상 5단위 분류 또는 광공업조사통계보고서상의 8단위 분류」또는「당해 사업자의 품목별 또는 업종별 매출액 등의 최소 회계단위」를 참고할 수 있다.

5. 관련 임대료

"관련 임대료"란 시행령 별표 1 제2호가목2)의 규정에 따라 매장 임차인이 위반사업자에게 지불해야 하는 위반기간의 임대료를 1년의 기간으로 환산한 금액을 말한다.

6. 관련 납품대금 또는 관련 임대료나 위반금액의 비율을 산정하기 곤란한 경우

시행령 별표 1 제2호가목2) 단서의 "관련 납품대금 또는 관련 임대료나 위반금액의 비율을 산정하기 곤란한 경우"란 법 제35조제1항 단서에 의한 매출액을 산정하기 곤란한 경우 등으로서 다음 각 호의 어느 하나에 해당하는 경우를 말한다.

가. 위반기간 또는 관련 상품의 범위를 확정할 수 없는 등 상품 매입액 또는 매출액의 산정이 불가능하여 납품대금이나 연간 임대료의 산정이 곤란한 경우

나. 재해 등으로 인하여 상품 매입액 또는 매출액을 확인할 수 있는 자료가 소멸 또는 훼손되는 등 객관적인 납품대금이나 연간 임대료의 산정이 곤란한 경우

다. 위반행위의 성격상 관련 상품의 매입액 또는 임대료 등을 기준으로 할 때 합리적인 위반금액 산출이 곤란한 경우 (대규모유통업자가 법 제14조[경영정보 제공 요구 금지]를 위반한 경우를 포함한다)

7. 위반기간

가. "위반기간"은 위반행위의 개시일부터 종료일까지의 기간을 말한다. 개시일 또는 종료일이 불분명한 경우에는 사업자의 영업·재무관련 자료, 임직원·거래관계인 등의 진술, 동종 또는 유사업종을 영위하는 다른 사업자들의 영업 및 거래실태·관행, 시장상황 등을 고려하여 이를 산정할 수 있다.

나. 다음의 경우에는 특정일을 위반행위의 종료일로 본다.

(1) 위반행위가 과징금 부과처분을 명하는 공정거래위원회의 심의일까지 종료되지 아니한 경우에는, 당해 사건에 대한 공정거래위원회의 심의일을 위반행위의 종료일로 본다.

(2) 위반행위가 2일 이상 행하여지되 불연속적으로 이루어진 경우에는, 당해 위반행위의 유형·성격·목적·동기, 연속되지 아니한 기간의 정도와 이유, 위반행위의 효과, 시장상황 등 제반사정을 고려하여 경제적·사회적 사실관계가 동일하다고 인정되는 범위 내에서 이를 하나의 위반행위로 보아 마지막 위반행위의 종료일을 당해 위반행위의 종료일로 본다.

(3) 위반행위의 실행은 종료되었으나 사업자가 그 실행의 결과를 유지하면서 그로 인하여 지속적으로 이익을 취득하거나 손해를 발생시키고 있는 경우에는 이익의 취득 혹은 손해의 발생이 종료된 날을 위반행위의 종료일로 본다.

8. 심의일

"심의일"은 공정거래위원회의 전원회의 또는 소회의의 의장이 공정거래위원회 회의운영 및 사건절차 등에 관한 규칙(공정거래위원회 고시, 이하 "사건절차규칙"이라 한다) 제3장에 정한 절차에 따라 심의에 부의한 사건에 대하여 각 회의가 의결을 위하여 심의를 진행한 날을 말한다. 만일 심의가 2회 이상 진행되었다면 마지막 심의일을 말한다.

9. 부당이득

"부당이득"은 법 제35조제3항에 따라 준용하는 공정거래법 제102조의 규정에 의한 참작사유 중 위반행위로 인해 취득한 이익으로서, 위반사업자가 위반행위로 인하여 직접 또는 간접적으로 얻은 경제적 이익을 말한다.

10. 위반횟수에 따른 가중치

"위반횟수에 따른 가중치"(이하 "위반횟수 가중치"라 한다)란 과징금 부과여부 및 과징금 가중기준 등의 기초자료로 활용하기 위하여 법을 위반한 사업자에 대하여 공정거래위원회가 조치한 다음과 같은 유형별 위반횟수 가중치의 부과기준에 따라 부과한 점수를 말한다. 1개 사건에서 2개 이상의 조치를 받은 경우에는 가장 중한 조치수준에 해당하는 위반횟수 가중치만 반영한다. 다만, 과태료 부과에 대해서는 위반횟수 가중치 산정 시 고려하지 아니한다.

〈시정조치 유형별 위반횟수 가중치〉

유형	경고*	시정권고	시정명령	과징금	고발**
점수	0.5	1.0	2.0	2.5	3.0

* 사건절차규칙 제57조에 의한 경고를 말하며, 시정조치의 대상이 아닌 위반행위에 대하여 경고한 경우에는 제외한다. 이하 같다.

** 위 표의 고발은 법 제42조의 고발 요청에 따른 고발을 포함한다.

11. 위반금액

"위반금액"은 다음과 같이 산정된 금액을 말한다.

가. 법 제7조[상품대금 감액의 금지]의 경우 상품대금 감액 금액

나. 법 제8조[상품판매대금 등의 지급] 제1항 내지 제3항의 경우 상품판매대금 또는 상품대금 및 지연이자 미지급금액, 같은 조 제4항의 경우 상품판매대금 또는 상품대금 및 이자를 상품권·물품으로 지급한 금액

다. 법 제9조[상품 수령 거부·지체 금지]의 경우 수령거부·지체된 상품금액

라. 법 제10조[상품의 반품 금지]의 경우 반품금액

마. 법 제11조[판매촉진비용의 부담전가 금지] 제1항의 경우 판매촉진비용 전가금액, 같은 조 제3항 및 제4항의 경우 예상되는 경제적 이익에 따른 납품업자의 분담비율(산정곤란시 100분의 50)을 초과하는 금액

바. 법 제12조[납품업자 등의 종업원 사용 금지 등] 제1항의 경우 납품업자 등의 종업원 등의 인건비, 같은 조 제3항의 경우 대규모유통업자가 고용한 자에 대하여 납품업자 등이 부담한 인건비

사. 법 제15조[경제적 이익 제공 요구 금지]제1항의 경우 대규모유통업자가 제공받은 경제적 이익 금액, 같은 조 제2항에서 허용된 범위를 넘어서 대규모유통업자가 수취한 판매장려금액

아. 법 제16조[매장 설비비용의 보상]의 경우 매장 설비비용 미보상 금액

자. 법 제17조[불이익 제공행위의 금지]제1호의 경우 상품권·물품 구입금액, 같은 조 제2호의 경우 통상적인 납품가격과 실제 납품가격의 차이로 인한 납품대금 차액, 같은 조 제3호의 경우 통상적인 납품수량과 판매촉진행사시 납품된 수량의 차이로 인한 납품대금 차액, 같은 조 제4호의 경우 판매촉진행사 참여로 인해 발생한 비용, 같은 조 제5호의 경우 할인된 납품가격 미환원으로 인한 납품대금 차액, 같은 조 제6호의 경우 납품업자 등이 지출한 광고비용, 같은 조 제9호의 경우 판매장려금 등 계약조건 변경으로 인한 납품업자 등의 손실액 또는 대규모유통업자의 추가 수취금액

차. 위 가. 내지 자.의 규정에도 불구하고 위반행위 유형별 위반금액을 보다 합리적으로 산정 가능한 경우에는 합리적으로 산정된 금액을 위반금액으로 할 수 있다. 또한, Ⅱ. 11.에서 규정하고 있지 아니한 위반행위 유형일지라도 합리적인 위반금액이 산정 가능한 경우에는 그 금액을 위반금액으로 할 수 있다.

12. 위반금액의 비율

"위반금액의 비율"이란 위반금액을 법 제35조제1항에 의해 대통령령으로 정하는 산출방식에 따른 납품대금이나 연간 임대료로 나눈 값을 말한다.

13. 위반행위

"위반행위"란 법 제35조제1항에 의한 과징금 부과대상이 되는 조문별 위반행위를 말한다.

14. 조사가 개시된 날

시행령 별표1 제1호의2의 "조사가 개시된 날"이란 다음 각 목과 같다.

가. 법 제29조 제1항의 신고에 따라 조사가 개시된 경우에는 해당 신고가 접수된 사실이 피조사인에게 통지된 날, 그 법 위반혐의와 관련한 자료제출 요청일, 출석요청일, 현장조사 실시일 중 가장 빠른 날

나. 법 제29조 제2항에 따라 공정거래위원회가 법에 위반되는 혐의가 있다고 인정하여 조사가 개시된 경우에는 그 법 위반혐의와 관련한 자료제출 요청일, 출석요청일, 현장조사 실시일 중 가장 빠른 날

Ⅲ. 과징금 부과 여부의 결정

1. 과징금 부과 여부는 위반행위의 내용 및 정도를 우선적으로 고려하고 대규모유통업에서의 공정거래질서 확립에 미치는 파급효과 등을 종합적으로 참작하여 결정하되, 위반행위로 인한 대규모유통업에서의 공정거래질서 저해효과가 중대하거나 다수의 납품업자 또는 매장임차인(이하 "납품업자등"이라 한다)에 미치는 영향이 큰 것으로 판단되는 경우 및 위반행위가 악의적으로 행해진 경우에는 과징금을 부과하는 것을 원칙으로 한다. 이 경우 법 위반의 중대성과 파급효과는 위반사업자의 위반유형, 위반행위의 수, 관련 납품업자 등의 수 및 위반업종의 특성 등을 종합적으로 고려하여 판단한다.

2. 다음 각 호 중 하나에 해당하는 경우에는 Ⅲ. 1. 본문의 원칙적 과징금 부과 대상으로 본다.

가. 법 제6조[서면의 교부 및 서류의 보존 등], 법 제12조[납품업자등의 종업원 사용 금지 등], 제13조[배타적 거래 강요 금지], 제14조[경영정보 제공 요구 금지], 제14조의2[경영활동 간섭 금지], 제17조[불이익 제공행위의 금지] 또는 제18조[보복조치의 금지]를 위반한 경우, 다만 법 제6조[서면의 교부 및 서류의 보존 등]위반의 경우 해당 납품업자 등이 10개 미만인 경우 및 납품금액이 5천만원 이하인 경우는 제외한다.

나. 위반행위(법 제35조제1항에 의한 과징금 부과대상이 되는 조문별 위반행위를 말한다)의 수가 2개 이상이며, 위반행위와 직접 관련된 납품업자 등이 30개 이상인 경우

다. 위반사업자가 과거 3년간(신고사건의 경우에는 신고접수일을, 공정거래위원회가 이 법에 위반되는 사실이 있다고 인정하여 조사가 개시된 경우 그 법위반 혐의와 관련한 자료제출 요청일, 당사자 또는 이해관계인에 대한 출석요청일, 현장조사일 중 가장 빠른 날을 기준으로 한다. 이하 같다.) 2회 이상 법 위반으로 조치(경고 이상을 포함하되 과태료 부과는 제외한다)를 받고 위반횟수 가중치의 합산이 2점 이상인 경우, 다만 당해 행위의 위반의 정도가 경미하거나 서면실태조사에서 발견된 법위반 혐의사항에 대하여 공정거래위원회의 자진시정 요청을 받고 스스로 시정하여 경고에 해당되는 경우에는 제외할 수 있다.

3. Ⅲ.의 규정에 불구하고, 시행령 별표1의 제1호의2에 해당되는 경우, 또는 법 제35조제3항에

따라 준용하는 공정거래법 제102조제1항 각호의 사항을 종합적으로 고려할 때 위반행위에 대하여 과징금을 부과할 실익이 크지 아니하거나 과징금을 부과함으로써 달성할 목적이 분명하지 아니한 경우에는 과징금을 부과하지 아니할 수 있다.

Ⅳ. 과징금의 산정

1. 산정기준

가. 산정기준은 위반행위를 그 내용 및 정도에 따라 "중대성이 약한 위반행위", "중대한 위반행위", "매우 중대한 위반행위"로 구분한 후, 아래에 정한 중대성의 정도별 부과기준율 또는 부과기준금액을 적용하여 정한다. 이 경우 위반행위 중대성의 정도는 [별표] 세부평가 기준표에 따라 산정된 점수를 기준으로 정한다. 다만, 위반행위로 인하여 발생한 공정거래질서의 저해정도, 시장에 미치는 영향 및 그 파급효과, 관련 납품업자 등의 피해정도 등을 종합적으로 고려하여 위반행위 중대성의 정도를 달리 정할 수 있다. 이 경우 그 이유를 의결서에 명시하여야 한다.

나. 관련 납품대금 또는 관련 임대료에 위반금액의 비율을 곱한 후, 위반행위 중대성의 정도별 부과 기준율을 곱하여 산정기준을 산정한다. 다만 Ⅱ. 11.에 따라 위반금액의 산정은 가능하나 관련 납품대금 또는 관련 임대료의 산정이 곤란한 경우에는 위반금액에 위반행위 중대성의 정도별 부과 기준율을 곱하여 산정기준을 산정한다.

중대성의 정도	기준표에 따른 산정점수	부과기준율
매우 중대한 위반행위	2.2 이상	140%
중대한 위반행위	1.4 이상 2.2 미만	100%
중대성이 약한 위반행위	1.4 미만	60%

다. 관련 납품대금 또는 관련 임대료나 위반금액의 비율을 산정하기 곤란한 경우에는 위반행위 중대성의 정도별 부과기준금액의 범위 내에서 산정기준을 정한다.

중대성의 정도	기준표에 따른 산정점수	부과기준금액
매우 중대한 위반행위	2.2 이상	4억원 이상 5억원 이하
중대한 위반행위	1.4 이상 2.2 미만	2억원 이상 4억원 미만
중대성이 약한 위반행위	1.4 미만	5백만원 이상 2억원 미만

2. 위반행위의 기간 및 횟수 등에 따른 조정

가. 위반행위의 기간 및 횟수 등에 따른 조정은 위반사업자에게 다음의 나. 및 다.에서 정한 가중 또는 감경사유가 인정되는 경우에 각각의 가중비율의 합에서 각각의 감경비율의 합을 공제하여 산정된 비율을 산정기준에 곱하여 산정된 금액을 산정기준에 더하거나 빼는 방법으로 한다. 다만, 가중·감경의 결과 가중되는 금액은 산정기준의 100분의 50 범위 이내이어야 하고 감경되는 금액은 산정기준의 100분의 70 범위 이내이어야 한다.

나. 가중사유 및 비율은 다음과 같이 정한다.

(1) 산정기준의 산정 과정에서 위반기간이 고려되지 않은 경우 위반기간이 1년 초과 2년 이내인 경우에는 산정기준의 100분의 10에 해당하는 금액, 2년 초과 3년 이내인 경우에는 산정기준의 100분의 20에 해당하는 금액, 위반기간이 3년을 초과하는 경우에는 산정기준의 100분의 50에 해당하는 금액을 가산한다.

(2) 과거 3년간 2회 이상 법 위반으로 조치(경고 이상을 포함하고 과태료 부과를 제외한다. 이하 이목에서 같다.)를 받고 위반횟수 가중치의 합산이 2점 이상인 경우 산정기준의 100분의 20 이내, 과거 3년간 3회 이상 법 위반으로 조치를 받고 위반횟수 가중치의 합산이 3점 이상인 경우 산정기준의 100분의 40 이내, 과거 3년간 4회 이상 법 위반으로 조치를 받고 위반횟수 가중치의 합산이 4점 이상인 경우 산정기준의 100분의 50 이내에 해당하는 금액을 가산한다. 이 경우 과거 법위반으로 조치를 받은 횟수를 산정할 때에는 직권취소, 이의신청 재결, 법원의 판결 등에 따라 해당 조치의 무효 또는 취소판결이 확정된 건(의결 당시 취소판결, 직권취소 등이 예정된 경우를 포함한다) 및 법원의 무죄, 면소, 공소시각 판결이 확정되었거나 검찰이 불기소처분(혐의없음, 죄가안됨, 공소권없음)한 고발 건은 제외한다. 이 경우 위반사업자는 재결서·판결서·불기소처분 고지서 등 과거 시정조치 또는 고발이 위반횟수 및 가중치 산정 시 제외되어야 한다는 사실을 증명할 수 있는 객관적인 자료를 공정거래위원회에 제출하여야 한다.

(3) <삭 제>

(4) 위반사업자가 법 제18조[보복조치의 금지]를 위반한 경우 산정기준의 100분의 30 이내에 해당하는 금액을 가산한다.

(5) 그 밖에 위 (1) 부터 (4)까지의 사항에 준하는 사유가 있는 경우 산정기준의 100분의 10 이내에 해당하는 금액을 가산한다.

다. 감경사유 및 비율은 다음과 같이 정한다.

(1) 위반행위의 자진 시정에 대한 감경

(가) 위반행위로 인한 관련 납품업자등의 피해의 원상회복 등 위반행위의 효과를 실질적으로 제거한 경우에는 산정기준의 100분의 30 이상 100분의 50 이내에 해당하는 금액을 감경한다.

(나) 위반행위로 인한 관련 납품업자등의 피해의 50% 이상 회복 등 위반행위를 자진 시정한 경우에는 산정기준의 100분의 10 이상 100분의 30 이내에 해당하는 금액을 감경한다.

(다) 위 (가) 및 (나)에 해당하지 아니하나, 위반행위 효과를 제거하기 위해 적극적으로 노력하였고 자신의 귀책사유 없이 위반행위 효과가 제거되지 않은 경우에는 100분의 10 이내에 해당하는 금액을 감경한다.

(라) 위 (가) 내지 (다)의 자진 시정이 조사가 개시된 이후 또는 심사보고서의 송부 이후에 이루어진 경우 각각 감경률을 축소할 수 있다.

(2) 조사·심의 협조에 대한 감경

(가) 위원회의 조사 단계에서 위법성 판단에 도움이 되는 자료를 제출하는 등 적극 협조한 경우에는 산정기준의 100분의 10 이내에 해당하는 금액을 감경한다.

(나) 위원회의 심의의 신속하고 효율적인 운영에 적극협조하고 심리 종결시까지 행위 사실을 인정하는 경우에는 산정기준의 100분의 10 이내에 해당하는 금액을 감경한다.

(3) 그 밖에 위 (1) 부터 (2)까지의 사항에 준하는 사유가 있는 경우 산정기준의 100분의 10 이내에 해당하는 금액을 감경한다.

(4) 사건절차규칙 제69조제1항에 따라 소회의의 약식심의 결과를 수락한 경우에는 100분의 10 이내에 해당하는 금액을 감경한다.

라. <삭 제>

3. 부과과징금의 결정

가. 위반행위의 기간 및 횟수 등에 따른 조정된 금액이 위반사업자의 현실적 부담능력, 시장 또는 경제여건, 위반행위가 시장에 미치는 효과, 위반행위로 인해 취득한 이익의 규모 등을 충분히 반영하지 못하여 과중하다고 인정되는 경우에는 공정거래위원회는 그 이유를 의결서에 명시하고 위반행위의 기간 및 횟수 등에 따른 조정된 금액을 다음과 같이 조정하여 부과과징금을 결정할 수 있다. 다만, 위반사업자의 현실적 부담능력과 관련한 감경의 경우, 공정거래위원회로부터 부과받을 과징금 납부로 인해 단순히 자금사정에 어려움이 예상되는 경우(공정거래법 제103조에 따른 과징금 납부기한 연장 및 분할납부로 자금사정의 어려움을 피할 수 있는 경우를 포함한다)에는 인정되지 않는다.

(1) 공정거래위원회는 다음을 고려하여 위반행위의 기간 및 횟수 등에 따른 조정된 금액에서 감액하되, 이하 모든 사항을 고려하더라도 100분의 50 이내에서만 감액할 수 있다.

(가) 위반사업자의 현실적 부담능력에 따른 조정을 위해서는 다음 사항을 고려한다.

1) 의결일 직전 사업연도 사업보고서상 자본잠식 상태에 있는 경우 위반행위의 기간 및 횟수 등에 따른 조정된 금액의 100분의 30 이내에서 감액할 수 있다.

2) 의결일 직전 사업보고서상 (i)부채비율이 300%를 초과하거나 부채비율이 200%를 초과하면서 같은 업종[「통계법」에 따라 통계청장이 고시하는 한국표준산업분류의 대분류 기준에 따른 업종(제조업의 경우 중분류 기준에 따른 업종)을 말한다. 이하 같다] 평균의 1.5배를 초과하고 (ii) 당기순이익이 적자이면서 (iii) 위반행위의 기간 및 횟수 등에 따른 조정된 금액이 잉여금 대비 상당한 규모인 경우 위반행위의 기간

및 횟수 등에 따른 조정된 금액의 100분의 30 이내에서 감액할 수 있다.

3) 위 1), 2)의 요건을 모두 충족하는 경우 행위 또는 위반행위의 기간 및 횟수 등에 따른 조정된 금액의 100분의 50 이내에서 감액할 수 있다.

(나) 다음의 조정사유는 불가피한 경우에 한하여 적용하되, 모든 경우를 합하더라도 위반행위의 기간 및 횟수 등에 따른 조정된 금액의 100분의 10 이내에서만 감액할 수 있다.

1) 시장 또는 경제여건에 따른 조정은 경기변동(경기종합지수 등), 수요·공급의 변동(해당 업종 산업동향 지표 등), 환율변동 등 금융위기, 석유·철강 등 원자재 가격동향, 천재지변 등 심각한 기후적 요인, 전쟁 등 심각한 정치적 요인 등을 종합적으로 고려할 때 시장 또는 경제여건이 상당히 악화되었는지 여부를 고려하여 적용한다.

2) 위반행위가 시장에 미치는 효과, 위반행위로 인해 취득한 이익의 규모 등에 따른 개별 위반사업자의 시장점유율, 가격(판매수수료율을 포함한다) 인상요인 및 인상 정도, 위반행위의 전후 사정, 해당 산업의 구조적 특징, 실제로 취득한 부당이득의 정도 등을 고려하여 적용하되, 처분의 개별적·구체적 타당성을 기하기 위한 경우에만 적용한다.

(2) 공정거래위원회는 다음을 고려하여 위반행위의 기간 및 횟수 등에 따른 조정된 금액의 100분의 50을 초과해서 감액할 수 있으며. 「채무자 회생 및 파산에 관한 법률」에 따른 회생절차 중에 있는 등 객관적으로 과징금을 납부할 능력이 없다고 인정되는 경우에는 과징금을 면제할 수 있다.

(가) 위반사업자의 현실적 부담능력에 따른 조정은 의결일 직전 사업연도 사업보고서상 위반사업자의 자본잠식율이 50% 이상인지 여부, 또는 다음 세 가지 요건을 동시에 충족시키는 경우에 적용한다. 다만, 위의 두 경우 모두 위반행위의 기간 및 횟수 등에 따른 조정된 금액의 100분의 50을 초과하여 감경하지 않고서는 위반사업자가 사업을 더 이상 지속하기 어려운지 여부를 고려하여 적용한다.

1) 의결일 직전 사업연도 사업보고서상 부채비율이 400%를 초과하거나 200%를 초과하면서 같은 업종 평균의 2배를 초과할 것

2) 의결일 기준 최근 2개 사업연도 사업보고서상 당기순이익이 모두 적자일 것

3) 의결일 직전 사업연도 사업보고서상 자본잠식 상태일 것

(나) 다음의 조정사유는 불가피한 경우에 한하여 적용하되, 모든 경우를 합하더라도 위반행위의 기간 및 횟수 등에 따른 조정된 금액의 100분의 10 이내에서만 감액할 수 있다.

1) 시장 또는 경제여건에 따른 조정은 경기변동(경기종합지수 등), 수요·공급의 변동(해당 업종 산업동향 지표 등), 환율변동 등 금융위기, 석유·철강 등 원자재 가격동향, 천재지변 등 심각한 기후적 요인, 전쟁 등 심각한 정치적 요인 등을 종합적으로 고려할 때 시장 또는 경제여건이 현저히 악화되었는지 여부를 고려하여 적용한다.

2) 그밖의 사유에 따른 조정은 위반사업자의 사업규모 또는 매출규모 대비 위반행위의 기간 및 횟수 등에 따른 조정된 금액의 비율 등을 다른 위반사업자와 비교한 결과 추가 감경 없이는 비례·평등 원칙에 현저히 위배된다고 판단되는 경우에 적용한다.

(3) 위반사업자는 '현실적 부담능력'이나 '시장 또는 경제여건'과 관련하여 위반행위의 기간 및 횟수 등에 따른 조정된 금액을 조정할 필요가 있다는 사실을 증명하기 위해서는 공정거래위원회에 객관적인 자료를 제출하여야 한다. 이 경우 '현실적 부담능력' 입증과 관련해서는 개별 또는 별도 재무제표가 포함된 사업보고서를 제출하여야 하며, 예상 과징금액이 충당부채, 영업외 비용 등에 미리 반영되어 있는 경우 이를 제외하여 다시 작성한 재무제표도 추가로 제출하여야 한다.

(4) 공정거래위원회는 위 (3)과 관련하여 위반사업자의 경영 및 자산상태에 관한 객관적인 평가를 위하여 필요하다고 인정할 경우 기업회계, 재무관리, 신용평가 분야 등의 외부 전문가로부터 의견을 청취할 수 있다.

나. 하나의 사업자가 행한 여러 개의 위반행위(각 위반행위가 동일한 법조에 해당하는 경우를 포함한다. 이하 같다)에 대하여 과징금을 부과하는 경우에는 다음 기준에 의한다.

(1) 여러 개의 위반행위를 함께 심리하여 1건으로 의결할 때에는 각 위반행위별로 이 고시에서 정한 방식에 의하여 부과과징금을 산정한 후 이를 모두 합산한 금액을 과징금으로 부과하되, 부과과징금의 한도는 관련 납품대금 또는 관련 임대료의 2배를 초과할 수 없다. 다만, 과징금 합산금액이 과다하다고 인정되는 경우에는 위 가.의 기준에 따라 이를 조정할 수 있다.

(2) 여러 개의 위반행위를 여러 건으로 나누어 의결하는 경우에는 이를 1건으로 의결하는 경우와의 형평을 고려하여 후속 의결에서 위 가.의 기준에 따라 부과과징금을 조정할 수 있다.

다. Ⅳ. 1. 나.의 단서에 따라 산정기준 금액을 산정한 경우에는 5억원을 초과하지 아니하는 범위에서 부과과징금을 결정한다.

라. 위반행위의 기간 및 횟수 등에 따른 조정된 금액이 1백만 원 이하인 경우는 과징금을 면제할 수 있다.

마. 부과과징금을 결정함에 있어서 1백만 원 단위 미만의 금액은 버리는 것을 원칙으로 한다. 다만, 공정거래위원회는 부과과징금의 규모를 고려하여 적당하다고 생각되는 금액단위 미만의 금액을 버리고 부과과징금을 결정할 수 있다.

바. 과징금 부과의 기준이 되는 관련 납품대금 등이 외국환을 기준으로 산정되는 경우에는 그 외국환을 기준으로 과징금을 산정하되, 공정거래위원회의 합의일에 KEB하나은행이 최초로 고시하는 매매기준율을 적용하여 원화로 환산하여 부과과징금을 결정한다. 다만, KEB하나은행이 고시하지 않는 외국환의 경우에는 미국 달러화로 환산한 후 이를 원화로 다시 환산한다.

Ⅴ. 재검토기한

공정거래위원회는 「훈령예규 등의 발령 및 관리에 관한 규정」에 따라 이 고시에 대하여 2023년 1월 1일을 기준으로 매 3년이 되는 시점(매 3년째의 12월 31일까지를 말한다)마다 그 타당성을 검토하여 개선 등의 조치를 하여야 한다.

부칙 <제2024-4호, 2024. 2. 6.>

제1조(시행일) 이 고시는 고시한 날부터 시행한다. 다만, Ⅲ.2.가. 및 [별표] 세부평가 기준표의 개정규정은 2024년 2월 9일부터 시행한다.

참고문헌

[단행본]

<경제법>

김동훈, 공정거래법, 한국외국어대학교출판부(2011)

김홍석·구상모, 하도급법, 화산미디어(2010)

송정원, 카르텔 및 불공정거래행위 규제, 박영사(2005)

신동권, 독점규제법, 박영사(2011)

이호영, 독점규제법, 홍문사(2011)

임영철, 공정거래법, 법문사(2008)

최영홍, 가맹계약론, 프랜차이즈시스템연구소(2003)

공정거래위원회, 2008 공정거래백서(2008. 9.)

__________, 2009 공정거래백서(2009. 8.)

__________, 2010 공정거래백서(2010. 8.)

__________, 2011 공정거래백서(2011. 7.)

__________, 2012 공정거래백서(2012. 7.)

__________, 2013 공정거래백서(2013. 8.)

__________, 2014 공정거래백서(2014. 8.)

__________, 2015 공정거래백서(2015. 10.)

__________, 2016 공정거래백서(2016. 10.)

한국공정경쟁연합회, 제조하도급 실무편람(2010)

______________, 건설하도급 실무편람(2010)

______________, 용역하도급 실무편람(2010)

<일반법>

곽윤직, 물권법, 박영사(2001)

곽윤직·김재형, 민법총칙(제 9 판), 박영사(2013)

김동희, 행정법 I (제11판), 박영사(2005)

박정훈, 행정법의 체계와 방법론, 박영사(2005)

이시윤, 민사소송법(제 6 판), 박영사(2011)
이영준, 물권법, 박영사(2004)
정찬형, 상법강의(하, 제13판), 박영사(2011)
지원림, 민법강의(제 9 판), 홍문사(2011)
홍정선, 행정법원론(상)(제19판), 박영사(2011)

[주석서]

민법주해(Ⅰ) 총칙(1), 박영사(1992)
민법주해(Ⅱ) 총칙(2), 박영사(1992)
민법주해(Ⅳ) 물권(1), 박영사(1991)
민법주해(Ⅸ), 채권(2), 박영사(2008)
민법주해(Ⅺ) 채권(4), 박영사(2008)
민법주해(Ⅻ) 채권(5), 박영사(1997)
민법주해(XIV) 채권(7) 박영사(2006)
민법주해(XV) 채권(8), 박영사(2009)
주석상법 총칙·상행위(1), 한국사법행정학회(1997)
주석상법 총칙·상행위(2), 한국사법행정학회(1997)
주석상법 어음·수표법(Ⅰ), 한국사법행정학회(1997)

[논문 및 기타 자료]

기업회계기준서 제 4 호 “수익인식” 회계기준위원회(개정 2004. 11. 19.)
김동환, 송정환, “대형유통업체와 산지유통조직간 불공정거래 실태와 대응방안”, 유통연구 제14권 제 5 호(2009)
김윤수, “대규모소매업고시 개정의 의미와 주요내용”, 경쟁저널(2008. 3.)
농수축산물 납품업체를 위한 대규모소매업체의 불공정거래행위 대응매뉴얼, 농림수산식품부(2011)
서강대학교 산학협력단, “대형유통업체와 납품업체간 거래 공정화를 위한 제도 개선방안 연구”, 공정거래위원회(2007. 10. 25.)
서정, “불공정거래행위의 사법상 효력”, 민사판례연구 XXXI 박영사(2009)
오창수, “효력규정과 단속규정의 구별 및 그 위반거래의 사법상 효력”, 판례연구 2(1989. 1.)
윤명길, “국내의 할인점과 백화점 매입유형에 관한 비교 연구”, 유통과학연구 제 2 권 제 2 호(2004)
윤성운, 김정헌, 박성진, 강수민, “대규모유통업법의 운용현황 및 개선 방향에 관한 연구”,

2016년 법·경제분석그룹(LEG) 연구보고서
의안번호 8843, 2010. 7. 13. 발의, 발의자 박선숙 외 21인
의안번호 12195, 2011. 6. 10. 발의, 발의자 이사철 외 9인
이현규, "과징금부과고시의 법적성격", 인권과 정의(2010. 1.)
______, "공정거래위원회의 대규모소매업고시 집행 실무의 문제점", 경쟁저널(2010. 5.)
______, "표시광고법상 부당한 표시광고의 합헌적 판단 기준", 경쟁법연구 제23권(2011. 5.)
______, "공정거래위원회 대규모소매업고시 집행 실무의 제 문제", 경제법판례연구 제 7 권 (2011. 9.)
임순옥, "백화점 영업실태 조사", 한국소비자원(1997. 9.)
정성무, "대규모유통업법의 체계적 정합성에 대한 검토", 시장경제와 사회조화 : 남천 권오승 교수 정년기념논문집, 법문사(2015)
조성봉, "대형 유통업체는 경쟁을 해치는가?", 한국경제연구원(2010)
지철호, "대규모 유통업법의 제정 배경 및 의의", 경쟁저널(2012. 3.)
한국유통학회, "대형유통업체의 판매수수료 현황 및 정책대응 방안", (2009. 12. 18.)
한화증권, "산업분석 유통/홈쇼핑", (2011. 9. 7.)
홍대식, "공정거래법상 손해배상제도의 현황과 과제", 공정경쟁 제98호(2003)

색 인

[ㅇ]

[ㅈ]

초판 공저자 약력

오금석(吳金錫)

제28회 사법시험 합격(1986)

서울대학교 법과대학 법학과 졸업(1987)
서울대학교대학원 법학 석사(1992)
제18기 사법연수원 수료(1989)
미국 Columbia University School of Law(Visiting Scholar, 2000~2001)
서울대학교 법과대학 전문분야 법학연구과정 제21기(공정거래법과 규제산업, 2006) 수료

육군법무관(1989~1992)
서울지방법원 북부지원 판사(1992~1994)
서울지방법원 판사(1994~1996)
춘천지방법원 속초지원 판사(1996~1999)
서울지방법원 판사(1999~2002)
대법원 재판연구관(2002~2004)
법무법인(유한)태평양(2004~현재)
공정거래위원회 사건처리절차개선 연구회 연구위원(2005. 5.~2007. 5.)
공정거래위원회 법령선진화 추진단(심의·집행제도 분과) 전문위원(2008. 4.~2010. 4.)
사법연수원 민사 변호사실무 교수(2008~2010)
서울대학교 법학연구소 경쟁법센터 운영위원(2009~2011)
경쟁정책자문위원회 카르텔분과 자문위원(2009~현재)

공정거래법 위반사건에 대한 심의준비절차 시범실시의 성과와 보완과제(경쟁저널, 2006. 1.)
Recent Proposed Amendment to Koreas Competition laws(Asia Law 2007. 4.)
Assessing the Impact of Resale Price Maintenance on Competition(Asia Law 2007. 11.)
Product Market Definition in Anti-trust Cases Regardihg Various Types of Electronic Commerce Intermediary Distributors(Asia Law 2008. 1.)

윤성운(尹聖雲)

제38회 사법시험 합격(1996)
미국 New York주 변호사(2008)

서울대학교 법과대학 졸업(1987~1994)
서울대학교 법과대학 대학원 수료(2000)
제28기 사법연수원 수료(1999)
서울대학교 법과대학 전문분야 법학연구과정 제13기(공정거래법, 2002) 수료
미국 University of Southern California(LL.M., 2004~2005)
숙명여자대학교 공정거래법과 경제학 과정(제2기) 수료(2010. 3.~2010. 6.)

법무법인(유) 태평양(1999~현재)
변호사시험 경제법 문제유형 연구위원회 위원(2010. 7.~2011. 3.)
서울대 경쟁법센터 운영위원회(2011. 8.~현재)
한국경쟁법학회 이사

프랜차이즈와 공정경쟁(권오승 편, 자유경쟁과 공정거래, 2002, 법문사)
부당한 공동행위의 추정조항(권오승 편, 자유경쟁과 공정거래, 2002, 법문사)
공정거래법위반사건 심리절차의 절차적 적법성에 대하여(공정경쟁, 2003. 9.)
공정거래법위반사건 심판절차의 절차적 적법성과 개선방향(인권과 정의, 2004. 2.)
Imputed Liability for Anti-trust Violations(Asia Law 2007. 4.)
Recent Proposed Amendment to Koreas Competition laws(Asia Law 2007. 4.)
지주회사 전환의 법적 쟁점(경쟁저널, 2007. 7.)
The validity of Asset Transfer Orders in Share Acquisitions(Asia Law 2007. 8.)
Summary of the Investigation Power of the Competition Authority in Korea(Asia Law 2008. 1.)
중국 독점금지법의 개요와 그 제정에 따른 유의사항(인권과 정의, 2007. 12.)
포스코 시지남용 건 대법원 판결을 통해 본 경쟁제한성 입증의 문제 — 대법원 판례에 나타난 시지남용 사건 입증을 위해 필요한 증거분석(경쟁저널, 2008. 3. 공저: 신상훈)
부당한 공동행위 자진신고자 감면제도의 실무운용상 제문제(경쟁법연구, 2009. 11. 공저: 송준현)
조인트벤처에 부속된 경쟁제한약정의 위법성 — 지로수수료 담합 관련 서울고등법원의 판결을 중심으로(공정거래법의 쟁점과 과제, 2010. 5.)
경쟁법의 역외적용(독점규제법 30년, 2011. 4. 공저: 송준현)
역지불합의에 관한 한국, 유럽, 미국의 최근 동향(경쟁저널, 2011. 11. 공저: 강일)

강 일(姜 一)

제42회 사법시험 합격(2000)

서울대학교 경제학과 졸업(2001)
제32기 사법연수원 수료(2003)
서울대학교 대학원 경제학과 수료(석사, 2006)
University of California at Berkeley(2010~2011)

육군법무관(2003~2006)
법무법인(유) 태평양(2006~현재)
벨기에 CMS EU Law Office 파견근무(2011~2012)

Assessing the Competitive Impact of Real Price Maintenance(Asia Law 2007. 10.)
공정거래법상 지주회사 규제의 쟁점과 개선방안(지주회사와 법, 2008. 6.)
역지불합의에 관한 한국, 유럽, 미국의 최근 동향(경쟁저널, 2011. 11. 공저: 윤성운)
소비재 산업과 경쟁법 컨퍼런스 참관기(법률신문 2012. 1. 5.)
유럽의 부당한 공동행위에 관한 집행 동향 및 한국 기업들의 대응방안 번역(원저자: Kris Van Hove, 경쟁저널, 2012. 3.)
표준화기구 운영과 지식재산권 남용에 관한 한국 및 유렵의 경쟁법 진행(경쟁저널, 2012. 3.)

이현규(李賢奎)

제46회 사법시험 합격(2004)

고려대학교 법학과 졸업(2003)
제36기 사법연수원 수료(2007)
숙명여자대학교 공정거래법과 경제학 과정(제1기) 수료(2009. 3.~2009. 6.)

법무법인(유) 태평양(2007~현재)
콘텐츠분쟁조정위원회의 '콘텐츠공정거래법률자문위원'(2012. 3.~현재)

공정거래위원회 과징금부과고시상 이사가중규정 적용 실무에 관한 소고(경쟁저널, 2009. 11.)
과징금부과고시의 법적 성격(인권과 정의, 2010. 1.)
공정거래위원회의 대규모소매업고시 집행 실무의 문제점(경쟁저널, 2010. 5.)
표시광고법상 부당한 표시광고의 합헌적 판단기준(경쟁법 연구 제23권, 2011. 5.)
마진율 공개정책 및 특별법 제정안의 문제점(유통저널 제278호, 2011. 7.)
유통업 실무상 유의하여야 할 기본적 규제(유통저널 제279호, 2011. 8.)
공정거래위원회 대규모소매업고시 집행 실무의 제 문제(경제법판례연구 제7권, 2011. 9.)
조사를 받을 때 주의해야 할 몇 가지 사항(유통저널 제280호, 2011. 9.)
규제의 홍수, 잠시 쉬어가는 여유가 필요한 때(유통저널 제281호, 2011. 10.)
공정거래위원회가 공정거래위원회를 판단한다면 무혐의일까?(유통저널 제282호, 2011. 11.)
대규모유통업법 시행, 유의하여야 할 사항들(유통저널 제284호, 2012. 1.)
백화점업계에 밀려오는 '보이는 손'(유통저널 제285호, 2012. 2.)

신사도(愼사도)

제46회 사법시험 합격(2004)

서울대학교 법과대학 졸업(2002. 2.)
제36기 사법연수원 수료(2007)

육군법무관(2007. 4. 1.~2010. 3. 31.)
법무법인(유) 태평양(2010. 4.~현재)

나현채(羅賢埰)

제46회 사법시험 합격(2004)

서울대학교 법학과 졸업(1995)
제37기 사법연수원 수료(2008)

법무법인(유) 태평양(2008~현재)

김용균(金容均)

제47회 사법시험 합격(2005)

한양대학교 법과대학 졸업(2008)
제37기 사법연수원 수료(2008)

해군 법무관(2011. 3.)
법무법인(유) 태평양 변호사(2011~현재)

전인환(全仁煥)

제47회 사법시험 합격(2005)

고려대학교 법과대학(2008)
제37기 사법연수원 수료(2008)
서울대학교 대학원 법학과 석사과정 졸업(2011)
서울대학교 대학원 법학과 박사과정 재학(2011~현재)

육군 법무관(2011. 3.)
법무법인(유) 태평양 변호사(2011~현재)

미국행정절차법상 '개별결정절차(adjudication)'의 공정성 확보방안에 관한 연구(서울대학교 석사

학위논문, 2011)

안준규(安俊奎)

제48회 사법시험 합격(2006)

고려대학교 법학과 졸업(2006)
제38기 사법연수원 수료(2009)

법무법인(유) 태평양(2009~현재)

김진훈(金珍勳)

제47회 사법시험 합격(2005)

연세대학교 법학과 졸업(2007)
제38기 사법연수원 수료(2009)
숙명여자대학교 공정거래법과 경제학 과정(제3기) 수료(2011. 3.~2011. 5.)

법무법인(유) 태평양(2009~현재)

이덕우(李德佑)

제49회 사법시험 합격(2007)

서울대학교 경제학과 졸업(2009)
제40기 사법연수원 수료(2011)

법무법인(유) 태평양 변호사(2011~현재)

이유진(李柔禛)

제50회 사법시험 합격(2008)

서울대학교 법과대학 졸업(2009)
제40기 사법연수원 수료(2011)

법무법인(유) 태평양(2011~현재)

자료 정리
정혜인 주임

개정판 공저자 약력

오금석

제28회 사법시험 합격(1986)

서울대학교 법과대학 졸업(1987)
제18기 사법연수원 수료(1989)
서울대학교 대학원 법학 석사(1992)
미국 Columbia University School of Law(Visiting Scholar, 2000~2001)
서울대학교 법과대학 전문분야 법학연구과정 제21기(공정거래법과 규제산업) 수료(2006)

육군법무관(1989~1992)
서울, 춘천지방법원 속초지원 판사(1992~2002)
대법원 재판연구관(2002~2004)
법무법인(유한) 태평양(2004~현재)
국세청 조세법률고문(2004. 6.~2006. 5.)
중앙선거관리위원회 사무처 정보공개심의회 위원(2004. 11.)
공정거래위원회 사건처리절차개선 연구회 연구위원(2005. 5.~2007. 5.)
공정거래위원회 전문위원(하도급거래 공정화에 관한 법률의 체계개편을 위한 태스크 포스팀)(2006. 8.~2008. 8.)
공정거래위원회 법령선진화 추진단(심의, 집행제도 분과) 전문위원(2008. 4.~2010. 4.)
서울대학교 법학연구소 경쟁법센터 운영위(2009~2011)
경쟁정책자문위원회 카르텔분과 자문위원(2009~2012)
금융위원회 자본시장 관련 제재 절차개선 TF 자문위원(2017)

대규모유통업법 이론과 실무(박영사, 오금석 외 공저, 2012)
하도급법상 일방적으로 낮은 단가에 의한 하도급대금 결정에 관한 검토(경쟁저널, 2015년 11월호)
공정거래법 위반사건에 대한 심의준비절차 시범실시의 성과와 보완과제(경쟁저널, 2006)
대규모유통업법 관련 최근 집행사례와 논점(경쟁저널, 2017년 11월호 발간예정)
부가가치세법상 재화와 용역의 공급의 개념 및 그 대가에 관한 연구(석사논문)

김윤수

제24회 공인회계사 합격(1988)

연세대학교 경영학과 졸업(1988)
연세대학교 대학원 경영학과 졸업(1990)
제36회 행정고시 합격(1992)
미국 UCSD LSI 과정 수료(2004)

재무부, 재정경제원 행정사무관(1993~1996)
공정거래위원회 공동행위과, 기업집단과, 독점정책과 행정사무관 (1996~2002)
공정거래위원회 총괄정책과 서기관(2002~2005)
공정거래위원회 성과관리팀장, 가맹유통과장, 서비스업경쟁과장, 경쟁정책과장(서기관)(2005~2013)
청와대 경제금융 비서관실 행정관(부이사관), 공정거래위원회 부이사관(2013~2014)
공정거래위원회 부이사관(2013~2014)
법무법인(유한) 태평양(2014~현재)

윤성운

변호사(대한민국, 1999)
미국 New York주 변호사(2008)

서울대학교 법과대학 졸업(1987~1994)
제38회 사법시험 합격(1996)
제28기 사법연수원 수료(1999)
서울대학교 법대 대학원 수료(2000)
서울대학교 법과대학 전문분야 법학연구과정 제13기 공정거래법 수료(2002)
미국 University of Southern California(LL.M., 2005)
숙명여자대학교 공정거래법 경제학 과정 2기 수료(2010. 3.~2010. 6.)

법무법인(유한) 태평양(1999~현재)
변호사시험 경제법 문제유형 연구위원회 위원(2010. 7.~2011. 3.)
서울대 경쟁법센터 운영위원회 위원(2011. 8.~현재)
식품의약품안전청 정책자문위원회 위원(2012. 3.~2014)
공정거래위원회 특약매입제도 개선 TF 위원(2013. 3.~2013. 9.)
한국경쟁포럼 사무차장(2015. 2.~2017. 2.)
한국경쟁법학회 기획이사(2016. 1.~현재)
한국공정거래조정원 법·경제분석그룹(LEG) 간사(2016. 2.~현재)

한국경쟁포럼 사무총장(2017. 2.~현재)

대규모유통업법상 문제점에 관한 검토(공정거래조정원 법경제분석그룹 연구보고서, 김정헌, 박성진, 강수민 공저, 2016)

Supreme Court Rulings on Determining the Cartel End Date(Journal of Korean Law, 문성호, 김남우 공저, 2015)

물류비 규제의 법적 쟁점에 대한 검토(한국유통법학회지 창간호, 최원석, 권도형 공저, 2014)

주요 경쟁당국의 기업결합 심사절차에 관한 연구(공정거래조정원 법경제분석그룹 연구보고서, 신상훈, 강일, 김정헌, 최원석, 김남우, 조준연 공저, 2014)

가맹사업 관련 법적 개념과 관련 쟁점(서울대학교 경쟁법센터 경쟁과 법 제3호, 조준연 공저, 2014)

신상훈

외국변호사(미국 New York주, 2005)

제40회 행정고시 합격(1996)
서울대학교 경제학과 졸업(1997)
서울대학교 행정대학원(정책학) 수료(1999)
미국 George Washington University Law School 졸업(J.D., 2004)

공정거래위원회 국제업무1과 사무관(1998~2001)
미국 Government of the District of Columbia (2002~2003)
공정거래위원회 제도개선기획단 사무관(2004~2005)
공정거래위원회 기업결합팀 사무관(2005. 4.~2007. 4.)
U.S. DOJ Antitrust Division 및 U.S. FTC 파견(2006)
법무법인(유한) 태평양(2007~현재)
한국콘텐츠진흥원 콘텐츠 공정거래 법률 자문위원(2011)

강 일

변호사(대한민국, 2003)

제42회 사법시험 합격(2000)
서울대학교 경제학과 졸업(2001)
제32기 사법연수원 수료(2003)
서울대학교 대학원 경제학과 수료(2006)
미국 University of California at Berkeley(LL.M., 2010~2011)
서울대학교「전문분야 법학연구과정」제33기(2013)

육군법무관(2003~2006)
법무법인(유한) 태평양(2006~현재)
벨기에 CMS EU Law Office 파견(2011~2012)
한국경쟁법학회(KCLA) 기획간사(2016. 1.~현재)

대규모유통업법 이론과 실무(박영사, 오금석 외 공저, 2012)

China－Korea IP & Competition Law Annual Report(공동 저술 참여, 2014~현재)

Merger Control 2018(Thomson Reuters, 신상훈, 김남우 공저, 2017)

KAIST 지식재산대학원 여름학기 강의(2012~현재)

Expert Guides(Euromoney Investor Plc.) 경쟁법 분야 Rising Stars(2016, 2017)

김정헌

변호사(대한민국, 2006)
미국 New York주 변호사(2014)

제45회 사법시험 합격(2003)
고려대학교 법학과 졸업(2004)
제35기 사법연수원 수료(2006)
미국 New York University School of Law, Competition Law Program(LL.M., 2011~2012)

법무법인(유한) 태평양(2006~현재)
일본 도쿄 소재 모리하마다마츠모토(森·濱田松本) 법률사무소 파견(2012~2013)

회사분할과 과징금(심결판례연구회 발표집, 2011)
한·미 경쟁법 집행의 비교(법률신문, 2011. 11. 17.)
韓国公正取引委員会の国際カルテル調査とリニエンシー(한국 공정거래위원회의 국제카르텔 조사와 리니언시, 公正取引 2013)
정보교환과 부당한 공동행위—주요 국가의 입법례를 중심으로(경제법판례연구 제9권, 2015)
대규모유통업법상 문제점에 관한 검토(공정거래조정원 법경제분석그룹 연구보고서, 윤성운, 박성진, 강수민 공저, 2016)

신사도

변호사(대한민국, 2007)

서울대학교 법과대학 졸업(2002)
제46회 사법시험 합격(2004)
제36기 사법연수원 수료(2007)

육군법무관(2007. 4.~2010. 3.)
법무법인(유한) 태평양(2010. 4.~현재)

㈜효성 법무실무 지원(2016. 3.~2017. 3.)

박종하

변호사(대한민국, 2009)

제47회 사법시험 합격(2005)
고려대학교 법과대학 졸업(2007)
제38기 사법연수원 수료(2009)

육군 법무관(2009. 4.~2012. 3.)
법무법인(유한) 태평양(2012~현재)

박성진

변호사(대한민국, 2010)

제49회 사법시험 합격(2007)
고려대학교 법학과 졸업(2008)
제39기 사법연수원 수료(2010)
고려대학교 대학원 법학과(상법전공) 수료(2013)

공익법무관, 창원지방검찰청(2010. 4.~2011. 3.)
공익법무관, 서울고등검찰청(2011. 4.~2013. 3.)
법무법인(유한) 태평양(2013~현재)

대규모유통업법상 문제점에 관한 검토(공정거래조정원 법경제분석그룹 연구보고서, 윤성운, 박성진, 강수민 공저, 2016)
유통산업발전법 체계정리 연구(산업통상자원부 연구보고서, 연구책임자 김천수, 공동연구원 윤성운, 김린, 손혁상, 박성진, 2017)

전민재

변호사(대한민국, 2011)

제49회 사법시험 합격(2007)
연세대학교 법학과 졸업(2009. 2.)
제40기 사법연수원 수료(2011. 1.)

육군 법무관(2011. 1.~2014. 3.)
법무법인(유한) 태평양(2014. 4.~현재)

최휘진

변호사(대한민국, 2012)

서울대학교 경제학부 졸업(2004)
고려대학교 법학전문대학원 1기 최우등 졸업(2012)
제 1 회 변호사 시험 합격(2012)

우리은행(2004. 2.~2009. 2.)
서울고등법원 재판연구원(2012. 4.~2014. 2.)
법무법인(유한) 태평양(2014. 3.~현재)

대규모유통업법 관련 최근 집행 사례와 논점(경쟁저널, 오금석, 김윤수 공저, 2017. 11.)

재개정판 공저자 약력

김윤수

공인회계사(대한민국, 1988)

제36회 행정고시 합격(1992)
연세대학교 대학원 경영학 석사(1990)
연세대학교 경영학과(1988)

법무법인(유한) 태평양(2014~현재)
청와대 경제금융 비서관실 행정관(부이사관, 2013)
공정거래위원회 성과관리팀장, 가맹유통과장, 서비스업경쟁과장, 경쟁정책과장(서기관, 2005~2013)

윤성운

변호사(대한민국, 1999)

미국 University of Southern California Gould School of Law (LL.M., 2005)
제28기 사법연수원(1999)
서울대학교 법학과(1994)

한국경쟁포럼 사무총장(2017~2019)
한국공정거래조정원 법 경제분석그룹(LEG) 간사(2016~2018)
공정거래위원회 특약매입제도 개선 TF 위원(2013)
제2회 변호사시험 출제위원(2013)
서울대 경쟁법센터 운영위원회 위원(2011~현재)
법무법인(유한) 태평양(1999~현재)

신상훈

외국변호사(미국 New York주, 2005)

미국 George Washington University Law School (J.D., 2004)
서울대학교 경제학과(1997)
제40회 행정고시 합격(1996)

한국콘텐츠진흥원 콘텐츠 공정거래 법률 자문위원(2011)
법무법인(유한) 태평양(2007~현재)
공정거래위원회 기업결합과 사무관(2005~2007)
공정거래위원회 제도개선기획단 사무관(2004~2005)
공정거래위원회 국제업무1과 사무관(1998~2001)

강일

변호사(대한민국, 2003)

미국 University of California, Berkeley School of Law (LL.M., 2011)
제32기 사법연수원(2003)
서울대학교 경제학과(2001)

(사)한국정책학회 3세대 바이오 치료제(게임 디지털 치료제·전자약) 콘텐츠 IP 융합 기반 사용자 특별위원회 이사(2025~현재)
(사)대한산업안전협회 자문변호사(공정거래 분야, 2025~현재)
한국게임산업협회 자문위원(2023~현재)
한국아시아경쟁연합(KACA) 사무차장(2021~현재)
한국토지주택공사 하도급법학회 자문위원(2019~현재)
한국경쟁법학회(KCLA) 기획간사(2016~현재)
벨기에 브뤼셀 CMS EU Law Office 파견(2011)
법무법인(유한) 태평양(2006~현재)

강정희

변호사(대한민국, 2008)

서강대학교 대학원 법학과 박사(경제법, 2016)
서강대학교 대학원 법학과 석사(경제법, 2012)
제37기 사법연수원(2008)
서강대학교 법학과(2001)

법무법인(유한) 태평양(2023~현재)
수·위탁분쟁조정협의회 위원(2023~현재)
한국경쟁법학회 연구이사(2022~2023)
서강대학교 법학전문대학원 초빙교수(2021~2023)
대법원 재판연구관(공정거래 전담, 2020~2023)
한국인터넷광고재단 광고포럼 위원(2016)
삼성전자 수석변호사(컴플라이언스팀, 해외법무반독점팀, 무선사업부 법무지원그룹, 2012~2020)
법무법인(유한) 에이펙스(2008~2012)

김보연

변호사(대한민국, 2009; 미국 New York주, 2020)

미국 New York University School of Law (LL.M., 2017)
제38기 사법연수원(2009)
연세대학교 법학과(우등, 2007)

로앤비 온주 주석서 집필위원(2022~현재)
서울대학교 전문분야 법학연구과정(공정거래법과정) 수료(2012)
법무법인(유한) 태평양(2009~현재)

김진훈

변호사(대한민국, 2009)

미국 University of Minnesota Law School (LL.M., 2017)
제38기 사법연수원(2009)
연세대학교 법학과(2007)

법무법인(유한) 태평양(2009~현재)

박종하

변호사(대한민국, 2009)

제38기 사법연수원(2009)
고려대학교 법학과(2007)

법무법인(유한) 태평양(2012~현재)
육군법무관(2009~2012)

안준규

변호사(대한민국, 2009)

미국 University of Virginia School of Law (LL.M., 2014)
제38기 사법연수원(2009)
고려대학교 법학과(2006)

Steptoe & Johnson LLP, Washington D.C. (2015)
법무법인(유한) 태평양(2009~현재)

박성진

변호사(대한민국, 2010)

미국 Georgetown University Law Center (LL.M., 2020)
제39기 사법연수원(2010)
고려대학교 법학과(2008)

법무법인(유한) 태평양(2013~현재)
공익법무관(서울고등검찰청, 2011~2013)
공익법무관(창원지방검찰청, 2010~2011)

김규식

변호사(대한민국, 2012)

미국 Georgetown University Law Center (LL.M., 2021)
제41기 사법연수원(2012)
서울대학교 법학과, 경제학(우등, 2009)

Alston & Bird LLP, Washington D.C. (2021)
SK 스토아 방송시청자 위원(2019~2020)
법무법인(유한) 태평양(2016~현재)
법무법인(유) 충정(2012~2016)

손승호

변호사(대한민국, 2012)

경북대학교 법학전문대학원(2012)
서울대학교 경영학과(2009)

한국공정거래조정원 외부 법률자문위원(2024~현재)
사단법인 한국하도급법학회 감사, 학술위원(2023~현재)
서울대학교 전문분야 법학연구과정(공정거래법과정) 수료(2023)
로앤비 온주 주석서 집필위원(2022~현재)
법무법인(유한) 태평양(2018~현재)
공정거래위원회(2013~2018)
STX조선해양 사내변호사(2012~2013)

최휘진

변호사(대한민국, 2012; 미국 New York주, 2023), 국제재무분석사(2006)

미국 Columbia Law School (LL.M., 2019)
고려대학교 법학전문대학원(최우등, 2012)
서울대학교 경제학부(2004)

Hogan Lovells US LLP, Washington D.C. (2019~2020)
Extern, Legal Services NYC, Bronx office, New York (2019)
법무법인(유한) 태평양(2014~현재)
서울고등법원 재판연구원(2012~2014)
우리은행(2004~2009)

권도형

변호사(대한민국, 2013; 미국 New York주, 2021)

미국 University of Chicago Law School (LL.M., 2019)
서울대학교 법학전문대학원(우등, 2013)
서울대학교 경제학부(최우등, 2010)
제51회 행정고시 재경직 합격(2007)

K&L Gates LLP, Chicago (2019)
법무법인(유한) 태평양(2013~현재)

변채영

변호사(대한민국, 2013)

연세대학교 법학전문대학원(2013)
연세대학교 법학과(우등, 2010)

법무법인(유한) 태평양(2018~현재)
대한항공 법무실 사내변호사(2013~2017)

김응수

변호사(대한민국, 2016)

제45기 사법연수원(2016)
서울대학교 법학과(2009)

법무법인(유한) 태평양(2016~현재)

박철용

변호사(대한민국, 2018)

부산대학교 법학전문대학원(2018)
서울대학교 법학과(2009)

법무법인(유한) 태평양(2021~현재)
공정거래위원회 사무처 시장감시국 제조업감시과 조사관(2018~2021)

조영승

변호사(대한민국, 2020)

부산대학교 법학전문대학원(2020)
한국과학기술원(KAIST) 수리과학과(2015)

법무법인(유한) 태평양(2020~현재)

황재희

변호사(대한민국, 2020)

서울대학교 법학전문대학원(2020)
서울대학교 경제학부(2017)

법무법인(유한) 태평양(2020~현재)

강연수

변호사(대한민국, 2021)

전북대학교 법학전문대학원(2021)
북경대학교 사회학과(2015)

법무법인(유한) 태평양(2021~현재)

강민지

변호사(대한민국, 2022)

서울대학교 법학전문대학원(2022)
서울대학교 소비자아동학부(2019)

법무법인(유한) 태평양(2022~현재)

오예지

변호사(대한민국, 2022)

이화여자대학교 법학전문대학원(2022)
고려대학교 영어영문학과(2013)

법무법인(유한) 태평양(2022~현재)
한국연구재단 연구원(2013~2017)

박지은

변호사(대한민국, 2023)

서울대학교 법학전문대학원(최우등, 2023)
서울대학교 역사교육과(2020)

제13회 변호사시험 민사법 출제검토위원(2024)
법무법인(유한) 태평양(2023~현재)

손윤서

변호사(대한민국, 2023)

서울대학교 법학전문대학원(2023)
연세대학교 경제학부(2020)

법무법인(유한) 태평양(2023~현재)

조단비

변호사(대한민국, 2023)

서울대학교 법학전문대학원(2023)
서울대학교 경영학과(2020)

법무법인(유한) 태평양(2023~현재)

재개정판

대규모유통업법 이론과 실무

초판발행 2012년 4월 10일
재개정판발행 2025년 8월 30일

공저자 법무법인(유한) 태평양 공정거래팀
김윤수·박종하·윤성운 외
펴낸이 안종만·안상준

편 집 이승현
기획/마케팅 조성호
표지디자인 BEN STORY
제 작 고철민·김원표

펴낸곳 (주) 박영사
서울특별시 금천구 가산디지털2로 53, 210호(가산동, 한라시그마밸리)
등록 1959. 3. 11. 제300-1959-1호(倫)
전 화 02)733-6771
f a x 02)736-4818
e-mail pys@pybook.co.kr
homepage www.pybook.co.kr
ISBN 979-11-303-4996-1 93360

정 가 42,000원